게임 디자인, 프로토타입 제작, 개발 2/e

게임 디자인, 프로토타입 제작, 개발 2/e

유니티와 C#을 활용해 개념부터 플레이 가능한 게임 제작까지

이승준 옮김   제레미 깁슨 본드 지음

i!i
에이콘

에이콘출판의 기틀을 마련하신 故 정완재 선생님 (1935-2004)

이 책을 다음 사람들에게 헌정한다.
내 인생의 사랑인 나의 아내 멜라니.
그녀의 사랑, 지성, 지원에 감사한다.

내 부모님과 여자 형제들.

여러 교수님, 동료, 학생들.
이들은 내가 이 책을 쓰는 데 영감을 줬다.

1판을 읽으며 의견을 보내고 피드백을 해준 모든 사람들.
여러분 모두의 의견은 2판을 더 좋게 만드는 데 도움이 됐다.

이 책에 보내는 찬사

"이 책은 게임 개발 과정에 아주 도움이 됐으며 유용한 기술과 관행을 많이 알려 줬다. C# 언어에 대한 전반적 내용뿐 아니라 플레이테스트, 게임 프레임워크, 게임 산업 자체에 대한 정보도 들어 있다. 제레미는 복잡한 개념을 매우 유익하고 간단하게 설명한다. 나는 프로토타입 실습이 좋은 프로그래밍 관행을 개발하는 데 유용하고 효과적이라는 것을 알았다. 처음부터 게임 개발을 배우려고 하거나 묵혀뒀던 기술을 되살리려는 사람들에게 이 책을 적극 권한다. 앞으로의 프로젝트에 가이드와 참고 자료로 활용할 수 있기를 기대한다."

- 로건 샌드버그 Logan Sandberg/핀휠 게임즈 & 애니메이션

"저자의 게임 디자인에 대한 지식과 분석적 관점은 이 매력적인 게임 개발 입문서의 각 페이지에 녹아 있다. 그는 업계 경험과 수업 경험을 결합해서 게임 제작 시작 도구로 독자에게 제공한다(개념과 실전을 잘 섞어서 제공함). 게임 개발 초보자들은 향상된 분석 툴킷을 갖게 되고 반복 적용에 대한 가치를 알게 될 뿐만 아니라 플레이 가능한 여러 게임을 확보하는 성과를 안고서 이 책을 끝내게 된다. 초보 학생에게 최고의 책이며 숙련된 개발자에게는 지혜와 지식으로 가득 찬 책이다."

- 에일린 홀링거 Eileen Hollinger/게임 프로듀서, 강사, 독립 개발자이자 활동가. 푸노메나 사의 전직 수석 프로듀서

"게임 개발을 배울 때(그리고 가르칠 때) 가장 큰 어려움 중 하나는 모든 종류의 게임에 실제로 적용할 수 있는 개념과 기술이 몇 가지 밖에 없다는 것이다. 우주 슈팅 게임은 카드 게임과 거의 관련이 없고, 카드 게임도 던전 크롤러와 공통점이 없다. 의욕적인 게임 개발자가 실습을 많이 하고 나서도 자신이 만들고 싶은 게임을 어떻게 시작해야 할지 모르는 것이 일반적인 경험이다.

6

이 책에서 제레미의 접근법은 게임 개발자와 교육자로서의 오랜 경험을 반영한다. 그는 핵심 아이디어와 기술을 체계적으로 소개하고 나서 문자 그대로 우주 슈팅 게임, 카드 게임, 던전 크롤러 그리고 그 외의 추가되는 게임에 대한 실습을 제공해서 각각에 필요한 코딩 도구와 기술을 보여준다.

다른 유니티 책은 이와 같이 다양한 게임을 다루지 않으며, 나는 이처럼 잘 구성한 실습을 거의 본 적이 없다. 각 단계는 잘 설명돼 있다. 각 게임은 독립적으로 구분돼 있으며 GameObject와 같은 기본 아이디어에서부터 Boid와 같은 강력한 객체지향 기술에 이르기까지 특정 개념을 설명하게 설계돼 있다.

나는 이 책을 나의 유니티 입문 수업에 사용했고 많은 학생에게 자습용으로도 추천했다. 학생들은 C# 언어와 유니티 엔진에 대한 명확하고 자세한 설명에 감사하며 프로토타입을 완성해보고는 자신들이 얼마나 많이 배웠는지에 놀란다. 나는 이 책을 유니티에 있어서 좋은 코드 아키텍처에 대한 기본 참고서로 사용한다.

2판은 모든 장을 업데이트했고 <젤다의 전설>에 기반을 둔 새로운 실습을 넣어 더욱 가치를 높였는데, 이 게임에는 타일 기반 이동과 같은 고급 기술과 간단한 레벨 편집기까지 포함돼 있다. 이전 판과 마찬가지로 이 책은 내 강의 지도와 내 개인적인 유니티 도서 자료집에 있어서 모두 중요한 부분이 될 것이다."

– 마가렛 모서^{Margaret Moser}/서던캘리포니아 대학교 인터랙티브 미디어 & 게임즈 학부 조교수

"게임 개발을 한 차원 높은 수준으로 끌어 올리고 싶다면 이 책을 꼭 읽어보라. 처음부터 끝까지 많은 게임 예제를 제공할 뿐만 아니라 게임 디자이너답게 생각하게 만들어준다(이것이 가장 중요한 부분이기도 하다). 무엇이 게임을 재미있고 매력적으로 만드는 것일까? 플레이어가 게임을 계속 다시 찾게 만드는 이유는 무엇일까? 그 답은 모두 여기에 있다. 이 책은 일부 온라인 튜토리얼보다 훨씬 더 많은 것을 제공한다. 그야말로 그림 전체를 볼 수 있게 해준다."

– 데이비드 린즈콕^{David Lindskog}/몬스터 그록 게임즈 창립자

"게임 디자인과 개발 과정에서는 프로토타입 제작과 플레이테스팅 단계를 제대로 이해하고 올바르게 활용하지 못하는 경우가 많다. 반복적 테스트와 개선은 좋은 게임을 만들기 위한 초기 단계에서 핵심적인 부분을 차지한다. 또한 초심자들은 게임 제작 시에 프로그래밍 언어의 모든 측면을 알아야 하거나 게임의 모든 에셋을 직접 제작해야 한다고 생각하는 경우가 많다. 이 책은 1판의 디자인 측면을 보강해서 독자가 실제 디자인과 프로토타입 제작 과정을 즉시 수행할 수 있게 준비하도록 만든다. '종이 프로토타입' 장을 변경하고 추가한 것만으로도 책값을 톡톡히 해낸다. 새로운 독자와 1판의 애독자 모두에게나 말이다."

— 스티븐 제이콥스[Stephen Jacobs]/로체스터 기술 연구소(RIT)의 인터랙티브 게임 & 미디어 스쿨 교수 겸 FOSS@MAGIC 교수단 팀장. 스트롱 국립 박물관의 객원 연구원

"본드 교수의 책을 사용해보니 C# 코딩과 유니티 활용에 대한 방법론을 알게 됐다. 이후로 고등학교 디지털 게임 디자인 수업에서 이 책을 중점적으로 사용했다. 프로그래밍 수업은 아주 좋았고, 프로토타입은 프로그래밍의 무수한 면을 보여주며 어떻게 사용해야 인식 가능한 게임 메카닉스를 만드는지를 알려주므로 학생 개인에 따라 프로토타입을 쉽게 개작할 수 있었다. 2판을 내 수업에 사용할 것을 생각하니 엄청 기대된다."

— 웨슬리 제프리스[Wesley Jeffries]/리버사이드 통합 교육청 게임 디자인 강사

"저자는 이 책의 2판을 통해 1판을 더욱 보강했다. 이 새로운 판본은 책 전체에 새로운 내용을 추가했는데, 모든 장에 걸쳐 업데이트된 예제와 주제를 담았다. 이 책은 게임 제작 과정에 대한 사려 깊은 탐구서다."

— 드류 데이비드슨[Drew Davidson]/카네기멜론 대학교의 엔터테인먼트 기술 센터 책임자

"이 책은 발전하고 있는 탄탄한 게임 디자인 이론과 자세하고 다양한 디지털 게임 프로토타입을 결합한 책이다. 이러한 이론과 프로토타입 제작 과정을 따라하면서

유니티로 게임을 개발하는 데 필요한 게임 디자인과 개발의 필수적인 지식을 얻을 수 있을 것이다. 이 책은 입문서로의 용도뿐만 아니라 전문 디자이너를 위한 참고서로도 유용하다. 앞으로 내가 강의하는 게임 디자인 과정의 교재는 물론이고 개인적인 참고서로도 사용할 계획이다."

– 마이클 셀러스^{Michael Sellers}/인디애나 대학교의 실용 게임 디자인 프로그램 담당 교수. 럼블 엔터테인먼트의 전 제작 감독이자 카밤의 전 총책임자

"여러분이 게임 디자인과 개발에 관해 가르친다면 '이 모든 것을 어디에서 배울 수 있습니까?'라는 두려운 질문을 자주 받을지도 모른다. 이 책에는 원스톱 솔루션과 답변이 들어 있어서 나를 이런 질문에서 구해줬다. 이 책은 게임 디자인과 개발 양쪽 모두를 다룸에 있어서 아주 독특한데, 디자인, 프로토타입 제작, 개발 그리고 균형 조정이 반복 과정 속에 결합돼 있기 때문이다. 이 책은 게임 제작이 복잡하긴 하지만 실현 가능하다는 메시지를 주기 때문에 나는 이 책이 훌륭한 학습 도구라고 생각하며 더 세부적인 예제가 들어간 새 판본은 더욱 좋게 보인다."

– 피에트로 폴시넬리^{Pietro Polsinelli}/Open Lab의 응용 게임 디자이너

"게임 디자인에 대한 저자의 접근법을 접하면 독자는 게임 규칙 프로토타입 제작의 중요성을 알게 되며 자신의 아이디어를 테스트할 수 있게 준비된다. 프로토타입을 직접 만들 수 있으면 반복과 실험을 신속하게 할 수 있어 더 나은 게임 디자이너가 될 것이다."

– 후안 그릴^{Juan Gril}/플로플레이 사의 책임 프로듀서. 전직 조주 게임스의 대표이사

"이 책은 게임 디자이너가 되기를 원하는 모든 사람에게 필요한 철학적이고 실용적인 개념을 전달하는 책이다. 이 책은 고수준의 디자인 이론에서 시작해 작동하는 게임을 직접 제작할 수 있게 게임 개발의 개념과 프로그래밍 기술을 체득하는 길을 안내한다. 나는 새로운 기술을 배우거나 자신의 디자인 재능을 강화하고자

하는 열정적인 게임 디자이너에게 이 책을 빠지지 않고 권한다. 저자는 교수로서 수년간의 경험을 바탕으로 어떻게 중요한 게임 디자인 사고방식으로 생각할 수 있는지를 여러분에게 가르쳐 주므로 여러분은 곧 적합한 모든 도구로 게임을 만들 수 있다. 게임업계에 얼마나 오랫동안 종사했는지와 관계없이 여러분은 디자인 과정을 개선하기 위한 아이디어를 찾을 수밖에 없다. 개인적으로 이 최신판의 업데이트된 내용을 살펴보고는 멋진 게임을 만드는 몇 가지 모범 사례에 대한 새로운 교육 과정을 얻게 돼 아주 기쁘다."

— 미셸 펀^{Michelle Pun}/오스모 사의 게임 프로듀서. 전직 디즈니와 징가 사의 선임 게임 디자이너

"신참 개발자를 위한 가장 인기 있는 연습 목표 중 하나는 1980년대 <젤다>와 같은 액션 어드벤처 던전 게임이다. 개정판인 이 책의 마지막 장에서 저자는 신참 게임 프로그래머가 유니티의 기능을 사용해서 이런 종류의 게임을 충실하게 재현하고자 무엇을 알아야 하는지를 정확히 알려준다. 그의 접근법에는 유니티의 내장된 구조와 프레임워크를 활용하는 동시에 잘 짜여진 사용자 정의 기능을 통해 유니티를 확장시키는 것이 포함돼 있다. 그는 기술적인 개념과 디자인 개념을 매우 자연스러운 방식으로 다루며, 그러한 개념들이 눈앞의 예에 언제 어떻게 실용적으로 적용되는지를 설명한다. 이러한 실용적 'just-in-time(필요할 때 바로 적용)' 접근법은 신참 개발자가 정보를 보유해서 향후 프로젝트에 적용하는 데 도움이 될 수 있다."

— 크리스 드리언^{Chris DeLeon}/감케도 게임 개발 트레이닝 창립자, 인디케이드 워크숍 공동 위원장, 포브스 선정 엔터테인먼트 업계에서 30세 이하 가장 영향력 있는 30인 중 1인

"여러분이 게임 제작에 호기심이 있든 아니면 전문가가 되는 길을 가든, 이 책에는 게임 디자인에 대해 이해하기 쉬운 개론이 들어 있다. 게임 개발자이자 교수로서 저자는 반복 구조를 사용해 게임 개발의 핵심 기초를 설명할 때 자신의 경험을 유감없이 발휘한다. 각 장과 강의에는 여러분이 개발자로서 성장하는 데 필요한

게임 이론 기본 사항과 기본 기술 접근법이 적용돼 있다. 그의 예전 학생으로서 나는 이 책이 그의 수업을 듣는 것 다음으로 좋다고 여러분에게 말할 수 있다."

– 후안 바카^{Juan Vaca}/텔테일 게임 사의 보조 디자이너

"제레미 깁슨 본드의 이 책은 학생들에게 중요한 게임 디자인 이론과 유니티에서의 반복적이고 재빠른 프로토타입 제작 과정을 소개하는 중요한 교재다. 제레미의 샘플 게임은 유니티 엔진으로 다양한 게임 장르를 개발할 수 있는 방법을 보여주고 학생에게는 유용한 소프트웨어 패턴을 소개한다. 이를 통해 독자는 C#에서 사용 가능한 핵심 유니티 객체와 기타 라이브러리의 기능을 활용해 입문 단계에게 중급 수준의 코딩 전문 단계로 올라설 수 있다."

– 빌 크로스비^{Bill Crosbie}/라리탄 밸리 커뮤니티 대학의 컴퓨터과학과 조교수

추천의 글

게임 디자이너와 교육자에 대한 나만의 이론이 있다. 두 직업의 겉모습에는 차이가 있지만 이 둘은 예상 외로 서로 상당히 비슷하며 게임 디자이너로서 성공하기 위해 갖춰야 할 여러 기술은 훌륭한 교육자에게도 필수적이다. 놀랍고 흥미로운 얘기와 퍼즐로 수업시간 내내 학생들의 이목을 집중하게 하고, 이해하고 따라 하기는 쉽지만 완전히 체득하기는 어려운 기술을 간단하게 보여주기도 하며, 지식의 조각을 여러분이 모르는 사이에 서서히 그러면서도 명확하게 소화하게 도와주고, 여러분이 할 수 있으리라고는 상상도 못한 놀라운 일을 해내는 동안 옆에서 한걸음 물러서 지켜봐주는 선생님이 여러분에게도 있었을 것이다.

게임 디자이너는 게임을 진행하는 데 필요한 기술을 게이머에게 가르치는 방법을 찾고자 많은 시간을 보낸다. 그러면서 때로는 게이머가 무언가를 배우고 있다는 것조차 깨닫지 못하게끔 디자인하기를 원한다. 즉, 흥미진진한 모험의 시작처럼 보이는 것이 바로 게임에서 최상의 튜토리얼이다. 나는 너티독^{Naughty Dog} 게임 스튜디오에서 8년 동안 플레이스테이션 3용 <언차티드^{Uncharted}> 시리즈 세 편에 선임 또는 공동선임 디자이너로 참여하는 굉장한 경험을 했다. 그중에서도 <언차티드 2: 황금도와 사라진 함대>의 오프닝 시퀀스에 참여한 모든 이가 만족스러워했던 작업으로 기억에 남아 있다. 이 오프닝 시퀀스는 우리의 영웅인 네이선 드레이크^{Nathan Drake}를 절벽 끝에 걸린 열차 객차에서 구해내고자 한시도 눈을 뗄 수 없게 만들면서도 플레이어에게 게임을 하는 데 필요한 모든 기본적인 조작법을 효과적으로 가르쳐준다.

게임 디자이너는 우리가 참여할 디지털 모험을 창조하는 동안 끊임없이 이러한 일을 해야 한다. <언차티드> 게임에 나오는 것과 같은 플레이어 경험의 시퀀스를 제작하면서 나는 플레이어가 방금 무엇을 배웠는지 항상 염두에 둬야 했다. 그리고 새로 배운 기술을 사용해야 해결할 수 있는 흥미로운 상황을 너무 어렵지 않으면서도 재미를 유지할 수 있을 만큼의 난이도로 끊임없이 제시해야 했다. 이러한 모든 일을 환경에 포함된 그래픽과 그 안의 캐릭터와 물체, 게임 사운드 그리고 게임 컨트롤의 상호작용을 통한 게임의 채널만을 사용해 다른 사람을 상대로 한다는 것은 생각보다 굉장히 어려운 일이었지만 그와 동시에 내가 경험한 일 중에서 가장 보람된 일이었다.

대학교에서 게임 디자인을 가르치는 교수가 된 지금에는 게임 디자이너로 일하는 동안 체득한 많은 기술이 학생을 가르치는 데도 유용하다는 것을 알게 됐다. 가르치는 일 또한 그 가르침이 게임 디자인만큼이나 보람된 일이라는 것을 깨달았다. 따라서 이 책의 저자인 제레미 깁슨 본드는 게임 디자이너뿐만 아니라 교수로서도 탁월한 재능을 가진 사람이며 이제 여러분도 그의 재능을 확인할 수 있게 될 것이다.

제레미와 나는 약 15년 전에 북부 캘리포니아에서 열린 연례 게임 개발자 콘퍼런스^{GDC}에서 처음 만나 금세 격의 없이 가까워졌다. 그는 이미 게임 개발자로서 성공적인 경력이 있었고 게임 디자인에 대한 그의 열정이 공감대를 이뤘다. 이 책을 읽으면서 알 수 있겠지만 그는 게임 디자인을 하나의 최신 예술로서 다루기를 좋아한다. 제레미와 나는 수년간 연락을 주고받았고, 이후 그는 카네기멜론 대학교 대학원으로 돌아가서 랜디 포시^{Randy Pausch}와 제시 셸^{Jesse Schell} 같은 유명한 학자들에게 배웠다. 그러다 우리 둘은 서던캘리포니아 대학교^{USC} 시네마틱 아트 스쿨 부속 인터랙티브 미디어 & 게임즈 학부(지금 내가 가르치는 프로그램인 USC 게임즈의 한 부분)에서 동료 교수로 함께 일하게 됐다.

솔직하게 말하면 USC에서 제레미를 더 잘 알게 됐다(나는 제레미의 수업에 학생으로 참가하면서 그렇게 된 것이다). USC의 게임 이노베이션 랩에서 연구 과제로 선정된 게임을 개발하는 데 필요한 기술을 배우고자 제레미의 강의 중 하나를 듣게 됐고, 그 결과 나는 기본적인 프로그래밍 경험밖에 없었던 유니티 초보자에서 세계에서 가장 강력하고 유연한 유니티 게임 엔진을 자유자재로 사용할 수 있는 숙련된 C# 프로그래머로 변모했다. 제레미의 강의는 단순히 유니티와 C#에 대한 것만이 아니었다. 그의 강의에는 좋은 '러핑^{lerping}' 방법부터 시간 관리와 작업 우선순위 지정 그리고 디자이너가 스프레드시트를 사용해 게임을 개선할 수 있는 방법에 이르기까지 게임 디자인에 대한 영감을 주는 지혜의 말과 실용적인 정보로 가득했다. 제레미의 강의를 수료하고는 그에게서 더 많은 것을 배울 수 있는 기회가 있기를 내심 바랐던 것이 사실이다.

당연히 제레미가 책을 쓰고 있다는 소식을 접했을 때는 굉장히 많은 기대를 했는데, 실제 책의 내용은 기대보다 더 만족스러웠다. 좋은 소식은 내가 더 배우고 싶어 한 내용이 이 책에 가득하다는 것이다. 이 책에는 내가 게임업계에서 일하면서 체험한 게임 디자인, 제작, 개발의 모범 사례가 고스란히 담겨 있다. 제레미는 이미 입증된 게임 개발의 방법을 한 권의 책으로 체계적 정리하는 놀라운 일을 해냈다. 이 책의 단계별 실습과 코드 예제를 진행한다면 더 나은 게임 디자이너와 개발자가 될 수 있을 것이다. 이 책에 나오는 연습은 처음에는 다소 복잡하게 보일 수도 있다. 하지만 제레미는 명확하고 따라 하기 쉬운 설명으로 친절하게 과정을 안내한다.

또한 이 책에는 역사와 이론도 담겨 있다. 제레미는 오랜 기간 게임 디자인에 대해 고찰하고 지속적으로 연구했다. 1부에서는 광범위하고 심도 있는 게임 디자인 이론과 함께 제레미가 게임 디자인을 연구하면서 발견한 고유하고 특별한 개념들을 만날 수 있다. 제레미는 그의 주장을 뒷받침하고자 오랜 문화에 기록된 놀이에 대한 역사적이고 흥미로운 일화를 소개하고 있다. 게임에 대한 기존의 가정에 끊임없이 의문을 던지고 눈앞에 있는 콘솔, 컨트롤러, 화면 스피커를 초월해서 새로운 세대의 게임 혁신자로 거듭날 수 있는 심안을 열어준다.

게임 디자인은 반복 과정이다. 그 과정 속에서 만든 것을 테스트하고 피드백을 받으며 디자인을 수정해서 새롭고 향상된 버전을 만든다. 어떤 저자라도 아주 운이 좋아 자기 책의 새 판을 펴낼 수 있다면 당연히 그렇게 할 것이고 제레미의 입장도 다르지 않다. 그는 지금 여러분이 보고 있는 2판을 쓰는 데 1년 이상을 보냈고, 모든 장을 검토하고 개정했다. 게임 디자인 이론을 업데이트했으며 3부의 심층적인 게임 실습 모두를 크게 개선했다. 이제 각 실습에는 단계별로 번호를 매겨 설명했으며 모든 것이 최신 유니티 버전으로 업데이트됐다. 1판에서 가장 유용하면서도 가장 긴 장이었던 <우주전쟁> 게임 관련 장은 두 장으로 분리해서 이해하기 쉽게 만들었고 뒤쪽에 실렸던 구식의 실습 두 개는 <젤다의 전설>에서 영감을 받은 게임인 <던전 델버>로 대체했다. 이 게임은 게임 프로토타입 제작에서 컴포넌트 기반 디자인의 막강함을 여실히 보여준다. 1판을 애독하며 학생, 교사, 개발자들에게 널리 권했던 사람으로서 나는 이 새로운 변화에 매우 흥분하고 있으며, 이 훌륭한 책이 진화하는 것을 보게 돼 매우 기쁘다.

2013년, 제레미 깁슨 본드는 USC를 떠나 현재 미시간주립대학교^{MSU}의 멋진 gamedev.msu.edu 프로그램에서 강의하고 있다. 나는 MSU 학생들이 게임 디자인의 미래에 대한 그의 가르침을 받을 수 있게 돼 아주 기쁘다. 그가 USC를 떠난 후 첫 봄, USC 게임즈 프로그램에서 주최하는 연례 GDC 졸업생 디너파티에 제레미가 등장하자 파티장에 있던 재학생과 졸업생이 모두 환성을 지르고 곧 열렬한 박수로 그를 환영했다. USC에서 그가 어떠한 교수였는지를 미루어 짐작할 수 있게 하는 대목이다. 이 책을 통해 여러분도 그의 제자가 되는 행운을 얻기를 바란다.

게임 디자인과 개발 환경은 지금 이 순간에도 급속도로 변화하고 있다. 여러분도 내가 사랑해 마지않는 이 세계의 일원이 될 수 있다. 이 책에서 배운 기술을 활용해 새로운 종류의 게임을 위한 프로토타입을 제작하고 그 과정에서 새로운 시장에 어필할 수 있는 완전히 다른 게임 장르를 개척할 수도 있을 것이다. 여러분은 사람들을 즐겁게 해서 스트레스를 해소하는 데 도움을 줄 수 있고 훌륭한 예술이 그러듯이 사람들의 삶에 감동을 줄 수 있으며 교육, 조명, 설명을 통해 우리 세계가 직면한 가시적인 문제를 해결할 수 있는 무언가를 만들 수도 있다. 앞으로 게임 디자인에서 두각을 나타낼 미래의 스타는 지금 세계 어딘가에서 디자인과 프로그래밍을 배우고 있을 것이다. 이 책을 제대로 활용한다면 바로 여러분이 현대 게임 디자인의 클래식을 만드는 기회를 얻을 수도 있을 것이다.

행운을 빌며 즐기기를 바란다.

리처드 레마찬드^{Richard Lemarchand}/USC 게임즈 부교수, 인터랙티브 미디어 & 게임즈 학부

옮긴이 소개

이승준(violakr0@gmail.com)

한아시스템에서 소프트웨어 엔지니어로 근무했으며, 현재 프리랜서로 일하고 있다.

삼각형프레스에서 출간한 『Boogazine JFC PROGRAMMING』(1998), 『Boogazine Visual J++ 6.0』(1998), 『Java Workshop 2.0 21일 완성』(1997)을 집필했고, 편저한 책으로 『JAVA 서블릿 & JSP 프로그래밍 한꺼번에 끝내기』(2002), 『XML 기본+활용 마스터하기』(2002)가 있다. 또한 에이콘출판사에서 출간한 『(개정판) C & C++ 시큐어 코딩』(2015), 『닷넷 개발자를 위한 AngularJS』(2016), 『파이썬 분산 컴퓨팅』(2016), 『Angular 2 컴포넌트 마스터』(2016), 『유니티 게임 개발을 위한 절차적 콘텐트 생성』(2017), 『RESTful 파이썬 웹 서비스 제작』(2017), 『React 16 핵심 정리 2/e』(2018), 『자연어 처리의 이론과 실제』(2018), 『React 16 Tooling』(2018), 『양자계산과 양자정보』(2022)를 번역했다.

옮긴이의 말

이미 시중에는 게임 디자인 책이 다수 출간돼 있다. 대부분이 게임 디자인 이론서이거나 게임 레벨 디자인 또는 캐릭터 디자인과 같은 게임 제작 실용서다. 그 중간을 이어주는 책은 아주 드물다. 디자인 이론을 익히고 나서 이론을 게임 제작에 적용하려면 시행착오를 겪으며 경험으로 그 사이 단계를 메꿀 수밖에 없다.

게임 프로토타입 제작서도 드물다. 게임 프로토타입 제작은 아무리 강조해도 지나치지 않다. 게임 프로토타입은 일종의 게임 시제품으로 볼 수 있다. 기획이나 디자인한 게임이 실제 게임으로 제작될 때 어느 정도의 시간과 자원이 필요할지, 재미는 얼마나 있을지 등을 어림잡을 필요가 있다. 이처럼 제품 제작에 앞서 현실적 측면을 다양하게 알아보고자 대략적으로 만드는 것이 프로토타입이다.

이렇게 서로 떨어져 있는 부분들을 하나로 이어주는 통합서가 바로 이 책이다. 이 책은 게임 디자인 이론에서부터 프로그래밍 언어를 거쳐 프로토타입 제작까지 한 권으로 멋지게 엮어 원스톱 쇼핑(한 곳에서 필요한 모든 것을 획득)을 가능케 한 훌륭한 책이다.

국내에 이 책의 1판이 출간된 지 오래 됐는데 이렇게 2판 번역서를 내놓을 수 있게 돼 다행이다. 하지만 여러 사정으로 2판의 출간이 지연됐고 그 사이에 3판 원서가 2022년 9월에 출간되기도 했다. 유니티 버전도 여러 차례 바뀌었기 때문에 나는 2판의 번역을 현재 유니티 최신 버전인 2023.1 버전에 맞게 다시 업데이트했다.

2판 원서는 2017.1 버전으로 쓰여진 것이라 여러 내용이 구식이었다. 2017.3부터는 코드 편집기로 포함됐던 모노디벨롭이 빠지면서 비주얼 스튜디오로 대체되기 시작했다. 당연히 2판의 코드 스타일은 모노디벨롭 스타일이어서 나는 2판 내용을 업데이트하면서 비주얼 스튜디오 코드 스타일로 모두 바꿨다. 2021 버전부터는 내장된 UI 텍스트가 레거시로 내려앉고 TextMesh Pro가 그 자리를 대체하기 시작했다. 따라서 2판 번역에 TextMesh Pro 관련 내용을 추가로 보강하고 내장 UI 텍스트 코드를 전부 TextMesh Pro 코드로 바꿨다. 그 외에 기존 코드를 2023.1 버전에서 실행했을 때 발생되는 경고나 오류를 없앴고 구식의 내용도 최신에 맞게 수정했다.

이 책의 3판이 유니티 2020.3 버전으로 집필됐으니 유니티 2023.1 버전을 적용한 2판 번역서는 버전 적용면에서 훨씬 최신 책이라 자부한다. 아무쪼록 이 책을 통해 유니티 최신 버전에서 게임 디자인과 프로토타입 제작 학습을 하며 소기의 성과를 거두기를 바란다.

끝으로 이 번역서가 나오기까지 불철주야 수고해준 에이콘출판사의 권성준 대표님과 황영주 부사장님 그리고 이 책을 멋지게 편집해주신 박창기 이사님께도 감사를 표한다.

지은이 소개

제레미 깁슨 본드^{Jeremy Gibson Bond}

미시간주립 대학교의 미디어 및 정보학과(http://gamedev.msu.edu)에서 게임 디자인 및 개발을 가르치는 실무 교수다. 2013년부터 IndieCade 인디 게임 페스티벌 및 콘퍼런스에서 교육 및 발전 위원회 의장으로 일해 왔는데, 매년 IndyXchange 서밋의 공동 의장을 맡았다. 2013년에 ExNinja Interactive라는 회사를 설립해 인디 게임 프로젝트를 개발했다. 또한 게임 개발자 콘퍼런스^{Game Developers Conference}에서도 여러 번 연설했다.

미시간주립 대학교의 교수로 재직하기 전에 앤아버 미시간 대학교의 전기공학 및 컴퓨터과학 학부에서 3년간 강사로 강의했는데, 게임 디자인과 소프트웨어 개발을 가르쳤다. 2009년부터 2013년까지는 서던캘리포니아 대학교의 단과대인 시네마틱 아트 스쿨^{School of Cinematic Arts}의 인터랙티브 미디어 & 게임즈 학부에서 게임 디자인 교육을 담당하는 실무 조교수로 재직했는데, 이 단과대는 북미 지역 최고의 게임 디자인 학교로 선정됐다.

카네기멜론 대학교의 엔터테인먼트 기술 센터에서 엔터테인먼트 기술 석사 학위를, 1999년 오스틴 텍사스 대학교에서 라디오, TV, 영화 학사 학위를 취득했다. 휴먼 코드, 프로그 디자인 등의 회사에서 프로그래머와 프로토타입 제작자로서 경력을 쌓았다. 또한 그레이트 노던 웨이 캠퍼스(BC 주의 밴쿠버), 텍사스 주립 대학교, 피츠버그 예술대학, 오스틴 커뮤니티 칼리지, 오스틴 텍사스 대학교에서 강의했다. 그리고 월트 디즈니 이미지니어링, 맥시스, 일렉트로닉 아츠/Pogo.com 등에서 근무했다. 대학원생 시절 팀원들과 <Skyrates> 온라인 게임을 제작했는데, 이 게임은 2008년 인디 게임 페스티벌의 전략 게임 부문에서 Silver Gleemax 상을 수상했다. 또한 코스타리카에서 게임 디자인을 강의한 최초의 교수라는 명성도 얻었다.

감사의 말

엄청난 수의 사람들이 여기서 감사 받을 만하다. 무엇보다도 내 아내인 멜라니에게 고마움을 전한다. 그녀는 전체 과정에 걸쳐 이 책의 장에 대한 도움과 피드백을 주어 이 책을 대폭 향상시켰다. 또한 수년 동안 지원해준 내 가족에게 감사하는데, 자식인 내게 프로그램 방법을 가르쳐 주신 아버지께도 특히 감사하다.

이번 2판에서 피어슨 사의 몇몇 사람들은 나를 지원했고 그 과정에서 또다시 나를 이끌어 줬다. 그중 가장 주요 인물로는 크리스 잔, 로라 르윈, 폴라 로웰, 로리 리욘스, 올리비아 바세지오, 드하야니드히 카루나니드히였다. 이들 각자는 나와 함께 일하면서 인내심을 발휘했다. 또한 1판에서는 마크 데스테파노, 찰스 두바, 마가렛 모서가, 2판에서는 그레이스 켄달, 스테펜 비만, 리드 코크라는 환상적인 기술 검토자들의 지원을 받았다. 그들의 날카로운 눈과 마음으로 원문을 명확히 하거나 개선할 수 있는 많은 곳을 발견해낼 수 있었다.

또한 나를 가르치고 동료로 일한 모든 교육자께 감사한다. 랜디 포시 박사와 제시 셸에게 특별한 감사의 말을 전한다. 나는 그들을 만나기 전에도 교수와 게임 디자이너로 일했지만, 이 둘 각자는 디자인과 교육에 대한 나의 이해에 깊은 영향을 미쳤다. 서던캘리포니아 대학교의 인터랙티브 미디어 & 게임즈 학부에서 수년 동안 나를 가르쳐 준 친구이자 멘토였던 트레이시 풀러턴, 마크 볼라스, 스캇 피셔에게도 감사드린다. 미시간 주립 대학교의 내 새로운 직장 가족은 엄청난 일을 했는데, 여기에는 앤드류 데니스(35장의 아트를 담당함), 브라이언 윈, 엘리자벳 라펜시, 리카르도 기마라이쉬 및 많은 사람이 포함된다. USC와 미시건 대학교의 그 외 많은 훌륭한 교수진과 친구들도 이 책의 아이디어를 살리면서 도움을 줬는데, 여기에는 아담 리스키에비치, 윌리엄 후버, 리차드 레마찬드, 스캇 로저스, 빈센트 디아만테, 샘 로버츠, 로간 베르 호프, 마커스 다든이 포함된다.

업계의 친구들은 내게 책에 대한 제안과 그 안에 제시된 아이디어에 대한 피드백

20

을 주면서 나를 도왔다. 여기에는 마이클 셀러스, 니콜라스 포르투그노, 제노바 첸, 제크 파블로프, 조셉 스티븐스 등 많은 사람들이 포함된다.

거의 20년 이상 내가 가르친 과거의 환상적인 학생들에게도 감사한다. 이 책을 쓰고 싶다는 영감을 줬고, 게임 개발을 가르치는 방식에 대해 중요하고 다른 무언가가 있다는 것을 확신시킨 이들이 바로 여러분이다. 매일 가르치기 때문에 나는 창의력, 지성, 열정에 고무돼 영감을 얻었던 것이다.

마지막으로는 독자에게 감사하고 싶다. 이 책을 구입하고 게임 개발에 관심을 가져줘 감사한다. 이 책이 여러분이 시작하는 데 도움이 되기를 바라며 여러분이 여기서 얻은 지식으로 무엇을 만들지 기대된다.

차례

들어가며

이 책의 두 번째 판에 온 것을 환영한다. 이 책은 내가 미시간주립 대학교의 미디어 및 정보학과와 서던캘리포니아 대학교의 인터랙티브 미디어 & 게임즈 학부를 포함해 여러 대학의 전문 게임 디자이너이자 게임 디자인 교수로서 여러 해에 걸친 경험에 바탕을 두고 있다.

여기에서는 이 책의 목적, 범위 그리고 접근법을 소개한다.

이 책의 목적

목적은 간단하다. 여러분이 성공적인 게임 디자이너와 프로토타입 제작을 시작하는 데 필요한 모든 도구와 지식을 전달하는 것이다. 이 책은 그 목표를 위해 여러분을 도울 수 있는 많은 지식을 집약시켜 놓은 것이다. 이 책은 대부분의 책과는 달리 게임 디자인과 디지털 개발(즉, 컴퓨터 프로그래밍)의 두 분야를 결합해 그 둘을 반복적인 프로토타입 제작의 필수 연습 과정으로 소개한다. 유니티와 같이 첨단 기능을 자랑하면서도 배우기 쉬운 게임 개발 엔진이 등장함에 따라 게임 디자인 개념을 다른 사람에게 보여줄 수 있는 작동하는 프로토타입으로 제작하기가 그 어느 때보다 쉬워졌다. 그러므로 그러한 능력을 잘 개발한다면 훨씬 숙련된 (그리고 업체가 바라는) 게임 디자이너가 될 수 있다.

이 책은 다음과 같이 네 부분으로 나눠져 있다.

1부: 게임 디자인과 종이 프로토타입 제작

1부에서는 기존의 여러 책에서 제안한 게임 디자인 관련 이론들과 게임 디자인을 위한 분석적 프레임워크를 알아보는 것으로 시작한다. 그러고 나서 기존 이론의 여러 장점을 결합하고 확장하는 방법으로 '계층형 4 요소'를 설명한다. 계층형 4 요소는 여러분이 인터랙티브한 경험을 제공하는 디자이너로서 내려야 할 다양한 결정과 관련되므로 심도 있게 다룬다. 또한 1부에서는 다양한 게임 디자인 원칙과 관련된 흥미로운 과제를 소개하고 종이 프로토타입의 제작, 테스트, 반복 과정을 설명한다. 그리고 여러분이 디자이너가 될 수 있게 구체적인 정보를 제공하며 효과적인 프로젝트와 시간 관리 전략을 제시해 프로젝트를 점검할 수 있게 도와준다.

2부: 디지털 프로토타입 제작

2부에서는 프로그램을 작성하는 방법을 배운다. 이 부분은 교육기관에서 기술적으로 능숙치 못한 학생들에게 디지털 코드를 사용해 게임 디자인 아이디어를 표현하는 방법을 가르쳐온 다년간의 경험을 바탕으로 썼다. 프로그래밍이나 개발에 대한 사전 지식이나 경험이 없는 독자를 염두에 두고 구성했으므로 초보자라도 걱정할 필요가 없다. 하지만 프로그래밍 경험이 있는 독자라도 새로운 여러 기법을 배우거나 기존 지식을 확인하는 데 유용할 것이다. 2부는 기초부터 클래스 상속 및 객체지향 프로그래밍에 이르기까지 C#(이 책의 프로그래밍 언어)을 다룬다.

3부: 게임 프로토타입 예제와 실습

3부에서는 다양한 소규모의 프로토타입을 직접 작성하면서 각기 특정한 스타일의 프로토타입을 개발하는 과정을 알아본다. 3부는 다양한 종류의 게임을 위한 프로토타입을 제작할 때 개인적으로 사용하는 신속한 게임 프로토타입 제작 방법을 안내하고, 이후 독자들이 직접 게임을 개발하는 데 활용할 수 있는 기반을 마련하는 두 가지 목적으로 구성했다. 현재 나와 있는 대부분의 유니티(우리의 게임 개발 환경) 학습서에서는 거대한 단일 예제를 수백 페이지에 걸쳐 설명하면서 독자를 이끌어간다. 이와 대조적으로 이 책에서는 규모가 작은 여러 개의 실습을 다룬다. 이 책의 결과물은 단일 프로젝트를 다루는 책보다 당연히 규모 면에서 작지만,

독자가 향후 자신의 프로젝트를 만들기 위한 준비 과정으로서는 여러 개의 작은 프로젝트를 진행해보는 것이 더 도움이 될것이다.

4부: 부록

이 책에는 여기에서 언급할 만한 몇 가지 중요한 부록이 있다. 책 전체에서 똑같은 정보를 반복하거나 필요한 내용을 찾고자 책을 이리저리 넘기는 불편을 해소할 목적으로 이 책에서는 여러 번 참고해야 하는 부분이나 나중에(이 책 읽기를 한 번 끝낸 후) 찾아볼 가능성이 있는 부분을 별도의 부록으로 분리했다. 부록 A는 유니티에서 게임 프로젝트를 생성하는 과정을 소개하는 간단한 단계별 안내다. 부록 B는 가장 비중이 높고 중요한 부록이다. 부록의 이름 자체는 평범하지만 이 책을 한 번 완료한 다음에는 가장 자주 참고하게 될 부분일 것이다. '유용한 개념'은 내가 게임 프로토타입 제작 과정에서 꾸준하게 사용하며 가장 유용하다고 생각하는 다양한 기술과 전략을 모아놓은 것이다. 세 번째이자 마지막 부록은 이 책에서 다루지 않은 질문에 대한 답을 찾을 수 있는 매우 유용한 온라인 레퍼런스를 소개한다. 꼭 필요한 도움을 온라인에서 찾기가 어려운 경우가 종종 있다. 이 부록에는 내가 개인적으로 자주 이용하는 레퍼런스를 정리해놓았다.

도움이 될 다른 책들

디자이너나 예술가는 분야와 장르를 막론하고 자신의 현재를 있게 해준 선구자들의 업적을 인정해야 한다는 것이 나의 생각이다. 지금까지 게임과 게임 디자인을 다룬 책들이 많이 나왔고 여기에서 소개하는 일부 책은 나의 게임 디자인 과정이나 게임 디자인에 대한 생각에도 심오한 영향을 미쳤다. 본문에서도 이러한 책들이 여러 번 언급되는 것을 확인할 수 있으므로 가능한 한 많이 읽기 바란다.

게임 디자인 워크숍 3/e

『게임 디자인 워크숍』(길벗, 2016)은 트레이시 플러턴, 크리스 스와인, 스티븐 S. 호프만이 처음 집필했고 현재 3판까지 출간됐다. 이 책은 내가 게임 디자인에 대한 조언이 필요할 때 여러 책 중에서도 가장 먼저 찾아보는 책이다. 이 책은 서던캘리포니아 대학교USC의 전체 게임 프로그램 과정(나도 2009~2013년에 여기서 강의함)의 기반이 된 트레이시와 크리스의 게임 디자인 워크숍 강의를 바탕으로 써졌다. USC 인터랙티브 미디어 & 게임즈 대학원 프로그램은 우수 게임 교육 과정을 평가해 발표하는 <프린스톤 리뷰Princeton Review>에서 매년 북미 최상의 게임 디자인 학교로 선정되고 있으며, 이러한 성공의 바탕에는 게임 디자인 워크숍과 이 강의가 있었다.

게임에 대한 이론에 중점을 두는 다른 책과는 달리 트레이시의 책은 신예 디자이너가 게임 디자인 기술을 연마하게 돕는 데 초점을 맞췄다. 나도 수년간(심지어 USC에서 일하기도 전에) 이 책을 교재로 사용했는데, 이 책에 실린 연습을 모두 성실하게 진행한다면 책을 끝낼 때는 상당히 훌륭한 종이 게임을 완성할 수 있을 것이다.

> Fullerton, Tracy, Christopher Swain, and Steven Hoffman, *Game Design Workshop: A Playcentric Approach to Creating Innovative Games*, 2nd ed. (Boca Raton, FL: Elsevier Morgan Kaufmann, 2008)

『The Art of Game Design(한국어판) 3/e 개정』(홍릉, 2022) – 제시 셸

제시 셸은 카네기멜론 대학교 수학 시절 나의 은사 중 한 명이었으며, 월트 디즈니 이미지니어링에서 수년간 테마파크를 디자인하면서 얻은 경험을 환상적인 게임의 디자인으로 만들어냈다. 『The Art of Game Design(한국어판) 3/e 개정』(홍릉, 2022)은 많은 현업 디자이너들에게 인기가 있는데, 책 전반에 걸쳐 100가지의 다른 렌즈를 통해 살펴본 원칙이라는 독특한 방식을 통해 게임 디자인에 접근하기 때문이다. 제시의 책은 이 책에서 다루지 않은 주제들도 다룬 아주 재미있는 책이다.

Jesse Schell, *The Art of Game Design: A Book of Lenses* (Boca Raton, FL: CRC Press, 2008)

그래스호퍼

버나드 슈츠의 『The Grasshopper』는 실제로 게임 디자인에 관한 책이 아니지만 게임이라는 단어의 정의에 대한 탁월한 설명을 보여준다. 이 책은 앞부분에서 소크라테스식 문답법을 떠올리게 하는 방법으로 베짱이(이솝 우화 〈개미와 베짱이〉를 인용)의 유언을 통해 게임의 정의를 제시하며 이를 비평하고 이해하는 데 책의 나머지 부분을 할애한다. 이 책은 또한 사회에서 게임과 놀이의 위치에 대한 질문을 거론하고 그 답을 모색한다.

Bernard Suits, *The Grasshopper: Games, Life and Utopia* (Peterborough, Ontario: Broadview Press, 2005)

게임 디자인 레벨업 가이드

스콧 로저스는 게임 개발 업계에서 수년간 근무한 경험과 지식을 재미있고 이해하기 쉬운 실용적인 책으로 엮어냈다. 『게임 디자인 레벨업 가이드』(에이콘, 2015)는 그와 내가 함께 레벨 디자인 강의를 할 때 사용하던 교재였다. 로저스는 만화 작가이기도 해서 그의 책에는 유머러스하고 도움이 되는 일러스트로 가득해 디자인 개념을 잘 이해하게 만들었다.

Scott Rogers, *Level Up!: The Guide to Great Video Game Design* (Chichester, UK: Wiley, 2010)

가상의 게임

크리스 베이트만은 『Imaginary Games』을 통해 게임이 정당한 학문적 연구 대상이라고 주장한다. 그는 여러 학술적, 실용적, 철학적 출처를 인용해서 설명해 나가며 요한 호이징아의 「호모 루덴스」, 로제 카이와의 「인간, 놀이 그리고 게임」, 메리 위슬리의 「The Game」 논문을 깔끔하고 이해하기 쉽게 풀어서 썼다.

Chris Bateman, *Imaginary Games* (Washington, USA: Zero Books, 2011)

게임 프로그래밍 패턴

로버트 나이스트롬 ^{Robert Nystrom} 의 『게임 프로그래밍 패턴』(한빛미디어, 2016)은 중급 수준의 게임 프로그래머를 위한 훌륭한 자료다. 나이스트롬은 게임 개발에 가장 유용하다고 생각하는 '소프트웨어 개발 패턴'(『Design Patterns: Elements of Reusable Object-Oriented Software』[1] 책에서 처음으로 분류함)을 설명한다. 여러분이 이미 게임 프로그래밍에 대한 경험이 있다면 알아봐야 할 정말 좋은 책이다. 그의 모든 예제는 C++와 비슷한 의사 코드로 돼 있지만 C#을 알고 있다면 이해하기 어렵지 않다. 종이책 또는 전자책 버전으로 구입할 수 있는데, 다음 주소에서 이 책의 본문 전체를 무료로 볼 수도 있다.

http://gameprogrammingpatterns.com

게임 디자인 이론

『Game Design Theory』에서 키스 버건은 현재의 게임 디자인과 개발에서 잘못이라고 생각하는 부분을 알아보고 슈츠보다 훨씬 좁은 개념의 게임 정의를 제안한다. 버건이 이 책을 쓴 목표는 게임 디자인 이론에 대한 논의를 도발적으로 촉구하는 것이었다. 버건 글의 논조는 크게 부정적이지만 그의 글은 흥미로운 점이 많으며 개인적으로 내가 게임 디자인을 이해하는 데 도움이 됐다.

---

1. Erich Gamma, Richard Help, Ralph Johnson, and John Vlissides, *Design Patterns: Elements of Reusable Object-Oriented Software* (Upper Saddle River, NJ: Addison-Wesley, 1995). 번역서: 『GoF의 디자인 패턴』(프로텍미디어, 2015)〉

Keith Burgun, *Game Design Theory: A New Philosophy for Understanding Games* (Boca Raton, FL: A K Peters/CRC Press, 2013)

우리의 디지털 프로토타입 제작 환경: 유니티와 C#

이 책의 모든 디지털 게임 예제는 유니티 게임 엔진과 C# 프로그래밍 언어를 바탕으로 한다. 나는 10년 이상 학생들에게 디지털 게임과 대화식 경험을 개발하도록 가르쳐 왔으며, 내 경험상 유니티는 (지금까지) 게임 개발을 위한 최고의 환경이다. 또한 게임 프로토타이퍼의 처음 프로그래밍 언어로 C#이 최고라는 것도 알게 됐다. 그 외의 다른 도구들은 배우기 아주 쉬워서 실제 프로그래밍이 필요하지 않지만(Game Maker와 Construct 2는 그 두 가지 예다) 유니티는 기본적으로 무료 패키지인데도 훨씬 더 많은 유연성과 성능을 제공한다(무료 버전의 유니티는 유료 버전과 거의 동일한 기능을 제공하며 이 책에서도 무료 버전의 유니티를 사용하고 있다). 언리얼은 많은 스튜디오에서 사용하는 또 다른 게임 엔진이지만 블루프린트 시스템의 단순 그래픽 프로그래밍과 엔진을 구축하는 아주 복잡한 C++ 코드 사이에 중간 영역이 거의 없다. 실제로 게임을 프로그래밍하고 성공적으로 수행하고 싶다면 바로 유니티가 여러분에게 필요한 엔진이다.

마찬가지로 C#보다 배우기 쉬운 프로그래밍 언어도 있다. 나도 과거에는 학생들에게 액션스크립트와 자바스크립트를 가르치기도 했다. 하지만 유연성과 기능 면에서 C#만큼 꾸준하게 만족스러운 언어는 없었다. 또한 C#을 배우는 것은 프로그래밍뿐만 아니라 좋은 프로그래밍 방법을 배우는 것을 의미한다. 자바스크립트와 같은 언어는 좋지 못한 프로그래밍 습관을 너무 많이 허용하기 때문에 오히려 개발 속도가 느려지는 경우가 많다. C#은 (엄격한 변수 타입 등을 통해) 올바른 프로그래밍 방식을 유도하며 이런 올바른 방식은 프로그래머 자질을 향상시킬 뿐만 아니라 더 빨리 코드를 작성할 수 있게 한다(예를 들어 엄격한 변수 타입은 아주 강력한 코드 힌트와 자동 완성을 가능하게 해서 코딩을 더 빠르고 정확하게 한다).

이 책의 대상 독자

게임 디자인이나 프로그래밍에 대한 책은 많다. 이 책은 이 두 가지 책들의 틈을 메워 서로의 부족한 부분을 보완할 의도로 쓰여졌다. 유니티와 같은 게임 개발 기술이 널리 보급됨에 따라 게임 디자이너가 디자인 아이디어를 종이 프로토타입으로 제작하는 데서 그치지 않고 실제 작동하는 디지털 프로토타입으로 제작하는 능력이 중요해지고 있다. 이 책은 다음과 같은 방법으로 이러한 작업을 할 수 있게 도와준다.

- **게임 디자인에 관심이 있지만 프로그래밍 경험이 없는 경우** 이 책은 이런 독자에게 적합하다. 1부에서는 게임 디자인에 대한 몇 가지 실용 이론을 소개하며 디자인 아이디어를 개발하고 구체화하는 데 도움이 되는 방법을 제시한다. 2부에서는 아무것도 모르는 상태에서 객체지향적인 클래스 계층 구조를 이해하기까지의 프로그래밍하는 방법을 배운다. 내가 대학 교수가 된 이래로 대부분의 강의는 비프로그래머에게 게임 프로그래밍 방법을 가르치는 데 초점을 맞춰왔다. 나는 이 책의 2부에서 그동안의 내 모든 경험을 응축해 넣었다. 3부에서는 다양한 게임 장르에 걸쳐 여러 게임 프로토타입을 개발하는 과정으로 안내한다. 각각은 컨셉으로부터 디지털 프로토타입 작업에 이르는 빠른 방법을 보여준다. 마지막으로 부록에서는 특정 게임 개발 및 프로그래밍 개념을 자세히 설명하고 책을 다 읽은 후에 자세히 알아볼 수 있는 자원을 알려준다. 이런 깊이 있는 내용은 부록 B에 대부분 배치해서 이후에도 이러한 내용을 쉽게 참고할 수 있게 했다.

- **프로그래머이면서 게임 디자인에 관심있는 경우** 이런 독자에게는 이 책의 1부와 3부가 가장 흥미로울 것이다. 1부에서는 게임 디자인에 대한 몇 가지 실용 이론을 소개하며 디자인 아이디어를 개발하고 구체화하는 데 도움이 되는 방법을 제시한다. C#에 능숙한 독자들은 C#을 소개하고 유니티에서 사용하는 방법을 설명하는 2부를 건너뛰어도 된다. 다른 프로그래밍 언어에 익숙한 독자는 C#이 C++와 비슷하지만 자바의 고급 기능을 갖추고 있

다고 이해하면 된다. 3부에서는 다양한 게임 장르에 걸쳐 여러 게임 프로토타입을 개발하는 과정으로 안내한다. 유니티에서의 게임 개발은 다른 게임 엔진에서 사용하는 게임 개발 방식과 아주 다르다. 개발의 요소 중 많은 부분이 코드 이외의 부분에서 처리된다. 각 프로토타입은 개념으로부터 디지털 프로토타입 작업에 이르기까지 유니티에서 가장 잘 작동하는 개발 스타일을 보여준다. 부록 B를 주의 깊게 들여다볼 필요가 있는데, 다양한 유니티 개발 개념에 대한 자세한 정보를 제공하며 나중에 다시 사용할 수 있게 레퍼런스 형식으로 정리돼 있다.

편집 규약

이 책에는 본문을 좀 더 쉽게 이해할 수 있도록 여러 작성 규칙을 정해 놓았다.

특정 버튼 이름, 메뉴 명령, 기타 여러 단어로 된 명사, 새 핵심 용어가 본문에 나오면 고딕체로 표시한다. 여기에는 Main Camera GameObject와 같은 용어가 들어간다. 메뉴 명령의 예는 Edit ➤ Project Settings ➤ Physics인데, 이는 메뉴 표시줄에서 Edit 메뉴를 선택하고 Project Settings 하위 메뉴를 거쳐 Physics를 선택하는 것을 의미한다.

책 요소

이 책에는 본문의 흐름에 맞지 않지만 유용하거나 중요한 정보를 다음과 같은 형태로 수록해놓았다.

> **Note**
> 이 형태의 설명은 유용하지만 중요하지 않은 정보용이다. 노트에 있는 정보는 주제에 대한 정보를 좀더 제공하는 선에서 본문과 약간 거리가 있는 흥미로운 내용이 될 것이다.

코드

이 책의 코드 예제에는 몇 가지 규칙을 적용했다. 코드 리스트의 특정 요소를 일반 단락 본문 속에서 언급하면 고정폭 글꼴로 나타냈다. 다음 코드 리스트의 변수 `variableOnExistingLine`이 이러한 표기의 예다.

코드 리스트 역시 고정폭 글꼴을 사용해서 다음과 같이 나타낸다.

```
1   public class SampleClass
2   {
3       public GameObject    variableOnExistingLine;                    // a
4       public GameObject    variableOnNewLine;                         // b
        ...                                                             // c
8       void Update() { ... }                                           // d
9   }
```

    a. 코드 리스트에는 주석이 달리는 경우가 많다. 여기서는 // a로 표시된 행에 대한 추가 정보가 첫 번째 주석에 포함된다.

    b. 일부 코드 리스트는 이전에 작성한 코드를 확장한 것이거나 C# 스크립트 파일에 원래 있던 내용이 포함된 경우가 있다. 이럴 경우 기존 행은 보통

글꼴로 표시되고 새로 추가된 행은 **굵은 글꼴**로 표시할 것이다. 이때 굵게 표시한 새 행의 위치를 확실히 알 수 있게 주위의 기존 행을 충분히 나타내려고 노력했다.

c. 코드를 생략한 부분(지면을 절약하기 위함)은 생략 부호(…)로 나타냈다. 여기 코드 리스트에서는 5행에서 7행까지 생략했다.

d. 기존 함수 또는 메서드의 전체 텍스트를 생략한 곳에서는 대개 중괄호 사이에 생략 부호({ … })로 표시했다.

1, 2부에 포함된 코드 리스트에는 대부분 행 번호가 함께 표시된다(위의 리스트에 나타난 것과 같다). 비주얼 스튜디오에 코드를 입력할 때는 행 번호를 타이핑하지 않는다(자동으로 모든 행 번호가 매겨진다). 3부와 4부에서는 코드 리스트가 길고 복잡하기 때문에 행 번호를 넣지 않았다.

마지막으로 코드 한 행이 너무 길어 페이지 너비를 넘어가면 다음 행 시작부분에 연속 문자 ➡를 표시하고 이어서 나타냈다. 이는 컴퓨터에 이 행을 입력할 때 하나의 행으로 입력해야 함을 나타낸다. 이 연속 문자는 타이핑해서는 안 된다.

이 책의 웹 사이트

원서의 웹 사이트는 http://book.prototools.net이지만 번역서의 내용을 유니티 2023 버전으로 업데이트했으므로 오타에 대한 정보나 장에서 언급한 파일에 대해서는 에이콘출판사의 도서정보 페이지 http://www.acornpub.co.kr/game-design-2e를 참고하기 바란다.

한국어판의 정오표는 에이콘출판사의 도서정보 페이지 http://www.acornpub.co.kr/book/game-design-2e에서 확인할 수 있다. 한국어판에 관해 질문이 있다면 에이콘출판사 편집 팀(editor@acornpub.co.kr)이나 옮긴이의 이메일로 연락주길 바란다.

PART 1

게임 디자인과
종이 프로토타입 제작

CHAPTER 1

디자이너답게 생각하기

우리의 여정은 여기서 시작된다. 1장에서는 이 책의 나머지 부분의 기반이 될 디자인의 기본 이론을 제시한다. 1장에서는 첫 번째 게임 디자인 연습을 하고 이 책의 근본 철학을 자세히 살펴본다.

여러분은 게임 디자이너다

이 순간부터 여러분은 게임 디자이너이니 큰 소리로 말해보자.[1]

"나는 게임 디자이너다."

다른 사람들이 들을 수 있게 크게 말해도 상관없다. 실제로 심리학자인 로버트 치알디니[Robert Cialdini]의 『설득의 심리학』[2] 책에 따르면 자신의 목표를 다른 사람 앞에서 공개적으로 말하면 목표를 이룰 가능성이 높아진다고 한다. 그러니 페이스북에 게시하고 친구에게 말하며 가족에게 알려도 좋다.

"나는 게임 디자이너다."

게임 디자이너가 된다는 것은 무엇을 의미할까? 이 책은 여러분이 그 질문에 답하고 자신의 게임을 만들 수 있는 도구를 제공할 것이다. 먼저 간단한 디자인 연습부터 시작해보자.

바톡: 게임 연습

이 연습은 게임 디자이너인 말콤 리안[Malcolm Ryan]이 Foundations of Digital Gaming 콘퍼런스의 게임 디자인 워크숍 세션에서 처음 소개한 것이다. 이 연습의 목적은 게임 규칙을 조금만 변경해도 게임 플레이 경험에 막대한 영향을 미칠 수 있음을 확인하는 것이다.

<바톡[Bartok]>은 카드 한 벌로 플레이하는 간단한 게임인데, 상용 게임 <우노>와 아주 비슷하다. 게임 디자인에 관심 있는 세 명의 친구와 이 게임을 하면 가장

---

1. 나는 사람들로 가득 찬 수업에서 이 말을 공개적으로 발표하게 시킨 전임 교수 제시 셸에게 감사한다. 그는 자신의 책 『The Art of Game Design: A Book of Lenses』(Boca Raton, FL: CRC Press, 2008)에서도 이렇게 말하도록 요구하고 있다.

2. Robert B. Cialdini, Influence: The Psychology of Persuasion (New York: Morrow, 1993). 번역서: 『설득의 심리학』(21 세기북스, 2019)

좋지만 혼자서도 할 수 있도록 디지털 버전의 게임도 준비했다. 종이 버전이든 디지털 버전이든 어느 것이라도 우리의 목적에 잘 맞는다.[3]

> ### 바톡의 디지털 버전 플레이하기
>
> 〈바톡〉의 디지털 버전은 이 책의 웹 사이트에 포함된 다음 링크를 통해 플레이해볼 수 있다.
> https://book.prototools.net/BartokWebBuild/BartokWebBuild.html

목표

손에 든 모든 카드를 버리는 첫 번째 플레이어가 돼라.

시작하기

〈바톡〉의 기본 규칙은 다음과 같다.

1. 표준 플레잉 카드 한 벌을 갖고 시작한다. 조커를 빼고 52장의 카드(에이스에서 킹까지 각 세트당 13장)를 남겨둔다.
2. 카드를 섞어 각 플레이어마다 7장씩 준다.
3. 나머지 카드는 뒤집어서 뽑기 더미에 둔다.
4. 뽑기 더미에서 맨 위의 카드를 뽑아 앞면이 위를 향하게 하고 버리기 더미에 놓는다.
5. 딜러의 왼쪽에 있는 플레이어부터 시작해 시계 방향으로 진행하며, 가능하면 각 플레이어는 버리기 더미 위에 카드를 놓아야 하고 버릴 카드가 없으면 플레이어는 카드 더미에서 하나의 카드를 가져와야 한다(그림 1.1).
6. 플레이어는 카드가 다음 중 하나일 경우 카드를 버리기 더미에 놓을 수 있다.

---

3. 이 책에 소개된 디지털 카드 게임의 카드 이미지는 크리스 아퀼라의 벡터 플레잉 카드 1.3(http://sourceforge.net/projects/vector-cards/)을 기반으로 제작한 것이다. 라이선스는 LGPL 3가 적용된다(http://www.gnu.org/copyleft/lesser.html).

a. 버리기 더미의 맨 위 카드와 같은 세트다(예를 들어 버리기 더미의 맨 위 카드가 클럽 2 (2C)라면 다른 클럽 카드를 버릴 수 있다).

b. 버리기 더미의 맨 위 카드와 같은 등급이다(예를 들어 버리기 더미의 맨 위 카드가 2C라면 다른 2 카드를 버릴 수 있다).

7. 먼저 모든 카드를 버린 플레이어가 승리한다.

그림 1.1 〈바톡〉의 최초 배치. 그림과 같은 조건에서 플레이어는 파란색 원으로 강조 표시된 카드(7C, JC, 2H, 2S) 중 하나를 낼 수 있다.

플레이테스팅

어떻게 돌아가는지 알고자 게임을 두어 번 해보라. 게임이 끝날 때마다 카드를 완전히 섞어야 한다. 버리기 더미에 비슷한 카드가 모이는 경우가 많으므로 잘 섞지 않으면 그다음 게임이 무작위가 아닌 카드 분포에 따라 결정될 수 있다.

분석: 올바른 질문하기

각 플레이테스트 후에 올바른 질문을 하는 것이 중요하다. 물론 각 게임마다 다음과 같은 가이드라인을 바탕으로 약간은 다른 질문이 필요하다.

- 의도된 대상에게 게임의 난이도가 적절한가? 너무 어렵거나 너무 쉬웠는가? 아니면 적당한가?
- 게임의 결과는 전략이나 행운 중 어느 것이 더 많이 작용했는가? 무작위성이 게임에서 너무 강한 역할을 하는가? 아니면 게임이 너무 결정적이어서 한 플레이어가 선두를 잡은 후에는 다른 플레이어가 따라잡을 수 없었는가?
- 게임에 의미 있고 흥미로운 결정이 있는가? 여러분의 차례가 될 때 여러분은 몇 가지 선택을 하는가? 그 선택들 간의 결정은 흥미로운 것인가?

---

4. 카드를 두 몽치로 나눠 엇갈리게 하며 섞는 방식 – 옮긴이

5. Persi Diaconis, 〈Mathematical Developments from the Analysis of Riffle Shuffling〉, Groups, Combinatorics and Geometry, edited by Ivanov, Liebeck, Saxl, World Scientific(2003): 73–97. 온라인에서 http://statweb.stanford.edu/~cgates/PERSI/papers/Riffle.pdf로도 볼 수 있다.

- 자신의 차례가 아닐 때도 게임이 재미있는가? 다른 플레이어의 차례에 어떤 효과를 주는가? 아니면 그들의 턴이 여러분에게 즉시 영향을 미치는가?

이것들은 가장 일반적인 질문이며 이외에 다른 질문을 많이 할 수 있다.

잠시 시간을 내어 방금 플레이했던 <바톡> 게임과 관련해 앞 질문에 대한 답을 생각해보라. 다른 플레이어와 이 게임의 종이 버전을 플레이할 거라면 질문에 대한 답변을 설문지에 적어 제출한 다음 이러한 답변에 대해 그룹으로 논의하는 것이 좋다. 이렇게 하면 다른 플레이어가 답변에 영향을 주지 않게 할 수 있다.

규칙 수정

이 책을 통해 알게 되겠지만 게임 디자인은 주로 다음과 같은 하나의 과정이다.

1. 규칙을 점진적으로 수정해 각 플레이테스트 사이에 극히 일부만 변경한다.
2. 새 규칙으로 게임을 플레이테스트한다.
3. 게임의 느낌이 새 규칙에 의해 어떻게 바뀌었는지 분석한다.
4. 원하는 방향으로 게임의 느낌을 줄 새 규칙을 디자인한다.
5. 게임이 만족스러울 때까지 이 과정을 반복한다.

반복적 디자인iterative design이란 게임 디자인에 대한 작은 변화를 결정하고 그 변화를 구현하며 게임을 플레이테스트하고 그 변화가 게임 플레이에 어떻게 영향을 미치는지 분석한 다음, 또 다른 작은 변화를 결정해 그 과정을 다시 시작해보는 반복 과정에 대한 용어다. 반복적 디자인은 7장에서 자세히 다룬다.

<바톡> 예제의 경우 다음 세 가지 규칙 변경 사항 중 하나를 선택해 플레이테스트까지 해보자.

- **규칙 1:** 플레이어가 2를 내면 왼쪽에 있는 사람은 플레이하는 대신 두 장의 카드를 뽑아야 한다.
- **규칙 2:** 맨 위 카드의 번호와 색상(빨간색 또는 검은색)과 일치하는 카드가 있는

플레이어는 '매치 카드!'라고 선언하고 카드를 낸다. 그러고 나서 방금 카드를 낸 플레이어의 왼쪽 플레이어로 계속 진행한다. 경우에 따라 차례를 건너뛰는 플레이어가 있을 수도 있다.

예를 들어 첫 번째 플레이어는 3C(클럽 3)를 낸다. 세 번째 플레이어가 3S를 가졌다면 '매치 카드!'라고 선언하고 내었던 3C의 위에 3S를 내는데, 그러면 두 번째 플레이어의 차례를 건너뛰게 된다. 그다음으로 네 번째 플레이어로 계속 진행된다.

- **규칙 3:** 플레이어는 카드가 하나만 남을 때 '라스트 카드'를 선언해야 한다. 다른 사람이 먼저 부르면 두 장의 카드를 가져와야 한다(총 카드 수가 세 개로 늘어남).

위 리스트의 규칙 변경 사항 중 하나만 선택해 새 규칙으로 두어 번 게임을 해본다. 그런 다음 각 플레이어에게 네 가지 플레이테스트 질문에 대한 답변을 써보게 하라. 또 다른 규칙을 사용해 플레이해보라(처음에는 새 규칙을 시도할 때 한 번에 하나씩만 사용하는 것이 좋다).

디지털 버전의 게임을 하는 경우 메뉴 화면의 체크박스를 사용해 다양한 게임 옵션을 선택할 수 있다.

> **Warning**
> **플레이테스팅 요행수에 주의하라**
> 묘한 섞기나 다른 외부 요인으로 인해 게임의 특정한 한 판이 보통 때와는 아주 다른 경우가 있다. 이를 요행수(fluke)라 하는데, 이러한 요행수를 기준으로 게임 디자인을 결정하지 않도록 주의해야 한다. 새 규칙이 지나치게 이상한 영향을 주는 것 같다는 생각이 들면 규칙을 변경해가며 게임을 여러 차례 반복해서 그 영향이 요행수인지를 확인해야 한다.

분석: 라운드 비교

다른 여러 규칙 옵션으로 게임을 해봤으므로 여러 라운드의 결과를 분석할 차례다. 기록한 것을 되돌아보면서 각기 다른 규칙 세트가 게임의 느낌에 어떤 영향을 미쳤는지 확인한다. 경험한 것처럼 간단한 규칙 변경만으로도 게임의 느낌을 크게 바꿀 수 있다. 다음은 앞서 나열한 규칙에 대한 일반적 반응이다.

- **원래 규칙**

  원래 규칙을 사용한 게임은 아주 지루하다는 의견이 많다. 원래 게임에는 흥미로운 결정이라는 것이 없고 패의 카드를 내다보면 선택의 가짓수 또한 점점 줄어들기 때문에 게임의 뒷부분으로 가면 유효한 선택이 하나밖에 없는 경우가 많아진다. 이 게임의 결과에는 운이 많이 작용하며 다른 플레이어의 선택이 자신에게 미치는 영향이 적기 때문에 다른 플레이어의 차례에 관심을 가질 필요도 없다.

- **규칙 1**: 한 플레이어가 2를 내면 왼쪽에 있는 사람은 카드를 내는 대신 카드 두 장을 뽑아야 한다.

  이 규칙은 플레이어가 다른 플레이어에게 직접 영향을 줄 수 있게 해서 게임에 대한 흥미를 높여준다. 그러나 플레이어가 2를 갖는 것은 전적으로 운에 따라 결정되고 왼쪽에 있는 플레이어에게만 영향을 줄 수 있다는 점에서 종종 불공평하게 보일 수 있다. 그래도 다른 플레이어(또는 오른쪽에 있는 플레이어)에게 영향을 줄 수 있다는 점에서 다른 플레이어의 차례에 더 관심을 갖게 만든다.

- **규칙 2**: 어떠한 플레이어라도 맨 위 카드의 번호와 색(빨간색 또는 검은색)이 일치하는 카드를 갖고 있다면 자신의 차례가 아니어도 '매치 카드!'를 선언하고 카드를 낼 수 있다. 그리고 나서 매치 카드를 선언한 플레이어 왼쪽에 있는 플레이어부터 게임이 계속된다.

  이 규칙은 게임에 대한 플레이어의 관심에 아주 큰 영향을 준다. 모든 플레이어는 다른 플레이어의 차례를 방해할 수 있기 때문에 상대의 차례에 더 많은 주의를 기울인다. 이 규칙을 적용한 게임은 다른 규칙을 사용한 게임보다 훨씬 더 극적이고 흥미로운 경우가 많다.

- **규칙 3**: 카드가 한 장만 남은 플레이어는 먼저 '라스트 카드!'를 선언해야 한다. 다른 사람이 먼저 선언하면 카드가 한 장만 남았던 플레이어는 카드 두 장을 뽑아서 가져야 한다.

이 규칙은 게임이 끝날 무렵에만 나오므로 대부분의 게임 플레이에는 아무런 영향을 미치지 않지만 플레이어가 끝에 가서는 어떻게 행동할지에 변화를 준다. 즉, 카드가 한 장만 남은 플레이어보다 먼저 "라스트 카드"를 선언하고자 흥미로운 긴장감이 형성된다. 이 규칙은 선두 플레이어가 규칙을 잊어버리면 다른 플레이어가 선두를 따라잡을 수 있는 기회를 주기 때문에 도미노와 카드 게임에서 흔히 볼 수 있다.

원하는 느낌의 게임 디자인하기

지금까지 <바톡>에 몇 가지 다른 규칙을 적용했을 때 어떤 변화가 일어나는지 확인했으므로 이제 게임 디자이너로서 게임을 개선해보자. 먼저 게임에서 어떤 느낌을 원하는지 결정해야 한다. 흥미롭고 치열한 느낌을 원하는가? 느긋하게 또는 천천히 게임을 즐기기를 원하는가? 아니면 요행보다 전략에 더 중점을 두고 싶은가?

어떠한 느낌의 게임을 원하는지 결정한 후에는 앞서 테스트한 규칙에 대해 생각해보고 게임을 원하는 방향으로 이끌기 위한 추가 규칙을 만들 수 있다. 다음은 게임의 새 규칙을 디자인할 때 고려해야 하는 몇 가지 팁이다.

- 한 번 플레이테스트할 때마다 한 가지만 변경한다. 한 번 게임을 해보고 여러 규칙을 변경한다면_(또는 사소한 수정이라도 한다면) 어떤 규칙이 게임에 어떤 영향을 주는지 알기 어렵다. 변경 사항을 점진적으로 유지하면 각각의 변경이 어떤 영향을 미치는지 알아내기 쉬워진다.
- 변경 사항이 클수록 게임의 느낌이 어떻게 달라졌는지 알아내고자 더 많이 테스트해야 한다. 사소한 변경이라면 한두 번만 게임을 해봐도 느낌이 어떻게 달라졌는지 알 수 있다. 하지만 중대한 규칙을 변경했다면 요행수에 영향을 받지 않도록 더 많이 테스트해야 한다.
- 게임의 느낌에 대한 숫자의 영향에 주의한다. 사소하게 보이는 변경도 게임 플레이에 아주 큰 영향을 줄 수 있다. 예를 들어 이 게임에 플레이어가 카드를 낼 수 있는 버리기 더미가 두 개이거나 플레이어가 7장이 아닌 5장

의 카드로 시작한다면 게임이 얼마나 빨리 끝날지 생각해보라.

물론 디지털 게임으로 작업할 때보다는 친구와 실제 카드로 게임을 할 때가 새 규칙을 적용하기가 훨씬 쉽다. 바로 이것이 디지털 게임을 디자인할 때도 종이 프로토타입이 중요한 이유다. 1부에서는 종이 디자인과 디지털 디자인에 대해 모두 다루지만 디지털 게임보다 훨씬 빠르게 개발하고 테스트할 수 있는 종이 게임으로 대부분의 예제와 디자인 연습을 진행할 것이다.

게임의 정의

본격적인 게임 디자인과 반복 과정에 대한 내용으로 진행하기에 앞서 먼저 게임이나 게임 디자인의 정의를 분명히 하는 것이 좋을 것이다. 이전에도 영리한 여러 사람이 게임이라는 단어를 정확하게 정의하고자 시도했었다. 다음은 이러한 정의를 연대순으로 정리한 것이다.

- 1978년, 버나드 슈츠[Bernard Suits](워털루대학교의 철학과 교수)는 『The Grasshopper』에서 '게임이란 불필요한 장애물을 극복하기 위한 자발적 시도'라고 선언했다.[6]
- 전설적 게임 디자이너인 시드 마이어[Sid Meier]는 "게임은 흥미로운 결정의 연속이다."라고 했다.
- 트레이시 풀러턴[Tracy Fullerton]은 게임 디자인 워크숍에서 게임을 '플레이어를 구조화된 충돌로 끌어들이고 이러한 불확실성에 의해 동일하지 않은 결과를 얻는 닫힌 형식적 체계'라고 정의했다.[7]
- 제시 셸[Jesse Schell]은 『The Art of Game Design(한국어판) 3e 개정』에서 게임의 여러 정의를 흥미롭게 소개한 후 "게임은 재미있게 접근할 수 있는 문제 해결 활동이다."라고 정의했다.[8]

---

6. Bernard Suits, *The Grasshopper* (Toronto: Toronto University Press, 1978), 56.
7. Tracy Fullerton, Christopher Swain, and Steven Hoffman, *Game Design Workshop: A Playcentric Approach to Creating Innovative Games*, 2nd ed. (Boca Raton, FL: Elsevier Morgan Kaufmann, 2008), 43.
8. Jesse Schell, *Art of Game Design: A Book of Lenses* (Boca Raton, FL: CRC Press, 2008), 37.

- 키스 버건[Keith Burgun]은 『Game Design Theory』에서 "게임은 참여 주체가 모호하고 내생적[9]으로 유의미한 결정을 통해 경쟁하는 규칙 체계다."라는 훨씬 제한적인 정의를 내렸다.[10]

여기에서 알 수 있듯이 이 모든 정의가 나름대로 의의가 있다. 사실 이보다 더 중요한 것은 이 저자들이 그 정의를 말하면서 우리에게 전달하고자 하는 의도일 것이다.

버나드 슈츠의 정의

슈츠는 '게임이란 불필요한 장애물을 극복하기 위한 자발적 시도'라는 짧은 정의 외에도 다음과 같이 더 길고 강력한 버전도 제시했다.

> 게임을 한다는 것은 규칙에 의해 허용되는 수단만 사용해 특정한 상태를 달성하려고 시도하는 것이며, 이러한 규칙은 더 효율적인 방법을 금지하고 덜 효율적인 방법을 허용하지만 이러한 규칙이 있어야 활동이 성립하기 때문에 규칙을 수용하는 것이다.

슈츠는 그의 책에서 이 정의를 다양하게 공격하고 다시 방어 논리를 제시한다. 나는 그 책을 읽으면서 확실히 그가 오늘날 일상적인 '게임'이라는 정의를 거의 정확하게 찾아냈다고 말할 수 있다.

하지만 이 정의는 1978년에 만들어졌으며 이 시기에도 디지털 게임과 롤플레잉 게임이 있었으나 슈츠는 이를 중요하게 여기지 않거나 의도적으로 무시했다는 사실을 기억할 필요가 있다. 실제로 그는 『The Grasshopper』의 9장에서 플레이어가 에너지를 소진할 만큼(어린이들이 다양한 스포츠를 즐기며 신체 에너지를 과도하게 소모하듯이) 극적인

---

9. 내생적(Endogenous)이란 내적 시스템에 내재돼 있거나 내적인 시스템으로부터 발생한다는 것을 의미하므로 '내생적으로 의미 있는 결정'이란 실제로 게임 상태에 영향을 미치고 결과를 변화시키는 결정이다. 〈팜빌(Farmville)〉에서 아바타 옷의 색을 바꾸는 것은 내생적으로 무의미하지만 〈메탈 기어 솔리드 4〉에서는 옷의 색을 바꾸면 적이 아바타를 감지하는 데 영향을 미치므로 의미가 있다.

10. Keith Burgun, *Game Design Theory: A New Philosophy for Understanding Games* (Boca Raton, FL: A K Peters/CRC Press, 2013), 10, 19.

플레이를 제공하는 게임이 더 이상 없다고 안타까워하기도 했는데, <던전 앤 드래 곤>과 같은 종류의 롤플레잉 게임이 그런 것이다.[11]

작은 사항이긴 하지만 이 정의에는 빠진 것이 있다. 즉, 게임에 대한 슈츠의 정의 는 게임이라는 단어의 의미를 정확하게 설명할 수 있지만 좋은 게임을 만들려고 하는 디자이너에게는 아무 도움도 되지 않는다.

내가 무슨 말을 하려고 하는지 이해하려면 잠시 시간을 내어 제이슨 로러[Jason Rohrer]의 환상적인 게임 <패시지[Passage]>(http://hcsoftware.sourceforge.net/passage/)를 플레 이해보라(그림 1.2 참고).[12] 이 게임은 플레이하는 데 5분 정도밖에 걸리지 않지만 짧은 게임이 발휘할 수 있는 능력을 아주 훌륭하게 보여주고 있다. 두어 번 이 게임을 플레이해보라.

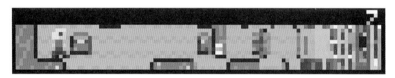

그림 1.2 제이슨 로러의 패시지(2007년 12월 13일 출시)

슈츠의 정의에 의하면 분명 이것은 게임이다. 사실 이 게임은 특히 '열린 게임'인 데, 그는 게임을 지속하는 것이 유일한 목적인 게임을 열린 게임으로 정의했다.[13] 〈패시지〉 게임에서 목표는 최대한 오랫동안 플레이하는 것이다. 그런데 여기에서 끝이 아니다. <패시지>에는 여러 잠재적인 목표가 있으며, 어떤 목표를 추구할지 는 플레이어의 선택이다. 이러한 목표에는 다음이 포함될 수 있다.

- 죽기 전까지 최대한 오른쪽으로 이동(탐험)
- 보물 상자를 찾아 최대한 많은 점수 획득(성취)

---

11. Suits, Grasshopper, 95.

12. 이 시점에서 〈패시지〉 게임은 십 년 넘게 지났으므로 새로 출시된 시스템에는 맞지 않아 실행이 안 되는 경우도 있었다. 하지만 나는 과거에 그런 점에 대해 슈츠에게 메일을 보냈더니 슈츠는 빌드를 업데이트했다.

13. 슈츠는 특정 목표를 갖는 닫힌 게임(예, 경주에서 결승선을 통과하거나 〈바톡〉에서 모든 카드를 내기)과 대비해서 열린 게임을 설명했다. 슈츠의 열린 게임에 대한 예는 아이들의 역할놀이 게임이 있다.

■ 파트너 찾기 (사회화)

예술적 문장으로서 <패시지> 게임의 요점은 이러한 각각의 목표가 인생의 목표일 수 있으며, 어느 정도까지는 이 목표들이 상호배타적이라는 것이다. 게임에서 일찍 결혼하면 혼자만 갈 수 있는 지역에는 함께 들어갈 수 없기 때문에(하지만 오른쪽으로 한 스텝 이동하면 하나가 아닌 두 곳이 생김) 보물 상자를 찾는 것이 더 어려워진다. 또한 보물을 찾으려면 세계의 수직 공간으로 이동해야 하므로 오른쪽에 있는 다른 경치는 볼 수 없게 된다. 반대로 오른쪽으로 이동하면 보물 상자는 거의 찾을 수 없게 된다.

아주 간단한 게임이지만 로러^{Rohrer}는 우리 모두가 인생에서 선택해야 하는 몇 가지 근본적인 결정을 보여주고 초반에 내리는 결정이 인생의 나머지 부분에 중대한 영향을 미칠 수 있음을 확인시켜준다. 여기서 중요한 것은 플레이어에게 선택권을 부여하고 자신의 선택이 중요하다는 것을 보여주는 점이다.

이는 내가 이 책에서 소개하는 많은 디자이너의 목표 중 하나인 **경험적 이해**experiential understanding다. 책과 같은 선형적 얘기는 캐릭터의 삶과 캐릭터가 내린 결정을 독자에게 보여줌으로써 캐릭터와의 공감을 유도할 수 있지만, 게임은 플레이어가 결정의 결과를 이해하는 데서 그치지 않고 플레이어에게 이러한 결정의 기회와 책임을 부여함으로써 결과에 함축된 충돌을 체험하고 결정에 따른 결과를 보여줄 수 있다. 8장에서는 경험적 이해와 그 외 디자이너의 목표를 좀 더 깊이 있게 알아본다.

시드 마이어의 정의

마이어는 "게임은 흥미로운 결정의 연속이다."라고 말하면서 게임이라는 단어의 정의에 대해서는 별로 말해주지 않았지만(게임은 아니지만 흥미로운 결정의 연속으로 분류할 수 있는 것들이 아주 많다) 그가 생각하는 좋은 게임에 대해 많은 것을 알 수 있다. <해적>, <문명>, <알파 센타우리> 등의 게임 디자이너로서 시드 마이어는 가장 성공적인 게임 디자이너 중 한 명이며, 플레이어에게 흥미로운 결정을 제공하는 게임을 계속 만들어왔다. 그러면 흥미로운 결정이 무엇인지에 대한 의문이 생길 수 있다. 흥미로운 결정이란 일반적으로 다음과 같은 것이다.

- 플레이어에게 유의미한 여러 옵션이 주어진다.
- 각 옵션은 긍정적이거나 부정적인 결과가 따른다.
- 각 옵션의 결과를 예측할 수는 있지만 보장되지는 않는다.

여기에서 디자이너의 두 번째 목표인 **흥미로운 결정 만들기**^{create interesting decisions}가 나온다. 플레이어에게 여러 옵션이 제공되지만 한 옵션이 다른 옵션보다 월등히 좋다면 옵션을 선택하는 경험은 사실상 없어져버린다. 올바르게 디자인된 게임은 종종 선택하기 쉽지 않은 여러 옵션을 플레이어에게 제시한다.

트레이시 풀러턴의 정의

트레이시는 그녀의 책에서 밝히고 있는 것처럼 게임의 철학적 정의보다는 디자이너에게 좋은 게임을 디자인하는 도구를 제공하는 데 훨씬 더 관심을 뒀다. 따라서 게임에 대해 그녀가 내린 '플레이어를 구조화된 충돌 세계로 끌어들이고 이러한 불확실성에 의해 동일하지 않은 결과를 얻는 닫힌 형식적 체계'라는 게임의 정의는 게임의 본질을 잘 얘기할 뿐만 아니라 다음과 같이 디자이너가 자신의 게임에서 수정할 수 있는 요소를 나열한다.

- **형식적 요소:** 다른 타입의 매체와 게임을 차별화하는 요소로서 규칙, 절차, 플레이어, 리소스, 목표, 경계, 충돌, 결과가 포함된다.
- **(동적) 체계:** 게임을 하는 동안 표현되는 상호작용의 방법이다.
- **충돌 구조:** 플레이어가 서로 상호작용하는 방법이다.
- **불확실성:** 결정성, 플레이어 전략, 무작위성 간의 상호작용이다.
- **동일하지 않은 결과:** 게임은 어떻게 끝날 것인가? 플레이어의 승리, 패배, 또는 다른 결말이 있는가?

플러턴 책에 나오는 또 다른 중요한 요소는 게임을 계속 만들어보라는 것이다. 게임 디자이너로서 성장하는 유일한 방법은 실제로 게임을 만드는 것이다. 형편

없는 게임을 만들게 될 수도 있지만(내 경우엔 확실히 그랬다) 좋지 않은 게임을 디자인하는 것조차도 배우는 과정의 일부며 어떤 게임이든 실제 게임을 만드는 동안 자신의 디자인 기술을 다듬고 더 좋은 게임을 만드는 방법을 이해하게 된다.

제시 셸의 정의

셸은 게임을 "재미있게 접근할 수 있는 문제 해결 활동이다."라고 정의했다. 이 정의는 여러 면에서 슈츠의 정의와 비슷하며 그 정의와 마찬가지로 플레이어의 관점에서 게임의 정의에 접근한다. 두 정의 모두에 따르면 플레이어가 재미있게 참여할 수 있는 것이 게임인 것이다. 실제로 슈츠는 그의 책에서 두 명이 동일한 활동에 참여할 때도 한 명에게는 그 활동이 게임일 수 있지만 다른 한 명에게는 그렇지 않을 수 있다고 주장한다. 그는 두 명이 각기 다른 이유로 참여하는 달리기 경주를 예로 들었는데, 한 사람은 경기를 위해 그냥 달릴 뿐이지만 다른 사람은 결승점 끝에 폭탄이 있음을 알아채고 폭발하기 전에 폭탄을 해체하고자 달린다. 슈츠에 따르면 이 두 명이 동일한 달리기 경주에 참여하고 있지만 단순히 경주에 참여하는 사람은 게임의 자세lusory attitude를 갖고 임하기 때문에 경주 규칙을 따를 것이다. 반면에 폭탄을 제거할 사람은 심각한 자세serious attitude(폭탄을 해체하는 데 당연히 필요함)를 가지므로 할 수만 있다면 규칙을 어기고 게임에는 관심이 없을 것이다.

Ludus는 놀이를 의미하는 라틴어 단어로서 슈츠는 게임을 즐기고자 자발적으로 참여하는 사람의 태도를 설명하는 데 게임의 자세라는 용어를 제안했다. 게임의 명시된 목표(슈츠가 게임 전의 목표pre-lusory goal라고 부르는 것)를 달성하기 위한 더 쉬운 방법이 있을지라도 플레이어가 자발적으로 게임의 규칙을 따르는 것은 바로 이 게임의 자세 때문이다. 예를 들어 골프에서 게임 전의 목표는 골프공을 컵에 넣는 것이지만 수백 야드 떨어진 곳에 서서 구부러진 막대기로 공을 치는 것보다 훨씬 쉽게 달성할 수 있는 방법이 많다. 사람들이 게임의 자세를 갖게 되면 게임의 과제를 극복하는 즐거움을 위해 게임의 제한을 받아들이게 된다.

그래서 또 하나의 디자인 목표는 게임의 자세를 자발적으로 받아들이게 하는 것이다. 게임은 플레이어가 규칙에 따른 제약을 즐겁게 수용하도록 디자인돼야 한다. 게임에 규칙이 필요한 이유와 그 규칙이 플레이어의 경험을 어떻게 바꾸는지를 생각해보라. 게임의 밸런스가 잘 잡혀 있고 규칙이 올바르다면 플레이어는 규칙의 제한을 거부감 없이 받아들일 것이다.

키스 버건의 정의

버건은 '참여 주체가 모호하고 내생적으로 유의미한 결정을 통해 경쟁하는 규칙의 체계'라고 게임을 정의했는데, 그는 게임이 점차 틀에 박힌 형식으로 변해가고 있다고 느꼈으며 이에 대한 담론을 활성화하고 게임의 의미를 이해하기 쉽게 정의하고자 이러한 설명을 사용했다. 이 정의의 핵심은 플레이어가 선택을 하는 것이며 그 선택이 모호하고(플레이어가 선택의 결과를 정확하게 미리 알 수 없음) 내생적으로 유의미하다는 것이다(선택은 게임 체계에 확실한 영향을 미치므로 유의미하다).

버건은 의도적으로 제한적인 게임 정의를 내려 많은 사람이 게임으로 여기는 것들(달리기 경주나 육체적 기술에 기반을 둔 그 외의 경쟁 등을 포함)뿐만 아니라 플레이어가 묘지를 걸어가는 노인의 역할을 하는 테일즈 오브 테일 사의 <그레이브야드^{The Graveyard}>와 같은 사색적인 게임도 제외시켰다. 이러한 게임에서의 결정은 모호하지 않거나 내생적으로 유의미하지 않기 때문이다.

버건이 이렇게 제한적인 정의를 내린 것은 게임을 고유하게 만드는 본질에 집중하고 싶었기 때문이다. 그리고 이 과정에서 몇 가지 훌륭한 점을 지적하는데, 그중 게임 경험이 재미있는지 여부가 게임인지 여부를 결정하는 것과는 관련이 없다는 것을 지적한다. 아무리 지루한 게임이라도 형편없는 게임일 뿐 여전히 게임이다.

다른 디자이너와의 논의에서도 어떤 활동이 게임이라는 용어에 포함될 수 있는지에 대해서는 많은 논쟁이 있었다. 게임은 지난 수십 년 동안 엄청난 양의 성장, 확장, 성숙을 경험한 매체이며 최근 인디 게임 개발의 폭발적 증가는 게임 전체의 성장을 더욱 가속하고 있다. 오늘날 다양한 성향과 배경을 가진 사람들이 그 어느 때보다 게임 분야에 참여함에 따라 이 매체의 정의도 함께 확장하고 있는데, 이를 게임 경계가 흐려지는 것으로 인식하는 사람들에게는 다소 불편한 현상일 수 있다. 이러한 현상에 대한 버건의 반응은 매체가 무엇인지에 대한 경계가 잘 정의돼 있지 않으면 해당 매체가 발전하기 어렵다고 하는 우려였다.

왜 게임 정의에 관심을 가져야 하는가?

1953년, 루드비히 비트겐슈타인은 『Philosophical Investigations』에서 게임이라는 용어가 일상적으로 많이 사용되면서 일부 특성(그는 가족 간의 닮음에 비유함)을 공유하는 아주 다른 것들을 의미하게 됐고 이제 하나의 정의로는 요약할 수 없게 됐다고 말했다. 1978년, 버나드 슈츠는 『The Grasshopper』에서 1장의 앞에서 소개한 게임의 구체적인 정의를 사용해 이 주장을 신랄하게 공격했다. 그러나 크리스 베이트만이 『Imaginary Games』에서 비트겐슈타인은 단어 게임을 하나의 예로 든 것이며 사물을 정의하고자 단어가 만들어지는 것이지 단어의 정의에 맞추고자 사물이 만들어지는 것은 아니라고 지적했다.

1974년(Philosophical Investigations와 The Grasshopper의 출판 사이의 시기), 철학자인 메리 미질리는 「The Game Game」이라는 논문에서 비트겐슈타인의 '가족 간의 닮음' 주장을 분석하고 게임이라는 단어가 존재하는 이유를 제시함으로써 이러한 주장을 반박했다. 이 논문에서는 게임이 만들어지고 게임이라는 단어가 한참 후에 생겼다는 점에는 동의하지만 게임과 같은 단어가 포함됐다고 해서 게임으로 정의하는 것이 아니라 게임을 충족시키는 요건에 의해 정의된다고 말하고 다음과 같이 주장했다.

> 어떤 것이 앉는 용도로 적절히 만들어졌다면 그것이 플라스틱 풍선이든, 아주 큰 거품이든, 천장에 매달린 바구니로 구성돼 있든 간에 의자로 받아들일 수 있다. 그 필요성을 이해한다면 올바른 특성을 지니고 있는지를 알 수 있으며 필요에 대한 편의성은 의자라면 공통으로 갖는 것이다.[14]

---

14. Mary Midgley. "*The Game Game*", Philosophy 49, no. 189 (1974): 231–53.

미질리는 그녀의 논문에서 게임이 충족해야 하는 몇 가지 요건을 설명하려고 했다. 그녀는 게임의 결과가 게임 외부에 영향을 주는 다양한 예를 소개하고 인간이 게임에 참여하는 이유가 있다는 점에서 게임이 닫힌 체계라는 개념을 완전히 부정했다. 그녀에게는 이러한 이유가 무엇보다 중요했다. 다음은 그녀가 언급한, 게임을 하는 몇 가지 이유다.

- **인간은 구조화된 충돌을 추구한다.** 미질리는 "체스 플레이어의 욕구는 특정한 규칙에 따라 억제되고 제한되는 보편적이고 추상적인 지적 활동이 아니라 체스 규칙에 의해 집중되는 아주 특수한 지적 활동이다."라고 지적했다. 슈츠가 그의 정의에서 지적한 것처럼 규칙은 이러한 제한을 극복하는 것이 플레이어에게 매력적이기 때문에 존재하는 것이다.
- **인간은 다른 사람이 되는 경험을 추구한다.** 우리는 모두 잘 알고 있듯이 한 가지 인생(한 번에 적어도 하나)만 살 수 있지만 놀이는 또 다른 삶을 경험하게 한다. <콜 오브 듀티> 게임에서는 군인의 삶을 경험하고, <그레이브야드>에서는 노인의 삶을 경험하며 햄릿의 역할을 하면 고난을 겪는 덴마크 왕자의 삶을 경험할 수 있다.
- **인간은 재미를 추구한다.** 액션 영화, 법정 드라마, 로맨스 소설 등 인기 있는 다른 여러 매체에서도 재미를 추구한다. 게임이 재미와 관련해서 대다수의 선형적인 매체와 다른 점은 관찰자로서 간접 체험을 통한 재미가 아니라 직접 참여하는 능동적인 재미를 느낀다는 것이다. 게임 플레이어는 다른 사람이 좀비들에게 쫓기는 것을 구경하는 것이 아니라 자기 자신이 쫓기게 된다.

미질리는 사회 안에서 게임의 중요성과 게이머들에게 미치는 긍정적 및 부정적 영향을 제대로 이해하려면 게임이 충족해야 하는 요건을 이해하는 것이 중요하다고 했다. 슈츠와 미질리는 비디오 게임이 널리 보급되고 게임 과몰입이 대중의 우려를 자아내기 훨씬 전인 1970년대에 이미 게임의 잠재적 중독성을 지적했다. 게임 디자이너로서 이러한 게임의 요건을 이해하고 그 힘을 인정하는 것이 중요하다.

정의의 모호한 특성

미질리가 지적했듯이 게임이라는 단어를 게임이 충족해야 하는 요건으로 정의하면 이해하는 데 도움이 된다. 하지만 그녀는 체스 플레이어가 체스만 하고 싶어 할 뿐 다른 게임을 하고 싶어 하지 않는다고 지적한다. 게임을 모두 포괄하는 정의를 내리기가 어려울 뿐만 아니라 같은 단어라도 시기나 대상에 따라 다른 의미일 수 있다. 내가 게임할 거라고 말하면 보통은 콘솔이나 비디오 게임을 의미하지만, 내 아내가 같은 말을 할 때는 대개 <스크래블>이나 단어 게임을 의미한다. 내 부모님이 게임을 하고 싶다고 말할 때는 앨런 알 문^{Alan R Moon}의 <티켓 투 라이드>(재미있는 보드 게임이지만 플레이어들이 지나치게 경쟁할 필요가 없음)와 같은 것을 의미하고, 내 장인어른이 게임을 하고 싶다고 말할 때는 카드 게임이나 도미노를 의미한다. 우리 가족 내에서조차도 이 단어는 제각각의 의미를 갖는다.

게임이란 단어의 의미도 계속해서 변하고 있다. 최초의 컴퓨터 게임이 만들어졌을 때 아무도 지금과 같이 수십억 달러의 산업이나 최근 몇 년간의 환상적인 인디 게임 르네상스 시대를 예상할 수 없었을 것이다. 당시의 시각으로는 그저 컴퓨터를 사용한 테이블톱 전쟁 보드 게임과 비슷한 게임이라고 생각했고(여기서 나는 <스페이스 워>가 생각난다) 기존의 게임과 구분하고자 사람들은 '컴퓨터 게임'이라고 불렀다.

디지털 게임의 발전은 기존의 장르를 기반으로 새 장르가 나오는 점진적 과정이었으며, 그 와중에 게임이라는 용어는 이러한 모든 게임을 포괄하도록 꾸준히 확장됐다.

이제는 예술 형식이 성숙해짐에 따라 많은 디자이너가 게임 분야에 뛰어들면서 그동안 디지털 게임을 만드는 데 개발된 기술 및 디자인 방법론과 자신의 전문 분야를 접목한 게임을 선보이고 있다(물론 여러분도 그중 한 명일 수 있다). 이러한 새 아티스트와 디자이너가 이 분야에 진출하면서 그중 일부는 기존의 전형적인 게임과는 아주 다른 게임을 만들고 있다. 물론 나는 이 현상이 아주 멋진 일이라고 생각한다. 그리고 이것은 나만의 생각이 아니다. 국제 인디 게임 페스티벌인 인디케이드^{IndieCade}에는 매년 게임의 기존 개념을 벗어나는 새로운 게임을 선보이고 있다. 페스티벌 위원장인 세실리아 피어스^{Celia Pearce}와 페스티벌 감독인 샘 로버츠^{Sam Roberts}에 따르면 독립 개발자가 게임으로서 대화식 작업물^{interactive piece}을 제출하면 인디케이드에서는 이를 게임으로 받아들인다고 한다.[15]

요약

지금까지 서로 연관되기도 하고 때로 상충하는 게임의 모든 정의를 알아봤는데, 왜 게임이라는 단어의 정의를 얘기하는 데 이렇게 많은 시간을 할애했는지 궁금할 것이다. 나 역시 교육자이자 게임 디자이너로서 일상에서는 게임이라는 단어의 정의는 그다지 신경 쓰지 않는다. 셰익스피어가 말한 것처럼 장미를 다른 이름으로 불러도 여전히 달콤한 향기가 날 것이고 가시 돋친 아름답고 연약한 꽃일 것이다.

하지만 나는 다음과 같은 세 가지 이유 때문에 디자이너로서 게임의 정의를 이해하는 것이 중요하다고 생각한다.

- 정의는 사람들이 게임에서 무엇을 원하는지 이해하는 데 도움이 된다. 특히 특정 장르나 특정 대상을 위한 게임을 디자인하는 경우 더 많은 것을 미리 알 수 있다. 대상 플레이어가 용어를 어떻게 정의하는지 이해하면 이들을 위한 더 좋은 게임을 만들 수 있다.
- 정의를 알면 정의된 개념의 정통 게임과 변종 게임을 구분할 수 있다. 1장을 읽는 동안 여러 사람이 주장한 여러 정의를 살펴봤는데, 이러한 각각의 정의에는 핵심 게임과 변종 게임 모두 들어간다(즉, 정의에 완벽히 부합하는 정통 게임과 정의에 간신히 일치하는 변종 게임). 이러한 변종 게임에도 해당되지 않는 영역은 새로운 게임을 만들 수 있는 흥미로운 영역일 수 있다. 예를 들어 게임이 닫힌 체계인지 여부에 대한 풀러턴과 미질리의 의견 차이는 2000년대 놀이의

---

15. 인디케이드 이스트 2014에서 세실리아 피어스와 샘 로버츠가 제공하는 페스티벌 서브미션 워크숍에서 이 말이 언급됐으며, 인디케이드 제출 웹 사이트인 http://www.indiecade.com/submissions/faq/에 나와 있다.

닫힌 '매직 서클^{Magic Circle}'을 넘나드는 장르인 가상 현실 게임^{ARG, Alternate Reality Games}의 토대가 됐다.[16]

- 정의를 알면 이 분야의 다른 사람들과 능숙하게 대화할 수 있다. 1장에는 다른 장보다 상당히 더 많은 참조와 각주가 있는데, 나는 여러분이 특정한 책에 국한되지 말고 게임의 철학적 의미를 더 자세히 알아보기를 원했기 때문이다(특히 이 책이 디지털 게임 제작의 실용적 측면에 중점을 두기 때문에 더욱 그렇다). 이러한 각주를 활용해서 소스 자료를 읽으면 게임에 대한 이해 수준을 향상시킬 수 있다.

이 책에서 다룰 내용의 핵심

이 책은 단순히 게임을 디자인하는 방법만 가르치는 것이 아니다. 사실 모든 종류의 인터랙티브 경험^{interactive experience}을 만드는 방법을 가르친다. 내가 정의하는 인터랙티브 경험은 다음과 같다.

> 인터랙티브 경험이란 디자이너가 규칙, 매체, 기술을 통해 서술하고 사람들이 놀이를 통해 이해하는 모든 경험을 말한다.

따라서 인터랙티브 경험은 상당히 광범위한 용어다. 실제로 사람들을 위한 경험을 만들 때는(게임을 디자인하거나, 깜짝 생일 파티를 계획하거나, 심지어 결혼식을 계획하든지) 게임 디자이너로서 배운 것과 같은 도구를 사용할 것이다. 이 책에서 설명하는 과정들은 게임 디자인에 접근하는 올바른 방법 그 이상이다. 이들 과정은 모든 디자인 문제에 대한 적절한 해결책이고, 7장에서 소개할 디자인의 반복적 과정은 어떠한 디자인이든 품질을 개선하고자 꼭 필요한 방법이다.

---

16. 최초의 대규모 ARG는 〈마제스틱〉(일렉트로닉 아츠, 2001)인데, 한밤중에 플레이어에게 팩스와 이메일을 보내는 게임이었다. 이보다 규모가 작은 ARG로는 〈어쌔신(Assassin)〉 게임이 있는데, 이 게임은 여러 대학의 캠퍼스에서 강의 외의 시간에 언제든지 서로를 암살(대개 너프건 또는 물총을 사용하거나 사진을 찍음)할 수 있다. 이 게임의 재미는 일상생활 중에 언제든지 일어날 수 있다는 것이었다.

처음부터 훌륭한 게임 디자이너로 태어나는 사람은 없다. 내 친구 크리스 스웨인 ^{Chris Swain}[17]은 토마스 에디슨의 명언을 인용해 "게임 디자인은 1%의 영감과 99%의 반복이다."라고 말하길 좋아한다. 이 친구의 말이 전적으로 옳은데, 게임 디자인 의 좋은 점 중 하나는 (앞서 언급한 멋진 파티나 결혼식과는 달리) 게임을 테스트하고 나서 사소한 부분을 수정하고 다시 게임을 해보는 절차를 얼마든지 반복할 수 있다는 점이다. 각 프로토타입을 제작할 때마다(그리고 각 프로토타입을 반복할 때마다) 디자이너로서의 기술은 점점 향상된다. 이와 마찬가지로 디지털 개발을 다루는 각 부분으로 진행해도 실 험과 반복을 계속해야 한다. 코드 샘플과 실습은 플레이 가능한 게임 프로토타입 을 제작하는 방법을 보여주지만 이 책의 모든 실습은 여러분이 디자이너의 역할 을 시작하는 부분에서 끝난다. 제공되는 프로토타입은 모두 더 크고 안정적이며 균형 잡힌 게임을 만들 수 있으니 직접 해보기를 권장한다.

다음 단계

지금까지 간단한 게임 디자인을 경험하고 다양한 게임 정의를 알아봤으므로 게임 디자이너가 게임과 게임 디자인을 이해하는 데 사용할 수 있는 몇 가지 분석적 프레임워크에 대해 심층적으로 알아볼 차례다. 2장에서는 오랫동안 사용된 다양 한 프레임워크를 알아보고 그다음에는 이러한 프레임워크를 활용해 이 책의 나머 지 부분에서 사용할 계층형 4 요소 프레임워크로 합성한다.

---

17. 크리스 스웨인은 크리스 풀러턴과 함께 게임 디자인 워크숍의 첫 번째 판을 공동 집필했으며 수년 동안 서던 캘리포니아 대학교에서 같은 이름으로 강의를 했다. 현재 그는 기업가이자 인디 게임 디자이너다.

CHAPTER 2

게임 분석 프레임워크

게임학(Ludology)이란 게임과 게임 디자인을 공부하는 학문이다. 지난 10년 넘게 전문가들은 게임을 이해하고 게임의 구조와 근본적 요소를 논의하며 플레이어와 사회에 미치는 영향을 분석하고자 다양한 게임의 분석적 프레임워크를 제시했다.

2장에서는 디자이너로서 여러분이 알아야 할 가장 보편적으로 사용되는 프레임워크를 소개한다. 3장에서는 이들 일반적인 프레임워크에서 얻은 아이디어로 이 책 전반에 걸쳐 사용할 계층형 4 요소를 만든다.

게임학의 일반적인 프레임워크

2장에서 소개할 프레임워크는 다음과 같다.

- **MDA:** 로빈 후니케, 마크 르블랑, 로버트 주벡이 처음 제안한 MDA란 메카 닉스^{Mechanics}, 다이내믹스^{Dynamics}, 미학^{Aesthetics}을 의미한다. 전문 게임 디자 이너에게 가장 익숙한 프레임워크며 디자이너와 플레이어가 게임에 접근 하는 방식의 차이를 얘기하는 데 중요한 개념이다.
- **FDD(형식적, 극적, 동적 요소):** 게임 디자인 워크숍에서 트레이시 풀러턴과 크리스 스웨인이 제안한 FDD 프레임워크는 디자이너가 더 나은 게임을 만들고 아이디어를 개선하기 위한 구체적인 분석 도구에 중점을 둔다. 이 프레임워크는 영화 스튜디오의 역사에 영향을 많이 받았다.
- **4 요소:** 제시 셸이 저술한 『The Art of Game Design』 책에서 제안한 프레 임워크로서 4 요소는 게임을 네 가지 핵심 요소(메카닉스^{mechanics}, 미학^{aesthetics}, 스토리^{story}, 기술^{technology})로 나눈다.

이들 프레임워크에는 각각 장단점이 있으며, 각 프레임워크는 이 책에서 소개할 계층형 4 요소에 영향을 준다. 여기서는 발표된 순서대로 다룬다.

MDA: 메카닉스, 다이내믹스, 미학

MDA는 게임 개발자 콘퍼런스 2001에서 처음 제안됐으며 2004년 「MDA: 게임 디 자인과 게임 연구에 대한 형식적 접근」[1] 논문에서 공식 발표됐는데, 가장 일반적 으로 참조되는 게임학의 분석 프레임워크다. MDA의 핵심 요소는 다음의 세 가지 다. 첫째, 메카닉스, 다이내믹스, 미학에 대한 정의다. 둘째, 디자이너와 플레이어 가 게임을 보는 각 관점에 대한 이해다. 셋째, 디자이너가 미학적 렌즈를 통해

---

1. Robin Hunicke, Marc LeBlanc, and Robert Zubek, "MDA: A Formal Approach to Game Design and Game Research", in *Proceedings of the AAAI workshop on Challenges in Game AI Workshop* (San Jose, CA: AAAI Press, 2004), http://www.cs.northwestern.edu/~hunicke/MDA.pdf.

게임에 먼저 접근하고 나서 그 미학을 생성할 수 있도록 메카닉스와 다이내믹스 쪽으로 거꾸로 작업해 나가는 제안이다.

메카닉스, 다이내믹스, 미학의 정의

2장에서 설명하는 세 개의 프레임워크에 대해 혼동될 수 있는 점은 각 프레임워크가 동일한 단어를 조금씩 다른 의미로 사용하고 있다는 것이다. MDA에서는 이들 용어를 다음과 같이 정의한다.[2]

- **메카닉스:** 데이터 표현과 알고리듬 수준에서 게임을 나타내는 구체적인 컴포넌트
- **다이내믹스:** 시간에 따른 플레이어 입력과 출력에 반응하는 메카닉스의 실시간 동작
- **미학:** 플레이어가 게임 체계와 상호작용할 때 발생하는 바람직한 감정 반응[3]

게임에 대한 디자이너와 플레이어의 관점

MDA에 따르면 디자이너는 먼저 플레이어가 게임을 하는 동안 느끼는 감정을 좌우하는 미학적 관점에서 게임을 고려해야 한다. 디자이너가 미학을 결정한 후에는 반대 방향으로 그러한 느낌을 불러일으킬 수 있는 다이내믹스를 구성하고, 마지막으로 그러한 다이내믹스를 창출할 게임 플레이 메카닉스를 만든다. 플레이어는 이와는 반대 방향으로 게임을 보게 된다. 먼저 메카닉스를 경험하고(게임 규칙 설명서를 읽는 경우가 많음) 그다음에 게임 플레이를 통해 다이내믹스를 경험하며, 마지막으로 (바라건대) 디자이너가 처음에 예상한 미학을 경험한다(그림 2.1 참고).

---

2. Ibid. p. 2.
3. 이것은 미학의 아주 독특한 정의라는 점에 유의한다. 어떠한 프레임워크라도 미학을 이런 식으로 정의하지 않는다. 미학은 보통 아름다움, 추함 등의 개념과 관련된 철학의 한 분야를 말한다. 좀 더 구어적으로 말하자면 디자인 미학이란 잘 결합된 디자인 의도다.

그림 2.1 MDA에 따르면 디자이너와 플레이어는 서로 다른 방향으로 게임을 바라본다.[4]

미학, 다이내믹스, 메카닉스 순서의 디자인

MDA는 이러한 다양한 견해를 바탕으로 디자이너가 먼저 플레이어에게 부여하려는 감정 반응(미학)을 결정하고 나서 게임에서 선택된 미학에 맞는 다이내믹스와 메카닉스를 만들고자 역방향으로 작업해야 한다고 제안한다.

예를 들어 아동용 게임은 플레이어가 게임을 잘하고 있으며 게임이 끝날 때까지 승리할 가능성이 있다고 느낄 수 있도록 디자인된다. 이런 느낌을 받으려면 게임의 끝이 필연적이지 않고 게임 내내 행운을 바랄 수 있어야 한다. 이런 디자인 예를 <뱀과 사다리> 게임에서 확인해보자.

뱀과 사다리

<뱀과 사다리>는 고대 인도에서 유래한 아동용 보드 게임이며 현지에서는 목샤 파타무Moksha Patamu[5]라고 부른다. 이 게임은 기술이 필요 없고 순전히 운에 따라 결과가 결정된다. 플레이어는 각 턴마다 주사위 하나를 굴려 나온 수만큼 자신의 말을 움직인다. 처음에는 보드에 말을 놓지 않으므로 플레이어가 첫 번째 턴으로 주사위를 던져 나온 숫자의 칸에다가 말을 놓는다. 즉, 플레이어가 첫 번째 턴에서 1을 굴리면 보드의 1번 칸에 놓는다. 게임의 목표는 맨 먼저 보드의 끝(100번 칸)에 도달하는 것이다. 말이 녹색 화살표(사다리)가 출발하는 칸에 들어가면 화살표 끝의 칸으로 이동해야 한다(예를 들어 1번 칸에 들어가면 38번 칸으로 이동해야 한다). 마찬가지로 빨간색 화살표(뱀)가 출발하는 칸에 들어가면 화살표 끝의 칸으로 이동해야 한다(예를 들어

4. 다음 원문을 변형: Hunicke, LeBlanc, and Zubek, "MDA: A Formal Approach to Game Design and Game Research", 2.
5. Jack Botermans, The Book of Games: Strategy, Tactics, & History (New York/London: Sterling, 2008), 19.

87번 칸에 들어가면 24번 칸으로 이동해야 한다).

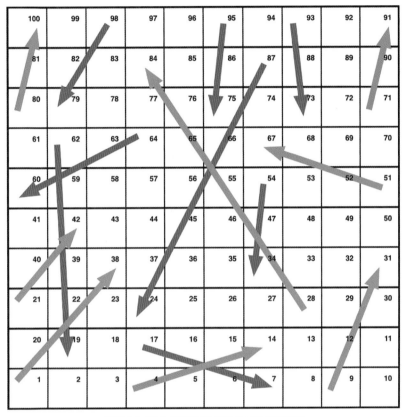

그림 2.2 〈뱀과 사다리〉의 클래식 보드 레이아웃

그림 2.2에 나타낸 보드 레이아웃에서 뱀과 사다리의 위치는 아주 중요하다. 다음은 몇 가지 예다.

- 1 → 38 사다리가 있다. 첫 번째 턴에서 1을 굴린 플레이어는 (제일 작은 수를 얻은 탓에 운이 없다고 느끼겠지만) 즉시 38로 이동해 유리한 위치를 선점한다.
- 게임의 마지막 행에는 세 개의 뱀이 있다(93 → 73, 95 → 75, 98 → 79). 이들은 게임을 끝내려는 플레이어들의 속도를 늦춰 뒤쳐진 플레이어가 따라잡을 수 있는 기회를 준다.

- 뱀 87 → 24와 사다리 28 → 84는 아주 흥미로운 한 쌍이다. 한 플레이어가 28번 칸에서 84번 칸으로 이동하면 상대방은 87번 칸에 걸려서 24번 칸으로 되돌아가기를 바랄 수 있다. 반대로 한 플레이어가 87번 칸에 걸려 24번 칸으로 되돌아가면 다시 28번 칸에 걸려 84번 칸으로 올라가기를 바랄 수 있다.

뱀과 사다리 배치의 이런 예는 플레이어에게 희망을 주며 게임에서 위치의 극적인 변화를 기대할 수 있게 한다. 보드에 뱀과 사다리가 없다면 상당히 뒤처진 플레이어는 앞선 플레이어를 따라잡을 가능성이 거의 없다.

이 원래 버전의 게임에서 의도된 미학은 플레이어가 희망과 행운의 반전 그리고 게임의 흥분을 느끼게 하는 것이다. 이 게임에서 메카닉^{mechanic6}이란 뱀과 사다리를 넣는 것이고, 다이내믹^{dynamic}이란 뱀과 사다리를 교차하도록 배치해서 메카닉스를 접한 플레이어에게 희망과 흥분이라는 미학적 체험을 전달하는 것이다.

더 전략적 게임을 위한 뱀과 사다리의 수정

청소년과 성인 플레이어는 도전을 제공하는 게임을 원하는 경우가 많고 보통은 순수한 운보다는 전략적 선택을 통해 게임에서 승리하기를 원한다. 디자이너가 게임의 느낌을 더 전략적으로 수정하려고 한다면 보드는 그대로 두고 규칙^(메카닉스의 요소)을 수정해 미학적 변화를 달성할 수 있다. 다음 규칙을 추가하면 이러한 효과를 얻을 수 있다.

1. 각 플레이어는 하나 대신 두 개의 말을 갖는다.
2. 차례가 되면 두 개의 주사위를 굴린다.
3. 말 하나에 두 주사위를 사용할지 아니면 각 말에 한 주사위를 사용할지 결정할 수 있다.
4. 주사위 하나를 포기하고 다른 주사위에 나온 수만큼 상대방의 말을 뒤쪽

---

6. 특정 게임 요소 하나만 관장하는 규칙이면 단수형인 메카닉, 여러 요소를 관장하는 규칙이면 복수형인 메카닉스, 규칙 모음을 지칭할 때는 메커니즘이란 용어를 사용하는 것으로 이해하면 쉽다. – 옮긴이

으로 움직이게 할 수 있다.

5. 플레이어의 말이 상대방의 말과 같은 칸에 들어가면 상대방의 말을 한 줄 밑으로 내려 보낸다(예를 들어 48번 칸에서는 33번 칸으로 내려오고 33번 칸에서는 28번 칸으로 내려오는 데, 이때 사다리에 걸리게 되므로 다시 84번 칸으로 올라간다).

6. 플레이어의 말이 자신의 다른 말과 같은 칸으로 들어가면 다른 말을 한 줄 위로 올려 보낸다(예를 들어 61번 칸에서는 80번 칸으로 올라가고 다시 100번 칸까지 올라간다).

이렇게 변경하면 플레이어가 훨씬 다양한 전략 결정(게임의 다이내믹 플레이로의 변경)을 내릴 수 있다. 특히 규칙 4와 5를 활용하면 다른 플레이어를 직접 방해하거나 도울 수 있으므로[7] 다른 플레이어와 연합을 맺거나 적대 관계가 될 수 있다. 규칙 1 ~ 3은 좀 더 전략적인 결정을 가능하게 해서 게임이 운에만 좌우되지 않게 한다. 주사위를 어느 말에 적용할지 선택할 수 있고 말을 선택하지 않을 수도 있기 때문에 영리한 플레이어라면 자신의 말을 뱀이 있는 칸으로 보내지 않을 수 있다.

이는 디자이너가 메카닉스를 수정해 다이내믹 플레이를 변경하고 미학적 목표를 달성하는 여러 가지 예의 하나일 뿐이다.

형식적, 극적, 동적 요소

MDA가 디자이너와 비평가의 게임에 대한 이해와 논의를 돕고자 만들어졌다면 트레이시 플러턴과 크리스 스웨인이 서던 캘리포니아 대학교의 게임 디자인 워크숍 강의에서 학생들을 가르치고자 만든 FDD(형식적, 극적, 동적 요소)[8]는 게임을 효과적으로 디자인하고자 만들어졌다.

이 프레임워크는 게임을 다음과 같이 세 가지 유형의 요소로 나눈다.

---

7. 이를 이용해 다른 플레이어를 돕는 예는 다른 플레이어의 말을 한 줄 아래로 내려 보냈을 때 내려 보낸 자리에 사다리의 시작 부분이 있을 경우다.

8. Tracy Fullerton, Christopher Swain, and Steven Hoffman. *Game Design Workshop: A Playcentric Approach to Creating Innovative Games*, 2nd ed. (Boca Raton, FL: Elsevier Morgan Kaufmann, 2008).

- **형식적**^{Formal} **요소:** 게임을 다른 유형의 매체나 상호작용과 차별화하면서 게임의 구조를 제공하는 요소다. 형식적 요소에는 규칙, 자원, 경계 등이 들어간다.

- **극적**^{Dramatic} **요소:** 게임의 스토리와 내러티브를 말하는데, 여기에는 전제가 들어간다. 극적 요소는 게임을 하나로 연결하고 플레이어가 규칙을 이해하게 도와주며 플레이어가 게임의 결과에 감정적으로 집중하게 만든다.

- **동적**^{Dynamic} **요소:** 게임을 움직인다. 플레이어가 게임에 참여하면 규칙이 실제 게임플레이가 되고 게임은 동적 요소가 된다. 동적 요소에는 전략, 행동, 게임 엔티티 간의 관계 등이 들어간다. 동적 요소는 MDA의 다이내믹스와 관계가 있지만 메카닉스의 실시간 동작만을 포함하는 것은 아니기 때문에 더 포괄적인 개념이라는 점에 유의해야 한다.

형식적 요소

게임 디자인 워크숍에서는 다음과 같이 다른 형태의 미디어와 차별화되는 게임의 형식적 요소 일곱 가지를 제안했다.

- **플레이어 상호작용 패턴:** 플레이어는 어떻게 상호작용하는가? 게임이 싱글 플레이어, 일대일, 팀 대 팀, 다자간 경쟁(대부분의 보드 게임과 같이 다수의 플레이어 간 상호경쟁), 일방적 경쟁(예, 〈마리오 파티〉 미니게임이나 〈스코틀랜드 야드〉라는 보드 게임과 같이 다수 플레이어와 한 명이 경쟁), 협동 플레이 또는 다중 개인 플레이어 대 게임 체계의 경쟁을 다루는가?

- **목표:** 플레이어가 게임 안에서 달성하려는 목표다. 목표는 게임 안에서 언제 그리고 어떤 플레이어가 승리하는지 결정한다.

- **규칙:** 규칙은 게임에 허용되는 일과 금지되는 일을 지정해서 플레이어의 행동을 제한한다. 게임에 명시적으로 포함된 규칙 외에도 모든 플레이어가 암묵적으로 이해하는 규칙도 있다(예를 들어 〈모노폴리〉 게임에서는 은행의 돈을 훔칠 수 없다는 명시적 규칙은 없다).

- **절차**: 게임에서 플레이어가 수행하는 행동의 유형이다. <뱀과 사다리>의 규칙에서는 주사위를 굴려서 나온 수만큼 말을 이동시키라고 한다. 규칙이 지시하는 절차는 주사위를 굴려 말을 이동시키라는 것이다. 여러 규칙의 상호작용으로 절차가 정의되는 경우도 많다. 규칙에 정의되지 않은 절차도 있다. 가령 블러핑은 포커의 규칙에 명시적으로 정의되지 않았지만 이 게임에서 중요한 절차다.
- **자원**: 자원은 게임 안에서 가치가 있는 요소를 말한다. 여기에는 돈, 체력, 아이템, 재산 등이 포함된다.
- **경계**: 게임과 현실의 경계는 무엇일까? 요한 하위징아^{Joan Huizinga}는 그의 책 『호모 루덴스^{Homo Ludens}』에서 현실의 규칙이 아닌 게임의 규칙이 적용되는 일시적인 세계를 어떻게 만들어내는지 설명했는데, '매직 서클^{Magic Circle}'이라는 용어로 그 세계를 소개했다. 축구나 아이스하키와 같은 스포츠에서 매직 서클은 경기장의 경계를 의미하지만 <I Love Bees>(해일로 2 관련 ARG)와 같은 대체 현실 게임^{alternative reality game}[9]에서는 그 경계가 모호하다.
- **결과**: 게임은 어떻게 끝났는가? 게임에는 최종 결과와 점증적 결과가 있다. 체스와 같은 제로섬 게임에서는 한 사람이 이기고 다른 사람은 지는 최종 결과가 있다. <던전 앤 드래곤>과 같은 펜과 종이 롤플레잉 게임에서는 플레이어가 적을 처치하고 레벨을 얻을 때 점증적 결과가 발생하며 심지어 플레이어가 죽더라도 플레이어를 부활시키는 방법이 있기 때문에 최종 결과는 아니다.

풀러턴은 어떤 요소가 형식적 요소인지 확인하려면 게임에서 그 요소를 제거했을 때 게임이 유지되는지 확인하면 된다고 했다. 규칙이나 결과 등을 게임에서 제거하면 더 이상 게임이 유지되지 않는다.

---

9. 약어로 ARG라고 하며 가상의 공간이나 가상의 사이트를 만들어 사용자들을 이런 곳에 접속할 수 있게 해서 실제 상황처럼 느끼게 하는 것이다. – 옮긴이

극적 요소

극적 요소는 플레이어가 게임의 규칙과 자원을 좀 더 이해하고 게임에 감정적으로 투자하게 한다. 풀러턴은 다음 세 가지 유형의 극적 요소를 제시했다.

- **전제:** 전제란 게임 세계의 기본 스토리를 말한다. <모노폴리>에서 전제란 플레이어가 부동산 개발업자 역할을 맡아 뉴저지 애틀랜틱시티에서 독점 기업을 만드는 것이다. <동키콩>에서 플레이어는 거대 고릴라에게 납치된 여자 친구를 구출하려고 한다. 전제는 게임의 나머지 내러티브가 바탕을 두는 기반을 형성한다.

- **캐릭터:** 캐릭터란 스토리가 전개되는 중심 인물이며 <퀘이크>와 같은 게임에서 정체가 불확실하고 조용한 1인칭 주인공이거나 <언차티드> 시리즈의 네이선 드레이크와 같이 대부분의 영화 주인공처럼 깊이 있고 다차원적 인물일 수 있다. 영화에서는 관객이 영화의 주인공에게 감정이입을 하게 하는 것이 영화감독의 역할이었지만 게임에서는 플레이어가 게임의 주인공 캐릭터가 되므로 게임 디자이너는 주인공이 플레이어의 아바타 역할을 할지(플레이어의 감정, 욕구, 의도를 게임의 세계로 전달하고 플레이어의 희망에 따름) 또는 주인공이 플레이어가 맡은 역할을 수행하는지(플레이어가 게임 캐릭터의 희망에 따라 행동함) 결정해야 한다. 그중에서 후자가 더 일반적이며 구현하기도 훨씬 쉽다.

- **스토리:** 게임의 줄거리다. 스토리는 게임을 진행하는 동안 함께 진행되는 내러티브를 아우른다. 스토리는 전제가 설정된 무대 안에서 진행된다.

위의 세 가지 유형에서 구체적으로 다루지 않은 극적 요소의 핵심 목적 중 하나는 플레이어가 규칙을 잘 이해하게 돕는 것이다. 보드 게임 <뱀과 사다리>에서 녹색 화살표를 '사다리'라고 부르는 것은 플레이어가 이를 타고 올라갈 수 있다는 것을 나타내기 위한 것이다. 밀턴 브래들리는 1943년, 미국에 이 게임을 보급하면서 이 게임의 이름을 <미끄럼과 사다리>로 바꿨다.[10] 사다리가 위로 올라가는 길을

---

10. About.com entry on Chutes and Ladders versus Snakes and Ladders: http://boardgames.about.com/od/gamehistories/p/chutes_ladders.htm. Last accessed March 1, 2014.

의미하듯이 뱀보다는 미끄럼이 더 자연스럽게 아래로 내려가는 길을 나타낼 수 있기 때문에 어린이들이 게임의 규칙을 더 잘 이해하게 만들었다.

이 외에도 아동용 게임 중에는 사다리 아래쪽 칸에 어린이가 착한 행동을 하는 그림을 넣고 사다리 위쪽 칸에는 착한 행동에 대한 상을 받는 그림이 포함된 버전이 많이 나왔다. 반대로 미끄럼 위쪽 칸에는 못된 행동을 하는 그림이 있고 미끄럼 아래쪽 칸에는 못된 행동에 대한 벌을 받는 그림을 나타냈다. 이렇게 보드에 내러티브를 첨가해 1940년대 착한 어린이의 도덕 표준을 전달할 수 있었다. 이 경우 극적 요소는 포함된 내러티브를 통해 플레이어가 규칙을 이해하게 돕고(뱀을 미끄럼으로 바꿈) 게임을 벗어나서도 게임 내러티브의 의미를 전달하게 지원한다(착한 행동 과 못된 행동의 결과를 보여줌).

동적 요소

동적 요소란 게임을 하는 동안에 일어나는 변화를 말한다. 풀러턴의 동적 게임 요소의 핵심 개념은 다음과 같다.

- **발생적 요소:** 단순해 보이는 규칙이 충돌해서 예기치 못한 결과가 발생할 수 있다. <뱀과 사다리>와 같이 아주 단순한 게임에서도 예기치 못한 동적 경험이 발생할 수 있다. 플레이어가 우연하게 계속해서 사다리 칸에 들어가거나 반대로 뱀이 있는 칸에 들어간다면 게임에서 얻는 경험이 아주 다를 수밖에 없다. 또한 앞에서 소개한 '좀 더 전략적인' 여섯 가지 규칙을 추가하면 이 새 규칙만큼 플레이어의 게임 플레이 경험이 크게 확장될 것임을 쉽게 알 수 있다(예를 들어 플레이어 B가 가능한 모든 수단을 동원해 A를 방해할 수 있으며 그렇게 되면 A는 아주 좋지 않은 게임플레이 경험을 하게 된다). 간단한 규칙도 복잡하고 예기치 못한 결과로 이어진다. 게임 디자이너의 가장 중요한 일 중 하나는 게임에서 규칙의 발생적 의미를 파악하고자 노력하는 것이다.
- **발생적 내러티브:** MDA 모델에서도 메카닉스의 동적 특성을 언급하지만 풀러턴의 모델은 한 단계 나아가 게임플레이 자체에서 발생하는 놀라울 정

도로 폭넓은 내러티브의 동적 요소에 주목했다. 게임은 근본적 특성상 플레이어를 특수한 상황에 처하게 하므로 결과적으로 흥미로운 스토리가 발생한다. 이것이 <던전 앤 드래곤>과 같은 펜과 종이 롤플레잉 게임의 주된 매력이었는데, 이 게임에서는 던전 마스터 역할을 하는 한 명의 플레이어가 다른 플레이어가 경험할 시나리오 그리고 상호작용할 캐릭터들을 디자인한다. 이러한 요소는 풀러턴의 극적 요소에서 말하는 포함된 내러티브와는 다르며 대화식 경험에만 존재하는 엔터테인먼트의 가능성 중 하나다.

- **동적 요소를 이해하는 유일한 방법은 플레이테스팅:** 숙련된 게임 디자이너는 아무래도 초보 디자이너보다 동적 행동과 발생적 요소를 예측하는 데 능숙하지만 아무리 숙련된 디자이너라도 올바른 플레이테스트 전에는 게임의 동적 요소를 정확히 이해하기란 불가능하다. <뱀과 사다리>에 여섯 가지 새로운 규칙을 추가하면 게임에 전략적 플레이가 풍성해질 것으로 예상은 할 수 있지만 여러 차례 플레이테스트하기 전에는 규칙이 게임에 미치는 영향을 제대로 이해할 수 없다. 반복적인 플레이테스팅을 통해서만 게임에 내재된 다양한 동적 행동을 밝히고 게임을 통해 느낄 수 있는 경험의 폭을 이해할 수 있다.

4 요소

제시 셸은 『The Art of Game Design』[11]에서 게임의 네 가지 기본 요소를 다음의 4 요소라는 개념으로 소개했다.

- **메카닉스:** 플레이어와 게임 간 상호작용의 규칙이다. 메카닉스는 게임을 다른 비대화식 매체(영화 또는 서적 등)와 게임을 차별화하는 요소다. 메카닉스에는 규칙, 목표 그리고 풀러턴이 설명한 다른 형식적 요소 등이 들어간다. 제시 셸은 게임 메카닉스를 이를 가능케 하는 기반 기술과 차별화하는 용

---

11. Jesse Schell, *The Art of Game Design: a Book of Lenses* (Boca Raton, FL: CRC Press, 2008).

도로 사용했기 때문에 MDA의 메카닉스와는 의미가 다르다.

- **미학:** 미학은 시각, 청각, 후각, 미각, 촉각의 오감을 통한 게임의 느낌을 기술한다. 미학은 게임의 사운드 트랙부터 캐릭터 모델, 패키징 그리고 커버 아트에 이르기까지 모든 측면을 아우른다. 미학을 게임에 의해 발생하는 감정 반응이라고 정의한 MDA의 미학과는 다른 의미라는 데 주의하자. 제시 셀은 게임 디자이너가 실제 게임 아트와 사운드 등을 활용해 만드는 느낌을 미학이라고 했다.

- **기술:** 이 요소는 게임을 작동시키는 모든 기반 기술을 포함한다. 콘솔 하드웨어, 컴퓨터 소프트웨어, 파이프라인 렌더링 등의 달리 설명이 필요 없는 요소 외에도 보드 게임의 기술적 요소도 포함한다. 보드 게임의 경우 기술은 이용되는 주사위의 종류와 수, 난수 발생기^{randomizer}로 주사위나 카드를 사용하는지 여부, 행동 결과를 결정하는 데 사용하는 다양한 수치와 표 등을 포함할 수 있다. 실제로 인디케이드 게임 콘퍼런스 2012에서 기술상은 게임 마스터가 도시 배경의 테이블톱 롤플레잉 게임을 진행할 때 사용하는 인쇄본 형태의 책인 <본하임^{Vornheim}>에 돌아갔다.[12]

- **스토리:** 제시 셀은 풀러턴이 언급한 '스토리'뿐만 아니라 플러턴이 극적 요소라고 언급한 모든 요소를 나타내는 데 스토리라는 용어를 사용했다. 스토리란 전제와 캐릭터를 포함해 게임 안에서 일어나는 모든 내러티브다.

제시 셀은 이러한 4 요소를 그림 2.3과 같이 표현했다.

---

12. http://www.indiecade.com/2012/award_winners/.

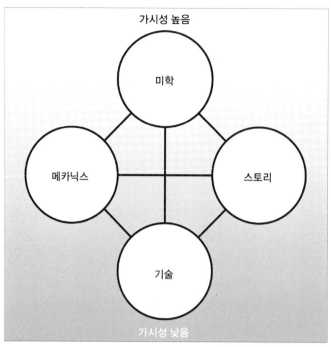

그림 2.3 제시 셸의 4 요소[13]

위의 그림을 보면 네 개의 요소가 서로 상호 연관적임을 알 수 있다. 또한 제시 셸은 게임의 미학이 항상 플레이어의 관점에서 잘 보이는 반면(다시 말하지만 이는 MDA에서 설명하는 미학적 느낌과는 다름) 게임의 기술은 플레이어의 관점에서 가장 보기 어려우며, 일반적으로 게임의 기술(예, 2개의 6면 주사위 확률 분포)보다는 게임의 메카닉스(예, 뱀과 사다리가 플레이어의 위치에 영향을 주는 방식)가 이해하기 쉽다고 설명했다. 제시 셸의 4 요소는 게임의 동적 플레이에 대해서는 다루지 않고 게임의 정적 요소에 대해서만 다룬다. 셸의 4 요소는 이 책에서 사용할 계층형 4 요소의 기록된 계층을 형성하므로 3장에서 자세히 설명한다.

---

13. 원문을 변형함: Schell, *The Art of Game Design*, 42.

요약

2장에서는 게임과 대화식 환경을 각기 다른 관점에서 접근하는 프레임워크를 소개했다.

- MDA는 플레이어와 디자이너가 서로 다른 방향에서 게임에 접근한다는 사실을 설명하고 플레이어의 관점으로 게임을 보는 방법을 배움으로써 게임을 좀 더 효과적으로 디자인할 수 있다고 제안한다.
- FDD는 형식적, 극적, 동적 요소를 의미하며 게임의 디자인을 세부적인 컴포넌트로 분리해 개별적으로 살펴보고 개선하기 위한 게임 디자이너의 툴킷으로 고안됐다. 또한 FDD는 플레이어 경험에서 내러티브의 중요성을 강조했다.
- 4 요소는 주로 게임에 대한 게임 개발자의 관점에 초점을 맞춘다. 4 요소를 활용하면 게임의 기본 요소를 분리하고 여러 팀에 나눠 할당할 수 있다. 즉, 메카닉스, 미학, 스토리, 기술을 각각 게임 디자이너, 아티스트, 작가, 프로그래머에게 할당할 수 있다.

3장에서는 2장에서 소개한 모든 프레임워크를 결합하고 확장한 프레임워크로서 계층형 4 요소를 소개한다. 이러한 프레임워크는 계층형 4 요소를 구성하는 기반 이론이므로 내가 소개한 논문과 책을 직접 찾아 더 읽어볼 것을 권장한다.

CHAPTER 3

계층형 4 요소

2장에서는 게임 및 게임 디자인을 이해하고자 여러 분석 프레임워크를 소개했다. 3장에서는 이들 프레임워크의 장점을 결합하고 확장한 계층형 4 요소를 소개한다. 계층형 4 요소의 각 계층은 이 책의 나머지 부분에서 더 확장시킬 것이다.

계층형 4 요소는 게임의 다양한 측면을 이해하고 제작하기 위한 도구다. 이를 활용해 게임을 체계적으로 분석할 수 있으며, 제작할 게임을 전체적으로 파악할 뿐만 아니라 게임의 메카닉스와 게임 플레이, 사회화, 의미, 문화에 대한 영향까지 이해할 수 있다.

계층형 4 요소는 2장에서 소개한 세 가지 게임 분석 프레임워크를 결합하고 확장한 개념이다. 계층형 4 요소는 게임이 무엇인지 정의하기 위한 개념은 아니다. 오히려 하나의 게임을 만들 때 디자인해야 하는 다양한 모든 요소를 이해하고 게임을 플레이할 때 이들 요소에 어떤 일이 일어나는지, 게임이 문화의 일부가 됐을 때 어떤 영향을 미치는지 이해하기 위한 것이다.

계층형 4 요소는 (셀의 4 요소와 마찬가지로) 네 가지 요소로 구성되지만 세 개 계층을 통해 이러한 네 가지 요소를 경험한다는 이론이다. 처음 두 계층('정의된 계층'과 '동적 계층')은 플러턴의 형식적 요소와 동적 요소 간의 구분을 도입한 것이다. 마지막으로 세 번째 '문화적 계층'은 게임의 수명과 게임 플레이의 범위를 벗어난 게임의 영향을 다루며 책임감 있는 게임 디자이너와 의미 있는 예술의 창조자로서 반드시 이해해야 하는 게임과 문화의 연결 고리를 제공한다.

3장에서는 각 계층을 간단하게 소개하고 이후 세 개의 장에서 각 4 요소를 집중적으로 설명한다.

정의된 계층

4 요소의 정의된 계층(그림 3.1 참고)은 셀의 4 요소와 아주 비슷하다. 4 요소의 정의는 셀의 4 요소와 비슷하지만 게임을 플레이하기 전의 측면으로 제한된다는 점이 다르다.

- **메카닉스**Mechanics: 플레이어와 게임이 상호작용하는 방법을 정의하는 체계다. 여기에는 게임 규칙과 함께 플러턴의 책에서 정의한 형식적 요소(플레이어 상호작용 패턴, 목표, 자원, 경계)가 포함된다.
- **미학**aesthetics: 미학은 오감(시각, 청각, 후각, 미각, 촉각)을 통한 게임의 느낌을 기술하며 사운드 트랙부터 캐릭터 모델, 패키징, 커버 아트에 이르기까지 게임의 모든 측면을 아우른다. 미학을 게임에 의해 발생하는 감정 반응이라고 정의한 MDA(메카닉스, 다이내믹스, 미학) 프레임워크의 '미학'과는 달리 셀과 내가 말

하는 미학은 실제 게임 아트와 사운드 등과 같은 기록된 요소를 나타낸다.

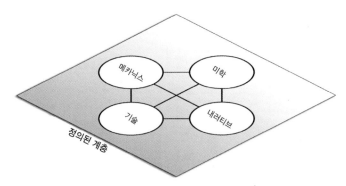

그림 3.1 계층형 4 요소의 정의된 계층[1]

- **기술**^{Technology}: 셸이 제안한 기술 요소와 마찬가지로 이 요소는 게임을 작동시키는 모든 기반 기술을 의미한다. 디지털 게임의 경우 기술 요소는 프로그래머가 대부분 개발하지만 프로그래머가 개발하는 기술도 게임 디자이너가 결정할 수 있는 가능성의 영역에 포함되므로 디자이너가 이 요소를 이해하는 것이 중요하다. 또한 간단하게 생각한 디자인 결정(예를 들어 원래 땅이었던 레벨 배경을 폭풍우 한가운데 흔들리는 배로 변경)이라도 구현하는 데 수천 시간의 개발 시간이 들 수 있기 때문에 이 요소에 대한 이해는 아주 중요하다.
- **내러티브**^{Narrative}: 셸은 4 요소에서 '스토리'라는 용어를 사용했지만 나는 전제와 캐릭터, 줄거리를 아우르고 플러턴이 사용한 용어와의 일관성을 위해 더 포괄적인 '내러티브'라는 용어를 사용했다. 기록된 내러티브에는 게임 내의 사전 작성한 스토리와 사전 생성한 캐릭터 모두가 포함된다.

동적 계층

풀러턴의 '게임 디자인 워크숍'에 나오는 것처럼 동적 계층(그림 3.2 참고)은 게임을 할 때 비로소 나타난다.

---

1. 원문을 변형함: Jesse Schell, *The Art of Game Design: A Book of Lenses* (Boca Raton, FL: CRC Press, 2008), 42.

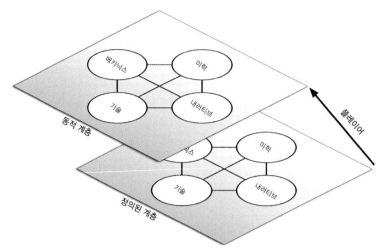

그림 3.2 동적 계층과 정의된 계층의 위치

그림에서 볼 수 있듯이 정적이었던 게임의 정의된 계층은 플레이어가 참여함으로써 동적 계층으로 바뀐다. 동적 계층은 플레이어가 직접 컨트롤하는 요소와 정의된 요소와의 상호작용 결과로 나타나는 요소로 구성돼 있으며, 동적 계층에 포함된 모든 요소는 게임을 하는 동안 나타난다. 동적 계층은 자연 발생적 영역이며 단순해 보이는 규칙으로부터 복잡한 동작이 발생하는 현상이다. 게임의 자연 발생적 동작은 예측하기 어려운 경우가 많지만 앞으로 여러분이 점진적으로 배울 게임 디자인의 중요한 기술 중 하나가 바로 이러한 동작을 예측하는 것이다.

네 가지 동적 요소는 다음과 같다.

- **메카닉스**: 정의된 메카닉스가 규칙, 목표 등을 포함하는 것과는 달리 동적 메카닉스는 플레이어가 이러한 정의된 메카닉스와 상호작용하는 방법을 포함한다. 동적 메카닉스는 절차, 전략, 발생적 게임 동작 그리고 최종적으로는 게임의 결과를 포함한다.
- **미학**: 동적 미학은 게임 플레이 중에 플레이어를 위한 미적 요소가 생성되는 방법을 포함한다. 여기에는 프로시저형 아트(컴퓨터 코드에 의해 즉석으로 생성되는 디지털 게임 아트 또는 음악)는 물론이고 오랫동안 반복적으로 버튼을 난타하면서

생기는 신체적 피로감까지 모두 포함된다.

- **기술:** 동적 기술은 게임 플레이 중 기술 컴포넌트의 동작을 기술한다. 여기에는 주사위 한 쌍을 사용할 때 실제 결과가 수학적으로 예측되는 매끄러운 종형 곡선과는 다른 이유가 포함될 수 있다. 또한 디지털 게임의 컴퓨터 코드가 수행하는 거의 모든 작업을 포함한다. 구체적인 예로 게임에서 적^{enemies}을 위한 인공지능 코드의 작동을 들 수 있지만 넓은 의미에서의 동적 기술은 디지털 게임이 실행된 후 코드가 수행하는 모든 작업을 포함한다.

- **내러티브:** 동적 내러티브는 게임 체계에서 절차적으로 발생하는 스토리를 말한다. 여기에는 <LA 느와르>나 <헤비레인$^{Heavy\ Rain}$> 등에서 스크립트된 분기 내러티브를 따라가는 플레이어의 경로, <심즈>의 가족 스토리, 다른 플레이어와 팀 플레이를 하면서 만들어지는 스토리 등이 포함된다. 2013년, 보스턴 레드삭스 야구팀은 2013 보스턴 마라톤 폭탄 사건을 극복하는 보스턴 시의 모습을 상징하듯이 최하위에서 우승까지 이뤄내는 스토리를 썼다. 게임의 규칙을 통해 가능해지는 이와 같은 스토리도 모두 동적 내러티브에 속한다.

문화적 계층

계층형 4 요소의 세 번째이자 마지막 계층인 문화적 계층(그림 3.3 참고)은 게임 플레이 범위를 벗어난 게임을 설명한다. 문화적 계층은 게임에 대한 문화의 영향과 문화에 대한 게임의 영향을 모두 포함한다. 이러한 영향을 문화적 계층으로 가져오는 것은 게임을 둘러싼 플레이어의 커뮤니티고, 이 시점은 게임에 대한 제어와 소유권을 디자이너보다 플레이어가 더 많이 행사하는 시점이며, 이 계층을 통해 디자이너로서 우리의 사회적 책임이 더 명확하게 드러난다.

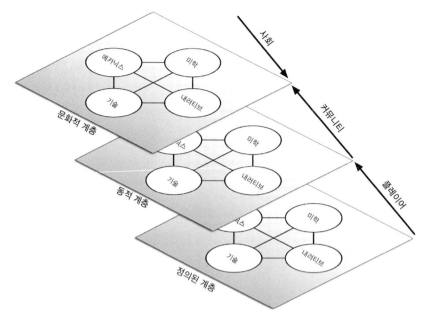

그림 3.3 문화적 계층은 게임과 사회가 만나는 지점에 나타난다.

문화적 계층에서는 4 요소의 경계가 많이 흐려지지만 여전히 4 요소의 렌즈로 이 계층을 들여다볼 가치가 있다.

- **메카닉스:** 가장 단순한 형태의 문화적 메카닉스로는 게임 mod(플레이어가 게임의 정의된 메카닉스를 변경해서 만든 게임 수정본)가 있다. 여기에는 게임의 발생적 플레이가 사회에 미치는 영향과 같은 복잡한 사항도 포함된다. 예를 들어 <GTA 3>에서 반인륜적 범죄 행위를 할 수 있는 능력은 게임의 발생적인 결과였지만 이 게임에 대한 대중의 인식(문화적 계층의 일부)에 심대한 영향을 미쳤다.
- **미학:** 문화적 메카닉스와 비슷하게 문화적 미학은 팬아트, 게임 음악 리믹스 또는 코스프레(코스튬 플레이의 줄임말이며 게임 팬이 게임 캐릭터와 비슷한 의상을 입는 행위)와 같은 미학적 팬 활동을 포괄한다. 여기서 한 가지 중요 사항은 공식 트랜스미디어 상품(즉, <툼레이더> 영화나 <포켓몬> 도시락과 같이 게임의 지적 재산IP, Intellectual Property)을 다른 매체로 변환한 것은 문화적 계층에 속하지 않는다는 것이다. 공식 트랜스미디어 상품이 문화적 미학인 게임 플레이어 커뮤니티에 의해 만들

어지고 제어되긴 하지만 게임 지적 재산의 원래 소유자가 만들고 관리하기 때문이다.

- **기술:** 문화적 기술은 게임 기술을 게임과 무관한 용도로 사용하거나(예를 들어 게임 캐릭터를 위한 플로킹 알고리듬flocking algorithms은 로봇공학에 응용됨) 기술이 게임의 경험에 영향을 주는 것을 포함한다. NES(닌텐도 엔터테인먼트 시스템) 전성기 시절에 어드밴티지나 맥스 컨트롤러에는 플레이어가 터보 버튼을 누르는 기능이 있었다(A나 B 컨트롤러 버튼의 자동 속사 기능이다). 이 기능을 이용하면 일부 게임에서 상당한 이점이 있었고 게임의 경험에도 영향을 줬다. 또한 문화적 기술은 게임의 가능성 영역이 지속적으로 확장됨에 따라 게임의 의미까지 확장되고 있다는 사실과 게임의 정의된 요소를 변경하기 위해 플레이어가 만든 mod의 기술적 측면을 포함한다.

- **내러티브:** 문화적 내러티브는 게임에 바탕을 두고 게임 팬이 제작한 트랜스미디어 작품(예를 들어 팬픽, 팬이 제작한 헌정 무비의 내러티브, 게임 mod를 위해 팬이 제작한 캐릭터와 전제)의 내러티브 측면을 아우른다. 또한 문화와 사회 안에서 게임에 관해 모든 스토리를 포함하는데, 여기에는 <GTA>와 같은 게임을 비난하는 얘기 및 <저니Journey>와 <이코Ico> 같은 게임의 예술적 감각과 장점을 격찬하는 얘기 등이 들어간다.

디자이너의 책임

모든 디자이너는 게임의 정의된 계층에 대한 자신의 책임을 알고 있다. 게임 개발자가 게임 플레이를 가능하게 하고 권장하는 명확한 규칙과 흥미로운 아트를 만드는 것은 당연해 보인다.

그런데 동적 계층에서는 일부 디자이너가 자신의 책임을 잘 인식하지 못하는 경우가 있다. 즉, 자신의 게임에서 자연 발생한 예기치 못한 행동에 놀라고 그 행동의 책임을 플레이어에게 돌리려는 경향이 있다. 예를 들어 몇 년 전 밸브 사에서는 <팀 포트리스 2>의 플레이어에게 모자를 주는 행사를 했다. 이들이 선택한 메카닉은 로그인한 플레이어에게 무작위로 모자를 주는 것이었다. 모자를 배포하는 방식이 단지 특정 시점에 로그인해 있는지 확인하는 것이었기 때문에 게임은 하지 않고 단순히 모자를 받고자 기다리는 플레이어들이 서버에 넘쳐나기 시작했다. 밸브 사는 플레이어들의 이러한 행동을 확인하고는 실제 게임을 하지 않다가 모자를 받은 것으로 의심되는 플레이어들에게서 모자를 회수하는 방법으로 제재를 가했다.

밸브 사는 이를 게임 부정행위로 간주했다. 그런데 사실 이러한 플레이어의 행동은 밸브가 만든 규칙에 따라 모자를 받을 수 있는 가장 효율적인 방법을 선택한 것이라고 볼 수 있다. 실제 무엇을 하고 있는지에 관계없이 로그인한 상태의 플레이어에게 모자를 주도록 시스템을 설계했기 때문에 플레이어는 모자를 받기 위한 가장 쉬운 길을 택한 것이다. 플레이어의 행동은 디자이너의 의도와는 다른 것이었지만 시스템 자체에서 부정행위를 한 것은 아니었다. 플레이어의 이러한 행동은 애초 밸브 사가 설정한 시스템의 규칙을 감안하면 곧바로 예측 가능한 것이었다. 이 사례에서 볼 수 있듯이 디자이너는 자신이 디자인한 체계의 영향으로 동적 계층에서 발생한 경험에 대해서도 책임이 있다. 게다가 게임 디자인의 가장 중요한 역할 중 하나가 바로 플레이어 동적 경험을 예측하고 만들어내는 것이다. 물론 이는 아주 어려운 작업이며 바로 이것이 이 작업이 흥미로운 이유이기도 하다.

그렇다면 문화적 계층에서 디자이너의 책임은 무엇일까? 그동안 대부분의 게임 디자이너가 문화적 계층을 거의 고려하지 않고 게임을 만들어온 탓에 사회에서 비디오 게임은 일반적으로 저급하고 유치한 매체(십대 청소년에게 폭력과 여성 혐오를 판매함)로 인식되고 있다. 여러분이나 나는 일부 매체의 주장이 과장됐고 실제로 거의 대부분의 게임에서는 이러한 부정적 주장이 사실이 아니라는 것을 알지만 이것이 일반 대중의 거의 공통적인 인식인 것이 현실이다. 게임에는 가르치고 역량을 강화하며 치유하는 힘이 있다. 게임은 친사회적 행동을 권장하고 새로운 기술을 배우게 도울 수 있다. 아무리 지루한 일이라도 유희적 관점과 몇 가지 간단한 규칙을 활용하면 아주 흥미로운 일로 바꿀 수 있다. 여러분은 게임 디자이너로서 여러분의 게임이 사회에 전달하는 게이밍에 대한 메시지와 플레이어에게 미치는 영향에 대한 책임이 있다. 생활에 지장을 초래하는 수준까지 게임에 과몰입하는 플레이어도 있으며, 일부 디자이너는 교묘한 게임 시스템을 통해 어린이가 수십 만 원의 현금 결제를 하도록 유도하기도 한다(어떤 경우에는 집단 소송으로 이어질 수도 있다). 디자이너들의 이러한 행동은 사회에서 게임에 대한 평판을 훼손하는 것은 물론 게임을 가치 있는 활동으로 인식하고 하나의 예술로 자리 잡는 것을 방해하는 것이며, 이는 진정으로 안타까운 일이다.

나는 우리의 게임을 통해 친사회적이고 배려 깊은 행동을 권장하고 우리가 만드는 경험에 참여할 플레이어와 이들의 시간을 배려하는 것이 디자이너의 책임이라고 믿는다.

요약

3장에서 설명한 것처럼 개발자로부터 플레이어로 게임의 소유권이 전환되는 과정을 보여주는 계층형 4 요소의 세 가지 계층을 이해하는 것은 중요하다. 정의된 계층의 모든 것은 게임 디자이너와 개발자가 소유하고 개발하며 구현한다. 즉, 정의된 계층은 완전히 개발자의 제어 범위 내에 있다.

동적 계층은 게임을 실제로 경험하는 시점으로서 플레이어가 참여해서 행동을 취하고 결정을 내려야 디자이너가 정의한 게임의 요소를 경험할 수 있다. 물론 플레이어가 게임 내에서 내리는 결정에 의해 어느 정도 경험을 조절할 수는 있지만 여전히 개발자가 미리 정의한 결정에 의해 경험이 좌우된다. 따라서 동적 계층에 대한 소유권은 개발자와 플레이어가 공유한다.

문화적 계층에서는 게임이 더 이상 개발자의 제어하에 있지 않다. 유저 변형 게임 (mod)이 문화적 계층에 속하는 것은 바로 이 때문이다. 플레이어는 게임 mod를 통해 게임에 대한 제어권을 가져오고 게임의 내용을 바꿀 수 있다. 물론 게임의 정의된 요소는 여전히 대부분 유지되지만 플레이어(mod 개발자)는 유지할 요소와 대체할 요소를 마음대로 결정할 수 있으므로 제어권은 완전히 이전된다. 플레이어가 통제권을 갖는 것이다. 이는 내가 문화적 계층에서 공식 트랜스미디어를 제외시킨 이유이기도 하다. 문화적 계층의 핵심은 플레이어와 커뮤니티로 게임의 주도권이 전달되는 것이지만 게임 피규어와 같은 파생상품이나 매체는 게임 개발자 또는 개발사에게 소유권이 있다는 점이다. 덧붙여 말하면 게임에 대한 사회의 인식을 좌우하는 문화적 계층은 주로 게임을 해 본 플레이어들의 의견에 의해 좌우된다. 즉, 게임에 대한 대중의 일반적인 의견은 실제로 게임을 해본 사람이 기록한 매체에 영향을 크게 받는다. 하지만 문화적 계층은 플레이어의 영향을 많이 받는 것도 사실이지만 게임의 개발자와 디자이너도 여전히 중요한 영향력을 갖고 있으며 디자이너는 게임에 대해 그리고 사회에 미치는 게임의 영향력에 대해 책임이 있다.

CHAPTER 4

정의된 계층

4장은 계층형 4 요소에 대해 자세히 알아보는 세 개의 장 중에서 첫 번째 장이다.

3장에서 살펴봤듯이 정의된 계층은 게임 개발자가 직접 설계하고 인코딩한 모든 요소를 포함한다.

4장에서는 정의된 계층의 4 요소인 메카닉스, 미학, 내러티브, 기술을 자세히 알아본다.

정의된 메카닉스

정의된 메카닉스는 일반적으로 게임 디자이너의 전통적 작업으로 간주하는 영역이다. 보드 게임을 예로 들면 보드 레이아웃, 규칙, 사용될 다양한 카드, 참조할 표를 설계하는 일이 포함된다. 정의된 메카닉스의 상당 부분은 트레이시 풀러턴의 책『게임 디자인 워크숍』(위키북스, 2012)의 형식적 요소 단원에 자세히 설명돼 있다. 이 책에서는 이 분야의 어휘를 통일하는 의미에서(그리고 내가 게임 디자인 책마다 서로 다른 용어를 사용하는 걸 싫어하는 탓에) 계층형 4 요소 프레임워크와 일치하는 한도 내에서 풀러턴이 사용한 용어를 그대로 사용한다.

2장에서는『게임 디자인 워크숍』에서 제시된 게임의 일곱 가지 형식적 요소, 즉 플레이어 상호작용 패턴, 목표, 규칙, 절차, 자원, 경계, 결과를 나열했다. FDD(형식적, 극적, 동적) 요소 프레임워크에서는 이러한 일곱 가지 형식적 요소가 게임을 다른 매체와 차별화하는 요소라고 정의했다.

메카닉스가 게임의 고유한 4 요소 중 하나이므로 정의된 메카닉스와도 겹치는 부분이 많지만 정의된 메카닉스에는 약간 차이점이 있다. 그러나 정의된 계층의 모든 요소는 게임 개발자가 직접 설계한다는 점에서 동일하며 메카닉스도 마찬가지다. 따라서 정의된 메카닉스에는 절차나 결과가 포함되지 않는데(풀러턴이 제시한 형식적 요소였기는 하지만 말이다), 이 두 요소는 디자이너가 아닌 플레이어에 의해 제어되므로 동적 계층에 포함되기 때문이다. 또한 여기에 두 가지 새 요소를 추가해 다음과 같이 정의된 메카닉스의 요소들에 대한 목록을 만들 수 있다.

- **목표:** 게임에서 플레이어의 목표를 다룬다. 플레이어는 무엇을 달성하려고 하는가?
- **플레이어 관계:** 플레이어가 서로 경쟁하고 협력하는 방법을 정의한다. 플레이어들의 목표는 어떻게 접점을 이룰까? 그러면 이들은 협력하게 될까? 아니면 경쟁하게 될까?

- **규칙**: 플레이어의 행동을 지정하고 제한한다. 플레이어가 목표를 달성하고자 할 수 있는 일과 할 수 없는 일은 무엇인가?
- **경계**: 게임의 한계를 정의하며 매직 서클과 직접적으로 연관된다. 게임의 가장자리는 어디에 있을까? 매직 서클은 어디에 존재할까?
- **자원**: 자원에는 게임 경계 내에서만 의미 있는 자산이나 가치가 포함된다. 게임 내에서 플레이어는 무엇을 갖고 있어야 행동이 가능할까?
- **공간**: 공간은 게임 공간의 형태와 여기에서 가능한 상호작용의 가능성을 정의한다. 공간은 보드 자체가 게임의 공간인 보드 게임에서 잘 드러난다.
- **테이블**: 테이블은 게임의 통계 정보를 정의한다. 플레이어가 레벨업하면 능력이 어떻게 향상될까? 특정 시점에 어떤 능력을 사용할 수 있을까?

이러한 정의된 메카닉스 요소는 모두 상호작용하는 데 서로 간의 교차하는 부분도 분명히 있다(예를 들어 〈문명〉 게임에서 테크 트리는 공간처럼 이동할 수 있는 표에 해당한다). 이렇게 요소를 일곱 가지로 구분하는 목적은 디자이너가 자신의 게임을 디자인할 때 다양한 가능성에 대해 생각하도록 돕기 위한 것이다. 모든 게임에 이러한 모든 요소가 포함되는 것은 아니지만 이러한 정의된 메카닉스 요소는 제시 셸의 『The Art of Game Design』에 나오는 '렌즈'와 비슷하게 여러분의 게임을 디자인할 때 다양한 사항을 고려하는 일곱 가지 다른 방법을 제시한다.

목표

대부분의 게임에는 아주 단순한 목표(게임에서 승리)가 있지만 실제로 게임을 하는 동안 모든 플레이어는 끊임없이 여러 목표를 평가하게 된다. 이러한 목표는 즉각성과 플레이어에 대한 영향을 기준으로 분류할 수 있으며, 플레이어에 따라 중요하게 여기는 목표가 아주 다를 수 있다.

목표의 즉각성

그림 4.1에 나오는 댓게임컴퍼니^{TGC, That Game Company}의 아름다운 게임 〈저니^{Journey}〉

와 같이 최근 게임의 거의 모든 화면에는 단기, 중기, 장기 목표가 나온다.

그림 4.1 〈저니〉의 첫 번째 레벨에 나오는 단기, 중기, 장기 목표는 초록색, 파란색, 자주색으로 표시돼 있다.

- **단기 목표:** 플레이어는 스카프((저니) 게임에서 하늘을 날 수 있게 함)를 충전하기를 원하므로 소리를 질러 밝게 빛나는 (주인공 주변의 흰색 구체) 주위의 스카프 조각을 끌어당긴다. 또한 근처 건물을 탐험하고 싶은 마음도 생긴다.
- **중기 목표:** 수평선 근처에는 세 개의 구조물이 보인다. 사막의 거의 대부분은 아무것도 없는 불모지이기 때문에 플레이어는 수평선 끝에 보이는 폐허에 끌리게 된다(이러한 간접 안내 전략은 (저니) 게임에서 여러 번 사용되며, 13장에서 분석한다).
- **장기 목표:** 게임의 처음 몇 분 동안 플레이어에게 빛줄기가 내려온 산을 보여주며(그림 4.1의 왼쪽 위 모서리에 나타남), 게임 전반에 걸친 장기 목표가 이 산의 꼭대기에 도달하는 것이라는 것을 암시한다.

목표의 중요도

경우에 따라 목표가 즉시 바뀌듯이 플레이어에게 그 중요성도 변한다. 베데스다 게임 스튜디오[Bethesda Game Studios] 사의 <스카이림[Skyrim]>과 같은 오픈월드[openworld1] 게

---

1. 가상세계를 자유롭게 돌아다니며 플레이어의 의지에 따라 구성 요소를 자유롭게 바꿀 수 있는 게임 디자인의 타입 - 옮긴이

임에는 주목표와 선택적 목표가 있다. 메인 퀘스트만 집중적으로 따라가는 경우 10 ~ 20시간 정도의 짧은 시간으로 <스카이림>의 엔딩을 볼 수 있지만 다양한 사이드 퀘스트와 선택적 목표를 주로 공략하면 콘텐츠 고갈 없이(심지어 주목표를 끝내지 않고도) 400시간 이상을 즐길 수 있다. 선택적 목표는 특정 유형의 게임 플레이와 연관된 경우가 많다. <스카이림>을 예로 들면 도둑 길드에 가입해서 잠입과 도둑질 기술에 집중하려는 플레이어를 위한 일련의 미션이 있다. 궁술이나 접근전melee2 combat에 집중하려는 플레이어를 위한 미션도 따로 있다. 이를 통해 다양한 플레이어가 원하는 게임 플레이 스타일을 제공할 수 있다.

충돌하는 목표

플레이어의 목표는 다른 목표와 충돌하거나 동일한 자원을 배분해야 하는 경우가 많다. 예들 들어 <모노폴리> 게임에서 전체적인 목표는 게임이 끝날 때까지 돈을 제일 많이 모으는 것이지만 돈을 벌고자 재산, 주택, 호텔 등을 구매하려면 먼저 돈을 써야 한다. 플레이어에게 흥미로운 선택을 제공한다는 디자인 목표의 관점에서 보면 플레이어가 할 수 있는 가장 흥미로운 선택의 대부분은 어떤 한 목표에는 도움이 되지만 다른 목표에는 방해가 되는 것이다.

더 실용적인 관점에서 접근하면 게임의 각 목표를 완료하려면 시간이 걸리지만 플레이어는 게임에 투자하려는 시간은 제한적일 수 있다. <스카이림>의 예로 돌아와서 보면 많은 사람(나 자신도 포함됨)이 메인 퀘스트를 끝내지 못한 경우가 많은데, 이는 게임을 하는 시간을 모두 사이드 퀘스트에 투자하는 동안 메인 스토리의 위급함을 느끼지 못했기 때문이다. 아마도 <스카이림>의 디자이너는 플레이어가 게임을 하는 동안 자신만의 스토리를 만들기를 원하는 것으로 보이지만(그리고 게임을 하는 동안 재미를 느낀다면 메인 퀘스트를 끝냈는지 여부는 중요하지 않게 생각할 수도 있지만) 플레이어로서 나는 게임이 끊임없이 이어지는 퀘스트 속에 큰 임팩트 없이 게임이 끝나는 것이 그리

---

2. 이 단어를 잘못 발음하는 게이머가 많다. 프랑스어에서 온 melee는 '메일레이'로 발음한다. '밀리'라고 발음하면 mealy 단어를 가리켜서 '곡식가루의'(예를 들어 옥수수 가루) 또는 '창백한'이라는 뜻이 된다. '멜리'라고 발음하면 이에 해당하는 특정 단어가 없으므로 사람 이름으로 알아듣기도 한다.

좋게 느껴지지 않았다. 디자이너는 플레이어가 게임의 메인 퀘스트를 끝내게 하는 것이 중요하며, 이를 위해 임무의 위급함을 지속적으로 상기시키고 (많은 오픈월드 게임과는 달리) 메인 퀘스트를 시기적절하게 완료하지 않으면 그에 따른 대가를 치르게 할 필요가 있다. 예를 들어 고전 게임인 <스타 컨트롤Star Control>에서는 플레이어가 게임 시작 후 일정 시간 내에 특정 외계인 종족을 구하지 않으면 그 종족의 행성이 우주에서 사라진다.

플레이어 관계

각각의 플레이어가 동시에 여러 목표를 염두에 두고 있는 것처럼 플레이어의 목표는 플레이어 간의 관계에도 영향을 준다.

플레이어 상호작용 패턴

플러턴은 '게임 디자인 워크숍'에서 다음과 같이 일곱 가지 다른 플레이어 상호작용 패턴을 소개했다.

- **싱글 플레이어 vs 게임:** 플레이어는 게임 시스템에 대항한다.
- **멀티 개인 플레이어 vs 게임:** 같은 장소에 모인 여러 플레이어가 게임 시스템에 대항하는 각각의 목표를 갖지만 플레이어 간의 상호작용은 거의 없거나 아예 없다. 이는 <월드 오브 워크래프트>와 같은 MMO(대규모 멀티플레이 온라인 롤플레잉 게임, MMORPG라고도 함)에서 볼 수 있다. 플레이어 각자가 동일한 게임 세계에서 자신의 임무를 수행하려고 할 때 서로 상호작용할 필요는 없다.
- **협력 플레이:** 여러 플레이어가 함께 게임 시스템에 대항하는 공동 목표를 공유한다.
- **플레이어 vs 플레이어:** 두 명의 플레이어가 서로 상대방을 물리치는 목표를 갖고 경쟁한다.
- **다자간 경쟁:** 플레이어 vs 플레이어와 같지만 세 명 이상의 플레이어가 경쟁에 참여하고 모두 다른 플레이어를 물리치는 목표를 갖고 경쟁한다.

- **일방적 경쟁:** 한 플레이어 vs 한 팀의 다른 플레이어들이 경쟁한다. 예를 들어 〈스코틀랜드 야드〉(〈미스터 X〉라고도 함)라는 보드 게임이 있는데, 이 게임에서는 한 명의 플레이어가 경찰을 따돌리는 범죄자 역할을 하고 나머지 2 ~ 4명의 플레이어가 협력해 범죄자를 쫓는 경찰 역할을 한다.
- **팀 경쟁:** 여러 플레이어로 구성된 두 팀이 상대 팀을 물리치는 목표를 갖고 경쟁한다.

바이오웨어 사의 〈매스 이펙트^{Mass Effect}〉와 같은 일부 게임에서는 플레이어에게 컴퓨터가 조종하는 동맹군이 제공된다. 플레이어 상호작용 패턴을 디자인하는 관점에서 보면 이렇게 컴퓨터가 조종하는 동맹이 있는 게임은 싱글 플레이어 vs 게임 또는 협력 플레이어로 볼 수 있다.

목표는 플레이어 관계와 역할을 정의한다

앞 절에 나열한 상호작용 패턴 외에도 이러한 패턴을 다양하게 조합해 사용할 수 있으므로 한 플레이어가 다른 플레이어의 동맹인 동시에 또 다른 플레이어의 경쟁자인 게임도 있다. 예를 들어 〈모노폴리〉와 같은 게임에서는 기본적으로 다자간 경쟁 게임이지만 두 플레이어가 재산을 거래할 때는 일시적인 동맹 관계가 된다.

각 플레이어 간의 관계 그리고 게임과 다른 플레이어 간의 관계는 플레이어가 갖고 있는 목표에 따라 정의된다. 각 플레이어는 이러한 관계에 의해 다음과 같은 여러 역할 중 하나를 하게 된다.

- **주인공:** 주인공 역할은 게임 체계에 대항하는 플레이어다.
- **경쟁자:** 다른 플레이어를 물리치려는 플레이어다. 게임 체계에 대항하거나 게임 체계를 대신해 다른 플레이어에게 대항하는 플레이어일 수 있다 (예를 들어 2004년 보드 게임인 〈언덕 위 저택의 배신자^{Betrayal at House on the Hill}〉에서는 게임 진행 중 한 명이 악당으로 돌변해 다른 플레이어를 죽이려고 한다).
- **협력자:** 다른 플레이어를 도와주는 플레이어다.

- **시민:** 동일한 세계에 속하지만 다른 플레이어와 협력하거나 경쟁하지 않는 플레이어다.

여러 멀티플레이어 게임에서 모든 플레이어는 때에 따라 각기 다른 역할을 하는데, 동적 계층을 살펴볼 때 확인하겠지만 플레이어 유형마다 선호하는 역할이 달라지기 마련이다.

규칙

규칙은 플레이어의 행동을 제한한다. 또한 규칙에는 게임의 경험에 대한 디자이너의 개념이 가장 직접적으로 정의된다. 보드 게임의 경우 디자이너는 플레이어가 게임을 하는 동안 느끼기를 바라는 경험을 규칙에 정의하고 적용한다. 이후에 플레이어는 게임을 하는 동안 이러한 규칙에 따라 디자이너가 의도했던 경험을 하게 된다.

디지털 게임의 경우 종이 게임과는 달리 플레이어에게 직접 전달하는 기록된 규칙은 거의 없다. 하지만 규칙을 정의하고 플레이를 통해 규칙을 준수하는 다른 수단으로 게임 개발자가 작성하는 프로그래밍 코드가 사용된다. 규칙은 게임 디자이너가 플레이어와 소통하는 가장 직접적인 방법이므로 규칙을 통해 다른 여러 요소를 정의한다. <모노폴리> 게임에서 돈이 가치가 있는 것은 돈으로 자산이나 다른 자원을 구매할 수 있다는 규칙이 있기 때문이다.

명시적으로 작성된 규칙 외에 암묵적 규칙도 있다. 예를 들어 포커를 할 때 소매 안으로 카드를 숨기면 안 된다는 암묵적 규칙이 있다. 포커의 규칙에 명시적으로 나오지는 않지만 그렇게 하는 것은 부정행위에 해당한다는 것을 모두 이해하고 있다.[3]

---

3. 이 예는 싱글 플레이와 멀티플레이 게임 디자인을 구분할 수 있는 좋은 예다. 멀티플레이어 포커 게임에서 카드를 감추는 것은 게임을 망치는 부정행위다. 하지만 락스타 스튜디오의 <레드 데드 리뎀션(Red Dead Redemption)> 게임에 포함된 게임 내 포커 토너먼트에서는 자신의 캐릭터가 언제든지 포커 카드를 숨기고 바꿔치기할 수 있는 옷을 획득하면 NPC(Non-Player Caracters)에게 발각될 위험을 안게 되므로 게임이 훨씬 흥미로워진다.

경계

경계는 게임이 진행되는 공간과 시간의 끝을 정의한다. 이 경계 안에서 게임의 규칙과 다른 여러 측면이 적용된다. 포커 칩은 가치 있는 물건이 되고, 빙판 위에 서라면 하키 선수는 다른 선수를 후려칠 수 있으며, 땅 위에 그린 선에 어떤 차가 먼저 도착하는지가 중요한 일이 된다. 경계는 하키 링크 주변의 벽과 같이 물리적일 수도 있고 명확하게 드러나지 않을 수도 있다. 플레이어가 가상 현실 게임^{ARG,} ^{Alternate Reality Game}에 참여할 때는 게임이 일상생활 중에 진행되는 경우가 많다. 최초의 ARG인 <마제스틱>_(일렉트로닉 아츠의 2001년도 게임)에서는 이 게임에 참가하고자 자신의 전화번호, 팩스번호, 이메일 주소, 집 주소를 EA에 제출하고 나면 게임의 캐릭터로부터 하루 중 언제든지 전화나 팩스를 받게 된다. 이 게임의 목적은 게임과 일상생활의 경계를 불분명하게 만드는 것이다.

자원

자원은 게임 안에서 가치 있는 것이다. 자원은 자산_(게임 내의 객체)이거나 비물질적 속성일 수 있다. 게임에서 자산의 예로는 <젤다의 전설>에서 링크가 수집한 장비, 보드 게임 <카탄의 개척자>에서 플레이어가 얻는 자원 카드 그리고 <모노폴리>에서 플레이어가 구매한 주택, 호텔, 재산권 문서 등이 포함된다. 특성의 예로는 플레이어의 체력 포인트, 수중에서 잠수하는 동안 남은 공기의 양, 경험치 등이 포함된다. 돈은 다양한 용도와 형태로 사용되므로 두 가지 형식으로 나타난다. 즉, 실제 금전 자산_(<모노폴리>에서의 현금)이거나 비물질적 금전 속성_(<GTA>에서 플레이어의 돈 금액)일 수 있다.

공간

디자이너는 탐색할 수 있는 공간을 만드는 작업을 자주 하게 된다. 여기에는 보드 게임의 보드와 디지털 게임의 가상 레벨이 포함된다. 두 경우 모두 공간 안에서의 흐름에 대해 고려해야 하고, 공간 안의 영역을 고유하고 흥미롭게 만들어야 한다. 공간을 디자인할 때 염두에 둬야 하는 사항은 다음과 같다.

- **공간의 목적:** 건축가 크리스토퍼 알렉산더 Christopher Alexander 는 용도에 아주 적합한 공간과 그렇지 않은 공간이 있는 이유를 다년간 연구했다. 그는 이 지식을 훌륭한 건축 공간을 만들기 위한 다양한 패턴을 다룬 『패턴 랭귀지』(인사이트, 2012)[4]라는 책으로 정리했다. 이 책은 의도한 용도에 적합한 공간을 만드는 데 사용할 수 있는 일련의 패턴을 제시하도록 구성됐다.

- **흐름:** 여러분이 디자인한 공간에서 플레이어가 쉽게 이동할 수 있는가? 아니면 합당한 이유 때문에 이동이 제한되는가? 보드 게임 <클루 Clue>에서 플레이어는 각 턴마다 주사위를 굴려 얼마나 이동할지를 결정한다. 이로 인해 게임 보드에서 아주 느리게 이동하게 된다(보드는 24 × 25 크기이므로 평균 주사위 값인 3.5로는 보드를 가로지르려면 7턴이 필요하다). 디자이너는 이러한 점을 인식하고 보드 한쪽 구석에서 다른 쪽 구석으로 텔레포트할 수 있는 비밀 통로를 추가해서 저택 안에서의 이동 흐름을 원활하게 만들었다.

- **랜드마크:** 3D 가상공간에서 움직일 때는 실생활에서 걸었던 공간보다 머릿속에 지형을 기억하기가 더 어렵다. 따라서 플레이어가 방향을 선택할 때 기준으로 삼을 수 있는 랜드마크를 가상공간에 포함시키는 것이 중요하다. 하와이 호놀룰루에서는 해가 뜰 때나 질 때가 아니면 방향이 명확하지 않기 때문에 방향을 언급할 때 나침반 방향(동서남북)을 이용하지 않는다. 대신 호놀룰루 사람들에게 익숙한 네 가지 랜드마크인 마우카(북동쪽의 산), 마카이(남서쪽의 바다), 다이아몬드 헤드(남동쪽의 랜드마크 산), 에와(북서쪽의 지역)를 기준으로 언급한다. 하와이 섬의 다른 지역에서는 나침반 방향과 관계없이 마우카는 내륙 방향을 의미하고 마카이는 바다 방향을 의미한다(섬이 원형임). 플레이어가 현재 위치를 알고자 지도를 확인해야 하는 횟수를 줄이도록 플레이어가 쉽게 식별할 수 있는 랜드마크를 활용해야 한다.

---

4. Christopher Alexander, Sara Ishikawa, and Murray Silverstein, *A Pattern Language: Towns, Buildings, Construction* (New York: Oxford University Press, 1977).

- **경험:** 게임은 그 자체로 하나의 경험이지만 게임의 지도나 공간에도 플레이어를 위한 흥미로운 경험을 추가할 필요가 있다. <어쌔신 크리드 4: 블랙 플래그^{Assassin's Creed4 : Black Flag}>의 월드 맵은 아주 작게 축소한 카리브 해라고 할 수 있는데, 실제 카리브 해는 며칠을 항해해도 수평선 외에는 아무것도 없는 수십 마일의 빈 바다뿐이지만 <AC4>의 카리브 해에는 곳곳에 이벤트를 추가해 플레이어가 짧은 시간에도 여러 경험을 할 수 있게 했다. 이러한 경험은 산호섬에서 보물 상자 하나를 찾는 사소한 것부터 막강한 적 함대를 맞닥뜨리는 중대한 경험까지 다양할 수 있다.
- **단기, 중기, 장기 목표:** 그림 4.1에서 <저니>의 화면으로 확인한 것처럼 공간에는 여러 단계의 목표가 있을 수 있다. 오픈월드 게임의 경우 종종 초반에 하이레벨 적을 미리 만나게 해서 게임 후반부에 다시 찾아가 무찌르게 하는 목표를 만들어준다. 또한 여러 게임에서는 지도의 지역을 쉬움, 중간, 어려움 난이도로 표시하는 방법을 쓴다.

테이블

테이블(表)은 게임 밸런스에 중요한 구성 요소로서 현대의 디지털 게임을 디자인하는 데 특히 중요하다. 간단히 말하면 테이블은 격자 형식의 데이터로, 스프레드시트와 같은 의미로 사용되는 경의가 많으며 테이블을 사용해 다음과 같이 다양한 사항을 설계하고 보여줄 수 있다.

- **확률:** 구체적인 상황에서 확률을 결정하는 데 테이블을 사용할 수 있다. 보드 게임 <천일야화^{Tales of the Arabian Nights}>에서는 플레이어가 마주친 크리처에 해당하는 테이블을 선택하면 이 테이블에서 대응 방법의 목록을 선택할 수 있으며 선택한 옵션에 따라 다른 결과가 나온다.
- **진행:** <던전 앤 드래곤>과 같은 종이 롤플레잉 게임^{RPG}에서는 플레이어 캐릭터의 레벨이 증가함에 따라 향상되는 능력과 변화에 대한 정보가 테이블로 제공된다.

- **플레이테스트 데이터:** 게임을 진행하고자 사용하는 테이블 외에도 디자이너는 플레이테스트 데이터와 플레이어 경험에 대한 정보를 저장하기 위한 테이블을 만든다.

물론 테이블은 게임에서 기술을 형성하기도 하므로 메카닉스와 기술 사이에 걸쳐 있다. 기술에 해당하는 테이블은 정보 저장과 테이블에서 수행되는 정보 변환(예를 들어 스프레드시트의 수식)을 포함한다. 메카닉스에 해당하는 테이블은 게임 디자이너가 선택하고 테이블에 기록하는 디자인상의 결정을 포함한다.

정의된 미학

정의된 미학은 게임의 개발자가 제작하는 미학적 요소다. 이러한 미학적 요소는 다섯 가지 모든 감각을 통해 플레이어에게 전달되며, 디자이너는 플레이어가 게임을 하는 동안 플레이어의 모든 감각을 통해 게임을 느낀다는 것을 알고 있어야 한다.

다섯 가지 미학적 감각

디자이너는 게임을 디자인할 때 인간의 오감 모두를 고려해야 한다. 이 다섯 가지 감각은 다음과 같다.

- **시각:** 다섯 가지 감각 중에서 시각은 대부분의 게임 개발 팀에서 가장 주목하는 감각이다. 그 결과 우리가 플레이어에게 제공할 수 있는 시각적 경험은 지난 몇 십 년간 다른 어떤 감각보다 품질 면에서 크게 향상됐다. 게임의 시각적 요소를 생각할 때는 게임의 3D 아트 또는 종이 게임의 보드나 카드 아트만 봐서는 안 된다. 플레이어(또는 잠재적 플레이어)가 보는 게임과 관련된 모든 것이 게임에 대한 이들의 느낌에는 물론이고 게임을 하면서 얻는 즐거움에도 영향을 미친다는 것을 알아야 한다. 과거에는 게임 안의 아트

에 엄청나게 시간을 투자하면서도 정작 그렇게 만든 게임을 형편없이 디자인된 게임 패키지에 넣는 경우가 많았다.

- **청각:** 게임에서 오디오는 비디오에 이어 두 번째로 중요한 요소며 비디오와 마찬가지로 놀라운 수준까지 발전했다. 현재 모든 최신 콘솔은 기본적으로 5.1 채널 사운드를 출력할 수 있으며 이보다 향상된 기능을 제공하는 제품도 있다. 게임 오디오는 사운드 효과, 음악, 대화로 구성된다. 각각의 유형은 플레이어가 해석하는 데 필요한 시간이 다르고 최적의 용도도 다르다. 또한 중규모에서 대규모 팀의 경우 이러한 세 가지 유형은 일반적으로 다른 아티스트가 담당한다.

오디오 타입	즉각성	최적의 용도
사운드 효과	즉시	주의 환기, 간단한 정보 전달
음악	중간	분위기 설정
대화	중간/오래 걸림	복잡한 정보 전달

오디오에서 고려할 다른 사항으로 배경 소음이 있다. 모바일 게임의 경우 플레이어는 거의 좋지 않은 오디오 조건으로 게임을 한다고 가정해야 한다. 게임에 오디오를 추가하는 것을 제한할 필요는 없지만 오디오가 주요 특성인 게임(예, 썸싱 엘스 사의 〈파파 상그레$^{Papa\ Sangre}$〉 또는 사이킥 버니 사의 〈프리큐^{Freeq}〉 등의 게임)이 아니라면 오디오를 모바일 게임의 필수 요소로 사용하는 것은 바람직하지 않다. 컴퓨터와 콘솔 게임에서도 배경 소음을 고려해야 한다. 디지털 게임에 조용한 오디오를 활용할 때는 일부 시스템에서 쿨링팬 소리가 크게 날 수 있다는 것을 고려해야 한다.

- **촉각:** 터치는 보드 게임과 디지털 게임에서 아주 다르게 적용되지만 두 경우 모두가 플레이어와의 가장 직접적인 접촉 방법이다. 보드 게임의 경우 촉각은 게임 말, 카드, 보드 등의 느낌으로 요약된다. 게임 말은 고급품처럼 느껴져야 할까? 아니면 값싼 물건처럼 느껴져야 할까? 보통은 전자를

원하겠지만 후자도 아주 잘못된 것만은 아니다. 제임스 에른스트[James Ernst] (아마도 세계에서 가장 많이 제작한 보드 게임 디자이너)는 훌륭한 게임을 최대한 저렴한 가격에 공급한다는 목표로 값싼 게임회사라는 의미의 칩애스 게임즈[Cheap Ass Games]라는 회사를 운영하기도 했다. 비용을 절감하려면 게임 말을 값싼 재료로 제작해야 하지만 이 회사의 게임은 보드 게임의 일반 가격대인 40 ~ 50달러가 아닌 10달러 정도였기 때문에 전혀 문제가 아니었다. 모든 디자인 결정은 선택이다. 어떤 옵션이 있는지 제대로 이해하고 올바른 선택을 하면 된다.

최근에는 보드 게임의 프로토타입을 제작하는 작업에 최신 기술인 3D 프린팅이 많은 인기를 얻고 있으며 점차 많은 보드 게임 디자이너들이 게임 프로토타입의 게임 말을 3D 프린터로 출력하고 있다. 게임 보드와 카드, 말을 출력해서 판매하는 온라인 회사들도 생기고 있다.

디지털 게임에도 고려할 촉각의 측면이 있다. 플레이어의 손에서 컨트롤러의 느낌과 게임을 하면서 느끼는 피로감은 분명히 디자이너가 고려할 측면이다. 캡콤의 디자이너들은 환상적인 PS2용 게임인 <오오카미[Okami]>를 닌텐도 Wii로 이식하면서 기존에 버튼 누르기(PS2 컨트롤러의 X 버튼)였던 공격 명령을 위모트[Wiimote]의 흔들기로 변경했다(흔들기는 Wii용 <젤다의 전설: 황혼의 공주>에 아주 훌륭하게 적용된 조작 방법이었다). 하지만 디자이너들은 공격의 빈도를 감안하지 않았다. <황혼의 공주>에서는 전투 중에 몇 초마다 한 번씩 공격하지만 <오오카미>에서는 1초에도 몇 번씩 공격해야 한다. 따라서 <황혼의 공주>에서는 문제가 없었던 조작 방법이 <오오카미>에서는 플레이어의 손에 상당한 피로감을 줬다. 이제 태블릿과 스마트폰 게이밍이 중요한 환경으로 부각됨에 따라 터치와 제스처는 모든 디지털 게임 디자이너가 신중히 고려해야 하는 요소가 됐다.

디지털 게임에서 촉각의 또 다른 측면으로 럼블 스타일(긁는 느낌)의 진동 피드백이 있다. 현재 대부분의 콘솔 컨트롤러에서 제공하는 럼블 피드백의 강도와 스타일을 선택하는 것도 디자이너의 역할인데, 닌텐도 스위치 등의 일부 컨트롤러에는 럼블 피드백에 대해 아주 많은 제어 기능이 있다.

- **후각:** 냄새는 정의된 미학의 디자인 측면으로 자주 활용되지는 않지만 분명히 존재하는 영역이다. 어떤 인쇄 공정을 거치는지에 따라 책의 냄새가 다르듯이 보드와 카드 게임도 공정에 따라 다른 냄새가 난다. 정식 제조 단계에 들어가기 전에 제조업체에 샘플을 요청하고 확인하는 것을 잊지 말자.
- **미각:** 맛은 냄새보다 게임에 덜 영향을 미치지만 음주 게임과 키스 게임 등과 같이 일부 게임에서는 여전히 한 요소로 작용한다.

미학적 목표

인류는 역사가 기록되기 훨씬 전부터 예술과 음악을 만들어왔다. 그러므로 게임 개발자는 게임의 정의된 미적 요소를 디자인하고 개발하면서 수백 년 동안 지속된 다른 예술 양식에 대한 문화적 이해를 활용할 수 있다. 대화식 경험의 장점은 이러한 모든 유형의 경험을 끌어와 활용할 수 있다는 것이며 게임 디자이너도 미학적 예술에 대한 기존의 기술과 지식을 우리가 만드는 게임에 통합시킬 수 있다. 다만 여기에는 합당한 이유가 있어야 하고 게임의 다른 요소와 잘 짜인 구조가 돼야 한다. 게임에서 미학적 요소를 활용해 달성할 수 있는 두 가지 중요한 목표는 다음과 같이 분위기와 정보다.

- **분위기:** 미학은 게임의 감정적 분위기를 조성하는 데 탁월한 역할을 한다. 게임의 메카닉스를 통해서도 전달할 수 있지만 시각적 예술과 음악은 메카닉스를 활용할 때보다 훨씬 빠르고 효과적으로 플레이어의 기분에 영향을 줄 수 있다.
- **정보:** 몇 가지 정보를 제공하는 색상은 우리 심리에 기본적으로 각인돼 있다. 예를 들어 빨간색이나 노란색과 검정색의 반복은 거의 모든 종의 동물에게 위험 지표indicators of danger[5]로 인식된다. 반면에 파란색이나 초록색

---

5. 이와 같은 경고 색칠법은 '경계색(aposematism)'이라 부르는데, 이 용어는 1867년 알프레드 러셀 월러스가 제안해서 1877년에 발표된 '경고색(warning colors)' 개념을 전문적으로 언급한 것이다. Wallace, Alfred Russel (1877). "The Colours of Animals and Plants. I. – The Colours of Animals." Macmillan's Magazine. 36 (215): 384-408.

과 같은 시원한 색은 보통 평화로운 느낌을 준다.

또한 디자이너는 여러 미학적 측면을 특별한 의미로 이해하도록 플레이어를 훈련시킬 수 있다. 루카스아츠 사의 <X-윙> 게임은 게임 내 상황에 맞게 사운드트랙을 절차적 방식으로 생성한 최초의 게임이었다.[6] 이 게임의 배경 음악은 적의 공격이 임박하면 점차 강렬해져서 플레이어에게 경고를 전달했다. 또한 13장에서 설명하겠지만 너티독의 <언차티드 3>에서는 플레이어가 타고 올라갈 수 있는 부분을 나타내고자 밝은 파란색과 노란색을 활용했다.

정의된 내러티브

다른 모든 형태의 경험과 마찬가지로 극적 요소와 내러티브는 여러 대화식 경험에서도 중요한 부분을 차지한다. 하지만 게임 내러티브에는 선형적인 매체에는 없는 몇 가지 독특한 과제가 있으며, 작가는 여전히 대화식 내러티브를 만들고 제시하는 방법을 배워야 한다. 이 절에서는 정의된 극적 요소의 구성 요소, 이를 사용하는 목적, 게임에서 스토리텔링의 방법, 게임의 내러티브와 선형 내러티브의 차이점을 알아본다.

정의된 내러티브의 구성 요소

선형 내러티브와 대화식 내러티브는 전제, 배경, 캐릭터, 줄거리라는 네 가지 동일한 극적 구성 요소를 포함한다.

- **전제**premise: 전제는 스토리가 시작되는 내러티브의 바탕이다.[7]

아주 먼 옛날 은하계 저편, 은하계 전쟁의 그림자는 아직 자신의 잠재력을

---

6. 절차적 생성의 사운드 트랙이 들어간 그 외의 초창기 게임으로는 오리진 시스템즈 사의 〈윙 커맨더〉(1990)와 루카스아츠 사의 〈원숭이 섬의 비밀 2: 리척의 복수〉(1991)가 있다.

7. 여기에서는 〈스타워즈 에피소드4: 새로운 희망〉, 〈하프라이프〉, 〈어쌔신 크리드 4: 블랙 플래그〉의 전제를 예로 들었다.

인식하지 못하고 있던 젊은 농부에게 서서히 다가온다.

고든 프리맨은 상상도 못할 놀라운 사건이 기다리는 블랙메사 비밀 연구 기지로 첫 출근을 하고자 궤도 열차에 오른다.

에드워드 켄웨이는 카리브해의 거친 바다에서 부를 거머쥐고자 모험을 하는 과정에서 기사단과 암살단이 혈안이 돼 찾고 있는 불가사의한 관측소의 비밀을 밝혀나간다.

- **설정**setting: 설정은 전제를 확장하고 내러티브가 전개할 수 있는 구체적인 세계를 제시한다. 설정은 멀고 먼 은하계와 같이 거대할 수도 있고 계단 밑 작은 방처럼 작을 수도 있지만 전제의 경계 내에서 그럴 듯해야 하고 내부적으로 일관성이 있어야 한다. 즉, 여러분의 캐릭터가 총으로 가득한 세상에서 칼로 싸워야 한다면 납득할 만한 이유가 있어야 한다.

  스타워즈에서는 오비완 케노비가 루크에게 광선검을 건네면서 "광선총만큼 어설프지 않은 문명화된 시대에 걸맞는 아름다운 무기지..."라고 말하면서 루크와 관객에게 스타워즈 우주에서 검을 왜 사용하는지 설명한다.

- **캐릭터**Character: 스토리는 캐릭터에 관한 것이며, 최고의 스토리는 우리가 아끼는 캐릭터에 관한 것이다. 내러티브 관점에서 캐릭터는 배경 스토리와 하나 이상의 목표로 구성된다. 이러한 요소들이 결합해 스토리 속에서 캐릭터에 주인공, 적대자, 동반자, 추종자, 멘토 등의 다양한 역할을 부여한다.

- **줄거리**Plot: 줄거리는 내러티브 안에서 일어나는 사건의 순서다. 일반적으로 줄거리는 주인공이 무언가를 이루려고 하지만 적대자나 적대적인 상황에 의해 방해를 받는 형식으로 진행된다. 그러면 줄거리는 주인공이 어려움이나 방해를 극복하고자 노력하는 스토리가 된다.

전통적 극적 요소

대화식 내러티브가 작가와 개발자에게 여러 새로운 가능성을 제공하지만 일반적으로는 여전히 전통적인 극적dramatic 구조를 따른다.

5막 구조

독일 작가 구스타프 프라이타크^{Gustav Freytag}는 1863년 『드라마의 기법^{The Technique des} ^{Dramas}』이라는 책에서 5막 구조에 대해 썼다. 그는 이 책에서 셰익스피어와 그의 동시대 여러 사람(로마 극작가들)이 자주 사용한 5막의 목적을 설명하고 프라이타크 피라미드(그림 4.2 참고)라고 부르는 구조를 제안했다. 그림 4.2와 4.3에서 수직 축은 스토리의 해당 시점에서 관객 흥분 수준을 나타낸다.

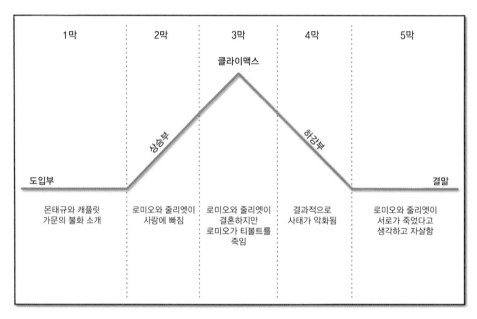

그림 4.2 윌리엄 셰익스피어의 〈로미오와 줄리엣〉에 적용한 5막 구조의 프라이타크 피라미드

프라이타크는 5막을 다음과 같이 소개했다.

- **1막 – 도입부**^{Exposition}: 내러티브 전제, 설정, 중요 캐릭터를 소개한다. 윌리엄 셰익스피어의 <로미오와 줄리엣>의 1막에서는 이탈리아 베로나와 이 지역의 강력한 두 가문인 몬태규와 캐플릿 가문 간의 불화를 설명한다. 로미오는 몬태규 가문의 아들이며 로잘린에 빠져 있는 인물로 소개된다.

- **2막 – 상승부**^{Rising action}: 중요 캐릭터 간의 새로운 긴장을 유발하는 사건이 발생하고 극적 긴장이 고조된다. 로미오는 캐플릿 가의 무도회에 몰래 들어갔다가 캐플릿 가문의 딸인 줄리엣에게 한눈에 반한다.

- **3막 – 클라이맥스**^{Climax}: 사태가 점차 악화되고 극의 결과가 사실상 결정된다. 로미오와 줄리엣은 비밀리에 결혼식을 올리고 로렌스 수사는 이 결혼이 두 가문 간의 평화를 가져올 좋은 일이라 믿고 이 둘을 돕는다. 그러나 다음날 아침, 로미오는 줄리엣의 사촌 티볼트에게 거친 위협을 받는다. 로미오가 싸움에 응하지 않자 그의 친구인 머큐쇼가 대신 나서고 티볼트는 우발적으로 (로미오가 말리고 있던) 머큐쇼를 죽인다. 분노한 로미오는 티볼트를 뒤쫓고 결국 그를 죽인다. 로미오가 티볼트를 죽이기로 결정한 순간이 극의 클라이맥스 순간인데, 그전까지 관객은 두 연인의 미래에 희망이 있다고 생각하지만 이 시점부터는 끔찍한 불행이 찾아오리라는 것을 예상하기 때문이다.

- **4막 – 하강부**^{Falling action}: 극은 불가피한 결말을 향해 나아간다. 희극의 경우에는 이 시점에 상황이 나아진다. 하지만 비극의 경우에는 상황이 나아지는 것처럼 보이나 필연적으로 악화된다. 클라이맥스의 결과가 관객에게 전달된다. 로미오는 베로나에서 추방당한다. 수사는 로미오와 줄리엣이 함께 탈출할 수 있는 계획을 세운다. 수사는 줄리엣이 죽음을 가장하게 하고 이 사실을 로미오에게 알리고자 메시지를 보내지만 로미오는 그 메시지를 받지 못한다.

- **5막 – 결말**^{Denouement}('데이뉴마'라고 발음): 극이 완결된다. 로미오는 무덤에 도착하지만 줄리엣이 정말로 죽은 줄 알고 절망해 자살한다. 줄리엣은 정신을 차리지만 죽은 로미오를 발견하고는 자신도 자살한다. 두 가문은 이 비극을 알게 되고 모두 슬퍼하며 불화를 끝내기로 약속한다.

3막 구조

미국의 극작가인 시드 필드^{Syd Field}는 자신의 저서와 강의에서 전통적 내러티브를

3막 구조로 이해하는 또 다른 방법을 제시했다.[8] 이 구조에서는 각 막의 중간에서 구성점에 의해 스토리의 방향이 바뀌고 캐릭터의 행동이 강요된다. 그림 4.3에는 3막 얘기의 예를 보여주고 아래 목록에서 더 자세히 설명한다.

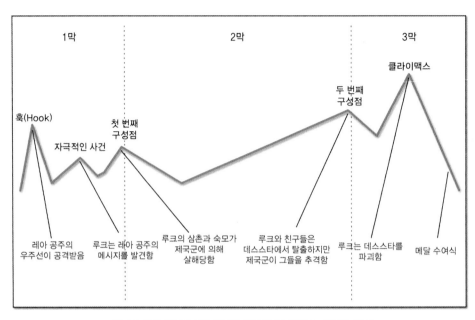

그림 4.3 시드 필드의 3막 구조를 적용한 〈스타워즈: 새로운 희망〉

시드 필드가 제시한 3막 구조의 핵심 요소는 다음과 같다.

- **1막 – 도입부:** 관객에게 내러티브의 세계를 안내하고 전제, 설정, 주요 캐릭터를 소개한다. 스타워즈 1막에서 루크는 삼촌의 수분 농장에서 일하는 젊고 이상주의적인 청년이다. 은하계에서 파시스트 제국에 대항하는 반란이 일어나고 있지만, 그는 아직 전투기 조종사를 꿈꾸는 농부일 뿐이다.
  - **훅**Hook**:** 관객의 관심을 빠르게 얻어야 한다. 시드 필드에 따르면 관객은 영화의 처음 몇 분 안에 영화를 계속 볼지를 결정하므로 처음 몇 분은 영화의 나머지 부분과 아무 관계가 없더라도 아주 흥미진진해야

8. Syd Field, Screenplay: The Foundations of Screenwriting (New York: Delta Trade Paperbacks, 2005). 번역서: 『시나리오란 무엇인가』(민음사, 2017)

한다(예, 〈제임스 본드〉 영화의 시작 부분). <스타워즈>에서 레아 공주의 우주선이 스타 디스트로이어에 의해 공격당하는 오프닝 씬은 1977년 관객이 본 최고의 시각 효과와 존 윌리엄스의 환상적인 음악을 백분 활용해 흥미진진한 훅의 역할을 했다.

- **자극적인 사건:** 주인공의 삶에 사건이 발생하고 모험을 시작하게 한다. 루크는 R2-D2 안에 저장된 레아의 비밀 메시지를 발견하기 전까지 아주 평범한 삶을 살고 있었다. 이 발견으로 인해 그는 자신의 인생을 바꾸는 '노인 벤' 케노비를 찾아 나서게 된다.

- **첫 번째 구성점:** 첫 번째 구성점 plot point은 1막을 끝내고 주인공이 2막으로 향하는 경로로 안내한다. 루크는 오비완 케노비를 돕지 않고 집에 남기로 결정하지만 숙모와 삼촌이 제국군에게 살해당한 것을 발견하고 마음을 바꿔 오비완을 만나 제다이가 되고자 훈련하기로 결정한다.

- **2막 – 적대감:** 주인공이 모험을 시작하지만 일련의 장애물이 앞길을 방해한다. 루크와 오비완은 R2-D2에 저장된 비밀 메시지를 앨더란에 전달하고자 핸 솔로와 츄바카를 고용한다. 하지만 그들이 도착했을 때 앨더란은 파괴되고 그들의 우주선은 데스스타에 붙잡힌다.

  - **두 번째 구성점:** 두 번째 구성점은 2막을 끝내며 3막에서 달성하려는 목표로 주인공을 안내한다. 어려움 끝에 루크와 일행은 공주를 구출하고 설계도를 갖고 데스스타에서 탈출하지만 그의 스승인 오비완 케노비는 그 과정에서 죽는다. 데스스타는 그들을 추적해 반란군의 비밀기지를 알아내고 루크는 데스스타 공격을 도울지 아니면 핸 솔로와 함께 떠날지를 선택해야 한다.

- **3막 – 결말:** 얘기가 끝나고 주인공은 성공하거나 실패한다. 어느 쪽이든 주인공은 자신이 누구인지에 대해 새롭게 이해하는 것으로 스토리로부터 부각된다. 루크는 데스스타 공격에 참여하며 성공하는 것으로 끝을 맺는다.

  - **클라이맥스:** 모든 것이 무르익고 줄거리의 주된 질문에 답하는 순간이다. 루크는 데스스타의 골짜기 속을 비행하며 동료와 R2-D2를 잃고 홀로 대적하게 된다. 그마저도 다스베이더에게 격추당하려는 순간 핸

솔러와 츄바카가 나타나 루크를 구하고 루크에게 최후의 일격을 위한 기회를 준다. 루크는 기술보다는 포스^{Force}를 믿기로 결정하고 눈을 감은 상태에서 무기를 발사해 가까스로 데스스타를 파괴시킨다.

오늘날 대부분의 영화나 거의 모든 비디오 게임의 클라이맥스는 내러티브의 끝에 배치되며 위기와 결말에 할애되는 시간은 아주 짧다. 이러한 전형적인 구조가 적용되지 않는 좋은 예로 락스타 게임즈 사의 <레드 데드 리뎀션$^{Red\ Dead\ Redemption}$>이 있다. 이 게임의 주인공인 존 마스턴은 마침내 정부가 원하는 인물을 해치운 후 가족과 함께 집으로 돌아갈 수 있게 되고, 말을 타고 천천히 집으로 돌아간다. 그리고는 곡식 창고에서 까마귀를 쫓아내거나 성질 급한 아들에게 소떼를 다루는 법을 가르치는 등 따분한 임무가 플레이어에게 주어진다. 플레이어가 존과 마찬가지로 이렇게 심심한 임무에 지루함을 느낄 무렵 처음 존을 고용했던 정부 요원이 이번에는 존을 죽이고자 농장에 찾아오고 결국 존은 그의 손에 죽음을 맞이한다. 존이 죽으면서 게임 화면이 흐려지지만 곧 3년 뒤 잭(존의 아들) 역할로 다시 돌아온다. 게임은 잭이 아버지를 죽인 정부 요원을 찾아 복수하려는 얘기로 전개되면서 다시 액션 중심 미션으로 돌아온다. 이러한 유형의 하강부는 아주 드물고 게임에서 보는 것은 상당히 신선했으며 내가 <레드 데드 리뎀션>의 내러티브를 가장 기억할 만한 것으로 꼽는 이유가 됐다.

대화식 내러티브와 선형적 내러티브의 차이점

대화식 내러티브와 선형적 내러티브는 관객 vs 플레이어라는 역할의 차이 때문에 근본적으로 상당히 다르다. 관객은 소비하는 매체에 자신의 배경과 해석을 적용하지만 실제 매체 자체를 바꿀 수는 없으며 이에 대한 자신의 인식만 바꿀 뿐이다. 반면에 플레이어는 참여하는 매체에 끊임없이 영향을 미치며 대화식 내러티브에서 사실상 대리자 역할을 한다. 즉, 대화식 내러티브의 저자는 내러티브를 만드는 동안 이러한 핵심적인 차이점을 제대로 인식해야 한다.

줄거리 vs 자유 의지

대화식 내러티브를 만드는 동안 가장 어려운 일 중 하나는 줄거리를 위해 컨트롤을 포기하는 것이다. 작가와 독자/시청자 모두는 암시, 운명, 아이러니 등의 요소로 의도된 줄거리의 결과가 스토리의 앞부분에 영향을 주는 구조에 익숙하다. 그러나 진정한 대화식 경험에서는 플레이어의 자유 의지 때문에 이러한 요소가 불가능하다. 즉, 플레이어의 의도를 알지 못하면 선택의 결과에 대한 암시를 보여주기가 매우 어렵다. 하지만 이러한 이분법을 해결할 수 있는 여러 옵션이 있는데, 그중 어떤 것은 이미 디지털 게임에서 자주 활용되고 또 어떤 것은 펜과 종이 RPG와 같은 조건에서 종종 사용되지만 디지털 게임에서는 많이 구현되지 않았다.

- **제한된 가능성:** 제한된 가능성은 거의 모든 대화식 내러티브 경험에서 사용되는 중요한 부분이다. 사실, 정의된 내용에 따라 진행되는 대부분의 게임은 진정한 대화식 내러티브라고 할 수 없다. 최근 십여 년간 가장 유명한 게임 시리즈(〈페르시아의 왕자〉, 〈콜오브듀티〉, 〈헤일로〉, 〈언차티드〉 등)의 중심에는 모두 선형적 스토리가 있다. 게임에서 무엇을 하든지 플레이어가 내리는 선택은 내러티브를 계속 진행하거나 게임을 그만두는 것뿐이다. 예거 디벨롭먼트_{Yager Development} 사의 〈스펙 옵스: 더 라인^{Spec Ops: The Line}〉에서는 이 문제에 세련되게 접근해 플레이어와 스토리의 주요 캐릭터에게 사실상 두 가지 선택(점점 더 끔찍해지는 임무를 계속할 것인지, 아니면 게임을 그만할 것인지)을 제공한다. 〈페르시아의 왕자: 시간의 모래〉에서는 내레이터(게임 속의 왕자이자 주인공)를 등장시켜 "아냐, 아냐, 이렇게 될 게 아니야. 다시 시작할까?"라고 말하며 플레이어가 죽을 때마다 가장 최근의 체크 포인트로 돌아가게 한다. 〈어쌔신 크리드〉 시리즈에서는 (플레이어의 스킬 부족으로) 조상이 죽는 경우에 조상의 얘기와 '동기화 실패'가 됐다고 언급한다.

  이 밖에도 플레이어의 선택을 몇 가지로 한정하고 게임 전체에서 플레이어의 행동이 여기에 기반을 두게 하는 예도 있다. 라이온헤드 스튜디오 사의 〈페이블^{Fable}〉과 바이오웨어 사의 〈스타워즈: 구공화국의 기사단〉의 경우 개발사에서는 게임에서 플레이어의 행동에 따라 최종 게임의 결과가 결정된다고 말했지만 실제로는 게임 안에서 플레이어의 행동은 선과 악의 수준으로 결정되고 두 게임은 모두(다른 대부분의 게임에서도 마찬가지) 게임 끝부분에서 단 하나의 선택이 그동안의 모든 행동을 무시할 만큼 중요하게 작용했다. <파이널 판타지 VII>과 <크로노 트리거>와 같은 일본 RPG는 더 미묘하고 다양한 가능성을 제시했다. <파이널 판타지 VII>에서는 주요 캐릭터인 클라우드가 골든 소서^{Golden Saucer}의 오락장에서 다른 캐릭터와 데이트하는 시점이 있다. 클라우드의 기본 선택은 애어리스와 함께 가는 것이지만 플레이어가 그녀를 계속 무시하고 전투 파티에서 제외했다면 티파와 데이트를 하게 된다. 데이트할 수 있는 캐릭터로는 애어리스, 티파, 유피, 바렛이 있지만 바렛과 데이트하려면 상당한 노력이 필요하다. 이 게임은 플레이어에게 알려주지는 않지만 배경에서 항상 이러한 계산을 하고 있다. 파이널 판타지 팀은 <파이널 판타지 X>에서 주인공 티더스가 스노모빌을 타는 로맨틱 씬에서 누구와 함께 탈지 결정하는 데도 비슷한 전략을 사용했다. <크로노 트리거>의 경우 게임의 13가지 엔딩(일부 엔딩에서는 그 안에서도 여러 가능성이 있음) 중에서 선택하고자 비슷한 측정 방식을 사용했다. 이 경우에도 계산에 대해서는 플레이어에게 거의 알려주지 않는다.

■ **여러 선형적 사이드 퀘스트 제공:** <폴아웃 3>와 <스카이림>을 비롯한 베데스다 소프트웍스 사의 오픈월드 게임들이 이 전략을 자주 사용한다. 이러한 게임의 메인 퀘스트는 일반적으로 상당히 선형적이지만 전체 게임의 콘텐츠에서 아주 작은 부분만 차지한다. <스카이림>을 예로 들면 메인 퀘스트는 12 ~ 16시간 정도면 완료할 수 있지만 이 게임에는 400시간 분량의 추가적인 사이드 퀘스트가 있다. 플레이어의 평판과 역사에 따라 일부 사이드 퀘스트가 열리고 다른 사이드 퀘스트는 불가능해진다. 즉, 게임을 하는 각 플레이어는 서로 다른 선형적 경험의 조합을 통해 다른 플레이어와는 전체적으로 다른 게임 경험을 하게 된다.

■ **다양한 암시 제시:** 여러 가지 다른 일에 대한 암시를 제시하고 그중 일부가 실현되게 하는 방식이다. 플레이어는 일반적으로 현실화되지 않는 암시는 무시하고 현실화된 암시를 기억하는 경향이 있다. 미래의 줄거리에 대한

여러 가능성을 제시하지만 그중 일부만 현실화되는 TV 시리즈물에서 이런 방식이 자주 사용된다(예, 〈파스케이프〉의 〈A Clockwork Nebari〉 편에서 나오긴 하지만 결코 다시는 언급되지 않는 네바리의 우주정복 계획이나 〈닥터후〉의 〈The Daughter 's Daughter〉 편에 나온 닥터후의 딸은 그 후로는 등장하지 않음).

- **중요하지 않은 NPC를 중요한 캐릭터로 발전시킴:** 펜과 종이 RPG의 게임 마스터^{GM}가 자주 사용하는 전략이다. 예를 들어 플레이어가 도적 10명의 공격을 받고 모두 물리치지만 그중 한 명이 달아나는 데 성공하는 경우다. 그러면 GM은 이후 게임의 일정 시점에 달아났던 도적이 동료를 데리고 플레이어에게 복수를 시도하도록 얘기를 꾸밀 수 있다. 이 예는 〈파이널 판타지 VI〉(원래 미국에서는 〈파이널 판타지 III〉로 출시됨)에서 반복적으로 등장해서 플레이어를 짜증나게 하다가 결국 악당 캐릭터가 되는 케프카의 예와는 다르다. 플레이어 파티의 캐릭터들은 알아채지 못하지만 개발자가 케프카의 웃음소리에 특수 효과를 넣었다는 사실만으로도 플레이어는 이후 전개 방향을 짐작할 수 있다.

Tip

펜과 종이 RPG는 여전히 플레이어에게 독특한 대화식 게이밍 경험을 제공하므로 여러분도 꼭 해보기를 권장한다. 실제로 내가 서던 캘리포니아 대학교에서 강의할 때 모든 학생에게 의무적으로 RPG를 해보게 했다. 대략 학기마다 학생의 약 40%가 자신이 가장 흥미로웠던 과제로 RPG를 선택했다. 펜과 종이 RPG는 사람이 진행하기 때문에 게임 마스터(GM)가 컴퓨터로는 불가능한 수준까지 실시간으로 플레이어를 위한 내러티브를 만들어낼 수 있다. GM은 앞서 나열한 모든 전략을 활용해 플레이어를 안내하고 일반적으로 선형적 내러티브에서만 가능했던 수준의 운명적, 암시적, 때로는 아이러니한 경험을 제공할 수 있다.

처음 시작하는 데는 위저드 오브 더 코스트(Wizards of the Coast) 사의 인기 RPG인 〈던전 앤 드래곤(D&D)〉이 적당하며 여기에 활용할 수 있는 소스북도 아주 많다. 하지만 〈D&D〉의 캠페인은 일반적으로 상당히 전투 지향적이므로 대화식 스토리를 만들고 경험하는 것이 목적이라면 이블햇 프로덕션스(Evil Hat Productions) 사의 〈기동형 페이트(FATE Accelerated)〉[9] 시스템을 추천한다.

---

9. http://www.evilhat.com/home/fae/

공감적 캐릭터 vs 아바타

선형적 내러티브에서 주인공은 일반적으로 관객이 공감할 수 있는 캐릭터다. 로미오와 줄리엣이 어리석은 결정을 내릴 때 관객은 자신이 어렸을 때를 생각하고 두 연인이 치명적인 길을 선택할 때의 느낌에 공감한다. 반면에 대화식 내러티브의 주인공은 플레이어와 분리된 캐릭터가 아니라 세계 안에서의 플레이어의 아바타다(아바타는 지상으로 내려온 신의 물리적 분신을 의미하는 산스크리트어로서 게임에서는 게임 세계에서 플레이어에 대한 가상의 분신을 니다낸다). 이 때문에 플레이어가 게임 세계에서 원하는 행동과 성격이 플레이어 캐릭터^{PC, Player-Character}의 성격과 일치하지 않는 불협화음이 일어날 수 있다. 내 경우에는 <파이널 판타지 VII>의 주인공인 클라우드 스트라이프를 경험하면서 이러한 불협화음의 예를 체험할 수 있었다. 게임 전체에서 클라우드는 지나치게 심술궂게 느껴지는 경우가 많았지만 과묵한 캐릭터였기 때문에 내 성격을 그에게 투영할 수 있었다. 하지만 그와 가까운 사람을 잃는 중요한 장면에서 세피로스로부터 세상을 구하고자 싸우지 않고 아무 반응 없이 휠체어에 앉아 있는 모습은 크게 실망스러웠다. PC의 선택과 플레이어로서 내 선택 간의 이러한 중요한 불협화음은 내게는 상당히 불만스럽게 느껴졌다.

이러한 이분법의 좋은 예로 클로버 스튜디오 사의 환상적인 게임인 <오오카미>(2006)에서 느꼈던 효과가 있다. <오오카미>에서 플레이어 캐릭터는 흰색 늑대의 형상으로 환생한 태양의 여신 아마테라스다. 그러나 아마테라스의 힘은 지난 100년간 서서히 약해졌고 플레이어는 이 힘을 복원시켜야 한다. 그런데 내러티브를 1/4 정도 진행할 무렵, 주요 적대자인 마왕 오로치가 자신을 위해 희생할 처녀를 선택한다. 플레이어와 아마테라스의 동료인 이순은 아직 아마테라스가 힘을 충분히 복원하지 못했다는 것을 알기에 이렇게 약한 상태로 오로치를 상대하는 것은 무리라고 느낀다. 하지만 이순의 반대에도 불구하고 아마테라스는 싸움에 뛰어든다. 그녀의 결정을 나타내듯이 음악이 점차 웅장해지면서 나의 느낌도 두려움에서 무모한 용기로 바뀌었고 가능성이 낮다는 것을 알면서도 반드시 해야 하는 일이라는 생각이 들었기에 영웅이 된 느낌이 들었다.

이러한 캐릭터와 아바타의 이분법은 게임과 대화식 내러티브에서 여러 방법으로 다뤄졌다.

- **역할 이행:** 게임에서 가장 일반적인 형식은 플레이어가 게임 캐릭터의 역할 플레이를 하는 것이다. <툼레이더>나 <언차티드> 시리즈와 같은 캐릭터 중심의 게임을 할 때 플레이어는 라라 크로프트나 네이선 드레이크가 된다. 즉, 게임 주인공의 정의된 성격을 이행하고자 자신의 성격을 잠시 유보한다.

- **조용한 주인공:** 첫 번째 <젤다의 전설> 게임 이후로 거의 말이 없는 주인공들이 대세를 이루고 있다. 다른 캐릭터들은 주인공에게 말을 걸고 마치 주인공이 대답을 한 것처럼 행동하지만 플레이어에게는 주인공이 어떤 말을 했는지 보이지 않는다. 이는 게임 개발자가 캐릭터에 주입한 성격을 플레이어에게 강요하지 않고 플레이어가 자신의 성격을 주인공에 새기게 하기 위한 아이디어였다. 하지만 링크가 어떤 말을 하든지 또는 하지 않든지 관계없이 그의 성격은 행동으로 그대로 드러나며 클라우드가 아무 말도 하지 않더라도 플레이어는 여전히 자신의 희망과 이전의 예에서 설명했던 클라우드의 행동 사이에서 불협화음을 느낀다.

- **여러 대화 옵션:** 플레이어에게 여러 대화 옵션을 제공하는 방법은 여러 게임에서 활용되고 있으며 확실히 플레이어에게 캐릭터와 캐릭터의 성격을 제어하고 있다는 느낌을 준다. 하지만 이 방식을 사용할 때는 다음과 같이 두 가지 중요한 요건이 있다.

  - **플레이어가 선택한 대사의 결과를 이해할 수 있어야 한다:** 게임 작가에게는 뻔하게 느껴지는 대사의 함축된 의미가 플레이어에게는 잘 이해되지 않을 수 있다. 플레이어가 NPC를 칭찬하는 의미로 선택한 대사에서 NPC의 반응이 적대적으로 나올 경우 플레이어는 이 상황을 낯설게 느낄 수밖에 없다.

  - **의미 있는 선택을 하게 해야 한다:** 일부 게임에서는 그 게임이 바라는 대화 선택을 기대하면서 엉뚱한 선택을 함께 제공하기도 한다. 예를 들

어 플레이어에게 세계를 구해달라고 부탁하고 플레이어가 "싫어"라고 대답할 경우인데, 그러면 "설마 진심은 아니지?"라면서 그 이상의 대화로 진전되지 않게 해야 한다.

대화 옵션을 환상적으로 사용한 게임의 예로 바이오웨어 사의 <매스 이펙트Mass Effect> 시리즈가 있다. 이 게임 시리즈에서 대화 옵션은 휠 위에 표시되는데, 휠의 영역에 각기 다른 의미가 있다. 휠 왼쪽의 옵션은 대화를 계속 이어가는 반면 오른쪽의 옵션은 대화를 단축시킨다. 휠 위쪽의 옵션은 우호적인 분위기인 반면 아래쪽의 옵션은 무례하거나 적대적이다. 대화 옵션을 일관되게 배치함으로써 선택 옵션에 대한 중요한 정보를 제공하고 예기치 못한 결과가 나오지 않게 배려했다.

이와는 다르지만 역시 훌륭한 예 중 하나로 웨스트우드 스튜디오 사의 <블레이드 러너>(1997)가 있다. 이 게임에서 디자이너는 대화 옵션을 선택하는 것이 플레이어 경험의 흐름을 방해한다고 생각하고 대화 중 모든 대화 옵션을 일일이 선택하는 대신 캐릭터의 기분(우호, 중립, 무례, 무작위)을 선택할 수 있게 했다. 그러면 주인공은 내러티브 흐름에 방해되지 않고 플레이어가 설정한 기분에 맞게 대화를 이어갈 수 있었으며, 플레이어는 언제든지 기분을 변경해 상황에 대한 캐릭터의 반응을 조절할 수 있었다.

- **플레이어의 행동을 추적하고 적절하게 대응한다**: 일부 게임에서는 플레이어와 다양한 팩션faction의 관계를 추적하고 이러한 팩션 관계에 따라 해당 팩션의 구성원이 적절하게 플레이어에게 대응한다. 오크에게 호의를 베풀면 오크 마을의 시장에 물건을 팔 수 있게 된다. 도둑 길드의 멤버를 체포하면 나중에 이들에게 강도를 당할 수 있는 식이다. 이러한 기능은 베데스다 소프트웍스 사의 게임과 같은 오늘날 대부분의 오픈월드 롤플레잉 게임에서 보편적으로 활용되고 있으며, 디지털 게임 최초의 복잡한 도덕성 시스템이었던 오리진 시스템즈 사의 <울티마 IV>에 사용된 여덟 가지 미덕과 세 가지 원칙의 도덕성 시스템에 어느 정도 바탕을 두고 있다.

정의된 내러티브의 목적

정의된 내러티브는 게임 디자인에서 다음과 같이 몇 가지 목적으로 사용된다.

- **감정 유발:** 지난 수세기 동안 작가들은 극적 요소를 통해 관객의 감정을 조종하는 기술을 개발했다. 극적 요소의 이러한 기능은 게임과 대화식 내러티브에도 활용되며 게임에서 순수한 선형적 내러티브도 플레이어의 감정을 일으키는 데 초점을 맞출 수 있다.

- **동기 부여와 정당성:** 극적 요소는 감정을 조종하는 역할 외에도 플레이어가 특정 행동을 하도록 격려하거나 이러한 행동이 달갑지 않을 때 정당화하는 데도 사용된다. 조지프 콘래드^{Joseph Conrad}의 <암흑의 심장^{Heart of Darkness}>을 개작한 <스펙옵스: 더 라인^{Spec Ops: The Line}>에서 훌륭한 예를 볼 수 있다. 좀 더 밝은 분위기의 예로는 <젤다의 전설: 윈드 워커^{The Legend of Zelda: The Wind Waker}>가 있다. 게임의 시작 부분에서 링크의 여동생인 아릴은 링크에게 생일 선물로 그녀의 망원경을 빌려준다. 그리고 바로 그날 아릴은 거대한 새에게 납치당하고 게임의 처음 부분은 아릴을 구하기 위한 링크의 노력을 중심으로 내러티브식으로 진행된다. 납치되기 직전에 플레이어에게 무언가를 주는 미리 정의된 스토리텔링을 통해 그녀를 구하고자 하는 플레이어의 개인적 욕구를 증폭시켰다.

- **진행과 보상:** 여러 게임에서 컷씬^{cut scene10}과 그 외의 정의된 내러티브를 사용해 플레이어에게 스토리 진행 상황을 알려주고 진행에 대한 보상을 제공한다. 게임의 내러티브가 전체적으로 선형적인 경우 플레이어가 전통적 내러티브 구조를 이해하면 게임의 전체 줄거리에서 현재 어디까지 진행했는지를 이해하는 데 도움이 된다. 내러티브 컷씬은 게임의 레벨이나 일정 부분을 완료한 데 대한 보상으로도 자주 사용된다. 선형적 내러티브를 사용하는 거의 모든 베스트셀러 게임(예, <마던 워페어>, <헤일로>, <언차티드> 시리즈)의 싱글

---

10. 게임의 액션 부분 중간에 삽입해서 극적 사건의 발전을 나타낸다. 정지 이미지나 비디오로 만들며 보통 대화와 함께 등장한다. 대부분의 액션 게임에서의 컷씬은 스토리 진행의 도우미 역할을 한다. – 옮긴이

플레이어 모드에서 이 방식을 사용한다.

- **메카닉스의 적용**: 정의된 극적 요소의 가장 중요한 목적 중 하나가 게임 메카닉스의 적용이다. 레이븐스버거 사의 <업 더 리버^{Up the River}>라는 독일 보드 게임이 좋은 예다. 이 게임에서 플레이어는 자신의 보트를 강 상류로 이동시켜야 한다. 이 게임에서 보드를 '강'이라고 부르는 것은 배가 뒤로 밀리는 게임 메카닉을 이해하기 쉽게 해준다. 또한 '모래톱'이라는 보드 칸에서는 천천히 멈추고(보트가 모래톱에 걸린 것처럼) '순풍'이라는 보드 칸에서는 배가 더 빠르게 움직인다. 이렇게 각 요소에 내러티브를 연결하는 방법을 통해 "3번 칸에서 배가 멈추고 7번 칸에서는 배가 더 빠르게 움직인다."와 같은 규칙보다 훨씬 이해하고 기억하기 쉽게 됐다.

정의된 기술

정의된 메카닉스와 마찬가지로 정의된 기술도 종이 게임이나 디지털 게임에서 모두 동적인 행동을 통해서만 이해할 수 있다. 플레이어가 던지는 주사위의 종류와 수는 실제로 게임을 하는 동안에만 중요하며, 마찬가지로 프로그래머가 작성한 코드는 플레이어가 게임을 하는 과정을 확인해야만 실제로 이해할 수 있다. 이것이 제시 셸이 4 요소[11]에서 지적한 것처럼 미리 정의된 요소 중 기술의 예측 가능성이 가장 낮다고 하는 이유 중 하나다.

또한 정의된 메카닉스와 정의된 기술 간에는 겹치는 영역이 많다. 기술은 메카닉스를 가능케 하며, 메카닉스에 대한 디자인 결정은 어떤 기술을 사용할지에 대한 선택에 영향을 준다.

종이 게임의 정의된 기술

종이 게임의 정의된 기술은 주로 무작위화, 상태 추적, 진행을 위해 사용된다.

---

11. 셸의 4 요소는 2장에서 다뤘다.

- **무작위화:** 무작위화는 종이 게임에서 가장 일반적인 형식의 기술이다. 이 기술에는 주사위에서 카드, 도미노, 돌림판 등에 이르기까지 다양하게 이용한다. 디자이너는 이러한 무작위화 방법의 종류와 작동 방식을 구체적으로 제어할 수 있다. 무작위화를 테이블과 결합해 게임의 랜덤 이벤트나 캐릭터를 생성하는 등에 활용할 수 있다. 11장에서 다양한 유형의 난수 발생기와 그 활용 방안을 알아본다.
- **상태 추적:** 상태 추적의 예로는 (〈크리비지cribbage〉 보드와 같이) 게임에서 다른 플레이어의 점수를 기록하는 점수판이나 일부 롤플레잉 게임에서 사용되는 복잡한 캐릭터 시트character sheet와 같은 테이블을 들 수 있다.
- **진행:** 진행은 주로 차트와 테이블 형식으로 정의한다. 이러한 예로는 플레이어의 레벨업에 따라 적용되는 능력 향상, <문명>과 같은 게임에서 테크 트리에 나오는 다양한 기술과 유닛의 진행 단계, 보드 게임 <파워 그리드> 등의 자원 갱신을 들 수 있다.

디지털 게임의 정의된 기술

이 책의 뒷부분에서는 유니티Unity와 C # 프로그래밍 언어를 사용하는 게임 프로그래밍의 형식으로 디지털 게임 기술을 포괄적으로 다룬다. 종이 게임의 정의된 기술과 마찬가지로 게임 프로그래밍의 핵심은 디자이너가 플레이어에게 전달하려는 경험을 정의된 규칙으로(프로그래밍 코드의 형식으로) 구현하고 플레이어가 게임을 하는 동안 이 규칙을 준수하는 것이다.

요약

정의된 계층의 4 요소는 플레이어가 게임을 구매하거나 다운로드할 때 플레이어가 건네받는 모든 것을 말하며 전적으로 게임 개발자에 의해 결정되는 요소다.

5장에서는 정적인 형태의 정의된 계층에서 동적인 계층으로 진화하는 것에 대해 알아본다.

정의된 계층에 대해 마지막으로 언급하자면 <small>(제시 셸이 4 요소의 논의에서 지적했듯이)</small> 정의된 계층의 각 요소는 소규모 게임 스튜디오 내의 작업에 잘 어울린다. 즉, 게임 디자이너는 메카닉스를 만들고, 아티스트는 미학을 만들며, 작가는 네러티브를 만들고, 프로그래머는 기술을 개발한다.

CHAPTER 5

동적 계층

플레이어가 게임을 하기 시작하면 계층형 4 요소의 정의된 계층에서 동적 계층으로 이동한다. 놀이, 전략, 플레이어의 유의미한 선택 모두가 이 계층에서 발생한다.

5장에서는 다양한 발생적 측면을 포함하는 동적 계층에 대해 알아보고 디자이너가 정의한 결정에 의해 발생하는 동적 플레이를 어떻게 예측할 수 있는지 설명한다.

플레이어의 역할

나의 동료 디자이너 중 한 명은 언젠가 내게 게임은 누군가 하기 전까지는 게임이 아니라는 말을 한 적 있다. 처음에는 "숲에서 나무가 쓰러져도 아무도 소리를 듣지 못한다면 소리가 나는 걸까?"와 같은 말로 들릴지 모르지만 대화식 매체에는 다른 어떤 매체보다도 플레이어의 참여가 필요하다. 영화는 관객이 아무도 없어도 여전히 극장에서 상영할 수 있다.[1] TV 프로그램도 그 프로그램을 보는 사람이 아무도 없더라도 전파를 탈 수 있다. 그런데 게임에서 정의된 각종 요소는 플레이어가 경험하기 전까지는 존재할 수 없다(그림 5.1 참고).

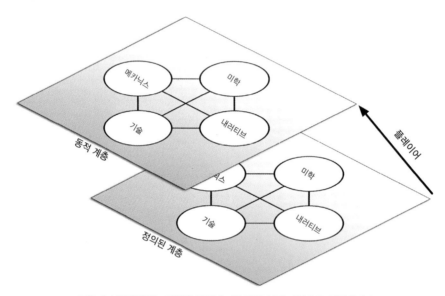

그림 5.1 플레이어는 게임을 정의된 계층에서 동적 계층으로 이동시킨다.

물론 다른 모든 경우와 마찬가지로 이것에도 극단적인 사례는 있다. <코어 워Core War> 게임은 컴퓨터 바이러스를 만들어 가상의 컴퓨터 코어를 탈취하는 해킹 게임이다. 이 게임에서 플레이어는 자신의 바이러스를 제출하고 다른 바이러스와 경

---

1. 〈록키 호러 픽처 쇼(The Rocky Horror Picture Show)〉와 같은 일부 영화의 경우 영화에 대한 관객의 반응이 다른 관객의 시청 경험을 바꾼다는 점에서 많은 컬트 팬덤이 만들어졌다. 하지만 영화 자체는 관객의 영향을 전혀 받지 않는다. 게임이 갖는 역동성은 매체가 플레이어의 행동에 반응을 나타낼 수 있다는 점에서 나온다.

쟁을 벌이는 동안 결과를 기다려야 한다. 매년 열리는 로보컵^{RoboCup} 토너먼트에서는 로봇으로 구성된 팀으로 축구 경기를 벌이며 게임 중에는 프로그래머가 전혀 개입할 수 없다. 고전 카드 게임인 <워^{War}>에서는 게임을 시작할 때 두 개의 덱 중 어떤 것을 사용할지 결정하는 것을 제외하고 순전히 운으로 게임의 결과가 결정된다. 이러한 게임의 실제 게임 플레이 중에는 플레이어의 입력이나 선택이 적용되지 않지만 여전히 공식적인 게임의 시작 전에 플레이어가 내린 선택의 영향을 받으며, 플레이어는 게임의 결과에 관심을 갖고 게임이 진행되는 동안 지켜본다. 이러한 경우에도 모두 게임을 준비하고 결과에 영향을 미치는 선택을 내릴 플레이어가 필요하다.

플레이어는 게임과 게임 플레이에 엄청난 영향(4 요소에 대한 영향 포함)을 미치지만 4 요소 바깥쪽에 위치한다. 플레이어는 게임을 하나의 존재가 될 수 있게 해주고, 게임 개발자가 게임의 정의된 계층에 코딩해 놓은 요소를 경험으로 바꾸어준다. 게임이 디자이너가 의도한 대로 구현되는지 보려면 플레이어의 도움이 필요하다. 플레이어가 규칙을 따르려고 하는지, 플레이어가 게임에서 승리하는 데 관심이 있는지, 게임을 하는 실제 환경, 플레이어의 감정 상태 등과 같이 디자이너가 전혀 제어할 수 없는 여러 측면이 있다. 플레이어는 아주 중요한 존재이므로 개발자는 플레이어를 존중하고 게임의 정의된 요소(특히 규칙)를 플레이어가 명확하게 이해하고 우리가 의도한 게임 환경에서 올바르게 경험해볼 수 있게 해야 한다.

발생적 요소

5장에서 가장 중요한 개념인 발생^{emergence}이란 아무리 단순한 규칙이라도 실제 게임에 적용되면 아주 복잡한 행동을 야기할 수 있다는 의미다. 1장에서 직접 실험해본 <바둑>이라는 게임을 고려해보자. <바둑>에서 기본 규칙은 간단했지만 매우 복잡한 플레이가 가능했다. 또한 기존의 규칙을 변경하고 새 규칙을 추가했을 때 사소하게 보이는 변경으로도 게임의 느낌과 플레이가 크게 달라질 수 있다는 것도 확인했다.

계층형 4 요소의 동적 계층은 플레이어와 게임의 4 요소(메카닉스, 미학, 내러티브, 기술)가 교차함으로써 발생한 결과를 포함한다.

예상치 못한 메카닉스의 발생

게임 디자인에 관한 책을 두 권[2] 집필한 나의 동료 스콧 로저스Scott Rogers는 예전에 "나는 발생적 요소를 믿지 않는다."고 말했다. 한동안 이에 대해 논의한 끝에 그도 발생적 요소가 있다고 인정했지만, 그는 발생적 요소가 게임 디자이너에게 무책임한 디자인의 핑계가 돼서는 안 된다고 주장했다. 또한 스콧과 나는 게임 디자이너가 게임 내 체계의 설계자로서 예상치 못하게 발생하는 게임 플레이에 책임이 있다는 데 동의했다. 물론 여러분이 추가한 규칙에 어떤 가능성이 있는지 미리 아는 것은 나타날지 아는 것이 아주 어려운데, 바로 이것이 플레이테스팅이 중요한 이유다. 게임을 개발하는 동안 조기에 그리고 자주 플레이테스트하고 한 번의 플레이테스트에서만 나타난 특이한 현상에 대해서도 주의를 기울여야 한다. 게임이 출시된 후에는 엄청나게 많은 사람이 여러분의 게임을 하게 되고, 특이한 현상이 예상했던 것보다 훨씬 자주 나타나게 된다. 물론 이런 실수는 어떤 디자이너도 할 수 있지만(《매직: 더 게더링》Magic: The Gathering)에서 사용이 금지된 카드가 나온 것만 봐도 알 수 있음) 스콧은 디자이너가 이러한 문제를 책임감 있게 해결하려는 자세가 중요하다고 말했다.

동적 메카닉스

동적 메카닉스란 대화식 매체인 게임을 다른 매체와 차별화하는 요소의 동적 계층으로, 게임을 게임답게 만드는 요소다. 동적 메카닉스에는 절차, 유의미한 플레이, 전략, 하우스 규칙, 플레이어 의도, 결과가 포함된다. 정의된 메카닉스와 마찬

---

2. Scott Rogers, *Level up!: The Guide to Great Video Game Design* (Chichester, UK: Wiley, 2010) 그리고 Scott Rogers, *Swipe this! The Guide to Great Tablet Game Design* (Hoboken, NJ: John Wiley & Sons, 2012).

가지로 이러한 요소의 대부분은 트레이시 풀러턴의 저서 『게임 디자인 워크숍』[3]에서 제시한 요소를 확장시킨 것이다. 우리가 다룰 동적 메카닉스는 다음과 같다.

- **절차**: 플레이어가 취하는 행동
- **유의미한 플레이**: 플레이어의 결정에 가중치 부여
- **전략**: 플레이어가 고안한 계획
- **하우스 규칙**: 플레이어가 하는 간단한 게임 수정
- **플레이어 의도**: 플레이어의 동기와 목표
- **결과**: 게임 결과

절차

정의된 계층의 메카닉스에는 플레이어에게 게임을 하는 방법을 알려주는 지침인 규칙rule이 포함된다. 절차procedure란 플레이어가 이러한 규칙에 반응해 수행하는 동적인 동작이다. 다르게 말하면 절차는 규칙으로부터 발생한다. 1장의 <바톡> 게임에서 다음의 옵션 규칙을 기억해보라.

- **규칙 3**: 플레이어는 카드가 한 장만 남았을 때 '라스트 카드'를 선언해야 한다. 다른 사람이 먼저 선언해 버리면 두 장의 카드를 가져와야 한다(총 카드 수가 세 장으로 늘어남).

이 규칙에는 현재 차례인 플레이어가 한 장의 카드만 남았음을 알리는 절차를 따르도록 직접 지시한다. 그런데 이 규칙에는 현재 차례인 플레이어가 선언하는 것을 잊어버린 경우 다른 사용자가 대신 선언하는 암시적인 절차도 있다. 이 규칙이 있기 전에는 다른 사람의 차례에 주의를 기울일 필요가 없었지만 이 간단한 규칙이 게임을 하는 절차를 바꿔놓았다.

---

3. Tracy Fullerton, Christopher Swain, and Steven Hoffman, *Game Design Workshop: A Playcentric Approach to Creating Innovative Games* (Burlington, MA: Morgan Kaufmann Publishers, 2008). 3장과 5장

유의미한 플레이

케이티 살렌과 에릭 짐머만은 『Rules of Play』에서 유의미한 플레이란 플레이어가 인식 가능하고 이보다 더 큰 게임으로 통합되는 플레이라고 했다.[4]

- **인식 가능한 동작:** 인식 가능한 동작이란 플레이어가 동작이 수행됐음을 알수 있는 동작을 말한다. 예를 들어 엘리베이터의 층 번호 버튼을 누르는 동작은 층 번호 버튼의 불이 켜지게 하므로 인식 가능한 동작이다. 버튼 내부의 전구가 고장 난 엘리베이터에서 관리자와 통화하려고 해본 경험이 있다면 버튼이 제대로 작동하고 있는지 알기 어렵기 때문에 굉장히 답답하다는 것을 알 수 있을 것이다.

- **통합된 동작:** 통합된 동작이란 플레이어가 자신의 동작이 게임의 결과와 연관되는 것을 알 수 있는 동작을 말한다. 예를 들어 엘리베이터의 층 번호 버튼을 누르는 동작은 엘리베이터를 현재 층에서 멈추게 하므로 통합된 동작이다. <슈퍼마리오 브라더스>에서 적을 공격하거나 피하는 선택은 게임의 전체적인 결과에 통합되지 않으므로 그다지 유의미한 선택이 아니다. <슈퍼마리오 브라더스>에서는 현재까지 처치한 적의 수를 보여주지 않는다. 이 게임에서는 남은 시간 동안 각 레벨을 완료하고 생명을 모두 소진하기 전에 게임을 끝내는 것이 목표다. 하지만 HAL 라보라토리즈 사의 <커비[Kirby]> 게임 시리즈에서 플레이어 캐릭터 커비는 적을 처치할 때마다 특수 능력을 얻으므로 적을 처치하는 결정이 훨씬 유의미하다.

플레이어는 게임 안에서 자신의 행동이 유의미하지 않으면 금방 흥미를 잃는다. 살렌과 짐머만이 제시한 유의미한 플레이의 개념은 디자이너에게 플레이어의 생각을 끊임없이 고려하고 플레이어의 관점에서 게임의 상호작용 결과를 잘 이해할 수 있는지 생각하도록 요구하고 있다.

---

4. Katie Salen and Eric Zimmerman, *Rules of Play: Game Design Fundamentals* (Cambridge, MA: MIT Press, 2003), 34. 번역서: 『게임디자인 원론』(지코사이언스, 2010)

전략

게임에서 유의미한 행동이 가능하다면 일반적으로 플레이어는 게임에서 승리하기 위한 전략을 만든다. 전략이란 플레이어가 목표를 달성하는 데 도움이 되는 계산된 행동들을 말한다. 하지만 플레이어는 어떤 목표든 선택할 수 있으며 꼭 게임에서 승리하는 것이 목표가 아닐 수도 있다. 예를 들어 어린이나 게임에 익숙지 못한 사람과 함께 게임을 할 때는 게임에서 이기는 것이 아니라 함께 게임을 하면서 즐거운 시간을 보내거나 상대방이 어떤 것을 배우게 하는 것이 목표일 수 있다.

최적의 전략

게임이 아주 단순하고 가능한 행동의 수가 적다면 플레이어가 게임에서 최적의 전략을 만드는 것이 가능하다. 게임을 하는 두 플레이어가 게임에서 이기는 것을 목표로 이성적으로 플레이할 경우 최적의 전략은 승리할 가능성이 가장 높은 전략이다. 대부분의 게임은 최적의 전략이 나오기에는 너무 복잡하지만 <틱택토 Tic-Tac-Toe>와 같은 일부 게임에는 최적의 전략이 있다. 실제로 <틱택토>는 너무 단순해서 항상 비기거나 승리하도록 닭을 훈련시키는 것도 가능하다.[5]

최적의 전략은 플레이어의 승리 가능성을 높여주는 약간 애매한 아이디어인 경우가 많다. 예를 들어 만프레드 루드비히 Manfred Ludwig 사의 보드 게임인 <업 더 리버 Up the River>에서 플레이어는 자신의 보트 세 척을 강 하류에서 상류로 이동시켜야 하는데, 첫 번째 도착하는 보트에는 12점, 두 번째 보트는 11점, 열두 번째 보트는 1점을 받는다. 각 라운드마다(즉, 모든 플레이어가 한 턴을 할 때마다) 강은 뒤로 한 칸씩 움직이고 강 하류 끝(폭포)까지 밀려난 보트는 유실된다. 각 차례마다 플레이어는 1d6(한 개의 6면 주사위)을 굴려 움직일 보트를 선택한다. 6면 주사위의 평균값은 3.5이고 차례마다 세 척의 보트 중 하나를 선택해야 하므로 각 보트는 세 번의 차례마다 평균 3.5칸을 이동한다. 하지만 보드는 세 차례마다 세 칸씩 밀리므로 각 보트는 세

---

5. Kia Gregory, "Chinatown Fair Is Back, Without Chickens Playing Tick-Tack-Toe," New York Times, June 10, 2012.

차례마다 평균 0.5칸(또는 차례마다 0.1666 또는 1/6칸)씩 전진한다.[6]

이 게임에서 최적의 전략은 보트 한 척을 포기하고 그냥 폭포로 떨어지게 두는 것이다. 그러면 나머지 두 보트는 세 차례가 아닌 두 차례마다 평균 3.5칸씩 전진할 것이다. 두 차례마다 뒤로 두 칸씩 밀리므로 이제 각 보트는 두 차례마다 1.5칸씩(또는 각 차례마다 0.75칸씩) 전진한다. 즉, 세 보트를 모두 움직이려고 할 때의 0.1666보다 훨씬 나은 결과를 얻는다. 그러면 이 플레이어는 1등, 2등으로 상류에 도착할 가능성이 높으며 23점(12 + 11점)을 얻게 될 것이다. 플레이어가 두 명인 경우 다른 플레이어가 10점, 9점, 8점으로 총 27점을 얻을 것이기 때문에 이 전략은 효과가 없지만 3인 또는 4인 게임에서는 최적의 전략에 가깝다고 할 수 있다. 하지만 다른 플레이어의 선택과 주사위 결과의 임의성 등의 다른 요인이 있기 때문에 이 전략으로 항상 승리가 보장되는 것은 아니다. 다만 승리에 가깝게 할 뿐이다.

전략을 위한 디자인

디자이너는 몇 가지 방법으로 게임에서 전략의 중요성을 높일 수 있다. 일단 현재는 게임에 승리하기 위한 방법을 많이 제공할수록 게임 중에 더 복잡한 전략적 선택을 요구하게 된다는 것을 기억하자. 또한 이러한 목표 중 일부는 상충하고 어떤 목표는 상호보완적인 경우(즉, 두 목표의 요건이 동일함) 게임이 진행되는 동안 특정 플레이어의 역할로 바뀔 수도 있다. 플레이어가 목표 중 하나를 달성되고 있다는 것을 알게 되면 이와 상호보완적인 목표도 선택하게 되며, 이러한 목표를 위해 디자인된 역할을 수행하는 전략적 결정을 내리게 된다. 이러한 목표가 게임 안에서 특정한 종류의 행동을 취하게 한다면 다른 플레이어와의 게임 속 관계가 바뀔 수 있다.

클라우스 토이버Klaus Teuber가 디자인한 <카탄의 개척자Settlers of Catan> 게임에서 그 예를 볼 수 있다. 이 게임에서 플레이어는 주사위를 굴려 나온 숫자와 교역을 통해 자원을 얻으며, 다섯 가지 게임 자원 중 일부는 게임 초반에 유용한 반면 나머지 자원은 게임 후반에 유용하다. 초반에 그다지 유용하지 않은 세 가지 자원으로 양,

---

6. 이 예제에는 다른 규칙도 있지만 여기에서는 간단하게 설명하고자 의도적으로 무시했다.

밀, 광석이 있는데, 이 세 가지 자원은 개발 카드로 교환할 수 있다. 가장 흔한 개발 카드는 군인 카드인데, 이를 사용하면 도둑 토큰을 다른 곳으로 움직여서 다른 플레이어의 자원을 훔칠 수 있다. 게임 초반에 광석, 밀, 양이 과도하게 많은 플레이어는 자연스럽게 개발 카드를 많이 구매하게 되며 군인 카드가 가장 많은 플레이어는 승점을 받는다. 따라서 이러한 자원과 잠재적인 목표의 조합에 의해 플레이어가 좀 더 자주 다른 플레이어의 자원을 훔치게 되고 게임에서 악당 역할을 하게 된다.

하우스 규칙

하우스 규칙이란 플레이어가 임의로 규칙을 바꾸는 것을 말한다. <바둑> 게임 예에서 봤듯이 규칙을 아주 조금만 바꿔도 게임에 상당히 큰 영향을 줄 수 있다. 예를 들어 모노폴리를 하는 플레이어 사이에는 경매 규칙을 없애고(아직 소유되지 않은 부동산에 걸렸지만 구매하고 싶지 않은 경우) 벌금이 나오면 모두 무료 주차 칸에 모았다가 여기에 걸린 플레이어가 돈을 갖는 규칙이 많이 사용된다. 경매 규칙을 없애면 진행이 매우 느려지고(게임 초반에 가능했던 전략을 쓸 수 없게 됨) 두 번째 규칙은 게임의 결정성을 약간 낮추는 효과가 있다(일등이든 꼴등이든 어떤 플레이어든지 혜택을 볼 수 있기 때문). 물론 하우스 규칙이 반드시 나쁜 것은 아니며 어떤 규칙은 게임을 훨씬 재미있게 만들어 준다.[7] 모든 하우스 규칙은 게임의 소유권이 디자이너에게서 플레이어로 더 많이 이전됐다는 것을 보여준다. 하우스 규칙의 놀라운 측면 중 하나는 이것이 대부분의 사람들이 가장 처음 접하는 게임 디자인 경험이라는 것이다.

플레이어 의도: 바틀의 유형, 치터, 방해꾼

플레이어의 마음은 디자이너로서도 어쩔 도리가 없다. 대부분의 플레이어는 이성적으로 게임에서 승리하려고 하지만 항상 치터[cheater]와 방해꾼에 대한 걱정도 해

---

7. 아틀라스 게임즈 사의 〈런치 머니(Lunch Money)〉 게임을 할 기회가 있으면 규칙을 변경해서 다른 플레이어를 공격할 수 있고 자신을 치료할 수 있으며 각 차례마다 (셋 중에 하나를 선택하는 대신) 원하지 않는 카드를 버릴 수 있게 해보자. 게임이 훨씬 정신 사납게 변할 것이다.

야 한다. 최초의 다중 사용자 던전^{MUD, Multi-User Dungeon}(현대 대규모 멀티플레이 온라인 롤플레잉 게임의 온라인 조상에 해당하는 텍스트 기반 온라인 게임) 게임의 디자이너 중 한 명인 리차드 바틀^{Richard Bartle}은 정상적인 플레이어 중에도 네 가지 다른 성격의 유형이 있다고 말했다. 그가 정의한 네 가지 플레이어의 유형은 초기의 머드^{MUD} 게임부터 현재의 멀티플레이어 온라인 게임까지 꾸준히 존재하고 있다. 그가 1996년 발표한 「하트, 클럽, 다이아몬드, 스페이드: MUD를 구성하는 네 종류의 플레이어」[8]라는 논문에는 이러한 유형의 플레이어가 서로끼리 그리고 게임과 어떻게 상호작용하는지 뿐만 아니라 플레이어 커뮤니티를 어떻게 긍정적인 방향으로 키워왔는지에 대한 멋진 정보가 들어 있다.

바틀이 제시한 네 가지 유형(카드 한 벌의 네 가지 세트로 구분)의 플레이어는 다음과 같다.

- **달성가(◆ 다이아몬드)**: 게임에서 가장 높은 점수를 얻으려 하며 게임을 지배하려고 한다.
- **모험가(♠ 스페이드)**: 게임의 모든 숨겨진 장소를 찾으려 하며 게임을 이해하려고 한다.
- **사교가(♥ 하트)**: 다른 사람과 함께 게임을 하려고 하며 다른 플레이어를 이해하려고 한다.
- **살인자(♣ 클럽)**: 다른 플레이어를 도발하며 이기려고 한다.

이들 유형은 2 × 2 연속체에 적용할 수 있다(역시 바틀의 논문에 나옴). 그림 5.2는 이를 그래픽으로 나타낸 것이다.

물론 이 밖에도 플레이어의 동기와 유형에 대한 다른 이론[9]도 있지만 게임업계에서는 바틀의 이론이 가장 널리 인정받고 있다.

---

8. Richard Bartle, "Hearts, Clubs, Diamonds, Spades: Players Who Suit Muds," http://www.mud.co.uk/richard/hcds.htm.

9. Nick Yee's "Motivations of Play in MMORPGs: Results from a Factor Analytic Approach," http://www.nickyee.com/daedalus/motivations.pdf.
또 하나의 좋은 자료로는 스콧 릭비(Scott Rigby)와 리차드 라이언(Richard Ryan)이 쓴 논문이 있다: "The Player Experience of Need Satisfaction (PENS)," https://natronbaxter.com/wp-content/uploads/2010/05/PENS_Sept07.pdf.

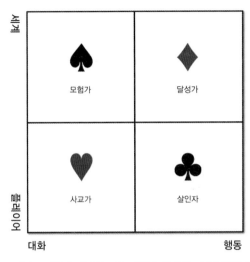

그림 5.2 리차드 바틀이 제시한 MUD 게임에 참여하는 네 종류의 플레이어

그 외에 간혹 볼 수 있는 두 가지 플레이어 유형으로 치터와 방해꾼이 있다.

- **치터:** 게임에서 승리하려고 하지만 게임의 규칙에는 신경 쓰지 않는다. 치터는 승리하고자 규칙을 변형하거나 어기려고 한다.
- **방해꾼:** 게임 자체에는 관심이 없다. 방해꾼은 다른 플레이어의 재미를 방해하는 데만 관심이 있다.

이 두 유형의 플레이어는 분명히 게임에서 바람직한 플레이어는 아니지만 이들의 동기를 이해할 필요가 있다. 예를 들어 치터는 정상적으로 게임에서 승리할 수 있다고 생각하면 속임수를 쓸 필요가 없다고 느낄 수 있다. 방해꾼은 게임에서 승리하는 데 관심이 없기 때문에 이들을 상대하기는 훨씬 어렵지만 디지털 싱글 플레이 게임에서는 게임에 관심이 없으면 아예 게임을 시작하지 않기 때문에 이 유형에 대해서는 따질 필요가 없다. 하지만 정상적인 플레이어도 형편없는 게임 메카닉스를 경험하면 방해꾼이 될 수 있는데... 종종 게임을 그만두기 전에 말이다.

결과

결과는 게임을 플레이한 성과다. 모든 게임에는 결과가 있다. 많은 전통적인 게임은 제로섬^{zero-sum}인데, 한 플레이어가 이기면 다른 플레이어는 패배한다는 뜻이다. 하지만 이 외에도 다양한 유형의 결과가 있을 수 있다. 사실, 게임의 모든 시점에는 개별적인 결과가 있다. 대부분의 게임에는 다음과 같이 몇 가지 다른 수준의 결과가 있다.

- **즉각적 결과:** 개별적인 행동에는 결과가 따른다. 플레이어가 적을 공격하면 그 공격이 빗나가거나 명중해서 적에게 피해를 입힌다. <모노폴리>에서 플레이어가 부동산을 구매하면 플레이어의 소지 금액은 줄어들지만 대신 나중에 더 많은 돈을 벌 수 있는 부동산을 소유하게 된다.

- **퀘스트 결과:** 많은 게임에서는 플레이어에게 임무나 퀘스트를 부여하고 그 퀘스트를 완료하면 보상을 준다. 임무와 퀘스트는 작은 내러티브 안에 포함되고(예, 〈스파이더맨 2〉 게임에서 소녀가 풍선을 잃어버려서(Treyarch, 2004) 스파이더맨은 그 풍선을 찾아줘야 함) 퀘스트의 결과가 이러한 작은 내러티브의 끝이 되는 경우가 많다.

- **점진적 결과:** 플레이어가 오랫동안 목표를 향해 점진적으로 달성한 경우 이를 점진적 결과라고 한다. 가장 일반적인 예로는 경험치^{XP}가 있는 게임에서 레벨을 올리는 것이다. 플레이어가 하는 모든 행동에 약간의 경험치가 주어지고 총 XP 수가 일정 수치에 도달하면 캐릭터 레벨이 높아지고 스탯^{stats}이나 능력이 향상된다. 점진적 결과와 퀘스트 결과의 주요 차이점은 점진적 결과는 일반적으로 내러티브와 연관되지 않으며 다른 일을 하는 동안 수동적으로 점진적 결과가 완료될 수 있다는 것이다(예, 〈던전 앤 드래곤 4판〉에서는 플레이어가 게임 세션에 참여하면 XP를 얻으며 저녁이 끝나면 10,000XP를 얻어 7레벨이 된다).[10]

- **최종 결과:** 대부분의 게임에는 게임의 끝을 의미하는 결과가 있다. 체스에서 한 플레이어가 승리하거나(다른 플레이어는 패배함) <파이널 판타지 VII>에서

---

10. Rob Heinsoo, Andy Collins, and James Wyatt, *Dungeons & Droagons Player's Handbook: Arcane, Divine, and Martial Heroes: Roleplaying Game Core Rules* (Renton, WA: Wizards of the Coast, 2008).

플레이어가 세피로스로부터 세계를 구하는 등이 이러한 최종 결과에 해당한다. 최종 결과에 도달해도 끝나지 않는 게임도 있다(예, 〈스카이림〉에서는 플레이어가 메인 퀘스트를 끝내도 계속 다른 퀘스트를 계속할 수 있음).[11] 아주 드물지만 플레이어 캐릭터의 죽음이 최종 결과인 게임도 있다.

죽음이 최종 결과인 게임(예, 〈로그〉(AI Design, 1980) 같은 게임에서는 캐릭터가 한 번 죽으면 게임에서 진행한 모든 내용을 잃는다)에서 개별 게임 세션은 일반적으로 그리 길지 않기 때문에 캐릭터가 죽더라도 플레이어는 엄청난 손실을 느끼지 않는다. 하지만 대부분의 게임에서는 죽으면 약간의 시간만 허비할 뿐이며 체크 포인트로 진행 단계를 저장하므로 게임 진행 단계가 5분 이상 손실되는 경우는 거의 없다.

동적 미학

동적 메카닉스와 마찬가지로 동적 미학도 플레이어가 게임을 하는 동안 발생한다. 동적 미학에는 다음과 같이 두 가지 주요 범주가 있다.

- **프로시저형 미학:** 디지털 게임 코드에 의해(또는 종이 게임에서 메카닉스의 적용을 통해) 프로그래밍 방식으로 발생하는 미학이다. 여기에는 정의된 미학과 기술로부터 직접적으로 발생하는 프로시저형 음악과 아트가 포함된다.
- **환경적 미학:** 게임을 플레이하는 환경의 미학이며 게임 개발자가 제어할 수 없는 영역이다.

프로시저형 미학

프로시저형 미학[12]은 디지털 게임에서 일반적으로 생각하는 것처럼 기술과 정의

---

11. 〈폴아웃 3〉에서는 플레이어가 메인 스토리를 완료하는 최종 결과에 도달하면 게임이 끝났지만 이후에 다운로드 가능한 콘텐츠(DLC, DownLoadable Content)가 출시돼 그 시점 이후에도 게임을 계속할 수 있었다.

12. 보드 게임에서 프로시저형 아트의 예로는 〈카르카손(Carcassonne)〉(클라우스-위르겐 브레데(Klaus-Jürgen Wrede)가 2000년에 개발함)에서 점진적으로 타일을 놓아가며 만드는 지도 같은 것이 있는데, 디지털 프로시저형 게임 아트는 훨씬 더 일반적이다.

된 미학을 결합해 프로그래밍 방식으로 만들어진다. 이를 프로시저라고 부르는 이유는 프로그래밍 코드로 작성된 프로시저(함수라고도 함)로부터 생성되기 때문이다. 18장에서 작성하는 계단식 폭포는 C# 프로그래밍 코드를 통해 생성되는 재미있는 시각 효과이기 때문에 프로시저형 아트라고 할 수 있다. 게임에서 가장 일반적인 형식의 프로시저형 미학으로는 음악과 시각 아트의 두 가지가 있다.

프로시저형 음악

프로시저형 음악은 오늘날 대부분의 비디오 게임에서 상당히 보편적으로 사용되며 다음과 같은 세 가지 다른 기법으로 생성된다.

- **수평형 리시퀀싱**HRS, Horizontal Re-Sequencing: HRS는 미리 작곡된 여러 음악 파트를 게임의 현재 순간에 디자이너가 의도한 감정적 효과를 유발할 수 있게 재배치하는 방식이다. 예를 들어 루카스 아츠의 iMUSEinteractive MUsic Streaming Engine는 <X-윙> 게임 시리즈뿐만 아니라 루카스 아츠 어드벤처 게임에 사용됐다. <X-윙>에서는 존 윌리엄스가 작곡한 스타워즈 영화 음악이 사용됐다. iMUSE를 사용하면 플레이어가 우주 비행을 할 때 평온한 음악을 들려주다가 적 함대의 공격이 임박하면 긴장을 고조시키는 음악으로 전환하고, 플레이어가 적 우주선을 파괴하거나 목표를 달성했을 때는 승리감을 느낄 수 있는 음악으로 전환할 수 있다. 또한 이 방식에는 게임에서 단일 분위기를 제공하고자 반복되는 긴 파트와 다른 분위기로 전환할 때 마스크로 활용하는 아주 짧은 파트(길이 단위로 하나 또는 두 단위)를 사용한다. 이것이 현재 가장 일반적인 유형의 프로시저형 음악 기술이며 남은 시간이 99초 미만일 때는 과도기적 음악을 들려주다가 현재 레벨을 완료하면 배경 음악으로 돌아가며 <슈퍼마리오 브라더스>(닌텐도, 1985) 시절부터 꾸준히 사용됐다.
- **수직형 리오케스트레이션**VRO, Vertical Re-Orchestration: VRO란 음악 한 곡을 개별적으로활성화하거나 비활성화할 수 있는 여러 트랙으로 레코딩하는 방식이

다. 이 방식은 <파라파 더 래퍼^{PaRappa the Rapper}>나 <프리퀀시^{Frequency}>와 같은 리듬 게임에서 보편적으로 사용된다. <파라파>에서는 플레이어의 네 가지 다른 성공 단계를 나타내는 네 가지 음악 트랙이 사용된다. 플레이어의 실력을 일정 시간마다 측정하고 랭크가 낮아지거나 높아지면 이를 반영하는 좋은 트랙이나 나쁜 트랙으로 배경 음악이 전환된다. <프리퀀시>와 그 후속작인 <앰플리튜드^{Amplitude}>에서 플레이어는 터널을 통과하는 비행기를 조종하는데, 터널 벽은 음악을 녹음하는 스튜디오에서 여러 트랙을 나타낸다. 플레이어가 특정 벽의 리듬 게임에 성공하면 해당 레코딩 트랙이 활성화된다.[13] VRO는 거의 모든 리듬 게임에 공통적으로 사용되고 있으며(환상적인 일본 리듬 게임인 <힘내라! 싸워라! 응원단>과 이것의 북미판인 <도와줘! 리듬 히어로>는 제외) 플레이어에게 캐릭터의 체력, 차량 속도 등에 대한 음악적 피드백을 제공하는 다른 게임에도 일반적인 방식이다.

- **프로시저형 작곡^{PCO, Procedural Composition}**: PCO는 실행하는 데 가장 많은 시간과 기술이 필요하기 때문에 가장 드문 형태의 프로시저형 음악이다. PCO에서는 미리 작곡한 음악 트랙을 재배치하거나 활성화/비활성화하지 않고 프로그래밍된 작곡 규칙, 속도 등을 바탕으로 컴퓨터 프로그램이 실제로 작곡한다. 이 분야에서 상용화된 최초의 제품으로는 시드 마이어와 제프 브릭스의 3DO 콘솔용 타이틀인 <CPU 바흐>가 있다. <CPU 바흐>에서는 플레이어가 다양한 악기와 매개변수를 선택하면 게임이 프로시저형 규칙을 바탕으로 바흐 스타일의 음악을 작곡해서 들려준다.

프로시저형 작곡의 또 다른 환상적인 예로는 작곡자이자 게임 디자이너인 빈센트 디아만테^{Vincent Diamante}가 댓게임컴퍼니 사의 <플라워>(2009) 게임을 위해 만든 음악 작곡 방식이다. 디아만테는 이 게임에서 미리 작곡되는 음악 파트와 프로시저형 작곡으로 생성되는 파트를 모두 제작했다. 게임 플레이 중에 플레이어가 꽃 주변을 날다가 가까이 접근해서 꽃을 피우는

---

13. 또한 <앰플리튜드>에는 음악에서 어떤 시점에서든 활성화할 트랙을 선택해 VRO로 게임에 포함된 트랙의 리믹스를 만드는 모드가 포함돼 있다.

동안에는 배경 음악이 연주된다(일부는 HRS를 사용해 조건에 따라 재배치됨). 꽃이 하나씩 필 때마다 음표 하나가 생성되고 디아만테의 PCO 엔진이 미리 작곡된 음악과 조화를 이루도록 이 꽃의 음표를 선택하고 다른 꽃의 음표와 함께 멜로디를 생성한다. 시스템은 플레이어가 언제 꽃을 지나치는지 현재 오디오 사운드스케이프audio soundscape에 잘 어울리는 음표를 선택하며 여러 개의 꽃을 차례로지나치면 매혹적인 멜로디를 프로시저 방식으로 생성한다.

프로시저형 시각 아트

프로시저형 시각 아트란 프로그래밍 코드를 사용해 게임의 시각 효과를 생성하는 것을 말한다. 프로시저형 시각 효과에는 다음과 같이 여러분이 익숙할 만한 여러 형식이 있다.

- **파티클 시스템**Particle systems: 파티클 시스템은 프로시저형 시각 효과의 가장 일반적인 형식이며 오늘날 거의 모든 게임에서 사용된다. <슈퍼마리오 갤럭시>에서 마리오가 점프할 때 생기는 먼지 구름이나 <언차티드 3>의 불 효과 그리고 <번아웃>에서 차량이 충돌할 때 생기는 스파크 효과 등은 모두 다양한 버전의 파티클 효과다. 유니티에는 아주 빠르고 강력한 파티클 효과 엔진이 있다(그림 5.3 참고).

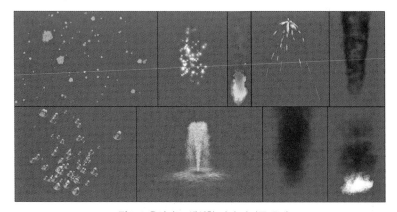

그림 5.3 유니티로 생성한 여러 파티클 효과

- **프로시저형 애니메이션:** 프로시저형 애니메이션은 크리처^{creature} 집단의 플로킹 동작부터 윌 라이트 사의 <스포어^{Spore}>에서 플레이어가 디자인한 모든 크리처의 걷기, 뛰기, 공격 등의 모든 애니메이션을 보여주는 놀라운 프로시저형 애니메이션 엔진까지 모든 것을 포함한다. 보통 애니메이션의 경우 애니메이션되는 크리처는 정확하게 애니메이터가 기록한 경로를 따라 움직인다. 프로시저형 애니메이션에서 애니메이트되는 크리처는 프로시저형 규칙에 따라 복잡한 동작과 행동을 생성한다. 27장에서 '보이드^{boids}'라고 부르는 몇 가지 플로킹^{flocking} 동작을 소개한다(그림 5.4 참고).

그림 5.4 보이드, 27장의 프로시저형 애니메이션 예제

- **프로시저형 환경:** 널리 알려진 프로시저형 환경의 예로는 모장^{Mojang} 사의 <마인크래프트>(2011)가 있다. 플레이어가 <마인크래프트>의 새 게임을 시작할 때마다 시드 번호(랜덤 시드라고도 함)를 사용해 전체 세계(수십억 제곱킬로미터 크기)가 새로 생성된다. 디지털 난수 발생기는 실제로 랜덤이 아니므로 플레이어는 언제든지 동일한 시드를 사용해 동일한 세계를 만들 수 있다.

환경적 미학

다른 중요한 동적 미학으로는 게임을 하는 환경에 의해 제어되는 환경적 미학이 있다. 환경적 미학은 사실상 게임 디자이너가 제어할 수 있는 범위를 벗어나지만 환경적 미학을 이해하고 최대한 플레이어의 편의를 도모하는 것은 여전히 디자이너의 역할이다.

시각적 플레이 환경

플레이어는 다양한 설정과 다양한 장비로 게임을 하므로 디자이너는 어떤 문제가 일어날 수 있는지 알아둘 필요가 있다. 특히 다음 두 가지 요소가 중요하다.

- **환경의 밝기:** 대부분의 게임 개발자는 화면상의 이미지를 최대한 선명하게 볼 수 있도록 조명이 세심하게 제어되는 환경에서 일한다. 하지만 플레이어는 항상 그렇게 좋은 조명을 갖춘 환경에서 게임을 하지는 않는다. 플레이어가 실외에서 컴퓨터를 사용하거나 프로젝터로 플레이하거나 좋지 않는 조명 환경에서 플레이한다면 게임에서 어두운 장면(예, 어두운 동굴 장면)은 제대로 보기가 아주 힘들 것이다. 어두운 부분과 밝은 부분이 충분하게 대조를 이루도록 시각적 미학을 디자인하고 플레이어가 화면의 감마나 밝기 수준을 조절할 수 있는 기능을 추가해야 한다. 이러한 부분은 밝은 실외에서 게임을 하는 경우가 많은 스마트폰이나 다른 모바일용 게임을 디자인할 때 특히 중요하게 고려해야 한다.

- **플레이어 화면의 해상도:** 아이패드나 휴대용 콘솔(닌텐도 DS 등)과 같은 고정 해상도 장치용 게임을 개발한다면 다양한 해상도 문제는 별로 고려할 필요가 없다. 하지만 컴퓨터나 전통적인 콘솔용 게임을 디자인할 경우 플레이어 화면의 해상도나 품질에 대해서는 디자이너가 제어할 수 있는 부분이 상당히 제한적이다. 플레이어가 적어도 1080p 또는 720p 화면을 사용한다고 단정할 수는 없다. PS4와 Xbox One 이전의 모든 콘솔에는 1950년대부터 사용된 표준 해상도 TV용 표준 컴포지트 비디오 신호로 출력하는 기능이 있다. 표준 해상도 TV 환경에서는 훨씬 큰 글꼴 크기를 사용해서 플레이어가 게임의 텍스트를 읽을 수 있게 해야 한다. <매스 이펙트>와 <어쌔신 크리드> 시리즈 같은 AAA 게임에서도 이러한 측면을 제대로 고려하지 않아서 10년

이 넘은 TV에서는 이들 게임의 중요 텍스트를 읽을 수 없다. 여러분의 게임을 오래된 장치에서 플레이하려는 사람이 몇 명이나 될지는 모르지만 프로그램으로 감지하면 글꼴 크기를 키우는 것은 그리 어려운 일이 아니다.

오디오 플레이 환경

시각적 플레이 환경과 마찬가지로 게임을 하는 오디오 환경에 대해서도 디자이너의 역할이 제한적이다. 오디오 플레이 환경은 모바일 게임에서 특히 중요한 고려 사항이지만 다른 게임을 개발할 때도 알아둘 필요가 있다. 특히 다음 두 가지 요소가 중요하다.

- **시끄러운 환경**: 게임을 하는 동안 다양한 일이 일어날 수 있으므로 일부 오디오를 듣지 못해도 플레이가 가능하게 배려해야 한다. 또한 반대로 플레이어가 다른 중요한 정보를 놓치지 않도록 게임에서 너무 시끄러운 환경을 만들지 않게 해야 한다. 일반적으로 중요한 대화나 음성 명령은 게임 안에서 가장 큰 소리로 녹음해야 하며 나머지 믹싱 사운드는 이보다 작게 유지해야 한다. 또한 미묘하고 작은 오디오 힌트는 게임에서 중요한 요소로 사용되지 않게 해야 한다.
- **플레이어의 게임 볼륨 제어**: 플레이어는 게임의 오디오를 끄는 경우가 있다. 이러한 점은 플레이어가 게임의 오디오를 듣지 않을 수도 있는 모바일 게임에서 특히 그렇다. 어떤 게임이든 사운드를 대신할 수 있는 방안을 마련해야 한다. 중요한 대사가 있으면 자막을 켤 수 있게 해야 하고 플레이어에게 위치를 알려주는 청각적 힌트를 제공할 때는 시각적인 힌트도 함께 제공해야 한다.

플레이어 고려 사항

게임을 하는 환경을 고려해야 할 때 또 중요한 사항은 플레이어 자신이다. 모든 플레이어가 다섯 가지 미학을 제대로 느낄 수 있는 것은 아니다. 앞서 소개한 몇 가지 조언을 따라 게임을 디자인하면 청각 장애가 있는 플레이어도 큰 문제없이 게임을 할 수 있다. 하지만 디자이너들이 놓칠 수 있는 다음 두 가지 고려 사항이 있다.

- **색약:** 미국의 경우 북유럽 혈통 남성의 8%와 여성의 0.5%가 색약에 해당한다.[14] 색각 이상에는 몇 가지 다른 유형이 있지만 가장 일반적인 유형은 비슷한 채도의 빨강과 초록을 구별하지 못하는 것이다. 색약은 비교적 흔하기 때문에 여러분의 게임에서 색으로 전달되는 중요 정보가 제대로 보이는지 확인할 플레이테스트 참여자를 찾기는 그리 어렵지 않을 것이다. 또 다른 좋은 방법으로는 색각 시뮬레이터 앱을 다운로드해서 다양한 종류의 색약을 시뮬레이션해보는 것이다.[15]

- **간질과 편두통:** 빠른 속도로 반짝이는 빛에 노출될 경우 편두통과 간질 발작이 유발될 수 있으며, 기존 간질 증상이 있는 어린이의 경우 특히 빛에 의한 발작 현상이 심화될 수 있다. 1997년, 일본의 <포켓몬> TV 시리즈 중 한 장면에서 반복적으로 반짝이는 이미지 때문에 일본 전역에서 수백 건의 간질 발작 증상이 발생하는 사건이 있었다.[16] 현재는 거의 모든 게임에서 간질 발작을 유발할 수 있다는 경고가 표시돼 있고 빠르게 반짝이는 빛이 간질을 유발할 수 있다는 것을 개발자들이 잘 인식하고 대응하고 있기 때문에 지금은 이런 사건이 잘 일어나지 않고 있다.

동적 내러티브

동적 관점에서 내러티브를 바라보는 몇 가지 방법이 있다. 그중 전형적인 예로 전통적인 펜과 종이 롤플레잉 게임에서 플레이어와 게임 마스터 간의 경험을 들 수 있다. 디지털 방식으로 진정한 대화식 내러티브를 구현하려는 시도는 지난 30

---

14. 색맹은 여성보다 남성에게 훨씬 더 흔하다(출처: https://nei.nih.gov/health/color_blindness/facts_about).

15. 이러한 앱으로는 카즈노리 아사다(Kazunori Asada)가 제작한 iOS/안드로이드용 '색각 시뮬레이터'와 일렉트론 소프트웨어 사의 iOS용 'Color DeBlind' 등이 있다.

16. Sheryl WuDunn, "TV Cartoon's Flashes Send 700 Japanese Into Seizures," New York Times, December 18, 1997.

년간 꾸준히 계속되고 있지만 아직 사람이 운영하는 <던전 앤 드래곤^{D&D}> 수준의 상호작용을 실현하는 성과는 나오지 않고 있다. <D&D>에서 이러한 환상적인 동적 내러티브를 만들 수 있는 이유는 사람인 던전 마스터^{DM}(<<D&D>>의 게임 마스터)가 끊임없이 플레이어의 바람과 두려움 그리고 향상되는 기술 수준을 감안해 이에 맞게 스토리를 구성하기 때문이다. 이 책의 앞부분에서 언급했듯이 플레이어가 로우레벨 적과 만난 경우 던전 마스터는 마지막 순간에 적이 전투에서 도망치게 하고 나중에 무서운 적으로 변해 플레이어를 공격하도록 얘기를 꾸밀 수 있다. 인간 DM은 컴퓨터로는 불가능한 수준까지 게임과 게임의 내러티브를 플레이어에 맞게 변형할 수 있다.

대화식 내러티브의 요람기

조지아 공과대학의 자넷 머레이^{Janet Murray} 교수는 1997년 『홀로데크의 햄릿』[17]이라는 책에서 대화식 내러티브의 초기 역사를 다른 내러티브 매체의 초기 역사와 비교해 설명했다. 이 책에서 머레이는 다른 매체의 요람기^{incunabular stage}, 즉 매체가 처음 만들어진 후 성숙 단계에 이르기 전의 상태에 주목했다. 예를 들어 요람기 상태의 영화는 감독이 <햄릿과 리어왕>을 10분 버전으로 촬영하려고 시도했었는데(당시 16mm 필름 한 통의 상영 길이가 10분이었기 때문), 요람기의 텔레비전은 대부분 인기 있는 라디오 프로그램을 거의 그대로 옮긴 형식이었다. 머레이는 다른 매체에 대한 여러 예를 소개한 후 당시 요람기 단계였던 대화식 디지털 픽션에 대해 언급했다. 그러면서 <플래닛폴^{Planetfall}>, <조크^{Zork}> 시리즈와 같은 인포콤 사의 초기 텍스트 어드벤처 게임을 소개하고 이러한 대화식 픽션에만 있는 다음의 두 가지 매력적인 측면을 설명했다.

대화식 픽션은 플레이어에게 일어난다

다른 내러티브 형식과는 달리 대화식 픽션은 플레이어에게 직접 일어난다. 다음

---

17. Janet Horowitz Murray, *Hamlet on the Holodeck* (New York: Free Press, 1997).

은 <조크>[18] 게임의 시작 부분에서 일어나는 일이다. 닫는 꺾쇠괄호로 시작하는 행은 플레이어가 입력한 명령이다(예, > open trap door).

```
...깔개를 치우자 먼지로 뒤덮인 비밀 문이 드러났다

> open trap door

힘겹게 문을 열자 어둠 속으로 내려가는 구불구불한 계단이 눈에 들어왔다.

> down

깜깜한 암흑이다. 전율이 온몸을 감싼다.

> light lamp

램프가 켜졌다.
어둡고 습한 지하실 바닥이다. 동쪽으로 좁은 복도가 보이고 남쪽으로 기어서만 다닐 수 있는 낮은
길이 보인다. 서쪽은 올라갈 수가 없을 것 같은 강철 경사 계단의 바닥이다.
문이 큰 소리를 내며 닫히자 누군가 문을 잠그는 소리가 들린다.
```

여기에서 핵심은 지하실에 들어갔다가 누군가 문을 잠그는 소리를 듣는다는 것이다. 그곳에 갇힌 사람은 바로 플레이어다. 대화식 픽션은 플레이어/독자가 내러티브 안에서 직접 행동을 하고 그 결과를 경험할 수 있는 유일한 내러티브 매체다.

공유된 경험을 통해 관계가 형성된다

대화식 픽션의 또 다른 매력은 플레이어가 공유된 경험을 통해 다른 캐릭터와의 관계를 형성할 수 있게 해준다는 것이다. 머레이는 그 좋은 예로 인포콤 사의 또 다른 텍스트 어드밴처인 <플래닛폴>[19]의 사례를 소개했다. 플래닛폴에서 플레이어는 청소부로 일하던 우주선이 파괴된 이후 게임의 초반을 거의 혼자서 진행한다. 그러다가 전사 로봇warrior robots을 생산하는 기계를 발견하게 되고 그 기계를

---

18. 〈조크〉는 1977 ~ 79년 매사추세츠 공과대학교의 팀 앤더슨, 마크 블랭크, 브루스 대니얼스, 데이브 레블링이 제작했다. 이들은 1979년 인포콤 사를 설립하고 조크를 상용 제품으로 출시했다.

19. 〈플래닛폴〉은 스티브 메레츠키(Steve Meretzky)가 디자인하고 1983년 인포컴 사에서 출시했다.

작동시키지만 오작동으로 플로이드라고 하는 거의 쓸모없는 로봇이 만들어진다. 플로이드는 게임의 나머지 부분에서 플레이어를 따라다니며 종종 기분 전환을 제공하는 정도의 역할을 한다. 게임의 후반부가 되면 플레이어는 방사능과 외계 생물로 가득한 생체 연구소에 있는 어떤 장치가 필요한 상황이 된다. 이때 플로이드는 "플로이드가 가져온다!"라고 말하고는 연구소로 들어가 그 아이템을 얻는다. 플로이드는 곧 돌아오지만 간신히 움직일 수 있는 상태로 심하게 손상된다. 그는 플레이어의 팔에 안겨 불행한 광부의 노래를 부르면서 죽는다. 여러 게임 플레이어가 <플래닛폴>의 디자이너인 스티븐 메레츠키에게 플로이드가 죽었을 때 정말 울었다고 얘기했고, 머레이는 이 사례를 플레이어와 게임 속 캐릭터 간의 실제적인 감정 연결의 첫 번째 사례로 소개했다.

발생적 내러티브

진정한 동적 내러티브는 플레이어와 게임 메카닉스가 스토리에 영향을 미칠 때 발생한다. 몇 년 전, 나는 친구 몇 명과 함께 <던전 앤 드래곤 3.5 에디션> 게임을 하고 있었다. 게임 마스터는 우리를 위기상황으로 몰아넣었다. 우리는 다른 차원으로 들어가 악의 세력으로부터 귀중한 유물을 되찾았고 우리를 뒤쫓는 발로그[20]를 뒤로 한 채 우리의 본래 차원으로 돌아갈 수 있는 마법의 양탄자로 좁은 터널 속에서 도망치고 있었다. 발로그는 우리와 거리를 좁히고 있었지만 우리가 가진 무기로는 거의 대적할 수 없는 상태였다. 그러다가 나는 얼마 전부터 갖고 있던 '화려함의 막대'라는 아이템이 생각났다. 이 막대는 일주일에 한 번씩 '18미터 너비의 비단 텐트와 100명의 사람들이 먹고 마실 수 있는 음식'을 소환하는 마법의 막대였다.[21] 우리는 보통 임무를 마무리하면 축하 파티를 여는 데 이 막대를 사용했지만 이번에는 발로그가 쫓아오고 있던 터널 반대쪽으로 마법을 썼다.

---

20. 불과 연기로 뒤덮이고 날개가 달린 거대한 악마인데 J. R. R. 톨킨의 〈반지의 제왕〉에서 간달프가 "넌 지나갈 수 없어"라면서 맞서기도 했었다.

21. 〈던전 앤 드래곤 3.5 에디션〉의 시스템 레퍼런스 문서에서 호화로움의 막대(Rod of Splendor) 참조(http://www.d20srd.org/srd/magicItems/rods.htm#splendor)

터널은 너비가 10미터에 불과했기 때문에 발로그가 텐트에 갇혀 버둥대는 동안 우리는 사상자 없이 도망칠 수 있었다.

이렇게 예기치 못한 스토리는 게임 마스터가 만들어낸 상황, 게임의 규칙, 개별 플레이어의 창의성이 결합돼 만들어진다. 나는 여러 롤플레잉 캠페인(플레이어와 게임 마스터로 모두 참여함)에서 이와 비슷한 스토리를 많이 경험했으며, 롤플레잉 캠페인에는 이러한 협업 스토리텔링을 촉진하기 위해 사용할 수 있는 여러 방법이 있다. 롤플레잉 게임과 좋은 캠페인을 운영하는 방법에 대한 자세한 내용은 부록 B의 '롤플레잉 게임' 절을 참고한다.

동적 기술

이 책의 다른 부분에서 디지털 및 물리적 게임 기술에 모두 집중하기 때문에 이전 장과 마찬가지로 5장에서도 기술에 대해서는 거의 다루지 않았다. 현재 알아야 할 핵심 개념은 여러분이 작성하는 게임 코드(여러분이 정의한 기술)는 플레이어가 게임을 경험하는 동안 실행되는 체계가 된다는 것이다. 다른 모든 동적 체계와 마찬가지로 이 체계에서도 발생적 현상이 일어나는데, 이는 예기치 못한 일이 많이 발생할 수도 있다는 뜻이다. 동적 기술은 코드의 모든 런타임 동작과 플레이어에 영향을 미치는 방법을 포함한다. 즉, 물리 시뮬레이션 시스템에서부터 인공지능에 이르기까지 코드 안에서 구현한 모든 것을 포함할 수 있다.

주사위, 돌림판, 카드, 그 외 난수 발생기^{randomizers}와 같은 종이 게임 기술의 동적 동작에 대한 내용은 11장에서 설명한다. 디지털 게임의 기술에 대한 자세한 내용은 2부와 3부는 물론이고 부록 B에서도 다룬다.

요약

동적 메카닉스, 미학, 내러티브, 기술은 모두 플레이어가 게임을 하는 동안 발생한다. 발생적 요소를 정확하게 예측하기는 어렵지만 디자이너는 플레이테스트를 통해 이러한 발생적 요소를 사전에 최대한 파악할 의무가 있다.

6장에서는 게임 플레이를 벗어난 계층인 계층형 4 요소의 문화적 계층에 대해 알아본다. 문화적 계층은 원래 게임 개발자보다 플레이어가 게임을 더 많이 제어할 수 있는 계층이며, 게임을 하지 않는 사회 구성원이 게임을 경험하는 계층이기도 하다.

CHAPTER 6

문화적 계층

문화적 계층은 계층형 4 요소의 마지막 계층으로서 디자이너의 손에서 가장 멀리 떨어진 계층이지만 게임 디자인을 전체적으로 이해하고 게임 개발의 영향을 전체적으로 볼 때 반드시 알아야 하는 계층이다.

6장에서는 플레이어와 사회가 게임을 완전하게 자신의 것으로 소화하는 문화적 계층에 대해 알아본다.

게임 플레이를 벗어난 게임

정의된 계층과 동적 계층은 대화식 환경의 필수적인 부분이기 때문에 모든 게임 디자이너가 잘 이해한다. 하지만 문화적 계층에 대한 이해는 좀 부족하다. 문화적 계층은 게임과 사회가 만나는 지점에 있다. 게임 플레이어는 게임에 대한 공통된 경험을 바탕으로 커뮤니티를 이루며, 이 커뮤니티는 게임의 개념과 지적 재산을 사회에 소개한다. 게임의 문화적 계층에는 해당 게임에 대한 깊은 지식을 갖는 플레이어 커뮤니티에서 게임을 바라보는 시각 그리고 해당 게임에 대한 사전 지식 없이 플레이어 커뮤니티에서 만든 요소를 통해 게임을 바라보는 일반 대중 사회의 시각이 존재한다(그림 6.1 참고).

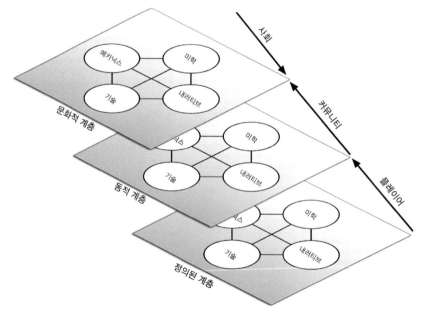

그림 6.1 게임 플레이어의 커뮤니티와 이를 지켜보는 사회에 의해 생성되는 문화적 계층

콘스탄스 스텐퀼러Constance Steinkuehler는 논문 「혼돈의 놀이」[1]에서 게임의 동적 플레이(특히 방대한 멀티플레이어 게임)란 '상호작용을 통해 안정화된 혼돈'이라고 했다. 그러면서

---

1. Constance Steinkuehler, "The Mangle of Play," Games and Culture 1, no. 3 (2006): 199?213.

이전 장에서 언급했듯이 게임의 동적 계층은 게임 개발자의 의도뿐만 아니라 플레이어의 의도로도 구성되며 게임의 경험에 대한 전체적인 책임과 제어는 플레이어와 개발자가 공유하는 것이라고 지적했다. 이 개념을 확장해서 보면 문화적 계층은 플레이어(및 전반적 사회)가 원래 개발자보다 더 많은 제어와 권한을 갖는 위치다. 문화적 계층은 플레이어 커뮤니티가 게임 mod(즉, 정의된 게임 요소를 변경하는 소프트웨어를 통해 게임을 수정한 것)를 통해 게임의 정의된 요소를 원하는 대로 바꾸고, 팬 픽션을 통해 게임 내러티브의 소유권을 커뮤니티로 가져오며, 팬 아트와 팬 뮤직이라는 방식으로 게임의 미학을 자신의 것으로 만드는 계층이다.

정의된 계층의 네 요소(메카닉스, 미학, 내러티브, 기술)가 개발 팀의 각기 다른 멤버에게 할당될 만큼 뚜렷하게 구분되지만 문화적 계층에서 보는 네 요소는 겹치는 영역이 많고 경계가 모호하다. 팬이 제작한 게임 mod(문화적 계층의 주요 특징)는 모든 네 요소의 조합이면서 mod 안에서 각 요소에 대한 책임은 이를 제작하는 플레이어와 커뮤니티가 공유하는 경우가 많다.[2]

이후 절에서는 이전 장들과의 일관성을 유지하고 제시되는 예를 특정 요소의 렌즈를 통해 보는 연습을 위해 네 요소를 구분해 설명한다. 하지만 특정한 문화적 요소에서 설명하는 예를 다른 문화적 요소에 적용할 수 있는 경우도 많다.

문화적 메카닉스

문화적 메카닉스는 플레이어가 게임의 메카닉스를 사용해 게임에서 새로운 경험을 만들어낼 때 발생한다. 문화적 메카닉스의 가장 일반적인 예는 다음과 같다.

- **게임 mod:** 게임 mod란 플레이어가 자신이 원하는 메카닉스를 구현하고자 게임을 수정하는 것을 의미한다. 게임 mod는 윈도우 PC용 게임에서 가장

---

2. 6장 전체에서 게임 mod 개발자를 계속 플레이어라고 칭하는 것은 이들을 폄하하려는 의도가 결코 아니다. 이는 개발자(콘텐츠의 개발자)와 플레이어(게임을 하고 게임 mod를 개발하는 사람) 간에 혼동이 생기지 않게 명확히 구분하려는 것이다. 훌륭한 게임 디자이너와 개발자 중에는 게임 mod를 제작하면서 이 일을 시작한 사람들이 많으며 게임 mod 제작은 기술을 연마하는 데 아주 좋은 방법이다.

활발하게 제작된다. 예를 들어 수많은 <퀘이크 2> 플레이어와 커뮤니티에서는 <퀘이크 2>의 기술을 바탕으로 게임 플레이 메카닉스와 레벨을 교체해(미적 요소와 극적 요소까지 교체하기도 함) 수백 종의 <퀘이크 2 mod>를 제작했다. 일부 환상적인 게임 mod는 상용 제품이 되기도 했다. <카운터 스트라이크>는 <하프라이프>의 mod로 개발됐고 나중에 <하프라이프> 개발사인 밸브^{Valve} 사가 이를 사들였다.[3] 이와 비슷하게 <디펜스 오브 에인션트^{DotA, Defense of the Ancients}>는 블리자드 사의 게임인 <워크래프트 3>의 팬 mod로 시작해서 결국 멀티플레이어 온라인 배틀 아레나^{MOBA, Multi-user Online Battle Aarenas}라는 새 장르로 발전했다.[4]

또한 많은 게임사는 게임 편집기를 제공해 플레이어가 게임의 내용을 수정할 수 있게 하고 있다. 예를 들어 베데스다 소프트웍스 사는 <엘더 스크롤 V: 스카이림> 게임용 제작 키트를 공개했다. 이 제작 키트를 사용하면 플레이어가 레벨, 퀘스트, NPC^{NonPlayer Characters} 등을 만들 수 있다. 베데스다는 이전의 <폴아웃 3>와 <엘더 스크롤> 시리즈 등의 다른 게임에 대해서도 제작 키트를 공개했다.

■ **커스텀 게임 레벨:** 일부 게임에서는 메카닉스 변경 없이도 플레이어가 제작한 레벨을 지원한다. 실제로 일부 게임에서는 사용자가 레벨을 제작하도록 권장하고 있다. 미디어 몰큘 사의 <리틀 빅 플래닛^{Little Big Planet}>과 퀴지 게임즈 사의 <사운드 셰이프^{Sound Shapes}>에서 간단한 레벨 편집기 도구를 제공하고 플레이어에게 게임의 레벨을 만들도록 권장한다. 두 게임 모두는 플레이어가 만든 레벨을 배포하고 다른 플레이어가 만든 레벨을 평가하는 기능이 포함돼 있다. <스카이림>과 <폴아웃 3>용 게임 편집기와 mod 제작 키트에도 레벨 편집기가 포함돼 있으며, 에픽 사의 FPS^{First-Person Shooter} 게임인 <언리얼>의 레벨 편집 커뮤니티는 현대 게이밍 커뮤니티 중 가장 광범위하고 성숙한 커뮤니티 중 하나다.

---

3. http://www.ign.com/articles/2000/11/23/counter-strike-2, http://en.wikipedia.org/wiki/Counter-Strike

4. http://en.wikipedia.org/wiki/Multiplayer_online_battle_arena와 http://themittani.com/features/dota-2-history-lesson 에 따르면 DotA는 원래 Aeon of Strife라는 〈스타크래프트〉용 mod를 〈워크래프트 3〉용으로 리메이크하고자 제작됐다.

게임 mod와 같은 문화적 메카닉스가 하우스 규칙(동적 메카닉)과 가장 다른 점은 문화적 메카닉스에서는 정의된 메카닉스가 실제로 변경된다는 것이다. 정의된 메카닉스는 동일하게 유지되지만 플레이어가 자신의 목표를 게임에 적용하는 경우(예, 게임을 최대한 빨리 클리어하는 '스피드 런speed run5'을 시도하거나 〈스카이림〉과 같이 폭력적인 게임에서 적을 전혀 죽이지 않고 클리어하려고 시도하는 경우) 이러한 행동은 여전히 동적 메카닉스의 범주에 속한다. 플레이어가 게임에 대한 제어권을 가져오고 게임의 정의된 요소를 수정해 행동을 변경했을 때만 문화적 계층이 된다.

문화적 미학

문화적 미학은 플레이어 커뮤니티가 게임과 관련된 자신만의 미학을 제작하는 경우 발생한다. 보통은 게임의 캐릭터 아트, 음악, 그 외의 미학을 수정하는 형식으로 이뤄지지만 커뮤니티에서 게임 엔진을 다른 미학적 용도로 사용하는 형식도 있다.

- **팬 아트**Fan art: 많은 아티스트가 게임과 게임 캐릭터에서 영감을 얻어 이러한 캐릭터를 묘사하는 새로운 아트를 제작한다.
- **코스플레이**Cosplay: 팬 아트와 마찬가지로 코스플레이(코스튬과 플레이의 혼성어)는 게임(또는 코믹, 애니메이션, 만화, 영화) 팬이 게임 캐릭터와 비슷한 의상을 입고 변장하는 행위다. 코스플레이어는 게임의 가상 세계에서 드러나는 게임 캐릭터의 역할과 개성을 현실 세계에서 표현한다. 코스플레이는 게임, 애니메이션, 코믹 팬 행사에서 가장 흔히 볼 수 있다.
- **예술로서의 게임 플레이**: 키스 버건은 그의 책 『게임 디자인 이론』에서 연주자가 악기를 연주하듯이 게임 개발자는 게임 플레이를 통해 예술을 창출하는 악기를 만드는 장인과 같다고 했다. 그는 게임을 제작하는 일은 물론이고 게임 플레이도 예술의 형식이라고 할 수 있으며 고도로 숙련된 플레

---

5. 보통 허점과 편법을 사용해 특정 지역을 스킵하거나 가장 효율적인 경로와 방법을 외워 최단 시간에 게임을 끝내는 방식
 – 옮긴이

이어의 우아한 게임 플레이는 그 자체로도 예술로 봐야 한다고 말했다. 이런 종류의 예술적 플레이는 움직임이나 플레이어 행위를 폭 넓게 표현하는 게임에서 볼 수 있다. 이에 대한 예로 <스트리트 파이터>와 같은 대전용 격투 게임과 <토니 호크의 프로 스케이터>와 같은 독창적인 순회 게임을 들 수 있다.

문화적 내러티브

게임 플레이어 커뮤니티에서 게임이나 게임의 세계를 사용해 자신의 스토리를 들려주거나 내러티브를 만들기도 한다. <던전 앤 드래곤>과 같은 펜과 종이 롤플레잉 게임에서는 이것이 게임 플레이의 동적 요소에서 필수적인 부분이다. 하지만 이러한 활동이 일반적인 게임 플레이의 동적 요소의 범위를 벗어나는 경우도 있다.

- **팬 픽션:** 영화, TV, 그 외 형태의 모든 내러티브와 마찬가지로 일부 게임 팬은 게임 캐릭터나 게임 세계에 대한 자신의 스토리를 만든다.
- **내러티브 게임 mod:** <스카이림>과 <네버윈터 나이트>와 같은 일부 게임에서는 공식 도구를 사용해 게임 세계 안에서 자신만의 대화식 내러티브를 만들 수 있다. 게임 개발자가 사용하는 것과 비슷한 도구를 사용하므로 원래 게임의 정의된 내러티브와 비슷한 수준으로 깊이와 분기를 구현할 수 있다.

  그중에서도 <젤다의 전설: 윈드 웨이커>를 하는 딸을 위해 마이크 호예^{Mike Hoye}가 만든 간단한 게임 내러티브 mod는 특히 고무적이다. 호예는 그의 딸 마야와 함께 게임을 했지만 게임에서 (마야가 플레이하는) 링크를 계속 소년으로 묘사하는 것이 마음에 걸렸다. 마이크는 게임을 해킹해서 링크를 소녀로 묘사하는 버전을 만들었다. 호예는 "내 딸이 여자는 영웅이 되지 못하거나 남동생을 구할 수 없다고 생각하며 자라기를 원하지 않습니다."라고 말했다. 플레이어가 만든 이 작은 변경으로 그의 딸은 성 편견이 없는 원

작의 게임을 플레이하면서 게임의 영웅이 되는 느낌을 받을 수 있다.[6]

- **머시니마**^{machinima}: 문화적 계층의 또 다른 흥미로운 내러티브의 예로 머시니마가 있는데, 이는 게임 엔진의 그래픽 기능을 사용해 제작하는 선형적 비디오^{linear video}다. 그중 유명한 머시니마는 루스터 티스 프로덕션 사의 코미디 시리즈인 <레드 vs 블루^{RvB}>인데, 번지 사의 FPS 게임인 <헤일로>의 세계 안에서 일어난다. 최초 버전에는 모든 비디오에 상하가 비대칭인 레터 박스가 표시됐다. <레드 vs 블루>의 제작자는 게임의 플레이어 시점에서 촬영한 영상을 사용했기 때문에 게임의 무기를 감추고자 화면에 더 큰 레터박스를 사용했다. 초기 비디오에서는 무기의 조준점도 그대로 나온다.

<레드 vs 블루>는 2003년 4월에 시작돼 수년 동안 큰 성공을 거둬 결국 번지 팀의 직접적인 지원을 받게 됐다. <헤일로 1>에는 캐릭터의 무기가 아래쪽을 향하고 있을 때 캐릭터가 고개를 들어 정면을 바라보는 버그가 있었다. 캐릭터가 대화하는 동안 (서로 총을 겨누지 않고) 고개를 끄덕이는 동작을 표현하고자 이 버그를 활용했다. 번지 사는 <헤일로 2>에서 이 버그를 수정했지만 캐릭터가 서로 총을 겨누지 않고도 동작을 취할 수 있게 해서 <RvB>와 같은 머시니마를 쉽게 만들 수 있게 했다.

다른 게임 엔진에서도 머시니마를 포용하는 정책을 보여줬다. <퀘이크>는 초기에 가장 활발하게 사용된 머시니마 엔진이었다. 너티독의 <언차티드 3: 황금 사막의 아틀란티스>는 게임 엔진으로 머시니마를 수월하게 제작할 수 있는 멀티플레이어 온라인 머시니마 모드를 제공하고 카메라 앵글, 애니메이션 등의 여러 항목을 변경할 수 있는 기능을 추가했다.

문화적 기술

6장의 소개 부분에서 언급했듯이 문화적 계층의 네 요소는 구분이 애매한 경우가

---

6. 마이크 호예의 커스텀 패치는 https://gamebanana.com/mods/51112에서 다운로드할 수 있다.

많기 때문에 여기에 나오는 문화적 기술의 예는 이미 다른 세 요소에서 소개한 것이다(예를 들어 게임 mod는 문화적 메카닉스에도 포함되지만 구현을 위해서는 기술이 필요하다). 다른 세 요소와 마찬가지로 문화적 기술의 핵심에도 두 단계가 있다. 즉, 게임의 기술이 게임을 그만둔 플레이어의 생활에 미치는 영향 그리고 플레이어 커뮤니티에서 게임의 정의된 기술이나 동적인 게임 경험을 변경하고자 개발한 기술이라는 두 단계다.

- **게임을 초월한 게임 기술:** 지난 수십 년간 게임을 구현하기 위한 기술은 놀라운 수준으로 향상됐다. 디스플레이의 해상도가 증가하고(예, 480i에서 1080p와 4K로의 향상) 더 멋진 게임 그래픽에 대한 플레이어의 요구가 높아짐에 따라 고품질 그래픽을 빠르게 렌더링하기 위한 기술도 지속적으로 발전했다. 게임용으로 개발된 이러한 실시간 기술은 의료용 이미징을 비롯해 영화의 사전 시각화(게임과 유사한 애니메이션과 실시간 그래픽을 사용해 복잡한 촬영을 정교하게 계획하는 방식) 기술로 발전했다.

- **플레이어가 제작한 외부 도구:** 플레이어가 제작하는 외부 도구는 플레이어의 게임 경험을 바꿀 수 있지만 기술 계층에 속하는 게임의 정의된 메카닉스를 변경하지 않기 때문에 게임 mod에 속하지 않는다. 예로는 다음과 같다.

  - 〈마인크래프트〉용 맵 애플리케이션: 이를 사용하면 게임의 대형 지도를 보고 특정 지형이나 자원을 쉽게 찾을 수 있다.

  - 〈월드 오브 워크래프트〉와 같은 대규모 멀티플레이어 온라인 게임[MMOG]용 초당 대미지[DPS, Damage Per Second] 계산기: 이를 사용하면 플레이어가 캐릭터의 레벨업에 위한 최적의 방법과 전투에서 초당 평균 대미지를 높일 수 있는 장비의 조합을 확인할 수 있다.

  - MMOG 〈이브 온라인〉을 위한 여러 도구: 이러한 것들은 모바일 장치에서 사용할 수 있으며, 여기에는 기술 훈련, 에셋, 게임 안에서의 메일 등을 관리하는 도구들이 있다.[7]

---

7. 〈이브 온라인〉에서는 플레이어가 현재 로그인했는지 여부에 관계없이 실시간으로 기술 훈련이 이뤄진다. 따라서 훈련이 완료됐을 때 이를 알려주는 알람을 사용하면 곧바로 다른 기술을 선택할 수 있어 매우 편리하다(http://pozniak.pl/wp/ ?p=4882, https://itunes.apple.com/us/app/neocom/id418895101 참고).

- http://gamefaqs.com에서 제공되는 것과 같은 팬이 만든 게임 가이드: 이러한 가이드는 플레이어가 게임을 더 잘 이해하게 도와주고 게임을 하는 플레이어의 능력을 향상시켜주지만 게임의 정의된 요소를 변경하지는 않는다.

공식 트랜스미디어는 문화적 계층이 아니다

트랜스미디어^{transmedia}라는 단어는 두 가지 이상의 다른 매체에 사용되는 내러티브나 지적 재산을 뜻한다. 트랜스미디어의 좋은 예로는 <포켓몬>이 있는데, 이 게임은 1996년부터 TV 애니메이션 시리즈, 카드 게임, 휴대용 닌텐도 콘솔용과 휴대폰용 게임 시리즈, 만화 시리즈에서 엄청난 성공을 거뒀다. 그 외에도 거의 항상 비디오 게임과 함께 출시되는 디즈니의 애니메이션이나 <레지던트 이블>과 <툼레이더> 같은 인기 있는 게임을 바탕으로 제작된 영화도 트랜스미디어의 예다.

트랜스미디어는 게임 브랜드의 중요한 부분이며 제품의 시장 진출을 용이하게 하고 브랜드의 수명을 연장하는 데 기여한다. 하지만 (포켓몬의 예와 같이) 공식 트랜스미디어와 팬이 제작한 비공식 트랜스미디어 사이에는 명확한 구분이 필요하다. 비공식 트랜스미디어는 문화적 계층에 속하지만 공식 트랜스미디어는 문화적 계층에 포함되지 않는다(그림 6.2 참고).

계층형 4 요소에 속하는 정의된 계층, 동적 계층, 문화적 계층은 게임 제작자가 정의한 요소와 게임 플레이어의 동적 플레이 그리고 게임을 하는 플레이어와 사회에 대한 문화적 영향으로 진행되는 명확하게 구분되는 요소다. 이와는 대조적으로 공식 트랜스미디어는 게임의 브랜드를 해당 브랜드와 지적 재산의 소유자가 다른 매체로 전환하는 예다. 따라서 공식 트랜스미디어는 확실하게 정의된 계층에 위치하며 각각의 트랜스미디어 재산은 저마다의 동적 계층과 문화적 계층을 가질 수 있는 정의된 계층을 갖는 별도의 상품이다. 또한 제어하는 주체도 중요한 차이점이다. 게임의 정의된 계층과 게임에 연계된 공식 트랜스미디어 제품은 그 게임을 개발한 회사가 직접 소유한다. 게임이 동적 계층으로 진행되면 제어는 개발자가 설정한 기술과 메카닉스 사이에서 공유되며 실제 동작, 절차, 전략 등은 플레이어가 실행한다. 문화적 계층에서는 게임에 대한 제어가 완전히 게임 개발자에서 플레이어의 커뮤니티로 이전된다. 따라서 팬 픽션, 코스플레이, 게임 mod, 팬 제작의 트랜스미디어는 모두 문화적 계층에 속하지만 공식 트랜스미디어 제품은 문화적 계층에 속하지 않는다.

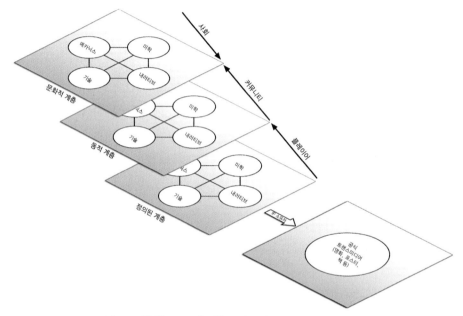

그림 6.2 계층형 4 요소에 대한 공식 트랜스미디어의 상대적 위치

트랜스미디어에 대해 더 자세히 알고 싶으면 헨리 젠킨스[Henry Jenkins] 교수의 저서와 논문을 읽어보기 바란다.

게임의 문화적 영향

지금까지 플레이어가 게임의 제어권을 가져오고 전체 사회에 영향을 미치는 관점에서 문화적 계층을 살펴봤다. 그런데 문화적 계층에는 게임 플레이가 플레이어에게 미치는 영향을 살펴보는 다른 측면이 있다. 실망스럽게도 지난 수십 년간 게임업계에서는 게임 플레이의 긍정적 영향(예, 멀티태스킹 기술 향상, 상황 인식 능력 향상)에 대한 증거를 제시하는 심리학 연구에 대해서는 관심을 가지면서도 게임의 부정적 영향(예, 게임 과몰입과 폭력적인 비디오 게임의 부정적 영향)에 대한 연구는 사실상 무시해왔다.[8] 특히 폭력적인 비디오 게임의 경우 사회의 우려에 대해서는 게임 회사가 방어적 자세를 취할 개연성이 있다. 비디오 게임 회사의 로비 그룹인 엔터테인먼트 소프트웨어 협회ESA, Entertainment Software Association의 거의 모든 회원사는 일종의 폭력을 핵심 메카닉으로 사용하는 게임을 만들고 있었으며 일부 불안정한 사람들이 끔찍한 범죄를 저지를 때마다 매체에서 경쟁적으로 '폭력적 비디오 게임'을 문제의 원인으로 지목한 것도 사실이다.[9] 그러다가 2011년, 미국 대법원에서 게임을 예술로 인정해야 하며 미국 헌법 수정 제1조에 의거해 보호해야 한다는 판결을 내리면서 상황이 이전과 크게 달라졌다. 이전까지 ESA 회원사와 그 외의 게임 개발자들은 폭력적인 게임을 금지하는 법안이 통과될까봐 몹시 우려하던 상황이었다. 이제는 게임도 다른 유형의 매체와 마찬가지로 예술로서 헌법의 보호를 받게 됨에 따라 정부의 금지 법안을 걱정할 필요가 없게 됐다.

부정적인 문화 영향의 예

물론 이러한 자유에는 우리가 만드는 게임이 사회에 미치는 영향을 인식해야 하는 책임이 함께 따르며 이러한 책임은 게임 내의 폭력에만 국한되지 않는다. 2011년, 애플 사는 어린이들이 게임 중 수백 달러의 현금 결제를 유도하도록 디자인된 타사 앱을 승인하고 앱스토어에 등록한 책임을 묻는 집단 소송[10] 과정에서 1억

---

8. 엔터테인먼트 소프트웨어 협회(ESA)의 뉴스와 자원 아카이브(https://www.theesa.com/news-resources/)를 둘러봐도 게임 플레이의 긍정적 영향에 대한 기사가 거의 대부분이고 잠재적인 부정적 영향에 대한 기사는 거의 없는 것을 알 수 있다.

9. 〈비디오 게임 중독이 컬럼바인 총격사건에 어떤 역할을 했을까?〉 - 데이브 무어(Dave Moore)와 빌 맨빌(Bill Manville), 2009년 4월 23일자 〈뉴욕 데일리 뉴스〉
〈해리스가 둠에서 대학살을 예고했나?〉 - 케빈 심슨(Kevin Simpson)과 제이슨 블레빈스(Jason Blevins), 1999년 5월 4일자 〈덴버 포스트〉

10. 미국 캘리포니아 북부 지방법원 사건번호 5:11-cv-01758, Meguerian v. Apple Inc.

달러가 넘는 합의금을 지불했다. 애플이 합의금을 지불하는 바람에 최종 판결로까지 이어지지는 않았지만 아직 금전에 대한 이해가 부족한 어린이를 노린 정교한 디자인으로 어린이 한 명이 한 달 이내의 짧은 기간 동안 1,000달러 이상을 결제한 여러 사례가 알려지면서 애플은 큰 지탄을 받았다. 또한 사람들이 캐주얼 소셜 네트워크 게임(예, 페이스북 게임)을 하는 시간이 주로 업무 시간 중이며 이러한 게임은 플레이어가 15분마다 게임으로 돌아오게 하는 '에너지'와 '변질' 메카닉스[11]를 활용해 직장 내의 생산성에도 좋지 않은 영향을 준다는 사실이 밝혀졌다.

게임(그리고 팬)이 주는 메시지

비디오 게임과 관련해서 <뉴욕 타임즈>의 1면을 장식한 것은 2014년 10월 15일자 <게이머게이트GamerGate 운동의 위협에 직면한 비디오 게임 비평가들>이라는 제목의 기사였다.[12] 게이머게이트는 비디오 게임 저널리즘의 윤리를 강조한 것에 우려를 표명하며 벌인 소규모의 떠들썩한 여성 혐오 운동이었지만 실제로는 게임이 여성, 자유주의자 그리고 그 밖의 '사회정의주의자'의 통제하에 들어갈 것을 두려워한 남성들의 온라인 논쟁이었다.

그 기사는 페미니스트 문화평론가인 애니타 사키시안Anita Sarkeesian이 유타 주립대학교USU, Utah State University에서의 연설을 취소하는 내용을 다뤘다. 사키시안은 '페미니스트 프리퀀시Feminist Frequency'라는 유튜브를 운영하며 지난 수십 년 동안의 많은 게임에 숨어 있는 여성 혐오를 지적하는 영상들을 꾸준히 올려왔고 이로 인해 몇 달 동안 살해와 강간 위협을 받았다. 그러다가 유타 주립대학교 연설을 앞두고 누군가가 그 연설에서 총을 쏘겠다고 협박했는데, 주최 측인 USU는 유타 주의 법을 근거로 연설 회장에서의 무기 소지를 금지할 수 없다고 하면서 그녀는 연설을 취소하기에 이르렀던 것이다.

---

11. 에너지와 변질 메카닉스에 대한 설명은 8장에 나온다. - 옮긴이

12. 해당 기사 링크: https://www.nytimes.com/2014/10/16/technology/gamergate-women-video-game-threats-anita-sarkeesian.html

확실히 말하자면 게이머게이트는 비디오 게임 저널리즘 윤리에 불만을 품은 양의 탈을 쓴 여성 혐오증 늑대였다. 나는 게이머게이트에 관해 많은 게임 개발자와 얘기를 나눴으며 그들 거의 대다수는 게이머게이트가 갖는 증오심에 심히 안타까워했다. 하지만 게임 개발 커뮤니티로서 우리는 우리의 행동으로 인해 게이머게이트가 생겼다는 사실을 인정해야 할 것 같다. 게임 및 게임 광고 속에서 여성을 물건으로 취급하고 백인은 영웅으로, 여성은 구출 대상이나 성취 대상으로 묘사해서 사키시안과 같은 사람들이 이 점을 지적했을 때 오히려 남성 사회에 위협이 된다고 생각하는 사람들을 만들어낸 것이다. 최근 <마리오> 게임인 <슈퍼마리오 오디세이>에서 마리오는 현실적인 뉴욕시를 돌아다니며 사람들과 대화하지만 30년이 지난 지금도 줄거리는 쿠파와 싸우면서 아주 소극적인 피치 공주를 구하기 위한 내용인데, 전체 시리즈에서 피치 공주는 납치됐다가 마리오가 승리했을 때 전유물로 제공되는 역할을 한다.[13] 물론 여성 혐오증만이 게임 속에서 여성과 관련된 문제는 아니다. 즉, 게임 속의 대다수 주인공은 여전히 백인 남성들이다. 이 점은 상업용 게임에서 서서히 나아졌지만 여전히 정말 문제다. 게다가 나는 우리 게임의 메카닉스에 포함된 메시지에 주의를 기울여야 한다고 생각한다. <마인크래프트>(창조성과 탐험을 장려하는 정말로 훌륭한 게임)에는 또한 전 세계가 플레이어들이 소비할 자원의 광산이라는 개념이 들어가 있다. 2b2t.org는 가장 오래된 <마인크래프트> 서버 중 하나인데, 플레이어가 처음으로 이 세계에 들어서면 자원이 고갈된 불모의 지역에 놓이게 된다. 어느 방향으로든 수 킬로미터에 걸쳐 자원이 모두 소비돼 남아있는 거라고는 공중에 떠있는 빈껍데기의 석기 다리라서 플레이어는 몇 시간 동안 걸어야 자원이 남아 있는 곳에 도달할 수 있다. 경험 많은 어느 플레이어는 "백만 [브릭] 표식... 거기가 모든 멋진 물건들이 있는 곳이야."라고 말했다.[14] 약 5m/s의 표준 보행 속도로는 백만 브릭 표식에 도달하는 데 필요한

---

13. 피치 공주는 NES용 <슈퍼마리오 브라더스 2>의 미국 출시 당시 활동적인 캐릭터였다. 하지만 이 게임은 일본 게임 <夢工場: ドキドキパニック(꿈공장: 도키도키 패닉)>(이 또한 미야모토 시게루가 디자인함)의 스킨을 바꾸고 약간 고친 버전일 뿐 진정한 <슈퍼마리오> 게임이 아니다. 피치는 마리오의 파생 게임(예, <마리오 카트>, <마리오 파티>, <마리오 테니스>)에서 활동적인 캐릭터였지만 여전히 핵심 <마리오> 게임들에서는 대상물로 취급되고 있다(참고 링크: http://www.ign.com/articles/2010/09/14/ign-presents-the-history-of-super-mario-bros).

14. http://www.newsweek.com/2016/09/23/minecraft-anarchy-server-2b2t-will-kill-you-498946.html

1,000km를 가려면 2.3일의 실시간 보행(약 166마인크래프트 일)이 소요된다(가는 도중에 장애물, 틈, 함정 또는 여러분을 죽이려는 다른 플레이어가 없다고 가정하면 말이다). 이는 마인크래프트에서 흔치 않은 경험이지만 게임의 핵심 메카닉이 어떤 것인지를 보여준다. 즉, 지구의 자원을 채굴해서 결과를 생각하지 않고 원하는 대로 갖고 만들어내는 모습이다.

모든 형태의 매체와 마찬가지로 게임은 영향력이 있어서 게임을 하는 사람들의 행동과 세계관에 간여한다. 게임이 직접적으로 대중에게 총을 쏘도록 유도하지는 않지만 게임과 여러 범죄 드라마는 경찰관이 거의 매일 총을 쏘는 것을 보여줘 폭력 감각을 무디게 만든다. 이와는 달리 실제로 2013년 뉴욕시에서는 겨우 1/850명의 경찰관만이 용의자에게 총을 쐈다. 이는 경찰관 한 명이 하루에 총을 쏠 확률이 평균 0.00032%(또는 1/310,250)에 해당한다. 디자이너와 미디어 제작자는 자신이 만드는 게임은 물론이고 그 게임을 통해 세상에 주는 메시지까지도 책임을 져야 할 것이다.

게임 메카닉스가 소비나 폭력을 무디게 할 수 있듯이 친사회적 또는 친생태계적 행동도 이끌어낼 수 있다. <마인크래프트>의 세계 크기를 훨씬 적은 버전으로 만들어 농토를 윤작하고 수자원을 아껴야 그 세계가 유지되면서 서버의 플레이어들이 먹고 살아가게 할 수 있다. 소셜 네트워크 게임의 경우에는 플레이어가 소유한 자원이 시간이 지남에 따라 부패하게 만들고 필요에 따라 자신에게 없는 자원을 갖는 다른 플레이어와 교역을 해서 점수를 딸 수 있게 만들 수 있다. 이러한 메카닉스가 게임 및 기타 매체에 널리 퍼진다면 환경 파괴를 막는 경험과 이타주의를 이끌어낼 수 있다.

요약

계층형 4 요소의 정의된 계층과 동적 계층에 대해서는 다른 책에서도 여러 번 논의됐지만 문화적 계층에 대해서는 관심이 소홀했던 것이 사실이다. 사실 나 역시 그동안 게임 디자이너 및 게임 디자인 교수로서의 업무에도 정의된 계층과 동적 계층은 항상 구체적으로 고려하지만 내 일이 플레이어와 사회에 미치는 영향이나 플레이어가 내 게임을 어떻게 변경할지는 많이 고려하지 않았다.

게임 디자인의 윤리를 제대로 다루는 것은 이 책의 범위를 벗어나지만 플레이어가 게임을 그만 둔 후에는 문화적 계층만이 남는다는 것을 기억하고 여러분이 만들 게임의 영향을 신중하게 고려하는 것이 중요하다.

CHAPTER 7

디자이너답게 행동하기

지금까지 게임에 대해 분석하고 고려할 때 디자이너로서 어떻게 접근해야 하는지를 알아봤으므로 이번에는 게임 디자이너로서 대화식 경험을 어떻게 만들지 알아볼 차례다.

이전의 여러 장에서 언급했듯이 게임 디자인은 일종의 연습이며 더 많이 연습할수록 자연스럽게 실력이 향상된다. 하지만 투자한 시가에서 최대한 효율을 거둘 수 있도록 올바른 방법으로 시작해야 한다. 7장에서 이러한 올바른 방법을 소개한다.

반복적 디자인

"게임 디자인은 1%의 영감과 99%의 반복이다."
– 크리스 스웨인Chris Swain

1장에서 소개했던 이 말을 기억하는가? 이 절에서는 더 자세한 내용을 알아본다. 좋은 디자인을 위한 가장 중요한 요점(사실 이 책에서 배울 수 있는 가장 중요한 것)은 그림 7.1에 나타낸 반복적 디자인의 과정이다. 나는 처음에는 형편없었지만 반복적 디자인을 통해 멋진 게임으로 변모하는 것을 여러 차례 목격했고 가구부터 일러스트레이션 그리고 게임 디자인에 이르기까지 모든 유형의 디자인에서 반복적 디자인의 사용을 확인했다.

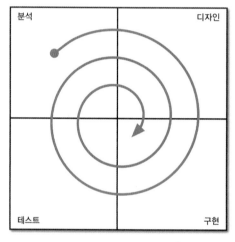

그림 7.1 반복적 디자인 과정[1]

반복적 디자인 과정의 네 단계는 다음과 같다.

- **분석:** 분석 단계에서는 현재 상황과 무엇을 달성하려는지 제대로 이해하는 것이 목표다. 디자인을 통해 해결하려는 문제(또는 활용하려는 기회)를 명확히

---

1. 근거 자료: Tracy Fullerton, Christopher Swain, and Steven Hoffman, *Game Design Workshop: A Playcentric Approach to Creating Innovative Games* (Burlington, MA: Morgan Kaufmann Publishers, 2008), 36.

알아야 한다. 또한 프로젝트를 수행하는 데 사용할 수 있는 자원과 디자인 구현에 소요되는 시간도 알아야 한다.

- **디자인:** 이제 현재 상황과 디자인으로 달성하려는 목표를 정확하게 이해하므로 사용 가능한 자원으로 문제/기회를 해결하는 디자인을 만든다. 이 단계는 브레인스토밍brainstorming으로 시작해 구현을 위한 구체적인 계획을 마련하는 것으로 끝난다.

- **구현:** 디자인이 준비되면 이를 실행해야 한다. "사람들이 플레이하기 전까지는 게임이 아니다."라는 오래된 격언이 있다. 구현 단계에서 할 일은 게임 디자인의 아이디어를 플레이 가능한 프로토타입으로 최대한 빨리 만드는 것이다. 이 책의 뒷부분에 나오는 디지털 게임 실습에서 확인하겠지만 가장 초기의 구현은 화면에 캐릭터만 띄워 놓고(적 또는 목표물 없이) 움직임이 자연스럽고 반응 속도가 좋은지를 확인하는 경우가 많다. 테스트하기 전에 게임의 아주 작은 부분만 구현하는 것도 괜찮다. 오히려 게임의 일부만 테스트하면 대규모 구현을 사용할 때보다 더 집중도 높은 테스트가 가능한 경우가 많다. 구현이 끝나면 플레이테스트를 실행할 준비가 된다.

- **테스트:** 이 단계에서는 사람들이 여러분의 게임을 하게 해서 이들의 반응을 관찰한다. 디자이너로서 경험이 쌓이면 여러분이 디자인한 다양한 게임 메카닉스가 게임에서 어떤 식의 결과로 나타날지 좀 더 잘 예측할 수 있게 되지만 아무리 수년의 경험이 있더라도 확실하게 알 수는 없다. 테스트를 통해서만 제대로 알 수 있다. 게임의 문제를 수정해 최대한 일찍 올바른 방향으로 진행하려면 가급적 일찍 게임을 테스트해야 한다. 플레이어 피드백의 변화가 관찰됐을 때 그 원인을 잘 이해하려면 테스트를 가급적 자주 해야 한다. 그렇다고 두 테스트 주기 사이에 너무 많은 내용을 변경하면 어느 테스트 주기에서 플레이어 피드백을 변화시켰는지 알기 힘들게 된다.

각 단계를 좀 더 자세히 알아보자.

분석

모든 디자인은 문제를 해결하거나 기회를 이용하려고 하는 것이므로 디자인을 시작하기 전에 그 문제나 기회가 무엇인지 명확하게 파악해야 한다. 자신의 입장에서 "나는 그저 멋진 게임을 만들고 싶어"라고 말할 수도 있는데, 이 간단한 문장에도 더 깊게 들어가서 문제를 분석할 여지가 있다.

먼저 다음 질문의 답을 생각해보자.

1. 누구를 위한 게임을 디자인하는가? 대상에 대해 제대로 이해하면 디자인의 여러 요소를 결정할 수 있다. 어린이용 게임을 제작할 경우 부모들이 인터넷에 연결된 컴퓨터보다는 모바일 장치를 사용하도록 허락하는 경우가 많다는 것을 알아야 한다. 전략 게임 팬을 위한 게임을 디자인한다면 PC용 게임을 선호한다는 것을 감안해야 한다. 남성 취향의 게임을 디자인한다면 남성의 색약 비율이 높다는 것을 고려해야 한다.

   또한 자신만을 위한 게임을 디자인하지 않도록 항상 주의해야 한다. 자신만을 위한 게임을 만들면 오직 자신만 이 게임을 하고 싶어 하게 될 수 있다. 의도하는 대상에 대해 연구하고 이들이 원하는 것을 이해하면 게임 디자인을 어느 방향으로 끌고 가야 하는지를 알게 되므로 게임을 더 잘 만들 수 있다.

   플레이어가 자신이 원하는 것과 실제로 즐기는 것은 별개의 것임을 인식하는 것도 중요하다. 대상이 얘기하는 욕구와 실제로 이들에게 동기를 부여하고 집중하게 하는 것을 구별하는 것이 좋다.

2. 활용 가능한 자원은 무엇인가? 수백억 원의 예산을 확보해서 200명 정도의 개발 인원을 고용하고 몇 년 동안 개발할 수 있으면 좋겠지만 이런 경우는 많지 않을 것이다. 그러나 여러분에게는 얼마간의 시간과 재능, 유능한 친구들이 있을 수 있다. 여러분이 갖고 있는 자원, 강점, 약점을 솔직히 받아들이면 디자인의 규모를 정하는 데 도움이 된다. 독립 개발자의 주요 자원은 재능과 시간이다. 자금에 여유가 있으면 외주 인력을 고용하거나

에셋을 구매하는 데 도움이 되겠지만 소규모 인디 게임 팀을 운영하는 경우에는 팀에 있는 자원을 최대한 활용해서 개발하는 것이 중요하다. 게임을 개발할 때는 자신은 물론 팀원의 시간을 귀중한 자원으로 취급해야 한다. 즉, 낭비하지 말라는 얘기다.

3. 어떤 선행 기술이 있는가? 이것은 내 학생들도 가장 자주 무시하는 질문이다(손해를 보는 경우도 많다). 선행 기술$^{prior\ art}$이란 여러분의 게임과 어떤 식으로든 관련된 기존 게임과 다른 매체를 말한다. 어떤 게임이든 무에서 창조되는 것은 없으며 디자이너는 자신의 게임에 영감을 준 다른 게임뿐만 아니라 여러분이 영감을 얻기 전과 후에 같은 공간에 존재하는 그 외의 게임에 대해서도 알아야 한다.

예를 들어 콘솔용 FPS 게임을 디자인하고 있다면 당연히 <데스티니>, <타이탄폴>, <콜 오브 듀티> 시리즈는 해봤겠지만 <헤일로>(콘솔에서는 FPS가 성공할 수 없다는 통념을 깬 최초의 게임), <마라톤>(<헤일로> 이전의 <번지의 게임>, <헤일로>에 많은 디자인 결정과 신화의 기반을 형성함) 그리고 <마라톤> 이전의 다른 FPS에도 익숙해질 필요가 있다. 선행 기술에 대해 연구해야 하는 이유는 여러분이 해결하려는 디자인 문제를 다른 사람들은 어떻게 접근했는지 가능한 방법을 모두 알아야 하기 때문이다. 똑같은 아이디어를 갖고 있더라도 사람마다 다른 방법으로 접근할지도 모르며, 다른 사람들의 성공과 실패를 통해 여러분의 게임을 개선할 수 있는 방법을 찾을 수 있다.

4. 테스트용 플레이 가능한 게임을 가장 빨리 만드는 방법은 무엇인가? 이 질문은 간과하는 경우가 많지만 사실 아주 중요하다. 우리에게 주어지는 시간은 하루 24시간뿐이고 이 시간 중에서도 일부만 게임 개발에 투자할 수 있다. 따라서 우리가 가진 시간을 최대한 효율적으로 사용하는 방법을 찾아야 한다. 여러분이 만들려는 게임의 핵심 메카닉이 무엇인지, 플레이어가 게임에서 원하는 것이 무엇인지 생각하고(예를 들어 <슈퍼마리오 브라더스>의 핵심 메카닉은 점프다) 그 핵심 메카닉을 먼저 디자인해서 테스트한다. 그러면 그 핵심 메카닉이 게임에서 실제로 중요한지 알 수 있다. 아트, 음악, 그 외 모든 미학적 요소도 물론 최종적인 게임에서 중요하지만 이 시점에서는 여러분

의 초점은 (게임 플레이에 대한) 메카닉스가 돼야 하며 먼저 이것이 작동하는지 확인해야 한다. 바로 이것이 게임 디자이너로서 여러분의 목표다.

물론 여기에 더 많은 질문을 추가할 수 있겠지만 여러분이 만들 게임이 어떤 것이든 여리게 나온 네 가지 질문은 분석 단계에서 염두에 둬야 할 가장 중요한 질문이다.

디자인

디자인은 이 책의 가장 중요한 내용이지만 이 절에서는 전문 디자이너의 자세에 대해 중점적으로 얘기하려 한다(더 자세한 내용은 15장에서 다룬다).

좋은 디자이너란 팀의 모든 멤버가 믿고 따를 위대한 천재나 감독을 의미하지 않으며 자신의 비전을 팀에게 전달하고 설명하는 일을 훌륭하게 해내는 사람을 말하지도 않는다. 디자이너에게 중요한 것은 자신이 아니라 프로젝트다. 게임 디자이너로 일한다는 것은 팀의 다른 멤버들과 협력하고 때로 타협하는 것이며, 무엇보다도 다른 사람의 의견을 제대로 듣는 것이다.

제시 셸은 『The Art of Game Design』의 처음 몇 페이지에서 게임 디자이너가 갖춰야 할 가장 중요한 덕목으로 다른 사람의 의견을 듣는 것이라고 했는데, 나도 이 말에 전적으로 동의한다. 셸은 여러분이 갖춰야 할 다음과 같은 다섯 가지 경청의 기술을 제시했다.[2]

- **사용자:** 여러분의 게임을 플레이할 사람은 누구인가? 여러분의 게임을 구매할 사람은 누구인가? 앞에서 언급했듯이 이러한 질문은 반드시 먼저 고려해야 하며, 여기에 대답할 수 있게 된 다음에는 이러한 사용자가 어떤 경험을 원하는지 들을 준비가 돼야 한다. 반복적 디자인 과정의 목적은 무언가를 만들고 이를 플레이테스터에게 전달한 후 이들의 의견을 듣는 것이다. 이들의 의견이 예상치 못한 것이거나 듣고 싶지 않는(특히 더 중요함) 것이더라도 제대로 듣는 연습을 해야 한다.

---

2. Jesse Schell, The Art of Game Design: A Book of Lenses (Boca Raton, FL: CRC Press, 2008), 4-6.

- **팀:** 대부분의 게임 프로젝트에서는 여타 재능 있는 사람들과 팀을 이뤄 작업한다. 디자이너로서 여러분의 역할은 이들의 모든 의견과 아이디어를 듣고 함께 작업해 사용자를 위한 최고의 게임을 만드는 것이다. 여러분과 의견을 달리하는 데도 자유롭게 말할 수 있는 사람들과 함께 일한다면 더 좋은 게임을 만들 가능성이 높아진다. 팀의 분위기를 경쟁적으로 만들기보다 게임을 열성적으로 만드는 창의적인 개인의 팀으로 이끌어나가는 것이 좋다.

- **고객:** 전문 게임 디자이너는 고객(상사, 위원회 등)을 위해 일하고 그들의 의견을 들어야 하는 경우가 많다. 그들은 일반적으로 전문 게임 디자이너는 아니겠지만(그래서 그들이 여러분을 고용한 것이다) 여러분에게 제시할 구체적인 요구 사항을 갖고 있다. 결국 여러분의 일은 여러 단계에서 그들의 의견에 귀 기울이는 것이다. 즉, 그들이 무엇을 원하는지 대놓고 말하지 않더라도 그게 무엇인지, 심지어 그들이 정말로 원하지만 인정하지 않는 것들도 있다. 고객의 의견을 신중하게 들어주면 탁월한 게임을 만들고 있고 여러분이 역할을 잘 수행하고 있다는 아주 좋은 인상을 줄 수 있다.

- **게임:** 게임 디자인의 어떤 요소는 손에 낀 장갑처럼 딱 맞을 때가 있지만 때로는 종이가방 속의 족제비(즉, 안 좋은 아이디어)처럼 안 맞을 수도 있다. 디자이너는 게임 플레이를 가장 밀접하게 다룰 사람이므로 게임을 전체적인 관점으로 보는 방법을 이해해야 한다. 게임의 특정 부분이 아주 훌륭한 디자인이더라도 나머지 부분과 잘 어울리지 않을 수 있다. 걱정할 필요는 없다. 정말 좋은 디자인이라면 다른 게임을 디자인할 때 적당한 용도를 찾을 수 있을 것이다. 게임 디자인을 직업으로 선택했다면 앞으로도 많은 게임을 디자인할 것이다.

- **본인:** 자기 자신을 경청하는 데도 다음과 같이 중요한 측면들이 있다.
    - **본인의 직감:** 때로는 무언가를 직감적으로 느끼는 경우가 있는데, 이러한 직감은 틀릴 수도 있지만 어떨 때는 딱 맞는 경우도 있다. 디자인에 관해 어떤 직감이 떠오른다면 시도해보자. 의식이 따라잡기 전에 어떤 질문에 대한 대답이 무의식중에 떠올랐을 수도 있다.

- **본인의 건강:** 항상 본인의 건강에 신경을 쓰고 무리하지 않게 하자. 수면 부족과 운동 부족 그리고 스트레스에 노출되는 생활이 지속되면 당연히 창의적인 능력에도 좋지 않은 영향을 준다. 디자이너로서 역량을 최대한으로 발휘하려면 건강하고 충분한 휴식을 취해야 한다. 매일 밤 뜬눈으로 지새우는 생활로 인해 건강을 해치지 않게 하자.
- **다른 사람 입장에서 경청:** 동료, 친구, 가족, 지인들에게 무언가를 말할 때 잠시 자신의 말이 상대에게 어떻게 들릴지 생각해보자. 복잡하게 생각하라는 것이 아니라 스스로에게 다음과 같은 질문에 답해보라는 뜻이다.

  내 말이 예의 있게 들리는가?

  내 말이 다른 사람을 배려하는 것처럼 들리는가?

  내 말이 프로젝트에 신경 쓰는 것처럼 들리는가?

  다른 모든 조건이 같다면 인생에서 성공을 거두는 사람들은 끊임없이 다른 사람들을 존중하고 배려하는 사람들이다. 훌륭한 재능을 갖고 있지만 이 부분에서 문제가 있는 사람들을 종종 봤다. 그들은 처음에는 괜찮았지만 큰 실패가 없어도 같이 일하고 싶어 하는 사람들이 점점 줄어들면서 커리어를 제대로 이어가기가 힘들게 된다. 게임 디자인은 서로 존중하는 커뮤니티다.

물론 전문 디자이너다운 행동에도 훨씬 다양한 측면이 있지만 셸과 나는 경청하는 방법을 이해하는 것이 가장 중요하다는 데 의견을 같이 했다. 이 책의 나머지 부분에서는 디자이너가 되기 위한 좀 더 구체적인 방법을 다룰 것이지만 이러한 모든 접근은 여기에서 언급한 대로 겸손하고 건강하며 협조적이고 창의적인 태도로 이뤄져야 한다.

구현

이 책의 2/3는 디지털 구현에 관한 것이지만 반복적 디자인 과정에서 효과적인 구현의 핵심은 디자인을 플레이테스트 단계로 가장 효율적으로 가져오는 것이다. <슈퍼마리오 브라더스>나 <메가맨>과 같은 플랫폼 게임에서 캐릭터의 점프를 테스트하려면 디지털 프로토타입을 제작해야 한다. 하지만 그래픽 사용자 인터페이스^{GUI} 메뉴 시스템을 테스트한다면 완전히 작동하는 디지털 버전을 만들 필요는 없다. 다양한 상태의 메뉴 이미지를 인쇄해서 테스터에게 컴퓨터에서처럼 메뉴 사이를 이동해 보라고(그리고 손으로 인쇄된 이미지를 교체함) 하면 된다(9장의 '인터페이스용 종이 프로토타입 제작' 절 참고).

종이 프로토타입을 사용하면 아이디어를 신속하게 테스트해서 피드백을 모을 수 있다. 이렇게 하면 대개 디지털 프로토타입보다 구현 시간이 현저히 적게 들고 초기 규칙이 작동하지 않을 때 게임 세션 중간에 게임 규칙을 변경할 수도 있다. 9장에서는 종이 프로토타입 기술에 대한 심층적인 정보와 종이 프로토타입 사용의 장단점을 모두 설명한다.

구현 시간을 단축할 수 있는 또 다른 중요한 방법은 모든 것을 스스로 할 필요가 없다고 생각하는 것이다. 내 학생들 중 많은 이가 모든 것을 배울 거라는 희망을 안고 게임 개발에 나선다. 이들은 게임 디자인과 모든 코드 작성, 즉 모델, 텍스처, 장비, 애니메이션 캐릭터 애니메이션, 환경 제작, 스토리 작성, 게임 코드를 만들려고 하며 심지어 자체 게임 엔진까지 제작하려고 한다. 수년간의 시간과 수백만 달러짜리 스튜디오가 있다면 괜찮은 생각일지 모르지만 독립 디자이너로서 그런 일을 한다는 것은 얼토당토 않는 말이다. 독창적인 천재로 여겨지는 노치(《마인크래프트》 창시자)와 같은 인디 개발자들조차도 다른 사람들이 개발해 놓은 것을 이용한다. <마인크래프트>는 처음에 많은 사람이 만든 오픈소스 프로젝트를 기반으로 했다. 컴퓨터 게임을 만들 때 작은 것부터 하나하나 만들 수는 있지만 그건 바보 같은 짓이다. 자신만의 게임 엔진을 만들고 싶다고 생각하는 것은 거의 어리석은 것이다. 내가 이 책의 게임 엔진으로 유니티를 선택한 이유는 유니티 테크놀로지 사에서 유니티로 게임 개발자가 게임 제작을 쉽게 하고자 매일 수백 명의 사람들이 열심히 일하기 때문이다. 나는 그들이 자신의 일을 잘해낸다고 신뢰하므로 나만의 게임 엔진을 제작하기보다는 훨씬 재미있는 게임 디자인과 개발에 집중할 수 있게 됐다.[3]

마찬가지로 유니티 에셋 스토어는 돈과 시간을 맞바꾸는 환상적인 곳이다. 에셋 스토어를 이용하면 시간을 절약하는 수천 개의 에셋을 구입할 수 있는데, 여기에는 모델, 애니메이션, 컨트롤러 입력부터 더 나은 텍스트 렌더링과 멋진 물리적 기반 렌더링 라이브러리에 이르기까지 모든 것에 대한 코드 라이브러리가 있다.[4] 또한 프로토타입의 플레이스홀더placeholder로 쉽게 사용할 수 있는 몇 가지 무료 에셋도 있다. 프로토타입에서 강력하고 재사용 가능한 코드를 작성할 때 시간이 많이 들어갈 것 같으면 에셋 스토어에서 다른 사람이 이미 만들어놨는지 확인하는 것이 좋다. 그 사람의 에셋 구매에 약간의 돈을 들이는 것만으로 개발 시간을 수십 시간 절약할 수 있을 것이다.

테스트

최소한으로 만든 프로토타입이 작동하면 이제 테스트할 차례다. 이제 염두에 둬야 할 중요한 점은 자신의 게임이 어떻든 자신이 아닌 플레이어가 테스트를 해서 피드백을 줄 때까지는 아무 상관을 하지 않는 것이다. 그 게임을 하는 사람이 많을수록 피드백은 더 정확해질 것이다.

내가 서던 캘리포니아 대학교에서 강의했던 게임 디자인 워크숍 과정에서는 각각의 보드 게임 프로젝트를 4주간의 실습으로 진행했다. 첫 번째 실습에서 학생들은 팀을 이뤄 게임에 대한 아이디어 브레인스토밍brainstorm을 진행했다. 이후의 모든

---

3. 정말로 자신만의 게임 엔진을 만들고 싶다면 내 친구 제이슨 그레고리(Jason Gregory)가 저술한 책을 권한다. Jason Gregory, *Game Engine Architecture*, 2nd Edition (Boca Raton, FL: CRC Press 2014). 번역서: 『게임 엔진 아키텍처』 (홍릉, 2019)

4. 이 세 가지에 대해 언급하자면 컨트롤러 입력은 갤런트 게임즈(Gallant Games) 사의 InControl, 좀 더 나은 텍스트 렌더링은 디지털 네이티브 스튜디오(Digital Native Studios) 사의 TextMeshPro, 물리적 기반의 렌더링은 러스트(RUST, LTD) 사의 Alloy를 권한다.

실습은 전적으로 게임의 현재 프로토타입을 테스트하는 데 할애했다. 4주간의 프로젝트가 끝날 무렵 각 학생 팀은 약 6시간 길이의 플레이테스트를 완료하고 크게 향상된 디자인의 게임을 완성했다. 디자인을 향상시키는 가장 좋은 방법은 다른 사람이 여러분의 게임을 하게 하고 가능한 한 자주 피드백을 받는 것이다. 그리고 이를 잘 활용하려면 플레이테스터가 한 말은 반드시 기록으로 남긴다. 어떤 말을 했는지 잊어버리면 플레이테스트는 헛일이다.

플레이테스터에게 솔직한 피드백을 요청하는 것도 중요하다. 플레이테스터는 상대방의 마음이 상할까봐 과하게 긍정적인 피드백을 주는 경우가 있다. 제시 셸은 『The Art of Game Design』에서 테스터가 게임에서 발견한 결함에 대해 솔직하게 얘기할 수 있도록 다음과 같이 말할 것을 권장한다.

> "여러분의 도움이 필요합니다. 이 게임에는 확실히 여러 문제가 있습니다. 하지만 정확하게 찾아내지는 못했습니다. 게임에서 마음에 들지 않는 부분을 알려주시면 정말 큰 도움이 될 겁니다."[5]

10장에서 테스트의 여러 측면를 훨씬 자세히 다룰 것이다.

반복, 반복, 반복, 반복, 반복하라

플레이테스트를 실행하고 나면 테스터로부터 여러 피드백을 받을 수 있다. 그다음은 이 결과를 분석할 차례다. 플레이어들은 무엇을 좋아했는가? 그들은 무엇을 좋아하지 않았는가? 게임에서 지나치게 쉬웠거나 어려웠던 부분이 있었는가? 게임이 흥미롭고 매력적인가?

이러한 질문에 대한 답을 바탕으로 디자인을 개선하기 위한 새로운 문제를 결정할 수 있다. 플레이어의 피드백을 해석하고 종합하는 데 시간을 들이자(이에 대해서는 10장의 해당 칼럼 참고). 그렇게 한 후에는 다음 반복을 위해 구체적이고 달성 가능한 디자인 목표를 정한다. 예를 들어 첫 번째 레벨의 후반부를 더 흥미롭게 만들어야 한

---

5. Jesse Schell, *The Art of Game Design: A Book of Lenses* (Boca Raton, FL: CRC Press, 2008), 401.

다거나 게임의 무작위성을 줄이기로 결정할 수 있다.

게임을 반복할 때마다 변경 사항이 들어가기 마련이지만 너무 많은 것을 변경하거나 너무 많은 문제를 동시에 해결하지 않도록 한다. 가장 중요한 점은 다음 플레이테스트로 빠르게 진행해서 구현한 해결책으로 해당 문제가 해결됐는지를 확인하는 것이다.

혁신

프란스 요한슨은 『메디치 효과』[6]에서 다음과 같이 점진적 혁신과 교차적 혁신이라는 두 가지 혁신에 대해 언급했다.

- 점진적 혁신은 예측 가능한 방식으로 조금씩 개선하는 것을 말한다. 1990년대 인텔 펜티엄 프로세서의 성능 개선은 대표적인 점진적인 향상의 사례다. 새로운 펜티엄 프로세서는 출시될 때마다 이전 세대보다 커지고 더 많은 트랜지스터를 사용하게 됐다. 점진적 혁신은 안정적이고 예측 가능하며 투자 자본을 모집하고 있다면 자금을 투자하도록 투자자를 설득하기도 용이하다. 하지만 점진적 혁신은 이름이 의미하듯이 모두가 예측 가능한 수준의 혁신이므로 대약진을 이루지는 못한다.
- 교차적 혁신은 전혀 별개의 아이디어를 접목해 혁신적 아이디어를 얻는 방식을 말한다. 하지만 교차적 혁신의 결과는 기발하고 종종 예측할 수 없기 때문에 교차적 혁신을 통해 만들어진 아이디어로 다른 사람들을 설득하기는 어려운 경우가 많다.

1991년, 리차드 가필드Richard Garfield는 <로보랠리>라는 게임을 만들었지만 발매할 퍼블리셔를 찾는 데 어려움을 겪고 있었다. 그가 접근한 사람들 중 하나는 위저드 오브 더 코스트 사의 창립자이자 CEO인 피터 앳키슨Peter Adkison이었다. 앳키슨은

---

6. Frans Johansson, *The Medici Effect: What Elephants and Epidemics Can Teach Us about Innovation* (Boston, MA: Harvard Business School Press, 2006). 번역서: 『메디치 효과』(세종서적, 2015)

그 게임이 마음에 들었지만 자사가 <로보랠리>와 같이 복잡한 게임을 발매하기에는 위험 부담이 크다고 생각했다. 그래서 리차드에게 아주 간단한 장비로 플레이하고 15분 내에 끝낼 수 있는 새 게임을 찾고 있다고 언급했다.

리차드는 신속하게 끝나고 간단한 장비를 사용하는 카드 게임과 이전부터 생각하고 있던 다른 아이디어(야구 카드처럼 수집한 카드로 카드 게임을 하는 것)를 접목시켜 1993년, 위저드 오브 더 코스트 사를 통해 <매직: 더 게더링>이라는 게임을 출시하면서 수집 가능한 카드 게임CCG, Collectible Card Game이라는 완전히 새로운 장르를 개척했다.

수집 가능한 카드 게임의 아이디어는 가필드가 앳키슨과 만나기 전부터 생각하던 것이지만 CCG라는 새로운 장르가 생긴 데는 신속하게 끝나는 게임에 대한 앳키슨의 구체적 요구가 있었기 때문이다. 그 이후로 나온 거의 모든 CCG는 기본 규칙 집합, 기본 규칙을 무시하는 규칙이 적힌 카드, 덱 구성, 빠른 플레이라는 동일한 기본 공식으로 만들어졌다.

다음 절에서 설명할 브레인스토밍 절차는 이 두 가지 혁신을 모두 사용해 더 나은 아이디어를 만들게 도와준다.

브레인스토밍과 관념화

> "좋은 아이디어를 내는 가장 좋은 방법은 아이디어를 많이 내고 나쁜 아이디어를 버리는 것이다."
>
> – 라이너스 폴링Linus Pauling (유일한 노벨 화학상 수상자이자 노벨 평화상 단독 수상자)

누구나 마찬가지겠지만 여러분이 내는 아이디어가 모두 좋은 아이디어일 수는 없기 때문에 최대한 많은 아이디어를 내고 그중에서 좋은 것을 찾는 것이 최상의 방법이다. 이것이 바로 브레인스토밍의 기본 개념이다. 이 절에서는 내가 오랫동안 많은 사람, 특히 창조적인 인물들과 함께 일하면서 사용한 구체적인 브레인스토밍 과정을 소개한다.

이 과정에서 화이트보드, 3 × 5 규격의 메모 카드 뭉치(아니면 잘라낸 종이조각도 괜찮음), 아이디어를 적기 위한 노트, 다양한 화이트보드용 마커, 펜, 연필 등이 필요하다. 이 과정은 5명 ~ 10명의 참가자 규모에서 최적으로 운영할 수 있지만 작업을 반복하면 더 적은 참가자로도 운영할 수 있는데, 나는 과거 65명으로 구성된 교실의 학생이 전부 참여하도록 과정을 수정한 적도 있었다(예를 들어 참가자가 혼자라면 만족스러운 결과가 나올 때까지 설명하는 절차를 반복하면 된다).

1단계: 확장 단계

여기에서는 친구 몇 명과 함께 48시간 동안 게임 잼game jam을 한다고 가정해보자. 게임 잼의 테마는 우로보로스(2012년 글로벌 게임 잼의 테마인 자신의 꼬리를 먹는 뱀)다. 그리 많은 생각이 떠오르지는 않을 것인데, 그렇지 않은가? 그래서 먼저 초등학교 학급회의에서 했던 수준의 브레인스토밍을 해보자. 화이트보드의 중앙에 우로보로스를 그리고 그 주위에 원을 그린 후 자유롭게 연상되는 생각을 떠올린다. 이 단계에서는 어떻게 적는지는 중요하지 않다(삭제할 생각 말고 떠오르는 대로 아무렇게 적는다). 그림 7.2에 그 예가 나와 있다.

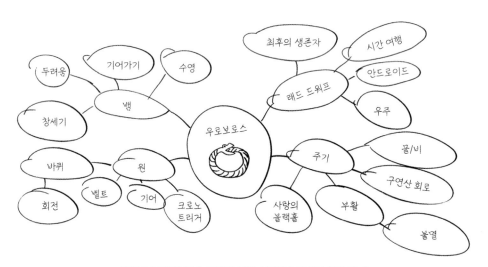

그림 7.2 우로보로스 게임에 대한 브레인스토밍의 확장 단계

이 단계가 완료되면 화이트보드의 사진을 찍는다. 내 휴대폰에는 수백 장의 화이트보드 사진이 들어 있는데, 이렇게 찍어 놓으면 이후로 참조할 때 상당히 편리하다. 그런 다음 이 사진을 그룹의 모든 사람에게 이메일로 보낸다.

2단계: 수집 단계

브레인스토밍 확장 단계에서 나온 모든 단어를 수집하고 각 단어를 3 × 5 메모 카드에 적는다. 이를 아이디어 카드라고 하며(그림 7.3 참고) 다음 단계에서 사용한다.

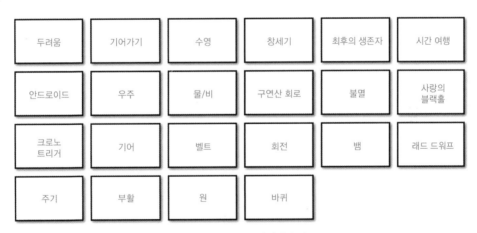

그림 7.3 우로보로스 아이디어 카드

썰렁 개그를 한 번 해 보겠다.

사우나에서 스님이 때를 벗기다가 등을 밀게 됐다. 등 뒤쪽에 팔이 닿지 않자 옆의 중학생에게 부탁했다. 그 중학생은 "누구신데 저에게 등을 밀어달라고 하나요?" 그러자 중은 "나, 중이야." 중학생은 다음과 같이 말합니다. "난 중삼이야. 어디서 감히......"

썰렁 개그 하나 또 있다.

장사꾼이 답이 써지는 요술펜을 팔고 있었다. 한 학생이 그 펜을 구입해서 시험 날에 시험 문제를 풀었다. 정말 '답'이란 글자만 써졌다.

미안하다. 이런 개그는 허접하다는 것을 나도 안다.

이런 썰렁 개그를 꺼낸 이유가 궁금할 것이다. 이와 같은 개그가 교차적 혁신이라는 같은 원칙에 바탕을 두고 있다는 것을 지적하기 위해서다. 사람은 기본적으로 이상한 아이디어를 떠올리고 이런 아이디어를 결합하기를 즐긴다. 개그가 웃긴 것은 한 가지에 신경 쓰게 한 다음 전혀 다른 개념을 결합시키기 때문이다. 서로 다른 이질적이고 겉보기에는 관련이 없는 개념들을 연결하고 이런 마음 속의 연결이 재미를 유발한다.

두 가지 아이디어를 교차시킬 때도 바로 이러한 현상이 발생하며 두 가지 일반적인 아이디어를 교차시켜 새롭고 특이한 아이디어를 얻는 깨달음의 순간이 우리를 즐겁게 하는 것이다.

3단계: 조합 단계

여기서부터 본격적으로 재미가 시작된다. 작성한 아이디어 카드를 모두 뒤섞고 그룹의 각자에게 두 장씩 나눠준다. 각 사람은 화이트보드 앞으로 나와서 두 장의 카드를 모두에게 공개한다. 그런 다음 두 카드를 조합할 때 생각나는 게임 아이디어 세 가지를 그룹 내에서 함께 만들어낸다(두 카드가 개념적으로 너무 밀접하게 연관되거나 전혀 어울리지 않으면 다른 카드를 선택해도 된다). 그림 7.4에 두 가지 예가 나온다.

그림 7.4의 예는 내가 그냥 떠올려본 아이디어다. 이 단계에서는 여전히 추려내는 작업을 많이 하지 않는다. 생각해 낸 아이디어를 모두 적어둔다.

<table>
<tr><td>사랑의
블랙홀</td><td>기어</td></tr>
</table>

<table>
<tr><td>벨트</td><td>뱀</td></tr>
</table>

1. 정원사는 정원을 망쳐 놓는 야생 쥐를 잡는 기묘한 장치를 만든다.
2. 〈기어 오브 워〉 스타일의 슈팅 게임에서 완벽하게 승리할 때까지 (《사랑의 블랙홀》 영화처럼) 전투를 반복해야 한다.
3. 플레이어가 날씨를 관리해서 각 계절의 목표를 달성해야 다음 단계로 넘어가는 시간 관리 게임 (예, 닉 포투그노가 만든 디너 대시).

1. 고전 게임 〈스네이크〉(뱀이 사과를 먹으면 점점 몸이 길어지는데, 몸이 겹치지 않게 움직여야 함)를 움직이는 컨베이어 벨트로 만든다.
2. 뱀은 사람들의 허리에서 허리로 점프해서 눈치 채지 못하게 다른 방으로 이동해야 한다.
3. 뱀은 사람에게 최면을 걸고 아주 간단한 일을 시킬 수 있다. 뱀은 사람의 혁대처럼 레벨의 위험한 공간을 길게 연결해서 동물원을 탈출해야 한다.

그림 7.4 우보로스 아이디어 융합

4단계: 평가 단계

이제 다양한 아이디어를 수집했으므로 다음은 아이디어를 골라낼 차례다. 각 참가자는 3단계의 아이디어 중 가장 좋다고 생각하는 아이디어 두 개를 화이트보드에 적는다.

모든 이가 이렇게 한 후에는 모든 참가자가 보드에 적힌 아이디어 중 가장 마음에 드는 아이디어 옆에 표시를 한다. 표시를 많이 받는 아이디어도 있고 표시가 거의 없는 아이디어도 있을 것이다.

5단계: 토론

가장 많은 표시를 받은 아이디어 몇 가지를 수정하고 결합해서 계속 추려 나가자. 수십 가지의 괴상한 아이디어 중에서 그럴듯한 두 가지 아이디어를 선택하고 결합해 좋은 디자인의 출발점으로 활용할 수 있다.

생각 바꾸기

생각을 바꾸는 것은 반복적 디자인 과정의 핵심 부분이다. 디자인 과정을 반복하는 동안 불가피하게 디자인을 바꿔야 하는 상황이 온다.

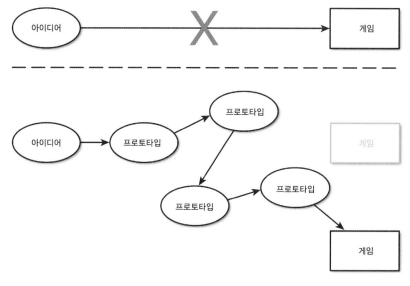

그림 7.5 게임 디자인의 현실

그림 7.5에 나타난 것처럼 아이디어를 전혀 변경하지 않고 곧바로 게임으로 만드는 경우는 없다(그림의 위쪽 부분에 해당됨). 그렇게 한다면 거의 틀림없이 형편없는 게임이 될 것이다. 실제로 게임 디자인은 그림의 아래쪽 부분에 나오는 것처럼 진행된다. 아이디어를 얻어서 초기 프로토타입을 만든다. 이 프로토타입을 테스트하면서 다른 아이디어를 얻고 다시 다른 프로토타입을 만든다. 새로 만든 프로토타입에도 부족한 부분이 발견되고 다시 보완한 다른 프로토타입을 만든다. 이 과정은 아이디어를 훌륭한 게임으로 만들 때까지 반복되며 창의적 협업과 경청의 자세로 과정에 집중한다면 시작할 때 만들었던 것보다 훨씬 훌륭한 게임을 만들 수 있다.

프로젝트가 진행됨에 따라 변경의 여지는 좁아진다

방금 전에 설명한 과정은 소규모 프로젝트나 프로젝트 초기 단계에서 잘 맞지만 프로젝트가 어느 정도 진행되고 여러 사람이 많은 시간을 투자한 후에는 생각을 바꾸기가 점점 어렵고 많은 비용을 초래하게 된다. 일반적으로 상용 게임은 다음과 같이 몇 가지 단계를 거쳐 개발된다.

186

- **사전 제작:** 이 책에서 가장 중점적으로 다루는 단계다. 사전 제작 단계에서는 다양한 프로토타입을 제작하고 실험해 흥미롭고 매력적인 디자인을 완성한다. 사전 제작 동안에는 디자인의 여러 측면에 대해 생각을 바꾸더라도 아무 문제가 없다. 대규모 업체 프로젝트의 경우 4~16명이 사전 제작 단계의 프로젝트에 투입되며 보통 이 단계가 끝나면 최종 게임과 같은 품질로 약 5분 분량의 게임을 제작한다. 이 상태의 게임은 경영진이 게임을 검토하고 제작 단계로 진행할지 결정하기 위한 데모 수준과 같다. 이 시점에 게임의 다른 부분도 디자인해야 하지만 일반적으로 구현은 하지 않는다.

- **제작:** 일반적으로 게임이 제작 단계로 돌입하면 팀의 규모가 상당히 커진다. 대규모 게임 타이틀의 경우 다른 도시나 국가에서 온 사람들을 포함해 동시에 100명 이상이 한 게임에 참여하는 경우도 있다. 제작 단계 중 시스템 디자인(즉, 게임 메카닉스)의 모든 측면은 상당히 초반에 고정해야 하지만 다른 디자인 측면(레벨 디자인, 캐릭터 능력 조정 등)은 제작 단계를 거치는 동안 팀의 마무리를 거치며 점차 고정된다. 미학적 관점으로 보면 제작 단계는 모델링, 텍스처링, 애니메이션, 기타 미학적 요소가 구현되고 준비되는 단계다. 제작 단계는 사전 제작 단계에서 제작했던 고품질의 데모 레벨을 프로젝트의 나머지 부분으로 확장하는 단계라고도 볼 수 있다.

- **알파:** 게임이 알파 단계로 돌입하면 모든 기능과 게임 기술이 100% 고정돼야 한다. 이 단계가 되면 게임의 시스템 디자인은 더 이상 변경하지 않으며 플레이테스트 중 발견된 문제를 해결하고자 레벨 디자인 등에 대한 변경만 진행된다. 알파는 문제와 버그를 찾아내는 데 집중하는 품질보증(QA, Quality Assurance) 테스트로 플레이테스트가 전환하는 단계이기도 하다(자세한 내용은 10장 참고). 알파를 시작할 때도 버그(예, 프로그래밍 오류)가 남아 있을 수 있지만 모든 버그를 확인하고 재현할 수 있어야 한다.

- **베타:** 베타 단계에서는 게임이 사실상 완성돼야 한다. 베타 단계에서는 게임이 충돌하는 버그는 모두 해결해야 하고 사소한 버그만 남아야 한다 베타 기간을 거치는 목적은 게임의 마지막 버그를 최대한 찾아서 수정하는 것이다. 아트 측면에서는 모든 텍스처가 올바르게 매핑됐는지, 텍스트

의 모든 철자가 올바른지 등을 확인한다. 베타 단계에서는 발견된 문제를 수정할 뿐 게임을 변경하지 않는다.

- **골드:** 출시 준비가 완료되면 프로젝트가 골드 단계로 돌입한다. 골드^{Gold}라는 이름이 붙은 이유는 게임을 CD-ROM으로 출시하던 시절에 본격 제작에 들어가기 위한 마스터 CD 뒷면이 실제 금으로 만들어졌기 때문이다. 이제는 디스크 기반의 콘솔 게임조차도 온라인으로 업데이트가 이뤄지므로 골드 단계라는 이름은 그 의미가 퇴색했지만 골드 단계는 여전히 게임이 출시 준비가 됐다는 의미로 사용된다.

- **출시 이후:** 이제는 어디에서나 인터넷을 사용할 수 있기 때문에 카트리지로 제공되는 일부 게임(예. 닌텐도 DS 게임 및 일부 3DS 게임)을 제외한 모든 게임은 출시된 후에도 튜닝[7]이 가능하다. 출시 이후 기간은 다운로드 가능한 콘텐트^{DLC, DownLoadable Content}를 개발하는 데도 사용할 수 있다. DLC는 새로운 미션과 레벨로 구성되기 때문에 DLC 출시마다 규모는 작지만 원래 게임과 동일한 개발 단계(사전 제작, 제작, 알파, 베타, 골드)를 거친다.

초기 프로젝트가 방금 설명한 전문 프로젝트보다 훨씬 작더라도 가능한 한 빨리 디자인 결정을 내려야 한다. 전문 팀에서는 제작 단계에서 주요 부분에 디자인 변경이 발생하더라도 기꺼이 수백만 달러의 비용을 들여 만들겠지만 인디 팀에서는 몇 달, 몇 년 또는 영원히 게임 출시가 미뤄질 수 있다. 여러분이 커리어를 쌓아 나갈 때 모든 사람은 미완성 게임이나 구현되지 않은 아이디어가 아닌, 완성해서 출시된 게임에 관심을 가질 것이다. 게임 출시야말로 완성본의 실체를 대중에게 보여주는 것이고 바로 이것이 사람들이 게임 개발자에게 바라는 사항이다.

범위 조정

게임 디자이너답게 행동해야 하는 중요한 개념 중 하나는 작업의 범위를 조정하

---

7. 튜닝(Tuning)이란 게임 메카닉스에 대한 변경의 최종 단계를 의미하며 아주 작은 변경만 가능하다. 많은 닌텐도 스위치 게임이 카트리지로 출시되지만 이들조차도 다운로드 업데이트를 통해 튜닝 가능하다.

는 것이다. 범위 조정이란 가용한 시간과 자원으로 달성할 수 있도록 디자인의 범위를 제한하는 것을 말한다. 과도한 범위 설정은 아마추어 게임 프로젝트를 망치는 주범이다.

다시 한 번 강조한다. 과도한 범위 설정은 게임 프로젝트를 망치는 주범이다.

여러분이 플레이하는 대부분의 게임은 최소한 십여 명의 사람이 몇 달 동안 작업한 결과다. 일부 대규모 콘솔 게임은 개발에 거의 5억 달러의 예산이 소요되기도 한다. 이러한 프로젝트에 참여한 팀은 각 분야에서 최고로 손꼽히는 사람들로 구성된다.

나는 여러분의 의욕을 꺾으려는 것이 아니라 작게 생각하라는 것이다. 여러분 자신을 생각해서라도 제2의 <타이탄폴>이나 <월드 오브 워크래프트> 또는 그 외의 대작 게임을 꿈꾸는 일이 없게 하자. 대신에 작고 멋진 핵심 메카닉을 다듬어서 작은 규모의 게임으로 완성하는 데 집중해보자.

동기 부여가 될 만한 영감을 얻으려면 인디케이드^{IndieCade} 게임 페스티벌의 매년 입상작을 살펴보길 권한다. 인디케이드는 다양한 규모의 인디 게임을 위한 최고의 페스티벌이며 인디 게임의 미래를 앞장서는 선두 역할을 하고 있다.[8] 인디케이드 웹 사이트(http://indiecade.com)를 방문해보면 새롭고 멋진 방법으로 게이밍의 한계를 초월하는 훌륭한 게임들을 수없이 발견할 수 있다. 각각의 게임은 인디 개발자의 열정이 담긴 작품이며 소규모 팀이나 개인이 수백 또는 수천 시간의 작업을 통해 완성한 것이다.

게임을 하나씩 살펴보면 규모가 놀라울 만큼 작다는 것을 알 수 있다. 그렇게 해도 먹힌다. 이렇게 작은 규모로도 인디케이드 어워드의 수상작으로 고려될 만큼 충분히 환상적인 게임으로 만들 수 있다.

커리어를 쌓다보면 언젠가는 <스타크래프트>나 <GTA>와 같은 엄청난 규모의 게임 제작에 참여하는 날이 오겠지만 누구나 시작이 필요하다는 것을 기억하자. 조

---

8. 나는 2013년부터 인디케이드의 교육 및 진보 분과 위원장을 맡고 있는데 이렇게 훌륭한 단체에서 중요한 일을 하는 것을 아주 자랑스럽게 생각한다.

지 루카스도 <스타워즈>를 제작하기 전에는 서던 캘리포니아 대학교의 영화 교육 프로그램에서 공부하던 재능 있는 학생이었다. 사실 그가 <스타워즈>를 제작할 때도 최소한의 범위로 1,100만 달러라는 비교적 적은 비용으로 헐리우드 최고의 영화 중 하나를 만들었다(박스 오피스에서 7억 7,500만 달러 이상을 벌어들였고 완구, 홈 비디오 판매 등으로 이보다 몇 배의 수익을 거뒀다).

그러니까 지금은 작게 시작하자. 짧은 시간 안에 만들 수 있도록 계획하고 무엇보다도 실제로 만들어보자. 일단 멋진 게임을 완성한 후에 다른 부분을 추가하기는 어렵지 않다.

요약

7장에서는 내가 학생들에게 가르치고 내 개인 디자인에도 활용하는 도구와 이론을 설명했다. 나는 크고 작은 다양한 규모의 그룹에서 7장에서 소개한 브레인스토밍 전략을 사용해 흥미롭고 특이하면서도 구현 가능한 많은 아이디어를 내는 과정을 직접 목격했다. 그리고 업계와 학계에서 다양한 경험을 하는 동안 반복적 디자인, 신속한 프로토타입 제작, 적절한 범위 조정이야말로 디자인을 개선하기 위한 핵심 과정이라는 확신을 갖게 됐다. 이것이 여러분에게 권장하는 가장 좋은 방법이다.

CHAPTER 8

디자인 목표

8장에서는 여러분의 게임에서 설정할 수 있는 몇 가지 중요한 목표를 살펴본다. 재미라는 아주 복합적인 목표에서부터 상호작용 경험에만 있을 경험적 이해력이라는 목표에 이르기까지 모든 것을 다룰 것이다.

8장을 읽는 동안 어떠한 목표가 여러분에게 중요한지 생각해보라. 이러한 목표의 상대적 중요성은 프로젝트마다 달라질 수 있으며, 경우에 따라서는 개발 단계를 진행하는 동안에도 달라질 수 있다. 그러나 항상 모든 것을 파악하고 있어야 하며, 중요하지 않은 목표를 의도적으로 제외하는 것은 괜찮지만 실수로 생략하지 않아야 한다.

디자인 목표: 완성되지 않은 목록

디자이너가 게임이나 대화식 경험을 디자인할 때 염두에 두는 목표는 다양하며 여러분에게도 8장에서 언급하지 않는 목표가 한두 개 정도는 있을 것이다. 하지만 여기에서는 나의 개인적 디자인 업무에서 고려하는 디자인 목표 그리고 나의 학생과 업계에서 일하는 친구들이 고려하는 디자인 목표를 얘기할 것이다.

디자이너 중심적 목표

디자이너에 초점을 맞춘 목표에는 다음과 같은 것들이 있다. 여러분은 현재 게임을 디자인해서 개인적으로 무엇을 얻고 싶은가?

- **부:** 돈을 벌고 싶다.
- **명예:** 나를 알리고 싶다.
- **커뮤니티:** 커뮤니티의 일원이 되기를 원한다.
- **표현:** 게임을 통해 다른 사람과 소통하고 싶다.
- **기여:** 게임을 통해 세상을 더 좋은 곳으로 만들고 싶다.
- **실력 향상:** 그저 게임을 만들고 디자이너로서 기술을 향상시키고 싶다.

플레이어 중심적 목표

플레이어에 초점을 맞춘 목표에는 다음과 같은 것들이 있다.

- **재미:** 플레이어에게 게임의 즐거움을 주고 싶다.
- **게임 자세:** 플레이어가 게임의 환상에 참여하게 하고 싶다.
- **몰입:** 플레이어에게 적절한 수준의 도전을 제공하고 싶다.
- **구조화된 충돌:** 플레이어에게 서로 경쟁하거나 게임 시스템과 경쟁하는 방법을 제공하고 싶다.
- **역량 강화:** 플레이어에게 게임과 메타게임 안에서 역량을 강화하는 기회를

주고 싶다.

- **흥미/주목/참여:** 플레이어가 게임에 집중할 수 있게 하고 싶다.
- **유의미한 결정:** 플레이어에게 자신과 게임에 유의미한 선택을 제공하고 싶다.
- **경험적 이해:** 플레이어에게 놀이를 통한 이해를 제공하고 싶다.

다음은 각각의 목표를 자세히 알아보자.

디자이너 중심적 목표

게임 디자이너와 개발자로서 여러분이 만든 게임을 통해 달성하려는 여러 목표가 있을 수 있다.

부

내 친구 존 '초' 초바넥은 수년간 게임업계에 종사해 왔다. 처음 만났을 때 그는 내게 게임업계에서 돈을 버는 것에 대해 몇 가지 조언을 해줬다. 그는 다음과 같이 말했다.

  "게임업계에서 일하면 말 그대로 수백 달러를 벌 수 있다."

이 농담에서 힌트를 준 것처럼 돈을 벌기 위해서라면 게임업계에서 게임을 만드는 것보다 빠르고 좋은 방법이 많다. 나는 프로그래밍을 배우는 내 학생들에게 돈을 잘 벌고 싶으면 은행에 취직하는 게 더 낫다고 말한다. 은행은 많은 돈을 보유하면서 이윤을 남기는 것에 아주 관심이 있다. 하지만 게임업계는 다른 엔터테인먼트업계와 비슷하다. 이 업계의 일자리보다는 이 일을 원하는 사람이 더 많고, 일반적으로 하는 일에 만족한다. 따라서 게임 회사는 다른 회사보다 직원에게 적은 임금을 지불한다. 게임업계에서 많은 돈을 벌어들이는 사람들도 분명 있지만 이런 사람은 소수이고 드물다.

게임업계에서 일하면서도 충분히 남부럽지 않은 생활을 할 수 있다(자녀가 없는 싱글인 사람이라면 더욱 좋다). 급여와 복지 혜택 면에서 유리한 규모가 큰 게임 회사에 취업할 수 있다면 상황이 더 좋아진다. 소규모 회사(또는 소규모 회사 창업)는 일반적으로 위험성이 훨씬 높고 급여도 낮지만 회사의 지분을 받을 기회가 있다면 나중에라도 큰돈을 벌 수 있다.

명예

솔직히 말해 게임 디자인으로 유명해지는 사람은 극소수다. 유명해지고자 게임 디자이너가 되는 것은 유명 인사가 되려고 영화의 특수 효과 아티스트가 되는 것과 비슷하다. 게임의 경우에는 수백만 명의 사람들이 여러분의 게임을 하더라도 여러분을 알아보는 사람은 아주 드물다.

물론 시드 마이어, 윌 라이트, 존 로메로와 같은 유명 인사가 있지만 이들은 정말 오랫동안 게임을 제작해왔고 그만큼 오랫동안 유명한 사람들이었다. 제노바 첸, 조나단 블로우, 마르쿠스 '노치' 페리손과 같이 최근에 유명해진 사람들도 있지만 이들의 이름보다는 이들의 게임(각각 〈플로〉/〈플라워〉/〈저니〉, 〈브레이드〉/〈더 위트니스〉, 〈마인크래프트〉)이 더 유명한 것이 사실이다.

하지만 내가 개인적으로 명예보다는 더 높게 평가하는 것이 커뮤니티며 게임업계는 아주 훌륭한 커뮤니티를 갖고 있다. 게임업계는 외부에서 생각하는 것보다 규모가 작은데, 그 자체로 훌륭한 커뮤니티다. 특히 인디 게임 커뮤니티와 인디케이드 게임 콘퍼런스의 친절과 개방성에 항상 많은 감명을 받았다.

커뮤니티

물론 게임업계 안에도 다양한 커뮤니티가 있지만 전체적으로 보면 게임 커뮤니티는 좋은 사람들로 가득한 아주 멋진 곳이다. 나의 가장 친한 친구 중에는 게임업계나 게임 교육기관에서 만난 사람들이 많다. 상당수의 고예산 AAA 게임이 선정적이거나 폭력적으로 보이지만 내 경험상 이러한 게임을 제작하는 사람들도 순수하고 좋은 사람들이다. 또한 더 진보적이고 다양한 관점으로 게임을 만들기 위한 개발자, 디자이너, 아티스트가 모인 크고 활기 넘치는 커뮤니티도 있다.

최근 몇 년간 인디케이드 독립 게임 콘퍼런스 현황을 보면 우리가 만드는 게임과 이러한 게임을 만드는 개발 팀 면에서 매우 높은 패널 참여율과 다양성을 거뒀다. 인디 게임 커뮤니티는 특히 능력 중심의 사회다. 훌륭한 실력을 갖추면 인종, 성별, 성적 취향, 종교, 신념 등에 관계없이 커뮤니티에서 인정과 존경을 받을 수 있다. 물론 게임 개발 커뮤니티의 개방성 면에서 아직 개선의 여지가 없지 않지만 (일부 그룹에는 항상 얼간이가 있기 마련이지만) 그래도 모든 사람을 환영하는 곳으로 만들기 위한 사람들로 가득하다.

개인적 표현과 의사소통

이 목표는 8장의 뒷부분에서 설명할 플레이어 중심의 경험적 이해라는 목표와 맞닿아 있는 동전의 뒷면에 해당한다. 하지만 개인 표현과 의사소통은 경험적 이해(대화식 매체의 독립적인 공간)보다 훨씬 다양한 형태를 취할 수 있다. 디자이너와 아티스트는 지난 수천 년 동안 다양한 종류의 매체로 자신을 표현해왔다. 표현하고 싶은 것이 있다면 다음 두 가지 중요한 질문을 스스로에게 해봐야 한다.

이 개념을 표현하는 데 최적의 매체는 무엇인가?

내가 능숙하게 활용할 수 있는 매체는 무엇인가?

이 두 질문의 답을 생각하면 여러분의 생각을 표현하는 데 대화식 매체가 적합한지 여부를 스스로 알 수 있다.

좋은 소식은 대화식 매체 분야에서 새로운 개인적 표현을 추구하는 사용자층이 아주 많다는 것이다. 최근에는 '파포 앤 요Papo y Yo', '마이니치Mainichi', '댓 드래곤 캔서That Dragon, Cancer'와 같은 아주 개인적인 대화식 매체가 많은 관심과 찬사를 받았으며, 이는 개인적 표현을 위한 통로로서 대화식 경험의 성숙도가 높아졌다고

볼 수도 있다.[1]

기여

세상을 더 나은 곳으로 만들고자 게임을 만드는 사람들이 많다. 이들 게임을 '진지한 게임'이나 '변화를 위한 게임'이라고 부르며, 미시건 주립 대학교의 Meaningful Play 콘퍼런스와 같은 여러 개발자 콘퍼런스의 주제이기도 하다. 이러한 게임 장르는 소규모 스튜디오가 활동을 시작해서 사회에 기여하는 좋은 방법이 될 수 있다. 다수의 정부 기관, 회사, 비영리 단체에서 이러한 진지한 게임을 만드는 데 관심이 있는 개발자에게 지원금과 계약을 제공하고 있다.

이러한 게임을 지칭하는 데에는 여러 이름이 사용된다. 가장 일반적인 이름은 다음 세 가지다.

- **진지한 게임:** 이러한 유형의 게임을 지칭하는 가장 오래되고 일반적인 이름이다. 물론 이러한 게임도 재미있을 수 있다. '진지한'이란 수식어는 게임 플레이 외에도 다른 목적이 있다는 것을 나타내기 위한 것이다. 이 범주의 가장 일반적인 예로는 교육용 게임이 있다.
- **사회적 변화를 위한 게임:** 이러한 범주의 게임은 일반적으로 사람들에게 영향을 미치거나 어떤 주제에 관해 인식을 바꾸려고 할 때 사용된다. 지구 온난화, 정부 재정 적자, 다양한 정치 후보자의 업적이나 비리를 알리기 위한 게임이 이 범주에 속한다.
- **행동 변화를 위한 게임:** 이러한 게임의 의도는 (사회 변화를 위한 게임에서와 같이) 플레이어의 생각이나 의견을 바꾸려는 것이 아니라 게임 밖에서 플레이어의 행동을 바꾸려는 것이다. 예를 들어 아동 비만 예방, 주의 지속 시간 향상,

---

1. 댓 드래곤 캔서(2014, 라이언 그린과 조시 라슨 제작)는 말기 암 환자인 어린 아들을 둔 부부의 경험을 전달하고 있으며 라이언이 아들의 병을 받아들이도록 도와줬다. 마이니치(2013, 매티 브라이스 제작)는 샌프란시스코에 사는 트랜스젠더 여성이 어떤 삶을 사는지를 자신의 친구에게 알려주고자 디자인됐다. 파포 앤 요(2014, 마이노리티 미디어 제작)는 도움이 되긴 하지만 이따금 폭력적인 괴물이 되는 알코올 중독 아버지로부터 자신과 여동생을 지키려고 하는 소년의 꿈속 얘기로 플레이어를 안내한다.

우울증 대처, 아동 약시 감지를 위한 의학용 게임들이 많이 제작됐다. 게임과 게임 플레이가 정신적, 육체적 건강에 상당히 중요한 영향(긍정적 및 부정적)을 준다는 사실을 입증하는 많은 연구 결과가 나와 있다.

게임 디자이너로서 실력 향상

게임 디자이너로서 실력을 향상시키는 가장 좋은 방법은 게임을 만들어보는 것인데, 더 정확히 말하면 게임을 많이 만들어보는 것이다. 이 책의 목적도 게임 제작을 시작하도록 돕기 위한 것이고, 바로 이것이 책 후반부의 실습에서 하나의 큰 게임을 완성해 나가기보다는 다양한 게임 개발 주제를 통해 여러 게임을 다루는 이유이기도 하다. 각 실습은 특정한 유형의 게임을 위한 프로토타입 제작에 중점을 두면서 몇 가지 세부적인 주제를 다룬다. 이런 장들에서 만든 프로토타입은 게임 디자인 학습의 도구만이 아니라 이후에 여러분의 게임을 만드는 데 기반으로 활용할 수 있다.

플레이어 중심적 목표

게임 디자이너와 개발자로서 게임이 플레이어에게 미치는 영향에 대해 여러 목표를 가질 수 있다.

재미

많은 사람이 게임의 유일한 목표로 재미를 생각하지만 이 책을 읽는 독자라면 지금은 그렇지 않다는 것을 알 것이다. 8장의 뒷부분에서 설명하겠지만 플레이어는 꼭 재미가 아니더라도 어떤 식으로든 관심을 끌고 유지하면 게임을 계속한다. 이 점은 모든 형태의 예술에도 해당해서 나는 영화 <쉰들러 리스트>, <인생은 아름다워>, <천국보다 아름다운>을 모두 감명 깊게 봤으나 이들 영화가 재미 있었던 것은 아니다. 하지만 재미가 게임의 유일한 목표는 아니라고 해도 재미라는 모호한 개념은 게임 디자이너가 가장 중요하게 고려해야 한다.

키스 버건은 그의 책『게임 디자인 이론』에서 게임을 재미있게 만드는 세 가지 측면을 제시했다. 그는 게임이 재미있으려면 다음과 같이 즐거움, 몰입감, 성취감을 제공해야 한다고 했다.

- **즐거움:** 즐거움을 얻는 방법에는 여러 가지가 있지만 대부분의 플레이어가 게임을 할 때 가장 많이 원하는 재미가 바로 즐거움이다. 로제 카이와는 1958년 그의 책『놀이와 인간』[2]에서 다음과 같이 네 가지 종류의 놀이가 있다고 설명했다.
  - **아곤**[Agon]: 경쟁 놀이(예, 체스, 야구, 〈언차티드〉 시리즈)
  - **알레아**[Alea]: 기회 기반 놀이(예, 도박, 가위 바위 보)
  - **일링크스**[Ilinx]: 현기증 놀이(예, 롤러코스터, 제자리 돌기, 그 밖의 현기증을 느끼게 하는 놀이)
  - **미미크리**[Mimicry]: 가장 놀이(예, 소꿉놀이, 캐릭터 인형 갖고 놀기, 롤플레잉 게임)

  이러한 놀이는 모두 각기 독특한 재미가 있지만 게임의 자세[lusory attitude(즉, 다음 절에서 다루는 놀이 태도)]에 따라 재미가 달라진다. 크리스 베이트만이 그의 책『가상의 게임』에서 지적한 것처럼 일링크스 게임에서 흥분과 공포 사이에는 플레이어가 게임의 자세를 갖는지에 대한 아주 사소한 차이만 존재한다.[3] 디즈니 테마파크에 있는 공포의 탑[Tower of Terror]은 통제가 안 되는 엘리베이터를 재미있게 시뮬레이션한 것에 매력이 있는 것이지 실제로 통제가 안 되는 엘리베이터에 탄다면 재미는 있을 수 없고 공포 그 자체일 것이다.

- **몰입감:** 게임은 플레이어의 주의를 끌고 집중하게 해야 한다. 2012년, 샌프란시스코에서 열린 게임 개발 콘퍼런스의 연설에서 〈언차티드〉 게임 시리즈의 공동 수석 게임 디자이너였던 리차드 레마찬트는 이러한 현상을 '주목[attention]'이라고 설명하고 게임 디자인의 매우 중요한 측면이라고 강조했

---

2. Roger Caillois, *Le Jeux et Les Hommes (Man, Play, & Games)* (Paris: Gallimard, 1958). 번역서: 『놀이와 인간』(문예출판사, 2018)

3. Chris Bateman, Imaginary Games (Washington, USA: Zero Books, 2011), 26-28.

다. 연설 내용은 8장의 뒷부분에서 자세히 설명한다.

- **성취감:** 게임은 플레이어의 요구나 욕구를 충족시킬 수 있어야 한다. 인간에게는 실제 또는 가상의 방법으로 충족시킬 수 있는 다양한 요구가 있다. 예를 들어 사교와 커뮤니티의 요구는 친구와 만나 함께 보드 게임을 하거나 <동물의 숲> 게임에서 여러분의 마을에 사는 가상의 친구들을 만나는 것으로 모두 충족시킬 수 있다. 피에로^{fiero}(역경에 대한 개인적인 승리를 뜻하는 이탈리아어) 감정[4]은 축구 경기에서 팀의 승리에 기여했을 때나 <철권>[5]과 같은 격투 게임에서 친구를 물리쳤을 때 또는 <힘내라! 싸워라! 응원단>과 같은 어려운 리듬 게임의 최종 레벨을 클리어했을 때 느낄 수 있다. 플레이어마다 다른 요구를 가지며 같은 플레이어라도 날마다 크게 다른 요구를 가질 수 있다.

게임의 자세

버나드 슈츠는 『The Grasshopper』에서 게임에 참여하고자 플레이어가 가져야할 태도인 게임의 자세를 자세히 소개했다. 플레이어는 게임의 자세로 게임에 참여하는 동안 규칙에 따라 승리하는 즐거움을 위해 기꺼이 게임의 규칙을 따른다. 또한 슈츠는 치터나 방해꾼은 모두 게임의 자세로 게임에 임하지 않으며, 치터는 이기려고 하지만 규칙을 따르지 않는 반면 방해꾼은 규칙을 따른 경우도 있지만 게임에서 이기는 데는 관심이 없다고 지적했다(다른 플레이어의 재미를 막는 데 관심을 둔다).

여러분은 디자이너로서 플레이어가 이러한 게임의 자세를 유지할 수 있게끔 게임을 디자인해야 한다. 나는 이를 위해 플레이어를 존중해야 하고 이용하려 들지 않는 것이 가장 중요하다고 생각한다. 2008년, 게임 개발자 콘퍼런스에서 브라이언 캐시와 나는 플레이어가 일상에서 가끔씩 게임을 하는 '산발적 플레이 게임

---

4. 니콜 라자로는 GDC 연설에서 플레이어에게 동기를 부여하는 감정으로 승리감을 자주 언급했다.
5. 나를 <철권 3>의 멋진 세계로 안내하고 수천 판을 함께 겨룬 내 친한 친구인 도널드 맥카스킬과 마이크 왑샬에게 감사 인사를 전한다.

sporadic-play game[6]이라는 용어에 대해 두 번의 연설을 했다. 두 연설은 2008년 여러 게임 디자인 어워드를 수상한 우리의 대학원 프로젝트인 <스카이러츠Skyrates[7]>를 디자인하면서 얻은 경험에 대한 것이다. 우리는 <스카이러츠>를 개발하면서 바쁜 사람들도 쉽게 참여할 수 있는 지속적인 온라인 게임(당시 블리자드의 <월드 오브 워크래프트>와 같은 대규모 멀티플레이 온라인 게임MMO의 느낌)을 만들려고 했다. <스카이러츠>에서 플레이어는 스카이랜드(공중에 떠 있는 섬) 사이를 비행하면서 교역하고 해적과 싸우는 하늘의 모험가가 된다. 이 게임의 산발적 측면은 플레이어가 일상생활 중 가끔씩 게임에 들어와 캐릭터에 임무를 부여하고 해적과 전투를 조금 하거나 비행기나 캐릭터를 업그레이드하고 나서 다시 일상으로 돌아가고 다시 돌아오기 전까지 <스카이러츠>가 알아서 임무를 완료하게 하는 것이었다. <스카이러츠>가 공격받는다거나 하는 문자 메시지를 받을 수 있지만 게임에 들어가서 전투에 참여하거나 <스카이러츠>가 알아서 처리하게 하는 것은 플레이어의 선택이었다.

이즈음 우리는 <팜빌FarmVille>과 비슷한 소셜 미디어 게임의 증가세를 목격할 수 있었는데, 이 게임들은 플레이어의 시간을 존중하려는 의도가 거의 없다는 생각이 들었다. 이러한 소셜 네트워크 게임에서는 플레이어가 (메카닉스를 통해) 하루 중 끊임없이 게임에 로그인하게 하는 요구 사항이 일반적이었으며 플레이어가 제시간에 로그인하지 못하면 불이익을 받았다. 이를 위해 여러 비도덕적인 메카닉스가 사용됐는데, 그중 대표적인 것이 에너지와 변질이었다.

에너지를 자원으로 사용하는 소셜 네트워크 게임의 경우 플레이어가 게임을 하지 않는 동안에도 에너지가 서서히 쌓이지만 기다려서 얻을 수 있는 에너지에 상한선이 있고, 그 상한선은 하루 동안 모을 수 있는 양보다 현저히 작고 매일 플레이

---

6. 캐시, 브라이언. 깁슨, 제레미. <산발적 게임: 바쁜 사람들을 위한 게임의 역사와 미래>(2010년 샌프란시스코. 게임 개발자 콘퍼런스에서 소셜 게임 서밋의 일환으로 발표).
   캐시, 브라이언. 깁슨, 제레미. <산발적 플레이 업데이트: 바쁜 사람들을 위한 게임의 최신 개발>(2010년 텍사스 오스틴의 게임 개발자 콘퍼런스 온라인에서 발표)

7. <스카이러츠>는 우리가 카네기멜론 대학교 엔터테인먼트 기술 센터의 대학원생이었던 2006년 두 학기 동안 개발됐다. 개발자로는 하워드 브래햄, 브라이언 캐시, 제레미 깁슨(본드), 척 후버, 헨리 클레이 라이스터, 세스 사인, 샘 스피로가 참여했고 캐릭터 아트는 크리스 다니엘이 맡았다. 지도 교수는 제시 셸과 드류 데이비슨 박사였다. <스카이러츠>가 처음 공개된 후에도 우리는 취미로 개발을 계속했으며 이후에 개발자로 필 라이트와 제이슨 버크너가 추가로 참여했다. 지금은 http://skyrates.net에서 게임을 할 수 있다.

어가 최적의 상태로 게임을 하는 데 필요한 양보다 적게 설정된다. 이렇게 하면 플레이어는 쌓인 자원을 사용하고 상한선에 걸려서 에너지가 낭비되지 않기 위해 하루 중에도 여러 번 로그인해야 한다. 물론 플레이어는 상한선에 걸리지 않고 만료되지 않는 추가 에너지를 구매할 수 있으며 이 방법으로 게임 안에서 높은 매출을 올릴 수 있다.

변질 메카닉은 플레이어가 작물을 심고 적절한 시간 내에 추수해야 하는 <팜빌>에서 가장 쉽게 확인할 수 있다. 작물을 추수하지 않고 너무 오래 방치하면 작물이 변질돼 작물을 심을 때 사용한 씨앗과 투자한 시간이 모두 잃게 된다. 가격이 높은 작물일수록 초보 레벨의 값싼 작물보다 변질되는 데 걸리는 시간이 훨씬 짧기 때문에 이 게임에 중독된 플레이어는 작품에 투자한 비용과 시간을 잃어버리지 않고자 쉴 새 없이 게임에 로그인해야 한다.

브라이언과 나는 GDC 연설에서 이러한 경향의 심각성을 지적하고 몇 가지 대안을 제시하려고 했다. 산발적 플레이라는 아이디어는 플레이어에게 적은 시간을 요구하면서도 최대한의 제어(선택할 수 있는 능력)를 제공하기 위한 개념이었다. 당시 지도교수였던 제시 셸은 <스카이러츠> 게임이 플레이어가 일하는 동안 종종 휴식을 하라고 말해주고 잠시 게임을 하다보면 다시 일하라고 알려주는 친구와 비슷하다고 말하기도 했다. 이와 같은 플레이어의 시간을 존중함으로써 우리 게임의 전환율은 90%를 넘어섰는데, 2007년에 게임을 처음 시도한 플레이어 중 90% 이상이 게임을 완전히 그만 두지 않고 계속해서 찾아왔다는 뜻이다.

여러분의 플레이어를 존중하면 게임의 자세를 유지하는 데 도움이 되므로 게임의 자세야말로 매직 서클이 존재하게 해주는 것이다.

매직 서클

2장에서 잠깐 언급했듯이 요한 하위징아는 1938년, 『호모 루덴스』에서 '매직 서클 magic circle'이라는 개념을 제시했다. 매직 서클은 게임이 진행되는 공간이며 정신적, 육체적 또는 이 두 가지의 조합일 수 있다. 매직 서클 안에서는 규칙이 플레이어를 지배하며 특정 행동이 권장되거나 금지되는 정도가 일상생활의 세계와는 다르게 적용된다.

예를 들어 두 친구가 포커를 할 때는 서로 자신의 패에 대해 블러핑(또는 거짓말)하는 것이 아주 자연스러운 게임의 일부로 받아들여진다. 하지만 게임이 아닌 실생활에서 같은 친구에게 거짓말을 하면 우정에 금이 가기 십상이다. 마찬가지로 아이스하키 경기에서 선수들은 빙판 위에서 서로 주먹을 날리는 일이 흔하지만(물론 특정 규칙 내에서 말이다) 일단 경기가 끝나면 서로 악수하고 때로는 친한 친구로 지내기도 한다.

이안 보고스트^{Ian Bogost}를 비롯한 여러 게임 이론학자들이 지적한 것처럼 매직 서클은 융통성이 있고 일시적이다. 어린이들도 이런 규칙을 인식하고 가상 놀이를 하는 동안에 종종 '타임아웃'을 선언하기도 한다. 이 경우 타임아웃으로 규칙을 일시 정지시키고 매직 서클을 잠시 무효화해서 앞으로 게임의 규칙을 어떻게 적용할지를 함께 얘기할 수 있다. 그리고 얘기가 끝나고 다시 '다시 시작'을 선언하면 놀이와 매직 서클이 일시 정지됐던 지점에서 다시 시작된다.

매직 서클을 중지하고 다시 시작하는 것도 가능하지만 매직 서클의 상태를 온전히 유지하기가 어려운 경우도 있다. 축구 경기가 장시간 지연됐다가 속개된 경우(예를 들어 후반전 중간에 날씨로 인해 30분간 경기가 중단된 경우) 해설자들은 선수가 이 시간 동안 경기 상태를 그대로 유지하기가 어렵다는 말을 자주 한다.

몰입

심리학자 미하이 칙센트미하이^{Mihaly Csíkszentmihályi}가 언급한 '몰입^{flow}'이란 가장 적절한 도전의 상태를 나타내며 게임 디자이너가 만들려는 경험과 매우 유사하기 때문에 게임 개발자 콘퍼런스에서 자주 논의되는 주제다. 몰입 상태에서 플레이어는 눈앞의 도전에 완전히 집중한 나머지 몰입의 경험 바깥에 있는 사물에 대한 인식을 잃어버리기도 한다. 게임이나 일에 완전히 집중할 때 시간의 흐름이 왜곡된 것처럼 시간이 빠르게 흐르거나 반대로 느리게 흐르는 것처럼 느껴본 경험이 있을 것이다.

이러한 몰입의 개념은 서던 캘리포니아 대학교 재학 시절 제노바 첸[Jenova Chen]이 제출한 MFA 논문의 주제이자 <플로[Flow]>[8]라고 명명한 논문 게임의 주제였다. 제노바는 GDC에서도 이 개념을 주제로 두 차례 연설했다.

그림 8.1에서처럼 몰입 상태는 지루함과 좌절감 사이에 위치한다. 플레이어의 기술 수준에 비해 게임이 너무 어려우면 플레이어는 좌절감을 느끼며, 반대로 너무 쉬우면 지루함을 느낄 것이다.

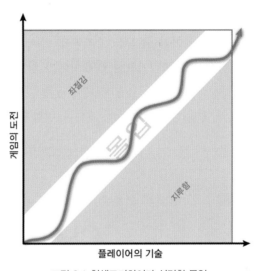

그림 8.1 칙센트미하이가 설명한 몰입

쟌 나카무라와 미하이 칙센트미하이는 2002년, 발표한 논문 「몰입의 개념」에서 몰입의 경험은 문화, 성별, 나이 그리고 다양한 종류의 활동에서 동일하게 나타나며 다음과 같은 두 가지 조건에 의해 좌우된다고 설명했다.[9]

- 보유한 기술 수준에 맞는 도전(난이도와 활용도가 적절함) 또는 행동의 기회 인식, 자신의 능력에 맞는 도전에 집중하고 있다는 느낌

---

8. 플래시 버전의 원작 〈플로〉는 http://interactive.usc.edu/projects/cloud/flowing/에서 플레이할 수 있다. 업데이트되고 확장된 플레이스테이션 3(그리고 PS4) 버전은 플레이스테이션 스토어에서 다운로드할 수 있다.

9. Jeanne Nakamura and Mihaly Csíkszentmihályi, "The Concept of Flow," Handbook of Positive Psychology (2002): 89–105, 90.

- 명확하고 가까운 목표, 진행을 알 수 있는 즉각적인 피드백

이것이 게임 디자인 영역에서 몰입에 대해 논의할 때 중점을 두는 사항이다. 이 두 가지 조건은 상당히 구체적이므로 디자이너가 게임에서 구현할 때 이해하기 쉽고 테스트와 플레이어 인터뷰를 통해 게임에 제대로 적용되고 있는지 확인하기도 수월하다.

칙센트미하이가 『몰입: 최적 경험의 심리학』을 출간한 1990년 이후로 게임과 관련된 몰입에 대한 이해가 더욱 깊어지면서 몰입을 오래 유지하면 피로감이 유발된다는 것을 깨달았다. 플레이어가 몰입을 즐기지만(몰입의 순간이 가장 기억에 남지만) 15 ~ 20분 이상 몰입을 유지하기는 어렵다. 또한 플레이어가 항상 완전한 몰입 상태에 있으면 자신의 기술이 향상되고 있다는 것을 느끼지 못한다. 따라서 대부분의 플레이어들에게는 그림 8.2의 몰입 다이어그램과 비슷한 경험을 제공하는 것이 좋다.

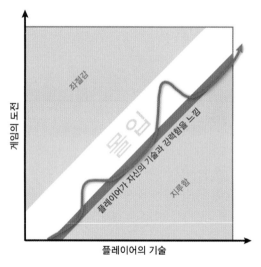

그림 8.2 개선된 몰입

몰입과 지루함 사이의 경계선에는 플레이어가 자신이 굉장히 잘하고 있다고 느끼는 영역이 존재하며(즉, 굉장함을 느끼게 됨) 플레이어에게는 이러한 느낌이 필요하다. 몰입 상태의 효과는 강력하지만 플레이어가 몰입 상태에서 무엇을 달성했는지 알

수 있도록 몰입 상태에서 나올 수 있게 하는 것도 중요하다. 게임에서 최고 보스와의 전투를 떠올려보자. 몰입 상태에 있을 때는 완전 집중이 필요하므로 외부 세계에 대한 모든 인식이 차단된다. 여러분이 나와 비슷하다면 보스를 완전히 물리친 후에야 비로소 한숨을 몰아쉬고 멋진 전투였다는 생각을 했을 것이다. 플레이어에게는 이러한 순간만큼이나 그동안 향상된 기술을 드러낼 순간도 필요하다.

이러한 적절한 배합에 성공한 좋은 예로 원작 <갓 오브 워$^{God\ of\ War}$> 게임을 들수 있다. 이 게임에서는 새로운 종류의 적이 끊임없이 등장하는데, 플레이어는 이렇게 새로운 적을 상대하는 전략을 알아내기 전까지 마치 미니 보스전을 치루는 듯한 느낌을 받게 된다. 플레이어는 마침내 특정한 적에 대한 전략을 알아내며 여러 차례 상대하는 동안 기술이 숙련된다. 그리고 얼마 후에는 이러한 적을 동시에 둘 이상 상대해야 하는 상황에 놓이게 되는데, 이제는 플레이어의 기술이 향상됐으므로 처음 하나를 상대할 때보다도 수월하게 상대하는 자신을 발견하게 된다. 얼마 전까지 상대하기 어려웠던 적을 이제는 한 번에 여럿을 상대하는 자신을 보면서 실력이 향상된 것을 체감하고 자신이 굉장히 멋지다는 생각을 하게 된다.

게임을 디자인할 때 플레이어에게 최적의 도전을 제공하는 것만이 아니라 점차 실력 향상을 체감할 수 있게 하고 성취감을 느낄 수 있게 하는 것이 중요하다는 것을 기억하자. 어려운 싸움 뒤에는 플레이어가 자신의 강력함을 느낄 수 있게 약간의 시간을 줘야 한다. 이를 통해 역량 강화의 느낌을 북돋울 수 있다.

구조화된 충돌

1장에서 설명했듯이 구조화된 충돌은 게임을 통해 충족시킬 수 있는 인간의 필요성 중 하나다. 게임이 놀이와 차별화되는 가장 큰 차이점은 게임에는 반드시 싸움이나 충돌이 포함된다는 것인데, 이러한 충돌은 플레이어 간의 충돌이거나 게임 체계 간의 충돌일 수 있다(4장의 '플레이어 관계' 절 참고). 이 충돌은 플레이어가 자신의 기술(또는 팀의 기술)을 다른 플레이어, 체계, 기회를 상대로 겨룰 수 있는 기회가 된다.

구조화된 충돌에 대한 욕구는 동물의 놀이에서도 명백하게 나타난다. 크리스 베이트만은 『Imaginary Games』에서 다음과 같이 설명했다.

> 강아지들이 같이 놀고 있을 때 허용되는 행동에는 분명히 제한이 있다. 강아지들이 함께 놀고 있을 때는 실제 싸움보다 훨씬 약하게 물기, 서로 올라타기, 광분을 가장한 격렬함으로 뒹굴기 등의 행동을 한다. 여기에는 일종의 규칙이 있다.[10]

심지어 실제 전쟁에도 게임과 비슷한 규칙이 있었다. 미국 원주민 크로우 부족의 족장 플렌티 쿠프스^{Plenty Coups}는 회고록에서 전투에서의 용맹을 의미하는 쿠프^{coup}를 기록하는 몇 가지 규칙을 설명했다. 쿠프는 전장에서 위험한 행동을 하고도 살아남았을 때 이를 기념하고자 주어진다. 무장한 상태의 건장한 적 전사를 쿼트_(짧은 말채찍)로 때리기, 활로 해치기, 적이 살아있을 때 무기 훔치기, 적 캠프에서 말이나 무기 훔치기, 전투에서 가장 먼저 적을 _(죽이기 전에) 넘어뜨리기 등이 모두 쿠프로 계산된다. 이렇게 위험한 행동을 하면서도 부상을 입지 않으면 더 많은 쿠프로 인정된다. 플렌티 쿠프스는 부족 사회에서 상징적 의미가 있는 두 가지 막대에 대해서도 다음과 같이 말했다.

> 둘 중 한 막대는 곧은 모양이고 한쪽 끝에 독수리 깃털을 달았다. 전투 중에 이 쿠프 스틱을 가진 사람이 이 스틱을 땅에 꽂으면 그 사람은 달아나거나 스틱에서 멀리 떨어져서는 안 된다. 형제 멤버가 그 사람과 적 사이를 말을 타고 지나쳐서 임무를 해제하지 않는 한 그는 그곳에서 자신의 옷을 벗어야(죽어야) 한다. 임무가 해제되면 쿠프 스틱을 가져올 수 있지만 땅에 꽂힌 동안 쿠프 스틱은 크로우의 땅을 의미했다. 깃털이 두 개 달린 구부러진 쿠프 스틱을 가진 사람은 땅에 쿠프 스틱을 꽂아 위치를 표시한 후에도 자신의 재량에 따라 더 나은 위치로 쿠프 스틱을 옮길 수 있었다. 그러나 이 쿠프 스틱을 적에게 빼앗기면 죽어야 했다. 이러한 쿠프 스틱을 사용해서 쿠프를 달성하면 쿠프 스틱을 몸에 지니고 있는 것만으로 엄청난 위험을 감수하는 것이기 때문에 쿠프를 두 배로 받을 수 있었다.[11]

---

10. Christ Bateman, *Imaginary Games* (Washington, USA: Zero Books, 2011), 24.

11. Frank Bird Linderman, Plenty-Coups, *Chief of the Crows*, New ed. (Lincoln, NE: University of Nebraska Press, 2002), 31-32.

전투가 끝나면 전사들은 전투에서 자신의 무용담을 자랑하며 쿠프를 계산했다. 부상당하지 않고 쿠프를 달성하면 머리에 꽂거나 쿠프 스틱에 붙일 수 있는 독수리 깃털 하나를 받는다. 부상당한 경우에는 깃털을 빨간색으로 물들인다.

평야 지대 미국 원주민 부족의 쿠프를 모으는 이러한 문화는 국가 간 전쟁에 의미를 더하고 전투가 끝난 뒤 전장에서 용맹한 행동을 한 전사가 더 많은 존경을 받을 수 있게 하는 구조화된 방법이다.

오늘날 가장 인기 있는 게임 중 많은 게임이 플레이어 팀 간의 구조화된 충돌을 제공하는데, 이런 게임에는 전통적인 팀 스포츠(세계적으로 인기 있는 축구, 크리켓, 농구 등)뿐만 아니라 <리그 오브 레전드>, <팀 포트리스 2>, <오버워치> 등의 온라인 팀 경쟁 게임도 들어간다. 그러나 팀이 없더라도 모든 게임은 플레이어가 충돌에 참여하고 상대를 이김으로써 승리하는 기회를 제공한다.

역량 강화

앞부분에서 몰입에 대해 설명하면서 역량 강화의 한 가지 유형(플레이어가 게임 세계 안에서 강력해진 느낌)을 설명했다. 이 절에서는 플레이어에게 게임 안에서 하고 싶은 일을 선택할 수 있는 또 다른 유형의 역량 강화에 대해 설명한다. 즉, 자기 목표적 역량 강화와 수행적 역량 강화의 두 가지 측면을 알아본다.

자기 목표적

자기 목표적autotelic이라는 용어는 라틴어 단어 자기self와 목표telos를 합쳐 만들어졌다. 자기 목표적인 사람은 자신의 목표를 스스로 선택하는 사람을 말한다. 칙센트미하이는 몰입 이론을 처음 연구할 때 자기 목표적인 사람이 중요한 역할을 한다는 것을 알고 있었다. 그의 연구[12]에 따르면 자기 목표적인 사람은 몰입 조건을 벗어났을 때 가장 큰 즐거움을 얻는 반면 자기 목표적이 아닌 사람(즉, 자기만의 목표를

---

12. Nakamura and Csíkszentmihályi, "The Concept of Flow," 98.

세우는 데 관심이 없는 사람)은 도전의 난이도보다 훨씬 높은 기술을 달성하는 쉬운 조건에서 더 기쁨을 느낀다. 칙센트미하이는 처한 상황에 상관없이 인생에서 행복을 찾으려면 자기 목표적 성격이 중요하다고 생각했다.[13]

그러면 어떤 종류의 게임이 자기 목표적 행동을 권장할 수 있을까? 환상적인 예로 <마인크래프트>가 있다. 이 게임에서 플레이어는 살아남는 것이 유일한 목표인 랜덤 방식으로 생성된 세계에 남겨진다(밤이 되면 좀비와 다른 괴물이 플레이어를 공격한다). 하지만 플레이어에게는 자원을 채취해서 도구와 건물을 만들 수 있는 능력이 주어진다. <마인크래프트>의 플레이어는 성, 다리 그리고 실물 크기의 스타트렉 엔터프라이즈 NCC-1701D나 수 킬로미터 크기의 롤러코스터는 물론 RAM을 장착한 작동하는 간단한 컴퓨터도 만들 수 있다.[14] 이것이 <마인크래프트>의 진정한 위대함이다. 즉, 플레이어에게 자신만의 길을 선택할 수 있는 기회와 함께 이러한 선택을 실현할 수 있는 유연한 게임 시스템을 제공한다.

<마인크래프트>만큼 유연하지는 않지만 대부분의 게임에서도 플레이어에게 문제를 해결하는 여러 방법을 제공할 수 있다. 텍스트 기반의 어드벤처(예, 인포콤의 〈조크〉, 〈플래닛폴〉, 〈은하수를 여행하는 히치하이커를 위한 안내서〉)와 그 뒤를 잇는 포인트-앤-클릭 어드벤처 게임(예, 시에라 온라인의 초기 〈킹스 퀘스트〉와 〈스페이스 퀘스트〉 시리즈)이 인기를 잃은 이유 중 하나는 대부분의 문제를 해결하는 데 (종종 그다지 흥미롭지 않은) 한 가지 방법만 제공했기 때문이다. <스페이스 퀘스트 2>에서는 게임의 처음 부분에 락커에서 하체 보호대를 미리 챙겨놓지 않으면 나중에 이를 새총으로 사용할 수 없어 게임을 처음부터 다시 시작해야 한다. 인포콤의 <은하수를 여행하는 히치하이커를 위한 안내서>에서는 불도저가 집으로 돌진하면 진흙탕 앞에 누워서 세 번 '기다려야' 했다. 이렇게 하지 않으면 플레이어가 죽고 게임을 다시 시작해야 한다.[15] 거의 모든 문제에 대해

---

13. Mihaly Csíkszentmihályi, *Flow: The Psychology of Optimal Experience* (New York: Harper & Row, 1990), 69. 번역서: 『몰입, FLOW』(한울림, 2005)

14. http://www.escapistmagazine.com/news/view/109385-Computer-Built-in-Minecraft-Has-RAM-Performs-Division.

15. 이와 같이 플레이어의 선택을 제한하는 중요한 이유 중 하나는 플레이어에게 게임 내러티브를 변경하게 허용하면 콘텐츠가 기하급수적으로 증가할 수 있기 때문이다. 내 경험으로 진정한 개방형 분기 내러티브로는 마이클 마티스와 앤드류 스턴의 대화식 드라마 〈파사드(Façade)〉가 있다.

적어도 폭력적인 해결책과 평화적인 해결책이 있는 <디스아너드^{Dishonored}>와 같은 최근의 게임과는 확실한 차이점이다. 플레이어에게 목표를 달성하는 방법을 선택할 수 있게 하면 목표를 달성함으로써 게임에 대한 흥미를 높이고 플레이어가 성공을 자신의 것으로 인식할 수 있게 된다.[16]

수행적 역량 강화

게임에서 중요한 다른 유형의 역량 강화로 수행적 역량 강화가 있다. 키스 버건은 『게임 디자인 이론』에서 게임 디자이너는 직접 예술을 창조할 수 있을 뿐만 아니라 플레이어가 예술을 창조할 수 있도록 능력을 부여할 수 있다고 설명했다. 수동적 매체의 창조자는 관객이 듣는 음악을 만드는 작곡가라고 할 수 있다. 그들은 청중들에 의해 소비될 무언가를 창조한다. 그러나 게임 디자이너는 작곡가와 악기 장인을 합친 정도의 역할을 한다. 단순히 다른 연주자가 연주하는 악보를 만드는 것이 아니라 연주가가 예술을 창조할 수 있는 악기를 만드는 것과 비슷하다. 이러한 게임의 좋은 예로 플레이어가 선택할 수 있는 다양한 기술을 환경과 화합하게 조합해 높은 점수를 얻는 토니 호크의 <프로 스케이터>가 있다. 첼리스트 요요마가 아티스트인 것처럼 게임 플레이어도 게임 디자이너가 만든 게임의 역량 강화를 통해 아티스트가 될 수 있다. 이 밖에도 움직임이나 전략이 다양한 격투 게임이나 실시간 전략 게임에서도 이러한 수행적 역량 강화의 예를 볼 수 있다.

주목과 참여

8장의 앞부분에서 언급했듯이 GDC 2012에서 멋진 게임 디자이너인 리차드 레마찬트는 '몰입감이 아닌 주목: 심리학과 플레이테스트를 활용해 더 좋은 게임을 만드는 새로운 방법'이라는 제목의 연설을 했다. 이 연설에서 그는 게임 디자인에 몰입감이라는 말을 사용하면서 생기는 혼란에 대해 얘기하고 몰입감보다는 사용

---

16. 하지만 개발 비용과 시간도 지속적으로 고려해야 한다. 주의하지 않으면 플레이어에게 제공하는 모든 옵션이 개발 비용과 시간의 증가로 고스란히 연결되므로 이 문제는 개발 비용과 시간의 관점에서도 봐야 한다. 즉, 디자이너와 개발자로서 신중하게 균형을 맞춰야 한다.

자의 주목을 끌고 유지하는 것이 게임 디자이너가 일반적으로 추구해야 하는 명확한 방향이라고 말했다.

레마찬트 연설 이전까지 많은 디자이너가 게임의 몰입감을 높이고자 노력했다. 이를 위해 헤드업 디스플레이^{HUD, Heads-Up Display}를 줄이거나 없애고 게임 안에서 플레이어의 주위를 분산하는 요소를 최소화했다. 하지만 레마찬트가 연설에서 지적했듯이 게이머는 진정한 몰입감을 얻을 수 없으며 이를 원하지도 않는다. 게이머가 실제로 <언차티드 3>에서 네이선 드레이크가 됐다고 느낀다면 사막 위의 수천 피트 상공에서 비행하는 수송기에 매달린 채 적의 총격을 받을 때는 재미가 아니라 공포를 느낄 것이다. 매직 서클의 핵심적인 측면 중 하나는 매직 서클로 들어가고 그 안에 남아 있는 것이 플레이어의 선택이며 플레이어는 항상 게임이 자발적인 것임을 인식한다는 것이다_(슈츠는 참여가 자발적이지 않으면 그 경험은 더 이상 게임이 아니라고 지적했다).

레마찬트는 몰입감을 추구할 것이 아니라 먼저 플레이어의 주목을 끌고 이를 유지해야 한다고 설명했다. 여기에서는 명확한 구분을 위해 즉각적 관심을 말하는 데는 '주목'을 사용하고 유지해야 하는 장기적 관심을 말하는 데는 '참여'를 사용한다_(레마찬트는 두 상태에 모두 '주목'이라는 용어를 사용했다). 레마찬트는 또한 반사적 주목_(주변 자극에 대한 무의식적 응답)과 능동적 주목_(어떤 대상에 집중할 때 발생)을 차별화해서 설명했다.

그는 이 설명에서 처음 주목을 끄는 데는 아름다움, 미학, 대비의 요소가 탁월한 효과가 있다고 설명했다. <제임스 본드> 영화가 항상 화려한 액션 씬으로 시작하는 것도 같은 맥락이다. <제임스 본드> 영화의 처음 액션 씬은 아무 설명 없이 사건의 중간에 곧바로 시작되는데, 이를 통해 극장에 앉아 영화가 시작하기를 기다리는 지루함과 영화가 시작할 때 흥분 사이에 강한 대비 효과를 만들어낸다. 이러한 유형의 주목 끄는 진화를 통해 우리 몸에 기본 내장된 반사적 주목을 활용한 예다. 우리는 시야 바깥쪽에서 움직이는 물체가 있으면 의사와는 상관없이 이 물체에 주목하게 된다. <제임스 본드> 영화는 이렇게 우리의 주목을 끈 다음 영화의 나머지 부분을 진행하고자 필요한 다소 지루한 설명으로 전환된다. 관객은 이미 영화에 빠져들었기 때문에 이제 관객은 능동적 주목_(선택에 의한 주목)을 사용해 이 설명을 들을 것이다.

제시 셸은 『The Art of Game Design』에서 '흥미의 곡선'이라는 이론을 제시했다. 흥미의 곡선은 주목을 끄는 것에 대한 내용이며 셸에 의하면 바람직한 흥미의 곡선은 그림 8.3과 같은 모양이다.

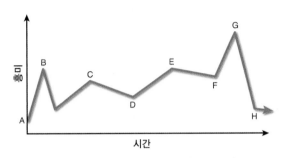

그림 8.3 제시 셸의 책에 나오는 흥미의 곡선

셸이 소개한 바람직한 흥미의 곡선에서 관객은 낮은 흥미를 갖고 시작하지만(A) 흥미를 자극하는 '후크'를 통해 단숨에 주목을 끌 수 있다(B). 일단 관객이 흥미를 가지면 흥미 수준을 낮출 수 있으며 여러 작은 고점과 저점으로 서서히 관심을 쌓아가다가(C, E, D, F) 마침내 절정에서 최고 수준의 흥미를 쌓는다(G). 절정이 끝나면 관객의 흥미는 대단원까지 낮아지며(H) 경험이 끝을 맺는다. 이 구조는 대부분의 얘기와 영화를 설명하는 데 사용할 수 있는 시드 필드의 표준 3막 극적 곡선 다이어그램(4장에서 설명)과 매우 비슷하며 몇 분에서 두 시간의 얘기까지 문제없이 적용할 수 있다. 셸은 이 흥미의 곡선을 프랙털 형식으로 반복하면 아주 긴 시간 동안 진행할 수 있다고 설명했다. 이렇게 하기 위한 한 가지 방법으로 큰 게임의 구조 안에 임무 구조를 넣고 각 임무로 전체 게임의 큰 흥미 곡선 안에서 별도의 작은 흥미의 곡선을 만드는 것이다. 하지만 셸이 말하는 흥미는 우리가 말하는 주목이고 플레이어가 오랫동안 관심을 갖게 하려면 참여를 보장하는 방법이 필요하기 때문에 이 설명처럼 간단하지 않다.

주목과 참여를 자세히 살펴보면 주목은 반사적 주목(무의식적인 응답)과 밀접하게 연관된 반면 참여를 위해서는 자발적/능동적 주목이 절대적으로 필요하다. 나는 레마찬트가 제시한 개념과 디자이너와 플레이어로서의 내 개인적인 경험을 결합해

그림 8.4의 다이어그램을 만들었다.

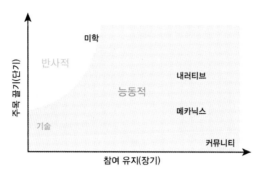

그림 8.4 주목과 참여에 영향을 미치는 계층형 4 요소의 위치(기술은 플레이어에게 거의 보이지 않기 때문에 이 그래프에서 중요도가 낮음)

이 다이어그램에서 볼 수 있듯이 미학(4 요소 중 미학적 요소)은 주목을 끄는 데 가장 효과적이며 거의 반사적 주목과 관련이 있다. 이는 미학이 우리의 감각에 직접 작용해서 주목을 이끌기 때문이다.

내러티브와 메카닉스에는 모두 능동적 주목이 요구된다. 레마찬트가 지적한 대로 내러티브에는 주목을 끄는 큰 능력이 있지만, 나는 내러티브보다 메카닉스가 참여를 유지하는 데 더 효과적이라는 레마찬트와 제이슨 로러의 의견에는 동의하지 않는다. 영화 한 편은 두 시간 정도밖에 지속되지 않지만 메카닉스 역시 플레이 한 번에 적용되는 시간을 생각하면 비슷하다. 또한 내 개인적 경험에 비춰볼 때 훌륭한 메카닉스가 100시간 이상 참여를 유지할 수 있는 것처럼 일련의 내러티브도 100편 이상의 TV 드라마 시리즈에 나의 주목을 유지시킬 수 있었다. 여기서 메카닉스와 내러티브의 가장 큰 차이점은 내러티브가 끊임없이 전개해야 하는 반면 게임플레이 메카닉스는 바뀌지 않아도 여러 해 동안 플레이의 다른 상황에 따라 계속 흥미를 유발할 수 있다는 것이다(예, 평생 체스나 바둑을 두는 사람들을 생각해보자).

장기적인 참여라는 면에서 내러티브와 메카닉스보다 오래 유지되는 것으로 커뮤니티가 있다. 사람들은 게임, 영화 또는 다른 활동에 관한 커뮤니티에 참여하고 그 커뮤니티의 일원이 됐다고 느끼면 내러티브나 메카닉스가 영향력을 잃은 후에도 오랫동안 커뮤니티의 일원으로 남는다. 커뮤니티는 <울티마 온라인>에서 대부분의 사람들이 다른 게임으로 옮겨간 후에도 여러 길드가 오랫동안 유지된 이유다. 그리고 모든 커뮤니티의 회원이 다른 게임으로 옮겨간 후에도 함께 다른 게임을 하는 커뮤니티로 남아 다른 여러 온라인 게임을 하는 동안 동일한 커뮤니티로 유지되는 경우가 많다.

흥미로운 결정

1장에서 소개했듯이 시드 마이어는 게임이 흥미로운 결정의 연속이라고(또는 연속이어야 한다고) 정의했지만 그 당시에 무엇이 결정을 흥미롭게 만드는지에 대해서는 언급하지 않았다. 지금까지 이 책에서 플레이어의 결정을 이해하는 데 도움이 되는 몇 가지 개념을 소개했다.

특히 5장에서 소개한 케이티 살렌과 에릭 짐머만의 '유의미한 플레이' 개념은 여기에 도움이 된다. 결정이 의미가 있으려면 인식 가능하고 통합돼야 한다.[17]

- **인식 가능한 결정:** 플레이어는 자신의 결정이 게임에 적용됐다는 것을 알 수 있어야 한다(즉, 즉각적 피드백).
- **통합된 결정:** 플레이어는 자신의 결정이 게임의 장기적 결과에 영향을 미친다고 믿어야 한다(즉, 장기적 영향).

키스 버건은 게임에 대한 정의를 내리면서 결정은 모호해야 한다고 지적했다.

- **모호한 결정:** 모호한 결정이란 시스템에 미칠 영향을 짐작할 수는 있지만 확실하게 알 수는 없는 선택이다. 주식 시장에 자금을 투자하는 결정은 모호한 결정이다. 수완이 있는 투자자라면 주식의 가치가 오를지 여부를 어느 정도 예측할 수 있겠지만 주식 시장은 변동이 심하므로 절대 확신할 수는 없다.

---

17. Katie Salen and Eric Zimmerman, *Rules of Play* (Cambridge, MA: MIT Press, 2003), 34.

거의 모든 흥미로운 결정에는 또한 양날이 있다('양날의 검'이라고 말함).

- **양날을 갖는 결정:** 양날의 검과 같은 결정은 장점과 단점이 모두 있는 결정이다. 앞서 주식 구매의 예에서 장점은 장기적으로 돈을 벌 수 있다는 것이고, 단점은 즉각적 자원(돈) 손실과 주식의 잠재적 가치 하락이다.

흥미로운 결정을 위한 다른 측면으로 결정의 참신성이 있다.

- **참신성:** 새로운 결정이 플레이어가 최근에 내린 결정과 충분히 다르다면 그 결정은 참신하다. 고전적인 일본 롤플레잉 게임[JRPG]인 <파이널 판타지 VII>에서는 특정한 적과의 전투가 각 전투마다 거의 변경되지 않으므로 플레이어가 내릴 수 있는 참신한 결정은 거의 없다. 적이 불에 취약하고 플레이어에게 충분한 마나와 불 마법이 있으면 라운드마다 불 마법을 사용해 적을 공격하는 것이 일반적이다. 반면 멋진 전투로 유명한 JRPG <그란디아 III>에서는 캐릭터의 방향과 위치가 대부분의 특수 공격에 아주 중요하지만 플레이어 캐릭터는 필드에서 자율적으로 이동한다(플레이어 입력과 무관). 플레이어가 결정을 내릴 수 있게 되면 시간이 정지하며 플레이어는 매번 아군과 적군의 위치를 고려해 적절한 결정을 내려야 한다. 이러한 캐릭터의 자율적 움직임과 위치의 중요성 덕분에 전투의 모든 결정이 참신하게 됐다.

흥미로운 결정의 마지막 요건은 결정이 명확해야 한다는 것이다.

- **명확성:** 선택의 결과에는 약간의 모호함이 있어야 하지만 선택 그 자체는 명확해야 한다. 선택의 명확성을 떨어뜨리는 요인에는 다음과 같은 것들이 있다.

  - 한 번에 너무 많은 옵션을 제공하면 선택이 명확하지 않게 된다. 플레이어는 옵션의 차이점을 구분하는 데 어려움을 느낀다. 즉, 옵션이 너무 많으면 제대로 선택할 수 없는 결정 장애를 초래한다.
  - 선택의 결과를 직감적으로 예상할 수 없으면 명확하지 않은 선택이다. 오래된 게임의 대화 트리에서 이런 경우를 자주 볼 수 있는데, 수년

동안 이들 게임은 대사의 숨겨진 의미를 알려주지 않고 그냥 옵션으로 제공하는 경우가 많았다. 반면에 <매스 이펙트>의 대화 트리에는 선택 하는 옵션이 대화를 확장하는지, 우호적인지 또는 무례한지 알 수 있는 정보가 포함돼 있다. 덕분에 플레이어는 대사의 특정한 단어 선택이 아니라 태도를 선택할 수 있게 돼 대화 트리의 모호함이 해결됐다.

- 선택의 중요성을 인식할 수 없으면 명확하지 않은 선택이다. <그란디 아 II>와 비교할 때 <그란디아 III> 전투 시스템에서 가장 발전된 부분 은 위험에 처한 캐릭터가 다른 캐릭터 차례에 자동으로 도움을 요청한 다는 것이다. 캐릭터 A가 공격받을 위기에 처해 있고 캐릭터 B가 적절 하게 대처해서 이를 방지할 수 있다면 캐릭터 A는 캐릭터 B의 차례에 도움을 요청한다. 플레이어가 캐릭터 B에게 공격을 방지하는 것 외에 다른 행동을 하도록 선택할 수도 있지만 게임에서는 분명 A에 대한 공격을 방지할 수 있었다는 점을 명확하게 알려준다.

이러한 여섯 가지 측면을 모두 조합하면 무엇이 결정을 흥미롭게 만드는지 제법 깊이 있게 이해할 수 있다. 흥미로운 결정이란 인식 가능하고 통합되며 모호하고 양날의 검과 같으며 참신하고 명확한 결정이다. 게임이 제공하는 결정을 더 흥미 롭게 만들어 메카닉스의 매력을 향상하고 결과적으로 플레이어의 장기적 참여를 개선할 수 있다.

경험적 이해

경험적 이해는 8장에서 설명할 플레이어 관점의 마지막 목표로서 다른 어떤 매체 유형의 디자이너보다도 게임 디자이너가 가장 수월하게 접근할 수 있는 목표다.

게임 비평가이자 이론가인 매티 브라이스Mattie Brice는 2013년 그녀가 디자인하고 개발한 첫 번째 게임인 <마이니치Mainichi>[18]를 발표했다(그림 8.5 참고).

---

18. http://www.mattiebrice.com/mainichi/에서 마이니치를 다운로드해서 플레이할 수 있다.

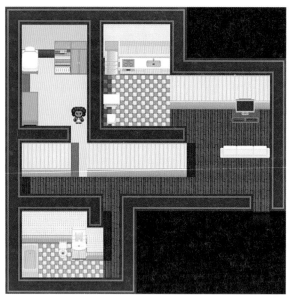

그림 8.5 매티 브라이스의 〈마이니치〉(2013)

브라이스가 설명한 것처럼 〈마이니치〉는 그녀의 일상생활이 어떤지를 보여주고
자 그녀의 친구들에게 보내는 개인적 편지다. 브라이스는 그 당시에 샌프란시스
코의 카스트로 지구에 거주했던 트랜스젠더 여성이다. 〈마이니치〉에서 플레이어
는 매티 브라이스의 역할을 맡아 친구와 커피 약속을 위해 외출 준비를 해야 한
다. 준비하는 동안 옷을 예쁘게 차려 입을지, 메이크업을 할지, 간단하게 먹고
나갈지 등을 선택한다. 이러한 결정은 커피숍으로 가서 커피를 주문하는 동안 주
변 마을 사람들 일부(전부는 아님)의 반응에 영향을 미친다. 커피 값을 현금으로 낼지
또는 신용카드로 결제할지와 같은 간단한 결정도 이 게임에서는 의미가 있다(신용카
드로 결제하면 신용카드에 적힌 이전의 남자 이름 때문에 바리스타가 그녀를 남자 이름으로 부른다).

이 게임은 상당히 짧지만 한 번 해보면 게임 안에서 사소해 보이는 선택을 달리했
을 때 결과가 어떻게 될지 궁금해지고 꼭 다시 해보게 된다. 플레이어의 결정에
따라 매티의 캐릭터에 대한 인식이 달라지므로 그녀가 주변 사람들에게 좋은 대
접을 받거나 그렇지 않을 때마다 플레이어는 일종의 책임을 느낀다. 분기 차트나
영화 〈사랑의 블랙홀〉(빌 머레이의 캐릭터가 똑같은 날을 매일 반복해 살면서 사랑의 의미를 찾는 내용)에 나오

는 것과 같은 스토리로도 브라이스가 매일 고민하는 작은 선택이 생각보다 큰 의미가 있다는 정보를 전달할 수 있지만 관객들에게 앞서의 예와 같은 책임감을 느끼게 하지는 못한다. 그리고 다른 사람의 입장이 돼서 그 사람이 내리는 결정이 어떤 것인지 느낄 수 있는 매체는 오직 게임(비디오 게임, 가장하기 게임, 롤플레잉)뿐이다. 이와 같이 경험적 이해는 게임 디자이너가 추구할 수 있는 가장 흥미로운 목표다.

요약

게임을 만드는 사람들은 모두 이러한 디자인 목표에 대한 다른 생각을 갖고 있다. 재미있는 경험을 만들거나 흥미로운 퍼즐을 제공하려는 사람도 있고, 어떤 사람은 특정 주제에 관해 생각하는 기회를 만들려고 하며, 또 플레이어의 역량을 강화하는 무대를 제공하려는 사람도 있다. 게임을 만들려고 하는 이유가 무엇이든 이제 게임을 만들기 시작할 차례다.

다음 두 개의 장에서는 종이 프로토타입 제작과 플레이테스트를 다룬다. 프로토타입 제작과 플레이테스트는 게임 디자인의 실질적인 핵심 작업이다. 거의 모든 게임(특히 디지털 게임)에는 게임의 경험에 영향을 주는 수백 가지의 작은 변수가 있을 수 있다. 하지만 디지털 게임에서는 아주 사소해 보이는 작은 변경을 적용하는 데도 시간이 많이 걸릴 수 있다. 9장에 설명할 종이 프로토타입 전략을 사용하면 아이디어를 바탕으로 플레이 가능한 (종이) 프로토타입을 제작하고 그 프로토타입을 다음 버전으로 진행하는 과정을 훨씬 신속하게 진행할 수 있다. 이 종이 프로토타입 제작 단계를 거치면 종이 플레이테스트를 여러 번 수행하면서 게임의 재미를 확인할 수 있기 때문에 디지털 개발 단계에 걸리는 시간을 대폭 절약할 수 있다.

CHAPTER 9

종이 프로토타입 제작

9장에서는 게임 디자이너가 게임 아이디어를 신속하게 테스트할 수 있는 최고의 도구 중 하나인 종이 프로토타입 제작 방법을 다룬다. 종이 프로토타입은 간단하게 구현할 수 있으면서도 게임을 디지털화하기 전에 게임의 다양한 측면에 대해 많은 사항을 미리 알 수 있게 해준다.

9장을 마치면 종이 프로토타입을 제작하는 최상의 방법과 디지털 게임의 어떤 측면을 종이 프로토타입을 통한 테스트로 쉽게 파악할 수 있는지 이해할 수 있게 된다.

종이 프로토타입의 장점

디지털 기술이 크게 발전하면서 게임 개발 분야에도 새로운 가능성의 세계가 열렸지만 아직 많은 디자이너가 초기 아이디어를 테스트하는 데 전통적인 종이 프로토타입을 활용하고 있다. 사람이 손으로 그리고 계산하는 것보다는 컴퓨터가 정보를 계산하고 표시하는 속도가 훨씬 빠른 데도 종이 프로토타입을 사용하는 이유가 궁금할 것이다. 여기에는 구현의 편리함과 속도라는 두 요소가 중요하게 작용한다. 이 밖에도 다음과 같은 여러 장점이 있다.

- **초기 개발 속도:** 간단하게 게임을 만드는 데 종이보다 빠른 방법은 없다. 주사위 몇 개와 3 × 5 메모 카드 몇 장만 있으면 금방 게임을 만들 수 있다. 게임 디자이너로서 어느 정도 경험이 있더라도 이전에 만들었던 게임과 완전히 다른 게임을 만들 때는 새로운 디지털 게임 프로젝트를 시작하는 데 꽤 많은 시간이 필요하다.

- **반복 속도:** 종이 게임은 수정하기도 쉽다. 심지어 게임을 하는 동안 수정해도 된다. 종이 프로토타입은 수정하기 쉬운 장점 덕분에 (대규모 프로젝트 변경이 자주 발생할 때) 프로젝트 사전 제작의 시작 단계에서 게임 브레인스토밍에 아주 적합하다. 종이 프로토타입이 생각대로 작동하지 않으면 몇 분 안에 간단하게 수정하고 다시 게임을 해볼 수 있다.

- **낮은 기술 진입 장벽:** 종이 프로토타입을 만드는 데는 기술 지식이나 예술적 재능이 많이 요구되지 않으므로 게임 개발 팀의 누구든 제작 과정에 참여할 수 있다. 디지털 프로토타입에는 참여하기 어려운 팀원도 종이 프로토타입을 사용한 테스트 중에는 얼마든지 훌륭한 아이디어를 내놓을 수 있다.

- **공동 작업을 통한 프로토타입 제작:** 진입 장벽이 낮고 빠른 반복이 가능하기 때문에 디지털 프로토타입에서는 불가능한 방법으로 공동 작업을 통해 종이 프로토타입을 제작하고 수정할 수 있다. 모든 팀원이 종이 프로토타입 제작에 참여하고 간편하게 아이디어를 공유할 수 있다. 또한 이와 같이 게임 개발 팀 전체 팀원이 디자인 과정에 참여하게 함으로써 프로젝트에

대한 주인 의식을 높이고 팀 결속을 다지는 부수적 효과도 있다.

- **초점을 맞춘 프로토타입 제작과 테스트:** 아무리 초보자라도 디지털 게임의 종이 프로토타입은 최종 디지털 제품과는 상당히 다르다는 것임을 쉽게 짐작할 수 있다. 따라서 테스터가 프로토타입의 세부 사항에 신경 쓰지 않고 게임의 특정 요소에 집중하는 데 도움이 된다. 1980년대 애플 컴퓨터의 사용자 인터페이스 디자이너에게 전달된 내부 문서에는 인터페이스에 사용할 버튼을 종이에 간략하게 스케치하고 이를 스캔한 다음, 스캔한 이미지로 UI 프로토타입을 만들도록 권장하는 내용이 있었다. 버튼 및 메뉴와 같은 UI 요소의 스케치 이미지는 애플의 정식 UI와는 누가 봐도 확연하게 다르기 때문에 테스터는 애플의 의도대로 버튼의 모양이 아니라 인터페이스의 사용성에 집중할 수 있었다. 마찬가지로 종이 프로토타입은 테스터가 프로토타입의 겉모양에 주의를 빼앗기지 않고 테스트하고자 하는 게임 플레이의 특정한 측면에 집중하게 하는 데 적합하다.

종이 프로토타입 제작 도구

몇 가지 종이 프로토타입 제작 도구를 미리 준비하는 것이 좋다. 종이 프로토타입은 어떤 재료로도 만들 수 있지만 다음과 같은 몇 가지 도구를 사용하면 과정을 훨씬 단축시킬 수 있다.

- **큰 종이:** 보통 문방구에 가면 신문지 크기(약 60cm × 91cm)의 공작 용지를 살 수 있다. 여러 장이 한 묶음으로 된 제품도 있고 벽에 붙일 수 있게 뒷면에 약한 접착제가 발라진 제품도 있다. 사각이나 육각 격자가 그려진 큰 종이를 파는 경우도 있다. 사각이나 육각 격자가 그려진 종이의 용도와 격자 게임 보드에서 움직임을 처리하는 방법은 '다양한 격자에서의 움직임' 칼럼을 참고한다.
- **주사위:** d6 주사위(일반 6면 주사위)는 어디에서나 쉽게 구할 수 있다. 그러나 게임 디자이너라면 다양한 종류의 주사위를 준비하는 것이 좋다. 온라인

게임 전문점에서 2d6(2개의 6면 주사위), 1d8, 1d12, 1d20 그리고 퍼센트 주사위(0~9가 표시된 주사위와 00~90이 표시된 주사위를 던져 00~99를 얻는 2d10 주사위)와 같이 롤플레잉 게임에서 일반적으로 사용하는 주사위들을 구매할 수 있다. 11장에서 다양한 종류의 주사위와 이들 주사위가 갖는 임의성의 확률 공간이 어떤 형태인지 알아본다. 예를 들어 1d6의 경우 1 ~ 6 중에서 아무 숫자가 나올 확률이 모두 같지만 2d6의 경우 7(두 주사위 눈의 합)이 나올 가짓수는 여섯 가지(확률은 6/36)이며 12가 나올 가짓수는 하나(확률은 1/36)뿐이다.

- **카드:** 카드는 유연성이 매우 높은 환상적인 프로토타입 제작 도구다. 각 카드에다가 1 ~ 6 번호를 매기면 1d6 덱deck이 만들어진다. 한 장씩 뽑을 때마다 섞으면 1d6처럼 동작하지만 다시 섞지 않고 한 장씩 뽑으면 1, 2, 3, 4, 5, 6이 겹치지 않고 한 장씩만 뽑게 된다.

- **카드 슬리브:** 카드 전문점에서는 다양한 스타일의 카드 슬리브card sleeve를 판매한다. 카드 슬리브는 원래 야구 카드를 보호하고자 만들어졌는데 90년대 <매직: 더 게더링>과 같은 수집 가능한 카드 게임이 인기를 끌면서 게임업계에도 사용되기 시작했다. 카드 슬리브란 카드 한 장을 넣는 보호용 플라스틱 커버인데, 일반 카드와 종이 한 장을 넣을 수 있는 충분한 공간이 있다. 일반 프린터 용지에 프로토타입용 카드를 인쇄하고 나서 일반 플레잉 카드 윗면에 겹쳐서 카드 슬리브에 넣을 수 있기 때문에 프로토타입 제작에 적합하다. 이렇게 하면 카드를 섞는 데 불편함이 없을 정도로 일반 카드를 딱딱하게 만듦으로 별도의 딱딱한 카드에 인쇄하거나 그러한 카드를 만드는 데 시간과 비용을 들이지 않아도 된다. 카드 슬리브를 사용하면 모든 카드 뒷면이 동일하게 보이는 부수적인 효과가 있으며 다른 종류의 카드 슬리브를 함께 사용하면 카드 종류를 구분할 수도 있다.

다양한 격자에서의 움직임

그림 9.1에 나오는 것처럼 게임의 격자에서 플레이어가 움직일 수 있는 방법을 선택해야 한다. 그림의 A처럼 사각 격자에서는 대각으로 움직일 때 직각으로 움직일 때보다 거의 50% 정도 더 움직일 수 있다(피타고라스 정리에 따르면 대각의 거리는 $\sqrt{2}$ 또는 대략 1.414다). 하지만 육각 격자에서는

인접한 어떤 방향으로 이동하든지 같은 거리를 이동한다(그림의 B).

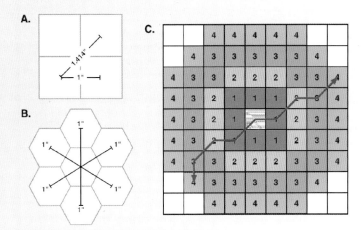

그림 9.1 이동 체계

그림의 C에는 사각 격자를 사용하는 보드 게임에서 대각 이동이 가능하지만 남용을 막을 수 있는 대체 이동 체계가 나온다. 이 체계에서 플레이어는 두 칸을 이동할 때 한 칸만 대각 이동할 수 있다. 이 방법으로 방향에 관계없이 이동 거리를 균등하게 하고 특정 이동 횟수로 이동 가능한 영역을 거의 원형에 가깝게 만들 수 있다. 그림 C의 보라색 화살표 선은 네 칸 움직일 때 가능한 두 가지 경로를 보여준다. 이 이동 체계는 위저드 오브 코스트 사의 〈던전 앤 드래곤〉에서 사용된다.

육각 격자는 거리와 이동을 정확하게 표현하는 것이 중요한 군사 시뮬레이션 보드 게임에서 자주 사용한다. 하지만 실제 건물들은 대부분 직사각 형태이므로 육각 보드에는 잘 맞지 않는다. 어느 격자 형식을 사용할지는 디자이너의 선택이다.

- **3 × 5 메모 카드**: 3 × 5 메모 카드를 반으로 자르면 카드 덱으로 사용하기에 적당한 크기가 된다. 원래 크기로는 브레인스토밍에 아주 유용하다. 일부 상점에서는 절반 크기의 3 × 5 카드(3 × 2.5)를 판매하기도 한다.

- **포스트잇 메모지**: 이 간단하고 작은 스티커 메모지는 아이디어를 늘어놓고 정렬하는 데 아주 좋다.

- **화이트보드**: 화이트보드는 브레인스토밍의 필수품이다. 마커는 다양한 색상으로 준비하는 것이 좋다. 화이트보드는 사용 중 자주 지우므로 중요한 내용은 자주 디지털 사진으로 남겨두는 것이 좋다. 책상 타입 화이트보드

나 자석 타입의 수직 화이트보드가 있으면 여기에 게임 보드를 그리기도 하지만 게임 보드 자체는 자주 지울 필요가 없기 때문에 나는 종이에 게임 보드를 그리는 방법을 선호한다.

- **파이프 클리너/레고 블록:** 이 두 가지 재료는 간단한 모양을 만들 때 유용하다. 두 재료로 게임 말이나 무대 장치 또는 어떤 것이든 만들 수 있다. 레고 블록은 견고한 구조를 만들 수 있고 파이프 클리너는 값이 저렴하며 다양한 모양으로 만들기 쉽다.

- **노트:** 디자이너는 항상 노트를 휴대해야 한다. 나는 줄이 없는 포켓형 다이어리를 선호하지만 이 밖에도 다양한 종류가 있다. 중요한 것은 항상 휴대할 수 있을 만큼 작은 크기이면서 자주 바꿀 필요가 없게 페이지가 충분해야 한다는 것이다. 다른 사람이 여러분의 게임 프로토타입을 테스트할 때마다 그 반응을 기록해야 한다. 중요한 내용은 잘 기억할 것 같지만 현실은 그렇지 않다.

인터페이스용 종이 프로토타입 제작

종이 프로토타입을 사용할 좋은 시기가 인터페이스를 결정할 때다. 예를 들어 그림 9.2의 다이어그램은 터치스크린 모바일 게임을 위한 옵션 메뉴의 진행 방식을 여러 그래픽 사용자 인터페이스^{GUI} 화면으로 보여준다. 각 플레이테스터에게는 옵션 메뉴인 #1부터 한 번에 한 화면씩 보여주게 될 것이다. 디자이너는 화면 #1을 보여주고 플레이테스터에게 "자막을 켜기 위해 선택 항목을 누르시오."라고 지시한다(디자이너는 플레이테스터에게 터치스크린을 터치하듯이 실제로 종이를 터치하게 시킨다).

어떤 플레이테스터는 비디오 버튼을 누르는 반면 또 다른 플레이어는 오디오 버튼을 누를지도 모른다(어떤 이는 게임 버튼도 누를 것이다). 플레이테스터가 선택한 후에는 #1 종이를 그 사람이 선택한 메뉴의 종이(예, #2 비디오 옵션)로 바꾼다. 그러면 플레이테스터는 자막을 켜고자 **자막: 켜기 / 끄기** 버튼을 누를 것이고 여러분은 #2 종이를 #4 비디오 옵션 종이로 바꾼다.

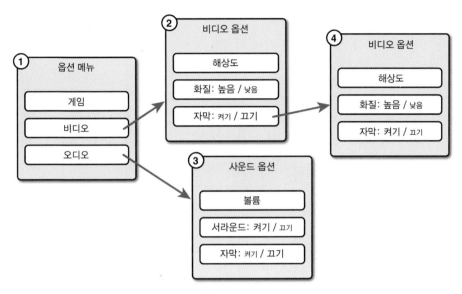

그림 9.2 간단한 종이 GUI 프로토타입

여기서 주목할 점은 비디오와 사운드 옵션의 두 화면 모두에서 자막을 조정할 수 있게 한 것이다. 플레이어가 두 옵션(비디오 또는 오디오) 중 어느 것을 선택하더라도 켜기 / 끄기의 큰 글자 표시가 현재 자막이 꺼져 있음을 명확히 전달하는지 테스트할 수 있기 때문에 이러한 방식은 잘 먹힌다.

종이 프로토타입의 예

이 절에서는 35장에서 구현할 한 레벨짜리 종이 프로토타입의 디자인 과정을 설명한다. 여러분은 아이디어의 초기 단계에서부터 최종 디지털 버전의 게임에 유용할 종이 프로토타입 제작에 이르기까지 그 과정을 알게 될 것이다.

게임 컨셉: 2D 어드벤처 게임 레벨

이 책의 마지막 장에서는 닌텐도 엔터테인먼트 시스템[NES, Nintendo Entertainment System]용

<젤다의 전설>을 바탕으로 톱다운top-down1 2D 어드벤처 게임을 개발해볼 것이다. 이와 같은 게임에서 가장 중요한 레벨 디자인 문제는 잠금 장치 및 키와 관련된다.

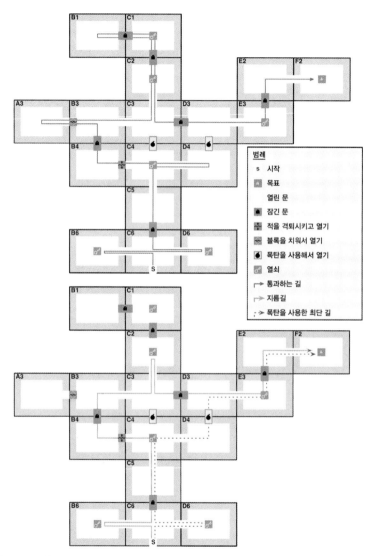

그림 9.3 〈젤다의 전설〉에서 첫 번째 던전으로, 예상되는 플레이어 경로(위)와 두 개의 가능한 지름길(아래)이 나타나 있다.

---

1. 캐릭터의 모습이 위쪽에서 약간의 각도를 기울여 내려다 본 형태로 나타내는 방식 – 옮긴이

디자이너는 플레이어가 특정 방법으로 던전에 접근할 것으로 예상해서 문에 자물쇠를 달아 놓고 방 안에는 키를 둔다. 하지만 플레이어는 예측할 수 없는 경우가 많다. 그림 9.3에 나타낸 <젤다의 전설>의 첫 번째 던전에 대한 두 가지 버전을 살펴보자. 위쪽 맵의 초록색 선은 플레이어가 완료한 던전 경로를 나타낸다. 여기서 플레이어는 던전의 모든 열쇠와 모든 아이템(B1의 활과 D3의 부메랑 컬렉션 포함)을 모아 사용했다. 일반적으로 플레이어는 이렇게 이 레벨을 완료할 수 있지만 반드시 이 경로만 있는 것이 아니다.

그림 9.3의 아래쪽 맵에는 이 던전에 대해 두 개의 지름길이 나타나 있다. 플레이어가 두 경로 중 하나를 따라가면 B1 방의 활은 얻지 못하지만 여전히 D3 방의 부메랑을 얻게 된다. 자주색 지름길은 플레이어가 특수 아이템을 사용하지 않는 경로다. 점선의 빨간색 지름길은 플레이어가 폭탄 아이템을 갖고 있을 때 이를 사용해 빠른 시간 내에 보스에게 다가가 전투를 치를 수 있는 경로다. 이 점선 경로를 이용하면 여섯 개의 열쇠 중 두 개만 사용하고 열일곱 개의 방 중에서 아홉 개만 거치게 된다. 방 B1에 있는 활을 갖고 싶겠지만 다른 던전에서 사용할 열쇠만 얻어도 충분하다.

실제로 플레이어가 활을 갖지 않고 폭탄을 사용해 가능한 한 최단 길로 가고 싶다면 어떤 경로를 선택해야 할까? 이를 알아내려면 종이 프로토타입을 만들어야 한다. 이 던전의 맵을 종이에 그려보자. 열쇠가 있는 방에는 표식을 놓는다(동전이나 열쇠가 그려진 작은 종이를 올려놓는다). 아직 열지 않은 잠긴 문 위에는 종이 클립(또는 직사각형 물체)을 올려놓는다. 폭탄으로 부술 수 있는 벽 위에는 다른 사각형 물체를 올려놓는다.[2] 그런 다음 자신의 말을 시작 방에 놓는다. 방을 지나다니며 열쇠와 마주치면 열쇠를 줍고, 잠긴 문을 열 때마다 열쇠 한 개와 종이 클립 한 개를 버린다. 필요할 때마다 폭탄을 사용하자. B1을 거쳐 F2에 도달할 때 최소 몇 개 방을 거칠 수 있는가?[3] 폭탄을 가고 있고 B1에서 활을 얻으려면 열쇠를 모두 사용하지 않고

---

2. <젤다의 전설>의 첫 번째 던전에서 폭파 가능한 벽은 보통 벽처럼 보이지만 이 프로토타입에서는 그 점에 대해서 신경 쓰지 말자.

3. 내가 구한 최단 경로는 열두 개의 방을 거치면서 다섯 개의 열쇠를 주웠고 그중 네 개만 사용했다. 또한 열세 개의 방을 거치면서 다섯 개의 열쇠를 주웠고 그중 세 개만 사용한 경로도 있다.

던전에서 빠져나갈 수 있을까?[4]

이 던전은 아주 잘 디자인된 것이라서 연구 삼아 경로 해결법을 알아본 것이지만 이를 통해 플레이어가 이 멋진 던전 디자인을 어떻게 이용할 것인지를 알 수 있다. 여러분 스스로 <젤다의 전설>의 던전을 열쇠와 잠긴 문으로만 되게(즉, 벽은 폭파될 수 없게 함) 디자인해보고 플레이어가 어떤 방법으로 이 던전을 이용할 수 있는지 알아보기 바란다.

새로운 통과 메카닉스 프로토타입 제작

이후의 <젤다의 전설> 시리즈에서는 주인공 캐릭터인 링크가 다양한 아이템으로 능력을 증가시켜 던전을 통과할 수 있다. 고전적인 하나의 예가 후크샷hookshot인데, 건너편에 이 아이템을 쏴서 고정시킨 후 줄을 끌어당겨 그곳으로 건너갈 수 있다. 후크샷과 같은 아이템도 종이 프로토타입을 사용해서 용도를 쉽게 확인해볼 수 있다.

그림 9.4는 이 개념을 적용해 디자인한 던전을 보여준다. 위쪽 그림에는 던전의 방 전부를 통과한 경로가 초록색 선으로 그려져 있다.

Warning
지름길 허용의 위험 그림 9.4 레벨에서는 지름길을 허용하면 플레이어가 옴짝달싹 못하는 상황에 빠지기 때문에 폭파할 수 있는 벽이 없다. 예를 들어 그림 9.4의 아래쪽 다이어그램에서 C6과 C5 사이에 폭파 가능한 벽을 두면 플레이어가 점선 경로를 따라 가다가 열쇠 문을 지나 더 이상 가지 못하게 된다. 이런 점은 종이 프로토타입으로 잘 확인할 수 있다.

---

4.   그렇다. 가능하다. 나머지 열쇠를 사용해서 던전을 나갈 수 있으며 남은 열쇠는 게임 내의 다른 던전에서 사용할 수 있다.

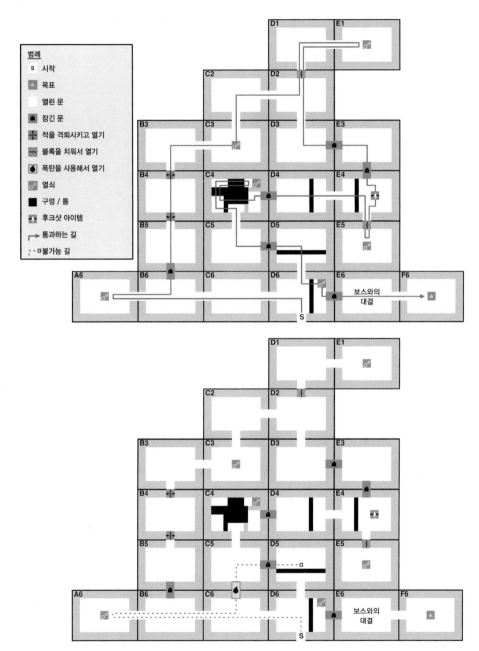

범례

s 시작

목표

열린 문

잠긴 문

적을 격퇴시키고 열기

블록을 치워서 열기

폭탄을 사용해서 열기

열쇠

구멍 / 틈

후크샷 아이템

통과하는 길

불가능 길

그림 9.4 후크샷 아이템(방 E4에서 획득)을 사용해 건너편으로 건너가는 새로운 던전

플레이테스트

스스로 프로토타입을 몇 번 플레이해보고 나서 다른 친구들에게도 플레이하게 해본다. 자신이 몰랐던 던전 길을 그들이 찾을지도 모른다.

현재 이 프로토타입에서 잘 처리해 놓지 않은 점은 <젤다의 전설> 던전의 각 방을 지나왔는지에 대한 표시다. 즉, 플레이어가 일일이 지나왔던 방인지 확인하는 대신에 던전 전체를 한눈에 보면서 어디까지 왔고 어디로 가면 되는지 어림잡게 하는 것이다. 이를 구현하는 가장 좋은 방법은 던전을 그릴 때(또는 인쇄할 때) 방마다 별도의 종이를 준비해 놓는 것이다. 이 절의 경우에는 방마다 별도의 3 × 5 메모 카드(또는 뒷면이 비어있는 명함)로 놓아두고 방을 통과할 때 그 방에 놓아둔 카드를 뒤집어 놓는다. 이렇게 하면 플레이어가 전체 맵을 잘 알게 돼 헤매지 않게 된다(또한 <젤다의 전설>에서 지도와 나침반 아이템이 아주 중요한 이유다).[5]

플레이할 때마다 다음과 같은 질문을 생각해본다.

- 플레이어는 여러분이 생각지도 못한 길로 가고 있는가?
- 플레이어는 길을 제대로 찾지 못하는가?
- 플레이어는 재미있어 하는가?

세 번째 질문은 적이 하나도 없는 프로토타입에 있어서 좀 이상할 수 있지만 이와 같은 게임 레벨은 그 자체만으로 퍼즐이며 퍼즐은 재미있어야 한다.

게임을 테스트할 때마다 플레이어가 수행하는 것과 생각하는 것을 기록한다. 프로토타입을 수정하다 보면 시간이 지남에 따라 의견이 바뀔 수도 있다. 기록을 해두는 것은 개발 과정에서 게임이 어떻게 변화했는지 알 수 있고 시간에 따른 트렌드의 인식을 높일 수 있기 때문에 아주 중요하다.

10장에서 다양한 플레이테스트 실행 방법을, 13장에서 퍼즐 디자인 과정의 여러 측면과 이 과정이 싱글 플레이어 게임에서 왜 그렇게 중요한지를 알아본다.

---

5. 오리지널 NES 버전에서 지도는 던전의 모든 방을 파란색 블록의 격자로 보여주고, 나침반은 빨간 지침으로 보스가 있는 방을 가리킨다.

종이 프로토타입 제작을 위한 최적의 용도

디지털 게임의 종이 프로토타입 제작에는 장단점이 있다. 종이 프로토타입은 다음과 같은 측면을 테스트하는 데 특히 적합하다.

- **플레이어의 움직임 이해:** 9장에서 예제 프로토타입의 핵심 목적이다. 플레이어가 어느 방향으로 던전을 통과하는지를 파악한다. 두 개의 동일한 옵션이 주어졌을 때 보통 왼쪽 또는 오른쪽 중에서 어디로 가는가? 공간에서의 플레이어 움직임을 이해하면 레벨 디자인의 모든 측면에 도움이 된다.

- **간단한 체계의 밸런스 맞추기:** 변수가 많지 않아도 비슷한 항목 간에 밸런스를 맞추는 것은 매우 복잡할 수 있다. 예를 들어 두 개의 무기(샷건과 기관총)의 밸런스를 고려해보자. 각 무기에는 세 가지의 간단한 변수(거리별 명중률, 발사 횟수, 한 발당 대미지)가 있다. 이 세 가지 변수로도 각 무기 간에 밸런스를 잡기란 생각보다 복잡하다. 예를 들어 샷건과 기관총을 비교해보자.

  - **샷건:** 샷건은 근접했을 때 큰 대미지를 입히지만 거리가 멀면 명중률이 급격히 떨어진다. 게다가 발사 횟수가 1이므로 한 번 빗나가면 적은 대미지를 전혀 받지 않는다.

  - **기관총:** 기관총은 한 발당 적은 대미지를 주지만 한 번에 많은 총알을 발사할 수 있으며 거리별 명중률도 그렇게 떨어지지 않는다. 또한 총알 단위로 무작위의 명중률을 부여할 수 있다.

  명중률을 랜덤하게 하면 기관총은 한 번 발사 동작으로 여러 발이 무작위로 명중 기회를 갖게 되는 반면 샷건을 한 번 발사하면 맞느냐 안 맞느냐의 기회만 갖는다. 이 수치를 감안하면 샷건은 위험하지만 강력하고 기관총은 안정적이지만 강력함은 떨어진다. 이러한 밸런스의 기본 바탕에 해당하는 수학 개념은 11장에서 알아본다.

- **그래픽 사용자 인터페이스:** 그림 9.2에서 볼 수 있듯이 종이 여러 장에 GUI 모형(버튼, 메뉴, 입력란 등)을 인쇄하고 테스터에게 특정 작업(예. 게임 일시 중지, 캐릭터 선택)을 수행할 때 어떻게 할지 물어볼 수 있다.

- **특이한 아이디어:** 종이 프로토타입은 신속하게 제작하고 테스트할 수 있기 때문에 아주 특이한 규칙이 게임 플레이에 어떤 영향을 주는지 부담 없이 알아볼 수 있다.

종이 프로토타입의 부적절한 용도

종이 프로토타입의 용도는 뛰어나지만 다음과 같이 테스트하기에 적절하지 않는 요소도 있다.

- **많은 양의 정보 추적:** 많은 디지털 게임에서는 수백 가지 변수를 지속적으로 추적한다. 스텔스 전투 게임의 경우에 시야 계산, 체력 추적, 원거리 공격자와 대상 간의 거리 계산 등의 몇 가지 작업은 컴퓨터로 처리하는 것이 편리하다. 종이 프로토타입은 게임의 단순한 체계를 중점적으로 테스트하고 레벨 레이아웃이나 각 무기의 대략적인 느낌과 같은 아이디어를 확인하는 데 적합하다(예, 샷건의 '위험성'이나 기관총의 '안정성'은 샷건에 대해서는 d20 주사위, 기관총에 대해서는 4d4로 지정할 수 있다). 이후 이러한 정보는 디지털 프로토타입을 제작해 세부 조정한다.
- **빠르거나 느린 게임의 리듬감:** 종이 프로토타입은 실제 게임의 속도와 리듬에 대한 잘못된 느낌을 줄 수 있다. 예를 들어 한 달 이상 전 세계의 플레이어가 참여할 게임을 개발하면서 종이 프로토타입을 지나치게 신뢰해서 문제가 생긴 경우가 있다. 종이 프로토타입에는 플레이어가 서로 도발하고 경쟁하는 흥미로운 복수revenge 기능이 있었다. 같은 방에 모여 한 시간 내외로 플레이하는 종이 프로토타입에서는 이 기능이 상당히 재미있었다. 하지만 전 세계의 플레이어가 몇 주 또는 몇 달 동안 참여하는 실제 게임에서는 복수가 즉각 이뤄지지 않아 생각보다 재미가 없었다.
- **물리적 인터페이스:** 종이 프로토타입은 GUI를 테스트하는 데 아주 적합하지만 물리적 인터페이스(예, 게임 패드 컨트롤러, 터치스크린, 키보드, 마우스)를 테스트하는 데는 어울리지 않는다. 플레이어가 실제 사용할 물리적 인터페이스를 적용

한 디지털 프로토타입을 만들기 전에는 물리적 컨트롤 체계가 게임에 잘 맞는지 미리 알 수 없다. 대부분의 게임 시리즈에서 컨트롤이 미묘하게 달라지는 것을 보더라도 컨트롤 문제는 상당히 까다롭다(예를 들어 〈어쌔신 크리드〉 시리즈는 후속편이 출시될 때마다 컨트롤이 조금씩 달라졌다).

요약

9장에서는 종이로 제작한 프로토타입의 유용함을 직접 체험해봤다. 게임 디자인 프로그램을 운영하는 미국 내 일부 대학에서는 처음 한 학기 동안에 보드 게임과 카드 게임을 바탕으로 종이 프로토타입 제작과 게임 밸런스, 튜닝 기술을 집중적으로 다룬다. 종이 프로토타입을 활용하면 디지털 게임에 적용할 개념을 신속하게 테스트할 뿐만 아니라 실제 디지털 게임을 제작할 때 반드시 필요한 반복적 디자인 기술과 의사결정 능력을 향상시킬 수 있다.

새 게임(또는 이미 개발 중인 게임의 새로운 체계)을 디자인할 때마다 종이 프로토타입으로 이러한 게임이나 체계를 개선할 수 있는지 생각해보자. 예를 들어 그림 9.4에 나타낸 새 던전 레벨은 디자인, 구현, 테스트를 여러 번 수행하는 데 한 시간도 채 걸리지 않았다. 그러나 35장에서 디지털 버전의 모든 로직, 카메라 이동, 인공지능, 컨트롤 등을 개발하는 데는 며칠이 걸렸다. 후크샷과 같은 것을 추가하는 작업은 종이로는 몇 분도 안 걸리지만 유니티와 C#으로는 몇 시간 또는 며칠 걸릴 것이다.

종이 프로토타입을 활용하면서 또 하나의 배울 점은 디자인에 대한 결정의 결과가 좋지 않더라도 실망할 필요가 없다는 것이다. 우리는 디자이너로서 게임을 디자인하는 동안 항상 잘못된 결정을 내리지만 이는 문제가 아니다. 종이 프로토타입 단계에서 잘못된 결정을 내리면 신속하게 잘못된 결정을 수정하고 다음 단계로 진행하면 된다.

10장에서는 다양한 플레이테스트와 사용성 테스트 형식을 알아본다. 이 지식으로 플레이테스트에서 더 정확하고 구체적인 정보를 얻을 수 있다. 그러고 나서 11장에서는 게임 디자인에 필요한 몇 가지 수학 개념을 소개하고 스프레드시트 프로그램을 사용해 게임의 밸런스를 조정하는 방법을 알아본다.

CHAPTER 10

게임 테스트

훌륭한 게임을 디자인하기 위한 프로토타입 제작과 반복 작업의 밑바탕에는 반드시 올바른 테스트가 필요하다. 그렇다면 테스트는 어떻게 해야 올바른 것일까?

10장에서는 다양한 플레이테스트 방법과 이를 제대로 구현하는 방법 그리고 개발 단계별로 적절한 플레이테스트하는 방법을 알아본다.

왜 플레이테스트인가?

게임 디자인의 목표를 분석하고 솔루션을 설계한 다음, 프로토타입을 구현한 후에는 이를 테스트하고 디자인에 대한 의견을 수집해야 한다. 상당히 부담스러운 과제라는 것은 나도 잘 알고 있다. 게임을 디자인한다는 것은 절대 쉬운 일이 아니며 제대로 해내려면 정말 많은 경험이 필요하다. 심지어 숙련된 디자이너가 된 후에도 새 게임을 처음 선보일 때는 약간의 두려움을 느낄 수 있다. 이상한 일이 아니니 괜찮다. 다른 사람이 여러분의 게임을 할 때마다 게임이 조금씩 개선된다는 것을 기억하자. 게임에 대한 모든 의견은 긍정적이든 부정적이든 게임의 경험을 개선시키고 디자인을 다듬기 위한 올바른 방향을 찾는 데 도움이 된다.

디자인을 개선하는 과정에는 외부 피드백이 무엇보다 중요하다. 나는 몇 년 동안 여러 게임 디자인 페스티벌에 심사위원으로 참여했는데, 개발 팀이 플레이테스트를 충분하게 거쳤는지 여부는 언제나 아주 쉽게 알 수 있다. 예를 들어 플레이테스트가 부족하면 게임의 목표가 제대로 전달되지 않거나 게임의 난이도가 너무 빠르게 상승하는 경우가 많다. 이런 두 현상은 게임에 익숙한 사람들이 주로 게임을 테스트해서 목표의 모호함이나 난이도의 급격한 상승을 제대로 파악하지 못했다는 증거다.

10장에서는 의미 있는 플레이테스트를 실행하고 이를 통해 게임을 개선하는 데 필요한 정보를 얻기 위한 지식과 기술을 설명한다.

> **Note**
> **조사원 vs 플레이어** 게임업계에서는 플레이테스트를 진행하는 사람과 플레이테스터로 참여하는 사람을 모두 플레이테스터라고 부르는 경우가 많다. 이 책에서는 명확한 구분을 위해 다음과 같은 용어를 사용한다.
>
> - **조사원:** 플레이테스트를 진행하는 사람으로, 일반적으로 팀원이다.
> - **플레이테스터:** 플레이테스트에 참여하고 의견을 제출하는 사람이다.

좋은 플레이테스트가 되는 방법

다양한 플레이테스트를 운영하는 방법이나 플레이테스터에게 요구되는 조건을 알아보기 전에 먼저 여러분이 좋은 플레이테스터가 되는 방법을 알아보자.

- **소리 내어 말하라:** 게임을 하는 동안 머릿속에 드는 생각을 자연스럽게 소리 내어 말하는 습관을 들인다. 이렇게 하면 테스트를 실행하는 조사원이 여러분의 행동 이면의 생각을 올바르게 해석하는 데 도움이 된다. 특히 특정 게임을 처음 접하는 경우 도움이 많이 된다.

- **성향을 드러내라:** 모든 플레이어는 경험이나 취향에 따라 각기 다른 성향을 갖기 마련이지만 조사원이 이러한 개인의 성향을 일일이 파악하기는 쉽지 않다. 게임을 하는 동안 게임 플레이와 연관되는 다른 게임, 영화, 책, 경험 등을 얘기하자. 그러면 조사원이 여러분의 배경과 성향을 이해하는 데 도움이 된다.

- **직접 분석하라:** 게임을 하면서 자신이 보였던 반응을 조사원이 이해할 수 있게 도와준다. "마음에 들어요."라는 단순한 의견보다는 "점프하기 메카닉이 아주 힘차고 즐겁게 느껴져서 마음에 들어요."라고 구체적으로 말하는 것이 좋다.

- **요소를 분리하라:** 게임 경험에 대한 전반적 의견을 전달한 후에는 각 요소를 분리하고 아트, 게임 메카닉스, 게임의 느낌, 사운드, 음악 등의 개별 요소를 분석한다. "교향곡이 이상해요."보다는 "첼로 사운드가 어색합니다."와 같이 구체적으로 알려주면 조사원에게 훨씬 도움이 된다. 디자이너는 게임에 대한 안목을 바탕으로 다른 플레이어보다 훨씬 구체적인 의견을 제시할 수 있다.

- **아이디어에 대한 반응이 좋지 않아도 걱정하지 말라:** 디자이너는 게임을 개선할 수 있는 아이디어가 있으면 모두 투자자에게 말해야 하지만 반응이 좋지 않아도 불쾌하게 생각하지 않아야 한다. 게임 디자인은 자존심을 내세우면서 하는 일이 아니다. 플레이테스트에도 이와 비슷한 요소가 있다.

플레이테스터 집단

게임 테스트는 여러분 본인부터 시작해서 가까운 친구, 지인 그리고 최종적으로 처음 만나는 사람까지 점차 바깥쪽으로 확대되는 여러 플레이테스터 집단을 거치면서 진행된다. 각 집단은 플레이테스트의 다른 측면에 도움을 줄 수 있다.

첫 번째 집단: 본인

게임 디자이너로서 여러분이 디자인하는 게임의 처음이자 마지막 플레이테스터는 여러분일 가능성이 높다. 아이디어를 처음 실행하는 사람 또는 게임 메카닉스와 인터페이스가 제대로 작동하는지 처음 확인하는 사람은 보통 자신이다.

이 책의 핵심 테마는 작동하는 게임 프로토타입을 최대한 신속하게 만드는 것이다. 작동하는 프로토타입이 없으면 뒤죽박죽된 아이디어가 전부지만 프로토타입을 만든 후에는 반응할 수 있는 구체적 대상이 생긴다.

이 책의 뒷부분에서는 유니티를 사용해 디지털 게임 프로토타입을 제작할 것이다. 유니티에서 Play 버튼을 눌러 게임을 실행할 때마다 여러분은 플레이테스터로 활동할 것이다. 디자이너는 팀에 소속돼 일하는 동안 프로젝트의 주요 엔지니어가 아니더라도 게임이 팀에서 원하는 방향으로 올바르게 개발되고 있는지 끊임없이 확인해야 한다. 게임 디자이너가 가진 플레이테스터로서의 기술은 프로토타입 제작의 초기 단계에서 다른 팀원들이 디자인을 이해하는 데 좋은 프로토타입이 필요한 경우 또는 게임의 핵심 메카닉이나 핵심 경험을 찾아내는 단계에 가장 유용하다.

하지만 여러분의 게임에 대한 첫인상은 제대로 알 수 없다. 여러분은 그 게임에 대해 너무 많이 알고 있기 때문이다. 어떤 시점에서 게임을 다른 사람들에게 보여줘야 한다. 게임이 어느 정도 만들어진 후에는 몇 명의 사람들을 구해 보여줄 차례다.

티슈 플레이테스터(Tissue Playtester)란 딱 한 번만 플레이테스트에 참여하는 사람을 이르는 업계 용어다. 티슈처럼 일회용인 것이다. 이러한 테스터는 게임에 대한 반응이 순수하다는 점에서 상당히 중요하다. 누구든지 한 번이라도 게임을 한 후에는 그 게임에 대해 지식을 얻게 되고 이러한 지식은 이후 플레이테스트에 선입견을 갖게 된다. 게임에 대한 순수한 관점은 다음과 같은 측면을 테스트할 때 특히 중요하다.

- 튜토리얼 시스템
- 초기 레벨
- 반전 또는 그 외의 놀라운 요소에 대한 감정적 반응
- 게임 엔딩에 대한 감정적 반응

티슈 플레이테스터는 한 번뿐이다

게임에 대한 첫인상은 누구나 한 번만 제공할 수 있다. 제노바 첸이 그의 가장 유명한 게임인 〈저니〉를 만드는 동안 그와 나는 하우스메이트였다. 하지만 그는 개발을 시작한 지 일 년 이상이 지난 후에야 내게 플레이테스트를 부탁했다. 그는 나중에야 내게 원한 것이 게임의 세련미와 의도한 감정선을 이끌어낼 수 있는지에 대한 의견이라는 얘기를 했다. 이러한 세련미가 존재하기 전 개발 초기 단계부터 게임을 해봤다면 게임에 대한 느낌을 제대로 전달할 수 없었을 것이다. 가까운 친구와 플레이테스트를 할 때는 이 점을 기억하자. 가까운 사람들이 어떤 측면에서 좋은 의견을 제공할 수 있는지 먼저 생각해보고 적절히 좋은 시기에 게임을 보여주자.

그렇다고 해서 '준비되기 전까지' 꽁꽁 숨겨두라는 말은 아니다. 내가 〈저니〉를 플레이테스트하기 전에 이미 수백 명이 그 게임을 플레이테스트했다. 플레이테스트의 초기 단계에서는 대부분의 사람이 같은 사항을 조금씩 다른 방법으로 말하는 경우가 많을 것이다. 이러한 의견은 꼭 필요하며 개발 과정의 초기 단계에도 혼동을 유발하는 게임 메카닉스나 그 밖의 다양한 이유로 수정이 필요한 부분을 찾아내려면 티슈 플레이테스터가 필요하다. 특별한 종류의 의견을 제공할 수 있는 믿을 만한 사람 한두 명을 남겨두라는 것이다.

두 번째 집단: 신뢰할 수 있는 친구

게임의 플레이테스트와 수정을 반복하고 처음 생각했던 경험과 비슷한 프로토타입을 만든 후에는 이를 가까운 사람들에게 먼저 보여줄 수 있다. 신뢰할 수 있는 친구와 가족 중 게임의 대상 사용자층에 포함되거나 게임 개발 커뮤니티에 속한 사람이 있으면 도움이 된다. 대상 사용자층에 속하는 사람은 게임 플레이어의 관

점에서 여러분의 게임에 대한 의견을 제시할 수 있고 게임 개발 커뮤니티에 속하는 사람은 직업적 안목과 경험을 공유할 수 있다. 게임 개발자는 경험상 게임에서 아직 완료되지 않은 측면을 무시할 수 있으므로 초기 프로토타입에서도 아주 유용한 의견을 제시할 수 있다.

세 번째 집단: 지인과 그 외 사람들

게임 개발이 어느 정도 진행되고 내실을 다진 후에는 테스트 범위를 넓혀야 한다. 아직 인터넷에 베타 버전을 게시하거나 게임을 완전히 공개할 단계는 아니지만 이제는 평소에 알고 지내지 않는 사람들에게 게임을 보여주고 의견을 얻어야 한다. 친구나 가족은 배경이나 경험을 공유하는 경우가 많으며 종종 취향과 선입견까지도 비슷하다. 이들을 대상으로만 게임을 테스트하면 게임에 대해 선입견이 담긴 의견만 얻게 된다.

텍사스 주 오스틴에 사는 시민들이 텍사스 주에서 공화당 대통령 후보의 지지율을 보고 놀라는 것과 비슷한 상황이 벌어질 수 있다. 오스틴의 시민들은 대부분 진보적인 반면 나머지 텍사스 지역에서는 보수색이 강하다. 오스틴 지역의 의견만 듣는다면 주 전체의 분위기를 제대로 파악하지 못하게 된다. 마찬가지로 일상 생활 반경을 벗어나서 여러분의 게임에 대해 더 넓은 대상층의 의견을 들을 필요가 있다.

그러면 이렇게 게임을 테스트할 사람들은 어디에서 찾을 수 있을까? 다음과 같은 몇 가지 가능성이 있다.

- **지역 대학교**: 대학생 중에는 게임을 좋아하는 학생들이 많다. 학생 회관 등의 공간에서 게임을 공개하고 여러 학생에게 게임을 보여줄 수 있다. 물론 학교 측으로부터 미리 허가가 필요한 경우가 있다.
  또한 주변에 대학교가 있으면 게임 개발 클럽이나 게임을 즐기는 그룹이 있는지 알아보고 그들에게 게임 플레이테스트에 참여할 의향이 있는지 문의하는 것도 좋은 방법이다.

- **지역 게임 전문점/쇼핑몰:** 사람들은 게임을 구매하고자 곧잘 이런 곳을 가므로 플레이테스트를 하기에 좋은 장소다. 매장마다 이러한 유형의 활동에 대한 지원 정책이 다르므로 먼저 문의해보는 것이 좋다. 해당 업체에 문의해야 한다.
- **지역 마켓/지역 행사장/파티:** 이러한 공개 장소에서는 아주 다양한 사용자를 만날 수 있다. 나도 파티에서 만난 사람들에게서 여러 훌륭한 의견을 얻은 경험이 있다.

네 번째 집단: 인터넷

인터넷은 무서운 공간일 수 있다. 행동이나 말에 대한 책임 소재가 불분명하기 때문에 단지 재미로 못된 언행을 하는 사람들이 있다. 하지만 인터넷은 가장 광범위한 플레이테스터 집단을 만날 수 있는 공간이기도 하다. 게다가 온라인 게임을 개발하는 경우 일정 시점에는 게임을 인터넷에 공개해서 테스트해야 한다. 하지만 그 전에 충분한 데이터와 사용자 추적을 준비해야 하는데, 이에 대해서는 뒷부분의 '온라인 플레이테스트' 절에서 설명한다.

플레이테스트 방법

플레이테스트에는 여러 방법이 있으며 게임의 개발 단계별로 적합한 방법이 다르다. 다음은 내가 디자인 과정에서 활용하는 여러 플레이테스트 방법을 소개한다.

비정식 개별 테스트

이 방법은 내가 인디 개발자로서 자주 사용하는 방법이다. 최근에 나는 모바일 게임을 만드는 데 집중하고 있기 때문에 모바일 기기를 휴대하면서 만나는 사람들에게 내 게임을 보여주기가 쉽다. 그래서 대화 도중에 내 게임을 잠깐 봐줄 수 있는지 물어보는 경우가 많다. 물론 이 방법은 개발의 초기 단계나 테스트하고 싶은 새 기능이 있는 경우 가장 유용하다. 이러한 유형의 테스트 중에 유의해야 할 사항은 다음과 같다.

- **너무 많은 것을 알려주지 말라**: 초기 단계에도 게임의 인터페이스가 직관적이고 게임의 목표가 명확한지 여부를 아는 것이 중요하다. 이를 위해 플레이어에게 게임을 하게하고 별도의 설명 없이 이들이 어떻게 하는지 관찰하는 것이 좋다. 이렇게 하면 게임이 자체적으로 어떤 상호작용을 암시하는지에 대해 많은 것을 알 수 있다. 최종적으로는 사용자가 게임을 이해하는 데 어떤 설명이 필요한지를 알 수 있으며, 이를 게임 튜토리얼의 바탕으로 사용할 수 있다.

- **플레이테스터를 이끌지 말라**: 플레이어가 무심코 편견을 갖게 만들 수 있는 유도 심문을 하지 않아야 한다. "체력 아이템이 잘 보입니까?"와 같은 간단한 질문도 플레이테스터에게는 체력 아이템의 존재를 알리게 되고 이를 모으는 것이 중요하다는 것도 암시할 수 있다. 일단 게임이 출시되면 여러분이 플레이어들을 따라다니며 게임을 설명할 수 없으므로 게임의 어떤 측면이 직관적이지 않은지 알아내려면 플레이어테스터가 약간 고생하게 두는 것이 중요하다.

- **논쟁하거나 변명하지 말라**: 다른 디자인도 마찬가지지만 플레이테스트에서 여러분의 자존심은 중요하지 않다. 플레이테스터의 의견에 심지어 (또는 특별히) 동의하지 않더라도 경청해야 한다. 지금은 게임에 대한 변명을 할 때가 아니라 여러분의 게임을 개선하도록 시간을 내서 도와주는 사람의 얘기를 들을 때다.

- **기록하라**: 작은 노트를 휴대하고 의견을 기록하는데, 특히 예상치 못했던 의견이나 마음에 들지 않았던 의견이 있으면 잊지 말고 기록한다. 기록한 내용을 나중에 집계해서 여러 번 들었던 의견을 찾는다. 한 명의 의견을 너무 신뢰할 필요는 없지만 다른 여러 사람이 같은 의미의 얘기를 할 때는 반드시 주의를 기울여야 한다.

플레이테스트 기록하기

플레이테스트 기록은 게임을 이해하고 개선하기 위한 가장 중요한 도구가 되지만 운용 방식이 제대로 돼야 효과를 볼 수 있다. 무작정 다량의 의견을 기록하거나 작성해 놓고도 검토하지 않으면 큰 도움이 되지 않는다. 그림 10.1에는 플레이테스트 노트를 작성할 때 일반적으로 사용하는 방식이 나타나 있다.

플레이어	신분	의견	기본적인 문제	심각도	제안된 해결책
(이름 및 연락처 정보)	직장 상사1	"첫 번째 보스를 물리친 후에 무얼 할지 모르겠네. 어디로 가면 되지?"	플레이어는 첫 번째 보스와의 싸움 후에 다음 단계가 무엇인지 모른다. 이런 플레이는 이전에도 나온 적이 있다.	높음	보스가 패배한 후에 멘토 캐릭터가 다시 와서 플레이어에게 두 번째 미션을 부여한다.

그림 10.1 플레이테스트 노트 예의 한 줄

7장에서 언급했듯이 각 플레이테스트에서 유용한 정보를 최대한 많이 수집하는 것이 중요하며, 위의 양식을 사용하면 도움이 될 수 있다. 플레이테스트 동안에는 처음 세 개의 열(검은색 제목)을 기록한다. 플레이테스터가 이 외의 다른 의견을 준다면 새로운 열을 추가해야 한다.

플레이테스트가 끝나면 팀원들과 만나서 녹색 제목이 있는 세 개의 열을 채운다. 이렇게 해보면 어떤 문제는 소수의 플레이테스터만 경험하는 반면 또 어떤 문제는 거의 모든 사람이 경험하는 것을 알 수 있다. 이 단계에서는 여러 문제를 하나의 솔루션으로 해결할 수 있다고 생각하면 여러 열을 하나로 합쳐도 된다.

정식 그룹 테스트

정식 그룹 테스트는 대규모 스튜디오에서 플레이테스트를 진행할 때 가장 일반적인 방법이며 나도 일렉트로닉 아츠 사에서 일하는 동안 여러 팀에서 이러한 플레이테스트에 참여했다. 정식 그룹 테스트는 여러 대의 컴퓨터가 설치된 별도의 공간에서 여러 명의 플레이테스터가 동시에 참여한다. 이들에게는 게임을 시작하기 전 최소한의 지침만 전달되고 정해진 시간(보통 약 30분) 동안 게임을 하게 한다. 이 시간이 지나면 플레이테스터에게 설문지를 나눠준 후 작성하게 하고 종종 조사원이 개별 인터뷰를 하기도 한다. 정식 그룹 테스트는 많은 사람의 의견을 수집하는 좋은 방법이며 중요한 질문에 대해 많은 답변을 모으는 데도 적합하다.

다음은 플레이테스트 후 설문에 관한 질문이다.

- "게임에서 가장 마음에 드는 부분을 세 가지만 적어주십시오."
- "게임에서 가장 마음에 들지 않는 부분을 세 가지만 적어주십시오."
- 게임의 여러 부분을 나타내는 목록(또는 더 나은 이미지)을 보여주고 플레이테스터에게 "게임의 해당하는 부분에서 어떤 느낌을 받았습니까?"라고 질문한다.
- "이 게임에서 주 캐릭터(또는 다른 캐릭터)에 대해 어떻게 생각하십니까? 게임을 진행하는 동안 주 캐릭터에 대한 느낌이 바뀌었습니까?"
- "이 게임을 구매한다면 얼마에 구매하겠습니까?" 또는 "이 게임을 판매한다면 얼마에 판매하겠습니까?"[1]
- "이 게임에서 가장 혼동된 부분을 세 가지만 적어주십시오."

정식 그룹 테스트는 핵심 개발 팀의 일원이 아닌 조사원이 진행하는 경우가 많으며 이러한 테스트 서비스를 전문적으로 제공하는 회사도 있다.

정식 테스트에는 대본이 필요하다

정식 테스트를 수행할 때는 조사원이 팀 내 또는 팀 외의 인원인지 관계없이 대본이 필요하다. 대본에서는 모든 플레이테스터의 게임 경험에 대한 설정을 동일하게 만들어 테스트에서 우연히 발생할 수 있는 외부 요인의 수를 최소화한다. 이 대본에는 다음 사항이 들어가야 한다.

- 조사원은 게임을 준비하기 위해 플레이테스터에게 무엇을 말해야 하는가? 조사원은 어떤 지침을 내려야 하는가?
- 플레이테스트 동안 조사원은 어떻게 반응해야 하는가? 플레이테스터가 흥미롭거나 특이한 행위를 한다면 물어봐야 하는가? 테스트 동안 플레이테스터에게 힌트를 제공해야 하는가?

---

1. 플레이테이터들을 두 그룹으로 나눠 A/B 테스트 질문을 한다(즉, 첫 번째 문제는 한 그룹의 플레이테이터들에게 부여하고 두 번째 문제는 다른 그룹의 플레이테이터들에게 부여한다). 얼마에 살 것이냐고 물으면 사람들은 보통 좀 더 낮은 가격을 부른다. 얼마에 팔 것이냐고 물으면 좀 더 높은 가격을 부른다. 보통 그 사이의 중간 가격이 적정가가 된다.

- 플레이테스트를 위한 환경은 어떠해야 하는가? 플레이테스터에게 얼마 동안 게임을 하게 할까?
- 플레이테스트가 끝난 후 플레이테스터에게 어떤 설문조사를 해야 할까?
- 플레이테스트 동안 조사원은 어떤 방식으로 기록해야 하는가?

정식 개별 테스트

정식 그룹 테스트는 많은 플레이테스트로부터 작은 정보들을 모아 전체적인 플레이테스트의 반응을 알아보는 데 적합한 반면 정식 개별 테스트는 개별 플레이테스터의 경험을 구체적이고 심층적으로 살펴보는 데 적합하다. 이러한 목표를 달성하려면 조사원이 게임에 대한 개별 참가자의 경험을 세부적으로 기록하고 놓치는 사항이 없도록 다시 꼼꼼하게 검토해야 한다. 정식 개별 테스트를 진행할 때 기록해야 하는 데이터는 다음과 같다.

- **게임 화면을 녹화한다:** 플레이어가 어떤 화면을 보는지 알아야 한다.
- **플레이테스터의 행동을 기록한다:** 플레이어가 어떻게 입력하려고 하는지 알아야 한다. 게임에서 마우스와 키보드를 사용하는 경우 위쪽에 카메라를 설치한다. 터치스크린 태블릿에서 조작하는 게임의 경우 화면을 터치하는 플레이어의 손을 촬영해야 한다.
- **플레이테스터의 얼굴을 녹화한다:** 플레이어의 얼굴을 녹화하면 감정의 흐름을 파악할 수 있다.
- **말하는 내용을 녹음한다:** 플레이어가 무의식중에 내뱉는 말을 들어보면 플레이어의 생각을 이해하는 데 도움된다.
- **게임 데이터 로그를 남긴다:** 게임에서 내부 상태에 대해 시간에 따른 데이터를 로그로 남기게 만든다. 여기에는 플레이어의 입력(예, 컨트롤러의 버튼 누름), 플레이어가 수행하는 다양한 작업의 성공 또는 실패, 플레이어의 위치, 게임의 각 영역에서 소비한 시간 등이 포함된다. 자세한 내용은 10장 뒷부분의 '자동 데이터 로그 기록' 칼럼을 참고한다.

이러한 여러 데이터 스트림은 디자이너가 서로 간의 관계를 명확하게 파악할 수 있도록 나중에 동기화하는 과정을 거친다. 즉, 플레이어의 얼굴에 만족감이나 좌절감이 비치면 당시 플레이어가 보고 있던 모니터 화면과 시도하던 입력을 동시에 볼 수 있다. 이를 위해 상당한 양의 데이터가 필요하지만 최근 기술을 이용하면 비교적 저렴한 비용을 들여 개별 테스트용의 좋은 시설을 갖출 수 있다. 자세한 내용은 '정식 개별 플레이테스트를 위한 시설 갖추기' 칼럼을 참고한다.

정식 개별 플레이테스트를 위한 시설 갖추기

정식 개별 테스트를 위해 시설을 갖추는 데는 수만 달러가 쉽게 나가기도 하지만(많은 게임 스튜디오가 그렇게 함) 큰 돈을 들이지 않고도 꽤 괜찮은 시설을 만들 수 있다.

대부분의 게임 환경의 경우 강력한 게임용 노트북에다가 별도로 카메라 하나만 추가하면 10장에서 언급한 모든 데이터 스트림을 포착할 수 있다. 즉, 동영상 캡처 프로그램을 사용하면 게임이 진행되는 동안 화면을 기록할 수 있고 노트북의 웹캠으로 플레이어의 얼굴을 촬영하며 별도의 카메라로는 플레이어의 손을 촬영할 수 있다. 웹캠의 녹음 기능과 별도 카메라의 녹음 기능을 모두 가동시켜 놓으면 나중에 동기화하는 데 도움이 된다. 게임 데이터는 동기화가 가능하도록 타임스탬프를 포함시켜야 한다.

데이터 동기화

비디오 스트림을 동기화하는 소프트웨어 패키지는 많지만 오래전부터 영화업계에서 활용하는 슬레이트(slate)를 디지털 버전으로 적용해서 활용하면 더 간단하다. 영화에서 슬레이트란 테이크를 시작할 때 보여주는 작은 클랩보드(clapboard)다. 촬영장의 인원 중 한 명이 영화 제목, 장면 번호, 테이크 번호 등이 적힌 슬레이트를 손에 든다. 그 사람은 이 세 가지를 크게 읽은 후 클랩보드를 닫아서 소리를 낸다. 그러면 나중에 편집자는 클랩보드를 닫은 영화 필름 프레임과 오디오 테이프에서 소리가 난 부분을 일치시켜 분리된 비디오와 오디오 트랙을 동기화하게 된다.

게임 테스트에도 같은 원리의 디지털 슬레이트를 활용할 수 있다. 플레이테스트 세션을 시작할 때, 게임 화면에 세션의 고유 ID 번호가 포함된 디지털 슬레이트를 표시한다. 조사원은 ID 번호를 크게 읽은 다음 컨트롤러의 버튼을 누른다. 동시에 소프트웨어는 디지털 클래퍼(clapper)를 닫는 이미지를 보여주면서 클래퍼 사운드를 재생하고 플레이테스트 머신의 내부 클록을 기준으로 타임스탬프를 적용해 게임 데이터 로그를 기록한다. 이러한 모든 항목은 이후에 여러 비디오 스트림을 동기화하고 (화면을 볼 수 없는 스트림을 동기화하는 데는 클래퍼 사운드를 사용) 심지어 게임 데이터 로그를 동기화하는 데도 사용할 수 있다. 대부분의 기본 비디오 편집 프로그램으로 이러한 비디오를 사등분한 화면으로 배치하고 한쪽에 플레이테스트 세션의 날짜, 시간, 고유 ID를 표시할 수 있다. 그러면 이러한 모든 데이터를 하나의 비디오로 동기화해서 볼 수 있다.

정식 개별 플레이테스트 운영하기

조사원은 플레이테스트가 가급적 집에서 게임을 하듯이 진행해야 한다. 즉, 플레이어는 최대한 편안해야 한다. 과자나 음료수를 제공할 수 있으며 태블릿이나 콘솔용 게임의 경우 편안한 의자를 제공하는 것도 생각해볼 수 있다(컴퓨터 게임의 경우 보통 책상과 사무실 의자가 더 적합하다).

플레이테스터를 시작할 때는 먼저 시간을 내줘서 고맙다고 얘기하고 게임에 대해 솔직하게 말해주면 게임을 개선하는 데 큰 도움이 된다고 설명한다. 또한 게임을 하는 동안 머릿속에 드는 생각을 가급적 말로 표현하도록 부탁한다. 실제 이렇게 하는 플레이테스터는 많지 않지만 부탁해서 손해 볼 일은 아니다.

게임에서 플레이테스트할 부분을 진행한 후 조사원은 플레이테스터 옆에 앉아서 게임 경험에 대해 논의를 시작한다. 질문할 내용은 정식 그룹 테스트 후 설문지를 통해 조사하는 내용과 비슷하지만 조사원이 일대일 형식으로 질문하므로 의미 있는 후속 질문을 통해 양질의 정보를 얻을 수 있다. 플레이테스트 후 질문과 답변도 녹화해야 하는데, 이 경우에는 비디오보다는 오디오가 더 중요하다.

다른 정식 플레이테스트와 마찬가지로 조사원은 게임 개발 팀원이 아닌 사람이 하는 것이 좋다. 이렇게 하면 조사원의 질문과 인식에 있어 게임에 대해 선입견을 갖지 않게 해준다. 하지만 좋은 조사원을 구한 후에는 게임에 대한 플레이테스터의 반응이 어떻게 변화됐는지 알 수 있도록 해당 게임을 개발하는 동안 계속 같은 사람과 일하는 것이 좋다.

온라인 플레이테스트

앞서 언급했듯이 온라인 플레이테스터 커뮤니티는 가장 규모가 큰 플레이테스터 집단이다. 온라인 플레이테스트를 하려면 게임이 최소한 베타 단계가 돼야 하므로 이 테스트를 베타 테스트라고도 부르며 다음과 같은 형식이 있다.

- **비공개:** 초대받은 한정된 사람들만 참여하는 소규모의 테스트다. 맨 처음 온라인 테스트는 이렇게 시작한다. 우선 이와 같이 믿을 수 있는 소수의 사람들로 시작해야 한다. 이를 통해 서버 아키텍처의 버그나 그 밖의 다수 사용자가 참여하기 전에는 드러나지 않았던 게임의 측면을 찾아낼 수 있다. 나의 대학원 프로젝트인 <스카이러츠>[2]의 경우 첫 번째 비공개 온라인 베타 테스트는 프로젝트를 시작한 지 8주 후부터 개발 팀 4명 그리고 같은 건물 사무실에서 일하던 다른 인원 12명으로 시작했다. 두 주 동안 게임과 서버 문제를 해결하고 몇 가지 기능을 추가한 후 플레이테스트 그룹을 25명으로 확장했지만 여전히 같은 건물에서 일하는 사람들만 모집했다. 다시 두 주 후에는 50명으로 늘렸다. 이때까지는 개발 팀원들이 각 플레이어를 찾아가서 직접 게임을 하는 방법을 알려주는 방법을 사용했다.
  이후 2주 동안은 온라인 게임 튜토리얼 문서를 제작하고 한정 베타[limited beta] 단계를 시작했다.
- **한정:** 한정 베타 버전은 일반적으로 등록한 사람들에게 공개되지만 몇 가지 구체적인 제한이 적용된다. 가장 일반적인 제한은 플레이어 수다.
  <스카이러츠>의 한정 베타를 처음 시작할 때 우리는 플레이어의 수를 125명으로 제한했고 플레이어 한 명당 친구나 가족 한 명을 게임으로 초대할 수 있게 했다. 이전 플레이테스트 라운드보다 훨씬 큰 규모였으며 서버가 이 규모를 감당할 수 있는지 확인하고 싶었다. 그다음 라운드에는 첫 번째 공개 베타를 시작하기 전 마지막으로 250명 규모로 플레이어 수를 확장했다.

---

2. 〈스카이러츠〉(에어쉽 스튜디오, 2006)는 8장에서 소개한 게임이다. 이 게임은 플레이어가 일상생활 중 가끔씩 게임에 들어오는 산발적 플레이라는 개념을 집중적으로 사용했다. 현재는 페이스북 게임 등을 통해 개념이 보편화됐지만 개발 당시에는 상당히 특이한 개념이었으며 게임을 다듬는 데 여러 차례의 플레이테스트가 필요했다.

- **공개:** 공개 베타에서는 누구든지 온라인으로 게임을 할 수 있다. 공개 베타는 자신의 게임이 전 세계에서 인기를 얻는 과정을 직접 확인할 수 있는 흥분되는 순간이지만 플레이어 수가 급증하면 서버에 과부하가 발생할 수 있기 때문에 주의가 필요하다. 일반적으로 게임이 거의 완성 단계가 되면 온라인 공개 베타를 시작한다.

<스카이러츠>는 첫 번째 학기가 끝날 무렵 공개 베타를 시작했다. 다음 학기까지 이 게임을 개발할 것으로 예상치는 못했기 때문에 여름 방학 기간 동안 게임 서버를 열어뒀다. <스카이러츠>는 원래 두 주 정도 게임을 하도록 개발됐지만 놀랍게도 많은 사람이 여름 동안 계속 게임을 했고 총 500 ~ 1000명 정도가 여름 동안 게임을 한 것으로 집계됐다. 하지만 이 사례는 페이스북이 게임 플랫폼이 되고 스마트폰과 태블릿 게임이 일상화되기 전인 것이 2006년이라는 데 주의해야 한다. 이러한 플랫폼으로 나오는 게임 중 대부분은 거의 인기를 얻지 못하지만 일부는 며칠 만에 수백만 명의 플레이어가 가입하는 경우도 있다. 소셜 플랫폼상의 공개 베타는 조심해야 하지만 언젠가는 게임을 공개해야 한다.

자동 데이터 로그 기록

가급적이면 일찍 자동 데이터 로깅(ADL, Automated Data Logging)을 게임에 추가해야 한다. ADL 이란 플레이어가 게임을 하는 동안 자동으로 플레이어의 행동과 이벤트를 기록하는 기능이다. 이러한 데이터는 온라인 방식으로 서버에 저장하는 것이 일반적이지만 간편하게 로컬 파일로 저장했다가 나중에 게임에서 출력할 수도 있다.

나는 2007년 일렉트로닉 아츠 사에서 일하는 동안 Pogo.com용 <크레이지 케이크(Crazy Cakes)> 게임을 디자인하고 제작했다. 당시에 <크레이지 케이크>는 ADL을 활용한 최초의 게임이었지만 이후에 이 기능은 제작 과정의 표준이 됐다. <크레이지 케이크>의 ADL은 정말 간단했다. 게임 레벨마다 다음과 같은 데이터를 기록했다.

- **타임스탬프:** 라운드가 시작된 날짜와 시간
- **플레이어 사용자 이름:** 아주 높은 점수를 올린 플레이어에게 전략에 대한 질문을 하거나 게임 플레이 중에 이상한 일이 발생하면 연락하는 데 사용된다.
- **난이도 레벨과 라운드 번호:** 전체 다섯 단계의 난이도 레벨이 있었고 각 레벨마다 네 단계의

라운드가 있었다.

- 점수
- 라운드 중에 사용한 파워업 아이템의 수와 종류
- 얻은 토큰 수
- 대접한 손님 수
- 손님에게 판매한 디저트 수: 일부 손님은 디저트를 여러 개 주문했으며 이를 추적하는 데 도움이 됐다.

당시 Pogo.com에는 수백 명의 베타 테스터가 있었는데, 〈크레이지 케이크〉를 비공개 베타 그룹에 공개한 지 3일 만에 수집한 플레이테스트 세션 데이터가 25,000개를 넘었다. 나는 그중에서 임의로 선택한 4,000개의 행을 스프레드시트 애플리케이션으로 가져와서 이 실제 데이터를 바탕으로 게임 밸런스를 조정했다. 게임 밸런스를 어느 정도 맞춘 다음에는 다시 다른 4,000개 행을 무작위로 선택해서 밸런스를 검증했다.

다른 중요한 유형의 테스트

플레이테스트 외에도 게임 테스트에는 다음과 같은 중요한 유형이 있다.

포커스 테스트

포커스 테스트란 게임의 핵심 사용자층(포커스 그룹)을 대상으로 게임의 외형, 전제, 음악, 그 외의 미학적 요소와 내러티브 요소에 대한 반응을 얻는 테스트다. 포커스 테스트는 주로 대형 스튜디오에서 특정 게임의 시장성을 사전에 파악하고자 수행한다.

흥미도 조사

이제 페이스북과 같은 소셜 네트워크나 킥스타터[Kickstarter]와 같은 크라우드펀딩 사이트를 통해 여러분의 게임이 온라인 사용자층에서 어느 정도 반응을 얻는지 알아보는 것이 가능해졌다. 이러한 웹 사이트에 게임 홍보 비디오를 올려 소셜 미디어 사이트의 '좋아요' 횟수나 크라우드펀딩 사이트의 '후원'과 같은 형식으로 의견을 확인할 수 있다. 자원이 제한적인 인디 개발자의 경우 이 방법으로 어느 정도 자금을 확보할 수도 있지만 그 결과는 장담할 수 없다.

사용성 테스트

정식 개별 테스트에 사용되는 기법 중 상당수가 사용성 테스트 분야에서 시작된 것이다. 사용성 테스트의 핵심은 테스터가 소프트웨어의 인터페이스를 얼마나 잘 이해하고 사용하는지 확인하는 것이다. 사용성에서는 사용자의 이해 여부를 중요하게 따지므로 테스터의 화면 상호작용, 얼굴 표정에 대한 데이터를 수집하는 기법이 보편적이다. 게임의 플레이테스트와는 별도로 개별 사용성 테스트를 진행해서 플레이테스터가 얼마나 쉽게 게임과 상호작용하고 게임의 중요한 정보를 얻는지 조사하는 것이 중요하다. 이러한 사용성 테스트에는 화면에 나오는 정보의 다양한 레이아웃, 다양한 여러 컨트롤 구성 등을 테스트하는 것이 포함된다.

품질보증 테스트

품질보증QA, Quality Assurance 테스트는 게임의 버그를 찾고 이를 확실하게 재현하는데 초점을 맞춘다. 이러한 유형의 테스트를 전문적으로 취급하는 회사들이 있다. 품질보증 테스트는 이 책의 범위를 크게 벗어나지만 핵심 요소는 다음과 같다.

1. 게임에서 버그를 찾는다(게임이 충돌하거나 정상적으로 반응하지 않는 부분).
2. 버그를 확실하게 재현할 수 있는 단계를 알아내고 기록한다.
3. 버그의 우선순위를 매긴다. 게임이 먹통이 되는가? 정상적 게임 플레이 중에도 발생하는가? 버그 현상이 현저하게 나타나는가?
4. 버그의 우선순위가 높으면 엔지니어링 팀에게 알려 해결한다.

QA는 개발 팀에서 프로젝트의 최종 단계로서 게임 테스터 그룹을 고용해 진행하는 경우가 많다. 플레이어가 게임 중에 버그를 발견하면 관련 내용을 개발 팀으로 제출할 수 있는 기능을 추가할 수 있지만 플레이어가 버그를 확실하게 재현하는 방법을 포함한 버그 보고서를 제대로 작성할 수 있는 경우는 많지 않다. 무료로 사용할 수 있는 버그질라^{Bugzilla}, 맨티스 버그 트래커^{Mantis Bug Tracker}, 트랙^{Trac} 등의 버그 추적 도구를 프로젝트 웹 사이트에서 배포하는 방법도 있다.

자동 테스트

자동 테스트^{AT, Automated Testing}란 사용자의 입력 없이 소프트웨어를 통해 게임이나 게임 서버의 버그를 자동으로 찾아내는 기법이다. 게임의 경우 AT로 빠른 사용자 입력(예, 화면 전체에 초당 수백 번의 클릭)을 시뮬레이션할 수 있다. 게임 서버의 경우 AT로 초당 수천 번의 사용자 요청을 시뮬레이션하고 서버가 더 이상 처리하지 못하는 부하 수준을 알아낼 수 있다. AT를 구현하려면 전문적 지식이 필요하지만 QA 테스터가 사람이 직접 하기 어려운 방식으로 게임을 테스트할 수 있다. 다른 유형의 테스트와 마찬가지로 자동 테스트를 전문적으로 수행하는 회사들이 있다.

요약

10장에서는 테스트하기 위한 다양한 방법을 소개했다. 새로 시작하는 게임 디자이너로서 여러분도 디자인하는 게임에 가장 적합한 플레이테스트 방법을 찾고 구현해야 한다. 나는 다른 여러 형태의 테스트를 통해 성공을 거뒀으며 10장에서 소개한 다양한 방법으로 여러분의 게임을 개선하는 데 도움이 되는 중요한 정보를 얻을 수 있을 것이다.

11장에서는 게임에서 재미의 바탕이 되는 몇 가지 수학 개념을 소개한다. 또한 스프레드시트 애플리케이션을 사용해 게임 밸런스를 조정하는 방법도 설명한다.

CHAPTER 11

수학과 게임 밸런스

11장에서는 다양한 확률과 임의성 체계를 소개하고 이러한 체계가 종이 게임 기술과 어떻게 연관되는지 알아본다. 또한 온라인 구글 스프레드시트 애플리케이션을 사용해 이러한 확률을 계산하는 방법도 설명한다.

수학적 내용(가능한 한 명확하고 이해하기 쉽게 함)을 알아본 후에는 종이 게임과 디지털 게임에서 이러한 체계를 활용해 밸런스를 조정하고 게임 플레이를 개선하는 방법을 설명한다.

게임 밸런스의 의미

이제 초기 게임 프로토타입을 제작하고 몇 차례 플레이테스트를 진행한 후에는 반복 과정의 일부로서 게임 밸런스를 조정해야 한다. 밸런스는 게임을 개발하는 동안 자주 사용하는 용어지만 상황에 따라 의미가 달라진다.

멀티플레이어 게임에서 밸런스는 공정함을 의미하는 경우가 많다. 모든 플레이어가 게임에서 승리할 확률이 동일해야 한다는 의미다. 모든 플레이어가 동일한 시작점과 능력을 갖는 대칭형 게임symmetric game에서는 이 목표를 달성하기 쉽다. 비대칭형 게임asymmetric game의 경우 플레이어의 능력이나 시작점이 밸런스가 잡힌 듯해도 실제로는 한쪽으로 기우는 경우가 많기 때문에 밸런스를 맞추기가 더 어렵다. 이것이 플레이테스트가 아주 중요한 여러 이유 중 하나다.

싱글 플레이어 게임에서 밸런스는 일반적으로 게임의 난이도가 적절한지 그리고 게임을 진행하는 동안 난이도가 적절한 속도로 상승하는지 여부를 나타낸다. 게임의 특정 부분에서 갑자기 난이도가 상승하는 경우 바로 그 부분에서 플레이어들이 게임을 그만두는 경우가 많다. 이 부분은 8장에서 설명했던 플레이어 중심적 목표 중 몰입과 관련이 있다.

11장에서는 게임 디자인 및 밸런스와 관련된 수학의 서로 다른 여러 측면을 다룬다. 여기서는 확률의 이해, 종이 게임을 위한 다양한 난수 발생기, 가중 분포, 순열, 양성 및 음성 피드백 등의 개념을 다룬다. 11장에서 소개하는 개념을 확인하고 이해하고자 무료 온라인 스프레드시트 프로그램인 구글 스프레드시트를 사용한다.

스프레드시트의 중요성

11장에서 할 일 중 일부는 시트Sheets와 같은 스프레드시트 프로그램이 꼭 필요한 것은 아니지만(메모 용지와 계산기로도 같은 결과를 낼 수는 있지만) 다음과 같은 이유로 게임 밸런스 측면에서 스프레드시트를 사용하는 것이 좋다.

- 스프레드시트를 사용하면 수치 데이터에서 손쉬운 정보를 신속하게 파악할 수 있다. 9장에서는 각각 다른 통계를 가진 두 개의 무기(산탄총과 기관총)를 언급했다. 11장의 끝부분에서는 처음에 직감적으로 작성한 무기 통계와 스프레드시트의 사용을 통해 다듬은 무기 통계를 서로 대조하면서 이 무기들의 밸런스를 맞추는 과정을 보여줄 것이다.
- 차트와 스프레드시트 데이터를 사용해 여러분의 게임 디자인 결정에 대한 타당성을 디자이너가 아닌 사람들에게 납득시킬 수 있다. 게임을 개발하고자 다른 여러 사람과 일하는 경우가 많으며 그중 일부는 직감보다는 디자인 결정에 들어간 숫자를 선호한다. 그렇다고 항상 숫자로 결정해야 한다는 것은 아니다. 필요한 경우에 그렇게 하라는 것이다.
- 많은 전문 게임 디자이너가 매일 스프레드시트를 사용하지만 나는 학생들에게 그것의 사용법에 관해 가르치는 게임 디자인 과정을 거의 본 적이 없다. 또한 스프레드시트 사용을 다루는 대학 강의는 게임 밸런스보다 경영이나 회계에 치중돼 있어 게임에 관련된 것이 아닌 다른 스프레드시트 기능에 집중한다.

게임 개발의 모든 측면에서와 마찬가지로 스프레드시트를 만드는 과정은 반복적이고 다소 복잡하다. 11장의 실습은 처음부터 끝까지 완벽한 예제를 보여주기보다는 스프레드시트를 만드는 단계와 작성 및 계획에 대한 현실적인 반복 과정을 보여준다.

이 책에서 선택한 구글 시트

이 책에서는 구글 시트를 사용할 것인데, 이 제품을 선택한 이유는 무료이고 크로스플랫폼cross-platform이며 사용하기에 쉽기 때문이다. 다른 대부분의 스프레드시트 프로그램(예, 마이크로소프트 엑셀, 오픈오피스 칼크, 리브레오피스 칼크 스프레드시트)은 많은 부분에서 시트와 기능이 같지만 약간씩 다르므로 11장에서 구글 시트가 아닌 애플리케이션으로 학습을 한다면 혼동될 수 있다.

다양한 프로그램에 대한 자세한 내용을 알려면 다음 칼럼을 참고한다.

모든 스프레드시트 프로그램이 동일하게 만들어진 것은 아니다

스프레드시트 프로그램은 많은 양의 숫자 데이터를 관리하고 분석하는 데 주로 사용한다. 현재 사용되는 인기 있는 스프레드시트 프로그램들은 마이크로소프트 엑셀(Microsoft Excel), 아파치 오픈오피스 칼크(Apache OpenOffice Calc), 리브레오피스 칼크(LibreOffice Calc), 구글 시트(Google Sheets), 애플 넘버스(Apple Numbers)다.

- 구글 시트(http://sheets.google.com)는 무료 온라인 구글 문서 도구 제품군의 일부다. HTML5로 작성됐기 때문에 대부분의 최신 웹 브라우저와 호환되지만 사용하려면 인터넷이 잘 연결돼 있어야 한다. 구글 시트는 이 책의 1판 이후로 크게 개선돼 현재 내 스프레드시트로 선택했다. 이 제품이 제공하는 또 하나의 장점은 온라인으로 여러 팀 구성원과 동시에 작업할 수 있다는 것이다. iOS 및 안드로이드용 무료 앱 버전은 오프라인에서도 사용할 수 있다.

- 마이크로소프트 엑셀(http://office.microsoft.com)은 한때 가장 많이 사용되는 스프레드시트 프로그램이었지만 가장 비싸기도 했다. 출시 일정이 달라서 PC와 맥OS 플랫폼 간에는 약간의 차이점이 있다. 엑셀은 구글 시트와 동일한 구문을 사용하며 실제로는 구글 시트보다 느리고 멋지지 않지만 대부분의 비즈니스에서 여전히 업계 표준으로 간주된다.

- 아파치 오픈오피스 칼크(http://openoffice.org)는 엑셀과 동일한 기능을 무료로 제공하는 무료 오픈소스 프로그램이다. PC, 맥OS, 리눅스 플랫폼과 호환된다. 엑셀과 오픈오피스 스프레드시트는 사용자 인터페이스 등에서 방식이 약간 다르지만 대부분 같은 기능을 갖추고 있다. 가장 큰 차이점은 오픈오피스가 세미콜론(;)을 사용해 수식의 인자를 구분하는 반면 엑셀과 구글 시트는 쉼표(,)를 사용한다는 것이다. 오픈오피스 칼크는 이 책의 첫 번째 버전에서 사용한 스프레드시트 프로그램이었지만 구글 시트는 이제 내가 더 이상 칼크를 사용하지 않을 정도로 향상됐다.

- 애플 넘버스(http://www.apple.com/numbers/)는 새로운 맥 컴퓨터에 포함돼 있지만 약 20달러에 다운로드할 수도 있다. 넘버스는 맥OS 컴퓨터에서만 작동하며 다른 프로그램에 없는 멋진 기능들을 포함하고 있다. 핵심 기능은 다른 프로그램의 기능과 아주 유사하지만 옵션이 좀 더 좋은 것 같다.

- 리브레오피스 칼크(http://libreoffice.org)는 엑셀과 동일한 기능을 사용자에게 무료로 제공하기 위한 무료 오픈소스 프로그램이다. 리브레오피스(LibreOffice)는 원래 오픈오피스 소스 코드에서 분리돼 나왔으므로 많은 유사점을 공유한다. 엑셀을 사용할 경우 리브레오피스가 오픈오피스에 비해 갖는 한 가지 장점은 수식의 매개변수를 구분할 때 오픈오피스에서는 세미콜론을 사용하는 반면 리브레오피스에서는 (엑셀과 같은) 쉼표를 사용한다는 것이다.

위의 프로그램들은 마이크로소프트 엑셀 파일을 열거나 내보낼 수 있지만 저마다의 고유한 형식도 갖고 있다. 여러분이 이미 이것들 중 하나에 익숙하더라도 11장을 통해 구글 시트를 사용해보길 바란다.

시트를 사용해 주사위 확률 알아보기

게임 수학의 많은 부분이 확률을 구하는 것이므로 확률과 기회가 어떻게 작용하는지를 이해하는 것이 중요하다. 2d6(2개의 6면 주사위)로 다양한 숫자의 확률 분포를 알아보고자 먼저 구글 시트를 사용해보자.

1d6(1개의 6면 주사위)를 한 번 굴리면 1, 2, 3, 4, 5, 6 중 한 숫자를 얻을 수 있다. 이건 아주 단순하다. 하지만 두 개의 주사위를 함께 굴리면 훨씬 재미있게 된다. 2d6을 굴리는 경우 36가지 가능성이 있으며 그 결과는 다음과 같다.

주사위 A: 1 2 3 4 5 6 1 2 3 4 5 6 1 2 3 4 5 6 1 2 3 4 5 6 1 2 3 4 5 6 1 2 3 4 5 6

주사위 B: 1 1 1 1 1 1 2 2 2 2 2 2 3 3 3 3 3 3 4 4 4 4 4 4 5 5 5 5 5 5 6 6 6 6 6 6

이 모든 것을 손으로 직접 작성해도 되지만 게임의 밸런스에 도움이 되도록 시트 사용법을 배워볼 것이다. 뭘 만들지 알려면 뒤쪽의 그림 11.5를 미리 넘겨다보자.

구글 시트 시작하기

구글 시트를 사용하려면 온라인 상태여야 한다. 이런 점이 좀 불편하긴 하지만 구글 시트가 대부분의 디자이너가 사용하는 표준 스프레드시트 프로그램이 돼가고 있으므로 이런 환경에 익숙해야 한다. 게임 수학에 대한 탐구를 시작하려면 다음 단계를 따라 한다.

1. 웹 브라우저에서 http://sheets.google.com으로 이동한다.

   그러면 기본 스프레드시트 페이지로 이동하며 거기서 시작할 수 있다. 작업용 브라우저로서 구글 크롬이나 모질라 파이어폭스를 사용하는 것이 좋다. 구글 시트에 있어 크롬은 한계가 있고 이따금 혼란을 주기는 하지만 오프라인에서도 일부 편집을 할 수 있는 이점이 있다. 물론 크롬을 사용할 때는 온라인 상태가 훨씬 좋다.

그림 11.1 http://sheets.google.com에서 새 스프레드시트 만들기

2. 그림 11.1과 같이 새 스프레드시트 만들기 버튼을 클릭한다.
   그러면 그림 11.2와 같은 제목 없는 스프레드시트가 만들어진다.

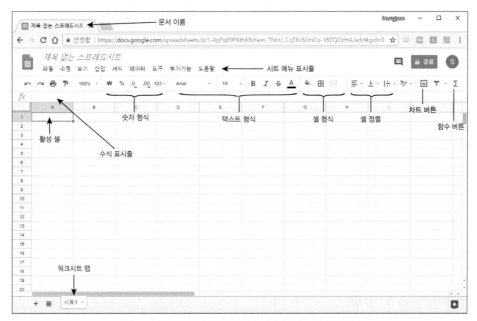

그림 11.2 중요 인터페이스 부분이 나타나 있는 새 구글 시트

시트 시작하기

스프레드시트의 셀은 각각 열 문자와 행 번호로 이름이 지정된다. 스프레드시트의 왼쪽 맨 위 셀은 A1이다. 그림 11.2에서 셀 A1은 파란색 테두리로 강조 표시되고 이 테두리의 오른쪽 아래에 작은 점이 붙어 있는데, 이것이 활성 셀인 것을 나타낸다. 스프레드시트를 사용하려면 다음 단계를 따른다.

1. 셀 A1을 클릭해 셀을 선택하고 활성 셀인지 확인한다.
2. 키보드로 1을 입력하고 Return 키를 누른다. A1에는 값 1이 입력된다.
3. B1 셀을 클릭하고 =A1+1을 입력한 다음 Return 키를 누른다. 그러면 B2에 A1을 바탕으로 계산되는 수식이 만들어진다. 모든 수식은 =로 시작한다. 이제 B1의 값이 2(A1의 값에 1을 더하면 얻을 수 있는 숫자)가 된다. A1에서 값을 변경하면 B1이 자동으로 업데이트된다.

4. B1을 클릭하고 셀을 복사한다(수정 ▶ 복사를 선택하거나 맥OS에서는 Command-C를, PC에서는 Ctrl+C를 누른다).

5. K1 셀을 Shift+클릭한다(키보드에서 Shift 키를 누른 상태에서 K1 셀을 클릭함). 그러면 셀 B1:K1 이 강조 표시된다(즉, B1에서 K1까지의 모든 셀이 강조 표시된다. 콜론은 두 셀 사이의 범위를 정의하는 데 사용된다). 스프레드시트 창의 아래쪽에 있는 스크롤 막대를 사용해 오른쪽으로 스크롤하면 K1을 볼 수 있다.

6. 강조 표시된 셀에 B1의 수식을 붙여 넣는다(수정 ▶ 붙여 넣기를 선택하거나 맥OS에서는 Command-V를, PC에서는 Ctrl+V를 누른다). 그러면 B1에서 복사한 수식(즉, 수식 =A1+1)이 B1:K1 셀에 붙여 넣기 된다. 수식의 셀 참조 A1은 상대 참조이므로 붙여 넣기 한 새 셀의 위치를 바탕으로 업데이트된다. 즉, A1이 B1의 왼쪽에 있듯이 J1이 K1의 왼쪽에 있는 셀이기 때문에 K1의 수식은 = J1+1이 된다.

상대 참조와 절대 참조에 대한 자세한 내용은 '상대 참조와 절대 참조' 칼럼을 참고한다.

상대 참조와 절대 참조

셀 B1의 수식 =A1+1에서 A1은 상대 참조를 저장하는데, 이 말은 수식이 셀 A1에 대한 절대 참조가 아니라 셀 B1에 상대적으로 참조되는 셀의 위치를 저장한다는 뜻이다. 즉, 이 수식에서 A1은 이 수식이 있는 (B1) 셀의 왼쪽 셀을 나타내며 다른 셀로 수식을 복사하면 변경된다. '시트 시작하기'의 6단계에서 봤듯이 이 기능은 스프레드시트를 사용하기 쉽게 만드는 데 중요하다.

시트에서는 셀에 대한 절대 참조도 만들 수도 있다. 즉, 수식을 이동하거나 복사할 경우에 셀에 대한 참조가 변경되지 않게 한다. 셀을 절대 참조로 하려면 열과 행 앞에 $(달러 기호)를 추가한다. 예를 들어 A1를 절대 참조로 만들려면 A1로 바꾼다. 열 문자 또는 행 번호에 $만 추가하면 된다. 그림 11.3에서는 부분 절대 참조의 예를 볼 수 있다. 여기서는 언제 선물을 준비할지 알 수 있도록 사람들의 생일에서 여러 날 수를 빼는 함수를 작성했다. B5의 수식이 =B$3-$A5이며 이 수식을 B5:O7에 복사해서 붙여 넣기 한 것을 알 수 있다. 부분 절대 참조 B$3은 열이 변경되지만 행은 변경되지 않음을 나타내며 부분 절대 참조 $A5는 행이 변경되지만 열은 변경되지 않음을 나타낸다.

	A	B	C	D	E	F	G	H	I	J	K	L	M	N	O
		Angus	Gromit	Zoe	Thomas	Jim	Shep	Coop	Jin	Marty	Henry	Jean-Luc	Scott	James	—
3	Birthday	1/23	2/12	2/15	3/11	3/22	4/11	4/19	4/23	6/12	7/1	7/13	9/27	11/11	12/31
4	Days before														
5	7	1/16	2/5	2/8	3/4	3/15	4/4	4/12	4/16	6/5	6/24	7/6	9/20	11/4	12/24
6	14	1/9	1/29	2/1	2/26	3/8	3/28	4/5	4/9	5/29	6/17	6/29	9/13	10/28	12/17
7	30	12/24	1/13	1/16	2/10	2/21	3/12	3/20	3/24	5/13	6/1	6/13	8/28	10/12	12/1

그림 11.3 부분 절대 참조의 예

그림 11.3에서 수식은 다음과 같이 다른 셀에 복사할 때 변경됐다.

B5: =B$3-$A5

O5: =O$3-$A5

H6: =H$3-$A6

B7: =B$3-$A7

O7: =O$3-$A7

문서 이름 지정하기

문서의 이름을 지정하려면 다음을 따라 한다.

1. 그림 11.2에 표시된 문서 이름 영역에서 제목 없는 스프레드시트 단어들을 클릭한다.
2. 이 스프레드시트의 이름을 2d6 주사위 확률로 변경하고 Return 키를 누른다.

1 ~ 36의 숫자 행 만들기

앞의 지시 사항을 따랐다면 셀 A1:K1에는 1에서 11까지의 숫자가 있어야 한다. 다음으로는 1부터 36까지 숫자를 늘릴 것이다(두 주사위를 굴렸을 때의 36가지 수).

더 많은 열 추가

먼저 모든 셀을 갖출 충분한 열을 만들어야 한다. 지금은 모든 열이 매우 넓어 오른쪽으로 스크롤을 해야만 Z열까지 볼 수 있다. 다음과 같이 열을 좁히고 나서 다른 열을 추가해서 36개 숫자를 저장한다.

1. A열의 헤더(즉, A열의 맨 위에 있는 A 문자)를 클릭한다.

2. 오른쪽으로 스크롤해서(시트 윈도우의 하단에 있는 스크롤 막대 사용) Shift 키를 누른 상태에서 Z열 헤더를 클릭한다. 그러면 A:Z의 모든 열이 선택된다.

3. 마우스 커서를 Z열 헤더 위로 가져가면 아래쪽 화살표가 있는 박스가 나타난다. 아래쪽 화살표 상자를 클릭하고 그림 11.4A의 왼쪽에 표시된 것처럼 팝업 메뉴에서 **오른쪽에 26열 삽입**을 선택한다. 이렇게 하면 26개의 추가 열이 문자 AA:AZ로 생성된다.

그림 11.4 열 Z의 오른쪽에 26개의 열 추가하기

열 너비 설정

화면에서 한눈에 36개의 열(A:AJ)을 볼 수 있게 하자. 열을 좁히려면 다음을 따라한다.

1. A열 헤더를 클릭한다.

2. 오른쪽으로 스크롤해서 AJ열 헤더를 Shift 키를 누른 채 클릭한다. 그러면

36개의 A:AJ열이 모두 선택된다.

3. AJ열 헤더의 오른쪽 가장자리 위로 마우스를 가져간다. 가장자리가 짙어 지고 파란색으로 변하는 것을 볼 수 있다(그림 11.4B 참고).

4. 두꺼운 파란색 테두리를 클릭하고 마우스 버튼을 누른 채로 AJ열을 원래 너비의 약 1/3로 좁힌다(그림 11.4C 참고). 그러면 모든 A:AJ열의 크기가 조정 된다. 이 열들이 여전히 넓어서 한 화면에 다 들어오지 않는다면 자유롭게 더 좁힌다.

1 ～ 36 숫자로 1행 채우기

다음을 따라 1행을 채운다.

1. B1을 클릭해서 선택한다. 단일 셀의 내용을 큰 범위로 복사하는 또 다른 방법은 선택한 셀의 오른쪽 아래 모서리에 있는 아주 작은 파란색 사각형 을 사용하는 것이다(그림 11.2에서는 A1 셀의 오른쪽 아래 모서리에 보임).

2. B1의 모서리에서 오른쪽으로 파란색 사각형을 클릭한 상태로 B1:AJ1 셀이 선택될 때까지 드래그한다. 마우스 버튼을 놓으면 셀 A1:AJ1이 1에서 36까 지의 숫자로 채워진다.

3. 열이 너무 좁아서 숫자가 잘 보이지 않으면 A:AJ열을 다시 선택하고 적당 한 너비로 크기를 조정한다. 열 사이의 모서리를 드래그하는 대신 두 열 사이의 두꺼운 가장자리를 더블 클릭해서 각 열을 최적의 너비로 설정해 도 된다. 하지만 여기서 그렇게 하면 한 자릿수의 열이 두 자릿수의 열보 다 좁아진다.

주사위 A에 대한 행 만들기

이제 1에서 36까지 숫자가 생겼지만 11장의 앞부분에 언급한 주사위 A와 주사위 B에 대한 행이 있어야 한다. 다음과 같이 간단한 수식을 사용해 이를 수행할 수 있다.

1. 함수 버튼(그림 11.2에 나옴)을 클릭하고 함수 더보기...를 선택한다.

2. 몇 개의 키워드로 필터링... 텍스트필드에서 이 텍스트를 MOD로 바꾸면 긴 함수 리스트가 짧게 필터링된다. 수학 유형으로 나온 것 중에서 MOD라는 함수를 찾는다.

3. MOD 행의 오른쪽에 있는 자세히 알아보기 링크를 클릭한다. 새로운 브라우저 탭이 생기면서 MOD에 대한 설명이 나타난다. MOD 함수는 하나의 숫자를 다른 숫자로 나눠 나머지를 반환한다. 예를 들어 1/6과 7/6 모두 나머지가 1이므로 두 수식 =MOD(1,6)과 =MOD(7,6)은 모두 1을 반환한다.

4. 브라우저 윈도우 위쪽의 2d6 주사위 확률 탭을 클릭해 스프레드시트로 되돌아간다.

5. 셀 A2를 클릭해 선택한다.

6. =MOD(A1,6)을 입력하고 Return 키를 누른다. 입력할 때 텍스트는 A2 셀과 수식 표시줄(그림 11.2)에 나타난다. 완료되면 1이 셀 A2에 표시된다.

7. 셀 A2을 클릭한 후 셀 AJ2를 Shift+클릭한다(셀 A2:AJ2이 선택되게 함).

8. 키보드에서 Command-R을 누른다(PC에서는 Ctrl+R). 그러면 가장 왼쪽의 셀(A2)의 내용을 오른쪽으로 셀을 채우면서 모든 셀(B2:AJ2)에 복사한다.

이제 MOD 함수가 36개의 모든 셀에서 올바르게 작동한다는 것을 알 수 있다. 하지만 0 ~ 5가 아닌 1 ~ 6의 숫자가 나와야 하기 때문에 좀 더 반복해야 한다.

주사위 A에 대한 행 반복

두 가지 문제를 해결해야 한다. 첫째, 가장 낮은 숫자는 A, F, L 등의 열에 나와야 한다. 둘째, 숫자의 범위는 0 ~ 5가 아닌 1 ~ 6이다. 간단한 조정으로 이 두 가지를 모두 수정할 수 있다.

1. A1 셀을 선택하고 값을 1에서 0으로 변경한 다음 Return 키(PC에서는 Enter 키)를 누른다. 그러면 B1:AJ1의 수식을 통해 0부터 35까지의 숫자가 계단식으로 1행에 나열된다. 이제 A2의 수식은 0을 반환하고(0을 6으로 나눈 나머지) A2:AJ2는

0 1 2 3 4 5의 여섯 개 시리즈로 나타나며 첫 번째 문제점을 해결한다.

2. 두 번째 문제를 해결하려면 A2를 선택한 후 A2의 수식을 =MOD(A1,6)+1로 변경한다. 이렇게 하면 이전 수식의 결과에 1이 더해져 A2의 수식 결과가 0에서 1로 증가한다. 이것은 여러분이 원을 그리며 돌고 있는 것처럼 보이지만 3단계를 마친 후에는 그렇게 하는 이유를 알게 될 것이다.

3. A2를 선택하고 Shift—Command(PC에서는 Shift+Ctrl)를 누른 상태에서 키보드의 오른쪽 화살표를 누른다. A2의 오른쪽으로 채워진 셀 모두가 강조 표시되는데, 즉 A2:AJ2이어야 한다. 맥OS에서 Command—R(PC의 경우 Ctrl+R)을 눌러 다시 오른쪽을 채운다.

이제 주사위 A에 대한 행이 완성됐고 여섯 개 숫자 시리즈인 1 2 3 4 5 6이 생겼다. mod 값의 범위는 여전히 0에서 5지만 이제는 올바른 순서로 됐으며 +1을 추가한 것으로 주사위 A에 대해 원하는 숫자를 만들어냈다.

주사위 B에 대한 행을 만들기

주사위 B의 행에는 이 주사위의 여섯 개 숫자가 반복적으로 들어간다. 이를 위해 시트에서 나누기와 floor 함수를 사용한다. 나누기는 여러분이 예상한 대로 동작한다(예를 들어 =3/2는 1.5를 반환한다). 하지만 floor는 지금까지 언급한 적이 없는 함수다.

1. A3 셀을 선택한다.

2. A3에 =FLOOR를 입력하면 A3 셀 아래에 팝업이 나타나며 "FLOOR 숫자를 인수의 가장 가까운 배수로 내립니다."라는 텍스트를 볼 수 있다('배수'는 기본적으로 1이다).

ROUND는 10진수를 정수로 반올림하는 데 사용되지만 FLOOR는 항상 내림한다. 예를 들어 =FLOOR(5.1)은 5를 반환하고 =FLOOR(5.999)도 5를 반환한다.

3. 셀 A3에 =FLOOR(A1/6)을 입력한다. 필드가 업데이트되면서 결과가 0으로 나타난다.

4. 주사위 A행에서 필요했던 것처럼 이 수식의 결과에 1을 더해야 한다. A3의 수식을 =FLOOR(A1/6)+1로 변경한다. 그 결과는 1이 된다.

5. A3의 내용을 복사한다. 셀 A3:AJ3을 강조 표시하고 붙여 넣기 한다(맥OS에서는 Command-V, PC에서는 Ctrl-V 또는 수정 ➤ 붙여 넣기를 선택한다). 그러면 A3에서 수식이 복사돼 A3:AJ3에 붙여 넣기 된다.

이제 스프레드시트가 그림 11.5의 위쪽 이미지처럼 보일 것이다. 하지만 그림 11.5의 아래쪽 이미지에 나타난 것처럼 레이블을 지정해 놓으면 알아보기가 훨씬 쉬울 것이다.

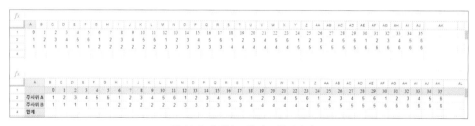

그림 11.5 레이블로 선명도 추가하기

레이블로 선명도 추가

그림 11.5의 두 번째 이미지에 나타낸 레이블을 추가하려면 다음과 같이 A열의 왼쪽에 새로운 열을 삽입해야 한다.

1. A열의 헤더를 마우스 오른쪽 버튼으로 클릭한 후 왼쪽에 1열 삽입을 선택한다. 그러면 현재 A열의 왼쪽에 하나의 새로운 열이 삽입된다. 새로운 열은 A가 되고 이전의 A열은 이제 B열이 된다. 맥OS를 사용 중이고 오른쪽 클릭 버튼이 없다면 Ctrl+클릭을 하면 된다. 맥OS에서 마우스 오른쪽 버튼을 클릭할 수 있는 좀 더 영구적인 방법을 알아보려면 부록 B에 있는 '맥 OS에서의 오른쪽 클릭' 절을 참고한다.

2. 새로운 빈 셀 A2를 클릭해 선택하고 주사위 A 텍스트를 입력한다.

3. 전체 레이블을 볼 수 있도록 열을 충분히 넓게 만들려면 A열 헤더의 오른

266

쪽 가장자리를 더블 클릭하거나 열 헤더 가장자리를 클릭해 드래그한다.

4. A3에 주사위 B를 입력한다.

5. A4에 합계 텍스트를 입력한다.

6. A열의 텍스트를 모두 굵게 표시하려면 A열의 모든 열을 선택하고 Command-B(PC에서는 Ctrl+B)를 누르거나 그림 11.2에 나타난 텍스트 형식 영역에서 B 서식 지정 버튼을 클릭한다.

7. A열의 배경을 약간 회색으로 만들려면 A열이 모두 강조 표시돼 있는지 확인하고 수식 입력란 위에 있는 페인트 통(그림 11.2의 셀 서식 왼쪽에 있음)을 클릭한다. 채우기 색상 팝업 메뉴에서 밝은 회색 색상 중 하나를 선택한다. 그러면 강조 표시된 모든 셀의 배경색이 바뀐다.

8. 1행의 배경을 회색으로 만들려면 1행 헤더(1행의 맨 왼쪽 1)를 클릭해 전체 행을 선택한 다음 채우기 색상 팝업 메뉴에서 같은 회색 배경을 선택한다.

이제 스프레드시트는 그림 11.5의 아래쪽 이미지처럼 보여야 한다.

Tip

구글 시트에서는 저장할 필요가 없다! 이 책 전체에서(특히 후반에 있는 실습에서) 나는 여러분에게 파일을 자주 저장하도록 항상 상기시킨다. 나는 먹통이나 그 외의 컴퓨터 오류로 인해 이런저런 프로그램에서 작업한 것들을 날려버린 적이 있다. 하지만 구글 시트에서는 그런 일이 일어나지 않았다. 클라우드에서는 온라인으로 작업한 것들이 자동으로 저장됐기 때문이다. 한 가지 주의할 점은 크롬 브라우저의 구글 시트 창에서 오프라인으로 작업하고 온라인 상태가 되기 전에 창을 닫으면 변경 사항이 저장되지 않을 수 있다. 하지만 내가 실험해보니 오프라인 경우에도 자동으로 저장되기도 했다.

두 주사위 결과 더하기

다음과 같이 또 하나의 수식을 사용하면 두 개의 주사위 결과를 합산할 수 있다.

1. B4를 클릭하고 수식 =SUM(B2,B3)을 입력하면 셀 B2와 B3의 값을 합한다(수식 =B2+B3을 사용해도 된다). 그러면 B4에 값 2가 나타난다.

2. B4를 복사해 B4:AK4에 붙여 넣기 한다. 이제 4행에는 2d6에 대한 36개의 가능한 모든 결과가 나타날 것이다.

3. 시각적으로 눈에 띄게 하려면 4행 헤더를 클릭하고 4행 전체를 굵게 나타나게 한다.

주사위 굴림의 합 발생 횟수 계산하기

4행에는 2d6에서 가능한 36개 결과가 모두 나타난다. 그러나 데이터가 나와 있긴 하지만 해석은 여전히 쉽지 않다. 여기서 스프레드시트의 장점을 사용할 수 있다. 데이터 해석을 시작하려면 각 합계의 발생 수(예를 들어 2d6으로 7을 나오게 하는 방법의 가짓수)를 계산하는 수식을 만들어야 한다.

먼저 다음과 같이 가능한 합계(2 ~ 12)의 세로 수열을 만든다.

1. A7에 2를 입력한다.

2. A8에 3을 입력한다.

3. 셀 A7과 A8을 선택한다.

4. A7:A17셀을 선택할 때까지 A8의 오른쪽 아래에 있는 작은 파란색 박스를 아래로 드래그한 후 마우스 버튼을 놓는다.

셀 A7:A17은 2에서 12까지의 숫자로 채워진다. 구글 시트는 인접한 셀에서 2와 3으로 수열이 시작된다는 것을 인식하고 다른 셀까지 이 수열을 드래그하면 계속 이어지게 된다.

다음으로는 4행에서 2가 몇 번 발생하는지 계산하는 수식을 만들어보자.

5. B7셀을 선택하고 =COUNTIF를 입력한다(단, Return 또는 Enter 키는 누르지 말라).

6. 마우스를 사용해 B4에서 AK4로 드래그한다. 그러면 B4:AK4 둘레에 박스가 그려지고 진행 중인 수식에는 B4:AK4가 입력된다.

7. ,(콤마)를 입력한다.

8. A7을 클릭한다. 그러면 수식에 **A7**이 입력된다. 이 시점에서 전체 수식은 =COUNTIF(B4:AK4, A7이 된다.

9.)를 입력하고 Return 키(또는 윈도우의 경우 Enter 키)를 누른다. 이제 B7의 수식은 = COUNTIF(B4 : AK4, A7)이 된다.

COUNTIF 함수는 일련의 셀에서 특정 기준이 충족되는 횟수를 계산한다. COUNTIF 의 첫 번째 매개변수는 검색할 셀의 범위(여기서는 B4:AK4)이며 두 번째 매개변수(쉼표 다음 항목)는 검색할 항목(A7의 값인 2)이다. 셀 B7에서 COUNTIF 함수는 B4:AK4 셀 모두를 살피며 숫자 2가 발생하는 횟수를 계산한다(한 번).

가능한 모든 수의 발생 횟수 계산

다음으로 2의 횟수를 세는 것으로부터 2 ~ 12까지의 모든 숫자의 발생 수를 A:A17 세로줄에다가 넣도록 확장해보자.

1. B7에서 수식을 복사해 B7:B17에 붙여 넣는다.

이렇게 하면 제대로 나오지 않는 것을 알 수 있다. 2 이외의 모든 숫자에 대한 횟수는 0으로 나오니까 말이다. 왜 이런 일이 일어나는지 알아보자.

2. B7셀을 선택하고 나서 수식 표시줄을 한 번 클릭한다. 그러면 B7셀의 수식 계산에 사용되는 모든 셀이 강조 표시된다.

3. Esc(이스케이프) 키를 누른다. 이렇게 하면 셀 편집 모드를 빠져나오게 되므로 중요한 단계다. **Esc** 키를 누르지 않고 다른 셀을 클릭하면 수식에 그 클릭 한 셀의 참조가 입력된다. 자세한 내용은 다음 경고를 보라.

> **Warning**
> **수식의 편집 모드 끝내기** 시트에서 작업할 때 수식 편집을 종료하려면 Return, Tab, Esc(PC에서는 Enter, Tab, Esc)를 눌러야 한다. 변경한 내용을 적용하려면 Return 또는 Tab을 사용하고 그렇지 않고 취소하려면 Escape을 사용한다. 수식 편집을 올바르게 종료하지 않으면 클릭한 셀이 수식에

추가된다(실수로 원하지 않는 일이 발생한다). 이런 일이 발생하면 Esc 키를 눌러 실제 공식을 변경하지 않고 편집을 종료하면 된다.

4. B8셀을 선택하고 수식 표시줄을 한 번 클릭한다.

이제 B8의 수식에 있는 문제점을 살펴야 한다. B4:AK4에서 3의 발생을 세는 것이 아니라 B5:AK5에서 3을 찾는 것으로 나올 것이다. 이것은 11장의 앞부분에서 언급했던 상대 참조의 자동 업데이트 결과다. B8은 B7보다 한 셀 낮기 때문에 B8의 모든 참조가 한 셀 아래로 업데이트된 것이다. 수식의 두 번째 인자에 대해서는 제대로 돼 있지만(즉, B8은 A7이 아닌 A8의 수를 참조해야 함) 함수가 4행을 참조하게 강제하려면 붙여 넣기 위치에 상관없이 첫 번째 인자에서 해당 행을 절대 참조하게 만들어야 한다.

5. Esc 키를 눌러 B8의 편집을 종료한다.
6. B7을 선택하고 공식을 =COUNTIF(B$4:AK$4,A7)로 변경한다. 이 수식에서 $는 COUNTIF 함수의 첫 번째 매개변수에서 4행에 대한 절대 참조를 만든다.
7. B7에서 수식을 복사해 B7:B17에 붙여 넣는다. 숫자가 올바르게 업데이트되며 B7:B17의 각 수식이 셀 B$4:AK$4를 올바르게 참조하는지 확인할 수 있다.

결과를 차트로 만들기

이제 기대했던 데이터가 B7:B17셀에 나타난다. 2d6의 36가지 가능한 수에서 7을 얻으려면 여섯 가지 방법이 있지만 2 또는 12를 얻는 방법은 여섯 가지란 것을 알 수 있다. 이 정보는 셀의 숫자로 읽을 수 있지만 차트를 사용하면 이해하기가 훨씬 더 쉽다. 주사위 굴림 차트를 만들려면 다음의 단계를 수행하면 된다. 그렇게 할 때 과정의 각 단계마다 그림 11.6의 차트 편집기에서 Ⓐ와 같이 원형 문자로 표시된 여러 이미지를 참고하라. 그림 11.6의 아래쪽에는 과정의 각 단계에 대한 차트가 나와 있다.

그림 11.6 2d6의 확률 분포 차트

1. A7:B17셀을 선택한다.

2. 그림 11.2에 나타낸 차트 버튼을 클릭한다(차트 버튼이 화면에 보이지 않으면 창이 너무 좁아서 그럴 수 있다. 이 경우 버튼 막대의 맨 오른쪽에 있는 더 보기 버튼을 클릭하면 차트 버튼이 팝업 메뉴에 나타난다). 그러면 그림 11.6과 같은 차트 편집기 창이 열린다.

3. 차트 유형 드롭다운 메뉴(현재 '선 차트"로 나와 있음)ⓐ를 클릭하고 열 차트 유형ⓑ을 선택한다.

4. 차트 편집기 데이터 영역 아래쪽에 있는 A열을 라벨로 사용 옵션ⓒ 옆의 박스에 체크 표시를 한다. 그러면 데이터의 A열이 차트 하단의 레이블로 바뀐다.

5. 맞춤 설정 탭ⓓ을 클릭하고 차트 및 축 제목 헤더ⓔ를 클릭해 해당 영역을 확장한다. 차트의 제목 텍스트를 2d6 주사위 굴림 확률ⓕ로 설정한다.

6. 같은 창에서 가로축 헤더ⓖ를 클릭한다. 가로축 영역에서 라벨을 텍스트로 처리 옵션ⓗ을 선택한다. 이렇게 하면 맨 아래에 모든 열의 숫자 레이블이 나타난다.

7. 차트 편집기의 닫기 버튼①을 클릭한다. 필요한 경우에는 차트를 이동하고 크기도 조정한다.

상당히 긴 과정을 거치기는 했지만 게임의 밸런스를 조정하는 데 매우 중요한 도구인 스프레드시트를 소개하는 데 꼭 필요한 내용이었다.

확률의 수학

이 시점이 되면 모든 가능성을 나열하는 방법 외에 주사위 굴림 결과의 가능성을 알 수 있는 더 쉬운 방법이 궁금할 것이다. 다행히도 확률을 다루는 수학 분야가 따로 있으며 이 절에서는 몇 가지 알아둬야 할 기본 규칙을 확인해보자.

먼저 2d6을 굴릴 경우 가능한 조합 수를 알아보자. 두 개의 주사위가 있고 각각 여섯 개의 가능성이 있으므로 두 개의 주사위에 대해서는 $6 \times 6 = 36$가지의 다른 가능성이 있다. 3d6의 경우 $6 \times 6 \times 6 = 216$ 또는 6^3가지의 조합이 발생한다. 8d6의 경우 $6^8 = 1,679,616$가지 가능성이 있다. 즉, 11장의 앞부분에서 사용한 열거 방법을 사용할 경우 8d6의 결과 분포를 계산하려면 엄청나게 큰 스프레드시트가 필요하게 된다.

제시 셸은 『The Art of Game Design』에서 '게임 디자이너가 반드시 알아야 하는 열 가지 확률의 규칙'[1]을 제시했는데, 아래에 부연 설명해놓았다.

- **규칙 1: 분수, 실수, 백분율은 기본적으로 같다**: 분수, 실수, 백분율은 서로 바꿔 사용할 수 있으며 확률을 다룰 때는 변환하는 경우가 많다. 예를 들어 1d20에서 1을 굴릴 확률은 1/20 또는 0.05 또는 5%다. 이를 서로 변환하려면 다음 지침을 따른다.

  - **분수 → 실수:** 계산기에 분수를 입력한다(1 ÷ 20 =을 입력하면 0.05가 나온다). 실수는 많은 수를 정확하게 나타낼 수 없다(예, 2/3은 정확하지만 0.666666667은 근삿값).

---

1. Schell, *The Art of Game Design*, 155-163

- **백분율 → 실수**: 100으로 나눈다(예, 5% = 5 ÷ 100 = 0.05).
- **실수 → 백분율**: 100으로 곱한다(예, 0.05 = (0.05 * 100)% = 5%).
- **임의의 수 → 분수**: 대부분의 사람들이 알고 있는 경우(예, 0.5 = 50% = 1/2, 0.25 = 1/4)를 제외하면 소수나 백분율을 분수로 쉽게 변환하는 방법이 거의 없기 때문에 이렇게 하는 것은 매우 어렵다.

■ **규칙 2: 확률의 범위는 0 ~ 1이다(0% ~ 100% 및 0/1 ~ 1/1에 해당)**: 0%보다 낮거나 100%보다 높은 확률은 있을 수 없다.

■ **규칙 3: 확률은 '원하는 결과' 나누기 '가능한 결과'다**: 1d6을 굴리면서 6이 나오기를 원하는 경우 원하는 결과는 한 개(6)고 가능한 결과는 여섯 개(1, 2, 3, 4, 5, 6)다. 따라서 6이 나올 확률은 1/6(약 0.16666 또는 17%)이다. 52장의 카드 한 벌에는 13장의 스페이드가 있기 때문에 무작위로 한 장을 뽑았을 때 스페이드일 확률은 13/52(1/4 또는 0.25 또는 25%)이다.

■ **규칙 4: 어려운 수학 문제는 나열해보는 것으로 해결할 수 있다**: 가능한 결과의 수가 아주 작은 경우 이전의 2d6 스프레드시트 예제에서 봤듯이 가능한 결과를 모두 나열해보는 방법을 사용해도 된다. 가능한 결과의 수가 많은 경우(예, 60466,176의 가짓수가 있는 10d6)라면 컴퓨터 프로그램을 작성해 나열하면 된다. 어느 정도 프로그래밍 기술을 익힌 후에는 부록 B의 '주사위 확률' 절에 있는 프로그램을 확인해본다.

■ **규칙 5: 원하는 결과가 상호배타적**mutually exclusive**인 경우 확률끼리 더한다**: 제시셀은 얼굴 카드(킹, 퀸, 잭) 또는(OR) 에이스 중 하나를 뽑을 확률을 계산하는 경우를 예로 들어 설명했다. 카드 한 벌에는 12장의 얼굴 카드(세트당 3장)와 4장의 에이스가 있다. 에이스와 얼굴 카드는 상호배타적이다. 즉, 얼굴 카드이면서 동시에 에이스인 카드일 수는 없다. 따라서 "카드 한 벌에서 얼굴 카드 또는 에이스를 뽑을 확률은 얼마인가?"라고 질문한다면 그 답은 12/52 + 4/52 = 16/52(0.3077 ≈ 31%)이 된다.

1d6에서 1, 2 또는 3이 나올 확률은 얼마일까? 1/6 + 1/6 + 1/6 = 3/6(0.5 = 50%)이다. OR를 사용해 상호배타적인 결과를 결합할 때는 각 확률을 더한다.

- **규칙 6: 원하는 결과가 상호배타적이지 않으면 확률끼리 곱한다:** 얼굴 카드이면 서 스페이드를 선택할 확률을 알고 싶다면 두 확률끼리 곱한다. 확률은 1보다 작거나 같기 때문에 일반적으로 이를 곱하면 발생 확률이 줄어든다. 카드 한 벌에는 13장의 스페이드(13/52)와 12장의 얼굴 카드(12/52)가 있다. 두 확률을 서로 곱하면 다음과 같게 된다.

$$13/52 \times 12/52 = (13 \times 12)/(52 \times 52)$$
$$= 156/2704 \qquad \text{분자와 분모를 모두 52로 나눔}$$
$$= 3/52 (0.0577 \approx 6\%)$$

카드 한 벌에는 얼굴 카드이면서 스페이드인 것이 3장 있기 때문에(52장 중에서 3장) 이 계산이 맞다는 것을 알 수 있다.

또 다른 예로는 1d6을 굴려 1이 나오고(AND) 또다시 굴려 1이 나올 확률이 다. 이 경우 확률은 $1/6 \times 1/6 = 1/36 (0.0278 \approx 3\%)$이며, 시트에서 나열한 예에 서 봤듯이 2d6을 굴릴 때 두 주사위에서 모두 1이 나올 확률은 정확히 1/36 이다.

AND 연산을 적용해 상호배타적이 아닌 결과를 결합하려면 해당 확률끼리 곱하면 된다.

정리: 원하는 결과가 독립일 경우, 확률끼리 곱한다: 두 작업이 서로 독립인 경 우(이들의 부분집합이 상호배타적이지 않은 경우) 두 작업이 동시에 일어날 확률은 두 확률 의 곱과 같다.

1d6에서 6(1/6)이 나오고(AND) 동전 던지기에서 앞면(1/2)이 나오고(AND) 카드 한 벌에서 에이스가 나올(4/52) 확률은 $1/156 (1/6 \times 1/2 \times 4/52 = 6/624 = 1/156)$이다.

- **규칙 7: 1 - "발생한다" = "발생하지 않는다":** 발생할 확률은 1에서 발생하지 않을 확률을 뺀 것이다. 예를 들어 1d6에서 1이 나올 확률은 1/6이다. 따라 서 1d6에서 1이 나오지 않을 확률은 $1 - 1/6 = 5/6 (0.8333 \approx 83\%)$다. 이는 일어날 가능성보다 일어날 수 없는 가능성을 파악하기가 더 쉬울 때 유용 하다.

예를 들어 2d6을 굴릴 때 적어도 하나의 주사위에서 6이 나올 확률을 계산하려면 어떻게 해야 할까? 가능성을 나열해보면 답은 11/36이다(6_x, x_6, 6_6인데, 여기서 x는 6이 아닌 숫자를 의미한다). 앞에서 만들었던 시트를 사용해 6이 하나 이상 있는 열의 개수를 카운트해도 된다. 하지만 확률 규칙 5, 6, 7을 사용해서 이를 구할 수도 있다.

1d6에서 6이 나올 확률은 1/6이다. 1d6에서 6이 아닌 수가 나올 확률은 5/6이므로 한 주사위에서 6이 나오고(AND) 다른 주사위에서 6이 나오지 않을 확률(즉, 6_x)은 1/6 × 5/6 = 5/36다(규칙 6에서 AND는 곱셈을 의미한다는 것을 기억하자). 이러한 계산은 6_x 또는(OR) x_6이 나올 경우에도 적용할 수 있는데, 이때는 두 확률을 더한다. 즉, 5/36 + 5/36 = 10/36이 된다(규칙 5: OR는 덧셈을 의미한다). 한 주사위에서 6이 나오고(AND) 다른 주사위에서 6이 나올(6_6) 확률은 1/6 × 1/6 = 1/36이다.

이 세 가지 경우(6_x, x_6, 6_6)는 상호배타적이므로 모두 더한다. 즉, 5/36 + 5/36 + 1/36 = 11/36(0.3055 ≈ 31%)이 된다.

상당히 복잡해졌지만 규칙 7을 사용하면 이를 단순화할 수 있다. 문제를 역으로 바꿔 두 개의 주사위에서 모두 6이 나오지 않을 확률을 생각하면 "첫 번째 주사위에서 6이 나오지 않고(AND) 두 번째 주사위에서도 6이 나오지 않을(즉, x_x) 확률은 얼마일까?"라고 질문을 바꿀 수 있다. 이러한 두 확률은 상호배타적이지 않으므로 두 확률을 곱하면 된다! 따라서 두 주사위 모두에서 6이 나오지 않을 확률은 5/6 × 5/6 = 25/36이다. 규칙 7을 사용하면 1 - 25/36 = 11/36이 되므로 상당히 쉽게 결과가 나온다.

이번에는 4d6을 굴려서 적어도 6이 하나 나올 확률은 얼마일까? 이제는 다음과 같이 쉽게 계산할 수 있다.

$$1 - (5/6 \times 5/6 \times 5/6 \times 5/6)$$
$$= 1 - (54/64)$$
$$= 1 - (625/1{,}296)$$
$$= (1{,}296/1{,}296) - (625/1{,}296) \quad 1{,}296/1{,}296은 1임$$

$$= (1,296 - 625)/1,296 \qquad \text{분자를 모아 한 번에 1,296로 나눔}$$

$$= 671/1,296 \text{(0.5177} \approx \text{52\%)}$$

따라서 4d6에서 적어도 하나의 6이 나올 확률은 52%다.

- **규칙 8: 주사위 여러 개의 합은 선형 분포가 아니다:** 2d6를 나열한 시트 예제에서 봤듯이 개별 주사위의 결과는 선형 분포를 보이긴 하지만(즉, 1d6에서 1 ~ 6의 각 숫자가 나올 확률은 모두 같음) 주사위 여러 개의 결과를 합하면 확률이 가중 분포^{weighted distribution}로 나타난다. 주사위를 세 개 이상 사용하면 그림 11.7에 나오는 것처럼 더 복잡한 결과가 나온다.

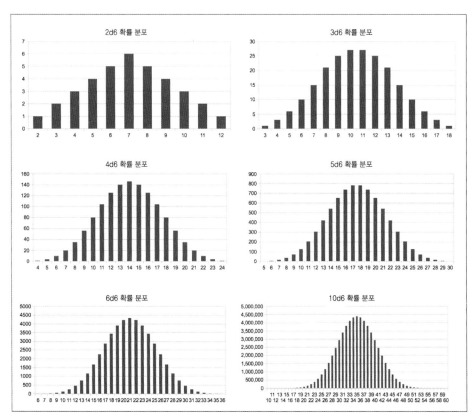

그림 11.7 2d6, 3d6, 4d6, 5d6, 6d6, 10d6에 대한 확률 분포

그림에서 볼 수 있듯이 주사위가 늘어나면 주사위 합의 평균 쪽으로 편향이

강해진다. 예를 들어 10d6에서는 6이 나올 확률이 1/60,466,176에 지나지 않지만 35가 나올 확률은 4,395,456/60,466,176(0.0727 ≈ 7%)이고 30 ~ 40이 나올 확률은 41,539,796/60,466,176(0.6869922781 ≈ 69%)이나 된다. 이러한 값을 계산하는 방법에 대한 복잡한 수학 논문들이 있긴 하지만 나는 그 대신 규칙 4에 따라 이를 수행하는 프로그램을 작성했다(부록 B 참고).

사실 이러한 확률 분포의 정확한 숫자를 이해하는 것은 게임 디자이너에게 그리 중요한 일이 아니다. 여러분이 기억할 가장 중요한 사실은 플레이어가 굴리는 주사위의 수가 많아질수록 평균에 가까운 값을 얻는다는 것이다.

■ **규칙 9: 이론적 확률 대 실제 확률:** 지금까지 알아본 이론적 확률과 함께 때로는 실제 측면에서 확률을 고려하는 것이 수월할 수 있다. 여기에는 디지털 방식과 아날로그 방식이 있다.

디지털 방식에서는 수백만 번 시도하고 결과를 확인하는 간단한 컴퓨터 프로그램을 작성할 수 있다. 이 방법을 **몬테카를로**Monte Carlo 방법이라고 하며 실제로 체스와 바둑을 두는 최적의 인공지능에서 실제로 사용되고 있다. 바둑은 매우 복잡한 게임이며 컴퓨터와 사람의 경기에서 수백만 번의 움직임을 계산하고 최적의 결과를 얻는 수를 계산할 수 있다. 아주 까다로운 이론적 문제에 대한 해답을 알아내는 데도 이 방법을 사용할 수 있다. 제시 셸은 <모노폴리>에서 주사위 굴림을 수백만 번 시뮬레이션하면 보드 플레이어가 가장 많이 걸리는 지역을 알아낼 수 있다고 설명했다.

또한 모든 주사위가 완전히 똑같이 제조되지는 않는다는 점도 고려해야 한다. 예를 들어 보드 게임을 출시하려고 할 때 주사위 제조업체를 찾고 있다면 고려하고 있는 회사의 샘플 주사위를 받아 직접 수백 번 굴려 결과를 확인하는 것이 좋다. 이 작업을 해보는 데 두어 시간이 걸릴 수도 있지만 주사위가 정상적으로 제조됐는지 또는 특정한 수가 다른 수보다 더 많이 나오는지 확인할 수 있다.

■ **규칙 10: 친구에게 전화하라:** 컴퓨터공학이나 수학 전공 과정에는 대부분 확률에 대한 과정이 포함돼 있다. 혼자 해결하기 어려운 확률 문제가 있으

면 주변 친구들에게 물어보자. 실제로 제시 셸에 따르면 확률에 대한 연구는 1654년, 슈발리에 드메레$^{Chevalier de Méré}$가 1d6을 네 번 던져 적어도 6이 한 번 나올 확률이 2d6을 이십사 번 던져 적어도 12가 한 번 나올 확률보다 높다는 것을 이상하게 생각했을 때부터 시작됐다. 슈발리에는 그의 친구인 블레즈 파스칼$^{Blaise Pascal}$에게 도움을 청했다. 파스칼은 아버지의 친구인 피에르 드 페르마$^{Pierre de Fermat}$에게 편지를 썼고 그들의 대화는 확률 연구의 기초가 됐다.[2]

부록 B에서는 주사위 개수와 종류에 제한 없이 (계산되는 동안 기다릴 시간이 있다면) 확률 분포를 계산할 수 있는 유니티 프로그램을 소개한다.

종이 게임의 난수 발생기 기술

종이 게임에 사용되는 가장 일반적인 난수 발생기로는 주사위, 돌림판, 카드가 있다.

주사위

11장에서는 이미 주사위에 대해 많은 내용을 다뤘다. 주사위에 대한 중요한 내용을 정리하면 다음과 같다.

- 하나의 주사위를 던지면 선형 확률 분포를 나타낸다.
- 주사위의 수가 많아지면 점차 평균 쪽으로 편향되고(선형 분포와는 멀어짐) 아주 극단적으로 많아지면 종 모양 곡선이 된다.
- 표준 주사위로는 d4, d6, d8, d10, d12, d20이 있다. 일반적으로 게임용 주사위 패키지에는 1d4, 2d6, 1d8, 2d10, 1d12, 1d20이 포함돼 있다.
- 표준 주사위 패키지의 2d10은 각각 일의 자릿수(0 ~ 9가 표시된 주사위)와 십의

---

2. Schell, *The Art of Game Design*, 154.

자릿수(00 ~ 90에서 10의 배수가 표시된 주사위)를 나타내는 주사위 두 개를 던져 00 ~ 99 범위의 고른 확률 분포를 얻을 수 있으므로 백분위 주사위percentile dice 라고도 부른다(여기서 일의 자릿수 주사위와 십의 자릿수 주사위를 한 번 굴리는 것을 보통 100%로 계산한다).

돌림판

돌림판에는 크게 두 가지 종류가 있지만 회전하는 부분과 고정된 부분으로 구성된다는 점에서는 모두 같다. 대부분의 보드 게임에 사용되는 돌림판은 판지로 만든 밑판과 위에 회전하는 화살표가 붙은 모양이다(그림 11.8A 참고). 큰 회전판(예, TV 프로그램 〈휠 오브 포춘Wheel of Fortune〉의 회전판)의 경우에는 회전 바퀴가 여러 부분으로 분할되고 밑판에 화살표가 고정된 형태가 많다(그림 11.8B). 플레이어가 돌림판을 돌릴 때 충분한 힘을 가한다면 확률의 관점에서 돌림판은 주사위와 사실상 동일하다.

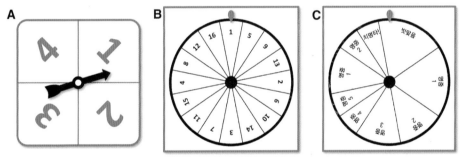

그림 11.8 다양한 돌림판. 이 다이어그램에서 초록색 부분은 고정된 부분이고 검은색 부분은 회전하는 부분이다.

돌림판은 다음 두 가지 중요한 이유로 어린이용 게임에 자주 사용한다.

- 어린이는 작은 공간 안에 주사위를 던지기 위한 정교한 운동 능력이 부족하기 때문에 주사위가 게임 테이블 바깥에 떨어지는 경우가 많다.
- 돌림판은 어린이가 삼킬 우려가 없다.

돌림판은 성인용 게임에서는 드문 편이지만 다음과 같이 주사위로는 불가능한 흥미로운 용도로 활용할 수 있다.

- 돌림판은 슬롯의 수가 거의 제한이 없는 반면 주사위는 (불가능한 것은 아니지만) 3, 7, 13, 200면 등으로 만들기가 아주 어렵다.[3]

- 돌림판은 각 수의 확률을 쉽게 변경할 수 있다. 그림 11.8C는 공격 시 사용할 수 있는 돌림판의 예를 보여준다. 이 돌림판에서 플레이어는 다음과 같은 기회를 가질 수 있다.

  - 빗나갈 확률 3/16
  - 4점 획득 확률 1/16
  - 1점 획득 확률 5/16
  - 5점 획득 확률 1/16
  - 2점 획득 확률 3/16
  - 치명타 획득 확률 1/16
  - 3점 획득 확률 2/16

카드 덱

표준 플레잉 카드 덱은 각 13장으로 구성된 네 가지 다른 세트와 경우에 따라 2장의 조커로 구성된다(그림 11.9 참고). 클럽, 다이아몬드, 하트, 스페이드의 네 가지 세트는 각각 1(에이스라고도 함) ~ 10, 잭, 퀸, 킹 카드로 구성된다.

플레잉 카드는 작은 크기와 다양한 분할 방법을 갖고 있어 아주 인기가 많다.

조커를 뺀 카드 한 벌에서 카드 한 장을 뽑으면 다음과 같은 확률이 적용된다.

- 특정 카드 한 장을 뽑을 확률: 1/52(0.0192 ≈ 2%)
- 특정 세트를 뽑을 확률: 13/52 = 1/4(0.25 = 25%)
- 인물 카드(J, Q, K)를 뽑을 확률: 12/52 = 3/13(0.2308 ≈ 23%)

---

3. 자주 나올 숫자의 면을 더 크게 한 미식축구공 모양의 주사위를 만들기도 한다. 이에 대한 예를 보려면 온라인에서 '원형 주사위', '크리스털 주사위' 또는 'd7 주사위'를 검색한다.〉

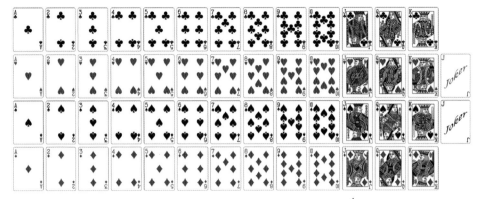

그림 11.9 두 장의 조커를 포함하는 표준 플레잉 카드[4]

커스텀 카드 덱

카드 덱은 종이 게임에서 사용하기 가장 쉽고 다양하게 구성할 수 있는 난수 발생기다. 특정 카드의 복사본을 추가하거나 제거하면 덱에서 카드 한 장을 뽑을 때의 확률을 아주 쉽게 변경할 수 있다. 자세한 내용은 11장의 뒷부분에 있는 '가중 분포' 절을 참고한다.

커스텀 카드 덱 제작을 위한 팁

커스텀 카드를 제작할 때의 어려움 중 하나는 섞기 수월한 재료를 구하기가 쉽지 않다는 점이다. 3 × 5 메모 카드는 그다지 적합하지 않지만 더 좋은 두 가지 옵션이 있다.

- 마커나 스티커로 기존 카드 세트를 수정한다. 유성펜을 쓰는 것이 좋으며 스티커를 사용하면 카드 두께가 두꺼워지니 주의한다.
- 9장에서 설명한 것처럼 카드 슬리브를 구매하고 종이와 보통 카드 한 장을 카드 슬리브에 넣는다.

카드(또는 종이 프로토타입의 다른 요소)를 제작할 때 주의해야 할 점은 너무 많은 시간을 투자하지 않는 것이다. 시간을 들여 카드를 너무 멋지게 만들면 (예를 들어) 프로토타입에서 이 카드를 빼거나 다시 시작해야 할 때 소극적이 될 수 있다.

---

4. 벡터 플레잉 카드 1.3(http://sourceforge.net/projects/vector-cards/) ⓒ2011, 크리스 아귈라(Chris Aguilar), LGPLv3 (www.gnu.org/copyleft/lesser.html) 라이선스 허용

덱을 섞는 시점

카드를 뽑을 때마다 전체 카드 덱을 섞으면 모든 카드를 동일한 확률로 뽑을 수 있다(주사위를 굴릴 때나 돌림판을 사용할 때와 동일하다). 하지만 카드 덱은 보통 이렇게 사용하지 않는다. 일반적으로 덱의 카드가 모두 소진될 때까지 카드를 뽑은 후에 모든 카드를 다시 섞는다. 따라서 카드 덱은 동일한 가짓수의 주사위와는 아주 다른 동작을 보여준다. 1 ~ 6의 번호가 붙은 6장의 카드 덱을 사용해 한 장씩 모든 카드를 뽑은 후에 카드를 섞으면 여섯 번 모두 1 ~ 6 카드를 정확히 한 번씩만 뽑을 수 있다. 주사위를 여섯 번 굴린다면 이와 같은 일관성이 생기지 않는다. 또 다른 점은 플레이어가 현재까지 뽑힌 카드를 기억하고 다음에 나오는 카드의 확률을 알아낼 수 있다는 점이다. 예를 들어 6장의 카드 덱에서 1, 3, 4, 5 카드를 뽑았다면 다음 카드가 2 또는 6일 확률이 각각 50%다.

이러한 카드 덱과 주사위의 차이점 때문에 보드 게임 <세틀러 오브 카탄>을 하는 플레이어들이 2d6 주사위의 이론적 확률과 게임을 하는 동안 실제 확률의 차이를 호소하면서 좌절감을 느끼는 경우가 많았다. 이 회사에서는 이러한 문제를 해결하고자 게임의 실제 확률이 항상 이론적 확률과 일치하도록 주사위를 대신하는 옵션으로 36장의 카드 덱(2d6의 가능한 결과를 표시함)을 판매하고 있다.

가중 분포

가중 분포^{weighted distribution}란 일부 옵션이 다른 옵션보다 높은 확률로 나타나는 현상이다. 지금까지 살펴본 대부분의 난수 발생기 예는 임의의 가능성이 균등하게 분포돼 있지만 사실 디자이너는 한 옵션이 다른 옵션보다 자주 나타나는 가중 분포를 원하는 경우가 더 많다. 예를 들어 보드 게임 <스몰 월드>의 디자이너는 공격자에게 각 턴의 마지막 공격 시 약 절반의 확률로 +1 ~ +3 범위의 무작위 보너스를 부여하기로 했다. 이를 위해 그림 11.10과 같은 6면 주사위를 만들었다.

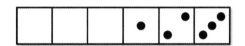

그림 11.10 가중 분포 보너스가 적용되는 〈스몰 월드〉의 공격 보너스 주사위

이 주사위를 사용하면 보너스를 받지 못할 확률은 3/6 = 1/2(0.5 = 50%)이고 보너스 2점을 받을 확률은 1/6(0.1666 ≈ 17%)이므로 보너스를 받지 못할 확률이 다른 세 옵션의 확률보다 가중치가 훨씬 높다.

이와는 달리 보너스 받을 확률을 절반으로 유지하면서 보너스 1점을 받을 확률을 3점을 받을 확률의 3배로 하고 2점을 받을 확률을 3점을 받을 확률보다 2배로 하려면 어떻게 하면 좋을까? 그러려면 그림 11.11과 같이 가중 분포를 만들면 된다.

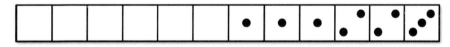

그림 11.11 0일 확률이 1/2, 1일 확률이 1/4, 2일 확률이 1/6, 3일 확률이 1/12인 주사위

다행히도 이 경우는 12면 주사위(표준 주사위)로 만들 수 있다. 하지만 표준 주사위가 아니라면 동일한 확률을 갖는 돌림판이나 카드 덱을 만들면 된다(다만 카드 덱의 경우에는 카드를 뽑을 때마다 카드를 섞어야 한다). 시트에서도 무작위 결과로 가중 분포를 모델링할 수 있다. 이 작업 방법은 이후 유니티와 C#를 사용해 난수를 처리하는 방법과 비슷하다.

시트에서 가중 확률 계산

가중 확률weighted probability은 디지털 게임에서 흔히 사용된다. 예를 들어 적 캐릭터가 플레이어를 만났을 때 40%의 공격, 40%의 방어, 20%의 도망 확률을 갖게 하려면 값의 배열을 [공격, 공격, 방어, 방어, 도망][5]을 정의하고 적의 인공지능 코드에서 무작위로 이 배열의 값을 가져오게 하면 된다.

다음 단계를 수행하면 일련의 값을 무작위로 선택하는 시트 워크시트를 작성할 수 있다. 이 워크시트는 처음에는 1 ~ 12 사이의 수를 무작위로 선택한다. 시트를 완성하면 A열의 옵션을 원하는 대로 수정할 수 있다.

	A	B	C
1		# Choices:	12
2		Random:	0.4843701814
3		Index:	6
4		Result:	6
5			
6			
7			
8			
9			
10			
11			
12			

그림 11.12 가중 난수 선택을 위한 구글 시트

1. 창의 아래쪽에 있는 기존의 **시트1** 워크시트 탭의 왼쪽에 있는 + 기호를 클릭해 기존 시트에 새로운 워크시트를 추가한다(11장의 앞쪽에 있는 그림 11.2 참고).
2. 이 새 워크시트에서 그림 11.12의 A와 B열에 표시된 텍스트와 숫자를 채우고 지금은 C열을 비워둔다. B열의 텍스트를 오른쪽 정렬하려면 B1:B4셀을 선택하고 시트의 메뉴 표시줄(그림 11.2의 브라우저 창 내부에서 파란색 직사각형으로 강조 표시한 부분)에서 **서식 ➤ 정렬 ➤ 오른쪽**을 선택한다.

---

5. 대괄호(즉, [])는 C#에서 배열(값의 그룹)을 정의하는 데 사용하는데, 여기서는 다섯 가지 가능한 행동 값을 그룹화하는 데 사용했다.

3. C1셀을 선택하고 수식 =COUNTIF(A1:A100,"<>")를 입력한다. 이 수식은 A1:A100 범위에서 비어 있지 않은 셀 수를 센다(시트 수식에서 <>은 '~와 다른'을 의미하며 특정 값을 지정하지 않으면 '비어 있지 않은'을 의미). 이렇게 하면 A열에 나열된 올바른 선택 수를 얻을 수 있다(현재 12개).

4. C2셀에 수식 =RAND()를 입력하는데, 이 수식은 0(포함) ~ 1(제외)의 수를 생성한다.[6]

5. C3셀을 선택하고 수식 =FLOOR(C2*C1)+1을 입력한다. 여기의 내림 수는 0과 ≈0.9999 사이의 난수에 선택의 가짓수(이 경우 12)를 곱한 값이다. 즉, 0 ~ 11.9999 범위의 수를 반내림해 0 ~ 11 범위의 숫자를 얻는다. 그러고 나서 그 결과에 1을 더해 1 ~ 12 범위의 정수를 얻는다.

6. C4셀에 수식 =INDEX(A1:A100,C3)을 입력한다. INDEX()는 값의 범위(예, A1:A100)에서 인덱스(이 경우 1 ~ 12 중 하나인 C3)를 바탕으로 값을 선택한다. 이제 C4는 A열의 목록에서 임의의 수를 선택한다.

다른 난수를 얻으려면 C2셀을 복사해 다시 C2에 붙여 넣는다. 이렇게 하면 RAND 함수를 다시 계산하게 된다. 이 스프레드시트를 변경해 RAND를 다시 계산하게 만들 수도 있다(예, E1에 1을 입력하고 Return 키를 눌러 다시 계산하게 할 수 있음). 스프레드시트에서 아무 셀을 변경할 때마다 RAND가 다시 계산된다.

A열의 셀에는 숫자나 텍스트를 입력할 수 있으며 행을 누락하지 않아야 한다. A1:A12셀의 숫자를 그림 11.11의 가중치(즉, [0, 0, 0, 0, 0, 1, 1, 1, 2, 2, 3])로 바꾼다. 그렇게 해서 C2에서 무작위 값을 여러 번 다시 계산해보면 절반의 확률로 C4셀에 0이 표시된다는 것을 알 수 있다. 또한 이 절의 시작 부분에서 설명한 예와 같이 A1:A5에 [공격, 공격, 방어, 방어, 도망] 값을 입력하고 가중 확률이 실제로 어떻게 나오는지 확인할 수 있다.

---

6. '0(포함)'은 반환된 무작위 숫자가 0일 수 있음을 의미하고 '1(제외)'은 반환된 무작위 숫자가 결코 1이 되지 않음을 의미한다(즉, 0.999999999일 수 있음).

순열

인기 있는 보드 게임 <마스터 마인드>(1970년 모로데카이 메이로비츠 제작)의 바탕이 된 <황소와 젖소>라는 전통적인 게임이 있다(그림 11.13 참고). 이 게임에서 각 플레이어는 네 자리 수의 비밀 코드(각 숫자는 달라야 함)를 적는다. 플레이어는 돌아가면서 상대편의 코드를 추측하며 가장 먼저 정확하게 상대방의 코드를 맞춘 사람이 승리한다. 플레이어가 추측한 코드를 말하면 상대편은 황소와 젖소의 수로 대답해야 한다. 플레이어가 추측한 숫자와 위치가 모두 맞으면 황소 하나를 받고 숫자는 맞지만 위치가 틀리면 젖소 하나를 받는다. 그림 11.13에서 초록색은 황소를 나타내고 흰색은 젖소를 나타낸다.

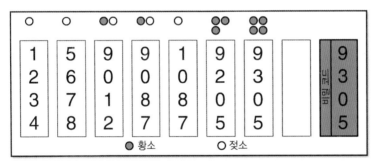

그림 11.13 〈황소와 젖소〉 게임의 예

추측하는 사람의 관점에서 비밀 코드는 사실상 일련의 무작위 선택이다. 수학자들은 이러한 일련의 선택을 순열permutation이라고 한다. <황소와 젖소>에서 비밀 코드는 0 ~ 9의 열 가지 수에서 반복되는 수가 없이 네 개의 수를 선택한다. <마스터 마인드> 게임에서는 여덟 가지 색상이 있고 그중 반복되지 않도록 네 개 색상을 선택한다. 두 경우 모두 코드는 요소의 순서가 중요하기 때문에 조합이 아닌 순열이다(9305는 3905와 같지 않음). 조합combination이란 순서를 따지지 않는 선택이다. 예를 들어 조합에서 1234, 2341, 3421, 2431 등은 모두 같은 것으로 취급한다. 조합의 좋은 예는 아이스크림에서 원하는 세 가지 맛을 섞는 것이다. 즉, 해당 맛의 아이스크림들을 어느 순서로 섞더라도 합쳐진 아이스크림의 맛은 동일하다.

요소 반복이 허용되는 순열

수학적으로 훨씬 쉬운, 요소 반복이 허용되는 순열부터 알아보자. 반복이 허용되는 네 자리의 수가 있다면 10,000가지 조합(0000 ~ 9999)이 가능하다. 수를 사용하면 이해하기 쉽지만 슬롯당 옵션이 열 개가 아닌 다른 경우를 위해 더 일반적인 방법으로 생각할 필요가 있다. 각 자릿수는 서로 독립적이고 열 가지 가짓수가 있으므로 확률 규칙 6에 따라 특정 숫자가 나올 확률은 $1/10 \times 1/10 \times 1/10 \times 1/10 =$ 1/10,000이다. 또한 코드의 가짓수가 10,000개임을 알 수 있다(반복이 허용되는 경우).

반복이 허용되는 순열의 일반적인 계산 방법은 각 슬롯의 선택 가짓수를 서로 곱하는 것이다. 각각 열 가지 가짓수가 있는 네 개 슬롯의 경우 $10 \times 10 \times 10 \times 10 = 10,000$의 가짓수가 나온다. 숫자 대신 6면 주사위로 코드를 만든다면 슬롯당 가짓수가 여섯 개이므로 $6 \times 6 \times 6 \times 6 = 1,296$개의 가짓수가 나온다.

요소 반복이 허용되지 않는 순열

그러나 숫자를 반복해서 사용할 수 없는 <황소와 젖소>의 경우에는 어떨까? 이 경우에는 생각보다 훨씬 쉽다. 한 숫자를 사용한 후에는 그 숫자를 더 이상 사용할 수 없다. 따라서 첫 번째 슬롯의 경우 0 ~ 9 사이의 숫자를 선택할 수 있지만 일단 첫 번째 슬롯에서 어떤 숫자(예. 9)를 선택한 후에는 두 번째 슬롯에서 선택할 수 있는 숫자는 아홉 가지(0 ~ 8)가 된다. 나머지 슬롯에도 계속 이렇게 적용되므로 <황소와 젖소>의 가능한 코드 계산은 $10 \times 9 \times 8 \times 7 = 5,040$이 된다. 반복을 허용한 경우에 비해 거의 절반이나 줄어든 수치다.

시트를 사용해 무기 밸런스 조정

게임 디자인에서 구글 시트와 같은 프로그램과 수학을 활용하는 다른 분야로는 다양한 무기나 능력의 밸런스 조정이 있다. 이 절에서는 세가Sega의 <전장의 발큐

리아$^{Valkyria\ Chronicles}$>와 비슷한 게임을 위한 무기 밸런스 조정 과정의 예를 살펴본다. 이 예제 게임에서 각 무기에는 다음과 같이 세 가지 중요한 값이 있다.

- 발사 횟수
- 한 발당 피해
- 거리에 따른 명중률

이러한 무기의 밸런스를 조정할 때 모든 무기의 파괴력을 거의 비슷하게 맞추면서 각 무기의 고유한 특성을 살려야 한다. 각 무기의 기본 특성은 다음과 같다.

- **권총**^{Pistol}: 기본 무기로, 대부분 상황에 적절하지만 특별한 장점도 없다.
- **소총**^{Rifle}: 중장거리에서 좋은 성능을 보여준다.
- **샷건**^{Shotgun}: 단거리에서 강력하지만 장거리에 약하다. 한 발씩만 쏠 수 있으므로 빗나가면 손해가 크다.
- **저격 소총**$^{Sniper\ Rifle}$: 단거리에 부적합하지만 장거리에서는 놀라운 명중률을 보여준다.
- **기관총**$^{Machine\ Gun}$: 여러 번 발사하므로 대충이라도 맞출 수 있다. 아주 강력하지는 않지만 가장 신뢰할 만한 총이다.

그림 11.14에는 내가 처음 생각했던 무기의 속성 값이 나온다. ToHit 값은 해당 거리에서 명중하고자 나와야 하는 1d6의 최솟값이다. 예를 들어 K3셀을 보면 권총은 7의 거리에서 ToHit이 4라는 것을 알 수 있으므로 플레이어가 7칸 떨어진 거리에서 목표물을 쏜다면 주사위가 4 이상 나와야 명중하게 된다. 이는 1d6에서 50% 확률이다(4, 5, 6이 나올 때 명중하기 때문).

	A	B	C	D	E	F	G	H	I	J	K	L	M	N	O	P	Q	R	S	T	U	V	W	X	Y	Z
1	Weapon	Shots	D/Shot	ToHit												Percent Chance										
2	Original				1	2	3	4	5	6	7	8	9	10			1	2	3	4	5	6	7	8	9	10
3	Pistol	4	2		2	2	2	3	3	4	4	5	5	6												
4	Rifle	3	3		4	3	2	2	2	3	3	3	4	4												
5	Shotgun	1	10		2	2	3	3	4	5	6															
6	Sniper Rifle	1	8		6	5	4	4	3	2	2	3	4													
7	Machine Gun	6	1		3	3	4	4	5	5	6	6														

그림 11.14 무기 밸런스 스프레드시트의 초기 값

총알당 명중률 계산

Percent Chance 헤더 아래의 셀에 특정 거리에서 각 무기의 명중률을 계산해서 표시해보자. 이를 위해 다음 단계를 따라 한다.

1. 시트에서 새 스프레드시트 문서를 만들고 그림 11.14에 나타난 모든 데이 터를 입력한다. 셀의 배경색을 변경하려면 그림 11.2에 나타낸 셀 색 버튼 을 사용하면 된다.

E3셀을 보면 권총의 경우에 플레이어가 1d6에서 2 이상이 나오면 그 거리에서 명중한다는 것을 알 수 있다. 즉, 1이 나오면 빗나가고 2, 3, 4, 5, 6이 나오면 명중 한다는 뜻이다. 이는 5/6 확률(또는 ≈83%)이며 이를 계산하는 수식이 필요하다. 확률 규칙 7을 적용하면 빗나갈 확률은 1/6(1에서 ToHit 확률을 뺀 것과 같음)이라는 것을 알 수 있다.

2. P3셀을 선택하고 수식 =(E3-1)/6을 입력한다. 그러면 P3에는 권총이 거리 1에서 빗나갈 확률이 나타난다. 시트에서는 연산 순서가 적용돼 나눗셈이 뺄셈보다 먼저 계산되므로 E3-1을 괄호로 묶어야 한다.

3. 규칙 7을 다시 사용하면 [1 - 빗나감 = 명중]이므로 P3의 공식을 =1-((E3-1)/6)으로 변경한다. 그러면 P3은 0.8333333의 값이 될 것이다.

4. P3의 실수 값을 백분율로 변환하려면 P3을 선택하고 그림 11.2의 숫자 형식 영역에서 % 표시의 버튼을 클릭한다. 그리고 나서 % 버튼의 바로 오른쪽에 있는 버튼(이 버튼은 .0 아래에 왼쪽 화살표가 붙어 있음)을 두 번 클릭한다. 이렇게 하면 셀 보기에서 소수점 이하 두 자리가 제거돼 지저분한 %83.33 대신 덜 정확 하지만 83%로 깔끔하게 나타난다. 이 표시는 보기에서만 이렇게 나타나므 로(데이터는 변경되지 않음) 이 셀에서의 계산은 계속 정확성을 유지한다.

5. P3의 수식을 복사해 P3:Y7 범위의 모든 셀에 붙여 넣는다. ToHit 셀의 비 어 있는 셀 때문에 117%로 나타나는 것을 제외하고는 모든 것이 제대로 보일 것이다. 빈 셀을 무시하도록 수식을 변경해보자.

6. P3을 다시 선택하고 수식을 =IF(E3="", "", 1-((E3-1)/6))으로 변경한다. 이 IF 함수는 다음과 같이 세 부분으로 나뉘며 쉼표로 구분된다.

   - **E3 = ""**: 첫 번째 부분은 다음과 같이 질문한다. E3은 "" 인가?(즉, E3은 빈 셀인가?)

   - **""**: 두 번째 부분은 첫 번째 부분의 질문이 참일 경우 셀에 넣을 내용이다. 즉, E3이 비어 있으면 P3셀도 비운다.

   - **1-((E3-1)/6**: 세 번째 부분은 첫 번째 부분의 질문이 거짓일 경우 셀에 넣을 내용이다. 즉, E3이 비어 있지 않으면 이전과 동일한 수식을 사용한다.

7. P3의 새 수식을 복사해 P3:Y7에 붙여 넣는다. **ToHit** 영역의 빈 셀에 대해 이제 Percent Chance 영역에도 빈 셀로 나온다(예를 들어 L5:N5는 비어 있으므로 W5:Y5 도 비어 있다).

8. 다음으로 이들 셀에 색을 추가한다. P3:Y7셀을 선택한다. 시트의 메뉴 표시줄에서 서식 ➤ 조건부 서식...을 선택한다. 조건부 서식 규칙 창이 오른쪽에 나타날 것이다. 조건부 서식은 셀의 내용을 바탕으로 조정되는 서식이다.

9. 조건부 서식 규칙 창의 맨 위 부근에 있는 색상 스케일을 클릭한다.

10. 색상 스케일 영역의 미리보기 제목 아래에서 녹색 색상이 점차 옅어지는 곳에 기본값이라는 단어를 볼 수 있다. 기본값을 클릭하고 맨 아래 중간 옵션인 녹색에서 노란색, 노란색에서 빨간색을 선택한다.

11. 완료를 클릭하면 스프레드시트가 그림 11.15의 Percent Chance 영역과 같이 보일 것이다.

	O	P	Q	R	S	T	U	V	W	X	Y	Z	AA	AB	AC	AD	AE	AF	AG	AH	AI	AJ	AK
1		Percent Chance											Average Damage										
2		1	2	3	4	5	6	7	8	9	10		1	2	3	4	5	6	7	8	9	10	
3		83%	83%	83%	67%	67%	50%	50%	33%	33%	17%		6.67	6.67	6.67	5.33	5.33	4.00	4.00	2.67	2.67	1.33	
4		50%	67%	83%	83%	83%	67%	67%	67%	50%	50%		4.50	6.00	7.50	7.50	7.50	6.00	6.00	6.00	4.50	4.50	
5		83%	83%	67%	67%	50%	33%	17%					8.33	8.33	6.67	6.67	5.00	3.33	1.67				
6		17%	33%	50%	50%	67%	67%	83%	83%	67%	50%		1.33	2.67	4.00	4.00	5.33	5.33	6.67	6.67	5.33	4.00	
7		67%	67%	50%	50%	33%	33%	17%	17%				4.00	4.00	3.00	3.00	2.00	2.00	1.00	1.00			

그림 11.15 무기 스프레드시트의 Percent Chance 및 Average Damage 영역. 다음에 Average Damage 영역을 만들 것이다(이 그림은 Average Damage가 보이게 스프레드시트를 오른쪽으로 스크롤한 상태다).

평균 피해 계산

밸런스 조정 과정의 다음 단계는 각 무기의 거리별 평균 피해를 계산하는 것이다. 어떤 총은 여러 발 발사하고 한 발당 특정 양의 피해를 입히기 때문에 평균 피해는 발사 횟수 × 한 발당 피해 × 명중률로 계산한다.

1. O:Z열을 강조 표시하고 복사한다(Command-C 또는 PC에서는 Ctrl+C를 누른다. 또는 수정 ➤ 복사를 선택).

2. Z1셀을 선택하고 붙여 넣는다(Command-V, PC에서 Ctrl+V 또는 수정 ➤ 붙여 넣기 선택). 이렇게 하면 워크시트가 AK열로 확장되고 복사한 열로 채워진다.

3. AA1셀에 **Average Damage**를 입력한다.

4. AA3셀을 선택하고 수식 =IF(P3="", "", $B3*$C3*P3)을 입력한다. P3의 수식과 마찬가지로 IF 함수는 비어 있지 않은 셀만 계산되게 한다. 이 수식에는 $B 및 $C열에 대한 절대 참조를 넣었는데, B열에는 발사 수가 있고 C열에는 적과의 거리에 관계없이 한 발당 피해 값이 있기 때문이다. 따라서 다른 열을 참조하면 안 된다(다만 행은 바뀔 수 있게 열만 절대 참조로 한다).

5. AA3셀을 선택하고 버튼 표시줄의 숫자 형식 영역에서 가장 오른쪽 버튼(123▼으로 보이는 버튼)을 클릭한다. 나타나는 팝업 메뉴에서 **숫자**를 선택한다.

6. AA3셀을 복사해 AA3:AJ7에 붙여 넣는다. 이제 숫자는 정확하지만 조건부 서식은 여전히 Percent Chance 영역의 조건과 연결돼 있기 때문에 1보다 큰 숫자는 Percent Chance 영역의 0에서 100% 사이의 백분율을 모두 녹색으로 바꾼다.

7. AA3:AJ7셀을 선택한다. 조건부 서식 규칙 영역이 나타나 있지 않으면 시트의 메뉴 표시줄에서 **서식 ➤ 조건부 서식...**을 선택해 다시 연다.

8. AA3:AJ7을 선택한 상태에서 조건부 서식 규칙 영역이 나타나며 P3:Y7, AA3:AJ7이라는 색상 스케일 규칙을 볼 수 있다. 이 규칙을 클릭한다.

9. 규칙이 확장되며 편집할 수 있게 되는데, 여기서 범위에 적용을 P3:Y7로 변경하고 **완료**를 클릭한다. 그러면 이전 서식이 Percent Chance 영역에만 적용된다.

10. AA3:AJ7을 한 번 더 선택한다. 조건부 서식 규칙 영역에서 새 규칙 추가를 클릭한다.

11. 이전과 같이 색상 스케일을 선택하고 녹색에서 노란색, 노란색에서 빨간색으로 를 선택한다. 그러고 나서 완료를 클릭한다.

결과적으로 두 가지 조건부 서식 규칙이 생기는데, Percent Chance 영역에 대한 것과 Average Damage 영역에 대한 것이다. 이렇게 규칙을 분리해서 적용하면 색 상이 각각 별도로 지정되므로 각 영역의 숫자 범위가 서로 다를 때 유용하다. 이 제 Average Damage 영역은 그림 11.15처럼 보여야 한다.

평균 피해를 차트로 만들기

다음으로 중요한 단계는 평균 피해를 차트로 만드는 것이다. 숫자를 살펴보고 그 의미를 알아볼 수는 있지만 정보를 차트로 작성해 진행 상황을 시각적으로 평가 하는 것이 효율적이다. 이렇게 하려면 다음 단계를 따라 한다.

1. A2:A7셀을 선택한다.

2. Average Damage 영역으로 스크롤한다. A2:A7이 선택된 상태에서 Command (또는 PC에서는 Ctrl)를 누른 채 AA2를 클릭하고 드래그해서 AA2:AJ7을 선택한다. 이제 A2:A7, AA2:AJ7이 선택돼 있어야 한다.

3. 차트 버튼(그림 11.2 참고)을 클릭해 차트 편집기를 연다.

4. 차트 유형 팝업 메뉴(현재 '열 차트'가 나타남)(그림 11.6.A)를 클릭하고 선 표제 아래에서 가장 왼쪽 차트 유형(꺾는 각도가 있고 파란색과 빨간색 선이 있는 왼쪽 맨 위 이미지)을 클릭한다.

5. 데이터 탭의 맨 아래 부근에서 행/열 전환 박스에 체크 표시를 한다.

6. A열을 헤더로 사용 박스에 체크 표시를 한다. 또한 2행을 라벨로 사용 박스에 도 체크 표시가 돼 있는지 확인한다.

7. 차트 편집기에서 닫기 박스를 클릭해 차트를 완성한다.

그림 11.16에 차트의 결과가 나타나 있다. 보다시피 무기에는 몇 가지 문제가 있

다. 저격 소총 및 샷건과 같은 일부 무기에는 처음 의도했던 특성이 나타나지만(샷건은 근거리에서 치명적이며 저격 소총은 장거리에 좋음) 다음과 같은 문제들이 있다.

- 기관총이 예상보다 훨씬 약하다.
- 권총이 너무 강하다.
- 소총이 다른 무기에 비해 너무 강하다.

간단히 말해 무기의 밸런스가 잘 맞지 않는다.

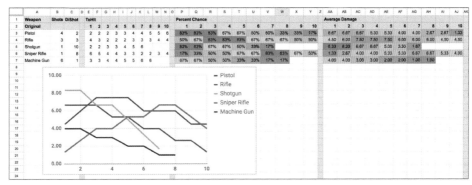

그림 11.16 무기 밸런스를 조정하는 중간 단계의 초기 무기 통계 차트(이 책의 그림에서는 텍스트를 알아보기 쉽게 하고자 도표의 **맞춤 설정** 탭에서 약간 조정했다)

무기 데이터 복제

무기의 밸런스를 다시 조정하려면 다음과 같이 원래 정보와 조정된 정보를 나란히 놓고 보면 도움이 된다.

1. 차트를 워크시트의 아래쪽으로 이동한다. 16행 아래에 있어야 한다.
2. 차트의 아무 곳을 더블 클릭하면 차트 편집기가 다시 열린다. 차트 편집기 맨 위의 **맞춤 설정** 탭을 선택한다(그림 11.6.D). **차트 및 축 제목 헤더**(그림 11.6.E)를 클릭하고 차트의 **제목 텍스트**를 Original로 설정한다(그림 11.6.F).
3. 이미 완성된 데이터와 수식의 사본을 만들어야 한다. A1:AK8셀을 선택하고 복사한다.

4. A9셀을 클릭하고 붙여 넣는다. 그러면 A9:AK16셀에 방금 작성한 모든 데이터의 전체 사본이 만들어져야 한다.

5. A10의 텍스트를 Rebalanced로 변경한다.

이 재조정 데이터 세트를 변경해서 새 숫자를 시험해볼 것이다.

6. 이제 원래의 무기 통계와 같은 새 데이터에 대한 차트를 만들려면 '평균 피해를 차트로 만들기' 절의 1, 2단계에서 A2:A7,AA2:AJ7을 선택했던 것처럼 A10:A15,AA10:AJ15를 선택한다. 그 절의 나머지 지시 사항에 따라 재조정 값을 보여줄 두 번째 차트를 만든다.

7. 새 차트를 원래 차트의 오른쪽에 배치해 차트와 그 위쪽 데이터를 모두 볼 수 있게 한다.

8. 새 차트의 제목을 Rebalanced로 변경한다.

전체 피해 표시

마지막으로 고려할 무기 통계로는 전체 피해가 있다. 전체 피해는 무기가 모든 거리에서 입힐 수 있는 평균 피해를 합한 것으로 해당 무기의 전체적인 파괴력을 가늠하는 데 도움이 된다. 이를 위해 다음과 같이 내가 자주 사용하는 기법을 활용해 스프레드시트의 셀 내에서(차트 내부가 아님) 간단한 막대 차트를 만들 수 있다. 결과는 그림 11.17과 같다.

1. AK열 헤더를 마우스 오른쪽 버튼으로 클릭한 후 오른쪽에 1열 삽입을 선택한다.

2. B열 헤더를 마우스 오른쪽 버튼으로 클릭한 후 복사를 선택한다. 그러면 B열 전체가 복사된다.

3. AL열 헤더를 마우스 오른쪽 버튼으로 클릭한 후 붙여 넣기를 선택한다. 그러면 배경색과 글꼴 스타일을 포함해 B에서 시작된 모든 것이 AL열에 붙여 넣기 된다.

4. AL열 헤더를 마우스 오른쪽 버튼으로 클릭한 후 오른쪽에 1열 삽입을 선택한다.

5. AL1과 AL9셀에 Overall Damage를 입력한다.

6. AL3셀을 선택하고 수식 =SUM(AA3:AJ3)을 입력한다. 그러면 모든 거리에서 권총에 의한 평균 피해를 합한다(45.33 값이 나와야 한다).

7. 막대형 차트 기법을 이용하려면 실수 값을 정수로 변환해야 하므로 SUM을 반올림해야 한다. AL3의 공식을 =ROUND(SUM(AA3:AJ3))으로 변경한다. 그러면 45.00이 된다. 소수점 00을 제거하려면 AL3셀을 강조 표시하고 앞에서 했던 것처럼 해당 버튼(숫자 형식 그룹에서 세 번째 버튼)을 클릭해 소수점 부분을 제거한다.

8. AM3셀을 선택하고 수식 =REPT("|",AL3)을 입력한다. REPT 함수는 텍스트를 특정 횟수만큼 반복한다. 여기서 텍스트는 파이프 문자이고(Shift 키를 누른 상태에서 대부분의 키보드에서 Return/Enter 키 위에 있는 백슬래시(\) 키를 눌러 파이프 문자를 입력한다) AL3에 있는 값이 45이기 때문에 이 문자를 45번 반복하게 된다. AM3셀 안에는 파이프 문자로 된 작은 막대가 나타나며 오른쪽으로 늘어난다. AM열 헤더의 오른쪽 가장자리를 더블 클릭해서 AM열을 확장시켜 나열된 파이프 문자를 모두 나타낸다.

9. AL3:AM3셀을 선택하고 복사한다. AL3:AM7 및 AL11:AM15셀에 붙여 넣는다. 그러면 원본과 재조정 부분의 모든 무기에 대해 텍스트로 전체 피해가 표시된다. 마지막으로 반복된 모든 문자를 볼 수 있게 AM열의 너비를 다시 조정한다.

무기의 밸런스 재조정

이제 두 세트의 데이터와 두 개의 차트가 있으므로 무기의 밸런스를 재조정해보자. 기관총을 어떻게 더 강력하게 만들 것인가? 발사 횟수, 명중률, 한 발당 피해 중 어느 수치를 올려야 할까? 밸런스를 조정할 때는 다음 사항을 염두에 둬야 한다.

■ 이 예제의 게임에서 유닛의 체력은 6점이므로 6점 이상의 피해를 입히면 유닛은 무력화된다.

- <전장의 발큐리아>에서는 공격하는 병사가 적을 쓰러뜨리지 않으면 적들은 자동으로 반격한다. 즉, 6점 피해는 적이 반격할 기회를 주지 않기 때문에 5점 피해보다 훨씬 강력하다.
- 한 번에 여러 발을 발사하는 무기(예, 기관총)는 한 번에 평균 피해를 입힐 가능성이 훨씬 높지만 한 발씩 발사하는 무기(예, 샷건과 저격 소총)는 신뢰성이 떨어진다. 그림 11.7에서는 여러 발을 발사하는 무기의 피해를 계산할 때 주사위를 여러 번 던지는 방법을 적용한 경우 확률 분포가 합계 평균에 가까워지는 경향을 확인할 수 있다.

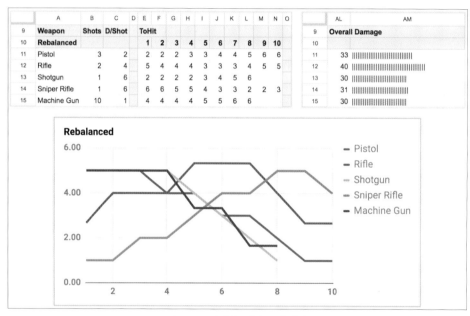

그림 11.17 조정된 9장의 무기 밸런스

- 이렇게 다양한 정보를 얻었지만 무기 밸런스의 어떤 측면은 이 차트로는 알기 어렵다. 이러한 측면에는 앞서 언급한 것처럼 여러 발 발사 무기가 평균 피해를 입힐 가능성이 훨씬 큰 점 그리고 먼 거리에서 피해를 주는 저격 소총이 경우 상대가 반격하기 어렵다는 점 등이 있다.

다음으로 여러분이 직접 무기의 스탯을 조정해보자. B11:N15 범위의 값만 변경하고 원래 스탯은 그대로 둔다. 또한 Percent Chance와 Average Damage 영역은 Shots, D/Shot, ToHit 셀을 변경하면 자동으로 업데이트되므로 직접 수정하지 않는다. 어느 정도 실험해본 후 다음 내용으로 진행한다.

조정된 밸런스 예제

그림 11.17에는 내가 디자인한 프로토타입에 대해 밸런스를 조정한 무기의 스탯이 나온다.[7] 물론 내가 선택한 수치가 이러한 무기의 밸런스를 조정하는 유일하거나 최적의 방법은 아니지만 다음과 같은 여러 디자인 목표를 충족시킨다.

- 무기들은 각자의 특성을 가지며 너무 강력하거나 약하지 않다.
- 이 차트에서 샷건과 기관총은 비슷해 보이지만 다음의 두 가지 요인에 의해 아주 다른 느낌을 준다. 1) 샷건은 한 발의 피해가 6점이므로 바로 적을 무력화시킨다. 2) 기관총은 여러 발의 총알을 발사하므로 평균 피해를 훨씬 더 많이 준다.
- 권총은 단거리에서 상당히 좋은 성능을 보여주며 장거리에서도 명중률이 나쁘지 않기 때문에 샷건이나 기관총보다 다용도로 활용된다.
- 소총은 중거리에서 탁월한 파괴력을 갖는다.
- 저격 소총은 단거리에서 형편없지만 장거리에서는 탁월하다. 저격 소총은 샷건과 마찬가지로 6점의 피해를 입히므로 장거리에서 한 발만 명중시키면 적을 무력화시킬 수 있다.

이렇게 스프레드시트를 활용한 밸런스 조정 방법은 무기 디자인의 모든 측면을 다룰 수는 없지만 많은 양의 데이터를 신속하게 이해하는 데 도움이 되므로 게임 디자인에 중요한 도구다. 부분 유료화 게임을 디자인할 때는 스프레드시트에서 게임 밸런스를 세부적으로 조정하는 작업이 많이 필요하므로 이런 분야의 게임에 관심이 있다면 (방금 한 것처럼) 스프레드시트와 데이터 기반 디자인을 제대로 익힐 필요가 있다.

---

7. 여기에 설명한 게임과 이들 밸런스 조정 값은 이 책 1판의 9장에서 종이 프로토타입 예제로 사용했다.

양성과 음성 피드백

마지막으로 논의할 게임 밸런스 요소는 양성과 음성 피드백 개념이다. 양성 피드백positive feedback이 있는 게임에서는 초반 우세를 점하는 플레이어가 더 유리하며 게임에서 이길 가능성이 높다. 음성 피드백negative feedback이 있는 게임에서는 지고 있는 플레이어에게 이점을 제공한다.

포커는 양성 피드백이 있는 게임의 좋은 예다. 한 플레이어가 큰 판을 이겨서 다른 플레이어보다 판돈이 많아지면 블러핑과 같은 대담한 전략을 부담 없이 구사할 수 있다(잃어도 되기 때문이다). 하지만 초반에 많은 돈을 잃어 자금이 부족한 플레이어는 부담 때문에 전략의 자유가 줄어든다. <모노폴리> 게임은 좋은 부동산을 가진 플레이어가 돈을 더 벌고 돈이 부족한 다른 플레이어가 부동산을 매각하게 만드는 강한 양성 피드백이 있는 게임이다. 일반적으로 양성 피드백은 대부분의 게임에서 좋지 않게 보는 경향이 많지만 빨리 끝나는 게임에서는 오히려 아주 좋은 요소일 수 있다(다만 <모노폴리> 디자이너는 자본 사회에서 가난한 자의 고통을 보여주려고 했기 때문에 이 게임에서는 빨리 끝내는 점을 활용하지 않았다). 싱글 플레이 게임의 경우 플레이어가 게임 전체에서 강력한 느낌을 받을 수 있도록 양성 피드백을 사용하는 경우가 많다.

<마리오 카트Mario Kart>는 플레이어가 아이템 박스를 통과하면 얻는 랜덤 아이템을 활용해 음성 피드백을 적용하는 좋은 예다. 선두 플레이어는 일반적으로 바나나 한 개(거의 방어적인 무기), 바나나 세 개, 또는 녹색 조개(가장 약한 공격)를 얻는다. 반면에 꼴등으로 달리는 플레이어는 다른 모든 플레이어가 느려지게 만드는 번개와 같은 가장 강력한 아이템을 자주 얻는다. 음성 피드백이 있으면 모든 플레이어가 게임이 공평하다고 인식하며 일반적으로 게임이 길어지는 효과가 있다.

요약

11장에서는 수학과 관련된 개념을 많이 다뤘지만 수학이 게임 디자이너에게 매우 유용하다는 사실을 이해하는 데 도움이 됐기를 바란다. 11장에서 다룬 대부분의 주제는 별도로 책으로 엮어도 충분한 것들이 많으므로 흥미가 있다면 더 자세히 연구해보기를 권한다.

CHAPTER 12

플레이어 안내하기

지금까지 여러 장에서 알아본 것처럼 플레이어가 즐길 수 있는 경험을 만들어내는 것이 디자이너의 주된 역할이다. 하지만 자신의 프로젝트를 오래 진행하다보면 자신의 게임이 점차 당연하고 직관적으로 느껴지게 된다. 이는 자신의 게임에 익숙해지면서 나타나는 자연스러운 현상이다.

그러나 한편으로는 여러분의 게임을 처음 접하는 플레이어도 여러분의 의도대로 게임을 직관적으로 이해하고 경험할 수 있도록 주의를 기울여야 한다는 뜻이기도 하다. 이를 위해서는 신중하고 때로는 보이지 않게 플레이어를 안내해야 한다.

12장에서는 플레이어가 자신이 안내받고 있음을 인식할 수 있는 **직접적**^{direct} 안내와 플레이어가 인식할 수 없게끔 미묘하게 진행되는 **간접적**^{indirect} 안내의 두 가지 유형을 다룬다. 12장에서는 마지막으로 플레이어에게 새로운 개념이나 게임 메카닉스를 소개하는 데 적합한 단계적 지침의 한 스타일인 **시퀀스**^{sequence}를 설명한다.

직접적 안내

직접적 안내 방법은 플레이어가 분명히 인식하는 안내 방법이다. 직접적 안내에는 많은 형태가 있지만 안내의 품질은 즉각성, 희소성, 간결성, 명확성에 따라 결정된다.

- **즉각성**: 메시지는 즉시 필요한 순간에 플레이어에게 전달해야 한다. 일부 게임에서는 (컨트롤러의 모든 버튼에 레이블을 붙인 다이어그램을 표시하는 등의 방법으로) 게임을 시작하자마자 게임의 모든 컨트롤을 전달하려고 하지만 실제로 이런 컨트롤이 필요할 때 처음 전달한 내용을 모두 기억하기란 불가능하다. 컨트롤에 대한 직접적 정보는 플레이어가 처음 사용해야 할 때 즉시 전달해야 한다. 플레이스테이션 2 게임 <카야: 다크 리니지^{Kya: Dark Lineage}>에서는 나무가 쓰러져 플레이어의 길을 가로막을 때 비로소 "X를 눌러 점프하세요." 메시지가 표시된다.

- **희소성**: 오늘날의 게임은 복잡한 컨트롤을 사용하며 동시에 여러 목표를 제시하는 경우가 많다. 그러나 플레이어에게 한 번에 너무 많은 정보를 전달하지 않도록 해야 한다. 지침과 다른 직접적 컨트롤을 최소한으로 전달함으로써 가치를 높이고 플레이어가 귀를 기울일 가능성도 높일 수 있다. 임무의 경우도 비슷하다. 플레이어는 한 번에 한 임무에만 제대로 집중할 수 있지만 <스카이림>과 같은 멋진 오픈 월드 게임에서는 몇 시간만 플레이해도 너무 많은 임무를 받게 되고 수십 개의 임무를 동시에 진행할 수 없기 때문에 대부분의 임무를 무시하게 된다.

- **간결성**: 꼭 필요한 내용만 전달해야 하며 한 번에 너무 많은 정보를 전달해

서는 안 된다. <전장의 발큐리아>와 같은 전술 전투 게임에서 플레이어가 엄폐물 뒤에 있을 때 O를 눌러 엄폐하게 하려면 "엄폐물 뒤에서 O를 눌러 엄폐하면 공격으로 받는 피해가 줄어듭니다."라고 전달하면 된다.

- ■ **명확성:** 필요한 내용을 명확하게 전달해야 한다. 예를 들어 방금 전 예의 경우 플레이어가 엄폐의 피해 감소 효과를 당연히 알 것으로 단정하고 "엄폐물 뒤에서 O를 누르면 엄폐합니다."와 같이 간단하게 설명하고 싶다고 생각할 수 있다. 하지만 <전장의 발큐리아>에서 엄폐물은 (엄폐물이 공격자와 목표 중간에 있지 않더라도) 공격을 방어하는 것은 물론 피해를 크게 줄여주는 효과가 있다. 플레이어가 엄폐에 대해 알아야 할 내용을 모두 알 수 있게 피해 감소 효과에 대해서도 설명해야 한다.

직접적 안내의 네 가지 방법

게임에서 직접적 안내에는 다음과 같이 여러 방법이 있다.

지침

플레이어에게 할 일을 구체적으로 전달한다. 지침은 텍스트, 신뢰할 수 있는 NPC^Non-Player Character와의 대화, 시각 다이어그램이나 이 세 가지 요소의 조합일 수 있다. 지침은 직접적 안내 중 가장 명확한 형식이지만 너무 많은 정보를 전달할 경우 플레이어를 부담스럽게 하거나 끊임없이 모든 내용을 전달하려고 하면 플레이어를 귀찮게 할 수 있다.

행동 촉구

행동 촉구는 게임에서 직접 수행할 행동과 이유를 플레이어에게 전달하는 방식이다. 이것은 주로 NPC가 플레이어에게 전달하는 임무의 형식으로 많이 사용된다.

좋은 전략으로는 플레이어에게 명확한 장기 목표를 제시하고 이러한 장기 목표를 달성하는 과정에 함께 달성할 수 있는 작은 중기 및 단기 목표를 추가로 제시하는 방법이 있다.

<젤다의 전설: 오카리나의 시간^Legend of Zelda: Ocarina of Time>은 주인공 링크가 데크나무의 부름을 받았다는 요정 나비의 얘기를 들으면서 시작한다. 집을 나선 링크는 집 앞에서 친구를 만나고 데크나무의 부름을 받았다는 것은 굉장한 영광이고 서둘러야 한다는 얘기를 듣는다. 이 대화 내용은 데크나무를 찾는다는 명확한 장기 목표를 링크에게 부여한다(그리고 링크가 일어나기 전 나비와 데크나무의 대화를 통해 나중에 데크나무가 더 중요한 장기 목표를 부여할 것임을 암시한다). 링크는 데크나무를 만나러 가는 길에 미도^Mido를 만나고 그에게서 숲속을 여행하려면 검과 방패가 필요하다는 얘기를 듣는다. 이렇게 장기 목표를 달성하기 전에 먼저 달성해야 하는 중기 목표 두 개가 주어진다. 이 두 장비를 구하는 과정에 링크는 작은 미로를 통과하고 여러 인물과 대화하며 적어도 40루피를 얻는다. 이러한 목표는 모두 명확한 단기 목표이며 데크나무를 만나기 위한 장기 목표와 직접 연결돼 있다.

지도 또는 안내 시스템

플레이어를 목표나 임무의 다음 단계로 안내하는 지도나 그 밖의 GPS 스타일의 안내 시스템을 사용하는 게임이 많다. 예를 들어 <GTA 5>의 화면 모서리에는 플레이어에게 다음 목표를 향한 경로를 안내하는 레이더/미니맵이 포함돼 있다. <GTA 5>의 세계는 아주 방대해 임무를 수행하려면 맵의 익숙지 않은 지역을 자주 방문해야 하므로 GPS에 대한 의존도가 아주 높다. 하지만 이러한 유형의 안내는 플레이어가 게임 세계의 구조를 배우는 과정을 더디게 하고 플레이어가 자신의 목표에 대해 생각하고 직접 경로를 선택하는 것이 아니라 단순히 가상 GPS의 목표지를 따라가게 하는 문제점이 있다.

팝업

일부 게임에는 플레이어와 인접한 물체에 따라 바뀌는 상황에 맞는 컨트롤이 있다. <어쌔신 크리드 4: 검은 깃발^{Assassin's Creed IV: Black Flag}>에서는 동일한 버튼으로 문 열기, 화약통에 불붙이기, 고정된 무기 조정하기 등의 다양한 동작을 할 수 있다. 플레이어에게 선택할 수 있는 행동을 알리고자 행동이 가능할 때마다 나오는 버튼의 팝업에는 아이콘과 간단한 설명이 포함된다.

간접적 안내

간접적 안내는 플레이어가 안내받고 있다는 것을 인식하지 못하도록 미묘하게 플레이어를 조종하고 안내하는 세련된 방법이다. 디자이너가 유용하게 사용할 수 있는 여러 간접적 안내 방법이 있다. 간접적 안내의 품질은 직접적 안내와 같은 기준(즉시성, 희소성, 간결성, 명확성)에 비가시성^{invisibility}과 신뢰성을 추가해 판단할 수 있다.

- **비가시성:** 플레이어는 자신이 안내받고 있다는 것을 어떻게 인식할까? 플레이어가 인식하고 있는 것이 게임 경험에 부정적인 영향을 미치는가? 두 번째 질문에 그렇다고 하면 안내가 보이지 않는 방식으로 목표를 설정해야 한다. 어떨 때는 안내를 완전히 알아차리지 못하게 해야 한다. 그 외의 시간에는 플레이어가 안내를 인식해도 괜찮을 것이다. 어떤 경우든 간접적 안내의 품질은 플레이어의 인식이 게임 경험 방식에 어떤 영향을 미치는지에 따라 결정된다.
- **신뢰성:** 간접적 안내는 플레이어에게 원하는 동작을 하게 만들 때 얼마나 자주 영향을 주는가? 간접적 안내는 미묘하기 때문에 다소 신뢰성이 떨어진다. 게임의 어두운 지역에서 대부분의 플레이어는 빛이 있는 입구 쪽으로 향하지만 일부 플레이어는 그렇지 않다. 게임에서 간접적 안내를 사용할 경우에는 철저히 테스트해서 충분히 높은 퍼센트의 플레이어들이 그

안내를 따르는지 확인해야 한다. 그렇지 않다면 안내가 너무 희미하다고 봐야 한다.

간접적 안내의 일곱 가지 방법

나는 제시 셸에 의해 간접적 안내를 처음 알게 됐는데, 그는 『The Art of Game Design』의 16장에서 간접적 안내를 '간접적 컨트롤'이라는 개념으로 설명했다. 여기에서는 그가 설명한 간접적 컨트롤의 여섯 가지 방법에 대한 목록을 확장해 알아본다.[1]

제약

제한된 선택을 제공하면 플레이어는 그중 하나를 선택한다. 당연한 것처럼 보이지만 우리가 주관식 문제와 객관식 문제를 받아들일 때의 차이를 생각하면 이해하기 쉽다. 제약 없이 너무 다양한 선택 사항을 제공하면 모든 선택 사항을 제대로 비교할 수 없기 때문에 선택을 내릴 수 없는 결정 장애가 생길 수 있다. 100가지 메뉴가 있는 레스토랑에서 주요 메뉴 20가지에만 사진을 넣는 것도 같은 이유다. 식사에 대한 결정을 쉽게 내릴 수 있게 도와주는 것이다.

목표

제시 셸이 지적한 것처럼 플레이어에게 바나나를 모으는 목표가 있고 통과할 문이 두 개 있다고 할 때 한쪽 문 뒤에 바나나가 잘 보이게 놓으면 플레이어는 당연히 그 문 쪽으로 향하게 된다.

플레이어가 자신의 목표를 정할 수 있게 하고 이러한 목표를 달성하기 위한 재료를 제공해 플레이어를 안내할 수 있다. 게임 <마인크래프트>(이름에 ·채굴mine·과 ·생산craft·

---

1. Jesse Schell, The Art of Game Design: A Book of Lenses (Boca Raton, FL: CRC Press, 2008), pp. 283–298.

의 두 가지 지침이 들어있음)에서 디자이너는 다양한 재료로 플레이어가 생산할 수 있는 아이템을 정의하고 이러한 디자인 선택을 통해 플레이어가 직접 정할 수 있는 목표를 암시적으로 설정한다. 가장 간단한 제작법으로 만들 수 있는 아이템은 건축 재료, 기본 도구 그리고 무기이므로 플레이어는 자연스럽게 먼저 캐릭터가 거주할 방어적인 요새를 만든다. 그리고 이 목표는 플레이어가 자연스럽게 필요한 재료를 찾게 만든다. 예를 들어 다이아몬드로 최고의 도구를 만들 수 있다는 사실을 알게 되면 다이아몬드(희귀하며 대략 50 ~ 55미터 지하에만 있음)를 채굴하고자 깊은 터널을 파는 과정을 통해 더 넓은 세계를 탐험하게 된다.

물리적 인터페이스

제시 셸의 책에서는 물리적 인터페이스의 모양으로 플레이어를 간접적으로 안내할 수 있다고 설명했다. <기타 히어로^{Guitar Hero}>나 <락 밴드^{Rock Band}>의 플레이어에게 기타 모양의 컨트롤러를 주면 플레이어는 그것을 이용해 자연스럽게 악기를 연주하려 하는 것을 볼 수 있다. <기타 히어로> 플레이어에게 표준 게임 컨트롤러를 주면 (표준 게임 컨트롤러는 일반적으로 캐릭터 이동에 쓰이기 때문에) 플레이어는 무대에서 캐릭터를 이동하려 하지만 기타 컨트롤러를 주면 악기를 연주하는 데 집중한다.

터치의 물리적 감각도 간접적 안내를 위해 사용될 수 있다. 예를 들어 대부분의 게임 컨트롤러에서 지원하는 진동 기능을 이용하는 방법이 있다. 실제 자동차 경주 트랙의 커브 구간 안쪽에는 빨간색과 흰색이 교대로 칠해진 요철 구간이 있다. 드라이버가 커브 구간에서 트랙의 중심부 안쪽으로 너무 접근해 요철 구간을 통과하면 진동이 발생해서 이를 알 수 있다. 드라이버는 경로를 최적화하고자 최대한 커브 안쪽으로 운전하려고 하고 자동차 안에서는 바퀴가 지면의 어떤 부분을 통과하는지 알 수 없기 때문에 이러한 요철 구간은 아주 중요한 정보를 제공한다. 이런 방법(플레이어가 과도하게 안쪽으로 돌 경우 컨트롤러에 진동을 일으킴)은 많은 레이싱 게임에서 사용한다. 이 개념을 확장해보면 플레이어가 트랙을 정상적으로 달리고 있을 때는 진동을 약하게 유지하고 트랙을 완전히 벗어나 풀밭을 달릴 때는 격렬하게 진동하게 할 수 있다. 플레이어는 촉감을 통해 정상적인 트랙을 달리고 있지 않음을 직감할 수 있다.

시각 디자인

시각은 다양한 방법으로 플레이어를 간접적으로 안내하는 데 사용된다.

- **빛:** 인간은 자연스럽게 빛에 끌린다. 어두운 실내에서 한쪽에 밝은 빛을 비추면 대부분의 플레이어는 다른 곳보다 먼저 밝은 부분으로 이동한다.
- **유사성:** 플레이어는 게임의 세계에서 좋은 것(도움, 치료, 가치 등)을 보면 이와 비슷한 것을 찾으려고 한다.
- **자취:** 플레이어가 특정 아이템을 얻으면 유사성을 활용해 디자이너가 의도한 지역까지 비슷한 아이템의 자취를 따라 이동하게 하는 '빵 부스러기' 흔적 효과를 유도할 수 있다.
- **랜드마크:** 시선을 끄는 큰 물체를 랜드마크로 활용할 수 있다. 댓게임컴퍼니의 게임 <저니>에서 플레이어는 사막 한가운데의 모래 언덕 옆에서 시작한다. 가까운 모래 언덕 위의 어두운 돌 표석을 제외한 주변의 모든 환경이 그의 같은 색이다(그림 12.1의 왼쪽 참고). 이 표석이 전체 환경에서 유일하게 눈에 띄는 부분이기 때문에 플레이어는 자연스럽게 이 표석이 있는 모래 언덕을 올라가게 된다. 플레이어가 언덕 위로 올라가면 카메라가 플레이어 위쪽을 비추고 밝은 빛기둥이 있는 거대한 산을 보여준다(그림 12.1의 오른쪽 참고). 카메라의 움직임을 통해 표석 뒤쪽에서 산이 솟아오르듯이 연출함으로써 이 산이 플레이어의 새로운 목표임을 암시한다. 즉, 카메라의 움직임을 통해 플레이어의 목표가 표석에서 산으로 전환됐음을 알려준다.

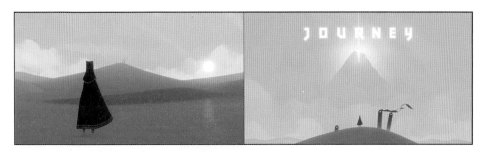

그림 12.1 〈저니〉의 랜드마크

월트 디즈니 이미지니어링^{Walt Disney Imagineering}(당시 WED Enterprises로 명명됨)은 처음 디즈니 랜드를 설계하면서 관람객을 공원 주변으로 안내하며 공원 중심지에서 우왕좌왕 하지 않도록 다양한 랜드마크를 활용했다. 처음 공원에 입장하면 20세기 초 미국 의 작은 마을을 상징하는 USA 메인 스트리트에 도착한다. 하지만 메인 스트리트 의 거리 끝에는 잠자는 숲속의 공주 성이 보이며 관람객은 금세 여기에 매료돼 이 방향을 향하게 된다. 그러나 막상 성에 도착해보면 처음 생각보다 작고 특별한 것이 없음을 알게 된다. 대신 이제는 정면의 마터호른 산, 오른쪽으로는 미래의 땅으로 향하는 입구, 왼쪽으로는 프론티어 랜드의 요새가 펼쳐진 디즈니랜드의 중심지에 도착하게 된다. 중심지에서 이러한 새로운 랜드마크는 작은 성보다 훨 씬 흥미진진하게 보이므로 여기서부터 관람객은 랜드마크를 따라 흩어진다.[2]

랜드마크는 <어쌔신 크리드> 시리즈에도 폭넓게 사용됐다. 플레이어는 맵의 새 지역으로 이동할 때마다 지역의 다른 부분보다 높은 여러 구조물을 발견하게 된 다. 이러한 랜드마크는 시선을 끄는 자연적인 역할을 하는 것은 물론 게임 맵을 지역에 대한 자세한 정보로 업데이트하는 동기화를 수행하는 지역이기도 하다. 디자이너는 플레이어에게 랜드마크와 목표(맵 채우기)를 함께 제공하므로 플레이어가 새로운 지역으로 이동하면 가정 먼저 이 지점으로 이동할 것임을 예상할 수 있다.

■ **화살표**: 그림 12.2의 이미지는 너티독의 <언차티드 3: 황금 사막의 아틀란

---

2. 디즈니랜드의 디자인 방법에 대해서는 스콧 로저스가 그의 책 『Level Up!: The Guide to Great Video Game Design』 (Chichester, UK: Wiley, 2010)의 레벨 9(즉, 9장)에서 먼저 소개했다.

티스^{Uncharted 3: Drake's Deception}> 게임에서 플레이어를 안내하는 미묘한 화살표의 예를 보여준다. 이 부분에서 플레이어(주인공 드레이크)는 탤벗^{Talbot}이라는 악당을 뒤쫓는다.

그림 12.2 〈언차티드 3〉에서 선과 대조를 통해 드러나는 화살표는 플레이어에게 어디로 갈지를 안내한다.

A. 플레이어가 건물의 옥상으로 올라가면 다양한 주변 물체의 모서리가 형성하는 선과 빛의 대조가 플레이어의 관심을 왼쪽으로 집중하게 한다. 이러한 선에는 플레이어가 밟고 오르는 난간, 정면의 낮은 벽, 왼쪽의 나무판자, 심지어 회색 의자의 방향이 모두 포함된다.

B. 플레이어가 옥상에 오르면 카메라 각도가 회전해 난간, 벽, 나무판자가 모두 플레이어가 점프해서 이동해야 하는 다음 위치를 가리킨다(그림 위쪽에 나오는 건물의 옥상). 그림 B의 콘크리트 블록은 담장과 함께 방향을 나타내는 화살표 역할을 한다.

추격전에서 이 순간은 특히 중요한데, 점프해서 착지할 때 착지 지점이 무너져 내리며 점프하는 것이 올바른 결정이었는지에 대해 의구심이 생기기 때문이다. 이 환경에서 화살표는 이러한 의구심을 최소화한다.

<언차티드 3> 개발 팀에서는 이 그림에 나오는 나무판자를 다이빙 보드^{diving boards}라고 불렀고 플레이어가 점프하는 방향을 안내하는 역할로 활용했다. 그림 12.3의 그림 A에는 다른 다이빙 보드가 나온다.

C. 같은 추격전의 이 부분에서 탤벗은 철문을 통과하면서 플레이어 코앞에서 철문을 닫아버린다. 플레이어 왼쪽의 낮은 벽에 걸친 파란색 천이 플레이어의 시선을 끌고 천이 접힌 모양도 왼쪽을 향한 화살표를 보여준다.

D. 이제 카메라가 왼쪽으로 회전하며 이 시점에서는 파란색 천이 전면의 노란색 창틀(플레이어의 다음 목표)을 직접 가리킨다. 이 그림에 나오는 것과 같이 밝은 파란색과 노란색은 게임 전체에서 플레이어에게 올바른 경로를 보여주는 데 자주 활용되며, 여기서도 두 색의 조합을 통해 창틀로 뛰는 것이 올바른 선택임을 알려준다.

■ **카메라**: 순회 퍼즐^{traversal puzzle}이 포함된 여러 게임에서는 카메라를 통해 플레이어를 안내한다. 플레이어가 혼란을 느낄 만한 장소에서 카메라로 다음 목표나 점프를 보여줌으로써 플레이어를 안내할 수 있다. 이 점은 그림 12.3의 <언차티드 3> 화면에 잘 나타나 있다.

그림 12.3 〈언차티드 3〉에서의 카메라를 이용한 안내

화면 A에서 카메라는 플레이어 바로 뒤에 있다. 하지만 플레이어가 점프해서 정면의 난간을 잡으면 카메라가 왼쪽으로 움직여 플레이어 왼쪽을 보여준다(화면 B). 카메라는 플레이어가 왼쪽 끝의 사다리에 도착할 때까지 계속 왼쪽을 보여주다가(화면 C) 사다리에 도착하면 정면을 보여주고 밑으로 이동해서 앞쪽의 노란색 가로 막대를 보여준다(화면 D).

- **대조:** 그림 12.2와 그림 12.3의 화면들은 플레이어를 안내하고자 대조를 사용한 것을 보여준다. 그림 12.2와 12.3에 나타난 다음 유형의 대조가 플레이어를 안내하는 역할을 한다.

  - **밝기:** 그림 12.2의 A와 B 화면에서 화살표 역할을 하는 난간과 벽은 이미지에서 가장 밝은 대조 범위를 갖는다. 밝은 영역 옆의 어두운 영역은 선을 시각적으로 돋보이게 한다.

  - **텍스처:** 그림 12.2의 A와 B 화면에서 나무판자의 텍스처는 매끄럽지만 주변에 있는 돌의 텍스처는 거칠다. 그림 12.2의 C와 D 화면에서 파란색 천의 부드러운 텍스처는 딱딱한 돌과 대비된다. 그 천이 돌 가장자리를 덮어서 모서리를 부드럽게 하는 역할을 하므로 플레이어가 뛰어넘을 수 있다는 것을 잘 알게 한다.

  - **색:** 그림 12.2의 C와 D 화면에서 파란색 천, 노란색 창틀, 노란색 가로 막대는 장면 내의 다른 색과 대비를 이룬다. 그림 12.3의 D 화면에 있는 노란색 가로 막대는 화면의 나머지 부분이 거의 파란색과 회색이기 때문에 알아보기 쉽다.

  - **방향:** 위의 세 가지 대조만큼 자주 활용되지 않지만 방향의 대조 역시 주의를 모으는 데 효과적이다. 그림 12.3의 A 화면에서는 화면의 다른 모든 선이 세로이기 때문에 가로 막대가 두드러지게 나타난다.

오디오 디자인

제시 셸은 음악도 플레이어의 기분과 행동에 영향을 줄 수 있다고 설명했다.[3] 특정한 종류의 행동과 잘 어울리는 음악의 유형이 있다. 느리고 조용한 재즈풍 음악은 (《스쿠비 두》 만화 시리즈에서처럼) 잠입 액션이나 단서를 찾는 활동과 잘 어울리는 반면에 (액션 영화에서처럼) 크고 빠르며 강한 비트의 음악은 적들을 용감하게 물리치는 장면에서 분위기를 북돋을 수 있다.

사운드 효과는 플레이어에게 힌트를 제공해 플레이어의 행동에 영향을 줄 수 있다. <어쌔신 크리드> 시리즈에서는 플레이어가 보물 상자 근처로 이동할 때마다 은은하게 울리는 사운드 효과를 들려준다. 이 사운드 효과는 플레이어가 보물 상자를 찾을 수 있다는 것을 알려주며 보물 상자가 근처에 있을 때만 소리가 나기 때문에 위치에 대한 정보까지 제공한다. 확실한 보상이 보장되므로 더 긴급한 다른 일을 하고 있는 경우가 아니면 플레이어는 보물 상자를 찾는 일을 시작한다.

플레이어 아바타

플레이어 아바타의 모델(즉, 플레이어 캐릭터)은 플레이어의 행동에 중요한 영향을 미칠 수 있다. 플레이어 캐릭터가 락스타 복장에 기타를 들고 있다면 플레이어는 캐릭터가 락음악을 연주한다고 생각한다. 마찬가지로 캐릭터가 검을 들고 있다면 플레이어는 캐릭터가 전투에서 앞장서서 싸우는 캐릭터라고 생각한다. 반면에 캐릭터가 마법사 모자와 긴 로브 복장에 무기 대신 책을 들고 있다면 플레이어는 직접적인 전투보다 뒤쪽에서 마법을 사용하려고 할 것이다.

NPC

게임에서 NPC[Non-Player Character]는 가장 복잡하고 유연한 간접적 플레이어 안내 방법이며 다양한 형태로 활용할 수 있다.

---

3. Schell, *The Art of Game Design*, 292–293.

행동 모델링

NPC 캐릭터는 여러 유형의 행동을 모델링할 수 있다. 게임에서 행동 모델링이란 플레이어에게 특정한 행동의 예와 이러한 행동의 결과를 보여주는 것을 말한다. 그림 12.4에는 아타리 사의 게임 <캬: 다크 리니지^{Kya: Dark Lineage}>에서의 다양한 행동 모델링의 예가 나온다. 그 모델링 유형은 다음과 같다.

그림 12.4 〈캬: 다크 리니지〉에서 NPC 원주민의 행동 모델링

- **부정적 행동**: 부정적 행동의 모델링에서 NPC는 플레이어가 피해야 하는 동작을 하고 그 결과를 보여준다. 그림 12.4의 그림 A에서는 붉은색 원으로 표시된 원주민 하나가 원형 트랩에 발을 디뎌서 붙잡혔다(그리고 나서 들어 올려져 적에게 던져졌다).

- **긍정적 행동**: 그림 A에서 다른 원주민(녹색 원)은 함정을 점프로 피하는 방법

314

을 보여준다. 이는 게임의 세계에서 어떻게 행동해야 하는지 보여주는 긍정적 행동의 모델링이다. 그림 B에는 긍정적 행동 모델링의 또 다른 예가 나온다. 일정한 시간 간격으로 왼쪽에서 오른쪽으로 강한 바람이 부는 장소가 있는데, 바람이 불지 않는 동안에도 원주민이 바로 앞에서 기다린다. 원주민은 바람이 불고 멈출 때까지 기다린 후 지나간다. 이를 통해 바람 부는 지역 앞에서는 잠시 멈췄다가 바람이 분 후에 지나가도록 플레이어의 행동을 모델링한다.

- **안전:** 그림 C와 D에서 원주민은 상당히 위험해 보이는 곳으로 점프해서 이동한다. 하지만 원주민이 주저 없이 점프했기 때문에 플레이어는 그렇게 하는 것이 안전하다는 것을 알 수 있다.

감정적 연결 사용하기

NPC가 플레이어의 행동에 영향을 미치는 또 다른 방법으로 플레이어가 형성한 감정적 연결을 이용하는 방법이 있다.

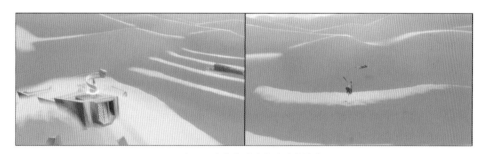

그림 12.5 〈저니〉에서의 감정적 연결

그림 12.5에 나오는 <저니> 화면에서 플레이어는 감정적 연결 때문에 NPC를 따라간다. <저니>의 시작 부분은 아주 외롭게 진행되는데, 이 화면의 NPC는 플레이어가 사막을 여행하는 동안 처음 만나는 감정적 생물이다.

이 생물은 플레이어를 만나면 그 주위를 즐겁게 배회하고 나서(화면 A) 날아가 버린다(화면 B). 이 상황에서 플레이어는 NPC를 따라 가게 될 것이다.

부정적 감정의 연결 때문에 플레이어가 NPC를 따라가게 하는 것도 가능하다. 예를 들어 NPC가 플레이어의 물건을 훔쳐서 도망가면 플레이어가 이 NPC를 뒤쫓게 할 수 있다. 두 경우 모두 플레이어의 반응은 NPC를 따라가는 것이므로 플레이어를 다른 장소로 안내하는 장치로 활용할 수 있다.

새로운 기술과 개념 가르치기

직접적 안내와 간접적 안내는 일반적으로 플레이어를 게임의 다양한 장소로 안내하는 데 활용되지만 이 마지막 절에서는 게임을 잘 이해하도록 플레이어를 안내하는 방법을 설명한다.

게임이 단순하던 시절에는 플레이어에게 컨트롤을 설명하는 간단한 다이어그램을 보여주거나 직접 실험해보게끔 하는 것으로 충분했다. NES^Nintendo Entertainment System의 <슈퍼마리오 브라더스>에서는 한 버튼이 점프 버튼이고 다른 버튼은 달리기 버튼이다(불꽃을 먹은 후에는 파이어볼 발사). 아주 약간의 실험으로도 플레이어는 NES 컨트롤러의 A와 B 버튼의 기능을 쉽게 이해할 수 있었다. 하지만 최신 컨트롤러에는 일반적으로 아날로그 스틱 두 개(버튼처럼 클릭할 수 있음), 8방향 D 패드 한 개, 전면 버튼 여덟 개, 숄더 버튼 두 개 그리고 트리거 두 개가 있다. 이렇게 다양한 컨트롤이 한 가지 기능으로만 사용되면 그나마 간단하겠지만 '직접적 안내' 절에서 팝업을 설명할 때 언급한 것처럼 상황에 따라 개별 컨트롤러 버튼이 다른 용도로 사용되는 경우가 많다.

게임이 예전보다 훨씬 복잡해졌기 때문에 플레이어에게 게임을 하는 방법을 제대로 설명하는 것이 아주 중요해졌다. 따로 설명 책자로 안내하는 방법으로는 부족하며 이제 디자이너는 적절한 시퀀스로 제작한 게임 내의 경험을 통해 플레이어를 안내해야 한다.

시퀀스

시퀀스^{sequence}란 플레이어에게 새로운 정보를 자연스럽게 전달하는 기법이며 대부분의 예는 그림 12.6에 나오는 기본 스타일을 따라 진행된다. 이 그림에는 <캬: 다크 리니지>의 게임 전체에서 여러 번 사용되는 떠다니기 메카닉을 설명하는 몇 가지 단계가 나온다.

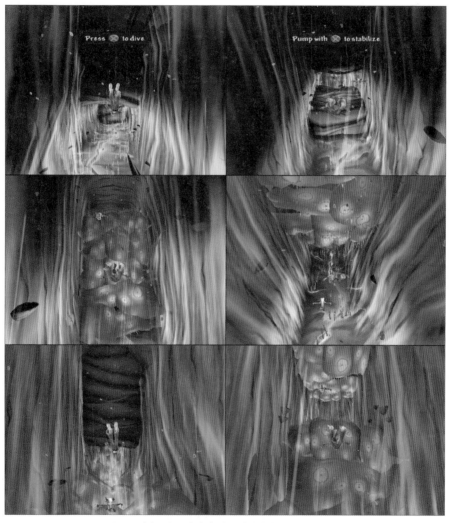

그림 12.6 <캬: 다크 리니지>에서 떠다니기를 가르치는 시퀀스

- **분리된 도입:** 새로운 메카닉을 소개하면서 이를 적절하게 사용해야 진행할 수 있도록 소개한다. 그림 12.6의 A에서는 바람이 계속 위로 불기 때문에 플레이어는 X를 눌러 충분히 아래로 내려와야 정면의 벽 아래로 들어갈 수 있다. 이 부분에서 플레이어는 X를 눌러 벽 아래로 내려가야 앞으로 나아갈 수 있으며 시간제한이 없으므로 새 기술을 충분히 익힐 수 있다.
- **확장:** 그림 12.6의 B에는 이 시퀀스의 다음 단계가 나온다. 여기에서 플레이어는 터널 위아래가 모두 막혀 있으므로 X 버튼을 연타해서 터널 중간으로 들어가야 한다. 하지만 제대로 해내지 못해도 페널티를 주지는 않는다.
- **위험 요소 추가:** 그림 12.6의 C에는 약간의 위험 요소가 추가돼 있다. 바닥의 빨간색 표면에 너무 접근하면 플레이어가 피해를 입는다. 하지만 천장은 여전히 안전하므로 X를 누르지 않으면 안전하게 통과할 수 있다. 그다음의 그림 D에서는 천장이 위험하고 바닥은 안전하므로 이번에는 X 버튼을 누른 상태로 바닥으로 터널을 통과할 수 있다.
- **난이도 상승:** 그림 12.6의 E와 F에는 소개 시퀀스의 마지막 단계가 나온다. E에서 플레이어는 좁은 터널을 통과해야 하지만 천장은 여전히 안전하다. F의 경우에도 좁은 터널을 통과해야 하지만 이제는 천장과 바닥 모두 위험해졌다. 이 터널을 안전하게 통과하려면 X 연타 메카닉을 완전히 익혀야 한다.[4]

12장에서는 <캬: 다크 리니지>의 예를 많이 소개했는데, 이 게임은 내가 접해본 게임 중 이러한 유형의 시퀀스를 가장 잘 활용한 게임 중 하나다. 게임을 시작하면 플레이어는 처음 6분 동안 이동, 점프, 함정이나 가시 피하기, 공처럼 생긴 동물을 드리블하고 발로 차서 함정 해체하기, 옆에서 나오는 공기 분출 피하기, 낙하산 점프, 떠다니기(그림 12.6), 숨기 등 다양한 메카닉스를 배운다. 소개 시퀀스를 통해 이러한 모든 메카닉스를 체득한 후에는 잊어버리는 일 없이 필요할 때 확실히 활용할 수 있다.

---

4. 그림 12.6에서는 안전에 대한 정보를 전달하는 데 색의 대조를 활용하고 있다. 위험성이 점차 높아지는 것을 인식할 수 있도록 터널 벽의 색이 녹색에서 점점 빨간색으로 바뀌며 그림 F에서는 터널 끝의 보라색 빛은 고난의 끝이 가까워졌다는 것을 플레이어에게 알린다.

이러한 시퀀스는 여러 게임에서 활발하게 활용되고 있다. <갓 오브 워> 시리즈에서는 크라토스가 새로운 무기나 스펠spell을 얻을 때마다 팝업 텍스트 메시지로 사용법을 알려주지만 여기에서 그치지 않고 곧바로 사용해볼 수 있는 기회를 준다. 장치에 전기를 공급하거나 적을 감전시킬 수 있는 라이트닝 스트라이크와 같은 스펠의 경우 먼저 비전투 목적으로 사용해볼 수 있는 기회를 준다(예, 플레이어는 잠긴 문이 있는 방에서 라이트닝 스펠을 얻는데, 문을 열기 위한 장치를 가동시키려면 이 라이트닝을 사용해야 한다). 그리고 나서 이 새 스펠을 사용하면 쉽게 이길 수 있는 전투를 하게 된다. 이 방법으로 전투에서 스펠을 사용해보는 경험을 얻는 것은 물론 플레이어 자신이 강해졌음을 체험할 수 있게 해준다.

통합

분리된 환경에서 플레이어에게 (앞의 예제에서 설명한 것과 같이) 새로운 게임 메카닉을 사용하는 방법을 가르친 후에는 이제 새로운 메카닉스를 다른 메카닉스와 조합하는 방법을 가르쳐야 한다. 이 일은 명시적(예, 라이트닝 스펠을 물 밖에서 시전하면 반경 6피트 범위 밖에 안 되지만 물에다가 시전하면 물 전체에 감전 효과를 일으킨다고 직접 설명) 또는 암시적(예, 물이 있는 곳에서 전투에 참가하게 해서 물속에서는 라이트닝 스펠이 6피트 범위가 아니라 물에 있는 모든 적을 감전시킬 수 있다는 점을 깨닫게 만듦)으로 알려줄 수 있다. 이후 게임에서 물웅덩이를 만드는 마법을 얻으면 이 마법 메카닉으로 라이트닝 스펠의 범위를 넓힐 수 있다는 것을 곧바로 알 수 있다.

요약

플레이어를 안내하는 방법은 12장에서 설명한 방법 외에도 다양하지만 구체적인 몇 가지 방법과 이러한 방법을 통해 플레이어를 안내해야 하는 이유를 이해하는 데 충분한 내용을 다뤘다. 게임을 디자인하는 동안 항상 플레이어를 안내해야 한다는 점을 염두에 둬야 한다. 본인(디자이너)이 디자인하는 게임의 메카닉은 당연하게 느껴지기 때문에 이 작업은 디자이너에게 가장 어려운 작업일 수 있다. 본인의 관점에서 벗어나 자신의 게임을 보기가 어려우므로 대부분의 게임 회사에서는 수십 또는 수백 명의 일회용 테스터를 모집해서 활용한다. 개발 중인 게임을 아직 한 번도 접해보지 않은 사람의 관점으로 게임을 테스트하고 안내가 적합했는지에 대한 의견을 얻는 것이 매우 중요하다. 순수 테스터가 참여하지 않고 개발된 게임은 새로운 플레이어가 처음 시작하기에는 너무 어렵거나 좌절을 느낄 만큼 난이도가 급상승하는 경우가 많다. 10장에서 설명했듯이 가급적 일찍 그리고 자주, 가능한 한 새로운 테스터로 진행하는 것이 좋다.

퍼즐 디자인

퍼즐은 오늘날의 디지털 게임에서 중요한 부분을 차지하며 그 자체만으로도 흥미로운 디자인 과제라고 할 수 있다. 13장에서는 현존하는 최고의 퍼즐 디자이너인 스콧 킴의 눈을 통해 퍼즐 디자인의 세계를 탐험한다.

13장의 뒷부분에서는 현대 게임에 자주 등장하는 다양한 퍼즐을 살펴보는데, 그중 일부는 처음 접하는 것일 수도 있다.

13장 전체에서 확인할 텐데, 대부분의 싱글 플레이어 게임에는 일종의 퍼즐이 포함되지만 멀티플레이 게임에는 퍼즐이 포함되지 않는 경우가 많다. 이것의 주된 이유는 싱글 플레이어 게임과 퍼즐의 경우 플레이어에게 도전을 제공하는 역할을 게임 시스템이 수행하는 반면 (협동 게임이 아닌) 멀티플레이어 디지털 게임의 경우 주로 다른 플레이어가 도전을 제공하기 때문이다. 싱글 플레이어 게임과 퍼즐의 이러한 유사점 때문에 퍼즐을 디자인하는 방법을 배우면 싱글 플레이어 게임이나 협동 모드가 있는 게임을 디자인할 때 도움이 된다.

퍼즐 디자인에서의 스콧 킴

스콧 킴[Scott Kim]은 오늘날 가장 유명한 퍼즐 디자이너 중 한 명이다. 1990년부터 <디스커버>, <사이언티픽 아메리카>, <게임즈> 등의 잡지에 퍼즐을 기고했으며 <비주얼드 2[Bejeweled 2]>를 비롯한 여러 게임의 퍼즐 모드를 디자인했다. TED 콘퍼런스와 게임 개발자 콘퍼런스에서도 퍼즐 디자인에 대한 강의를 했다. 1999년과 2000년 게임 개발자 회의에서 알렉세이 파지트노프(테트리스 개발자)와 함께 진행했던 일일 워크숍인 '퍼즐 디자인의 예술'[1]은 이후 십여 년간 많은 게임 디자이너의 퍼즐 아이디어에 심오한 영향을 줬다. 13장에서는 해당 워크숍에서 다뤄진 내용 중 일부를 소개한다.

퍼즐 정의

킴은 자신이 가장 좋아하는 퍼즐 정의로, 다음과 같이 가장 단순한 정의를 선호했다.

"퍼즐은 재미있고 정답이 있는 것이다."[2]

---

1. 스콧 킴과 알렉세이 파지트노프, "The Art of Puzzle Game Design" (1999년 3월 15일, 캘리포니아 산호세, 게임 개발자 콘퍼런스에서 발표). https://web.archive.org/web/20030219140548/http://scottkim.com/thinkinggames/GDC99/gdc1999.ppt

2. 스콧 킴, "What Is a Puzzle?" https://web.archive.org/web/20070820000322/http://www.scottkim.com/thinkinggames/ whatisapuzzle/.

이 정의는 장난감의 퍼즐(재미는 있지만 정답이 없음)과 게임에서의 퍼즐(재미가 있지만 특정 정답보다는 목표가 있음)을 구분한다. 킴은 퍼즐과 게임을 구분해서 생각했지만 나는 개인적으로 퍼즐이 고도로 발전된 게임의 부분집합이라고 생각한다. 이 퍼즐 정의는 아주 간단하지만 몇 가지 아주 중요한 세부 요소가 포함돼 있다.

퍼즐은 재미있고...

킴은 퍼즐의 재미로 다음 세 요소를 언급했다.

- **독창성:** 퍼즐을 해결하려면 특정한 통찰력이 필요한 경우가 많은데, 플레이어가 그 통찰력을 얻은 후에는 퍼즐을 비교적 쉽게 해결할 수 있다. 퍼즐을 푸는 재미의 많은 부분이 바로 이렇게 새 통찰력을 얻고 새 해결책을 구하는 짧은 순간에서 온다. 퍼즐의 독창성이 떨어지면 플레이어는 이미 그 퍼즐을 해결할 수 있는 통찰력을 갖고 있는 경우가 많으므로 퍼즐의 재미가 반감된다.

- **적절한 난이도:** 게임이 플레이어에게 적절한 도전을 제공해야 하는 것처럼 퍼즐도 플레이어의 기술, 경험, 창의적 수준에 맞는 도전을 제공해야 한다. 문제는 플레이어마다 퍼즐을 해결하는 능력이 다르며, 따라서 퍼즐을 포기하는 좌절감의 수준도 다르다는 것이다. 이러한 측면에서 중간 난이도의 적절한 해결책과 높은 기술이 요구되는 전문적 해결책이 모두 있는 퍼즐이 최상의 퍼즐이다. 처음에는 간단해 보이지만 실제로는 상당히 까다로운 퍼즐을 만드는 것도 퍼즐을 디자인하는 아주 훌륭한 전략이다. 퍼즐이 간단하게 보인다면 포기할 가능성도 낮아진다.

- **교묘함:** 훌륭한 퍼즐 중에는 플레이어가 관점이나 생각을 전환해야 해결할 수 있는 것이 많다. 하지만 관점을 바꿔도 퍼즐을 해결하기 위한 계획을 실행하려면 여전히 기술과 수완이 필요하다고 느껴야 한다. 클레이 엔터테인먼트의 <마크 오브 더 닌자> 게임에서는 적이 가득한 실내에 침투하고자 통찰력을 사용하고 나서 계획을 세운 후 실제로 정교하게 계획을 실

행해야 하는데,[3] 퍼즐을 기반으로 하는 이 게임의 잠입 전투는 기술과 교묘함이 필요한 특성을 잘 보여준다.

...그리고 퍼즐은 정답이 있는 것이다

모든 퍼즐에는 정답이 있어야 하지만 정답이 여러 개인 퍼즐도 있다. 훌륭한 퍼즐의 핵심 요소 중 하나는 플레이어가 정답을 찾은 후에 이 정답이 맞다는 것이 확실하게 느껴져야 한다는 것이다. 정답인지 명확하게 드러나지 않으면 퍼즐이 혼란스럽고 불만족스럽게 느껴질 수 있다.

퍼즐의 장르

킴은 퍼즐의 장르를 네 가지로 구분하고(그림 13.1 참고)[4] 각 장르는 각기 다른 접근법과 기술이 필요하다고 했다. 이들 장르는 퍼즐과 다른 활동이 교차하는 지점에 있다. 예를 들어 스토리 퍼즐은 내러티브와 일련의 퍼즐을 결합한 것이다.

- **액션:** 테트리스와 같은 액션 퍼즐은 플레이어에게 시간적 압박을 가하고 실수를 만회할 수 있는 기회를 준다. 액션 게임과 퍼즐의 아이디어를 결합한 게임이다.

- **스토리:** <미스트Myst>, <레이튼 교수Professor Layton> 시리즈와 같은 스토리 퍼즐과 대부분의 숨은 물체 찾기 게임[5] 등에서는 플레이어가 퍼즐을 해결하

---

3. 넬스 앤더슨, '새로운 영역 개척과 선택: 마크 오브 더 닌자의 디자인'(2013년 3월 29일 캘리포니아 샌프란시스코, 게임 개발자 콘퍼런스에서 발표). 마크 오브 더 닌자의 수석 디자이너인 넬스 앤더슨은 의도와 실행 간의 격차를 줄이는 방법에 관해 연설했다. 그의 팀에서는 플레이어가 좀 더 수월하게 계획을 실행할 수 있도록 만드는 방법을 통해 게임의 중심 기술을 신체적 수행에서 정신적 계획으로 바꾸고 게임을 퍼즐과 비슷하게 만들어 흥미를 높이는 데 성공했다고 설명했다. 연설 슬라이드와 대본은 http://www.above49.ca/2013/04/gdc-13-slides-text.html에서 볼 수 있다. 그의 연설은 http://gdcvault.com의 GDC Vault에서도 무료로 이용할 수 있다.

4. Scott Kim and Alexey Pajitnov, "The Art of Puzzle Game Design," slide 7.

5. <미스트>는 최초의 CD-ROM 어드벤처 게임이며 <심즈>에게 타이틀을 뺏기기 전까지 가장 많이 팔린 CD-ROM 게임이었다. <레이튼 교수> 시리즈 게임은 닌텐도의 휴대용 플랫폼용 게임 시리즈이며 전체 미스터리 스토리 안에 여러 개별적인 퍼즐을 접목한 게임이다. 숨은 물체 찾기 게임은 복잡한 장면 안에 숨겨진 여러 물체를 찾는 인기 있는 게임 장르다. 이들 게임은 물체를 찾으면서 미스터리 줄거리를 진행하는 방식을 많이 사용한다.

면서 줄거리를 진행하고 환경을 탐험한다. 내러티브와 퍼즐을 결합한 게임이다.

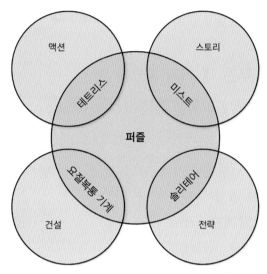

그림 13.1 킴이 정의한 네 가지 퍼즐의 장르[6]

- **건설:** 건설 퍼즐은 부품으로 물건을 만들어 특정한 문제를 해결한다. 건설 퍼즐 중 가장 성공적인 게임은 <요절복통 기계The Incredible Machine>인데, 이 게임에서는 만화에 나올 법한 장치를 만들어 각 장면에서 고양이를 도망가게 만든다. 일부 건설 게임에는 플레이어가 직접 자신만의 퍼즐을 만들고 배포할 수 있는 제작 키트가 포함돼 있다. 건설 퍼즐은 건설, 엔지니어링, 공간 추론을 퍼즐과 결합한 것이다.

- **전략:** 전략 퍼즐 게임은 전통적으로 멀티플레이어 게임에서 제공되는 퍼즐 유형의 <솔리테어solitaire> 버전이라고 할 수 있다. 이러한 퍼즐에는 브리지 퍼즐(브리지 게임의 다양한 패를 플레이어에게 제공하고 진행 방식을 묻는 퍼즐)과 체스 퍼즐(보드에 체스 말을 여러 개 놓고 특정 수 안에 체크 메이트를 부르는 방법을 묻는 퍼즐)이 있다. 이러한 게임은 멀티플레이어 버전의 게임에 필요한 사고 능력과 퍼즐을 통한 기술 연마

---

6. Scott Kim and Alexey Pajitnov, "The Art of Puzzle Game Design," slide 7.

로 멀티플레이 게임에 필요한 능력을 훈련할 수 있게 해준다.

킴은 또한 네 장르에 속하지 않는 일부 순수 퍼즐이 있다고 했다. 이러한 퍼즐에는 수도쿠Sudoku나 십자 낱말풀이 퍼즐 등이 있다.

사람들이 퍼즐을 푸는 네 가지 중요한 이유

킴은 사람들이 주로 다음과 같은 네 가지 이유로 퍼즐을 푼다고 설명했다.[7]

- **도전**: 사람들은 새로운 과제에 도전하고 이러한 도전을 극복하는 것을 즐긴다. 퍼즐은 사람들이 성취, 달성, 진보 등과 같은 긍정적 감정을 느낄 수 있는 쉬운 방법이다.
- **가벼운 오락**: 중대한 도전을 찾는 사람도 있지만 가볍게 시간을 보낼 수 있는 오락거리를 찾는 사람도 있다. <비주얼드Bejeweled>와 <앵그리 버드>와 같은 퍼즐들은 플레이어에게 심각한 도전이 아닌 부담 없이 즐길 수 있는 흥미로운 놀이거리를 제공한다. 이러한 유형의 퍼즐 게임은 특정한 통찰력을 요구하기보다는 비교적 단순하고 반복적이어야 한다(과제 퍼즐에서는 일반적임).
- **캐릭터와 환경**: 사람들은 멋진 얘기와 인물, 아름다운 이미지, 흥미로운 환경에 관심을 갖는다. <미스트>, <저니맨 프로젝트>, <레이튼 교수> 시리즈, <더 룸> 시리즈 등의 퍼즐 게임은 플레이어가 게임을 진행하게 하는 주요 동기로서 스토리와 아트를 활용했다.
- **영적 여행**: 마지막으로 일부 퍼즐은 몇 가지 방법으로 영적 여행을 모방한다. <루빅스 큐브Rubik's Cube>와 같은 일부 유명한 퍼즐은 인생의 통과 의례처럼 여겨지기도 한다. 다양한 미로도 이와 비슷한 관점으로 볼 수 있다. 또한 퍼즐은 전형적인 영웅의 모험과도 비슷하다. 즉, 플레이어가 평범한 삶을 시작하지만 삶의 어려움을 의미하는 퍼즐을 만나게 되고 한동안 퍼

---

7. Scott Kim and Alexey Pajitnov, "The Art of Puzzle Game Design," slide 8.

즐과 씨름하다가 결국에는 깨달음의 순간을 통해 통찰력을 얻고는 그동안 좌절을 안겨줬던 퍼즐을 손쉽게 해결한다.

퍼즐에 필요한 생각의 모드

퍼즐을 해결하려면 평소와는 다른 방법으로 생각해야 하며 대부분의 플레이어는 선호하는 생각의 모드가 있다(따라서 선호하는 종류의 퍼즐이 있다). 그림 13.2에는 이러한 개념이 나온다.

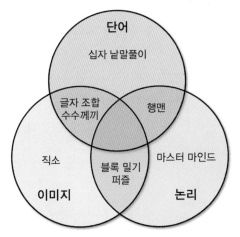

그림 13.2 퍼즐에서 자주 사용되는 세 가지 생각의 모드(단어, 이미지, 논리)를 보여주는 벤 다이어그램. 각 모드에 해당하는 퍼즐과 두 가지 생각의 모드를 동시에 사용하는 퍼즐의 예가 나타나 있다.[8]

싱글 모드 퍼즐 타입

다음 목록은 그림 13.2에 나타난 단일 모드 퍼즐 유형을 설명한다.

- **단어:** 단어 퍼즐에는 다양한 종류가 있으며 대부분은 폭넓은 어휘 지식이 필요하다. 단어 퍼즐은 노인용 게임을 디자인하는 경우에 특히 유용한데, 대부분 사람의 어휘 지식은 세월이 갈수록 늘어나기 때문이다.

---

8. Scott Kim and Alexey Pajitnov, "The Art of Puzzle Game Design," slide 9.

- **이미지:** 이미지 퍼즐에는 직소jigsaw, 숨은 물체 찾기, 2D/3D 공간 퍼즐이 있다. 이미지 퍼즐은 주로 시각/공간 그리고 패턴 인식과 관련된 능력을 활용한다.

- **논리:** <황소와 젖소>(11장에서 소개), 수수께끼, 추리 퍼즐과 같은 논리 퍼즐에서 플레이어는 논리적 사고력을 바탕으로 퍼즐을 해결한다. 이러한 퍼즐은 틀린 여러 가정을 하나씩 제외하면서 정답을 찾는 하향식 배제, 즉 연역적 논리에 바탕을 둔다(예를 들어 플레이어는 "다른 모든 용의자가 결백하므로 범인은 머스터드 대령이다."라고 논리적으로 주장할 수 있다). 이러한 퍼즐에는 <클루>, <황소와 젖소>, <로직 그리드> 퍼즐 등이 있다. 반면에 구체적 사실을 바탕으로 개연성을 도출하는 상향식 추정, 즉 귀납적 논리에 바탕을 두는 게임은 상당히 드물다(예를 들어 플레이어는 "존이 지금까지 포커 게임 중에 블러핑을 할 때 다섯 번이나 코를 만지작거렸다. 지금도 그러고 있으니 블러핑을 하고 있을 것이다."라고 추측할 수 있다). 연역적 논리는 확실성을 보장하는 반면 귀납적 논리는 합리적 확률을 바탕으로 경험적 추측을 할 수 있게 해준다. 연역적 논리는 정답이 확실하므로 전통적으로 퍼즐 디자이너에게 더 매력적으로 작용했다.

혼합 모드의 퍼즐 타입

다음 목록은 그림 13.2의 겹치는 영역에 표시된 혼합 모드 퍼즐 유형을 나타낸다. 그림 13.3에는 이러한 혼합 모드 퍼즐의 예가 나온다.

- **단어/이미지:** 스크래블, 글자 조합 수수께끼(예, 그림 13.3의 첫 번째 범주), 단어 찾기 등은 단어와 이미지 모드를 함께 사용해야 정답을 찾을 수 있다. 십자 낱말풀이 퍼즐과는 달리 스크래블은 혼합 모드 퍼즐인데, 스크래블에서 플레이어가 보드상의 배수 포인트를 통과하도록 단어를 배치해야 하기 때문이다. 십자 낱말풀이 퍼즐을 풀 때는 이러한 시각/공간 추론과 의사 결정이 필요 없다.[9]

---

9. 나는 이 책의 2판을 집필하는 동안 〈Ledbetter〉라는 모바일용 단어/이미지 퍼즐 게임 제작에 참여하고 있었다. 이 게임은 http://exninja.com/ledbetter에서 확인할 수 있다.

- **이미지/논리:** 블록 밀기 퍼즐, 레이저 메이즈 그리고 그림 13.3의 두 번째 범주에 나오는 퍼즐은 플레이어가 이미지 기반 문제를 해결하고자 논리를 사용해야 한다.
- **논리/단어:** 대부분의 수수께끼가 이 범주에 속하는데, 그림 13.3의 첫 번째 수수께끼인 고전 <스핑크스의 수수께끼>도 여기에 들어간다. <스핑크스의 수수께끼>란 소포클레스의 그리스 비극 <오이디푸스 왕>에서 스핑크스가 오이디푸스에게 낸 수수께끼를 말한다.

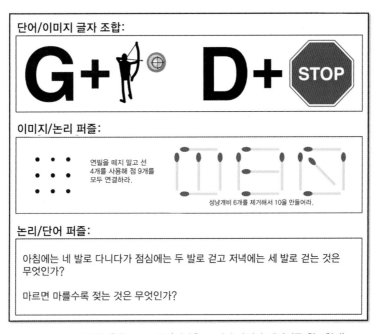

그림 13.3 다양한 혼합 모드 퍼즐(정답은 13장의 마지막 페이지를 참고한다)

킴이 디지털 퍼즐을 디자인하는 8단계

스콧 킴은 자신이 퍼즐을 디자인할 때 다음과 같이 일반적으로 거치는 여덟 가지 단계를 소개했다.[10]

---

10. Scott Kim and Alexey Pajitnov, "The Art of Puzzle Game Design," slide 97.

1. **영감:** 게임과 마찬가지로 퍼즐에 대한 영감은 어디서나 얻을 수 있다. 알렉세이 파지트노프는 수학자인 솔로몬 골롬의 펜토미노(각각 다섯 개의 블록으로 이뤄진 12가지 다른 모양이며 최적의 공간 채우기 퍼즐로 사용할 수 있음)를 액션 게임에 사용하려는 시도에서 <테트리스>에 대한 영감을 얻었다고 말했다. 하지만 5블록 펜토미노는 모양이 너무 많았기 때문에 현재 테트리스에 나오는 일곱 가지 4블록 테트로미노로 단순화시켰다.

2. **단순화:** 영감을 바탕으로 퍼즐을 만들려면 다음과 같이 단순화 과정을 거쳐야 하는 경우가 많다.

    a. 퍼즐의 핵심 메카닉을 알아낸다. 본질을 파악할 수 있는 기법이 필요하다.

    b. 부수적 사항을 배제하고 핵심에 집중한다.

    c. 퍼즐의 조각을 균일화한다. 예를 들어 건설 퍼즐을 만드는 경우 플레이어가 조작하기 쉽게 퍼즐 조각을 균일한 격자 형태로 만든다.

    d. 컨트롤을 간소화한다. 퍼즐의 컨트롤을 인터페이스에 맞게 수정한다. 킴은 <루빅스 큐브>가 물리적 퍼즐로는 훌륭하지만 마우스와 키보드를 사용하는 디지털 버전에서는 다루기가 아주 어려워지는 예를 들었다.

3. **제작 세트:** 퍼즐을 쉽고 빠르게 만들 수 있는 도구를 제작한다. 퍼즐은 일반적으로 종이 프로토타입으로 제작하고 테스트할 수 있는 경우가 많지만 종이 프로토타입이 적합하지 않은 경우에는 약간의 프로그래밍이 필요하다. 종이든 디지털이든 관계없이 효과적인 제작 세트가 있으면 퍼즐의 추가 레벨을 훨씬 쉽고 빠르게 만들 수 있다. 퍼즐 제작 과정에 시간이 낭비되는 반복 작업이 있는지 확인하고 이러한 작업에 재사용 가능 파트나 자동화 프로세스를 적용할 수 있는지 검토한다.

4. **규칙:** 규칙을 명확하게 정의한다. 여기에는 보드, 퍼즐의 조각, 조각이 움직이는 방법 그리고 퍼즐이나 레벨의 최종 목표를 정의하는 작업이 포함된다.

5. **퍼즐:** 퍼즐의 레벨을 여러 개 제작한다. 디자인과 게임 메카닉의 다양한 요소를 확인하는 레벨을 여러 개 제작해봐야 한다.

6. **테스트:** 게임과 마찬가지로 퍼즐도 플레이어가 어떻게 반응할지 미리 정확하게 예상할 수는 없다. 다년간 수많은 퍼즐을 디자인한 스콧 킴도 초보자용으로 만든 퍼즐을 플레이어가 너무 어려워하거나 반대로 고급자용으로 만든 퍼즐을 너무 쉽게 풀어버리는 경우가 많았다고 설명했다. 플레이테스트는 모든 유형의 디자인에서 핵심 과정이다. 6단계를 수행한 후에는 다시 4단계와 5단계를 반복해 이전의 결정을 수정하는 것이 일반적이다.

7. **시퀀스:** 퍼즐의 규칙을 다듬고 여러 레벨을 디자인한 후에는 의미 있는 시퀀스로 만들 차례다. 플레이어에게 새로운 개념을 소개할 때는 다른 요소와 격리된 가장 기초적인 방식으로 사용해볼 수 있게 해야 한다. 그러고 나서 그 개념을 사용해 해결해야 하는 퍼즐의 난이도를 점진적으로 높인다. 마지막으로 그 개념을 플레이어가 이미 알고 있는 다른 개념과 혼합한 퍼즐을 만들 수 있다. 이 개념은 12장에서 새로운 게임의 개념을 플레이어에게 가르치는 시퀀스와 아주 비슷하다.

8. **프레젠테이션:** 레벨, 규칙, 시퀀스를 모두 제작한 다음에는 퍼즐의 외형을 다듬을 차례다. 프레젠테이션은 인터페이스와 플레이어에게 이러한 정보를 전달하는 방법을 다듬는 작업을 포함한다.

효과적인 퍼즐 디자인의 일곱 가지 목표

퍼즐을 디자인할 때는 다음과 같이 몇 가지 사항을 염두에 둬야 한다. 일반적으로 이러한 목표를 더 많이 충족시킬수록 더 나은 퍼즐을 만들 수 있다.

- **사용자 친화적:** 퍼즐은 플레이어에게 친숙하고 보람을 느끼게 해야 한다. 퍼즐은 트릭을 사용할 수 있지만 플레이어를 속이거나 바보처럼 느끼게 하지 말아야 한다.

- **쉬운 시작:** 퍼즐은 1분 이내에 푸는 방법을 이해할 수 있어야 하며 몇 분 내에 완전히 집중할 수 있어야 한다.

- **즉각적 피드백:** 카일 가블러[Kyle Gabler]((월드 오브 구)와 (리틀 인퍼노)의 공동 제작자)가 표현했

듯이 퍼즐은 매력이 넘쳐흘러야 한다. 즉, 퍼즐은 플레이어의 입력에 대해 물리적, 활동적 그리고 능동적으로 반응해야 한다.

- **끊임없는 움직임:** 플레이어에게 끊임없이 다음 단계를 요구하고 경험이 중단되지 않게 해야 한다. 내가 Pogo.com에서 일하면서 제작한 게임들은 모두 '게임 오버' 화면이 아니라 '다시 하기' 버튼을 표시하면서 끝났다. 이렇게 간단한 장치로도 플레이어가 게임을 더 오래 하게 만들 수 있다.

- **명확한 목표:** 항상 퍼즐의 주요 목표를 플레이어가 명확히 이해할 수 있게 해야 한다. 하지만 시간이 지남에 따라 발견할 수 있는 고급 목표를 만드는 것도 도움이 된다. 퍼즐 게임 <헤식^{Hexic}>과 <북웜^{Bookworm}>은 플레이어에게 명확한 목표를 제시하고 숙련된 플레이어가 게임을 하면서 발견할 수 있는 고급 목표를 제공하는 게임의 좋은 예다.

- **난이도:** 플레이어가 자신의 기술 수준에 맞는 난이도로 퍼즐을 풀 수 있어야 한다. 모든 게임과 마찬가지로 플레이어에게 흥미로운 경험을 제공하려면 적절한 난이도가 필수다.

- **특별한 요소:** 대부분의 훌륭한 퍼즐 게임에는 독특하고 흥미로운 요소가 있다. 알렉세이 파지트노프의 게임인 <테트리스>는 단순함과 심도 깊은 전략이 결합돼 있어 꾸준히 몰입하게 한다. <월드 오브 구>와 <앵그리 버드>는 모두 놀라울 만큼 매력적이며 반응성이 우수한 게임 플레이를 제공한다.

액션 게임에 포함된 퍼즐의 예

오늘날 고예산 게임 타이틀에는 다양한 퍼즐이 포함돼 있다. 이들 퍼즐은 대부분 다음과 같은 범주 중 하나에 해당한다.

블록 밀기/위치 퍼즐

이러한 퍼즐은 일반적으로 3인칭 액션 게임에서 자주 등장하며 플레이어는 격자가 표시된 바닥에 있는 큰 블록을 움직여서 특정한 패턴을 만들어야 한다. 변형된 형태로는 빛이나 레이저 빔을 반사하는 거울을 움직여 목적지까지 향하게 하는 것이다. 또한 블록이 벽이나 다른 장애물에 닿을 때까지 미끄러지는 바닥을 사용하는 퍼즐도 있다.

- **게임의 예:** <소울 리버>, <언차티드>, <페르시아의 왕자: 시간의 모래>, <툼 레이더>, <젤다의 전설> 시리즈

물리 퍼즐

물리 퍼즐에서는 게임에 내장된 물리 시뮬레이션을 바탕으로 장면에 있는 물체를 이동하거나 플레이어 캐릭터 또는 다른 게임오브젝트로 다양한 목표를 맞추는 것이 목표다. 물리 퍼즐이란 <포탈> 시리즈의 핵심 메카닉이며 하복이나 엔비디아 피직스^{Nvidia PhysX} 시스템(유니티에 내장됨)과 같은 안정적 물리 엔진이 업계에 널리 보급되면서 점차 인기를 얻고 있다.

- **게임의 예:** <포탈>, <하프라이프 2>, <슈퍼마리오 갤럭시>, <로차드>, <앵그리 버드>

순회 퍼즐

순회 퍼즐은 레벨에서 플레이어가 도달해야 하는 목표 지점을 보여주지만 도달하는 방법은 확실하게 제시하지 않는다. 플레이어는 목표 지점으로 향하는 문을 열거나 다리를 내리고자 계속해서 우회해야 한다. <그란 투리스모>와 같은 레이싱 게임도 순회 퍼즐이라고 볼 수 있다. 이 게임에서 플레이어는 각 경주를 최대한 효율적이고 빠르게 완료할 수 있는 완벽한 레이싱 경로를 찾아야 한다. 이러한

경로 찾기는 교통이 혼잡한 지역과 급격한 커브를 한 번의 실수 없이 통과해야 하는 번아웃 시리즈의 <버닝 랩> 퍼즐에서 특히 중요하다.

- **게임의 예:** <언차티드>, <툼 레이더>, <어쌔신 크리드>, <이상한 나라의 에이브>, <그란 투리스모>, <번아웃>, <포탈>

잠입 퍼즐

잠입 퍼즐은 순회 퍼즐의 확장된 개념이지만 그 자체로 하나의 장르가 됐다. 잠입 퍼즐에서 플레이어는 일반적으로 미리 정해진 경로를 순찰하거나 특정한 일정을 수행하는 적 캐릭터에게 들키지 않고 레벨을 순회해야 한다. 일반적으로 플레이어에게는 적 캐릭터를 무력화하는 능력이 제공되지만 제대로 수행하지 않을 경우 발견될 위험이 있다.

- **게임의 예:** < 탈 기어 솔리드>, <언차티드>, <이상한 나라의 에이브>, <마크 오브 더 닌자>, <비욘드 굿 앤 이블>, <엘더 스크롤 V: 스카이림>, <어쌔신 크리드>

연쇄 반응

연쇄 반응 게임에는 다양한 구성 요소가 상호작용하고 폭발이나 다른 파괴를 유발하는 물리 시스템이 내장돼 있다. 플레이어는 주어진 도구를 활용해 함정이나 일련의 이벤트를 발동해 퍼즐을 해결하거나 유리한 방법으로 적을 공격한다. <번아웃> 시리즈 레이싱 게임에는 크래시 모드가 있는데 이 모드는 플레이어가 특정 교통 상황에서 큰 규모의 다중 충돌을 일으켜 엄청난 피해를 유발하는 것이 목표다.

- **게임의 예:** <픽셀 정크 슈터>, <툼 레이더>(2013), <하프라이프 2>, <요절복통 기계>, <매지카>, <레드팩션: 게릴라>, <저스트 코즈 3>, <바이오쇼크>, <번아웃>

보스전

특히 고전 게임에서의 보스전에는 플레이어가 보스의 공격과 반응의 패턴을 알아내고 이 패턴을 역이용해서 보스를 물리치는 일종의 퍼즐이 포함된 경우가 많다. <젤다>, <메트로이드>, <슈퍼마리오> 시리즈와 같은 닌텐도의 3인칭 액션 게임에 이러한 퍼즐이 특히 많이 사용된다. 이러한 유형의 퍼즐에는 다음과 같은 '세 번의 법칙'[11]이 상당히 일반적이다.

1. 플레이어가 첫 번째로 올바른 동작을 수행해 보스에게 피해를 줄 때는 종종 플레이어도 그 결과에 놀란다.
2. 두 번째 동작을 수행할 때는 퍼즐/보스를 물리치는 올바른 방법인지 확인한다.
3. 세 번째 동작으로는 능숙하게 퍼즐을 해결하고 보스를 물리친다.

<젤다의 전설> 시리즈에서 <시간의 오카리나> 이후에 등장하는 대부분의 보스는 플레이어가 해당 보스의 퍼즐 해법을 제대로 이해하고 있으면 세 번의 공격으로 물리칠 수 있다.

- **게임의 예:** <젤다의 전설>, <갓 오브 워>, <메탈 기어 솔리드>, <메트로이드>, <슈퍼마리오 64/선샤인/갤럭시>, <과카멜레>, <완다와 거상>, <월드 오브 워크래프트>의 멀티플레이어 협동 레이드

요약

13장에서 살펴본 것처럼 퍼즐은 싱글 플레이 또는 멀티플레이 협동 모드가 있는 게임에서 중요한 요소로 활용된다. 게임 디자이너가 퍼즐을 디자인하려면 지금까지 익힌 기술과 크게 다르지 않은 기술이 요구되지만 몇 가지 미묘한 차이가 있다. 게임을 디자인할 때는 각 순간의 게임 플레이가 중요한 요소인 반면 퍼즐 디

---

11. 나는 제시 셸이 '세 번의 법칙'을 처음으로 제시했다고 생각한다.

자인에서는 해결과 통찰력의 순간이 가장 중요하다(《테트리스》와 같은 액션 퍼즐에서 각각의 퍼즐 조각을 떨어뜨리고 배치할 때마다 통찰력을 발휘해서 해결해야 한다). 또한 플레이어가 퍼즐을 풀 때는 자신의 해법이 올바른지 여부를 즉시 알 수 있어야 하지만 게임에서는 결정의 결과가 불확실해야 플레이어가 흥미를 느낄 수 있다.

퍼즐 디자인과 게임 디자인의 이러한 다른 측면과는 관계없이, 퍼즐을 디자인할 때도 다른 모든 대화식 경험을 디자인할 때와 마찬가지로 반복적 디자인 과정이 가장 중요하다. 퍼즐도 게임과 마찬가지로 프로토타입 제작과 플레이테스트 과정을 거치지만 퍼즐에서는 이전에 해당 퍼즐을 해보지 않은 플레이테스터를 찾는 것이 중요하다(해당 퍼즐을 접한 플레이어는 이미 필요한 통찰력을 갖고 있기 때문이다).

마지막으로 그림 13.4에는 그림 13.3 퍼즐의 정답이 나온다. 성냥개비 퍼즐을 풀려면 세 가지 생각의 모드(논리, 이미지, 단어)가 모두 필요하다.

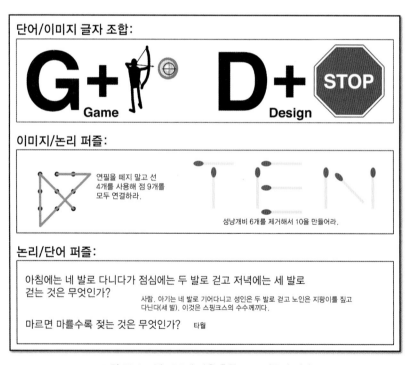

그림 13.4 그림 13.3에 나온 혼합 모드 퍼즐의 정답

CHAPTER 14

애자일 정신

14장에서는 애자일 프로토타이퍼의 관점에서 프로젝트를 생각하는 방법과 프로젝트를 시작할 때 옵션을 평가하는 방법을 알아본다. 그리고 애자일 개발 사고방식과 스크럼 방법론을 소개한다. 또한 내가 모든 게임 프로젝트에서 사용하기를 권장하는 번다운 차트를 광범위하게 다룬다.

14장을 끝내면 게임 프로젝트에 접근하는 방법, 특정 시간 내에 해결할 수 있는 스프린트로 분류하는 방법, 스프린트 내에서 작업의 우선순위를 지정하는 방법을 더 잘 이해하게 될 것이다.

애자일 소프트웨어 개발 선언

수년 동안 게임을 포함한 수많은 소프트웨어 타이틀은 일반적으로 **폭포수**^{waterfall} 방식이라는 개발 방법으로 개발되곤 했다. 폭포수 방식을 사용하면 소규모의 사전 제작 팀이 방대한 게임 디자인 문서를 갖고 먼저 전체 프로젝트를 정의한 후에 본격적으로 제작 팀은 그 정의에 따라 게임을 개발했다. 폭포수 방식을 너무 엄격하게 따르면 게임이 완료될 때까지 테스트가 불가능하고 제작 팀원들은 게임 개발자라기보다 커다란 기계의 부속품처럼 느끼게 됐다.

이 책에서 종이 프로토타입과 디지털 프로토타입을 통해 경험해 봤다면 이 방식에 몇 가지 문제점이 있다는 것을 즉시 알 수 있다. 2001년에 애자일 연합^{Agile Alliance}을 설립한 개발자들도 이들 문제점을 인식하고 다음과 같이 애자일 소프트웨어 개발 선언문[1]을 발표했다.

> 우리는 소프트웨어를 개발하고 다른 개발자들을 도와주면서 소프트웨어 개발의 더 나은 방법을 찾아가고 있다. 이 작업을 통해 다음 사항을 가치 있게 여기게 됐다.

- 개인과 서로 간의 상호작용이 프로세스와 도구보다 우선한다.
- 작동하는 소프트웨어가 포괄적인 문서보다 우선한다.
- 고객과의 협력이 계약 협상보다 우선한다.
- 변화에 대응하는 것이 계획을 따르는 것보다 우선한다.

> 즉, 각 문장 속의 오른쪽 사항에도 가치가 있지만 왼쪽 사항이 더 가치가 있다.

이 네 가지 핵심 가치에는 다음과 같이 이 책에서 강조했던 여러 원칙을 볼 수 있다.

- 개인의 디자인 감각에 따라 지속적으로 질문하고 절차적 사고 능력을 개발하는 것이 사전에 정의된 규칙을 따르거나 특정 개발 프레임워크를 사용하는 것보다 중요하다.

---

1. Kent Beck, et al. "Manifesto for Agile Software Development," Agile Alliance (2001).

- 작동하는 간단한 프로토타입을 만들면서 재미있는 게임이 나올 때까지 반복해보는 것이 완벽한 게임 아이디어나 문제 해결법을 찾을 때까지 시간을 보내는 것보다 더 낫다.
- 긍정적이고 협업적인 환경에서 창의력 있는 사람들에게 여러분의 아이디어를 전달하는 것이 특정 지적 재산권을 누가 소유할 것인지에 대해 신경 쓰는 것보다 중요하다.[2]
- 게임에 대한 플레이테스터의 의견을 듣고 반응하는 것이 원래 디자인 비전을 따르는 것보다 훨씬 중요하다. 여러분은 게임을 발전시켜야 한다.

내가 강의에 애자일 개발 방법론을 도입하기 전에는 학생들이 게임을 개발할 때 계획보다 훨씬 뒤처질 때가 많았다. 사실, 개발 과정을 관리할 수 있는 도구가 없었기 때문에 어떻게 뒤처진 것인지 알지도 못했다. 이 말은 프로젝트 후반부까지 학생들 작업을 테스트하기가 어려웠다는 뜻이기도 했다.

애자일 및 관련 도구와 방법론을 강의에 도입한 후에는 다음 사항들이 발견됐다.

- 학생들은 프로젝트 진행 상황을 훨씬 잘 이해하고 일정을 잘 지킬 수 있었다.
- 학생들이 제작하는 게임은 크게 개선됐는데, 이는 학생들이 플레이 가능한 빌드에 꾸준히 집중해서 게임을 더 일찍 그리고 더 자주 플레이테스트할 수 있었기 때문이다.
- 학생들이 C#과 유니티를 잘 이해해서 기술 능력에 대한 자신감이 늘어났다.

이 세 가지 사항 중 처음 두 가지는 예상했었다. 세 번째는 처음에 나를 놀라게 했지만, 나는 이런 점이 애자일 방법론을 사용해 가르쳤던 모든 강의에서 나타난 것을 알게 됐다. 결과적으로 나의 모든 강의에서 애자일을 계속 사용했고 내 개인적인 게임 개발 과정에서도 그러고 있으며, 심지어 이 책을 쓰는 동안에도 계속 사용했다. 여러분도 그러길 바란다.[3]

---

2. 물론 여러분은 다른 사람들의 IP 소유권을 존중하고 싶을 것이다. 여기에서의 요점은 누가 뭔가를 소유해야 하는지에 대한 논쟁보다 무엇인가를 만드는 것이 더 중요하다는 것이다.
3. 스크럼과 애자일을 내게 처음 소개한 친구이자 동료인 톰 프린시아에게 감사한다.

스크럼 방법론

2001년 이래로 많은 사람들은 팀이 애자일 사고방식에 쉽게 적응할 수 있는 도구와 방법론을 개발했다. 그중 내가 좋아하는 것이 스크럼[Scrum]이다.

실제로 스크럼은 애자일 선언보다 몇 년 전에 시작돼 다양한 사람들에 의해 개발됐지만 애자일과의 관계는 2002년에 켄 쉬바버[Ken Schwaber]와 마이크 비들[Mike Beedle]이 저술한 『Agile Software Development with Scrum』[4] 책에서 확고해졌다. 이 책에는 아직도 인기 있는 스크럼 방법론의 일반적 요소 중 많은 부분이 설명돼 있다.

대부분의 애자일 방법론과 마찬가지로 스크럼의 목표는 가능한 한 빨리 작동하는 제품이나 게임을 만들어내고 디자인은 플레이테스터 및 디자인 팀원의 의견에 따라 유연하게 바꾸는 것이다. 14장의 나머지 부분에서는 스크럼 방법론에 사용된 용어와 사례를 소개하고 이 책에서 개발한 스프레드시트 기반의 번다운[burndown] 차트 사용법을 설명한다.

스크럼 팀

게임 프로토타입 제작을 위한 스크럼 팀은 제품 책임자 한 명, 스크럼 마스터 한 명 그리고 프로그래밍, 게임 디자인, 모델링, 텍스처링, 오디오 등 다양한 분야에서 최대 10명의 전문가가 참여하는 개발 팀으로 구성된다.

- **제품 책임자:** 고객의 소리 또는 게임의 향후 플레이어의 목소리를 낸다.[5] 제품 책임자는 모든 멋진 기능을 게임에 반영하고 싶어 하며 게임의 형태를 그려볼 책임이 있다.
- **스크럼 마스터:** 합리적 판단의 목소리를 낸다. 스크럼 마스터는 매일 스크럼 회의를 열고 모든 팀원이 과하지 않게 업무를 할당한다. 스크럼 마스터

---

4. Ken Schwaber and Mike Beedle, *Agile Software Development with Scrum* (Upper Saddle River, NJ: Prentice Hall, 2002). 번역서: 『스크럼』(인사이트, 2008)
5. 드문 경우지만 제품 책임자는 실제 고객이기도 해서 회사 내부 사람이면서 자주 고객을 대변한다.

는 프로젝트에서 남아 있는 작업량과 개발 팀 구성원이 할당된 작업을 얼마나 빨리 완료하는지를 정확하게 파악해 제품 책임자에게 전달한다. 프로젝트가 일정에 뒤쳐져 있거나 특정 기능을 제외해야 하는 경우 스크럼 마스터는 일정을 다시 짜고 필요한 변경 사항이 적용되는지 확인해야 한다.

- **개발 팀:** 실제 작업에 참여하는 사람들이다. 개발 팀은 프로젝트를 진행하는 모든 사람으로 구성되며 종종 스크럼 회의 외부에서 팀의 표준 구성원으로 활동하는 제품 책임자와 스크럼 마스터도 포함할 수 있다. 개발 팀의 구성원은 매일 스크럼 회의에서 작업을 할당 받으며 다음 회의 전까지 이러한 작업을 완료해야 한다. 스크럼에 있어서 각 팀원은 다른 개발 방법보다 훨씬 더 많은 자율권이 주어지지만 나머지 팀원과 함께 매일 점검해야 하는 책임을 진다.

제품 백로그/기능 목록

스크럼 프로젝트는 팀이 최종 게임을 위해 구현할 모든 기능, 메카닉스, 아트 등을 리스트로 만든 **제품 백로그**product backlog(기능 목록feature list이라고도 함)부터 시작한다. 그중 일부는 상당히 모호하게 시작하며 개발이 진행됨에 따라 좀 더 구체적인 하위 기능으로 나눈다.

릴리스와 스프린트

제품은 릴리스와 스프린트로 분류된다. **릴리스**release란 다른 사람들에게 보여주는 시점으로 볼 수 있으며(예, 투자자와의 만남, 공개 베타 또는 공식 플레이테스트 라운드), **스프린트**sprint란 릴리스를 앞둔 단계다. 스프린트를 시작할 때는 해당 스프린트에서 완료할 모든 기능이 포함된 스프린트 백로그 목록을 작성한다. 스프린트는 일반적으로 1 ~ 4주 정도 소요되며 스프린트 중에 어떤 작업을 수행하든지 간에 스프린트가 끝날 때는 플레이 가능한 게임이 나와야 한다(또는 게임의 일부라도 플레이 가능해야 한다). 사실, 가장 좋은 경우는 처음으로 플레이 가능한 프로토타입을 만든 순간부터 계속 수정해 나가며 매일 플레이 가능한 상태로 유지시키는 것이다(때로는 어려운 작업이긴 하다).

스크럼 회의

스크럼 회의는 매일 15분간 서서 전체 팀을 점검하는 회의다. 스크럼 마스터는 회의를 진행하며 각 팀원은 다음 세 가지 질문에 답한다.

1. 어제는 무엇을 했는가?
2. 오늘 무엇을 할 계획인가?
3. 방해가 되는 장애물은 무엇인가?

이것이 전부다. 스크럼 회의는 모든 사람이 현재 상태를 재빨리 파악할 수 있게 하는 것이다. 질문 1과 2는 번다운 차트[BDC, BurnDown Chart]와 비교해 프로젝트 진행 상황을 확인한다. 유능한 팀원들이 전체 그룹 회의에서 최대한 시간을 낭비하지 않도록 가능한 한 짧게 스크럼 회의를 유지한다. 예를 들어 질문 3에서 나오는 모든 문제는 회의 중에 논의하지 않는다. 대신 스크럼 마스터는 장애물이 있는 사람을 도울 지원자가 있는지 물어보고 나서 계속 진행한다. 회의가 끝나면 문제가 있는 사람과 지원자만 남아서 장애물에 대해 의논한다.

스크럼 회의 결과, 팀의 모든 구성원은 자신의 책임, 다른 사람들이 수행하는 작업, 필요한 경우 도움을 요청할 수 있는 사람을 알게 된다. 스크럼 회의가 매일 진행되기 때문에 문제는 발생하자마자 곧 해결돼 깔끔한 상태를 유지한다.

번다운 차트

나는 번다운 차트가 내 게임 개발 과정 및 내가 진행한 강의에서 가장 유용한 도구라는 것을 발견했다. 번다운 차트는 스프린트(스프린트 백로그) 중에 수행할 작업 목록과 각 작업을 완료하는 데 필요한 시간(시간, 일, 주 등)을 예상하는 것으로 시작한다. 프로젝트 전반에 걸쳐 번다운 차트를 활용하면 팀원에게 할당 목표에 대한 진행 상황을 추적해 프로젝트에 남아있는 총 작업 시간을 알아낼 뿐만 아니라 팀이 제때에 프로젝트를 완료할 것인지 여부를 알 수 있다.

번다운 차트의 장점은 엄청난 양의 데이터를 다음과 같이 세 가지 중요한 질문에 답하는 간단한 차트로 요약해준다는 것이다.

1. 팀이 제때에 스프린트를 끝낼 것 같은가?
2. 각자에게 할당된 작업은 무엇인가?
3. 팀원 모두 잘 활용되고 있는가?(모두가 자신의 역할을 다하고 있는가?)

위의 세 가지 질문은 팀에서 작업 중일 때 대답하기가 어려운 경우가 많지만 번다운 차트를 만들어보면 이들 질문에 대한 답을 매우 효율적으로 알 수 있다. 번다운 차트는 아주 중요하므로 14장의 나머지 부분에서는 내가 제공한 번다운 차트 템플릿의 사용법을 이해하는 데 주력할 것이다.

번다운 차트 예제

나는 구글 시트 문서로 온라인에서 사용할 수 있는 번다운 차트[BDC] 템플릿을 만들었다. 구글 시트는 11장에서 다뤘으며 마이크로소프트 엑셀과는 경쟁 관계에 있는 무료 온라인 제품이다. 번다운 차트에 사용된 스프레드시트 수식에 대한 설명은 이 책의 범위를 벗어나지만 스프레드시트의 기초와 11장에서 게임 밸런스 조정에 이들 수식을 사용하는 방법을 배울 수 있다.

번다운 차트 스프레드시트 예제에 대한 링크는 다음과 같다.

- **링크:** http://bit.ly/IGDPD_BDC_Example

- **이 책의 웹 사이트:** http://book.prototools.net에서 왼쪽 영역 아래의 IGDPD 2nd Edition Home Page [2Ed] 링크를 선택한 후 오른쪽 영역 아래의 [2Ed] Chapter 14

이후로는 이 차트를 여러 번 참고하므로 지금 바로 위의 링크로 가보기를 바란다.

그 곳에 있는 시트를 편집하려면 복사본을 만들어 사용해야 한다. 그렇게 하려면 그림 14.1의 왼쪽에 나타난 것과 같이 시트 메뉴 표시줄(브라우저 창에 있음)에서 **파일 ➤ 사본 만들기...**를 선택한다.

번다운 차트 예제 사본을 만든 후 구글 시트에서 그 사본을 열고 14장을 계속 진행한다.

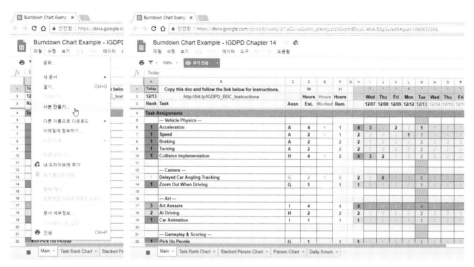

그림 14.1 구글 시트에서 사본 만드는 메뉴와 Main 예제 워크시트

번다운 차트 예제: 워크시트

최근 스프레드시트는 여러 개의 워크시트로 나눠져 있으며 창 하단의 탭(그림 14.1에서는 Main, Task Rank Chart 등)을 통해 워크시트를 선택할 수 있다. 아래에 각 워크시트에 대해 설명해놨으므로 해당 워크시트를 보려면 그 탭을 클릭한다.

이 스프레드시트의 각 워크시트에는 다음과 같은 특정 목적이 있다.

- **Main**: 작업 및 남은 시간을 추적하는 워크시트다. 여기에 대부분의 데이터를 입력한다.
- **Task Rank Chart**: 프로젝트 마감일에 대한 현재 진행 상황을 작업의 순위

(또는 중요도)별로 정렬해 보여준다.

- **Stacked Person Chart**: 프로젝트 마감일에 대한 현재 진행 상황을 작업이 할당된 사람별로 정렬해 보여준다.
- **Person Chart**: 각 개인의 할당된 업무 및 마감일까지의 진행 상황을 보여준다.
- **Daily Scrum**: 팀원끼리 직접 만날 수 없더라도 매일 가상 스크럼 회의를 가질 수 있게 한다.

다음으로 각 워크시트를 자세히 살펴보자.

> **Warning**
>
> **어두운 회색 테두리가 있는 셀의 값만 변경하자.** 번다운 차트 예제와 번다운 차트 템플릿 스프레드시트 모두에서 어두운 회색 테두리가 있는 셀만 편집해야 한다. 다른 모든 셀에는 변경되지 않는 데이터 또는 수식을 사용해 계산된(그럴 가능성이 큰) 데이터가 들어간다. 예를 들어 차트의 I3:Z3셀에 나타난 날짜는 Sprint Settings 영역에서 짙은 회색 테두리가 있는 셀에 입력한 시작 날짜(F102), 종료 날짜(F103), 근무일 데이터(J102:J108)를 사용하는 수식에 의해 계산된다. 직접 I3:Z3을 편집해서는 안 된다.

워크시트: Main

Main 워크시트는 번다운 차트 편집을 대부분 수행하는 곳이다. 이 워크시트의 위쪽은 작업 추적, 할당 대상, 남은 작업량에 대해 거의 100개 행이 차지한다. 아래쪽에는 팀원 이름을 입력하기 위한 셀, 프로젝트의 시작 및 종료 날짜 및 근무일이 들어간다. 또한 워크시트 맨 아래쪽에는 다른 탭의 차트에 표시할 데이터를 계산하기 위한 영역이 있다.

스프린트 설정

그림 14.2에 나온 것처럼 Sprint Settings를 보고자 101행으로 스크롤한다. 14장의 앞부분에서 언급했듯이 스프린트는 보통 2주 정도의 기간이 소요되며 완료해야

하는 특정 작업(스프린트 백로그)이 포함된다. Main 워크시트의 이 부분에는 각 스프린트에 대한 BDC 스프레드시트를 만들 때 설정해야 하는 정보가 들어간다.

	A	B	C	D	E	F	G	H	I	J	K	L	M	N
1	Today	Copy this doc and follow the link below for instructions.		32		21			1	1	1	3	1	1
2	12/13	http://bit.ly/IGDPD_BDC_Instructions		Hours	Hours	Hours			Wed	Thu	Fri	Mon	Tue	Wed
3	Rank	Task	Assn	Est.	Worked	Rem.			12/07	12/08	12/09	12/12	12/13	12/14
100														
101		Sprint Settings – Only change cells with dark gray borders							Workdays					
102		Archon	A		Start Date	12/07			Sun	0				
103		Henri	H		End Date	12/21			Mon	1				
104		Icarus	I						Tue	1				
105		Gilbert	G		Total Days	14			Wed	1				
106					Work Days	10			Thu	1				
107									Fri	1				
108		All	ALL						Sat	0				
109		Unassigned												
110		Days to Look Back for Burndown Velocity	2											

그림 14.2 Main 워크시트의 Sprint Settings 부분

- **팀원:** 현재 스프린트에서 일하는 최대 6명의 팀원 명단(B102:B107)과 이들에 대해 한두 문자로 식별하는 이니셜(C102:C107)이다. 이 이니셜 문자는 위쪽에서 이들에게 작업 할당하는 데 사용될 것이다.
- **스프린트 날짜:** F102에는 스프린트의 시작 날짜를 설정하고 F103에는 종료 날짜를 입력한다.
- **근무일:** J102:J107셀에는 일반적으로 주중에 팀의 근무일이라면 1, 일하지 않을 날이면 0을 입력한다. 이 정보는 F106에 표시된 근무일 수를 고려한다.

스프레드시트의 나머지 부분은 이 부분의 정보를 사용해 자체적으로 채운다. 이 정보는 스프린트가 시작될 때 한 번만 설정하기 때문에 Main 워크시트의 다른 부분보다 아래쪽에 위치한다.

> **Tip**
> **시간 추정** 이 번다운 차트 예제에서 오늘(A2셀)은 항상 12월 13일 화요일이다. 하지만 번다운 차트 템플릿에서 오늘(A2셀)은 실제 현재 날짜를 반영한다.

작업 할당 및 시간 평가

Main 워크시트의 맨 위로 다시 스크롤한다(그림 14.3 참고).

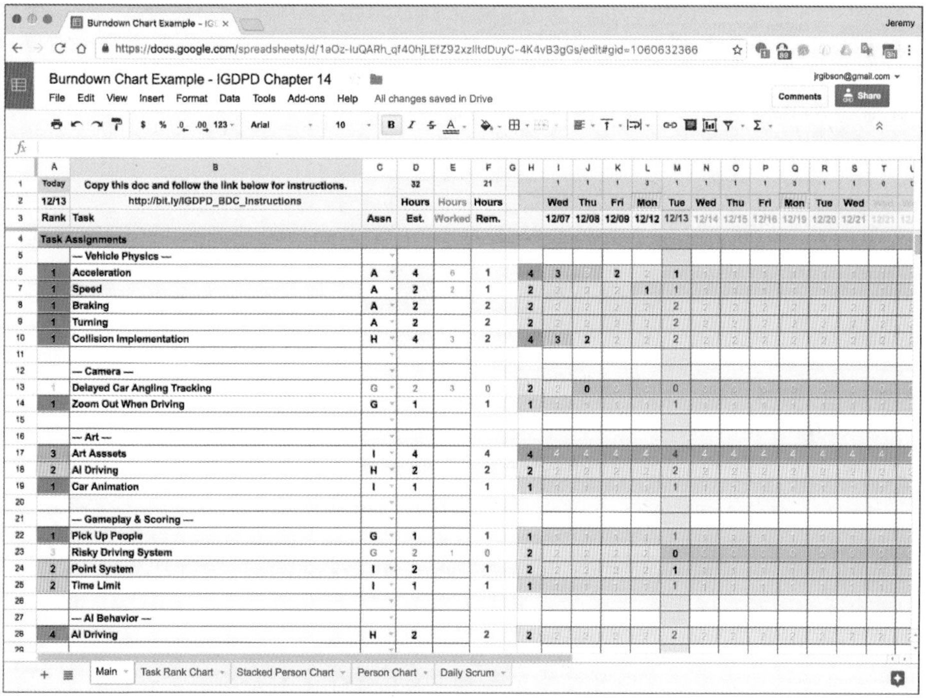

그림 14.3 Main 워크시트의 Task Assignments 부분

각 행의 A:D열에서 스프린트가 시작되기 전에 몇 가지 중요한 정보를 설정해야 한다. 각 행에는 다음과 같은 열이 있다.

A. Rank: 1(중요함)에서 5(중요도 낮음)까지 해당 작업의 중요도 매김

B. Task: 작업에 대한 간단한 설명

C. Assignment: 이 작업이 할당된 팀원의 이니셜

D. Hours Estimate: 이 작업을 완료하는 데 예상되는 시간 수

각 작업의 예상 시간 수는 BDC 개념의 핵심이다. 프로젝트 전체에서 이를 참조하므로 정확하고 정직하게 예상하는 것이 중요하다. '예상 시간' 팁을 참고한다.

스프린트 진행

Main 워크시트의 오른쪽 절반은 스프린트 마감 시간에 대한 진행 상황을 추적하는 곳이다. H열은 각 작업의 초기 예상 시간을 반영하고 오른쪽의 모든 열은 팀 완료를 향한 진행을 보여준다. 오늘 날짜는 빨간색 숫자가 들어간 파란색 열(이 예제에서는 M열)로 표시된다.

팀원은 다양한 작업을 수행하면서 I:Z열에 해당 작업의 남은 예상 시간 수를 알린다. 적어도 매일 근무 시간이 끝나면 BDC를 작성해야 하며 오늘 열(파란색 열)에 남아있는 시간 수를 입력해야 한다. 오늘과 이날에 이르기까지 팀원이 작업을 마치며 남아있는 예상 시간을 줄인 곳에서는 굵고 검은색 숫자를 볼 수 있다.

예상 시간 대 실제 시간

번다운 차트에서 가장 중요한 개념 중 하나는 예상 시간과 실제 시간의 차이다. 작업 시간을 예상한 후에는 해당 작업에서 소비한 시간은 실제 근무 시간이 아니라 여전히 완료하지 못한 작업을 백분율로 계산한다. 예를 들어 예제 스프레드시트의 6행에 있는 Acceleration 작업을 살펴보자(그림 14.4 참고).

	A	B	C	D	E	F	G	H	I	J	K	L	M
1	Today	Copy this doc and follow the link below for instructions.		32		21			1	1	1	3	1
2	12/13	http://bit.ly/IGDPD_BDC_Instructions		Hours	Hours	Hours			Wed	Thu	Fri	Mon	Tue	W
3	Rank	Task	Assn	Est.	Worked	Rem.			12/07	12/08	12/09	12/12	12/13	12
4		Task Assignments											
5		— Vehicle Physics —											
6	1	Acceleration	A	4	6	1		4	3		2		1
7	1	Speed	A	2	2	1		2				1	1
8	1	Braking	A	2		2		2					2

그림 14.4 프로젝트 초기 5일 동안의 Acceleration 작업 상황을 확대한 모습

Acceleration 작업에 대해 최초 예상 시간은 4였다.

- **12/07(12월 7일):** Archon(A)은 2시간 동안 Acceleration 작업을 수행했지만 작업의 약 25%만 달성했다. 이로 인해 75%의 작업이 남아 있으므로 스프레드시트(I6셀)에는 원래 4시간 예상의 75%에 해당하는 3을 입력했다. 또한 Hours Worked 열(E)에 2를 입력해 실제 근무시간을 남겼다.

- **12/09:** 3시간 일하면서 작업을 전체 50% 완료하고 원래 예상 4시간 중 2시간 남았다. 따라서 12/09에 대한 열(K6)에 2를 입력하고 실제로 근무한 3시간을 Hours Worked 열에 더해 총 5시간의 근무 시간을 기록했다.

- **12/13(오늘):** 1시간의 작업으로 인해 25%를 완료했으므로(현재는 속도가 좀 더 빨라지고 있음) 이제 Acceleration 작업의 25%가 남았다(1시간 예상). 12/13 열(L6)에 1을 입력하고 E6셀의 Hours Worked을 6으로 늘린다.

보다시피 가장 중요한 데이터는 원래 예상 시간 대비 남는 시간으로 나타내는 남은 작업의 백분율이다. 한편 Archon은 Acceleration 작업의 Hours Worked 열(E)에 6시간을 기록해 나중에 이 정보를 근거로 작업 예상을 잘 알 수 있게 했다(지금은 자신의 예상 시간보다 약 두 배가 걸리는 것처럼 보인다).

Main 워크시트의 데이터로 세 가지 차트를 만들어 마감일을 향한 팀의 진행과 각 팀원의 기여도를 좀 더 잘 알아볼 수 있다.

워크시트: Task Rank Chart

Task Rank Chart(그림 14.5 참고)는 작업 순위에 따라 목표가 누적된 진행 상황을 보여준다. 여기서는 두 가지 방법으로 팀이 일정보다 뒤진 것을 알 수 있다.

- 검은색의 On-Track 선은 팀이 제때 완료하고자 근무일마다 완료해야 하는 평균 작업량을 보여준다. 모든 순위의 합계가 이 선보다 크다면 팀은 완료를 알리는 단계에 있지 않다. 모든 순위의 합계가 이 선보다 낮으면 팀이 일정보다 앞서 가는 것이다. 이것으로 팀은 마감일을 향한 진행 상태를 잘 알 수 있다.
- 빨간색의 Burndown Velocity 선은 팀의 최근 번다운 속도를 사용해 팀이 향후에 수행할 작업을 예측한다. 이 선이 최종 날짜 이전에 기준선(즉, 0 Estimated Work Hours)에 닿으면 팀은 현재 작업 완료율에 따라 잘 수행하고 있는 것이다. 반면에 기준선에 결코 닿지 않으면 팀은 제때에 프로젝트를 완료하지 못할 것으로 예상된다.

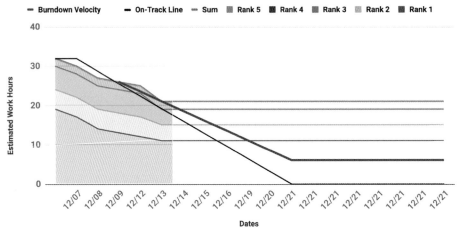

그림 14.5 작업 순위별 번다운 차트

Burndown Velocity^{BDV}는 하루에 완료되는 예상 작업 시간을 기준으로 한 현재 진행률이다. Main 워크시트의 C110셀은 최근 BDV를 결정하는 데 고려되는 일수를 나타낸다(그림 14.2 참고). 여기서는 2인데, 빨간색 선이 오늘부터 2일 근무일(10일, 11일 주말을 제외하고 12월 13일에서 12월 9일까지 역행)까지만 확장되기 때문이다.

Task Rank Chart에서 살펴봐야 할 또 다른 사항은 Rank 1(빨간색/아래) 작업을 처리하고 나중을 위해 순위가 낮은 작업(Ranks 4 및 5)을 남기는 팀이다. 그렇게 하는 것은 이 팀이 잘하고 있는 것이다. Rank 1(빨간색) 영역은 점점 적어지는데, Rank 4(보라색) 영역은 그대로다.

워크시트: Stacked Person Chart

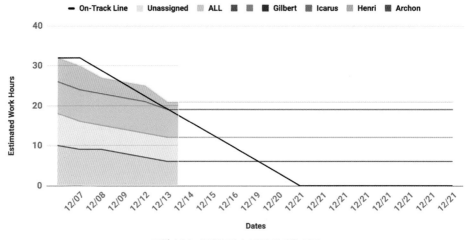

그림 14.6 개인별 및 누적별 번다운 차트

Stacked Person Chart(그림 14.6 참고)는 개별 팀원이 쌓은 목표를 향한 진도를 보여준다. 이 차트는 각 회원이 전반적인 마감 기한에 얼마나 기여하는지를 보여준다. 이 차트에서는 비슷한 방법으로 전체 팀원의 기여도를 줄일 수 있다. 또한 각 팀원 부분이 해당 날에 다른 부분과 대략 같은 너비를 가져야 한다. 여기에서는 Archon(빨간색)이 다른 팀원보다 더 많이 할당됐음을 알 수 있으며 Icarus(초록색)는 다른 팀원보다 작업을 많이 완료하지 못했다는 것을 알 수 있는데, 차트에서 초록색 띠가 약간만 좁혀졌기 때문이다.

워크시트: Person Chart

그림 14.7에 표시된 (누적되지 않은) 개인 차트에서는 팀원의 작업을 서로 비교해볼 수 있다. 백그라운드의 채워진 회색 영역은 작업 부하가 정확히 동일할 경우 각 팀원에게 할당되는 평균 작업량을 보여준다. 검은색 On-Track 선은 각 팀원이 매일 같은 목표를 달성하는 데 필요한 양 (동일한 양의 작업이 할당된 경우)을 보여준다. 다양한 색의 선은 각 팀원에 대한 작업의 완료 상태를 보여준다.

이것으로 Archon이 다른 누구보다 많은 작업을 할당받았음에도 실제로 잘 수행하고 있다는 것을 알 수 있다. Henri와 Icarus는 충분히 달성하지 못했고, Gilbert는 드문드문 일했지만 일할 때는 많이 했다.

이 차트를 통해 프로젝트 진행이 어떻게 되고 있는지 그리고 누가 많이 기여하고 재촉해야 할 사람은 누군지를 잘 알 수 있다.

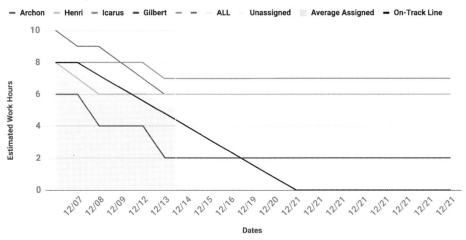

그림 14.7 개인별 번다운 차트

워크시트: Daily Scrum

팀원을 매일 스크럼으로 만나는 것이 항상 최선이지만, 그렇지 못하다면 이 워크
시트(그림 14.8 참고)를 통해 팀이 계속 연결 상태를 유지할 수 있다. 모든 스크럼과
마찬가지로 각 팀원은 다음 세 가지를 매일 보고해야 한다.

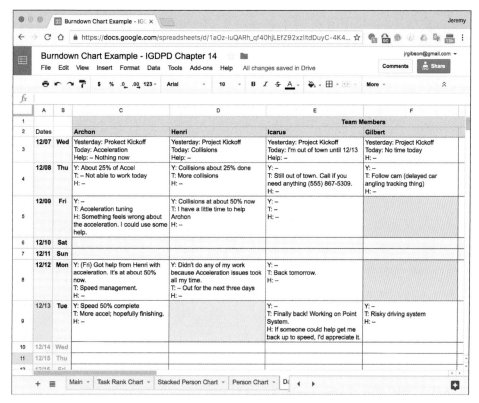

그림 14.8 번다운 차트 예제의 일별 스크럼 워크시트

- **어제(Y):** 각 팀원은 어제(또는 마지막 스크럼 이후) 달성한 것을 보고한다.
- **오늘(T):** 각 팀원은 오늘(또는 다음 스크럼 전) 자신이 작업할 계획을 보고한다.
- **도움 요청(H):** 각 팀원은 필요할 경우 도움을 요청한다.

전체 팀은 매일 특정 시간까지 스크럼 보고서를 작성해야 한다. 여기의 이 팀은
매일 아침 오전 10시까지 보고하기로 했다. 팀이 매일 퇴근 시간인 오후 6시까지

보고하기로 했다면 위의 용어는 오늘(T), 다음날(N), 도움 요청(H)이 될 것이다.

일별 스크럼은 번다운 차트의 다른 워크시트와 또 다르게 팀에 대한 다른 종류의 정보를 알 수 있다. 예를 들어 개인 차트에 따르면 Icarus가 아무 일도 하지 않은 것처럼 보인다. 하지만 일별 스크럼 워크시트를 살펴보면 스프린트가 시작된 이래로 그가 외출 중이었다는 것을 알 수 있다. 그는 외출 중이더라도 매일 보고했으며 자신의 도움이 필요한 경우를 대비해 연락처도 남겼다.

반면 Gilbert는 몇 가지 작업을 완료했지만 일하지 않는 날에는 전혀 보고하지 않았다. 그는 많은 일을 하고 있지만 팀과 잘 소통하지 못하고 있으며, 이는 곧 해결해야 할 부분이다.

차트에서 오늘(12/13)의 행을 보면 Henri가 오늘 스크럼을 채우지 않은 것을 볼 수 있다(외출했기 때문). 일별 스크럼 워크시트에서는 출타 중일 경우 오늘 행은 녹색으로 채워 표시하고 지나간 날은 빨간색으로 채워 표시한다.

팀과 협력할 때는 의사소통을 잘해야 하며 이 워크시트는 이를 위해 도움이 된다. 나는 일부 학생으로부터 팀원이 어디에 있고 무엇을 하는지 모르겠다는 하소연을 들었다. 내 강의에 이 워크시트를 적용한 후 이를 사용한 학생들은 프로젝트에 대한 스트레스가 훨씬 줄었다고 했다. 누군가 하루나 이틀 동안 작업할 수 없더라도 나머지 팀원들이 예상하고 있다면 잘 대처할 수 있다.

자신의 번다운 차트 만들기

번다운 차트 예제의 기능에 익숙해졌으므로 이 예제 차트를 작성하는 데 사용한 템플릿으로 자신의 차트를 만들 수 있다. 예제 차트에서와 같이 다음 두 개의 위치에서 템플릿을 얻을 수 있다.

- **링크:** http://bit.ly/IGDPD_BDC_Example

또는

- **이 책의 웹 사이트:** http://book.prototools.net에서 왼쪽 영역 아래의 IGDPD 2nd Edition Home Page [2Ed] 링크를 선택한 후 오른쪽 영역 아래의 [2Ed] Chapter 14

요약

게임을 디자인하고 개발하는 과정에서 개발 프로세스를 제대로 진행하는 것이 어려울 수 있다. 나는 개발자이자 교수로 있으면서 애자일 사고방식과 스크럼 방법론이 최고의 도구라는 것을 알게 됐다. 물론 내 학생들과 내게 맞는 도구들이 여러분에게도 잘 작동하는지 확실하게 말할 수는 없지만, 이것들을 적용해볼 것을 강력히 권한다. 스크럼과 애자일이 완벽한 도구인지는 중요하지 않다. 중요한 것은 여러분에게 맞는 도구를 찾아서 이를 활용해 게임 작업 때 동기를 부여하고 생산성을 유지하는 것이다.

15장에서는 디지털 게임업계를 살펴보고 참여할 수 있는 방법을 살펴본다. 또한 게임 개발 콘퍼런스에서 어떻게 사람들을 만나고 대학 게임 과정에서 무엇을 추구해야 하는지도 알아본다.[6]

---

6. 이 책의 다른 부분에서는 여성 이름을 언급하면서 여기서는 왜 Archon, Henri, Icarus, Gilbert라는 남성 이름을 사용했는지 궁금할 것이다. 이 이름들은 내가 대학원 시절에 세 명의 팀원과 함께 〈스카이러츠〉 게임을 만들 때 사용했던 플레이어 캐릭터 이름인데, 나는 그들과의 작업에 조금이나마 경의를 표하고자 번다운 차트에 넣은 것이다. 그들이 여기의 가상 차트를 본다면 어떻게 생각할지 모르겠지만 이들 세 명은 나와 가장 잘 맞는 사람들이었고 그중 누구와도 다시 일하게 된다면 영광일 것이다.

CHAPTER 15

디지털 게임업계

이 책을 읽으면서 귀중한 시간을 투자해 게임 프로토타입을 제작하는 방법을 배우는 독자라면 게임업계에서 일하는 데 관심이 있다고 말할 수 있을 것이다.

15장에서는 먼저 게임업계의 현재 상황에 대해 간단하게 언급하고 나서 대학의 게임 교육 프로그램을 잠시 소개한다. 또한 사람을 만나는 방법, 인적 네트워크 그리고 취업에 대한 유용한 팁을 알려준다. 마지막으로 직접 독립 게임 프로젝트를 준비하는 방법을 알아본다.

게임업계

현재의 게임업계에 대해 확실히 말할 수 있는 점은 게임업계가 크게 변화하고 있다는 것이다. 일렉트로닉 아츠와 액티비전과 같이 30여년 이상 건재한 회사도 있지만 2008년, 몇 명의 직원으로 시작해 오늘날 급격하게 세를 확장한 라이엇 게임즈(《리그 오브 레전드》 개발사)와 같은 신생업체도 생겨났다. 불과 몇 년 전만 해도 휴대폰이 가장 잘 팔리는 게임 플랫폼이 되리라고 예상한 사람은 아무도 없었지만 이제 애플의 iOS 장치용 게임의 매출은 수십억 달러 규모가 됐다. 지금은 모든 것이 빠르게 변하고 있기 때문에 나는 구체적인 수치를 언급하지 않을 것이다. 그 대신 자료를 찾아볼 수 있는 (그리고 매년 업데이트되는) 출처를 소개한다.

ESA 주요 정보

엔터테인먼트 소프트웨어 연합ESA, Entertainment Software Association(http://theesa.com)은 대부분의 대규모 게임 개발 회사가 참여하는 동업자 단체 및 로비 조직이며, 미국 대법원에서 게임을 헌법에 따라 보호해야 한다는 판결을 받아내는 데 중요한 역할을 했다. ESA는 매년 게임 산업의 상태에 대해 **주요 정보**Essential Facts 보고서를 발간하고 있으며 구글에서 'ESA essential facts'로 검색하면 직접 내용을 확인할 수 있다. 이 보고서 내용은 당연히 약간 편향적이지만(게임업계에 대한 긍정적 시각을 조성하는 것이 ESA의 역할임) 그래도 업계의 전반적인 상황을 알아보는 데는 아주 좋은 자료다. 다음은 주요 정보 2016 보고서에 포함된 열 가지 주요 정보다.[1]

1. 미국 가정의 63%에는 적어도 3시간 이상 게임을 하는 사람이 한 명 이상 있으며, 한 가정당 평균 게이머는 1.7명이다. 현재 미국의 가정 수에 따르면 미국 내의 총 게이머는 약 1억 2천 5백만 명에 달한다.[2]
2. 2015년 한 해 소비자는 비디오 게임, 하드웨어, 액세서리를 구매하는 데

---

1. https://theesa.ca/resource/essential-facts-2016/
2. 미국 인구 조사국의 추가 정보: https://www.census.gov/quickfacts/. 116,926,305(미국 내의 가구 수) × 63% × 1.7 게이머/가구 ≈ 1억 2천 5백만

235억 달러를 지출했다.

3. 게임, 애드온 콘텐츠, 모바일 앱, 정기이용권, 소셜 네트워킹 게임을 포함한 디지털 콘텐츠 구매액은 2015년 게임 매출의 56%를 차지한다(2012년에서 40% 증가).

4. 남성 게임 플레이어는 평균 35세이며 게임 경력은 13년이다. 여성 플레이어는 평균 44세다.

5. 게임 플레이어 중 26%는 50세 이상이다. 앞에서 언급한 수치를 기준으로 하면 미국에서 50세 이상인 게이머는 3천 2백만 명 이상이 된다. 거대한 미개척 시장이다.

6. 게임 플레이어의 41%는 여성이다(안타깝게도 2014년 48%의 정점을 찍고는 하락했다). 게임 플레이어 인구 중 18세 이상 여성이 차지하는 비중(31%)은 여전히 17세 이하 남성이 차지하는 비중(17%)보다 높다.

7. 사람들이 게임을 하는 데 가장 자주 사용하는 장치는 개인용 컴퓨터(56%)다. 그 외의 일반적인 플랫폼으로는 전용 게임 콘솔(53%), 스마트폰(36%), 아이패드iPads와 같은 무선 장치(31%), 휴대용 게임기(17%)가 있다.

8. 퍼즐 게임이 무선 및 모바일 장치 시장을 장악했다. 무선 및 모바일 장치용 게임의 가장 일반적인 유형으로는 퍼즐/보드/카드 게임(38%), 액션 게임(6%), 전략 게임(6%)이 있다.

9. 2012년 ESRB(게임 소프트웨어 등급 위원회)에서 등급을 부여한 게임 중 89%가 전체 이용가 'E', 10세 이상 이용가 'E10 +', 청소년 이용가 'T' 등급을 받았다(게임 등급에 대한 자세한 내용은 www.esrb.org 또는 www.pegi.info를 참고한다).

10. 단골 게이머 중 55%는 VR(가상 현실) 게임을 즐기며 22%는 다음 해에 VR 하드웨어를 구매할 것으로 예상된다.

급변하는 현재 상황

게임업계의 변화를 주도하는 추세로는 근로 조건, 제작비용, 부분 유료 게임, 인디 게임의 르네상스를 들 수 있다.

게임 회사의 근로 조건

게임업계에 대해 아직 아무것도 모른다면 게임 회사에서 일하는 것이 재미있고 쉬운 일이라는 환상을 갖고 있을지 모른다. 사정을 좀 아는 사람이라면 게임 회사에서는 주당 60시간씩 일하는 게 아주 일상적이고 야근 수당은 꿈도 꿀 수 없다는 얘기를 들었을 수도 있다. 현실은 이 정도는 아니지만 이러한 얘기가 전혀 근거 없는 것은 아니다. 업계에서 일하고 있는 내 친구 중에는 프로젝트가 '주요 기간'이 되면 주당 70시간(주말 없이 매일 10시간)을 근무하는 친구들도 있지만 다행히 이런 극단적인 모습은 지난 십여 년간 크게 줄어들었다. 회사에서 종종 야근을 요구하기도 하지만 대부분의 회사, 특히 규모가 큰 회사에서는 게임 개발자가 가정에 소홀할 정도로 일해야 하는 경우는 아주 드물게 됐다(슬프지만 그런 경우가 아직 있기는 하다). 그래도 게임 회사에서 면접을 볼 때는 야근 정책이나 그동안 프로젝트 주요 기간이 어떻게 진행되는지 반드시 물어봐야 한다.

고예산 게임의 개발 비용 증가

게임 콘솔의 세대가 진화하면서 주요 타이틀('AAA' 게임이라고도 하며 '트리플 에이'라고 발음)을 개발하는 비용이 급속도로 상승했다. 플레이스테이션 2 및 엑스박스용 게임과 플레이스테이션 3 및 엑스박스 360용 게임의 제작비용을 비교하면 이러한 현상을 쉽게 확인할 수 있으며 엑스박스 원과 플레이스테이션 4용 게임에서는 그 현상이 더욱 심화되고 있다. AAA 타이틀을 개발하는 팀은 현재 100 ~ 200명 규모로 꾸려지는 경우가 많고 겉으로는 작은 팀이라도 실상은 게임 개발의 여러 측면을 수백 명의 직원이 일하는 다른 스튜디오로 외주하는 경우도 많다. 개발 비용이 1억 달러를 초과하고 전체 참여 인원이 1,000명을 넘는 AAA 게임은 아직 많지는 않다(그러나 전혀 없는 것은 아니다).

이러한 비용 상승은 영화업계에서 예산이 증가하면서 발생하는 것과 같은 결과를 초래하고 있다. 즉, 프로젝트에 투여하는 비용이 증가할수록 기업에서 위험을 감수하지 않으려는 경향이 늘어난다는 것이다. ESA에서 발표한 2015년 베스트셀러 콘솔 게임 목록인 그림 15.1를 보면 단 하나의 게임(《다잉 라이트》)만을 빼고는 모두 후속편을 낸 것도 이런 이유다(여기의 〈마인크래프트〉는 PC 버전의 콘솔 리메이크 제품이다).

1	콜 오브 듀티: 블랙 옵스 III(M)	11	배트맨: 아캄 나이트(M)
2	매든 NFL 16(E)	12	레고: 쥬라기 월드(E)
3	폴아웃 4(M)	13	배틀필드: 하드라인(M)
4	스타워즈 배틀프론트 2015(T)	14	헤일로 5 가디언즈
5	NBA 2K16(E)	15	슈퍼 스매시 브로스(E)
6	GTA 5(M)	16	더 위처 3: 와일드 헌트
7	마인크래프트(E 10+)	17	다잉 라이트(M)
8	모탈 컴뱃 X(M)	18	데스티니: 더 테이큰 킹(T)
9	피파 16(E)	19	NBA 2K15(E)
10	콜 오브 듀티: 어드밴스트 워페어(M)	20	메탈 기어 솔리드 V: 팬텀 페인

그림 15.1 2015년 단위 판매량 기준 베스트셀러 비디오 게임 상위 20종('ESA 주요 정보 2016' 참고)

부분 유료 게임의 성공(그리고 실패)

플러리 애널리틱스Flurry Analytics는 2011년 1월에서 6월까지 6개월 동안 iOS 매출에서 무료 게임의 비중이 유료 게임의 비중을 빠르게 뛰어넘었다고 발표했다.[3] 2011년 1월에는 iOS 앱 스토어에서 유료 게임(선불로 구입)의 매출이 게임 수익의 61%를 차지했다. 6월에는 이 비중이 35%로 줄고 부분 유료freemium 게임의 매출 비중이 65%로 상승했다. 부분 유료 모델이란 무료로 게임을 시작할 수 있지만 게임 플레이 상의 이익이나 커스텀 기능을 위해 약간의 금액을 지불해야 하는 방식을 말하며 2명으로 시작한 징가Zynga가 단기간에 2,000명 규모의 큰 회사로 발전한 원동력이 됐다. 하지만 이 모델은 전통적 장르보다 캐주얼 게임에 적절하다는 것이 밝혀지고 있으며, 기존 장르의 개발사에서도 해당 시장에 부분 유료 방식이 맞지 않다고 판단하고 모바일 게임에서도 점차 유료 모델로 돌아서고 있는 추세다.

주류 (캐주얼한 성향이 약한) 게이머가 주요 대상이면서 부분 유료로 성공한 게임들도 있다. 이러한 게임과 캐주얼 부분 유료 게임의 가장 중요한 차별화 요소는 많은 캐주얼 게임에서 플레이어에게 게임에서 경쟁력을 돈으로 구매하도록 유도하는(즉,

---

3. 〈앱 스토어, 부분 유료 게임의 매출이 유료 게임의 매출을 넘어서다.〉 제퍼슨 발라데어스(2011년 7월 7일), https://www.flurry.com/blog/free-to-play-revenue-overtakes-premium-revenue-in/.

아이템을 많이 구매할수록 승률이 오르는) 반면에 <팀 포트리스 2^{TF2}>와 같은 주류 게임에서는 미적인 아이템(예, 의상)이나 밸런스를 해치지 않는 수준에서 게임 메카닉스를 변경하는 아이템(예, 솔저용 블랙박스 로켓 런처는 탄창 크기가 25% 작지만 적을 맞출 때마다 솔저의 체력이 +15만큼 늘어남) 정도로만 구입할 수 있게 했다. 또한 TF2에서 구매할 수 있는 거의 모든 아이템은 게임 플레이를 통해 얻은 아이템으로도 제조할 수 있다. 여기서 중요한 점은 주류 플레이어라면 다른 플레이어가 돈으로 승리를 살 수 있는 게임을 원하지 않는 다는 것이다.

게임에 유료 또는 부분 유료 체계를 적용할지는 게임의 장르와 게임의 대상층에 따라 좌우된다. 시장의 다른 게임에서 어떤 방식이 표준인지 확인하고 나서 대세를 따를지 아니면 나만의 길을 갈지 결정하면 된다.

인디 시장의 급성장

점차 제작비용이 증가하는 AAA 게임과는 반대로 유니티, 게임메이커, 언리얼 엔진과 같은 무료 또는 저렴한 게임 개발 도구가 널리 보급되면서 전 세계적으로 인디 개발 커뮤니티가 급성장하는 결과를 가져왔다. 이 책의 나머지 부분에서 직접 확인하겠지만 거의 누구나 프로그래밍을 배울 수 있으며 훌륭한 아이디어와 약간의 재능 그리고 시간만 있으면 게임을 만들 수 있다는 것을 증명한 개발자들이 많다. <마인크래프트>, <스펠렁키>, <더 스탠리 패러블>과 같은 유명한 여러 인디 게임 프로젝트도 개발자 한 명이 열정으로 시작한 프로젝트가 출발점이었다. 인디케이드는 2005년 시작된 인디 게임 전문 콘퍼런스다. 이 밖에도 인디 개발을 중점적으로 다루거나 인디 개발자를 위한 과정이나 콘테스트를 운영하는 십여 가지의 다른 콘퍼런스가 있다.[4] 이제 그 어느 때보다 쉽게 게임을 개발할 수 있는 환경이 조성됐으며 이 책의 나머지 부분에서 그 방법을 설명한다.

---

4. 나는 2013년부터 인디케이드의 교육 및 진보 분과의 위원장을 맡고 있으며 IndieXchange와 Game U(2013~15) 콘퍼런스 과정을 설계했다. 나는 이러한 멋진 조직과 콘퍼런스에 참여하게 된 것을 영광으로 생각한다.

게임 교육

지난 십여 년 동안 호기심 어린 수준에서 시작된 대학 차원의 게임 디자인과 개발 교육 과정은 이제 정식 학문 분야로 자리 잡았다. <프린스턴 리뷰>에서는 매년 북미 최고 대학 및 대학원 게임 프로그램을 선정해 발표하고 있으며, 이제 게임 학과의 박사 학위를 수여하는 프로그램까지 있다.

이러한 프로그램에 대한 두 가지 중요한 질문은 다음과 같다.

- 게임 교육 프로그램이 필요할까?
- 어떤 게임 교육 프로그램에 등록해야 할까?

게임 교육 프로그램이 필요할까?

이러한 교육 프로그램에서 여러 해 동안 학생을 가르친 교수로서 이 질문에 대해서는 게임 교육 프로그램이 큰 도움이 되는 경우가 많다고 대답할 수 있다. 게임 교육 프로그램에는 다음과 같이 몇 가지 확실한 이점이 있다.

- 시간과 노력을 집중해 디자인과 개발 기술을 체계적으로 향상시킬 수 있다.
- 성과에 대해 정직하고 유의미한 피드백을 제공하는 교수진과 훌륭한 공동 연구자인 동료를 만날 수 있다. 또한 이러한 프로그램의 교수진은 게임업계에서 일한 경험이 있으며 여러 게임 회사와 관계를 맺고 있다.
- 여러 게임 회사에서 주요 학교의 졸업생을 적극적으로 고용하고 있다. 주요 학교의 졸업생이 되면 원하는 스튜디오의 인턴십에 참여할 기회를 얻을 수 있다.
- 대학 게임 프로그램(특히 박사 과정 프로그램) 졸업자를 직원으로 고용하는 경우 다른 신입 사원보다 상위 직급으로 고용될 수 있다. 일반적으로 게임 회사의 신입 사원은 QA(품질보증) 부서에서 게임을 테스트하는 일부터 시작한다. QA 부서에서 능력을 인정받으면 다른 부서로 이동하게 된다. 이러한 과정은 게임업계에서 일을 배워가는 아주 보편적인 방식이지만 나는 대학 프로그

램의 졸업생이 QA 부서에서 몇 년 동안 일한 사람들보다 높은 자리로 바로 고용되는 경우를 종종 봤다.

- 고등 교육은 여러분이 성장하고 더 나은 사람이 될 수 있는 기회를 제공한다.

하지만 여기에는 분명한 조건이 따른다. 교육을 받으려면 시간과 돈이 필요하다. 아직 학위가 없는 독자에게 나는 개인적으로 꼭 학사 학위를 취득하기를 권한다. 학사 학위는 인생을 살아가는 동안 더 많은 기회를 얻을 수 있는 좋은 발판이 된다. 석사 학위는 실제 업계에서 필요성은 다소 떨어지지만 훨씬 집중적인 교육 기회를 얻을 수 있다. 석사 과정은 보통 2~3년 정도의 기간과 6만 달러 이상의 비용이 든다. 하지만 나의 교수였던 랜디 포시 박사의 얘기처럼 돈은 언제든지 벌 수 있다. 등록금은 대출이나 장학금으로 해결할 수 있다. 그러나 그렇더라도 일찍 업계에 진출하는 것보다 2~6년을 고급 학위를 받는 데 투자할 가치가 있는지는 곰곰이 생각해봐야 한다. 내가 카네기멜론 대학교에 가기로 결정한 것은 내 경력에 변화를 주고 싶었기 때문이었다. 나는 돈을 버는 대신에 돈을 내며 2년을 보냈고 내게 있어서 그 결정은 완전히 성공적이었다. 물론 자신이 옳다고 생각하는 것을 해야 한다.

어떤 게임 교육 프로그램에 등록해야 할까?

현재 수백 개의 대학이 게임 교육 프로그램을 운영하고 있으며 매년 새로운 프로그램이 추가되고 있다. <프린스턴 리뷰>에서 제공하는 학교 순위 목록이 일반적으로 인정받고 있지만 사실 리뷰보다는 업계에서 하려는 일을 고려하고 여러분에게 맞는 학교를 선택하는 것이 중요하다. 시간을 투자해서 프로그램의 강의 내용 그리고 교수진에 대해 알아본다. 디자인, 아트, 프로그래밍, 관리 등 다양한 게임 개발의 측면 중 어디에 중점을 두는지 확인한다. 해당 프로그램의 교수진이 현재 게임업계에서 일하고 있는지, 아니면 가르치는 데 중점을 두는지 살펴본다. 학교마다 중점을 두는 측면이 있을 수 있다.

나는 카네기멜론 대학교의 엔터테인먼트 기술 센터^{ETC, Entertainment Technology Center}에서 엔터테인먼트 기술 석사 학위를 취득했다. ETC는 팀워크와 고객 업무에 바탕을 두고 있다. 첫 학기(내게 있어서 최고의 학기였다)에는 모든 신입생이 가상 세계 구축^{BVW, Building Virtual Worlds}이라고 하는 클래스에서 무작위로 선택된 학생들과 팀을 이뤄 2주 단위의 협동 과제 다섯 개를 진행한다. 신입생 규모는 60명을 약간 넘는 정도여서 학기 내내 새로운 사람들과 함께 일하는 방법을 경험하게 된다. 첫 학기에 매주 약 80시간 동안 팀 과제를 진행하며 BVW를 보완하는 두세 개의 다른 강의를 듣는다. 나머지 세 학기 동안에는 한 학기 단위의 단일 프로젝트 팀에 참여하며 추가 강의는 하나만 듣는다. 한 학기 단위의 프로젝트는 대부분 실제 고객이 있는 프로젝트이므로 ETC 학생은 고객의 기대 수준 관리, 동료와의 협력, 내부 의견차와 고객 요구 사항 변경의 관리 등을 체험한다. 이들 프로젝트는 수년간 업계에서 일하면서 얻을 경험을 단 2년 동안 얻게 하고자 고안됐다. ETC의 목표는 실제 업계의 팀에서 일할 수 있는 게임 디자이너, 프로듀서, 프로그래머, 기술 아티스트를 교육시키는 것이다.

이와는 대조적으로 서던 캘리포니아 대학교(내가 4년 동안 강의한 곳)의 인터랙티브 미디어 & 게임즈 대학원^{IMGD, Interactive Media & Games Division}에 있는 순수미술학 석사 과정은 상당히 다르게 구성돼 있다. 신입생 수는 일반적으로 15명 이하이며 모든 학생은 첫 해에 각기 다른 여러 강의를 듣는다. 그룹 프로젝트가 있지만 학생들은 여러 독립 과제도 함께 진행한다. 2학년 학생들은 각자의 관심 분야에 집중할 수 있게 된다. 2학년 클래스의 절반은 해당 프로그램의 학생으로 구성되지만 나머지 절반은 대학 내의 전체 다른 학과의 학생들이 참여한다. IMGD의 3학년은 거의 전체가 각 학생의 개인 논문 프로젝트에 중점을 맞춘다. 각 학생이 논문 프로젝트를 진행하지만 혼자 작업하는 경우는 거의 없다. 대부분의 논문 팀은 6 ~ 10명 규모이며 다른 팀원은 대학 전체에서 해당 프로젝트에 관심 있는 학생들로 채워진다. 또한 각 논문 프로젝트에는 프로젝트에 관심 있는 업계와 학계의 멘토로 구성되고 IMGD 교수진의 논문 위원장이 이끄는 논문 위원회가 할당된다. IMGD의 목표는 '생각의 리더 양성'이다. 이 프로그램에서는 업계에서 바로 일할 수 있게 준비시키는 것보다는 무언가 혁신적인 것을 고안하고 만들 수 있는 능력을 계발하는 데 중점을 둔다.

현재 나는 미시간 주립 대학교에서 세계 최고 순위의 게임 부전공 프로그램인 미디어 및 정보학과의 게임 디자인 및 개발 분야 부전공 학생들을 가르치고 있다. 우리의 부전공은 학생들이 업계의 전문직에 곧바로 투입될 수 있게 준비시키는 데 중점을 둔다. 이 부전공 프로그램의 주요 이점 중 하나는 프로그램 내의 모든 학생이 미디어 및 정보, 컴퓨터과학, 스튜디오 아트(게임 개발 부전공의 3대 공통 전공)뿐만 아니라 우리 대학에서 가능한 최고의 게임 디자인 및 개발 교육을 전공자 수준으로 받을 수 있다는 것이다. 이는 부전공 학생들이 게임 교육을 부차적으로 받는 대부분의 대학과는 아주 다른 점이다.

예상하다시피 이들 각 프로그램은 학생들에게 도움이 되는 측면이 서로 다르다. 나는 이들 세 개 대학의 프로그램이 내게 가장 익숙하기 때문에 이것들을 선택해 설명했지만 학교마다 다르며 각 학교의 목표와 그 목표를 달성하고자 어떤 과정을 제공하는지는 여러분이 직접 알아보길 바란다.

업계 진출

이 절의 내용은 내가 2010 게임 개발자 콘퍼런스 온라인에서 '전문가들과의 인적 네트워크 형성'이라는 주제로 강연한 내용을 정리한 것이다. 전체 내용을 보려면 이 책의 웹 사이트에서 슬라이드를 참고한다.[5]

업계 사람들 만나기

게임업계의 사람들을 만나는 가장 좋은 방법은 그들이 있는 곳으로 가는 것이다. 보드 게임에 관심이 있다면 이 장소는 Gen Con이고, AAA 개발에 관심이 있다면

---

5. 이 강연의 전체 내용은 http://book.prototools.net에서 슬라이드로 볼 수 있다.

샌프란시스코에서 열리는 게임 개발자 콘퍼런스가 되며, 인디 게임 개발에 관심이 있다면 인디케이드가 된다. 이 밖에도 다른 좋은 콘퍼런스가 있지만 이 세 곳에 앞서 언급한 세 그룹의 사람들이 가장 많이 모인다.[6]

하지만 개발자 콘퍼런스에 참석한다는 것은 게임 개발자들과 한 장소에 모이는 방법에 불과하다. 실제로 그들과 접촉하려면 다가가서 인사를 해야 한다. 개발자들이 강연을 끝낸 후 엑스포 층에서 열리는 파티 등에 참석하는 것도 좋은 방법 중 하나다. 하지만 인사를 건네고 대화하는 모든 상황에서 최대한 공손하고 간결하게 개발자를 대하고, 특히 해당 개발자와 대화하려는 다른 사람들에게 무례하지 않게 해야 한다. 게임 개발자들은 상당히 바쁜 사람들이고 각자 목적을 갖고 콘퍼런스에 참석한다. 그들도 다른 사람들과 만나고 인맥을 넓히며 다른 개발자와 얘기하기를 원한다. 그들의 시간을 너무 많이 뺏거나 여러분과 억지로 대화한다는 느낌을 갖지 않게 하고 항상 먼저 대화 주제를 꺼낸다. 즉, 대화를 시작하기 전에 그들이 관심을 가질 만한 주제를 먼저 준비해야 한다.

그들을 처음 만날 때는 열성 팬처럼 행동하지 않아야 한다. 윌 라이트나 제노바 첸과 같은 유명한 게임 디자이너 역시 보통 사람이며 숭배 받고 싶어 하는 사람은 아주 극소수다. 그러니까 "최고로 존경합니다! 정말 정말 팬입니다!" 같은 말은 할 필요가 없다. 이런 말은 사실 좀 닭살 돋는 말이다. 대신 "<저니> 게임을 정말 재미있게 했습니다." 정도면 충분하다. 그렇게 하면 일면식도 없는 사람을 찬양하는 것이 아니라 해당 게임(여러 사람이 작업한 게임)을 칭찬하면서 대화를 이어갈 수 있다.

물론 누군가를 만나는 가장 좋을 방법은 다른 사람의 소개를 통하는 것이다. 이 경우에는 자신에 대해서뿐만 아니라 얘깃거리(여러분 친구에 관한 것)도 생긴다. 하지만 이럴 때는 여러분을 소개한 친구에 대한 막중한 책임(친구의 위신에 누가 되지 않게 처신할 책임)이 있다. 누군가 여러분을 소개할 때는 여러분을 보증한 것이므로 적절치 않은 언행을 하면 소개해준 사람에게 피해가 간다.

또한 유명한 게임 개발자를 만나는 데만 집중할 필요는 없다. 이러한 콘퍼런스에

---

6. E3와 PAX도 인기 있는 게임 콘퍼런스지만 실제 게임 개발자를 만날 가능성은 크지 않다.

참여하는 사람들은 모두 게임을 사랑하며 학생이나 자원 봉사자 중에는 여러분이 대화할 만한 열정적이고 창의적인 사람들이 많다. 게다가 혹시 누가 아는가? 개발자 콘퍼런스에서 만난 사람이 앞으로 유명한 디자이너가 돼서 여러분이 개발하고 있는 게임에 대해 유용한 조언을 해줄지도 모르는 일이다.

게임 콘퍼런스에 휴대할 물건

사람을 만날 계획이라면 항상 명함을 휴대해야 한다. 명함 앞면에는 읽을 수만 있다면 아무 내용을 넣어도 된다. 명함 뒷면은 명함을 받은 사람이 여러분이 한 얘기를 적어서 여러분을 기억할 수 있도록 공백으로 비워두기를 권한다.

그 외에 내가 휴대하는 물건은 다음과 같다.

- **입 냄새 제거용 민트와 이쑤시개.** 정말이다.
- **포켓용 다용도 공구.** 작은 물건이 고장 났을 때 고칠 수 있는 사람이 근처에 있으면 편리하다.
- **이력서.** 나는 이것을 더 이상 갖고 다니지 않지만(나는 현재 직장에 만족하고 있기 때문임) 여러분이 취업을 원한다면 몇 장의 사본을 휴대하는 것이 좋다.

후속 조치

콘퍼런스에서 누군가를 만나 대화하고 명함까지 건넸다고 하자. 다음 단계는 무엇일까?

콘퍼런스가 끝나고 두 주 정도가 지나면 만난 사람에게 이메일을 보낸다. 보통 개발자 콘퍼런스가 끝나면 당분간 밀린 일처리와 이메일 등으로 바쁠 것이기 때문에 두 주 정도 기다리는 게 좋다. 이메일은 일반적으로 그림 15.2와 비슷한 형식으로 작성하면 된다.

이메일을 보내고 다시 두 주 정도 답장을 기다린다. 답장이 없으면 "콘퍼런스 이후로 굉장히 바빠 제 이메일을 못 보신 것 같습니다. 이메일을 다시 보내니 확인바랍니다." 정도의 내용으로 이메일을 다시 보낸다. 두 번째 이메일 이후에도 응답이 없으면 그냥 포기한다. 게임업계에서 만날 사람은 많으므로 누군가를 괴롭히거나 불편하지 않게 한다.

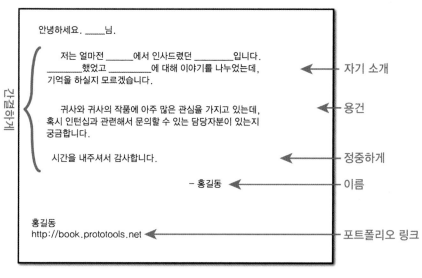

안녕하세요. ____님.

　　저는 얼마전 _____에서 인사드렸던 _____입니다. _____했었고 _____에 대해 이야기를 나누었는데, 기억을 하실지 모르겠습니다. ──→ 자기 소개

　　귀사와 귀사의 작품에 아주 많은 관심을 가지고 있는데, 혹시 인턴십과 관련해서 문의할 수 있는 담당자분이 있는지 궁금합니다. ──→ 용건

　　시간을 내주셔서 감사합니다. ──→ 정중하게

　　　　　　　　　　　　　- 홍길동 ──→ 이름

홍길동
http://book.prototools.net ──→ 포트폴리오 링크

간결하게

그림 15.2 예제 이메일

면접

순조롭게 진행되면 원하는 스튜디오에서 면접을 볼 기회가 생길 것이다. 그러면 면접 전에 준비할 사항은 무엇일까?

면접 전에 해야 하는 질문

면접 당일 만날 사람들은 실제 게임 개발 팀에서 일하는 사람들이다. 그 전에는 주로 채용 담당자와 얘기를 하게 된다. 채용 담당자의 업무 중 하나는 입사 지원자가 면접에 제대로 임할 수 있게 준비해 놓는 것이며 영입한 신입사원이 회사에 잘 적응하고 근무해야 채용 담당자도 좋은 평가를 받을 수 있다. 즉, 입사 지원자가 해당 업무에 최적의 인물이어야 채용 담당자에게도 이익이 되므로 면접 결과

에 도움이 되는 것이라면 어떤 질문이든지 답해줄 것이다.

물어봐야 할 질문은 다음과 같다.

- **어떤 일을 하게 됩니까?** 구인 광고에 명시된 사항까지 물어볼 필요는 없지만 이 질문에 대해서는 최대한 자세히 답변을 듣는 것이 좋다.
- **어떤 프로젝트에서 참여하게 됩니까?** 특정한 위치에 맞는 사람을 찾는 것인지 또는 특정 프로젝트를 염두에 두지 않고 고용하는 것인지 알 수 있다.
- **이 회사의 문화는 어떻습니까?** 회사마다 문화에 차이가 있는데, 게임업계의 경우 특히 개성적인 회사가 많다. 이 질문을 하게 되면 보통은 야근 정책이나 일정에 쫓기는 기간과 같은 주제로 얘기하게 된다. 아직 이런 사항까지 알 필요는 없지만 근로계약서에 사인하기 전까지는 반드시 알아야 한다.
- **면접 당일 어떤 복장을 입어야 합니까?** 간단하지만 중요한 이 질문을 잊는 경우가 많다. 나는 평소 근무할 때보다 격식을 차려 입었지만 대부분 게임 회사의 경우 정장은 필요 없다(거의 넥타이를 매지 않는다). 만찬, 파티, 데이트, 종교의식에 가는 것이 아니라는 점을 기억하자. 전문 의상 디자이너이자 교수인 내 아내는 다음과 같이 조언한다. 즉, 멋있게 보이는 것이 아니라 여러분의 기술과 마음가짐을 제대로 보여주라는 것이다.

  고려해야 할 또 다른 사항으로는 본인이 편한 의상을 입는 것도 중요하지만 면접관이 편안하게 느끼도록 입어야 한다. 어떤 스튜디오든지 특정 시점에는 투자자, 매체, 퍼블리셔 그리고 그 밖에 게임 개발 스튜디오보다 형식적 문화에서 일하는 다른 사람들과 의사소통하는 시간이 필요하다. 스튜디오에서 미리 알고 싶어 하는 사항 중 하나는 여러분이 이러한 토론에 참여할 수 있는 사람인지 아니면 손님이 찾아왔을 때 난처한 일이 생기지 않도록 다른 방에 숨겨야 하는 사람인지에 대한 것이다. 당연히 전자에 속하는 사람이 돼야 한다.

  웹에는 복장에 대해 다양한 의견이 많이 올라와 있기 때문에 가장 좋은 방법은 해당 스튜디오에 대해 잘 아는 채용 담당자에게 물어보는 것이다.

채용 담당자는 입사 지원자를 많이 봤을 것이므로 어떤 복장이 적절할지 알 것이다.

복장 외에도 두발 상태(수염 포함)가 어떤지에 대해서도 고려해야 한다.

- **면접 전에 꼭 해봐야 할 게임이 있습니까?** 면접을 보는 스튜디오의 기존 게임은 반드시 해봐야 하며 특정 게임 프로젝트에 참여할 직원을 뽑는 면접이라면 해당 게임이나 전작을 해보지 않는 것은 생각할 수 없는 일이다. 따라서 이 질문은 경쟁사의 게임을 플레이해봐야 하는지를 묻는 것이 된다.

- **면접관에 대해 알아야 할 사항이 있습니까?** 면접관이 누구인지 알면 해당 인물의 배경을 미리 조사할 수 있다. 이전에 참여했던 다른 스튜디오나 이전에 일했던 스튜디오에 대한 내용을 바탕으로 해당 인물에 대해 파악하고 대화할 거리를 얻을 수 있다.

물어보지 말아야 할 질문들은 다음과 같다.

- **이 스튜디오에서 만든 게임은 무엇입니까?/이 스튜디오는 몇 년이나 됐습니까?** 온라인에서 쉽게 답을 찾을 수 있는 질문은 하지 말아야 한다. 이런 질문을 한다는 것은 면접에 오기 전에 마땅히 해야 할 조사를 충분히 하지 않았다는 증거다(결과적으로 면접이나 취업 자체에 관심이 없는 사람으로 보일 수 있다).

- **월급은 얼마입니까?** 결국에는 반드시 해야 할 중요한 질문이지만 면접관이나 채용 담당자에게 물어보기에 적절한 질문은 아니다. 이 질문은 입사 제안을 받았을 때 논의하는 과정에서 하는 것이 좋다. 업계의 평균 급여 수준에 대한 정보는 GameCareerGuide.com의 Game Developer Salary Survey[7] 또는 glassdoor.com과 같은 사이트를 참고한다.

---

7. 급여 설문조사는 GameCareerGuide.com과 같은 회사에서 운영하는 〈Game Developer Magazine〉에서 매년 발표하는 기사였다. 하지만 이 잡지는 2013년 이후로 발행이 중단됐다. 2013년에 발표된 급여 설문조사는 여전히 http://gamecareerguide.com/features/1279/gamedevelopersalarysurvey.php에서 볼 수 있다.

면접이 끝난 후 후속 조치

면접이 끝난 후 가장 좋은 후속 조치는 면접관에게 자필로 쓴 감사 편지를 보내는 것이다. 면접에 참여했던 인물에 대해 언급할 수 있도록 면접 중에 중요하다고 생각하는 내용을 메모하는 것이 좋다. 예를 들어 "____에 관해 얘기해서 좋았습니다."보다는 "스튜디오를 안내해주셔서 감사했고 특히 ___ 팀을 소개해주셔서 감사합니다."와 같이 말하는 편이 좋다. 게임 아이템처럼 손으로 쓴 편지는 드물기 때문에 더 귀하다. 나는 매달 수천 통의 이메일과 수백 장의 인쇄된 편지를 받지만 자필 편지를 받는 경우는 많지 않다. 자필 편지는 곧바로 쓰레기통으로 향하는 경우는 없다.

더 이상 기다릴 필요가 없다

게임 회사에 취업하지 않더라도 게임을 만들 수 있다. 이 책을 모두 읽고 프로그래밍과 프로토타입 제작 경험을 어느 정도 쌓은 후에는 직접 게임을 개발하고 싶다는 생각이 들 것이다. 여기에서는 직접 게임 개발을 시작하기 위한 몇 가지 팁을 소개한다.

프로젝트 참여

여러분의 머릿속에는 분명 게임에 대한 멋진 아이디어가 가득하겠지만 게임 개발을 처음 시작할 때는 어느 정도 경험이 있는 팀에 참여하는 것이 최선의 방법이다. 함께 팀으로 일하는 방법은 (팀원들도 여러분처럼 배우는 중이더라도) 빠르게 기술을 향상시킬 수 있는 가장 좋은 방법 중 하나다.

직접 프로젝트 시작

팀에서 어느 정도 경험을 쌓았거나 일할 팀을 찾을 수 없으면 여러분이 직접 게임을 만들기 시작할 차례다. 이를 위해서는 올바른 아이디어, 올바른 범위, 올바른 팀, 올바른 일정, 완수 의지와 같은 다섯 가지 중요한 요소가 필요하다.

올바른 아이디어

게임에 대한 아이디어는 수백만 가지가 있을 수 있다. 그중에서 실현 가능한 하나를 선택해야 한다. 선택할 때는 관심을 잃지 않을 것, 좋아하는 게임을 그대로 복사하지 않을 것, 다른 사람들에게도 흥미로운 것 그리고 무엇보다도 여러분이 실제로 만들 수 있는 것을 고려해야 한다. 선택이 결정되면 다음으로 넘어간다.

올바른 범위

게임이 완성되지 못하고 중단되게 만드는 가장 큰 요인은 과도한 범위 설정이다. 즉, 감당할 수 없을 정도로 욕심을 부리는 것이다. 대부분의 초보 개발자는 게임을 만드는 데 얼마나 많은 시간이 걸리는지 제대로 이해하지 못하기 때문에 과도하게 넓은 범위로 게임을 디자인하는 경우가 많다. 따라서 중요하지 않은 부분을 빼고 꼭 필요한 부분만 남게 게임의 규모를 줄이는 과정이 필수다. 게임의 범위를 올바르게 설정하려면 게임을 구현하는 데 필요한 시간에 대해 솔직하고 사실적인 이해가 필요하며, 팀에 게임을 개발할 시간이 충분히 있는지 확인해야 한다(확실히 알아야 한다).

처음부터 큰 규모로 시작하기보다는 아주 작은 게임을 완성하고 이를 확장해 나가는 편이 훨씬 좋다. 여러분이 해본 게임은 대부분 전문가로 구성된 큰 팀에서 2년 이상 수백만 달러의 비용을 들여 개발한 것임을 기억하자. 인디 게임의 경우에도 경험 많고 재능 있는 팀이 수년간 개발하는 경우가 많다. 처음에는 작은 것부터 시작한다. 게임을 완성시키고 나서 언제든지 새로운 기능을 추가하면 된다.

올바른 팀

다른 사람과 함께 게임을 만들려면 장기간의 관계가 요구되며 그에 합당한 노력이 필요하다. 아쉽게도 좋은 친구가 되는 것과 좋은 팀원이 되는 것은 완전히 다른 일이다. 다른 사람과 함께 일할 때는 비슷한 작업 습관을 가진 사람과 함께 일하는 것이 좋으며 가급적 비슷한 시간대에 일하는 것이 좋다. 원격 팀에 속한 경우에도 작업하는 동안 문자나 화상 채팅을 할 수 있으면 크게 도움이 된다.

팀을 구성할 때는 게임의 지적 재산IP, Intellectual Property 소유권에 대해서도 얘기해야 한다. 별도의 사전 협의가 없으면 기본적으로 프로젝트에 참여한 모든 사람이 동등한 권리를 갖는다.[8] IP에 대한 논의는 상당히 불쾌한 문제일 수 있으며 게임을 만들기 전부터 논의하는 것이 이상하게 느껴질 수 있지만 언젠가는 반드시 논의해야 하는 주제다. 하지만 아직 존재하지 않는 게임의 IP 소유권에 대해 논쟁하다가 게임 팀이 아예 시작하지도 못하는 경우도 봤다. 시작하기도 전에 그런 함정에 빠지지 않게 해야 한다.

로열티 포인트

내가 운영하는 회사에서는 인디 게임에 대한 로열티를 분배하는 공정한 방법으로 로열티 포인트 (royalty points)를 사용해왔다. 로열티 포인트의 핵심 아이디어는 해당 프로젝트의 참여자라면 프로젝트에 참여하는 시간동안 로열티를 배당 받는 것이다. 다음은 내 팀에 적용하는 방식이다.

- 프로젝트의 소득 중 50%는 곧장 회사에 귀속된다. 이는 회사의 발전에 도움이 된다(지금 당장 직원들은 회사의 발전으로 인한 미래에 받을 로열티를 위해 열성적으로 일하고 있다).
- 나머지 50%는 전체 로열티 포인트의 백분율을 기준으로 해당 프로젝트의 참여자에게 배당된다.
- 프로젝트에 투입된 10시간마다 1 로열티를 배당 받는다.
- 프로젝트의 개발뿐만 아니라 지원 분야에서 일해도 이러한 포인트가 발생한다.
- 포인트는 스프레이드시트로 기록되며 팀원들은 언제든지 열람할 수 있다(단, 나만 수정할 수 있다).

이러한 로열티 체계를 통해 팀원은 프로젝트에서 작업할 때 로열티를 배당 받으며 일을 잘 할수록 배당 받을 로열티의 퍼센트가 증가한다. 팀원 중 누군가가 일을 잘 하지 못하면 팀에서 제외되고 그때까지 했던 일에 대한 로열티를 배당 받지만 계속 일하는 다른 팀원에 비해 그 로열티 퍼센트

---

8. 나는 법률 전문가가 아니며 법적 조언을 할 의도도 없다. 나는 그런 상황에 대해 내 개인적인 생각을 얘기할 뿐이다. 여러분에게 아는 변호사가 있다면 그에게 물어보거나 온라인으로 정보를 찾아볼 것을 권한다.

비중은 점점 떨어진다.

이 말은 지원 팀의 구성원들이 결국 초기 개발 팀보다 더 오래 일하게 되므로 로열티 포인트의 비중이 더 높아진다는 뜻이기도 하다. 이러한 방식은 어쩔 수 없는 선택이었다. 과거의 대부분 소규모 인디 프로젝트에서는 프로젝트 초기에 참여자마다 특정 퍼센트의 로열티를 확정해 놓았기 때문에 나중에 작업이 추가로 발생했을 때 논란의 여지가 컸다. 이렇게 로열티 포인트 제도를 운영하면 작업에 유연성이 생기고 참여자에게는 명확하고 공정한 결과를 줄 수 있을 것이다.

올바른 일정

14장에서는 애자일 개발 방법과 번다운 차트를 다뤘다. 프로젝트를 시작하기 전에 먼저 읽어보자. 번다운 차트에 대해서는 실제 여러분이 느끼는 효용 가치에 차이가 있을 수 있겠지만 내가 가르치는 학생 팀에서는 일정을 관리하고 팀원 각자의 개별 개발 작업이 어디까지 진행됐는지 확인하는 데 훌륭하게 활용했다. 또한 번다운 차트는 작업의 예상 소요 시간과 실제 소요된 기간의 차이를 이해하는 데도 도움이 된다. 차트에서 현재의 지점까지 예상 소요 시간과 실제 소요 기간을 비교하면 남은 작업을 완료하는 데 걸릴 소요 시간을 현실적으로 예측할 수 있다.

끝내려는 의지

프로젝트가 어느 정도 단계에 이르면 다시 할 경우 더 잘 할 수 있다는 생각이 드는 시점이 분명히 온다. 코드가 엉망으로 느껴지거나 아트가 마음에 들지 않거나 디자인에 허점이 보일 수 있다. 이러한 시점은 놀랍게도 프로젝트가 거의 끝나갈 무렵 찾아오는 경우가 많다. 마무리가 가까운 시점이라면 밀어붙일 필요가 있다. 즉, 게임을 끝내려는 의지가 있어야 한다. 게임을 망하게 하는 첫 번째 요인이 과도한 범위 설정이라면 두 번째는 프로젝트의 마지막 10% 고비를 제대로 넘지 못하는 것이다. 계속 밀고 나가라. 처음에 생각한 것과 다르거나 기대에 못 미치더라도 (나를 믿어라. 어떤 게임도 완벽하지 않다) 밀고 나가면 적어도 게임을 완성할 수 있기 때문이다. 완성한 타이틀이 있는 게임 개발자가 된다는 것은 향후 여러분과 함께 일할 다른 모든 사람에게 엄청난 이점으로 작용할 것이다.

요약

게임업계에 대한 모든 얘기를 이 하나의 장에서 풀어내기는 어렵다. 다행히도 게임업계에 대해 다루는 웹 사이트나 자료가 많이 나오고 있고 업계에 취업하는 방법이나 회사를 시작하는 과정에 대한 콘퍼런스 강연도 많이 공개됐다. 간단한 웹 검색으로도 그러한 것들을 접할 수 있으며 GDC Vault(http://gdcvault.com)에서는 강연 동영상을 많이 찾아볼 수 있다.

회사를 설립하기로 결정한 경우 그 과정에서 난관에 부딪치기 전에 먼저 믿을 수 있는 변호사와 회계사를 찾아보는 것이 좋다. 변호사와 회계사는 회사를 세우고 보호하는 데 경험이 많으므로 사전에 그들의 조언을 얻을 수 있으면 회사를 창립하는 과정에 많은 도움이 된다.

PART 2

디지털 프로토타입 제작

CHAPTER 16

디지털 시스템에 대한 이해

16장은 아직 프로그래밍 경험이 없는 독자에게 자신이 구상한 게임의 디지털 프로토타입을 제작할 수 있는 능력과 기술을 갖출 수 있는 새로운 세계를 소개하기 위한 장이다.

16장에서는 프로그래밍 프로젝트를 이해하는 데 필요한 사고방식을 설명한다. 또한 사고방식을 이해할 수 있는 연습 기회를 제공하고 다양한 세계를 관계와 의미의 상호 연결된 체계로서 이해하는 방법을 설명한다. 16장을 읽고 나면 2부에 나오는 과제를 진행할 때 필요한 올바른 사고방식을 갖게 될 것이다.

보드 게임에서의 체계적 사고

이 책의 1부에서 게임은 상호 연결된 체계를 통해 만들어진다고 배웠다. 게임에서 이러한 체계는 게임의 규칙으로 정립되며 모든 플레이어는 각자 서로 다른 기대치, 능력, 지식, 사회 규범을 갖고 게임에 임한다. 예를 들어 대부분의 보드 게임에서 표준 6면 주사위 한 쌍을 사용할 때도 구체적인 정상 행동과 허용되지 않는 반칙 행동이 있다.

- 보드 게임에서 2d6(2개의 6면 주사위)을 사용할 때의 일반적인 정상 행동
  1. 각 주사위를 굴리면 1 ~ 6 사이(1, 6 포함)의 수가 나온다.
  2. 주사위의 색과 크기가 같은 경우 두 주사위를 함께 굴리는 경우가 많다.
  3. 두 주사위를 함께 굴리면 보통은 나온 수를 합한다. 예를 들어 한 주사위가 3, 다른 주사위가 4라면 합계는 7이 된다.
  4. '더블'이 나오면(즉, 주사위 두 개의 수가 같으면) 플레이어에게 특별한 보너스를 주는 경우가 있다.

주사위로만 게임을 하지 않을 것이라는 점도 예상한다.

- 보드 게임에서 2d6을 사용할 때 일반적인 반칙 행동
  1. 자신이 원하는 수가 나오도록 주사위를 살짝 놓아서는 안 된다.
  2. 테이블 안에서 주사위를 굴려야 하며 그 안에서 멈춰야 올바른 굴리기로 간주한다.
  3. 주사위를 굴리고 나면 자기 차례가 오기 전까지 그 주사위를 만지지 않는다.
  4. 다른 플레이어를 향해 주사위를 던지지 않는다(또는 손상을 가하지 않는다).

간단하고 상식적인 규칙을 공연히 자세히 설명한 것 같지만 보드 게임 규칙 중에는 실제로 규칙으로 명시되지 않고 플레이어 간 페어플레이라는 암묵적 합의 사항으로 통용된다는 것을 보여주기 위한 것이다. 이 아이디어는 매직 서클의 개념에서도 중요한 부분을 차지하며 어린이들이 플레이하는 방법을 금방 이해할 수 있

는 게임을 쉽게 만드는 중요한 이유이기도 하다. 대부분의 플레이어는 게임을 하는 방법에 대한 선입견을 많이 갖고 있다.

하지만 컴퓨터 게임에서는 모든 것에 대한 구체적 지침이 필요하다. 컴퓨터는 지난 수십 년간 성능 면에서 엄청나게 강력해졌지만 기본적으로 초당 수십억 번의 아주 세부적인 명령을 실행하는 기계에 불과하다. 아이디어를 아주 간단한 명령으로 인코딩함으로써 컴퓨터에 지능과 비슷한 것을 제공하는 것이 프로그래머인 여러분의 역할이다.

간단한 명령 실행의 예

컴퓨터과학 학생들에게 아주 간단한 명령을 실행하는 방법을 설명하는 대표적인 연습 중 하나로 누워있는 사람이 일어나도록 명령을 내리는 연습이 있다. 이 연습을 하려면 친구 한 명이 필요하다.

친구 한 명에게 바닥에 누워달라고 하고 지금부터 전달하는 명령을 정확하게 문자그대로 따라달라고 부탁한다. 여러분의 목표는 친구가 그 자리에서 일어나게 하는 것이다. 하지만 "일어선다."와 같은 복잡한 명령은 사용할 수 없다. 대신 로봇에게 명령을 내리듯이 아주 간단한 명령만 내릴 수 있다. 예를 들면 다음과 같다.

- 왼쪽 팔꿈치를 안쪽으로 90도 구부린다.
- 오른쪽 다리를 출입구 쪽으로 뻗는다.
- 왼손 손바닥을 아래로 향하게 해서 바닥에 댄다.
- 오른팔을 텔레비전을 향하게 한다.

사실은 이렇게 간단한 명령도 대부분의 로봇에게 전달하기에는 훨씬 복잡하며 해석의 여지가 많다. 하지만 여기 연습에서는 이런 수준의 단순한 것으로 충분하다.

실제로 해보자.

친구에게 일어서라는 올바른 명령을 전달할 때까지 얼마나 걸렸는가? 여러분과 친구가 두 규칙을 이해하고 이 연습의 목적에 따라 제대로 했다면 시간이 적지 않게 걸렸을 것이다. 다른 사람과 다시 해보면 일어서게 하려는 여러분의 의도를 상대가 모르는 경우 시간이 훨씬 더 많이 걸리는 것을 확인할 수 있다.

여러분은 몇 살 때 처음으로 부모님이 식탁 차리는 일을 도와드렸는가? 내 경우에는 부모님이 "저녁 식사를 위해 식탁을 준비해라."라는 한 마디의 명령으로 복잡하게 여길 만한 일을 했던 때는 겨우 네 살이었던 것 같다. 방금 전에 해봤던 연습을 바탕으로 식탁을 차리는 것과 같은 복잡한 작업을 수행하려면 간단한 명령이 얼마나 많이 필요할지 생각해보자. 그럼에도 상당히 많은 어린이가 초등학교에 입학하기도 전에 이 정도의 일은 할 수 있다.

디지털 프로그래밍의 의미

물론 여러분의 의욕을 꺾으려고 그 연습을 시킨 게 아니다. 사실 앞으로 살펴볼 두 개의 장은 여러분에게 영감을 주기 위한 곳이다. 나는 여러분이 컴퓨터의 사고 방식을 이해하고 컴퓨터 프로그래밍의 관점을 알 수 있게 그런 연습을 언급한 것이다. 다음으로 넘어가보자.

컴퓨터 언어

앞에서 소개한 네 개의 명령은 친구에게 전달할 수 있는 언어의 매개변수를 대략적으로 말한 것이었다. 물론 이 명령은 상당히 느슨한 언어의 정의였다. 이 책에서는 C#('씨샵'으로 발음) 프로그래밍 언어를 사용하는데, 다행히도 이 언어의 정의는 훨씬 구체적이다. C#은 2부 전체에서 아주 자세히 알아보겠지만, 한 가지 말해두자면 지난 십여 년 이상 수천 명의 학생들에게 다양한 프로그래밍 언어를 가르친 내 경험에 비춰볼 때 C#은 프로그래밍을 처음 배우는 데 가장 적합한 언어 중 하나다. 프로세싱Processing이나 자바스크립트와 같은 더 단순한 언어에 비해서는 사용할 때 약간 더 조심해야 하지만 게임 프로토타입 제작과 개발 업무 전체에 도움이 되는 핵심 개발 개념을 이해하는 데 훨씬 적합할 뿐 아니라 궁극적으로 코드 개발을 더 빠르고 쉽게 해주는 바람직한 코딩 습관을 들이도록 도와준다.

코드 라이브러리

앞의 연습에서 많은 수의 저수준 명령을 전달하는 대신 "일어서"라고 말할 수 있다면 훨씬 수월하게 목표를 달성할 수 있었을 것이다. 이 경우 "일어서"는 친구의 현재 시작 위치에 상관없이 일어서게 명령하는 다용도 고수준 명령이다. 마찬가지로 "식탁을 차려"도 준비하는 음식의 종류, 식사할 사람의 수, 심지어 주방의 구조에도 관계없이 원하는 결과를 얻을 수 있는 공통적인 고수준 명령이다. C#에서 공통적인 동작을 위한 고수준 명령의 모음을 **코드 라이브러리**^{code library}라고 하며 C#과 유니티 개발자는 수백 가지의 라이브러리를 사용할 수 있다.

여러분이 가장 자주 사용할 코드 라이브러리는 유니티 개발 환경에서 C#이 돌아가게 조정한 코드 모음이다. 여러분이 작성할 코드에서는 UnityEngine이라는 이름으로 이러한 아주 강력한 라이브러리를 임포트^{import}할 것이다. UnityEngine 라이브러리는 다음과 같은 기능을 포함한다.

- 안개 및 반사와 같은 훌륭한 조명 효과
- 중력, 충돌, 의상 시뮬레이션 등을 지원하는 물리 시뮬레이션
- 마우스, 키보드, 게임패드, 터치 기반 태블릿을 통한 입력
- 그 외의 수백 가지 사항들

또한 코딩을 쉽게 할 수 있도록 수천 개의 무료(및 유료) 코드 라이브러리가 있다. 여러분이 흔히 생각할 수 있는 기능이 필요한 경우(예를 들어 화면에서 정해진 경로로 몇 초 동안 객체를 부드럽게 이동시키는 기능) 누군가 이미 이런 기능을 제공하는 훌륭한 코드 라이브러리를 만들어 놓았을 가능성이 크다(이 경우에는 밥 버크빌 제작의 무료 라이브러리인 아이트윈^{iTween}이 아주 좋으며 http://itween.pixelplacement.com/에서 찾을 수 있다).

유니티와 C#을 위한 훌륭한 코드 라이브러리가 풍부하기 때문에 새로운 게임 프로젝트를 시작할 때마다 공통적인 기능을 매번 다시 만들 필요 없이 게임의 새롭

고 독특한 측면에 대한 코드를 작성하는 데 집중할 수 있다. 시간이 지나면 여러분도 자주 사용하는 코드를 라이브러리로 모아 여러 프로젝트에서 사용하게 된다. 이 책에서는 여러 프로젝트를 진행하는 동안 기능이 추가될 ProtoTools라는 코드 라이브러리를 만들어 그런 작업을 시작할 것이다.

개발 환경

유니티 게임 개발 환경은 개발 경험에서 필수적인 부분이다. 유니티 애플리케이션은 게임을 위해 제작하는 모든 에셋[asset1]을 수집하고 조율하는 환경이라고 말할 수 있다. 유니티에서는 3D 모델, 음악 및 오디오 클립, 2D 그래픽과 텍스처 그리고 여러분이 작성하는 C# 스크립트를 가져와 작업한다. 이러한 에셋 중 유니티 안에서 직접 제작하는 것은 없다. 오히려 유니티는 모든 에셋을 하나로 결합해 컴퓨터 게임으로 만드는 역할을 한다. 또한 유니티는 게임 객체를 3차원 공간에 배치하고, 사용자 입력을 처리하며, 씬에서 가상 카메라를 설정하고, 마지막으로 이러한 모든 에셋을 컴파일해 실행 가능한 게임으로 만든다. 유니티의 기능은 17장에서 자세히 알아본다.

복잡한 문제를 작고 간단한 문제로 나누기

16장의 앞에서 소개한 연습에서는 "일어서"와 같은 복잡한 명령을 사용하지 못하게 했다. 이는 복잡한 명령을 작고 개별적인 명령으로 나누는 방법을 생각하게 하기 위함이다. 이 연습에서는 작은 명령으로 나누는 것이 어려웠지만 프로그래밍에서 복잡한 작업을 간단한 작업으로 분할하는 기술은 어려운 과제를 해결하는 최고의 도구 중 하나이며 게임을 여러 작은 부분으로 나눠 단계적으로 만들 수 있게 해주는 필수적인 기술이다. 내가 게임을 개발할 때도 매일 사용하는 기술이며 여러분에게도 아주 유용할 것이라고 약속한다. 여기에서는 28장에서 제작할

---

1. asset의 바른 한글 표기는 '애셋'이다. 하지만 '에셋'이라는 잘못된 표기가 워낙 널리 사용되고 있다 보니 잘못된 표기를 따르지 않을 도리가 없다. 당장 검색할 때도 잘못된 용어로 검색해야 하고 심지어 유니티 한글 메뉴에서조차 '에셋'이라고 표현하고 있다. - 옮긴이

<사과 받기> 게임을 분석한다.

게임 분석: 사과 받기

<사과 받기>는 이 책에서 제작할 첫 번째 프로토타입이다. 이 게임은 래리 캐플란 Larry Kaplan이 디자인하고 액티비전 사가 1981년에 발표한 고전적인 액티비전 게임인 <카붐!Kaboom!>의 게임 플레이에 바탕을 두고 있다.[2] 이후로 수년간 <카붐!>과 유사한 게임이 많이 나왔는데, 우리가 제작할 유사 게임은 다소 평화적인 버전이다. 오리지널 게임에서 플레이어는 바구니를 좌우로 움직여 '미치광이 폭탄맨'이 떨어뜨리는 폭탄을 잡아야 했다. 우리가 제작할 버전은 나무에서 떨어지는 사과를 바구니로 받는 게임이다(그림 16.1 참고).

이 분석에서는 <사과 받기> 게임의 각 게임오브젝트GameObject[3]를 소개하고 이러한 게임오브젝트의 동작을 분석하며 그 동작을 순서도 형식을 활용해 간단한 명령으로 나눈다. 이를 통해 간단한 명령으로 복잡한 동작과 흥미로운 게임 플레이를 구현한다는 것을 확인할 것이다. 원한다면 분석을 시작하기 전에 온라인에서 'play Kaboom!'을 검색해 온라인 버전의 게임을 해볼 수 있지만 워낙 간단한 게임이므로 꼭 해볼 필요는 없다. http://book.prototools.net 웹 사이트의 16장에서 <사과 받기Apple Picker> 게임 프로토타입의 버전을 확인할 수 있다. 다만 <사과 받기> 게임은 끝나지 않는 단일 레벨로 돼 있지만 오리지널 <카붐!>은 여덟 개의 레벨로 돼 있다.

---

2. http://en.wikipedia.org/wiki/Kaboom!_(video_game)
3. 게임오브젝트란 게임 내에서 활성화된 객체를 가리키는 유니티 용어다. 각 게임오브젝트는 3D 모델, 텍스처 정보, 충돌 정보, C# 코드 등을 포함할 수 있다.

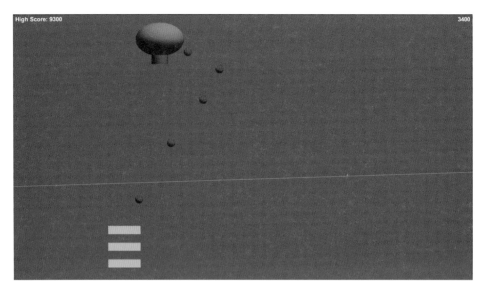

그림 16.1 28장에서 제작할 〈사과 받기〉 게임

사과 받기의 기본 게임 플레이

플레이어는 마우스를 사용해 화면에서 좌우로 움직이는 세 개의 바구니를 컨트롤한다. 사과나무는 좌우로 빠르게 움직이면서 사과를 떨어뜨리며 플레이어는 바구니를 움직여 사과가 땅에 떨어지기 전에 받아야 한다. 플레이어는 사과를 받을 때마다 점수를 얻으며 사과가 한 개만 떨어져도 화면의 모든 사과가 사라지고 바구니 한 개를 잃는다. 플레이어가 세 개의 바구니를 모두 잃으면 게임이 끝난다. (오리지널 〈카붐!〉 게임에는 폭탄(사과)을 받을 때 얻는 점수와 레벨이 진행되는 방법에 대한 몇 가지 다른 규칙이 있지만 이 분석에서는 중요한 내용이 아니다).

사과 받기 게임오브젝트

유니티 용어로 게임의 모든 오브젝트(보통 화면에 보이는 모든 것을 의미함)를 게임오브젝트 GameObject라고 한다. 그림 16.2에 나온 요소에 대해 설명할 때도 이 용어를 사용할 수 있다. 이 책에서는 유니티 프로젝트와의 일관성을 위해 모든 게임오브젝트 이름의 앞 글자를 대문자(예, Apples, Baskets, AppleTree)로 지정해서 사용한다.

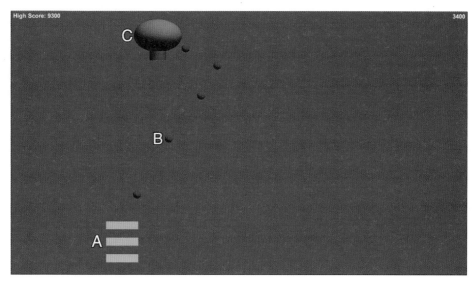

그림 16.2 〈사과 받기〉 게임의 게임오브젝트

A. **Basket**: 플레이어의 마우스 움직임에 따라 Basket이 좌우로 움직인다. Basket과 Apple이 충돌하면 Apple을 받은 것으로 처리하고 플레이어에게 점수를 얻는다.

B. **Apple**: 사과나무가 떨어뜨린 Apple은 곧바로 아래로 떨어진다. Apple이 세 Basket 중 하나와 충돌하면 받은 것으로 처리되고 Apple이 화면에서 사라진다(플레이어에게 점수를 부여한다). Apple이 플레이 창의 바닥에 닿으면 사라지며 화면의 모든 Apple도 사라진다. 그러면 Basket 중 하나가 없어지고(아래쪽부터) 그리고 나서 사과나무가 다시 Apple를 떨어뜨리기 시작한다.

C. **AppleTree**: 사과나무는 좌우로 임의로 움직이면서 Apple을 떨어뜨린다. Apple은 일정한 간격으로 떨어지므로 사과를 떨어뜨리는 행동에서 유일한 무작위성은 사과나무의 좌우 움직임이다.

사과 받기 게임오브젝트 액션 목록

이 분석에서는 오리지널 <카붐!> 게임에 있는 난이도 레벨을 고려하지 않는다. 대신 각 게임오브젝트가 수행하는 매 순간의 액션에 초점을 맞춘다.

Basket 액션

Basket 액션에는 다음 내용이 포함된다.

- 플레이어의 마우스에 따라 좌우로 움직인다.
- Basket이 Apple과 충돌하면 Apple을 받는다.[4]

이게 전부다. Basket은 이처럼 아주 간단하다.

Apple 액션

Apple 액션은 다음 내용을 포함한다.

- 밑으로 떨어진다.
- Apple이 땅에 닿으면 사라지고 현재 라운드가 끝난다.[5]

Apple도 마찬가지로 아주 간단하다.

AppleTree 액션

AppleTree 액션에는 다음 내용이 포함된다.

- 좌우 무작위로 움직인다.
- 0.5초마다 Apple을 떨어뜨린다.

---

4. 이 반응은 Apple에 충돌 센서를 넣어도 되지만 나는 Basket에 넣었다.
5. 한 라운드가 끝나면 화면의 모든 사과를 사라지게 하고 다음 라운드를 시작하기 전에 바구니 하나를 제거하지만, 이런 동작을 Apple 액션 목록에 포함시킬 필요는 없다. 대신 전체 게임 요소를 관리할 ApplePicker 스크립트로 처리할 것이다.

AppleTree 역시 아주 간단하다.

사과 받기 게임오브젝트 순서도

순서도는 게임에서 액션과 결정의 흐름이 어떻게 작동하는지 알아보기에 좋은 방법이다. <사고 받기>를 살펴보자. 다음에 소개하는 순서도에는 점수 추가나 게임 종료와 같은 사항들이 나오지만 일단 현재는 한 라운드 안에서 일어나는 액션에 대해서만 얘기하고 점수나 라운드 액션이 실제 작동하는 방법은 생각하지 않는다.

Basket 순서도

그림 16.3은 Basket의 동작이 순서도로 나온다. 게임 루프는 이 순서도를 매 프레임(적어도 초당 30회 이상) 실행한다. 게임 루프는 순서도 왼쪽 위에 타원으로 표시한다. 액션(예, 마우스 좌/우 움직임에 맞춤)은 상자로 표시하고 판단이나 결정은 마름모로 표시한다. 프레임에 대해서는 다음의 '컴퓨터 게임의 프레임'을 참고한다.

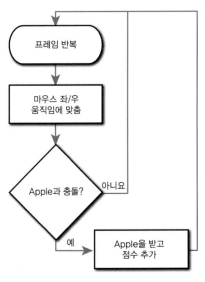

그림 16.3 Basket 순서도

프레임(frame)이란 용어는 영화업계에서 유래한 것이다. 역사적으로 영화 필름은 수천 장의 개별 사진(프레임이라고 부름)을 포함하는 셀룰로이드 조각으로 이뤄져있다. 이러한 사진을 빠른 속도(초당 16 또는 24프레임)로 보여주면 마치 사진이 움직이는 듯한 착각을 줄 수 있다. 텔레비전의 경우 화면에 영사되는 일련의 전자적 이미지로 움직임이 구성되며 이 이미지도 프레임이라고 한다(약 30fps로 표시됨).

컴퓨터 그래픽으로 애니메이션이나 다른 움직이는 이미지를 빠른 속도로 보여주는 경우 컴퓨터 화면에 표시되는 개별 이미지도 프레임이라고 한다. 또한 화면에 해당 이미지를 표시하고자 사전에 수행하는 모든 계산도 해당 프레임의 일부다. 유니티가 60fps의 속도로 게임을 실행할 때는 화면에 다른 이미지를 초당 60번 표시하는 것만이 아니다. 그 시간에 한 프레임에서 다른 프레임으로 오브젝트를 올바르게 이동하고자 막대한 양의 수학도 계산한다.

그림 16.3의 순서도에는 프레임마다 Basket을 이동하고자 수행하는 모든 계산이 나온다.

Apple 순서도

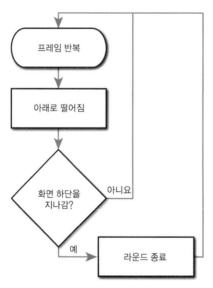

그림 16.4 Apple 순서도

Apple의 순서도 역시 상당히 단순하다(그림 16.4 참고). Apple과 Basket 간의 충돌은 Basket 액션에서 담당하므로 Apple 순서도에서 처리할 필요가 없다.

AppleTree 순서도

AppleTree는 프레임마다 다음의 두 가지 결정을 내려야 하기 때문에 AppleTree 순서도는 약간 더 복잡하다(그림 16.5 참고).

- 방향이 바뀌는가?
- Apple을 떨어뜨리는가?

방향을 바꿀지에 대한 결정은 이동하기 전이나 후에 내릴 수 있다. 16장에서는 결정을 내리는 시점이 관계없다.

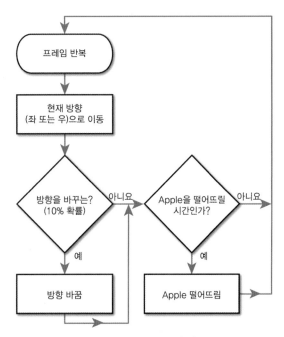

그림 16.5 AppleTree 순서도

요약

지금까지 살펴본 것처럼 디지털 게임은 아주 간단한 결정과 명령으로 분해할 수 있다. 이 작업은 내가 이 책의 프로토타입을 만들 때도 수행한 작업이고 여러분이 각자의 게임 디자인과 개발 프로젝트에 접근할 때도 꼭 필요한 작업이다.

28장에서는 16장의 분석 내용을 바탕으로 Basket이 움직이고 Apple이 떨어지며 AppleTree가 좌우로 움직이면서 Apple을 떨어뜨리도록 액션 목록을 코드로 변환하는 방법을 알아본다.

CHAPTER 17

유니티 개발 환경 소개

이제 프로그래밍을 향한 우리의 모험이 시작됐다.

17장에서는 이 책의 나머지 부분에서 사용할 게임 개발 환경인 유니티를 다운로드한다. 유니티가 게임 디자이너와 개발자에게 훌륭한 게임 개발 도구인 이유와 여러분이 배울 언어로 C#을 선택한 이유를 알아본다.

또한 유니티에 포함돼 있는 샘플 프로젝트를 확인하고 유니티 인터페이스에서 다양한 창 패널을 소개한 후 이 책의 나머지 예제를 진행하는 데 적합하도록 이러한 창을 정렬하는 방법을 설명한다.

유니티 다운로드

먼저 유니티를 다운로드해야 한다. 유니티 설치 파일의 크기가 몇 GB를 훨씬 넘어가므로 인터넷 속도에 따라 많은 시간이 걸릴 수 있다. 일단 다운로드를 시작해 놓고 유니티를 계속 알아보자.

현재 유니티 릴리스 계획에 의하면 90일마다 마이너 업데이트할 것이라고 한다. 유니티 무료 버전은 다음 링크(http://store.unity.com/kr)의 유니티 스토어에서 다운로드할 수 있다.

이 주소로 이동하면 여러 버전의 유니티 링크가 있는 페이지가 나온다. 무료로 사용하려면 개인 탭을 누른다(그림 17.1 참고). 유니티는 윈도우용, 맥OS용, 리눅스용으로 제공되며 이 세 개의 플랫폼 버전은 거의 동일하다. 무료 개인 버전으로도 이 책에서 다루는 모든 것을 처리할 수 있다. 다운로드를 시작하려면 Personal 항목에 있는 파란색 시작하기 버튼을 클릭한다. 그런 다음 나타나는 페이지에서 Download... 버튼을 클릭한다. 이러한 유니티 스토어 페이지의 모습은 자주 바뀌긴 하지만 Download... 버튼을 찾기에는 어렵지 않을 것이다.

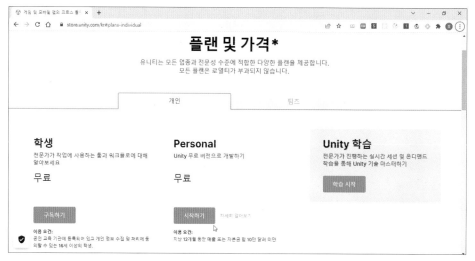

그림 17.1 유니티 다운로드 페이지

그러면 UnityHubSetup.exe라는 작은 프로그램이 다운로드되고 이를 실행하면 유니티 관리 프로그램인 유니티 허브가 설치된다. 설치가 완료되면 유니티 허브를 실행한다.

유니티 허브 창의 왼쪽 패널에서 설치를 클릭한 후 오른쪽 위의 에디터 설치를 누르면 설치 가능한 유니티 버전들이 나타난다. 각 버전이 속한 영역의 의미는 다음과 같다(그림 17.2 참고).

- **장기 지원**[LTS]: 일반적인 경우보다 장기간에 걸쳐 유지 보수를 해주는 버전이다. 유니티가 보통 3개월마다 마이너 업데이트를 하기 때문에 기능이 바뀌거나 다른 문제점이 나타날 수 있다. 따라서 업데이트되지 않는 안정적인 유니티를 사용하고 싶다면 이 LTS 버전을 선택한다.
- **기타 버전:** 일반적으로 최신 버전의 유니티가 나타나 있다.

그림 17.2 유니티 허브에서의 유니티 설치 단계

원하는 버전 옆의 설치 버튼을 클릭한다. 유니티는 업데이트되면서 사라지거나 추가되는 기능이 있으므로 학습을 위해서는 최신 버전을 선택해서 설치하는 것이 좋다. 이 글을 쓰는 시점에서 최신 버전은 2023 버전이므로 이 버전을 기준으로 설명할 것이다.

설치 버튼을 클릭하면 설치할 모듈 추가 목록이 나타난다. 이 모듈 추가 목록에서 체크할 항목은 다음과 같다.

- Microsoft Visual Studio Community: 편집기로 사용한다.
- Documentation: 유니티 문서로, 이것은 꼭 필요하다.
- WebGL Build Support: 나중에 이 책에서 사용할 것이다.

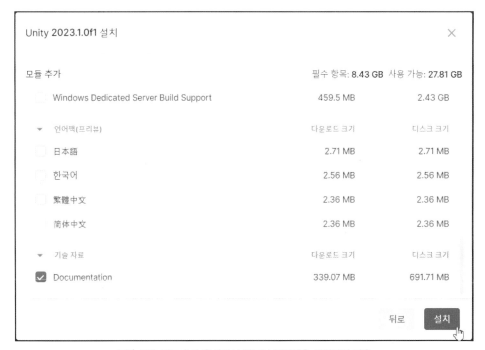

그림 17.3 모듈 추가 옵션에서 한국어 언어팩을 선택하지 않음

모듈 추가 항목에서 아래로 내려가면 한국어 언어팩 항목도 나타난다. 이 글을 쓰는 시점에는 아직 프리뷰 버전이라서 모든 메뉴와 항목들이 한글화돼 있지는

않다. 또한 최신 버전의 유니티에 해당하는 문서들이 영문인 경우가 많고 이 책의 실습도 영문 메뉴 위주로 설명할 것이므로 한국어 언어팩 항목에 체크 표시하지 않는다(그림 17.3 참고).

설치 버튼을 클릭하면 앞서 Microsoft Visual Studio Community 항목에 체크 표시를 한 경우 Microsoft Visual Studio Community의 라이선스 동의를 묻는 내용이 나타난다. 동의에 체크를 한 후 설치 버튼을 클릭한다. Microsoft Visual Studio Community가 이미 설치돼 있는 상태라면 바로 유니티 설치가 진행된다.

https://unity.com/download 페이지에서는 리눅스 버전과 맥OS 버전도 다운로드할 수 있다. 특히 리눅스 버전의 설치법은 유니티 허브 설치 웹 페이지(https://docs.unity3d.com/hub/manual/InstallHub.html)를 참고한다.

다운로드해서 설치하는 과정은 시간이 오래 걸릴 수 있으므로 그 과정 중에는 다른 일을 하는 것이 좋다.

개발 환경 소개

본격적인 프로토타입 제작을 시작하기 전에 먼저 우리가 선택한 개발 환경인 유니티에 익숙해져야 한다. 유니티 자체는 일종의 통합 프로그램으로 볼 수 있다. 즉, 게임 프로토타입을 구성하는 모든 요소를 유니티로 가져와야 하지만 에셋을 제작하는 작업은 대부분 다른 프로그램에서 이뤄진다. 프로그램은 비주얼 스튜디오에서 작성하고 모델과 텍스처는 마야, 오토데스크 3DS 맥스 또는 블렌더와 같은 3D 모델링 프로그램에서 제작하며, 이미지는 어피니티 포토, '포토샵, 김프^{GIMP} 등에서 편집하고, 사운드는 프로툴즈$^{Pro\ Tools}$나 오대서티^{Audacity}와 같은 오디오 프로그램에서 편집한다. 이 책에서 실습할 때는 비주얼 스튜디오에서 C#(씨샵으로 발음함) 코드를 작성하고 유니티에서 프로젝트와 씬을 관리하는 데 대부분의 시간을 할애할 것이다. 따라서 유니티를 능숙하게 다루는 것이 아주 중요하므로 17장 뒷부분에 있는 '유니티 창 레이아웃 설정' 지시 사항을 잘 따르기 바란다.

유니티를 선택한 이유

여러 가지 게임 개발 엔진이 있지만 이 책에서는 다음과 같은 몇 가지 이유로 유니티를 선택했다.

- **유니티는 무료다:** 유니티의 무료 퍼스널 버전으로도 여러 플랫폼에서 실행되는 게임을 만들고 판매할 수 있다. 이 버전의 책을 쓰는 시점에서 유니티 퍼스널에는 유니티 플러스 또는 유니티 프로의 기능 대부분이 들어 있다. 한 가지 주의해야 할 점은 지난 12개월 동안 매출 또는 자본금 합이 100,000 ~ 200,000달러인 회사나 조직에서 일한다면 유니티 플러스(479,990원/년(시트당))를 구입해야 하며 200,000달러 이상이라면 유니티 프로(2,160,000원/년(시트당)) 또는 유니티 기업용(4,800,000원/월(20개 시트당))을 구입해야 한다. 플러스, 프로 또는 기업용 버전을 사용하면 더욱 좋은 분석, 앱 시작 시 스플래시 화면 설정, 멀티플레이어 게임에서의 더 많은 플레이어 동시 이용, 다크 에디터 스킨 등을 허용할 수 있다. 하지만 프로토타입 제작을 배우는 게임 디자이너에게는 무료 버전으로도 충분하다.

> **Tip**
> **유니티 가격** 이 책의 출간 이후에도 유니티의 라이선스와 가격 구조가 변동될 수 있으므로 http://store.unity.com에서 현재 가격을 살펴보는 것이 좋다.

- **한 번의 코드 작성으로 어디에나 배포 가능:** 유니티 무료 버전으로 맥OS, PC, WebGL을 통한 인터넷, 리눅스, iOS, 애플 tvOS, 안드로이드, 삼성 TV, 윈도우 스토어 등을 위한 애플리케이션을 만들 수 있다(모두 동일한 코드와 파일로 제작). 이러한 종류의 유연성은 유니티의 핵심이다. 사실 유니티란 이름도 제품과 회사의 이름을 따서 지은 것이다. 심지어 전문가가 유니티를 사용한다면 플레이스테이션 4, 엑스박스 원, 기타 여러 콘솔용 게임도 만들 수 있다.
- **탁월한 지원:** 우수한 문서 외에도 유니티는 믿을 수 없을 만큼 적극적이고 협력적인 개발 커뮤니티를 보유하고 있다. 수백만 명의 개발자가 유니티

를 사용하며, 그중 많은 사람이 웹에 있는 여러 유니티 포럼에서 벌어지는 논의에 도움을 주고 있다. 공식 유니티 포럼은 https://forum.unity.com/에 있다.

- **멋진 기능!:** 나의 학생들과 나는 유니티에 '멋지게 만들기' 버튼이 있다고 농담하기도 했다. 물론 정확하게 말하면 사실은 아니지만 유니티에는 분명 단순히 옵션을 선택하는 것으로 게임의 플레이와 느낌을 개선하는 놀라운 기능이 많다. 유니티 엔지니어들은 여러분을 위해 미리 많은 어려운 게임 프로그래밍 작업을 처리해뒀다. 따라서 유니티는 충돌 감지, 물리 시뮬레이션, 경로 탐색, 파티클 시스템, 드로우 콜^{draw call} 일괄^{batch} 처리, 셰이더, 게임 루프 등 다수의 어려운 코딩 문제를 기본적으로 해결해준다. 여러분이 할 일은 그것들을 이용하는 게임을 만들기만 하면 된다.

C#을 선택한 이유

유니티에서는 C# 프로그래밍 언어를 사용한다.

C#은 마이크로소프트가 2000년에 자바에 대응해 만든 언어다. 마이크로소프트는 자바의 최신 코딩 기능을 기존의 C++ 개발자에게 익숙하고 편한 구문으로 추가했다. 즉, C#에는 최신 언어의 모든 기능을 포함하고 있다. 이러한 기능으로는 함수 가상화와 델리게이트, 동적 바인딩, 연산자 오버로딩, 람다식, 강력한 LINQ 쿼리 언어 등이 있다. 프로그래밍을 처음 시작하는 독자인 경우 처음부터 C#으로 작업하면 장기적으로 더 우수한 프로그래머와 프로토타이퍼가 될 수 있다는 정도만 알아두면 된다. 나는 서던 캘리포니아 대학교에서 프로토타입 제작을 강의하면서 각기 다른 학생들에게 시범적으로 자바스크립트와 C# 모두를 사용해 가르친 경험이 있다(당시의 유니티 버전은 자바스크립트와 C# 모두 지원했었다). 그 결과 C#을 배운 학생들이 더 안정적인 코딩 방법으로 더 나은 품질의 게임 프로토타입을 제작했으며 C#을 배운 학생들의 프로그래밍 능력이 자바스크립트를 배운 이전 학기의 학생들보다 우수하다는 확신이 들었다.

언어 학습의 어려움

아무리 돌려 말해도 새로운 언어를 배우기는 매우 어렵다. 여러분이 혼자서 해결하지 않고 책을 구입해서 공부하는 것도 같은 이유 중 하나일 것이다. 스페인어, 일본어, 만다린어, 프랑스어, 여타 언어를 배울 때와 마찬가지로 C#에서도 처음에는 전혀 이해가 되지 않는 부분이 있을 것이다. 또한 언어의 일부 측면을 조금씩 이해하게 되겠지만 언어의 전체 측면을 보면 완전히 혼란스러운 느낌이 들 수도 있다(스페인어 강의를 한 학기만 듣고 스페인어 방송국의 드라마를 볼 때와 같은 느낌일 것이다). 내가 가르치는 강의에서도 학기 중간에는 대부분의 학생이 이런 어려움을 토로하지만 학기가 끝나면 모든 학생이 언제 그랬냐는 듯이 C#과 게임 프로토타입 제작에 확신을 하고 편안하게 작업하는 모습을 많이 봤다.

이 책에서 이런 모든 과정을 안내할 것이므로 안심해도 좋다. 성실하게 따라 한다면 C#에 대한 실용적 이해는 물론이고 여러분의 프로젝트를 시작할 때 기반으로 활용할 수 있는 간단한 게임 프로토타입 여러 개를 직접 완성할 수 있다. 나는 여러 학기 동안 '프로그래머가 아닌' 학생들을 가르치면서 숨어 있는 프로그래머의 능력을 찾아주고 게임 아이디어로 작동하는 프로토타입을 제작하는 방법을 설명하면서 얻은 경험을 토대로 이 책을 구성했다. 이 책 전반에 걸쳐 확인하겠지만 이 접근법은 다음과 같이 세 단계로 구성돼 있다.

1. **개념 소개:** 각 프로젝트에서 코딩을 시작하기 전에 우리가 하려는 일과 그이유를 설명한다. 각 실습의 목표를 개략적으로 이해하면 해당 장에서 소개하는 여러 코딩 요소가 전체적 프레임워크의 어디에 속하는지 파악할수 있다.

2. **상세한 설명을 포함한 실습:** 개념을 플레이 가능한 게임으로 제작하는 실습의 각 단계를 자세한 설명과 함께 진행한다. 전체 프로젝트를 한 번에 제작하고 마지막에 모든 문제를 해결하는 방식이 아니라 단계적 절차를 통해 게임을 컴파일하고 테스트하므로 실습을 진행하는 동안 문제를 찾고 버그(코드 내의 문제)를 수정할 수 있다. 또한 몇 가지 흔한 버그를 일부러 만들

고 이러한 버그의 결과를 확인할 것이다. 이렇게 하면 나중에 버그가 생겼을 때 쉽게 처리할 수 있다.

3. **개선과 반복**: 실습은 기존에 했던 것을 반복하게 요구하는 경우가 많다. 예를 들어 30장의 <우주전쟁>(갤러그와 같이 아래로 내려오는 슈팅 게임)에서 먼저 한 가지 종류의 적을 제작하고 나서 31장에서는 나머지 세 가지 종류를 직접 제작한다. 이 과정을 생략해서는 안 된다. 이러한 반복은 개념을 정립하고 확실하게 이해하게끔 도와준다.

Pro Tip

버그의 90%는 타이핑 실수다. 나는 학생들이 버그 잡는 것을 많이 도와주다보니 이제는 코드 속에 있는 오타를 금방 찾아낼 수 있다. 가장 일반적인 것은 다음과 같다.

- **철자 오류**: 한 글자만 잘못 입력해도 컴퓨터는 무슨 뜻인지 알지 못한다.
- **대소문자 구분**: C# 컴파일러는 A와 a를 다른 글자로 처리하므로 variable, Variable, variAble은 모두 다른 단어가 된다.
- **세미콜론 누락**: 영어에서 거의 모든 문장이 마침표로 끝나야 하는 것처럼 C#에서는 거의 모든 명령문이 세미콜론(;)으로 끝나야 한다. 세미콜론을 생략하면 다음 행에서 오류가 발생하는 경우가 많다. 참고로 마침표 대신 세미콜론을 사용하는 이유는 마침표가 소수점과 변수 이름 및 하위 이름의 점 구문에 사용되기 때문이다(예, varName.x).

앞에서 얘기한 것처럼 내가 가르치는 학생들은 대부분 학기 중간이 되면 C#에 부담을 느끼고 어려워하는데, 바로 이즈음에 나는 그들에게 고전 게임 프로젝트 과제를 내준다. 이 과제에서 학생들은 4주 동안 고전 게임의 메카닉스와 느낌을 충실하게 재현해야 한다. 고전 게임의 좋은 예로는 <슈퍼마리오 브라더스>, <메트로이드>, <캐슬바니아>, <포켓몬>, <크레이지 택시> 등이 있다.[1] 과제로 시작했지만 직접 일정을 세우고 간단해 보이는 게임의 내부 원리를 파헤치는 동안 생각했던 것보다 C#를 훨씬 잘 다룬다는 것을 깨닫게 되며 그다음부터는 모든 것이 순조롭게 풀려나간다. 여기서 중요한 점은 사고 과정이 "이 실습을 따라 해야지"에서 "이걸 이렇게 하고 싶은데... 어떻게 할까?"로 변한다는 것이다. 이 책을 마칠

---

1. 다시 만들어볼 내가 좋아하는 고전 게임 중 하나는 <젤다의 전설>이며, 여러분은 35장에서 만들 것이다.

즈음에는 여러분 자신의 게임 프로젝트(또는 원한다면 자신만의 고전 게임 프로젝트)를 다룰 준비가 돼 있을 것이다. 이 책에서 소개하는 실습은 직접 게임을 시작할 때 훌륭한 기반으로 사용할 수 있다.

유니티 처음 실행하기

유니티를 처음 시작하면 다음과 같은 사항들을 설정해야 한다.[2]

1. 윈도우에서 유니티가 방화벽을 통해 인터넷과 통신하게 허용할지 묻는 메시지가 나타날 수 있다. 이를 허용해야 한다.
2. 유니티 계정에 로그인하라는 메시지가 나타날 것이다. 계정이 없다면 지금 만든다.
3. 다음 화면에서 Unity Personal을 선택하고 Next를 클릭한다. 사용권 계약 화면이 나타난다.
4. 여러분이 속한 회사 또는 단체가 이전 회계 연도에 총매출액이 100,000달러 이상인 경우에는 Unity Personal을 설치하면 안 된다.
5. 유니티 화면 맨 위의 Getting started 탭을 클릭하고 안내 비디오를 본다. 그러면 어떻게 시작하는지 좀 알게 된다. 빠르게 지나가더라도 걱정하지 말라. 곧 자세히 알아볼 것이다.

예제 프로젝트

여기서는 유니티짱이라는 유명한 패키지를 사용해 예제 프로젝트를 만들어본다. 다음 과정을 따라 하자.[3]

---

2. 물론 유니티의 업데이트가 자주 이뤄지므로 이러한 단계는 바뀔 수도 있다. 크게 달라지는 점이 있다면 https://unity.com/kr/releases/release-overview에서 항상 최신 정보를 찾을 수 있다.

3. 유니티 허브 버전, 유니티 버전 그리고 에셋 스토어의 사정에 따라 달라질 수 있다.

1. 유니티 허브를 실행한 후 새 프로젝트를 선택한다.

2. 3D 코어 템플릿을 선택하고 프로젝트 이름 필드에 Unity Chan을 입력한 후 프로젝트 생성 버튼을 클릭한다.

3. 프로젝트가 생성되는 진행 화면이 나타날 것이다. 완료될 때까지 기다린다.

4. 프로젝트가 생성하면 웹 브라우저에 다음 주소를 입력해 에셋 스토어로 들어간다.

https://assetstore.unity.com

5. 에셋 스토어 페이지에서 검색란에 'unity chan'을 입력하면 유니티짱과 관련된 에셋들이 나타난다. 검색 결과 페이지에서 오른쪽 영역을 보면 옵션에서 가격 영역을 찾을 수 있다. 그 영역에서 무료 에셋 항목에 체크 표시를 한다. 그러면 유니티짱과 관련된 검색 결과가 줄어 찾기 쉬워진다. Unity-Chan! Model 에셋을 찾아서 선택한다.

6. Unity-Chan! Model 에셋에 대한 설명 페이지에서 내 에셋에 추가하기 버튼을 클릭한다.

7. 잠시 기다리면 내 에셋에 추가하기 버튼이 Unity에서 열기 버튼으로 변한다. 이 버튼을 클릭한다.

8. Unity Editor을(를) 여시겠습니까? 대화상자가 나타나면 Unity Editor 열기 버튼을 클릭한다.

9. 유니티로 자동 전환되며 패키지 매니저가 나타나서 Unity-Chan! Model이 등록됐다는 것을 알려준다. Download 버튼을 클릭한다.

10. 다운로드가 완료되면 import 버튼이 나타난다. 이 버튼을 클릭한다.

11. Import Unity Package 대화상자가 나타나면 모든 것에 체크 표시가 돼 있는

것을 확인한 후 Import 버튼을 클릭한다.

12. 임포트 진행이 끝나면 패키지 매니저를 닫는다.

13. 아래쪽 Project 창을 보면 Unity-chan! Model 폴더가 새로 생성된 것을 볼 수 있다. 이 폴더를 클릭하면 여러 폴더 중에 Scenes 폴더가 보일 것이다. 이 폴더로 들어간 후 ActionCheck 씬을 더블 클릭해 로드한다.

14. 그 프로젝트가 열리면 그림 17.4와 같은 화면이 나타난다. 이 씬을 플레이하려면 Play 버튼을 클릭한다(그림 17.4에서는 중앙 위쪽에 마우스 포인터가 위치한 버튼이다).

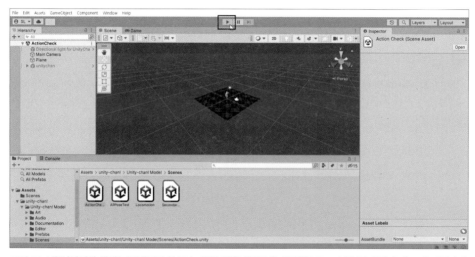

그림 17.4 유니티에서 예제 프로젝트를 연 모습. 중앙 위쪽에 검은색 사각형으로 표시한 곳이 플레이(Play) 버튼이다.

씬을 로드할 때 오류 메시지가 나타날 수 있지만 이 예제를 이용하기에는 문제가 없다. 게임 창에서 오른쪽에 나타난 Next 또는 Back 버튼을 클릭하며 잠시 게임을 살펴본다. Play 버튼을 다시 클릭하면 이 게임의 실행이 중지된다.

유니티의 창 레이아웃 설정

유니티에서 본격적인 작업을 시작하기 전에 작업 환경의 레이아웃을 적절하게 설정하는 과정이 필요하다. 유니티는 매우 유연한 환경이며 창을 원하는 대로 정렬시킬 수 있다. 유니티 창의 오른쪽 위 모서리에 있는 Layout 팝업 메뉴에서 몇 가지 옵션을 선택해 여러 창 레이아웃을 볼 수 있다(그림 17.5 참고).

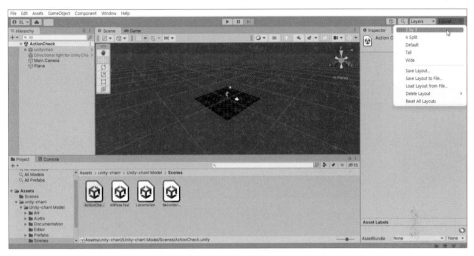

그림 17.5 Layout 팝업 메뉴의 위치와 2 by 3 레이아웃 선택.

1. 그림 17.5의 Layout 팝업 메뉴에서 2 by 3을 선택한다. 이 레이아웃을 수정해서 원하는 레이아웃을 만들 것이다.

2. 다른 작업을 하기 전에 프로젝트 창을 좀 더 깔끔하게 만들어보자. 옵션 팝업(그림 17.6에서 검은색 사각형)을 클릭하고 One Column Layout을 선택한다. 그러면 이 프로젝트 창이 이 책에서 사용하는 계층형 목록 보기로 바뀐다.

그림 17.6 프로젝트 창에 대해 One Column Layout 선택

유니티에서는 창을 이동시키거나 창 사이의 테두리를 조정할 수 있다. 그림 17.7 에서처럼 창의 탭을 드래그하면(화살표 커서) 창을 이동할 수 있고, 창 사이의 테두리 를 드래그하면(좌우 크기 조정 화살표) 창의 크기를 조정할 수 있다.

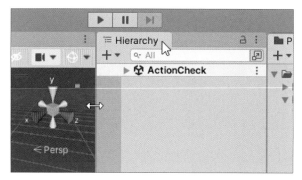

그림 17.7 유니티 창을 이동하고 크기를 조정하는 두 가지 커서

창의 탭을 끌면 창이 떨어져 나온다(그림 17.8 참고). 이리저리 이동시켜 보면 창이 고 정되는 위치가 있다. 그 위치로 창을 이동하면 창이 달라붙는다.

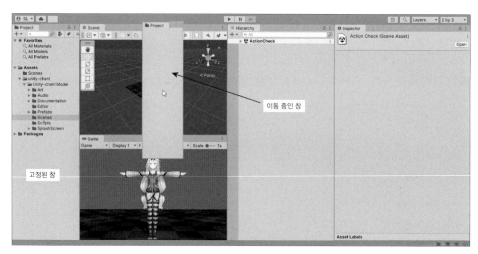

그림 17.8 유니티 안에서 이동 중인 창과 고정된 창

3. 그림 17.9와 같은 모양이 되도록 창들을 (드래그하고 크기를 조정해서) 조작한다.

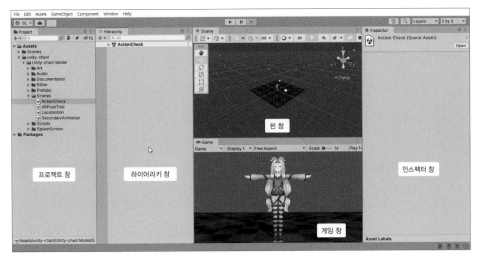

그림 17.9 유니티 창의 적절한 레이아웃(하지만 여전히 할 일이 남아 있다)

4. 마지막으로 추가할 것은 콘솔 창이다. 메뉴 표시줄에서 Window ➤ General ➤ Console을 선택한 후 콘솔 창을 하이어라키 창 아래쪽으로 드래그한다. 그러면 콘솔 창은 프로젝트 창 아래가 아닌 하이어라키 창 아래에 배치된다.

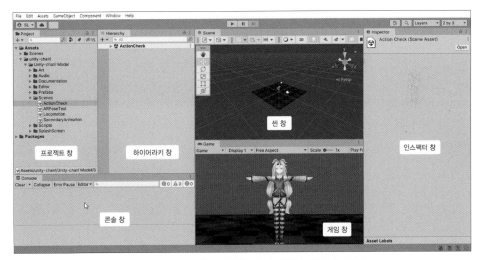

그림 17.10 콘솔 창을 포함하는 유니티 창의 최종 레이아웃

5. 이제 최종적으로 그림 17.10과 같은 레이아웃을 만들려고 한다. 프로젝트

창의 맨 위에 있는 탭을 클릭하고 오른쪽으로 드래그해서 완전히 분리시켜 허공에 놓는다. 그러면 하이어라키 창이 왼쪽 끝까지 확장될 것이다. 허공에 떠 있는 프로젝트 창을 다시 드래그해 왼쪽 약간 위로 가져가면 아래쪽은 콘솔 창이 그대로 있으면서 프로젝트 창만 왼쪽에 고정된다. 이 작업은 약간 어렵지만 여러 번 시도해보면 고정시키는 감각을 익히게 될 것이다.

6. 이제 이러한 배치 작업을 다시 할 필요가 없도록 이 레이아웃을 Layout 팝업 메뉴 속에 저장하자. 그림 17.11과 같이 Layout 팝업 메뉴를 클릭하고 Save Layout...을 선택한다.

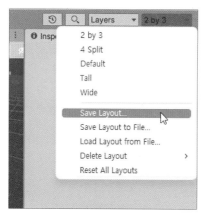

그림 17.11 레이아웃 저장하기

7. 이 레이아웃을 Game Dev라는 이름으로 저장한다. 이때 G 앞에 공백을 두면 이 레이아웃이 메뉴의 맨 위에 나타나므로 재빨리 선택하는 데 도움이 된다. 앞으로는 언제든지 팝업 메뉴에서 이 레이아웃 이름을 선택하면 지금까지 만들어놨던 레이아웃으로 바로 돌아올 수 있다.

유니티 윈도우의 구성 요소

본격적인 코딩을 시작하기 전에 방금 전에 배치한 창에 대해 간단하게 알아둘 필요가 있다. 각 창의 위치는 그림 17.10을 참고한다.

- **씬 창:** 씬 내부를 3차원 방식으로 이동하면서 게임오브젝트를 선택, 이동, 회전, 크기 변경할 수 있다.

- **게임 창:** 실제 게임 플레이를 확인하는 곳이다. 즉, 유니티짱 예제 프로젝트를 플레이했던 창이다. 이 창은 또한 씬에서 메인 카메라의 뷰를 보여준다.

- **하이어라키 창:** 현재 씬에 포함된 모든 게임오브젝트를 보여준다. 지금은 각 씬을 게임의 한 레벨이라고 생각하면 된다. 카메라에서 플레이어 캐릭터에 이르기까지 씬 내에 존재하는 모든 것은 게임오브젝트다.

- **프로젝트 창:** 프로젝트에 사용된 모든 에셋이 나타난다. 에셋은 프로젝트를 구성하는 모든 종류의 파일을 의미하며 이미지, 3D 모델, C# 코드, 텍스트 파일, 사운드, 글꼴 등을 모두 포함한다. 프로젝트 창은 여러분의 컴퓨터 하드 드라이브에 있는 유니티 프로젝트 폴더 내의 Assets 폴더의 내용을 보여준다. 이들 에셋이 현재 씬에 꼭 나타나는 것은 아니다.

- **인스펙터 창:** 프로젝트 창에서 에셋을 클릭하거나 씬 창 또는 하이어라키 창에서 게임오브젝트를 클릭하면 이 인스펙터 창에 그에 관한 정보가 나타나며 편집도 할 수 있다.

- **콘솔 창:** 코드의 오류나 버그에 관해 유니티가 출력하는 메시지뿐만 아니라 코드 내부에서 일어나는 동작을 알아내고자 여러분이 출력한 메시지를 보여준다.[4] 콘솔 창은 19장과 20장에서 집중적으로 사용할 것이다.

요약

이것으로 준비 과정은 끝났다. 이제 실제로 개발을 시작할 차례다. 17장에서 직접 확인한 것처럼 유니티로 멋진 시각 효과와 매력적인 게임 플레이를 구현할 수 있다. 18장에서는 첫 번째 유니티 프로그램을 작성한다.

---

4. 유니티의 print()와 Debug.Log() 함수를 사용하면 콘솔 창에 메시지를 출력할 수 있다.

CHAPTER 18

우리의 언어 C# 소개

18장에서는 C#의 주요 특징을 소개하고 이 책의 언어로 채택한 이유를 설명한다. 또한 C#의 기본 구문을 설명하며 몇 가지 간단한 C# 문 구조의 의미를 알아본다.

18장을 끝내면 C#을 좀 더 잘 이해하고 이후에 더 깊이 있는 내용으로 진행하기 위한 기본 지식을 얻게 된다.

C#의 특징 이해

16장에서 설명했듯이 프로그래밍은 컴퓨터에 일련의 명령을 전달하는 과정이며 C#은 이 과정을 위해 우리가 선택한 언어다. 하지만 각기 다른 장단점을 갖는 다른 프로그래밍 언어도 많다. C#의 몇 가지 특징을 정리하면 다음과 같다.

- 컴파일 언어
- 관리 코드^{Managed Code}
- 엄격한 형식
- 함수 기반
- 객체지향

이러한 각 특징에 대해서는 이후 절에서 자세히 알아보겠지만 이러한 특징은 각기 다른 측면에서 장점이 있다.

C#은 컴파일 언어다

대부분의 프로그래머는 컴퓨터 프로그램을 작성할 때 컴퓨터가 직접 이해하는 언어로 프로그램을 작성하지 않는다. 현재 사용되고 있는 컴퓨터 칩에는 기계어^{machine language}라는 아주 간단한 명령 집합이 들어 있다. 이 언어는 칩이 실행하기에 매우 빠르지만 사람이 보고 이해하기는 특히 어렵다. 예를 들어 기계어는 다음과 같다.

000000 00001 00010 00110 00000 100000

이 행은 컴퓨터 칩에 따라서는 특정한 의미가 있을 수 있지만 사람이 알아보기는 거의 불가능하다. 하지만 기계어 코드는 0이나 1로 돼 있다는 것은 알 것이다. 숫자, 문자 등의 모든 복잡한 데이터 형식이 데이터 비트(예, 1 또는 0)로 변환되는 것은 이 때문이다. 예전에 천공 카드로 컴퓨터 프로그램을 작성하는 사람들의 얘기를 들어본 적이 있다면 이것이 그런 작업을 한 것이다. 2진 천공 카드에서는 구멍을

뚫은 곳이 1을 나타내고 뚫지 않은 곳은 0을 나타낸다.

기계어로 프로그래밍을 작성하는 어려움을 해결하고자 사람이 이해하고 작성하기 쉬운 프로그래밍 언어(저작 언어라고도 함)가 고안됐다. 저작 언어^{authoring language}는 사람과 컴퓨터 사이의 중개자 역할을 하는 중간 언어로 생각하면 된다. C#과 같은 저작 언어는 컴퓨터가 해석할 수 있을 만큼 논리적이고 단순하며 프로그래머가 쉽게 읽고 이해할 정도로 사람의 언어와 비슷하다.

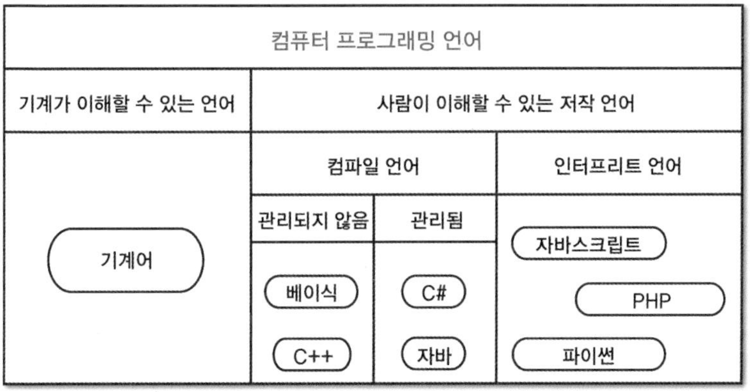

컴퓨터 프로그래밍 언어			
기계가 이해할 수 있는 언어	사람이 이해할 수 있는 저작 언어		
	컴파일 언어		인터프리트 언어
	관리되지 않음	관리됨	자바스크립트
기계어	베이식	C#	PHP
	C++	자바	파이썬

그림 18.1 프로그래밍 언어의 간단한 분류 체계

이런 저작 언어는 베이식, C++, C#, 자바와 같은 컴파일 언어와 자바스크립트, 펄, PHP, 파이썬과 같은 인터프리트 언어로 나누기도 한다(그림 18.1 참고).

인터프리트 언어의 경우 코드 작성과 실행이 다음과 같은 두 단계로 진행된다.

- 프로그래머는 코드를 작성한다.
- 그러면 플레이어가 게임을 실행할 때마다 이 코드는 플레이어의 컴퓨터에서 실시간으로 저작 언어에서 기계어로 변환된다.

이 방식의 장점은 프로그래밍 코드를 실행하는 컴퓨터에 맞게 해석할 수 있기 때문에 코드 이식성이 우수하다는 것이다. 예를 들어 웹 페이지에 포함된 자바스크립트는 컴퓨터에 맥OS, 윈도우, 리눅스 또는 iOS, 안드로이드, 윈도우폰 등의 모바일 운영체제 중 어떤 것이 탑재돼 있더라도 거의 모든 컴퓨터에서 실행될 것이다.

하지만 이면에는 플레이어의 컴퓨터에서 코드를 해석하는 데 시간이 많이 걸리고 실행되는 장치에 맞게 저작 언어가 잘 최적화되지 않는 등의 여러 이유 때문에 성능이 크게 저하된다는 단점이 있다. 동일한 인터프리터 코드를 모든 장치에서 실행해야 하기 때문에 실행하는 특정 장치에 맞게 최적화하는 것은 불가능하다. 이런 이유로 자바스크립트와 같은 인터프리트 언어로 만든 3D 게임이 컴파일 언어로 작성된 것보다 훨씬 느리게 실행되는데, 심지어 같은 컴퓨터에서도 그렇다.

C#과 같은 컴파일 언어를 사용할 때 프로그래밍 과정은 다음과 같이 세 단계로 구성된다.

- 프로그래머는 C#과 같은 저작 언어로 코드를 작성한다.
- 컴파일러는 작성 언어의 코드를 특정 종류의 머신에 대한 기계어로 컴파일된 애플리케이션으로 변환한다.
- 컴퓨터는 컴파일된 애플리케이션을 실행한다.

이렇게 추가된 컴파일이라는 중간 과정을 통해 컴퓨터는 작성 언어의 코드를 인터프리터 없이 직접 실행 가능한 실행 파일(즉, 애플리케이션 또는 앱)로 변환한다. 컴파일러는 사전에 정의된 프로그래밍 언어와 실행 플랫폼에 대한 정보를 바탕으로 컴파일 중에 여러 최적화 기법을 활용할 수 있다. 게임에서 이러한 최적화는 직접적으로 프레임 속도 상승, 그래픽 디테일 향상, 게임 반응 개선 등의 결과로 나타난다. 대부분의 상용 게임은 이러한 최적화와 속도의 이점을 위해 컴파일 언어로 제작되지만 각 실행 플랫폼마다 다른 실행 파일을 컴파일해야 하는 단점도 있다.

대부분의 경우 컴파일 저작 언어는 특정 실행 플랫폼에서만 실행할 수 있다. 예를 들어 오브젝티브-C는 맥OS와 iOS용 애플리케이션을 제작하는 애플 컴퓨터 소유의 저작 언어다. 이 언어는 C(C++의 전신)를 바탕으로 하지만 맥OS나 iOS 개발만을 위한 여러 기능을 포함한다. 마찬가지로 XNA는 윈도우 기반 개인용 컴퓨터와 엑스박스 360용 게임을 제작할 수 있도록 마이크로소프트에서 특별히 개발한 C#의 변형이다.

17장에서 설명한 것처럼 유니티에서는 C#을 사용해 게임을 만든다. 이 언어는 추가 컴파일 단계에서 공통 중간 언어CIL, Common Intermediate Language로 컴파일되고, 이 CIL은 다시 안드로이드와 iOS를 포함한 모바일 운영체제, 윈도우와 맥OS를 포함한 데스크톱 PC 그리고 플레이스테이션과 같은 게임 콘솔과 심지어 WebGL(웹 페이지에서 사용되는 자바스크립트의 특정 형태)과 같은 인터프리터 언어를 포함하는 여러 대상 플랫폼으로 컴파일된다. 이렇게 CIL 단계를 거치기 때문에 유니티 프로그램이 C#으로 작성됐더라도 여러 플랫폼에서 실행될 수 있게 컴파일되는 것이다.

한 번만 작성하면 어느 플랫폼 대상으로도 컴파일할 수 있는 기능은 유니티에만 있는 것은 아니지만 유니티 테크놀로지 사의 핵심 목표 중 하나이며, 실제로 내가 경험한 다른 어떤 게임 개발 소프트웨어보다 넓은 지원 범위와 높은 완성도를 제공하고 있다. 하지만 터치로 컨트롤하는 스마트폰용 게임과 마우스 및 키보드로 컨트롤하는 PC 게임 사이에는 중요한 디자인상의 차이점이 있으므로 플랫폼에 따라 조금 다른 코드를 사용하는 것이 일반적이다.

C#은 관리 코드다

베이식, C++, 오브젝티브-C 등의 전통적인 컴파일 언어는 프로그래머가 컴퓨터 메모리를 직접 관리해야 하므로 프로그래머가 변수를 만들거나 소멸시킬 때마다 수동으로 메모리를 할당하고 해제해야 한다.[1] 이러한 언어에서는 프로그래머가 실수로 RAM을 해제하지 않으면 프로그램에 '메모리 누수'가 발생해 결과적으로 컴퓨터의 RAM 용량이 부족하게 돼 충돌이 일어난다.

다행히 C#은 관리 코드managed code이므로 메모리 할당과 해제가 자동으로 처리된다.[2] 관리 코드에서도 여전히 메모리 누수가 발생하는 경우가 있지만 확률은 훨씬 낮다.

---

1. 메모리 할당이란 데이터를 저장하고자 컴퓨터의 RAM(Random-Access Memory) 중 일부를 예약하는 과정이다. 컴퓨터에는 현재 수백 기가바이트(GB)의 하드 드라이브 공간이 있지만 대개 RAM은 20GB 미만이다. RAM은 하드 드라이브 메모리보다 속도가 훨씬 빠르므로 모든 애플리케이션은 이미지 및 사운드와 같은 에셋을 빠른 속도로 이용할 수 있도록 하드 드라이브에서 읽은 후 RAM에 공간을 할당하고 나서 그 RAM에 저장한다.

2. 관리 코드의 한 가지 단점은 메모리를 해제해서 회수하는 시기를 제어하기가 아주 어렵다는 것이다. 대신 메모리는 가비지 컬렉션이라는 프로세스를 통해 자동으로 회수된다. 이 프로세스는 휴대폰과 같이 성능이 다소 낮은 장치에서 게임의 프레임 속도를 떨어뜨리는데, 눈에 띌 정도는 아니다.

C#은 엄격한 형식을 사용한다

변수에 대해서는 뒤의 장들에서 자세히 다루지만 지금 알아둘 몇 가지 사항이 있다. 우선적으로 말하면 변수^{variable}란 값을 저장하는 명명된 컨테이너다. 예를 들어 대수학^{algebra}에서는 다음과 비슷한 식을 봤을 것이다.

x = 5

이 한 행에서는 x라는 변수 하나를 만들고 여기에 값 5를 지정했다. 나중에 x+2 값을 묻는다면 x에 저장된 값이 5라는 것을 기억하고 있으므로 그 값에 2를 더해 7이라고 대답할 것이다. 프로그래밍에서 변수의 역할이란 바로 이런 것이다.

자바스크립트와 같은 대부분의 인터프리터 언어에서 변수는 어떠한 종류의 데이터라도 포함할 수 있다. 변수 x가 한때는 숫자 5를 저장하다가 다음에는 이미지를, 그다음에는 사운드 파일을 저장할 수 있다. 이렇게 모든 종류의 값을 저장할 수 있는 기능을 프로그래밍 언어에서는 느슨한 형식^{weakly typed}이라고 한다.

반면에 C#은 엄격한 형식을 사용한다. 즉, 변수를 만들 때 어떤 종류의 값을 저장할지를 지정해야 한다.

int x = 5;

위의 명령문에서 int 값_(즉, 소수점이 없는 양수 또는 음수)만을 저장할 수 있는 x라는 변수를 생성하고 여기에 정수 값 5로 지정했다. 엄격한 형식을 사용하면 프로그래밍하기에 더 어려울 것 같지만 컴파일러는 다양한 최적화를 할 수 있으며 저작 환경인 비주얼 스튜디오에서 코드를 작성하는 동안 실시간 구문 검사_(마이크로소프트 워드의 맞춤법 검사와 비슷한 기능)를 수행할 수 있다. 또한 현재 입력하고 있는 단어의 나머지 부분을 이전에 작성한 다른 코드를 바탕으로 자동 완성하는 코드 완성 기능도 지원할 수 있게 된다. 코드 완성 기능을 사용하면 코드를 입력하는 동안 Tab 키를 눌러 비주얼 스튜디오가 제시하는 자동 완성 옵션을 적용할 수 있다. 이 작업 방식에 익숙해지면 코드 입력 시간을 획기적으로 줄일 수 있다.

C#은 함수 기반 언어다

초창기의 프로그램은 일련의 명령으로 이뤄져있었다. 이러한 프로그램은 다음과 같이 친구에게 운전해서 오는 길을 알려줄 때 사용하는 지침과 비슷하게 처음부터 끝까지 순차적으로 실행된다.

1. 학교에서 나와 버몬트에서 북쪽으로 간다.
2. I-10에서 서쪽으로 7.5마일을 간다.
3. I-405 교차로에서 남쪽으로 2마일을 간다.
4. 베니스 도로에서 출구로 나온다.
5. 소텔 거리 방향으로 우회전한다.
6. 나의 집은 소텔 거리에서 베니스 북쪽에 있다.

저작 언어가 향상되면서 반복 가능한 부분은 루프(자체적으로 반복하는 코드의 영역)와 서브루틴(점프로 이동해 실행하고 복귀하기 전에는 접근이 불가능한 코드의 영역)과 같은 형식으로 프로그래밍에 추가됐다.

절차적 언어procedural language(즉, 함수를 사용하는 언어)[3]의 개발로 프로그래머는 코드 일부분에 이름을 지정해서 기능을 캡슐화(즉, 일련의 동작을 하나의 함수 이름으로 그룹화)할 수 있게 됐다. 예를 들어 앞서 설명한 길을 알려주는 사례에서 집으로 오는 길에 우유를 사오라고 부탁한 경우, 친구는 도중에 식료품 가게가 보이면 차를 세우고 차에서 나와 걸어간 후 우유를 사고, 우유 값을 지불한 다음 차로 돌아와서 다시 집으로 향해야 한다. 우유를 사는 방법은 친구도 알고 있기 때문에 세세히 설명할 필요 없이 간단하게 요청하면 된다. 따라서 다음과 같이 하면 될 것이다.

"도중에 가게가 보이면 BuySomeMilk() 해주겠어?"

이 문장은 우유를 사기 위한 모든 지침을 BuySomeMilk()라는 하나의 함수로 캡슐화한다. 어떠한 절차적 언어에서도 이와 같은 작업을 수행할 수 있다. 컴퓨터가

---

3. 리스프(Lisp), 스킴(Scheme), 매스매티카(Mathematica)(울프람 언어), 하스켈(Haskell) 같은 함수형 언어(functional language)도 있지만 이 함수형 언어에서 '함수형'이란 말은 C#에서 함수를 작성해야 하는 기능과는 다른 뜻이다.

C#을 처리하다가 함수 이름 뒤에 괄호가 있으면 해당 함수를 호출한다(즉, 함수로 캡슐화된 모든 작업을 실행함). 함수에 대해서는 24장에서 자세히 알아본다.

함수에 대한 또 다른 멋진 점은 함수 BuySomeMilk()에 대한 코드를 한 번 작성한 후에는 다시 이 코드를 작성하지 않아도 된다는 것이다. 완전히 다른 프로그램을 다시 작성하는 경우에도 BuySomeMilk()와 같은 함수를 복사 및 붙여 넣고 재사용 하면 이 함수를 처음부터 다시 작성할 필요가 없다. 이 책의 여러 실습에서는 재 사용 가능한 함수들을 포함하는 Utils.cs라는 C# 스크립트를 사용한다.

C#은 객체지향이다

함수의 개념이 만들어지고 오랜 시간이 흘러 객체지향 프로그래밍OOP, Object-Oriented Programming에 대한 아이디어가 창안됐다. OOP에서는 함수뿐만 아니라 데이터도 객체object라는 것 또는 더 정확하게는 클래스class라는 것으로 캡슐화된다. 객체지향 은 26장에서 자세히 다루지만 지금 여기서는 간단한 비유를 통해 알아보자.

먼저 다양한 동물 그룹을 생각해보자. 각 동물에게는 서로를 구분 짓는 특정 정보 가 있다. 이 데이터의 예로는 종, 나이, 크기, 감정 상태, 배고픔 정도, 현재 위치 등이 있다. 또한 각 동물에게는 먹기, 움직이기, 숨 쉬기 등과 같이 수행할 수 있는 동작이 있다. 각 동물에 대한 데이터는 코드의 변수와 비슷하며 동물이 수행 할 수 있는 동작은 함수와 비슷하다.

OOP 이전에는 코드로 표현된 동물이 정보(즉, 변수)를 보유할 수는 있었지만 어떤 동작도 수행할 수 없었다. 이러한 동작은 동물과 직접 연결되지 않은 함수가 수행 했다. 즉, 모든 종류의 동물을 움직이는 Move()라는 함수를 작성할 수 있지만 동물 의 종류가 무엇이고 어떤 움직임이 적절한지 알아내는 코드를 더 작성해야 했다. 예를 들어 개는 걷고, 물고기는 헤엄치며, 새는 난다. 프로그래머가 새 동물을 추가할 때마다 새로운 유형의 움직임을 지원하려면 Move()를 변경해야 하므로 새 동물을 추가할수록 Move()는 더 커지고 더 복잡해졌다.

객체지향은 클래스와 클래스 상속이라는 개념을 도입해서 이런 문제를 변화시켰다. 클래스는 변수와 함수를 하나의 전체 객체로 결합한다. OOP에서는 모든 동물을 처리하는 하나의 큰 Move() 함수를 사용하는 대신 각 동물에 작고 세부적인 별도의 Move() 함수를 연결시킨다. 이렇게 하면 새로운 종류의 동물을 추가할 때마다 Move()를 수정할 필요가 없고 Move()에서 동물 종류를 확인할 필요도 없다. 대신 새 동물 클래스가 생성될 때마다 작고 새로운 Move() 함수가 주어진다.

객체지향에는 클래스 상속 개념도 포함돼 있다. 이 개념으로 클래스는 좀 더 구체적인 하위 클래스를 가질 수 있으며, 하위 클래스는 상위 클래스의 함수를 상속하거나 재정의할 수 있다. 즉, 모든 동물에 공유되는 데이터 형식의 선언을 포함하는 하나의 Animal 클래스를 만들 수 있다. 이 클래스에는 구체적인 내용이 없는 Move() 함수를 포함할 수 있다. 그리고 Dog 또는 Fish와 같은 Animal의 하위 클래스에서 걷기나 수영과 같은 구체적인 동작을 수행하도록 Move() 함수를 재정의할 수 있다. 이러한 상속은 현대 게임 프로그래밍에서 없어서는 안 될 핵심 개념이 됐는데, 예를 들어 기본적인 적을 나타내는 Enemy 클래스를 만들고 나서 다양한 하위 클래스를 작성해 이후로 개별적인 적 유형을 추가할 수 있다.

C# 구문의 읽기와 이해

다른 언어와 마찬가지로 C#에도 따라야 하는 특정 구문이 있다. 다음 예제 문장을 보자.

- 개가 먹이를 먹는다.
- 먹이를 개가 먹는다.
- 개가 먹이를. 먹는다
- 먹는다 개가 먹이를.

이러한 각 문장은 동일한 단어와 구두점을 사용하지만 순서가 다르며 구두점 위치도 변경됐다. 여러분은 우리말에 익숙하기 때문에 첫 번째 문장이 올바르고 나머지는 어색하다는 것을 바로 알 것이다. 이를 살펴보는 또 다른 방법은 다음과 같이 품사로 구분해보는 것이다.

- [주어] [목적어] [동사].
- [목적어] [주어] [동사].
- [주어] [목적어]. [동사]
- [동사] [주어] [목적어].

이와 같이 품사를 재배열해보면 나머지 세 문장에 **구문 오류**가 있으므로 어색하다는 것을 알 수 있다.

다른 언어와 마찬가지로 C#에도 명령문 작성법에 대한 특정 구문 규칙이 있다. 다음과 같이 간단한 명령문을 예로 들어보자.

```
int x = 5;
```

앞서 설명한 했듯이 이 명령문은 다음의 여러 작업을 수행한다.

- int 형식의 x라는 변수를 선언한다.
  명령문이 변수 타입으로 시작하면 명령문의 두 번째 단어는 해당 형식의 새 변수 이름이 된다(20장 참고). 이를 변수 선언이라고 한다.
- x에 값 5를 지정한다.
  = 기호는 값을 변수에 지정하는 데 사용된다(변수에 처음으로 값을 지정한다면 이를 변수 초기화라고도 함). 이런 경우 변수 이름이 왼쪽에 있고 지정하는 값은 오른쪽에 둔다.
- 세미콜론(;)으로 끝난다.
  C#의 모든 간단한 명령문은 세미콜론(;)으로 끝나야 한다. 이 점은 우리말 문장의 끝에 마침표를 두는 것과 비슷하다.

이제 다음과 같이 두 번째 간단한 명령문을 추가해보자.

```
int x = 5;
int y = x * ( 3 + x );
```

두 번째 행은 다음 작업을 한다.

- int 형식으로 y라는 변수를 선언한다.
- 3 + x를 처리한다(3 + 5이므로 결과는 8이 됨).
  대수학과 마찬가지로 먼저 괄호 속을 계산하는 연산 순서를 따르므로 괄호 속의 3 + x가 먼저 계산된다. 그 위의 명령문에서 x 값이 5로 설정됐으므로 이 합은 8이다. C#의 연산 순서에 대해 자세한 사항은 부록 B의 '연산자 우선순위와 연산 순서' 절을 찾아보면 되겠지만 당장 프로그램을 작성할 때 연산 순서에 확신이 없다면 헷갈리지 않도록(코드의 가독성도 높일 겸) 괄호를 사용하는 것이 좋다.
- 곱셈 x * 8를 처리한다(x는 5이므로 결과는 40이다).
  괄호가 없다면 연산 순서는 더하기와 빼기 전에 곱셈과 나눗셈을 먼저 처리한다. 이 경우에는 x * 3 + 5가 돼 5 * 3 + 5한 후에 15 + 5가 돼 결국 20이 된다.
- y에 값 40을 지정한다.
- 세미콜론(;)으로 끝난다.

18장에서는 마지막으로 두 행으로 구성된 C# 명령문을 살펴본다. 이 예에서는 명령문에 번호를 매겼다. 행 번호는 코드의 특정 행을 설명할 때 참조하기 쉽게 하고 여러분이 이 책의 코드를 컴퓨터에 입력할 때 알아보기 쉽게 하기 위한 것이다. 중요한 점은 비주얼 스튜디오에 행 번호를 입력하지 않는다는 것이다. 비주얼 스튜디오는 코드를 입력하는 동안 행 번호를 자동으로 표시해준다.

```
1   string greeting = "Hello World!";
2   print( greeting );
```

이 두 명령문은 정수가 아닌 문자열(단어나 문장과 같은 문자의 연속)을 처리한다. 첫 번째 명령문(1번 번호가 붙음)은 다음 작업을 한다.

- string 형식의 greeting이라는 변수를 선언한다. string은 int와 같이 또 다른 형식이다.
- greeting에 문자열 값 "Hello World!"를 지정한다. "Hello World!"에서 큰따옴표는 C#에게 이 사이에 있는 문자들을 문자열 리터럴로 취급하도록 지시해서 컴파일러가 다른 의미로 해석하지 않게 한다. 코드에 "x = 10"과 같은 문자열 리터럴을 사용해도 컴파일러는 큰따옴표 사이에 있는 문자열 전부를 리터럴로 인식하므로 값 10이 x에 지정되지 않는다.
- 세미콜론(;)으로 끝난다.

두 번째 명령문(2번 번호가 붙음)은 다음 작업을 한다.

- print() 함수를 호출한다. 앞서 설명했듯이 함수란 이름이 지정된 작업 모음이다. 함수가 호출되면 함수에 들어 있는 작업들이 실행된다. 예상한 것처럼 print()에는 콘솔 창에 문자열을 출력하는 작업들이 들어가 있다. 코드에서 단어 뒤에 괄호가 있으면 함수를 호출하거나 함수를 정의하는 것이다. 즉, 함수 이름 뒤에 괄호를 작성하면 그 함수가 호출돼 해당 기능이 실행된다. 함수를 정의하는 예는 19장에서 살펴본다.
- greeting을 print()에 전달한다. 어떤 함수는 작업만 하며 매개변수를 필요로 하지 않지만 함수에게 매개

변수를 전달해야 하는 경우가 많다. 함수를 호출할 때 괄호 사이에 넣는 변수는 그 함수에 인자로 전달된다. 여기에서는 문자열 greeting 변수가 함수 print()에 전달되며 콘솔 창에는 Hello World!가 출력된다.

- 세미콜론(;)으로 끝난다.
  모든 간단한 명령문은 세미콜론으로 끝난다.

요약

C#과 유니티에 대해 몇 가지 기본적인 내용을 알아봤으므로 이를 바탕으로 첫 번째 프로그램을 작성할 차례다. 19장에서는 새 유니티 프로젝트 만들기, C# 스크립트를 만들기, 스크립트에 간단한 코드 추가하기 그리고 3D 게임 오브젝트를 조작하기 등을 알아본다.

CHAPTER 19

Hello World: 첫 번째 프로그램

코딩 세계에 온 것을 환영한다.

19장을 끝내면 여러분은 새 프로젝트를 생성해 처음으로 코드를 작성하게 된다. 여기서는 예전부터 프로그래밍을 배울 때 전통적으로 가장 먼저 작성해보는 프로그램인 'Hello World' 프로젝트를 시작한 다음, 유니티의 몇 가지 멋진 기능을 경험해 볼 것이다.

새 프로젝트 만들기

18장에서 유니티 창을 적절하게 구성해 놓았으므로 다음은 우리의 프로그램을 만들 차례다. 이를 위해서는 먼저 새 프로젝트를 생성해야 한다.

부록 A에는 이 책의 각 장에서 소개하는 유니티 프로젝트를 설정하기 위한 자세한 지침이 나온다. 각 프로젝트를 시작할 때 다음과 비슷한 칼럼이 나온다. 그 칼럼에 나오는 지침에 따라 19장에서 사용할 프로젝트를 만든다.

19장의 프로젝트 설정

부록 A의 표준 프로젝트 설정 절차를 따라 유니티에서 다음과 같은 새 프로젝트를 생성한다.

- **프로젝트 이름:** Hello World
- **씬 이름:** (아직 없음)
- **C# 스크립트 이름:** (아직 없음)

부록 A에 나오는 전체 절차를 읽어봐야 하지만 일단 여기서는 프로젝트만 생성해도 된다. 씬과 C# 스크립트는 19장의 나머지 부분에서 생성하는 방법을 설명한다.

유니티에서 프로젝트를 생성하면 프로젝트를 구성하는 모든 파일이 저장될 폴더가 만들어진다. 유니티가 프로젝트 생성을 마치면 씬에는 Main Camera와 Directional Light가 나타날 것이다(생성할 때 3D 템플릿을 선택했을 경우). 다른 작업을 하기 전에 **프로젝트 창**의 Scene 폴더 안에 있는 SampleScene 씬의 이름부터 변경한다. Scene 폴더 옆의 삼각형 버튼을 클릭하면 확장돼 SampleScene 씬 파일이 보일 것이다. 이 파일을 선택한 후 F2 키를 누르면 변경할 수 있는 상태가 된다. _Scene_0이라는 이름을 입력하고 Enter 키를 누르면 다시 로드할 것인지를 묻는 대화상자가 나타나는데, 이때 Reload 버튼을 누르면 된다.

그림 19.1과 같이 **프로젝트 창**의 배경을 마우스 오른쪽 버튼으로 클릭한 후 Show in Explorer를 선택해본다.

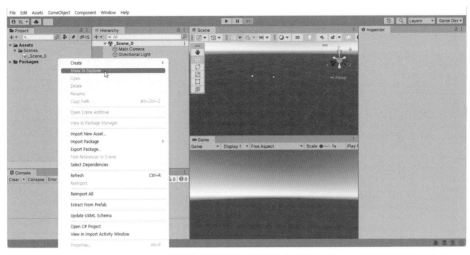

그림 19.1 새 유니티 프로젝트의 빈 캔버스(**프로젝트** 창의 팝업 메뉴에서 Show in Explorer 선택)

Show in Explorer를 선택하면 윈도우 탐색기가 나타나며 프로젝트 폴더의 내용을 보여준다(그림 19.2 참고).

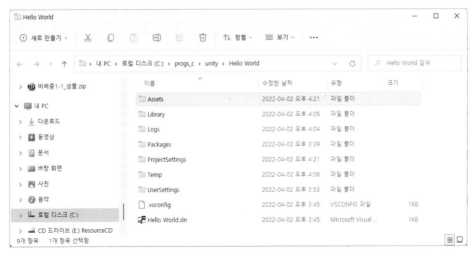

그림 19.2 윈도우 탐색기에 표시된 Hello World 프로젝트 폴더

그림 19.2에 보이는 Assets 폴더 속에는 유니티 안의 **프로젝트** 창에 나오는 모든 항목이 포함돼 있다. 이론적으로는 윈도우 탐색기의 Assets 폴더와 유니티의 프로

젝트 창을 서로 전환해가며 작업해도 되지만(예를 들어 윈도우 탐색기의 Assets 폴더에 이미지를 끌어다 놓으면 유니티의 **프로젝트** 창에 그 이미지가 나타나고 그 반대로도 가능하다) 윈도우 탐색기의 Assets 폴더에서 작업하지 말고 프로젝트 창에서만 작업하는 것이 좋다. 윈도우 탐색기의 Assets 폴더 안에서 직접 변경하면 문제가 발생할 수 있으므로 프로젝트 창에서 작업하는 것이 안전하다. 또한 Library, ProjectSettings, Temp 폴더는 절대 건드리지 않아야 한다. 이들 폴더를 수정하면 유니티에서 예기치 못한 동작이 발생하고 프로젝트 가 손상될 수 있다.

이제 유니티로 다시 돌아가자.

Warning
유니티 실행 중에 프로젝트 폴더의 이름을 변경하면 안 된다. 유니티 실행 중에 프로젝트 폴더의 이름을 변경하거나 다른 위치로 옮기면 유니티는 비정상적으로 종료된다. 유니티는 실행 중에 백그 라운드에서 다양한 파일 관리 작업을 수행하므로 폴더 이름을 변경하면 충돌이 발생한다. 프로젝트 폴더 이름을 바꾸려면 유니티를 종료하고 폴더 이름을 변경한 후 유니티를 다시 시작한다.

새 C# 스크립트 만들기

드디어 처음으로 코드를 작성할 시간이 왔다(C#에 대한 깊이 있는 내용은 이후의 장들에서 차차 다룰 것이므로 지금은 보여주는 내용만 따라하면 된다).

1. 프로젝트 창에서 + 버튼을 클릭하고 Create ➤ C# Script를 선택한다(그림 19.3 참고). 그러면 새 스크립트가 프로젝트 창에 추가되고 이름이 자동으로 강조 표시돼 변경 가능한 상태가 된다.
2. 이 스크립트의 이름을 HelloWorld로 지정하고(두 단어 사이에 공백이 없게 함) Return 키를 눌러 이름을 확정한다.
3. 프로젝트 창에서 HelloWorld 스크립트의 이름이나 아이콘을 더블 클릭해 C# 편집기인 비주얼 스튜디오가 실행되게 한다. 이 스크립트는 10행을 제 외하고 그림 19.3과 동일하다.

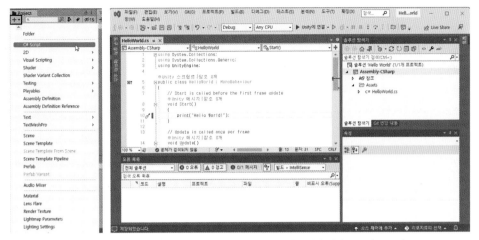

그림 19.3 새 C# 스크립트를 생성하고 비주얼 스튜디오에서 해당 스크립트 표시

4. 이 스크립트의 10행에서 Tab 키를 두 번 누르고 아래의 코드에 나타난 것처럼 print("Hello World!"); 코드를 입력한다. 철자와 대소문자를 올바르게 입력했는지 확인하고 행 끝에 세미콜론(;)을 붙인다.

이제 HelloWorld 스크립트는 아래 코드 리스트와 같게 나타날 것이다. 이 책 전체에 나오는 코드 리스트에서 입력하거나 수정해야 하는 새로운 부분은 **굵은 글꼴**로 표시하고 기존의 코드는 보통 글꼴로 표시한다.

코드 리스트의 각 행에는 맨 앞에 행 번호를 붙였다. 그림 19.3에서 볼 수 있듯이 비주얼 스튜디오는 자동으로 코드에 행 번호를 표시하므로 행 번호를 직접 입력할 필요가 없다. 이 책에서도 코드 리스트를 입력하기 편하게 행 번호를 표시했다.

```
1 using System.Collections;
2 using System.Collections.Generic;
3 using UnityEngine;
4
5 public class HelloWorld : MonoBehaviour
6 {
7     // Start is called before the first frame update
8     void Start()
```

```
 9     {
10         print("Hello World!");
11     }
12
13     // Update is called once per frame
14     void Update()
15     {
16
17     }
18 }
```

Note

비주얼 스튜디오에서는 코드의 특정 부분에서 자동으로 공백이 추가되기도 한다. 예를 들어 Start() 함수의 10행에서 print와 (사이에 자동으로 공백이 추가될 수 있다. 이는 문제가 될 게 없으므로 걱정하지 않아도 된다. 일반적으로 프로그래밍에서 대/소문자가 아주 중요하지만 공백에 대해서는 훨씬 유연하다. C# 컴파일러는 일련의 여러 공백(또는 여러 행 바꿈)을 하나의 공백으로 해석하므로, 코드를 읽기 쉽게 만들려면 공백과 행 바꿈을 더 많이 추가해도 된다(행 바꿈을 더 넣으면 코드 리스트와 번호가 달라질 수는 있다).

또한 행 번호가 책에 나오는 예제의 행 번호와 달라도 신경 쓸 필요는 없다. 코드 내용이 동일하면 행 번호는 상관이 없다.

5. 비주얼 스튜디오의 메뉴 표시줄에서 파일 ➤ Assets₩HelloWorld.cs 저장을 선택해 스크립트를 저장하고 유니티로 돌아온다.

다음 부분은 약간 까다롭지만 유니티에서 아주 자주 하는 작업이기 때문에 곧 익숙해질 것이다.

6. 프로젝트 창에서 HelloWorld 스크립트의 이름을 클릭한 상태로 하이어라키 창의 Main Camera 위로 드래그해서 마우스 버튼을 놓는다(그림 19.4). 이 스크립트를 드래그하면 마우스 커서가 변하면서 마우스를 따라 이동하고 Main Camera 위에서 마우스 버튼을 놓으면 본래의 커서로 되돌아온다.

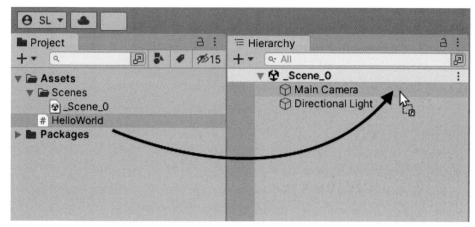

그림 19.4 **하이어라키** 창의 **Main Camera**에 `HelloWorld` C# 스크립트를 부착시키기

`HelloWorld` 스크립트를 Main Camera로 드래그해놓으면 이 스크립트는 메인 카메라에 컴포넌트^component^로 부착된다. 하이어라키 창에 나타나는 모든 객체(예를 들면 Main Camera)는 게임오브젝트^GameObject^라고 하며 게임오브젝트는 컴포넌트로 구성된다. 이제 하이어라키 창에서 Main Camera를 클릭하면 인스펙터 창에 Main Camera의 컴포넌트 중 하나로 HelloWorld (Script)가 나타날 것이다. 그림 19.5에 나오는 것처럼 인스펙터 창에는 Transform, Camera, Audio Listener, HelloWorld (Script)를 포함해 Main Camera의 여러 컴포넌트가 나타난다. 게임오브젝트와 컴포넌트에 대한 내용은 이후 장에서 자세히 다룬다.[1]

---

1. 실수로 두 개 이상의 HelloWorld (Script) 컴포넌트를 Main Camera에 부착했다면 'HelloWorld (Script)' 이름의 오른쪽에 있는 작은 기어 모양의 아이콘을 클릭하고 팝업 메뉴에서 Remove Component를 선택해 언제든지 추가된 것을 제거하면 된다.

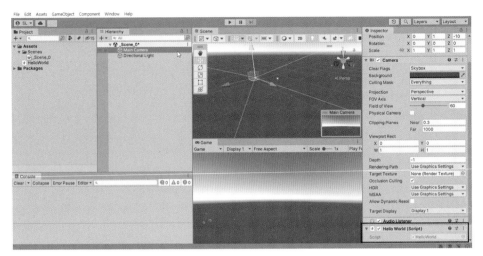

그림 19.5 이제 HelloWorld 스크립트가 **Main Camera**의 **인스펙터** 창에 나타난다(검은색 사각형으로 강조 표시함).

7. 이제 플레이 버튼(유니티 창의 중앙 맨 위에 있는 삼각형)을 클릭해 결과를 보자.

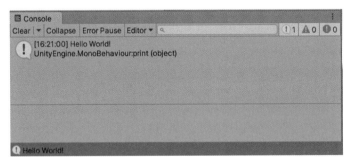

그림 19.6 **콘솔 창**에 출력된 Hello World!

그림 19.6과 같이 스크립트는 콘솔 창에 Hello World!를 출력했다. 화면의 왼쪽 맨 아래 구석에 있는 작은 회색 표시줄에도 Hello World!가 출력된 것을 볼 수 있다. 아직은 그리 대단하게 보이지 않지만 어떤 일이든 시작이 필요하다. 누군가 말했 듯이 이제 여러분은 넓은 세상을 향한 첫발을 내딛었다.

Start()와 Update() 비교

이제 다음과 같이 print() 함수 호출을 Start() 메서드에서 Update() 메서드로 이동해보자.

1. 비주얼 스튜디오로 되돌아가서 다음 코드 리스트에 나오는 것처럼 코드를 편집한다.

```
1  using System.Collections;
2  using System.Collections.Generic;
3  using UnityEngine;
4
5  public class HelloWorld : MonoBehaviour
6  {
7      // Start is called before the first frame update
8      void Start()
9      {
10         // print("Hello World!"); // 이제 이 행은 무시된다.
11     }
12
13     // Update is called once per frame
14     void Update()
15     {
16         print("Hello World!");
17     }
18 }
```

10행 시작 부분에 슬래시 두 개(//)를 추가하면 슬래시 뒤에 나오는 10행의 모든 내용이 주석으로 바뀐다. 주석은 컴파일러에서 완전히 무시되며 코드를 비활성화 하거나(10행에서 사용) 이 코드에 사람이 읽을 수 있는 메시지를 남기는 데 사용된다(7행 과 13행에서 사용). 행 앞에 두 개의 슬래시를 추가하면(10행에서 한 것과 같음) 그 행을 주석 처리한 것으로 간주된다. 16행에 print("Hello World!");을 타이핑해서 Update() 함수의 일부로 만든다.

2. 이 스크립트를 저장하고(원래 버전을 덮어쓰기) 유니티에서 플레이 버튼을 다시 클릭한다.

이번에는 Hello World!가 아주 빠른 속도로 계속 출력되는 것을 볼 수 있다(그림 19.7 참고). 다시 플레이 버튼을 클릭해 실행을 중단하면 Hello World! 출력이 멈춘다.

그림 19.7 Update()를 사용하면 프레임마다 Hello World!가 출력된다.

Start()와 Update()는 모두 유니티 버전의 C#에서 사용되는 특수 함수다. Start() 는 오브젝트가 생성된 첫 번째 프레임에서 한 번만 호출되고 Update()는 프레임[2] 마다 호출되므로 그림 19.6에서 메시지가 한 번 출력되고 그림 19.7에서는 메시지 가 여러 번 출력된다. 유니티에는 이밖에도 다양한 시점에 호출되는 특수 함수가 많다. 그러한 함수는 이 책의 이후 장에서 알아본다.

> Tip
>
> 그림 19.7에서는 동일한 Hello World! 메시지가 여러 번 반복되는 것을 볼 수 있다. **콘솔** 창의
> **Collapse** 버튼(그림 19.7에서 마우스 포인터가 가리키는 곳)을 선택하면 이러한 모든 Hello World!
> 메시지들은 하나의 행으로 축소되며 그 옆에 동일한 메시지가 나온 횟수가 표시된다. 이렇게 하면
> 그 외의 다른 메시지를 쉽게 알아볼 수 있다.

---

2. 이 책의 앞부분(특히 16장)에서 설명한 것처럼 유니티가 화면을 다시 그릴 때마다 프레임이 만들어지는데, 일반적으로 초당 30 ~ 200번 정도 발생한다.

흥미로운 예제 만들기

다음은 첫 번째 프로그램에 약간의 유니티 스타일을 추가해보자. 이 예제에서는 아주 많은 수의 큐브를 만들고 각 큐브가 물리 시뮬레이션에 따라 서로 반응하고 튀어 오르게 할 것이다. 이 연습을 통해 유니티가 얼마나 빠른 속도로 실행되는지, 유니티로 콘텐츠를 생성하는 것이 얼마나 쉬운지를 확인한다.

다음과 같이 새로운 씬을 만드는 것부터 시작해보자.

1. 메뉴 표시줄에서 File ➤ New Scene을 선택한다. New Scene 대화상자에서 Basic (Built-in) 옵션이 선택된 것을 확인하고 Create 버튼을 클릭한다. _Scene_0에서 카메라에 스크립트를 부착시킨 것 외에는 별다른 작업을 하지 않았기 때문에 새 씬을 생성해도 거의 달라지는 것은 없지만 Main Camera를 클릭해보면 연결된 스크립트가 없다는 것을 알 수 있다. 그리고 유니티 창의 제목 표시줄이 _Scene_0에서 Untitled로 바뀐 것을 볼 수 있다.

2. 언제나 그렇듯 가장 먼저 할 일은 이 새로운 씬을 저장하는 것이다. 메뉴 표시줄에서 File ➤ Save Scene을 선택한 후 Scene 폴더 안으로 들어가서 이름을 _Scene_1로 지정한다.

3. 메뉴 표시줄에서 GameObject ➤ 3D Object ➤ Cube를 선택하면 Cube라는 게임오브젝트가 씬 창(그리고 하이어라키 창)에 추가된다. 씬 창에서 큐브가 잘 안 보일 경우 하이어라키 창에서 그 이름을 더블 클릭하면 큐브가 씬의 중앙에 위치한다. 씬 창의 뷰를 조작하는 자세한 방법은 19장의 뒷부분에 나오는 '씬 뷰 변경하기' 칼럼을 참고한다.

4. 하이어라키 창에서 Cube를 클릭하면 씬 창에서 해당 큐브가 선택되고 인스펙터 창에는 이 큐브의 컴포넌트들이 나타난다(그림 19.8 참고). 인스펙터 창의 주 용도는 게임오브젝트를 구성하는 컴포넌트들을 보고 편집하는 것이다. 큐브 게임오브젝트에는 다음과 같이 Transform, Mesh Filter, Box Collider, Mesh Renderer 컴포넌트가 있다.

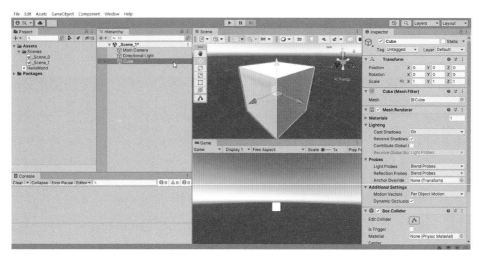

그림 19.8 씬 창과 하이어라키 창에 나타난 새 Cube 게임오브젝트

▨ **Transform:** 게임오브젝트의 위치, 회전, 배율을 설정한다. 모든 게임오 브젝트에 필요한 유일한 컴포넌트다. 큐브의 Position X, Y, Z 값이 0으로 설정돼 있는지 확인하고, 그렇지 않으면 모두 0으로 지정한다.

▨ **Cube (Mesh Filter):** 삼각형으로 이뤄진 메시^{mesh}로 모델링되는 3차원 도형을 게임오브젝트에 제공한다. 게임의 3D 모델은 일반적으로 내부가 비어 있는 표면이다. 예를 들어 실제 달걀(노른자와 흰자로 채워져 있음)과 달리 달걀의 3D 모델은 빈 달걀 껍질을 시뮬레이션하는 메시로 돼 있다. Mesh Filter 컴포넌트는 3D 모델을 게임오브젝트에 부착시킨다. 큐브의 경우 메시 필터는 유니티에 기본 내장된 간단한 3D 큐브 모델을 사용하지만 게임에서 복잡한 메시가 필요하면 복잡한 3D 모델 에셋을 프로젝트 창으로 임포트한 후 사용할 수 있다.

▨ **Box Collider:** 유니티가 실행하는 물리 시뮬레이션을 통해 게임오브젝 트가 다른 게임오브젝트와 상호작용할 수 있게 해준다. 유니티의 피직스^{PhysX} 물리 엔진은 여러 종류의 콜라이더를 사용하는데, 여기에는 Sphere, Capsule, Box, Mesh(계산 복잡도가 높아지는 순서로 나열했다. 즉, Mesh Collider가 Box Collider보다 컴퓨터로 계산하는 것이 훨씬 어렵다) 등이 포함된다. Collider 컴포넌트

436

가 있는 게임오브젝트(Rigidbody 컴포넌트 제외)는 다른 게임오브젝트가 충돌할 수 있는 움직이지 않는 물체의 역할을 한다.

- **Mesh Renderer:** 메시 필터가 게임오브젝트의 형상 정보를 제공하면 이 메시 렌더러 컴포넌트는 이러한 형상이 화면에 나타나게 한다. 렌더러가 없으면 유니티의 어떠한 것도 화면에 나타나지 않는다. 렌더러는 메인 카메라와 함께 작업해서 메시 필터의 3D 형상을 우리가 화면에서 볼 수 있는 픽셀로 변환한다.

5. 이제 이 게임오브젝트에 Rigidbody라는 컴포넌트를 추가할 것이다. 하이어라키 창에서 Cube를 선택한 상태로 메뉴 표시줄에서 Component ➤ Physics ➤ Rigidbody를 선택하면 인스펙터에 Rigidbody 컴포넌트가 추가된 것을 볼 수 있다.

- **Rigidbody:** 이 컴포넌트는 유니티가 해당 게임오브젝트에 물리 시뮬레이션을 적용하게 한다. 물리 시뮬레이션으로 적용할 수 있는 효과에는 중력, 마찰, 충돌, 끌기 등의 물리적 힘이 포함된다. 리지드바디는 콜라이더 컴포넌트를 가진 게임오브젝트가 공간에서 움직일 수 있게 해준다. 리지드바디가 없으면 트랜스폼을 조정해 게임오브젝트를 이동하더라도 게임오브젝트의 콜라이더 컴포넌트는 신뢰성 있게 이동하지 않는다. 게임오브젝트가 올바르게 움직이고 다른 콜라이더와 정상적으로 충돌할 수 있게 하려면 게임오브젝트에 리지드바디를 부착시켜야 한다.

6. 플레이 버튼을 클릭하면 큐브가 중력 때문에 떨어진다.

유니티의 모든 물리 시뮬레이션은 미터법을 기반으로 한다. 즉, 다음 사항을 의미한다.

- 1거리 단위 = 1미터(예, transform의 position 단위)
- 1중량 단위 = 1킬로그램(예, Rigidbody의 mass 단위)
- 기본 중력은 아래(음의 y) 방향으로 $-9.8 = 9.8m/s^2$

- 사람 캐릭터의 평균 키는 약 2단위(2미터)

7. 플레이 버튼을 다시 클릭해 시뮬레이션을 중지한다.

씬에는 이미 Directional Light가 포함돼 있다. 그래서 박스가 밝게 나타난다. 당분간 이렇게 놓아두자. 광원에 대한 자세한 사항은 이후 장에서 설명할 것이다.

프리팹 만들기

큐브를 프리팹prefab으로 만들 차례다. 프리팹은 프로젝트에서 횟수에 제한 없이 인스턴스화(복제)를 통해 재사용 가능한 요소다. 프리팹은 게임오브젝트를 제작하는 거푸집이라고 생각할 수 있으며, 이 프리팹으로 만든 각각의 게임오브젝트는 프리팹의 인스턴스라고 한다(따라서 인스턴스화라는 말을 사용한다). 프리팹을 만들려면 하이어라키 창에 있는 Cube를 클릭하고 프로젝트 창으로 드래그한 후 마우스 버튼을 놓으면 된다(그림 19.9 참고).

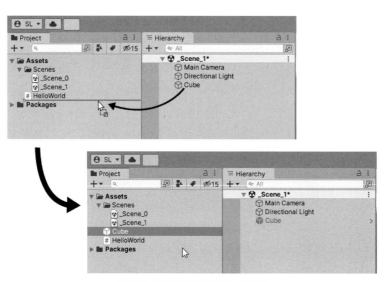

그림 19.9 큐브를 프리팹으로 만들기

그러면 다음과 같이 두 가지 변화를 볼 수 있다.

438

- Cube라는 이름의 프리팹이 **프로젝트** 창에 생성됐다. 이름 왼쪽에 붙은 파란색 큐브 아이콘은 이것이 프리팹이라는 것을 알려준다(프리팹 아이콘은 프리팹의 모양에 관계없이 항상 큐브 모양이다).
- 하이어라키 창 안의 큐브 게임오브젝트 이름이 파란색으로 변했다. 게임오브젝트의 이름이 파란색으로 표시되면 해당 게임오브젝트가 프리팹의 인스턴스(프리팹의 거푸집으로 만든 복사본)라는 의미다.

확실한 구분을 위해 다음과 같이 **프로젝트** 창의 Cube 프리팹의 이름을 Cube Prefab으로 변경한다.

1. 큐브 프리팹을 한 번 클릭해서 선택한 다음, 다시 클릭해(또는 F2키를 누름) 이름을 Cube Prefab으로 변경한다. 하이어라키 창에 있는 인스턴스는 큐브 프리팹의 복사본이므로 이 이름도 따라서 변경된다. 하지만 하이어라키 창에 있는 인스턴스 이름을 프리팹 이름과 다르게 변경하면 프리팹의 이름에 영향을 주지 않는다.
2. 프리팹을 설정했으므로 씬에 있는 큐브 인스턴스는 더 이상 필요하지 않다. 하이어라키 창(프로젝트 창이 아님)에서 Cube Prefab을 클릭한다. 그런 다음 메뉴 표시줄에서 Edit ➤ Delete를 선택한다. 그러면 큐브가 씬에서 사라진다.

이제 더 많은 코드를 다룰 차례다.

3. 메뉴 표시줄에서 Assets ➤ Create ➤ C# Script를 선택하고 새로 생성된 스크립트의 이름을 CubeSpawner로 지정한다(대문자가 두 개이고 이름에 공백이 없게 한다).
4. CubeSpawner 스크립트를 더블 클릭해 비주얼 스튜디오를 연 후 아래에 굵게 표시된 코드를 추가하고 저장한다.

```
1 using System.Collections;
2 using System.Collections.Generic;
3 using UnityEngine;
4
5 public class CubeSpawner : MonoBehaviour
```

```
 6  {
 7      public GameObject            cubePrefabVar;
 8
 9      // Start is called before the first frame update
10      void Start()
11      {
12          Instantiate(cubePrefabVar);
13      }
14
15      // Update is called once per frame
16      void Update()
17      {
18
19      }
20  }
```

Note

이전 노트에서도 언급했듯이 공백 추가에 대해 덧붙여 말하면 비주얼 스튜디오의 일부 버전에서는 세미콜론을 행 끝에 추가할 때나 Return/Enter 키를 누를 때 여러 개의 공백이 있으면 자동으로 그런 공백이 제거된다. 이것은 문제되는 상황이 아니니 신경 쓰지 않아도 된다. 이 책의 코드 리스트에서는 변수/필드 이름 앞에 탭을 추가한 곳(예, cubePrefabVar)을 종종 보게 될 것이다. 모든 필드 이름의 줄을 맞추면 읽기가 쉬워지기 때문에 이렇게 하지만 가끔 입력하다보면 정렬하고자 여러 공백이나 탭을 추가해 놓은 것을 비주얼 스튜디오가 자동으로 제거하기도 한다. 이 점에 대해서는 걱정하지 말라. 공백이 더 들어가거나 덜 들어가는 것은 코드에 전혀 영향을 미치지 않는다.

5. 이전에 작성한 스크립트와 마찬가지로 이 스크립트의 코드를 실행하려면 씬에 있는 게임오브젝트에 이 스크립트를 부착시켜야 한다. 그림 19.4와 같이 CubeSpawner 스크립트를 Main Camera로 드래그한다.

6. 하이어라키 창에 있는 Main Camera를 클릭한다. 메인 카메라 게임오브젝트에 Cube Spawner (Script) 컴포넌트가 추가된 것을 볼 수 있다(그림 19.10 참고).

그림 19.10 메인 카메라의 인스펙터 창에 나오는 CubeSpawner 스크립트 컴포넌트

이 컴포넌트에서 Cube Prefab Var라는 변수를 볼 수 있다(아래 경고에서 설명하겠지만 사실 이 변수의 이름은 cubePrefabVar이어야 한다). 이 변수의 이름은 7행에서 타이핑한 `public GameObject cubePrefabVar;` 명령문 때문에 나타난 것이다. 일반적으로 스크립트에 `public`을 붙인 변수가 있으면 이렇게 인스펙터 창에 나타나게 된다.

> **Warning**
>
> **인스펙터 창에서 다르게 표시되는 변수 이름** 유니티 개발자 중에는 인스펙터 창에 나타나는 변수 이름의 대/소문자에 변화를 주고 공백을 넣는 것이 좋다고 생각한 사람이 있는 것 같다. 이런 기능이 현재 버전까지 계속 유지되는 이유를 모르겠지만 이 때문에 cubePrefabVar와 같은 변수 이름이 인스펙터에서는 Cube Prefab Var로 잘못 표시된다. 프로그래밍에서는 항상 변수 이름을 올바르게 참조해야 하며 인스펙터에 나타나는 이상한 대/소문자와 공백은 무시하라. 이 책에서는 인스펙터에 나타나는 이름이 아니라 코드에 나오는 올바른 이름으로 변수를 언급한다.

7. 인스펙터에서 볼 수 있듯이 cubePrefabVar에는 현재 지정된 값이 없다. cubePrefabVar 값의 오른쪽에 있는 과녁 아이콘(그림 19.10에서 마우스 포인터 위치)을 클릭하면 이 변수에 지정할 프리팹을 선택할 수 있는 Select GameObject 대화상자가 열린다. Assets 탭을 클릭한다(Assets 탭에는 프로젝트 창의 게임오브젝트가 나오고 Scene 탭에는 하이어라키 창의 게임오브젝트가 나온다). Cube Prefab을 더블 클릭해서 선택한다(그림 19.11 참고).

그림 19.11 CubeSpawner 스크립트의 cubePrefabVar 변수에 Cube Prefab을 지정한다.

8. 이제 인스펙터에서 cubePrefabVar 값이 프로젝트 창의 Cube Prefab으로 나타나는 것을 볼 수 있다. 이를 다시 확인하고자 인스펙터에서 Cube Prefab 값을 클릭하면 프로젝트 창에 있는 Cube Prefab이 노란색으로 강조 표시된다.

9. 플레이 버튼을 클릭한다. 하이어라키 창에서 Cube Prefab (Clone)이 인스턴스화된 것을 볼 수 있다. Hello World 스크립트에서 본 것처럼 Start() 함수는 한 번 호출되므로 Cube Prefab의 인스턴스(또는 복제본)가 하나만 생성된다.

10. 비주얼 스튜디오로 전환해서 다음 코드에 나오는 것처럼 Start() 함수의 12행에 있는 Instantiate(cubePrefabVar) 호출을 주석 처리하고 Update() 함수의 18행에 Instantiate(cubePrefabVar); 명령문을 추가한다.

```
1 using System.Collections;
2 using System.Collections.Generic;
3 using UnityEngine;
4
5 public class CubeSpawner : MonoBehaviour
6 {
7     public GameObject    cubePrefabVar;
8
```

```
9      // Start is called before the first frame update
10     void Start()
11     {
12         // Instantiate(cubePrefabVar);
13     }
14
15     // Update is called once per frame
16     void Update()
17     {
18         Instantiate(cubePrefabVar);
19     }
20 }
```

11. CubeSpawner 스크립트를 저장하고 유니티로 되돌아온 후 다시 플레이 버튼을 클릭한다. 그림 19.12와 같이 큐브가 무수하게 생성된다.[3]

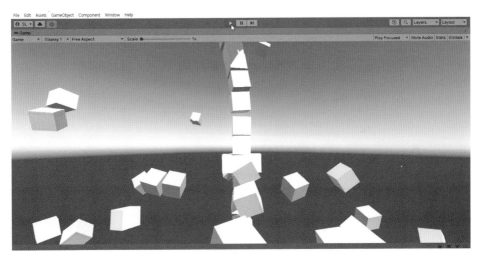

그림 19.12 Update()가 호출될 때마다 CubePrefab의 새 인스턴스가 빠르게 생성돼 엄청나게 많은 큐브를 추가한다!

이것이 유니티의 강력함을 보여주는 예다. 아주 간단하고 쉽게 멋지고 흥미로운

---

3. 이 큐브들이 왜 똑바로 떨어지지 않고 날아가듯이 떨어지는지 궁금할지도 모르겠다. 이런 의문을 갖는 것은 좋은 일이다. 큐브들은 서로의 바로 위에서 생성되고 피직스 물리 시스템은 이들이 충돌해서(유니티 콜라이더가 동일한 공간을 차지할 수 없기 때문) 서로 빠르게 튕겨나가게 만드는 속도를 얻게 된다.

예제를 만들었다. 이제 큐브와 상호작용할 게임오브젝트를 씬에 더 추가해보자.

1. 플레이 버튼을 다시 클릭해 플레이를 멈춘다.
2. 하이어라키 창에서 + 팝업 메뉴를 클릭하고 3D Object ➤ Cube를 선택한다.
   이 큐브의 이름을 Ground로 변경한다.
3. 씬 창이나 하이어라키 창에서 Ground 게임오브젝트를 선택한 상태로 W, E,
   R 키를 누르면 이 게임오브젝트를 이동, 회전, 배율 모드 사이를 전환할
   수 있다. 모드를 전환하면 Ground 주위에 모드마다 다른 기즈모(그림 19.13에서
   큐브 주위에 표시되는 화살표, 원, 기타)가 나타난다.

이동(W) 모드에서 화살표 중 하나를 클릭해 드래그하면 큐브가 해당 화살표 축(X,
Y, Z)을 따라 이동한다. 회전과 배율 기즈모의 색상 요소는 비슷한 방법으로 게임
오브젝트의 변형을 특정한 축으로 고정한다. 그림 19.13에 나오는 핸드 툴을 사용
하는 방법은 '씬 뷰 변경하기' 칼럼을 참고한다.

4. Ground의 Y 위치를 -4로 설정하고 X와 Z차원의 배율을 10으로 설정한다.
   이 책에서는 다음 형식으로 위치, 회전, 배율을 안내한다.

   Ground (Cube)   P:[0, -4, 0]   R:[0, 0, 0]   S:[10, 1, 10]

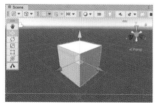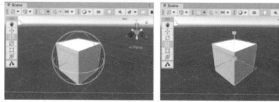

그림 19.13 이동(위치), 회전, 배율에 대한 기즈모. Q, W, E, R, T 키로 각 도구를 선택할 수 있다. T 도구는 2D 및
GUI 게임오브젝트의 중심 위치와 배율을 함께 변경하는 데 사용된다.

여기에서 Ground는 게임오브젝트의 이름이고 (Cube)는 게임오브젝트의 형식이다.
P:[0, -4, 0]은 X, Y, Z 위치를 각각 0, -4, 0으로 설정한다는 의미다. 마찬가지로
R:[0, 0, 0]은 X, Y, Z 회전을 모두 0으로 설정한다는 의미다. S:[10, 1, 10]은

X, Y, Z 배율을 각각 10, 1, 10으로 설정한다는 의미다. 도구와 기즈모를 사용해 이러한 설정을 적용하거나 이 게임오브젝트의 인스펙터에 있는 Transform 컴포넌트에 직접 입력해도 된다.

다른 오브젝트를 추가하면서 여러 테스트를 해보자. Cube Prefab의 인스턴스는 씬에 추가한 정적 게임오브젝트와 충돌하고 튕겨나간다(그림 19.14 참고). 새로운 도형에 Rigidbody를 추가하지 않는 한 그 도형은 정적이다(즉, 단단하고 움직이지 않음). 작업이 완료되면 씬을 저장하는 것을 잊지 말자.

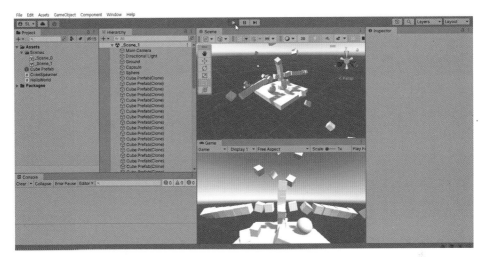

그림 19.14 정적 도형이 추가된 씬

씬 뷰 변경하기

그림 19.13에 표시된 도구 모음의 첫 번째 도구(핸드 툴이라고 함)는 씬 창에 표시된 뷰를 조작하는 데 사용된다. 씬 창에는 하이어라키 창의 Main Camera와는 다른, 보이지 않는 자체 씬 카메라가 있다. 핸드 툴에는 이 씬 카메라를 조작하는 여러 기능이 있다. 핸드 툴을 선택하고(클릭하거나 키보드의 Q 키를 누름) 다음 작업을 해본다.

■ 씬 창을 마우스 왼쪽 버튼으로 끌면(즉, 마우스 왼쪽 버튼을 누른 채로 드래그하면) 씬에 있는 어떠한 게임오브젝트의 위치도 변경하지 않고 씬 카메라를 움직인다. 기술적으로 말해 이 씬 카메라는 카메라가 가리키는 방향에 수직(즉, 카메라의 전방 벡터에 수직)인 평면에서 움직인다.

■ 씬 창을 마우스 오른쪽 버튼으로 끌면 씬 카메라를 끄는 방향으로 회전한다. 오른쪽 버튼으로 끌 때는 씬 카메라의 위치는 변하지 않는다.

■ Alt 키(맥OS에서는 Option 키)를 누르고 있으면 씬 창에서 마우스 커서가 손 모양에서 눈 모양으로 변경되고, 이렇게 Alt 키를 누른 상태에서 마우스 왼쪽 버튼으로 끌면 씬 창에서 게임오브젝트를 중심으로 씬 뷰가 회전한다(이를 카메라 선회라고 한다). Alt + 마우스 왼쪽 버튼으로 끌면 씬 카메라가 움직이지만 씬 카메라가 가리키는 위치는 변하지 않는다.

■ 마우스의 스크롤 휠을 굴리면 씬 카메라가 씬을 확대 또는 축소시킨다. 씬 창에서 Alt + 마우스 오른쪽 버튼으로 끌기로도 씬 창을 확대/축소시킬 수 있다.

핸드 툴에 익숙해지는 가장 좋은 방법은 여기에서 설명한 방법대로 직접 다양하게 조작해보는 것이다. 좀 가지고 놀다보면 익숙해질 것이다.

요약

그리 많지 않은 지면을 통해 아무것도 모르는 상태에서 유니티 프로젝트를 생성해 프로그래밍을 해봤다. 이 프로젝트는 아주 단순하지만 유니티의 실행 성능과 유니티의 간편하고 강력한 기능을 눈으로 확인하는 데 충분했을 것이다.

20장에서는 변수를 소개하고 게임오브젝트에 추가할 수 있는 가장 일반적인 컴포넌트에 대해 알아보는 과정으로, C#과 유니티에 대한 소개를 계속 이어갈 것이다.

CHAPTER 20

변수와 컴포넌트

20장에서는 유니티 C# 프로그래밍에서 많이 사용되는 여러 변수와 컴포넌트 형식을 소개한다. 20장을 끝내면 C#의 여러 일반적인 변수는 물론이고 유니티의 여러 중요한 고유 변수 타입도 잘 이해할 수 있게 된다.

또한 20장에서는 유니티의 게임오브젝트와 컴포넌트를 소개한다. 유니티 씬의 모든 객체는 게임오브젝트며 이를 구성하는 컴포넌트는 게임오브젝트의 위치 지정에서부터 물리 시뮬레이션, 특수 효과, 화면에 3D 모델 표시 그리고 캐릭터 애니메이션에 이르기까지 모든 것을 가능하게 한다.

변수 소개

18장에서 간단하게 소개했지만 변수^variable란 특정한 값을 지정할 수 있는 이름이다. 이 개념은 대수학^algebra에서 유래됐다. 예를 들어 대수학에서는 다음과 같이 정의할 수 있다.

```
x = 5
```

이것은 변수 x가 값 5와 같다고 정의한다. 즉, 이름 x에 값 5를 지정한다. 이후에 다음 정의를 만날 경우가 있다.

```
y = x + 2
```

그러면 변수 y의 값은 7이다(x = 5라서 5 + 2 = 7이기 때문이다). x와 y는 언제든지 값을 재정의할 수 있으므로 변수라고 하는데, 이러한 정의는 순서가 중요하다. 다음 정의를 살펴보자(각 명령문의 내용을 설명하고자 이중 슬래시 // 뒤에 주석을 추가했다).

```
x = 10       // x는 값 10과 같다.
y = x - 4    // 10-4 = 6이므로 y는 6이 된다.
x = 12       // x는 값 12와 같지만 y는 여전히 6이다.
z = x + 3    // 12 + 3 = 15이므로 z는 15가 된다.
```

이들 정의가 모두 실행된 후에는 x, y, z에 각각 값 12, 6, 15가 지정된다. 주석의 설명대로 y는 값 6으로 정의된 후에 x가 새 값 12로 지정됐기 때문에 x의 값이 변경되더라도 y는 소급 적용되지 않는다.

C#의 엄격한 형식의 변수

아무 종류의 값을 지정할 수 없는 C# 변수를 엄격한 형식^strongly type이라고 하는데, 이 말은 특정 형식의 값만 받을 수 있다는 뜻이다. 컴퓨터는 각 변수에 할당할 메모리 공간의 크기를 알아야 하기 때문에 형식이 필요한 것이다. 큰 이미지를 저장하려면 수 메가바이트, 심지어 기가바이트 크기의 공간이 필요할 수 있지만 불리언 값(1 또는 0만 저장할 수 있음)은 1비트만 있으면 된다. 1메가바이트라 하더라도 8,388,608비트에 해당한다.

C#에서 변수 선언과 지정

C#에서는 값을 사용하려면 먼저 변수를 선언하고 그 변수에 값을 지정해야 한다.

변수 선언declaring a variable이란 변수를 만들고 이름과 형식(타입)을 부여하는 작업이다. 하지만 선언에서는 변수에 값을 지정하지는 않는다(일부 간단한 변수 타입은 기본값을 갖기도 함).

```
bool    bravo;      // bool(불리언) 형식의 bravo라는 변수를 선언한다.
int     india;      // int(정수) 형식의 india라는 변수를 선언한다.
float   foxtrot;    // float(부동소수) 형식의 foxtrot 변수를 선언한다.
char    charlie;    // char(문자) 형식의 charlie 변수를 선언한다.
```

변수를 지정하면 해당 변수에 값을 부여한다. 다음은 이렇게 선언된 변수를 사용하는 방법에 대한 예다.

```
bravo = true;
india = 8;
foxtrot = 3.14f;  // 나중에 다루겠지만 f는 이 숫자 리터럴을 float로 만든다.
charlie = 'c';
```

코드에서 특정 값(예, true, 8 또는 'c')을 작성할 때 그 특정 값을 리터럴literal이라고 한다. 위 코드에서 true는 bool 리터럴, 8은 int(정수) 리터럴, 3.14f는 float 리터럴, 'c'는 char 리터럴이다. 기본적으로 비주얼 스튜디오에서는 이러한 리터럴을 검은색으로 표시하며(일부 컴퓨터에서 true는 파란색으로 나타남) 각 변수 타입마다 리터럴 표현 방법에 대한 특정 규칙이 있다. 각 변수 타입은 다음 절에서 자세히 알아본다.

지정하기에 앞서 선언

변수는 먼저 선언한 다음 지정해야 하지만 다음과 같이 한 행에서 선언과 지정을 함께 하는 경우가 많다.

```
string  sierra = "Mountain";
```

C# 변수 사용에 앞서 초기화

처음으로 새 변수에 값을 지정하는 것을 변수 **초기화**^{initializing}라고 한다. 위의 예제 행에서 bool, int, float 등의 간단한 변수 타입은 선언될 때 자동으로 기본값^{(각각} ^{false, 0, 0f)}을 갖는다. 좀 더 복잡한 변수 타입^(예, GameObject, List 등)은 기본적으로 null 이 아니고 초기화되지 않은 상태이며 초기화될 때까지 아예 사용할 수 없다.

일반적으로 간단한 변수가 기본값을 갖는다고 하더라도 유니티에서는 선언만 하고 초기화하지 않은 변수를 사용하려고 하면 컴파일러 오류[1]가 발생한다.

중요한 C# 변수 타입

C#에는 여러 변수 타입이 있다. 여기에서는 자주 접하게 될 중요한 변수 타입들을 알아본다. 이 모든 기본 C# 변수 타입은 소문자로 시작하지만 대부분의 유니티 데이터 형식은 대문자로 시작한다. 이제부터 변수 타입마다 변수 선언 및 정의 방법과 예를 알아보자.

bool: 1비트의 true 또는 false 값

bool은 불리언^{Boolean}의 줄임말이다. 모든 변수는 근본적으로 true 또는 false로

---

1. 18장에서는 C#이 컴파일된 언어라고 했다. 컴파일러 오류는 작성한 C# 코드를 유니티가 해석하는 컴파일 과정에서 발견되는 오류다. 오류 및 오류 형식은 25장에서 자세히 설명한다.

설정할 수 있는 비트로 구성된다. bool은 1비트 크기이므로 가장 작은 변수다.[2]
bool은 다음 두 장에서 다루는 if문과 그 외의 조건문을 포함한 논리 연산에 아주
유용하다. C#에서 bool 리터럴은 소문자 true와 false만 사용할 수 있다.

```
bool verified = true;
```

int: 32비트 정수

int는 정수[integer]의 줄임말이며 하나의 정수 값을 저장할 수 있다(정수는 5, 2, -90과 같이
소수점이 없는 숫자다). 정수 계산은 아주 정확하고 빠르다. 유니티의 int는 -2,147,483,648
~ 2,147,483,647 범위의 수를 저장할 수 있다. 1비트는 숫자의 양수 또는 음수 부호
를 저장하는 데 사용하고 31비트는 숫자 값을 저장하는 데 사용한다. int는 이
범위 사이의 모든 정수 값을 저장할 수 있다(여기서 사이에 있는 값뿐만 아니라 양쪽 끝의 두 값도
포함된다).

```
int nonFractionalNumber = 12345;
```

float: 32비트 부동소수점

부동소수점 수[floating-point number][3] 또는 float는 유니티에서 사용되는 가장 일반적인
소수 형식이다. '부동소수점'이라고 하는 것은 과학 표기법과 비슷한 체계를 사용
해 저장되기 때문이다. 과학 표기법이란 숫자를 $a \times 10^b$ 형식으로 표기하는 방법
이다(예를 들면 300은 3×10^2, 12,345는 1.2345×10^4). 부동소수점 수는 $a \times 2^b$과 비슷한 형식으
로 저장된다. 컴퓨터가 부동소수점으로 메모리에 저장할 때 1비트는 숫자가 양수
인지 음수인지를 지정하며 23비트는 가수(a 부분), 그리고 8비트는 지수(b 부분)를 저장
하는 데 할당된다. 이 저장법으로는 매우 큰 수를 나타내거나 1 ~ -1 사이의 숫자

---

2. 최신 컴퓨터와 C#이 메모리를 처리하는 방식 때문에 하나의 bool은 실제로 32 ~ 64비트의 메모리를 사용하지만 실제로
   bool의 true/false 값은 1비트에 저장된다.

3. http://en.wikipedia.org/wiki/Floating_point

를 나타낼 때 정밀도가 상당히 떨어진다. 예를 들어 float로는 1/3을 정확하게 나타낼 수 없다.[4]

대부분의 경우 float의 부정확성은 게임에서 크게 문제가 되지 않지만 충돌 감지 등의 작업에서 사소한 오류를 유발할 수 있다. 그래서 게임 요소의 크기를 지정할 때 1단위보다 크게, 수천 단위보다 작게 유지하면 충돌 등을 좀 더 정확하게 수행할 수 있다. float 리터럴은 정수 또는 실수 뒤에 f를 붙여야 한다. 이것은 기본적으로 C#이 끝에 f가 붙지 않은 실수 리터럴을 단정밀도 float가 아닌 double(배정밀도 부동소수점 수)이라고 가정하기 때문이다. 모든 기본 제공 유니티 함수는 정밀도를 포기하고 최대한 성능을 내고자 double이 아닌 float를 사용한다.

```
float notPreciselyOneThird = 1.0f/3.0f;
```

이런 float의 부정확성을 처리하는 한 가지 방법은 20장 뒷부분의 'Mathf: 수학 함수 라이브러리' 절에 설명한 Mathf.Approximately() 비교 함수를 사용하는 것이다. 이 함수는 두 개의 실수 값이 서로 아주 가까운 경우에 true를 반환한다.

> **Tip**
>
> 코드에서 다음과 같은 컴파일 타임 오류가 발생하는 경우가 있다.
>
> error CS0664: Literal of type double cannot be implicitly converted to type 'float'. Add suffix 'f' to create a literal of this type
>
> 이것은 코드 어딘가에서 float 리터럴 뒤에 f를 붙이는 것을 잊었다는 뜻이다.

char: 16비트 단일 문자

char는 16비트 정보로 나타내는 단일 문자다. 유니티 C#의 char는 유니코드[Unicode5]

---

4. 이 부동소수점 정밀도 문제로 인해 유니티 Transform 컴포넌트에서 0이 돼야 하는 위치와 회전이 정확히 0이 아닌 아주 복잡한 숫자로 나타나기도 한다.

5. http://en.wikipedia.org/wiki/Unicode

값을 사용해 문자를 저장하므로 100가지 이상의 문자 세트와 언어로 11만 가지 이상의 문자(예를 들어 한국어와 중국어 간체 등을 포함)를 나타낼 수 있다. char 리터럴은 다음과 같이 작은따옴표(어퍼스트로피)로 감싼다.

```
char theLetterA = 'A';
```

string: 일련의 16비트 문자

string은 단일 문자에서부터 책 전체 내용의 텍스트에 이르기까지 광범위한 내용을 나타내는 데 사용된다. C#에서 string의 이론적인 최대 길이는 20억 문자를 넘지만 대부분의 컴퓨터에서는 메모리 할당 문제 때문에 이에 미치지 못한다. 간단히 예를 들면 셰익스피어 <햄릿>[6]의 전체 버전은 무대 지시, 줄 바꿈 등을 포함해 175,000자를 약간 넘는다. 즉, string 하나로 햄릿을 12,000번 반복해서 저장할 수 있다. string 리터럴은 다음과 같이 큰 따옴표로 감싼다.

```
string theFirstLineOfHamlet = "Who's there?";
```

대괄호 사용과 문자열

대괄호는 다음과 같이 string의 개별 문자를 읽는 데 사용할 수 있다.

```
char theCharW = theFirstLineOfHamlet[0];   // 위의 문자열 예에서 0번째 문자는 W다.
char theChart = theFirstLineOfHamlet[6];   // 위의 문자열 예에서 6번째 문자는 t다.
```

변수 이름 뒤의 중괄호 안에 숫자를 넣으면 문자열의 해당 위치에 있는 문자를 가져온다(원래 문자열에는 영향을 미치지 않음). 대괄호 접근 방법에서 숫자는 0부터 시작한다. 앞의 예에서 W는 햄릿의 첫 번째 행의 0번째 문자이고 t는 6번째 문자다. 대괄호 접근에 대해서는 23장에서 자세히 다룬다.

---

6. http://shakespeare.mit.edu/hamlet/full.html

class: 새로운 변수 타입의 정의

class는 변수와 함수의 모음이라고 할 수 있는 새로운 변수 타입을 정의한다. 20장 뒷부분의 '중요한 유니티 변수 타입' 절에 나오는 모든 유니티 변수 타입과 컴포넌트가 class에 해당한다. 26장에서 더 자세히 다룬다.

변수의 범위

변수 타입 외에도 변수의 또 다른 중요한 개념으로 범위^{scope}가 있다. 변수의 범위란 코드에서 변수가 존재하는 범위를 의미한다. 코드의 한 부분에서 변수를 선언하면 다른 부분에서는 이 변수가 인식되지 않을 수 있다. 범위는 이 책 전체에서 다룰 복잡한 주제다. 단계적으로 배우려면 이 책을 순서대로 진행하면 된다. 지금 당장 변수 범위에 대해 자세한 내용을 보려면 부록 B의 '변수 범위' 절을 읽으면 된다.

명명 규칙

이 책의 코드에서는 변수, 함수, 클래스 등의 이름을 지정하는 데 몇 가지 규칙을 따르고 있다. 이러한 규칙은 강제성은 없지만 규칙을 충실하게 따르면 코드를 읽고 분석하려는 다른 사람에게는 물론 자신이 작성한 코드를 몇 달 후에 다시 살펴보게 됐을 때 작성했던 내용을 이해하는 데도 도움이 된다. 프로그래머마다 사용하는 규칙이 약간씩 다르지만(내가 사용하는 규칙도 여러 해 동안 몇 번 바뀜) 다음에 설명하는 규칙은 프로그래머들 사이에서 보편적인 규칙이며, 이 책 전체의 C# 코드에 일관적으로 적용했다.

캐멀 표기법

캐멀 표기법(camelCase)은 프로그래밍에서 변수 이름을 지정하는 일반적인 방법이다. 캐멀 표기법을 사용하면 프로그래머나 다른 사람이 긴 변수 이름을 쉽게 이해할 수 있다. 다음은 캐멀 표기법을 사용한 변수 이름의 예다.

- `aVeryLongNameThatIsEasierToReadBecauseOfCamelCase`
- `variableNamesStartWithALowerCaseLetter`
- `ClassNamesStartWithACapitalLetter`

캐멀 표기법의 주요 특징은 여러 단어를 한 단어로 합치면서 각 단어의 첫 글자를 대문자로 넣어서 알아보기 쉽게 한다는 것이다. 그렇게 작성한 단어가 마치 낙타의 등에 난 혹처럼 보이기 때문에 캐멀 표기법이라는 이름이 붙여졌다.

- 알아보기 쉽게 캐멀 표기법을 사용한다('캐멀 표기법' 칼럼 참고).
- 변수 이름은 소문자로 시작한다(예, `someVariableName`).
- 함수 이름은 대문자로 시작한다(예, `Start()`, `Update()`).
- 클래스 이름은 대문자로 시작한다(예, `GameObject`, `ScopeExample`).
- **private** 변수 이름은 주로 밑줄로 시작한다(예, `_hiddenVariable`).
- **static** 변수 이름은 대개 스네이크 표기법을 사용해 모두 대문자로 나타낸다(예, `NUM_INSTANCES`). 여기에서 알 수 있듯이 스네이크 표기법은 단어 사이를 밑줄로 연결하는 방식이다.

이후로 참고하기 쉽게 부록 B의 '명명 규칙' 절에서 이 정보를 반복하고 확장해 놓았다.

중요한 유니티 변수 타입

유니티에는 거의 모든 프로젝트에 등장하는 여러 변수 타입이 있다. 이 모든 변수 타입은 실제로 클래스며 모든 클래스는 대문자로 시작한다는 유니티의 명명 규칙을 따른다.[7] 여기에서는 각 유니티 변수 타입마다 해당 클래스의 새 인스턴스^{instance}를 만드는 방법(클래스 인스턴스에 대해서는 칼럼 참고)을 알아보고 그 데이터 타입의 중요한 변수와 함수의 목록을 확인할 것이다. 이 절에 나열된 대부분의 유니티 클래스에서 변수와 함수는 다음과 같이 두 그룹으로 나뉜다.

- **인스턴스 변수와 함수:** 이러한 변수와 함수는 해당 변수 타입의 단일 인스턴스와 직접 연결된다. 뒤에 나올 Vector3에 대한 내용을 보면 Vector3에는 인스턴스 변수 x, y, z, magnitude가 있으며 Vector3 변수의 이름, 마침표, 인스턴스 변수의 이름을 순서대로 사용해 접근할 수 있다(예, position.x). 각 Vector3 인스턴스는 이러한 변수에 각기 다른 값을 가질 수 있다. 비슷하게 Normalize() 함수는 Vector3의 단일 인스턴스를 대상으로 작업하고 해당 인스턴스의 magnitude를 1로 설정한다. 인스턴스 변수는 필드^{field}라고도 하며 인스턴스 함수는 메서드^{method}라고 한다.

- **static 클래스 변수와 함수:** static 변수는 개별 인스턴스가 아닌 클래스 정의 자체와 연결된다. static 클래스 변수와 함수는 클래스의 모든 인스턴스에서 동일한 정보를 저장하거나(예, Color.red는 항상 동일한 빨강색임) 클래스의 여러 인스턴스를 대상으로 값을 변경하지 않고 작업하는 데(예, Vector3.Cross(v3a, v3b)는 v3a 또는 v3b의 값을 변경하지 않고 두 Vector3의 외적^{cross product}을 계산해서 새 Vector3을 반환한다) 자주 사용된다.

---

7. 좀 더 정확히 말하면 이러한 유니티 변수 타입 중 일부는 클래스이고, 나머지는 구조체다. 구조체는 대부분의 측면에서 클래스와 유사하므로 이 책에서는 사용하지 않을 것이다. 그래서 나는 여기 나오는 모든 것을 클래스로 언급하기로 했다.

이러한 유니티 형식에 대한 자세한 내용은 각주에 나오는 유니티 설명서를 참고한다.

클래스 인스턴스와 정적 함수

19장에서 확인했듯이 프리팹과 마찬가지로 클래스도 인스턴스를 만들 수 있다. 모든 클래스의 인스턴스(클래스의 멤버라고도 함)는 해당 클래스로 정의된 형식의 데이터 객체다.

예를 들어 Human이라는 클래스를 정의하면 모든 사람을 그 클래스의 인스턴스로 표현할 수 있다. 몇 가지 함수는 모든 인간에 대해 공유된다(예, Eat(), Sleep(), Breathe()).

주변의 모든 사람이 서로 다른 것처럼 클래스의 각 인스턴스도 서로 다르다. 두 인스턴스가 완전히 동일한 값을 갖고 있어도 두 인스턴스는 컴퓨터 메모리의 서로 다른 위치에 저장되므로 서로 별개의 객체로 간주된다(사람의 비유를 사용하면 일란성 쌍둥이라고 할 수 있다). 클래스 인스턴스는 값이 아닌 참조(reference)로 지정한다. 즉, 클래스의 두 인스턴스가 같은지 비교하는 경우 인스턴스의 값이 아니라 메모리상의 위치가 비교된다(일란성 쌍둥이라도 이름은 다른 것과 같은 이치다).

물론 다른 변수를 사용해 동일한 클래스 인스턴스를 참조할 수도 있다. 내가 '딸'이라고 부르는 사람을 내 부모님은 '손녀'라고 부르는 것처럼 다음 코드에 나오듯이 클래스 인스턴스는 여러 개의 변수 이름에 할당할 수 있으며, 이 경우 모두 동일한 데이터 객체다.

```
1   using System.Collections;
2   using System.Collections.Generic;
3   using UnityEngine;
4
5   // Human 클래스 정의
6   public class Human
7   {
8       public string name;
9       public Human partner;
10  }
11
12  public class Family : MonoBehaviour
13  {
14      // public 변수 선언
15      public Human husband;
16      public Human wife;
17
```

```
18    void Start()
19    {
20        // 초기 상태
21        husband = new Human();
22        husband.name = "Jeremy Gibson";
23        wife = new Human();
24        wife.name = "Melanie Schuessler";
25
26        // 아내와 나는 결혼함
27        husband.partner = wife;
28        wife.partner = husband;
29
30        // 아내와 나의 이름을 변경함
31        husband.name = "Jeremy Gibson Bond";
32        wife.name = "Melanie Schuessler Bond";
33
34        // wife.partner는 husband와 동일한 인스턴스를 참조하기 때문에
35        // wife.partner의 이름도 변경됨
36        print(wife.partner.name);
37        // "Jeremy Gibson Bond"를 출력
38    }
39 }
```

Human 클래스에서 같은 클래스의 인스턴스 하나 이상을 대상으로 작업을 수행하는 정적 함수(static function)를 만들 수도 있다. 다음 코드와 같이 정적 함수 Marry()를 사용하면 두 사람을 서로의 배우자로 만들 수 있다.

```
36        print(wife.partner.name);
37        // "Jeremy Gibson Bond"를 출력
38    }
39 // 이전 코드 리스트의 38과 39행 사이에 이 코드를 넣음
40 // 그러면 39행은 46행이 됨
41 static public void Marry(Human h0, Human h1)
42 {
43     h0.partner = h1;
```

```
44        h1.partner = h0;
45    }
46 }
```

이 함수를 사용하면 이전 코드 리스트의 27행과 28행을 Human.Marry(wife, husband);라는 한 행으로 대체할 수 있다. 왜냐하면 Marry()는 정적 함수이므로 코드의 거의 모든 위치에서 사용할 수 있다. 정적 함수와 변수에 대해서는 이 책의 뒷부분에서 자세히 알아본다.

Vector3: 세 개의 float 변수 컬렉션

Vector3[8]는 3D 작업을 위한 아주 일반적인 데이터 타입이다. 유니티에서 게임오브젝트의 3차원 위치를 저장하는 데 가장 많이 사용된다. Vector3에 대한 자세한 내용은 각주의 URL을 참고한다.

```
Vector3 position = new Vector3( 0.0f, 3.0f, 4.0f ); // x, y, z 값을 설정
```

Vector3 인스턴스 변수와 함수

각 Vector3 인스턴스에는 다음과 같이 유용한 기본 제공 값과 함수들이 포함돼 있다.

```
print( position.x );              // 0.0, Vector3의 x 값
print( position.y );              // 3.0, Vector3의 y 값
print( position.z );              // 4.0, Vector3의 z 값
print( position.magnitude );      // 5.0, 0, 0, 0으로부터 Vector3의 거리
                                  // magnitude는 "길이"를 나타냄
position.Normalize();             // position의 magnitude를 1로 설정함
                                  // 즉 x, y, z 값은 이제 [0.0, 0.6, 0.8]이 됨
```

---

8. https://docs.unity3d.com/ScriptReference/Vector3.html

Vector3 정적 클래스 변수와 함수

이 밖에도 Vector3 클래스 자체에 연결된 정적 클래스 변수와 함수가 많다.

```
print( Vector3.zero );        // (0,0,0), new Vector3( 0, 0, 0 )의 단축형
print( Vector3.one );         // (1,1,1), new Vector3( 1, 1, 1 )의 단축형
print( Vector3.right );       // (1,0,0), new Vector3( 1, 0, 0 )의 단축형
print( Vector3.up );          // (0,1,0), new Vector3( 0, 1, 0 )의 단축형
print( Vector3.forward );     // (0,0,1), new Vector3( 0, 0, 1 )의 단축형
Vector3.Cross( v3a, v3b );    // 두 Vector3의 외적 연산
Vector3.Dot( v3a, v3b );      // 두 Vector3s의 내적 연산
```

여기에는 Vector3와 관련된 필드 및 메서드를 일부만 소개했다. 더 자세한 내용은 각주에서 언급한 유니티 문서를 참고한다.

Color: 투명도 정보가 포함된 색

Color[9] 변수 타입은 색과 투명도(알파 값)에 대한 정보를 저장할 수 있다. 컴퓨터에서 색은 빛의 3원색인 빨강, 초록, 파랑의 혼합으로 표현된다. 이 3원색은 미술시간에 배운 색의 3원색(빨강, 노랑, 파랑)과는 다른데, 컴퓨터 화면의 색은 감색 체계가 아닌 가색 체계가 적용되기 때문이다. 페인트와 같은 감색 체계subtractive color system에서는 색을 많이 섞을수록 검정색(또는 실제로 진한 갈색)에 가까워진다. 이와 반대로 가색 체계 additive color system(컴퓨터 화면 연극 조명 디자인, 인터넷의 HTML 색 등)에서는 색을 많이 섞을수록 점점 밝아지다가 최종적으로 흰색이 된다. C#에서 색의 빨강, 초록, 파랑 컴포넌트는 0.0f ~ 1.0f 범위의 float로 저장되는데, 이때 0.0f는 해당 색 채널을 전혀 추가하지 않고 1.0f는 해당 색 채널에 가장 크게 추가한다. 알파alpha라는 이름의 네 번째 float은 색의 투명도를 설정한다. 알파 값이 0.0f인 색은 완전히 투명하고 1.0f인 색은 완전히 불투명하다.

```
// 색은 빨강, 초록, 파랑 그리고 알파 채널의 float로 정의된다.
Color darkGreen = new Color( 0f, 0.25f, 0f ); // 알파 값을 지정하지 않으면
                                              // 알파 값은 1(완전 불투명)로
                                              // 간주됨
Color darkRedTranslucent = new Color( 0.25f, 0f, 0f, 0.5f );
```

여기에서 볼 수 있듯이 색을 정의하는 방법에는 두 가지가 있다. 하나는 세 매개
변수(빨강, 녹색, 파랑)를 지정하는 것이고 다른 하나는 네 매개변수(빨강, 녹색, 파랑, 알파)를
지정하는 것이다.[10]

Color 인스턴스 변수와 함수

Color의 각 채널은 다음과 같이 인스턴스 변수로 참조할 수 있다.

```
print( Color.yellow.r );        // 1, 노란색의 빨강 값
print( Color.yellow.g );        // 0.92f, 노란색의 초록 값
print( Color.yellow.b );        // 0.016f, 노란색의 파랑 값
print( Color.yellow.a );        // 1, 노란색의 알파 값
```

Color의 정적 클래스 변수와 함수

유니티에서는 몇 가지 일반적인 색을 정적 클래스 변수로 미리 정의하고 있다.

```
// 기본색: 빨강, 초록, 파랑
Color.red     = new Color(1, 0, 0, 1); // 빨강
Color.green   = new Color(0, 1, 0, 1); // 초록
Color.blue    = new Color(0, 0, 1, 1); // 파랑

// 2차색: 청록, 자홍, 노랑
Color.cyan    = new Color(0, 1, 1, 1); // 청록, 밝은 초록색을 띤 파랑
Color.magenta = new Color(1, 0, 1, 1); // 자홍, 핑크 빛의 보라
Color.yellow  = new Color(1, 0.92f, 0.016f, 1); // 좋게 보이는 노랑
```

---

10. 새로운 Color() 함수가 다른 개수의 변수를 받는 기능을 함수 오버로딩(function overloading)이라고 하며, 24장에서 자세
    히 다룬다.

```
// 짐작할 수 있겠지만 표준 노랑은 new Color(1,1,0,1)로 나타낼 수 있지만
// 유니티에서는 이 노랑이 더 좋게 보인다.

// 검정, 흰색, 완전 투명
Color.black   = new Color(0, 0, 0, 1); // 검정
Color.white   = new Color(1, 1, 1, 1); // 흰색
Color.gray    = new Color(0.5f, 0.5f, 0.5f, 1) // 회색
Color.grey    = new Color(0.5f, 0.5f, 0.5f, 1) // 회색의 영국식 철자
Color.clear   = new Color(0, 0, 0, 0); // 완전 투명
```

Quaternion: 회전 정보

Quaternion[11] 클래스의 내부 작동 방식에 대한 내용은 이 책의 범위를 크게 벗어나지만 모든 게임오브젝트의 회전은 쿼터니언 타입인 GameObject.transform.rotation을 사용한다. 쿼터니언을 사용하면 표준 X, Y, Z 회전(또는 오일러 회전)에서 회전 과정에 축이 겹쳐 회전의 움직임이 제한되는 짐벌락^{gimbal lock} 현상을 예방할 수 있다. 일반적으로 유니티에서는 다음과 같이 오일러 각도를 전달하고 유니티는 이에 해당하는 쿼터니언으로 변환해 활용한다.

```
Quaternion lookUp45Deg = Quaternion.Euler( -45f, 0f, 0f );
```

이 경우 Quaternion.Euler()에 전달한 세 개의 float는 X, Y, Z축(유니티에서 각각 빨강, 초록, 파랑색으로 표시됨)을 중심으로 회전하는 각도 값이다. 씬의 메인 카메라를 포함한 게임오브젝트는 기본적으로 양의 Z축 아래쪽을 향한다. 위의 코드에 나오는 회전은 카메라를 빨간색 X축을 중심으로 –45도 회전해 양의 Z축에 상대적으로 45도 위쪽을 향하게 한다. 마지막 문장이 이해되지 않더라도 지금 걱정할 필요는 없다. 나중에 유니티의 인스펙터에서 게임오브젝트의 Transform에 대한 X, Y, Z 회전 값을 변경해보면 게임오브젝트의 방향이 어떻게 달라지는지 직접 확인할 수 있다.

---

11. 쿼터니언(Quaternion)을 사원수라고도 부른다. – 옮긴이. https://docs.unity3d.com/ScriptReference/Quaternion.html

Quaternion의 인스턴스 변수와 함수

다음과 같이 인스턴스 변수인 eulerAngles를 사용해 쿼터니언의 회전 정보를 오일러 각도로 반환하게 할 수도 있다.

```
print( lookUp45Deg.eulerAngles );        // ( -45, 0, 0 ), 오일러 회전
```

Mathf: 수학 함수 라이브러리

Mathf[12]는 변수 타입이기보다는 수학 함수를 포함하는 멋진 라이브러리다. Mathf에 연결된 모든 변수와 함수는 정적static 타입이다. 즉, Mathf의 인스턴스는 생성될 수 없다. Mathf 라이브러리에서 사용할 수 있는 유용한 함수가 아주 많지만 여기서는 몇 가지만 살펴볼 것이다.

```
Mathf.Sin(x);                // x의 sin 값을 계산한다.
Mathf.Cos(x);                // .Tan(), .Asin(), .Acos(), .Atan() 함수도 있다.
Mathf.Atan2( y, x );         // x축을 가리키는 게임오브젝트가 x, y 지점을
                             // 가리키게 하고자 z축을 중심으로
                             // 회전할 각도를 얻는다.
print(Mathf.PI);             // 3.141593; 원주율

Mathf.Min( 2, 3, 1 );        // 1, 세 숫자 중 가장 작은 수(float 또는 int)
Mathf.Max( 2, 3, 1 );        // 3, 세 숫자 중 가장 큰 수(float 또는 int)
Mathf.Round( 1.75f );        // 2, 반올림
Mathf.Ceil( 1.75f );         // 2, 올림
Mathf.Floor( 1.75f );        // 1, 내림
Mathf.Abs( -25 );            // 25, -25의 절댓값

Mathf.Approximately( a, b );// 두 float의 근사치가 서로 같은지를 비교한다.
```

Mathf.Approximately()는 (==와 달리) 두 개의 float가 서로 아주 근접한 값이긴 해도 같지 않는 것으로 보이면 true를 반환하기 때문에 float의 부정확성을 처리하

---

12. https://docs.unity3d.com/ScriptReference/Mathf.html〉

는 데 도움이 되는 좋은 도구다. 이 책의 예제들에서는 ==를 사용해 두 개의 `float`를 비교하는 일이 없기 때문에 이 메서드를 사용하지는 않지만, 여러분이 작업 중에 두 `float`가 같은지를 비교할 경우에는 == 대신 `Mathf.Approximately()`를 사용하라.

Screen: 디스플레이에 대한 정보

`Screen`[13]은 유니티 게임이 실행 중인 컴퓨터 화면에 대한 정보를 제공하는 라이브러리로서 `Mathf`와 비슷하다. 이 라이브러리는 기기에 관계없이 작동하므로 PC, 맥OS, iOS 기기, 안드로이드 기기, WebGL에 관계없이 정확한 정보를 제공한다.

```
print( Screen.width );   // 화면 너비를 픽셀 단위로 출력한다.
print( Screen.height );  // 화면 높이를 픽셀 단위로 출력한다.
```

SystemInfo: 장치에 대한 정보

`SystemInfo`[14]는 게임이 실행 중인 장치에 대한 세부적 정보를 제공한다. 이러한 정보에는 운영체제, 프로세서 개수, 그래픽 하드웨어 등이 포함된다. 자세한 내용은 각주의 링크를 따라가 보기 바란다.

```
print( SystemInfo.operatingSystem ); // 예를 들어 Mac OS X 10.8.5
```

GameObject: 씬에 포함된 모든 게임오브젝트의 형식

`GameObject`[15]는 유니티 씬에 포함된 모든 객체의 기본 클래스다. 유니티 게임에서 화면에 보이는 것은 `GameObject` 클래스의 하위 클래스인 것이다. 게임오브젝트는 '유니티 게임오브젝트와 컴포넌트' 절에서 소개할 컴포넌트를 비롯해 다양한 컴포

---

13. https://docs.unity3d.com/ScriptReference/Screen.html

14. https://docs.unity3d.com/ScriptReference/SystemInfo.html

15. ttps://docs.unity3d.com/ScriptReference/GameObject.html

넌트를 제한 없이 포함할 수 있다. 하지만 게임오브젝트에는 그 외에도 중요한 변수들을 포함한다.

```
GameObject gObj = new GameObject("MyGO"); // MyGO라는 새 게임오브젝트를 생성함
print( gObj.name );                       // MyGO, 게임오브젝트 gObj의 이름
Transform trans = gObj.GetComponent<Transform>(); // gObj의 트랜스폼 컴포넌트를
                                          // 참조하도록 trans를 정의한다.
Transform trans2 = gObj.transform; // 동일한 트랜스폼에 접근하는 바로가기
gObj.SetActive(false);             // gObj을 비활성화해서 보이지 않게 하고
                                   // 코드 실행도 되지 않게 한다.
```

여기에 나오는 gObj.GetComponent<Transform>() 메서드^{method}16는 게임오브젝트에 부착된 모든 컴포넌트에 접근할 수 있으므로 특히 중요하다. GetComponent<>()와 같이 꺾쇠괄호 <>가 있는 메서드를 종종 볼 수 있다. 이러한 메서드는 다른 여러 데이터 형식과 함께 사용되도록 설계된 단일 메서드이므로 제네릭 메서드^{generic method}라고 한다. GetComponent<Transform>()의 경우 데이터 형식은 Transform이며 GetComponent<>()에게 게임오브젝트의 Transform 컴포넌트를 찾아 반환하도록 지시한다. 꺾쇠괄호 안에 Transform 대신 다른 컴포넌트 형식을 지정하면 게임오브젝트의 다른 컴포넌트도 얻을 수 있다. 예를 들면 다음과 같다.

```
Renderer rend = gObj.GetComponent<Renderer>();   // Renderer 컴포넌트를 얻음
Collider coll = gObj.GetComponent<Collider>();   // Collider 컴포넌트를 얻음
HelloWorld hwInstance = gObj.GetComponent<HelloWorld>();
```

위의 코드 리스트의 세 번째 행에서 볼 수 있듯이 GetComponent<>()를 사용해 게임오브젝트에 부착시킨 C# 클래스의 인스턴스를 반환할 수도 있다. 예를 들어 HelloWorld C# 스크립트 클래스의 인스턴스가 gObj에 부착돼 있다면 gObj. Getcomponent<HelloWorld>()는 그 인스턴스를 반환한다. 이 기법은 이 책 전체에서 여러 번 사용된다.

---

16. 함수와 메서드는 기본적으로 같은 의미다. 차이점이라면 함수가 독립형 함수를 위한 용어인 반면 메서드는 클래스에 속하는 함수를 의미하는 용어다.

유니티 게임오브젝트와 컴포넌트

앞 절에서 설명했듯이 유니티 화면에 나타나는 모든 요소는 게임오브젝트며 모든 게임오브젝트는 하나 이상의 컴포넌트를 포함한다(Transform 컴포넌트는 항상 포함돼 있음). 유니티의 하이어라키 창이나 씬 창에서 게임오브젝트를 선택하면 그림 20.1과 같이 인스펙터 창에 해당 게임오브젝트의 컴포넌트들이 나타난다.

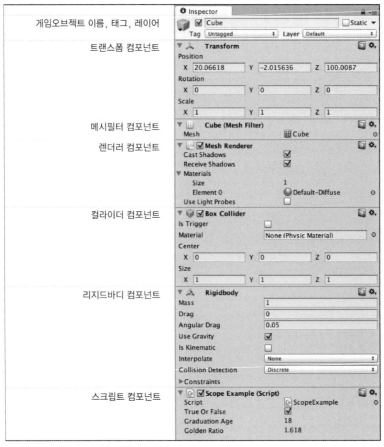

그림 20.1 여러 중요 컴포넌트를 보여주는 인스펙터 창

Transform: 위치, 회전, 배율

Transform[17]은 모든 게임오브젝트에 포함되는 필수 컴포넌트다. Transform은 위치(게임오브젝트의 지점), 회전(게임오브젝트의 방향), 배율(게임오브젝트의 크기)과 같은 중요한 게임오브젝트 정보를 처리한다. 이 정보가 부모/자식 관련해서는 인스펙터 창에 표시되지 않지만 Transform은 하이어라키 창의 부모/자식 관계도 담당한다. 한 오브젝트가 다른 오브젝트의 자식 오브젝트라면 그 오브젝트는 부모 오브젝트와 함께 움직인다.

MeshFilter: 화면에 보이는 모델

MeshFilter[18] 컴포넌트는 프로젝트 창의 3D 메시를 게임오브젝트에 부착시킨다. 화면에서 모델을 보이게 하려면 게임오브젝트에는 실제 3D 메시 정보를 처리하는 MeshFilter 그리고 해당 메시를 셰이더 또는 머티리얼과 결합해서 화면에 이미지를 표시하는 MeshRenderer가 있어야 한다. MeshFilter는 게임오브젝트의 스킨이나 표면을 생성하고 MeshRenderer는 그 표면의 모양, 색, 질감을 결정한다.

Renderer: 게임오브젝트 표시

Renderer[19] 컴포넌트(대부분의 경우 MeshRenderer)는 게임오브젝트를 씬과 게임 창에서 볼 수 있게 해준다. MeshRenderer에게는 3차원 메시 데이터를 제공하는 MeshFilter가 있어야 하며 기본적인 자홍색 대신 다른 재질로 나타내려면 적어도 하나의 머티리얼이 필요하다(머티리얼은 게임오브젝트에 텍스처를 적용하는데, 머티리얼이 존재하지 않으면 자홍색으로 기본 설정된다). Renderer는 MeshFilter, 머티리얼, 조명을 결합해 게임오브젝트를 화면에 표시한다.

---

17. https://docs.unity3d.com/Manual/class-Transform.html
18. https://docs.unity3d.com/Manual/class-MeshFilter.html
19. https://docs.unity3d.com/Manual/class-MeshRenderer.html

Collider: 게임오브젝트의 물리적 존재

Collider[20] 컴포넌트는 게임오브젝트가 게임 안에서 물리적 존재가 돼 다른 게임
오브젝트와 충돌할 수 있게 한다. 유니티에는 네 가지 종류의 Collider 컴포넌트
가 있는데, 이들 컴포넌트의 처리 속도는 아래에 나타냈다. 어떤 게임오브젝트가
Sphere Collider와 충돌하는지는 빠르게 계산해내지만 Mesh Collider와 충돌하는
지는 계산 속도가 아주 느리다.

- **Sphere Collider:**[21] 처리 속도가 가장 빠른 충돌 형태다. 공 또는 구 모양
  이다.
- **Capsule Collider:**[22] 원기둥 모양이다. 두 번째로 처리 속도가 빠르다.
- **Box Collider:**[23] 사각 박스 모양이다. 나무 상자와 그 외 상자 같은 물체에
  유용하다.
- **Mesh Collider:**[24] 3D 메시로 만드는 콜라이더다. 유용하고 정확하지만 앞의
  세 가지 콜라이더에 비해 처리 속도가 훨씬 느리다. 또한 Mesh Collider의
  Convex 속성을 true로 설정해야만 다른 Mesh Collider와 충돌할 수 있다.

유니티에서 물리 시뮬레이션과 충돌 감지는 엔비디아 피직스[NVIDIA PhysX] 엔진으로
처리한다. 이 기술은 충돌을 매우 빠르고 정확하게 처리하지만 모든 물리 엔진에
는 한계가 있으며 피직스 엔진 역시 빠르게 움직이는 물체나 얇은 벽에서는 종종
문제가 발생한다.

Collider는 이 책의 뒷부분에서 꾸준히 설명한다. 유니티 문서에서도 자세한 내
용을 살펴볼 수 있다.

---

20. https://docs.unity3d.com/Manual/collision-section.html

21. https://docs.unity3d.com/Manual/class-SphereCollider.html

22. https://docs.unity3d.com/Manual/class-CapsuleCollider.html

23. https://docs.unity3d.com/Manual/class-BoxCollider.html

24. https://docs.unity3d.com/Manual/class-MeshCollider.html

Rigidbody: 물리 시뮬레이션

Rigidbody[25] 컴포넌트는 게임오브젝트의 물리 시뮬레이션을 제어한다. Rigidbody 컴포넌트는 FixedUpdate[26](일반적으로 초당 50회)가 호출될 때마다 가속과 속도를 시뮬레이션하고 시간에 따른 Transform 컴포넌트의 위치와 회전을 업데이트한다. 또한 Collider 컴포넌트를 사용해 다른 게임오브젝트와의 충돌도 처리한다. Rigidbody 컴포넌트는 중력, 끌림, 바람, 폭발 같은 다양한 힘을 모델링할 수 있다. Rigidbody 에서 제공하는 물리 시뮬레이션을 사용하지 않고 게임오브젝트의 위치를 직접 설정하려면 isKinematic을 true로 설정한다.

> **Warning**
> Collider 컴포넌트의 위치가 해당 게임오브젝트와 함께 움직이게 하려면 게임오브젝트에 Rigidbody 가 있어야 한다. 그렇지 않으면 유니티의 피직스 물리 시뮬레이션의 관점에서는 Collider가 움직이지 않는다. 즉, Rigidbody를 부착시키지 않은 게임오브젝트는 화면상에서 움직이는 것처럼 보여도 피직스 엔진에서는 Collider 컴포넌트의 위치가 업데이트되지 않고 같은 위치에 남는다.

Script: 여러분이 작성하는 C# 스크립트

모든 C# 스크립트도 게임오브젝트의 컴포넌트다. 스크립트가 컴포넌트이기 때문에 얻는 장점은 두 개 이상의 스크립트를 게임오브젝트에 부착시킬 수 있다는 것이다. 이 기능은 이 책의 3부에 나오는 몇 가지 실습에서 활용된다. 스크립트 컴포넌트와 이에 접근하는 방법은 이 책의 뒷부분에서 더 자세히 설명한다.

---

25. https://docs.unity3d.com/Manual/class-Rigidbody.html
26. 유니티에서 Update는 시각적 프레임마다 한 번씩 호출되지만(컴퓨터의 속도에 따라 시간이 일정치 않고 초당 30 ～ 300회) FixedUpdate는 고정된 스케줄에 따라 일정하게 호출된다(기본값은 플랫폼에 관계없이 초당 50회). 물리 엔진은 고정된 업데이트 스케줄에서 더 잘 작동하므로 둘 간의 차이가 있다.

인스펙터에 표시되는 변수 이름 그림 20.1에는 스크립트의 이름이 Scope Example (Script)로 나오는데, 이것은 공백을 포함할 수 없는 클래스의 명명 규칙을 위반하는 것이다.

내가 실제 코드에서 지정한 스크립트 이름은 캐멀 표기법의 `ScopeExample`이라는 한 단어다. 이런 기능을 넣은 이유는 정확하게 알 수 없지만 인스펙터에는 클래스와 변수 이름이 C# 스크립트에 나오는 실제 이름과는 다르게 나온다.

- 클래스 이름 `ScopeExample`은 Scope Example (Script)로 나온다.
- 변수 `trueOrFalse`는 True Or False로 나온다.
- 변수 `graduationAge`는 Graduation Age로 나온다.
- 변수 `goldenRatio`는 Golden Ratio로 나온다.

이것은 아주 중요한 차이며 과거에 내 학생들 중 일부가 혼동한 적 있다. 인스펙터에서 이름이 다르게 표시되지만 코드의 변수 이름은 변경되는 것은 아니다. 이 책에서는 인스펙터에 나타나는 이름을 무시하고 코드에 작성된 이름으로 변수를 언급한다.

요약

20장은 많은 정보를 포함하는 긴 장이었으므로 앞으로 직접 코드를 작성하는 동안 다시 20장을 참고해야 하는 경우가 많을 것이다. 20장에서 소개한 모든 내용은 이 책을 진행해가며 직접 코드를 작성하는 동안 매우 유용할 것이다. 유니티의 게임오브젝트/컴포넌트 구조를 이해하고 유니티 인스펙터를 활용해 변수를 설정/수정하는 방법을 이해하면 유니티 코딩 작업을 훨씬 빠르고 매끄럽게 진행할 수 있다.

CHAPTER 21

불리언 연산과 조건문

컴퓨터 데이터는 기본적으로 1과 0(true 또는 false를 나타내는 비트)으로 이뤄져 있다. 하지만 모든 것이 결국 true나 false 값에 해당하며 이에 대응하는 것이 프로그래밍의 핵심이라는 것은 프로그래머만이 제대로 알고 있는 사실이다.

21장에서는 AND, OR, NOT 등의 불리언 연산과 >, <, ==, != 등의 비교문을 알아보며 if와 switch 등의 조건문을 설명한다. 이러한 사항 모두는 모두 프로그래밍의 핵심에 해당한다.

불리언

20장에서 배웠듯이 bool은 true 또는 false 값을 저장할 수 있는 변수다. bool이란 이름은 true, false 값과 논리 연산(현재는 '불리언 연산'이라고 함)을 연구한 수학자 조지 부울George Boole의 이름을 따라 지은 것이다. 그가 논리 연산을 연구할 당시에는 컴퓨터가 없었지만 그의 연구는 컴퓨터 논리의 기반이 됐다.

C# 프로그래밍에서 bool은 게임 상태에 대한 간단한 정보(예, bool gameOver = false;)를 저장하고 21장 뒷부분에서 다룰 if와 switch문으로 프로그램의 흐름을 제어하는 데 사용한다.

불리언 연산

불리언 연산은 bool 변수를 유의미한 방법으로 수정하거나 결합하는 연산이다.

!(NOT 연산자)

!('닛not' 또는 '뱅bang'이라고 발음) 연산자는 bool의 값을 역전시킨다. false는 true가 되고 true는 false가 된다.

```
print( !true );      // 출력: false
print( !false );     // 출력: true
print( !(!true) );   // 출력: true      (true의 이중 부정은 true)
```

! 연산자는 부록 B의 '비트 불리언 연산자와 레이어 마스크' 절에서 설명하는 ~(비트 부정 연산자)와 구분하고자 종종 논리 부정 연산자라고도 부른다.

&&(AND 연산자)

&& 연산자는 두 피연산자가 모두 true일 때만 true를 반환한다.[1]

---

1. 예제 코드에서는 공백을 추가로 삽입해 알아보기 쉽게 했다. 공백이 여러 개 이어져 있어도 C#은 공백 하나로 해석한다.

```
print( false && false );    // false
print( false && true  );    // false
print( true  && false );    // false
print( true  && true  );    // true
```

||(OR 연산자)

|| 연산자는 두 피연산자 중 하나 이상이 true이면 true를 반환한다.

```
print( false || false );    // false
print( false || true  );    // true
print( true  || false );    // true
print( true  || true  );    // true
```

단축형 및 비단축형 불리언 연산자

표준 AND와 OR 연산자(&&와 ||)는 단축형 연산자다. 단축형이란 첫 번째 인자만으로 반환값을 결정할 수 있으면 두 번째 인자를 평가하지 않는다는 뜻이다. 예를 들어 false && SomeFunction() 코드는 SomeFunction()을 호출하지 않는다. false 가 하나라도 있으면 &&는 반환값이 false가 되므로 SomeFunction()을 평가할 필요가 없기 때문이다. 반면에 AND와 OR(&와 |)라는 비단축형 연산자도 있다. 이들 연산자는 항상 두 인자를 완전히 평가한다. 다음 코드 리스트에는 이러한 차이점을 설명하는 몇 가지 예가 나온다.

> **Tip**
> 다음 코드 리스트에서는 행 오른쪽에 슬래시 두 개에 이어서 소문자가 나오는 부분(예, // a)은 코드 리스트 이후에 그 행에 대해 설명할 것이다. 이 책에서는 대체로 코드 리스트가 다 끝난 후에 설명하지만 이 예제에서는 코드 중간에 설명할 것이다.

```
1  // 이 함수는 "--true"를 출력하고 true 값을 반환한다.
2  bool printAndReturnTrue()
3  {
```

```
4      print("--true");
5      return (true);
6  }
7
8  // 이 함수는 "--false"를 출력하고 false 값을 반환한다.
9  bool printAndReturnFalse()
10 {
11     print("--false");
12     return (false);
13 }
14
15 void ShortingOperatorTest()
16 {
17     // 18, 20, 22, 24행은 단축형 &&와 || 연산자를 사용한다.
18     bool andTF = (printAndReturnTrue() && printAndReturnFalse());      // a
19     print("andTF: " + andTF); // 출력: "--true --false andTF: false"
```

a. 이 행은 --true와 --false를 출력하고 andTF를 false로 설정한다. 단축형 && 연산자가 평가하는 첫 번째 인자는 true이므로 두 번째 인자도 평가해서 결과는 false가 된다.

```
20     bool andFT = (printAndReturnFalse() && printAndReturnTrue());      // b
21     print("andFT: " + andFT); // 출력: " --false andFT: false"
```

b. 이 행은 --false만 출력하고 andFT를 false로 설정한다. 단축형 && 연산자가 평가하는 첫 번째 인자가 false이므로 두 번째 인자를 평가하지 않고 false를 반환한다. 이 행에서 printAndReturnTrue()는 실행되지 않는다.

```
22     bool orTF = (printAndReturnTrue() || printAndReturnFalse());      // c
23     print("orTF: " + orTF); // 출력: "--true orTF: true"
```

c. 이 행은 --true만 출력하고 orTF를 true로 설정한다. 단축형 || 연산자가 평가하는 첫 번째 인자는 true이기 때문에 두 번째 인자를 평가하지 않고 true를 반환한다.

```
24    bool orFT = (printAndReturnFalse() || printAndReturnTrue());        // d
25    print("orFT: " + orFT); // 출력: "--false --true orTF: true"
```

d. 이 행은 --false와 --true를 출력하고 orFT를 true로 설정한다. 단축형
|| 연산자가 평가하는 첫 번째 인자는 false이기 때문에 반환할 값을 결정
하려면 두 번째 인자도 평가해야 한다.

```
26    // 27과 29행은 비단축형 &와 | 연산자를 사용한다.
27    bool nsAndFT = (printAndReturnFalse() & printAndReturnTrue());       // e
28    print("nsAndFT: " + nsAndFT); // 출력: "--false --true nsAndFT: false"
```

e. 비단축형 & 연산자는 첫 번째 인자의 값에 관계없이 두 인자를 모두 평가
한다. 따라서 이 행은 --false와 --true를 출력하고 nsAndFT를 false로
설정한다.

```
29    bool nsOrTF = (printAndReturnTrue() | printAndReturnFalse());        // f
30    print("nsOrTF: " + nsOrTF); // 출력: "--true --false nsOrTF: false"
31  }
```

f. 비단축형 | 연산자는 첫 번째 인자의 값에 관계없이 두 인자를 모두 평가
한다. 이 행은 --true와 --false를 출력하고 nsOrTF를 true로 설정한다.

코드를 작성할 때는 단축형과 비단축형 연산자에 대해 모두 알아두면 유용하다.
단축형 연산자(&&와 ||)가 훨씬 더 일반적으로 사용되지만 불리언 연산자의 모든 인
자를 평가해야 할 때는 비단축형 &와 | 연산자를 사용할 수 있다.

시간이 있으면 유니티에 앞의 코드를 입력하고 디버거를 실행해 동작을 단계별로
실행해보면서 어떤 일이 일어나는지 확인하기 바란다. 디버거에 대한 자세한 내
용은 25장에서 설명한다.

비트 불리언 연산자

| 및 & 연산자는 정수에 대해 비트 연산을 수행할 수도 있기 때문에 비트 OR 및

비트 AND라고도 한다. 이러한 연산자는 유니티에서 충돌 감지와 관련된 몇 가지 심오한 작업에 유용하며 자세한 내용은 부록 B의 '비트 불리언 연산자와 레이어 마스크' 절에서 볼 수 있다.

불리언 연산의 조합

여러 불리언 연산을 한 행에 조합하면 유용한 경우가 있다.

```
bool tf = true || false && false;
```

하지만 불리언 연산에도 연산 순서가 적용되므로 주의해야 한다. C#에서 불리언 연산의 우선순위는 다음과 같다.

!	NOT
&	비단축형 AND/비트 AND
|	비단축형 OR/비트 OR
&&	AND
||	OR

즉, 이전의 코드 행은 컴파일러에서 다음과 같이 해석된다.

```
bool tf = true || ( false && false );
```

&& 비교는 항상 || 비교보다 먼저 실행된다. 이러한 연산 순서를 모르고 이 행을 왼쪽에서 오른쪽으로 해석했다면 그 결과는 false가 될 것으로 예상하겠지만(예, (true || false) && false는 false) 괄호가 없으므로 true가 돼 버린다.

> **Tip**
> 연산 순서에 신경을 덜 쓰려면 코드의 명확성을 위해 가능한 한 자주 괄호를 사용해야 한다. 다른 사람과 일할 계획이라면(또는 오랜 기간 후에 해당 코드를 잘 파악하고 싶다면) 코드의 가독성을 좋게 하는 것이 필수다. 나는 코딩할 때 아주 간단한 규칙을 따른다. 즉, 나중에 오해할 우려가 조금

이라도 있는 코드에는 괄호를 사용하고 주석으로 기록해둔다.

불리언 연산의 논리적 동등

불리언 논리에 대한 깊이 있는 내용은 이 책의 범위를 벗어나지만 불리언 연산을 결합하면 몇 가지 아주 흥미로운 결과를 얻을 수 있다. 다음에 나오는 논리 규칙에서 a와 b는 bool 변수이며 a와 b가 true 또는 false인지 그리고 단축형 또는 비단축형 연산자가 사용되는지 관계없이 규칙이 성립한다.

- **결합법칙**: (a & b) & c는 a & (b & c)와 같다.
- **교환법칙**: (a & b)는 (b & a)와 같다.
- **OR에 대한 AND의 분배법칙**: a & (b | c)는 (a & b) | (a & c)와 같다.
- **AND에 대한 OR의 분배법칙**: a | (b & c)는 (a | b) & (a | c)와 같다.
- (a & b)는 !(!a | !b)와 같다.
- (a | b)는 !(!a & !b)와 같다.

이러한 동등성과 사용법에 대한 내용은 온라인에서 불리언 논리$^{Boolean\ logic}$를 검색하면 더 자세한 내용을 찾아볼 수 있다.

비교 연산자

불리언 값을 서로 비교하는 방법 외에도 다른 값에 비교 연산자를 사용해서 불리언 결과를 생성하는 방법도 있다.

==(동등)

동등 비교 연산자는 두 변수 또는 리터럴 값이 서로 같은지 확인한다. 이 연산자의 결과는 불리언 값 true 또는 false다.

=와 ==를 혼동하지 말 것 코딩 초보자는 대입 연산자(=)와 동등 연산자(==)를 혼동하는 경우가 많다. 대입 연산자(=)는 변수의 값을 설정하는 데 사용되지만 동등 연산자(==)는 두 값을 비교하는 데 사용된다. 다음 코드 리스트를 보자.

```
1  bool f = false;
2  bool t = true;
3  print( f == t );  // 출력: False
4  print( f = t );   // 출력: True
```

3행은 f와 t를 비교하는데, 둘은 같지 않으므로 false가 반환돼 출력된다. 하지만 4행에서는 f에 t 값이 지정돼 f의 값이 true가 되면서 true가 출력된다.

두 연산자에 대해 말할 때도 혼동이 유발될 수 있다. 이러한 혼동을 피하고자 나는 보통 i=5;을 "i는 5다."라고 말하고 i == 5;는 "i는 5와 같다."라고 말한다.

```
1  int i0 = 10;
2  int i1 = 10;
3  int i2 = 20;
4  float f0 = 1.23f;
5  float f1 = 3.14f;
6  float f2 = Mathf.PI;
7
8  print( i0 == i1 );      // 출력: True
9  print( i1 == i2 );      // 출력: False
10 print( i2 == 20 );      // 출력: True
11 print( f0 == f1 );      // 출력: False
12 print( f0 == 1.23f );   // 출력: True
13 print( f1 == f2 );      // 출력: False                    // a
```

a. Math.PI가 3.14f보다 훨씬 정밀하고 ==는 값이 정확히 같아야 true를 반환하기 때문에 13행의 비교는 false다.

'값 또는 참조를 통한 동등 비교' 칼럼에서는 다양한 변수 타입에서 동등 비교가 수행되는 방법을 보여준다.

유니티의 C# 버전에서는 대부분의 단순 데이터 형식을 값으로 비교한다. 즉, 두 변수의 값이 같으면 동등하다는 결과가 나온다. 다음 데이터 형식이 이러한 방법으로 비교된다.

- bool
- int
- float
- char
- string
- Vector3
- Color
- Quaternion

하지만 게임오브젝트, 머티리얼, 렌더러 등과 같은 더 복잡한 변수 타입에서는 두 변수의 값이 아닌 참조가 동일한지 확인한다. 다른 말로 하면 두 변수가 컴퓨터 메모리상의 동일한 단일 객체를 참조하는지(또는 가리키는지) 확인한다. 다음 예에서 boxPrefab은 게임오브젝트 프리팹을 참조하는 기존의 변수로 가정한다.

```
1  GameObject go0 = Instantiate<GameObject>( boxPrefab );
2  GameObject go1 = Instantiate<GameObject>( boxPrefab );
3  GameObject go2 = go0;
4  print( go0 == go1 ); // 출력: false
5  print( go0 == go2 ); // 출력: true
```

go0와 go1 변수에 지정된 boxPrefabs 인스턴스 두 개는 동일한 값을 갖지만(위치, 회전 등이 동일함) 실제 이들 인스턴스는 다른 객체이기 때문에 메모리의 다른 공간에 저장되므로 == 연산자는 두 변수가 다르다고 판단한다. 반면에 go0과 go2는 동일한 객체를 참조하기 때문에 == 연산자는 두 변수가 같다고 판단한다. 위 코드 예제를 계속해보자.

```
6  go0.transform.position = new Vector3( 10, 20, 30);
7  print( go0.transform.position);  // 출력: (10.0, 20.0, 30.0)
8  print( go1.transform.position);  // 출력: ( 0.0, 0.0, 0.0)
9  print( go2.transform.position);  // 출력: (10.0, 20.0, 30.0)
```

여기에서는 go0의 위치를 변경했다. go1은 다른 게임오브젝트 인스턴스이기 때문에 위치가 변경되지 않는다. 하지만 go2와 go0은 동일한 게임오브젝트 인스턴스를 참조하기 때문에 go2.transform.position에는 변경이 적용된다.

다음으로는 go1의 위치를 go0(go2가 참조하는 것과 같은 게임오브젝트)와 일치하게 변경할 것이다.

```
10  go1.transform.position = new Vector3( 10, 20, 30);
11  print( go0.transform == go1.transform);                       // 출력: false
12  print( go0.transform.position == go1.transform.position); // 출력: true
```

> go0와 go1의 트랜스폼은 동일하지 않지만 Vector3 위치를 값으로 비교하기 때문에 두 위치는 같다.

!=(동등하지 않음)

부등 연산자 !=는 두 값이 같지 않으면 true를, 같으면 false를 반환한다. == 연산자의 반대인 것이다. 참조로 객체를 비교할 경우 !=는 두 객체가 메모리의 다른 위치를 가리킬 때 **true**를 반환한다(이후의 비교에서는 지면을 절약하고 알아보기 쉽게 변수 대신 리터럴 값을 사용할 것이다).

```
print( 10 != 10 );              // 출력: False
print( 10 != 20 );              // 출력: True
print( 1.23f != 3.14f );        // 출력: True
print( 1.23f != 1.23f );        // 출력: False
print( 3.14f != Mathf.PI );     // 출력: True
```

>(보다 큼) 및 <(보다 작음)

> 연산자는 연산자 왼쪽의 값이 오른쪽의 값보다 크면 true를 반환한다.

```
print( 10 > 10 );               // 출력: False
print( 20 > 10 );               // 출력: True
print( 1.23f > 3.14f );         // 출력: False
print( 1.23f > 1.23f );         // 출력: False
print( 3.14f > 1.23f );         // 출력: True
```

< 연산자는 연산자 왼쪽의 값이 오른쪽의 값보다 작으면 true를 반환한다.

```
print( 10 < 10 );               // 출력: False
print( 20 < 10 );               // 출력: False
print( 1.23f < 3.14f );         // 출력: True
print( 1.23f < 1.23f );         // 출력: False
print( 3.14f < 1.23f );         // 출력: False
```

< 및 > 기호는 HTML 및 XML과 같은 언어의 태그 또는 C#의 제네릭 함수에 사용되는 경우에는 꺾쇠괄호라고 부른다. 하지만 비교 연산자로 사용되면 항상 보다 큼과 보다 작음이라고 부른다.

>, <, >=, <=을 사용해 참조로 객체를 비교하는 것은 가능하지 않다.

>=(보다 크거나 같음) 및 <=(보다 작거나 같음)

>= 연산자는 연산자 왼쪽의 값이 오른쪽의 값보다 크거나 같으면 **true**를 반환한다.

```
print( 10 >= 10 );          // 출력: True
print( 10 >= 20 );          // 출력: False
print( 1.23f >= 3.14f );    // 출력: False
print( 1.23f >= 1.23f );    // 출력: True
print( 3.14f >= 1.23f );    // 출력: True
```

<= 연산자는 연산자 왼쪽의 값이 오른쪽의 값보다 작거나 같으면 **true**를 반환한다.

```
print( 10 <= 10 );          // 출력: True
print( 10 <= 20 );          // 출력: True
print( 1.23f <= 3.14f );    // 출력: True
print( 1.23f <= 1.23f );    // 출력: True
print( 3.14f <= 1.23f );    // 출력: False
```

조건문

조건문은 불리언 값과 비교 연산자를 결합해 프로그램의 흐름을 제어할 수 있다. 즉, 불리언 값이 **true**인 경우와 **false**인 경우 각기 다른 작업을 수행할 수 있다. 가장 일반적인 조건문 두 가지는 **if**와 **switch**다.

if문

if문은 괄호 ( ) 안의 값이 true로 평가되면 중괄호 { } 안의 코드를 실행한다.

```
if (true)
{
    print("첫 번째 if문의 코드가 실행됨");
}
if (false)
{
    print("두 번째 if문의 코드가 실행됨");
}

// 코드 실행 결과:
//      첫 번째 if문의 코드가 실행됨
```

첫 번째 if문의 중괄호 { } 안에 있는 코드가 실행되고 두 번째 if문의 중괄호 안에 있는 코드는 실행되지 않는다.

Note

닫는 중괄호 뒤에는 세미콜론이 필요 없다. 중괄호 안에 있는 모든 명령문의 끝에는 세미콜론이 필요하다.

```
float approxPi = 3.14159f;     // 표준 세미콜론이 있음
```

복합문(중괄호로 둘러싸인 명령문)에는 닫는 중괄호 뒤에 세미콜론이 필요 없다.

```
if (true)
{
    print("Hello");    // 세미콜론이 필요함
    print("World");    // 세미콜론이 필요함
} // 닫는 중괄호 뒤에는 세미콜론이 필요 없음
```

중괄호로 감싸는 다른 복합문의 경우도 마찬가지다.[2]

---

2. 배열 초기화와 같은 특수한 형태의 경우에는 예외다.

if문에 비교 연산자와 불리언 연산자 결합하기

if문에 불리언 연산자를 결합해 게임 내의 다양한 상황에 대응할 수 있다.

```
bool night = true;
bool fullMoon = false;

if (night)
{
    print("지금은 밤이다.");
}
if (!fullMoon)
{
    print("보름달은 아니다.");
}
if (night && fullMoon)
{
    print("늑대 인간을 조심하자!!!");
}
if (night && !fullMoon)
{
    print("오늘밤은 늑대 인간이 안 나온다.(휴우!)");
}

// 코드 실행 결과:
// 지금은 밤이다.
// 보름달은 아니다.
// 오늘밤은 늑대 인간이 안 나온다. (휴우!)
```

물론 다음과 같이 if문은 비교 연산자와 결합할 수도 있다.

```
if (10 == 10)
{
    print("10은 10과 같다.");
}
if (10 > 20)
{
    print("10은 20보다 크다.");
```

```
}
if (1.23f <= 3.14f)
{
    print("1.23은 3.14보다 작거나 같다.");
}
if (1.23f >= 1.23f)
{
    print("1.23은 1.23보다 크거나 같다.");
}
if (3.14f != Mathf.PI)
{
    print("3.14는 " + Mathf.PI + "과 같지 않다.");
    // + 연산자는 문자열을 다른 데이터 형식과 연결시킬 수 있다.
    // 그렇게 하면 다른 데이터 형식은 문자열로 변환된다.
}

// 코드 실행 결과:
// 10은 10과 같다.
// 1.23은 3.14보다 작거나 같다.
// 1.23은 1.23보다 크거나 같다.
// 3.14는 3.141593과 같지 않다.
```

Warning

if문에서는 =를 사용하지 말 것 이전 경고에서 언급했듯이 ==는 두 값이 동일한지 확인하는 비교 연산자다. =는 값을 변수에 지정하는 대입 연산자다. if문에서 실수로 =를 사용하면 비교가 아닌 대입을 수행한다.

유니티에서 이런 문제를 감지하고 값을 암시적으로 불리언으로 변환할 수 없다는 오류 메시지를 보여주는 경우도 있다. 예를 들어 다음 코드에서 이러한 오류가 나온다.

```
float f0 = 10f;
if (f0 = 10)
{
    print("f0는 10과 같다.");
}
```

그 밖의 경우에는 if문에서 =가 발견되면 ==를 의미하는 것이 아닌지 확인하라는 아주 친절한 경고

if...else문

값이 true인 경우와 false 경우를 나눠 작업을 처리하고 싶은 경우가 많을 것이다. 그런 경우에 다음과 같이 if문에 else절을 추가하면 된다.

```
bool night = false;

if (night)
{
    print("지금은 밤이다.");
}
else
{
    print("지금은 낮이다. 걱정하지 않아도 된다.");
}

// 코드 실행 결과:
//  지금은 낮이다. 걱정하지 않아도 된다.
```

여기서는 night가 false이므로 else절의 코드가 실행된다.

if...else if...else 구조

다음과 같이 else절을 연결하는 것도 가능하다.

```
bool night = true;
bool fullMoon = true;

if (!night)            // 조건 1 (false로 평가)
{
    print("지금은 낮이다. 걱정하지 않아도 된다.");
}
```

```
else if (fullMoon)        // 조건 2 (true로 평가)
{
    print("늑대 인간을 조심하자!!!");
}
else                      // 조건 3 (평가되지 않음)
{
    print("지금은 밤이지만, 보름달은 아니다.");
}

// 코드 실행 결과:
// 늑대 인간을 조심하자!!!
```

if...else if...else 구조에서 어느 한 조건이 true로 평가되면 그 이후의 모든 조건은 더 이상 평가되지 않는다(나머지 조건문은 생략됨). 위의 리스트에서 조건 1은 false 이므로 조건 2를 확인한다. 조건 2가 true이므로 컴퓨터는 조건 3을 완전히 건너뛰어 평가하지 않는다.

if문 중첩

if문 안에 다른 if문을 중첩해 복잡한 동작을 구현하는 것도 가능하다.

```
bool night = true;
bool fullMoon = false;

if (!night)
{
    print("지금은 낮이다. 걱정하지 않아도 된다.");
}
else
{
    if (fullMoon)
    {
        print("늑대 인간을 조심하자!!!");
    }
    else
    {
```

```
            print("지금은 밤이지만, 보름달은 아니다.");
    }
}

// 코드 실행 결과:
// 지금은 밤이지만, 보름달은 아니다.
```

switch문

switch문은 여러 개의 **if...else**문 대신 사용할 수 있지만 다음과 같은 엄격한 제한이 있다.

- switch문은 동등 비교만 할 수 있다.
- switch문은 한 변수만 비교할 수 있다.
- switch문은 변수와 리터럴만 비교할 수 있다(다른 변수와 비교할 수 없음).

다음은 switch문의 사용 예다.

```
int num = 3;

switch (num)      // 괄호 안의 변수(num)가 비교된다.
{
    case (0):      // 각 case에 num과 비교할 리터럴 숫자를 지정
        print("숫자는 0이다.");
        break;     // 각 case는 break 문으로 끝나야 한다.
    case (1):
        print("숫자는 1이다.");
        break;
    case (2):
        print("숫자는 2이다.");
        break;
    default:       // 어느 case라도 true가 아니면 여기 default가 실행됨
        print("숫자는 2보다 크다.");
        break;
}   // switch문은 닫는 중괄호로 끝난다.
```

```
// 코드 실행 결과:
// 숫자는 2보다 크다.
```

case 중 하나에 포함된 리터럴이 변수의 값과 일치하면 해당 case 안의 코드는 break를 만날 때까지 실행된다. break문에 도달하면 switch를 빠져나오고 다른 case는 평가하지 않는다.

case를 그냥 통과시키는 것도 가능한데, 그런 경우는 case 사이에 코드가 없어야 한다(예, 다음 코드 리스트에서 case 3, 4, 5).

```
int num = 4;

switch (num)
{
    case (0):
        print("숫자는 0이다.");
        break;
    case (1):
        print("숫자는 1이다.");
        break;
    case (2):
        print("숫자는 2이다.");
        break;
    case (3):
    case (4):
    case (5):
        print("숫자는 3~5이다.");
        break;
    default:
        print("숫자는 6 이상이다.");
        break;
}
// 이 코드의 출력은 다음과 같다.
// 숫자는 3~5이다.
```

위의 코드에서 num이 3, 4, 5 중 하나라면 출력은 숫자는 3~5이다.로 나올 것이다.

조건문과 if문을 조합해 원하는 구조를 만들 수 있기 때문에 군이 이렇게 제약이 많은 switch문을 사용하는 이유가 궁금할 것이다. switch문은 게임오브젝트의 여러 상태를 처리하고자 자주 사용된다. 예를 들어 플레이어가 사람, 새, 물고기, 울버린으로 변할 수 있는 게임을 만든 경우 다음과 같은 코드를 사용할 수 있다.

```
string species = "물고기";
bool onLand = false;

// 종마다 다른 방법으로 움직이게 한다.
public function Move()
{
    switch (species)
    {
        case ("사람"):
            Run(); // Run()이라는 함수를 호출
            break;
        case ("새"):
            Fly();
            break;
        case ("물고기"):
            if (!onLand)
            {
                Swim();
            }
            else
            {
                FlopAroundPainfully();
            }
            break;
        case ("울버린"):
            Scurry();
            break;
        default:
            print("알 수 없는 종: " + species);
            break;
    }
}
```

```
    }
```

앞의 코드에서 플레이어(물속에 있는 물고기 상태)는 Swim()을 호출한다. 여기서 case의 default는 case가 준비되지 않은 다른 모든 종에 대해 실행되며 예상치 못한 종에 대한 정보를 출력할 수 있다. 예를 들어 species를 "사자"로 설정하면 다음과 같은 출력이 나온다.

```
 알 수 없는 종: 사자
```

위의 코드 구문에서는 아직 정의되지 않은 여러 함수의 이름(예, Run(), Fly(), Swim())도 볼 수 있다.[3] 22장에서는 스스로 함수를 만들어보는 시간을 가질 것이다.

요약

불리언 연산은 다소 딱딱하게 느껴질 수 있지만 프로그래밍에서 가장 중요한 부분을 차지한다. 컴퓨터 프로그램은 조건에 따라 다른 일을 하는 수백, 심지어 수천 개의 분기점으로 구성되며 이러한 분기점에서는 결국 불리언과 비교 연산이 핵심적인 역할을 한다. 이 책에서 이후 코드를 작성하는 동안에도 비교 연산이 혼동될 때는 언제든지 다시 21장을 참고하면 된다.

---

3. 전문적인 이유로 인해 이와 같이 각 움직임마다 제각각 이름을 붙인 함수를 두는 것은 좋은 코드 스타일이 아니다. 하지만 그 이유를 설명하기에는 이 책의 범위를 벗어난다. 이 책을 읽은 후에 좋은 프로그래밍 전략에 대한 멋진 정보를 얻으려면 로버트 나이스트롬(Robert Nystrom)의 웹 사이트와 『Game Programming Patterns』(http://gameprogrammingpatterns.com) 책을 찾아보기 바란다.

CHAPTER 22

루프

컴퓨터 프로그램은 일반적으로 동일한 작업을 반복하도록 설계된다. 게임의 표준 루프에서는 화면에 한 프레임을 그리고 나서 플레이어로부터 입력을 받아 이를 적용하고 그다음 프레임을 그리는데, 이 동작을 초당 적어도 30회 이상 반복한다.

C# 코드에서 루프는 컴퓨터가 특정 동작을 여러 번 반복하게 한다. 이와 같이 반복해야 하는 작업으로는 씬에 있는 모든 적 유닛의 AI를 차례대로 처리하는 작업이나 씬에 있는 모든 물리적 오브젝트에서 충돌을 감지하는 등의 작업이 있다. 22장을 끝내면 루프에 대한 모든 사항을 알게 되므로 23장의 다양한 C# 컬렉션에서 이러한 루프를 사용할 수 있게 된다.

루프의 유형

C#에는 while, do...while, for, foreach라는 네 가지 루프가 있다. 물론 게임을 제작할 때 처리해야 하는 작업에 적합하고 안전한 for와 foreach를 다른 것들보다 더 많이 사용한다.

- **while 루프**: 가장 기본적인 루프다. 먼저 조건을 확인해 루프를 진행할지 결정한다.
- **do...while 루프**: while 루프와 비슷하지만 먼저 루프를 진행한 후에 조건을 확인해서 그다음 루프를 진행할지 결정한다.
- **for 루프**: 루프문 안에 초기화식, 증감식, 조건식을 넣는다. 가장 일반적으로 사용되는 루프 구조다.
- **foreach 루프**: 열거형 객체 또는 컬렉션의 모든 요소에 대해 자동으로 반복하는 루프문이다. 22장에서도 foreach에 대해 간단하게 소개하지만 자세한 내용은 23장에서 리스트 및 배열과 같은 C# 컬렉션을 설명하면서 다룬다.

프로젝트 설정

부록 A에는 이 책의 각 장에서 유니티 프로젝트를 설정하기 위한 자세한 지침이 나온다. 각 프로젝트를 시작할 때마다 다음과 같은 칼럼을 보게 될 것이다. 칼럼의 지침에 따라 22장에서 사용할 프로젝트를 생성한다.

22장의 프로젝트 설정
표준 프로젝트 설정 절차에 따라 유니티에서 새 프로젝트를 생성한다. 표준 프로젝트 설정 절차에 대한 자세한 내용은 부록 A를 참고한다. ■ **프로젝트 이름**: Loop Examples ■ **씬 이름**: _Scene_Loops

while 루프

while 루프는 가장 기본적인 루프 구조다. 하지만 최신 루프 형태를 사용하기에는 안정성이 떨어지기도 하다. 나는 무한 루프가 발생할 수 있는 위험성 때문에 실제 코딩에서는 while 루프를 거의 사용하지 않는다.

무한 루프의 위험

무한 루프$^{infinite\ loop}$란 프로그램이 루프에서 빠져나오지 못하는 현상을 말한다. 직접 무한 루프를 작성해서 어떤 일이 일어나는지 확인해보자. 비주얼 스튜디오에서 Loops라는 C# 스크립트를 생성해 열고(프로젝트 창에서 더블 클릭) 다음 코드에서 굵게 표시된 부분(9 ~ 12행)을 추가한 후 기본 스크립트에 있던 그 외의 행들은 삭제한다.

```
1  using System.Collections;
2  using System.Collections.Generic;
3  using UnityEngine;
4
5  public class Loops : MonoBehaviour
6  {
7      void Start()
8      {
9          while (true)
10         {
11             print("Loop");
12         }
13     }
14 }
```

비주얼 스튜디오의 메뉴 표시줄에서 File ➤ Save를 선택해 스크립트를 저장한다. 그러고 나서 유니티로 다시 전환해 유니티 창의 맨 위에 있는 삼각형의 플레이 버튼을 클릭한다. 어떤 일이 일어나는지 살펴본다. 아무 변화가 없거나 진행 표시 창이 사라지지 않기 때문에 유니티를 강제 종료해야 한다('애플리케이션을 강제 종료하는 방법' 칼럼을 참고한다). 방금 발생한 것이 무한 루프이며, 보다시피 무한 루프는 유니티를 완전히 먹통으로 만든다. 그나마 현재의 컴퓨터 운영체제는 모두 멀티스레드 방식으로 실행되기 때문에 피해가 덜하지만 단일 스레드 시스템이었던 옛날에는 무한 루프가 발생하면 해당 애플리케이션뿐만 아니라 컴퓨터 전체가 먹통이 돼 컴퓨터를 재시작해야 했다.

애플리케이션을 강제 종료하는 방법

윈도우의 경우

다음과 같이 강제 종료한다.

1. 키보드에서 Shift+Ctrl+Esc를 누른다. 작업 관리자가 나타난다.
2. 제대로 작동하지 않는 애플리케이션을 찾는다.
3. 해당 애플리케이션을 클릭하고 나서 **작업 끝내기**를 클릭한다. 애플리케이션이 강제 종료될 때까지 잠시 기다려야 할 수도 있다.

맥OS의 경우

다음과 같이 강제 종료한다.

1. 키보드에서 Command+Option+Esc를 누른다. 강제 종료 창이 나타난다.
2. 제대로 작동하지 않는 애플리케이션을 찾는다. 애플리케이션 목록에서 이름에 '(응답 없음)'이 붙는 경우가 많다.
3. 리스트에서 해당 애플리케이션 이름을 클릭하고 나서 **강제 종료**를 클릭한다. 강제 종료될 때까지 잠시 기다려야 할 수도 있다.

유니티를 실행 중에 강제 종료하면 최근 저장 이후에 수행한 작업은 손실될 수 있다. 꾸준히 C# 스크립트를 저장해왔다면 문제가 되지 않지만 씬의 변경 사항을 저장하지 않았다면 다시 저장해야 한다. 예를 들어 _Scene_Loops에서 Loops C# 스크립트를 메인 카메라에 부착한 후에 씬을 저장하지 않았다면 메인 카메라에 다시 부착해야 한다.

리눅스의 경우에는 579페이지를 참고한다.

그렇다면 어떤 부분에서 무한 루프가 발생한 것일까? 이를 알아보기 위해 while 루프를 살펴보자.

```
 9     while (true)
10     {
11         print("Loop");
12     }
```

while 루프의 중괄호 안에 있는 코드는 while 괄호 내의 조건 절이 true인 동안 반복해서 실행된다. 9행에서 조건은 항상 true이므로 print("Loop");이 무한히 반복된다.

그러나 이 행이 무한히 반복된다면 왜 콘솔 창에 "Loop"가 출력되는 것이 보이지 않는지 궁금할 것이다. 콘솔 창에 아무 내용이 나오지 않은 이유는 사실 print() 함수가 아주 많이 (유니티를 강제 종료하기 전까지 수십만 또는 수백만 번) 호출되지만, 유니티가 무한 while 루프에 빠져 있기 때문에 유니티 창을 다시 그리지 못했던 것이다(콘솔 창에 변경 사항을 나타내지 못함).

더 유용한 while 루프

비주얼 스튜디오에서 Loops C# 스크립트를 열고 다음과 같이 수정한다.

```
 1 using System.Collections;
 2 using System.Collections.Generic;
 3 using UnityEngine;
 4
 5 public class Loops : MonoBehaviour
 6 {
 7     void Start()
 8     {
 9         int i = 0;
10         while (i < 3)
11         {
```

```
12            print("Loop: " + i);
13            i++;    // 증가 및 감소 연산자에 대해서는 칼럼을 참고한다.
14        }
15    }
16 }
```

코드를 저장하고 유니티로 다시 전환하고 나서 플레이 버튼을 클릭한다. 이번에는 while 조건절 (i<3)이 결국 false가 되기 때문에 유니티는 무한 루프에서 빠지지 않는다. 콘솔 출력은 다음과 같다(이 외에 나타나는 사항은 생략함).

```
Loop: 0
Loop: 1
Loop: 2
```

이러한 결과가 나오는 것은 while 루프가 반복될 때마다 print(i)문이 호출되기 때문이다. 루프에서 조건절은 각 루프를 반복하기 전에 확인된다는 점이 중요하다.

> **Tip**
> 22장의 대부분 예제에서는 반복 변수의 이름으로 i를 사용한다. 프로그래머들은 변수 이름 i, j, k를 반복 변수(즉, 루프 안에서 증가시키는 변수)로 잘 사용하므로 다른 코드 상황에서는 이들 변수 이름을 거의 사용하지 않는다. 이러한 변수는 여러 루프 구조 안에서 자주 생성되고 삭제되므로 그 외의 경우에 변수 이름 i, j, k를 가급적 사용하지 않는 것이 좋다.

증가 및 감소 연산자

'더 유용한 while 루프' 절의 예제에서 13행 코드에는 이 책에서 처음으로 증가 연산자(++)가 나온다. 이 연산자는 변수의 값을 1씩 증가시킨다. 따라서 i=5일 때 i++;문은 i의 값을 6으로 지정한다. 변수의 값을 1씩 줄이는 감소 연산자(--)도 있다.

증가 및 감소 연산자는 변수 이름 앞이나 뒤에 놓을 수 있으며, 그에 따라 명령문이 다르게 처리된다(즉, ++i와 i++는 약간 다르게 작동함). 차이점은 처음 값을 반환하느냐(i++) 증가한 값을 반환하느냐(++i)이다. 다음은 이 점을 잘 알 수 있는 예다.

```
7  void Start()
```

```
 8  {
 9      int i = 1;
10      print(i);    // 출력: 1
11      print(i++);  // 출력: 1
12      print(i);    // 출력: 2
13      print(++i);  // 출력: 3
14  }
```

보다시피 10행은 i의 현재 값 1을 출력한다. 그런 다음 11행에서 후행 증가 연산자 i++는 먼저 i의 현재 값을 반환하고(결과적으로 1) 나서 i를 증가시키므로 2의 값이 된다.

12행은 i의 현재 값인 2를 출력한다. 그런 다음 13행에서 선행 증가 연산자 ++i는 i의 값을 2에서 3으로 증가시킨 후에 이를 print 함수에 반환해서 3을 출력한다.+

do...while 루프

do...while 루프는 while 루프와 동일하지만 각 반복을 수행한 후에 조건절을 확인한다는 점만 다르다. 따라서 루프의 코드가 적어도 한 번은 실행된다. 다음과 같이 코드를 수정해보자.

```
 1  using System.Collections;
 2  using System.Collections.Generic;
 3  using UnityEngine;
 4
 5  public class Loops : MonoBehaviour
 6  {
 7      void Start()
 8      {
 9          int i = 10;
10          do
11          {
12              print("Loop: " + i);
13              i++;
14          } while (i < 3);
```

```
15      }
16   }
```

Start() 함수의 9행을 int i=10;으로 변경했다. while의 조건절은 절대 true가 되지 않지만(10은 3보다 작지 않음) 14행의 조건절에 도달할 때까지 적어도 한 번 루프 안의 코드가 실행된다. while 루프 예제처럼 i를 0으로 초기화했다면 콘솔 출력도 동일했을 것이다. 이 예제에서는 9행에서 i=10을 설정해 do...while 루프가 i의 값에 관계없이 항상 적어도 한 번은 실행된다는 것을 확인했다. 또한 do...while 루프에서는 조건절 끝에 항상 세미콜론(;)을 붙여야 한다.

스크립트를 저장하고 유니티에서 실행해보고 결과를 확인한다.

for 루프

while과 do...while 예제에서는 변수 i를 선언 및 정의하고, 변수 i를 증가시키며, 변수 i를 확인하는 조건절을 모두 별도의 문으로 수행했다. for 루프는 이 모든 작업을 한 행으로 처리한다. 다음 코드를 Loops C# 스크립트에 입력하고 저장한 다음 실행한다.

```
1  using System.Collections;
2  using System.Collections.Generic;
3  using UnityEngine;
4
5  public class Loops : MonoBehaviour
6  {
7      void Start()
8      {
9          for (int i = 0; i < 3; i++)
10         {
11             print("Loop: " + i);
12         }
13     }
```

```
14  }
```

이 예제의 for 루프는 적은 코드로 이전의 '더 유용한 while 루프' 절에서 출력한 것과 같은 결과를 콘솔 창에 나타낸다. for 루프에는 초기화절, 조건절, 증감절이 필요하다. 앞의 코드 리스트에서 굵게 표시된 세 개의 절은 다음과 같다.

초기화절: for (**int i=0**; i<3; i++) {
조건절: for (int i=0; **i<3**; i++) {
증감절: for (int i=0; i<3; **i++**) {

초기화절(int i=0;)은 for 루프가 시작되기 전에 실행되며, 범위가 for 루프에 국한된 변수를 선언하고 정의한다. 즉, 변수 **int i**는 for 루프가 완료되면 더 이상 존재하지 않는다. 변수 범위에 대한 자세한 내용은 부록 B의 '변수 범위' 절을 참고한다.

조건절(i<3)은 for 루프의 첫 번째 반복을 시작하기 전에 확인된다(이는 while 루프에서 첫 번째 반복을 시작하기 전에 조건절을 확인하는 것과 동일하다). 조건절이 **true**면 for 루프 중괄호 안의 코드가 실행된다.

for 루프에서 중괄호 안의 코드가 실행된 후 증감절(i++)이 실행된다(즉, print("Loop: "+i);이 한 번 실행된 후 i++가 실행된다). 그러고 나서 조건절이 다시 확인되고 조건절이 또 **true**면 중괄호 안의 코드가 다시 실행되고 이어서 증감절도 다시 실행된다. 이러한 동작이 계속되다가 조건절이 **false**로 평가되면 for 루프가 끝난다.

for 루프를 작성할 때는 이러한 세 가지 절을 한 행에 모두 포함시켜야 하므로 무한 루프를 예방하는 데 효과적이다.

Warning
for문의 각 절을 분리하는 세미콜론을 잊지 말 것 초기화절, 조건절, 증감절을 반드시 세미콜론으로 분리하는 것이 중요한다. 이는 C#의 독립적인 절처럼 각 독립적인 절이 세미콜론으로 끝나야 하기 때문이다. C# 코드에서 대부분의 행은 세미콜론으로 끝나야 하므로 for 루프의 독립적인 절도 마찬

증감절에 ++만 놓이는 것은 아니다

증감절에는 일반적으로 i++처럼 증가문이 들어가지만 반드시 그래야 하는 것은 아니다. 어떠한 증감절에서는 어떠한 연산이든 할 수 있다.

감소

증감절에서 수행할 수 있는 다른 일반적인 작업으로 감소가 있다. 이 경우 다음과 같이 for 루프에서 감소 연산자를 사용한다.

```
 7 void Start()
 8 {
 9     for (int i = 5; i > 2; i--)
10     {
11         print("Loop: " + i);
12     }
13 }
```

콘솔 창의 출력 결과는 다음과 같다.

```
Loop: 5
Loop: 4
Loop: 3
```

foreach 루프

foreach 루프는 모든 열거형 객체를 대상으로 사용할 수 있는 자동 for 루프와 비슷하다고 할 수 있다. C#에서는 23장에서 다룰 문자열(문자 모음)과 리스트 및 배열을 비롯한 대부분의 데이터 컬렉션을 열거할 수 있다. 유니티에서 다음 예제를 실행해보자.

```
1  using System.Collections;
2  using System.Collections.Generic;
3  using UnityEngine;
4
5  public class Loops : MonoBehaviour
6  {
7      void Start()
8      {
9          string str = "Hello"
10         foreach (char chr in str)
11         {
12             print(chr);
13         }
14     }
15 }
```

반복을 수행할 때마다 다음과 같이 콘솔 창에 문자열 str의 개별 문자가 출력된다.

```
H
e
l
l
o
```

foreach 루프는 열거형 객체의 모든 요소에 대해 반복을 수행한다. 여기서는 문자열 "Hello"의 각 문자에 대해 반복한 것이다. foreach 루프에 대해서는 23장에서 리스트와 배열에 대해 설명할 때 자세히 다룬다.[1]

---

1. 지금은 신경 쓸 필요가 없지만 foreach 루프가 다른 종류보다 성능이 떨어진다는 사실을 알아둬야 한다. 즉, foreach 루프는 약간 더 느리게 실행되고 컴퓨터가 자동으로 모아서 관리하는 데 필요한 할당 메모리 가비지를 더 많이 생성한다. 휴대폰과 같이 성능이 떨어지는 컴퓨터에서 속도나 메모리를 많이 필요로 하는 게임을 만든다면 foreach 루프를 피하는 것이 좋다. 또한 foreach 루프는 보통 예상되는 순서대로 컬렉션(즉 배열, 리스트 등)을 반복하긴 하지만 완전히 보장하지는 않는다.

루프 내에서의 점프문

점프문이란 코드를 실행하는 동안 코드의 다른 위치로 점프하는 명령문이다. 이미 다룬 예로는 switch문에서 각 case의 끝에 있던 break문이 점프문이다.

break문

break문은 모든 종류의 루프 구조에서 즉시 빠져나오는 데 사용할 수도 있다. 예제로 알아보고자 Start() 함수를 다음과 같이 변경해본다.

```
 7  void Start()
 8  {
 9      for (int i = 0; i < 10; i++)
10      {
11          print(i);
12          if (i == 3)
13          {
14              break
15          }
16      }
17  }
```

이 코드 리스트에서는 이전 코드 리스트에서 1 ~ 6행과 맨 마지막 행(이전 코드 리스트에서 15행)을 생략했다. 이에 해당하는 코드 행은 그대로 두고 이전 코드 리스트의 foreach 루프(9 ~ 13행)를 이 코드 리스트의 for 루프(9 ~ 16행)로 대체하면 된다.

이 코드를 유니티에서 실행하면 다음 결과가 나온다.

```
0
1
2
3
```

break문은 for 루프를 즉시 빠져나오게 한다. 또한 break문은 while, do...while, foreach문에도 사용할 수 있다.

코드 예제:	해당 코드의 콘솔 출력:

```
for (int i = 0; i < 10; i++)
{
    print(i);
    if (i == 3)
    {
        break;
    }
}
```
0
1
2
3

```
int i = 0;
while (true)
{
    print(i);
    if (i > 2) break;    // a
    i++;
}
```
0
1
2
3

```
int i = 3;
do
{
    print(i);
    i--;
    if (i == 1) break;    // b
} while (i > 0);
```
3
2

```
foreach (char c in "Hello")
{
    if (c == 'l')
    {
        break;
    }
    print(c);
}
```
H
e

아래의 문자 단락은 코드에서 행 오른쪽에 // a와 // b로 표시된 행을 설명한 것이다(강조 표시를 위해 코드 리스트에서 굵게 나타냈다).

    a. 이 행은 한 행 버전의 if문을 보여준다. if문에 해당하는 코드가 한 행일 경우에는 중괄호가 필요 없다.

    b. 이 코드는 3과 2만 출력한다. 루프의 두 번째 반복에서 i--가 i를 1로 만들고 나서 if문의 조건절이 true이므로 break문이 실행돼 do...while 루프를 빠져나오기 때문이다.

잠시 시간을 내서 앞의 각 코드 예제를 살펴보고 각 예제가 오른쪽 열에 표시된 출력을 생성하는 이유를 정확하게 이해해보자. 혼동되는 부분이 있으면 유니티에 코드를 입력하고 나서 디버거에서 단계별로 코드를 실행해본다(25장 참고).

continue문

continue는 프로그램이 현재 반복의 나머지 부분을 건너뛰고 다음 반복으로 진행하게 한다.

코드:

```
for (int i = 0; i <= 360; i++)
{
    if (i % 90 != 0)
    {
        continue;
    }
    print( i );
}
```

출력:
```
0
90
180
270
360
```

위의 코드에서 i % 90 != 0 조건이 성립할 때마다(즉, i/90에서 나머지가 0이 아닐 때마다) continue문은 print(i); 행을 생략하고 for 루프를 다음 반복으로 진행하게 한다. continue문은 while, do...while, foreach 루프에서도 사용할 수 있다.

% - 모듈러스 연산자

continue 점프문 코드 리스트의 if (i % 90 != 0) { 행에서는 이 책에서 처음으로 C# 모듈러스 연산자(%)가 처음으로 사용됐다. 모듈러스(modulus 또는 mod) 연산자는 한 수를 다른 수로 나눈 나머지를 반환한다. 예를 들어 12%10를 계산하면 12/10의 나머지가 2이므로 값 2를 반환한다. mod 연산자는 float에도 사용할 수 있다. 즉, 12.4를 1로 나누면 나머지는 0.4이므로 12.4f%1f는 0.4f를 반환한다. 하지만 float에 mod 연산자를 사용하면 표준 float 부정확성에 걸리기 쉬워 12.4f%1f가 0.3999996f 또는 이와 비슷한 결과로 나올 수 있다.

요약

루프를 이해하는 것은 훌륭한 프로그래머가 되기 위한 핵심 요건 중 하나다. 하지만 지금은 완벽하게 이해되지 않아도 괜찮다. 앞으로 실제 게임 프로토타입을 제작하면서 루프를 사용하다 보면 점차 확실하게 이해될 것이다. 책에서 소개하는 각 코드 예제를 유니티에 입력하고 실행하는 것만으로도 충분히 이해 가능하다.

내가 코딩할 때는 주로 for와 foreach를 사용할 뿐 무한 루프의 위험성 때문에 while과 do...while은 거의 사용하지 않는다.

23장에서는 배열, 리스트 그리고 유사 항목의 정렬된 컬렉션에 대해 배우고 이러한 컬렉션에 대해 루프를 실행하는 방법을 알아본다.

CHAPTER 23

C#의 컬렉션

C# 컬렉션을 사용하면 비슷한 여러 개를 하나의 그룹으로 동작하게 할 수 있다. 예를 들어 적 게임오브젝트 모두를 리스트에 저장하고 프레임마다 각 리스트를 대상으로 반복해 모든 적의 위치와 상태를 업데이트할 수 있다.

23장에서는 세 가지 중요한 컬렉션 형식(리스트, 배열, 딕셔너리)을 자세히 설명한다. 23장을 끝내면 이러한 컬렉션 형식이 작동하는 방식과 다양한 상황에서 이러한 컬렉션을 사용하는 방법을 이해할 수 있게 된다.

C# 컬렉션

컬렉션^{collection}은 변수 하나로 참조하는 객체의 그룹이다. 현실에서는 사람 그룹, 사자 무리, 까마귀 떼 등을 컬렉션이라고 할 수 있다. 컬렉션을 사용할 때는 아주 드물게 여러 데이터 타입을 허용하는 것이 있긴 하지만 동물 그룹 용어처럼 C#에서 사용할 컬렉션에는 한 타입의 데이터만 저장할 수 있다(예, 사자 무리에 호랑이를 포함시킬 수 없음). 배열 타입은 C#에 로우레벨로 내장돼 있지만 23장의 뒷부분에서 설명하는 것처럼 그 외의 컬렉션 타입은 System.Collections.Generic 코드 라이브러리에 포함돼 있다.

자주 사용되는 컬렉션

다음은 가장 일반적으로 사용되는 컬렉션을 간략히 살펴본 것이다. 23장의 뒷부분에서 자세히 설명할 컬렉션에는 컬렉션 타입의 이름 뒤에 별표(*)를 붙였다.

- **배열***: 배열^{Array}이란 인덱스가 붙고 순서가 있는 객체 리스트다. 배열을 정의할 때는 배열의 길이를 설정해야 하고 그 길이를 변경할 수 없으므로 좀 더 유연한 리스트 타입과 구별된다. 23장에서 설명하는 데이터의 원시^{primitive} 배열과는 다른 C# 클래스 Array를 참조할 때는 array 단어의 앞 글자를 대문자로 나타낸다. 배열은 가장 기본적인 컬렉션 타입으로서 특별한 클래스 함수가 거의 없다. 하지만 배열에는 숫자 브래킷이 있어서 다음과 같이 배열 이름과 [ ]를 사용해 배열에 객체를 추가하고 읽어낼 수 있다.

  ```
  stringArray[0] = "Hello";
  stringArray[1] = "World";
  print( stringArray[0]+" "+stringArray[1] ); // 출력: Hello World
  ```

- **리스트***: 리스트^{List}는 길이가 유연하고 성능이 약간 느린 것을 제외하고는 배열과 비슷하다. 이 책에서는 C#을 참조할 때 List와 같이 대문자를 사용

해 일반적인 리스트^{list} 단어와 구분한다. 리스트는 이 책에서 가장 많이 사용되는 컬렉션이다. 리스트는 배열과 같은 숫자 브래킷을 사용할 수 있다. 리스트에는 다음과 같은 메서드도 포함된다.

- **new List<T>():** T 타입의 새 리스트를 선언한다.[1]
- **Add(X):** T 타입의 객체 X를 리스트의 끝에 추가한다.
- **Clear():** 리스트에 있는 모든 객체를 제거한다.
- **Contains(X):** (타입 T의) 객체 X가 리스트에 있으면 **true**를 반환한다.
- **Count:** 리스트에 있는 객체 수를 반환하는 프로퍼티다.[2]
- **IndexOf(X):** 리스트 안에 객체 X가 존재하는 곳의 숫자 인덱스를 반환한다. 객체 X가 리스트 안에 없으면 –1이 반환된다.
- **Remove(X):** 리스트에서 객체 X를 제거한다.
- **RemoveAt(#):** 리스트에서 인덱스 #의 객체를 제거한다.

- **딕셔너리*:** 딕셔너리^{Dictionary}는 키/값 쌍을 연결할 수 있게 해준다. 여기서 객체는 특정 키를 기반으로 저장된다. 딕셔너리의 실제 예로는 도서관을 들 수 있는데, 도서관에서 독자는 듀이 십진 체계^{Dewey Decimal system}의 키^{key}를 이용해 각 도서의 값(key)에 접근할 수 있다. 23장의 다른 모든 컬렉션과 달리 딕셔너리는 두 가지 타입(키 타입과 값 타입)으로 선언한다.[3] 대괄호를 사용해(예, dict["key"]) 딕셔너리에 값을 추가하거나 읽을 수 있다. 딕셔너리에는 다음과 같은 메서드가 있다.

  - **new Dictionary<Tkey, Tvalue>():** 키와 값 타입을 갖는 새 딕셔너리를 선언한다.

---

1. 리스트는 일종의 일반적인 컬렉션이다. C#에서 제네릭(generic)이라는 단어는 여러 종류의 타입에서 사용할 수 있는 기능을 나타낸다. <T>란 리스트를 생성할 때 사용할 리스트 타입(예, new List<GameObject>() 또는 new List<Vector3>())을 선언해야 한다는 뜻이다. 게임오브젝트에서 사용되는 GetComponent<T>() 메서드와 같이 일부 메서드에서도 제네릭 <T>를 볼 수 있다. 여기서 원하는 컴포넌트의 타입은 꺾쇠괄호 안에 넣는다(예, gameObject.GetComponent<Rigidbody>()).
2. 프로퍼티로서의 Count는 필드처럼 보이지만 실제로는 내부적으로 함수다(26장 참고).
3. new Dictionary<Tkey, Tvalue>() 함수에는 두 개의 제네릭이 지정돼 있어 임의의 키 타입과 값 타입을 갖는 딕셔너리가 생성된다. 자세한 내용은 23장의 뒷부분에 나와 있다.

- ▪ **Add(TKey, TValue)**: TKey 키를 사용해 딕셔너리에 객체 TValue를 추가한다.
- ▪ **Clear()**: 딕셔너리에서 모든 객체를 제거한다.
- ▪ **ContainsKey(TKey)**: 딕셔너리 안에 TKey 키가 있으면 true를 반환한다.
- ▪ **ContainsValue(TValue)**: 딕셔너리 안에 TValue 값이 있으면 true를 반환한다.
- ▪ **Count**: 딕셔너리의 키/값 쌍의 수를 반환하는 프로퍼티다.
- ▪ **Remove(TKey)**: 딕셔너리에서 TKey 키의 값을 제거한다.

- ■ **큐**: 선입선출^{FIFO, First-In, First-Out}과 순서가 있는 컬렉션으로서 큐^{Queue}는 유원지에서의 대기줄을 생각하면 이해하기 쉽다. Enqueue()를 사용해 큐의 끝에 객체를 추가하고 Dequeue()를 사용해 큐의 시작 부분에 있는 객체를 제거한다. 큐에는 다음과 같은 메서드가 있다.

- ▪ **Clear()**: 큐에 있는 모든 객체를 제거한다.
- ▪ **Contains(X)**: 큐 안에 X가 있으면 true를 반환한다.
- ▪ **Count**: 큐 안에 있는 객체의 수를 반환하는 프로퍼티다.
- ▪ **Dequeue()**: 큐의 시작 부분에 있는 객체를 제거하고 반환한다.
- ▪ **Enqueue(X)**: 큐의 끝에 객체 X를 추가한다.
- ▪ **Peek()**: 큐의 시작 부분에 있는 객체를 제거하지 않고 반환한다.

- ■ **스택**: 선입후출^{FILO, First-In, Last-Out}과 순서가 있는 컬렉션으로서 스택^{Stack}은 쌓아 놓은 카드를 생각하면 이해하기 쉽다. Push()를 사용해 스택의 맨 위에 객체를 추가하고 Pop()을 사용해 스택 맨 위의 객체를 빼낸다. 스택에는 다음과 같은 메서드가 있다.

- ▪ **Clear()**: 스택 안에 있는 모든 객체를 제거한다.
- ▪ **Contains(X)**: 스택 안에 X가 있으면 true를 반환한다.
- ▪ **Count**: 스택 안에 있는 객체의 수를 반환하는 프로퍼티다.

- **Peek():** 스택 맨 위에 있는 객체를 제거하지 않고 반환한다.

- **Pop():** 스택 맨 위에 있는 객체를 제거하면서 반환한다.

- **Push(X):** 스택 맨 위에 객체 X를 추가한다.

리스트는 이 책에서 가장 많이 사용되는 컬렉션이므로 먼저 리스트로 시작하고 나서 딕셔너리와 배열을 자세히 다룰 것이다.

23장의 프로젝트 설정

표준 프로젝트 설정 절차에 따라 유니티에서 새 프로젝트를 생성한다. 표준 프로젝트 설정 절차에 대한 내용은 부록 A를 참고한다.

- **프로젝트 이름:** Collections Project
- **씬 이름:** _Scene_Collections
- **C# 스크립트 이름:** ArrayEx, DictionaryEx, ListEx

세 개의 C# 스크립트를 모두 _Scene_Collections의 메인 카메라에 부착한다.

제네릭 컬렉션 사용

모든 유니티 C# 스크립트의 시작 부분에는 다음과 같이 using 단어로 시작하는 세 개 행이 자동으로 포함된다.[4]

```
using UnityEngine;
using System.Collections;
using System.Collections.Generic;
```

이들 각 using 행은 해당 코드 라이브러리를 로드해서 여기 스크립트에게 그 라이브러리 내에 있는 코드를 사용할 수 있는 기능을 제공한다. 첫 번째 행은 유니티

---

4. 오래된 유니티 버전에서는 스크립트 맨 위에 System.Collections.Generic;이 기본으로 추가되지 않았고 개발자는 직접 이 스크립트를 추가해야 했다. 또한 이 세 개 행이 순서대로 나타나지 않아도 상관없지만 이 순서대로 놓는 것이 설명하기에 편하다.

코딩에서 가장 중요하다. MonoBehaviour, GameObject, Rigidbody, Transform 등과 같은 모든 표준 유니티 오브젝트에 대한 정보를 여기 C# 스크립트에 제공하기 때문이다.

두 번째 행은 이 스크립트가 ArrayList(이는 유니티 실습에서 볼 수 있음)와 같이 엄격한 타입을 적용하지 않는 컬렉션un-typed collection을 사용하게 해준다. 엄격한 타입을 적용하지 않는 컬렉션에는 아무 타입의 데이터를 각 요소로 둘 수 있다(예, 한 요소에는 문자열, 다른 요소에는 이미지 또는 노래). 이러한 융통성으로 인해 디버깅 및 코딩 작업은 훨씬 더 어려워질 수 있으므로 엄격한 타입을 적용하지 않는 컬렉션은 사용하지 않는 것이 좋다.

세 번째 행은 리스트와 딕셔너리 등의 제네릭 컬렉션을 가능하게 해주기 때문에 23장에서 중요하다. 제네릭 컬렉션은 엄격한 타입의 컬렉션으로서 꺾쇠괄호를 사용해 특정한 데이터 타입 하나만 포함할 수 있다.[5] 제네릭 컬렉션 선언의 예(즉, 제네릭 컬렉션의 초기 생성)로는 다음과 같은 것들이 있다.

- **public List<string> sList;** 문자열 리스트를 선언한다.
- **public List<GameObject> goList;** 게임오브젝트 리스트를 선언한다.
- **public Dictionary<char,string> acronymDict;** char를 키로 사용하는 문자열 값의 딕셔너리를 선언한다(예, char 'o'를 사용해 "Okami" 문자열에 접근할 수 있음).

System.Collections.Generic에는 다른 제네릭 데이터 형식도 정의하고 있지만 자세한 내용은 이 책의 범위를 벗어난다. 이러한 데이터 형식으로는 앞서 언급한 제네릭 버전의 큐와 스택이 있다. 특정한 길이로 고정되는 배열과 달리 모든 제네릭 컬렉션 타입은 동적으로 길이를 조정할 수 있다.

---

5. 한 가지 타입의 데이터만 보유할 수 있는 '제네릭' 컬렉션의 경우 이상하게 보일 수 있다. 제네릭이란 말은 리스트와 같은 데이터 타입을 평범한 방식으로 생성하는 기능(<T> 사용)을 언급하고자 여기에서 사용한다. 리스트와 같은 제네릭 클래스 생성은 이 책의 범위를 벗어나므로 자세한 내용은 온라인에서 'C# generic'을 검색해보기 바란다.

리스트

프로젝트 창에서 ListEx C# 스크립트를 더블 클릭해 비주얼 스튜디오에서 열고 아래의 굵게 표시한 코드를 추가한다. 코드 리스트의 맨 오른쪽에 있는 // a 스타일의 주석은 코드 이후에 설명한다. 추가해야 하는 행은 굵게 나타냈다.

```
 1  using System.Collections;                              // a
 2  using System.Collections.Generic;                      // b
 3  using UnityEngine;                                     // c
 4
 5  public class ListEx : MonoBehaviour
 6  {
 7      public List<string> sList;                         // d
 8
 9      void Start()
10      {
11          sList = new List<string>();                    // e
12          sList.Add("경험이란");                          // f
13          sList.Add("원하는");
14          sList.Add("것을");
15          sList.Add("얻지");
16          sList.Add("못했을");
17          sList.Add("때");
18          sList.Add("얻는");
19          sList.Add("것이다.");
20          // 나의 교수였던 랜디 포시 박사(1960-2008)의 말이다.
21
22          print("sList 카운트 = " + sList.Count);         // g
23          print("0번째 요소: " + sList[0]);               // h
24          print("1번째 요소: " + sList[1]);
25          print("3번째 요소: " + sList[3]);
26          print("7번째 요소: " + sList[7]);
27
28          string str = "";
29          foreach (string sTemp in sList)                // i
30          {
```

```
31          str += sTemp + " ";
32       }
33       print(str);
34    }
35 }
```

a. 모든 C# 스크립트의 시작 부분에 있는 `System.Collections` 라이브러리는 (다른 타입 중간에) `ArrayList` 타입을 사용할 수 있게 해준다. `ArrayList`는 C# 컬렉션 중 한 타입이며 리스트와 비슷하지만 한 가지 데이터 형식에 제한 되지 않는다. 따라서 유연성이 상당히 높지만 나는 리스트에 비해 장점보 다는 단점이 더 크다고 생각한다(상당한 성능 저하를 일으킴).

b. `List` 컬렉션 타입은 `System.Collections.Generic` C# 라이브러리의 한 부 분이므로 `List`를 사용하려면 이 라이브러리를 임포트해야 한다. 요즘 버 전에서는 이러한 임포트가 자동으로 입력돼 있지만 오래된 버전에서는 직 접 추가해야 했다. 앞서 언급했듯이 이 라이브러리는 `List`뿐만 아니라 다 양한 컬렉션 타입을 사용할 수 있게 해준다. 궁금하다면 온라인에서 'C# System.Collections.Generic'으로 검색해 자세한 내용을 알아볼 수 있다.

c. `UnityEngine` 라이브러리는 유니티와 관련된 모든 클래스와 타입(예, `GameObject`, `Renderer`, `Mesh`)을 사용할 수 있게 해준다. 이 라이브러리는 모든 `MonoBehaviour` 스크립트에서 필수다.

d. `List<string> sList`를 선언한다. 모든 제네릭 컬렉션 데이터 형식 다음에 는 특정 데이터 형식을 포함하는 꺾쇠괄호 `<>`와 이름이 나온다. 이 코드에 서는 문자열의 리스트를 선언하고 있다. 하지만 제네릭의 장점은 어떠한 데이터 형식이든 사용할 수 있다는 것이다. 따라서 `List<int>`, `List <GameObject>`, `List<Transform>`, `List<Vector3>` 등과 같이 다양한 리스트 를 생성할 수 있다. 리스트 타입은 선언할 때 지정해야 한다.

e. 7행에서 `sList` 선언을 통해 `sList`는 문자열의 리스트를 가질 수 있게 되지 만 11행에서 `sList`를 초기화하기 전까지 `sList`의 값은 `null`이다(즉, 값이 없음). 이 초기화 이전에 `sList`에 요소를 추가하려고 하면 오류가 발생할 것이다.

리스트 초기화는 new문에서 리스트 타입을 반복 지정해야 한다. 새로 초기화된 리스트에는 요소를 포함하지 않으며 Count가 0이다.

f. 리스트의 Add() 함수로 리스트에 요소를 추가한다. 이 행은 문자열 리터럴 "경험이란"을 리스트의 0^{th}('0번째로 발음함') 요소로 추가한다. 리스트의 인덱스에 대해서는 "리스트와 배열의 인덱스는 0부터 시작한다." 칼럼을 참고한다.

g. 리스트의 Count 프로퍼티는 리스트의 요소 수를 나타내는 int를 반환한다. 출력은 다음과 같다.

```
sList 카운트 = 8
```

h. 23 ~ 26행은 대괄호 접근(예, sList[0]) 방법을 보여준다. 대괄호 접근^{bracket} ^{access}이란 대괄호 [ ] 안에 정수를 지정해 리스트나 배열의 특정 요소를 참조하는 방법이다. 여기서 대괄호 안에 있는 정수를 '인덱스'라고 한다. 출력은 다음과 같다.

```
0번째 요소: 경험이란
1번째 요소: 원하는
3번째 요소: 얻지
7번째 요소: 것이다.
```

i. foreach(22장에서 소개)는 리스트와 다른 컬렉션과 함께 자주 사용된다. 문자열이 문자의 컬렉션인 것처럼 List<string> sList는 문자열의 컬렉션이다. 문자열 sTemp 변수의 범위는 foreach문으로 제한되므로 foreach 루프가 완료되면 소멸된다. 리스트는 엄격한 타입이기 때문에(즉, C#은 sList가 List <string>임을 인식함) 별도의 변환을 수행하지 않고 sList의 요소를 sTemp에 할당할 수 있다. 이렇게 변환이 필요 없다는 것은 타입이 지정되지 않는 Array List 타입에 비해 리스트 타입의 주요 장점 중 하나다. 출력은 다음과 같다.

```
경험이란 원하는 것을 얻지 못했을 때 얻는 것이다.
```

언제나 그렇듯이 비주얼 스튜디오에서 코드 편집이 끝나면 항상 스크립트를 저장해야 한다. 그런 다음 유니티로 돌아와서 하이어라키 창의 Main Camera를 선택한다. 그러면 인스펙터 창에서 ListEx (Script) 컴포넌트에 List<string> sList가 나올 것이다. 유니티 씬을 플레이한 후 인스펙터에서 sList 옆에 있는 펼침 삼각형을 클릭하면 실제로 채워진 값을 볼 수 있다. 배열과 리스트는 인스펙터에 나타나지만 딕셔너리는 그렇지 않다.

List와 배열의 인덱스는 0부터 시작한다.

리스트와 배열 컬렉션 형식의 인덱스는 0부터 시작한다. 즉, '첫 번째' 요소는 요소 [0]이다. 이 책에서는 이 요소를 0th 또는 '0번째' 요소라고 지칭한다.

다음 예에서는 의사 코드(pseudocode) 컬렉션인 coll이 있다고 가정해보자. 의사 코드란 특정 프로그래밍 언어의 구문을 따르지 않고 개념을 간단하게 설명하고자 작성한 가상의 코드를 말한다.

coll = ["A", "B", "C", "D", "E"]

coll의 카운트 또는 길이는 5이며 요소의 올바른 인덱스는 0부터 coll.Count-1까지다(즉 0, 1, 2, 3, 4).

print(coll.Count); // 5

print(coll[0]); // A
print(coll[1]); // B
print(coll[2]); // C
print(coll[3]); // D
print(coll[4]); // E

print(coll[5]); // 인덱스 범위 초과 오류!!!

대괄호 접근으로 범위를 벗어난 인덱스에 접근하려고 하면 다음과 같은 런타임 오류가 표시된다.

IndexOutOfRangeException: Array index is out of range.

C#의 컬렉션을 사용하는 작업에서는 이와 같이 인덱스의 범위에 주의해야 한다.

리스트의 중요한 프로퍼티와 메서드

리스트에 사용할 수 있는 프로퍼티와 메서드는 아주 많지만 다음과 같은 것들이 가장 자주 사용된다. 여기에 나오는 모든 메서드 예제는 다음과 같은 List<string> sL을 참조하며 다른 예제의 변경이 누적되지 않는다. 다시 말해 각 예제는 다음의 세 개 행으로 정의되고 다른 예제의 영향을 받지 않는 리스트 sL을 사용한다.

```
List<string> sL = new List<string>();
sL.Add( "A" ); sL.Add( "B" ); sL.Add( "C" ); sL.Add( "D" );
// 결과 리스트: [ "A", "B", "C", "D" ]
```

프로퍼티

프로퍼티를 사용하면 리스트의 정보에 접근할 수 있다.

- **sL[2](대괄호 접근)**: 매개변수 (2)로 지정한 인덱스의 리스트 요소를 반환한다. C가 두 번째 요소이므로 sL[2]는 C를 반환한다.
- **sL.Count**: 현재 리스트에 있는 요소의 수를 반환한다. 리스트의 길이는 시간에 따라 변할 수 있으므로 Count는 아주 중요하다. 리스트의 마지막 유효 인덱스는 항상 Count-1이다. sL.Count의 값은 4이므로 마지막 유효 인덱스는 3이다.

메서드

메서드는 리스트를 변경할 수 있는 함수다.

- **sL.Add("Hello")**: 매개변수 "Hello"를 sL의 끝에 추가한다. 이 경우 sL은 ["A", "B", "C", "D", "Hello"]가 된다.
- **sL.Clear()**: sL의 모든 기존 요소를 제거해 빈 상태로 만든다. sL은 빈 상태인 [ ]로 된다.
- **sL.IndexOf("A")**: sL에서 매개변수 "A"의 처음 나오는 위치를 찾아 해당 요소의 인덱스를 반환한다. "A"는 sL의 0번째 요소이므로 이 호출은 0을 반환한다. List에 해당 변수가 없으면 -1이 반환된다. 이 메서드는 리스트에 특정 요소가 있는지 확인하는 안전하고 빠른 방법이다.
- **sL.Insert(2, "B.5")**: sL에서 첫 번째 매개변수로 지정한 인덱스(2) 위치에 두 번째 매개변수("B.5")를 삽입한다. 그러면 리스트의 이후 요소는 하나씩 뒤로 밀린다. 이 경우 sL이 ["A", "B", "B.5", "C", "D"]가 된다. 첫 번째 매개변수에 유효한 인덱스 값은 0부터 sL.Count까지다. 이 범위를 벗어나는 값을 사용하면 런타임 오류가 발생한다.
- **sL.Remove("C")**: 리스트에서 지정한 요소를 제거한다. 리스트에 "C"가 두 개 있으면 첫 번째 요소만 제거된다. 이 경우 sL은 ["A", "B", "D"]가 된다.
- **sL.RemoveAt(0)**: 리스트에서 지정한 인덱스의 요소를 제거한다. "A"는 리스트의 0번째 요소이기 때문에 sL은 ["B", "C", "D"]가 된다.

리스트를 배열로 변환하기

리스트를 간단한 배열로 변환할 수 있다(23장의 뒷부분에서 설명). 일부 유니티 함수는 리스트 대신 게임오브젝트의 배열을 필요로 하기 때문에 이렇게 하는 것이 유용하다.

- **sL.ToArray()**: sL의 모든 요소를 포함하는 배열을 생성한다. 새 배열은 리스트와 동일한 타입이 된다. 이 경우 ["A", "B", "C", "D"] 요소를 포함하는 새로운 문자열 배열이 반환된다.

딕셔너리에 대한 내용으로 들어가기 전에 유니티 플레이를 중지하고 메인 카메라의 인스펙터 창에서 ListEx (Script) 컴포넌트 이름 옆에 있는 체크박스의 체크 표시를 해제해 ListEx 스크립트를 비활성화한다(그림 23.1 참고).

그림 23.1 체크박스를 클릭해 ListEx 스크립트 컴포넌트 비활성화한다.

딕셔너리

딕셔너리는 인스펙터에 나타나지 않지만 정보를 저장하는 환상적인 방법이 될 수 있다. 딕셔너리의 주요 장점 중 하나는 일정한 접근 시간이다. 즉, 딕셔너리에 얼마나 많은 항목을 넣더라도 항목을 찾는 데 동일한 시간이 걸린다. 선형 컬렉션의 각 항목을 하나씩 반복해야 하는 리스트나 배열을 딕셔너리와 비교해보라. 리스트나 배열은 크기가 커짐에 따라 특정 요소를 찾는 데 필요한 시간도 늘어난다. 컬렉션의 끝에 있는 요소를 검색할 때 특히 그렇다.

딕셔너리는 키와 값을 쌍으로 생성한다. 그리고 나서 키를 사용해 값에 접근한다. 어떻게 작동하는지 알아보고자 DictionaryEx C# 스크립트를 열고 다음 코드를 입력한다.

```
1 using System.Collections;
2 using System.Collections.Generic;                    // a
3 using UnityEngine;
```

518

```
4
5  public class DictionaryEx : MonoBehaviour
6  {
7      public Dictionary<string, string> statesDict;                        // b
8
9      void Start()
10     {
11         statesDict = new Dictionary<string, string>();                    // c
12
13         statesDict.Add("MD", "메릴랜드");                                  // d
14         statesDict.Add("TX", "텍사스");
15         statesDict.Add("PA", "펜실베이니아");
16         statesDict.Add("CA", "캘리포니아");
17         statesDict.Add("MI", "미시간");
18
19         print("statesDict에는 " + statesDict.Count + "개의 요소가 있다."); // e
20
21         foreach (KeyValuePair<string, string> kvp in statesDict)          // f
22         {
23             print(kvp.Key + ": " + kvp.Value);
24         }
25
26         print("MI는 " + statesDict["MI"]);                                // g
27
28         statesDict["BC"] = "브리시티 콜롬비아";                            // h
29
30         foreach (string k in statesDict.Keys)                            // i
31         {
32             print(k + "는 " + statesDict[k]);
33         }
34     }
35
36 }
```

a. 딕셔너리를 사용하려면 System.Collections.Generic 라이브러리를 포함 시켜야 한다.

b. 이와 같은 명령문으로 키와 값 타입을 갖는 딕셔너리를 선언한다. 이 딕셔너리의 경우 키와 값은 모두 문자열이지만 다른 데이터 타입을 사용해도 된다.

c. 리스트와 마찬가지로 이와 같이 초기화를 해야 딕셔너리는 사용할 준비가 된 것이다.

d. 딕셔너리에 요소를 추가할 때는 각 요소에 대해 키와 값을 모두 전달해야 한다. 이 다섯 개의 **Add**문은 내가 살았던 주의 우편 코드와 주 이름을 딕셔너리에 추가한다.

e. 다른 C# 컬렉션과 마찬가지로 **Count**를 사용해 딕셔너리에 몇 개의 요소가 있는지 확인할 수 있다. 출력은 다음과 같다.

statesDict에는 5개의 요소가 있다.

f. 딕셔너리에 대해 **foreach**를 사용해도 되는데, 반복되는 값의 타입은 **KeyValuePair<,>**가 된다. **KeyValuePair<,>**의 두 타입은 딕셔너리의 타입과 일치해야 한다(예, 여기서는 <string, string>). 출력은 다음과 같다.

MD: 메릴랜드
TX: 텍사스
PA: 펜실베이니아
CA: 캘리포니아
MI: 미시간

g. 키를 알고 있다면 키를 사용하고 대괄호를 통해 딕셔너리의 값에 접근할 수 있다. 출력은 다음과 같다.

MI는 미시간

h. 딕셔너리에 값을 추가하는 또 다른 방법은 여기에 나타낸 것과 같이 대괄호를 사용하는 것이다. 나는 짧은 기간 동안 BC에 살았던 적도 있다.

i. 딕셔너리의 키도 **foreach** 루프를 사용해 반복할 수 있다. 출력은 다음과 같다.

MD는 메릴랜드

TX는 텍사스

PA는 펜실베이니아

CA는 캘리포니아

MI는 미시간

BC는 브리시티 콜롬비아

DictionaryEx 스크립트를 저장하고 유니티로 다시 전환한 후 플레이를 클릭한다. 설명했던 출력이 나타나야 한다. 딕셔너리는 유니티의 인스펙터에 나타나지 않으므로 statesDict가 public 변수이더라도 인스펙터에서 볼 수 없다.

딕셔너리에서 중요한 프로퍼티와 메서드

딕셔너리에서는 많은 프로퍼티와 메서드를 사용할 수 있지만 이 칼럼에 나열한 것들이 가장 많이 사용된다. 두 단락 아래의 예제들은 다음의 Dictionary<int, string> dIS를 참조하며 개별적으로 적용된다. 다시 말해 다음 행들로 정의한 코드를 각 예제마다 대입해서 수행하며 다른 예제들과 섞어서 수행하지 않는다.

```
Dictionary<int,string> dIS;
dIS = new Dictionary<int, string>();
dIS[0] = "Zero";
dIS[1] = "One";
dIS[10] = "Ten";
dIS[1234567890] = "A lot!";
```

위의 딕셔너리를 다음과 같이 다른 방식으로 선언하고 정의할 수 있다.

```
dIS = new Dictionary<int, string>()
{
    { 0, "Zero" },
    { 1, "One" },
    { 10, "Ten" },
    { 1234567890, "A lot!" }
};
```

이렇게 딕셔너리 선언과 정의를 결합한 것은 드문 경우며, 한 쌍의 중괄호 끝에 세미콜론을 붙인 것을 볼 수 있다.

- **dIS[10](대괄호 사용)**: 매개변수로 지정한 인덱스(10) 위치의 딕셔너리 배열 요소를 반환한다. "Ten"은 키 10의 요소이기 때문에 dIS[10]은 "Ten"을 반환한다. 존재하지 않는 키의 요소에 접근하면 KeyNotFoundException 런타임 오류가 발생해 코드가 충돌할 것이다.
- **dIS.Count**: 현재 딕셔너리에 있는 키/값 쌍의 수를 반환한다. 딕셔너리의 길이는 시간이 지남에 따라 달라질 수 있기 때문에 Count가 아주 중요하다.

메서드

- **dIS.Add(12, "Dozen")**: 딕셔너리에서 키 12로 "Dozen" 값을 추가한다.
- **dIS[13] = "Baker's Dozen"**: 딕셔너리에서 키 13으로 "Baker's Dozen" 값을 추가한다. 대괄호에서 이미 존재하는 키를 지정하면 그 값이 대체된다. 예를 들어 dIS[0] = "None"이라고 하면 키 0의 값이 "None"으로 대체된다.
- **dIS.Clear()**: dIS에 있는 모든 키/값 쌍을 제거하고 비운다.
- **dIS.ContainsKey(1)**: 키 1이 딕셔너리에 있으면 true를 반환한다. 이 딕셔너리는 키로 빠르게 찾을 수 있게 설계됐기 때문에 호출이 아주 빠르다. 딕셔너리의 키는 독점적이므로 각 키에 대해 하나의 값만 가질 수 있다.
- **dIS.ContainsValue("A lot!")**: "A lot!" 값이 딕셔너리 안에 있으면 true를 반환한다. 딕셔너리는 값이 아닌 키별로 항목을 찾도록 최적화돼 있기 때문에 이렇게 하면 호출이 느리다. 값은 독점적이 아니기 때문에 여러 키가 동일한 값을 가질 수 있다.
- **dIS.Remove(10)**: 딕셔너리에서 키 10의 키/값 쌍을 제거한다.

인스펙터에서 딕셔너리 같은 것을 설정하고 싶을 경우가 있다. 그럴 때 나는 키와 값이 모두 들어간 간단한 클래스의 리스트를 만든다. 이에 대한 예는 31장에서 볼 수 있다.

배열에 대한 내용으로 들어가기 전에 유니티 플레이를 중지하고 메인 카메라의 인스펙터 창에서 DictionaryEx (Script) 컴포넌트 이름 옆에 있는 체크박스의 체크 표시를 해제해 DictionaryEx 스크립트를 비활성화한다.

배열

배열은 가장 단순한 컬렉션 타입이며 처리 속도도 가장 빠르다. 배열은 C#에 기본 제공되기 때문에 라이브러리를 (using 명령으로) 임포트할 필요가 없다. 또한 일반적인 배열 외에 다차원 배열과 가변 배열도 아주 유용하다.

배열은 고정된 길이로 초기화해야 한다. 프로젝트 창에서 ArrayEx C# 스크립트를 더블 클릭해 비주얼 스튜디오에서 스크립트를 열고 다음 코드를 입력한다.

```
1 using System.Collections;                                           // a
2 using UnityEngine;
3
4 public class ArrayEx : MonoBehaviour
5 {
6     public string[] sArray;                                         // b
7
8     void Start()
9     {
10        sArray = new string[10];                                    // c
11
12        sArray[0] = "These";                                        // d
13        sArray[1] = "are";
14        sArray[2] = "some";
15        sArray[3] = "words";
16
17        print("The length of sArray is: " + sArray.Length);         // e
18
19        string str = "";
20        foreach (string sTemp in sArray)                            // f
21        {
22            str += "|" + sTemp;
23        }
24        print(str);
25    }
26 }
```

a. 리스트 또는 딕셔너리와 달리 배열은 System.Collections.Generic을 필요로 하지 않는다.

b. 또한 C#의 배열은 리스트나 딕셔너리와 달리 독립적인 데이터 타입이 아 니다(이 점이 여기서 대문자로 표기하지 않는 이유다). 오히려 기존 데이터 타입 이름 뒤에 대괄호를 붙여 지정하는 컬렉션인 것이다. sArray의 타입은 string이 아 니라 여러 string의 컬렉션인 string[]이다. 참고: 여기서 sArray를 배열 로 선언했지만 아직 배열의 길이가 정해지지 않았다.

c. 여기서 sArray를 길이가 10인 string[]으로 초기화했다. 배열을 초기화하 면 그 길이만큼 해당 데이터 타입의 기본값으로 요소가 채워진다. int[] 또는 float[]의 경우 기본값은 0이다. string[] 및 GameObject[]와 같은 그 외 복잡한 데이터 타입의 경우 배열의 각 요소는 null로 채워진다(값이 지정되지 않았다는 것을 나타냄).

d. 표준 배열에서는 리스트에서와 같은 Add() 메서드를 사용하지 않고 대괄 호 접근으로 배열의 요소에 값을 지정하고 요소의 값을 가져온다.

e. 배열은 C# 컬렉션과 같은 Count를 사용하지 않고 Length 프로퍼티를 사용 한다. 위의 코드 결과에서 알 수 있듯이 Length는 정의된 요소(예, 위의 코드에서 sArray[0] ~ sArray[3])와 비어 있는 요소(즉, 위의 코드에서 아직 기본값 상태이고 값을 정의하지 않은 sArray[4] ~ sArray[9])를 모두 포함하는 길이를 반환한다는 점에 유의해야 한 다. 출력은 다음과 같다.

```
The length of sArray is: 10
```

f. foreach는 다른 C# 컬렉션과 마찬가지로 배열에도 사용할 수 있다. 유일 한 차이는 배열에 빈 요소나 null 요소가 있을 수 있으며 foreach는 이들 요소에 대해서도 반복한다는 것이다. 앞쪽의 List<string> 예제에서와 같 이 sTemp는 foreach 루프에 의해 sArray의 각 요소 값을 임시로 지정받는 string이다. 출력은 다음과 같다.

```
|These|are|some|words||||||
```

하이어라키 창의 Main Camera를 선택한 상태에서 코드를 실행한다. 그러고 나서 인스펙터 창의 ArrayEx (Script) 컴포넌트에서 sArray 옆에 있는 펼침 삼각형을 확장하면 이에 포함된 요소를 볼 수 있다.

코드 출력은 다음과 같다.

```
The length of sArray is: 10
|These|are|some|words||||||
```

배열 중간의 빈 요소

리스트의 경우 컬렉션 중간의 요소가 비어 있을 수 없었지만[6] 배열에서는 중간의 요소를 비워둘 수 있다. 배열의 이러한 특성은 게임의 고득점 기록표와 같이 중간에 빈 항목이 있을 수 있는 경우에 유용하다.

앞 코드의 14행과 15행을 다음과 같이 수정한다.

```
12        sArray[0] = "These";
13        sArray[1] = "are";
14        sArray[3] = "some";
15        sArray[6] = "words";
```

코드 출력은 다음과 같다.

```
|These|are||some|||words|||
```

출력에서 볼 수 있듯이 sArray는 인덱스 2, 4, 5, 7, 8, 9에서 빈 요소를 갖게 된다. 지정한 인덱스(예, 여기서는 0, 1, 3, 6)가 배열의 유효한 범위 내에 있는 한 배열의 어떤 요소에도 값을 지정할 수 있으며 foreach 루프 역시 이러한 배열을 정상적으로 처리한다.

반면에 배열에서 정의된 범위를 벗어나는 인덱스에 값을 지정하려고 하면(예, sArray[10] = "oops!"; 또는 sArray[99] = "error!";) 다음과 같이 런타임 오류가 발생한다.

---

6. 리스트에서는 중간에 빈 요소가 들어가게끔 null 요소를 추가하는 것은 기술적으로 가능하지만 나는 그렇게 사용해본 적이 없다.

```
IndexOutOfRangeException: Array index is out of range.
```

존재하지 않는 배열 인덱스에 접근하면 똑같은 런타임 오류가 발생한다. 예를 들어 print(sArray[20]);도 IndexOutOfRangeException이 발생한다.

코드를 다음과 같이 원래 상태로 돌려놓는다.

```
12      sArray[0] = "These";
13      sArray[1] = "are";
14      sArray[2] = "some";
15      sArray[3] = "words";
```

빈 배열 요소와 foreach

프로젝트를 다시 실행해 다음과 같이 출력이 이전 상태로 나오는지 확인한다.

```
|These|are|some|words||||||
```

22행의 str += "|"+sTemp;문은 파이프(|)와 배열의 각 요소를 str에 연결(즉, 추가)한다. sArray[4] ~ sArray[9]는 아직 기본값인 null을 포함하지만 foreach는 이를 계산하고 반복에 포함시킨다. 여기서는 foreach 루프에서 일찍 빠져나오고자 break 점프문을 사용하는 것이 좋겠다. 다음과 같이 코드를 수정한다.

```
20      foreach (string sTemp in sArray)
21      {
22          str += "|" + sTemp;
23          if (sTemp == null) break;
24      }
```

새 코드의 출력은 다음과 같다.

```
|These|are|some|words|
```

C#이 sArray[4]에 대해 반복할 때도 str의 끝에 "|"+null을 연결하고 나서

sArray[4]를 확인한다. null이라는 것을 확인하고는 foreach 루프를 빠져나가므로 sArray[5] ~ sArray[9]에 대한 반복은 수행하지 않는다.

배열에서 중요한 프로퍼티와 메서드

배열에서 사용 가능한 프로퍼티와 메서드 중에서 이 칼럼에 나열한 것들이 가장 자주 사용된다. 두 단락 아래의 예제들은 다음 배열을 참조하며 개별적으로 적용된다.

```
string[] sA = new string[] { "A", "B", "C", "D" };
// 결과 배열: [ "A", "B", "C", "D" ]
```

여기서는 이전 코드 리스트의 10행에 나타난 배열 초기화문과는 달리 한 행에 배열 선언, 초기화, 배열 채우기를 모두 수행한 배열 정의 표현식을 볼 수 있다. 배열 초기화 식에서 배열의 길이는 중괄호 안에 있는 요소의 수가 되므로 지정하지 않아도 된다. 사실 중괄호를 사용해 배열을 정의하면 중괄호 안에 포함된 요소의 수와 다른 길이를 배열 선언의 대괄호 안에 지정할 수 없다.

프로퍼티

- **sA[2](대괄호 접근)**: 매개변수(2)로 지정한 인덱스 위치의 배열 요소를 반환한다. sA의 두 번째 요소가 "C"이므로 "C"가 반환된다. 인덱스 매개변수가 배열의 유효 범위(sA의 경우 0 ~ 3)를 벗어나면 IndexOutOfRangeException 런타임 오류가 발생한다.
- **sA[1] = "Bravo"(대입에 사용된 대괄호 접근)**: 대입 연산자 =의 오른쪽에 있는 값을 배열의 지정된 위치에 대입해 이전 값을 대체한다. sA는 ["A", "Bravo", "C", "D"]가 된다. 인덱스 매개변수가 배열의 유효 범위를 벗어나면 IndexOutOfRangeException 런타임 오류가 발생한다.
- **sA.Length**: 배열의 전체 크기를 반환한다. 요소가 지정됐는지 아니면 기본값인지에 관계없이 요소가 모두 카운트된다. 이 경우 4가 반환된다.

정적 메서드

여기의 정적 메서드들은 System.Array 클래스의 일부분이며(즉, System.Collections에 정의돼 있음) 배열에서 리스트의 일부 기능을 구현할 수 있다.

- **System.Array.IndexOf(sA, "C")**: 배열 sA에서 요소 "C"의 첫 번째 인스턴스를 찾아 해당 요소의 인덱스를 반환한다. "C"는 sA의 두 번째 요소이므로 2를 반환한다. 배열 안에 해당 변수가 없으면 -1이 반환된다. 이 메서드는 배열 안에 특정 요소가 있는지 확인하는 데 자주 사용된다.
- **System.Array.Resize(ref sA, 6)**: 배열의 길이를 변경할 수 있는 C# 메서드다. 첫 번째 매개변수는 배열 인스턴스에 대한 참조(ref) 키워드가 필요함)이고 두 번째 매개변수는 새로

변경할 길이다. 이 경우 sA는 ["A", "B", "C", "D", null, null]이 된다.

두 번째 매개변수로 원래 배열보다 짧은 길이를 지정하면 길이를 넘어서는 요소들은 잘려나 간다. 즉, System.Array.Resize(ref sA, 2)를 실행하면 sA는 ["A", "B"]가 된다. System.Array.Resize()는 23장의 뒷부분에서 설명하는 다차원 배열에는 사용할 수 없다.

배열을 리스트로 변환하기

리스트 절에서도 언급했듯이 리스트를 배열로 변환할 수 있다. 또한 배열의 방향을 다르게 해서 리스트로 변환할 수 있다.

- **List<string> sL = new List<string>(sA)**: 이 행은 리스트 sL을 생성하고 sA의 모든 요소를 이 리스트로 복제한다.

다음과 같이 배열 초기화 표현식을 사용해 리스트를 한 행으로 선언, 정의, 채우는 것도 가능하지만 좀 복잡하다.

- **List<string> sL = new List<string>(new string[] { "A", "B", "C" });**

이 행은 무명(anonymous)의 새 string[] 배열을 선언, 정의, 채우기하고 곧바로 List<string>() 함수로 전달한다.

다음 예제를 준비하고자 메인 카메라의 인스펙터 창에서 ArrayEx 스크립트 이름 옆에 있는 체크박스의 체크 표시를 해제해 이 스크립트를 비활성화한다.

다차원 배열

다차원 배열이란 인덱스가 두 개 이상인 배열을 말하며 이러한 배열이 유용할 경우가 많다. 즉, 대괄호 안에 하나뿐만 아니라 둘 이상의 인덱스 번호를 사용할 수 있다. 이렇게 하면 사각 격자마다 항목 하나씩 저장할 수 있는 2차원 격자를 만드는 데 유용하다.

새 C# 스크립트를 생성하고 이름을 Array2dEx로 지정한 후 메인 카메라에 부착한 다. Array2dEx를 더블 클릭해 비주얼 스튜디오에서 열고 다음 코드를 입력한다.

```
1  using System.Collections;
```

```
 2  using System.Collections.Generic;
 3  using UnityEngine;
 4
 5  public class Array2dEx : MonoBehaviour
 6  {
 7
 8      public string[,] sArray2d;
 9
10      void Start()
11      {
12          sArray2d = new string[4, 4];
13
14          sArray2d[0, 0] = "A";
15          sArray2d[0, 3] = "B";
16          sArray2d[1, 2] = "C";
17          sArray2d[3, 1] = "D";
18
19          print("sArray2d의 길이: " + sArray2d.Length);
20      }
21  }
```

이 코드는 다음과 같은 결과를 출력한다.

sArray2d의 길이: 16

여기에서 볼 수 있듯이 다차원 배열에서도 Length는 여전히 int 하나일 뿐이다. 여기서 Length는 배열의 총 요소 수에 불과하므로 배열의 각 차원을 구분하는 것은 프로그래머의 몫이다.

이제 sArray2d 배열의 값을 깔끔한 형식으로 출력해보자. 다음과 같이 나타내려고 한다.

```
|A| | |B|
| | |C| |
| | | | |
| |D| | |
```

보다시피 A는 0행 0열([0,0]), B는 0행 3열([0,3]) 식으로 있다. 이를 구현하려면 다음의 굵게 표시한 행들을 코드에 추가한다.

```
19          print("sArray2d의 길이: " + sArray2d.Length);
20          string str = "";
21          for (int i = 0; i < 4; i++)                          // a
22          {
23              for (int j = 0; j < 4; j++)
24              {
25                  if (sArray2d[i, j] != null)                  // b
26                  {
27                      str += "|" + sArray2d[i, j];
28                  }
29                  else
30                  {
31                      str += "|_";
32                  }
33              }
34              str += "|" + "\n";                               // c
35          }
36          print(str);
37      }
38  }
```

a. 21행과 23행은 두 개의 for 루프를 중첩시켜 다차원 배열에 대해 반복하는 방법을 보여준다. 이 방식으로 중첩하면 코드는 다음과 같이 진행된다.

1. i=0으로 시작한다(21행).

2. 0부터 3까지의 모든 j 값에 대해 반복한다(23 ~ 33행).
   str은 "|A|_|_|B|\n"이 된다(34행).

3. i=1로 증가시킨다(21행).

4. 0부터 3까지의 모든 j 값에 대해 반복한다(23 ~ 33행).
   str은 "|A|_|_|B|\n|_|_|C|_|\n"이 된다(34행).

5. i=2로 증가시킨다(21행).

6. 0부터 3까지의 모든 j 값에 대해 반복한다(23 ~ 33행).

   str은 "|A|_|_|B|\n|_|_|C|_|\n|_|_|_|_|\n"이 된다(34행).

7. i=3으로 증가시킨다(21행).

8. 0부터 3까지의 모든 j 값에 대해 반복한다(23 ~ 33행).

   str은 "|A|_|_|B|\n|_|_|C|_|\n|_|_|_|_|\n |_|D|_|_|\n"이 된다(34행).

이렇게 하면 코드가 순서대로 다차원 배열을 진행한다. 격자 예제를 보면 한 행의 모든 요소를 거치고 나서(j를 0에서 3으로 증가시킴) i를 다음 값으로 증가시켜 다음 행으로 이동한다.

    b. 25 ~ 32행은 sArray[i, j]의 문자열이 null 외의 값을 갖는지 확인한다. 값이 null이 아니면 파이프와 sArray2d[i, j]를 str로 연결한다. 값이 null 이면 파이프와 하나의 공백을 str로 연결한다. 파이프 문자는 키보드의 Return(또는 Enter) 키 위에 있다. 대개 Shift+백슬래시(\)를 누르면 된다.

    c. 이 행은 j for 루프 반복을 완료하고 i for 루프의 다음 반복을 시작하기 전에 실행된다. 이 코드의 역할은 문자열 끝 파이프와 캐리지 리턴(즉, 행 바꿈)을 str에 연결해 i for 루프의 각 반복에 대해 깔끔한 형식의 한 행을 출력한다.[7]

이 코드는 다음 결과를 출력한다.

```
sArray2d의 길이: 16

|A|_|_|B|
|_|_|C|_|
|_|_|_|_|
|_|D|_|_|
```

유니티의 콘솔 창에 나오는 출력에는 sArray2d 격자 배열의 맨 위 두 행만 나타난 다. 하지만 콘솔 창에서 해당 행을 클릭하면 콘솔 창 아래쪽에 모든 데이터가 표시

---

7. 여기서 "\n" 문자는 C#에서 새 행을 나타내는 하나의 문자로 여긴다. 이 문자는 최종 출력에서 줄 바꿈을 만든다.

된다(그림 23.2 참고).

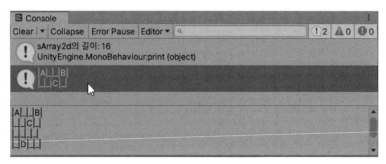

그림 23.2 **콘솔** 창에서 출력 메시지를 클릭하면 아래쪽에 확장된 뷰가 표시된다. 가장 최근 콘솔 메시지의 첫 번째 행은 유니티 창의 왼쪽 아래 모서리에도 표시된다. 행의 맨 앞에 나타나는 시간 표시가 거슬린다면 콘솔 창의 오른쪽 위에 있는 세 개의 점 표시를 클릭하면 팝업 메뉴가 나타나는데, 여기서 Show Timestamp의 체크 표시를 없애면 된다.

그림에서 볼 수 있듯이 콘솔 창에서는 가변폭 글꼴(즉, i와 m의 폭이 다른 글꼴이다. 고정폭 글꼴은 i와 m의 폭이 같음)을 사용하기 때문에 멋진 텍스트 형태는 제대로 줄이 맞지 않는다. 콘솔 창에서 아무 행이나 클릭하고 메뉴 표시줄에서 Edit ➤ Copy를 선택해 이 데이터를 복사한 다음 다른 프로그램에 붙여 넣을 수 있다. 나는 복사한 데이터를 텍스트 편집기에 붙여 넣는 작업을 많이 한다(나는 맥OS에서 BBEdit[8], 윈도우에서는 EditPad Pro[9] 를 선호하는데, 둘 다 아주 강력하다).

또한 유니티 인스펙터 창에는 다차원 배열이 표시되지 않는다. 딕셔너리에서와 마찬가지로 인스펙터는 제대로 표시하는 방법을 모르는 변수가 있으면 이를 아예 무시하므로 인스펙터 창에는 public 다차원 배열의 이름이 아예 나오지 않는다.

플레이 버튼을 다시 클릭해(파란색이 아님) 유니티의 실행을 중단하고 나서 메인 카메라의 인스펙터에서 Array2dEx (Script) 컴포넌트를 비활성화한다.

---

8. 베어본즈 소프트웨어(http://www.barebones.com)에서 BBEdit의 무료 평가판을 얻을 수 있다.

9. 저스트 그레이트 소프트웨어(http://editpadpro.com)에서 EditPad Pro의 무료 시험판을 얻을 수 있다.

가변 배열

가변 배열^{jagged array}이란 배열의 배열을 의미한다. 가변 배열은 다차원 배열과 유사하지만 하위 배열의 길이가 서로 다를 수 있다. 이번 예제에서는 다음과 같은 데이터를 갖는 가변 배열을 만들 것이다.

```
| A | B | C | D |
| E | F | G |
| H | I |
| J | _ | _ | K |
```

보다시피 0행과 3행에는 각각 요소 네 개가 있고, 1행과 2행에는 각각 요소 세 개와 두 개가 있다. 3행에 보이는 것처럼 null 요소가 있다는 점에 주목한다. 실제로 전체 행이 null일 수도 있다(하지만 다음 코드 리스트의 33행에서 오류가 발생한다).

새 C# 스크립트를 생성하고 이름을 JaggedArrayEx로 지정한 후 메인 카메라에 부착한다. 비주얼 스튜디오에서 JaggedArrayEx를 열고 다음 코드를 입력한다.

```csharp
1  using System.Collections;
2  using System.Collections.Generic;
3  using UnityEngine;
4
5  public class JaggedArrayEx : MonoBehaviour
6  {
7      public string[][] jArray;                                // a
8
9      void Start()
10     {
11         jArray = new string[4][];                            // b
12
13         jArray[0] = new string[4];                           // c
14         jArray[0][0] = "A";
15         jArray[0][1] = "B";
16         jArray[0][2] = "C";
17         jArray[0][3] = "D";
```

```
18
19      // 다음 행들은 단일 행 배열 초기화를 사용한다.                          // d
20      jArray[1] = new string[] { "E", "F", "G" };
21      jArray[2] = new string[] { "H", "I" };
22
23      jArray[3] = new string[4];                                          // e
24      jArray[3][0] = "J";
25      jArray[3][3] = "K";
26
27      print("jArray의 길이: " + jArray.Length);                            // f
28      // 출력: jArray의 길이: 4
29
30      print("jArray[1]의 길이: " + jArray[1].Length);                      // g
31      // 출력: jArray[1]의 길이: 3
32
33      string str = "";
34      foreach (string[] sArray in jArray)                                 // h
35      {
36          foreach (string sTemp in sArray)
37          {
38              if (sTemp != null)
39              {
40                  str += " | " + sTemp;                                   // i
41              }
42              else
43              {
44                  str += " | _";                                          // j
45              }
46          }
47          str += " | \n";
48      }
49
50      print(str);
51  }
52 }
```

a. 7행은 jArray를 가변 배열(즉, 배열의 배열)로 선언한다. 여기서 string[]은 문자열의 컬렉션이고 string[][]은 문자열 배열(또는 string[])의 컬렉션이다.

b. 11행은 jArray를 길이가 4인 가변 배열로 정의한다. 두 번째 대괄호 세트가 비어 있다는 것은 하위 배열의 길이가 정해지지 않았다는 의미다(길이를 지정한 후에는 고정되므로 변경하기가 어렵다).

c. 13행은 jArray의 0번째 요소를 길이 4의 문자열 배열로 정의한다. 14 ~ 17행은 이 하위 배열에 요소들을 삽입하는데, jArray의 0번째 하위 배열에 접근하고자 1번째 대괄호 세트([0])를 사용했으며 그 하위 배열의 네 요소 각각에 문자열을 삽입하고자 2번째 대괄호 세트를 사용했다.

d. 20행과 21행은 단일 행 형태의 배열 정의를 사용한다. 중괄호 안에 배열 요소를 모두 정의했기 때문에 배열의 길이를 명시적으로 지정할 필요가 없다(따라서 new string[]과 같이 대괄호가 비어 있다).

e. 23 ~ 25행은 jArray의 3번째 요소를 길이 4의 string[]으로 정의하고 나서 그 string[]의 0번째 및 3번째 요소만 채우고 1번째와 2번째 요소는 null로 남겨둔다.

f. 27행은 "jArray의 길이: 4"를 출력한다. jArray는 (다차원 배열이 아닌) 배열의 배열이기 때문에 jArray.Length는 1번째 대괄호 세트(즉, 네 개의 하위 배열)를 통해 접근할 수 있는 요소의 수만 카운트한다.

g. 30행은 "jArray[1]의 길이: 3"을 출력한다. jArray는 배열의 배열이기 때문에 하위 배열의 길이를 쉽게 확인할 수 있다.

h. 가변 배열에서 foreach는 배열과 그 하위 배열에 대해 개별적으로 작동한다. jArray에 대한 foreach는 jArray의 네 개 string[](문자열 배열) 요소에 대해 반복하고 string[] 하위 배열의 모두에 대한 foreach는 그 안의 문자열에 대해 반복한다. sArray는 string[](문자열 배열)이고 sTemp는 문자열임에 주의한다.

앞에서 언급했듯이 jArray의 행 중 하나가 null이면 36행에서 NullReference Exception 오류가 발생한다. 이 경우 sArray는 null이 되고 36행에서 null 변수에 대해 foreach문을 실행하려고 하면 NullReferenceException 오류

(null인 요소를 참조하려는 시도)가 발생하는 것이다. foreach문은 sArray.Length 및 sArray[0]처럼 sArray의 데이터에 접근하려고 시도한다. null 데이터에는 요소나 값이 없으므로 null.Length와 같이 접근하려고 하면 이러한 오류가 발생한다.

   i. 40행의 문자열 리터럴은 공백+파이프+공백으로 입력한다.

   j. 44행의 문자열 리터럴은 공백+파이프+공백+_으로 입력한다.

이 코드는 콘솔 창에 다음을 출력한다.

```
jArray의 길이: 4
jArray[1]의 길이: 3
 | A | B | C | D |
 | E | F | G |
 | H | I |
 | J | _ | _ | K |
```

가변 배열에 foreach 대신 for 루프 사용

배열과 그 하위 배열의 Length를 기준으로 for 루프를 사용하는 것도 가능하다. 이전 예제의 코드에서 34 ~ 48행의 foreach 루프를 다음 코드로 대체한다.

```
33        string str = ""
34        for (int i = 0; i < jArray.Length; i++)
35        {
36            for (int j = 0; j < jArray[i].Length; j++)
37            {
38                if (jArray[i][j] != null)
39                {
40                    str += " | " + jArray[i][j];
41                }
42                else
43                {
44                    str += " | _"
```

```
45                    }
46                }
47            str += " | \n"
48        }
```

이 코드는 앞서 살펴본 foreach 루프와 정확히 동일한 출력을 생성한다. for와 foreach 중에서 어떤 것을 사용할지 여부는 상황에 따라 다를 수 있다.

가변 리스트

가변 컬렉션에 대해 마지막으로 알아둘 사항으로 가변 리스트가 있다. 문자열의 가변 2차원 리스트는 List<List<string>> jaggedStringList와 같이 선언할 수 있다. 가변 배열과 마찬가지로 하위 리스트도 초기에는 null이므로 다음 코드와 같이 추가하면서 초기화해야 한다. 리스트와 마찬가지로 가변 리스트는 빈 요소를 허용하지 않는다. 새 C# 스크립트를 생성하고 이름을 JaggedListTest로 지정한 후 메인 카메라에 부착하고 다음 코드를 입력한다.

```
1  using System.Collections;                                          // a
2  using System.Collections.Generic;
3  using UnityEngine;
4
5  public class JaggedListTest : MonoBehaviour
6  {
7      public List<List<string>> jaggedList;
8
9      // 초기화에 사용
10     void Start()
11     {
12         jaggedList = new List<List<string>>();
13
14         // 가변 리스트에 List<string> 두 개를 추가
15         jaggedList.Add(new List<string>());
16         jaggedList.Add(new List<string>());
```

```
17
18        // jaggedList[0]에 문자열 두 개를 추가
19        jaggedList[0].Add("Hello");
20        jaggedList[0].Add("World");
21
22        // 가변 리스트에 데이터를 포함한 세 번째 List<string>를 추가
23        jaggedList.Add(new List<string>(new string[] {"complex",
24        ➥"initialization"}));                                          // b
25
26        string str = "";
27        foreach (List<string> sL in jaggedList)
28        {
29            foreach (string sTemp in sL)
30            {
31                if (sTemp != null)
32                {
33                    str += " | " + sTemp;
34                }
35                else
36                {
37                    str += " | _";
38                }
39            }
40            str += " | \n";
41        }
42        print(str);
43    }
44 }
```

a. 모든 유니티 C# 스크립트에는 using System.Collections;문이 기본적으로 포함되지만 리스트에 꼭 필요한 것은 아니다(리스트를 사용하려면 System.Collections. Generic이 필요하다).

b. 이 책에서 처음으로 코드 이어짐 문자인 ➥를 사용했다. 한 행이 페이지 너비보다 더 길면 이 문자를 사용해 그다음 행으로 내려서 표기했다. ➥ 문자는 입력해서는 안 되며 이전 행과 한 행인 것처럼 이어서 입력해야

한다. 명령문 앞에 탭이 없다고 가정하면 23행은 다음과 같이 입력한다.

```
jaggedList.Add(new List<string>(new string[] {"complex", "initialization"}));
```

콘솔 창에는 다음과 같이 출력된다.

```
| Hello | World |

| complex | initialization |
```

배열 또는 리스트의 적절한 용도

배열과 리스트는 아주 비슷하므로 사람들은 주어진 상황에서 어떤 것을 사용할지 잘 모르는 경우가 많다. 배열과 리스트 컬렉션 타입 간의 주요 차이점은 다음과 같다.

- 리스트는 길이 면에서 유연하지만 배열의 길이는 변경하기 어렵다.
- 배열의 처리 속도가 좀 더 빠르다.
- 배열에서는 다차원 인덱스를 사용할 수 있다.
- 배열은 컬렉션 중간에 빈 요소를 허용한다.

리스트가 구현하기 쉽고 고려 사항이 적기 때문에(유연한 길이 덕분) 나는 개인적으로 배열보다 리스트를 훨씬 자주 사용하는 편이다. 특히 게임의 프로토타입을 제작할 때는 유연성이 중요하므로 많이 사용한다.

요약

이제 리스트, 딕셔너리, 배열을 다루는 방법을 알았으므로 게임에서 많은 수의 객체를 더 수월하게 처리할 수 있게 됐다. 예를 들어 19장으로 돌아가서 CubeSpawner 코드에 List<GameObject>를 추가하고 큐브를 인스턴스화할 때 모든 큐브를 이 리스트에 넣을 수 있다. 이렇게 하면 각 큐브에 대한 참조를 얻을 수 있고 이후에 생성된 큐브를 조작할 수 있다. 다음 연습에서는 이를 수행하는 방법을 알아본다.

요약 연습

이 연습에서는 19장의 Hello World 프로젝트로 돌아가 생성한 각 큐브를 game ObjectList라는 List<GameObject>에 추가하도록 스크립트를 작성한다. 큐브는 존재하는 프레임마다 이전 프레임의 95% 크기로 배율이 조정될 것이다. 큐브가 0.1 이하로 작아지면 씬과 gameObjectList에서 삭제된다.

하지만 foreach 루프가 반복하는 동안에는 gameObjectList에서 요소를 삭제하면 오류가 발생한다. 이 오류를 피하려면 삭제해야 하는 큐브를 removeList라는 다른 List에 임시로 저장하고 나서 List에 대해 반복해 gameObjectList에서 제거한다(코드를 보면 내가 의미하는 바를 알 것이다).

Hello World 프로젝트를 열고 새 씬을 생성한다(메뉴 표시줄에서 File ➤ Scene을 선택한 후 Basic (Built-in) 템플릿 선택). 씬을 _Scene_3으로 저장한다.[10] 새 스크립트를 생성하고 이름을 CubeSpawner3로 지정한 후 이 씬의 메인 카메라에 부착한다. 그런 다음 비주얼 스튜디오에서 CubeSpawner3를 열고 다음 코드를 입력한다.

```
1  using System.Collections;
2  using System.Collections.Generic;
3  using UnityEngine;
4
5  public class CubeSpawner3 : MonoBehaviour
6  {
7      public GameObject cubePrefabVar;
8      public List<GameObject> gameObjectList; // 모든 큐브를 저장할 리스트
9      public float scalingFactor = 0.95f;
```

---

10. _Scene_2 이름의 씬은 25장에서 만든다. - 옮긴이

```
10    // ^ 큐브가 각 프레임마다 작아지는 크기
11    public int numCubes = 0; // 인스턴스화된 큐브의 총 개수
12
13    // 초기화에 사용
14    void Start()
15    {
16        // List<GameObject>를 초기화
17        gameObjectList = new List<GameObject>();
18    }
19
20    // Update는 프레임마다 한 번씩 호출됨
21    void Update()
22    {
23        numCubes++; // 큐브 수를 증가시킴                              // a
24
25        GameObject gObj = Instantiate<GameObject>(cubePrefabVar);    // b
26
27        // 새 큐브에 값을 설정하는 행
28        gObj.name = "Cube " + numCubes;                             // c
29        Color c = new Color(Random.value, Random.value, Random.value); // d
30        gObj.GetComponent<Renderer>().material.color = c;
31        // ^ gObj의 렌더러 컴포넌트를 얻어 gObj에 임의의 색을 지정
32        gObj.transform.position = Random.insideUnitSphere;          // e
33
34        gameObjectList.Add(gObj); // 큐브의 리스트에 gObj를 추가
35
36        List<GameObject> removeList = new List<GameObject>();        // f
37        // ^ 이 removeList는 gameObjectList에서 삭제해야 하는
38        //      큐브의 정보를 저장함
39
40        // gameObjectList의 각 큐브에 대해 반복
41        foreach (GameObject goTemp in gameObjectList)               // g
42        {
43            // 큐브의 배율을 얻음
44            float scale = goTemp.transform.localScale.x;            // h
45            scale *= scalingFactor; // scalingFactor 배율로 축소
```

```
46              goTemp.transform.localScale = Vector3.one * scale;
47

48              if (scale <= 0.1f)     // 배율이 0.1f 이하인 경우...              // i
49              {
50                  removeList.Add(goTemp); // ...그러면 removeList에 추가함
51              }
52          }
53

54          foreach (GameObject goTemp in removeList)                          // g
55          {
56              gameObjectList.Remove(goTemp);                                // j
57              // ^ gameObjectList에서 큐브를 제거함
58              Destroy(goTemp);  // 큐브의 게임오브젝트를 삭제함
59          }
60      }
61  }
```

a. 생성된 큐브의 총 개수인 numCubes 카운트를 증가시키고자 증가 연산자(++) 를 사용했다.

b. cubePrefabVar의 인스턴스 하나를 생성한다. Instantiate()는 어떠한 타입 의 객체에도 사용할 수 있기 때문에 여기서 제네릭 타입 선언 "<GameObject>" 는 필수적이다(제네릭 타입 선언이 없으면 C#은 Instantiate()가 반환하는 데이터의 형식을 알 수 없다). "<GameObject>"는 Instantiate() 함수가 GameObject를 반환할 것이라고 C#에게 알려준다.

c. numCubes 변수는 각 큐브에 고유한 이름을 부여하는 데 사용된다. 첫 번째 큐브에는 [Cube 1], 두 번째 큐브에는 [Cube 2] 식으로 이름이 지정된다.

d. 29과 30행은 각 큐브에 임의의 색을 지정한다. 30행에 나와 있듯이 게임오 브젝트의 렌더러 컴포넌트에 연결된 머티리얼을 통해 색에 접근할 수 있다.

e. Random.insideUnitSphere는 지름이 1인 구([0,0,0] 점 중심) 안의 임의의 위치 를 반환한다. 이 코드는 큐브가 완전히 동일한 지점이 아닌 [0,0,0] 근처의 임의의 지점에서 스폰spawn되게 한다.

f. 코드 주석에 설명한 대로 removeList는 gameObjectList에서 제거해야 하

는 큐브를 임시로 저장한다. C#에서는 foreach 루프가 반복하는 중에는 대상 리스트에서 요소를 제거할 수 없기 때문에 이렇게 한 것이다(즉, gameObjectList에 대해 반복하는 foreach 루프 내의 41 ~ 52행에서는 gameObjectList.Remove()를 호출할 수 없다).

g. 이 foreach 루프는 gameObjectList의 모든 큐브에 대해 반복한다. goTemp 는 foreach에서 생성되는 임시 변수인데, 54행의 foreach 루프에서도 사용되므로 41행과 54행에서 두 번 선언했다. goTemp는 각 foreach 루프에 대해 로컬 범위로 지정되기 때문에 하나의 Update() 함수 내에서 이 변수를 두 번 선언해도 충돌이 발생하지 않는다. 자세한 내용은 부록 B의 '변수 범위' 절을 참고한다.

h. 44 ~ 46행은 큐브의 현재 배율을 얻어(transform.localScale의 X 차원을 얻어) 그 배율에 95%를 곱하고 나서 transform.localScale을 이 새 값으로 설정한다. Vector3과 float를 서로 곱하면(46행과 같이) 개별 차원에 똑같은 수를 곱하는 것이므로 [2, 4, 6] * 0.5f는 [1, 2, 3]이 된다.

i. 코드 주석에서 언급했듯이 새로 축소된 크기가 0.1f 이하이면 그 큐브는 removeList에 추가된다.

j. 54 ~ 59행의 foreach 루프는 removeList에 대해 반복해 여기에 있는 큐브를 gameObjectList에서 제거한다. 이 foreach가 removeList에 대해 반복하므로 gameObjectList에서 요소를 제거하는 데는 문제가 없다. 제거된 큐브 게임오브젝트는 Destroy() 명령으로 삭제하기 전에는 여전히 화면에 표시된다. 그러나 화면에서 사라져도 여전히 removeList의 요소이기 때문에 컴퓨터의 메모리에는 존재한다. 하지만 removeList는 Update() 함수의 로컬 변수이므로 Update() 함수가 완료되면 removeList도 더 이상 존재하지 않게 되고 removeList에 저장된 객체도 메모리에서 삭제된다.

스크립트를 저장하고 다시 유니티로 전환한다. 실제로 큐브를 인스턴스화할 수 있게 하려면 프로젝트 창의 큐브 프리팹을 메인 카메라 인스펙터에서 Main Camera: CubeSpawner3 (Script) 컴포넌트의 cubePrefabVar 변수에 지정해야 한다.

이렇게 한 후에 유니티에서 플레이 버튼을 클릭하면 이전 버전의 Hello World와 비슷하게 엄청나게 많은 큐브가 스폰되는 것을 볼 수 있다. 하지만 이번에는 다른 색으로 스폰되고 시간이 지남에 따라 줄어들다가 결국에는 소멸된다(이전 버전에서와 같이 무한정으로 존재하지 않음).

CubeSpawner3 코드에서는 각 큐브를 gameObjectList에 저장하고 추적하므로 프레임마다 큐브의 배율을 조정하고 나서 배율이 0.1f 이하로 작아진 큐브를 삭제할 수 있다. scalingFactor가 0.95f인 조건에서 각 큐브는 45프레임이 지나면 배율이 0.1f 이하로 줄어들고 항상 gameObjectList의 0번째 큐브가 제거돼 사라지므로 gameObjectList의 Count는 45로 유지된다.

이후의 내용

24장에서는 Start()와 Update() 이외의 함수를 만들고 이름을 지정하는 방법을 알아본다.

CHAPTER 24

함수와 매개변수

24장에서는 함수의 막강한 힘을 활용하는 방법을 배운다. 종류에 관계없이 변수를 입력 인자로 받고 단일 변수를 결과로 반환하는 함수를 직접 작성할 수 있다. 또한 이 밖에도 효과적이고 모듈화되며 재사용 가능하고 유연한 코드를 작성하는 데 도움이 되는 함수 오버로딩과 같은 특수한 함수 매개변수 이용법, 선택적 매개변수, params 키워드 한정자(modifier) 등에 대해서도 알아본다.

함수 예제 프로젝트 설정

부록 A에서 이 책의 각 장에 대한 유니티 프로젝트를 설정하기 위한 자세한 지침을 보여준다. 각 프로젝트가 시작될 때 다음과 비슷한 칼럼도 보일 것이다. 칼럼에 나오는 지침에 따라 24장에서 사용할 프로젝트를 만든다.

24장의 프로젝트 설정

표준 프로젝트 설정 절차에 따라 유니티에서 새 프로젝트를 생성한다. 표준 프로젝트 설정 절차에 대한 자세한 내용은 부록 A를 참고한다.

- **프로젝트 이름**: Function Examples
- **씬 이름**: _Scene_Functions
- **C# 스크립트 이름**: CodeExample

_Scene_Functions 씬의 메인 카메라에 CodeExample 스크립트를 부착한다.

함수의 정의

사실은 첫 번째 Hello World 프로그램부터 함수를 작성했다고 할 수 있지만 정확히 말하면 지금까지는 Start() 및 Update()와 같은 기존의 유니티 MonoBehaviour에서 기본으로 제공하는 함수에 내용을 추가한 것에 불과했다. 이제부터는 직접 사용자 정의 함수를 작성하게 될 것이다.

함수는 특정한 작업을 하는 코드의 집합이라고 생각하면 이해하기 쉽다. 예를 들어 Update()가 호출된 횟수를 세려면 다음과 같은 코드를 포함하는 새 C# 스크립트를 만들면 된다(굵게 표시된 행을 추가한다).

```
1  using UnityEngine;
2  using System.Collections;
3
4  public class CodeExample : MonoBehaviour
5  {
```

```
 6
 7    public int numTimesCalled = 0;                              // a
 8
 9    void Update()
10    {
11        numTimesCalled++;                                       // b
12        PrintUpdates();                                         // c
13    }
14
15    void PrintUpdates()                                         // d
16    {
17        string outputMessage = "업데이트: " + numTimesCalled;      // e
18        print(outputMessage);     // 출력 예: "업데이트: 1"          // f
19    }
20
21 }
```

a. numTimesCalled라는 public 변수를 선언하고 초깃값으로 0을 지정한다. numTimesCalled는 CodeExample 클래스 내부지만 다른 함수의 바깥에서 public 변수로 선언했기 때문에 CodeExample 클래스 안의 모든 함수에서 접근할 수 있다.

b. numTimesCalled를 증가시킨다(1을 더한다).

c. 12행에서는 PrintUpdates() 함수를 호출한다. 함수를 호출하면 해당 함수가 실행된다. 이에 대해서는 조금 뒤에 자세히 설명한다.

d. 15행에서는 PrintUpdates() 함수를 선언한다. 함수를 선언하는 것은 변수를 선언하는 것과 비슷하다. void는 함수의 반환 타입 중 하나인데(곧 자세히 설명함), 이는 함수가 값을 반환하지 않을 거라는 뜻이다. 15 ~ 19행은 함수를 정의한다. 16행의 여는 중괄호인 {와 19행의 닫는 중괄호 } 사이의 모든 코드 행이 PrintUpdates()의 정의에 포함된다.

클래스 안에서 함수를 선언하는 순서는 중요하지 않다는 데 주의하자. 즉, 클래스 CodeExample의 중괄호 안에만 포함돼 있으면 PrintUpdates()나 Update() 중 무엇이 먼저 선언됐는지는 중요하지 않다. C#은 코드를 실행하기 전에 클래스의 모든 선언을 확인한다. PrintUpdates()와 Update()가 모두 클래스 CodeExample 안에 선언된 함수이기 때문에 PrintUpdates()를 12행에서 먼저 호출하고 나중인 15행에서 선언해도 아무 문제가 없다.

e. 17행은 outputMessage라는 지역 문자열 변수를 정의한다. outputMessage 는 PrintUpdates() 함수 안에서 정의하기 때문에 범위는 PrintUpdates() 안으로 제한된다. 즉, PrintUpdates() 함수 바깥에서는 outputMessage 변수를 사용할 수 없다는 뜻이다. 변수 범위에 대한 자세한 내용은 부록 B의 '변수 범위' 절을 참고한다.

17행은 outputMessage를 "업데이트: "와 numTimesCalled를 연결한 문자열로 정의한다.

f. 단일 인자 outputMessage를 전달하며 유니티 함수 print()를 호출한다. 그러면 outputMessage의 값이 유니티 콘솔 창에 출력된다. 함수 인자에 대해서는 24장의 뒷부분에서 자세히 다룬다.

실제 게임에서 PrintUpdates()는 그리 유용한 함수는 아니지만 24장에서 설명할 다음 두 가지 개념을 아주 잘 보여준다.

- **함수는 동작을 캡슐화한다**: 함수는 여러 행의 코드로 구성된, 이름을 붙인 컬렉션으로 생각할 수 있다. 함수가 호출될 때마다 이러한 코드 행들이 실행된다. 이 개념은 PrintUpdates()와 18장의 BuySomeMilk() 예제에서 소개했다.

- **함수에는 자체 범위가 있다**: 부록 B의 '변수 범위' 절에서도 자세한 내용을 볼 수 있지만 함수 안에 선언한 변수의 범위는 해당 함수로 제한된다. 따라서 17행에 선언한 변수 outputMessage는 PrintUpdates() 함수 안에서만 적용되는 범위를 갖는다. 이를 두고 "outputMessage의 범위는 PrintUpdates() 함수 내부다." 또는 "outputMessage는 PrintUpdates() 함수의 로컬이다." 라고 말할 수 있다.

public 변수 numTimesCalled는 로컬 변수 outputMessage의 범위와 달리

CodeExample 클래스의 전체 범위를 가지므로 CodeExample의 모든 함수에서 사용할 수 있다.

이 코드를 실행하면 프레임마다 numTimesCalled가 증가하고 PrintUpdates()가 호출되는 것을 확인할 수 있다(이 함수는 콘솔 창에 numTimesCalled 값을 출력함). 함수를 호출하면 해당 함수가 실행되고, 함수가 완료되면 함수를 호출한 원래 지점으로 실행은 되돌아간다. 그래서 CodeExample 클래스에서는 프레임마다 다음과 같은 일이 발생한다.

1. 프레임마다 유니티 엔진은 Update() 함수(9행)를 호출한다.
2. 11행에서 numTimesCalled를 증가시킨다.
3. 12행에서 PrintUpdates()를 호출한다.
4. 그러면 15행의 PrintUpdates() 함수의 시작 부분으로 이동한다.
5. 17행과 18행이 실행된다.
6. 유니티가 19행의 PrintUpdates()의 닫기 중괄호에 도달하면 실행은 12행(호출했던 행)으로 되돌아간다.
7. 13행으로 실행이 계속되면서 Update() 함수가 끝난다.

24장의 나머지 부분에서는 함수의 단순한 사용과 복잡한 사용을 모두 다루고 약간 복잡한 개념도 소개한다. 이 책의 이후 실습을 진행하다 보면 함수가 작동하는 방법이나 함수를 작성하는 방법을 더 잘 이해할 수 있게 될 것이다. 따라서 지금 당장은 24장의 내용이 잘 이해되지 않더라도 걱정할 필요가 없다. 이 책을 진행하는 도중에 언제든지 되돌아와 다시 읽어봐도 된다.

유니티에서 24장의 코드 사용하기

24장의 첫 번째 코드 리스트에는 CodeExample 클래스의 모든 행이 나타나 있지만 이후의 코드 예제에서는 중요한 부분만 보여줄 것이다. 24장에서 이후에 소개하는 코드 예제를 유니티에서 실제로 실행해보려면 코드 예제를 클래스 안에 넣어야 한다. 클래스에 대해서는 26장에서 자세히 다루겠지만 일단은 24장의 이후 코드 예제 앞뒤로 다음과 같이 굵게 표시된 행을 추가하면 된다.

```
 1  using UnityEngine;
 2  using System.Collections;
 3
 4  public class CodeExample : MonoBehaviour
 5  {
 6
        // 여기 주석 위치에 코드 예제를 넣는다.
20
21  }
```

예를 들어 24장의 첫 번째 코드 예제의 경우 위의 굵게 표시한 행들을 제외하면 다음과 같이 보인다.

```
 7  public int numTimesCalled = 0;
 8
 9  void Update()
10  {
11    numTimesCalled++;
12    PrintUpdates();
13  }
14
15  void PrintUpdates()
16  {
17    string outputMessage = "업데이트: " + numTimesCalled;
18    print(outputMessage); // 출력 예: "업데이트: 1"
19  }
```

비주얼 스튜디오의 C# 스크립트에 이 7 ~ 19행의 코드 예제를 입력하려면 이전 리스트에서 굵게 표시한 행들을 추가하고 각 행(7 ~ 19)을 한 탭 들여쓰기 해야 한다. 비주얼 스튜디오에서 입력하는 코드의 최종 버전은 24장의 첫 번째 코드 예제가 된다.

24장의 나머지 코드 리스트는 앞뒤로 다른 행들이 있어야 완전하다는 것을 나타내고자 모두 7행부터 시작한다. 나는 각 행의 앞에 들어가는 탭도 생략하면서 페이지 여백을 확보해 코드를 길게 나타낼 수 있게 했다.

함수 매개변수와 인자

일부 함수는 이름 뒤에 빈 괄호를 붙여 호출된다(예, 첫 번째 코드 리스트의 PrintUpdates()).
괄호 안에 정보를 넣어 함수로 전달하는 경우도 있다(예, 다음 코드 리스트의 Say("Hello")).
이와 같이 괄호를 통해 외부 정보를 받도록 함수를 설계하는 경우 하나 이상의
매개변수parameters로 그 정보 타입을 지정하면 정보를 저장할 로컬 함수 변수(특정
타입 포함)가 생성된다. 다음 코드 리스트의 12행에서 void Say(string sayThis)는
문자열 타입의 sayThis라는 매개변수 하나를 선언한다. 그러면 sayThis는 Say()
함수 안에서 로컬 변수로 사용될 수 있다.

정보를 매개변수를 통해 함수에 보낼send 때 이를 "함수에 정보를 전달한다pass"고
말한다. 매개변수로 전달된 각 변수를 인자argument라고 한다. 다음 리스트의 9행에
서는 "Hello" 인자를 갖는 Say() 함수가 호출된다. 다른 말로 하면 "Hello"가
Say() 함수에 전달된다. 함수에 전달한 인자는 함수의 매개변수와 일치해야 하며,
그렇지 않으면 오류가 발생한다.

```
 7  void Awake()
 8  {
 9      Say("Hello");                                       // a
10  }
11
12  void Say(string sayThis)                                // b
13  {
14      print(sayThis);
15  }
```

a. 9행에서 Say()를 호출할 때 문자열 리터럴인 "Hello"를 Say()에 인자로서
   전달하고 12행에서는 sayThis의 값을 "Hello"로 설정한다.

b. sayThis라는 문자열은 Say() 함수의 매개변수로 선언된다. 이렇게 하면
   sayThis는 Say() 함수에만 적용되는 로컬 변수가 된다. 다른 말로 하면
   Say() 함수의 바깥에서는 sayThis 변수가 존재하지 않는다.

이전의 Say() 함수에서는 sayThis라는 단일 매개변수를 추가했다. 다른 변수 선언과 마찬가지로 첫 번째 단어인 string이 변수 타입이고 두 번째 단어인 sayThis가 변수 이름이다.

함수의 매개변수는 다른 로컬 함수 변수와 마찬가지로 함수가 완료되자마자 메모리에서 사라진다. 예를 들어 Awake() 함수 안의 아무 곳에서 매개변수 sayThis를 사용하려고 시도하면 sayThis가 Say() 함수 안의 범위로만 제한되기 때문에 컴파일러 오류가 발생한다.

이전 코드 예제의 9행에서 함수에 전달한 인자는 문자열 리터럴인 "Hello"이지만 함수의 매개변수와 일치하는 한 어떠한 타입의 변수나 리터럴이라도 함수에 매개변수로 전달할 수 있다(예, 다음 코드 예제의 9행에서는 this.gameObject를 PrintGameObjectName() 함수의 인자로 전달한다). 함수에 여러 개의 매개변수를 두려면 전달할 인자들을 쉼표로 구분해야 한다(다음 코드 예제의 10행 참고).

```
 7  void Awake()
 8  {
 9      PrintGameObjectName(this.gameObject);
10      SetColor(Color.red, this.gameObject);
11  }
12
13  void PrintGameObjectName(GameObject go)
14  {
15      print(go.name);
16  }
17
18  void SetColor(Color c, GameObject go)
19  {
20      Renderer r = go.GetComponent<Renderer>();
21      r.material.color = c;
22  }
```

Tip

C# 함수는 아무 순서로 정의해도 된다. 앞의 코드 리스트에서 PrintGameObjectName()과 SetColor()
가 Awake() 함수의 9과 10행에서 호출되지만 그 함수에 앞서서 미리 정의하지 않고 뒤쪽인 13
~ 22행에서 정의했다. C#에서는 이렇게 해도 괜찮다. C#은 스크립트를 실행하기 전에 전체 스크립
트에서 함수 이름을 검색하므로 스크립트에서 함수를 정의한 위치는 문제가 되지 않는다.

값 반환

값을 매개변수로 받는 것 외에 함수는 다음 코드 리스트의 16행에 나타난 것과
같이 함수의 결과를 단일 값으로 반환할 수 있다.

```
 7  void Awake()
 8  {
 9      int num = Add(2, 5);
10      print(num); // 콘솔에 숫자 7을 출력한다.
11  }
```

```
12
13  int Add(int numA, int numB)
14  {
15      int sum = numA + numB;
16      return (sum);
17  }
```

이 예제에서 Add() 함수는 정수 numA와 numB인 두 개의 매개변수를 받는다. 이 함수를 호출하면 전달한 두 정수를 더해서 그 결과를 반환한다. 13행에서 함수 정의의 시작 부분에 있는 int는 Add()가 결과로서 정수를 반환할 것이라고 선언한다. 변수를 사용하려면 변수의 타입을 선언해야 하는 것처럼 코드의 다른 곳에서 함수를 사용하려면 함수의 반환 타입도 선언해야 한다.

void 반환

지금까지 우리가 작성한 함수의 대부분은 반환 타입이 void였는데, 이 말은 함수에서 값을 반환하지 않는다는 뜻이다. 이러한 함수에서는 특정한 값을 반환하지는 않지만 그래도 이 함수 안에서 return을 호출해야 하는 경우가 있다.

함수 안에서 return을 사용하면 함수의 실행을 중단하고 함수를 호출했던 행으로 실행이 넘겨진다(예를 들어 다음 코드 예제의 21행에서 return은 11행으로 실행이 되돌아가게 한다).

함수 중간에서 반환하게 해서 함수의 나머지 부분을 실행하지 않게 하는 것이 유용할 경우가 있다. 예를 들어 10만 개가 넘는 게임오브젝트 리스트가 있는데(다음 코드 리스트의 reallyLongList), 다른 게임오브젝트에 상관없이 "Phil"이라는 게임오브젝트만 원점(Vector3.zero)으로 이동시키려 한다면 다음과 같이 함수를 작성할 수 있다.

```
7   public List<GameObject> reallyLongList; // 인스펙터에서 정의함          // a
8
9   void Awake()
10  {
11      MoveToOrigin("Phil");                                            // b
12  }
```

554

```
13
14  void MoveToOrigin(string theName)
15  {
16      foreach (GameObject go in reallyLongList)                    // c
17      {
18          if (go.name == theName)                                  // d
19          {
20              go.transform.position = Vector3.zero;                // e
21              return;                                              // f
22          }
23      }
24  }
```

a. List<GameObject> reallyLongList는 유니티 인스펙터에서 미리 정의한 가상의 아주 긴 게임 게임오브젝트 리스트다. 이 예제에서는 이렇게 미리 정의한 가상의 리스트를 사용하기 때문에 여러분이 reallyLongList를 직접 정의하지 않으면 이 코드를 유니티에 입력해도 작동하지 않는다.

b. 문자열 리터럴 "Phil"을 인자로 해서 MoveToOrigin() 함수를 호출한다.

c. foreach문은 reallyLongList에 대해 반복한다.

d. 이름이 "Phil"(즉, theName)인 게임오브젝트가 발견되면...

e. ... [0, 0, 0] 위치로 이동한다.

f. 21행은 11행으로 실행을 반환한다. 이 방법으로 리스트의 나머지 부분에 대해 반복하지 않게 할 수 있다.

MoveToOrigin()에서 Phil이라는 게임오브젝트를 처리한 후 다른 게임오브젝트에 대해서는 관심이 없으므로 함수 실행을 중단해 컴퓨팅 자원을 절약하는 것이 현명하다. Phil이 리스트에서 맨 마지막 게임오브젝트라면 자원이 전혀 절약되지 않지만 첫 번째 게임오브젝트라면 상당히 많은 자원이 절약된다.

void 반환 타입의 함수에서 return을 사용할 때는 괄호를 지정할 필요가 없다(심지어 값을 반환할 때도 괄호는 선택 사항이다).

올바른 함수 이름

기억하겠지만 변수 이름은 충분히 서술적이고 소문자로 시작하며 캐멀 표기법(각 단어의 첫 글자를 대문자로 표기)을 사용해야 한다. 예를 들면 다음과 같다.

```
int        numEnemies;
float      radiusOfPlanet;
Color      colorAlert;
string     playerName;
```

함수 이름도 이와 비슷하지만 함수 이름은 코드의 변수와 쉽게 구별할 수 있게 모두 대문자로 시작해야 한다. 다음은 몇 가지 유효한 함수 이름의 예다.

```
void ColorAGameObject( GameObject go, Color c ) {...}
void AlignX( GameObject go0, GameObject go1, GameObject go2 ) {...}
void AlignXList( List<GameObject> goList ) {...}
void SetX( GameObject go, float eX ) {...}
```

함수를 사용하는 이유

함수는 코드와 기능을 재사용 가능한 형식으로 캡슐화하는 완벽한 방법이다. 일반적으로는 동일한 코드 행을 세 번 이상 작성할 경우에는 이에 해당하는 함수를 정의하는 것이 좋다. 우선 반복되는 코드가 있는 코드 리스트로 시작해보자.

다음 코드 리스트의 AlignX() 함수는 매개변수로 세 개의 게임오브젝트를 받아 X 방향에서 이들 게임오브젝트의 위치에 대한 평균을 구한 다음 모든 게임오브젝트의 위치를 이 평균 X 위치로 설정한다.

```
 7  void AlignX(GameObject go0, GameObject go1, GameObject go2)
 8  {
 9      float avgX = go0.transform.position.x;
10      avgX += go1.transform.position.x;
11      avgX += go2.transform.position.x;
```

```
12      avgX = avgX / 3.0f;

13

14      Vector3 tempPos;
15      tempPos = go0.transform.position;                          // a
16      tempPos.x = avgX;                                          // a
17      go0.transform.position = tempPos;                         // a

18

19      tempPos = go1.transform.position;
20      tempPos.x = avgX;
21      go1.transform.position = tempPos;

22

23      tempPos = go2.transform.position;
24      tempPos.x = avgX;
25      go2.transform.position = tempPos;
26  }
```

a. 15 ~ 17행에서는 transform의 position.x를 직접 설정하게 허용하지 않는
   유니티의 제약 사항을 어떻게 해결하는지를 보여준다. 현재 위치를 다른
   변수(예, Vector3 tempPos)에 복사한 다음 해당 변수의 x 값을 변경하고 마지막으
   로 전체 Vector3을 transform.position으로 다시 복사해야 한다. 이렇게
   코드를 반복해서 작성하는 것은 아주 번거로우므로 다음의 코드 리스트에
   나타냈듯이 이 작업을 처리하는 SetX() 함수를 작성하는 것이 현명하다.
   이 목록의 SetX() 함수를 사용하면 transform의 x 위치를 한 행으로 설정
   할 수 있다(예, SetX(this.gameObject, 25.0f)).

transform.position의 x, y, z 값을 직접 설정할 수 없는 제한 때문에 AlignX()
함수의 15 ~ 25행에는 반복되는 코드가 많다. 코드를 일일이 타이핑하는 것은
아주 지루한 일인데, 이렇게 반복된 코드에 대해 나중에 어떤 것을 변경해야 한다
면 이 AlignX() 함수에서 동일한 것을 세 번이나 변경해야 한다. 이 점이 함수를
작성하는 중요한 이유 중 하나다. 다음 코드 예제에서는 앞 코드 리스트의 13 ~
25행을 새 함수 SetX() 호출로 대체했다. 다음 코드 리스트에서 굵게 나타낸 부분
은 이전 리스트와 달라진 부분이다.

```
 7  void AlignX(GameObject go0, GameObject go1, GameObject go2)
 8  {
 9      float avgX = go0.transform.position.x;
10      avgX += go1.transform.position.x;
11      avgX += go2.transform.position.x;
12      avgX = avgX / 3.0f;
13
14      SetX(go0, avgX);
15      SetX(go1, avgX);
16      SetX(go2, avgX);
17  }
18
19  void SetX(GameObject go, float eX)
20  {
21      Vector3 tempPos = go.transform.position;
22      tempPos.x = eX;
23      go.transform.position = tempPos;
24  }
```

개선한 이 코드 리스트에서는 이전 코드에서 관련 행들을 제거하고 SetX()라는
새 함수(19 ~ 24행)와 세 번의 호출(14 ~ 16행)을 넣었다. 이제 x 값을 설정하는 방법을
변경할 필요가 생길 경우 이전 코드 리스트에서는 세 번 변경해야 했지만 이제는
SetX()에서 한 번만 변경하면 된다. 이 코드가 간단한 예에 불과하지만 함수의
유용함을 보여주기에는 충분하리라 생각한다.

24장의 나머지 부분에서는 C#에서 함수를 작성하는 데 있어서 좀 더 복잡하고
흥미로운 방법을 다룬다.

함수 오버로딩

함수 오버로딩^{overloading}이란 C# 함수가 함수에 전달된 매개변수의 타입과 개수에 따
라 다르게 작동하는 기능을 의미한다. 다음 코드의 굵게 표시한 부분이 함수 오버

로딩을 사용하는 부분이다.

```
 7  void Awake()
 8  {
 9      print(Add(1.0f, 2.5f));
10      // ^ 출력: "3.5"
11      print(Add(new Vector3(1, 0, 0), new Vector3(0, 1, 0)));
12      // ^ 출력 "(1.0, 1.0, 0.0)"
13      Color colorA = new Color(0.5f, 1, 0, 1);
14      Color colorB = new Color(0.25f, 0.33f, 0, 1);
15      print(Add(colorA, colorB));
16      // ^ 출력 "RGBA(0.750, 1.000, 0.000, 1.000)"
17  }
18
19  float Add(float f0, float f1)                              // a
20  {
21      return (f0 + f1);
22  }
23
24  Vector3 Add(Vector3 v0, Vector3 v1)                        // a
25  {
26      return (v0 + v1);
27  }
28
29  Color Add(Color c0, Color c1)                             // a
30  {
31      float r, g, b, a;
32      r = Mathf.Min(c0.r + c1.r, 1.0f);                     // b
33      g = Mathf.Min(c0.g + c1.g, 1.0f);                     // b
34      b = Mathf.Min(c0.b + c1.b, 1.0f);                     // b
35      a = Mathf.Min(c0.a + c1.a, 1.0f);                     // b
36      return (new Color(r, g, b, a));
37  }
```

a. 위의 코드에는 세 가지의 다른 Add() 함수를 선언하고 정의하며 Awake() 함수의 여러 행에서 전달용 매개변수에 따라 각기 다른 Add() 함수가 호출

된다. 부동소수점 수 두 개를 전달하면 float 버전의 Add()가 사용되고, Vector3 두 개를 전달하면 Vector3 버전이 사용되며, Color 두 개를 전달하면 Color 버전이 사용된다.

  b. Color 버전의 Add()에서는 색의 빨강, 초록, 파랑, 알파 채널이 0 ~ 1의 값으로 제한되기 때문에 r, g, b, a가 1을 초과하지 않게 하는 조치가 포함된다. 이를 위해 Mathf.Min() 함수를 사용했다. Mathf.Min()은 여러 개의 인자를 매개변수로 받아 최솟값을 반환한다. 앞의 리스트에서 빨강 채널의 합계는 0.75f이므로 0.75f가 빨간색 채널에 반환되지만 초록 채널의 합계가 1.0f를 초과하므로 1.0f가 대신 반환된다.

선택적 매개변수

때로는 함수에 전달할 수도 있고 생략할 수도 있는 선택적 매개변수가 필요할 경우가 있다. 다음 코드에서 SetX()의 float eX가 선택적 매개변수다. 함수의 정의에서 매개변수에 기본값을 지정하면 컴파일러는 이 매개변수가 선택적이라고 해석한다(예, 다음 코드 리스트의 15행에서는 float eX에 기본값 0.0f를 지정함). 굵게 표시한 코드는 선택적 매개변수를 의미한다.

```
 7  void Awake()
 8  {
 9      SetX(this.gameObject, 25);                                  // b
10      print(this.gameObject.transform.position.x); // 출력: "25"
11      SetX(this.gameObject);                                      // c
12      print(this.gameObject.transform.position.x); // 출력: "0"
13  }
14
15  void SetX(GameObject go, float eX = 0.0f)                       // a
16  {
17      Vector3 tempPos = go.transform.position;
18      tempPos.x = eX;
19      go.transform.position = tempPos;
```

```
20 }
```

a. float eX는 기본값이 **0.0f**인 선택적 매개변수로 정의됐다. 함수 선언에서 eX에 기본값을 지정하면(=0.0f 부분) eX는 선택적 매개변수가 된다. eX 매개변수에 해당하는 인자를 전달하지 않아도 값은 **0.0f**가 된다.

b. float는 어떠한 정수 값이든 가질 수 있기 때문에[1] int를 float로 전달해도 아무 문제없다(예를 들어 9행의 정수 리터럴 25는 15행의 float eX 매개변수인 인자로 전달된다).

c. 11행에서는 SetX() 메서드에 eX 인자를 전달하지 않았다(하나의 인자가 필수 go 매개변수로 전달됨). 선택적 매개변수로 인자를 전달하지 않으면 기본값이 사용된다. 여기서는 15행에서 eX의 기본값을 **0.0f**로 정의했다.

Awake()에서 SetX() 함수를 처음 호출할 때는 eX 매개변수를 **25.0f**로 설정해 기본값인 **0.0f**를 오버라이드override한다. 하지만 SetX() 함수를 두 번째로 호출할 때는 eX 매개변수를 생략해 기본값인 **0.0f**가 사용되게 했다.

선택적 매개변수는 함수 정의에서 모든 필수 매개변수 다음에 나와야 한다.

params 키워드

다음 코드 리스트의 15행에 나타난 것처럼 params 키워드를 사용하면 함수가 동일한 타입의 매개변수를 개수에 제한 없이 받게 할 수 있다. 이러한 매개변수는 해당 타입의 배열로 변환된다. 굵게 나타낸 코드는 params 키워드의 사용을 보여준다.

```
7 void Awake()
8 {
9    print(Add(1));        // 출력: "1"
```

---

1. 정확히 말하면 float는 거의 모든 int 값을 저장할 수 있다. 19장에서 언급했듯이 float는 아주 크거나 아주 작은 수에서 정확도가 떨어지므로 아주 큰 int는 float가 표현할 수 있는 가장 가까운 수로 반올림될 수 있다. 내가 유니티에서 실험해 보니 float는 최대 16,777,217까지 모든 정수를 정확히 나타내는 것으로 보이며, 이보다 더 크면 정확도가 떨어진다.

```
10      print(Add(1, 2));        // 출력: "3"
11      print(Add(1, 2, 3));     // 출력: "6"
12      print(Add(1, 2, 3, 4));  // 출력: "10"
13  }
14
15  int Add(params int[] ints)
16  {
17      int sum = 0;
18      foreach (int i in ints)
19      {
20          sum += i;
21      }
22      return (sum);
23  }
```

이 예제에서 Add()는 개수에 관계없이 정수를 받아서 그 합계를 반환할 수 있다. 선택적 매개변수와 마찬가지로 params 목록은 함수 정의에서 다른 매개변수 다음에 와야 한다(즉, params 리스트 앞에 다른 필수 매개변수를 지정할 수 있다).

또한 다음 코드 리스트에서 볼 수 있듯이 이전에 작성했던 AlignX() 함수를 params 키워드를 사용해 다시 작성하면 게임오브젝트를 개수에 관계없이 받을 수 있다.

```
 7  void AlignX(params GameObject[] goArray)                    // a
 8  {
 9      float sumX = 0;
10      foreach (GameObject go in goArray)                      // b
11      {
12          sumX += go.transform.position.x;                    // c
13      }
14      float avgX = sumX / goArray.Length;                     // d
15
16      foreach (GameObject go in goArray)                      // e
17      {
18          SetX(go, avgX);
```

```
19        }
20  }
21
22  void SetX(GameObject go, float eX)
23  {
24        Vector3 tempPos = go.transform.position;
25        tempPos.x = eX;
26        go.transform.position = tempPos;
27  }
```

a. params 키워드가 있으므로 전달되는 게임오브젝트의 배열이 생성된다.

b. foreach는 goArray의 모든 게임오브젝트에 대해 반복된다. GameObject go 변수는 10 ~ 13행의 foreach 루프로 범위가 제한되므로 16 ~ 19행의 foreach 루프에서 사용하는 GameObject go 변수와 충돌하지 않는다.

c. 현재 게임오브젝트의 X 위치를 sumX에 더한다.

d. 모든 X 위치의 합을 게임오브젝트의 수로 나눠 평균 X 위치를 얻는다. 0개의 게임오브젝트 수가 전달되면 0으로 나누기를 시도하므로 이 행에서 오류가 발생한다는 점에 주의한다.

e. 또 다른 foreach 루프는 goArray의 모든 GameObject에 대해 반복하며 각 게임오브젝트를 매개변수로 해서 SetX()를 호출한다.

재귀 함수

함수가 자기 자신을 반복적으로 호출하도록 설계하는 경우가 있는데, 이를 재귀 함수recursive function라고 한다. 간단한 예로는 팩토리얼factorial 수를 계산하는 것이다.

수학에서 5!(5 팩토리얼)은 다음과 같이 이 숫자 이하의 모든 자연수를 곱한 값이다(자연수는 0보다 큰 정수다).

5! = 5 * 4 * 3 * 2 * 1 = 120

특수한 경우로 0!은 1과 같다.

```
0! = 1
```

음수의 팩토리얼은 있을 수 없으므로 음수가 팩토리얼 함수에 전달되면 0을 반환하게 해야 한다.

```
-5! = 0
```

다음과 같이 재귀 함수 Fac()을 작성해 정수의 팩토리얼을 계산할 수 있다.

```
 7  void Awake()
 8  {
 9      print(Fac(5));    // 출력: "120"                              // a
10      print(Fac(0));    // 출력: "1"
11      print(Fac(-5));   // 출력: "0"
12  }
13
14  int Fac(int n)                                                   // b, d
15  {
16      if (n < 0)        // n<0인 경우를 처리
17      {
18          return (0);
19      }
20      if (n == 0) // "마지막 경우"에 해당                            // e
21      {
22          return (1);
23      }
24      int result = n * Fac(n - 1);                                 // c, f
25      return (result);                                             // g
26  }
```

a. 정수 매개변수 5로 Fac()을 호출한다.

b. 여기서 n = 5인 Fac()의 첫 번째 반복에 들어간다.

c. 24행에서 4로 Fac()를 호출한 결과를 n(값이 5임)에 곱한다. 자기 자신을 호출

564

하는 함수의 이런 과정을 재귀^{recursion}라고 부른다.

d. 그러면 n = 4인 Fac()의 두 번째 반복에 들어간다. 이 과정이 계속돼 Fac()이 여섯 번 반복되는데, 이때 n = 0이 된다.

e. n이 0이기 때문에 다섯 번째 반복으로 되돌아가서 1을 반환한다.

f. ... 그러면 1 * 1이 된다.

g. ... 그리고 네 번째 반복으로 되돌아가 1을 전달하고 Fac()의 모든 재귀가 완료될 때까지 이전 재귀 호출이 전달돼 9행에서 Fac()의 첫 번째 반복은 120의 값을 반환한다.

이러한 모든 재귀 Fac() 호출 체인은 다음과 같이 표시할 수 있다.

```
Fac(5)                          // 1st 반복
5 * Fac(4)                      // 2nd 반복
5 * 4 * Fac(3)                  // 3rd 반복
5 * 4 * 3 * Fac(2)              // 4th 반복
5 * 4 * 3 * 2 * Fac(1)          // 5th 반복
5 * 4 * 3 * 2 * 1 * Fac(0)      // 6th 반복
5 * 4 * 3 * 2 * 1 * 1          // 5th 반복
5 * 4 * 3 * 2 * 1              // 4th 반복
5 * 4 * 3 * 2                  // 3rd 반복
5 * 4 * 6                      // 2nd 반복
5 * 24                        // 1st 반복
120                           // 최종 반환값
```

재귀 함수에서 실제 어떤 일이 수행되고 있는지 이해하는 가장 좋은 방법은 프로그램의 각 실행 단계를 확인하고 각 코드에서 여러 변수에 어떤 영향을 미치는지 볼 수 있는 비주얼 스튜디오의 기능인 디버거를 사용하는 것이다. 디버깅은 25장에서 다룬다.

요약

24장에서는 함수의 유용함을 확인하고 함수를 이용하는 여러 방법을 알아봤다. 함수는 대부분의 현대 프로그래밍 언어의 핵심 요소며 프로그래밍 경험이 많아질수록 함수의 강력함과 필요성을 더 많이 알게 될 것이다.

25장에서는 유니티에서 디버깅 도구를 사용하는 방법을 보여준다. 이 도구는 코드 관련 문제를 찾아내기 위한 도구지만 코드가 작동하는 방식을 이해하는 데도 아주 유용하다. 25장에서 디버깅 방법을 배운 다음에는 24장으로 되돌아와 Fac() 함수가 작동하는 방식을 직접 확인해보기를 권장한다. 물론 디버거를 사용해 24장의 함수뿐만 아니라 다른 장의 함수도 자유롭게 확인해본다면 그 함수들을 더 잘 이해하게 될 것이다.

디버깅

초보자에게 디버깅은 심오한 마법처럼 보이기도 한다. 하지만 사실 디버깅은 개발자가 갖춰야 할 최상의 기술 중 하나다. 다만 초보 프로그래머가 디버깅에 관심을 갖고 제대로 배우는 경우가 드문데, 이는 프로그래머로서 좋은 성장 기회를 놓치는 것이다. 모든 초보 프로그래머는 예외 없이 실수를 한다. 디버깅을 활용하면 문제가 이해될 때까지 가만히 앉아 코드를 뚫어지게 보는 것보다 훨씬 쉽고 빠르게 실수를 찾아낼 수 있다.

25장을 끝내면 컴파일타임 오류와 런타임 오류의 차이점을 구분하고, 코드에 중단점을 설정하며, 프로그램을 행 단위로 단계별 실행해 찾기 힘든 교묘한 버그를 찾는 방법을 이해할 수 있게 된다.

디버깅 시작하기

버그 찾는 방법을 배우려면 먼저 버그를 만들어봐야 한다. 25장에서는 19장에서 만든 프로젝트를 사용한다. 그 프로젝트가 준비돼 있지 않다면 19장으로 되돌아가 프로젝트를 완성해 놓는다.

25장 전체에서는 몇 가지 버그를 의도적으로 만들도록 안내할 것이다. 이렇게 하는 것이 이상하게 보일지 모르지만 25장의 목표는 유니티에서 작업하는 동안 발생하기 쉬운 몇 가지 유형의 버그와 다양한 오류를 직접 확인하며 추적하고 해결하는 경험을 제공하는 것이다. 이러한 각각의 버그 예제는 실제로 발생할 수 있는 다양한 문제를 소개하며 버그가 발생했을 때 이를 발견하고 해결하는 방법을 이해하도록 도와준다.

> **Note**
>
> 25장 전체에서는 특정 행 번호에서 오류가 발생한다고 설명한다. 경우에 따라 여기서 말한 행 번호와 약간의 차이가 날 수 있다. 중요한 것은 오류가 나오는 행 번호가 아니라 오류의 내용이므로 행 번호가 다르더라도 걱정할 필요가 없으며 내용을 주의해서 보자.

25장에서는 19장의 CubeSpawner 스크립트를 수정할 것이다. 19장에서 직접 작업했었다면 25장에서 작업할 행 번호를 붙인 CubeSpawner 스크립트는 다음과 같다.

```
 1  using System.Collections;
 2  using System.Collections.Generic;
 3  using UnityEngine;
 4
 5  public class CubeSpawner : MonoBehaviour
 6  {
 7      public GameObject cubePrefabVar;
 8
 9      // Start is called before the first frame update
10      void Start()
11      {
12          // Instantiate( cubePrefabVar );
```

```
13      }
14
15      // Update is called once per frame
16      void Update()
17      {
18          Instantiate(cubePrefabVar);
19      }
20  }
```

Pro Tip

버그 중 90%는 오타다. 나는 학생들이 버그를 잡는 것을 돕는 데 많은 시간을 보내다보니 이제는 코드에서 오타를 금방 찾아낼 수 있다.[1] 가장 일반적인 것은 다음과 같다.

- **철자 실수:** 한 글자라도 잘못 입력해도 컴퓨터는 무엇을 의미하는지 알지 못한다.
- **대소문자 실수:** C# 컴파일러에게 A와 a는 완전히 다른 글자이므로 variable, Variable, variAble은 완전히 다른 단어다.
- **세미콜론 누락:** 거의 모든 문장이 마침표로 끝나야 하는 것처럼 C#의 거의 모든 문장은 세미콜론(;)으로 끝나야 한다. 세미콜론을 생략하면 다음 행에서 오류가 발생한다. 참고: 마침표는 소수점뿐만 아니라 변수 이름과 그 하위 이름을 구분하는 데 사용되기 때문에(예, varName.subVarName.subSubVarName) 세미콜론을 사용하는 것이다.

컴파일타임 버그

컴파일타임 버그(또는 오류)는 C# 코드를 컴파일할 때(즉, 유니티가 C# 코드를 해석해 공통 중간 언어[CIL, Common Intermediate Language]로 변환한 후에 컴퓨터에서 실행할 수 있는 기계어로 변환할 때) 발견하는 문제다. 유니티에서 Hello World 프로젝트를 연 후 다음 지침에 따라 의도적으로 컴파일타임 오류를 만든 다음 어떻게 되는지 확인해보자.

1. 기존의 _Scene_1을 복제한다. 이렇게 하려면 프로젝트 창에서 _Scene_1을 클릭해 선택하고 메뉴 표시줄에서 Edit ➤ Duplicate를 선택한다. 복제된 씬의 이름을 _Scene_2로 변경한다.

---

1. 주의 깊게 읽고 있다면 17장에 있는 팁을 기억할 것이다. 그 팁은 여기서 또 언급할 만큼 중요한 사항이다.

2. _Scene_2을 더블 클릭해 하이어라키 창과 씬 뷰에서 연다. 씬을 열면 유니티 창의 제목이 Hello World -_Scene_2 - Windows, Mac, Linux로 변경된다. 또한 플레이를 클릭하면 _Scene_1과 완전히 동일하게 실행되는 것을 확인할 수 있다.

3. 이제 _Scene_1의 원래 버전이 손상되지 않게 CubeSpawner 클래스의 두 번째 버전을 만들어야 한다. 프로젝트 창에서 CubeSpawner 스크립트를 클릭해 선택한 다음 메뉴 표시줄에서 Edit ➤ Duplicate를 선택한다. 그러면 CubeSpawner1이라는 스크립트가 생성되고 콘솔 창에 오류가 즉시 나타난다 (그림 25.1 참고). 오류를 클릭하면 콘솔 창 아래쪽에 자세한 정보가 표시된다.

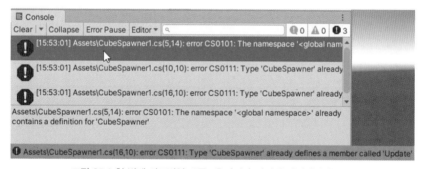

그림 25.1 첫 번째 의도적인 오류: 유니티가 잡아낸 컴파일타임 오류

세 개의 새로운 컴파일타임 오류 메시지가 나타나 있다. 주의해야 할 점은 오류 메시지는 항상 위에서 아래로 해결해 나가야 한다는 점이다. 오류 메시지들이 서로 연관돼 있는 경우가 있기 때문에 하나의 오류를 해결하면 그 아래의 오류 메시지들이 모두 사라질 수 있다. 첫 번째 오류 메시지에는 많은 유용한 정보가 포함돼 있으므로 세부적으로 확인해보자.

```
Assets\CubeSpawner1.cs(5,14):
```

표시된 모든 오류에는 유니티가 오류를 발견한 위치에 대한 정보가 포함된다. 이 부분은 오류가 프로젝트의 Assets 폴더에 있는 CubeSpawner1.cs 스크립트에서 발견됐고 5행 14번 문자에서 발견됐다는 것을 알려준다.

```
error CS0101:
```

오류의 두 번째 부분은 어떤 종류의 오류가 발생했는지 알려준다. 이해할 수 없는 오류가 발생한 경우 웹에서 'Unity error' 단어와 오류 코드를 붙여 검색하면 관련 내용을 찾아볼 수 있다(이 예의 경우 'Unity error CS0101'을 검색한다). 이렇게 검색하면 비슷한 문제를 설명하는 포럼 게시물 등의 자료를 찾을 수 있다. 내 경험상 일반적으로 http://forum.unity.com과 https://answers.unity.com에 도움이 되는 결과가 많고 http://stackoverflow.com에도 종종 아주 좋은 답변이 있다.

```
The namespace '<global namespace>' already contains a definition for 'CubeSpawner'
```

오류 메시지의 마지막 부분은 알아보기 쉬운 영어로 오류를 설명한다. 이 경우 CubeSpawner라는 용어가 이미 코드의 다른 부분에 정의돼 있다고 언급한다. 이 예제에서는 CubeSpawner와 CubeSpawner1 스크립트에서 모두 CubeSpawner 클래스를 정의하려고 하는 것이 문제의 원인이다.

이 문제를 해결해보자.

1. CubeSpawner1을 더블 클릭해 비주얼 스튜디오를 연다(또는 콘솔 창에서 오류 메시지를 더블 클릭해도 된다. 맥에서는 오류가 발생한 행에 대한 스크립트가 열리고 윈도우 버전에서도 그렇게 되기도 한다).

2. CubeSpawner1 스크립트의 5행(CubeSpawner를 선언하는 행)을 다음과 같이 변경한다.

   ```
   5 public class CubeSpawner2 : MonoBehaviour
   ```

   CubeSpawner2 클래스 이름은 다른 오류를 확인하고자 의도적으로 스크립트 이름과 다르게 지정한 것이다.

3. 파일을 저장하고 유니티로 돌아오면 **콘솔** 창에 나타났던 세 개의 오류 메시지가 모두 사라지는 것을 볼 수 있다.

비주얼 스튜디오에서 스크립트를 저장할 때마다 유니티는 저장을 감지하고 스크립트를 다시 컴파일해 오류가 없는지 확인한다. 유니티가 버그를 발견하면 방금 전 해결한 것과 비슷한 컴파일타임 오류 메시지를 표시한다. 이러한 버그는 유니티가 문제가 발생한 부분을 정확하게 찾고 알려줄 수 있기 때문에 수정하기에 가장 쉬운 버그에 해당한다. 이제 CubeSpawner 스크립트는 CubeSpawner 클래스를 정의하고 CubeSpawner1 스크립트는 CubeSpawner2 클래스를 정의하므로 컴파일타임 오류는 사라졌다.

세미콜론 누락으로 인한 컴파일타임 오류

이제 다음과 같이 세미콜론을 삭제해 다른 종류의 컴파일타임 오류를 만든다.

1. 다음과 같이 18행의 끝에 있는 세미콜론(;)을 삭제한다.

   ```
   18      Instantiate( cubePrefabVar );
   ```

2. 스크립트를 저장하고 유니티로 돌아온다. 새로운 컴파일타임 오류 메시지가 나타난다.

   ```
   Assets\CubeSpawner1.cs(18,35): error CS1002: ; expected
   ```

   이 오류 메시지는 "세미콜론이 빠졌습니다."라고 말하며 스크립트를 컴파일할 때 어디(18행, 35문자)에서 문제가 생겼는지 알려준다.

3. 18행 끝에 다시 세미콜론을 추가하고 저장한다. 유니티로 돌아오면 오류 메시지가 사라지는 것을 볼 수 있다.

컴파일타임 오류는 거의 대부분 문제가 발생한 행이나 이후 행에서 감지되기도 한다. 또한 대다수의 컴파일타임 오류는 그 코드 아래로 계속해서 여러 문제가 쌓여 있는 것으로 인식한다. 따라서 항상 위에서 아래로 코드 문제를 바로잡아 나가다보면 그 아래로 발생한 많은 오류가 자동으로 해결되는 경우가 많다.

스크립트 부착과 제거

유니티에서 CubeSpawner1 스크립트를 하이어라키 창에 있는 Main Camera로 드래그

572

한다. 이번에는 그림 25.2와 같은 오류가 표시된다.

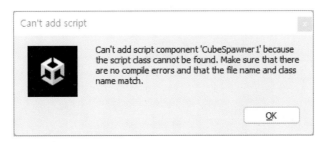

그림 25.2 일부 오류는 스크립트를 게임오브젝트에 부착하려고 할 때만 발생한다.

스크립트 CubeSpawner1의 이름이 스크립트에서 정의하고 있는 클래스의 이름인 CubeSpawner2와 일치하지 않기 때문에 유니티가 불평하는 것이다. 유니티에서 MonoBehaviour를 확장하는 클래스(예를 들어 CubeSpawner2 : MonoBehaviour)를 만들 때 클래스의 이름은 정의한 파일의 이름과 일치해야 한다. 이 문제를 해결하려면 그냥 두 이름을 같게 하면 된다.

1. 프로젝트 창에서 CubeSpawner1을 한 번 클릭해 선택하고 나서 다시 클릭해 (즉, 더블 클릭처럼 빠르게 하지 말고 약간의 시간을 두고 두 번 클릭함) 이름을 변경한다. 윈도우의 경우 맥OS에서는 Return 키, 윈도우에서는 F2 키를 눌러 스크립트의 이름을 변경해도 된다.

2. 이름을 CubeSpawner2로 변경하고 메인 카메라로 다시 드래그한다. 이번에는 문제없이 진행될 것이다.

3. 하이어라키 창에 있는 메인 카메라를 클릭한다. 인스펙터 창을 보면 메인 카메라에 CubeSpawner와 CubeSpawner2 스크립트가 모두 부착돼 있는 것을 확인할 수 있다.

4. 이들 스크립트 모두가 필요한 것은 아니므로 그림 25.3과 같이 인스펙터 창에서 Cube Spawner (Script)라는 이름 오른쪽에 있는 세 개의 점 아이콘을 클릭하고 드롭다운 메뉴에서 Remove Component를 선택한다(Cube Spawner (Script) 이름에 마우스 오른쪽 버튼으로 클릭해도 똑같은 메뉴를 볼 수 있다).

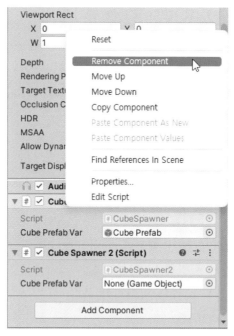

그림 25.3 여분의 CubeSpawner 스크립트 컴포넌트 제거

이렇게 하면 두 개의 다른 스크립트가 동시에 큐브를 생성하려고 시도하는 것을 예방할 수 있다. 25장과 이후 몇 개의 장에서는 게임오브젝트당 하나의 스크립트 컴포넌트만 부착할 것이다.

런타임 오류

다음 단계를 따라서 또 다른 종류의 오류를 알아보자.

1. 플레이를 클릭하면 다른 종류의 오류가 발생한다(그림 25.4 참고).
2. 일시 중지 버튼(플레이 버튼 옆에 두 개의 수직 막대가 있는 버튼)을 클릭해 플레이를 일시 중지하고 이 오류를 살펴본다.

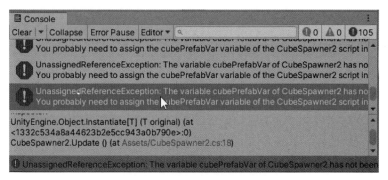

그림 25.4 동일한 런타임 오류의 반복

이 오류는 유니티가 프로젝트를 플레이하려고 할 때 발생하는 런타임 오류[runtime error]다. 런타임 오류는 (컴파일러의 관점에서) 모든 코드에 문제가 없지만 코드를 실행하는 동안 문제가 발생했음을 의미한다.

이 오류는 지금까지 봤던 다른 오류와는 약간 다르다는 것을 알 수 있다. 한 가지 예로 오류 메시지의 시작 부분에는 오류가 발생한 위치에 대한 정보가 없다. 하지만 오류 메시지 중 하나를 클릭하면 콘솔의 아래쪽에 추가 정보가 표시된다. 런타임 오류의 경우 마지막 줄에 오류가 발생한 행이 나온다. 여기에 나오는 행은 경우에 따라 버그가 있는 행일 수도 있고 다음 행일 수도 있다. 여기에 나오는 오류 메시지는 CubeSpawner2.cs의 18행 또는 18행 근처에 오류가 있다고 알려준다.

```
CubeSpawner2.Update () (at Assets/CubeSpawner2.cs:18)
```

CubeSpawner2의 18행을 보면 cubePrefabVar를 인스턴스화하는 행이다(실제로 여러분의 행 번호와는 약간 다를 수 있지만 상관없다).

```
18        Instantiate(cubePrefabVar);
```

컴파일러가 문제없다고 판단한 것에서 알 수 있듯이 겉으로는 괜찮아 보인다. 오류 메시지를 더 자세히 살펴보자.

```
UnassignedReferenceException: The variable cubePrefabVar of CubeSpawner2 has not
been assigned.
```

```
You probably need to assign the cubePrefabVar variable of the CubeSpawner2 script
in the inspector.
UnityEngine.Object.Instantiate[T] (T original) (at
<1332c534a8a44623b2e5cc943a0b790e>:0)
CubeSpawner2.Update () (at Assets/CubeSpawner2.cs:18)
```

이 오류 메시지는 변수 cubePrefabVar가 지정되지 않았다는 의미인데, 메인 카메라의 인스펙터(하이어라키 창에서 Main Camera를 클릭함)에서 CubeSpawner2 (Script) 컴포넌트를 보면 이 말이 맞다는 것을 알 수 있다.

3. 19장에서 했던 것처럼 인스펙터 창에서 cubePrefabVar 옆에 있는 원형 과녁을 클릭하고 Assets 목록에서 Cube Prefab을 선택한다. 이제 인스펙터에서 cubePrefabVar에 큐브가 지정된 것을 확인할 수 있다.

4. 일시 중지 버튼을 다시 클릭해 시뮬레이션을 재시작하면 큐브가 정상적으로 스폰되기 시작한다.

5. 플레이 버튼을 클릭해 시뮬레이션을 중지하고 다시 플레이 버튼을 클릭해 시작해본다. 이게 어찌된 일인가? 동일한 오류가 또 발생한다.

6. 다시 플레이 버튼을 클릭해 시뮬레이션을 중지한다.

> **Warning**
>
> **플레이하는 동안 변경한 내용은 유지되지 않는다.** 이 문제는 생각보다 상당히 자주 발생한다. 유니티가 이와 같이 작동하는 데는 충분한 이유가 있겠지만 초보자들이 혼동하는 원인이 된다. 유니티가 플레이 중이거나 일시 중지된 동안 (방금 cubePrefabVar에 했던 것처럼) 변경한 내용은 플레이가 중지되면 원래 상태로 되돌아간다. 변경 내용이 유지되게 하려면 유니티가 플레이 중이 아닐 때 변경을 적용해야 한다.

7. 유니티가 중지된 상태이므로 메인 카메라 인스펙터 창에서 Cube Prefab을 cubePrefabVar 필드에 다시 지정한다. 이번에는 (설정할 때 유니티를 중지했으므로) 유지된다.

8. 플레이를 클릭하면 이번에는 정상적으로 실행된다.

디버거를 이용해 단계별로 코드 실행

25장에서 지금까지 살펴본 자동 코드 검사 기능 외에도 유니티와 비주얼 스튜디오는 코드를 한 줄씩 실행해 코드에서 일어나는 일을 자세히 확인할 수 있는 기능이 있다.

비주얼 스튜디오에서 CubeSpawner2 스크립트를 열고 다음 코드 리스트에서 굵게 표시된 행들을 추가한다(즉, 17행과 21 ~ 32행을 추가한다). 스크립트 안에 공간을 추가하려면 Return 키(윈도우 키보드의 경우에는 Enter 키)를 필요한 만큼 누르면 된다. 이 코드는 그림 25.5에도 나와 있다.

그림 25.5 SpellItOut() 함수의 17행에 중단점이 설정된 상황

```
1  using System.Collections;                                    // a
2  using UnityEngine;
3
4  public class CubeSpawner2 : MonoBehaviour
5  {
6      public GameObject cubePrefabVar;
7
8      // Start is called before the first frame update
```

```
 9      void Start()
10      {
11          // Instantiate( cubePrefabVar );
12      }
13
14      // Update is called once per frame
15      void Update()
16      {
17          SpellItOut();                                    // b
18          Instantiate(cubePrefabVar);
19      }
20
21      public void SpellItOut()                             // c
22      {
23          string sA = "Hello World!";
24          string sB = "";
25
26          for (int i = 0; i < sA.Length; i++)              // d
27          {
28              sB += sA[i];                                 // e
29          }
30
31          print(sB);
32      }
33  }
```

a. 이 코드 리스트에는 System.Collections.Generic 라이브러리가 빠져 있다. 이 라이브러리를 이용하는 것이 없기 때문에 코드를 간략하게 하기 위해 빼도 된다.

b. 17행은 SpellItOut() 함수를 호출한다.

c. 21 ~ 32행은 SpellItOut() 함수를 선언하고 정의한다. 이 함수는 문자열 sA의 내용을 문자열 sB로 한 번에 한 문자씩 복사한다.

d. 이 for 루프는 sA의 길이만큼 반복한다. "Hello World"는 11자이기 때문에 루프는 11번 반복된다.

e. 28행은 sA에서 i번째 문자를 sB의 끝에 추가한다. 이렇게 하는 것은 문자열을 복사하는 데 비효율적인 방법이지만 디버거가 어떻게 작동하는지를 설명하기에는 아주 적당하다.

코드를 모두 제대로 입력한 후 17행 왼쪽의 여백을 클릭한다(그림 25.5 참고). 그러면 17행에 빨간색 원 모양의 중단점이 추가된다. 중단점을 설정하면 비주얼 스튜디오가 유니티를 디버깅 모드로 실행하며 실행 지점이 중단점에 도달할 때마다 실행이 일시 중지된다. 직접 확인해보자.

애플리케이션을 강제 종료하는 방법

디버깅에 들어가기 전에 강제로 애플리케이션을 종료하는 방법(즉, 사용자 입력에 응답하지 않는 애플리케이션을 종료하는 방법)을 알아두면 유용하다. 경우에 따라 유니티나 비주얼 스튜디오가 응답하지 않으면 강제 종료해야 하기 때문이다.

윈도우 시스템
다음과 같이 강제 종료한다.

1. 키보드에서 Shift+Ctrl+Esc를 누른다. 윈도우 **작업 관리자**가 열린다.
2. 제대로 작동하지 않는 애플리케이션을 찾는다.
3. 해당 애플리케이션을 클릭하고 나서 **작업 끝내기**를 클릭한다.

맥OS 시스템
다음과 같이 강제 종료한다.

1. 키보드에서 Command+Option+Esc를 누른다. **강제 종료** 창이 나타난다.
2. 제대로 작동하지 않는 애플리케이션을 찾는다. 애플리케이션 목록에서 그 이름 뒤에 종종 '(응답 없음)'이 나타난다.
3. 해당 애플리케이션을 클릭하고 나서 **강제 종료**를 클릭한다.

리눅스 시스템
다음과 같이 강제 종료한다.

1. 키보드에서 Ctrl+ALT+F1을 누른다. **셸** 창이 나타난다.
2. 로그인 후 ps -ef 명령으로 제대로 작동하지 않는 애플리케이션을 찾는다.
3. 해당 애플리케이션의 PID를 알아내 kill -9 PID를 입력한다.

4. Ctrl+ALT+F7을 눌러 GUI로 복귀한다.

유니티를 실행 중에 강제 종료해야 한다면 최근 저장 이후에 수행한 작업은 손실된다. C# 스크립트는 계속 저장해왔기 때문에 C# 스크립트에는 문제가 없겠지만 씬에서 수행한 변경 사항을 저장하지 않았다면 다시 작업해야 할 것이다. 이 점이 내가 가능한 한 자주 씬을 저장하라고 권하는 이유 중 하나다.

유니티에 디버거 연결

유니티가 플레이할 때 일어나고 있는 일을 디버깅할 수 있게 하려면 유니티 프로세스에 비주얼 스튜디오를 연결해야 한다. 비주얼 스튜디오 디버거가 유니티에 연결되면 C# 코드에서 일어나는 일을 세부적으로 들여다보고 (17행에서 설정한 것과 같은) 중단점을 만나면 코드 실행을 일시 중지할 수 있다.

1. 비주얼 스튜디오에서 Unity에 연결 버튼을 클릭한다. 이 버튼은 그림 25.6 에 나타낸 것처럼 마우스 포인터가 가리키는 버튼이다.

그림 25.6 이 버튼을 클릭해 디버거를 유니티 편집기 프로세스와 연결한다.

그러면 자동으로 유니티 프로세스가 검색되고 비주얼 스튜디오 디버거가 연결된다. 처음 이 작업을 수행하면 유니티에서 디버깅이 가능하게 할 것인지를 묻는 메시지가 나타날 수 있다. 그럴 경우 기본적인 디버깅 가능 버튼을 누르면 된다.

컴파일 과정이 진행되는 데 약간의 시간이 걸릴 수 있다. 그 과정이 끝나면 유니티에서 플레이 버튼을 누른다. 유니티가 멈추고 비주얼 스튜디오 창으로 전환될 것이다(그림 25.7 참고). 이전에 눌렀던 Unity에 연결 버튼은 계속 버튼이 되고 비주얼 스튜디오 창 위쪽에 디버거를 제어하기 위한 여러 버튼이 표시된다(그림 25.8 참고).

디버그를 사용해 코드 검사

디버거를 준비하고 연결했으므로 어떻게 작동하는지 알아볼 차례다. 다음의 1번 과정은 이미 앞서 했던 사항이므로 정리하는 차원에서 읽어보고 2번 과정으로 넘어가자.

1. 유니티로 전환하고 플레이 버튼을 클릭해 씬을 시작한다. 곧바로 유니티가 멈추고 비주얼 스튜디오가 나타날 것이다. 때로는 윈도우에서 비주얼 스튜디오가 자동으로 나타나지 않고 유니티가 멈춘 상태 그대로 있을 수 있다. 그럴 경우에는 비주얼 스튜디오 창을 직접 선택하면 그림 25.7과 같은 화면을 볼 수 있다.

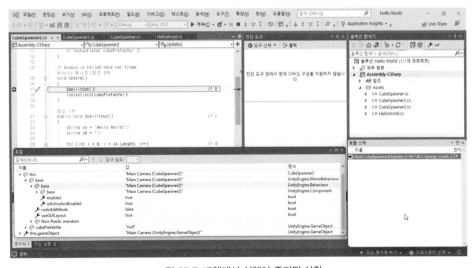

그림 25.7 17행에서 실행이 중지된 상황

중단점을 설정한 17행에서 Update() 함수의 실행이 일시 중지됐다. 여백의 노란색 화살표와 그 옆의 노란색 선은 현재 실행 중인 행을 보여준다. 디버거에서 실행이 중지된 동안에는 유니티 프로세스는 완전히 멈춘다. 즉, 다른 일반적인 방법으로는 유니티로 전환할 수 없다.

디버그 모드에서 툴바의 위쪽에 있는 일부 버튼이 변경된다(그림 25.8 참고). 디버그 버튼이 보이지 않는다면 메뉴 표시줄에서 보기 ➤ 도구모음 ➤ 디버그를 선택하면 된다.

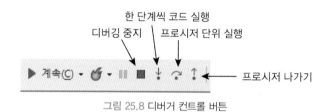

그림 25.8 디버거 컨트롤 버튼

다음 단계에서는 다양한 디버거 컨트롤 버튼의 작동 방법을 보여준다. 이 단계를 따라 하기 전에 25장의 끝부분에 있는 '디버거에서 변수 확인하기' 칼럼을 먼저 읽어보는 것이 좋다.

2. 비주얼 스튜디오에서 디버거의 계속 버튼을 클릭한다(그림 25.8 참고). 그러면 유니티가 스크립트 실행을 계속한다. 유니티가 17행과 같은 중단점에서 중지됐을 때 디버거에게 실행을 계속하라고 지시하기 전까지는 유니티의 모든 기능이 멈춘다.

계속 버튼을 클릭하면 유니티는 다시 실행을 시작하고 다른 중단점을 만날 때까지 실행한다. 이 경우에 유니티는 게임 루프를 통과해 새 프레임을 시작하고 나서 (Update()가 호출된 후) 17행에서 다시 멈추기 때문에 비주얼 스튜디오 창이 깜박인 것 외에는 아무것도 느끼지 못할 것이다.

Note
사용하는 컴퓨터에 따라 유니티 프로세스(즉, 애플리케이션)로 전환해야 유니티가 다음 프레임으로 진행하는 경우도 있다. 일부 시스템에서는 비주얼 스튜디오를 사용하는 동안 유니티가 다음 프레임으로 계속 진행되지만 그렇지 않은 시스템도 있다. **계속**을 클릭한 후 디버거의 중단점으로 노란색 화살표가 돌아오지 않는 경우 유니티 프로세스로 전환하면 다음 프레임이 시작되면서 중단점에서 다시 멈출 것이다.

앞서 언급한 것처럼 디버거에서 코드가 중지된 동안(즉, 그림 25.7의 노란색 화살표가 나오는 동안)에는 유니티 프로세스로 전환할 수 없다. 이는 정상적인 것이며 디버거에서 코드를 살펴보는 동안 유니티가 완전히 멈추기 때문이다. 디버깅을 완료하면 유니티는 정상으로 돌아온다.

3. 노란색 실행 화살표가 17행 중단점에서 다시 멈추면 프로시저 단위 실행을 클릭한다. 노란색 화살표가 SpellItOut() 함수 안으로 들어가지 않고 18행으로 이동한다. SpellItOut() 함수는 여전히 호출되고 실행되지만 디버거는 이 함수를 통과해 버린다. 프로시저 단위 실행은 호출되는 함수의 내부 작동을 살펴보고 싶지 않을 때 유용하다.

4. 계속을 다시 누른다. 유니티가 다음 프레임으로 진행하고 노란색 실행 화살표는 다시 17행 중단점에서 멈춘다.

5. 이번에는 한 단계씩 코드 실행을 클릭한다. 노란색 화살표는 17행에서 22행의 SpellItOut() 함수로 이동한 것을 볼 수 있다. 프로시저 단위 실행은 함수를 그냥 통과했지만 한 단계씩 코드 실행을 클릭하면 디버거가 호출된 함수 안으로 들어간다.

6. SpellItOut() 함수 안에 들어온 동안 한 단계씩 코드 실행을 몇 차례 클릭해 SpellItOut() 함수의 코드를 단계별로 실행할 수 있다.

7. 한 단계씩 코드 실행을 클릭하면서 이 함수가 실행되는 동안 sA와 sB의 변화를 확인할 수 있다('디버거에서 변수 확인하기' 칼럼 참고). 26 ~ 29행의 for 루프를 돌 때마다 sA의 문자가 문자열 sB에 추가된다. 로컬 디버거 창(비주얼 스튜디오의 메뉴 표시줄에서 디버그 ▶ 창 ▶ 지역을 선택하면 열림)에서 변수 값의 변화를 확인할 수 있다.

8. 노란색 실행 화살표가 아직 SpellItOut() 안에 있으면 9단계로 계속 진행하지만 프로시저 단위 실행을 여러 번 눌러 SpellItOut() 함수를 빠져나온 상태라면 계속을 클릭하고 나서 한 단계씩 코드 실행를 클릭해 SpellItOut()

안으로 다시 들어간다.

9. SpellItOut() 함수 안에 들어가 있는 동안 프로시저 나가기를 클릭한다. 그러면 디버거가 SpellItOut() 함수를 빠져나와 실행하다가 다시 17행(SpellItOut()이 호출되는 행)에서 멈춘다. SpellItOut() 함수의 나머지 코드는 여전히 실행되는데, 디버거에서 이 점을 확인하지 못할 뿐이다. 이 기능은 현재 함수를 벗어나서 현재 함수를 호출한 부분으로 돌아가려는 경우에 유용하다.

10. 그림 25.8의 디버깅 중지 버튼을 누르면 유니티 프로세스로부터 비주얼 스튜디오 디버거를 분리하고 디버거를 중지해 유니티가 원래 실행 상태로 돌아가게 한다.

디버거를 사용해 24장의 마지막 부분에서 다뤘던 재귀 Fac() 함수가 실행되는 과정을 직접 살펴보기를 권장한다. 이 함수는 디버거를 사용해 코드가 작동하는 방법을 살펴볼 수 있는 좋은 예다.

디버거에서 변수 확인하기

디버거의 가장 중요한 기능 중 하나는 언제든지 개별 변수의 값을 살펴볼 수 있다는 것이다. 비주얼 스튜디오의 디버거에서 변수의 값을 확인하는 데는 세 가지 방법이 있다. 이러한 방법을 시험하기 전에 25장에서 지금까지 설명한 지침에 따라 디버깅 프로세스를 시작해 놓아야 한다.

가장 간단한 첫 번째 방법은 비주얼 스튜디오 코드 창에서 값을 보려는 변수 위로 마우스 포인터를 이동하는 것이다. 변수 이름 위에 마우스 포인터를 올리고 약 1초간 기다리면 그 변수의 현재 값을 보여주는 풍선 도움말(tool tip)이 열린다. 하지만 표시된 값은 코드에서 해당 변수의 그 위치의 값이 아니라 노란색 화살표의 현재 위치에 해당하는 값이란 점에 주의해야 한다. 예를 들어 sB 변수는 SpellItOut() 함수 전체에 여러 번 반복되지만, 어떠한 위치의 sB 변수에 마우스를 올리든지 현재 sB의 값이 표시된다.

두 번째 방법은 디버거의 로컬(Locals) 창에서 변수를 찾아보는 것이다. 이 창을 보려면 비주얼 스튜디오 메뉴 표시줄에서 **디버그 ➤ 창 〉 지역**을 선택한다. 그러면 로컬 변수 조사 창이 열린다. 로컬 창에는 현재 디버거가 접근할 수 있는 모든 로컬 변수의 목록이 표시된다. 25장에서 설명한 대로 SpellItOut() 함수 안으로 단계별 실행해 22행에 있게 되면 this, sA, sB라는 세 개의 로컬 변수가 표시된다. 변수 sA와 sB는 처음에는 null로 설정되지만 23행과 24행에서 정의된 후에는 각각 로컬 창에 그 값이 나타난다. 디버거에서 **한 단계씩 코드 실행**을 몇 번 선택해 26행에 도달하면 정수

i가 그 행에서 선언되고 정의되는 것을 볼 수 있다. 변수 this는 CubeSpawner2 스크립트의 현재 인스턴스를 참조한다. this 옆에 있는 펼침 삼각형을 클릭하면 this 내부의 public 필드인 cubePrefabVar뿐만 아니라 base라는 변수가 나타난다. base 옆의 펼침 삼각형을 열면 CubeSpawner2의 기본 클래스(base class)인 MonoBehaviour와 연결된 모든 변수가 나타난다. MonoBehaviour와 같은 기본 클래스(상위 클래스 또는 부모 클래스)에 대해서는 26장에서 자세히 설명한다.

변수를 볼 수 있는 세 번째 방법은 **조사식** 창에 변수를 직접 추가하는 것이다. **조사식** 창을 열려면 메뉴 표시줄에서 **디버그 ➤ 창 ➤ 조사식 ➤ 조사식 1**을 선택한다. 조사할 변수를 추가하려면 **조사식** 창에서 빈 줄을 클릭한 후 필드에 변수 이름을 입력하면 된다('감시할 항목 추가' 텍스트가 있는 필드를 클릭한다). 이 필드에 변수의 이름을 입력하면 비주얼 스튜디오가 값을 보여준다. 예를 들어 변수 this.gameObject.name를 입력하고 Return 키를 누르면 이 스크립트가 부착된 게임오브젝트의 이름인 Main Camera가 나타난다. 그 값이 너무 길어 **조사식** 창에서 모두 볼 수 없는 경우에 값 옆의 돋보기를 클릭하면 전체 내용을 읽을 수 있다. 아주 큰 텍스트 문자열로 작업할 때 이런 일이 발생한다.

때로는 디버깅 프로세스의 버그로 인해(아이러니하게도) **로컬** 창에서 this가 정의되지 않은 경우도 있다는 점에 유의해야 한다. 이럴 경우에는 **조사식** 창에서 this를 항상 감시 변수로 추가해 놓으면 **로컬** 창에서 this가 제대로 작동하지 않을 때라도 여기서는 보통 작동하게 된다.

요약

이것으로 디버깅에 대한 소개가 모두 끝났다. 여기서는 니버거로 버그를 찾는 방법은 다루지 않았지만 코드를 단계별로 자세히 들여다보는 방법을 알아봤다. 코드에서 제대로 이해되지 않는 부분이 있으면 언제든지 디버거에서 단계별로 실행해볼 수 있다는 점을 기억하자.

자기 손으로 여러 가지 버그를 만드는 과정이 약간 불편하게 느껴졌을 수 있지만 이렇게 흔한 버그를 살펴보고 이해함으로써 나중에 실제 버그가 발생했을 때 더 쉽게 찾고 해결할 수 있을 것이다. 항상 오류 메시지(또는 적어도 오류 번호)를 인터넷에서 검색하면 문제 해결의 실마리가 되는 정보를 찾을 수 있다는 것을 기억하자. 25장의 시작 부분에서 언급했듯이 좋은 디버깅 기술은 인정받는 유능한 프로그래머가 되고자 갖춰야 할 가장 중요한 기술 중 하나다.

CHAPTER 26

클래스

26장을 끝내면 클래스를 생성하고 사용하는 방법을 알게 될 것이다. 클래스란 변수와 함수를 하나의 C# 객체에 담은 컬렉션이다. 클래스는 현대 게임의 핵심 구성 요소며, 객체지향 프로그래밍에서 광범위하게 사용된다.

클래스 이해하기

클래스는 기능과 데이터를 결합한 것이다. 다른 말로 하면 클래스는 함수와 변수로 구성되며 클래스 안에서 이들을 사용할 때는 메서드^{method}와 필드^{field}라고 부른다. 클래스는 종종 게임 프로젝트 세계의 객체를 나타내는 데 사용된다. 예를 들어 표준 롤플레잉 게임의 캐릭터를 생각해보자. 그 캐릭터에게는 다음과 같은 필드(또는 변수)들이 있을 수 있다.

```
string       name;          // 캐릭터의 이름
float        health;        // 캐릭터의 현재 체력
float        healthMax;     // 캐릭터가 가질 수 있는 최대 체력
List<Item>   inventory;     // 인벤토리 안에 있는 모든 아이템의 목록
List<Item>   equipped;      // 현재 장착한 아이템의 목록
```

모든 캐릭터는 체력, 장비, 이름을 갖고 있기 때문에 이 필드들은 롤플레잉 게임 RPG의 어떠한 캐릭터에도 적용할 수 있다. 또한 이러한 캐릭터에서 사용할 수 있는 여러 메서드(함수)가 있을 수 있다(다음 코드 리스트의 줄임표(...)는 함수가 작동하려면 코드를 추가해야 한다는 의미다).

```
void Move(Vector3 newLocation) {...}     // 캐릭터 이동
void Attack(Character target) {...}      // 현재 장착한 무기나 마법으로 대상 캐릭터를 공격
void TakeDamage(float damageAmt) {...}   // 캐릭터의 체력에 피해 적용
void Equip(Item newItem) {...}           // 장착 소지품에 아이템 추가
```

물론 일반적인 실제 게임에서는 위에 나온 것보다 캐릭터에게 더 많은 필드와 메서드가 필요하지만, 여기서의 요점은 RPG의 모든 캐릭터가 이들 함수와 변수를 필요로 한다는 것이다.

> **Tip**
> 여러분은 이미 클래스를 사용하고 있다. 아직 분명하게 언급하지 않았지만 지금까지 이 책에서 작성했던 코드는 모두 클래스의 일부분이었으며, 여러분이 작성한 각 C# 파일은 일반적으로 자체적인 클래스인 경우로 생각할 수 있다.

클래스(그리고 C# 스크립트)의 구조

그림 26.1에는 클래스의 여러 중요한 요소가 나온다. 이러한 요소는 모든 클래스에서 꼭 필요한 것은 아니지만 아주 일반적이다.

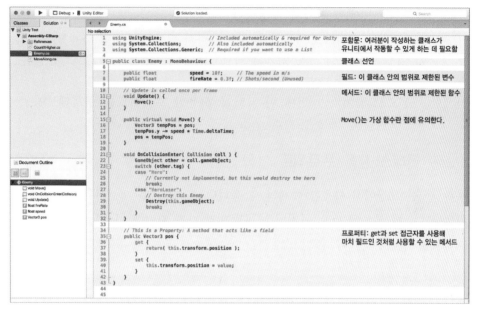

그림 26.1 클래스의 중요한 요소를 보여주는 다이어그램

- 포함문은 C# 스크립트에서 다른 사람들이 만든 다양한 클래스를 사용할 수 있게 해준다. 포함문은 using문으로 활성화하며 그림에 나오는 포함문으로 리스트와 같은 컬렉션을 비롯한 유니티의 모든 표준 요소를 활성화할 수 있다. 이들 포함문은 스크립트의 처음에 나와야 한다.
- 클래스 선언은 클래스의 이름과 이 클래스가 확장하는 다른 클래스를 지정한다(자세한 내용은 26장 뒷부분의 '클래스 상속' 절 참고). 이 경우 Enemy 클래스는 Mono Behaviour 클래스를 확장한다(MonoBehaviour는 Enemy의 상위 클래스가 된다).
- 필드는 클래스의 로컬 변수이므로 클래스에 속한 어떠한 함수라도 그 변수에 접근할 수 있다. 또한 public으로 지정한 변수는 그 클래스에 접근할 수 있는 모든 엔티티에서 접근할 수 있다(부록 B의 '변수 범위' 절 참고).

- 메서드는 클래스에 포함된 함수다. 메서드는 클래스의 모든 필드에 접근할 수 있으며 각 함수 안에서만 존재하는 자체 로컬 변수(예, Move()의 Vector3 tempPos)를 가질 수도 있다. 메서드는 클래스가 작업을 수행할 수 있게 해준다. 가상virtual 메서드는 특수한 종류의 함수며 26장의 뒷부분에 있는 '클래스 상속' 절에서 자세히 설명한다.
- 프로퍼티는 get과 set 접근자를 사용해 마치 필드인 것처럼 사용할 수 있는 함수다. 자세한 내용은 26장의 뒷부분에 있는 '프로퍼티' 절을 참고한다.

자세한 내용으로 들어가기 전에 이 코드를 사용할 프로젝트를 구성해보자.

Enemy 클래스 샘플 프로젝트 설정

부록 A에는 26장에서 사용할 예제의 새 유니티 프로젝트를 생성하는 자세한 지침이 나온다. 이 부록에 나오는 지침을 바탕으로 다음 칼럼에 나오는 정보로 새 프로젝트를 설정한다.

26장의 프로젝트 설정

표준 프로젝트 설정 절차에 따라 유니티에서 새 프로젝트를 생성한다. 표준 프로젝트 설정 절차는 부록 A에 나온다.

- **프로젝트 이름:** Enemy Class Sample Project
- **씬 이름:** _Scene_0(씬 이름을 밑줄로 시작하면 씬 이름이 프로젝트 창에서 맨 위에 정렬된다)
- **C# 스크립트 이름:** 아직 없음

이 프로젝트에는 메인 카메라 스크립트가 없으므로 부록 A의 지침에 따라 스크립트를 부착시킬 필요가 없다.

---

1. 부록 A의 지침에 따라 새 프로젝트를 생성하고 SampleScene 씬의 이름을 _Scene_0로 변경한 다음 그림 26.2에서와 같이 하이어라키 창의 + 표시를 누르고 3D Object ➤ Sphere를 선택해 새 구를 생성한다.

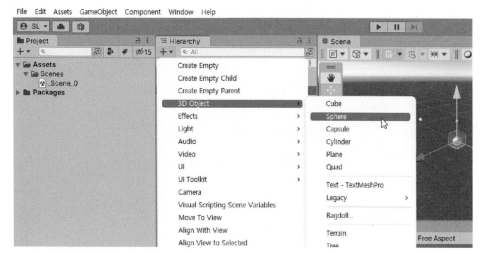

그림 26.2 _Scene_0에서 구 생성하기

2. 하이어라키 창에서 Sphere를 클릭해 구를 선택한다. 그런 다음 Transform 컴포넌트(그림 26.2에서 빨간색 박스로 표시)에서 구의 위치를 [0, 0, 0](즉, x=0, y=0, z=0)으로 설정한다.

3. 프로젝트 창에서 Assets 폴더를 선택한 후 + 표시를 눌러 C# Script를 선택하고 스크립트 이름을 Enemy로 지정한다. 이 스크립트를 더블 클릭해 비주얼 스튜디오에서 열고 다음 코드를 입력한다(그림 26.1에 나오는 코드와 동일함). 추가할 행은 코드 리스트에서 굵게 표시된다.

```
1  using System.Collections;
2  using System.Collections.Generic;
3  using UnityEngine;
4
5  public class Enemy : MonoBehaviour
6  {
7
8      public float speed = 10f;        // m/s 단위의 속력
9      public float fireRate = 0.3f;    // 초당 발사 횟수(미사용)
10
11     // Update는 프레임마다 한 번씩 호출됨
```

```
12    void Update()
13    {
14        Move();
15    }
16
17    public virtual void Move()
18    {
19        Vector3 tempPos = pos;
20        tempPos.y -= speed * Time.deltaTime;
21        pos = tempPos;
22    }
23
24    void OnCollisionEnter(Collision coll)
25    {
26        GameObject other = coll.gameObject;
27        switch (other.tag)
28        {
29            case "Hero":
30                // 현재는 구현하지 않지만 나중에 주인공 우주선을 파괴함
31                break;
32            case "HeroLaser":
33                // 이 적을 제거
34                Destroy(this.gameObject);
35                break;
36        }
37    }
38
39    // 이것은 프로퍼티: 필드처럼 작동하는 메서드
40    public Vector3 pos
41    {
42        get
43        {
44            return (this.transform.position);
45        }
46        set
47        {
```

```
48              this.transform.position = value;
49          }
50      }
51
52  }
```

프로퍼티와 가상 함수를 제외한 나머지 부분은 이해하기 쉽고 익숙할 것인데, 이 두 가지 모두는 26장에서 다룬다.

프로퍼티: 필드처럼 동작하는 메서드

이전 코드 리스트에서 Move()의 19와 21행을 보면 pos 프로퍼티를 필드인 것처럼 사용한다는 것을 알 수 있다. 이 기능은 pos 프로퍼티를 읽거나 설정할 때마다 42 ~ 49행의 get{}과 set{} 접근자 절을 통해 구현된다. pos 프로퍼티를 읽을 때마다 get{} 접근자 안의 코드가 실행되며 get{} 접근자는 프로퍼티와 동일한 타입(이 경우 Vector3)의 값을 반환해야 한다. set{} 안의 코드는 pos 프로퍼티에 값을 지정할 때마다 실행되며 value 키워드는 지정된 값을 저장하는 암시적 변수implicit variable로 사용된다. 이전 코드 리스트를 보면 21행에서 tempPos의 값을 pos에 지정하면 46행에서 pos의 set 접근자가 호출된다. 48행에서 변수 value에 저장된 tempPos의 값은 this.transform.position에 지정된다. 암시적 변수란 프로그래머가 명시적으로 선언하지 않아도 사용할 수 있는 변수를 말한다. 프로퍼티의 모든 set{} 절에는 암시적 변수인 value가 있다. 프로퍼티에서 get{}만 사용해 읽기 전용으로 만들 수 있다(또는 set{} 접근자만 사용해 쓰기 전용으로 만들 수 있다).

이전 Enemy 클래스의 pos 프로퍼티 예제에서 pos는 단순히 타이핑을 적게 하면서 this.transform.position 필드에 접근하는 데 사용된다. 하지만 다음의 코드 예제는 더 흥미로운 예를 보여준다.

1. 새 C# 스크립트를 생성하고 이름을 CountItHigher로 지정한다.
2. CountItHigher 스크립트를 현재 씬에 있는 구에 부착한다.

3. 프로젝트 창에서 CountItHigher 스크립트를 더블 클릭해 비주얼 스튜디오에서 열고나서 다음 코드를 입력한다.

```
 1  using System.Collections;
 2  using System.Collections.Generic;
 3  using UnityEngine;
 4
 5  class CountItHigher : MonoBehaviour
 6  {
 7      private int _num = 0;                                    // a
 8
 9      void Update()
10      {
11          print(nextNum);
12      }
13
14      public int nextNum                                      // b
15      {
16          get
17          {
18              _num++;          // _num의 값을 1씩 증가
19              return (_num);   // _num의 새 값을 반환
20          }
21      }
22
23      public int currentNum                                   // c
24      {
25          get { return (_num); }                              // d
26          set { _num = value; }                               // d
27      }
28  }
```

a. 정수 필드 _num은 private이므로 CountItHigher 클래스의 이 인스턴스만 접근할 수 있다. CountItHigher 클래스의 다른 인스턴스나 다른 클래스는 이 private 변수를 볼 수 없다(CountItHigher 클래스의 다른 인스턴스에도 이

594

b. nextNum은 읽기 전용 프로퍼티다. set{} 절이 없으므로 읽기만 가능하며(예, int x = nextNum;) 쓰기는 불가능하다(예, nextNum = 5;으로 하면 오류가 발생함).

c. currentNum은 읽기와 쓰기가 모두 가능한 프로퍼티다. int x = currentNum; 및 currentNum = 5;은 모두 작동한다.

d. get{}과 set{} 절은 각각 한 행으로 작성할 수 있다. 한 행으로 작성하는 경우 25행과 26행에 나타난 것처럼 세미콜론(;) 뒤에 닫는 중괄호(})가 나와야 한다.

4. 유니티로 돌아와 플레이를 클릭한다. 유니티가 프레임마다 Update() 함수를 호출하기 때문에 print(nextNum); 문의 출력값은 증가한다. 처음 다섯 개 프레임의 출력은 다음과 같다.

```
1
2
3
4
5
```

nextNum 프로퍼티를 읽을 때마다(print(nextNum);) private 필드 _num을 증가시키고 나서 새 값을 반환한다(이 코드 리스트의 18과 19행). 이는 아주 간단한 예에 불과하지만 get 또는 set 접근자를 사용하면 다른 메서드나 함수를 호출하는 것을 포함해 보통 메서드가 할 수 있는 어떠한 작업이라도 할 수 있다.

이와 비슷하게 currentNum은 _num 값을 읽거나 설정할 수 있는 public 프로퍼티다. _num은 private 필드이므로 currentNum 프로퍼티를 공개적으로 사용할 수 있게 하면 도움이 된다.

클래스 인스턴스는 게임오브젝트 컴포넌트다

이전의 여러 장에서 살펴본 것처럼 C# 스크립트를 게임오브젝트로 드래그해 놓으면 유니티 인스펙터에 보이는 Transform, Rigidbody 등의 컴포넌트와 마찬가지로 게임오브젝트의 컴포넌트가 된다. 따라서 GameObject.GetComponent<>()에서 꺾쇠괄호 사이에 클래스 타입을 넣어 호출하면 해당 게임오브젝트에 연결된 클래스의 참조를 얻을 수 있다(다음 코드 리스트의 7행 참고).

1. 새 C# 스크립트를 생성하고 이름을 MoveAlong으로 지정한다.
2. CountItHigher를 부착했던 Sphere 게임오브젝트에 MoveAlong 스크립트를 또 부착한다.
3. 비주얼 스튜디오에서 MoveAlong 스크립트를 열고 다음의 굵게 표시한 코드를 입력한다.

```
1  using System.Collections;
2  using System.Collections.Generic;
3  using UnityEngine;
4
5  class MoveAlong : MonoBehaviour
6  {
7
8      void LateUpdate()                                              // a
9      {
10         CountItHigher cih = this.gameObject.GetComponent<CountItHigher>(); // b
11         if (cih != null)                                          // c
12         {
13             float tX = cih.currentNum / 10f;                      // d
14             Vector3 tempLoc = pos;                                // e
15             tempLoc.x = tX;
16             pos = tempLoc;
17         }
18     }
19
20     public Vector3 pos                                            // f
21     {
22         get { return (this.transform.position); }
23         set { this.transform.position = value; }
```

```
24        }
25
26  }
```

a. LateUpdate()는 유니티가 프레임마다 호출하는 또 다른 내장 함수다. 유니티는 프레임마다 게임오브젝트에 부착된 모든 클래스의 Update()를 호출한 후 모든 Update()가 완료되면 모든 객체의 LateUpdate()를 호출한다. 이렇게 LateUpdate()를 사용하면 CountItHigher 클래스의 Update()가 먼저 호출된 후 MoveAlong 클래스의 LateUpdate()가 호출된다. 이를 통해 경합 상황^{race condition}으로 알려진 문제를 방지할 수 있다(자세한 내용은 다음 warning 참고).

b. cih는 CountItHigher 타입의 로컬 변수며 Sphere 게임오브젝트에 부착한 컴포넌트인 CountItHigher의 인스턴스에 대한 참조를 저장할 수 있다. GetComponent<CountItHigher>() 호출은 MoveAlong (Script) 컴포넌트와 마찬가지로 Sphere 게임오브젝트에 부착한 CountItHigher (Script) 컴포넌트를 찾는다.[1]

c. GetComponent<>() 메서드를 사용했을 때 요청한 컴포넌트의 타입이 그 게임오브젝트에 부착돼 있지 않으면 GetComponent<>()는 null(아무것도 없다는 의미의 값)을 반환한다. 따라서 cih를 사용하기 전에 cih 값이 null인지 점검하면 Null 참조 예외 오류를 방지하는 데 도움이 된다.

d. cih.currentNum은 int지만 float와 함께 수학 연산에 사용되거나(예, cih.currentNum/10f) float로 지정하면(두 경우 모두 13행에 있음) 자동으로 float로 취급된다.

e. 14과 16행은 20 ~ 24행에 정의한 pos 프로퍼티를 사용한다.

f. 이 pos 프로퍼티는 Enemy 클래스의 pos 프로퍼티와 사실상 동일하지만 get{}과 set{} 접근자 절을 각기 한 행으로 정의했다.

---

1. 프레임마다 GetComponent()를 호출하는 것은 비효율적이므로 일반적으로 cih 클래스 필드와 같은 것을 만들고 Awake() 또는 Start() 메서드의 한 부분에서 해당 값을 설정한다. 하지만 이 책의 현 시점에서는 코드의 효율성보다 단순하고 명확하게 보여주고자 프레임마다 GetComponent()를 호출한 것이다.

이 코드는 LateUpdate가 호출될 때마다 현재 게임오브젝트의 CountItHigher (Script) 컴포넌트를 찾고 여기에서 currentNum을 가져온다. 그런 다음 currentNum을 10으로 나누고 이 결과 값을 게임오브젝트의 X 위치로 설정한다(pos 프로퍼티 사용). 프레임마다 CountItHigher._num이 증가하며 이에 따라 게임오브젝트가 X축을 따라 이동한다.

4. 이 스크립트와 CountItHigher를 모두 저장한다. 즉, 비주얼 스튜디오 메뉴 표시줄에서 파일 ➤ 모두 저장을 선택한다. 각 파일 이름 탭에 별표가 없으면 모두 저장된 것이다.

5. 유니티에서 플레이 버튼을 클릭해 결과를 확인한다.

6. 씬을 저장한다(유니티 메뉴 표시줄에서 File ➤ Save를 선택한다).

> **Warning**
>
> **경합 상황에 주의할 것!** 경합 상황(race condition)이란 두 가지가 서로 의존할 때마다 발생하며 둘 중 어느 것이 먼저 수행할지 결정할 수 없는 경우를 말한다. 이전 예제에서 LateUpdate()를 사용한 이유도 경합 상황을 예방하기 위한 것이다. MoveAlong에서 Update()를 사용했다면 유니티가 CountItHigher나 MoveAlong 둘 중 어느 것의 Update()를 먼저 호출하는지 확실치 않기 때문에 유니티가 무엇을 먼저 호출하는지에 따라 게임오브젝트가 _num이 증가하기 전이나 후에 이동하게 된다. 이 예제에서는 씬의 Update()가 모두 호출되고 나서 호출되는 LateUpdate()를 사용함으로써 이런 애매한 상황을 예방했다.
>
> 경합 상황에 대해서는 31장에서 자세히 다룬다.

클래스 상속

클래스는 보통 다른 클래스의 내용을 이어받아 그 내용을 확장할 수 있다(즉, 다른 클래스를 기본으로 둠). 26장의 첫 번째 코드 리스트에 나오는 Enemy는 이 책의 다른 클래스와 마찬가지로 MonoBehaviour를 확장했다. 다음 지침에 따라 게임에서 Enemy가 작동하게 한 다음 더 자세히 알아보자.

Enemy 클래스 샘플 프로젝트의 구현

다음 단계를 완료한다.

1. 새 씬을 생성한다(메뉴 표시줄에서 File ➤ New Scene). 새 씬을 _Scene_1로 저장한다.
2. 씬에 새 구를 생성한다(GameObject ➤ 3D Object ➤ Sphere).
   a. 구의 이름을 EnemyGO로 변경한다(GO는 GameObject의 약어). 이 새 구는 _Scene_0의 구에 있던 구와는 전혀 연관이 없다(즉, 두 개의 스크립트 컴포넌트가 부착돼 있지 않다).
   b. 인스펙터의 Transform 컴포넌트를 이용해 EnemyGO의 transform.position 을 [0, 4, 0]으로 설정한다.
   c. 이전에 작성했던 Enemy 스크립트를 프로젝트 창에서 _Scene_1의 하이어 라키 창에 있는 EnemyGO로 드래그한다.
   d. 하이어라키 창의 EnemyGO를 선택한다. Enemy (Script)는 이제 EnemyGO 게 임오브젝트의 컴포넌트로 나타난다.
3. 하이어라키 창의 EnemyGO를 프로젝트 창으로 드래그해 EnemyGO라는 이름의 프리팹을 생성한다. 이전의 여러 장에서 설명한 것처럼 프리팹이 성공적 으로 생성되면 프로젝트 창에 파란색 박스 아이콘의 EnemyGO 항목이 나타 나고 하이어라키 창에 있는 EnemyGO 게임오브젝트의 이름이 파란색으로 바 뀐다(EnemyGO 프리팹의 인스턴스임을 표시함).
4. 하이어라키 창에서 Main Camera를 선택하고 위치 및 카메라 설정을 그림 26.3의 녹색 박스로 강조 표시한 값으로 지정한다.
   a. Transform의 Position을 [0, -15, -10]으로 설정한다.
   b. 카메라의 Clear Flags를 Solid Color로 설정한다.
   c. 카메라 Projection을 Perspective에서 Orthographic으로 변경한다.
   d. 카메라 Size를 20으로 설정한다.

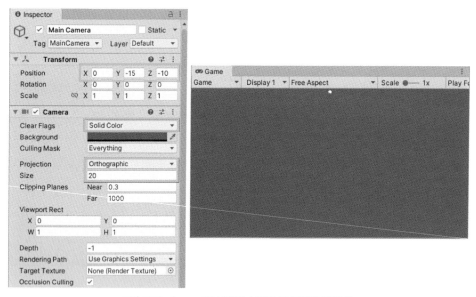

그림 26.3 _Scene_1의 카메라 설정과 그 결과의 게임 창

그림 26.3의 오른쪽에 보이는 게임 창이 카메라를 통해 보는 화면과 비슷할 것이다.

4. 플레이를 클릭한다. 화면에서 Enemy 인스턴스가 일정한 속도로 내려오는 것을 볼 수 있다.
5. 씬을 저장한다. 틈날 때마다 씬을 저장해야 한다.

상위 클래스와 하위 클래스에 대한 이해

상위 클래스^{superclass}와 하위 클래스^{subclass}는 하위 클래스가 상위 클래스로부터 상속받을 때 두 클래스 간의 관계를 설명한다. 예를 들어 Enemy 클래스가 MonoBehaviour로부터 상속받는다고 하면 Enemy 클래스는 Enemy C# 스크립트의 필드와 메서드뿐만 아니라 상위 클래스인 MonoBehaviour와 MonoBehaviour가 상속받는 모든 클래스의 필드와 메서드로 이뤄진다는 뜻이다. 이런 이유로 유니티에서 작성하는 어떠한 C# 스크립트라도 gameObject와 transform 등의 필드와 GetComponent<>()

등의 메서드를 미리 인식하게 된다.

Enemy를 확장하는 하위 클래스도 다음과 같이 만들 수 있다.

1. 프로젝트 창에서 새 C# 스크립트를 생성하고 이름을 EnemyZig로 지정한다.

2. 비주얼 스튜디오에서 EnemyZig 스크립트를 열고 상위 클래스를 MonoBehaviour 에서 Enemy로 변경한 후 Start()와 Update() 메서드를 삭제해 다음 코드 만 남긴다.

```
1 using System.Collections;
2 using System.Collections.Generic;
3 using UnityEngine;
4
5 public class EnemyZig : Enemy
6 {
7     // 여기에 있는 기본 코드 모두를 삭제
8 }
```

3. 하이어라키 창에서 + ➤ 3D Object ➤ Cube를 선택한다.

   a. EnemyZigGO로 이름을 변경한다.

   b. EnemyZigGO의 위치를 [-4, 4, 0]으로 설정한다.

   c. EnemyZig 스크립트를 하이어라키 창의 EnemyZigGO 게임오브젝트로 드래그한다.

   d. 하이어라키 창의 EnemyZigGO를 프로젝트 창으로 드래그해 EnemyZigGO의 프리팹을 만든다.

4. 플레이를 클릭한다. EnemyZigGO 박스가 EnemyGO 구와 정확히 같은 속도로 떨어지는 것을 봤는가? 이렇게 되는 것은 EnemyZig 클래스가 Enemy의 모든 동작을 상속받았기 때문이다.

5. 이번에는 EnemyZig에 다음과 같이 새 Move() 메서드를 추가한다(추가하는 행은 굵게 표시함).

```
1 using System.Collections;
```

```
 2 using System.Collections.Generic;
 3 using UnityEngine;
 4
 5 public class EnemyZig : Enemy
 6 {
 7
 8     public override void Move()
 9     {
10         Vector3 tempPos = pos;
11         tempPos.x = Mathf.Sin(Time.time * Mathf.PI * 2) * 4;
12         pos = tempPos;        // 상위 클래스의 pos 프로퍼티 사용
13         base.Move();          // 상위 클래스의 Move() 호출
14     }
15
16 }
```

이 코드에서는 상위 클래스인 Enemy의 가상 함수 Move()를 재정의하고 EnemyZig의 새 함수로 대체했다. C#에서 해당 클래스를 하위 클래스에서 재정의하려면 상위 클래스에서 Enemy.Move() 메서드를 virtual로 선언해야 한다(Enemy 클래스 스크립트의 17행에 참조).

이 새로운 Move() 함수는 상자를 사인파sine wave에 따라 좌우로 지그재그로 움직이게 한다(사인과 코사인은 이와 같이 주기적인 동작에 유용한 경우가 많다). 이 코드에서 게임오브젝트 위치의 x 컴포넌트는 현재 시간(플레이 버튼을 클릭한 후의 경과한 초)에 2π를 곱한 값의 사인으로 설정해 1초마다 사인파의 전체 주기를 반복하게 했다. 그리고 나서 이 값에 4를 곱해 x 위치가 −4 ~ 4의 범위를 갖게 한다.

13행의 base.Move() 호출은 EnemyZig가 상위 클래스(또는 '기본' 클래스)에 속한 버전의 Move()를 호출하도록 지시한다. 따라서 EnemyZig.Move()는 좌우 움직임을 처리하고 Enemy.Move()는 EnemyZigGO를 EnemyGO와 같은 속도로 떨어지게 한다.

이 예제에서 게임오브젝트 이름에 Enemy 단어를 넣었는데, 31장에서 이와 비슷한 클래스 계층 체계를 다양한 적 우주선에 사용할 것이기 때문이다.

요약

데이터와 기능을 결합할 수 있는 클래스의 능력은 개발자가 27장에서 소개할 객체지향 접근 방식을 활용할 수 있는 바탕이 된다. 객체지향 프로그래밍은 프로그래머가 클래스를 스스로 움직이고 사고하는 객체처럼 생각할 수 있게 해준다. 이러한 접근법은 유니티의 게임오브젝트 기반 구조와 아주 잘 어울릴 뿐 아니라 게임을 더 쉽고 신속하게 개발할 수 있게 할 것이다.

CHAPTER 27

객체지향적 사고

27장에서는 26장에서 설명한 클래스를 논리적으로 확장한 개념인 객체지향 프로그래밍(OOP)의 관점에서 프로그래밍을 생각하는 방법을 다룬다.

27장을 끝내면 OOP의 관점에서 생각하는 방법뿐만 아니라 유니티 개발 환경에 가장 적합하게 프로젝트의 구조를 설계하는 방법도 이해할 수 있게 된다.

객체지향의 비유

객체지향의 개념을 이해하는 데 가장 좋은 방법은 비유를 통해 알아보는 것이다. 여기에서는 떼를 지어 나는 새의 예를 생각해보자. 새 떼는 수백 또는 수천 마리의 새들로 구성될 수 있는데, 각각의 새는 주변의 다른 새나 장애물을 피해 움직여야 한다. 이렇게 정교하게 조율되는 새 떼의 움직임을 컴퓨터에서 구현하려는 시도는 상당히 오래전에 시작됐다.

단일 구조 방식으로 새 떼 시뮬레이션하기

객체지향 프로그래밍^{OOP, Object-Oriented Programming}이 등장하기 전까지 프로그램은 기본적으로 모든 작업을 담당하는 단일 함수로 이뤄져 있었다.[1] 이 단일 함수는 모든 데이터를 제어하고 화면에서 스프라이트를 이동시키며 키보드 입력에서부터 게임 로직, 음악, 그래픽 디스플레이에 이르기까지 모든 작업을 처리했다. 이와 같이 하나의 거대한 함수 안에서 모든 작업을 하는 방식을 단일 구조 프로그래밍^{monolithic programming}이라고 한다.

단일 구조 방식으로 새 떼를 시뮬레이션하려면 새 떼를 저장하는 대규모의 배열을 만들고 각각의 새를 대상으로 군집 스타일의 행동을 구현하는 프로그램을 작성하는 것이 보편적인 방법이다. 이러한 프로그램은 각각의 새를 한 프레임에서 다음 프레임의 위치로 개별적으로 이동시키고 배열 안에 모든 새의 데이터를 유지 관리해야 한다.

이런 단일 구조 프로그램은 매우 크고 다루기 어려우며 디버깅하기도 까다롭다. 예를 들어 26장의 Enemy와 EnemyZig 클래스를 모든 적을 제어하는 하나의 단일 구조 클래스로 결합하면 코드는 다음과 같을 것이다.

```
1  using System.Collections;
2  using System.Collections.Generic;
```

---

1. 물론 이는 아주 단순하게 말한 것이지만 기본 개념은 동일하다.

```
3  using UnityEngine;
4
5  public class MonolithicEnemyController : MonoBehaviour
6  {
7      // 모든 적의 리스트. 이 리스트는 유니티 인스펙터에서 채워진다.
8      public List<GameObject> enemies;                              // a
9      public float speed = 10f;
10
11     void Update()
12     {
13         Vector3 tempPos;
14
15         foreach (GameObject enemy in enemies)                      // b
16         {
17             tempPos = enemy.transform.position;
18
19             switch (enemy.name)                                   // c
20             {
21                 case "EnemyGO":
22                     tempPos.y -= speed * Time.deltaTime;
23                     break;
24                 case "EnemyZigGO":
25                     tempPos.x = 4 * Mathf.Sin(Time.time * Mathf.PI * 2);
26                     tempPos.y -= speed * Time.deltaTime;
27                     break;
28             }
29
30             enemy.transform.position = tempPos;
31         }
32     }
33 }
```

a. 이것은 모든 적을 포함하는 게임오브젝트의 리스트다. 이들 적에는 어떠한 코드도 부착되지 않는다.

b. 15행의 **foreach** 루프는 적 리스트의 각 게임오브젝트에 대해 반복한다.

c. 적에게는 어떠한 코드도 포함되지 않기 때문에 이 switch문에는 적이 수행 가능한 모든 종류의 움직임에 대한 정보가 들어가야 한다.

이 간단한 예제에서는 코드가 다소 짧고 그다지 '단일 구조적'이지 않지만 26장의 코드에서 봤던 세련미와 확장성은 찾아볼 수 없다. 예를 들어 이러한 단일 구조 방식으로 이십 가지 종류의 적을 추가하려면 각 종류마다 case문을 추가해야 하기 때문에 하나의 Update() 함수가 금방 수백 행으로 늘어날 것이다. 다행히도 우리에게는 더 좋은 방법이 있다. 26장에서 사용한 것과 같은 객체지향 하위 클래스로 20가지의 적을 추가하려면 알기 쉽고 디버그하기 수월한 20개의 작은 클래스(EnemyZig 등)를 만들면 된다. 각 클래스의 길이는 짧아서 이해뿐만 아니라 디버깅하기도 쉽다.

하나의 단일 구조 함수가 아닌 OOP로 새 떼를 시뮬레이션할 때 OOP는 각각의 새와 그 새의 지각과 동작을 (모두 자체적으로) 시뮬레이트함으로써 다른 접근 방식을 취한다.

OOP와 보이드를 사용한 새 떼 시뮬레이션

새와 물고기의 무리 행동을 단일 구조 프로그래밍 방식으로 시뮬레이션하려는 연구는 1987년 이전부터 여러 번 시도됐다. 그 당시의 일반적인 생각은 무리의 복잡하게 조율되는 동작을 구현하려면 단일 함수에서 시뮬레이션의 모든 데이터를 관리해야 한다는 것이었다.

이러한 선입견은 크레이그 레이놀즈Craig W. Reynolds가 1987년 「무리, 군집, 그리고 집단: 분산 행동 모델」이라는 논문을 발표하면서 완전히 깨졌다.[2] 이 논문에서 레이놀즈는 보이드boid라고 명명한 놀라울 만큼 단순한 객체지향 방식을 활용해 군집 행동을 시뮬레이션하는 방법을 설명했다. 보이드는 가장 기본적인 수준에서

---

2. C. W. Reynolds, "Flocks, Herds, and Schools: A Distributed Behavioral Model," Computer Graphics, 21(4), July 1987 (acm SIGGRAPH '87 Proceedings), 25–34.

다음의 세 가지 간단한 규칙을 사용한다.

1. **충돌 회피:** 인접한 일원과 충돌하지 않게 움직인다.
2. **속도 일치:** 인접한 일원과 속도와 방향을 일치시킨다.
3. **군집 위치 조정:** 인접한 일원의 평균 위치와 가깝게 위치를 조정한다.

객체지향 보이드 구현

이 실습에서는 간단한 객체지향 코드를 활용해 복잡하고 발생적인 행동을 생성하는 레이놀즈의 보이드를 구현한다. 먼저 다음 칼럼에 나오는 지침에 따라 새 프로젝트를 생성한다. 이 실습을 진행하면서 각 단계를 완료할 때마다 연필로 체크할 것을 권장한다.

보이드 프로젝트 설정
부록 A에 설명된 표준 프로젝트 설정 절차에 따라 유니티에서 새 프로젝트를 생성한다. ■ **프로젝트 이름:** Boids ■ **씬 이름:** _Scene_0 그 밖의 모든 항목은 27장을 진행하면서 만들 것이다.

간단한 보이드 모델 제작

보이드를 시각적으로 표현하고자 큐브를 늘리고 조합한 모양을 만들 것이다. 완성된 보이드 게임오브젝트 프리팹은 그림 27.1과 비슷한 모양이 된다.

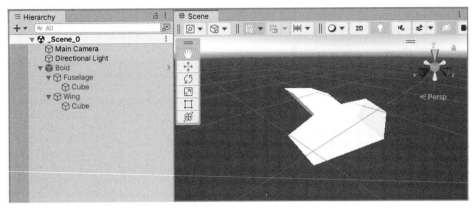

그림 27.1 완성된 보이드 모델

다음 단계를 따라 한다.

1. 유니티 메뉴 표시줄에서 GameObject ➤ Create Empty를 선택한다.
   a. 새 게임오브젝트의 이름을 Boid로 변경한다.
   b. 하이어라키 창의 배경을 클릭해 Boid의 선택을 해제한다.
2. 유니티 메뉴 표시줄에서 GameObject ➤ Create Empty를 다시 선택한다.
   a. 이 게임오브젝트의 이름을 Fuselage로 변경한다.
   b. 하이어라키 창에서 Fuselage에 마우스 포인터를 놓고 클릭한 상태(그림 27.2A)에서 Boid 위로 드래그한다(그림 27.2B).

그림 27.2 하이어라키 창에서 게임오브젝트 중첩(즉, 한 오브젝트를 다른 오브젝트의 자식으로 만들기)

그러면 Fuselage는 Boid의 자식이 된다. Boid 옆에 새로운 삼각형(그림 27.2C의 마우스 포인터가 가리킴)이 나타나 이를 클릭할 때마다 Boid의 자식을 감추거나 보이게 할 수

610

있다. 삼각형을 펼쳤을 때 하이어라키 창은 그림 27.2C와 같아야 한다.

3. Fuselage에 마우스의 오른쪽 버튼으로 클릭하고 나타나는 팝업 메뉴에서 3D Object ➤ Cube를 선택한다. 그러면 새 Cube가 Fuselage의 자식으로 생성된다(Fuselage 아래에 나타나지 않으면 직접 Fuselage로 Cube를 드래그해야 한다).

4. 그림 27.3에 표시된 것과 같이 Fuselage와 Cube의 Transform을 설정한다. 부모 Fuselage의 배율과 회전을 잘 조정하면 자식 Cube가 길쭉한 모양이 된다.

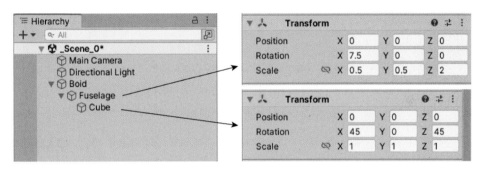

그림 27.3 Fuselage와 자식 Cube에 대한 Transform 설정

5. Fuselage 아래의 Cube를 선택한다. 인스펙터 창에서 Box Collider 컴포넌트 이름을 마우스 오른쪽 버튼으로 클릭하고 팝업 메뉴에서 Remove Component를 선택한다. 그러면 큐브에서 박스 콜라이더가 제거돼 다른 오브젝트가 이 Cube를 통과할 수 있게 된다. 콜라이더를 제거하는 또 다른 이유는 콜라이더가 큐브와 동일한 방식으로 늘어나지 않으므로 콜라이더의 물리적 경계가 큐브의 시각적 크기와 일치하지 않기 때문이다.

6. Fuselage를 선택하고 메뉴 표시줄에서 Edit ➤ Duplicate를 선택한다. 하이어라키 창의 Boid 아래에 Fuselage (1)이라는 이름의 두 번째 Fuselage가 나타난다.

   a. Fuselage (1) 게임오브젝트의 이름을 Wing으로 변경한다.

   b. Wing의 Transform을 그림 27.4와 같이 설정한다(Main Camera 설정은 13단계에서 한다).

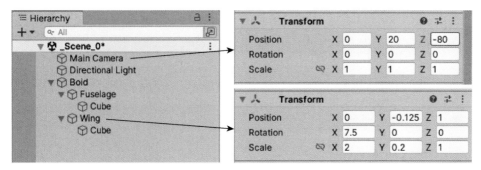

그림 27.4 Wing과 Main Camera의 Transform 설정(6단계와 13단계)

7. 이제 머티리얼을 생성해 공간을 이동할 때 각 Boid 뒤에 트레일을 형성해 보자.

   a. 유니티 메뉴 표시줄에서 Assets ➤ Create ➤ Material을 선택하고 새 머티리얼의 이름을 TrailMaterial로 지정한다.

   b. 프로젝트 창의 TrailMaterial을 선택하고 인스펙터 창의 위쪽에 있는 Shader 팝업 메뉴에서 Particles ➤ Standard Surface를 선택한다. 그런 다음 Rendering Mode에서 Additive를 선택한다.

   c. 인스펙터 창의 Particle Texture 섹션 오른쪽에는 현재 None (Texture)라는 텍스처용 빈 박스가 있다. 이 박스에서 Select 버튼을 클릭하고 나타나는 창에서 Default-Particle 텍스처를 선택한다. 이제 흰색의 희미한 원이 텍스처 박스에 나타날 것이다.

8. 하이어라키 창에서 Boid를 클릭해 강조 표시한다. 메뉴 표시줄에서 Component ➤ Effects ➤ Trail Renderer를 선택한다. 그러면 Boid에 Trail Renderer 컴포넌트가 추가된다. 인스펙터 창의 Trail Renderer 컴포넌트에서 다음과 같이 한다.

   a. Materials 옆의 펼침 삼각형을 클릭해 연다.

   b. Element 0 None (Material)의 오른쪽에 있는 작은 원을 클릭한다.

   c. 나타나는 머티리얼 리스트에서 방금 만든 TrailMaterial을 선택한다.

   d. 트레일 렌더러의 Time을 1로 설정한다.

   e. 트레일 렌더러의 Width를 0.25로 설정한다. 이제 씬 창에서 Move 도구

를 사용해 Boid를 움직여보면 자취가 남는 것을 볼 수 있다.

9. 하이어라키 창의 Boid가 여전히 선택된 상태로 유니티 메뉴 표시줄에서 Component ➤ Physics ➤ Sphere Collider를 선택한다. 그러면 Boid에 Sphere Collider 컴포넌트가 추가된다. 인스펙터 창의 Sphere Collider 컴포넌트에서 다음과 같이 한다

   a. Is Trigger을 **true**로 설정한다(체크 표시함).

   b. Center를 [0, 0, 0]으로 설정한다.

   c. Radius를 4로 설정한다(나중에 코드로 조정함).

10. 하이어라키 창의 Boid가 여전히 강조 표시된 상태로 유니티 메뉴 표시줄에서 Component ➤ Physics ➤ Rigidbody를 선택한다. 그리고 나서 인스펙터 창의 **Rigidbody** 컴포넌트에서 Use Gravity를 false로 설정한다(체크 표시 없앰).

11. 하이어라키 창에서 Boid를 프로젝트 창으로 드래그한다. 그러면 Boid라는 프리팹이 생성될 것이다. 완료된 **Boid** 모델은 그림 27.1과 같아야 한다.

12. 하이어라키 창에서 파란색 Boid 인스턴스를 삭제한다. 프로젝트 창에 Boid 프리팹이 생겼으므로 하이어라키 창에 있는 Boid는 더 이상 필요하지 않다.

13. 하이어라키 창에서 Main Camera를 선택하고 그림 27.4처럼 **Transform**을 설정한다. 이렇게 하면 메인 카메라가 멀리 떨어져 많은 보이드를 볼 수 있게 해준다.

14. 메뉴 표시줄에서 GameObject ➤ Create Empty를 선택한다. 이 새로운 게임오브젝트의 이름을 **BoidAnchor**로 변경한다. 이렇게 비어 있는 **BoidAnchor** 게임오브젝트는 씬에 추가되는 모든 **Boid** 인스턴스의 부모 역할을 해서 하이어라키 창을 가능한 한 깨끗하게 만든다.

15. 씬을 저장한다. 작업을 많이 했는데 모두 날려버리면 무척 아쉬울 것이다.

C# 스크립트

이 프로그램은 다섯 개의 다른 C# 스크립트를 사용하며 각 스크립트는 다음과 같이 중요한 작업을 수행한다.

- **Boid:** 이 스크립트는 Boid 프리팹에 부착하며 개별 Boid의 움직임을 처리한다. 이 프로그램은 객체지향 프로그램이기 때문에 개별 Boid는 환경에 대한 개별적인 이해를 바탕으로 독립적으로 행동한다.

- **Neighborhood:** 이 스크립트도 Boid 프리팹에 부착하며 다른 Boid가 근처에 있는지 알아낸다. 개별 Boid가 이 환경에 대해 중점적으로 인지해야 할 부분은 다른 Boid의 접근 정도다.

- **Attractor:** Boid는 무리를 이뤄야 하는데, 이 간단한 스크립트는 그 용도로 사용되는 게임오브젝트에 부착한다.

- **Spawner:** 이 스크립트는 메인 카메라에 부착한다. Spawner는 모든 Boid가 공유하는 필드(변수)를 저장하고 Boid 프리팹의 모든 인스턴스를 인스턴스화한다.

- **LookAtAttractor:** 이 스크립트도 메인 카메라에 부착하는데, 카메라를 회전시켜 프레임마다 Attractor를 보이게 한다.

물론 스크립트를 적게 사용해 이 작업을 수행할 수 있지만, 그렇게 하면 한 스크립트당 필요한 코드 양이 훨씬 많이 들어갈 것이다. 이 예제는 컴포넌트 지향 디자인Component-Oriented Design으로 알려진 객체지향 프로그래밍의 확장을 따른 것이다. 자세한 내용은 칼럼을 참고한다.

컴포넌트 지향 디자인

컴포넌트 패턴은 고프(GoF, Gang of Four)가 1994년에 『GoF의 디자인 패턴: 재사용성을 지닌 객체지향 소프트웨어의 핵심 요소』[3] 책에서 공식적으로 사용했다. 컴포넌트 패턴의 핵심 아이디어는 밀접하게 관련된 함수와 데이터를 하나의 클래스로 그룹화하는 동시에 각 클래스를 가능한 한 작고 집중적으로 유지하는 것이다.[4]

이름에서 알 수 있듯이 여러분은 유니티를 사용하면서 항상 컴포넌트 작업을 해왔다. 유니티의 각

---

3. Erich Gamma, Richard Helm, Ralph Johnson, and John Vissides, *Design Patterns: Elements of Reusable Object-Oriented Software* (Reading, MA: Addison-Wesley, 1994). 이 디자인 패턴 책에서는 싱글톤 패턴과 이 책에서 사용한 그 외의 패턴들도 공식적으로 사용했다.

4. 컴포넌트 패턴에 대한 전체 설명은 훨씬 복잡하지만 여기서는 이 정도만 알고 있어도 된다.

게임오브젝트는 아주 작은 클래스로서 각각 특정(그리고 격리된) 작업을 수행하는 여러 컴포넌트의 컨테이너 역할을 수행할 수 있다. 예를 들면 다음과 같다.

- 트랜스폼은 위치, 회전, 배율, 계층을 처리한다.
- 리지드바디는 움직임과 물리학을 처리한다.
- 콜라이더는 실제 충돌과 충돌 형체의 모양을 처리한다.

이들 각각은 서로 관련돼 있지만 개별 컴포넌트로 분리돼 있다. 리지드바디에서 콜라이더를 분리하면 새로운 종류의 콜라이더(예를 들어 ConeCollider)를 쉽게 추가할 수 있으며 리지드바디는 새로운 콜라이더 타입을 수용하고자 전혀 변경할 필요가 없다.

이는 게임 엔진 개발자에게 중요한 것은 맞지만 게임 디자이너와 프로토타입 제작자에게 어떤 의미가 있을까? 컴포넌트 지향 방식으로 사고할 때 가장 중요한 것은 작고 간단한 클래스다. 스크립트가 짧아지면 코드 작성, 다른 사람과의 공유, 재사용, 디버그가 훨씬 쉬우므로 이 모든 것을 목표로 삼을 수 있다.

컴포넌트 지향 디자인에서 유일하게 부정적인 점은 잘 구현하려면 사전에 고려해야 할 사항이 무척 많다는 것이다. 이 점은 가능한 한 빨리 시제품을 만들어내는 프로토타입 제작 철학에 역행하는 것이다. 이러한 딜레마 때문에 이 책 3부의 처음 몇 개 장에서는 전통적인 프로토타입 제작 스타일로 작성하다가 35장에 이르러서는 컴포넌트 지향 접근 방식을 많이 접하게 될 것이다.

다양한 소프트웨어 디자인 패턴에 대한 자세한 내용을 알려면 부록 B의 '소프트웨어 디자인 패턴' 절을 참고한다.

Attractor 스크립트

Attractor 스크립트부터 시작하자. 이 Attractor는 모든 보이드가 무리를 이루는 객체다. 이 객체가 없으면 무리를 이루기는 하겠지만 화면 전체로 퍼지게 된다.

1. 유니티 메뉴 표시줄에서 GameObject ➤ 3D Object ➤ Sphere를 선택해 새로운 구를 생성하고 나서 그 구의 이름을 Attractor로 변경한다.
2. Attractor를 선택한다. 이 Attractor의 인스펙터 창에서 Sphere Collider 컴포넌트의 이름을 마우스 오른쪽 버튼으로 클릭하고 팝업 메뉴에서 Remove Component를 선택해 Attractor에서 Sphere Collider 컴포넌트를 제거한다.
3. Attractor의 트랜스폼 배율을 S:[4, 0.1, 4](즉, X=4, Y=0.1, Z=4)로 설정한다.

4. 유니티 메뉴 표시줄에서 Component ➤ Effects ➤ Trail Renderer를 선택한다. **Attractor** 인스펙터 창의 Trail Renderer 컴포넌트에서 다음을 수행한다.

  a. Materials 옆의 펼침 삼각형을 클릭해 연다.

  b. Element 0 None (Material)의 오른쪽에 있는 작은 원을 클릭한다.

  c. 나타나는 머티리얼 목록에서 Sprites-Default를 선택한다.

  d. 트레일 렌더러의 Time을 4로 설정한다.

  e. 트레일 렌더러의 Width를 0.25로 설정한다.

5. **Attractor**의 인스펙터 창 아래쪽에 있는 Add Component 버튼을 클릭하고 나타나는 팝업 메뉴에서 New Script를 선택한다. 새 스크립트의 이름을 **Attractor**로 지정하고 Create and Add를 클릭해 한 번에 스크립트를 생성하면서 **Attractor**에 추가한다.

6. 비주얼 스튜디오에서 **Attractor** 스크립트를 열고 다음 코드 리스트를 입력한다. 입력해야 하는 행은 굵게 나타냈다.

```
1  using System.Collections;
2  using System.Collections.Generic;
3  using UnityEngine;
4
5  public class Attractor : MonoBehaviour
6  {
7      static public Vector3 POS = Vector3.zero;                    // a
8
9      [Header("Set in Inspector")]
10     public float radius = 10;
11     public float xPhase = 0.5f;
12     public float yPhase = 0.4f;
13     public float zPhase = 0.1f;
14
15     // FixedUpdate는 물리적 업데이트당 한 번 호출됨(즉, 50x/초)
16     void FixedUpdate()                                           // b
17     {
18         Vector3 tPos = Vector3.zero;
```

```
19        Vector3 scale = transform.localScale;
20        tPos.x = Mathf.Sin(xPhase * Time.time) * radius * scale.x; // c
21        tPos.y = Mathf.Sin(yPhase * Time.time) * radius * scale.y;
22        tPos.z = Mathf.Sin(zPhase * Time.time) * radius * scale.z;
23        transform.position = tPos;
24        POS = tPos;
25    }
26 }
```

a. POS는 정적^{static} 변수로서 Attractor의 모든 인스턴스가 공유한다(하지만 여기서 Attractor 인스턴스는 오직 하나만 존재한다). 필드가 정적이면 클래스의 인스턴스가 아닌 클래스 자체로 범위가 한정된다. 따라서 POS는 인스턴스 필드가 아닌 클래스 변수가 된다. 즉, POS와 클래스 Attractor가 public이면 다른 클래스의 인스턴스는 Attractor.POS를 통해 POS에 접근할 수 있다. 모든 Boid 인스턴스는 이렇게 해서 Attractor의 위치에 쉽게 접근한다.

b. FixedUpdate()는 Update()와 비슷하지만 시각적 프레임^{visual frame}당 한 번이 아닌 물리적 프레임^{physics frame}당 한 번 호출된다. 자세한 내용은 칼럼을 참고한다.

c. 26장에서 언급했듯이 사인파는 주기 운동^{cyclical movement}에 사용되는 경우가 많다. 여기서는 여러 위상 필드(예, xPhase)를 통해 Attractor가 각 축(X, Y, Z)에 대해 서로 약간의 위상차를 두고 씬 안에서 돌아다니게 한다.

7. Attractor 스크립트를 저장하고 유니티로 돌아가서 플레이를 클릭한다. Attractor가 radius 곱하기 Attractor의 transform.localScale로 정의된 볼륨 내에서 사인 식에 따라 움직이는 것을 볼 수 있다.

고정된 속도의 업데이트와 물리 엔진

유니티는 가능한 한 빠르게 실행하게 만들어졌기 때문에 시스템의 성능이 허용하는 대로 새 프레임을 표시한다. 즉, 각 Update() 실행 사이의 Time.deltaTime은 고속 컴퓨터의 1/400초 미만에서부터 저속 모바일 장치의 1초 이상까지 다양하다. 또한 동일한 시스템이라고 하더라도 여러 요인에 따라 Update()의 실행 횟수는 프레임마다 변하므로 각 Update() 실행 사이의 Time.deltaTime은 항상 달라진다.

물리 엔진(유니티가 사용하는 NVIDIA PhysX 엔진 등)은 예측 가능성과 안정성에 바탕을 두는데, 이는 Update()에서 얻을 수 없다. 따라서 유니티는 실행 중인 컴퓨터에 관계없이 항상 같은 속도로 실행되는 물리 업데이트를 제공한다. 이 FixedUpdate()의 실행 횟수는 정적 필드 Time.fixed DeltaTime을 설정해 지정된다. 기본적으로 Time.fixedDeltaTime은 0.02f(즉, 1/50)인데, 이는 초당 50회 FixedUpdate()를 호출하면서 PhysX 엔진이 업데이트할 거라는 뜻이다.

그 결과로 FixedUpdate()는 리지드바디로 인해 움직이는 작업에 가장 적합하며(Attractor와 Boid 업데이트에 사용하는 이유) 실행 중인 컴퓨터의 성능에 관계없이 일정한 프레임을 유지해야 할 작업에도 아주 유용하다.

FixedUpdate()는 PhysX 엔진에 대한 업데이트 직전에 호출된다.

또한 입력 메서드 GetKeyDown(), GetKeyUp(), GetButtonDown(), GetButtonUp()은 이벤트가 발생했을 때 단일 Update() 호출에서만 동작하기 때문에 FixedUpdate() 안에서는 호출되지 않는다는 점에 유의한다. 예를 들어 키를 눌렀을 때 GetKeyDown()은 단일 Update()에서만 true가 되므로 두 FixedUpdates() 사이에 여러 Update()가 발생하면 FixedUpdate()가 호출되기 전인 맨 마지막 Update()에서 키가 눌려진 경우에만 FixedUpdates()의 안에 놓은 Input.GetKeyDown() 호출이 true가 된다. 이런 사항이 지금 당장 이해되지 않으면 다음 사항만 기억하면 된다. 즉, FixedUpdate() 안에서는 ...Down() 또는 ...Up()으로 끝나는 입력 메서드나 Input.GetKeyDown()을 사용하지 말라. GetAxis(), GetKey(), GetButton()과 같은 다른 입력 메서드는 FixedUpdate() 또는 Update() 안에서 제대로 작동한다. 이와 같은 입력 메서드들은 이 책의 3부에서 사용한다.

LookAtAttractor 스크립트

다음으로 메인 카메라가 Attractor의 움직임을 따라가게 해보자.

1. 하이어라키 창에서 Main Camera를 선택한다.
2. C# 스크립트를 생성하고 이름을 LookAtAttractor로 지정한 후 메인 카메라에 부착한다(여러분이 알고 있는 방법은 어느 것이나 사용해도 된다).
3. 비주얼 스튜디오에서 LookAtAttractor 스크립트를 열고 다음 코드를 입력한다.

```
 5  public class LookAtAttractor : MonoBehaviour
 6  {
 7
 8      void Update()
 9      {
10          transform.LookAt(Attractor.POS); // 이 하나의 행만 추가한다!
11      }
12
13  }
```

4. 스크립트를 저장하고 유니티로 돌아가서 플레이를 클릭한다.

이제 메인 카메라는 지속적으로 Attractor를 따라다닐 것이다.

Boid 스크립트: 1부

다른 여러 스크립트가 Boid 클래스를 참조할 것이기 때문에 지금 당장 코드를 작성하지 않더라도 미리 Boid 클래스를 생성만 해놓자. 이렇게 하면 다른 C# 스크립트가 Boid 클래스를 참조해도 오류가 발생하지 않도록 컴파일할 수 있다(Boid라는 단어가 비주얼 스튜디오에서 빨간 밑줄로 표시되지 않음).

1. 프로젝트 창에서 Boid 프리팹을 선택한다.
2. 인스펙터 창 아래쪽의 Add Component 버튼을 클릭하고 나타나는 팝업 메뉴에서 New Script를 선택한다. 스크립트 이름을 Boid로 지정하고 Create and Add를 클릭한다.

지금은 Boid에 대한 일이 끝났다. 다음으로 넘어가자.

Spawner 스크립트: 1부

메인 카메라에 Spawner 스크립트를 부착해 유니티 인스펙터 창에서 Spawner의 public 필드를 편집 가능하게 할 것이다. 그러면 Boids의 움직임에 간여하는 모든 수를 조정할 수 있는 중심부가 된다.

1. 하이어라키 창에서 Main Camera를 선택한다.
2. 이전에 했던 어느 방법이든 이용해 C# 스크립트를 생성하고 이름을 Spawner로 지정한 후 메인 카메라에 부착한다.
3. 비주얼 스튜디오에서 Spawner 스크립트를 열고 다음 코드를 입력한다.

```
1  using System.Collections;
2  using System.Collections.Generic;
3  using UnityEngine;
4
5  public class Spawner : MonoBehaviour
6  {
7      // 이것은 BoidSpawner의 싱글톤이다. BoidSpawner의 인스턴스는
8      // 하나만 존재하므로 정적 변수 S에 저장할 수 있음
9      static public Spawner S;                              // a
10     static public List<Boid> boids;                      // b
11
12     // 이러한 필드로 Boid의 스폰 동작을 조정
13     [Header("Set in Inspector: Spawning")]
14     public GameObject boidPrefab;                         // c
15     public Transform boidAnchor;
16     public int numBoids = 100;
17     public float spawnRadius = 100f;
18     public float spawnDelay = 0.1f;
19
20     // 이러한 필드로 Boid의 동작을 한 그룹으로 조정
21     [Header("Set in Inspector: Boids")]
22     public float velocity = 30f;
23     public float neighborDist = 30f;
24     public float collDist = 4f;
25     public float velMatching = 0.25f;
26     public float flockCentering = 0.2f;
27     public float collAvoid = 2f;
28     public float attractPull = 2f;
```

```
29        public float attractPush = 2f;
30        public float attractPushDist = 5f;
31
32        void Awake()
33        {
34            // 싱글톤 S를 BoidSpawner의 현재 인스턴스로 설정
35            S = this;                                           // d
36            // Boid의 인스턴스화를 시작
37            boids = new List<Boid>();
38            InstantiateBoid();
39        }
40
41        public void InstantiateBoid()
42        {
43            GameObject go = Instantiate(boidPrefab);
44            Boid b = go.GetComponent<Boid>();
45            b.transform.SetParent(boidAnchor);                  // e
46            boids.Add(b);
47            if (boids.Count < numBoids)
48            {
49                Invoke("InstantiateBoid", spawnDelay);          // f
50            }
51        }
52 }
```

a. S 필드는 싱글톤인데, 이는 부록 B에서 다루는 소프트웨어 디자인 패턴 중 하나다. 싱글톤은 특정 클래스의 인스턴스를 하나만 존재하게 할 때 사용한다. Spawner 클래스의 인스턴스는 단 하나만 사용되므로 정적 필드 S에 저장할 수 있다. 따라서 (Attractor의 public static POS 필드와 같이) 코드 어디에서든 Spawner.S로 이 싱글톤 Spawner 인스턴스를 참조할 수 있다.

b. List<Boid> boids는 Spawner가 인스턴스화하는 모든 Boid에 대한 참조를 저장한다.

c. 유니티 인스펙터에서 이 스크립트의 boidPrefab과 boidAnchor 필드의

값을 설정해야 한다(이후의 5단계와 6단계에서 수행함).

d. 여기서 Spawner의 현재 인스턴스를 싱글톤 S에 지정한다. 클래스 코드에서 this는 그 클래스의 현재 인스턴스를 참조한다. Spawner 스크립트의 경우 this는 메인 카메라에 연결된 Spawner의 인스턴스이자 _Scene_0에 있는 Spawner의 유일한 인스턴스다.

e. 모든 Boid를 하나의 게임오브젝트에 대한 자식들로 만들면 하이어라키 창에서 관리하는 데 도움이 된다. 이 행은 하나의 부모 트랜스폼인 boidAnchor 아래에 Boid 모두를 배치한다(6단계에서 Spawner 인스펙터 창의 boidAnchor 필드에 BoidAnchor 게임오브젝트를 지정한다). 하이어라키 창에서 모든 Boid를 보려면 부모 게임오브젝트인 BoidAnchor 옆에 있는 펼침 삼각형을 클릭하면 된다.

f. Awake()가 초기에 InstantiateBoid()를 한 번 호출하면 InstantiateBoid()는 Invoke() 함수를 사용해 인스턴스화된 Boid 수가 numBoids와 같을 때까지 자신을 다시 호출한다. Invoke가 받는 두 개의 인자는 호출할 메서드의 이름("InstantiateBoid" 문자열)과 호출하기 전에 대기하는 시간(spawnDelay 또는 0.1초)이다.

4. Spawner 스크립트를 저장하고 유니티로 돌아가서 하이어라키 창에서 Main Camera를 선택한다.

5. 프로젝트 창에 있는 Boid 프리팹을 메인 카메라 인스펙터에 있는 Spawner (Script) 컴포넌트의 boidPrefab 필드에 지정한다.

6. 하이어라키 창에 있는 BoidAnchor 게임오브젝트를 메인 카메라 인스펙터에 있는 Spawner (Script) 컴포넌트의 boidAnchor 필드에 지정한다.

유니티에서 플레이를 클릭한다. Spawner가 Boid의 새로운 인스턴스를 BoidAnchor의 자식으로서 10초 동안 0.1초마다 인스턴스화하지만 화면 중앙에 있는 BoidAnchor 아래에 모두 쌓여 아무것도 하지 않는 것으로 보일 것이다. Boid 스크립트로 되돌아갈 차례다.

Boid 스크립트: 2부

Boid 스크립트로 돌아와 다음 단계를 수행한다.

1. 비주얼 스튜디오에서 Boid 스크립트를 열고 다음의 굵게 표시된 코드를
   입력한다.

```
1  using System.Collections;
2  using System.Collections.Generic;
3  using UnityEngine;
4
5  public class Boid : MonoBehaviour
6  {
7
8      [Header("Set Dynamically")]
9      public Rigidbody rigid;                                    // a
10
11     // 여기에서 이 Boid를 초기화함
12     void Awake()
13     {
14         rigid = GetComponent<Rigidbody>();                     // a
15
16         // 무작위로 초기 위치 설정
17         pos = Random.insideUnitSphere * Spawner.S.spawnRadius; // b
18
19         // 무작위로 초기 속도 설정
20         Vector3 vel = Random.onUnitSphere * Spawner.S.velocity; // c
21         rigid.velocity = vel;
22
23         LookAhead();                                           // d
24
25         // Boid에 임의의 색을 지정하지만 너무 어둡지 않게 함         // e
26         Color randColor = Color.black;
27         while (randColor.r + randColor.g + randColor.b < 1.0f)
28         {
29             randColor = new Color(Random.value, Random.value, Random.value);
```

```
30          }
31          Renderer[] rends =
        ➥ gameObject.GetComponentsInChildren<Renderer>();         // f
32          foreach (Renderer r in rends)
33          {
34              r.material.color = randColor;
35          }
36          TrailRenderer tRend = GetComponent<TrailRenderer>();
37          tRend.material.SetColor("_TintColor", randColor);
38      }
39
40      void LookAhead()                                          // d
41      {
42          // 날아갈 방향을 바라보게 Boid를 돌림
43          transform.LookAt(pos + rigid.velocity);
44      }
45
46      public Vector3 pos                                        // b
47      {
48          get { return transform.position; }
49          set { transform.position = value; }
50      }
51
52  }
```

a. GetComponent<>() 호출은 시간이 약간 걸리므로 성능을 위해서는 Rigidbody 컴포넌트에 대한 참조를 캐시하는 것(즉, 빠르게 접근하는 경로를 저장함)이 중요하다. 그리고 나서 rigid 필드를 사용하면 프레임마다 GetComponent<>()를 호출하지 않아도 된다.

b. Random 클래스의 insideUnitSphere 정적 프로퍼티는 반지름이 1 단위인 구 내부의 무작위 위치로 Vector3를 생성하는 읽기 전용 프로퍼티다. 이것을 Spawner 싱글톤의 spawnRadius 퍼블릭 필드로 곱해 이 Boid 인스턴스를 원점([0, 0, 0] 위치)으로부터 spawnRadius 거리 이내의 아무 위치로 지정한다. 이렇게 나온 Vector3 값은 pos 프로퍼티에 지정

하는데, 이 프로퍼티는 여기 코드 리스트의 끝에서 정의했다.

c. Random.onUnitSphere 정적 프로퍼티는 반지름이 1인 구의 표면 어딘 가로 Vector3를 생성한다. 즉, 무작위 방향을 가리키는 1 단위 길이의 Vector3를 만든다. 이것을 Spawner 싱글톤에 설정된 속도 필드로 곱하고 나서 Boid의 Rigidbody 컴포넌트의 속도로 지정한다.

d. LookAhead()는 Boid가 rigid.velocity의 방향으로 향하게 한다.

e. 26 ~ 37행은 꼭 필요한 것은 아니지만 씬을 멋있게 보이게 만든다. 이 행들은 Boid의 색을 무작위로 설정한다(그러나 충분히 밝게 보이게 만든다).

f. gameObject.GetComponentsInChildren<Renderer>() 호출은 이 Boid 게임오브젝트와 그 자식에 부착된 모든 렌더러 컴포넌트의 배열을 반환한다. 즉, Fuselage와 날개에 있는 큐브의 렌더러 컴포넌트를 반환한다.

2. 스크립트를 저장하고 유니티로 돌아가서 플레이를 클릭한다.

이제 Boid는 다양한 위치에서 생성돼 여러 방향으로 날고 다양한 색을 띠지만 여전히 이 세계 안의 어떤 것에도 반응하지 않는다.

3. 비주얼 스튜디오로 돌아가서 아래에 굵게 나타낸 행들을 Boid 스크립트에 추가한다. 다음 코드 리스트에서는 여러 행을 생략했다. 이 책에서는 생략 부호(…)를 사용해 행을 건너뛰는 곳을 나타낸다. 생략 부호로 건너뛴 행들을 삭제해서는 안 된다.

```
 5 public class Boid : MonoBehaviour
 6 {
    ...                                                    // a
46    public Vector3 pos
47    {
48       get { return transform.position; }
49       set { transform.position = value; }
50    }
51
```

```
52      // FixedUpdate는 물리적인 업데이트마다 한 번씩 호출됨(즉, 50x/초)
53      void FixedUpdate()
54      {
55          Vector3 vel = rigid.velocity;                           // b
56          Spawner spn = Spawner.S;                                // c
57
58          // ATTRACTION - Attractor 쪽으로 움직임
59          Vector3 delta = Attractor.POS - pos;                    // d
60          // Attractor에게 다가갈지 또는 멀어져야 할지를 검사함
61          bool attracted = (delta.magnitude > spn.attractPushDist);
62          Vector3 velAttract = delta.normalized * spn.velocity;   // e
63
64          // 모두에게 속도를 적용함
65          float fdt = Time.fixedDeltaTime;
66
67          if (attracted)                                          // f
68          {
69              vel = Vector3.Lerp(vel, velAttract, spn.attractPull * fdt);
70          }
71          else
72          {
73              vel = Vector3.Lerp(vel, -velAttract, spn.attractPush * fdt);
74          }
75
76          // Spawner 싱글톤에서 설정된 속도로 vel을 설정함
77          vel = vel.normalized * spn.velocity;                    // g
78          // 마지막으로 이 값을 Rigidbody에 지정함
79          rigid.velocity = vel;
80          // 새로운 속도의 방향으로 향하게 함
81          LookAhead();
82      }
83  }
```

a. 여기의 생략 부호(...)는 Boid 코드 리스트에서 변경하지 않는 부분이기 때문에 여러 행을 건너뛴다는 표시다.

b. 이 Vector3 vel과 Awake()의 Vector3 vel은 각자 다른 메서드에서 선

626

언된 로컬 변수이기 때문에 서로 다른 변수다.

c. Spawner.S를 사용하는 행이 길어지면 페이지의 너비를 넘어가기 때문에 나는 로컬 변수 spn을 만들어 Spawner.S를 캐시했다.

d. 여기서는 정적 퍼블릭 Attractor.POS 필드를 읽어 Attractor의 위치를 얻는다. Attractor의 위치에서 pos(이 Boid의 위치)를 빼서 Boid로부터 Attractor까지 가리키는 Vector3를 얻는다. 그런 다음 이 Boid가 Attractor에 얼마나 근접했는지에 따라 다가가거나 멀어진다. 61행에서 bool 타입의 비교 결과(if문을 사용하지 않음)를 변수에 지정하는 예를 볼 수 있다.

e. Attractor에 대한 delta 벡터를 단위 길이(즉, 길이 1)로 정규화하고 spn.velocity를 곱해 velAttract에 vel과 동일한 길이를 지정한다.

f. Boid가 Attractor에서 멀리 떨어져 있어 다가가야 한다면 Lerp()를 사용해 velAtract 방향으로 선형 보간한 값을 vel에 대입한다. vel과 velAttract의 크기(길이)가 같기 때문에 보간은 균등하게 가중치가 적용된다. Boid가 Attractor.POS에 너무 가까우면 vel은 velAttract의 반대 방향으로 선형 보간한다.

선형 보간^{linear interpolation}은 두 개의 Vector3를 입력으로 받아 가중치를 적용해서 두 값을 혼합한 새 Vector3를 생성한다. 사용되는 각 원본 Vector3의 값은 세 번째 인자에 의해 배분된다. 즉, 세 번째 인자가 0이면 vel은 원래 vel과 같고, 세 번째 인자가 1이면 vel은 velAttract와 같다. 여기 코드 리스트에서 세 번째 매개변수는 spn.attractPull+에 fdt를 곱하기 때문에(이것은 Spawner.S.attractPull 곱하기 Time.fixedDeltaTime을 짧게 쓴 것과 같음) Spawner.S.attractPull/50과 같다. 선형 보간에 대해 자세히 알려면 부록 B의 '보간' 절을 참고한다.

g. 지금까지 동일한 크기의 벡터들로 작업해 vel의 방향을 특정 속도로 설정했다. 이제 vel을 정규화하고 Spawner 싱글톤에 설정된 velocity 필드를 곱해 이 Boid의 최종 속도를 얻는다.

4. 스크립트를 저장하고 유니티로 돌아가서 플레이를 클릭한다.

이제 Boid가 모두 Attractor에 다가가는 것을 볼 수 있다. Attractor가 방향을 바꿀 때 Boids는 지나치다가 다시 Attractor 쪽으로 날아가야 한다. 아주 좋아졌지만 더 좋게 할 수 있다. 그렇게 하려면 근처의 다른 Boids에 관한 사항을 알아야 한다.

Neighborhood 스크립트

Neighborhood 스크립트는 다른 Boid가 이 근처에 있는지 알아내고 그들에 대한 정보를 알려주는 컴포넌트인데, 여기에는 근처의 모든 Boid의 평균 위치와 평균 속도뿐만 아니라 어느 Boid가 너무 가까운지에 대한 정보가 포함된다.

1. 새 C# 스크립트를 생성하고 이름을 Neighborhood로 지정한 후 프로젝트 창에 있는 Boid 프리팹에 부착한다.
2. 비주얼 스튜디오에서 Neighborhood 스크립트를 열고 다음 코드를 입력한다.

```
1 using System.Collections;
2 using System.Collections.Generic;
3 using UnityEngine;
4
5 public class Neighborhood : MonoBehaviour
6 {
7     [Header("Set Dynamically")]
8     public List<Boid> neighbors;
9     private SphereCollider coll;
10
11    void Start()                                          // a
12    {
13        neighbors = new List<Boid>();
14        coll = GetComponent<SphereCollider>();
15        coll.radius = Spawner.S.neighborDist / 2;
16    }
17
18    void FixedUpdate()                                    // b
```

```
19    {
20        if (coll.radius != Spawner.S.neighborDist / 2)
21        {
22            coll.radius = Spawner.S.neighborDist / 2;
23        }
24    }
25
26    void OnTriggerEnter(Collider other)                              // c
27    {
28        Boid b = other.GetComponent<Boid>();
29        if (b != null)
30        {
31            if (neighbors.IndexOf(b) == -1)
32            {
33                neighbors.Add(b);
34            }
35        }
36    }
37
38    void OnTriggerExit(Collider other)                               // d
39    {
40        Boid b = other.GetComponent<Boid>();
41        if (b != null)
42        {
43            if (neighbors.IndexOf(b) != -1)
44            {
45                neighbors.Remove(b);
46            }
47        }
48    }
49
50    public Vector3 avgPos                                            // e
51    {
52        get
53        {
54            Vector3 avg = Vector3.zero;
```

```
55          if (neighbors.Count == 0) return avg;
56
57          for (int i = 0; i < neighbors.Count; i++)
58          {
59              avg += neighbors[i].pos;
60          }
61          avg /= neighbors.Count;
62
63          return avg;
64      }
65  }
66
67  public Vector3 avgVel                                    // f
68  {
69      get
70      {
71          Vector3 avg = Vector3.zero;
72          if (neighbors.Count == 0) return avg;
73
74          for (int i = 0; i < neighbors.Count; i++)
75          {
76              avg += neighbors[i].rigid.velocity;
77          }
78          avg /= neighbors.Count;
79
80          return avg;
81      }
82  }
83
84  public Vector3 avgClosePos                               // g
85  {
86      get
87      {
88          Vector3 avg = Vector3.zero;
89          Vector3 delta;
90          int nearCount = 0;
```

```
91            for (int i = 0; i < neighbors.Count; i++)
92            {
93                delta = neighbors[i].pos - transform.position;
94                if (delta.magnitude <= Spawner.S.collDist)
95                {
96                    avg += neighbors[i].pos;
97                    nearCount++;
98                }
99            }
100           // 아주 근접한 것이 아무도 없으면 Vector3.zero를 반환함
101           if (nearCount == 0) return avg;
102
103           // 그렇지 않으면 그들의 평균 위치를 얻음
104           avg /= nearCount;
105           return avg;
106       }
107   }
108
109 }
```

a. Start() 메서드에서는 neighbors 리스트를 인스턴스화하고 이 게임오브젝트의 SphereCollider(Boid 게임오브젝트에 부착한 점을 기억하라)에 대한 참조를 얻고 SphereCollider 반지름을 Spawner 싱글톤의 neighborDist의 절반으로 설정한다. neighborDist가 두 게임오브젝트들이 서로 바라볼 수 있는 거리이기 때문에 절반으로 잡은 것이고 각자가 이 거리 절반의 반지름을 가지면 정확히 neighborDist 값으로 닿을 만하다.

b. FixedUpdate() 실행 때마다 Neighborhood는 neighborDist가 변경됐는지 점검하고 변경된 경우 SphereCollider의 반지름을 변경한다. SphereCollider 반지름을 설정하면 다시 많은 PhysX 계산이 발생할 수 있으므로 필요한 경우에만 설정한다.

c. 어떤 객체가 이 SphereCollider 트리거에 들어서면 OnTriggerEnter() 가 호출된다(트리거란 다른 객체를 통과하게 허용하는 콜라이더다). 각 Boid는 콜라이더를

갖고 있을 것이므로 other 콜라이더에 대해 GetComponent<Boid>()를 수행해 결과가 null이 아닌 경우에만 계속 진행한다. 이때 이웃 안에서 이동한 Boid가 아직 neighbors 리스트에 없으면 추가한다.

d. 마찬가지로 다른 Boid가 더 이상이 Boid의 트리거에 닿지 않으면 OnTriggerExit()가 호출되고 Boid를 neighbors 리스트에서 제거한다.

e. avgPos 읽기 전용 프로퍼티는 neighbors 리스트의 모든 Boid를 찾아서 평균 위치를 구한다. 각 Boid에서 퍼블릭 pos 프로퍼티를 이용하는 방법에 주목하자. 이웃이 없으면 Vector3.zero를 반환한다.

f. 마찬가지로 avgVel 프로퍼티는 모든 이웃 Boid의 평균 속도를 반환한다.

g. avgClosePos 읽기 전용 프로퍼티는 (Spawner 싱글톤에서) collisionDist 내의 이웃들을 찾아 평균 위치를 구한다.

3. Neighborhood 스크립트를 저장하고 유니티로 돌아가면 다시 컴파일되며 오류가 나타날 경우엔 코드를 확인해서 수정한다.

Boid 스크립트: 3부

Neighborhood 컴포넌트를 만들어 Boid 게임오브젝트에 부착했으므로 Boid 클래스를 마무리할 차례다.

1. 비주얼 스튜디오에서 Boid 스크립트를 열고 다음 코드 리스트에서 굵게 나타난 행들을 입력한다. 코드를 입력하다보면 여기의 행 번호와 정확히 일치하지 않을 수도 있다. 코드가 동일하다면 괜찮다. C#은 모든 공백(공백, 리턴, 탭 등)을 동일한 것으로 취급하므로 Return 키를 여러 번 눌러 새 행을 만들었다고 해도 문제가 되지 않는다. 혼동하지 않도록 Boid 스크립트 전체를 나타냈다.

```
1 using System.Collections;
2 using System.Collections.Generic;
3 using UnityEngine;
```

```
 4
 5 public class Boid : MonoBehaviour
 6 {
 7
 8     [Header("Set Dynamically")]
 9     public Rigidbody rigid;
10
11     private Neighborhood neighborhood;
12
13     // 여기에서 이 Boid를 초기화함
14     void Awake()
15     {
16         neighborhood = GetComponent<Neighborhood>();
17         rigid = GetComponent<Rigidbody>();
18
19         // 무작위로 초기 위치 설정
20         pos = Random.insideUnitSphere * Spawner.S.spawnRadius;
21
22         // 무작위로 초기 속도 설정
23         Vector3 vel = Random.onUnitSphere * Spawner.S.velocity;
24         rigid.velocity = vel;
25
26         LookAhead();
27
28         // Boid에 임의의 색을 지정하지만 너무 어둡지 않게 함
29         Color randColor = Color.black;
30         while (randColor.r + randColor.g + randColor.b < 1.0f)
31         {
32             randColor = new Color(Random.value, Random.value, Random.value);
33         }
34         Renderer[] rends = gameObject.GetComponentsInChildren<Renderer>();
35         foreach (Renderer r in rends)
36         {
37             r.material.color = randColor;
38         }
39         TrailRenderer trend = GetComponent<TrailRenderer>();
```

```
40        trend.material.SetColor("_TintColor", randColor);
41    }
42
43    void LookAhead()
44    {
45        // 날아갈 방향을 바라보게 Boid를 돌림
46        transform.LookAt(pos + rigid.velocity);
47    }
48
49    public Vector3 pos
50    {
51        get { return transform.position; }
52        set { transform.position = value; }
53    }
54
55    // FixedUpdate는 물리적인 업데이트마다 한 번씩 호출됨(즉, 50x/초)
56    void FixedUpdate()
57    {
58        Vector3 vel = rigid.velocity;
59        Spawner spn = Spawner.S;
60
61        // 충돌 회피 - 너무 가까운 이웃을 피함
62        Vector3 velAvoid = Vector3.zero;
63        Vector3 tooClosePos = neighborhood.avgClosePos;
64        // 응답이 Vector3.zero라면 반응할 필요가 없음
65        if (tooClosePos != Vector3.zero)
66        {
67            velAvoid = pos - tooClosePos;
68            velAvoid.Normalize();
69            velAvoid *= spn.velocity;
70        }
71
72        // 속도 감시 - 이웃과 속도를 일치시키려 시도함
73        Vector3 velAlign = neighborhood.avgVel;
74        // velAlign이 Vector3.zero아 아닐 경우에만 작업을 더함
75        if (velAlign != Vector3.zero)
```

```
76      {
77          // 방향에 신경 써야 하므로 속도를 정규화함
78          velAlign.Normalize();
79          // 그러고 나서 선택한 속도로 설정
80          velAlign *= spn.velocity;
81      }
82
83      // 무리의 중심 - 이웃들의 중심 쪽으로 이동
84      Vector3 velCenter = neighborhood.avgPos;
85      if (velCenter != Vector3.zero)
86      {
87          velCenter -= transform.position;
88          velCenter.Normalize();
89          velCenter *= spn.velocity;
90      }
91
92      // ATTRACTION - Attractor 쪽으로 움직임
93      Vector3 delta = Attractor.POS - pos;
94      // Attractor에게 다가갈지 또는 멀어져야 할지를 검사함
95      bool attracted = (delta.magnitude > spn.attractPushDist);
96      Vector3 velAttract = delta.normalized * spn.velocity;
97
98      // 모두에게 속도를 적용함
99      float fdt = Time.fixedDeltaTime;
100     if (velAvoid != Vector3.zero)
101     {
102         vel = Vector3.Lerp(vel, velAvoid, spn.collAvoid * fdt);
103     }
104     else
105     {
106         if (velAlign != Vector3.zero)
107         {
108             vel = Vector3.Lerp(vel, velAlign, spn.velMatching * fdt);
109         }
110         if (velCenter != Vector3.zero)
111         {
```

```
112                 vel = Vector3.Lerp(vel, velAlign, spn.flockCentering * fdt);
113             }
114         if (velAttract != Vector3.zero)
115         {
116             if (attracted)
117             {
118                 vel = Vector3.Lerp(vel, velAttract, spn.attractPull * fdt);
119             }
120             else
121             {
122                 vel = Vector3.Lerp(vel, -velAttract, spn.attractPush * fdt);
123             }
124         }
125     }
126
127     // Spawner 싱글톤에서 설정된 속도로 vel를 설정함
128     vel = vel.normalized * spn.velocity;
129     // 마지막으로 이 값을 Rigidbody에 지정함
130     rigid.velocity = vel;
131     // 새로운 속도의 방향으로 향하게 함
132     LookAhead();
133     }
134 }
```

2. 모든 스크립트가 저장됐는지 확인하고 유니티로 돌아가서 플레이를 클릭
   한다.

이제 Boid는 무리를 짓는 행동을 보일 것이다. 하이어라키 창에서 Main Camera를
선택하고 Spawner 싱글톤의 Boid에 대해 다양한 값을 지정해서 플레이해볼 수
있다. 표 27.1에는 시도할 만한 흥미로운 설정 값 버전이 나열돼 있다.

표 27.1 Boid 값

	기본값	멀찍이 따라옴	소규모 그룹	대형 맞춤
velocity	30	30	30	30
neighborDist	30	30	8	30
collDist	4	10	2	10
velMatching	0.25	0.25	0.25	10
flockCentering	0.2	0.2	8	0.2
collAvoid	2	4	10	4
attractPull	2	1	1	3
attractPush	2	2	20	2
attractPushDist	5	20	20	1

요약

27장에서는 이 책의 나머지 부분에 중요하게 사용될 객체지향의 개념을 배웠다. 유니티는 컴포넌트를 포함하는 게임오브젝트라는 체계에 바탕을 두며 OOP 사고 방식에 매우 적합하게 설계됐다. 유니티에서 잘 작동하는 프로그래밍 디자인 패턴인 컴포넌트 지향 디자인도 배웠으므로 (개념적으로 좀 복잡하지만) 코드를 더 간단하고 관리하기 쉽게 만들 수 있다.

컴포넌트 지향 OOP의 다른 흥미로운 개념으로 모듈성^{modularity}이 있다. 모듈식 코드는 단일 구조 코드와는 여러 측면에서 정반대라고 할 수 있다. 모듈식 코딩은 한 기능에 집중하는 작고 재사용 가능한 함수와 클래스를 작성하는 데 중점을 둔다. 모듈식 클래스와 함수는 규모가 작기 때문에(일반적으로 500행 미만) 디버그하고 이해하기가 쉽다. 또한 모듈식 코드는 재사용할 수 있게 설계된다.

다음으로는 집중적으로 실습하는 이 책의 3부를 시작할 텐데, 이러한 실습들을 통해 다양한 종류의 게임을 위한 프로토타입 제작 방법을 배울 것이다. 3부에서 알아낸 것을 즐기고 그 지식을 디자이너, 프로토타입 제작자 그리고 개발자로서의 여정을 시작하는 데 사용할 수 있기를 바란다.

게임 프로토타입 예제와 실습

CHAPTER 28

프로토타입 1: 사과 받기

드디어 시작이다. 처음으로 디지털 게임 프로토타입을 만들어 본다.

첫 번째 프로토타입이기 때문에 좀 간단하다. 이후 프로토타입 장을 진행해가면서 점차 프로젝트는 복잡해지고 유니티의 기능을 더 많이 사용할 것이다.

28장을 끝내면 간단한 아케이드 게임의 작동하는 프로토타입을 완성할 수 있다.

디지털 프로토타입의 목적

<사과 받기^{Apple Picker}> 프로토타입 제작 과정을 시작하기 전에 디지털 프로토타입의 목적을 다시 생각해보는 것이 좋겠다. 1부에서는 종이 프로토타입을 제작하는 방법과 종이 프로토타입이 유용한 이유에 대해 상당히 많은 내용을 다뤘다. 종이 게임 프로토타입은 다음과 같은 측면에 도움이 된다.

- 게임 메카닉스와 규칙을 간편하게 테스트, 폐기하거나 구체화한다.
- 게임의 동적 동작을 알아보고 규칙에 의한 발생적 요소의 가능성을 이해한다.
- 플레이어가 규칙과 게임플레이 요소를 쉽게 이해할 수 있는지 확인한다.
- 게임에 대한 플레이어의 감정적 반응을 이해한다.

디지털 프로토타입에는 게임의 느낌을 확인할 수 있는 환상적인 능력도 있다. 실제로 이것이 디지털 프로토타입의 주목적이다. 누군가에게 게임 메카닉스를 몇 시간 자세히 설명하는 것도 방법이지만 이보다는 게임을 직접 해보게 하고 어떤 느낌인지 물어보는 것이 훨씬 효율적이다(훨씬 흥미롭다). 이러한 게임의 느낌에 대해서는 스티브 스윙크가 『Game Feel』에서 자세히 설명했다.[1]

28장에서는 친구나 동료에게 보여줄 수 있는 수준의 작동하는 게임을 제작할 것이다. 게임을 직접 해보게 한 다음에는 난이도가 적당한지 또는 너무 어렵거나 쉬운지 등을 질문할 수 있다. 이렇게 얻은 정보를 바탕으로 게임의 변수를 세부 조정해 난이도를 적당하게 맞추면 된다.

<사과 받기> 제작을 시작해보자.

28장의 프로젝트 설정
표준 프로젝트 설정 절차에 따라 유니티에서 새 프로젝트를 생성한다. 표준 프로젝트 설정 절차에 대한 내용은 부록 A를 참고한다.

---

1. Steve Swink, *Game Feel: A Game Designer's Guide to Virtual Sensation* (Boston: Elsevier, 2009).

준비

흥미롭게도 16장에서 <사과 받기>와 고전 게임인 <카붐!>을 분석하면서 이 프로토타입에 대한 준비 과정을 이미 상당히 많이 진행했다. 16장에서 언급했듯이 <사과 받기>는 <카붐!>과 동일한 게임 메카닉스를 사용한다. 잠시 시간을 들여 16장으로 되돌아가서 AppleTree, Apple, Basket의 순서도를 제대로 알고 있는지 확인해본다.

이 실습을 진행하면서 각 단계를 완료할 때마다 연필로 체크하기를 권한다.

시작하기: 아트 에셋

프로토타입으로서 이 게임에는 멋진 아트가 필요 없다. 즉, 작동하기만 하면 된다. 이 책 전체에서는 흔히 프로그래머 아트^{programmer art}라고 부르는 아트를 주로 사용하는데, 이는 프로그래머가 간단하게 제작하는 대체 아트이며 최종적으로 아티스트가 제작한 실제 게임 아트로 대체된다. 프로토타입에서 제작하는 거의 모든 요소와 마찬가지로 이 아트의 목적은 개념을 최대한 신속하게 플레이 가능한 프로토타입으로 제작하는 것이다. 프로그래머 아트가 괜찮게 보일 정도면 되며 잘 만들 필요는 없다.

AppleTree

나무부터 시작해보자.

1. 유니티 메뉴 표시줄에서 GameObject ➤ 3D Object ➤ Cylinder를 선택한다. 이 원기둥은 나무의 몸통이 될 것이다. 하이어라키 창에서 이것을 선택하고 인스펙터 창 위쪽의 Cylinder 이름을 클릭해 Trunk로 이름을 변경한다. 그림 28.1을 참고해 Transform 컴포넌트의 설정을 조정한다.

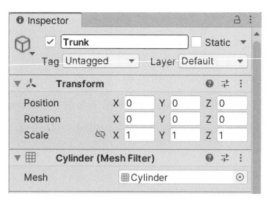

그림 28.1 원기둥 Trunk의 Transform 컴포넌트 설정

이 책의 실습 전체에서는 게임오브젝트 Transform 컴포넌트의 설정을 다음과 같은 형식으로 설명한다.

```
Trunk (Cylinder)        P:[ 0, 0, 0 ]        R:[ 0, 0, 0 ]        S:[ 1, 1, 1 ]
```

위의 행은 Trunk 게임오브젝트의 Transform 컴포넌트를 위치(0, 0, 0), 회전(0, 0, 0), 배율(1, 1, 1)로 설정하도록 알려준다. 괄호 안의 Cylinder라는 단어는 게임오브젝트의 유형을 나타낸다. 또한 본문 안에서 가끔 P:[0, 0, 0] R:[0, 0, 0] S:[1, 1, 1] 형식으로 설정을 나열하는 경우도 있다.

2. 이제 GameObject ➤ 3D Object ➤ Sphere를 선택한다. Sphere의 이름을 Leaves로 바꾸고 다음과 같이 Transform을 설정한다.

```
Leaves (Sphere)        P:[ 0, 0.5, 0 ]        R:[ 0, 0, 0 ]        S:[ 3, 2, 3 ]
```

이 구와 원기둥은 나무와 비슷한 모양이 되지만 아직은 서로 분리된 별도의 게임오브젝트다. 부모 역할을 할 빈 게임오브젝트를 생성해, 이 두 오브젝트를 하나의 객체로 캡슐화하자.

3. 메뉴 표시줄에서 GameObject ➤ Create Empty를 선택한다. 그러면 빈 게임 오브젝트가 생성될 것이다. 게임오브젝트의 **Transform**이 다음과 같이 설 정돼 있는지 확인한다.

```
GameObject (Empty)     P:[ 0, 0, 0 ]     R:[ 0, 0, 0 ]     S:[ 1, 1, 1 ]
```

빈 게임오브젝트는 **Transform** 컴포넌트만 포함하므로 간단하며 다른 게임오브젝 트의 컨테이너로 유용하다.

4. 하이어라키 창에서 먼저 GameObject의 이름을 AppleTree로 변경한다. 이 작업을 수행하는 또 다른 방법은 GameObject라는 이름을 클릭해 강조 표 시하고 잠시 기다린 다음 다시 클릭하거나 키보드의 F2(맥OS의 경우에는 Return) 키를 누르면 된다.

5. Trunk와 Leaves 게임오브젝트를 개별적으로 AppleTree로 드래그하면(C# 스 크립트를 게임오브젝트에 부착할 때와 같은 점선 사각형의 화살표 아이콘이 생긴다. 그림 19.4 참고), 하이어라키 창에서 AppleTree 아래에 포함된다. AppleTree라는 단어 옆의 새로운 펼 침 삼각형을 클릭해서 이들을 볼 수 있다. 하이어리키 창과 AppleTree는 이제 그림 28.2와 비슷한 모양이 된다.

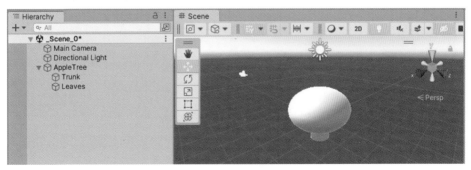

그림 28.2 나뭇잎과 기둥을 자식으로 가진 AppleTree의 하이어라키 창과 씬 창. 하이어라키 창의 맨 위에 있는 _Scene_0 옆의 별표는 내가 씬에서 변경 내용을 저장하지 않았다는 것을 나타낸다. 자주 저장해야 한다.

Trunk와 Leaves 게임오브젝트가 AppleTree를 부모로 삼았으므로 AppleTree를 이동, 배율 조정, 회전하면 Trunk와 Leaves도 함께 이동, 배율 조정, 회전이 된다. AppleTree의 Transform 컴포넌트를 조작해보라.

6. 앞의 시도를 끝내면 AppleTree의 Transform을 다음과 같이 설정한다.

```
AppleTree      P:[ 0, 0, 0 ]     R:[ 0, 0, 0 ]     S:[ 2, 2, 2 ]
```

그러면 AppleTree의 위치가 원점이 되고 원래 크기의 두 배가 된다.

7. 하이어라키 창에서 AppleTree를 선택하고 유니티 메뉴에서 Component ➤ Physics ➤ Rigidbody를 선택해 Rigidbody 컴포넌트를 AppleTree에 추가한다.

8. AppleTree의 Rigidbody 컴포넌트 인스펙터에서 Use Gravity의 체크 표시를 없앤다. 이 항목이 체크돼 있으면 씬을 플레이할 때 나무가 하늘에서 떨어질 것이다.

20장에서 다뤘던 Rigidbody 컴포넌트는 AppleTree의 위치를 옮겼을 때 물리 시뮬레이션에서 기둥과 구의 콜라이더가 제대로 업데이트된다.

AppleTree의 간단한 머티리얼

여기의 모든 것이 프로그래머 아트지만 단조로운 흰색 오브젝트를 그대로 사용할 필요는 없다. 씬에 약간의 색을 추가해보자.

1. 메뉴 표시줄에서 Assets ➤ Create ➤ Material을 선택한다. 그러면 프로젝트 창에 새 머티리얼이 생성된다.
   a. 이 머티리얼의 이름을 Mat_Wood로 변경한다.
   b. Mat_Wood 머티리얼을 씬이나 하이어라키 창의 Trunk로 드래그한다.
   c. 프로젝트 창에서 Mat_Wood를 다시 선택한다.
   d. Mat_Wood의 인스펙터에서 Main Maps 아래의 Albedo 색을 적당한 갈색

으로 설정한다.[2] Metallic과 Smoothness 슬라이더를 원하는 대로 조정해도 된다.[3]

2. 동일한 과정으로 Mat_Leaves라는 이름의 머티리얼을 생성한다.

    a. 하이어라키 창이나 씬 창의 Leaves로 Mat_Leaves를 드래그한다.

    b. Mat_Leaves의 Albedo 색을 나뭇잎처럼 보이는 초록색으로 설정한다.

3. AppleTree를 하이어라키 창에서 프로젝트 창으로 드래그해 프리팹을 만든다. 이전의 여러 장에서 봤듯이 이렇게 하면 프로젝트 창에 AppleTree 프리팹이 생성되고 하이어라키 창에 있는 AppleTree의 이름이 파란색으로 바뀐다.

4. 기본적으로 유니티 씬에는 Directional Light가 이미 포함돼 있다. 하이어라키 창에서 방향광^{Directional Light}의 위치, 회전, 배율을 다음과 같이 설정한다.

```
Directional Light    P:[ 0, 20, 0 ]   R:[ 50, -30, 0 ]    S:[ 1, 1, 1 ]
```

이렇게 하면 씬에 멋진 대각선 빛을 비추게 된다. 여기서 방향광의 위치는 중요하지 않지만(방향광은 위치에 상관없이 한 방향으로 비춤) 방향광 기즈모(즉, 아이콘)가 씬 창의 중앙에 자리 잡고 있기 때문에 [0, 20, 0]의 위치를 부여해 중앙에서 벗어나게 했다. 방향광의 회전 값을 변경해보면 씬의 방향광이 유니티의 기본 스카이박스의 태양과 연결돼 있다는 것을 알 수 있다. <사과 받기>에서는 스카이박스를 사용하지 않지만 3D 게임에서 큰 효과가 있다.

5. AppleTree를 약간 위로 옮기고자 하이어라키 창에서 AppleTree를 선택하고 위치를 P:[0, 10, 0]으로 변경한다. 그러면 AppleTree가 씬 창의 뷰에서 벗어나겠지만 마우스 휠을 스크롤하면 화면을 축소시켜 보이게 할 수 있다.

---

2. 유니티 표준 셰이더로 작업할 때 Albedo는 셰이더의 주 색상이 된다. 표준 셰이더에 대해 더 배우려면 유니티 매뉴얼(http://docs.unity3d.com)에서 'Standard Shader'로 검색한다. 찾아 들어가면 유니티 문서의 왼쪽 목차에 몇 개의 하위 섹션이 있는 심층 주제를 볼 수 있다. 알베도에 대해 자세히 알고 싶다면 'Albedo Color and Transparency'로 검색하면 된다.

3. 나는 Metallic=0과 Smoothness=0.25로 선택했다. 이 값으로 조정하면 씬 창에서 기둥처럼 보일 것이다. 인스펙터 창의 맨 아래에서 머티리얼 미리보기 구를 볼 수도 있다. 미리보기가 보이지 않으면 인스펙터 창의 맨 아래에 있는 진한 회색의 Mat_Wood 표시줄을 클릭한다.

Apple

AppleTree가 생겼으므로 떨어뜨릴 Apple 게임오브젝트 프리팹을 만들 차례다.

1. 메뉴 표시줄에서 GameObject ➤ 3D Object ➤ Sphere를 선택한다. 이 구의 이름을 Apple로 바꾸고 다음과 같이 Transform을 설정한다.

   Apple (Sphere)   P:[0, 0, 0]   R:[0, 0, 0]   S:[1, 1, 1]

2. Mat_Apple이라는 이름의 새 머티리얼을 만들고 알베도 색을 빨강(또는 청사과를 좋아한다면 연한 초록색)으로 설정한다.
3. 이 Mat_Apple을 하이어라키 창의 Apple에게로 드래그한다.

Apple에 물리 효과 추가

17장의 내용을 기억하겠지만 Rigidbody 컴포넌트는 오브젝트가 물리 효과(예. 낙하 또는 다른 오브젝트와의 충돌)에 반응할 수 있게 한다.

1. 하이어라키 창에서 Apple을 선택한다. 유니티 메뉴 표시줄에서 Component ➤ Physics ➤ Rigidbody를 선택한다.
2. 유니티 플레이 버튼을 클릭하면 중력으로 인해 Apple이 화면 아래로 떨어질 것이다.
3. 플레이 버튼을 다시 클릭하면 플레이가 중지되고 Apple은 시작 위치로 되돌아간다.

Apple에 'Apple' 태그 붙이기

이후에 씬에 있는 모든 Apple 게임오브젝트의 배열을 얻어야 하는데, Apples에 특정 태그를 부여하면 도움이 된다.

1. 하이어라키 창에서 Apple을 선택한 상태에서 그림 28.3의 A 부분에 표시된

대로 인스펙터의 Tags 옆에 있는 팝업 메뉴 버튼(현재 Untagged로 표시됨)을 클릭하고 팝업 메뉴에서 Add Tag를 선택한다. 그러면 유니티의 Tags & Layers 관리자가 나타난다.

2. 그림 28.3의 B 부분에 표시된 보기가 보이지 않으면 Tags 옆의 펼침 삼각형을 클릭하면 된다. + 기호를 클릭해 새 태그를 추가한다.

3. New Tag Name 필드에 Apple을 입력하고 Save를 클릭한다(C 부분). 이제 태그 목록에 Apple이 만들어진다(D 부분).

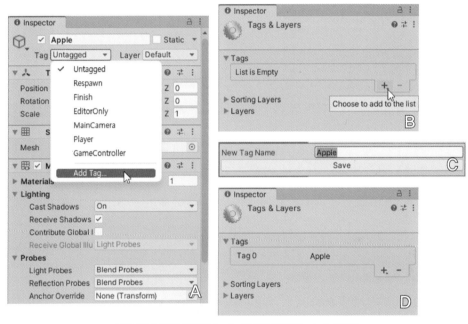

그림 28.3 태그 목록에 Apple 태그를 추가하는 1, 2, 3단계

4. 하이어라키 창에서 Apple을 다시 클릭해 Apple의 인스펙터로 돌아온다.

5. Tag 팝업 메뉴를 다시 클릭하면 태그 옵션에 Apple이 나타난다. 이 태그 목록에서 Apple을 선택한다. 이제 Apple 게임오브젝트에는 Apple 태그가 붙여지므로 이를 쉽게 식별하고 선택할 수 있게 된다.

Apple을 프리팹으로 만들기

Apple을 프리팹으로 만들려면 다음 단계를 따른다.

1. 하이어라키 창의 Apple을 프로젝트 창으로 드래그해 프리팹으로 만든다.[4]

2. Apple 프리팹이 프로젝트 창에 있는지 확인한 후 하이어라키 창의 Apple 인스턴스를 클릭하고는 삭제한다(오른쪽 클릭으로 나타나는 메뉴에서 Delete를 선택하거나 키보드의 Delete 키, 맥OS에서는 Command-Delete 키를 누름). 이 게임에 나오는 사과는 프로젝트 창에 있는 Apple 프리팹을 사용해 인스턴스화할 것이기 때문에 씬에 미리 나와 있을 필요가 없다.

Basket

다른 아트 에셋들과 마찬가지로 바구니 역할의 프로그래머 아트도 아주 간단하다.

1. 유니티 메뉴 표시줄에서 GameObject ➤ 3D Object ➤ Cube를 선택한다. Cube 이름을 Basket으로 바꾸고 Transform을 다음과 같이 설정한다.

   Basket (Cube)   P:[0, 0, 0]   R:[0, 0, 0]   S:[4, 1, 4]

이렇게 하면 평평하고 넓은 직사각형 판이 만들어진다.

2. Mat_Basket이라는 이름의 새 머티리얼을 생성하고 (밀짚과 비슷한) 연한 노란색으로 지정해서 Basket에 적용한다.

3. 바구니에 Rigidbody 컴포넌트를 추가하자. 하이어라키 창의 Basket을 선택하고 유니티 메뉴에서 Component ➤ Physics ➤ Rigidbody를 선택한다.

   a. Basket의 Rigidbody 인스펙터에서 Use Gravity를 false로 설정한다(체크 표시 없앰).

   b. Basket의 Rigidbody 인스펙터에서 Is Kinematic을 true로 설정한다(체크 표시함).

---

4. 프리팹 설명은 19장을 참고한다.

4. 하이어라키 창의 Basket을 프로젝트 창으로 드래그해 프리팹으로 만들고 하이어라키 창의 Basket 인스턴스를 삭제한다(Apple에 대해 했던 일과 같음).

5. 씬을 저장한다.

이제 프로젝트 창과 하이어라키 창은 그림 28.4와 비슷하게 된다.

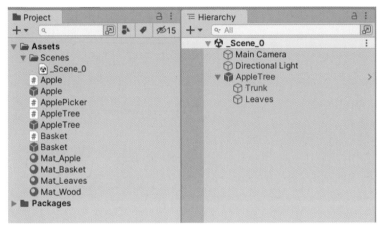

그림 28.4 현재 시점에서의 프로젝트 창과 하이어라키 창. Apple, ApplePicker, AppleTree, Basket 스크립트는 28장의 시작 부분에서 미리 생성해 놓은 것이다.

카메라 설정

이 게임에서 확실하게 설정해야 하는 것 중 하나가 카메라의 위치다. <사과 받기> 게임에서는 게임 영역을 적절한 크기로 보여줄 수 있도록 카메라를 배치해야 한다. 또한 이 게임의 게임 플레이는 완전히 2차원적이기 때문에 원근perspective 뷰가 아닌 직교orthographic 뷰의 카메라가 필요하다.

직교와 원근 카메라
직교와 원근은 게임에서 사용하는 가상 3D 카메라의 두 가지 유형이다. 그림 28.5에서 그 차이를 볼 수 있다.

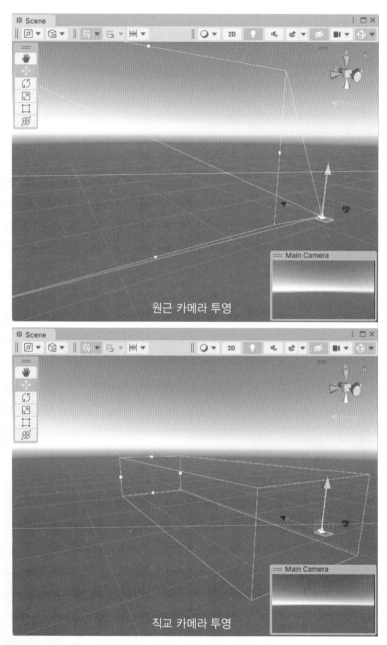

원근 카메라 투영

직교 카메라 투영

그림 28.5 원근과 직교 카메라 투영의 비교

원근 카메라는 사람의 눈과 비슷하게 작동한다. 즉, 빛이 렌즈를 통과하므로 카메라에 가까운 게임오 브젝트는 크게 보이고 멀리 있는 게임오브젝트는 작게 보인다. 따라서 원근 카메라는 정사각 절두체 (간단히 말하면 정사각 피라미드에서 꼭대기를 잘라냄)와 같은 모양의 시야(또는 투영)를 보여준다. 이를 확인해보려면 하이어라키 창에서 Main Camera를 클릭하고 나서 씬 창을 축소해보자. 카메라 에서 뻗어나온 피라미드 와이어 프레임 모양이 뷰 절두체이며 카메라 시야에 들어오는 전체 범위를 보여준다.

직교 카메라를 사용하면 게임오브젝트는 카메라와의 거리에 상관없이 동일한 크기로 나타난다. 직교 카메라의 투영은 절두체가 아닌 직사각형이다. 이를 확인해보려면 하이어라키 창에서 Main Camera 를 선택한다. 인스펙터 창에서 Camera 컴포넌트를 찾아 Projection을 Perspective에서 Orthogonal 로 변경한다. 그러면 회색의 뷰 절두체는 피라미드가 아닌 3D 직사각형으로 나타난다.

씬 창을 원근이 아닌 직교로 설정하는 것이 유용한 경우가 있다. 씬 창의 투영 방법을 변경하려면 씬 창의 오른쪽 위 모서리에 있는 축 기즈모 아래의 〈Persp 단어를 클릭한다(그림 28.5의 각 이미지 참고). 축 기즈모 아래의 〈Persp를 클릭하면 원근과 등각(isometric, 줄여서 Iso라고 함) 씬 창 사이를 전환할 수 있다(등각은 직교(orthographic)와 같은 의미로 사용된다).

사과 받기의 카메라 설정

이제 <사과 받기>의 카메라를 설정해보자.

1. 하이어라키 창에서 Main Camera를 선택하고 다음과 같이 Transform을 설정 한다.

```
Main Camera (Camera)   P:[ 0, 0, -10 ]   R:[ 0, 0, 0 ]   S:[ 1, 1, 1 ]
```

이 위치는 카메라 관측점^{viewpoint}을 1미터 아래로 이동시켜 0 높이가 되게 한다(유니티 에서 1단위는 1미터다). 유니티 단위는 미터이기 때문에 이 책에서는 '1유니티 단위'를 가 끔 1m로 줄여 언급한다.

2. 인스펙터 창의 Camera 컴포넌트에서 다음과 같이 설정한다(그림 28.6과 같음).
   a. Projection을 Orthographic으로 설정한다.
   b. Size를 16으로 설정한다.

그러면 게임 창에서 AppleTree가 적절한 크기가 되고 사과가 떨어지면 플레이어가 받을 수 있는 적절한 공간이 생긴다. 카메라 설정과 같은 사항은 먼저 예상 값으로 플레이해 본 후에 고쳐 나가면 된다. 게임 개발의 다른 모든 요소와 마찬가지로 적절한 카메라 설정 값을 찾아내는 데도 반복적 프로세스가 필요하다. 최종적인 메인 카메라 인스펙터는 그림 28.6에 표시된 것과 같게 된다.

그림 28.6 메인 카메라 인스펙터 설정

게임 창 설정

게임 창에 영향을 주는 또 다른 요인은 게임 창의 화면비aspect ratio다.

1. 게임 창의 맨 위에는 현재 Free Aspect라고 나타난 팝업 메뉴가 있다. 이것이 화면비 팝업 메뉴다.
2. 화면비 팝업 메뉴를 클릭하고 16:9를 선택한다. 이것은 와이드 스크린 TV 및 컴퓨터 모니터의 표준 형태이므로 전체 화면으로 게임을 할 때 좋게 보인다. 맥OS를 사용하는 경우 Low Resolution Aspect Ratios 옵션의 체크 표시를 없애야 한다.

사과 받기 프로토타입 코딩

이제 이 게임 프로토타입이 작동하게 코딩할 차례다. 그림 28.7에는 16장에서 소개했던 AppleTree의 순서도가 나온다.

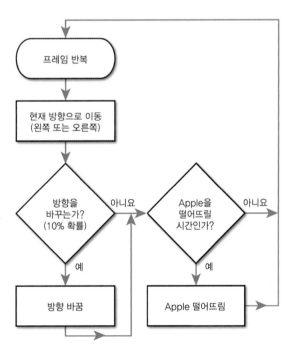

그림 28.7 AppleTree 순서도

우리가 코딩해야 하는 AppleTree의 동작은 다음과 같다.

- 프레임마다 특정한 속도로 움직인다.
- 화면 경계에 도달하면 방향을 바꾼다.
- 무작위 확률에 따라 방향을 바꾼다.
- 사과를 1초마다 하나씩 떨어뜨린다.

이게 전부다. 코딩을 시작하자. 프로젝트 창에서 AppleTree라는 C# 스크립트를 더블 클릭해 연다.

1. 몇 가지 구성 변수가 필요하므로 비주얼 스튜디오에서 AppleTree 클래스를 열고 다음과 같이 코드를 입력한다. 변경해야 하는 코드는 굵게 나타냈다.

```csharp
using System.Collections;
using System.Collections.Generic;
using UnityEngine;

public class AppleTree : MonoBehaviour
{
    [Header("Set in Inspector")]
    // Apples을 인스턴스화하기 위한 프리팹
    public GameObject applePrefab;

    // AppleTree가 움직이는 속도
    public float speed = 1f;

    // AppleTree가 움직일 수 있는 좌우 거리
    public float leftAndRightEdge = 10f;

    // AppleTree가 방향을 바꾸는 확률
    public float chanceToChangeDirections = 0.1f;

    // Apple이 인스턴스화되는 속도
    public float secondsBetweenAppleDrops = 1f;

    void Start()
    {
```

```
        // 사과를 1초마다 하나씩 떨어뜨림
    }

    void Update()
    {
        // 기본적인 이동
        // 방향 바꾸기
    }
}
```

이 코드에는 이전의 여러 장에서 행 앞부분에 붙이던 행 번호가 없다. 이 책의 3부에서는 나와 여러분의 줄 바꿈 차이로 인해 행 번호가 달라지는 혼란을 막기 위해 행 번호를 붙이지 않을 것이다.[5] 비주얼 스튜디오의 AppleTree 스크립트를 저장하고 유니티로 돌아간다.

2. 코드가 실제 작업을 수행하는 것을 확인하려면 코드를 AppleTree 게임오 브젝트에 부착해야 한다.

   a. 프로젝트 창의 AppleTree C# 스크립트를 같은 창에 있는 AppleTree 프 리팹 위로 드래그한다.

   b. 하이어라키 창에서 AppleTree 인스턴스를 클릭한다. 그러면 이 스크립 트가 AppleTree 프리팹뿐만 아니라 이 프리팹의 모든 인스턴스에도 추가된 것을 알 수 있다.

   c. 하이어라키 창에서 AppleTree가 선택된 상태에서 인스펙터를 보면 방 금 선언한 모든 변수가 AppleTree (Script) 컴포넌트 아래에 나오는 것을 확인할 수 있다.

3. 인스펙터의 Transform 컴포넌트에서 X와 Y 좌표를 조정해 씬 안에서 AppleTree를 이리저리 이동해보고 적절한 높이(position.y)와 좌우 이동 거리 를 구한다. 내 컴퓨터에서는 적당한 position.y가 12이고, 좌우 position.x 는 -20 ~ 20으로 하는 것이 게임 창에서 잘 보이게 나타났다.

---

5. 행 번호를 생략한 또 다른 이유는 긴 행의 코드를 나타낼 지면 공간을 확보하기 위해서다.

a. AppleTree의 위치를 P:[0, 12, 0]으로 설정한다.

b. AppleTree (Script) 컴포넌트 인스펙터에서 float 타입의 leftAndRightEdge 를 20으로 설정한다.

유니티 엔진의 스크립팅 레퍼런스

이 프로젝트의 자세한 내용으로 들어가기 전에 여기에 나오는 코드에 대해 궁금한 점이 있으면 언제 든지 유니티 스크립팅 레퍼런스를 살펴보는 것이 아주 중요하다. 스크립트 레퍼런스를 보는 방법은 다음 두 가지가 있다.

1. 유니티의 메뉴 표시줄에서 Help ➤ Scripting Reference를 선택한다. 그러면 웹 브라우저가 열리 고 컴퓨터에 로컬로 저장된 스크립팅 레퍼런스가 나타난다. 즉, 인터넷에 연결되지 않아도 작동한 다. 위쪽에 있는 검색 필드에 함수나 클래스 이름을 입력하면 자세한 내용을 볼 수 있다.

   스크립팅 레퍼런스 웹 페이지의 검색 필드에 MonoBehaviour를 입력하고 Enter를 누른다. 결과에 서 첫 번째 항목을 클릭하면 모든 MonoBehaviour 스크립트에서 기본 제공(또한 유니티의 게임오 브젝트에 부착하는 모든 클래스 스크립트에서 기본 제공)하는 모든 메서드를 확인할 수 있다. 이때 유럽식 영어인 Behaviour의 철자에 주의한다.

2. 비주얼 스튜디오에서 작업하는 동안에는 자세히 알고 싶은 텍스트를 선택(또는 커서를 위치)한 다음 메뉴 표시줄에서 **도움말** ➤ **Unity API 참조**를 선택한다. 그러면 온라인 버전의 유니티 스크립 팅 레퍼런스가 실행된다. 이 기능은 인터넷에 연결돼 있지 않으면 제대로 작동하지 않지만 첫 번째 방법으로 볼 수 있는 로컬 레퍼런스와 정확히 동일한 정보를 보여준다.

기본 이동

이제 다음과 같이 이동을 추가한다.

1. AppleTree 스크립트의 Update() 메서드에 다음의 굵게 표시한 부분을 추 가한다. 코드 리스트의 줄임표(…)에 유의하라. 이는 공간을 절약하고자 이 리스트에서 행을 건너뛴 곳을 나타낸다. 해당 행을 삭제하지 않도록 한다.

```
public class AppleTree : MonoBehaviour
{
```

```
...                                                       // a
void Update()
{
    // 기본적인 이동
    Vector3 pos = transform.position;                     // b
    pos.x += speed * Time.deltaTime;                      // c
    transform.position = pos;                             // d

    // 방향 바꾸기
}
}
```

코드 오른쪽에 // 표시가 있는 행에 대한 설명은 다음과 같다.

a. 이 책에서 실습이 있는 장에서는 코드 리스트에서 건너뛴 코드 부분을 나타내고자 생략 부호(...)를 사용한다. 이렇게 코드를 생략하지 않으면 이후의 어떤 장에서는 코드 리스트가 지나치게 길어질 것이다. 이와 같은 생략 부호를 보게 되면 이 위치에 해당하는 코드를 변경하면 안 된다. 그대로 두고 새 코드(굵게 표시함)에만 신경 쓴다. 여기 코드 리스트에서는 AppleTree 클래스 선언과 Update() 메서드 사이의 모든 코드 행을 변경하지 않아도 되므로 생략 부호를 사용해 건너뛰었다.

b. 이 행에서는 Vector3 pos를 AppleTree의 현재 위치로 설정한다.

c. pos의 x 성분을 speed 곱하기 Time.deltaTime(마지막 프레임 이후 경과한 초 단위 값)만큼 증가시킨다. 이렇게 하면 게임 프로그래밍에서 아주 중요한 개념인 시간 기반time based으로 AppleTree가 이동한다('게임을 시간 기반으로 만들기' 칼럼 참고).

d. 이렇게 수정된 pos를 transform.position에 다시 지정한다(AppleTree를 새로운 위치로 이동시킨다). transform.position을 pos로 설정하지 않으면 AppleTree가 이동하지 않는다.

앞의 코드를 한 행이 아닌 세 개의 행으로 작성한 이유가 궁금할 수 있다. 다음과 같이 작성하지 않은 이유는 무엇일까?

```
transform.position.x += speed * Time.deltaTime;
```

transform.position이 프로퍼티이며 get{}과 set{} 접근자(26장참고)를 통해 필드로 위장한 메서드(즉, 변수로 위장한 함수)이기 때문이다. 프로퍼티의 하위 컴포넌트 값을 읽는 것이 가능하지만 설정하는 것은 불가능하다. 즉, transform.position.x는 읽을 수 있지만 직접 설정할 수는 없다. 따라서 매개체로 Vector3 pos를 생성해 계산하고 나서 이를 다시 transform.position에 지정해야 한다.

2. 스크립트를 저장하고 유니티로 돌아가 플레이 버튼을 누른다. AppleTree가 아주 느리게 움직이는 것을 볼 수 있다. 인스펙터에서 speed 값을 변경해가며 어떤 값이 적당한지 알아본다. 나는 speed를 10으로 설정해서 10m/s(초당 10미터 또는 초당 10단위)로 이동하게 했다. 유니티 플레이를 중지하고 인스펙터에서 speed를 10으로 설정해보라.

시간 기반의 게임 만들기

게임에서 움직임을 시간 기반으로 구현하면 게임이 실행되는 프레임 속도에 관계없이 동일한 속도로 움직이게 할 수 있다. 이를 위해 마지막 프레임 이후 경과한 시간(초 단위)을 알려주는 Time.deltaTime을 유용하게 활용할 수 있다. Time.deltaTime은 일반적으로 아주 작은 값이다. 25fps(초당 프레임 수)로 실행되는 게임의 경우 Time.deltaTime은 0.04f이며 각 프레임을 4/100초 동안 보여준다. 예를 들어 앞의 // c 코드 행이 25fps 속도로 실행된다면 다음과 같은 의미로 해석된다.

```
pos.x += speed * Time.deltaTime;
pos.x += 1.0f * 0.04f;
pos.x += 0.04f;
```

즉, 1/25초에 pos.x는 프레임당 0.04m씩 움직인다. 1초 동안 움직인다고 가정하면 pos.x는 프레임당 0.04m * 25 프레임만큼 움직이므로 1초에 총 1m를 움직인다.
게임이 100fps로 실행된다면 코드는 다음과 같은 의미로 해석된다.

```
pos.x += speed * Time.deltaTime;
pos.x += 1.0f * 0.01f;
pos.x += 0.01f;
```

즉, 1/100초에 pos.x는 프레임당 0.01m씩 움직인다. 1초 동안 움직인다고 가정하면 pos.x는 프레임당 0.01m * 100프레임만큼 움직이므로 1초에 총 1m를 움직인다.

시간 기반의 움직임을 구현한 게임은 프레임 속도에 관계없이 게임이 일정한 속도로 작동하므로 최신 하드웨어를 사용하는 플레이어는 물론이고 오래된 컴퓨터를 사용하는 플레이어도 일관적으로 게임을 즐길 수 있다. 모바일 장치용 게임을 제작하는 경우 이러한 제품은 성능이 빠르게 향상되고 있기 때문에 시간 기반 코딩이 더욱 중요하다.

방향 바꾸기

이제 AppleTree는 꽤 빠른 속도로 움직이기 때문에 화면에서 금방 벗어날 것이다. 따라서 leftAndRightEdge 값에 도달하면 방향을 바꾸게 해보자. 다음과 같이 AppleTree 스크립트를 수정한다.

```
public class AppleTree : MonoBehaviour
{
    ...
    void Update()
    {
        // 기본적인 이동
        ...
        // 방향 바꾸기
        if (pos.x < -leftAndRightEdge)                              // a
        {
            speed = Mathf.Abs(speed);    // 오른쪽으로 이동          // b
        }
        else if (pos.x > leftAndRightEdge)                          // c
        {
            speed = -Mathf.Abs(speed);   // 왼쪽으로 이동            // c
        }
    }
}
```

a. 앞선 행에서 설정했던 새 pos.x가 leftAndRightEdge로 설정한 좌우 경계를 넘어서는지를 확인한다.

b. pos.x가 너무 작으면 speed를 절댓값인 Mathf.Abs(speed)로 설정한다. 그러면 speed가 양수가 되므로 AppleTree가 오른쪽으로 움직인다.

c. pos.x가 leftAndRightEdge보다 크다면 speed를 Mathf.Abs(speed)의 음수 값으로 설정해 AppleTree가 왼쪽으로 움직이게 한다.

스크립트를 저장하고 유니티로 돌아가서 플레이를 클릭해 어떻게 작동하는지 확인한다.

무작위로 방향 바꾸기

방향을 무작위로 바꾸려면 다음 단계를 따른다.

1. 다음의 굵게 표시한 행을 추가한다.

```
public class AppleTree : MonoBehaviour
{
    ...
    void Update()
    {
        // 기본적인 이동
        ...
        // 방향 바꾸기
        if (pos.x < -leftAndRightEdge)
        {
            speed = Mathf.Abs(speed);    // 오른쪽으로 이동
        }
        else if (pos.x > leftAndRightEdge)
        {
            speed = -Mathf.Abs(speed);   // 왼쪽으로 이동
        }
        else if (Random.value < chanceToChangeDirections)          // a
        {
            speed *= -1;  // 방향 바꾸기                              // b
        }
```

```
        }
    }
```

a. Random.value는 0 ~ 1(0과 1 포함)의 무작위 float 값을 반환한다. 이 무작위 수가 chanceToChangeDirections보다 작으면 ...

b. ... AppleTree는 speed의 부호를 바꿔서 방향을 바꾼다.

2. 플레이를 클릭하면 chanceToChangeDirections의 기본값인 0.1로는 너무 자주 방향이 바뀐다는 생각이 들 것이다. 인스펙터에서 chanceToChangeDirections의 값을 0.02로 변경하면 적절하게 느껴질 것이다.

'시간 기반의 게임 만들기' 칼럼의 시간 기반 게임에 대한 관점에서 보면 이 방향 변경 확률은 사실상 시간 기반이 아니다. AppleTree는 프레임마다 방향을 바꿀 확률은 2%다. 아주 빠른 컴퓨터에서는 초당 400회 확률을 검사할 수 있지만(초당 평균 여덟 번 방향 변경) 느린 컴퓨터에서는 초당 30회 검사할 수 있다(초당 평균 0.6번 방향 변경).

3. 이 문제를 해결하려면 다음과 같이 Update()(컴퓨터의 성능에 따라 호출 속도가 달라짐)의 방향 바꾸기 코드를 FixedUpdate()(컴퓨터의 성능에 관계없이 초당 50회 호출)로 옮겨야 한다.

```
public class AppleTree : MonoBehaviour
{
    ...
    void Update()
    {
        // 기본적인 이동
        ...
        // 방향 바꾸기
        if (pos.x < -leftAndRightEdge)
        {
            speed = Mathf.Abs(speed);    // 오른쪽으로 이동
        }
        else if (pos.x > leftAndRightEdge)
        {
```

```
        speed = -Mathf.Abs(speed); // 왼쪽으로 이동
    }                                                            // a
}

void FixedUpdate()
{
    // FixedUpdate()로 인해 무작위 방향 바꾸기는 시간 기반으로 됨
    if (Random.value < chanceToChangeDirections)                 // b
    {
        speed *= -1;  // 방향 바꾸기
    }
}
}
```

a. 1단계의 코드 리스트에서 // a와 // b가 포함된 네 행을 잘라내 …

b. … 여기에 붙여 넣는다.

이렇게 하면 **AppleTree**는 초당 평균 한 번씩 무작위로 방향을 바꾸게 된다(초당 FixedUpdates 50회 * 무작위 확률 0.02 = 초당 평균 1회).

사과 떨어뜨리기

다음과 같이 사과를 떨어뜨린다.

1. 하이어라키 창에서 **AppleTree**를 선택하고 인스펙터에서 Apple Tree (Script) 컴포넌트를 확인한다. 현재 **applePrefab** 필드의 값은 None (GameObject) 이며 아직 설정되지 않았다는 뜻이다(괄호 안의 GameObject는 applePrefab 필드의 타입이 GameObject임을 알려주는 것이다). 이 값은 **프로젝트** 창의 **Apple** 게임오브젝트 프리팹 으로 설정해야 한다. 다음 두 가지 방법 중 하나로 이 작업을 수행할 수 있다.

   - 인스펙터의 Apple Prefab에서 None (Game Object)의 오른쪽에 있는 작은 과녁 아이콘을 클릭하고 나타나는 윈도우의 Assets 탭에서 Apple을 선택한다.

또는

■ 프로젝트 창의 Apple 게임오브젝트 프리팹을 인스펙터 창의 ApplePrefab 값 위로 드래그한다. 이 과정은 19장의 그림 19.4에서 그림으로 설명했다.

2. 비주얼 스튜디오로 돌아와서 AppleTree 클래스에 다음의 굵게 나타낸 코드를 추가한다.

```
public class AppleTree : MonoBehaviour
{
    ...
    void Start()
    {
        // 사과를 1초마다 하나씩 떨어뜨림
        Invoke("DropApple", 2f);                                    // a
    }

    void DropApple()                                                // b
    {
        GameObject apple = Instantiate<GameObject>(applePrefab);    // c
        apple.transform.position = transform.position;              // d
        Invoke("DropApple", secondsBetweenAppleDrops);              // e
    }

    void Update() { ... }                                           // f
    ...
}
```

a. Invoke() 함수는 특정 시간(초) 내에 지정한 이름의 함수를 호출한다. 이 예에서는 새 함수 DropApple()을 호출한다. 두 번째 매개변수인 2f는 Invoke()가 2초 기다렸다가 DropApple()을 호출하게 지시한다.

b. DropApple()은 AppleTree의 위치에서 Apple을 인스턴스화하는 사용자 정의 함수다.

c. DropApple()은 applePrefab의 인스턴스를 생성해 GameObject 타입의

변수 apple에 지정한다.

    d. 이 새로운 apple 게임오브젝트의 위치를 AppleTree의 위치로 설정한다.

    e. Invoke()를 다시 호출한다. 이번에는 secondsBetweenAppleDrops초(이 예에서는 인스펙터의 기본 설정으로 1초)에 DropApple() 함수를 호출한다. DropApple()은 호출될 때마다 자기 자신을 호출하기 때문에 게임 실행 중에 1초마다 Apple을 떨어뜨리게 된다.

    f. 이 행의 {...}은 코드 리스트에서 Update() 메서드의 내용을 생략했다는 것을 나타낸다. 이렇게 생략 부호가 있으면 Update() 메서드에 대해 아무것도 변경할 필요가 없다.

3. AppleTree 스크립트를 저장하고 유니티로 돌아가서 플레이를 클릭해 어떤 일이 발생하는지 확인한다.

사과와 AppleTree가 날다가 떨어지는 것을 예상했는가? 19장의 예제에서 큐브가 사방으로 튀어나가며 떨어지는 것과 같은 일이 발생한다. 게임에서 이런 문제가 발생하면 어떻게 해결하는지를 보여주고자 여기서 일부러 이렇게 한 것이다. 가장 먼저 할 일은 AppleTree의 Rigidbody를 kinematic으로 설정하는데, 이렇게 하면 코드를 통해 움직이게 하고 다른 오브젝트와의 충돌에는 반응하지 않게 된다.

4. AppleTree의 Rigidbody 컴포넌트 인스펙터에서 Is Kinematic에 체크 표시를 한다.

5. 다시 플레이를 클릭하면 여전히 Apple에 문제가 있는 것을 볼 수 있다.

AppleTree를 수정했지만 Apple은 여전히 AppleTree와 충돌해 왼쪽, 오른쪽으로 나아가며 떨어지거나 그냥 중력으로만 떨어지는 것보다 더 빠르게 떨어진다. 이 문제를 해결하려면 AppleTree와 충돌하지 않는 물리 레이어physics layer로 옮겨야 한다. 물리 레이어는 서로 충돌하거나 무시할 수 있는 게임오브젝트의 그룹이다. AppleTree와 Apple 게임오브젝트를 각기 다른 물리 레이어에 배치하고 해당 물리 레이어가 서로 무시하게 설정하면 AppleTree와 Apple은 더 이상 서로 충돌하지 않을 것이다.

물리 레이어 설정

먼저 새로운 물리 레이어를 만들어야 한다. 이 단계는 그림 28.8에 나와 있다.

1. 하이어라키 창에서 AppleTree를 클릭하고 인스펙터에서 Layer 옆의 팝업 메뉴를 열고나서 Add Layer...를 선택한다. 그러면 인스펙터에 Tags & Layers 관리자가 열리고 Layers 레이블 아래에서 물리 레이어의 이름을 설정할 수 있다(Tags 또는 Sorting Layers는 편집하지 않는다). Builtin Layers 0 ~ 5는 회색으로 표시되지만 레이어 6 ~ 31은 편집할 수 있다.

2. 레이어 6에 AppleTree, 레이어 7에 Apple, 레이어 8에 Basket 이름을 지정한다.

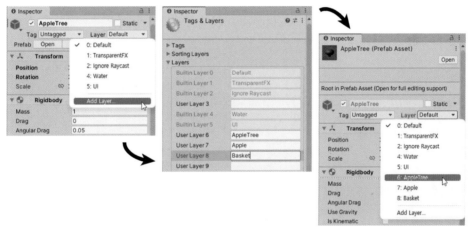

그림 28.8 새로운 물리 레이어를 만들고(1단계와 2단계) 이를 지정하는 데(5단계) 필요한 단계

3. 유니티 메뉴 표시줄에서 Edit ➤ Project Settings를 선택한다. Project Settings 설정 상자가 나타나면 왼쪽 영역에서 Physics를 선택한다. 오른쪽 영역의 맨 아래에 Layer Collision Matrix 체크박스 격자가 나오는데, 여기서 어느 물리 레이어끼리 서로 충돌할지(또한 동일한 물리 레이어에서 게임오브젝트끼리 서로 충돌할지)를 설정한다(그림 28.9 참고).

4. Apple은 Basket과 충돌하고 AppleTree 또는 다른 Apple과 충돌하지 않게

해야 한다. 이렇게 하려면 Layer Collision Matrix 격자를 그림 28.9와 같게 설정한다.

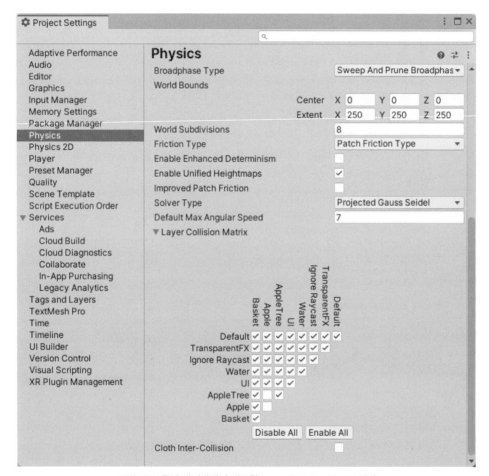

그림 28.9 물리 관리자에서 필요한 Layer Collision Matrix 설정

5. Layer Collision Matrix를 올바르게 설정했으므로 다음은 게임의 중요한 게임 오브젝트에 물리 레이어를 지정해야 한다.

   a. 프로젝트 창에서 Apple을 클릭하고 인스펙터 창의 Layer 팝업 메뉴에서 Apple을 선택한다.

   b. 프로젝트 창에서 Basket을 선택하고 Layer를 Basket으로 설정한다.

c. 프로젝트 창에서 AppleTree를 선택하고 Layer를 AppleTree로 설정한다 (그림 28.8 참고).

AppleTree의 물리 레이어를 선택하면 AppleTree의 레이어만 변경할지, 아니면 AppleTree와 그 자식 모두까지 변경할지 묻는 메시지가 표시된다. 당연히 나무의 몸통과 잎이 모두 AppleTree 물리 레이어에 포함돼야 하기 때문에 Yes를 선택해야 한다. 이 변경 사항은 씬에 있는 AppleTree 인스턴스에도 적용된다. 하이어라키 창의 AppleTree를 클릭해서 이를 확인할 수 있다.

이제 플레이를 클릭하면 사과가 나무에서 정상적으로 떨어지는 것을 볼 수 있다.

사과가 떨어지는 거리 제한

현재 버전의 게임을 한참 실행하다보면 하이어라키 창에 Apple이 아주 많이 늘어나는 것을 볼 수 있다. Apple을 1초마다 하나씩 생성하는 코드는 있지만 이를 삭제하지는 않기 때문이다.

1. Apple C# 스크립트를 열고 다음과 같이 사과가 transform.position.y == -20의 깊이(화면을 벗어난 위치)에 도달하면 제거하는 코드를 추가한다. 코드는 다음과 같다.

```
using System.Collections;
using System.Collections.Generic;
using UnityEngine;

public class Apple : MonoBehaviour
{
    public static float bottomY = -20f;                          // a

    void Update()
    {
        if (transform.position.y < bottomY)
        {
            Destroy(this.gameObject);                            // b
```

```
        }
    }
}
```

a. 굵게 표시된 public static float 행은 bottomY라는 정적 변수를 선언하고 정의한다. 26장에서 설명했듯이 정적 변수는 클래스의 모든 인스턴스에서 공유되므로 Apple의 모든 인스턴스는 동일한 값의 bottomY를 갖는다. 한 인스턴스에서 bottomY가 변경되면 모든 인스턴스에 동시에 변경된다. 하지만 bottomY와 같은 정적 필드는 인스펙터에 나타나지 않는다는 점도 알아두자.

b. Destroy() 함수는 인자로 전달된 것을 게임에서 제거하는 데 사용되며 컴포넌트와 게임오브젝트 모두를 삭제할 수 있다. Destroy(this)라고 하면 Apple 게임오브젝트 인스턴스에서 Apple (Script) 컴포넌트만 제거하기 때문에 여기서는 Destroy(this.gameObject)를 사용해야 한다. 어떠한 스크립트에서도 this라고 하면 전체 게임오브젝트가 아니라 호출된 C# 클래스의 현재 인스턴스를 참조한다(이 코드 리스트에서 this는 Apple (Script) 컴포넌트 인스턴스를 참조함). 부착된 컴포넌트 클래스 내의 전체 게임오브젝트를 소멸시키려면 Destroy(this.gameObject)를 호출해야 한다.

2. Apple 스크립트를 저장한다.

3. 이 코드가 게임에서 작동하게 하려면 Apple C# 스크립트를 프로젝트 창에 있는 Apple 게임오브젝트 프리팹에 부착해야 한다. 스크립트를 게임오브젝트에 드래그해서 부착하는 방법은 이미 알고 있으므로 다음과 같이 다른 방법으로 해보자.

a. 프로젝트 창의 Apple을 선택한다.

b. 인스펙터의 맨 아래로 스크롤해서 Add Component 버튼을 클릭한다.

c. 나타나는 팝업 메뉴에서 Scripts ➤ Apple을 선택한다.

이제 유니티에서 플레이를 클릭하고 씬을 축소해서 작동을 확인해보면 Apple이 떨어지다가 Y 위치가 −20 아래로 떨어지면 사라진다.

이것으로 Apple 게임오브젝트에 필요한 기능이 모두 완성됐다.

Basket 인스턴스 만들기

Basket 게임오브젝트가 작동하게 하려면 앞으로 프로토타입 실습에서 자주 활용할 개념을 소개해야 한다. 객체지향적 사고에서는 각 게임오브젝트마다 별도의 클래스를 만들게(AppleTree와 Apple의 클래스를 만들었듯이) 권장하고 있지만 게임을 전체적으로 실행하는 스크립트를 만들면 매우 유용한 경우가 많다.

1. AplePicker 스크립트를 하이어라키 창의 Main Camera에 부착한다. 모든 씬에는 메인 카메라가 있기 때문에 나는 이러한 게임 관리 스크립트를 메인 카메라에 부착하는 경우가 많다.

2. AplePicker 스크립트를 비주얼 스튜디오에서 열고 다음 코드를 입력하고 나서 저장한다.

```
using System.Collections;
using System.Collections.Generic;
using UnityEngine;

public class ApplePicker : MonoBehaviour
{
    [Header("Set in Inspector")]                              // a
    public GameObject basketPrefab;
    public int numBaskets = 3;
    public float basketBottomY = -14f;
    public float basketSpacingY = 2f;

    void Start()
    {
        for (int i = 0; i < numBaskets; i++)
        {
            GameObject tBasketGO = Instantiate<GameObject>(basketPrefab);
            Vector3 pos = Vector3.zero;
            pos.y = basketBottomY + (basketSpacingY * i);
```

```
            tBasketGO.transform.position = pos;
        }
    }
}
```

a. 이 행은 유니티의 인스펙터에 해당 헤더를 표시해 인스펙터에서 어떤 변수를 설정해야 하는지 알 수 있게 한다. 이후의 코드 리스트에서 게임 실행 중에 자동으로 계산되는 변수에 대해서는 **"Set Dynamically"** 라는 헤더를 붙일 것이다.

이 코드는 Basket 프리팹의 복사본 세 개를 수직으로 간격을 두고 인스턴스로 만들어낸다.

3. 유니티에서 하이어라키 창의 Main Camera를 클릭하고 인스펙터의 basketPrefab을 프로젝트 창의 Basket 게임오브젝트 프리팹으로 설정한다. 플레이를 클릭하면 이 코드가 화면 아래쪽에 바구니 세 개를 생성하는 것을 볼 수 있다.

마우스로 바구니 이동하기

다음으로는 각 바구니를 마우스로 움직이게 하는 코드를 작성해야 한다.

1. 프로젝트 창에서 Basket 스크립트를 Basket 프리팹에 부착한다.
2. 비주얼 스튜디오에서 Basket C# 스크립트를 연 후 다음 코드를 입력하고 나서 저장한다.

```
using System.Collections;
using System.Collections.Generic;
using UnityEngine;

public class Basket : MonoBehaviour
{
    void Update()
    {
```

```
        // Input에서 마우스의 현재 화면 위치를 얻음
        Vector3 mousePos2D = Input.mousePosition;                // a

        // 3D 공간에서 카메라의 z 위치만큼 마우스를 앞쪽으로 전진
        mousePos2D.z = -Camera.main.transform.position.z;        // b

        // 2D 화면 공간의 지점을 3D 게임 세계 공간으로 변환
        Vector3 mousePos3D =
            ➥Camera.main.ScreenToWorldPoint(mousePos2D);         // c

        // 이 바구니의 x 위치를 마우스의 x 위치로 설정
        Vector3 pos = this.transform.position;
        pos.x = mousePos3D.x;
        this.transform.position = pos;
    }
}
```

a. Input.mousePosition을 mousePos2D에 지정한다. 이 값은 화면 좌표이며 마우스가 화면의 왼쪽 맨 위 구석으로부터 몇 픽셀만큼 떨어져 있는지 측정한 것이다. Input.mousePosition은 기본적으로 2차원 측정이기 때문에 z 위치가 항상 0이다.

b. 이 행은 mousePos2D의 z 좌표를 메인 카메라 Z 위치의 부호를 바꾼 값으로 설정한다. 게임에서 메인 카메라의 Z가 −10이므로 mousePos2D.z는 10으로 설정된다. 이 값은 이후 호출할 ScreenToWorldPoint() 함수에게 3D 공간에서 mousePos3D가 얼마나 전진하는지 알려줘 최종적으로 월드 지점^{world point} Z=0 평면에 위치시킨다.

c. ScreenToWorldPoint()는 mousePoint2D를 씬의 3D 공간에 있는 한 지점으로 변환한다. mousePos2D.z가 0이었다면 결과 mousePos3D 지점의 Z는 −10이 됐을 것이다(메인 카메라와 동일한 위치). mousePos2D.z를 10으로 설정하면 3D 공간에서 mousePos3D가 현재 메인 카메라 위치로부터 10미터 전진하기 때문에 mousePos3D.z가 0이 된다. <사과 받기>에서는 이 점이 중요하지 않지만 향후 게임에서는 훨씬 중요해질 것이다. 잘 이해되지 않는다면 유니티 스크립팅 레퍼런스에서 Camera.ScreenToWorldPoint()

를 참고하기 바란다.[6]

이제 유니티에서 플레이를 누르면 바구니를 움직일 수 있으므로 떨어지는 사과와 충돌하게 할 수 있다. 다만 아직 사과를 받는 것은 아니고 바구니 위로 떨어질 뿐이다.

사과 받기

다음으로는 사과를 받아보자.

1. Basket C# 스크립트에 다음의 굵은 행을 추가한다.

```
public class Basket : MonoBehaviour
{
    void Update () { ... }

    void OnCollisionEnter(Collision coll)                        // a
    {
        // 이 바구니가 무엇과 충돌했는지 확인
        GameObject collidedWith = coll.gameObject;               // b
        if (collidedWith.tag == "Apple")                         // c
        {
            Destroy(collidedWith);
        }
    }
}
```

  a. OnCollisionEnter 메서드는 다른 게임오브젝트가 이 Basket과 충돌할 때마다 호출되는데, 이 Basket의 Collider와 충돌한 다른 게임오브젝트에 대한 참조를 포함하는 정보가 Collision 인자를 통해 전달된다.

  b. 이 행은 충돌한 게임오브젝트를 로컬 변수 collidedWith에 지정한다.

  c. 모든 Apple 게임오브젝트에 지정돼 있는 "Apple" 태그를 찾아서

---

6. https://docs.unity3d.com/ScriptReference/를 참고한다.

674

collidedWith가 사과인지 검사한다. collidedWith가 Apple이라면 소멸시킨다. 이제 사과는 바구니에 충돌하면 소멸될 것이다.

2. Basket 스크립트를 저장하고 유니티로 돌아가서 플레이를 클릭한다.

이 시점에서 게임은 고전 게임 <카붐!>과 아주 비슷하게 작동한다. 하지만 점수나 플레이어의 남은 생명 수 등을 나타내는 그래픽 사용자 인터페이스^{GUI} 요소가 아직 없다. 그러나 이러한 요소가 없어도 <사과 받기>는 현재 상태에서 성공적인 프로토타입이 될 것이다. 이 프로토타입으로도 게임의 여러 측면을 조정해 적절한 난이도 수준을 찾아낼 수 있다.

3. 씬을 저장한다.
4. 현재 씬을 복제해 게임 밸런스 조정을 테스트한다.
   a. 프로젝트 창에서 _Scene_0을 클릭해 선택한다.
   b. 키보드의 Ctrl+D(맥OS의 경우 Command-D)를 누르거나 메뉴 표시줄에서 Edit ▶ Duplicate를 선택해 씬을 복제한다. 새 씬의 이름을 _Scene_1로 변경한다.
   c. _Scene_1을 더블 클릭해 연다.

_Scene_0을 복제한 것이므로 이 새로운 씬의 게임도 동일하게 작동한다.

하이어라키 창에서 AppleTree를 클릭해 _Scene_1의 변수를 조정해도 _Scene_0의 변수는 변함없이 그대로 남는다(프로젝트 창에서 게임오브젝트에 대한 사항을 변경하면 두 씬 모두에 적용됨). 게임을 더 어렵게 만들어본다. _Scene_1에서 난이도를 높인 후에 저장하고 _Scene_0을 다시 연다. 현재 어느 씬이 열려 있는지 확인하려면 유니티 창의 맨 위 또는 하이어라키 창의 맨 위에 있는 제목을 보면 된다. 어느 것이든 항상 씬 이름이 포함돼 있다.

GUI와 게임 관리

마지막으로 게임에 추가해야 할 요소는 실제 게임처럼 느끼게 할 GUI와 게임 관리 코드다. 여기에서 추가할 GUI 요소는 점수 카운터이고, 게임 관리 요소는 레벨과 생명이다.

점수 카운터

점수 카운터는 플레이어가 게임에서 자신의 성과를 알 수 있게 해준다.

1. **프로젝트** 창에서 **_Scene_0**을 더블 클릭해 연다.
2. 유니티 메뉴 표시줄에서 GameObject ➤ UI ➤ Text – TextMeshPro를 선택한다. TMP Importer 대화상자가 나타나면 Import TMP Essentials 버튼을 누르고 완료되면 대화상자를 닫는다.

이 씬에 처음으로 uGUI^{unity Graphical User Interface} 요소를 추가하기 때문에 하이어라키 창에 여러 항목이 추가될 것이다. 첫 번째로 눈에 띄는 것이 Canvas다. 캔버스는 GUI가 배치될 2차원 보드다. 씬 창을 보면 원점에서 x와 y 방향으로 멀리 퍼져 있는 아주 큰 2D 박스가 나타날 것이다. 또한 **프로젝트** 창의 Assets 폴더에는 TestMesh Pro 폴더가 생성되며 **TextMeshPro** 관련 파일이 들어간다.

3. 하이어라키 창에서 Canvas를 더블 클릭해 축소해서 전체를 본다. 이렇게 하면 게임 창과 일치하게 조정되므로 게임 창을 16:9 화면비로 설정했다면 캔버스도 거기에 맞출 것이다. 씬 창의 도구 표시줄에 있는 2D 버튼을 클릭해 캔버스 작업을 좀 더 쉽게 할 수 있는 2차원 뷰로 전환해도 된다.

하이어라키 창의 최상위 레벨에 추가된 다른 게임오브젝트는 **EventSystem**이다. **EventSystem**은 uGUI에서 만드는 버튼, 슬라이더, 기타 대화식 GUI 요소를 사용할 수 있게 해주는 것이다. 하지만 이 프로토타입에서는 **EventSystem**을 사용하지 않을 것이다.

Canvas의 하위 클래스로는 Text (TMP) 게임오브젝트가 보일 것이다. 보이지 않는다면 자식 객체를 나타내게 하이어라키 창의 Canvas 옆에 있는 펼침 삼각형을 클릭한다. 하이어라키 창에서 Text (TMP) 게임오브젝트를 더블 클릭해 확대한다. 텍스트 색이 기본적으로 흰색으로 돼 있을 것이므로 씬 창의 배경이 밝은 색이면 알아보기 어려울 수도 있다.

4. 하이어라키 창에서 Text (TMP) 게임오브젝트를 선택하고 인스펙터 창에서 이름을 HighScore로 변경한다.

5. Highscore 인스펙터를 그림 28.10과 같게 하려면 다음 지시를 따라 한다.

   a. HighScore 인스펙터의 RectTransform 컴포넌트에서 다음을 수행한다.

   ▪ Anchors를 Min X=0, Min Y=1, Max X=0, Max Y=1로 설정한다.

   ▪ Pivot을 X=0과 Y=1로 설정한다.

   ▪ Pos X=10, Pos Y = -6, Pos Z = 0으로 설정한다.

   ▪ Width=256과 Height=32로 설정한다.

   이 작업을 수행한 후 하이어라키 창의 HighScore를 다시 더블 클릭해 씬 창의 중앙에 크게 나타나게 한다.

   b. HighScore 인스펙터의 Text UI 컴포넌트에서 다음을 수행한다.

   ▪ Text UI 섹션을 High Score: 1000으로 설정한다. 한글을 사용하려면 별도의 한글 글꼴을 글꼴 에셋으로 변환해서 추가해야 한다. 자세한 사항은 이 절의 끝에 있는 'TextMesh Pro에서 한글 사용하기' 칼럼을 참고한다.

   ▪ Font Style을 Bold로 설정한다.

   ▪ Font Size를 28로 설정한다.

   ▪ Vertex Color가 흰색이면 게임 창에서 잘 보이게 된다.

6. 하이어라키 창에서 HighScore를 마우스 오른쪽 버튼으로 클릭하고 Duplicate를 선택한다.[7]

---

7. 하이어라키 창에서 HighScore (1)이라는 복제물이 보이게 한 번만 클릭해야 한다.

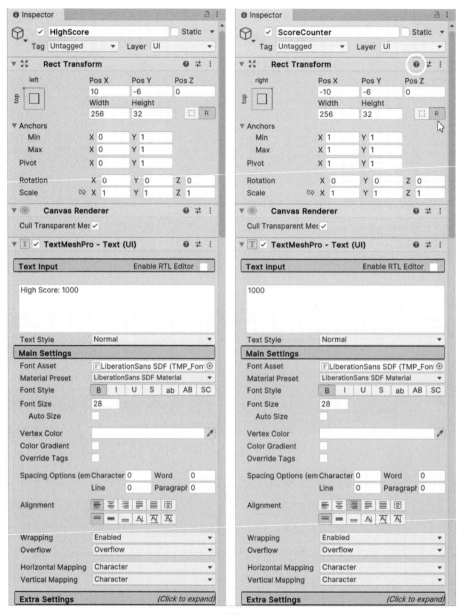

그림 28.10 HighScore와 ScoreCounter에 대한 RectTransform 및 Text UI 컴포넌트 설정

7. 새로운 HighScore (1) 게임오브젝트를 선택하고 그 이름을 ScoreCounter
   로 변경한다.

678

8. 인스펙터에서 ScoreCounter의 RectTransform과 Text 값을 그림 28.10에 나타난 것처럼 변경한다. RectTransform 컴포넌트에서는 Anchors와 Pivot 설정, Text UI 컴포넌트에서는 Alignment 설정을 잊지 말자. RectTransform 에서 앵커 또는 피벗을 변경하면 유니티가 자동으로 Pos X를 변경해 ScoreCounter를 Canvas 내의 같은 위치에 있게 한다. 유니티가 이렇게 하지 못하게 하려면 그림 28.10의 ScoreCounter 인스펙터에서 마우스 커서가 가리키는 RectTransform의 R 버튼이 눌린 상태로 두면 된다.

여기서 봤듯이 uGUI 게임오브젝트의 좌표는 일반 게임오브젝트의 좌표와 완전히 다르며 일반적인 Transform 대신 RectTransform을 사용한다. RectTransform의 좌표는 모두 uGUI 게임오브젝트의 Canvas 부모를 기준으로 한다. RectTransform 컴포넌트에 대한 도움말 아이콘(그림 28.10에서 원으로 표시)을 클릭하면 이것의 작동 방식에 대한 자세한 정보를 얻을 수 있다. 계속 진행하기 전에 씬을 저장한다.

사과를 받을 때마다 점수 추가

사과와 바구니가 충돌하면 충돌에 대한 알림이 Apple과 Basket 스크립트 양쪽으로 전달된다. 이 게임에서 Basket C# 스크립트에 이미 OnCollisionEnter() 메서드가 있으므로 이 메서드를 수정해 플레이어가 사과를 받을 때마다 점수를 추가해보자. 사과 하나당 100점이면 적당할 것이다(사실 나는 점수에 0을 많이 붙일 필요가 없다고 생각한다).

1. Basket 스크립트를 비주얼 스튜디오에서 열고 다음의 굵게 표시된 행을 추가한다.

```
using System.Collections;
using System.Collections.Generic;
using UnityEngine;
using TMPro;  // 이 행은 TextMeshProUGUI 기능을 사용할 수 있게 해줌     // a

public class Basket : MonoBehaviour
{
```

```
[Header("Set Dynamically")]
public TextMeshProUGUI scoreGT;                              // a

void Start()
{
    // ScoreCounter 게임오브젝트의 참조를 찾음
    GameObject scoreGO = GameObject.Find("ScoreCounter");       // b
    // 해당 게임오브젝트의 Text UI 컴포넌트를 얻음
    scoreGT = scoreGO.GetComponent<TextMeshProUGUI>();          // c
    // 시작 점수를 0으로 설정
    scoreGT.text = "0";
}

void Update() { ... }

void OnCollisionEnter(Collision coll)
{
    // 이 바구니가 무엇과 충돌했는지 확인
    GameObject collidedWith = coll.gameObject;
    if (collidedWith.tag == "Apple")
    {
        Destroy(collidedWith);

        // scoreGT의 텍스트를 int로 파싱
        int score = int.Parse(scoreGT.text);                    // d
        // 사과를 받은 점수를 추가
        score += 100;
        // 점수를 다시 문자열로 바꾸고 표시
        scoreGT.text = score.ToString();
    }
}
```

a. 이 행들을 꼭 입력해야 한다. 다른 행보다 먼저 나온다.

b. GameObject.Find("ScoreCounter")는 현재 씬의 모든 게임오브젝트를 대상으로 "ScoreCounter"라는 이름의 게임오브젝트를 찾아 이를 지역 변수 scoreGO에 지정한다. 코드나 하이어라키 창의 "ScoreCounter"에

는 공백이 들어가지 않아야 한다.

c. scoreGO.Getcomponent<TextMeshProUGUI>()는 scoreGO 게임오브젝트에서 TextMeshPro의 Text UI 컴포넌트를 찾고 이를 public 필드인 scoreGT에 지정한다. 그러고 나서 시작 점수를 0으로 설정한다. 유니티 내의 C#에서 위쪽에 using TMPro; 행을 넣지 않으면 Text UI 컴포넌트가 정의되지 않는다. 유니티 테크놀로지의 코딩 방식이 강화됨에 따라 이와 같이 새로운 기능에 대한 코드 라이브러리를 수동으로 포함시켜야 하는 모델로 전환되고 있다.

d. int.Parse(scoreGT.text)는 ScoreCounter에서 텍스트를 얻고 이를 정수로 변환한다. int score에 100점을 더하고 나서 score.ToString()을 통해 int를 string으로 파싱을 거쳐 scoreGT의 텍스트로 다시 지정한다.

TextMesh Pro와 한글

TextMesh Pro는 처리 속도가 매우 빠르고 최적화에 유리하다. 용량은 기존의 유니티 내장 Text보다 더 크지만 오히려 메모리를 적게 사용한다. 다양하게 사용자 정의할 수 있고 품질도 높다. 이러한 장점에 힘입어 2021 버전부터 내장 Text를 대체하게 됐다.

TextMesh Pro에서 한글을 사용하려면 다음 과정을 따라 한글 글꼴을 글꼴 에셋으로 변환한 후 추가해야 한다.

1. 인터넷 검색을 통해 유료 또는 무료 한글 글꼴을 다운로드하거나 PC 운영체제에서 사용하는 글꼴을 찾아 유니티 프로젝트 창의 Assets 폴더 안으로 드래그한다.
2. 메뉴 표시줄에서 Window ➤ TextMeshPro ➤ Font Asset Creator를 선택한다.
3. Font Asset Creator 대화상자의 Source Font File 항목의 오른쪽에 있는 과녁 아이콘을 클릭한 후 Assets 폴더에 넣었던 한글 글꼴을 선택한다(아래 예제 그림에서 한글 글꼴은 Windows/Font 폴더에 있는 굴림 글꼴을 사용했다). 그런 후 다음 그림처럼 설정하고 Character Sequence 항목에는 다음과 같이 입력한다.

   32-126,44032-55203,12593-12643,8200-9900

그러고 나서 Generate Font Atlas 버튼을 클릭한다.

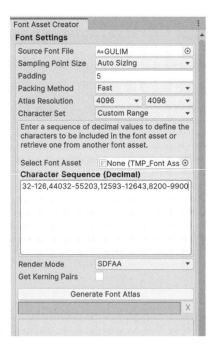

5. 진행이 완료되면 Save 버튼을 클릭한다. Save 대화상자에서 폴더와 파일 이름을 지정한 후 **저장** 버튼을 클릭한다.

6. Font Asset Creator 대화상자를 닫으면 Assets 폴더에 SDF 글꼴 에셋 파일이 생성돼 있는 것을 확인할 수 있다.

7. 이제 Text UI 컴포넌트의 Font Asset 항목의 오른쪽에 있는 과녁 아이콘을 클릭한 후 변환한 글꼴 에셋을 선택해 한글을 사용할 수 있다.

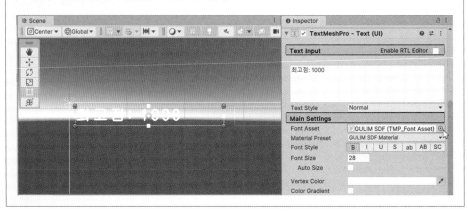

사과를 놓치면 Apple Picker에게 알리기

<사과 받기>를 더 게임처럼 보이게 하는 또 다른 측면은 사과를 놓치면 바구니 하나를 삭제하고 라운드를 끝내는 것이다. 이미 Apple은 어느 정도 떨어지면 스스로 소멸시키는 기능을 갖고 있지만 이렇게 소멸시킬 때 ApplePicker 스크립트에게 이 이벤트를 알려서 현재 라운드를 종료하고 나머지 Apple을 모두 소멸시키는 기능이 필요하다. 이를 위해서는 한 스크립트가 다른 스크립트의 함수를 호출해야 한다.

1. 비주얼 스튜디오에서 Apple C# 스크립트를 수정하는 것으로 시작하자.

```
public class Apple : MonoBehaviour
{
    [Header("Set in Inspector")]
    public static float bottomY = -20f;

    void Update()
    {
        if (transform.position.y < bottomY)                          // a
        {
            Destroy(this.gameObject);

            // 메인 카메라의 ApplePicker 컴포넌트에 대한 참조를 얻음
            ApplePicker apScript =
                ➥ Camera.main.GetComponent<ApplePicker>();           // b
            // apScript의 퍼블릭 메서드인 AppleDestroyed()를 호출
            apScript.AppleDestroyed();                               // c
        }
    }
}
```

a. 추가하는 모든 행은 이 if문 안에 넣는다.

b. 메인 카메라의 ApplePicker (Script) 컴포넌트에 대한 참조를 얻는다. Camera 클래스에는 메인 카메라를 참조하는 정적 변수 Camera.main이 내장돼 있으므로 메인 카메라에 대한 참조를 얻고자 GameObject.Find

("Main Camera")를 사용할 필요가 없다. 그다음에는 GetComponent
<ApplePicker>()를 사용해 메인 카메라의 ApplePicker (Script) 컴포넌
트에 대한 참조를 얻고 이를 apScript에 지정한다. 이 작업이 끝나면
메인 카메라에 연결된 ApplePicker 클래스 인스턴스의 public 변수와
메서드에 접근할 수 있다.

  c. ApplePicker 클래스의 AppleDestroyed() 메서드를 호출한다. ApplePicker
스크립트에는 아직 이 메서드가 없기 때문에 비주얼 스튜디오에서는
빨간색 밑줄로 표시되고 AppleDestroyed()를 정의할 때까지 유니티에
서 이 게임을 플레이할 수 없다.

2. public AppleDestroyed() 메서드는 아직 ApplePicker 스크립트에 없으므
로 비주얼 스튜디오에서 ApplePicker C# 스크립트를 열고 다음의 굵게
표시된 코드를 추가한다.

```
public class ApplePicker : MonoBehaviour {
    ...
    void Start () { ... }

    public void AppleDestroyed()                                    // a
    {
        // 떨어지는 사과를 모두 소멸시킴
        GameObject[] tAppleArray =
            ➥ GameObject.FindGameObjectsWithTag("Apple");          // b
        foreach (GameObject tGO in tAppleArray)
        {
            Destroy(tGO);
        }
    }
}
```

  a. 다른 클래스(예, Apple)가 호출할 수 있게 하려면 AppleDestroyed() 메서
드를 public으로 선언해야 한다. 기본적으로 메서드는 모두 private
이므로 다른 클래스에서 호출할 수 없다(심지어 볼 수도 없다).

684

b. GameObject.FindGameObjectsWithTag("Apple")은 기존의 모든 Apple 게임오브젝트에 대한 배열을 반환한다.[8] 그다음의 foreach 루프는 이러한 배열에 대해 반복하며 모두 소멸시킨다.

비주얼 스튜디오에서 모든 스크립트를 저장한다. 이제 AppleDestroyed()를 정의했으므로 유니티에서 다시 게임을 즐길 수 있다.

사과를 놓치면 바구니 하나를 소멸

이 씬의 마지막 코드는 사과를 놓칠 때마다 바구니 하나를 제거하고 모든 바구니가 소멸되면 게임이 끝나게 하는 작업이다. 이를 위한 ApplePicker C# 스크립트를 다음과 같이 변경한다(이번에는 전체 코드를 나열했다).

```csharp
using System.Collections;
using System.Collections.Generic;                              // a
using UnityEngine;
using UnityEngine.SceneManagement;                             // b
public class ApplePicker : MonoBehaviour
{
    [Header("Set in Inspector")]
    public GameObject         basketPrefab;
    public int                numBaskets = 3;
    public float              basketBottomY = -14f;
    public float              basketSpacingY = 2f;
    public List<GameObject>   basketList;

    void Start()
    {
        basketList = new List<GameObject>();                   // c
        for (int i = 0; i < numBaskets; i++)
        {
```

---

8. GameObject.FindGameObjectsWithTag()는 프로세서에 부하가 걸리는 함수이므로 Update() 또는 FixedUpdate()에서 사용하지 않는 것이 좋다. 하지만 여기서는 플레이어가 바구니를 잃을 때만 실행하기 때문에(그리고 이미 게임 플레이가 느리기 때문에) 사용해도 괜찮다.

```
            GameObject tBasketGO = Instantiate<GameObject>(basketPrefab);

            Vector3 pos = Vector3.zero;

            pos.y = basketBottomY + (basketSpacingY * i);

            tBasketGO.transform.position = pos;

            basketList.Add(tBasketGO);                                    // d
        }
    }

    public void AppleDestroyed()
    {
        // 떨어지는 사과를 모두 소멸시킴
        GameObject[] tAppleArray = GameObject.FindGameObjectsWithTag("Apple");
        foreach (GameObject tGO in tAppleArray)
        {
            Destroy(tGO);
        }

        // 바구니 하나를 소멸시킴                                        // e
        // basketList에서 맨 마지막 바구니의 인덱스를 얻음
        int basketIndex = basketList.Count - 1;
        // 해당 Basket 게임오브젝트에 대한 참조를 얻음
        GameObject tBasketGO = basketList[basketIndex];
        // 리스트에서 해당 바구니를 제거하고 게임오브젝트를 소멸시킴
        basketList.RemoveAt(basketIndex);
        Destroy(tBasketGO);
    }
}
```

a. Basket 게임오브젝트를 리스트에 저장하려면 System.Collections.Generic 코드 라이브러리가 필요하다. 이 라이브러리는 유니티 5.5 이후 모든 새 스크립트에 포함된다(리스트에 대한 자세한 내용은 23장을 참고한다). 클래스 시작 부분에 public List<GameObject> basketList를 선언했으며 Start()의 첫 번째 행에서 이 리스트를 정의하고 초기화했다.

b. 이후에 나오는 '최고점 추가' 절의 4단계에서 이 행을 사용한다.

c. 이 행은 basketList를 new List<GameObject>로 정의한다. 위쪽에서 이미

선언했지만 선언 후의 basketList 값은 null이다. 이 행의 초기화로 이제 리스트를 사용할 수 있다.

d. for 루프 끝에 바구니를 basketList에 저장하는 행을 추가했다. 바구니는 생성된 순서대로 저장되므로 아래쪽부터 위쪽으로 추가된다.

e. AppleDestroyed() 메서드에는 바구니 하나를 소멸시키는 코드 부분을 새로 추가했다. 바구니는 아래쪽부터 위쪽으로 추가되기 때문에 위쪽에 있는 바구니부터 소멸시키려면 리스트의 마지막 바구니를 먼저 소멸시키는 것이 중요하다(바구니를 위에서 아래로 소멸시킴).

게임을 플레이해서 바구니를 모두 사라지게 하면 유니티에서 IndexOutOfRange 예외가 발생할 것이다.

최고점 추가

이제 앞서 만들어놨던 HighScore라는 TextMeshPro 게임오브젝트를 활용할 것이다.

1. 새 C# 스크립트를 생성하고 이름을 HighScore로 지정한 후 하이어라키 창의 HighScore 게임오브젝트에 부착한다.

2. 비주얼 스튜디오에서 HighScore 스크립트를 열고 다음 코드를 입력한다.

```
using System.Collections;
using System.Collections.Generic;
using UnityEngine;
using TMPro; // TextMeshProUGUI가 작동하려면 이 행이 필요하다는 점을 명심함

public class HighScore : MonoBehaviour
{
    static public int score = 1000;                              // a

    void Update()                                                // b
    {
        TextMeshProUGUI gt = this.GetComponent<TextMeshProUGUI>();
```

```
            gt.text = "High Score: " + score;
    }
}
```

a. int score를 public뿐만 아니라 static으로 만들면 다른 스크립트에서 HighScore.score로 작성하는 것만으로도 이 변수에 접근할 수 있다. 이 점이 이 책의 프로토타입에서 자주 사용할 정적 변수의 능력 중 하나다.

b. Update()에 포함된 행들은 단순히 score 값을 TextMeshPro의 Text UI 컴포넌트에 표시한다. 여기에 나오는 경우와 같이 + 연산자를 사용해 문자열을 다른 데이터 형식과 연결하면 ToString()이 암시적으로_{(즉,} _{자동으로)} 호출되기 때문에 score에 대해 ToString()을 호출할 필요가 없다_(여기서 "High Score: " 문자열 리터럴은 int score와 연결된다).

3. Basket C# 스크립트를 열고 다음의 굵게 표시된 행을 추가해 실제로 어떻게 사용되는지 확인해보자.

```
public class Basket : MonoBehaviour
{
    ...
    void OnCollisionEnter( Collision coll )
    {
        ...
        if ( collidedWith.tag == "Apple" )
        {
            ...
            // 점수를 다시 문자열로 바꾸고 표시
            scoreGT.text = score.ToString();

            // 최고점을 추적
            if (score > HighScore.score)
            {
                HighScore.score = score;
            }
        }
```

```
        }
    }
```

이제 HighScore.score는 현재 점수가 이를 초과할 때마다 설정된다.

4. ApplePicker C# 스크립트를 열고 다음 행을 추가해 플레이어가 바구니를 모두 잃으면 게임을 재시작하게 한다. 이렇게 하면 앞서 언급했던 IndexOutOfRange 예외를 방지하게 된다.

```
public class ApplePicker : MonoBehaviour
{
    ...
    public void AppleDestroyed()
    {
        ...
        // 리스트에서 해당 바구니를 제거하고 게임오브젝트를 소멸시킴
        basketList.RemoveAt( basketIndex );
        Destroy( tBasketGO );

        // 남아 있는 바구니가 없으면 게임을 재시작
        if (basketList.Count == 0)
        {
            SceneManager.LoadScene("_Scene_0");                      // a
        }
    }
}
```

a. SceneManager.LoadScene("_Scene_0")은 _Scene_0을 다시 로드한다. 이전의 '사과를 놓치면 바구니 하나를 소멸' 제목 아래에서 설명했던 using UnityEngine.SceneManagement; 행을 추가하지 않으면 이 행은 작동하지 않는다. 씬을 다시 로드하면 게임이 시작 상태로 돌아간다.

5. 지금까지 많은 스크립트를 변경했다. 변경 후에는 저장하는 것을 기억했는가? 그렇지 않았으면(또는 나도 자주 그렇지만 저장했는지 긴가민가하면) 비주얼 스튜디오 메뉴 표시줄에서 File ➤ Save All을 선택해 저장하지 않은 모든 스크립트를

저장하면 된다. File ➤ Save All이 회색으로 표시된다면 잘 된 것이다(모든 스크립트는 이미 저장된 상태다).

PlayerPrefs로 최고점 유지하기

HighScore.score는 정적 변수이기 때문에 씬을 다시 로드해도 최고점은 게임의 나머지 부분과 달리 재설정되지 않는다. 즉, 최고점은 라운드가 변하더라도 유지된다. 하지만 게임을 중지하면(플레이 버튼을 다시 클릭하면) HighScore.score가 재설정된다. 유니티의 PlayerPrefs를 사용하면 이 문제를 해결할 수 있다. PlayerPrefs 변수는 유니티 스크립트의 정보를 컴퓨터에 저장해서 플레이를 중지하더라도 정보가 손실되지 않고 정보를 불러올 수 있게 해준다. PlayerPrefs는 유니티 에디터, 컴파일된 빌드, WebGL 빌드에서도 작동하므로 한 대의 컴퓨터에서 여러 사람이 플레이한다면 다른 사람에게도 그 최고점이 그대로 나타나게 된다.

1. HighScore C# 스크립트를 열고 다음의 굵게 표시된 코드를 추가한다.

```
using System.Collections;
using System.Collections.Generic;
using UnityEngine;
using TMPro; // TextMeshProUGUI가 작동하려면 이 행이 필요하다는 점을 명심함

public class HighScore : MonoBehaviour
{
    static public int score = 1000;

    void Awake()                                              // a
    {
        // PlayerPrefs HighScore가 존재하면 이를 읽음
        if (PlayerPrefs.HasKey("HighScore"))                 // b
        {
            score = PlayerPrefs.GetInt("HighScore");
        }
        // 최고점을 HighScore에 지정
        PlayerPrefs.SetInt("HighScore", score);              // c
```

```
    }
    void Update()
    {
        TextMeshProUGUI gt = this.GetComponent<TextMeshProUGUI>();
        gt.text = "최고점: " + score;
        // 필요한 경우 PlayerPrefs의 HighScore를 업데이트
        if (score > PlayerPrefs.GetInt("HighScore"))                    // d
        {
            PlayerPrefs.SetInt("HighScore", score);
        }
    }
}
```

a. Awake()는 Start()나 Update()와 같이 내장된 유니티 MonoBehaviour 메서드이며 HighScore 클래스의 인스턴스가 처음 생성될 때 호출된다 (항상 Start()에 앞서 Awake()가 실행된다).

b. PlayerPrefs는 키(즉, 고유한 문자열)를 통해 참조하는 값의 딕셔너리다. 이 예에서는 HighScore라는 키를 참조했다. 이 행은 PlayerPrefs에 HighScore int가 이미 존재하는지 확인하고 존재하면 이를 읽는다. PlayerPrefs는 각 프로젝트/애플리케이션마다 개별적으로 저장되므 로 이렇게 HighScore라는 이름을 붙이는 것은 괜찮다. 즉, 다른 프로젝 트에서 PlayerPrefs에 HighScore라고 저장해도 충돌하지 않는다.

c. Awake()의 마지막 행은 score의 현재 값을 HighScore PlayerPrefs 키 에 지정한다. HighScore int가 존재하면 값을 PlayerPrefs에 다시 기 록하지만 키가 존재하지 않으면 HighScore 키를 생성한다.

d. 수정된 Update()는 이제부터 프레임마다 현재 HighScore.score가 PlayerPrefs에 저장된 점수보다 높은지 확인하고 현재 점수가 더 높 은 경우 PlayerPrefs를 업데이트한다.

이와 같이 PlayerPrefs를 활용하면 <사과 받기> 최고점이 컴퓨터에 저장되므로 플레이를 중지하거나 유니티를 종료하는 경우는 물론, 컴퓨터를 재시작하더라도

정보가 유지된다.

2. 비주얼 스튜디오에서 모든 스크립트를 저장한다. 유니티로 다시 전환해 플레이를 클릭한다.

이제 점수와 최고점이 나오는 게임을 플레이할 수 있다. 새로 최고점에 도달하면 게임을 중지하고 재시작해도 최고점이 저장된 것이 보일 것이다.

요약

이제 액티비전의 원작 게임인 <카붐!>과 거의 비슷한 게임 프로토타입을 완성했다. 아직 이 게임에는 점차적인 난이도 상승이나 시작 및 종료 화면과 같은 요소는 없지만 이러한 요소는 좀 더 경험을 쌓으면 어렵지 않게 추가할 수 있다.

다음 단계

다음은 나중에 이 프로토타입에 추가할 수 있는 몇 가지 요소에 대한 설명이다. 코딩을 배우는 가장 좋은 방법 중 하나는 28장과 같은 실습을 따라서 변경해 나가는 것이다.

- **시작 화면:** 게임 시작 화면을 추가하려면 별도의 씬을 만들고 여기에 스플레시 이미지와 시작 버튼을 추가하면 된다. 그러고 나서 시작 버튼을 누르면 SceneManager.LoadScene ("_Scene_0");을 호출해 게임을 시작하게 만들면 된다. 스크립트 맨 위에 using UnityEngine.SceneManagement; 행을 추가해 SceneManager를 사용할 수 있게 한다는 점을 기억해둔다.
- **게임 종료 화면:** 게임 종료 화면도 만들 수 있다. 게임 종료 화면에서는 플레이어의 최종 점수를 보여주고 기록을 깬 경우 축하 메시지를 보여줄 수 있다. 또한 게임 종료 화면에는 SceneManager.LoadScene("_Scene_0")를 호출하는 다시 하기 버튼이 포함돼야 한다.

- **난이도 상승:** 다양한 난이도를 선택하는 기능은 이후의 프로토타입에서 추가하겠지만 이 프로토타입에 추가하려면 게임의 난이도에 영향을 주는 speed, chanceToChangeDirections, secondsBetweenAppleDrops 등과 같은 AppleTree의 여러 값을 저장하는 배열이나 리스트를 활용하는 방법이 있다. 리스트의 각 요소가 다른 난이도 레벨에 해당하고 0번째 요소가 가장 쉬운 레벨을 나타내며 마지막 요소가 가장 어려운 레벨을 나타내는 방식이다. 플레이어가 게임을 진행하는 동안 레벨 카운터가 증가하고 이 레벨 카운터를 리스트의 인덱스로 활용해서 level=0일 때 각 변수의 0번째 요소를 사용하는 식으로 운영하면 된다.

시작 화면이나 게임 종료 씬을 게임에 추가하려면 게임의 모든 씬을 한 번에 하나씩 Build Settings 씬 목록에 추가해야 한다. 그렇게 하려면 유니티에서 각 씬을 연 다음 유니티 메뉴에서 File ➤ Build Settings...을 선택한다. 나타난 Build Settings 창에서 Add Open Scenes를 클릭하면 현재 열려 있는 씬의 이름이 Scenes in Build 목록에 추가된다. 이 게임의 빌드를 생성하면 0번의 씬이 처음 게임을 실행할 때 로드되는 시작 화면이 된다.

CHAPTER 29

프로토타입 2: 미션 데몰리션

물리 게임은 이제 아주 인기 있는 게임 장르로 자리 잡았으며 그중에서도 〈앵그리버드〉와 같은 일부 게임은 게임을 하지 않더라도 모르는 사람이 없을 정도다. 29장에서는 〈앵그리버드〉와 같은 디지털 물리 게임과 그 이전의 〈크로스보우〉, 〈캐터펄트〉, 〈웜즈〉, 〈스코치드 어스〉 등과 같은 그 외의 물리 게임에서 영감을 얻은 물리 게임을 직접 제작한다.

29장에서 설명하는 주요 주제는 물리, 충돌, 마우스 상호작용, 레벨, 게임 상태 관리다.

시작하기: 프로토타입 2

이제 두 번째 프로토타입이고 약간의 경험이 있기 때문에 29장에서는 이미 알고 있는 내용은 간단하게 언급하고 조금 빠르게 진행할 것이다. 물론 새로운 주제에 대해서는 여전히 자세히 설명한다. 이 실습에서 완료한 단계는 연필로 체크해 놓기를 권한다.

29장의 프로젝트 설정

표준 프로젝트 설정 절차에 따라 유니티에서 새 프로젝트를 생성한다. 표준 프로젝트 설정 절차를 다시 알고 싶으면 부록 A를 참고한다.

- **프로젝트 이름:** Mission Demolition Prototype
- **씬 이름:** _Scene_0
- **C# 스크립트 이름:** 아직 없음

게임 프로토타입 개념

<미션 데몰리션^{Mission Demolition}>은 새총으로 포탄을 발사해 성을 부수는 게임이다. 각각의 성 안에는 목표 지점이 있어 플레이어가 포탄으로 그 지점을 맞추면 다음 레벨로 넘어가게 된다.

이 게임에서 구현하려는 기능은 다음과 같다.

1. 플레이어의 마우스 포인터가 새총 근처로 이동하면 새총이 빛난다.
2. 새총이 빛나는 동안 플레이어가 마우스 왼쪽 버튼(유니티에서는 마우스 버튼 0)을 누르면 마우스 포인터 위치에 포탄이 생성된다.
3. 버튼을 누른 상태로 마우스를 드래그하면 새총의 구 콜라이더^{Sphere Collider}의 범위 내에서 포탄이 따라온다.
4. 실제 새총처럼 보이도록 새총의 양쪽 가지에서 포탄을 감싸는 흰색 고무줄이 표시되고 늘어난다.

5. 플레이어가 마우스 버튼 0을 놓으면 새총에서 포탄이 발사된다.

6. 플레이어의 목표는 몇 미터 떨어진 성을 무너뜨리고 성 안쪽의 목표 지점을 포탄으로 맞추는 것이다.

7. 플레이어는 목표를 맞추고자 전체 세 발을 쏜다. 포탄을 발사하면 다음 발사할 때 참고할 수 있는 궤도가 표시된다.

이러한 기능은 대부분 메카닉스와 관련되지만 유일하게 4단계만 순전히 미학과 관련돼 있다. 아트 사용을 언급하는 나머지 모든 요소에서는 게임 메카닉스를 위해 아트를 사용하지만 4단계는 순전히 게임을 멋있게 만드는 단계이므로 프로토타입의 관점에는 그리 중요하지 않다. 게임에 대한 개념을 정리할 때는 이러한 점을 반드시 염두에 둬야 한다. 그렇다고 순수한 미학적 요소를 프로토타입에 구현하지 않아야 한다는 의미는 아니다. 다만 게임 메카닉스에 가장 많은 영향을 주는 요소가 무엇인지 고려해 우선순위를 적절하게 결정해야 한다는 것이다. 이 프로토타입에서는 시간과 지면을 절약하고자 4단계는 나중에 여러분이 직접 구현하도록 맡기고 다른 요소에만 집중한다.

아트 에셋

프로젝트 코딩을 시작하기 전에 몇 가지 아트 에셋을 준비해야 한다.

바닥

바닥을 만들려면 다음 단계를 따른다.

1. _Scene_0을 연다. 하이어라키 창에서 _Scene_0의 내용이 보이게 하는데, Main Camera와 Directional Light가 나타나 있어야 한다(하이어라키 창에서 이들이 보이지 않는다면 _Scene_0 옆에 있는 펼침 삼각형을 클릭한다).

2. 큐브를 생성한다(메뉴 표시줄에서 GameObject ➤ 3D Object ➤ Cube를 선택한다). 큐브의 이름을

Ground로 변경한다. Ground를 X 방향으로 매우 넓은 직사각 평면으로 만들고자 Transform을 다음과 같이 설정한다.

```
Ground (Cube)      P:[ 0, -10, 0 ]      R:[ 0, 0, 0 ]      S:[ 100, 1, 4 ]
```

3. 새 머티리얼을 생성하고(Assets ➤ Create ➤ Material) Mat_Ground라는 이름을 지정한다.

    a. Mat_Ground에 갈색 알베도를 지정한다.

    b. 이 머티리얼의 Smoothness도 0으로 설정한다(바닥이 반짝이지 않는다).

    c. Mat_Ground를 하이어라키 창의 Ground 게임오브젝트에 부착한다(이를 수행하는 방법은 28장에서 설명했다).

4. 씬을 저장한다.

방향광

최신 유니티 버전에서는 기본적으로 방향광이 새 씬에 들어가 있지만 여전히 프로젝트에 적합한 설정을 해줘야 한다.

1. 하이어라키 창에서 Directional Light를 선택한다. 방향광의 특징 중 하나는 그 위치가 씬에 영향을 미치지 않고 방향만 고려된다는 점이다. 이를 감안해 다음과 같이 Transform을 설정해 방해가 되지 않게만 한다.

```
Directional Light   P:[ -10, 0, 0 ]   R:[ 50, -30, 0 ]   S:[ 1, 1, 1 ]
```

2. 씬을 저장한다.

카메라 설정

카메라 설정은 다음과 같다.

1. 하이어라키 창에서 Main Camera를 선택하고 _MainCamera로 이름을 변경한다.

2. _MainCamera의 Transform은 다음과 같이 설정한다(Y 위치를 확실히 0으로 설정한다).

_MainCamera   P:[0, 0, -10]   R:[0, 0, 0]   S:[1, 1, 1]

3. _MainCamera의 Camera 컴포넌트에 대해 다음과 같이 설정한다.

   a. Clear Flags를 Solid Color로 설정한다.

   b. 하늘색처럼 보이고자 Background를 더 밝은 색으로 선택한다.

   c. Projection을 Orthographic으로 설정한다.

   d. Size를 10으로 설정한다.

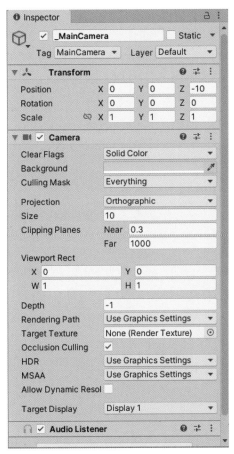

그림 29.1 메인 카메라의 Transform과 Camera 컴포넌트 설정

최종 설정은 그림 29.1과 같게 보여야 한다. Background 색 막대의 하단 띠는 검정색이 아닌 흰색이어야 한다. 검정색이면 알파(또는 투명도) 값이 0(또는 완전히 투명하거나 보이지 않음)으로 설정됐다는 뜻이다. 이 문제를 해결하려면 이 색을 클릭해 A 값을 255로 설정한다.[1]

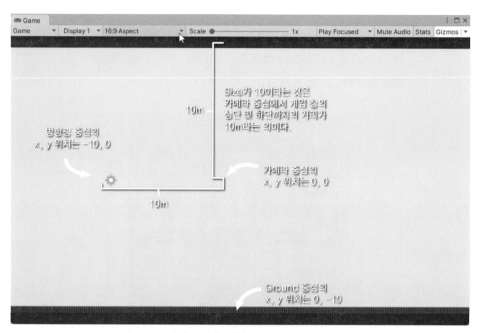

그림 29.2 10의 직교 카메라에서 Size가 10인 것에 대한 설명

직교 카메라는 이전에도 사용했지만 카메라의 Size 설정은 설명한 적이 없었다. 직교 투영 카메라에서 Size는 카메라 뷰의 중심에서 하단까지의 거리를 설정하므로 Size는 카메라가 볼 수 있는 높이의 절반이다. 그림 29.2에 보이는 게임 창에서 이 개념을 확인할 수 있다. Ground는 Y 위치가 -10이고 게임 창 하단을 정확하게 양분한다.[2] 그림 29.2에서 마우스 포인터가 가리킨 강조 표시된 팝업 메뉴를 통해

---

1. 배경색의 알파를 설정하는 것은 그다지 중요하지 않지만 유니티는 일반적으로 색에 대해 알파 0을 기본값으로 사용하므로 (과거에 내게 문제가 발생한 적이 있었으므로) 인스펙터에서 색을 설정할 때 습관적으로 알파를 확인하길 바란다.

2. 게임 창의 아래쪽에 Ground가 보이지 않으면 _MainCamera의 Y 위치가 0이고 Ground의 Y 위치가 -10인지 다시 확인한다. 게임 창에서 방향광이 보이지 않으면 Gizmos 버튼을 클릭하면 보일 것이다.

게임 창의 화면비를 변경해보자. 어떤 화면비를 선택하든지 관계없이 Ground 큐브의 중심은 게임 창 하단에 정확하게 위치한다는 것을 확인할 수 있다.

4. 여러 화면비를 실험한 후에는 그림과 같이 다시 16:9의 화면비를 선택한다.

5. 씬을 저장한다. 항상 씬을 저장하는 것을 잊지 말자.

새총

이제 간단한 원통 세 개로 새총 모양을 만들어보자.

1. 빈 게임오브젝트를 생성한다(GameObject ➤ Create Empty). 이 게임오브젝트의 이름을 Slingshot으로 변경하고 Transform을 다음과 같이 설정한다.

   Slingshot (Empty)   P:[0, 0, 0]   R:[0, 0, 0]   S:[1, 1, 1]

2. 새 원통을 생성하고(GameObject ➤ 3D Object ➤ Cylinder) 이름을 Base로 변경한다. 하이어라키 창에서 Base를 Slingshot으로 드래그해 Slingshot의 자식으로 만든다. Slingshot 옆의 펼침 삼각형을 클릭하고 Base를 다시 선택한다. Base의 Transform을 다음과 같이 설정한다.

   Base (Cylinder)   P:[0, 1, 0]   R:[0, 0, 0]   S:[0.5, 1, 0.5]

3. Base를 선택하고 인스펙터에서 Capsule Collider 컴포넌트 이름 옆의 세 점 아이콘을 클릭하고 Remove Component를 선택한다(그림 29.3 참고). 그러면 Base에서 이 콜라이더 컴포넌트가 제거된다.

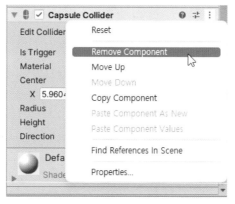

그림 29.3 해당 콜라이더 컴포넌트 제거

4. 새 머티리얼을 생성하고 이름을 Mat_Slingshot으로 지정한 후 알베도를 밝은 노란색(또는 원하는 색)으로 채우고 매끄러운 정도smoothness를 0으로 설정한다. Mat_Slingshot을 Base에게로 드래그해 이 머티리얼을 그 게임오브젝트에 적용한다.

5. 하이어라키 창에서 Base를 선택하고 키보드의 Ctrl+D를 눌러(맥OS의 경우 Command-D를 누름. 또는 메뉴 표시줄에서 Edit ➤ Duplicate를 선택) 복제한다. 그러면 새 복제본도 Slingshot의 자식이 되며 Mat_Slingshot 머티리얼도 유지되고 콜라이더는 없다.

6. 새 복제본의 이름을 Base (1)에서 LeftArm으로 변경한다. LeftArm의 Transform을 다음과 같이 설정한다.

```
LeftArm (Cylinder)   P:[ 0, 3, 1 ]   R:[ 45, 0, 0 ]   S:[ 0.5, 1.414, 0.5 ]
```

이렇게 하면 새총의 가지 하나가 완성된다.

7. **하이어라키** 창에서 LeftArm을 선택하고 복제한다(Ctrl+D 또는 Command-D). 이 인스턴스의 이름을 RightArm으로 변경한다. RightArm의 Transform은 다음과 같이 설정한다.

```
RightArm (Cylinder)  P:[ 0, 3, -1 ]  R:[ -45, 0, 0 ]  S:[ 0.5, 1.414, 0.5 ]
```

8. 하이어라키 창에서 Slingshot을 선택한다. Slingshot에 Sphere Collider 컴포넌트를 추가한다(Component ➤ Physics ➤ Sphere Collider). 구 콜라이더 컴포넌트를 그림 29.4에 나타난 설정으로 지정한다(Is Trigger = true, Center = [0, 4, 0], Radius = 3).

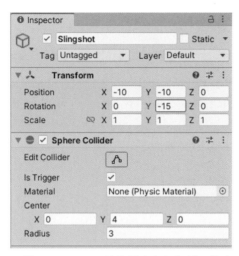

그림 29.4 Slingshot의 구 콜라이더 컴포넌트 설정

예상하다시피 Is Trigger = true인 콜라이더를 트리거trigger라고 부른다. 트리거는 유니티 물리 시뮬레이션의 한 기능으로서 다른 콜라이더나 트리거가 통과하면 이를 알리는 역할만 한다. 하지만 보통 콜라이더와는 다르게 트리거에서는 다른 게임오브젝트가 튕겨나가지 않는다. 이 커다란 구 트리거를 사용해 Slingshot과의 마우스 상호작용을 처리할 것이다.

9. Slingshot의 Transform을 다음과 같이 설정한다.

```
Slingshot (Empty)  P:[ -10, -10, 0 ]  R:[ 0, -15, 0 ]  S:[ 1, 1, 1 ]
```

이렇게 하면 화면 왼쪽 바닥으로 이동하고 Y 방향으로 –15도만큼 회전해 직교 카메라에서도 약간의 입체감을 보여준다.

10. 포탄을 발사할 특정한 위치의 발사 지점을 새총에 추가해야 한다. 하이어라키 창에서 Slingshot을 마우스 오른쪽 버튼으로 클릭하고 팝업 메뉴에

서 Create Empty를 선택해 새로운 빈 자식 게임오브젝트를 Slingshot에
만든다. 이 게임오브젝트의 이름을 LaunchPoint로 변경한다. LaunchPoint
의 Transform을 다음과 같이 설정한다.

```
LaunchPoint (Empty)  P:[ 0, 4, 0 ]  R:[ 0, 15, 0 ]  S:[ 1, 1, 1 ]
```

로컬 좌표에서 LaunchPoint를 Y 방향으로 15도 회전해 LaunchPoint가 월드 좌표
의 XYZ축에 정렬되게 했다(즉, Slingshot에 수행한 –15도 회전을 상쇄한다). 이동 도구를 선택하
면(키보드에서 W 키를 누름) 씬 창에서 LaunchPoint의 위치와 방향을 볼 수 있다.[3]

11. 씬을 저장한다.

포탄

다음은 포탄을 만들 차례다.

1. 씬에 구를 생성하고(GameObject ➤ 3D Object ➤ Sphere) 이름을 Projectile로 지정한다.
2. 하이어라키 창에서 Projectile을 선택하고 여기에 Rigidbody 컴포넌트를 부
   착한다(Component ➤ Physics ➤ Rigidbody). 이 Rigidbody 컴포넌트는 <사과 받기>의
   사과와 비슷하게 포탄에 물리 효과를 적용할 수 있게 해준다.
   a. Projectile 리지드바디 인스펙터에서 Mass를 5로 설정한다.
3. 새 머티리얼을 생성하고 이름을 Mat_Projectile로 지정한다. Mat_Projectile
   의 알베도를 진회색으로 만든다. Metallic을 0.5로 설정하고 Smoothness를
   0.65로 설정해 금속구처럼 보이게 만든다. 이 Mat_Projectile을 하이어라
   키 창의 Projectile에 적용한다.
4. 하이어라키 창의 Projectile을 프로젝트 창으로 드래그해 프리팹으로 만든

---

3. 유니티 창의 왼쪽 중간 위에는 두 개의 버튼이 있다. 하나는 Pivot과 Center를 전환하는 버튼이고 다른 하나는 Local과
   Global을 전환하는 버튼이다. Local/Global 버튼은 이동 기즈모가 로컬 좌표를 표시할지 글로벌 좌표를 표시할지를 설정한
   다. 이동 도구(W)를 선택하고 회전된 오브젝트(예, 새총)를 선택한 후 각 버튼을 전환해보면 기즈모의 위치가 어떻게 달라지
   는지 볼 수 있다.

다. 하이어라키 창에 남아있는 Projectile 인스턴스는 삭제한다.

이제 프로젝트 창과 하이어라키 창은 그림 29.5와 비슷하게 된다.

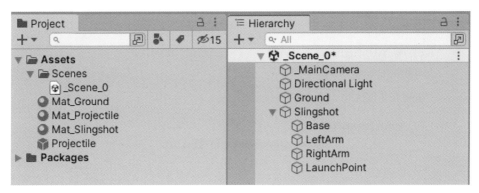

그림 29.5 이 시점에서의 프로젝트 창과 하이어라키 창. _Scene_0 옆의 별표는 아직 저장되지 않았다는 것을 의미한다.

5. 씬을 저장한다.

프로토타입 코딩

아트 에셋이 모두 준비됐으므로 다음은 이 프로젝트에 코드를 추가할 차례다. 처음 추가할 Slingshot의 스크립트는 마우스 입력에 반응해서 포탄을 생성하고 발사하는 역할을 한다. 이 스크립트를 작성하는 데는 단계적으로 작은 코드 부분을 추가하고 그 코드를 테스트하고 나서 다시 작은 부분을 추가하는 반복적 방법을 이용할 것이다. 이 방법은 여러분이 직접 스크립트를 작성할 때도 아주 효율적인 접근법이다. 즉, 작고 작성하기 쉬운 부분을 구현하고 이를 테스트하고 나서 다른 작은 부분을 구현하는 과정을 반복한다.

Slingshot 클래스 작성

다음 단계에 따라 Slingshot 클래스를 작성한다.

1. 새 C# 스크립트를 생성하고(Assets ➤ Create ➤ C# Script) 이름을 Slingshot으로 지정한다. 이 스크립트를 하이어라키 창의 Slingshot에 부착하고 비주얼 스튜디오에서 Slingshot C# 스크립트를 연다. 다음 코드를 입력하고 기본으로 있던 행들은 삭제한다.

```
using UnityEngine;
using System.Collections;

public class Slingshot : MonoBehaviour {

    void OnMouseEnter() {
        print("Slingshot:OnMouseEnter()");
    }

    void OnMouseExit() {
        print("Slingshot:OnMouseExit()");
    }

}
```

2. 비주얼 스튜디오에서 Slingshot 스크립트를 저장하고 유니티로 돌아간다.
3. 플레이를 클릭하고 게임 창에서 새총의 Sphere Collider 안으로 마우스를 이동해본다. 그러면 콘솔 창에 "Slingshot:OnMouseEnter()"가 출력되는 것을 알 수 있다. 새총의 Sphere Collider 바깥으로 마우스를 움직이면 "Slingshot:OnMouseExit()"가 출력된다. 이 스크립트의 OnMouseEnter()와 OnMouseExit() 함수는 아무 콜라이더나 트리거에서도 사용할 수 있다.

이 스크립트는 포탄을 발사하는 코드의 첫 단계 단계에 불과하지만 이와 같이 작은 단계부터 시작해 점진적으로 코드를 작성하는 것이 중요하다.

새총의 활성화 표시

다음은 새총이 활성화하면 이를 알려주는 하이라이트 기능을 추가한다.

1. 하이어라키 창에서 LaunchPoint를 선택한다. LaunchPoint에 Halo 컴포넌트

를 추가하면(Component ➤ Effects ➤ Halo) 빛나는 구형 효과가 발사 지점 위치에 생성된다. 헤일로의 Size를 3으로 설정하고 밝은 회색으로 나타나게 색을 설정한다(내 경우에는 [r:191, g:191, b:191, a:255]).

2. 이제 Slingshot C# 스크립트에 다음 코드를 추가한다. 보다시피 최근 테스트의 print()문은 주석 처리한다.

```
public class Slingshot : MonoBehaviour
{
    public GameObject              launchPoint;

    void Awake()
    {
        Transform launchPointTrans = transform.Find("LaunchPoint"); // a
        launchPoint = launchPointTrans.gameObject;
        launchPoint.SetActive(false);                               // b
    }

    void OnMouseEnter()
    {
        //print("Slingshot:OnMouseEnter()");
        launchPoint.SetActive(true);                               // b
    }

    void OnMouseExit()
    {
        //print("Slingshot:OnMouseExit()");
        launchPoint.SetActive(false);                              // b
    }

}
```

a. transform.Find("LaunchPoint")는 Slingshot의 자식 LaunchPoint를 찾아 Transform을 반환한다. 그다음 행은 해당 Transform과 연결된 게임오브젝트를 얻어 게임오브젝트 필드인 launchPoint에 지정한다.

b. launchPoint와 같은 게임오브젝트의 SetActive() 메서드는 이 게임오브젝트를 무시할지 여부를 게임에게 알린다. 이에 대해서는 곧 더 많

은 사항을 알게 될 것이다.

3. Slingshot 스크립트를 저장하고 유니티로 돌아가서 플레이 버튼을 클릭한다. 마우스가 새총의 구 콜라이더 트리거 안에 들어가고 나갈 때 헤일로가 켜지고 꺼져 플레이어가 새총과 상호작용할 수 있는 범위를 나타낸다.

// b에서 말했듯이 launchPoint와 같은 게임오브젝트의 SetActive() 메서드는 이 오브젝트를 무시할지를 게임에게 알린다. 게임오브젝트의 활성화를 false로 설정하면 화면에 렌더링되지 않으며 Update() 또는 OnCollisionEnter()와 같은 함수가 호출되지 않는다. 이렇게 하면 게임오브젝트를 소멸시키는 것이 아니라 게임의 활성화 부분에서 제외시키기만 한다. 게임오브젝트의 인스펙터에서 맨 위의 게임오브젝트 이름 왼쪽에 있는 체크박스가 그 게임오브젝트의 활성화 여부를 나타낸다(그림 29.6 참고).

컴포넌트에도 비슷한 체크박스가 있다. 이 체크박스는 그 컴포넌트를 사용할 수 있는지를 설정한다. 대부분의 컴포넌트(예. Renderer와 Collider)는 코드에서도 사용 가능 여부를 설정할 수 있다(예. Renderer.enabled = false). 그러나 이유를 알 수 없지만 헤일로는 유니티에서 접근 가능한 컴포넌트가 아니므로 C# 코드로 헤일로 컴포넌트를 조작할 수 없다. 가끔씩 이와 같은 모순되는 상황이 발생하므로 해결 방법을 찾아야 한다. 여기서는 헤일로를 비활성화할 수 없으므로 대신에 헤일로가 포함된 게임오브젝트를 비활성화하면 된다.

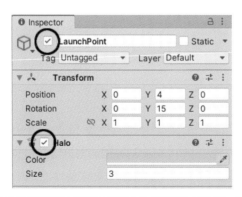

그림 29.6 게임오브젝트 활성화 체크박스와 컴포넌트 사용 가능 체크박스.

4. 씬을 저장한다.

포탄 생성하기

다음 단계는 마우스 버튼 0을 누르면 포탄을 생성하는 것이다.

> **Warning**
>
> **아래 코드 리스트에서 OnMouseEnter() 또는 OnMouseExit() 절을 수정할 필요가 없다.** 이 내용은
> 이전에 이미 설명했지만 여기서 반복할 필요가 있을 것 같다.
>
> Slingshot 코드 리스트의 OnMouseEnter()와 OnMouseExit() 절에는 기호 {...}(생략 부호가 있는
> 중괄호)가 나타난다. 앞으로 점차 복잡한 게임을 제작하면 스크립트는 점점 더 길어질 것이다. 기존
> 함수의 이름 뒤에 {...}이 나오면 해당 중괄호 사이의 코드는 이전 코드와 변함이 없다는 뜻이다.
> 이 예제에서는 OnMouseEnter()와 OnMouseExit()는 다음과 같이 수정하지 않고 그대로 유지해야
> 한다.
>
> ```
>     void OnMouseEnter() {
>         //print("Slingshot:OnMouseEnter()");
>         launchPoint.SetActive( true );
>     }
>
>     void OnMouseExit() {
>         //print("Slingshot:OnMouseExit()");
>         launchPoint.SetActive( false );
>     }
> ```
>
> 이 사항에 주의하자. 코드 안에서 생략 부호가 나오면 코드 리스트를 짧게 하기 위해 이미 입력한
> 코드 부분을 생략했다는 의미다. {...}는 실제 C# 코드가 아니다.

1. Slingshot에 다음의 굵게 표시한 코드를 추가한다.

```
public class Slingshot : MonoBehaviour
{
    // 유니티 인스펙터 창에서 설정하는 필드
    [Header("Set in Inspector")]                               // a
    public GameObject prefabProjectile;
```

```
// 동적으로 설정되는 필드
[Header("Set Dynamically")]                                      // a
public GameObject launchPoint;
public Vector3 launchPos;                                        // b
public GameObject projectile;                                    // b
public bool aimingMode;                                          // b

void Awake()
{
    Transform launchPointTrans = transform.Find("LaunchPoint");
    launchPoint = launchPointTrans.gameObject;
    launchPoint.SetActive(false);
    launchPos = launchPointTrans.position;                       // c
}

void OnMouseEnter() { ... } // OnMouseEnter()는 변경하지 않음

void OnMouseExit() { ... }  // OnMouseEnter()는 변경하지 않음

void OnMouseDown()                                               // d
{
    // 마우스가 새총 위에 있을 때 마우스 버튼 누름
    aimingMode = true;
    // 포탄을 인스턴스화함
    projectile = Instantiate(prefabProjectile) as GameObject;
    // 포탄 위치를 launchPoint의 위치로 지정함
    projectile.transform.position = launchPos;
    // isKinematic를 설정함
    projectile.GetComponent<Rigidbody>().isKinematic = true;
}
}
```

a. 이와 같이 대괄호 사이의 코드는 컴파일러 속성^{compiler attribute}이라고 하며 유니티 또는 컴파일러에게 특정 지시를 내린다. 여기서 Header 속성은 유니티에게 이 스크립트의 인스펙터 뷰에서 머리글을 나타나게 지시한다. 이 코드를 저장한 후 하이어라키 창에서 Slingshot을 선택하고 Slingshot (Script) 컴포넌트를 지켜본다. 그러면 인스펙터에서 public

필드를 설정해야 하는 부분과 게임 실행 중에 동적으로 설정되는 두 개의 영역으로 구분하는 머리글이 표시될 것이다.

이 예에서 prefabProjectile(모든 포탄에 대한 프리팹 참조)은 게임을 실행하기 전에 유니티 인스펙터에서 설정해야 하지만 다른 모든 변수는 코드에서 동적으로 설정된다. 인스펙터에서 이렇게 머리글을 사용하면 이러한 구분을 쉽게 알아볼 수 있다.

b. 다른 새로운 필드를 살펴보자.

- launchPos는 launchPoint의 3D 월드 위치를 저장한다.
- projectile은 새로 생성하는 포탄 인스턴스에 대한 참조다.
- aimingMode는 보통 false지만 마우스가 새총 위에 있을 때 마우스 버튼 0을 누르면 true로 설정된다. 이 상태 변수는 나머지 코드가 작동하는 방법에 영향을 준다. 다음 절에서는 aimingMode == true 일 때만 실행되는 Slingshot의 Update() 코드를 작성할 것이다.

c. Awake()에는 launchPos를 설정하는 한 행을 추가했다.

d. OnMouseDown() 메서드에는 여러 사항이 포함돼 있다.

OnMouseDown()은 플레이어가 Slingshot 게임오브젝트의 Collider 컴포넌트 위에서 마우스 버튼을 눌렀을 때만 호출되므로 마우스가 유효한 시작 위치에 있는 경우에만 이 메서드를 호출할 수 있다. prefabProjectile의 인스턴스를 생성해 projectile에 지정한다. 그런 다음 포탄을 launchPos 위치에 배치한다. 마지막으로, 포탄의 Rigidbody에 있는 isKinematic을 true로 설정한다. 키네마틱^{kinematic}으로 설정된 Rigidbody는 물리 효과에 의해 움직이지 않지만 여전히 시뮬레이션에 포함된다(즉, 키네마틱 Rigidbody는 충돌이나 중력에 의해 움직이지 않지만 여전히 키네마틱이 아닌 다른 Rigidbody를 움직이게 만들 수 있다는 뜻이다).

2. 저장하고 유니티로 돌아간다. 하이어라키 창에서 Slingshot을 선택하고 prefabProjectile을 프로젝트 창의 Projectile 프리팹으로 설정한다(인스펙터의 prefabProjectile 오른쪽에 있는 과녁 아이콘을 클릭하거나 프로젝트 창의 Projectile 프리팹을 인스펙터의 prefabProjectile 위로 드래그한다).

3. 플레이 버튼을 클릭하고 마우스 포인터를 새총의 활성 영역 안으로 이동하고 나서 클릭한다. 포탄이 생성되는 것을 확인할 수 있다.

4. 더 많은 기능을 추가해보자. Slingshot 클래스에 다음 필드와 Update() 메서드를 추가한다.

```
public class Slingshot : MonoBehaviour
{
    // 유니티 인스펙터 창에서 설정하는 필드
    [Header("Set in Inspector")]
    public GameObject     prefabProjectile;
    public float          velocityMult = 8f;                      // a

    // 동적으로 설정되는 필드
    [Header("Set Dynamically")]
    ...
    public bool           aimingMode;

    private Rigidbody     projectileRigidbody;                    // a

    void Awake() { ... }
    ...

    void OnMouseDown()                                            // d
    {
        ...
        // isKinematic를 설정함
        projectileRigidbody = projectile.GetComponent<Rigidbody>(); // a
        projectileRigidbody.isKinematic = true;                   // a
    }

    void Update()
    {
        // Slingshot이 aimingMode가 아니면 이 코드를 실행하지 않음
        if (!aimingMode) return;                                  // b

        // 2D 화면 좌표에서 현재 마우스 위치를 얻음
        Vector3 mousePos2D = Input.mousePosition;                 // c
        mousePos2D.z = -Camera.main.transform.position.z;
        Vector3 mousePos3D = Camera.main.ScreenToWorldPoint(mousePos2D);
```

```
    // launchPos에서 mousePos3D까지의 델타를 구함
    Vector3 mouseDelta = mousePos3D - launchPos;
    // mouseDelta를 Slingshot SphereCollider의 반경으로 제한        // d
    float maxMagnitude = this.GetComponent<SphereCollider>().radius;
    if (mouseDelta.magnitude > maxMagnitude)
    {
        mouseDelta.Normalize();
        mouseDelta *= maxMagnitude;
    }

    // 포탄을 이러한 새 위치로 이동
    Vector3 projPos = launchPos + mouseDelta;
    projectile.transform.position = projPos;

    if (Input.GetMouseButtonUp(0))                                 // e
    {
        // 마우스 버튼을 놓은 경우
        aimingMode = false;
        projectileRigidbody.isKinematic = false;
        projectileRigidbody.velocity = -mouseDelta * velocityMult;
        projectile = null;
    }
  }
}
```

a. 여기 세 곳의 변경 사항을 모두 작성해야 한다. OnMouseDown()의 끝에서 두 행은 이전 코드 리스트에서 입력한 한 행을 두 행으로 바꾼 것이다.

b. Slingshot이 aimingMode가 아니면 빠져나와 이 코드의 나머지 부분을 실행하지 않는다.

c. 마우스 위치를 화면 좌표계에서 월드 좌표계로 변환한다. 28장에서 어떻게 작동하는지 설명했다.

d. 이 코드는 포탄의 이동을 제한해 포탄의 중심을 새총의 구 콜라이더 반경 내에 있게 한다. 곧 더 많은 사항을 알아볼 것이다.

e. Input.GetMouseButtonUp(0)은 마우스 버튼의 상태를 읽는 또 다른 방법이다.

이 코드의 의미는 코드에 포함된 주석으로 거의 파악할 수 있지만 코드에 사용된 벡터 계산에 대해 약간의 설명이 필요하다.

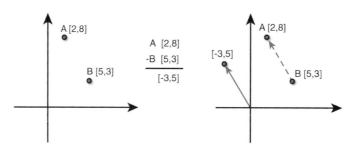

그림 29.7 2차원 벡터 뺄셈: A 빼기 B란 A를 바라보는 것이다.

그림 29.7에 나오는 것처럼 벡터^{Vector}는 한 번에 성분끼리 더하거나 뺀다. 이 그림은 2차원이지만 3D에서도 같은 방식이 적용된다. 벡터 A에서 벡터 B를 빼면 X 성분끼리, Y 성분끼리 뺄셈이 돼 새 Vector2는 Vector2(2-5, 8-3) 계산을 통해 Vector2 (-3, 5)가 된다. 위 그림을 보면 A-B가 A와 B 간의 벡터 거리를 의미한다는 것을 보여주며, 이 값은 B 지점에서 A 지점으로 이동해야 하는 방향과 거리를 뜻한다. 벡터가 가리키는 점을 기억하는 연상법은 'A 빼기 B란 A를 바라보는 것'이라고 생각하면 된다.

이 계산 방법이 중요한 이유는 Update() 메서드에서 launchPos부터 현재의 mousePos3D까지의 벡터를 따라 포탄을 배치해야 하기 때문이다. 코드에서는 이 벡터를 mouseDelta라고 했다. 하지만 포탄이 mouseDelta를 따라 이동할 수 있는 거리는 Slingshot에 있는 SphereCollider의 반경인 maxMagnitude로 제한된다(현재는 이 Collider 컴포넌트의 인스펙터에서 3m로 설정).

mouseDelta가 maxMagnitude보다 크다면 길이를 maxMagnitude로 자른다. 이를 위해 먼저 mouseDelta.Normalize()를 호출해 mouseDelta의 방향을 유지하면서 길이를 1로 설정한 다음 mouseDelta에 maxMagnitude를 곱했다.

게임을 플레이해서 마우스로 포탄을 이동해보면 일정 반경을 넘어서는 이동할 수 없다는 것을 보게 될 것이다.

714

Input.GetMouseButtonUp(0)은 왼쪽 마우스 버튼(0번 단추)을 눌렀다가 놓는 첫 번째 프레임에서만 true를 반환한다.[4] 즉, Update() 끝의 if문은 마우스 버튼을 놓는 프레임에서 실행된다. 이 프레임에서는 다음 사항이 수행된다.

- aimingMode를 false로 설정한다.
- 포탄의 Rigidbody는 키네마틱이 적용 안 되도록 설정해 다시 중력에 반응하게 한다.
- 포탄의 Rigidbody에는 launchPos와의 거리에 비례하는 속도를 지정한다.
- 마지막으로 포탄을 null로 다시 설정한다. 이렇게 해도 이미 생성된 Projectile 인스턴스가 삭제되는 것은 아니다. 단지 다음번 새총을 발사할 때 다른 인스턴스로 projectile 필드를 채울 수 있게 해준다.

5. 플레이 버튼을 클릭해 새총의 느낌이 제대로 나는지 확인한다. Projectile 인스턴스가 적절한 속도로 날아가는가? 적절한 느낌이 날 때까지 인스펙터에서 velocityMult 값을 조정해본다. 나는 값 10으로 정했다. 유니티 플레이를 중지하고 설정해놓는다.
6. 씬을 저장한다.

현재 상태에서는 Projectile 인스턴스가 화면에서 아주 빠르게 벗어난다. 카메라가 날아가는 포탄을 따라가게 해보자.

카메라가 포탄을 따라가게 하기

포탄이 발사되면 메인 카메라가 포탄을 따라갔으면 좋겠는데, 실제로 필요한 기

---

4. 이 점 때문에 FixedUpdate() 안에서는 Input.GetMouseButtonUp(), Input.GetKeyDown(), 그 외 Up이나 Down으로 끝나는 다른 유사한 Input 메서드를 안정적으로 사용할 수 없다. FixedUpdate는 초당 정확히 50번 실행되지만 Update(또는 시각적 프레임)은 초당 최대 400번 실행될 수 있다. 그렇게 되면 두 번의 FixedUpdate 사이에 Update가 여러 번 발생할 수 있다. 그리고 Input.GetKeyDown()이 이러한 여러 번의 Update 중에서 맨 마지막이 아닌 다른 Update에서 true가 되면 FixedUpdate()에서는 false가 된다. 이런 일이 발생하면 키보드나 마우스 버튼을 눌렀을 때 대부분 작동하지 않으므로 키보드 또는 마우스 버튼이 먹통이 된 것처럼 느끼게 된다. Input ...Up 또는 ...Down 코드를 Update() 안에 넣으면 모두 제대로 동작할 것이다.

능은 이보다 약간 더 복잡하다. 구현해야 하는 전체 동작은 다음과 같다.

A. 카메라는 새총이 aimingMode인 동안 원래 위치에서 움직이지 않는다.

B. 포탄이 발사되면 카메라가 이를 따라간다(부드럽게 움직이게 약간의 완충 동작이 필요함).

C. 카메라가 하늘 위로 움직이는 경우 바닥이 시야에 포함되게 Camera. orthographicSize를 증가시킨다.

D. 포탄이 정지하면 카메라도 이동을 멈추고 원래 위치로 돌아간다.

다음 단계를 따른다.

1. 새로운 C# 스크립트를 생성하고(Assets ▶ Create ▶ C# Script) 이름을 FollowCam으로 지정한다.

2. FollowCam 스크립트를 하이어라키 창의 _MainCamera로 드래그해 _MainCamera 의 컴포넌트로 만든다.

3. FollowCam 스크립트를 더블 클릭해 열고 다음 코드를 입력한다.

```csharp
using UnityEngine;
using System.Collections;

public class FollowCam : MonoBehaviour
{
    static public GameObject POI;    // 정적인 관심 지점              // a

    [Header("Set Dynamically")]
    public float camZ;     // 카메라의 권장되는 Z 위치

    void Awake()
    {
        camZ = this.transform.position.z;
    }

    void FixedUpdate()
    {
        // if 다음 코드가 한 행밖에 없으면 중괄호가 필요 없음
        if (POI == null) return; // poi가 없으면 그냥 반환            // b
```

```
        // poi의 위치를 얻음
        Vector3 destination = POI.transform.position;
        // 카메라와의 간격을 충분히 두고자 destination.z를 camZ로 지정
        destination.z = camZ;
        // 카메라를 목표 지점으로 설정
        transform.position = destination;
    }
}
```

a. POI는 카메라가 따라가야 할 관심 지점(예. 포탄)이다. static public 필드이므로 FollowCam 클래스의 모든 인스턴스가 POI 값을 공유하며, FollowCam.POI라고 쓰면 코드 내의 어느 곳에서나 POI에 접근할 수 있다. 따라서 Slingshot 코드가 _MainCamera에게 어떤 포탄을 따라가야 하는지 쉽게 알릴 수 있다.

b. POI가 null(기본값)로 설정되면 FixedUpdate() 메서드를 빠져나가 이 메서드의 나머지 코드를 실행하지 않는다.

camZ 필드는 카메라의 초기 z 위치를 저장한다. FixedUpdate()에서 카메라는 프레임마다 camZ로 설정되는 z 좌표를 제외하고 POI의 위치로 이동한다(이것은 카메라가 POI에 너무 가까워져 POI가 보이지 않는 현상을 예방하기 위한 것이다). PhysX 물리 엔진에 의해 움직이는 포탄을 따라갈 것이기 때문에 여기서는 Update() 대신 FixedUpdate()를 선택했고 그 엔진은 FixedUpdate()와 동기화해서 업데이트한다.

4. Slingshot C# 스크립트를 열고 Update() 끝부분에 다음의 굵게 표시한 행을 추가한다.

```
public class Slingshot : MonoBehaviour
{
    ...
    void Update()
    {
        ...
        if ( Input.GetMouseButtonUp(0) )
```

```
        {
            ...
            projectileRigidbody.velocity = -mouseDelta * velocityMult;
            FollowCam.POI = projectile;
            projectile = null;
        }
    }
}
```

이 새로운 행은 정적 퍼블릭 필드인 FollowCam.POI를 방금 발사한 포탄으로 설정한다. 비주얼 스튜디오에서 모든 스크립트를 저장하고 유니티로 돌아가서 플레이 버튼을 클릭해서 어떻게 작동하는지 확인해보자.

다음과 같은 문제점들이 보일 것이다.

A. 씬 창을 축소해서 확인해보면 포탄이 바닥 아래로 계속 떨어지는 것을 볼 수 있다.

B. 바닥을 향해 포탄을 발사하면 포탄이 바닥에 맞은 후 튕겨나가거나 멈추지 않는다. 포탄을 발사한 후 일시 중지하고 하이어라키 창에서 Projectile 을 선택한 후(강조 표시하고 씬 창의 기즈모를 중심에 둔 후) 일시 중지를 해제하면 포탄이 바닥에 맞은 후 굴러가기 시작하며 멈추지 않는다.

C. 포탄을 처음 발사하면 카메라가 포탄 위치로 너무 급작스럽게 전환돼 시각적으로 보기에 좋지 않다.

D. 포탄이 특정 높이까지 올라가면(또는 바닥을 지나가버리면) 하늘밖에 안 보이므로 포탄의 높이가 충분한지 알기 어렵다.

각각의 문제는 다음 단계에 따라 순서대로 해결할 수 있다(해결하기 가장 쉬운 것부터 어려운 것 순서로 나열한다).

먼저 Ground의 Transform을 P:[100, -10, 0] R:[0, 0, 0] S:[400, 1, 4]로 설정해 A 문제를 해결한다. 이렇게 하면 바닥이 오른쪽으로 훨씬 넓게 확장된다.

B 문제를 해결하려면 포탄에 다음과 같이 Rigidbody constraints와 Physic Material을

설정해야 한다.

1. 프로젝트 창에서 Projectile 프리팹을 선택한다.
2. Rigidbody 컴포넌트에서 Collision Detection의 팝업 메뉴를 열고 Continuous 로 설정한다. 충돌 감지 유형에 대한 내용을 보려면 Rigidbody 컴포넌트의 오른쪽 위 구석에 있는 도움말 아이콘을 클릭한다. 간단히 말하면 연속 continuous 충돌 감지는 띄엄띄엄discrete 충돌 감지보다 프로세서에 부하가 더 크게 걸리지만 포탄과 같이 빠르게 움직이는 물체를 더 정확하게 시뮬레 이션한다.
3. Projectile의 Rigidbody 컴포넌트에서 다음 작업도 한다.
   a. Constraints 옆의 펼침 삼각형을 연다.
   b. Freeze Position에서 Z에 체크 표시를 한다.
   c. Freeze Rotation에서 X, Y, Z에 체크 표시를 한다.

Freeze Position Z에 체크 표시를 하면 포탄이 카메라 방향이나 반대 방향으로 날아 가지 않게 한다(기본적으로 바닥과 나중에 추가할 성castle과 동일한 Z 깊이를 유지하게 한다). Freeze Rotation X, Y, Z는 포탄이 구르지 않게 한다.

4. 씬을 저장하고 플레이를 클릭하고 나서 포탄을 다시 발사해본다.

이러한 Rigidbody 설정을 사용하면 포탄이 계속 구르지 않게 하지만 그래도 무언 가 부자연스럽게 느껴질 것이다. 여러분은 지금까지 살아오는 동안 주변에서 늘 물리 현상을 경험해왔으므로 어떤 동작이 현실의 물리 현상처럼 자연스러운지를 직관적으로 판단할 수 있다. 이는 플레이어에게도 마찬가지다. 물리 효과는 수학 계산이 아주 많이 필요한 복잡한 체계지만 게임의 물리 효과를 실제처럼 느껴지 게 제대로 구현한다면 플레이어에게 굳이 게임을 설명할 필요가 없다. Physic Material을 추가하면 물리 시뮬레이션을 더 현실적으로 만들 수 있다.

5. 유니티 메뉴 표시줄에서 Assets ➤ Create ➤ Physic Material을 선택한다.
6. 이 Physic material의 이름을 PMat_Projectile로 지정한다.

7. PMat_Projectile을 클릭하고 인스펙터에서 bounciness를 1로 설정한다.

8. 프로젝트 창의 PMat_Projectile을 Projectile 프리팹(이것도 프로젝트 창에 있음)으로 드래그해 Projectile.SphereCollider에 적용한다.

9. 씬을 저장하고 플레이 버튼을 클릭하고 나서 포탄을 다시 발사해본다.

포탄을 선택해보면 PMat_Projectile이 인스펙터에서 Sphere Collider의 머티리얼로 지정된 것으로 나타난다. 이제 포탄을 발사하면 포탄이 바닥에서 굴러가지 않고 튀어 오르다가 멈출 것이다.

문제 C는 보간을 통한 갑작스러운 움직임 완화와 카메라의 위치 제한이라는 두 가지 방법으로 해결한다. 다음과 같이 작업하자.

1. 움직임 완화를 위해 다음의 굵게 나타난 행을 FollowCam에 추가한다.

```
public class FollowCam : MonoBehaviour
{
    static public    GameObject POI;   // 정적인 관심 지점

    [Header("Set in Inspector")]
    public float       easing = 0.05f;

    [Header("Set Dynamically")]
    ...
    void FixedUpdate()
    {
        // if 다음 코드가 한 행 밖에 없으면 중괄호가 필요 없음
        if (POI == null) return; // poi가 없으면 그냥 반환

        // poi의 위치를 얻음
        Vector3 destination = POI.transform.position;
        // 현재 카메라 위치부터 목적지까지의 보간
        destination = Vector3.Lerp(transform.position, destination, easing);
        // 카메라와의 간격을 충분히 두고자 destination.z를 camZ로 지정
        destination.z = camZ;
        // 카메라를 목표 지점으로 설정
        transform.position = destination;
```

```
        }
    }
```

Vector3.Lerp() 메서드는 두 지점을 보간한 가중 평균을 반환한다. easing이 0이면 Lerp()는 첫 번째 지점(transform.position)을 반환하고 easing이 1이면 두 번째 지점(destination)을 반환한다. easing이 0과 1 사이의 값이면 Lerp()는 두 지점 사이의 지점을 반환한다(0.5면 두 지점 사이의 중간 지점이 반환됨). easing = 0.05f로 설정하면 유니티는 FixedUpdate마다(즉, 초당 50번 발생하는 물리 엔진의 업데이트마다) 카메라를 현재 위치에서 POI 위치로 대략 5%씩 이동시킨다. POI가 계속 이동하기 때문에 이렇게 하면 카메라 움직임이 부드러워진다. easing 값을 여러 번 조정하면서 카메라의 움직임에 어떤 영향을 주는지 직접 실험해본다. 이러한 Lerp() 활용법은 시간에 기반을 두지 않는 아주 단순한 선형 보간linear interpolation이다. 선형 보간에 대한 자세한 내용은 부록 B를 참고한다.

2. FollowCam에 다음의 굵게 표시한 행을 추가해 FollowCam 위치에 제한을 둔다.

```
public class FollowCam : MonoBehaviour
{
    ...
    [Header("Set in Inspector")]
    public float        easing = 0.05f;
    public Vector2      minXY = Vector2.zero;

    [Header("Set Dynamically")]
    ...
    void FixedUpdate()
    {
        // if 다음 코드가 한 행밖에 없으면 중괄호가 필요 없음
        if (POI == null) return; // poi가 없으면 그냥 반환

        // poi의 위치를 얻음
        Vector3 destination = POI.transform.position;
        // X와 Y의 최솟값을 제한
```

```
        destination.x = Mathf.Max(minXY.x, destination.x);
        destination.y = Mathf.Max(minXY.y, destination.y);
        // 현재 카메라 위치부터 목적지까지의 보간
        ...
    }
}
```

Vector2 minXY의 기본값은 [0, 0]이며 아주 적절하다. Mathf.Max() 함수는 전달된 두 개의 float 중 최댓값을 선택한다. 포탄이 처음 발사될 때 포탄의 X 좌표는 음수이므로 Mathf.Max()는 카메라가 X = 0 평면의 왼쪽을 음의 위치로 이동하지 않게 한다. 마찬가지로 두 번째 Mathf.Max() 행은 포탄의 Y 좌표가 0보다 작으면 카메라가 Y = 0 평면 아래로 내려가지 않게 한다(Ground의 Y 위치가 −10이라는 점을 기억하자).

문제 D를 해결하려면 다음과 같이 카메라의 orthographicSize를 동적으로 조정해야 한다.

1. 다음의 굵게 표시한 행을 FollowCam 스크립트에 추가한다.

```
public class FollowCam : MonoBehaviour
{
    ...
    void FixedUpdate()
    {
        ...
        // 카메라를 목표 지점으로 설정
        transform.position = destination;
        // 바닥이 시야에 보이게 카메라의 orthographicSize를 설정
        Camera.main.orthographicSize = destination.y + 10;
    }
}
```

방금 전에 추가한 Mathf.Max() 행으로 인해 destination.y가 0보다 작게 될 수 없기 때문에 이렇게 하면 잘 작동한다. 따라서 최소 orthographicSize는 10이고 카메라의 orthographicSize는 필요에 따라 확장돼 항상 뷰에서 바닥이 보이게 된다.

2. 하이어라키 창에서 Ground를 더블 클릭해 화면을 축소시켜 씬 창에서 Ground 게임오브젝트 전체가 보이게 한다.

3. _MainCamera를 선택하고 플레이 버튼을 클릭한 다음 바로 위쪽으로 포탄을 발사한다. 포탄이 날아가는 동안 씬 창에서 카메라의 시야가 매끄럽게 확장되는 것을 볼 수 있다.

4. 씬을 저장한다.

벡션과 속도감 제공하기

FollowCam은 현재 상태로도 그리 나쁘지 않지만 포탄이 하늘로 날아갈 때 얼마나 빨리 날아가는지 알기 어렵다. 이 문제를 해결하기 위해 벡션^{vection}이라는 일종의 착시 현상을 활용해보자. 벡션이란 주변 사물이 빠르게 이동할 때 마치 자신이 이동하는 것처럼 느끼는 현상을 말하며 2D 비디오 게임에서 **시차 스크롤**^{parallax scrolling}의 기반 개념이다. 2D 게임의 시차 스크롤에서는 메인 카메라의 이동 속도에 비해 전경 게임오브젝트는 빠르게 이동하지만 배경 게임오브젝트는 느리게 이동한다. 시차 시스템에 대한 내용을 이 실습에서 다룰 수는 없지만 하늘에 구름을 만들어 분산하는 방법으로 벡션의 효과를 체험해보는 것은 가능하다. 포탄이 구름 주변을 날아가는 동안 속도를 더 자연스럽게 체감할 수 있다.

구름 아트 제작

이 작업을 하려면 다음과 같이 간단한 구름을 만들어야 한다.

1. 새로운 구를 생성한다(GameObject ➤ 3D Object ➤ Sphere).

   a. 구의 인스펙터에서 Sphere Collider 컴포넌트 이름 위에 마우스를 올려놓는다. 마우스 오른쪽 버튼을 클릭하고 팝업 메뉴에서 Remove Component를 선택한다.

   b. Sphere의 Transform.Position을 P:[0, 0, 0]으로 설정해 게임 창과 씬 창에 표시되게 한다.

   c. Sphere의 이름을 CloudSphere로 변경한다.

2. 새 머티리얼을 생성하고(Assets ➤ Create ➤ Material) 이름을 Mat_Cloud로 지정한다.

   a. Mat_Cloud를 CloudSphere로 드래그하고 나서 프로젝트 창의 Mat_Cloud 를 선택한다.

   b. Mat_Cloud 인스펙터의 Shader 옆에 있는 팝업 메뉴에서 Legacy Shaders ➤ Self-Illumin ➤ Diffuse를 선택한다. 이 셰이더는 자체 발광(스스로 빛을 냄)이고 씬의 방향광에도 반응한다.

   c. Mat_Cloud의 인스펙터에서 Main Color 옆에 있는 색 견본을 클릭하고 50% 회색(또는 유니티 색 선택기에서 [128, 128, 128, 255]의 RGBA)으로 설정한다. 그러 면 게임 창에서 CloudSphere의 왼쪽 하단이 약간 회색으로 보인다.

   d. CloudSphere를 프로젝트 창으로 드래그해 프리팹으로 만든다.

   e. 하이어라키 창의 CloudSphere 인스턴스는 삭제한다.

3. 씬에 빈 게임오브젝트를 생성하고(GameObject ➤ Create Empty) 이름을 Cloud로 지정 한다.

   a. 하이어라키 창에서 Cloud를 선택하고 Transform을 P:[0, 0, 0]으로 설정한다.

   b. Cloud 인스펙터에서 Add Component 버튼을 클릭하고 New Script를 선 택한다.

   c. 새 스크립트의 이름을 Cloud로 지정하고 Create and Add를 클릭한다. 그러면 새 스크립트가 생성되며 자동으로 Cloud에 부착된다.

여러 구름을 일일이 만들지 않고 절차적으로(즉, 무작위성과 코드를 통해) 생성해보자. 이렇 게 하는 것은 <마인크래프트> 같은 게임이 자체적으로 세계를 생성하는 방식이 다. 구름 생성 코드는 <마인크래프트>에 비해 아주 단순하지만 무작위화와 절차 적 생성procedural generation에 대해 조금이나마 경험할 수 있다.

4. 비주얼 스튜디오에서 Cloud 스크립트를 열고 다음 코드를 입력한다.

```
using System.Collections;
```

```
using System.Collections.Generic;
using UnityEngine;

public class Cloud : MonoBehaviour
{
    [Header("Set in Inspector")]                                    // a
    public GameObject      cloudSphere;
    public int             numSpheresMin = 6;
    public int             numSpheresMax = 10;
    public Vector3         sphereOffsetScale = new Vector3(5, 2, 1);
    public Vector2         sphereScaleRangeX = new Vector2(4, 8);
    public Vector2         sphereScaleRangeY = new Vector2(3, 4);
    public Vector2         sphereScaleRangeZ = new Vector2(2, 4);
    public float           scaleYMin = 2f;

    private List<GameObject> spheres;                               // b

    void Start()
    {
        spheres = new List<GameObject>();

        int num = Random.Range(numSpheresMin, numSpheresMax);       // c
        for (int i = 0; i < num; i++)
        {
            GameObject sp = Instantiate<GameObject>(cloudSphere);   // d
            spheres.Add(sp);
            Transform spTrans = sp.transform;
            spTrans.SetParent(this.transform);

            // 무작위로 위치를 지정
            Vector3 offset = Random.insideUnitSphere;               // e
            offset.x *= sphereOffsetScale.x;
            offset.y *= sphereOffsetScale.y;
            offset.z *= sphereOffsetScale.z;
            spTrans.localPosition = offset;                         // f

            // 무작위로 배율을 지정
            Vector3 scale = Vector3.one;                            // g
            scale.x = Random.Range(sphereScaleRangeX.x, sphereScaleRangeX.y);
            scale.y = Random.Range(sphereScaleRangeY.x, sphereScaleRangeY.y);
```

```
            scale.z = Random.Range(sphereScaleRangeZ.x, sphereScaleRangeZ.y);

            // 중심으로부터 x 거리로 y 배율을 조정
            scale.y *= 1 - (Mathf.Abs(offset.x) / sphereOffsetScale.x); // h
            scale.y = Mathf.Max(scale.y, scaleYMin);

            spTrans.localScale = scale;                              // i
        }
    }

    // Update는 프레임당 한 번 호출
    void Update()
    {
        if (Input.GetKeyDown(KeyCode.Space))                         // j
        {
            Restart();
        }
    }

    void Restart()                                                   // k
    {
        // 생성된 구를 소멸시킴
        foreach (GameObject sp in spheres)
        {
            Destroy(sp);
        }

        Start();
    }
}
```

a. 여기의 모든 필드는 무작위 구름 생성의 매개변수들을 설정하는 데 사용된다.

- **numSpheresMin/numSpheresMax**: 인스턴스화할 수 있는 CloudSphere 의 최소 및 최대 수.

- **sphereOffsetScale**: CloudSphere가 각 차원에서 Cloud 중심으로부 터의 최대 거리(양수 또는 음수)

- sphereScaleRangeX/Y/Z: 각 차원의 배율 범위. 기본 설정은 일반적으로 높이가 큰 것보다 폭이 넓은 CloudSphere를 생성한다.
- scaleYMin: Start() 함수의 끝에서 각 CloudSphere는 X차원의 중심으로부터 얼마나 멀리 떨어져 있는지에 따라 Y차원에서 축소된다. 이렇게 하면 구름을 왼쪽과 오른쪽으로 갈수록 점점 가늘게 만든다. scaleYMin은 허용 가능한 가장 낮은 Y 배율이다(그렇지 않으면 아주 가느다란 구름이 나오게 된다).

b. List<GameObject> spheres는 이 Cloud가 인스턴스화한 모든 CloudSphere에 대한 참조를 보관한다.

c. 이 Cloud에 부착할 CloudSphere의 수를 무작위로 선택한다.

d. 각 CloudSphere를 인스턴스화해 spheres에 추가한다. CloudSphere의 Transform은 spTrans에 지정하고 각 CloudSphere의 부모를 이 Cloud의 Transform으로 설정한다. this.transform은 transform과 같다. 즉, this는 옵션인 것이다.

e. 단위 구^{unit sphere} 내부의 무작위 점을 선택한다(즉, 원점 1단위 내의 모든 점: [0, 0, 0]). 그리고 나서 그 지점의 각 차원(X, Y, Z)에 해당하는 sphereOffsetScale을 곱한다.

f. CloudSphere의 localPosition에 오프셋을 지정한다. transform.position은 항상 월드 좌표계인 반면에 transform.localPosition은 부모(여기서는 Cloud)의 중심을 기준으로 한다.

g. 배율의 무작위화는 다르게 처리한다. sphereScaleRange Vector2 각각에 대해 X차원은 최솟값을 저장하고 Y차원은 최댓값을 저장한다.

h. 무작위 배율이 선택되면 CloudSphere가 Cloud에서 X 방향으로 얼마나 멀리 떨어져 있는지에 따라 Y차원이 변경된다. X값이 클수록 Y값은 작아진다.

i. CloudSphere의 localScale에 scale을 지정한다. scale은 항상 부모 Transform과 관련이 있기 때문에 transform.scale 필드가 없다. 그냥 localScale과 lossyScale뿐이다. 읽기 전용 프로퍼티인 lossyScale은

추정치로서 월드 좌표로 배율을 반환한다.

j. 이 코드 부분은 그냥 테스트용이다. 유니티에서 스페이스바를 누르면 Restart()가 호출된다(// k 참고).

k. Restart()가 호출되면 모든 자식 CloudSphere를 소멸시키고 Start()를 다시 호출해 새것을 생성한다.

5. Cloud 스크립트를 저장하고 유니티로 되돌아간다.

6. 하이어라키 창에서 Cloud를 선택하고 Cloud (Script) 인스펙터의 cloudSphere 필드에 CloudSphere 프리팹을 지정한다.

플레이 버튼을 클릭하면 무작위로 구름이 생성되는 것이 보일 것이다. 스페이스바를 누를 때마다 Restart()가 호출돼 현재 구름을 소멸시키고 새 구름을 생성한다. Cloud (Script) 인스펙터에서 설정을 다르게 하고 스페이스바를 반복해서 눌러도 된다. 잠시 테스트해보고 여러분의 마음에 드는 것으로 설정을 조정한다.

플레이 중에 설정한 인스펙터 값의 손실을 방지하기

이전의 여러 장에서 경험했듯이 게임을 중지하는(플레이 버튼을 다시 클릭하는) 순간 Cloud (Script) 인스펙터에서 변경한 값은 게임을 시작하기 전의 초깃값으로 되돌아간다. 다음은 이 문제를 해결하는 방법이다.

1. 게임을 플레이하는 동안 Cloud (Script) 컴포넌트 이름 오른쪽 끝의 세 점 표시를 클릭한다. 팝업 메뉴에서 Copy Component를 선택한다.

2. 플레이를 중지한다(플레이 버튼을 다시 클릭한다).

3. Cloud (Script) 옆에 있는 세 점 표시를 다시 클릭하고 이번에는 Paste Component Values를 선택한다.

이렇게 하면 인스펙터의 값이 게임이 실행된 동안에 선택했던 값으로 바뀐다.

테스트 코드에 대한 주석 처리

스페이스바를 눌러 새 구름을 생성하는 기능은 테스트할 때만 필요했으므로 Cloud (Script) 인스펙터 값을 정한 후에는 테스트 코드를 제거해야 한다. 나중에 이 테스트 코드를 다시 사용할 수도 있으므로 코드를 삭제하기보다는 그냥 주석으로 처리한다.

1. 비주얼 스튜디오에서 Cloud 스크립트를 연다.
2. Update() 메서드 안의 모든 행을 주석으로 처리한다.

```
public class Cloud : MonoBehaviour
{
    ...
    void Update ()
    {
//      if (Input.GetKeyDown(KeyCode.Space))
//      {
//          Restart();
//      }
    }
    ...
}
```

Restart()가 더 이상 호출되지 않으므로 Restart() 메서드는 주석 처리하지 않아도 된다.

많은 구름 만들기

구름 하나가 생겼으니 여러 개를 만들어보자.

1. 하이어라키 창의 Cloud 게임오브젝트를 프로젝트 창으로 드래그해 Cloud 프리팹을 만든다. 하이어라키 창의 Cloud 인스턴스는 삭제한다.
2. 새로운 빈 게임오브젝트를 생성하고(GameObject ➤ Create Empty) 이름을 CloudAnchor

로 지정한다. 이 게임오브젝트를 모든 Cloud 인스턴스의 부모로 삼으면 게임이 실행되는 동안 하이어라키 창이 깔끔하게 유지된다. CloudAnchor의 Transform을 P:[0, 0, 0]으로 설정한다.

3. 새 C# 스크립트를 생성하고 이름을 CloudCrafter로 지정한 후 _MainCamera 에 부착한다. 그러면 _MainCamera에 두 번째 스크립트 컴포넌트로 추가되는데, 유니티에서 두 스크립트가 서로 충돌하지 않는 한(예, 프레임마다 두 스크립트 모두가 이 게임오브젝트의 위치를 설정하려고 시도하지 않는 한) 괜찮다. FollowCam이 카메라를 움직일 것이고 CloudCrafter는 Cloud_#들을 공중에 배치할 것이므로 충돌하지 않을 것이다.

4. 비주얼 스튜디오에서 CloudCrafter를 열고 다음 코드를 입력한다.

```csharp
using UnityEngine;
using System.Collections;

public class CloudCrafter : MonoBehaviour
{
    [Header("Set in Inspector")]
    public int          numClouds = 40;              // 만들 구름의 수
    public GameObject    cloudPrefab;                 // 구름 프리팹
    public Vector3       cloudPosMin = new Vector3(-50, -5, 10);
    public Vector3       cloudPosMax = new Vector3(150, 100, 10);
    public float         cloudScaleMin = 1;           // 각 구름의 최소 배율
    public float         cloudScaleMax = 3;           // 각 구름의 최대 배율
    public float         cloudSpeedMult = 0.5f;       // 구름의 속도를 조정
    private GameObject[] cloudInstances;

    void Awake()
    {
        // 모든 구름 인스턴스를 저장할 수 있는 큰 배열을 만듦
        cloudInstances = new GameObject[numClouds];
        // 부모 게임오브젝트인 CloudAnchor를 찾음
        GameObject anchor = GameObject.Find("CloudAnchor");
        // 반복을 수행해 구름을 만듦
        GameObject cloud;
        for (int i = 0; i < numClouds; i++)
```

```
    {
        // cloudPrefab의 인스턴스를 생성
        cloud = Instantiate<GameObject>(cloudPrefab);
        // 구름 위치
        Vector3 cPos = Vector3.zero;
        cPos.x = Random.Range(cloudPosMin.x, cloudPosMax.x);
        cPos.y = Random.Range(cloudPosMin.y, cloudPosMax.y);
        // 구름 배율
        float scaleU = Random.value;
        float scaleVal = Mathf.Lerp(cloudScaleMin, cloudScaleMax, scaleU);
        // 바닥 가까운 쪽에는 작은 구름(scaleU가 작음)을 배치
        cPos.y = Mathf.Lerp(cloudPosMin.y, cPos.y, scaleU);
        // 작은 구름은 멀리 떨어지게 배치
        cPos.z = 100 - 90 * scaleU;
        // 이것들의 Transform을 cloud에 적용
        cloud.transform.position = cPos;
        cloud.transform.localScale = Vector3.one * scaleVal;
        // cloud를 anchor의 자식으로 만듦
        cloud.transform.SetParent(anchor.transform);
        // cloudInstances에 cloud를 추가
        cloudInstances[i] = cloud;
    }
}

void Update()
{
    // 생성된 각 구름에 대해 반복
    foreach (GameObject cloud in cloudInstances)
    {
        // 구름의 배율과 위치를 얻음
        float scaleVal = cloud.transform.localScale.x;
        Vector3 cPos = cloud.transform.position;
        // 구름이 크면 빠르게 이동시킴
        cPos.x -= scaleVal * Time.deltaTime * cloudSpeedMult;
        // 구름이 왼쪽으로 너무 멀리 이동했다면...
        if (cPos.x <= cloudPosMin.x)
        {
```

```
            // 오른쪽 끝으로 옮김
            cPos.x = cloudPosMax.x;
        }
        // 구름에 대해 새 위치를 적용
        cloud.transform.position = cPos;
      }
    }
  }
```

5. CloudCrafter 스크립트를 저장하고 유니티로 돌아간다.

6. 프로젝트 창의 Cloud 프리팹을 _MainCamera의 CloudCrafter (Script) 인스펙터에 있는 cloudPrefab 필드에 지정한다. 그 외의 모든 값은 기본 설정으로 놓아두면 된다.

7. 씬을 저장한다.

CloudCrafter 클래스에서 Awake() 메서드는 모든 구름을 생성하고 위치를 지정한다. Update() 메서드는 각 구름을 프레임마다 왼쪽으로 조금씩 이동시킨다. 구름이 왼쪽으로 이동해 cloudPosMin.x를 지나면 그 구름을 맨 오른쪽의 cloudPosMax.x로 옮긴다.

8. 플레이 버튼을 클릭하면 여러 구름이 인스턴스화돼 화면에서 움직이는 것을 볼 수 있다.

씬 창에서 축소해 구름이 날아가는 것을 지켜본다. 이제 포탄을 발사하면 지나가는 구름을 배경으로 해서 포탄이 실제로 이동하는 것처럼 느껴질 것이다.

프로젝트 창을 조직하기

다양한 에셋을 만들었으므로 프로젝트 창 조직에 관해 알아보자. 지금까지 여러분의 프로젝트 창은 그림 29.8의 왼쪽에 있는 이미지처럼 보일 것이다.

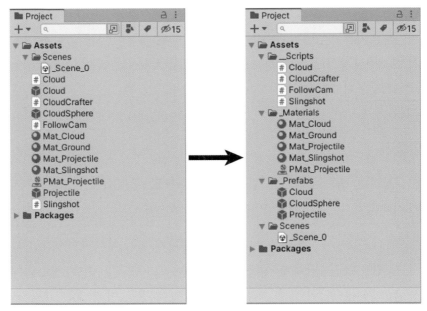

그림 29.8 조직화하지 않은 프로젝트 창(왼쪽)과 조직화한 프로젝트 창(오른쪽)

그림 29.8의 오른쪽 그림에서는 폴더를 추가해 프로젝트 창을 조직한 것을 볼 수 있다. 나는 보통 프로젝트 초기에 미리 이렇게 조직해 놓지만 지금 프로젝트가 이만큼 진척된 상황에서 뒤늦게 이 얘기를 꺼내는 이유는 프로젝트를 조직하면 어떻게 나아지는지 알 수 있게 하기 위해서다.

1. __Scripts, _Materials, _Prefabs라는 세 개의 폴더를 생성한다(Assets ▶ Create ▶ Folder). 이름 앞에 밑줄을 포함시키면 폴더가 아닌 에셋보다 위쪽에 정렬시켜주고 __Scripts 폴더와 같이 이름 앞에 밑줄 두 개를 포함시키면 **프로젝트** 창에서 이 폴더를 맨 위쪽에 자리 잡게 해준다. 프로젝트의 Assets 폴더 안에 폴더를 생성하면 하드 드라이브에도 그 폴더가 동시에 생성되므로 **프로젝트** 창뿐만 아니라 Assets 폴더도 조직화하게 된다.

2. **프로젝트** 창의 각 폴더로 해당되는 에셋들을 드래그한다. 물리 머티리얼과 일반 머티리얼은 _Materials 폴더로 옮겨놓는다.

유니티 프로젝트 창을 2열로 보여주는 레이아웃$^{Two-Column\ Layout}$에서도 이렇게 할 수 있지만, 나는 기본적으로 모든 에셋을 아이콘 뷰로 보여주는 방식을 항상 싫어하고 2열 레이아웃을 사용하면 하드 드라이브에서 Assets 폴더를 조직화하는 것과 같은 느낌을 주지 않는다.

성 만들기

<미션 데몰리션>에는 무언가 부술 것이 필요하므로 이 목적에 적합한 성을 만들어보자. 그림 29.10은 최종적인 성의 모습을 보여준다.

1. 축 기즈모에서 z축 반대쪽 화살표를 클릭해 등각 투영^{isometric} 뷰의 뒤쪽에서 씬을 볼 수 있게 씬 창을 조정한다(그림 29.9의 왼쪽 참고). 축 기즈모 아래에서 Back이라는 단어 옆에 쐐기 기호(◁)가 있을 경우 이 기호를 클릭하면 세 개의 평행선으로 표시되면서 원근^{perspective} 뷰에서 등각 투영(즉, 정사영) 뷰로 전환됐음을 알려준다.

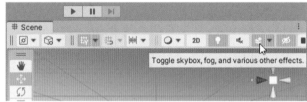

여기를 클릭해 Back 뷰로 전환한다.

그림 29.9 Back 뷰 선택

2. 씬 창에서 Skybox 뷰를 제거하는 것도 좋은 방법이다. 그렇게 하려면 씬 창 맨 위의 스피커 버튼 오른쪽에 있는 버튼(그림 29.9의 오른쪽 이미지에서 마우스 커서가 위치한 버튼)을 클릭해서 배경을 어둡게 한다.

3. 하이어라키 창의 _MainCamera를 더블 클릭해 성을 만들기 적당한 뷰로 씬 창의 크기를 조정한다.

벽과 평판 만들기

성의 부품 역할을 할 게임오브젝트 프리팹을 만드는 것부터 시작하자.

1. Mat_Cloud 머티리얼의 복사본을 생성하고 이름을 Mat_Stone으로 지정한다.[5]

    a. 프로젝트 창의 Mat_Cloud를 선택한다.

    b. 유니티 메뉴 표시줄에서 Edit ➤ Duplicate를 선택한다.

    c. Mat_Cloud 1이라는 이름을 Mat_Stone으로 변경한다.

    d. Mat_Stone을 선택하고 Main Color를 25% 회색(RGBA: [64, 64, 64, 255])으로 설정한다.

2. 새 큐브를 생성하고(GameObject ➤ 3D Object ➤ Cube) Wall로 이름을 변경한다.

    a. Wall 트랜스폼을 P:[0, 0, 0] R:[0, 0, 0] S:[1, 4, 4]로 설정한다.

    b. Wall에 Rigidbody 컴포넌트를 추가한다(Component ➤ Physics ➤ Rigidbody).

    c. Rigidbody의 FreezePosition Z를 true로 설정해 Wall의 Z 위치를 제한한다.

    d. Rigidbody의 FreezeRotation X와 Y를 true로 설정해 회전을 제한한다.

    e. Rigidbody.mass를 4로 설정한다.

    f. Mat_Stone 머티리얼을 Wall 위로 드래그해 회색으로 나타나게 한다.

3. __Scripts 폴더 안에 새 스크립트를 생성하고 이름을 RigidbodySleep으로 지정한 후 다음 코드를 입력한다.

```
using UnityEngine;

public class RigidbodySleep : MonoBehaviour
{
    void Start()
    {
        Rigidbody rb = GetComponent<Rigidbody>();
```

---

5. 내가 미시간 대학교에서 가르칠 때 맷 스톤(Matt Stone)이라는 훌륭한 TA가 있었다. 여러분이 게임 콘퍼런스에서 그를 본다면 그에게 "제레미 씨가 인사하라고 했어요."라고 말하라.

```
        if (rb != null) rb.Sleep();
    }
}
```

이렇게 하면 Wall의 Rigidbody는 최초에 움직이지 않게 돼 성을 안정시키는 데 도움이 된다(유니티의 일부 버전에서는 포탄으로 맞추기도 전에 성이 무너져 내리는 문제가 있었다).

4. RigidbodySleep 스크립트를 Wall에 부착한다.

5. Wall을 프로젝트 창으로 드래그해 프리팹으로 만들고 나서(반드시 _Prefabs 폴더에 넣음) 하이어라키 창의 Wall 인스턴스는 삭제한다.

6. 프로젝트 창의 _Prefabs 폴더에 있는 Wall 프리팹을 선택하고 복제한다.

   a. Wall 1의 이름을 Slab으로 변경한다.

   b. _Prefabs 폴더의 Slab를 선택하고 Transform의 scale을 S:[4, 0.5, 4]로 설정한다.

벽과 평판으로 성 만들기

이제 벽과 평판으로 성을 만들어보자.

1. 성의 루트 노드가 될 빈 게임오브젝트를 생성한다(GameObject ➤ Create Empty).

   a. 이름을 Castle로 지정한다.

   b. Transform은 P:[0, -9.5, 0] R:[0, 0, 0] S:[1, 1, 1]로 설정한다. 이렇게 하면 바닥 바로 위에 성의 기반 역할로 적합하게 배치된다.

2. _Prefabs 폴더의 Wall을 하이어라키 창의 Castle로 드래그해 Castle의 자식으로 만든다.

3. Wall의 복제본을 세 개 만들고 다음과 같이 설정한다.

Wall P:[-6, 2, 0] Wall(1) P:[-2, 2, 0] Wall(2) P:[2, 2, 0] Wall(3) P:[6, 2, 0]

4. 프로젝트 창의 _Prefabs 폴더에 있는 Slab도 하이어라키 창의 Castle로 드래그해 자식으로 만든다.

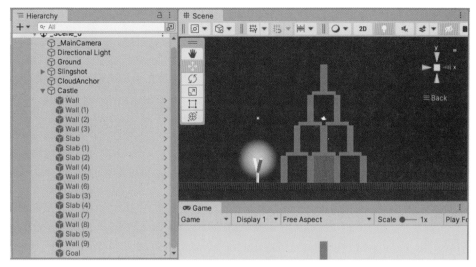

그림 29.10 완성된 성

5. Slab의 복제본 두 개를 만들고 위치를 다음과 같이 설정한다.

Slab P:[-4, 4.25, 0]   Slab(1) P:[0, 4.25, 0]   Slab(2) P:[4, 4.25, 0]

6. 성의 2층을 만들고자 인접한 Wall 세 개와 바로 위의 Slab 두 개를 마우스로 선택한다. 이것들을 복제(Ctrl+D 또는 Command-D)하고 Ctrl(맥OS에서는 Command)을 누른 상태에서 이동시켜 그 위로 올린다.[6] 이것들의 최종 위치를 ?다음과 같이 조정한다.

Wall(4) P:[-4, 6.5, 0]   Wall(5) P:[0, 6.5, 0]   Wall(6) P:[4, 6.5, 0]
Slab(3) P:[-2, 8.75, 0]   Slab(4) P:[2, 8.75, 0]

7. 앞의 복제 기법으로 수직 벽 세 개와 수평 벽 한 개를 더 추가해 3층과 4층을 만들고 위치를 다음과 같이 조정한다.

Wall(7) P:[-2, 11, 0]   Wall(8) P:[2, 11, 0]   Slab(5) P:[0, 13.25, 0]
Wall(9) P:[0, 15.5, 0]

---

6. 유니티에서 Ctrl(맥OS에서는 Command)를 누른 상태로 오브젝트를 이동하면 격자에 맞게 움직이므로 위치를 세밀하게 조정할 필요가 없다.

이와 같이 프리팹으로 성을 만들 때의 주요 장점 중 하나는 Slab 프리팹을 변경하기만 하면 씬의 모든 Slab이 바로 쉽게 변경된다는 점이다.

8. 프로젝트 창의 Slab 프리팹을 선택하고 transform.scale.x를 3.5로 설정한다. 성의 모든 Slab에 이러한 변경 사항이 반영될 것이다. 이제 성은 그림 29.10처럼 보일 것인데, 초록색의 목표 영역만 미완성이다.

목표물 만들기

성에 추가할 마지막 게임오브젝트는 플레이어가 포탄으로 맞춰야 하는 목표물이다.

1. Goal이라는 이름의 큐브를 생성하고 다음을 수행한다.
   a. 이것을 Castle의 자식으로 만든다.
   b. Goal의 Transform을 P:[0, 2, 0] R:[0, 0, 0] S:[3, 4, 4]로 설정한다.
   c. Goal 인스펙터에서 BoxCollider.isTrigger를 true로 설정한다.
   d. Goal을 프로젝트 창의 _Prefabs 폴더로 드래그해 프리팹으로 만든다.
2. _Materials 폴더에 새 머티리얼을 생성하고 이름을 Mat_Goal로 지정한다.
   a. Mat_Goal을 프로젝트의 _Prefabs 폴더에 있는 Goal 프리팹으로 드래그해 적용한다.
   b. 프로젝트 창의 Mat_Goal을 선택하고 Legacy Shaders ➤ Transparent ➤ Diffuse 셰이더를 선택한다.
   c. Mat_Goal의 Main Color를 불투명도가 25%인 밝은 초록색(유니티 색 선택기에서 [0, 255, 0, 64]의 RGBA)으로 설정한다.

성 테스트

성을 테스트하려면 다음을 수행한다.

1. Castle의 위치를 P:[50, -9.5, 0]으로 설정하고 나서 플레이 버튼을 클릭

한다. 게임을 몇 번 재시작해야 할 수도 있지만 포탄 하나로도 성을 맞출 수 있을 것이다.

2. 씬을 저장한다.

다음 발사를 위한 준비

이제 무너뜨릴 성을 만들었으므로 다음은 게임 논리를 더 추가할 차례다. 포탄이 멈춘 다음에는 새총에 초점을 맞추고자 카메라가 다시 원래 위치로 이동해야 한다.

1. 다른 작업을 하기에 전에 포탄에 Projectile 태그를 추가해야 한다.

   a. 프로젝트 창의 Projectile 프리팹을 선택한다.

   b. 인스펙터에서 Tag 옆의 팝업 메뉴를 클릭하고 Add Tag를 선택한다. 그러면 Tags & Layers 인스펙터가 열린다.

   c. 빈 태그 목록의 오른쪽 아래에 있는 + 버튼을 클릭한다.

   d. New Tag Name을 Projectile로 설정하고 Save를 클릭한다.

   e. 프로젝트 창의 Projectile을 다시 선택한다.

   f. 인스펙터의 Tag 팝업 메뉴에서 Projectile을 선택해 Projectile 태그를 지정한다.

2. 비주얼 스튜디오에서 FollowCam C# 스크립트를 열고 다음 행들을 수정한다.

```
public class FollowCam : MonoBehaviour
{
    ...
    void FixedUpdate()
    {
//--    // if 다음 코드가 한 행밖에 없으면 중괄호가 필요 없음            // a
//--    if (POI == null) return; // poi가 없으면 그냥 반환
//--
//--    // poi의 위치를 얻음
//--    Vector3 destination = POI.transform.position;
```

```
        Vector3 destination;
        // poi가 없으면 P:[0,0,0]로 돌아감
        if (POI == null)
        {
            destination = Vector3.zero;
        }
        else
        {
            // poi의 위치를 얻음
            destination = POI.transform.position;
            // poi가 포탄이면 정지했는지 점검
            if (POI.tag == "Projectile")
            {
                // 잠자고 있다면(즉, 움직이지 않으면)
                if (POI.GetComponent<Rigidbody>().IsSleeping())
                {
                    // 기본 뷰로 돌아감
                    POI = null;
                    // 다음 업데이트로 감
                    return;
                }
            }
        }

        // X와 Y의 최솟값을 제한
        destination.x = Mathf.Max(minXY.x, destination.x);
        ...
    }
}
```

a. //--가 있는 행은 삭제하거나 주석 처리해야 한다.

이제 포탄이 움직임이 않으면(Rigidbody.IsSleeping()이 true를 반환함) FollowCam은 POI를 null로 지정하고 카메라를 기본 위치로 재설정하게 된다. 하지만 어떤 경우에는 포탄이 멈추는 데 시간이 오래 걸린다. 물리 엔진을 '좀 더 쉽게 잠들게' 만들자. 즉, 게임오브젝트에 대한 물리 시뮬레이션을 더 빨리 멈추게 할 것이다.

3. PhysicsManager의 Sleep Threshold를 조정한다

   a. PhysicsManager를 연다(Edit ➤ Project Settings ➤ Physics).

   b. Sleep Threshold을 0.005에서 0.02로 변경한다. 슬립 임곗값은 **Rigidbody**가 다음 프레임에서 계속 시뮬레이션되게 하는 단일 물리 엔진 프레임에서의 이동량이다. 하나의 프레임에서 물체가 이 양(현재 2cm)보다 작게 이동하면 PhysX는 해당 **Rigidbody** 물체를 잠자기 상태로 만들고 시뮬레이션을 중단한다(즉, 게임오브젝트의 이동을 중단한다).

4. 씬을 저장한다. 이제 게임을 플레이하면 카메라가 좀 더 빨리 재설정돼 다시 발사할 수 있다.

포탄 궤적 추가

유니티에는 트레일 렌더러Trail Renderer 효과가 내장돼 있지만 포탄의 궤적을 표시하기에는 여기에서 제공하는 제어 기능으로는 부족하다. 이 예에서는 트레일 렌더러가 기반을 두고 있는 라인 렌더러Line Renderer를 대신 사용할 것이다.

1. 빈 게임오브젝트를 생성하고(GameObject ➤ Create Empty) 이름을 ProjectileLine으로 지정한다.

   a. Line Renderer 컴포넌트를 추가한나(Components ➤ Effects ➤ Line Renderer).

   b. ProjectileLine의 인스펙터에서 Materials에 대한 펼침 삼각형을 확장한다. Line Renderer 컴포넌트의 모든 설정을 그림 29.11에 표시된 설정으로 지정한다.

그림 29.11 ProjectLine 설정

2. __Scripts 폴더에 C# 스크립트를 생성한다(Asset ➤ Create ➤ C# Script). 이름을 ProjectileLine으로 지정하고 ProjectileLine 게임오브젝트에 부착한다. 비주얼 스튜디오에서 ProjectileLine 스크립트를 열고 다음 코드를 작성한다.

```
using System.Collections;
using System.Collections.Generic;
using UnityEngine;

public class ProjectileLine : MonoBehaviour
```

```csharp
{
    static public ProjectileLine S; // 싱글톤

    [Header("Set in Inspector")]
    public float minDist = 0.1f;

    private LineRenderer line;
    private GameObject _poi;
    private List<Vector3> points;

    void Awake()
    {
        S = this; // 싱글톤을 설정
        // LineRenderer에 대한 참조를 얻음
        line = GetComponent<LineRenderer>();
        // 필요할 때까지 LineRenderer를 비활성화
        line.enabled = false;
        // 지점 리스트 초기화
        points = new List<Vector3>();
    }

    // 이것은 프로퍼티(즉, 필드처럼 사용되는 메서드)
    public GameObject poi
    {
        get
        {
            return (_poi);
        }
        set
        {
            _poi = value;
            if (_poi != null)
            {
                // _poi가 새 항목으로 설정되면 모든 항목을 재설정함
                line.enabled = false;
                points = new List<Vector3>();
                AddPoint();
            }
        }
```

```
    }

    // 선을 직접 지우는 데 사용할 수 있음
    public void Clear()
    {
        _poi = null;
        line.enabled = false;
        points = new List<Vector3>();
    }

    public void AddPoint()
    {
        // 선에 지점을 추가하고자 호출됨
        Vector3 pt = _poi.transform.position;
        if (points.Count > 0 && (pt - lastPoint).magnitude < minDist)
        {
            // 지점과 마지막 지점의 거리가 충분하지 않으면 반환함
            return;
        }
        if (points.Count == 0)
        {   // 발사 지점이면...
            Vector3 launchPosDiff = pt - Slingshot.LAUNCH_POS; // 정의하고
            // ...이후 조준에 도움이 되게 선을 추가
            points.Add(pt + launchPosDiff);
            points.Add(pt);
            line.positionCount = 2;
            // 처음 두 지점을 설정
            line.SetPosition(0, points[0]);
            line.SetPosition(1, points[1]);
            // LineRenderer를 활성화
            line.enabled = true;
        }
        else
        {
            // 지점을 추가하는 보통 동작
            points.Add(pt);
            line.positionCount = points.Count;
```

```
            line.SetPosition(points.Count - 1, lastPoint);
            line.enabled = true;
        }
    }

    // 가장 최근에 추가된 지점의 위치를 반환
    public Vector3 lastPoint
    {
        get
        {
            if (points == null)
            {
                // 지점이 없으면 Vector3.zero를 반환
                return (Vector3.zero);
            }
            return (points[points.Count - 1]);
        }
    }

    void FixedUpdate()
    {
        if (poi == null)
        {
            // poi가 없으면 검색
            if (FollowCam.POI != null)
            {
                if (FollowCam.POI.tag == "Projectile")
                {
                    poi = FollowCam.POI;
                }
                else
                {
                    return; // poi를 찾지 못하면 반환
                }
            }
            else
            {
```

```
                    return; // poi를 찾지 못하면 반환
                }
            }
            // poi가 있으면 FixedUpdate에서 해당 poi 위치를 추가
            AddPoint();
            if (FollowCam.POI == null)
            {
                // FollowCam.POI가 null이면 로컬 poi도 null로 만듦
                poi = null;
            }
        }
    }
}
```

3. AddPoint()가 새총의 launchPoint 위치를 참조할 수 있게 다음과 같이
   Slingshot C# 스크립트에 정적 LAUNCH_POS 프로퍼티를 추가해야 한다.

```
public class Slingshot : MonoBehaviour
{
    static private Slingshot S;                              // a
    // 유니티 인스펙터 창에서 설정하는 필드
    [Header("Set in Inspector")]
    ...
    private Rigidbody        projectileRigidbody;

    static public Vector3 LAUNCH_POS                         // b
    {
        get
        {
            if (S == null) return Vector3.zero;
            return S.launchPos;
        }
    }

    void Awake()
    {
        S = this;                                           // c
        ...
```

```
    }
    ...
}
```

a. private으로 지정해서 Slingshot 클래스의 인스턴스만 이것에 접근할 수 있다는 점을 제외하고는 Slingshot의 private 정적 인스턴스로서 싱글톤처럼 동작한다.

b. 이 정적 public 프로퍼티는 정적 private Slingshot 인스턴스 S를 사용해 Slingshot의 launchPos 값을 읽을 수 있게 한다. S가 null이면 [0, 0, 0]을 반환한다.

c. 여기서 Slingshot의 현재 인스턴스가 S에 지정된다. Awake()는 MonoBehaviour 하위 클래스의 어느 인스턴스에서라도 맨 처음에 실행되기 때문에 LAUNCH_POS를 요청하기 전에 S를 설정해놔야 한다.

이제 게임을 플레이해보면 포탄의 발사 궤적이 멋진 회색 선으로 나타날 것이다. 이 선은 발사할 때마다 바뀐다.

4. 씬을 저장한다.

목표물 맞추기

성의 목표물은 포탄에 맞으면 반응해야 한다.

1. 새 C# 스크립트를 생성하고 이름을 Goal로 지정한 후 이를 프로젝트 창의 _Prefabs 폴더에 있는 Goal 프리팹에 부착한다. 그런 다음 Goal 스크립트에 다음 코드를 입력한다.

```
using UnityEngine;
using System.Collections;

public class Goal : MonoBehaviour
{
```

```
        // 코드 어느 곳에서도 접근 가능한 정적 필드
        static public bool    goalMet = false;

        void OnTriggerEnter(Collider other)
        {
            // 트리거에서 충돌이 감지되면
            // 포탄과 충돌했는지 확인
            if (other.gameObject.tag == "Projectile")
            {
                // 포탄이면 goalMet을 true로 설정
                Goal.goalMet = true;
                // 또한 색의 알파를 최댓값으로 설정
                Material mat = GetComponent<Renderer>().material;
                Color c = mat.color;
                c.a = 1;
                mat.color = c;
            }
        }
    }
```

이제 포탄으로 목표물을 맞추면 목표가 밝은 녹색으로 바뀔 것이다. 이 성을
무너뜨리려면 여러 번 쏴야 할 것이다. 테스트하기 쉽게 하려면 성의 벽을
여러 개 선택하고 인스펙터 창의 맨 위쪽 Inspector 단어 바로 아래의 체크 박스
에서 체크 표시를 없애 비활성화한다. 목표물을 테스트한 후에 다시 활성화하
면 된다.

    2. 씬을 저장한다.

더 많은 성 추가

지금까지 성 하나만 있었지만 몇 개 더 추가해보자.

    1. 성의 이름을 Castle_0으로 변경한다.
    2. Castle_0을 프로젝트 창의 _Prefabs 폴더로 드래그해 프리팹으로 만든다.

Castle_0 프리팹이 생기면 하이어라키 창의 Castle_0 인스턴스는 삭제한다.[7]

3. 프로젝트 창에서 Castle_0 프리팹의 복제본을 만들고 이름을 Castle_1로 변경한다.

4. Castle_1을 씬 창으로 드래그해서 레이아웃을 변경하자. 벽 하나를 삭제하려고 하면 "프리팹 인스턴스의 자식은 삭제하거나 이동시킬 수 없고..." 와 같은 메시지가 나타날 것이다. Open Prefab 버튼을 눌러 프리팹 수정 모드로 열어 Castle_1을 원하는 대로 변경한다.[8]

5. Castle_1을 원하는 모양으로 만들었으면 하이어라키 창에서 편집 모드의 Castle_1 제목 왼쪽에 있는 < 표시를 클릭해 Castle_1 프리팹의 수정을 끝낸다. 아울러 씬 창에도 변경 사항이 반영된다.

6. 이제 하이어라키 창의 Castle_1 인스턴스를 삭제해도 된다.

이 과정을 반복해 다른 모양의 성을 몇 개 더 만든다. 그림 29.12에는 내가 만든 성들이 나온다.

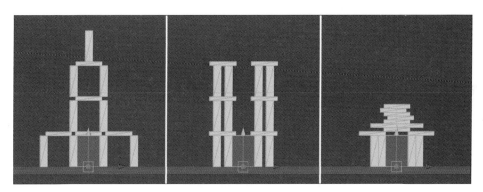

그림 29.12 다양한 성

---

7. Castle_0을 프리팹으로 만들면 Slab과 Wall 인스턴스가 바로 보이지는 않는다. 마우스 오른쪽 버튼을 클릭한 후 open을 선택해야 볼 수 있다. 유니티에서는 이 사항을 보완할 거라고 하지만 이 책을 번역하는 시점에서도 그대로다. – 옮긴이

8. 윈도우(또는 맥OS의 경우 Command 키)에서는 Ctrl 키를 누른 상태로 하면 Wall과 Slab을 0.5m 단위로 이동시켜 성을 쉽게 정렬할 수 있다. 또한 성 블록이 실제로 서로 교차하지 않게 하거나 19장의 예제에서 블록이 하던 것처럼 밀리게 할 수도 있다. RigidbodySleep 함수는 블록을 처음에 슬립 상태로 만들기 때문에 포탄이 성을 맞추기 전까지는 이러한 밀리는 효과가 발생하지 않아 원하는 대로 멋진 성 폭발 효과를 줄 수 있다.

7. 모든 성을 만든 후에는 어떠한 성도 하이어라키 창에 남겨두지 말고 씬을
   저장한다.

씬에 UI 추가하기

씬에 UI를 추가하려면 다음 단계를 따라 한다.

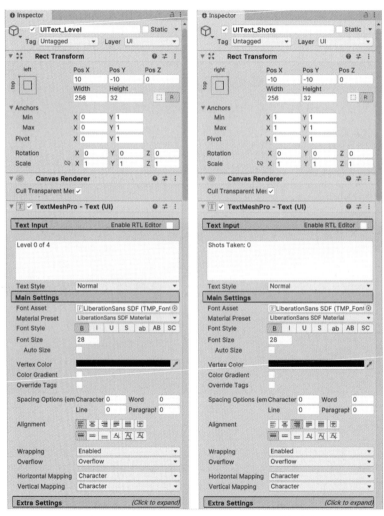

그림 29.13 UIText_Level 및 UIText_Shots에 대한 설정

1. 씬에 UI Text를 추가하고(GameObject ➤ UI ➤ Text – TextMeshPro) 이름을 UIText_Level로 지정한다.

2. UI Text를 하나 더 만들고 이름을 UIText_Shots로 지정한다.

3. 각각을 그림 29.13에 나타난 설정으로 지정한다.

4. UI 버튼을 생성한다(GameObject ➤ UI ➤ Button – TextMeshPro). 이 버튼의 이름을 UIButton_View로 지정한다.

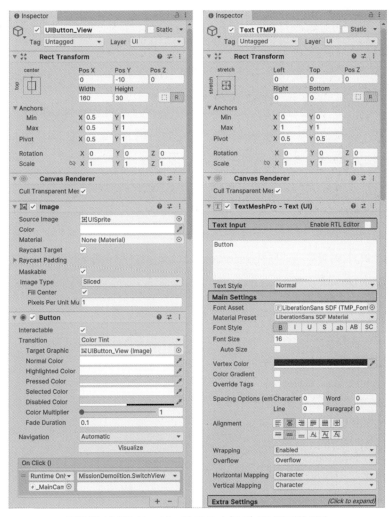

그림 29.14 UIButton_View와 그 Text (TMP) 자식에 대한 설정

5. UIButton_View의 Rect Transform을 그림 29.14에 나오는 설정으로 지정하고 Rect Transform 외의 설정을 지금은 무시한다.

6. 하이어라키 창에서 UIButton_View 옆의 펼침 삼각형을 열고 UIButton_View의 Text (TMP) 자식에 대해 그림 29.14에 나오는 TextMeshPro의 Text UI 설정을 지정한다. Character 섹션 외에는 아무것도 변경할 필요가 없다. 완료하면 씬을 저장한다.

추가 레벨과 게임 논리 추가

먼저 새총과 성을 모두 볼 수 있는 카메라 위치가 필요하다.

1. 빈 게임오브젝트를 생성하고(GameObject ➤ Create Empty) 이름을 ViewBoth로 지정한다. ViewBoth의 Transform을 P:[25, 25, 0] R:[0, 0, 0] S:[1, 1, 1]로 설정한다. 이 게임오브젝트는 성과 새총을 모두 보려고 할 때 카메라의 POI 역할을 한다.

2. __Scripts 폴더에 새 C# 스크립트를 생성하고 이름을 MissionDemolition으로 지정한 후 _MainCamera에 부착한다. 이 스크립트는 게임에서 게임 상태 관리자 역할을 한다. MissionDemolition 스크립트를 열고 다음 코드를 작성한다.

```
using UnityEngine;
using System.Collections;
using TMPro;                                             // a

public enum GameMode                                     // b
{
    idle,
    playing,
    levelEnd
}

public class MissionDemolition : MonoBehaviour
{
```

752

```
static private MissionDemolition S;      // private 싱글톤

[Header("Set in Inspector")]
public TextMeshProUGUI    uitLevel;       // UIText_Level의 텍스트
public TextMeshProUGUI    uitShots;       // UIText_Shots의 텍스트
public TextMeshProUGUI    uitButton;      // UIButton_View의 텍스트
public Vector3            castlePos;      // 성을 놓는 위치
public GameObject[]       castles;        // 성을 저장하는 배열

[Header("Set Dynamically")]
public int                level;          // 현재 레벨
public int                levelMax;       // 전체 레벨 수
public int                shotsTaken;
public GameObject         castle;         // 현재 성
public GameMode           mode = GameMode.idle;
public string             showing = "Show Slingshot"; // FollowCam 모드

void Start()
{
    S = this; // 싱글톤 정의

    level = 0;
    levelMax = castles.Length;
    StartLevel();
}

void StartLevel()
{
    // 성이 있는 경우 기존 성을 제거
    if (castle != null)
    {
        Destroy(castle);
    }

    // 이전 포탄이 있는 경우 소멸시킴
    GameObject[] gos = GameObject.FindGameObjectsWithTag("Projectile");
    foreach (GameObject pTemp in gos)
    {
        Destroy(pTemp);
    }
```

```csharp
        // 성을 새로 생성
        castle = Instantiate<GameObject>(castles[level]);
        castle.transform.position = castlePos;
        shotsTaken = 0;

        // 카메라 재설정
        SwitchView("Show Both");
        ProjectileLine.S.Clear();

        // 목표 지점 재설정
        Goal.goalMet = false;

        UpdateGUI();

        mode = GameMode.playing;
    }

    void UpdateGUI()
    {
        // GUIText에 데이터 표시
        uitLevel.text = "Level: " + (level + 1) + " of " + levelMax;
        uitShots.text = "Shots Taken: " + shotsTaken;
    }

    void Update()
    {
        UpdateGUI();

        // 레벨 종료 확인
        if ((mode == GameMode.playing) && Goal.goalMet)
        {
            // 레벨 종료 확인을 중지하게 모드 변경
            mode = GameMode.levelEnd;
            // 화면 축소
            SwitchView("Show Both");
            // 2초 후 다음 레벨 시작
            Invoke("NextLevel", 2f);
        }
    }

    void NextLevel()
```

```
{
    level++;
    if (level == levelMax)
    {
        level = 0;
    }
    StartLevel();
}

public void SwitchView(string eView = "")                    // c
{
    if (eView == "")
    {
        eView = uitButton.text;
    }
    showing = eView;
    switch (showing)
    {
        case "Show Slingshot":
            FollowCam.POI = null;
            uitButton.text = "Show Castle";
            break;

        case "Show Castle":
            FollowCam.POI = S.castle;
            uitButton.text = "Show Both";
            break;

        case "Show Both":
            FollowCam.POI = GameObject.Find("ViewBoth");
            uitButton.text = "Show Slingshot";
            break;
    }
}

// 코드 아무 곳에서나 shotsTaken을 증가시킬 수 있게 하는 정적 메서드
public static void ShotFired()                               // d
{
    S.shotsTaken++;
```

```
        }
    }
```

a. 버튼 같이 TextMeshPro 클래스에 속한 것들을 사용하려면 using TMPro; 문을 추가해야 한다.

b. 이 책에서 enum이 처음 나왔다. 자세한 내용은 'ENUM' 칼럼을 참고한다.

c. public SwitchView() 메서드는 MissionDemolition의 이 인스턴스와 GUI의 Button(곧 구현할 예정)에서 모두 호출될 것이다. string eView = "" 기본 매개변수는 eView에 기본값 ""를 제공한다. 즉, 문자열을 전달할 필요가 없다. 그러면 SwitchView()를 호출할 때 SwitchView("Show Both") 또는 그냥 SwitchView()로 호출할 수 있다. 문자열을 전달하지 않으면 이 메서드의 첫 번째 if문은 GUI 맨 위에서 현재 Button에 나타나 있는 텍스트로 eView를 설정한다.

d. ShotFired()는 포탄을 발사했을 때 MissionDemolition이 알 수 있게 Slingshot이 호출하는 정적 퍼블릭 메서드다.

ENUM

enum(또는 열거형)이란 C#에서 숫자에 특정 이름을 부여해서 코드를 읽는 방식이다. Mission Demolition C# 스크립트 맨 위에 있는 열거 정의는 idle, playing, levelEnd의 세 가지 값으로 열거형인 GameMode를 선언한다. 열거를 정의한 후에는 다음과 같이 정의된 열거를 타입으로 해서 변수를 선언할 수 있다.

```
public GameMode mode = GameMode.idle;
```

위의 행은 GameMode 타입의 새 변수 mode를 생성하며 GameMode.idle 값을 지정한다. 변수에 특정 옵션 몇 개만 존재하고 그 옵션을 프로그래머가 쉽게 알아보게 할 때 enum을 사용하는 경우가 많다. 또는 게임 모드 타입을 문자열(예, '일시 중지', '플레이' 또는 '레벨 종료')로 전달할 수도 있지만 enum을 사용하면 오타를 줄여주고 타이핑할 때 자동 완성 기능도 제공한다. enum에 대해 더 알고 싶으면 부록 B를 참고한다.

---

3. MissionDemolition 클래스 안에 정적 ShotFired() 메서드가 있으므로 이제 Slingshot 클래스에서 호출할 수 있다. Slingshot C# 스크립트에서 다

음의 굵게 나타낸 행을 추가한다.

```
public class Slingshot : MonoBehaviour
{
    ...
    void Update()
    {
        ...
        if ( Input.GetMouseButtonUp(0) )
        {
            // 마우스 버튼을 놓은 경우
            ...
            FollowCam.POI = projectile;
            projectile = null;
            MissionDemolition.ShotFired();                    // a
            ProjectileLine.S.poi = projectile;               // b
        }
    }
}
```

a. MissionDemolition의 ShotFired() 메서드는 정적이므로 특정한 Mission Demolition 인스턴스를 통하지 않고 MissionDemolition 클래스 자체를 통해 접근할 수 있다. Slingshot에서 MissionDemolition.ShotFired() 를 호출하면 MissionDemolition.S.shotsTaken이 증가한다.

b. 이 행은 새 포탄이 발사될 때 ProjectileLine이 그 포탄을 따라가게 한다.

4. 모든 스크립트를 저장하고 유니티로 다시 전환한다.

5. 하이어라키 창에서 UIButton_View를 선택하고 Button 인스펙터의 맨 아래를 본다. 그 인스펙터의 On Click() 섹션에서 + 버튼을 클릭한다.

a. Runtime Only 버튼 아래에는 현재 None (Object)로 표시된 필드가 있다.

b. 이 None (Object) 필드의 오른쪽에 있는 과녁 아이콘을 클릭하고 팝업 창에서 Scene 탭에 있는 _MainCamera를 선택한다(_MainCamera를 더블 클릭한다).

그러면 UIButton_View로부터 호출을 받을 게임오브젝트로 _MainCamera
가 선택된다.

c. 현재 No Function이 표시된 팝업 메뉴 버튼을 클릭하고 MissionDemolition
➤ SwitchView(String)을 선택한다.[9]

이 결과로 UIButton_View를 클릭하면 _MainCamera에 부착된 MissionDemolition
인스턴스의 퍼블릭 SwitchView() 메서드가 호출된다. 여러분의 Button 인스펙터
는 이제 그림 29.14와 같아야 한다.

6. 하이어라키 창의 _MainCamera를 선택한다. MissionDemolition (Script) 컴포넌
트 인스펙터에서 변수들을 다음과 같이 설정해야 한다.

a. castlePos를 [50, -9.5, 0]으로 설정해 새총으로부터 적당한 거리에
성을 놓는다.

b. uitLevel을 설정하고자 인스펙터에서 uitLevel의 오른쪽에 있는 과녁
을 클릭하고 팝업 대화상자의 Scene 탭에서 UIText_Level을 선택한다.

c. uitShots 옆에 있는 과녁을 클릭하고 Scene 탭에서 UIText_Shots를
선택한다.

d. uitButton 옆에 있는 과녁을 클릭하고 Scene 탭에서 Text (TMP)를 선
택한다(씬에서 유일하게 다른 UI 텍스트이며 UIButton_View의 텍스트 레이블이다).

e. castles 옆에 있는 펼침 삼각형을 클릭하고 앞서 만들어놓은 성의 개
수로 설정한다(그림 29.15의 예를 보면 나는 네 개의 성을 만들었다).

f. 만들어놓은 번호가 매겨진 각 Castle 프리팹을 Castle 배열의 요소로
드래그해 게임의 레벨을 설정한다. 가장 쉬운 성부터 시작해 점차 어
려운 성이 나오게 배치한다.

---

9. MissionDemolition.SwitchView 버튼 아래의 흰색 필드를 사용하면 SwitchView 메서드에 전달할 문자열을 입력할 수
있다. 이곳을 공백으로 두면 빈 문자열 ""이 SwitchView로 전달되는데, 이는 선택적 eView 매개변수의 기본값과 같으므로
이 필드를 건드릴 필요가 없다.

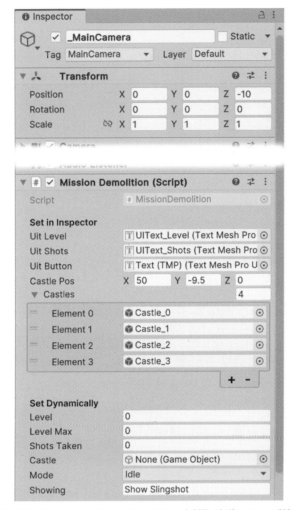

그림 29.15 _MainCamera:MissionDemolition의 최종 설정(Castles 배열 포함)

7. 씬을 저장한다.

이제 게임은 다양한 레벨로 플레이할 수 있고 발사한 포탄의 수도 나타난다. 화면
맨 위의 버튼을 클릭하면 뷰도 전환할 수 있다.

요약

이것으로 <미션 데몰리션>의 프로토타입이 완료됐다. 이 하나의 장에서 여러분은 직접 개선하고 확장할 수 있는 <앵그리버드>와 같은 물리 기반 게임을 제작했다. 이 실습과 이후의 모든 실습은 수준 높은 게임을 제작하는 기반으로 활용할 수 있게 설계됐다.

다음 단계

여러 기능을 추가할 수 있으며 그중 일부는 다음과 같다.

- PlayerPrefs를 사용해 <사과 받기>에서와 마찬가지로 각 레벨에서 달성한 최고 점수를 저장한다.
- 질량이 각기 다른 다양한 머티리얼로 성을 구성한다. 일부 머티리얼은 충분한 힘을 가하면 부서지게 할 수도 있다.
- 가장 최근의 궤적만 보여줄 게 아니라 이전의 여러 궤적도 보여준다.
- Line Renderer를 사용해 새총의 고무줄을 그린다.
- 실제로 시차 스크롤^{parallax scrolling}을 사용해 배경 구름을 구현하고 산이나 건물과 같은 배경 요소를 더 추가한다.
- 그 밖에 여러분이 생각하는 모든 아이디어가 가능하다.

이 책의 다른 프로토타입을 제작한 후에는 다시 이 프로토타입으로 돌아와서 어떤 기능을 추가할 수 있을지 생각해보자. 또한 디자인을 만들고 사람들에게 보여준 다음 게임을 개선하는 과정을 반복한다. 디자인은 항상 반복적 프로세스라는 것을 기억하자. 디자인한 것이 마음에 들지 않아도 걱정할 필요 없다. 그냥 좋은 경험을 했다고 생각하고 다른 아이디어를 시도하면 된다.

CHAPTER 30

프로토타입 3: 우주전쟁

슈팅(시업(SHMUP) 또는 슈뎀업(shoot'em up) 게임 장르에는 〈갤러그〉 및 〈갤럭시안〉과 같은 1980년대의 고전 게임과 〈이카루가(Ikaruga)〉와 같은 최신 게임이 있다.

30장에서는 클래스 상속, 정적 필드와 메서드, 싱글톤 패턴을 포함해 지금까지 프로그래밍과 프로토타입 제작 작업에 유용하게 활용한 프로그래밍 기법을 바탕으로 슈팅 게임을 만든다. 이러한 기법은 이전부터 많이 이용했지만 이 프로토타입에서는 더 집중적으로 사용할 것이다.

시작하기: 프로토타입 3

이 프로젝트에서는 고전적인 우주 기반 슈팅 게임의 프로토타입을 제작한다. 30장에서는 앞선 두 개 장과 동일한 기본 프로토타입 수준으로 하고 31장에서 몇 가지 추가 기능을 구현하는 방법을 보여줄 것이다. 그림 30.1에는 이 두 개의 장을 끝낸 후 완성된 프로토타입의 두 실행 화면이 나온다. 이들 이미지에는 아래쪽에 보호막으로 둘러싸인 플레이어 우주선뿐만 아니라 여러 적 타입과 업그레이드 아이템 (B, O, S로 표시된 파워업 큐브)이 나타나 있다.

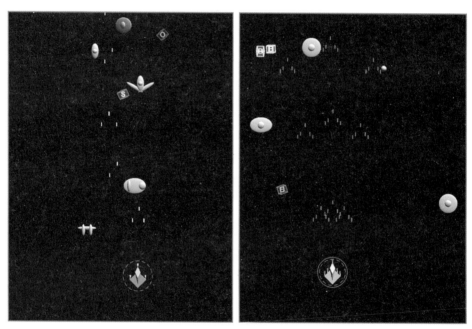

그림 30.1 우주 슈팅 게임 프로토타입의 두 실행 화면. 왼쪽 이미지에서 플레이어는 블래스터 무기를 사용하고 오른쪽 이미지에서는 스프레드 무기를 사용한다.

유니티 에셋 패키지 임포트하기

이 프로토타입 설정에서 새로운 점 중 하나는 유니티 커스텀 에셋 패키지를 다운로드하고 임포트해야 한다는 것이다. 게임에 들어갈 복잡한 아트와 이미지를 제작하는 것은 이 책의 범위를 벗어나므로 나는 여러분을 위해 이 게임의 모든 시각 효과를 생성하는 데 필요한 몇 가지 간단한 에셋을 패키지로 미리 만들어놨다. 물론 이 책에서 몇 번 언급했듯이 프로토타입을 만들 때는 겉으로 보이는 것보다 게임을 하는 방법과 느낌이 훨씬 중요하지만 아트 에셋을 활용하는 방법을 이해하는 것도 여전히 중요하다.

30장의 프로젝트 설정

표준 프로젝트 설정 절차에 따라 유니티에서 새 프로젝트를 생성한다. 이 절차에 대해 다시 알려면 부록 A를 참고한다.

- **프로젝트 이름:** Space SHMUP Prototype
- **씬 이름:** _Scene_0
- **프로젝트 폴더:** __Scripts('Scripts' 앞에 두 개의 밑줄이 있음), _Materials, _Prefabs
- **패키지 다운로드 및 임포트:** http://www.acornpub.co.kr/game-design-2e에서 다운로드 하는 파일 안에 해당 패키지가 포함돼 있다.
- **C# 스크립트 이름:** (아직 없음)
- **이름 변경:** Main Camera를 _MainCamera로 변경한다.

'30장의 프로젝트 설정' 칼럼에 나와 있는 패키지를 다운로드하고 설치하려면 먼저 http://www.acornpub.co.kr/game-design-2e에서 압축 파일을 자신의 컴퓨터로 다운로드한다. 다운로드한 파일의 압축을 풀면 그중에 C30_Space_SHMUP_Starter.unitypackage 패키지 파일이 있을 것이다. 유니티에서 프로젝트를 열고 메뉴 표시줄에서 Assets ➤ Import Package ➤ Custom Package를 선택한다. 압축을 풀어 놓은 폴더로 이동해 C30_Space_SHMUP_Starter.unitypackage을 선택한다. 그러면 그림 30.2와 같은 임포트 대화상자가 열린다.

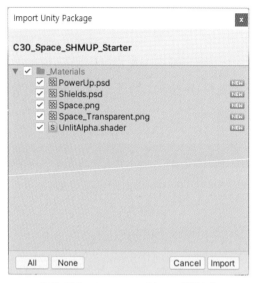

그림 30.2 unitypackage 임포트 대화상자

그림 30.2에 표시된 대로 모든 파일을 선택하고(All 버튼 클릭) Import를 클릭한다. 그러면 _Materials 폴더에 네 개의 텍스처와 하나의 셰이더[shader]가 새로 생긴다. 텍스처는 대개 이미지 파일이다. 텍스처를 제작하는 방법은 이 책의 범위를 벗어나지만 이 내용을 다루는 책이나 온라인 자습서를 쉽게 찾을 수 있다. 가장 널리 사용되는 이미지 편집 도구는 어도비 포토샵이지만 상당히 비싸다. 그 대안이 오픈소스인 김프[Gimp](http://www.gimp.org)이며, 아주 저렴한 상용 경쟁품으로는 어피니티 포토[Affinity Photo](https://affinity.serit.com/photo)가 있다.

셰이더에 대한 내용도 이 책의 범위를 벗어난다. 셰이더란 게임오브젝트의 텍스처를 렌더링하는 방법을 컴퓨터에 지시하는 일종의 프로그램이다. 셰이더를 활용하면 아주 현실적인 장면이나 카툰 스타일 또는 원하는 색다른 스타일의 장면을 연출할 수 있다. 이제 셰이더는 모든 현대 게임의 그래픽에서 아주 중요한 부분을 차지한다. 유니티는 셰이더랩[ShaderLab]이라는 고유한 셰이더 언어를 사용한다. 이 언어 대해 배우려면 유니티 셰이더 레퍼런스 문서(https://docs.unity3d.com/Manual/SL-Reference.html)가 좋은 출발점이다.

이 프로젝트에 포함된 셰이더는 셰이더가 할 수 있는 일을 대부분 생략하고 특별한 조명 효과 없이 간단하게 색만 입힌 모양을 화면에 표시한다. 특정한 밝은 색의 요소를 표시하는 간단한 용도에는 UnlitAlpha.shader가 유용하다. UnlitAlpha도 알파 블렌딩과 투명도를 지원하며 이 기능을 이 게임의 파워업 큐브를 표시하는 데 사용할 수 있다.

씬 설정

씬을 설정하려면 다음 단계를 따른다(넘어갈 때 연필을 사용해 체크한다).

1. 하이어라키 창에서 Directional Light를 선택하고 Transform을 다음과 같이 설정한다.

   P:[0, 20, 0]   R:[50, ?30, 0]   S:[1, 1, 1]

2. 메인 카메라를 _MainCamera로 변경했는지 확인한다('프로젝트 설정' 칼럼에서 지시했었다). _MainCamera를 선택하고 Transform을 다음과 같이 설정한다.

   P:[0, 0, -10]   R:[0, 0, 0]   S:[1, 1, 1]

3. _MainCamera의 Camera 컴포넌트에서 다음을 설정한다. 그러고 나서 씬을 저장한다.

   ▪ Clear Flags를 Solid Color로 설정한다.
   ▪ Background를 검은색(255 알파, 즉 RGBA: [0, 0, 0, 255])으로 설정한다.
   ▪ Projection은 Orthographic으로 설정한다.
   ▪ Size는 40으로 설정한다(Projection 설정 후에 수행).
   ▪ Near Clipping Plane은 0.3으로 설정한다.
   ▪ Far Clipping Plane은 100으로 설정한다.

4. 이 게임은 세로 방향의 상하 슈팅 게임이기 때문에 게임 창의 화면비를

세로 방향으로 설정해야 한다. 게임 창에서 현재 Free Aspect 화면비가 표시된 팝업 메뉴를 클릭한다(그림 30.3 참고). 목록 맨 아래에 + 기호가 있다. 새로운 화면비 프리셋을 추가하고자 이 기호를 클릭한다. 그림 30.3과 같이 값을 설정하고 OK를 클릭한다. 게임 창을 이 Portrait (3:4) 화면비로 새로 설정한다.

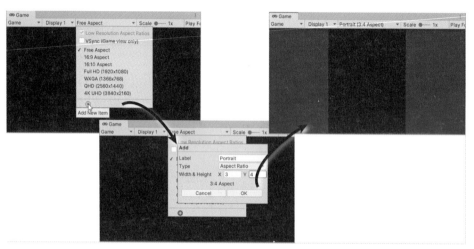

그림 30.3 게임 창에 새로운 화면비 프리셋 추가

주인공 우주선 제작

30장에서는 모든 아트를 먼저 제작하지 않고 아트 제작과 코딩을 함께 진행한다. 플레이어의 우주선을 만들려면 다음 단계를 따라 한다.

1. 빈 게임오브젝트를 생성하고(GameObject ➤ Create Empty) 이름을 _Hero로 지정한다. Transform은 P:[0, 0, 0] R:[0, 0, 0] S:[1, 1, 1]로 설정한다.

2. 큐브를 생성하고(GameObject ➤ 3D Object ➤ Cube) _Hero로 드래그해 그 자식으로 만든다. 큐브의 이름은 Wing으로 지정하고 Transform을 P:[0, -1, 0] R:[0, 0, 45] S:[3, 3, 0.5]로 설정한다.

3. 빈 게임오브젝트를 생성하고 이름을 Cockpit으로 한 후 _Hero의 자식으로 만든다.

4. 큐브를 생성하고 Cockpit의 자식으로 만든다(Cockpit를 마우스 오른쪽 버튼으로 클릭하고 3D Object ➤ Cube를 선택해도 된다). 이 큐브의 Transform을 P:[0, 0, 0] R:[315, 0, 45] S:[1, 1, 1]로 설정한다.

5. Cockpit을 다시 선택하고 Transform을 P:[0, 0, 0] R:[0, 0, 180] S:[1, 3, 1]로 설정한다. 여기에서는 27장에서 사용했던 것과 같은 기법을 사용해 간단한 유선형의 우주선을 만들었다.

6. 하이어라키 창의 _Hero를 선택하고 인스펙터에서 Add Component 버튼을 클릭한다. 팝업 메뉴에서 New Script를 선택한다. 이 스크립트의 이름을 Hero로 지정하고 Create and Add를 클릭한다. 이 방법은 새 스크립트를 생성하면서 게임오브젝트에 바로 부착시킨다. **프로젝트** 창에서 Hero 스크립트를 __Scripts 폴더로 이동한다.

7. 하이어라키 창의 _Hero을 선택하고 나서 인스펙터의 Add Component 버튼을 클릭하고 Add Component ➤ Physics ➤ Rigidbody를 선택해 _Hero에 Rigidbody 컴포넌트를 추가한다. _Hero의 Rigidbody 컴포넌트에서 다음을 설정한다.

   ▪ Use Gravity를 **false**로 설정한다(체크 표시 없앰).
   ▪ isKinematic은 **true**로 설정한다(체크 표시함).
   ▪ Constraints 항목: Freeze Position Z와 Freeze Rotation X, Y, Z를 **true**로 설정한다(체크 표시함).

이후에 _Hero에 더 추가할 항목이 있지만 지금은 이것으로 충분하다.

8. 씬을 저장한다. 씬을 변경한 후에는 반드시 저장해야 한다는 점을 기억하자. 나중에 물어볼 것이다.

Hero의 Update() 메서드

다음의 코드 리스트에서 Update() 메서드는 먼저 InputManager에서 수평 축과 수직 축을 읽고('Input.GetAxis()와 InputManager' 칼럼 참고) -1 ~ 1 사이의 값을 float 타입의 xAxis와 yAxis에 지정한다. Update() 코드의 두 번째 부분은 speed 설정을 고려하면서 우주선을 시간에 기반을 두는 방법으로 이동시킨다.

마지막 행(// c로 표시)은 입력을 기반으로 우주선을 회전시킨다. 앞서 _Hero의 Rigidbody 컴포넌트에서 옵션을 설정해 회전하지 않게 고정시켰지만 isKinematic을 true로 설정해 Rigidbody를 수동으로 회전하는 것은 가능하다(29장에서 설명한 것처럼 isKinematic = true로 하면 Rigidbody가 물리 시스템에 포함되지만 Rigidbody.velocity에 의해 자동으로 움직이지 않는다). 이 회전 움직임은 우주선을 더 동적이고 풍부하거나 '풍성한juicy' 느낌을 준다.[1]

비주얼 스튜디오에서 Hero C# 스크립트를 열고 다음 코드를 입력한다.

```csharp
using System.Collections;
using System.Collections.Generic;
using UnityEngine;

public class Hero : MonoBehaviour
{
    static public Hero       S;      // 싱글톤                          // a

    [Header("Set in Inspector")]
    // 우주선의 이동을 제어하는 필드
    public float             speed = 30;
    public float             rollMult = -45;
    public float             pitchMult = 30;

    [Header("Set Dynamically")]
    public float             shieldLevel = 1;

    void Awake()
```

---

1. 게임 플레이와 관련된 용어로서의 풍성함(juiciness)이란 2005년 카네기멜론 대학교 엔터테인먼트 기술 센터의 실험 게임 플레이 프로젝트에 참여한 카일 개블러(Kyle Gabler)와 그 외 팀원들이 처음 사용했다. 그들에게 풍성한 요소란 '끊임없이 풍부한 사용자 피드백'을 의미했다. 온라인으로 'Gamasutra How to Prototype a Game in Under 7 Days.'를 검색해보면 그들의 〈Gamasutra〉 기사에서 자세한 내용을 읽을 수 있다.

```
{
    if (S == null)
    {
        S = this; // 싱글톤을 설정                                    // a
    }
    else
    {
        Debug.LogError("Hero.Awake() - Attempted to assign second Hero.S!");
    }
}

void Update()
{
    // Input 클래스로부터 정보를 가져옴
    float xAxis = Input.GetAxis("Horizontal");                        // b
    float yAxis = Input.GetAxis("Vertical");                          // b

    // 입력 축을 기반으로 transform.position를 변경
    Vector3 pos = transform.position;
    pos.x += xAxis * speed * Time.deltaTime;
    pos.y += yAxis * speed * Time.deltaTime;
    transform.position = pos;

    // 동적인 느낌을 주게 우주선을 회전                                  // c
    transform.rotation = Quaternion.Euler(yAxis * pitchMult, xAxis * rollMult, 0);
}
}
```

a. Hero 클래스의 싱글톤이다(부록 B의 '소프트웨어 디자인 패턴' 참고). Awake()의 코드는 Hero.S가 이미 설정돼 있으면 콘솔 창에 오류를 표시한다(하나의 씬에 Hero 스크립트 가 연결된 게임오브젝트가 두 개 있거나 하나의 게임오브젝트에 두 개의 Hero 컴포넌트를 연결했을 경우에 이런 일이 발생한다).

b. 이 두 행은 유니티의 Input 클래스를 사용해 유니티 InputManager에서 정 보를 얻는다. 자세한 내용은 칼럼을 참고한다.

c. 이 주석 아래의 transform.rotation... 행은 이동 속도에 따라 우주선을 조금씩 회전시켜 역동적인 느낌을 만든다.

게임을 플레이해 W/A/S/D 키 또는 화살표 키로 우주선을 움직여본다. speed, rollMult, pitchMult에 대한 설정은 내게 적절하지만 이 게임은 여러분의 것이므로 원하는 값을 찾아보자. _Hero의 인스펙터에서 필요한 변경을 적용한다.

이 우주선이 멋있게 움직이는 데는 관성이 중요한 부분을 차지한다. 이동 키를 눌렀다 놓으면 우주선은 점차 속도를 줄인다. 마찬가지로 이동 키를 누르면 우주선이 제 속도로 움직일 때까지 약간의 시간이 걸린다. 이러한 이동 관성은 다음의 칼럼에서 설명한 Sensitivity와 Gravity 설정을 조정해 제어한다. InputManager에서 이러한 설정을 변경하면 _Hero의 이동 및 기동성에 즉시 영향을 미친다.

INPUT.GETAXIS()와 INPUTMANAGER

Hero.Update() 코드 리스트에서 Input.GetAxis() 메서드가 처음 등장하기는 했지만 이 코드의 대부분은 익숙할 것이다. 유니티의 InputManager를 사용하면 다양한 입력 축을 구성할 수 있으며, Input.GetAxis()를 통해 이러한 축에 대한 정보를 읽을 수 있다. 기본 입력 축을 보려면 메뉴 표시줄에서 Edit ➤ Project Settings를 선택한 후 Project Settings 창에서 InputManager 항목을 선택한다.

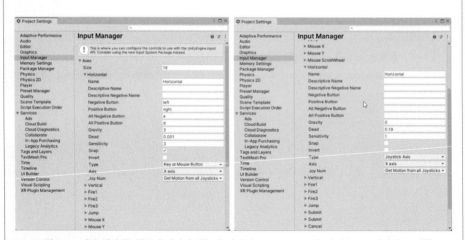

그림 30.4 기본 설정 중 일부가 나타나 있는 유니티의 InputManager(두 부분으로 나눠서 표시함)

그림 30.4의 설정을 보면 몇 가지 설정이 두 번 나열된다는 것을 알 수 있다(예, Horizontal, Vertical, Jump). Horizontal 축을 확장한 그림에서 볼 수 있듯이 이것은 키보드 조작(그림 30.4의 왼쪽)이나

770

조이스틱 축(그림 30.4의 오른쪽)으로 수평 축을 제어할 수 있게 하기 위한 것이다. 이것이 여러 유형의 입력으로 단일 축을 제어하는 Input Manager의 장점 중 하나다. 즉, 게임에서 조이스틱의 입력을 받는 행과 A와 D 키의 입력을 받는 행을 따로 작성할 필요 없이 축의 값을 읽고 처리하는 행만 작성하면 된다.

Input.GetAxis()를 호출하면 −1과 1 사이의 float가 반환된다(기본값은 0). 또한 InputManager의 각 축에는 키와 마우스 버튼 입력에만 사용되는 Sensitivity와 Gravity 값이 있다(그림 30.4의 왼쪽 이미지 참조). Sensitivity와 Gravity는 키를 누르거나 놓을 때 매끄럽게 보간된 축 값을 얻을 수 있게 해준다(즉, 축 값이 즉시 최종 값으로 변경되지 않고 원래 값에서 최종 값으로 천천히 변경된다). 그림에 나오는 수평 축에서 Sensitivity 값 3은 오른쪽 화살표 키를 눌렀을 때 값이 0에서 1로 보간되는 데 1/3초가 걸린다는 뜻이다. Gravity 값 3은 오른쪽 화살표 키를 눌렀다 놓았을 때 축 값이 다시 0으로 보간되는 데 1/3초가 걸린다는 뜻이다. Sensitivity와 Gravity의 값이 높을수록 보간 속도도 빨라진다.

유니티 안의 다른 거의 모든 항목과 마찬가지로 도움말 버튼(물음표가 있는 회색 원 모양 아이콘이 며 인스펙터 위쪽의 InputManager 이름과 프리셋 슬라이더 아이콘 사이에 있음)을 클릭하면 InputManager에 대한 자세한 사항을 알아볼 수 있다.

우주선 방어막

_Hero의 방어막은 텍스처를 입힌 투명한 쿼드(시각 효과 제공)와 Sphere Collider(충돌 처리용)로 구성된다.

1. 새 쿼드를 생성한다(GameObject ➤ 3D Object ➤ Quad). 이 쿼드의 이름을 Shield로 지정하고 _Hero의 자식으로 만든다. Shield의 Transform은 P:[0, 0, 0] R:[0, 0, 0] S:[8, 8, 8]로 설정한다.

2. 하이어라키 창의 Shield를 선택하고 인스펙터의 Mesh Collider 이름 오른쪽에 있는 세 점 아이콘을 클릭한 후 팝업 메뉴에서 Remove Component를 선택해 기존의 Mesh Collider 컴포넌트를 삭제한다. 그런 다음 Sphere Collider 컴포넌트를 추가한다(Component ➤ Physics ➤ Sphere Collider).

3. 새 머티리얼을 생성하고(Assets ➤ Create ➤ Material) 이름을 Mat_Shield로 지정한 후 프로젝트 창의 _Materials 폴더에 넣는다. Mat_Shield를 하이어라키 창의

_Hero 밑에 있는 Shield로 드래그해 Shield 쿼드에 지정한다.

4. 하이어라키 창의 Shield를 선택하면 Shield 인스펙터에서 Mat_Shield가 적용된 것을 볼 수 있다. Mat_Shield의 셰이더를 ProtoTools ➤ UnlitAlpha로 설정한다. Mat_Shield의 셰이더 선택 팝업 아래쪽에는 머티리얼뿐만 아니라 텍스처에 대한 Main Color를 선택할 수 있는 영역이 있다(이 영역이 나오지 않으면 인스펙터에서 Mat_Shield 이름을 한 번 클릭하면 나타난다).

5. 텍스처 사각형의 오른쪽 아래 구석에 있는 Select를 클릭한 후 Shields라는 텍스처를 선택한다. Main Color 옆에 있는 색상 견본을 클릭하고 밝은 녹색(RGBA : [0, 255, 0, 255])을 선택한다. 그리고 나서 다음과 같이 설정한다.

   - Tiling.x를 0.2로 설정한다.
   - Offset.x를 0.4로 설정한다.
   - Tiling.y는 1.0 그대로 두면 된다.
   - Offset.y도 0 그대로 두면 된다.

Shield 텍스처는 수평으로만 5조각으로 나눠서 사용하게 설계됐다. X 타일링^{Tiling} 값을 0.2로 지정하면 Mat_Shield는 X 방향으로 전체 Shield 텍스처의 1/5만 사용하고, X 오프셋^{Offset} 값은 1/5 중 어떤 부분을 사용할지 결정한다. X 오프셋을 0, 0.2, 0.4, 0.6, 0.8로 차례로 변경하면서 다양한 레벨의 방어막 모양을 확인해보자.

6. 새 C# 스크립트를 생성하고 이름을 Shield로 지정한다(Asset ➤ Create ➤ C# Script). 프로젝트 창의 __Scripts 폴더에 넣고 나서 하이어라키 창의 Shield로 드래그해 Shield 게임오브젝트의 컴포넌트가 되게 한다.

7. 비주얼 스튜디오에서 Shield 스크립트를 열고 다음 코드를 입력한다.

```csharp
using System.Collections;
using System.Collections.Generic;
using UnityEngine;

public class Shield : MonoBehaviour
{
    [Header("Set in Inspector")]
```

```csharp
    public float rotationsPerSecond = 0.1f;

    [Header("Set Dynamically")]
    public int levelShown = 0;

    // 퍼블릭 변수가 아니면 인스펙터에 나타나지 않을 것이다.
    Material mat;                                               // a

    void Start()
    {
        mat = GetComponent<Renderer>().material;               // b
    }

    void Update()
    {
        // Hero 싱글톤으로부터 현재 방어막 레벨을 얻음
        int currLevel = Mathf.FloorToInt(Hero.S.shieldLevel); // c
        // 이것이 levelShown과 다른 경우...
        if (levelShown != currLevel)
        {
            levelShown = currLevel;
            // 텍스처 오프셋을 조정해 다른 방어막 레벨을 표시
            mat.mainTextureOffset = new Vector2(0.2f * levelShown, 0); // d
        }
        // 시간 기반 방식으로 프레임마다 방어막을 약간씩 회전
        float rZ = -(rotationsPerSecond * Time.time * 360)% 360f;    // e
        transform.rotation = Quaternion.Euler(0, 0, rZ);
    }
}
```

a. Material 필드인 mat은 public으로 선언하지 않았으므로 인스펙터에 나타나지 않으며 이 Shield 클래스의 외부에서는 접근할 수도 없다.

b. Start()에서는 이 게임오브젝트(하이어라키 창의 Shield)에 있는 Renderer 컴포넌트의 머티리얼로 mat을 정의한다. 이렇게 하면 // d로 표시된 행에서 텍스처 오프셋을 빠르게 설정할 수 있다.

c. currLevel은 현재 Hero.S.shieldLevel의 float 값을 반내림하는 것으로 설정된다. shieldLevel을 반내림하면 오프셋을 두 방어막 아이콘

의 중간이 아니라 새 X 오프셋으로 정확하게 설정한다.

d. 이 행은 Mat_Shield의 X 오프셋을 조정해 올바른 방어막 레벨을 표시한다.

e. 이 행과 그다음 행은 Shield 게임오브젝트가 z축을 중심으로 조금씩 회전하게 한다.

_Hero의 이동을 화면 안으로 제한

이제 _Hero 우주선은 아주 자연스럽게 움직이고 회전하는 방어막 효과도 멋지지만 우주선이 화면 밖으로 쉽게 벗어나는 문제가 있다. 이 문제를 해결하고자 재사용 가능한 컴포넌트 스크립트를 작성해보자.[2] 컴포넌트 소프트웨어 디자인 패턴에 대한 자세한 내용은 27장과 부록 B의 '소프트웨어 디자인 패턴' 절을 참고한다. 간단히 말하면 컴포넌트^{component}란 다른 코드와 충돌 없이 작동하면서 해당 게임오브젝트에 기능을 추가하는 작은 코드 조각이다. 인스펙터에서 작업했던 유니티 컴포넌트(예, Renderer, Transform 등)는 모두 이 패턴을 따른다. 이제 작은 스크립트로 똑같은 작업을 해서 _Hero를 화면에 나타내보자. 이 스크립트는 직교^{orthographic} 카메라에서만 작동한다는 점에 유의한다.

1. 하이어라키 창의 _Hero를 선택하고 인스펙터의 Add Component 버튼을 사용해 Add Component ➤ New Script를 선택한다. 이 스크립트 이름을 BoundsCheck로 지정하고 Create and Add를 클릭한다. 프로젝트 창에서 BoundsCheck 스크립트를 __Scripts 폴더로 드래그한다.

2. BoundsCheck 스크립트를 열고 다음 코드를 추가하다.

```
using System.Collections;
using System.Collections.Generic;
using UnityEngine;
```

---

2. 이 책의 1판에서는 게임오브젝트를 화면에서 벗어나지 않게 30장에서 제시한 것보다 훨씬 더 복잡한 체계를 구현해야 해서 다소 혼란스러웠다. 2판에서는 이 버전으로 교체해 30장을 간소화하고 컴포넌트 개념을 보강했다.

```
// 아래의 네 개 행을 입력할 때 ///를 입력하고 나서 탭 키를 누름
/// <summary>
/// 게임오브젝트를 화면 밖으로 나가지 않게 한다.
/// [ 0, 0, 0 ]의 직교 메인 카메라에서만 작동한다는 점에 유의한다.
/// </summary>
public class BoundsCheck : MonoBehaviour                            // a
{
    [Header("Set in Inspector")]
    public float radius = 1f;

    [Header("Set Dynamically")]
    public float camWidth;
    public float camHeight;

    void Awake()
    {
        camHeight = Camera.main.orthographicSize;                  // b
        camWidth = camHeight * Camera.main.aspect;                 // c
    }

    void LateUpdate()                                              // d
    {
        Vector3 pos = transform.position;

        if (pos.x > camWidth - radius)
        {
            pos.x = camWidth - radius;
        }

        if (pos.x < -camWidth + radius)
        {
            pos.x = -camWidth + radius;
        }

        if (pos.y > camHeight - radius)
        {
            pos.y = camHeight - radius;
        }

        if (pos.y < -camHeight + radius)
```

```
            {
                pos.y = -camHeight + radius;
            }

            transform.position = pos;
        }

        // OnDrawGizmos()를 사용해 씬 창에 경계선을 그림
        void OnDrawGizmos()                                              // e
        {
            if (!Application.isPlaying) return;
            Vector3 boundSize = new Vector3(camWidth * 2, camHeight * 2, 0.1f);
            Gizmos.DrawWireCube(Vector3.zero, boundSize);
        }
    }
```

a. 이 코드는 재사용할 코드이기 때문에 이렇게 내부 문서 기능을 추가하는 것이 유용하다. 클래스 선언 위에 ///로 시작하는 행들은 C#의 내장된 문서 시스템 부분이다.[3] 이렇게 입력해 놓으면 <summary> 태그 사이의 텍스트가 클래스 용도에 대한 요약문으로 해석된다. 입력한 후 // a로 표시된 행의 BoundsCheck 이름 위에 마우스 포인터를 올려 놓으면 팝업으로 이 클래스의 요약문이 나타난다.

b. Camera.main을 사용하면 씬의 MainCamera 태그가 있는 첫 번째 카메라에 접근할 수 있다. 그리고 나서 카메라가 직교인 경우 .altographicSize를 사용하면 카메라 인스펙터에 있는 Size 숫자를 가져온다(여기서는 40). 그러면 camHeight가 월드 좌표로 월드 원점([0, 0, 0] 위치)에서부터 화면의 맨 위 또는 맨 아래 가장자리까지의 거리가 된다.

c. Camera.main.aspect는 게임 창의 화면비(현재 Portrait (3:4)로 설정됨)로 정의된 것처럼 가로/세로 크기의 카메라 화면비다. camHeight에 .aspect를 곱하면 원점에서 화면의 왼쪽 또는 오른쪽 가장자리까지의 거리를 얻을 수 있다.

---

3. 자세한 내용을 알려면 온라인에서 'C# XML 주석'을 검색한다.

d. LateUpdate()는 프레임마다 모든 게임오브젝트에서 Update()가 호출된 후에 호출된다. 이 코드를 Update() 함수에 넣으면 Hero 스크립트의 Update() 호출 전이나 후에 실행될지도 모른다. 하지만 이 코드를 LateUpdate()에 넣으면 두 Update() 함수 간에 경합 상황^{race condition}이 발생하지 않으므로 Hero.Update()가 _Hero 게임오브젝트를 프레임마다 새 위치로 이동시킨 후에 LateUpdate()가 호출돼 _Hero를 화면 밖으로 나가지 않게 한다.

e. OnDrawGizmos()는 씬 창에 그릴 수 있는 내장된 MonoBehaviour 메서드다.

경합 상황이란 두 개의 코드 조각이 실행되는 순서(즉, A 앞에 B 또는 B 앞에 오는 A)가 중요한데, 해당 순서가 뒤바뀔 수도 있는 경우를 말한다. 예를 들어 이 코드에서는 Hero.Update()에 앞서 BoundsCheck.LateUpdate()가 먼저 실행되면 _Hero 게임오브젝트가 범위 밖으로 이동될 수 있다(먼저 경계로 제한하고 나서 우주선을 이동시켜야 하기 때문이다). BoundsCheck에서 LateUpdate()를 사용하면 두 스크립트의 실행 순서를 확실히 할 수 있다.

3. 플레이 버튼을 클릭하고 우주선을 움직여본다. radius의 기본 설정에 따르면 화면에서 우주선이 1m 보이지 않으면서 정지하는 것을 볼 수 있다. _Hero 인스펙터에서 BoundsCheck.radius를 4로 설정하면 우주선은 화면에서 전체적인 모습을 드러내며 정지한다. 반지름을 -4로 설정하면 우주선은 화면 가장자리를 벗어나지만 거기에서 정지해 있으므로 금방 다시 화면 안으로 들어오게 할 수 있다. 플레이를 중지하고 radius를 4로 설정한다.

적 우주선 추가

이러한 게임의 Enemy 클래스와 하위 클래스는 26장에서 설명했다. 그때 모든 적을 위한 상위 클래스를 만들고 이를 개별적인 하위 클래스로 확장하는 방법을 배웠다. 이 게임의 경우 31장에서 더 확장시킬 것이고 여기서는 먼저 아트워크를 만들어보자.

적 아트워크

주인공의 우주선은 각진 모양이므로 모든 적 우주선은 그림 30.5와 같이 원형을 기반으로 만들어보자.

그림 30.5 다섯 가지의 적 우주선 유형(유니티에서 조명은 약간 다를 것임)

Enemy_0의 아트워크를 만들고자 다음을 수행한다.

1. 빈 게임오브젝트를 생성하고 이름을 Enemy_0로 지정한 후 Transform을 P:[-20, 10, 0], R:[0, 0, 0], S:[1, 1, 1]로 설정한다. 이 위치면 빌드할 때 _Hero와 겹치지 않을 것이다.
2. 구를 생성하고 이름을 Cockpit으로 지정한 후 Enemy_0의 자식으로 만들고 Transform을 P:[0, 0, 0], R:[0, 0, 0], S:[2, 2, 1]로 설정한다.
3. 두 번째 구를 생성하고 이름을 Wing으로 지정한 후 Enemy_0의 자식으로 만들고 Transform을 P:[0, 0, 0], R:[0, 0, 0], S:[5, 5, 0.5]로 설정한다.

Enemy_0에 대한 위의 세 단계를 다른 식으로 표현하면 다음과 같다.

```
Enemy_0 (Empty)     P:[ -20, 10, 0 ]     R:[ 0, 0, 0 ]     S:[ 1, 1, 1 ]
Cockpit (Sphere)    P:[ 0, 0, 0 ]        R:[ 0, 0, 0 ]     S:[ 2, 2, 1 ]
Wing (Sphere)       P:[ 0, 0, 0 ]        R:[ 0, 0, 0 ]     S:[ 5, 5, 0.5 ]
```

4. 다음 방식을 따라 나머지 네 가지 다른 적을 만든다. 완료하면 그림 30.5의 적들과 같게 보일 것이다.

[Enemy_1]
```
Enemy_1 (Empty)        P:[ -10, 10, 0 ]  R:[ 0, 0, 0 ]   S:[ 1, 1, 1 ]
   Cockpit (Sphere)    P:[ 0, 0, 0 ]     R:[ 0, 0, 0 ]   S:[ 2, 2, 1 ]
   Wing (Sphere)       P:[ 0, 0, 0 ]     R:[ 0, 0, 0 ]   S:[ 6, 4, 0.5 ]
```

[Enemy_2]
```
Enemy_2 (Empty)        P:[ 0, 10, 0 ]    R:[ 0, 0, 0 ]   S:[ 1, 1, 1 ]
   Cockpit (Sphere)    P:[ -1.5, 0, 0 ]  R:[ 0, 0, 0 ]   S:[ 1, 3, 1 ]
   Reactor (Sphere)    P:[ 2, 0, 0 ]     R:[ 0, 0, 0 ]   S:[ 2, 2, 1 ]
   Wing (Sphere)       P:[ 0, 0, 0 ]     R:[ 0, 0, 0 ]   S:[ 6, 4, 0.5 ]
```

[Enemy_3]
```
Enemy_3 (Empty)        P:[ 10, 10, 0 ]   R:[ 0, 0, 0 ]   S:[ 1, 1, 1 ]
   CockpitL (Sphere)   P:[ -1, 0, 0 ]    R:[ 0, 0, 0 ]   S:[ 1, 3, 1 ]
   CockpitR (Sphere)   P:[ 1, 0, 0 ]     R:[ 0, 0, 0 ]   S:[ 1, 3, 1 ]
   Wing (Sphere)       P:[ 0, 0.5, 0 ]   R:[ 0, 0, 0 ]   S:[ 5, 1, 0.5 ]
```

[Enemy_4]
```
Enemy_4 (Empty)        P:[ 20, 10, 0 ]   R:[ 0, 0, 0 ]   S:[ 1, 1, 1 ]
   Cockpit (Sphere)    P:[ 0, 1, 0 ]     R:[ 0, 0, 0 ]   S:[ 1.5, 1.5, 1.5 ]
   Fuselage (Sphere)   P:[ 0, 1, 0 ]     R:[ 0, 0, 0 ]   S:[ 2, 4, 1 ]
   WingL (Sphere)      P:[ -1.5, 0, 0 ]  R:[ 0, 0, -30 ]  S:[ 5, 1, 0.5 ]
   WingR (Sphere)      P:[ 1.5, 0, 0 ]   R:[ 0, 0, 30 ]   S:[ 5, 1, 0.5 ]
```

5. 적 게임오브젝트(즉, Enemy_0, Enemy_1, Enemy_2, Enemy_3, Enemy_4)마다 Rigidbody 컴포넌트를 추가해야 한다. Rigidbody를 추가하려면 다음 단계를 따른다.

   a. 하이어라키 창에서 Enemy_0를 선택하고 메뉴 표시줄에서 Component ➤ Physics ➤ Rigidbody를 선택해 Rigidbody 컴포넌트를 추가한다.

   b. 적의 Rigidbody 컴포넌트에서 Use Gravity를 false로 설정한다.

   c. isKinematic을 true로 설정한다.

   d. Constraints의 펼침 삼각형을 연 후 Z 위치를 고정시키고 X, Y, Z 회전도 고정시킨다.

6. 이제 Enemy_0의 Rigidbody 컴포넌트를 다른 네 개의 적 모두에게로 복사한다. 네 개의 다른 적 각각에 대해 다음 단계를 수행한다.

   a. 하이어라키 창에서 Enemy_0를 선택하고 Enemy_0의 Rigidbody 컴포넌트에서 오른쪽 위 구석에 있는 작은 세 점 아이콘을 클릭한다.

   b. 팝업 메뉴에서 Copy Component를 선택한다.

   c. Rigidbody를 추가할 적(예, Enemy_1)을 선택한다.

   d. 적의 Transform 컴포넌트의 오른쪽 위에 있는 세 점 아이콘을 클릭한다.

   e. 팝업 메뉴에서 Paste ➤ Component As New를 선택한다.

이렇게 해서 Enemy_0의 Rigidbody와 동일한 설정을 가진 Rigidbody 컴포넌트를 Enemy_1에게 부착시켰다. 나머지 적에도 동일하게 이 작업을 한다. 움직이는 게임오브젝트에 Rigidbody 컴포넌트가 없으면 그 게임오브젝트의 Collider는 게임오브젝트와 함께 움직이지 않는다. 그러나 움직이는 게임오브젝트에 Rigidbody가 있으면 해당 게임오브젝트와 그 자식을 포함하는 모두의 Collider는 프레임마다 업데이트된다(따라서 적 게임오브젝트의 자식에게는 Rigidbody 컴포넌트를 추가할 필요가 없다).

7. 적들을 프로젝트 창의 _Prefabs 폴더로 드래그해 각각에 대한 프리팹을 만든다.

8. Enemy_0를 제외하고 하이어라키 창의 적 인스턴스들을 삭제한다.

Enemy C# 스크립트

적 스크립트를 만들려면 다음 단계를 따라 한다.

1. 새 C# 스크립트를 생성하고 이름을 Enemy로 지정한 후 __Scripts 폴더에 넣는다.

2. 프로젝트 창의 Enemy_0를 선택한다(하이어라키 창에 있는 것이 아님). Enemy_0의 인스펙터에서 Add Component 버튼을 클릭하고 팝업 메뉴에서 Scripts ➤ Enemy

를 선택한다.[4] 그런 다음 프로젝트 창 또는 하이어라키 창의 Enemy_0를 클릭하면 Enemy (Script) 컴포넌트가 부착돼 있을 것이다.

3. 비주얼 스튜디오에서 Enemy 스크립트를 열고 다음 코드를 입력한다.

```csharp
using System.Collections;           // 배열과 그 외 컬렉션을 위해 필요함
using System.Collections.Generic;   // 리스트와 딕셔너리를 위해 필요함
using UnityEngine;                  // 유니티에서 필요로 함

public class Enemy : MonoBehaviour
{
    [Header("Set in Inspector: Enemy")]
    public float    speed = 10f;        // 속도(m/s 단위)
    public float    fireRate = 0.3f;    // 초당 발사 횟수(미사용)
    public float    health = 10;
    public int      score = 100;        // 파괴 시 받는 점수

    // 이것은 프로퍼티다. 즉, 필드처럼 동작하는 메서드다.
    public Vector3 pos                                          // a
    {
        get
        {
            return (this.transform.position);
        }
        set
        {
            this.transform.position = value;
        }
    }

    void Update()
    {
        Move();
    }
```

---

4. Enemy 스크립트가 목록에 나타나지 않으면 __Scripts 폴더에 있는 Enemy 스크립트를 선택한 후 인스펙터에서 Enemy (Mono Script) Import Settings 타이틀의 오른쪽에 있는 세 점 아이콘을 클릭하고 팝업 메뉴에서 Reset을 선택하면 목록에 나타날 것이다. — 옮긴이

```
    public virtual void Move()                                        // b
    {
        Vector3 tempPos = pos;
        tempPos.y -= speed * Time.deltaTime;
        pos = tempPos;
    }
}
```

a. 26장에서 설명했듯이 프로퍼티는 필드처럼 동작하는 함수다. 즉, pos
   의 값을 Enemy의 클래스 변수인 것처럼 얻고 설정도 할 수 있다.

b. Move() 메서드는 이 Enemy_0의 현재 위치를 얻어 아래쪽 Y 방향으로
   이동시킨 후 pos에 다시 지정한다(게임오브젝트의 위치 설정).

4. 유니티에서 플레이 버튼을 클릭하면 씬의 Enemy_0 인스턴스가 화면 아래쪽
   으로 이동할 것이다. 하지만 현재 코드에서는 이 인스턴스가 화면 밖으로
   벗어나도 게임을 중지할 때까지 계속 존재한다. 즉, 적 우주선이 화면 밖
   으로 완전히 벗어나면 소멸시켜야 한다. 이때 BoundsCheck 컴포넌트를 재
   사용하기에 좋다.

5. BoundsCheck 스크립트를 Enemy_0 프리팹에 부착하려면 하이어라키 창(이번에
   는 프로젝트 창이 아님)에서 Enemy_0 프리팹을 선택한다. 인스펙터에서 Add
   Component를 클릭하고 Add Component ➤ Scripts ➤ BoundsCheck를 선택
   한다. 이렇게 하면 하이어라키 창의 Enemy_0 인스턴스에 이 스크립트가 부
   착되지만 아직 프로젝트 창의 Enemy_0 프리팹에는 부착된 것이 아니다.
   BoundsCheck (Script) 컴포넌트의 타이틀 왼쪽에 있는 스크립트 아이콘에
   ⊕ 기호가 붙어 있는 것으로 프리팹에도 부착 가능성이 남아 있다는 사실
   을 알 수 있다.

6. Enemy_0 인스턴스에 했던 변경 사항을 이 인스턴스의 프리팹에도 적용하
   려면 하이어라키 창의 Enemy_0 인스턴스에 대한 인스펙터에서 BoundsCheck
   (Script) 타이틀의 오른쪽 끝에 있는 세 점 아이콘을 클릭한 후 팝업 메뉴에
   서 Added Component ➤ Apply to Prefab 'Enemy_0를 선택한다. 이제 프로젝
   트 창의 Enemy_0 프리팹을 점검해 스크립트가 첨부돼 있는지 확인한다.

7. 하이어라키 창의 **Enemy_0** 인스턴스를 선택하고 BoundsCheck 인스펙터에서 radius 값을 -2.5로 설정한다. 이 값은 프리팹의 값과 다르기 때문에 굵게 표시된다. 이 인스펙터 타이틀 오른쪽 끝에 있는 세 점 아이콘을 클릭한 후 팝업 메뉴에서 Modified Component ➤ Apply to Prefab 'Enemy_0를 선택 하면 **radius** 값이 더 이상 굵게 표시되지 않아서 프리팹에도 같은 값이 적용됐다는 것을 알려준다.

8. 플레이 버튼을 클릭하면 **Enemy_0** 인스턴스가 화면에서 사라질 때 멈춘다. 이제는 **Enemy_0**를 화면에 계속 남아 있게 하지 말고 화면 밖으로 사라졌는 지 점검하고 나서 소멸시켜보자.

9. 그렇게 하려면 BoundsCheck 스크립트를 다음의 굵게 표시한 코드로 수정 한다.

```
/// <summary>
/// 게임오브젝트를 화면 밖으로 나가지 않게 한다.
/// [ 0, 0, 0 ]의 직교 메인 카메라에서만 작동한다는 점에 유의한다.
/// </summary>
public class BoundsCheck : MonoBehaviour
{
    [Header("Set in Inspector")]
    public float radius = 1f;
    public bool keepOnScreen = true;                         // a

    [Header("Set Dynamically")]
    public bool isOnScreen = true;                           // b
    public float camWidth;
    public float camHeight;

    void Awake() { ... }                                     // c

    void LateUpdate()
    {
        Vector3 pos = transform.position;
        isOnScreen = true;                                   // d

        if (pos.x > camWidth - radius)
```

```
        {
            pos.x = camWidth - radius;
            isOnScreen = false;                                  // e
        }
        if (pos.x < -camWidth + radius)
        {
            pos.x = -camWidth + radius;
            isOnScreen = false;                                  // e
        }
        if (pos.y > camHeight - radius)
        {
            pos.y = camHeight - radius;
            isOnScreen = false;                                  // e
        }
        if (pos.y < -camHeight + radius)
        {
            pos.y = -camHeight + radius;
            isOnScreen = false;                                  // e
        }
        if (keepOnScreen && !isOnScreen)                         // f
        {
            transform.position = pos;                            // g
            isOnScreen = true;
        }
    }

    ...

}
```

a. keepOnScreen은 BoundsCheck가 게임오브젝트를 화면 안에 있게 할지 (true) 아니면 화면 밖으로 나가도 될지(false) 선택할 수 있게 하고 화면 밖으로 나갔을 때 알려주는 역할을 한다.

b. 게임오브젝트가 화면 밖으로 나가면 isOnScreen은 false가 된다. 더 정확히 말하면 게임오브젝트가 화면의 가장자리에서 radius를 뺀 값

784

을 초과하면 false로 바뀐다. 즉, Enemy_0에서 radius를 –2.5로 설정했기 때문에 화면을 완전히 벗어나면 isOnScreen이 false로 설정된다.

c. 여기서 생략 부호는 이 Awake() 메서드를 수정하면 안 된다는 의미다.

d. isOnScreen은 false로 검증될 때까지 true로 설정된다. 따라서 게임오브젝트가 최근 프레임에서 화면을 벗어나더라도 이 프레임으로 다시 온다면 isOnScreen의 값을 true로 되돌리게 된다.

e. 이 네 개의 if문 중 하나라도 true이면 게임오브젝트가 있어야 할 영역 밖에 있는 것이다. isOnScreen을 false로 설정해서 pos는 게임오브젝트를 '화면 안으로 들어오게' 하는 위치로 조정된다.

f. keepOnScreen이 true라면 게임오브젝트를 화면 안에 계속 있게 한다. keepOnScreen이 true이고 isOnScreen이 false라면 게임오브젝트가 범위를 벗어났으므로 다시 데려와야 한다. 여기서는 transform.position을 화면 안에 있는 업데이터된 pos로 설정한다. 이 위치 지정으로 게임오브젝트를 다시 화면 안으로 이동시켰기 때문에 isOnScreen은 true로 설정한다.

keepOnScreen이 false이면 pos를 transform.position에 다시 지정하지 않고 게임오브젝트가 화면에서 벗어나게 허용되므로 isOnScreen은 false로 그대로 둔다. 또 다른 가능성은 게임오브젝트가 화면에 계속 있는 상태인데, 이 경우 isOnScreen은 // d 행에서 설정됐을 때부터 계속 true가 된다.

g. 이 행은 이제 // f 행의 if문 내부에 있게 됐다.

다행히도 이렇게 코드를 수정해도 _Hero에 사용된 방식에 부정적인 영향을 미치지 않으며 모든 기능이 제대로 작동한다. _Hero와 Enemy 게임오브젝트 모두에 적용할 수 있는 재사용 가능한 컴포넌트를 만들었다.

화면을 벗어난 적을 삭제하기

BoundsCheck는 Enemy_0가 화면을 벗어나면 알려줄 수 있기 때문에 이제 벗어나도 되게 설정해야 한다.

1. 프로젝트 창의 _Prefabs 폴더에 있는 Enemy_0 프리팹의 BoundsCheck (Script) 컴포넌트에서 keepOnScreen을 false로 설정한다.

2. 이것이 하이어라키 창의 Enemy_0 인스턴스로 전달되게 하려면 하이어라키 창에서 그 인스턴스를 선택하고 인스펙터의 BoundsCheck (Script) 컴포넌트 제목 오른쪽 끝에 있는 세 점 아이콘을 클릭한다. 세 점 팝업 메뉴에서 Modified Component ➤ Revert를 선택해 하이어라키 창의 인스턴스 값을 프리팹의 값과 같게 설정한다.

이 작업을 완료하면 프로젝트 창의 Enemy_0 프리팹과 하이어라키 창의 Enemy_0 인스턴스에 있는 BoundsCheck (Script) 컴포넌트가 그림 30.6과 같아야 한다.

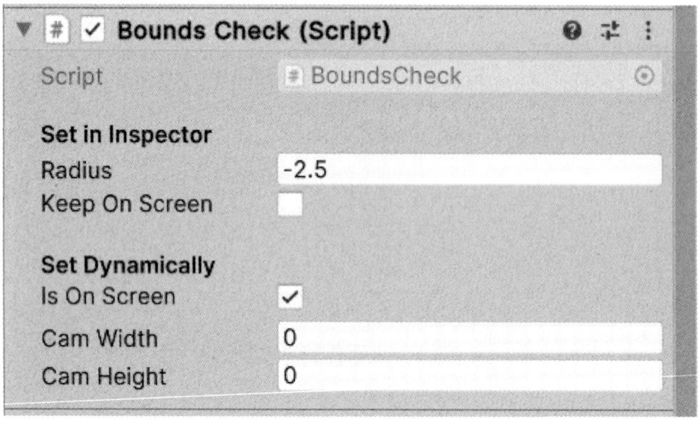

그림 30.6 Enemy_0의 프리팹과 그 인스턴스 모두에 대한 BoundsCheck (Script) 컴포넌트 설정

3. 다음의 굵게 표시한 코드를 Enemy 스크립트에 추가한다.

```
public class Enemy : MonoBehaviour
{
    ...
    public int score = 100;              // 파괴 시 받는 점수
```

```
        private BoundsCheck bndCheck;                              // a

        void Awake()                                               // b
        {
            bndCheck = GetComponent<BoundsCheck>();
        }

        ...

        void Update()
        {
            Move();

            if (bndCheck != null && !bndCheck.isOnScreen)          // c
            {
                // 화면 아래 바깥으로 나가는지 점검
                if (pos.y < bndCheck.camHeight - bndCheck.radius)  // d
                {
                    // 게임오브젝트가 아래 바깥으로 나갔으므로 소멸시킴
                    Destroy(gameObject);
                }
            }
        }

        ...
    }
```

a. 이 private 변수를 통해 Enemy 스크립트가 같은 게임오브젝트에 부착
   된 BoundsCheck (Script) 컴포넌트에 대한 참조를 저장할 수 있다.

b. 이 Awake() 메서드는 같은 게임오브젝트에 부착된 BoundsCheck 스크립
   트 컴포넌트를 찾는다. 이 컴포넌트가 없으면 bndCheck는 null로 설정
   된다. 컴포넌트를 검색하고 참조를 캐시하는 이런 코드는 Awake() 메
   서드에 배치해 게임오브젝트가 인스턴스화될 때 즉시 참조를 할 수
   있게 하는 경우가 많다.

c. 먼저 bndCheck가 null이 아닌지 점검한다. 게임오브젝트에 BoundsCheck
   스크립트를 부착하지 않고 Enemy 스크립트만 부착한 경우도 여기에

걸리게 된다. bndCheck != null인 경우에만 _(BoundsCheck에 따라) 그 게임오브 젝트가 화면 밖으로 나갔는지를 점검한다.

   d. isOnScreen이 false라면 이 행은 pos.y가 음수로 되기 때문에 화면에 서 사라졌는지_(즉, 화면 아래 바깥으로 나갔는지) 점검한다. 그렇다면 그 게임오브 젝트를 소멸시킨다.

이렇게 해도 되지만 여기와 BoundsCheck의 두 군데서 pos.y 및 camHeight와 radius를 똑같이 비교를 한다는 것은 좀 낭비처럼 보인다.

일반적으로 각 C# 클래스_(또는 컴포넌트)가 이와 같은 중복 작업을 하지 않게 하는 것이 좋은 프로그래밍 스타일로 간주된다. 따라서 BoundsCheck를 수정해 게임오브젝 트가 화면에서 벗어난 방향을 BoundsCheck가 알려주게 만들자.

  3. BoundsCheck 스크립트에서 다음의 굵게 표시한 코드를 추가해 수정한다.

```
public class BoundsCheck : MonoBehaviour
{
    ...
    public float camHeight;
    [HideInInspector]
    public bool offRight, offLeft, offUp, offDown;              // a

    void Awake() { ... }

    void LateUpdate()
    {
        Vector3 pos = transform.position;
        isOnScreen = true;
        offRight = offLeft = offUp = offDown = false;          // b

        if (pos.x > camWidth - radius)
        {
            pos.x = camWidth - radius;
            offRight = true;                                   // c
        }

        if (pos.x < -camWidth + radius)
```

```
        {
            pos.x = -camWidth + radius;
            offLeft = true;                                      // c
        }
        if (pos.y > camHeight - radius)
        {
            pos.y = camHeight - radius;
            offUp = true;                                        // c
        }
        if (pos.y < -camHeight + radius)
        {
            pos.y = -camHeight + radius;
            offDown = true;                                      // c
        }

        isOnScreen = !(offRight || offLeft || offUp || offDown); // d
        if (keepOnScreen && !isOnScreen)
        {
            transform.position = pos;
            isOnScreen = true;
            offRight = offLeft = offUp = offDown = false;        // e
        }
    }

    ...

}
```

a. 여기서는 게임오브젝트가 화면에서 벗어나는 각 방향에 대해 네 개의
   변수를 선언한다. 이들 변수 모두는 bool 타입으로 기본값은 false가
   될 것이다. 바로 위에 있는 HideInInspector 행은 이들 네 개의 public
   필드가 인스펙터에 나타나지 않게 한다. 그래도 여전히 public 변수이
   므로 다른 클래스에서 읽거나 설정할 수 있다. HideInInspector는 바
   로 아래 행에 적용되기 때문에 네 개는 bool 타입의 off__ 모두(즉,
   offRight, offLeft 등)가 영향을 받는다. bool 타입의 off__를 네 개의 행으로

분리해서 선언하면 각 행의 위쪽마다 개별적으로 [HideInInspector] 행을 붙여야 동일한 효과를 얻게 된다.

b. LateUpdate()의 시작 부분에서 bool 타입의 off__ 네 개를 false로 설정한다. 이 행에서는 offDown이 처음으로 false로 설정되고, 그다음에 offUp이 offDown 값(즉, false)으로 설정되는 식으로 모든 off__의 값이 false가 된다. 이렇게 해서 이전의 isOnScreen을 true로 설정하는 행을 대체한다.

c. isOnScreen = false;의 각 인스턴스는 이제 off__ = true;로 대체했으므로 게임오브젝트가 어느 방향으로 화면을 벗어났는지 알 수 있다. 하지만 이들 off__ 중에서 두 개가 동시에 true일 가능성이 있다. 예를 들어 게임오브젝트가 화면의 오른쪽 아래 구석으로 벗어났을 때다.

d. 여기서는 모든 off__ 값을 기준으로 isOnScreen을 설정한다. 먼저 괄호 안의 모든 off__에 논리 OR(||)를 적용한다. 하나 이상이 true이면 전체 값은 true가 된다. 그러고 나서 이 값에 NOT(!)을 적용하고 isOnScreen에 지정한다. 따라서 하나 이상의 off__가 true이면 isOnScreen은 false가 되고, 그렇지 않으면 isOnScreen이 true로 설정된다.

e. keepOnScreen이 true라서 이 게임오브젝트가 화면 밖으로 벗어나지 못하게 했다면 isOnScreen은 true로 설정되고 모든 off__는 false로 설정된다.

4. BoundsCheck에서 개선한 사항을 이용하려면 Enemy 스크립트에서 다음의 굵게 표시한 부분으로 변경한다.

```
public class Enemy : MonoBehaviour
{
    ...

    void Update()
    {
        Move();
```

790

```
            if (bndCheck != null && bndCheck.offDown)                 // a
            {
                // 게임오브젝트가 아래 바깥으로 나갔으므로 소멸시킴             // b
                Destroy(gameObject);                                   // b
            }
        }
        ...
    }
```

a. 이제 Enemy 인스턴스가 화면 맨 아래 바깥으로 사라졌는지 알아보려면 `bndCheck.offDown`만 점검하면 된다.

b. 이전에 있던 두 개의 if문이 하나로 줄었기 때문에 이 두 행은 들여쓰기 탭 하나를 앞으로 당겨야 한다.

Enemy 클래스의 관점에서 보면 이렇게 구현하는 것이 훨씬 더 간단하며 BoundsCheck 컴포넌트를 잘 사용하므로 Enemy 클래스에서 해당 기능을 불필요하게 중복하지 않고도 작업을 수행할 수 있다.

이제 씬을 플레이해보면 Enemy_0 우주선이 화면 아래로 이동하고 화면의 맨 아래를 벗어나자마자 소멸되는 것을 보게 될 것이다.

무작위로 적 생성

지금까지 제대로 했다면 Enemy_0의 인스턴스를 무작위로 생성하는 코드를 작성할 수 있다.

1. _MainCamera에 BoundsCheck 스크립트를 부착하고 keepOnScreen 필드를 false로 설정한다.

2. __Scripts 폴더 안에 새 C# 스크립트를 생성하고 이름을 Main으로 지정한다. 이 스크립트를 _MainCamera에 부착하고 다음 코드를 입력한다.

```
using System.Collections;               // 배열과 그 외 컬렉션을 위해 필요
using System.Collections.Generic;       // 리스트와 딕셔너리를 위해 필요
using UnityEngine;                      // 유니티에서 필요
using UnityEngine.SceneManagement;      // 씬의 로딩과 재로딩을 위해 필요

public class Main : MonoBehaviour
{
    static public Main S;                               // Main에 대한 싱글톤

    [Header("Set in Inspector")]
    public GameObject[]     prefabEnemies;              // Enemy 프리팹 배열
    public float            enemySpawnPerSecond = 0.5f; // 초당 적 스폰 수
    public float            enemyDefaultPadding = 1.5f; // 배치 여백

    private BoundsCheck     bndCheck;

    void Awake()
    {
        S = this;
        // 이 게임오브젝트의 BoundsCheck 컴포넌트를 참조하게 bndCheck를 설정
        bndCheck = GetComponent<BoundsCheck>();
        // SpawnEnemy()를 한 번 호출(기본값에 따라 2초마다 호출)
        Invoke("SpawnEnemy", 1f / enemySpawnPerSecond);             // a
    }

    public void SpawnEnemy()
    {
        // 무작위로 적 프리팹을 선택해 인스턴스화함
        int ndx = Random.Range(0, prefabEnemies.Length);           // b
        GameObject go = Instantiate<GameObject>(prefabEnemies[ndx]);// c

        // 무작위 x 위치에 적 우주선 배치
        float enemyPadding = enemyDefaultPadding;                  // d
        if (go.GetComponent<BoundsCheck>() != null)               // e
        {
            enemyPadding = Mathf.Abs(go.GetComponent<BoundsCheck>().radius);
        }

        // 스폰된 적 우주선에 대해 초기 위치를 설정             // f
        Vector3 pos = Vector3.zero;
```

```
            float xMin = -bndCheck.camWidth + enemyPadding;
            float xMax = bndCheck.camWidth - enemyPadding;
            pos.x = Random.Range(xMin, xMax);
            pos.y = bndCheck.camHeight + enemyPadding;
            go.transform.position = pos;

            // SpawnEnemy()를 다시 호출
            Invoke("SpawnEnemy", 1f / enemySpawnPerSecond);              // g
        }
    }
```

a. 이 Invoke() 함수는 기본값에 따라 1/0.5초(즉, 2초)마다 SpawnEnemy() 메서드를 호출한다.

b. 배열 prefabEnemies의 길이를 기반으로 0과 prefabEnemies.Length 사이의 임의의 숫자를 선택하므로 prefabEnemies 배열에 네 개의 프리팹이 있으면 0, 1, 2, 3 중의 하나를 반환한다. Random.Range()의 int 버전은 최대 정수(즉, 초)를 지정해도 무작위로 그 최대 숫자를 반환하지 않을 것이다. float 버전은 최대 숫자를 반환할 수 있다.

c. 생성된 무작위 ndx는 prefabEnemies에서 게임오브젝트 프리팹 하나를 선택하는 데 사용된다.

d. enemyPadding은 인스펙터에서 지정한 enemyDefaultPadding으로 초기 설정된다.

e. 하지만 선택한 적 프리팹에 BoundsCheck 컴포넌트가 있으면 그 대신 radius를 읽는다. Enemy_0의 경우처럼 그 게임오브젝트가 isOnScreen = false로 등록하기에 앞서 화면을 완전히 벗어나도록 radius가 음수 값으로 설정되기 때문에 radius의 절댓값이 사용된다.

f. 이 코드 부분은 인스턴스화된 적의 초기 위치를 설정한다. 이 _MainCamera 게임오브젝트에서 BoundsCheck를 사용해 camWidth 및 camHeight를 얻어 스폰된 적이 화면에서 수평으로 X 위치를 선택한다. 그런 다음 그 적이 화면 위쪽에서의 Y 위치를 선택한다.

g. Invoke을 다시 호출한다. InvokeRepeating() 대신 Invoke()를 사용한

이유는 각각의 적에 대한 스폰 사이의 시간 간격을 동적으로 조정하기 위해서다. InvokeRepeating()을 이용하면 항상 지정한 간격으로 함수가 호출된다. SpawnEnemy() 끝부분에 Invoke() 호출을 추가해 게임에서 enemySpawnPerSecond를 즉석으로 조정하고 SpawnEnemy()를 호출하는 빈도에 영향을 주게 했다.

3. 코드를 입력하고 파일을 저장한 후 유니티로 다시 전환해서 다음 지시 사항을 따른다.

   a. 하이어라키 창에서 Enemy_0 인스턴스를 삭제한다(물론 프로젝트 창의 프리팹은 그대로 둔다).

   b. 하이어라키 창에서 _MainCamera를 선택한다.

   c. _MainCamera의 Main (Script) 컴포넌트에서 prefabEnemies 옆에 있는 펼침 삼각형을 열고 prefabEnemies의 Size를 1로 설정한다.

   d. 프로젝트 창의 Enemy_0를 prefabEnemies 배열의 Element 0으로 드래그한다.

   e. 씬을 저장한다. 저장하는 걸 기억하고 있었는가?

모든 적을 만든 후에 씬을 저장하지 않았다면 지금 꼭 저장해야 한다. 여러분이 제어할 수 없는 다양한 원인으로 유니티가 강제 종료되면 작업을 다시 해야 할 것이다. 수시로 씬을 저장하는 습관을 들이면 힘들게 작업한 내용을 잃어버리는 사고를 예방할 수 있다.

4. 씬을 플레이한다. 이제 Enemy_0가 약 2초 간격으로 스폰해서 화면 아래쪽으로 이동하고 나서 화면 맨 아래로 사라지는 것이 보일 것이다.

하지만 _Hero가 적과 충돌해도 아무 일이 일어나지 않는다. 이 문제를 해결해야 하는데, 그렇게 하려면 레이어에 대해 알아봐야 한다.

태그, 레이어, 물리 설정

28장에서 알아본 것처럼 유니티의 레이어를 활용하면 오브젝트끼리 충돌시키거나 충돌하지 않게 할 수 있다. 먼저 <우주전쟁> 프로토타입에 대해 생각해보자. 이 게임에서는 각 타입의 게임오브젝트를 서로 다른 레이어에 배치해서 각자 다른 방식으로 상호작용하게 할 수 있다.

- **Hero**: _Hero 우주선은 적, 적의 총알, 파워업과 충돌하지만 주인공의 총알과는 충돌하지 않아야 한다.
- **ProjectileHero**: _Hero가 발사한 총알은 적에만 충돌해야 한다.
- **Enemy**: 적은 주인공 및 주인공 총알과 충돌해야 하지만 파워업과는 충돌하지 않아야 한다.
- **ProjectileEnemy**: 적이 발사한 총알은 _Hero와만 충돌해야 한다.
- **PowerUp**: 파워업은 _Hero와만 충돌해야 하다.

이들 레이어뿐만 아니라 나중에 사용할 태그를 만들려면 다음 단계를 따른다.

1. Tags & Layers 관리자를 연다(Edit ➤ Project Settings ➤ Tags and Layers). 또는 인스펙터 창에서 바로 열려면 하이어라키 창에서 아무 게임오브젝트를 선택하고 인스펙터에서 Tag 필드의 드롭다운 메뉴를 연 후 Add Tag...를 선택한다. 태그와 물리 레이어는 서로 다르지만 둘 다 여기서 설정한다.
2. Tags 옆의 펼침 삼각형을 연다. 태그 목록 아래의 +를 클릭하고 그림 30.7의 왼쪽 이미지에 표시된 각 태그의 태그 이름을 입력한다.
   이 그림이 알아보기 어려우면 태그 이름은 Hero, Enemy, ProjectileHero, ProjectileEnemy, PowerUp, PowerUpBox다.

그림 30.7 이 프로토타입의 태그와 레이어 이름을 보여주는 TagManager

3. Layers 옆의 펼침 삼각형을 연다. User Layer 8부터 시작해 그림 30.7의 오른쪽 이미지에 표시된 레이어 이름을 입력한다. Builtin Layers 0 ~ 7은 유니티가 예약한 것이므로 User Layers 8 ~ 31에 대해서만 이름을 설정할 수 있다.

    레이어 이름은 Hero, Enemy, ProjectileHero, ProjectileEnemy, PowerUp 이다.

4. PhysicsManager를 열고(Edit ▶ Project Settings ▶ Physics) 그림 30.8과 같이 Layer Collision Matrix를 설정한다.

Note

유니티에는 Physics와 Physics2D에 대한 설정이 있다. 30장에서는 Physics2D가 아닌 Physics(표준 3D PhysX 물리 라이브러리)를 설정해야 한다.

28장에서 경험했듯이 PhysicsManager의 아래쪽에 있는 확인란 격자는 서로 충돌하는 레이어를 지정한다. 두 레이어가 교차하는 확인란에 체크 표시가 있으면 두 레이어의 오브젝트끼리 충돌하고 체크 표시가 없으면 그 오브젝트끼리 충돌하지 않는다. 체크 표시를 없애면 충돌을 확인할 게임오브젝트의 수가 줄기 때문에 게임 실행 속도가 개선된다. 그림 30.8에서 볼 수 있듯이 선택한 Layer Collision Matrix

설정으로 앞서 설명한 대로 레이어 간의 충돌 동작을 수행한다.

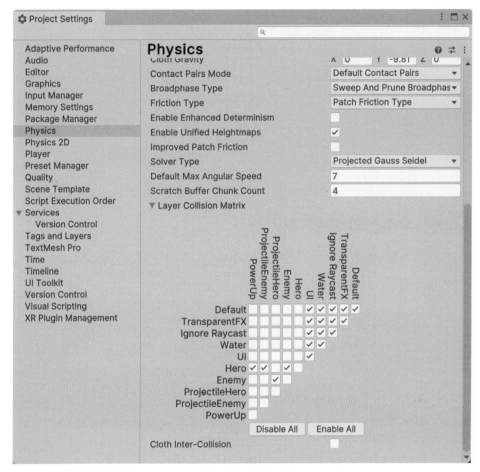

그림 30.8 이 프로토타입을 위해 적절히 설정한 PhysicsManager

게임오브젝트에 적절한 레이어 지정하기

레이어를 정의했으므로 생성해놨던 게임오브젝트를 다음과 같이 적절한 레이어
에 지정해야 한다.

　1. 하이어라키 창의 _Hero를 선택하고 인스펙터의 Layer 팝업 메뉴에서 Hero를

선택한다. 유니티가 _Hero의 자식 게임오브젝트까지 이 새 레이어로 지정할지 묻는 메시지가 나타나면 Yes, change children을 선택한다.

2. 인스펙터의 Tag 팝업 메뉴에서 _Hero의 태그를 Hero로 설정한다. _Hero의 자식 게임오브젝트의 태그는 변경할 필요가 없다.

3. 프로젝트 창에서 Enemy 프리팹 다섯 개 모두 선택하고 Enemy 레이어로 설정한다. 질문이 나타나면 자식 게임오브젝트까지 변경하는 것으로 선택한다.

4. 마찬가지로 모든 Enemy 프리팹의 태그도 Enemy로 설정한다. 각 Enemy의 자식 게임오브젝트의 태그는 설정할 필요가 없다.

주인공 우주선의 충돌 처리

이제 적과 주인공이 충돌하는 레이어가 생겼으므로 서로 충돌하면 반응하게 만들어야 한다.

1. 하이어라키 창의 _Hero 옆에 있는 펼침 삼각형을 열고 Shield 자식을 선택한다. 인스펙터에서 Shield의 Sphere Collider를 트리거로 설정한다(Is Trigger 옆의 박스에 체크 표시를 한다). 다른 게임오브젝트가 방어막에 맞고 튕겨나갈 필요는 없으며 충돌했을 때 이를 알 수 있으면 된다.

2. Hero C# 스크립트의 끝부분에 다음의 굵게 표시한 메서드를 추가한다.

```
public class Hero : MonoBehaviour
{
    ...
    void Update()
    {
        ...
    }

    void OnTriggerEnter(Collider other)
    {
        print("Triggered: " + other.gameObject.name);
```

```
        }
    }
```

3. 씬을 플레이해서 적 우주선과 부딪혀본다. 콘솔을 보면 Enemy 자체가 아니라 Enemy의 자식 게임오브젝트(예, Cockpit과 Wing)에 대한 개별적인 트리거 이벤트를 얻는 것을 알 수 있다. 조종석과 날개의 부모인 Enemy_0 게임오브젝트를 얻을 수 있어야 하며, 더 깊숙이 중첩된 자식 게임오브젝트가 있다면 거슬러 올라가 최상위 또는 루트 부모를 찾아야 한다.

다행스럽게도 이 일은 아주 일반적인 작업이므로 모든 게임오브젝트에 있는 Transform 컴포넌트의 한 부분이다. 어떠한 게임오브젝트에서도 transform.root를 호출하면 루트 GameObject의 transform을 얻을 수 있으며, 이로부터 게임오브젝트 자체를 쉽게 얻을 수 있다.

4. Hero C# 스크립트의 OnTriggerEnter() 코드를 다음의 굵게 표시된 행들로 변경한다.

```
public class Hero : MonoBehaviour
{
    ...
    void OnTriggerEnter(Collider other)
    {
        Transform rootT = other.gameObject.transform.root;
        GameObject go = rootT.gameObject;
        print("Triggered: " + go.name);
    }
}
```

이제 씬을 플레이해 우주선을 적 우주선에 부딪혀보면 OnTriggerEnter()에서 Enemy_0의 인스턴스인 Enemy_0(Clone)과 충돌했다는 메시지를 표시한다.

반복적 코드 개발 이렇게 콘솔을 활용한 출력 테스트는 직접 프로토타입을 제작하는 동안 작성하는 코드가 제대로 작동하는지 알아보고자 자주 활용하는 기법이다. 나는 이 예제처럼 이런 식으로 소규모 테스트를 해보는 것이 버그를 유발하는 코드를 찾느라 몇 시간 동안 헤매는 것보다 훨씬 낫다는 것을 알았다. 점진적인 테스트에서는 마지막으로 제대로 작동했던 코드에서 수정한 부분만 집중적으로 살펴보면 되기 때문에 디버그가 훨씬 수월하다.

디버거 활용은 이러한 작업 진행 방법에서 아주 중요한 요소다. 나는 이 책을 집필하는 동안 코드가 예상과 다르게 작동할 때마다 내부적으로 어떻게 작동하는지 살펴보고자 디버거를 이용했다. 비주얼 스튜디오 디버거를 사용하는 방법이 기억나지 않는다면 25장 다시 읽어보기 바란다.

디버거를 효과적으로 활용하는 능력이 있으면 다른 사람이 몇 시간 동안 코드를 살펴볼 문제를 아주 간단하게 찾아낼 수 있다. 방금 수정한 OnTriggerEnter() 메서드에 디버그 중단점을 설정하고 코드가 어떻게 호출되고 변수가 변경되는지 직접 확인해보자.

반복적 코드 개발은 반복적 디자인 프로세스와 동일한 장점이 있으며 14장에서 설명한 애자일 개발 방법론에서 가장 중요한 개념이다.

5. Hero 클래스의 OnTriggerEnter() 메서드를 수정해 적 우주선과 충돌하면 플레이어 우주선의 방어막을 1 감소시키고 적 우주선은 소멸시킨다. 또한 동일한 부모 게임오브젝트의 방어막 Collider에 트리거가 두 번 발생되지 않는 것이 중요하다(두 개의 자식 Collider를 가진 게임오브젝트가 아주 빠른 속도로 이동해 충돌하면 한 프레임에서 트리거가 두 번 발생할 수 있음).

```
public class Hero : MonoBehaviour
{
    ...
    public float        shieldLevel = 1;
    // 마지막에 트리거한 게임오브젝트에 대한 참조를 갖는 변수
    private GameObject   lastTriggerGo = null;                        // a

    ...

    void OnTriggerEnter(Collider other)
    {
        Transform rootT = other.gameObject.transform.root;
        GameObject go = rootT.gameObject;
        //print("Triggered: "+go.name);                              // b
```

```
    // 이전과 동일한 트리거인지 확인
    if (go == lastTriggerGo)                                        // c
    {
        return;
    }
    lastTriggerGo = go;                                             // d
    if (go.tag == "Enemy") // 방어막이 적 우주선에 의해 충돌한 경우
    {
        shieldLevel--;     // 방어막 레벨을 한 단계 낮춤
        Destroy(go);       // ... 그리고 적 우주선 파괴                 // e
    }
    else
    {
        print("Triggered by non-Enemy: " + go.name);               // f
    }
}
}
```

a. 이 private 필드는 _Hero의 Collider를 마지막으로 트리거한 게임오
   브젝트에 대한 참조를 저장한다. 초깃값은 null로 설정된다.

b. 여기서 이 행을 주석 처리한다.

c. lastTriggerGo가 go(현재 트리거된 게임오브젝트)와 동일한 경우 중복 충돌을 의
   미하므로 무시하고 이 함수는 복귀한다(즉, 종료한다). 적 우주선의 두 자식
   게임오브젝트가 모두 한 프레임 내에서 주인공 Collider와 충돌하면
   이 현상이 발생한다.

d. go를 lastTriggerGo로 지정해 다음번 OnTriggerEnter()가 호출되기
   전에 업데이트되게 한다.

e. 적 게임오브젝트인 go가 방어막에 충돌하면 파괴된다. 테스트할 실제
   게임오브젝트는 transform.root에 의해 찾은 Enemy 게임오브젝트이
   므로 그 적의 자식 게임오브젝트 중 하나가 아니라 전체 Enemy(그리고
   확장하면 모든 자식 해당)가 삭제된다.

f. "Enemy" 태그가 지정되지 않은 것과 _Hero가 충돌하면 그 정체가 무엇

인지 콘솔에 출력해 알린다.

6. 씬을 플레이해서 적 우주선과 부딪혀본다. 여러 번 부딪혀보면 방어막 동작에서 이상한 점을 발견할 수 있다. 방어막이 완전히 소모된 후 다시 최고 상태로 되돌아오는 것이다. 그 이유는 무엇일까? 씬을 플레이하는 동안 하이어라키 창의 _Hero를 선택하고 shieldLevel 필드가 어떻게 변하는지 살펴보자.

shieldLevel에는 하한이 없으므로 0을 지나서 음수로 계속 감소한다. Shield C# 스크립트는 이 값을 Mat_Shield에 대한 음의 X 오프셋 값으로 해석하며 머티리얼의 텍스처는 반복되게 설정됐기 때문에 방어막이 최고 상태로 되돌아오는 것이다.

이 문제를 해결하고자 shieldLevel을 프로퍼티로 바꿔서 _shieldLevel이라는 새 private 필드를 격리하고 제한한다. shieldLevel 프로퍼티는 _shieldLevel 필드의 값을 확인하고 _shieldLevel이 4를 넘지 않게 하며 0 밑으로 떨어지면 우주선을 파괴시킨다. _shieldLevel과 같은 격리된 필드는 다른 클래스에서 접근할 필요가 없으므로 private으로 선언해야 한다. 하지만 유니티에서 private 필드는 인스펙터에서 볼 수 없다는 문제가 있다. 이 문제를 해결하고자 private 필드를 인스펙터에서 볼 수 있게 _shieldLevel의 private 선언 위에 [SerializeField] 행을 추가한다. 프로퍼티의 경우 public이라도 인스펙터에서 볼 수 있는 방법이 없다.

7. Hero 클래스에서 위쪽 부근에 있는 public 변수 shieldLevel의 이름을 _shieldLevel로 변경하고 private으로 설정한 후 [SerializeField] 행을 추가한다.

```
public class Hero : MonoBehaviour
{
    ...
    [Header("Set Dynamically")]
    [SerializeField]
    private float      _shieldLevel = 1;     // 밑줄을 추가할 것!
```

```
        // 마지막에 트리거한 게임오브젝트에 대한 참조를 갖는 변수
        ...
    }
```

8. Hero 클래스 끝에 shieldLevel 프로퍼티를 추가한다.

```
public class Hero : MonoBehaviour
{
    ...

    void OnTriggerEnter(Collider other)
    {
        ...
    }

    public float shieldLevel
    {
        get
        {
            return (_shieldLevel);                       // a
        }
        set
        {
            _shieldLevel = Mathf.Min(value, 4);          // b
            // 방어막이 0 미만으로 설정되는 경우
            if (value < 0)                               // c
            {
                Destroy(this.gameObject);
            }
        }
    }
}
```

a. get 절은 _shieldLevel의 값을 반환하다.

b. Mathf.Min()은 _shieldLevel이 4를 초과하지 않게 한다.

c. set 절에 전달된 값이 0보다 작으면 _Hero가 소멸된다.

OnTriggerEnter()에 있는 shieldLevel--; 행은 shieldLevel 프로퍼티의 **get**과 **set** 절을 모두 사용한다. 먼저 **get** 절을 사용해 shieldLevel의 현재 값을 알아보고 나서 해당 값에서 1을 빼고 **set** 절을 호출해 해당 값을 다시 지정한다.

게임 재시작

게임을 플레이해보면 _Hero가 파괴된 후에는 할 게 없어진다. _Hero가 파괴되면 2초간 기다린 후 게임을 재시작하도록 Hero와 **Main** 클래스를 수정해보자.

1. Hero 클래스 위쪽 근처에 gameRestartDelay 필드를 추가한다.

```
public class Hero : MonoBehaviour
{
    static public Hero      S; // 싱글톤                              // a
    [Header("Set in Inspector")]
    ...
    public float            pitchMult = 30;
    public float            gameRestartDelay = 2f;
    [Header("Set Dynamically")]
    ...
}
```

2. Hero 클래스의 shieldLevel 프로퍼티 정의에 다음 행을 추가한다.

```
public class Hero : MonoBehaviour
{
    ...
    public float shieldLevel
    {
        get { ... }
        set
        {
            ...
```

```
        if (value < 0)
        {
            Destroy(this.gameObject);
            // 잠시 기다린 후 게임을 재시작하게 Main.S에 지시
            Main.S.DelayedRestart(gameRestartDelay);                // a
        }
    }
}
```

a. DelayedRestart()를 비주얼 스튜디오에 입력하면 DelayedRestart() 함수가 Main 클래스에 아직 없기 때문에 빨간색 밑줄로 표시된다.

3. Main 클래스에 다음 두 메서드를 추가해 지연시켰다가 재시작되게 한다.

```
public class Main : MonoBehaviour
{
    ...

    public void SpawnEnemy() { ... }

    public void DelayedRestart(float delay)
    {
        // delay 초만큼 대기한 후 Restart() 메서드를 호출
        Invoke("Restart", delay);
    }
    public void Restart()
    {
        // _Scene_0를 다시 로드해 게임을 재시작
        SceneManager.LoadScene("_Scene_0");
    }
}
```

4. 플레이 버튼을 클릭해 게임을 테스트한다. 이제 플레이어의 우주선이 파괴되면 2초 동안 대기했다가 게임이 다시 시작된다.

공격(마지막 단계)

적 우주선이 플레이어에게 피해를 입힐 수 있게 됐으므로 이제는 _Hero에게 대항
할 능력을 줄 차례다. 30장에서는 총알 타입과 레벨을 하나만 만든다. 게임에서
여러 무기로 훨씬 더 재미있게 만드는 작업은 31장에서 할 것이다.

ProjectileHero, 주인공의 총알

다음 단계를 따라 주인공의 총알을 만든다.

1. 하이어라키 창에 Cube를 생성하고 이름을 ProjectileHer로 지정한 후 다음
   과 같이 transform 값을 설정한다.

   ProjectileHero (Cube) P:[10, 0, 0]   R:[0, 0, 0]   S:[0.25, 1, 0.5]

2. ProjectileHero의 Tag와 Layer를 모두 ProjectileHero로 설정한다.
3. 새 머티리얼을 생성하고 이름을 Mat_Projectile로 지정하고 나서 이를 프
   로젝트 창의 _Materials 폴더에 넣은 후 ProtoTools ➤ UnlitAlpha 셰이더를
   적용해 ProjectileHero 게임오브젝트에 지정한다.
4. ProjectileHero 게임오브젝트에 Rigidbody 컴포넌트를 추가하고 다음과
   같이 설정한다.
   - Use Gravity를 false로 설정한다(체크 표시 안 함).
   - isKinematic을 false로 설정한다(체크 표시 안 함).
   - Collision Detection을 Continuous로 설정한다.
   - Constraints 항목: Freeze Position Z와 Freeze Rotation X, Y, Z를 true로
     설정한다.
5. ProjectileHero 게임오브젝트의 Box Collider 컴포넌트에서 Size.Z를 10으
   로 설정하면 총알이 XY 평면(즉, Z = 0)에서 약간 벗어난 적도 맞출 수 있다.
6. 새 C# 스크립트를 생성하고 이름을 Projectile로 지정한 후 ProjectileHero
   에 부착한다. 이 스크립트는 나중에 편집할 것이다.

이들 단계를 완료하면 그림 30.9에 나타낸 설정과 일치해야 한다(단, BoundsCheck (Script) 컴포넌트는 8단계에서 추가할 것이다).

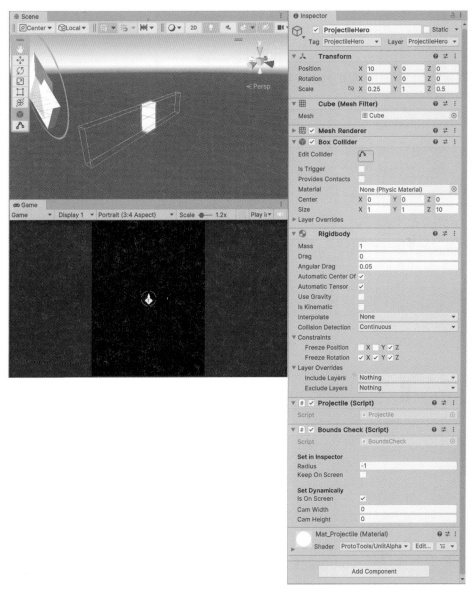

그림 30.9 적절하게 설정한 ProjectileHero인데, Boxile Collider에서 Size.Z가 큰 값으로 지정돼 있다.

7. 씬을 저장한다.

8. BoundsCheck 스크립트 컴포넌트를 ProjectileHero에 부착한다. keepOnScreen 을 false로 설정하고 radius를 −1로 설정한다. BoundsCheck의 radius는 다른 게임오브젝트와의 충돌에는 영향을 미치지 않는다. ProjectileHero 가 화면에서 사라질 때만 영향을 준다.

9. 하이어라키 창의 ProjectileHero를 프로젝트 창의 _Prefabs 폴더로 드래그 해 프리팹으로 만든다. 그런 다음 하이어라키 창에 남아있는 그 인스턴스는 삭제한다.

10. 씬을 저장한다(그렇다. 다시 저장한다). 이전에도 말했다시피 가능한 한 자주 저장 해야 한다.

_Hero에게 발사 기능 부여하기

이제 주인공이 총을 쏠 수 있는 기능을 추가하자.

1. Hero C# 스크립트를 열고 다음의 굵게 표시한 사항으로 변경한다.

```
public class Hero : MonoBehaviour
{
    ...
    public float         gameRestartDelay = 2f;
    public GameObject    projectilePrefab;
    public float         projectileSpeed = 40;

    ...

    void Update()
    {
        ...
        transform.rotation = Quaternion.Euler(yAxis *
            ➥ pitchMult, xAxis * rollMult, 0);

        // 발사 허용
        if (Input.GetKeyDown(KeyCode.Space))                      // a
```

```
        {
            TempFire();
        }
    }

    void TempFire()                                             // b
    {
        GameObject projGO = Instantiate<GameObject>(projectilePrefab);
        projGO.transform.position = transform.position;
        Rigidbody rigidB = projGO.GetComponent<Rigidbody>();
        rigidB.velocity = Vector3.up * projectileSpeed;
    }

    void OnTriggerEnter(Collider other) { ... }
    ...
}
```

   a. 스페이스바를 누를 때마다 우주선이 총알을 발사한다.

   b. 이 메서드는 31장에서 대체할 것이기 때문에 TempFire()로 이름을 붙였다.

2. 하이어라키 창의 _Hero를 선택하고 Hero 스크립트의 projectilePrefab에 프로젝트 창의 ProjectileHero를 지정한다.

3. 저장하고 플레이 버튼을 클릭한다. 이제 스페이스바를 누르면 총이 발사되지만 적 우주선을 파괴하지 않고 화면을 벗어나도 계속 나아간다.

Projectile 스크립트 작성

다음 단계를 따라 총알 스크립트를 작성한다.

1. Projectile C# 스크립트를 열고 다음의 굵게 표시한 사항으로 변경한다. 이 스크립트에서 해야 할 일은 총알이 화면 밖으로 나갈 때 소멸시켜주기만 하면 된다. 그 외의 사항들은 31장에서 추가할 것이다.

```
using System.Collections;
```

```
using System.Collections.Generic;
using UnityEngine;

public class Projectile : MonoBehaviour
{
    private BoundsCheck       bndCheck;

    void Awake()
    {
        bndCheck = GetComponent<BoundsCheck>();
    }

    void Update()
    {
        if (bndCheck.offUp)                                    // a
        {
            Destroy(gameObject);
        }
    }
}
```

  a. 총알이 화면 위쪽으로 벗어나면 소멸시킨다.
2. 물론 저장하는 것을 잊지 말라.

총알로 적 파괴하기

총알로 적을 파괴할 수 있는 기능도 필요하다.

1. Enemy C# 스크립트를 열고 스크립트의 끝에 다음 메서드를 추가한다.

```
public class Enemy : MonoBehaviour
{
    ...
    public virtual void Move() { ... }

    void OnCollisionEnter(Collision coll)
    {
```

```
        GameObject otherGO = coll.gameObject;                    // a
        if (otherGO.tag == "ProjectileHero")                     // b
        {
            Destroy(otherGO);          // 총알 소멸
            Destroy(gameObject);       // 적 게임오브젝트 소멸
        }
        else
        {
            print("Enemy hit by non-ProjectileHero: " + otherGO.name); // c
        }
    }
}
```

a. 충돌한 Collider의 게임오브젝트를 얻는다.

b. otherGO에 ProjectileHero 태그가 있으면 그것과 이 Enemy 인스턴스를 소멸시킨다.

c. otherGO에 ProjectileHero 태그가 없으면 디버깅을 위해 충돌한 것의 이름을 콘솔에 출력한다. 이를 테스트하려면 ProjectileHero 프리팹에서 ProjectileHero 태그를 일시적으로 제거하고 적에게 발사해본다.[5]

이제 플레이 버튼을 클릭하면 Enemy_0들이 화면 아래로 내려오고 여러분은 총을 쏠 수 있다. 30장에서 할 일(멋지고도 작은 프로토타입 제작)은 모두 끝났지만 31장에서는 여러 적, 세 종류의 파워업, 두 종류의 총을 추가하는 방법을 알게 돼 게임의 폭을 상당히 넓힌다. 재미있는 코딩 기법도 알게 된다.

---

5. _Hero의 Shield 자식에 있는 Collider가 트리거이고, 트리거는 OnCollisionEnter()를 호출하지 않을 것이기 때문에 _Hero를 적에게 충돌시키는 것으로는 이것을 테스트할 수 없다.

요약

대부분의 장에서는 여기에 '다음 단계' 절을 두어 프로젝트를 확장하고 동기 부여할 아이디어를 제공한다. 하지만 <우주전쟁> 프로토타입의 경우에는 31장에서 이런 일을 하며 과정 중에 새로운 코딩 개념을 살펴볼 것이다. 이제 휴식을 취하고 새 기분으로 31장을 시작해 프로토타입을 잘 완성해보자.

CHAPTER 31

프로토타입 3.5: 우주전쟁 플러스

프로토타입을 다루는 대부분의 장들에서는 게임에 추가할 것들을 제안하는 '다음 단계' 절이 장의 끝에 있다. 반면 31장에서는 30장에서 만든 〈우주전쟁〉 게임을 가지고 다음 단계에 해당하는 작업을 계속해 나갈 것이다.

31장에서는 파워업, 여러 적, 다양한 타입의 무기를 〈우주전쟁〉 게임에 추가한다. 이런 작업을 통해 클래스 상속, enum, 함수 델리게이트, 기타 여러 중요한 항목에 대해 자세히 배운다. 추가 보너스로서 게임을 훨씬 재미있게 만들 수도 있다.

시작하기: 프로토타입 3.5

30장을 끝냈을 때는 아주 기본적인 버전의 <우주전쟁> 게임이 완성됐다. 31장에서는 더 재미있고 폭넓게 만들 것이다. 30장에서 만든 게임에 문제가 있는 경우이 책에 대한 웹 사이트에서 다운로드하면 된다.

31장의 프로젝트 설정
31장에서는 표준 프로젝트 설정 절차를 따르지 않고 다음 두 가지 옵션을 이용하면 된다. 1. 30장의 프로젝트 폴더를 복제한다. 2. http://www.acornpub.co.kr/game-design-2e에서 다운로드하는 파일 안에 30장의 완료된 프로젝트가 포함돼 있으므로 이를 이용한다.

프로젝트 폴더를 로드했으면 유니티에서 _Scene_0을 열어 시작한다.

다른 적 프로그래밍

우선 주인공이 마주칠 적 우주선의 종류를 늘리는 것으로 시작해보자. 나중에 주인공 우주선을 더 강해진 이들 적 우주선과 싸우게 할 것이다.

1. Enemy_1, Enemy_2, Enemy_3, Enemy_4 이름의 새 C# 스크립트들을 생성한다.
2. 이 스크립트를 프로젝트 창의 __Scripts 폴더에 넣는다.
3. 프로젝트의 _Prefab 폴더에 있는 각 Enemy_#에게 이들 스크립트를 각자 지정한다. Can't add script 메시지가 나타나며 부착되지 않으면 30장에서 해결했던 것과 마찬가지로 각 스크립트 파일의 인스펙터에서 Reset을 걸어준 후 부착시키면 된다.

각 적의 스크립트를 차례로 작업해보자.

Enemy_1

Enemy_1은 사인파 형태로 화면 아래쪽으로 이동한다. Enemy 클래스를 확장해서 이렇게 만든다. 즉, Enemy_1 클래스는 Enemy의 모든 필드, 함수, 프로퍼티를 상속한다(public 또는 protected일 경우만 그렇다. private 요소는 상속되지 않는다). 클래스와 클래스 상속(메서드 오버라이드 포함)에 대해 더 알려면 26장을 참고한다.

1. 비주얼 스튜디오에서 Enemy_1 스크립트를 열고 다음의 굵게 표시된 코드를 입력한다.

```
using System.Collections;
using System.Collections.Generic;
using UnityEngine;

// Enemy_1은 Enemy 클래스를 확장함
public class Enemy_1 : Enemy                                      // a
{
    [Header("Set in Inspector: Enemy_1")]
    // 사인파 한 번을 수행하는 시간(초)
    public float        waveFrequency = 2;
    // 사인파의 진폭(미터)
    public float        waveWidth = 4;
    public float        waveRotY = 45;

    private float       x0; // pos의 초기 x 값
    private float       birthTime;

    // 상위 클래스인 Enemy에 Start() 메서드가 없기 때문에 사용 가능한 방법임
    void Start()
    {
        // x0를 Enemy_1의 초기 x 위치로 설정함
        x0 = pos.x;                                               // b

        birthTime = Time.time;
    }

    // Enemy의 Move 함수를 오버라이드함
    public override void Move()                                   // c
```

```
{
    // pos가 프로퍼티이기 때문에 직접 pos.x를 설정할 수 없음
    // 그러므로 편집 가능한 Vector3로 pos를 얻음
    Vector3 tempPos = pos;
    // 시간을 기반으로 theta를 조정함
    float age = Time.time - birthTime;
    float theta = Mathf.PI * 2 * age / waveFrequency;
    float sin = Mathf.Sin(theta);
    tempPos.x = x0 + waveWidth * sin;
    pos = tempPos;

    // y를 기준으로 약간 회전
    Vector3 rot = new Vector3(0, sin * waveRotY, 0);
    this.transform.rotation = Quaternion.Euler(rot);

    // y의 아래쪽 움직임은 여전히 base.Move()에서 처리
    base.Move();                                          // d

    // print(bndCheck.isOnScreen);
}
}
```

a. Enemy 클래스의 확장으로 Enemy_1은 public speed, fireRate, health, score 필드뿐만 아니라 public pos 프로퍼티와 public move() 메서드 도 상속받는다. 하지만 private bndCheck 필드는 상속받지 않으며 다음 절에서 더 자세히 설명한다.

b. x0을 이 Enemy_1의 초기 X 위치로 설정해놓으면 Start()가 호출될 때 위치가 이미 설정돼 있기 때문에 Start()에서 제대로 작동한다. Awake() 는 게임오브젝트가 인스턴스화되는 순간에 호출된다(즉, Main:SpawnEnemy() 메서드(Main.cs에 있음)가 그 위치를 설정하기 전).

Enemy_1에 Awake() 메서드를 추가하지 않은 또 다른 이유는 Enemy의 Awake() 메서드를 오버라이드할 것이기 때문이다. Awake(), Start(), Update(), 그 외의 내장된 MonoBehaviour 메서드는 특수한 방식(C# 클래 스 상속의 표준 메서드와는 다름)으로 작성돼 있으므로 하위 클래스에서 오버라이

드할 때 virtual 또는 override 키워드를 사용할 필요가 없다(26장 참고).

  c. Enemy 스크립트에서 작성했던 Move() 메서드와 같은 일반적인 C# 메서드의 경우 하위 클래스에서 상위 클래스의 메서드를 적절히 오버라이드하려면 상위 클래스의 메서드를 virtual로 선언하고 하위 클래스에서는 override로 선언해야 한다. Move()는 상위 클래스 Enemy에서 가상 메서드로 지정했으므로 여기에서 오버라이드해 또 다른 메서드(즉, Move())로 대체할 수 있다.

  d. base.Move()는 상위 클래스 Enemy에 있는 Move() 메서드를 호출한다. 이 경우 상위 클래스 Enemy의 Move() 메서드는 여전히 수직 이동을 처리하는 반면에 Enemy_1 하위 클래스의 Move() 메서드는 사인파 형태로 수평 이동하는 역할을 담당한다.

2. 유니티로 되돌아가 하이어라키 창의 _MainCamera를 선택하고 Main (Script) 컴포넌트에서 prefabEnemies의 Element 0를 Enemy_0에서 Enemy_1(즉, _Prefabs 폴더에 있는 Enemy_1)로 변경한다. 그러면 Enemy 대신에 Enemy_1으로 테스트할 수 있다.

3. 플레이 버튼을 클릭한다. 이제 Enemy_1 우주선이 Enemy_0 대신 나타나고 좌우로 이동이면서 아래쪽으로 내려온다. 하지만 Enemy_1 인스턴스는 화면 맨 아래로 벗어니도 없어지지 않는다. Enemy_1에는 BoundsCheck 컴포넌트가 부착돼 있지 않기 때문이다.

4. BoundsCheck를 Enemy_1 프리팹에 부착해야 하고 Enemy_0 프리팹에서 설정했던 값과 같게 해야 한다. 이럴 때 게임오브젝트에 스크립트를 부착하는 다른 방법을 배울 겸 다음 단계를 수행한다.

  a. 프로젝트 창의 _Prefabs 폴더에 있는 Enemy_0를 선택한다.

  b. Enemy_0의 인스펙터에서 BoundsCheck (Script) 컴포넌트의 오른쪽 위에 있는 세 점 아이콘을 클릭하고 Copy Component를 선택한다.

  c. 프로젝트 창의 _Prefabs 폴더에 있는 Enemy_1을 선택한다.

  d. Enemy_1의 인스펙터에서 Transform 컴포넌트의 오른쪽 위에 있는 기어 아이콘을 클릭하고 Paste ➤ Component as New를 선택한다. 그러

면 Enemy_0의 프리팹에서 복사한 BoundsCheck 컴포넌트의 설정과 동일한 새로운 BoundsCheck (Script) 컴포넌트가 Enemy_1 프리팹에 부착된다.

bndCheck를 private이 아닌 protected로 만들기

별거 아닌 듯하지만 눈여겨봐야 할 점은 Enemy 클래스의 bndCheck에 대한 필드 선언이 현재 private으로 돼 있는 것이다.

```
private BoundsCheck bndCheck;
```

즉, 이 변수는 Enemy 내에서만 이용할 수 있고 Enemy_1을 포함한 다른 클래스에서는 이용할 수 없다. Enemy_1이 Enemy의 하위 클래스인데도 말이다. 이 말은 Enemy의 Awake() 및 Move() 메서드는 bndCheck와 상호작용할 수 있지만 Enemy_1의 override Move() 메서드에서는 그 존재조차 모른다는 뜻이다. 이 점을 테스트하려면 다음을 따라 한다.

1. Enemy_1 스크립트를 열고 Move() 메서드의 끝에 있는 굵게 표시된 주석 처리문의 주석을 다음과 같이 제거한다.

   ```
   public override void Move()
   {
       ...
       base.Move();

       print(bndCheck.isOnScreen);
   }
   ```

bndCheck는 Enemy 클래스의 private 변수이기 때문에 Enemy_1에서 읽을 수 없다. 이 문제를 해결하려면 private 대신 bndCheck를 protected로 선언해야 한다. private 변수와 마찬가지로 protected 변수는 다른 클래스에서 읽을 수는 없지만 private 변수와 달리 하위 클래스에서 상속받을 수 있다.

변수 타입	하위 클래스에서 이용 가능한가	아무 클래스에서 이용 가능한가
private	아니요	아니요
protected	예	아니요
public	예	예

2. Enemy 스크립트를 열고 bndCheck를 private에서 protected로 변경하고 저장한다.

```
protected BoundsCheck bndCheck;
```

이제 Enemy_1 스크립트를 확인해보면 bndCheck.isOnScreen에 그어져 있던 빨간색 밑줄이 사라지며 코드가 올바르게 컴파일될 것이다.

3. Enemy_1 스크립트로 되돌아가 print() 행을 다시 주석 처리한다.

```
// print(bndCheck.isOnScreen); // 이 행을 다시 주석 처리했다.
```

4. 플레이 버튼을 클릭하면 화면 Enemy_1들이 아래쪽으로 벗어난 후 사라지는 것을 보게 될 것이다.

> **Tip**
> **Sphere Collider는 배율이 균등하게 조정된다.** Enemy_1은 총알(또는 _Hero)이 날개에 닿기도 전에 충돌이 일어나는 경우가 있다. 프로젝트 창의 Enemy_1을 선택하고 씬으로 드래그해서 인스턴스를 만들면 Enemy_1 주변의 녹색 Collider 구가 날개의 타원 모양이 일치하지 않는다. 심각한 문제는 아니지만 이런 현상의 원인은 알아야 한다. Sphere Collider는 Transform에서 가장 큰 컴포넌트와 동일한 배율로 조정된다(이 경우 날개의 Scale.X가 6이기 때문에 Sphere Collider의 배율은 6으로 설정된다).
> 다른 유형의 Collider를 적용해 날개와 더 정확하게 일치하는지 알아볼 수 있다. Box Collider는 균등하지 않게 배율을 조정할 수 있다. Capsule Collider를 사용하면 한 방향을 다른 방향보다 길게 조정할 수도 있다. Mesh Collider는 가장 정확하게 배율을 조정할 수 있지만 다른 Collider 유형에 비해 훨씬 느리다. 최신 고성능 PC에서는 문제가 되지 않지만 iOS나 안드로이드와 같이 느린 모바일

플랫폼에서는 Mesh Collider가 문제될 수 있다.

Enemy_1에 Mesh Collider를 지정하면 y축을 중심으로 회전할 때 날개 가장자리가 XY 평면(즉, z=0)을 벗어난다. 이것이 ProjectileHero 프리팹에서 Box Collider의 Size.z를 10으로 설정한 이유다 (Enemy_1의 날개 가장자리가 XY 평면을 벗어나더라도 맞출 수 있게 했다).

다른 적을 추가하기 위한 준비

나머지 적을 제어하는 코드에서는 부록 B에서 자세히 설명한 중요 개념인 선형 보간을 활용한다. <미션 데몰리션>에서 FollowCam 스크립트의 한 부분으로서 간단하게 보간을 사용했지만 이번에는 좀 더 흥미로운 방법으로 활용한다. 나머지 적을 제어하는 코드를 시작하기 전에 부록 B의 '보간' 절을 읽어보는 것이 좋다.

Enemy_2

Enemy_2는 사인파로 크게 완화한 선형 보간을 통해 움직인다. 화면 옆에서 날아와 속도를 줄인 후 방향을 반대로 바꾼 다음, 속도를 줄였다가 원래 속도로 가속하면서 화면 밖으로 날아간다. 이 보간은 지점을 두 개만 사용하지만 u 값에 사인파를 적용해 급격한 곡선으로 만든다. Enemy_2의 u 값에 적용하는 완화 함수^{easing function}는 다음과 같다.

```
u = u + 0.6 * Sin(2π * u)
```

이것은 부록 B의 '보간' 절에서 설명한 완화 함수 중 하나다.

1. BoundsCheck 스크립트를 프로젝트 창의 _Prefabs 폴더에 있는 Enemy_2 프리팹에 부착한다. Enemy_2에서는 BoundsCheck 컴포넌트를 광범위하게 사용할 것이다.

2. Enemy_2 프리팹의 BoundsCheck 인스펙터에서 radius=3와 keepOnScreen=

false로 설정한다.

3. Enemy_2 C# 스크립트를 열고 다음 코드를 입력한다. 코드가 작동한 후에는 완화 곡선^{easing curve}인 sinEccentricity를 조정해야 움직임에 어떤 효과가 있는지 알 수 있다.

```csharp
using System.Collections;
using System.Collections.Generic;
using UnityEngine;

public class Enemy_2 : Enemy                                              // a
{
    [Header("Set in Inspector: Enemy_2")]
    // 사인파가 움직임에 영향을 미치는 정도를 결정
    public float        sinEccentricity = 0.6f;
    public float        lifeTime = 10;

    [Header("Set Dynamically: Enemy_2")]
    // Enemy_2는 사인파를 사용해 2점 선형 보간을 수정함
    public Vector3      p0;
    public Vector3      p1;
    public float        birthTime;

    void Start()
    {
        // 화면 왼쪽에서 임의의 지점을 선택
        p0 = Vector3.zero;                                                // b
        p0.x = -bndCheck.camWidth - bndCheck.radius;
        p0.y = Random.Range(-bndCheck.camHeight, bndCheck.camHeight);

        // 화면 오른쪽에서 임의의 지점을 선택
        p1 = Vector3.zero;
        p1.x = bndCheck.camWidth + bndCheck.radius;
        p1.y = Random.Range(-bndCheck.camHeight, bndCheck.camHeight);

        // 일정 확률로 좌우를 바꿈
        if (Random.value > 0.5f)
        {
            // 각 지점의 .x 값의 부호를 바꾸면 화면에서
```

```
            // 좌우 반대 방향으로 지점을 바꿀 수 있음
            p0.x *= -1;
            p1.x *= -1;
        }

        // birthTime을 현재 시간으로 설정
        birthTime = Time.time;                                    // c
    }

    public override void Move()
    {
        // 베지어 곡선은 0 ~ 1 사이의 값을 기반으로 작동함
        float u = (Time.time - birthTime) / lifeTime;

        // u>1인 경우 birthTime 이후 lifeTime보다 오래 유지됐음
        if (u > 1)
        {
            // 이 Enemy_2의 수명이 끝남
            Destroy(this.gameObject);                             // d
            return;
        }

        // 사인파 기반의 완화 곡선을 더해 u를 조정
        u = u + sinEccentricity * (Mathf.Sin(u * Mathf.PI * 2));

        // 두 선형 보간 지점을 보간
        pos = (1 - u) * p0 + u * p1;
    }
}
```

a. Enemy_2도 상위 클래스인 Enemy를 확장한다.

b. 이 부분에서는 화면 왼쪽의 무작위 지점을 선택한다. 처음에는 화면의 왼쪽 측면을 벗어난 x 좌표를 선택한다. -bndCheck.camWidth가 화면 왼쪽이므로 -bndCheck.radius는 Enemy_2가 화면을 완전히 벗어나게 만든다(화면의 X 위치가 이 Enemy_2의 radius에 해당하는 양을 화면에 표시한다).

그리고 나서 화면 맨 아래(-bndCheck.camHeight)와 화면 맨 위(bndCheck.camHeight) 사이에서 무작위로 Y 위치를 선택한다.

c. birthTime은 Move() 함수의 보간에 사용된다.

d. birthTime 이후 u가 lifeTime보다 길면 u는 1보다 클 것이므로 이 Enemy_2를 소멸시킨다.

4. _MainCamera 인스펙터에서 PrefabEnemies의 Element 0 슬롯을 Enemy_2 프리팹으로 교체하고 플레이 버튼을 클릭한다.

Enemy_2의 움직임에서 알 수 있듯이 화면 양쪽에 선택한 지점 간의 선형 보간에 사인파 완화 함수를 적용해 아주 매끄러운 움직임을 구현했다.

Enemy_3

Enemy_3는 위에서 아래로 급강하고 감속했다가 다시 화면 위로 날아가는 베지어 곡선을 바탕으로 움직인다. 이 예에서는 간단한 3점 베지어 곡선 함수를 사용한다. 부록 B의 '재귀 함수' 절에서는 (3점만이 아닌) 아무 개수의 점이라도 사용할 수 있는 재귀 버전의 베지어 곡선 함수를 소개한다.

1. BoundsCheck 스크립트를 프로젝트 창의 _Prefabs 폴더에 있는 Enemy_3 프리팹에 부착한다.

2. Enemy_3 프리팹 인스펙터의 BoundsCheck 부분에서 radius=2.5 그리고 keepOnScreen=false로 설정한다.

3. Enemy_3 스크립트를 열고 다음 코드를 입력한다.

```
using System.Collections;
using System.Collections.Generic;
using UnityEngine;

public class Enemy_3 : Enemy               // Enemy_3은 Enemy를 확장함
{
    // Enemy_3는 세 지점을 선형 보간하는
    // 베지어 곡선을 따라 움직임
    [Header("Set in Inspector: Enemy_3")]
    public float            lifeTime = 5;
```

```csharp
[Header("Set Dynamically: Enemy_3")]
public Vector3[]          points;
public float             birthTime;

// 이번에도 상위 클래스인 Enemy에서 사용되지 않는 Start()를 사용할 수 있음
void Start()
{
    points = new Vector3[3];     // 지점을 초기화

    // 시작 위치는 Main.SpawnEnemy()에서 이미 설정됨
    points[0] = pos;

    // Main.SpawnEnemy()와 동일한 방법으로 xMin와 xMax를 설정
    float xMin = -bndCheck.camWidth + bndCheck.radius;
    float xMax = bndCheck.camWidth - bndCheck.radius;

    Vector3 v;
    // 화면 아래쪽 절반에서 무작위로 중간 지점을 선택
    v = Vector3.zero;
    v.x = Random.Range(xMin, xMax);
    v.y = -bndCheck.camHeight * Random.Range(2.75f, 2);
    points[1] = v;

    // 화면 위쪽에서 무작위로 최종 지점을 선택
    v = Vector3.zero;
    v.y = pos.y;
    v.x = Random.Range(xMin, xMax);
    points[2] = v;

    // birthTime을 현재 시간으로 설정
    birthTime = Time.time;
}

public override void Move()
{
    // 베지어 곡선은 0 ~ 1 사이의 u 값을 기반으로 작동함
    float u = (Time.time - birthTime) / lifeTime;

    if (u > 1)
    {
        // 이 Enemy_3의 수명은 끝남
```

```
        Destroy(this.gameObject);
        return;
    }

    // 세 베지어 곡선 지점을 보간
    Vector3 p01, p12;
    p01 = (1 - u) * points[0] + u * points[1];
    p12 = (1 - u) * points[1] + u * points[2];
    pos = (1 - u) * p01 + u * p12;
    }
}
```

4. 이제 _MainCamera에서 prefabEnemies의 Element 0을 Enemy_3로 교체한다.

5. 이 새로운 적들의 움직임을 보고자 플레이 버튼을 클릭한다. 어느 정도 플레이해보면 베지어 곡선에 관해 다음 두 가지 사항을 알게 될 것이다.

   a. 중간점이 화면 아래쪽 절반에 위치하지만 Enemy_3는 거기까지 내려오는 경우는 없다. 베지어 곡선은 시작점과 끝점 모두를 통과하지만 중간점은 통과하지 않고 영향만 받기 때문이다.

   b. Enemy_3는 곡선의 중간 지점에서 큰 폭으로 감속한다. 이것도 베지어 곡선을 만드는 수학 특성이다.

6. 베지어 곡선을 따르는 움직임을 개선하고 곡선 하단에서의 급격한 감속을 없애려면 Enemy_3의 Move() 메서드에 다음의 굵게 표시된 행을 추가한다. 그러면 Enemy_3의 움직임을 완화[easing][1] 시켜 곡선의 중간 지점에서 가속시킨다.

```
public override void Move()
{
    ...
    // 세 베지어 곡선 지점을 보간
    Vector3 p01, p12;
    u = u - 0.2f*Mathf.Sin(u * Mathf.PI * 2);
    p01 = (1-u)*points[0] + u*points[1];
```

---

1. 부록 B에서 베지어 곡선의 완화를 자세히 다룬다.

```
        p12 = (1-u)*points[1] + u*points[2];
        pos = (1-u)*p01 + u*p12;
    }
```

Enemy_4은 나중에 구현

Enemy_4를 구현하기 전에 먼저 총알과 총알의 동작 방식을 좀 변경해야 한다. 현재 시점에서 플레이어는 한 번의 발사로 어떠한 적이라도 파괴할 수 있다. 다음 절에서는 이를 변경해 우주선에 다른 종류의 무기를 추가하는 방법을 배운다.

발사 재검토

30장에서 배웠던 총알 발사 관리 방식은 대충 만드는 프로토타입용으로 괜찮았지만 이 게임을 다음 단계로 끌어올리려면 기능을 더 추가해야 한다. 이 절에서는 미래에 확장할 수 있는 두 가지 다른 종류의 무기를 어떻게 만드는지 배울 것이다. 이 작업을 위해 각 무기 종류의 동작을 정의할 수 있는 WeaponDefinition 클래스를 만들 것이다.

WeaponType enum

29장에서 설명한 것처럼 enum(열거 *enumeration* 의 줄임말)은 다양한 옵션을 새로운 타입의 변수에 연결하는 데 적절하다. 이 게임에서 플레이어는 파괴한 적에서 나온 파워업을 수집해 무기를 바꾸고 향상시키게 된다. 이것으로 방어막의 세기도 증가시킨다. 하나의 변수 타입으로 여러 종류의 파워업을 저장하고자 WeaponType이라는 enum을 만들자.

1. 프로젝트 창에서 __Scripts 폴더를 마우스 오른쪽 버튼으로 클릭하고 Create ▶ C# Script를 선택한다. 그러면 __Scripts 폴더에 NewBehaviourScript가 생성된다.

2. NewBehaviourScript의 이름을 Weapon으로 변경한다.

3. 비주얼 스튜디오에서 Weapon 스크립트를 열고 다음 코드를 입력한다. public enum WeaponType 선언은 using UnityEngine;과 public class Weapon : MonoBehaviour { 사이에 들어가야 한다.

```
using System.Collections;
using System.Collections.Generic;
using UnityEngine;

/// <summary>
/// 다양한 무기 종류를 나타내는 열거형으로서
/// 방어막 파워업을 위한 "shield" 유형도 있음
/// [NI]로 표시된 항목은 이 책에서 구현되지 않음
/// </summary>
public enum WeaponType
{
    none,        // 기본값 / 무기 없음
    blaster,     // 단순 연사형
    spread,      // 동시 2발 발사
    phaser,      // 물결 모양으로 발사 [NI]
    missile,     // 유도 미사일 [NI]
    laser,       // 시간에 따른 피해 [NI]
    shield       // shieldLevel 상승
}

public class Weapon : MonoBehaviour
{
    ...          // 이 Weapon 클래스는 31장의 뒷부분에서 다룰 것임
}
```

Weapon 클래스 바깥에 public 열거형으로 WeaponType이 있으므로 프로젝트의 다른 스크립트에서 인식할 수 있다. 31장의 나머지 부분에서 이것을 광범위하게 사용할 것이며 Weapon 스크립트가 아닌 Main C# 스크립트에서 WeaponType을 통해 무기를 정의한다.

열거형에 대한 자세한 내용은 부록 B에 있는 'C# 및 유니티 코딩 개념' 아래의

'Enum' 절을 참고한다.

직렬화 가능 WeaponDefinition 클래스

이제 다양한 종류의 무기에 대한 세부 사항을 정의하는 클래스를 작성해야 한다. 대부분의 다른 클래스와 달리 이 클래스는 MonoBehaviour의 하위 클래스가 아니며 게임오브젝트에 개별적으로 부착하지도 않는다. 대신 public enum WeaponType과 마찬가지로 Weapon C# 스크립트 내부에서 정의하는 단순하고 분리된 public 클래스다.

이 클래스의 또 다른 중요한 측면은 serializable이며, 이것을 이용하면 유니티 인스펙터 내에서 이를 보고 편집할 수 있다!

Weapon 스크립트를 열고 public enum WeaponType 정의와 public class Weapon 정의 사이에 다음의 굵게 표시된 코드를 입력한다.

```
public enum WeaponType
{
    ...
}

/// <summary>
/// WeaponDefinition 클래스를 사용하면 인스펙터에서 특정 무기의
/// 프로퍼티를 설정할 수 있다. Main 클래스에는 이를 가능하게 하는
/// WeaponDefinition의 배열이 있다.
/// </summary>
[System.Serializable]                                        // a
public class WeaponDefinition                                 // b
{
    public WeaponType     type = WeaponType.none;
    public string         letter;                   // 파워업에 표시할 문자
    public Color          color = Color.white;       // 무기와 파워업의 색
    public GameObject      projectilePrefab;          // 총알 프리팹
    public Color          projectileColor = Color.white;
```

828

```
    public float            damageOnHit = 0;        // 패해 수치
    public float            continuousDamage = 0;   // 초당 피해(레이저 전용)
    public float            delayBetweenShots = 0;
    public float            velocity = 20;          // 총알 속도
}
public class Weapon : MonoBehaviour
{
    ...             // 이 Weapon 클래스는 31장의 뒷부분에서 다룰 것임
}
```

a. [System.Serializable] 속성^{attribute}을 사용하면 바로 다음에 정의한 클래스를 유니티 인스펙터 내에서 직렬화해 편집 가능하게 만든다. 일부 클래스는 너무 복잡해 직렬화할 수 없지만 WeaponDefinition은 아주 간단해서 잘 적용된다.

b. WeaponDefinition의 각 필드를 변경해 주인공 우주선이 발사하는 총알의 특성을 변경할 수 있다. 31장에서는 이 모든 것을 사용하지는 않으므로 이 게임을 더 확장하고 싶은 경우에 나머지를 사용해보기 바란다.

코드 주석으로 설명한 것처럼 열거형 WeaponType은 가능한 모든 무기 종류와 파워업 종류를 선언한다. WeaponDefinition은 각각의 무기를 정의하는 데 유용한 여러 변수와 WeaponType을 결합하는 클래스다.

WeaponDefinition과 WeaponType를 사용하고자 Main 수정하기

이제 Main에서 WeaponType 열거형과 WeaponDefinition 클래스를 사용해야 한다. Main 클래스가 적 스폰과 파워업을 담당하기 때문에 Main에서 이 작업을 수행한다.

1. 다음 weaponsDefinitions 배열 선언을 Main 클래스에 추가하고 저장한다.

```
    public class Main : MonoBehaviour
    {
        ...
```

```
    public float              enemySpawnPerSecond = 0.5f; // 1초당 적의 수
    public float              enemyDefaultPadding = 1.5f; // 배치 여백
    public WeaponDefinition[]  weaponDefinitions;

    private BoundsCheck       bndCheck;

    void Awake() {...}
    ...
}
```

2. 하이어라키 창에서 _MainCamera를 선택한다. 이제 Main (Script) 컴포넌트 인스펙터에 weaponDefinitions 배열이 나타날 것이다.

3. 인스펙터에서 weaponDefinitions 옆의 펼침 삼각형을 클릭하고 배열의 Size를 3으로 설정한다.

4. 그림 31.1과 같이 세 가지 WeaponDefinitions에 대한 설정을 입력한다. WeaponType 열거형이 인스펙터에 팝업 메뉴로 나타나는 것을 볼 수 있다(인스펙터의 다른 것들과 마찬가지로 열거형의 첫 문자가 대문자로 표기됐다). 색은 정확하게 일치하지 않아도 되지만 각 색의 알파 값을 255로 해서 완전히 불투명하게 설정해야 한다. 이 불투명 값은 색 견본 아래에 흰색 막대로 표시된다.

Warning

색의 알파 값이 기본적으로 보이지 않는 알파로 설정될 수 있음 WeaponDefinition과 같이 색 필드를 포함하는 직렬화 가능 클래스를 작성하는 경우 색의 알파 값은 기본적으로 0이 된다(즉, 색이 보이지 않음). 이 문제를 해결하려면 각각의 색 정의 하단에 표시되는 선이 정말로 흰색(검정이 아님)으로 나오게 해야 한다. 색을 클릭하면 네 가지 값(R, G, B, A)이 표시된다. A를 255(완전한 불투명)로 설정해야 한다. 그렇지 않으면 색이 보이지 않게 된다.

맥OS를 사용하고 있고 유니티에서 기본 색 선택 대신 색 선택기(color picker)를 사용한다면 색 선택기 창의 아래쪽에 있는 Opacity 슬라이더로 A 값을 설정한다(이들 색이 완전히 불투명하려면 100%로 설정해야 한다).

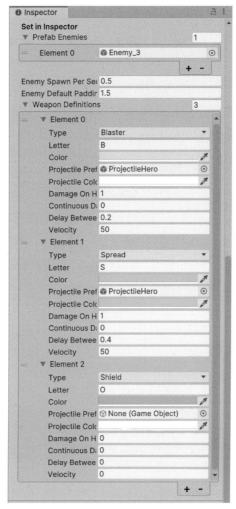

그림 31.1 Main에서 블래스터, 스프레드, 방어막의 WeaponDefinitions에 대한 설정

WeaponDefinitions에 대한 제네릭 딕셔너리

WeaponDefinition에 쉽게 접근하고자 실시간으로 weaponDefinitions 배열로부터 WEAP_DICT라는 private Dictionary 필드로 복사할 것이다. 딕셔너리는 리스트와 같은 일반 콜렉션의 한 타입이다. 하지만 리스트가 순서가 있는 (선형) 콜렉션인

반면 딕셔너리에는 key 타입과 value 타입이 있어 키를 사용해 값을 얻는다. 딕셔너리는 정보 접근에 균등한 시간이 걸리기 때문에 아주 많은 양의 데이터를 저장하는 데 좋은 수단이 될 수 있다. 즉, 정보가 데이터 구조 내의 어느 곳에 위치해 있어도 같은 정도로 시간이 적게 걸린다. 이를 리스트 또는 배열과 비교해보자. weaponDefinitions 배열에서 blaster 타입의 WeaponDefinition을 찾으려면 즉시 찾게 되는 반면 shield 타입의 WeaponDefinition을 찾는 데는 세 번 정도 걸린다. 더 자세한 내용은 23장을 참고한다.

여기서 WEAP_DICT 딕셔너리는 열거형 WeaponType을 키로, WeaponDefinition 클래스를 값으로 사용한다. 아쉽게도 딕셔너리는 유니티 인스펙터에 나타나지 않으므로 Start에서 처리해줄 필요가 있다. 여기서는 그렇게 하기보다 Main의 Awake() 메서드에서 WEAP_DICT 딕셔너리를 정의하고 나서 정적 함수 Main.GetWeaponDefinition()에서 사용한다.

1. 비주얼 스튜디오에서 Main 스크립트를 열고 다음의 굵게 표시된 코드를 입력한다.

```
public class Main : MonoBehaviour
{
    static public Main S;                         // Main에 대한 싱글톤
    static Dictionary<WeaponType, WeaponDefinition> WEAP_DICT;      // a
    ...

    void Awake()
    {
        ...
        Invoke("SpawnEnemy", 1f / enemySpawnPerSecond);

        // WeaponType을 키로 사용하는 제네릭 딕셔너리
        WEAP_DICT = new Dictionary<WeaponType, WeaponDefinition>(); // a
        foreach (WeaponDefinition def in weaponDefinitions)         // b
        {
            WEAP_DICT[def.type] = def;
        }
```

```
    }
    ...
  }
```

a. 딕셔너리는 키 타입과 값 타입으로 선언하고 정의한다. WEAP_DICT를
static이지만 protected로 만들면 Main의 어떠한 인스턴스와 정적 메
서드라도 이것에 접근할 수 있는데, 나중에 활용할 것이다.

b. 이 루프는 weaponDefinitions 배열의 각 항목에 대해 반복해서 해당
하는 WEAP_DICT 딕셔너리를 생성한다.

다음으로 다른 클래스가 WEAP_DICT의 데이터에 접근할 수 있도록 정적 함수를
만들어야 한다. WEAP_DICT도 정적이기 때문에 Main 클래스의 어떠한 정적 메서드
라도 접근할 수 있다(WEAP_DICT는 public이 아니므로 Main의 인스턴스나 정적 메서드만이 직접 WEAK_DICT에 접근할
수 있다[2]). 새 GetWeaponDefinition() 메서드를 public 및 static으로 설정하면 프
로젝트 내의 다른 어떠한 코드에서든 Main.GetWeaponDefinition()로 호출할 수
있다.

2. 다음의 굵게 표시된 코드를 Main C# 스크립트의 끝에 추가한다.

```
public class Main : MonoBehaviour
{
    ...
    public void Restart()
    {
        // _Scene_0를 다시 로드해 게임을 재시작
        SceneManager.LoadScene("_Scene_0");
    }

    /// <summary>
    ///     Main 클래스의 WEAP_DICT 정적 보호 필드로부터 WeaponDefinition을
```

---

2. 좀 더 정확히 말하면 WEAP_DICT는 public이나 private이 아니기 때문에 자동으로 protected가 된다. 클래스의 protected
   요소는 클래스 자체와 그 하위 클래스에서만 인식할 수 있다(하위 클래스에서는 해당 클래스의 private 요소를 인식할
   수 없다). 따라서 Main 또는 그 하위 클래스의 인스턴스와 정적 메서드는 WEAP_DICT에 직접 접근할 수 있다.

```
///     얻는 정적 함수
/// </summary>
/// <returns>WeaponDefinition 또는 전달된 WeaponType의
///     WeaponDefinition이 없으면 WeaponType이 none인
///     새로운 WeaponDefinition을 반환한다.</returns>
/// <param name="wt">원하는 WeaponDefinition의 WeaponType</param>
static public WeaponDefinition GetWeaponDefinition(WeaponType wt) // a
{
    // 딕셔너리에 해당 키가 존재하는지 먼저 확인함
    // 존재하지 않는 키를 검색하려고 하면 오류가 발생하므로
    // 이 if 문은 상당히 중요함
    if (WEAP_DICT.ContainsKey(wt))                          // b
    {
        return (WEAP_DICT[wt]);
    }
    // 이 행은 WeaponType.none 타입의 새 WeaponDefinition을 반환하며
    // 올바른 WeaponDefinition을 찾지 못했다는 의미임
    return (new WeaponDefinition());                        // c
}
}
```

a. 이 함수 위쪽의 문서화 부분에는 요약뿐만 아니라 반환하는 것과 전달
   되는 매개변수에 대한 설명도 있다.

b. 이 if문은 wt로 전달된 키의 항목이 WEAP_DICT에 있는지 점검한다.
   존재하지 않는 항목을 얻으려고 하면(예, WEAP_DICT[WeaponType.phaser]를 시도하면)
   오류가 발생할 것이다.
   적절한 WeaponType의 요소가 있는 것으로 예상되는 경우 그 Weapon
   Definition을 반환한다.

c. WEAP_DICT에 적절한 WeaponType 키의 항목이 없으면 WeaponType.none
   타입의 새 WeaponDefinition을 반환한다.

Projectile 클래스를 수정해 WeaponDefinitions 사용하기

새로운 WeaponDefinitions를 만들려면 Projectile 클래스를 상당히 변경해야
한다.

1. 비주얼 스튜디오에서 Projectile 클래스를 연다.
2. Projectile 클래스에 대한 코드를 다음 코드 리스트와 만든다.

```
using System.Collections;
using System.Collections.Generic;
using UnityEngine;

public class Projectile : MonoBehaviour
{
    private BoundsCheck      bndCheck;
    private Renderer         rend;

    [Header("Set Dynamically")]
    public Rigidbody         rigid;
    [SerializeField]                                    // a
    private WeaponType       _type;                     // b
    // 이 public 프로퍼티는 _type 필드를 대신해 값을 설정
    public WeaponType type                              // c
    {
        get
        {
            return (_type);
        }
        set
        {
            SetType(value);                             // c
        }
    }

    void Awake()
    {
        bndCheck = GetComponent<BoundsCheck>();
```

```
        rend = GetComponent<Renderer>();                              // d
        rigid = GetComponent<Rigidbody>();
    }

    void Update()
    {
        if (bndCheck.offUp)
        {
            Destroy(gameObject);
        }
    }

    /// <summary>
    ///     private 필드 _type을 설정하고 WeaponDefinition에 맞는 총알의
    ///     색을 지정한다.
    /// </summary>
    /// <param name="eType">사용할 WeaponType</param>
    public void SetType(WeaponType eType)                              // e
    {
        // _type을 설정
        _type = eType;
        WeaponDefinition def = Main.GetWeaponDefinition(_type);
        rend.material.color = def.projectileColor;
    }
}
```

a. _type 선언 위에 있는 [SerializeField] 속성은 _type가 private이더라도 유니티 인스펙터에 나타나게 한다. 하지만 인스펙터에서 이 필드를 설정하면 안 된다.

b. 이 책의 일반적인 실습에서는 프로퍼티를 통해 접근하는 private 필드에 대해 이름 앞에 밑줄을 붙인다(예, private 필드인 _type은 type 프로퍼티를 통해 접근한다).

c. type 프로퍼티의 get 절은 여러분이 봤던 다른 프로퍼티처럼 작동하지만 set 절은 setType() 메서드를 호출하며 _type을 설정하는 것 이상의 작업을 수행할 수 있다.

836

d. SetType() 메서드에서 이 게임오브젝트에 부착된 Renderer 컴포넌트를 사용해야 하므로 여기서 얻어놓는다.

e. SetType()은 private 필드인 _type을 설정할 뿐만 아니라 Main의 weaponDefinitions를 기준으로 해당 총알의 색이 지정된다.

함수 델리게이트를 통한 총알 발사

이 게임 프로토타입에서 Hero 클래스에는 모든 무기를 발사하고자 호출되는 함수 델리게이트 fireDelegate가 있으며 여기에 부착된 각 무기 종류에 따라 별도의 Fire() 대상 메서드가 fireDelegate에 추가된다.

1. 계속하기에 앞서 부록 B의 '함수 델리게이트' 절을 읽기 바란다. 함수 델리게이트는 한 번의 호출로 여러 함수를 호출할 수 있는 별칭nickname과 같다.
2. Hero 클래스에 다음의 굵게 표시된 코드를 추가한다.

```
public class Hero : MonoBehaviour
{
    ...
    private GameObject        lastTriggerGo = null;

    // 새 델리게이트 타입인 WeaponFireDelegate을 선언
    public delegate void WeaponFireDelegate();                         // a
    // fireDelegate라는 이름의 WeaponFireDelegate 필드를 생성
    public WeaponFireDelegate fireDelegate;

    void Awake()
    {
        if (S == null)
        {
            ...
        }
        fireDelegate += TempFire;                                      // b
    }

    void Update()
```

```
    {
        ...
        transform.rotation =
            ➥ Quaternion.Euler(yAxis * pitchMult, xAxis * rollMult, 0);

        // 발사 허용
//      if (Input.GetKeyDown(KeyCode.Space))                    // c
//      {                                                       // c
//          TempFire();                                         // c
//      }                                                       // c

        // fireDelegate를 통해 무기 발사
        // 먼저 버튼이 눌렀는지 확인: Axis("Jump")
        // 그다음으로 오류 예방을 위해 fireDelegate가 null이 아닌지 확인
        if (Input.GetAxis("Jump") == 1 && fireDelegate != null)    // d
        {
            fireDelegate();                                     // e
        }
    }

    void TempFire()                                             // f
    {
        GameObject projGO = Instantiate<GameObject>(projectilePrefab);
        projGO.transform.position = transform.position;
        Rigidbody rigidB = projGO.GetComponent<Rigidbody>();
//      rigidB.velocity = Vector3.up * projectileSpeed;         // g

        Projectile proj = projGO.GetComponent<Projectile>();    // h
        proj.type = WeaponType.blaster;
        float tSpeed = Main.GetWeaponDefinition(proj.type).velocity;
        rigidB.velocity = Vector3.up * tSpeed;
    }

    void OnTriggerEnter(Collider other) { ... }
    ...
}
```

a. 둘 모두 public이지만 델리게이트 타입인 WeaponFireDelegate()나 fireDelegate 필드는 유니티 인스펙터에 나타나지 않는다.

b. fireDelegate에 TempFire를 더하면 fireDelegate가 함수처럼 호출(// e 참고)될 때마다 TempFire가 호출된다.

fireDelegate에 TempFire를 더할 때 메서드 이름인 TempFire 뒤에 괄호를 두지 않는다. 그 메서드를 호출해 반환한 결과를 더할 것(메서드 이름 뒤에 괄호를 두면 그렇게 됨)이 아니라 메서드 자체를 더할 것이기 때문이다.

c. if (Input.GetKeyDown(KeyCode.Space)) { ... } 문의 전체 부분을 주석 처리(또는 삭제)해야 한다.

d. 스페이스바 또는 컨트롤러의 점프 버튼을 누르면 Input.GetAxis("Jump")는 1이 된다.

지정된 메서드가 없을 때 fireDelegate를 호출하면 오류가 발생한다. 이를 예방하고자 호출하기 전에 fireDelegate != null을 확인한다.

e. 여기서는 fireDelegate를 함수처럼 호출한다. 이렇게 하면 fireDelegate 델리게이트에 추가된 모든 함수를 호출한다(이 말은 TempFire()를 호출한다는 뜻이다).

f. TempFire()는 이제 FireDelegate에 의해 표준 블래스터를 발사하는 데 사용된다. 나중에 Weapon 클래스를 만들 때 TempFire()를 교체할 것이다.

g. 이 행을 주석 처리하거나 삭제해야 한다.

h. 이 새로운 부분은 Projectile 클래스의 WeaponType에서 정보를 가져와 이를 사용해 projGO 게임오브젝트의 속도를 설정한다.

3. 유니티에서 플레이 버튼을 클릭하고 발사해본다. 아주 빠르게 많은 양이 발사되는 블래스터 샷을 보게 될 것이다. 다음 절에서는 발사를 더 잘 관리할 수 있는 Weapon 클래스를 추가하고 TempFire()를 Weapon 클래스의 Fire() 함수로 교체할 것이다.

Weapon 오브젝트를 생성해 총알 발사하기

새 Weapon 게임오브젝트의 아트워크부터 시작해보자. 이 Weapon의 이점은 _Hero에 원하는 만큼 많은 무기를 부착시킬 수 있고 Hero 클래스의 fireDelegate에 각 무기를 추가하고 나서 fireDelegate를 함수처럼 호출하면 여러 무기를 함께 발사할 수 있다는 것이다.

1. 하이어라키 창에서 빈 게임오브젝트를 생성하고 이름을 Weapon으로 정한 후 다음 구조로 자식을 만든다.

```
Weapon (Empty)    P:[ 0, 2, 0 ]    R:[ 0, 0, 0 ]  S:[ 1, 1, 1 ]
    Barrel (Cube)  P:[ 0, 0.5, 0 ]  R:[ 0, 0, 0 ]  S:[ 0.25, 1, 0.1 ]
    Collar (Cube)  P:[ 0, 1, 0 ]    R:[ 0, 0, 0 ]  S:[ 0.375, 0.5, 0.2 ]
```

2. Barrel과 Collar를 개별적으로 선택하고 나서 Box Collider 컴포넌트의 이름을 마우스 오른쪽 버튼으로 클릭한 후 팝업 메뉴에서 Remove Component 를 선택해 Barrel과 Collar 모두에서 이 Collider 컴포넌트를 제거한다. Box Collider 이름 오른쪽에 있는 세 점 아이콘을 클릭해도 같은 메뉴가 나타난다.

3. 프로젝트 창의 _Materials 폴더 안에 새 머티리얼을 생성하고 이름을 Mat_Collar로 지정한다.

4. 이 머티리얼을 Collar로 드래그해서 지정한다. 인스펙터의 Shaders 팝업 메뉴에서 ProtoTools ➤ UnlitAlpha를 선택한다(그림 31.2 참고).

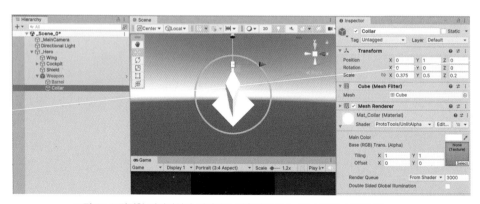

그림 31.2 적절한 머티리얼과 셰이더를 적용하고 Collar를 선택한 상태의 Weapon

5. Weapon C# 스크립트를 하이어라키 창의 Weapon 게임오브젝트에 부착한다.

6. Weapon 게임오브젝트를 프로젝트 창의 _Prefabs 폴더로 드래그해 프리팹으로 만든다.

7. 하이어라키 창의 Weapon 인스턴스를 _Hero의 자식으로 만들고 위치가 [0, 2, 0]인지 확인한다. 이렇게 하면 그림 31.2와 같이 _Hero 우주선의 돌출부에 Weapon이 놓여야 한다.

8. 씬을 저장한다. 수시로 저장하는 습관을 들여야 한다.

Weapon C# 스크립트에 발사 추가하기

무기 스크립트에 발사를 추가하려면 다음을 따른다.

1. Hero의 TempFire() 메서드에서 fireDelegate을 사용하지 않게 하는 것으로 시작하자. 비주얼 스튜디오에서 Hero C# 스크립트를 열고 다음의 굵게 표시된 행을 주석 처리한다.

```
public class Hero : MonoBehaviour
{
    ...
    void Awake()
    {
        ...
//      fireDelegate += TempFire;
    }
    ...
}
```

이 행을 주석 처리하면 fireDelegate가 더 이상 TempFire()를 호출하지 않는다. 원할 경우 Hero 클래스에서 TempFire() 메서드를 아예 삭제해도 된다. 지금 플레이 버튼을 클릭해 발사 버튼을 눌러보면 Hero 우주선은 발사하지 않을 것이다.

2. 비주얼 스튜디오에서 Weapon C# 스크립트를 열고 다음의 굵게 표시된 코드를 추가한다.

```
public class Weapon : MonoBehaviour
{
    static public Transform          PROJECTILE_ANCHOR;

    [Header("Set Dynamically")]      [SerializeField]
    private WeaponType               _type = WeaponType.none;
    public WeaponDefinition          def;
    public GameObject                collar;
    public float                     lastShotTime; // 가장 최근에 발사한 시간
    private Renderer                 collarRend;

    void Start()
    {
        collar = transform.Find("Collar").gameObject;
        collarRend = collar.GetComponent<Renderer>();

        // WeaponType.none라는 기본 _type으로 SetType()를 호출
        SetType(_type);                                          // a

        // 모든 총알에 대해 동적으로 앵커를 생성
        if (PROJECTILE_ANCHOR == null)                           // b
        {
            GameObject go = new GameObject("_ProjectileAnchor");
            PROJECTILE_ANCHOR = go.transform;
        }
        // 루트 게임오브젝트의 fireDelegate를 얻음
        GameObject rootGO = transform.root.gameObject;           // c
        if (rootGO.GetComponent<Hero>() != null)                 // d
        {
            rootGO.GetComponent<Hero>().fireDelegate += Fire;
        }
    }

    public WeaponType type
    {
        get { return (_type); }
        set { SetType(value); }
    }

    public void SetType(WeaponType wt)
```

```
{
    _type = wt;
    if (type == WeaponType.none)                                  // e
    {
        this.gameObject.SetActive(false);
        return;
    }
    else
    {
        this.gameObject.SetActive(true);
    }
    def = Main.GetWeaponDefinition(_type);                        // f
    collarRend.material.color = def.color;
    lastShotTime = 0; // _type이 설정된 후 즉시 발사할 수 있음       // g
}

public void Fire()
{
    // this.gameObject가 비활성화돼 있으면 반환
    if (!gameObject.activeInHierarchy) return;                    // h
    // 발사 후 시간이 충분히 지나지 않으면 반환
    if (Time.time - lastShotTime < def.delayBetweenShots)         // i
    {
        return;
    }
    Projectile p;
    Vector3 vel = Vector3.up * def.velocity;                      // j
    if (transform.up.y < 0)
    {
        vel.y = -vel.y;
    }

    switch (type)                                                 // k
    {
        case WeaponType.blaster:
            p = MakeProjectile();
            p.rigid.velocity = vel;
```

```
                break;

            case WeaponType.spread:                                    // l
                p = MakeProjectile();            // 중앙쪽 총알을 생성
                p.rigid.velocity = vel;
                p = MakeProjectile();            // 오른쪽 총알을 생성
                p.transform.rotation = Quaternion.AngleAxis(10, Vector3.back);
                p.rigid.velocity = p.transform.rotation * vel;
                p = MakeProjectile();            // 왼쪽 총알을 생성
                p.transform.rotation = Quaternion.AngleAxis(-10, Vector3.back);
                p.rigid.velocity = p.transform.rotation * vel;
                break;
        }
    }

    public Projectile MakeProjectile()                                 // m
    {
        GameObject go = Instantiate<GameObject>(def.projectilePrefab);
        if (transform.parent.gameObject.tag == "Hero")                 // n
        {
            go.tag = "ProjectileHero";
            go.layer = LayerMask.NameToLayer("ProjectileHero");
        }
        else
        {
            go.tag = "ProjectileEnemy";
            go.layer = LayerMask.NameToLayer("ProjectileEnemy");
        }
        go.transform.position = collar.transform.position;
        go.transform.SetParent(PROJECTILE_ANCHOR, true);               // o
        Projectile p = go.GetComponent<Projectile>();
        p.type = type;
        lastShotTime = Time.time;                                      // p
        return (p);
    }
}
```

a. Weapon 게임오브젝트가 시작되면 SetType()을 호출한다. WeaponType 인 _type이 설정된 대로 SetType()을 호출한다. 이렇게 하면 Weapon이 사라지거나(_type이 WeaponType.none일 경우) 올바른 collar 색을 보이게 된다 (_type이 WeaponType, Blaster, WeaponType.spread일 경우).

b. PROJECTILE_ANCHOR는 Weapon 스크립트가 생성한 모든 총알에 대해 하이어라키 창에서 부모 역할을 하라고 만든 정적 Transform이다. PROJECTILE_ANCHOR가 null이면(아직 생성이 안 됐기 때문) _ProjectileAnchor라는 새 게임오브젝트를 생성하고 그 transform을 PROJECTILE_ANCHOR에 지정한다.

c. 무기는 항상 다른 게임오브젝트에 부착된다(예, _Hero). 그러므로 이 무기가 자식으로 있는 루트 게임오브젝트를 찾는다.

d. 이 루트 게임오브젝트에 Hero 스크립트가 부착돼 있으면 이 Weapon의 Fire() 메서드는 Hero 클래스 인스턴스의 fireDelegate 델리게이트에 추가된다. 무기를 적 우주선에 추가하려면 여기와 비슷한 if문을 추가해 Enemy 스크립트가 부착됐는지 확인하면 된다. Enemy의 하위 클래스(예, Enemy_1, Enemy_2 등)가 rootGO에 부착됐다고 해도 rootGO에게 Enemy 스크립트를 요청했을 때 클래스 상속 규칙 때문에 여전히 Enemy의 하위 클래스가 반환될 것이다.

e. type이 WeaponType.none이라면 이 게임오브젝트는 사용 불가다. 게임오브젝트가 활성화되지 않으면 그 게임오브젝트는 MonoBehavior 메서드 호출(예, Update(), LateUpdate(), FixedUpdate(), OnCollisionEnter() 등)을 받지 않으며 물리 시뮬레이션의 한 부분도 아니고 씬에서도 사라진다. 하지만 비활성화된 게임오브젝트에 연결된 변수의 설정이나 함수 호출은 여전히 가능하므로 무언가가 SetType()을 호출하거나 type 프로퍼티를 WeaponType.blaster 또는 WeaponType.spread로 설정한다면 SetType() 메서드가 호출되고 부착된 게임오브젝트가 다시 활성화될 것이다.

f. SetType()은 게임오브젝트의 활성화 여부를 설정할 뿐만 아니라 Main 으로부터 적절한 WeaponDefinition을 가져와 Collar의 색을 설정하고

    lastShotTime을 재설정한다.

g. lastShotTime을 0으로 재설정하면 이 무기를 즉시 발사할 수 있다 (// i 참고).

h. 이 무기가 비활성이거나 _Hero 게임오브젝트(이 Weapon의 루트 부모)가 비활성 또는 소멸된 경우 gameObject.activeInHierarchy는 false가 될 것이다. gameObject.activeInHierarchy가 false라면 이 함수는 그냥 끝낼 것이고 무기는 발사하지 않는다.

i. 이 무기가 발사한 현재 시간과 가장 최근에 발사한 시간과의 차이가 그 WeaponDefinition에 정의된 delayBetweenShots보다 작으면 이 무기는 발사하지 않는다.

j. 위쪽 방향의 초기 속도가 설정되지만 transform.up.y가 < 0이라면(아래쪽을 향한 적 무기라면 true) vel의 y 성분도 아래쪽을 향하게 설정한다.

k. 이 switch문에는 31장에서 구현한 두 개의 WeaponType 각각에 대한 옵션이 있다. WeaponType.blaster의 경우 MakeProjectile()를 호출해 (새 projectile 게임오브젝트에 부착된 Projectile 클래스 인스턴스에 대한 참조를 반환함) 하나의 총알을 생성하고 나서 Rigidbody에 vel 방향의 속도를 지정한다.

l. _type이 WeaponType.spread면 세 개의 다른 총알을 생성한다. Vector3.back 축(즉, 화면 정면에서 사용자 쪽으로 나오는 방향인 –z축)을 중심으로 10도다. 그런 다음 Rigidbody.velocity는 그 회전에 vel을 곱해서 설정된다. 쿼터니온에 Vector3를 곱하면 그 Vector3를 회전시켜 총알이 기울어진 방향으로 향하게 된다.

m. MakeProjectile() 메서드는 WeaponDefinition에 저장된 프리팹의 복제본을 인스턴스화하고 부착된 Projectile 클래스 인스턴스에 대한 참조를 반환한다.

n. _Hero 또는 Enemy가 쏜 것인지에 따라 총알에 적절한 태그와 물리 레이어를 부여한다.

o. Projectile 게임오브젝트의 부모를 PROJECTILE_ANCHOR로 설정한다. 이렇게 하면 하이어라키 창에서 _ProjectileAnchor 아래에 이 오브젝

트를 놓게 돼 하이어라키 창을 깔끔하게 보이게 하고 여러 Projectile 복제물로 하이어라키 창을 어지럽히는 문제를 방지한다. 전달한 true 인자는 go에게 월드 위치를 따르게 지시한다.

p. lastShotTime을 현재 시간으로 설정해 def.delayBetweenShots초 동안 이 무기가 발사되지 않게 한다.

3. 플레이 버튼을 클릭하면 _Hero에 부착된 무기가 사라진다. 해당 WeaponType이 WeaponType.none이기 때문이다.

4. 하이어라키 창에서 _Hero에 부착된 Weapon을 선택하고 Weapon (Script) 컴포넌트의 type을 Blaster로 설정한다. 플레이 버튼을 클릭해보라. 이제 스페이스바를 누르고 있으면 블래스터가 0.2초마다(_MainCamera의 Main (Script) 컴포넌트의 weaponDefinitions 배열에 정의됨) 발사된다.

5. 하이어라키 창에서 _Hero에 부착된 Weapon을 선택하고 Weapon (Script) 컴포넌트의 type을 Spread로 설정한다. 플레이 버튼을 클릭해보라. Collar 무기가 파란색으로 바뀌고 스페이스바를 누르고 있으면 0.4초 간격으로 세 발씩 발사된다.

Enemy의 OnCollisionEnter 메서드 개선하기

무기가 손상을 일으킬 총알을 발사할 수 있지만(현재 각 총알은 동일한 크기의 손상을 주게 설정됨) Enemy 클래스의 OnCollisionEnter() 메서드를 개선할 필요가 있다.

1. 비주얼 스튜디오에서 Enemy C# 스크립트를 열고 OnCollisionEnter() 메서드를 삭제한다.

2. 이전의 OnCollisionEnter() 메서드를 다음 코드로 대체한다.

```
public class Enemy : MonoBehaviour
{
    ...
    public virtual void Move() { ... }
```

```
    void OnCollisionEnter(Collision coll)                           // a
{
    GameObject otherGO = coll.gameObject;
    switch (otherGO.tag)
    {
        case "ProjectileHero":                                      // b
            Projectile p = otherGO.GetComponent<Projectile>();
            // 이 적이 화면에서 벗어나면 플레이어의 공격을 받지 않음
            if (!bndCheck.isOnScreen)                               // c
            {
                Destroy(otherGO);
                break;
            }

            // 이 적 우주선에 피해를 입힘
            // 피해 수치는 Main WEAP_DICT에서 얻음
            health -= Main.GetWeaponDefinition(p.type).damageOnHit;
            if (health <= 0)                                        // d
            {
                // 이 적을 소멸시킴
                Destroy(this.gameObject);
            }
            Destroy(otherGO);                                       // e
            break;

        default:
            print("Enemy hit by non-ProjectileHero: " + otherGO.name);// f
            break;
    }
}
}
```

a. 이전의 OnCollisionEnter() 메서드를 완전히 대체해야 한다.

b. 이 적을 공격한 게임오브젝트에 ProjectileHero 태그가 있으면 이 적에게 피해를 줘야 한다. 다른 태그가 있으면 default 케이스 문(// f)에서 처리한다.

    c. 이 적이 화면을 벗어났으면 이 적을 맞춘 Projectile 게임오브젝트에 대해 break;가 호출된다. 그러면 case "ProjectileHero"의 나머지 코드를 수행하지 않고 switch문을 빠져나간다.

    d. 이 Enemy의 체력이 0 아래로 떨어지면 이 Enemy를 소멸시킨다. 적의 기본 체력이 10이고 블래스터의 damageOnHit가 1인 경우 소멸시키려면 10발을 맞아야 한다.

    e. Projectile 게임오브젝트를 소멸시킨다.

    f. ProjectileHero가 아닌 다른 태그를 붙인 게임오브젝트가 이 Enemy와 충돌하면 콘솔 창에 그 게임오브젝트에 대한 메시지를 출력한다.

3. 씬에서 플레이 버튼을 클릭하기에 앞서 Enemy_3 스폰을 일반 Enemy 스폰으로 다시 전환해놔야 한다. 하이어라키 창에서 _MainCamera를 선택하고 Main (Script) 컴포넌트의 prefabEnemies 배열의 Element 0을 Enemy_0 프리팹으로 설정한다.

이제 씬을 플레이하면 적을 파괴할 수는 있다. 그러나 각 적들에 대해 10발씩 맞춰야 하는데, 피해를 입고 있는지는 알 수 없다.

적 우주선의 피해 나타내기

적 우주선이 피해를 당하고 있는 것을 나타내고자 총알을 맞을 때마다 두 프레임 동안 적을 빨간색으로 깜박이게 하는 코드를 추가할 것이다. 하지만 그렇게 하려면 각 적의 모든 자식에 있는 머티리얼에 접근할 수 있어야 한다. 이런 점은 다른 여러 게임에도 유용할 것이므로 재사용 가능한 게임 코드로 채울 새 Utils C# 클래스로 만들자.

재사용 가능한 Utils 스크립트 만들기

이 책의 나머지 부분에서 Utils 클래스를 사용할 것이다. Utils 클래스는 코드의 어디서나 쓸 수 있게 거의 정적 함수로 구성한다.

1. 새 C# 스크립트를 생성하고 이름을 Utils로 지정한 후 __Scripts 폴더에 저장한다. 비주얼 스튜디오에서 Utils를 열고 다음 코드를 입력한다.

```csharp
using System.Collections;
using System.Collections.Generic;
using UnityEngine;

public class Utils : MonoBehaviour
{

//============================ 머티리얼 함수 =============================\\

    // 이 게임오브젝트와 그 자식들의 모든 머티리얼에 대한 리스트를 반환
    static public Material[] GetAllMaterials(GameObject go)          // a
    {
        Renderer[] rends = go.GetComponentsInChildren<Renderer>();  // b

        List<Material> mats = new List<Material>();
        foreach (Renderer rend in rends)                            // c
        {
            mats.Add(rend.material);
        }

        return (mats.ToArray());                                    // d
    }
}
```

a. GetAllMaterials()는 정적 public 메서드로 Utils.GetAllMaterials() 를 통해 이 프로젝트 아무 곳에서 호출할 수 있다.

b. GetComponentsInChildren<>()은 이 게임오브젝트 자체에 대해 반복해 이 메서드의 제네릭 <> 매개변수 속에 전달한 컴포넌트 타입에 대한 배열을 반환한다(이 예에서 컴포넌트 타입은 Renderer).

c. 이 foreach 루프는 rends 배열 속에 있는 Renderer 컴포넌트에 대해 반복하며 각각으로부터 material 필드를 추출한다. 그러고 나서 이 머티리얼을 mats 리스트에 추가한다.

d. 마지막으로 mats 리스트는 배열로 변환돼 반환된다.

Using GetAllMaterials를 사용해 적을 빨간색으로 깜박이게 만들기

이제 Enemy를 수정해서 Utils의 GetAllMaterials() 정적 메서드를 사용하자.

1. 다음의 굵게 표시된 코드를 Enemy 클래스에 추가한다.

```
public class Enemy : MonoBehaviour
{
    ...
    public int      score = 100;         // 파괴 시 받는 점수
    public float    showDamageDuration = 0.1f; // # 피해 효과를 표시할 시간(초) // a

    [Header("Set Dynamically: Enemy")]
    public Color[]      originalColors;
    public Material[] materials;     // 현재 게임오브젝트와 그 자식의 모든 머티리얼
    public bool         showingDamage = false;
    public float        damageDoneTime;   // 피해 효과를 멈추는 시간
    public bool         notifiedOfDestruction = false;  // 나중에 사용

    protected BoundsCheck bndCheck;

    void Awake()
    {
        bndCheck = GetComponent<BoundsCheck>();
        // 현재 게임오브젝트와 그 자식의 머티리얼과 색을 얻음
        materials = Utils.GetAllMaterials(gameObject);              // b
        originalColors = new Color[materials.Length];
        for (int i = 0; i < materials.Length; i++)
        {
            originalColors[i] = materials[i].color;
        }
    }
    ...

    void Update()
```

```
{
    Move();

    if (showingDamage && Time.time > damageDoneTime)              // c
    {
        UnShowDamage();
    }

    if (bndCheck != null && bndCheck.offDown)
    {
        // 게임오브젝트가 아래 바깥으로 나갔으므로 소멸시킴
        Destroy(gameObject);
    }
}

...

void OnCollisionEnter(Collision coll)
{
    GameObject otherGO = coll.gameObject;
    switch (otherGO.tag)
    {
        case "ProjectileHero":
            ...
            // 이 적 우주선에 피해를 입힘
            ShowDamage();                                        // d
            // 피해 수치는 Main WEAP_DICT에서 얻음
            ...
    }
}

void ShowDamage()                                               // e
{
    foreach (Material m in materials)
    {
        m.color = Color.red;
    }
    showingDamage = true;
    damageDoneTime = Time.time + showDamageDuration;
```

```
    }

    void UnShowDamage()                                                   // f
    {
        for (int i = 0; i < materials.Length; i++)
        {
            materials[i].color = originalColors[i];
        }
        showingDamage = false;
    }
}
```

a. 새로 굵게 표시된 필드 모두를 위쪽에 추가한다.

b. 새로운 Utils.GetAllMaterials() 메서드를 사용해 Materials 배열을
   채운다. 그런 다음 머티리얼 모두에 대해 반복해 원본 색을 저장한다.
   Enemy 게임오브젝트는 현재 모두 흰색이지만 이 메서드를 사용하면
   원하는 색, 즉 Enemy가 피해를 받을 때의 빨간색으로 설정했다가 원본
   색으로 되돌릴 수 있다.

   중요한 점인데, Utils.GetAllMaterials()에 대한 호출은 Awake() 메
   서드에서 하고 그 결과는 materials에 임시로 저장한다. 이렇게 하
   면 각 적마다 한 번씩만 지장한다. Utils.GetAllMaterials()는 Get
   ComponentsInChildren<>()을 사용하는데, 이는 처리 시간이 오래 걸
   리고 성능이 저하될 수 있는 다소 느린 함수다. 따라서 프레임마다
   호출하기보다는 한 번만 호출해서 임시로 저장하는 편이 낫다.

c. 적이 현재 피해를 입고 있고(즉, 빨간색이라면) 현재 시간이 damageDoneTime
   보다 더 크면 UnShowDamage()를 호출한다.

d. 적에게 피해를 주는 OnCollisionEnter() 부분에 ShowDamage()에 대한
   호출을 추가한다.

e. ShowDamage()는 materials 배열 속에 있는 모든 머티리얼을 빨간색으
   로 변경하고 showingDamage를 true로 설정하며 피해 표시를 중지해야
   하는 시간을 설정한다.

f. UnShowDamage()는 materials 배열의 모든 머티리얼을 원래의 색으로 되돌리고 showingDamage를 false로 설정한다.

이제 주인공의 총알에 적이 맞으면 그 적에 포함된 모든 머티리얼을 빨간색으로 설정하고 damageDoneTime초 동안 적을 완전히 빨간색으로 표시한다. damageDone Time 초가 지난 후 Enemy 스크립트는 적 게임오브젝트와 그 자식을 원래의 색으로 되돌린다.

2. 플레이 버튼을 클릭하고 게임을 테스트해본다. 이제 새로 추가된 효과로 적 우주선을 제대로 맞추고 있는지 확인할 수 있지만 적 우주선을 파괴하려면 여전히 여러 번 맞춰야 한다. 플레이어 무기의 세기와 개수를 높여줄 파워업 아이템을 만들어보자.

3. 프로젝트를 저장하는 것을 기억하고 있겠지? 항상 프로젝트를 자주 저장해야 한다.

파워업과 부스팅 무기 추가하기

이 절에서는 다음과 같이 세 가지 파워업을 만들 것이다.

- **연사형[B]:** 플레이어의 무기 종류가 연사형이 아닌 경우 연사형으로 전환하고 무기 개수를 한 개로 재설정한다. 무기 종류가 이미 연사형인 경우 무기 개수를 늘린다.

- **분사형[S]:** 플레이어의 무기 종류가 분사형이 아닌 경우 분사형으로 전환하고 무기 개수를 한 개로 재설정한다. 무기 종류가 이미 분사형인 경우 무기 개수를 늘린다.

- **방어막[O]:** 플레이어의 방어막을 한 단계 늘린다.

파워업 아트워크

파워업은 회전하는 큐브 배경의 3D 텍스트로 만들 것이다(30장 시작 부분의 그림 30.1에 몇 가지 예가 나온다). 다음 단계에 따라 파워업을 만든다.

1. 새 3D 텍스트를 생성한다(메뉴 표시줄에서 GameObject ➤ 3D Object ➤ Text – TextMeshPro). 이때 TMP Importer 대화상자가 나타나면 Import TMP Essentials 버튼을 클릭한다. 이름을 PowerUp으로 지정하고 Cube를 생성해 그 자식으로 둔 후 다음 설정을 지정한다.

```
PowerUp (3D Text)    P:[ 10, 0, 0 ]  R:[ 0, 0, 0 ]  S:[ 1, 1, 1 ]
            Cube     P:[ 0, 0, 0 ]   R:[ 0, 0, 0 ]  S:[ 2, 2, 2 ]
```

2. PowerUp을 선택한다.
3. PowerUp의 Text Mesh 컴포넌트 프로퍼티를 그림 31.3과 같이 설정한다.
4. PowerUp에 Rigidbody 컴포넌트를 추가하고(Component ➤ Physics ➤ Rigidbody) 그림 31.3과 같이 설정한다.
5. PowerUp의 tag와 physics layer를 PowerUp으로 설정한다. 나타나는 질문에 Yes, change children으로 답한다.
6. 다음과 같이 파워업 큐브에 대한 기스텀 머티리얼을 만든다.
    a. _Materials 폴더 안에 새 머티리얼을 생성한 후 이름을 Mat_PowerUp으로 지정한다.
    b. 이 머티리얼을 PowerUp의 자식인 Cube로 드래그한다.
    c. PowerUp의 자식인 Cube를 선택한다.
    d. Mat_PowerUp의 셰이더를 ProtoTools ➤ UnlitAlpha로 설정한다.
    e. Mat_PowerUp에 대한 텍스처 상자의 아래쪽에 있는 Select 버튼을 클릭하고 Assets 탭에서 PowerUp이라는 텍스처를 선택한다. 이때 Mat_PowerUp의 텍스처를 나타내고자 인스펙터에서 Mat_PowerUp 컴포넌트의 왼쪽 아래 구석에 있는 펼침 삼각형을 열어야 할 것이다.
    f. Mat_PowerUp의 main color를 청록색(RGBA: [0, 255, 255, 255]인 밝은 파란색)으로

설정하고 색이 지정되면 PowerUp의 모양을 볼 수 있다.

g. 큐브의 Box Collider를 트리거로 설정한다(Is Trigger 옆의 박스에 체크 표시를 한다).

PowerUp과 그 자식인 큐브의 모든 설정이 그림 31.3과 일치하는지 다시 확인하고
씬을 저장한다.

그림 31.3 스크립트를 부착하기 전의 PowerUp과 그 자식인 Cube에 대한 설정

PowerUp 코드

파워업 코드는 다음 과정을 따른다.

1. BoundsCheck를 하이어라키 창의 PowerUp 게임오브젝트에 부착한다. radius 를 1로 설정하고 keepOnScreen을 false(체크 표시 없앰)로 설정한다.
2. __Scripts 폴더에 새 C# 스크립트를 생성하고 이름을 PowerUp으로 지정 한다.
3. PowerUp 스크립트를 하이어라키 창의 PowerUp 게임오브젝트에 부착한다.
4. 비주얼 스튜디오에서 PowerUp 스크립트를 열고 다음 코드를 입력한다.

```csharp
using System.Collections;
using System.Collections.Generic;
using UnityEngine;
using TMPro;                       // TextMeshPro를 사용하고자 필요

public class PowerUp : MonoBehaviour
{
    [Header("Set in Inspector")]
    // 흔하지 않지만 Vector2를 편리하게 사용한 예다. 나중에 Random.Range()를
    // 호출해 최솟값을 x, 최댓값을 y에 저장함
    public Vector2        rotMinMax = new Vector2(15, 90);
    public Vector2        driftMinMax = new Vector2(.25f, 2);
    public float          lifeTime = 6f;    // 파워업이 존재하는 시간(초)
    public float          fadeTime = 4f;    // 파워업이 사라지는 시간(초)

    [Header("Set Dynamically")]
    public WeaponType     type;        // 파워업의 종류
    public GameObject     cube;        // 자식 큐브에 대한 참조
    public TextMeshPro    letter;      // TextMesh에 대한 참조
    public Vector3        rotPerSecond;  // 오일러 회전 속도
    public float          birthTime;

    private Rigidbody     rigid;
    private BoundsCheck   bndCheck;
    private Renderer      cubeRend;
```

```
void Awake()
{
    // 큐브 참조를 얻음
    cube = transform.Find("Cube").gameObject;
    // TextMeshPro와 그 외의 컴포넌트를 얻음
    letter = GetComponent<TextMeshPro>();
    rigid = GetComponent<Rigidbody>();
    bndCheck = GetComponent<BoundsCheck>();
    cubeRend = cube.GetComponent<Renderer>();

    // 무작위 속도를 설정
    Vector3 vel = Random.onUnitSphere; // 무작위 XYZ 속도를 얻음
    // Random.onUnitSphere는 원점을 중심으로 반경 1m인 구 표면의
    // 임의 벡터 지점을 반환
    vel.z = 0;              // vel을 XY 평면으로 압축
    vel.Normalize();        // Vector3를 정규화하면 1m 길이가 됨

    vel *= Random.Range(driftMinMax.x, driftMinMax.y);          // a
    rigid.velocity = vel;

    // 이 게임오브젝트의 회전을 R:[ 0, 0, 0 ]로 설정
    transform.rotation = Quaternion.identity;
    // Quaternion.identity는 무회전과 같은 의미임

    // rotMinMax x 및 y를 사용해 자식 큐브에 대한 rotPerSecond를 설정
    rotPerSecond = new Vector3(Random.Range(rotMinMax.x, rotMinMax.y),
    ➥ Random.Range(rotMinMax.x, rotMinMax.y),
    ➥ Random.Range(rotMinMax.x, rotMinMax.y));

    birthTime = Time.time;
}

void Update()
{
    cube.transform.rotation = Quaternion.Euler(rotPerSecond *
    ➥ Time.time);// b

    // 파워업이 점점 사라지게 만듦
    // 기본값을 적용하면 파워업은 10초 동안 유지되고 나서 4초 동안
    // 점차 사라짐
```

```
        float u = (Time.time - (birthTime + lifeTime)) / fadeTime;
        // u는 lifeTime초 동안 <= 0이며 fadeTime초 동안
        // 점차 1에 가까워짐
        // u >= 1이면 이 파워업을 소멸시킴
        if (u >= 1)
        {
            Destroy(this.gameObject);
            return;
        }

        // 큐브와 문자의 알파 값을 u를 이용해 결정
        if (u > 0)
        {
            Color c = cubeRend.material.color;
            c.a = 1f - u;
            cubeRend.material.color = c;
            // 문자도 사라지지만 그 정도가 약함
            c = letter.color;
            c.a = 1f - (u * 0.5f);
            letter.color = c;
        }

        if (!bndCheck.isOnScreen)
        {
            // 파워업이 화면에서 완전히 벗어나면 소멸시킴
            Destroy(gameObject);
        }
    }

    public void SetType(WeaponType wt)
    {
        // Main으로부터 WeaponDefinition를 얻음
        WeaponDefinition def = Main.GetWeaponDefinition(wt);
        // 자식 큐브의 색을 설정
        cubeRend.material.color = def.color;
        //letter.color = def.color;    // 문자에도 색을 지정할 수 있음
        letter.text = def.letter;      // 표시되는 문자를 설정
        type = wt; // 마지막으로 종류를 설정
```

```
        }

        public void AbsorbedBy(GameObject target)
        {
            // 파워업을 획득하면 Hero 클래스가 이 함수를 호출함
            // target을 찾아 크기가 줄어드는 효과를 만들 수 있지만
            // 지금은 그냥 this.gameObject를 소멸시킴
            Destroy(this.gameObject);
        }
    }
```

a. driftMinMax의 x와 y값 사이의 임의의 길이로 속도를 설정한다.

b. update()가 실행할 때마다 자식 큐브를 수동으로 회전시킨다. rotPer
Second와 Time.time을 곱한 값을 사용해 시간 기반으로 회전시키는
것이다.

5. 플레이 버튼을 클릭하면 파워업이 떠다니며 회전하는 것을 볼 수 있다. 우
주선을 파워업에 부딪히면 콘솔에 Triggered by non-Enemy: PowerUp이라
는 메시지가 나타나 파워업 큐브의 트리거 Collider가 제대로 작동한 것
을 알려준다.

6. PowerUp 게임오브젝트를 하이어라키 창에서 프로젝트 창의 _Prefabs 폴더로
드래그해 프리팹으로 만든다.

우주선이 파워업을 획득할 수 있게 하기

다음으로는 우주선이 파워업을 획득할 수 있게 해야 한다. 먼저 컬렉션을 관리하
고 나서 파워업을 획득했을 때 무기를 업그레이드하고 변경할 수 있게 Hero를
수정한다.

1. Hero C# 스크립트를 다음과 같이 변경해 우주선이 파워업과 충돌하면 그
파워업을 획득할 수 있게 한다.

```
public class Hero : MonoBehaviour
```

```
    {
        ...
        void OnTriggerEnter(Collider other)
        {
            ...

            if (go.tag == "Enemy") // 방어막이 적 우주선에 의해 충돌한 경우
            {
                shieldLevel--;     // 방어막 레벨을 한 단계 낮춤
                Destroy(go);       // ... 그리고 적 우주선 파괴
            }
            else if (go.tag == "PowerUp")
            {
                // 방어막이 파워업에 의해 충돌한 경우
                AbsorbPowerUp(go);
            }
            else
            {
                print("Triggered by non-Enemy: " + go.name);
            }
        }

        public void AbsorbPowerUp(GameObject go)
        {
            PowerUp pu = go.GetComponent<PowerUp>();
            switch (pu.type)
            {
                // 지금은 이 switch 블록을 그대로 둠
            }
            pu.AbsorbedBy(this.gameObject);
        }

        public float shieldLevel { ... }
    }
```

2. 이제 플레이 버튼을 클릭한 후 우주선을 파워업에 부딪히면 파워업이 획득
   되는 것을 볼 수 있다.

파워업 획득으로 뭔가를 하기 전에 무기 설정이 좀 더 필요하다.

3. Hero 스크립트 위쪽에 다음의 굵게 표시된 것과 같이 weapons 배열을 추가한다.

```
public class Hero : MonoBehaviour
{
    ...
    public float        projectileSpeed = 40;
    public Weapon[]      weapons;                              // a
    [Header("Set Dynamically")]
    ...
}
```

a. 다음 절에서는 다섯 개의 Weapon 게임오브젝트를 _Hero의 자식으로 만들어 우주선의 총으로 사용할 것이다. 이 weapons 배열은 이들 각 게임오브젝트에 대한 참조를 저장하게 된다.

무기 옵션 확장하기

코드를 수정했으므로 유니티에서 _Hero에 몇 가지 변경 사항을 적용해야 한다.

1. 하이어라키 창의 _Hero 게임오브젝트 옆에 있는 펼침 삼각형을 연다.

2. _Hero의 자식 Weapon을 선택한다. Ctrl+D(또는 맥OS에서는 Command-D)를 네 번 눌러 무기를 네 개 복제한다.[3] 이 복제물 모두는 여전히 _Hero의 자식이어야 한다.

3. 다섯 개의 무기 이름을 Weapon_0 ~ Weapon_4로 변경하고 다음과 같이 트랜스폼을 설정한다.

---

3. 키보드 명령이 작동하지 않으면 메뉴 표시줄에서 Edit ➤ Duplicate를 선택하거나 **하이어라키** 창에서 원본 무기를 마우스 오른쪽 버튼으로 클릭하고 나타난 팝업 메뉴에서 Duplicate를 선택하면 된다.

```
_Hero          P:[ 0, 0, 0 ]          R:[ 0, 0, 0 ]   S:[ 1, 1, 1 ]
  Weapon_0     P:[ 0, 2, 0 ]          R:[ 0, 0, 0 ]   S:[ 1, 1, 1 ]
  Weapon_1     P:[ -2, -1, 0 ]        R:[ 0, 0, 0 ]   S:[ 1, 1, 1 ]
  Weapon_2     P:[ 2, -1, 0 ]         R:[ 0, 0, 0 ]   S:[ 1, 1, 1 ]
  Weapon_3     P:[ -1.25, -0.25, 0 ]  R:[ 0, 0, 0 ]   S:[ 1, 1, 1 ]
  Weapon_4     P:[ 1.25, -0.25, 0 ]   R:[ 0, 0, 0 ]   S:[ 1, 1, 1 ]
```

4. _Hero를 선택하고 Hero (Script) 컴포넌트 인스펙터에서 weapons 필드에 대한 펼침 삼각형을 연다.

5. weapons의 Size를 5로 설정하고 Weapon_0부터 Weapon_4까지를 다섯 개의 무기 슬롯에 순서대로 지정한다(하이어라키 창에서 그 슬롯으로 드래그하거나 Weapon 슬롯의 오른쪽에 있는 과녁을 클릭하고 Scene 탭에서 각 Weapon_#을 선택해도 된다). 그림 31.4에 그 설정 결과가 나타나 있다.

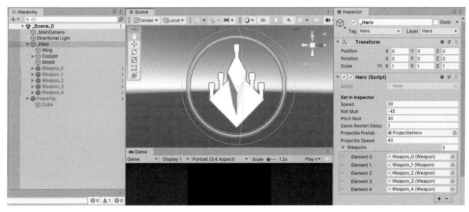

그림 31.4 _Hero 우주선에서 다섯 개의 무기를 자식으로 두고 각각을 weapons 필드에 지정한다.

파워업 획득으로 뭔가를 해보자. 이를 위해 Hero 스크립트를 약간 변경해야 한다.

6. Hero 스크립트를 열고 다음의 GetEmptyWeaponSlot()과 ClearWeapons() 메서드를 Hero 클래스의 맨 아래에 추가한다.

```
public class Hero : MonoBehaviour
{
```

```
...
public float shieldLevel
{
    ...
}

Weapon GetEmptyWeaponSlot()
{
    for (int i = 0; i < weapons.Length; i++)
    {
        if (weapons[i].type == WeaponType.none)
        {
            return (weapons[i]);
        }
    }
    return (null);
}

void ClearWeapons()
{
    foreach (Weapon w in weapons)
    {
        w.SetType(WeaponType.none);
    }
}
}
```

7. AbsorbPowerUp() 메서드의 switch 블록(이전에 비워둔 상태로 둠)을 다음의 굵게 표시된 코드로 채운다.

```
public class Hero : MonoBehaviour
{
    ...
    public void AbsorbPowerUp(GameObject go)
    {
        PowerUp pu = go.GetComponent<PowerUp>();
        switch (pu.type)
```

```
        {
            case WeaponType.shield:                                    // a
                shieldLevel++;
                break;
            default:                                                   // b
                if (pu.type == weapons[0].type) // 같은 종류의 무기인 경우  // c
                {
                    Weapon w = GetEmptyWeaponSlot();
                    if (w != null)
                    {
                        // pu.type으로 설정
                        w.SetType(pu.type);
                    }
                }
                else // 다른 종류의 무기인 경우                           // d
                {
                    ClearWeapons();
                    weapons[0].SetType(pu.type);
                }
                break;
        }
        pu.AbsorbedBy(this.gameObject);
    }
    ...
}
```

a. 파워업이 WeaponType 방어막을 갖고 있으면 방어막 레벨을 1 증가시 킨다.

b. 그 외의 파워업 WeaponType은 무기가 될 것이므로 default 상태에 속 한다.

c. PowerUp이 기존 무기와 동일한 WeaponType이라면 사용하지 않은 무기 슬롯을 찾아 그 빈 슬롯을 동일한 무기 종류로 설정한다. 다섯 개의 슬롯이 모두 사용 중이면 아무 일도 일어나지 않는다.

d. 파워업이 다른 무기 종류라면 모든 무기 슬롯을 비우고 Weapon_0는

획득한 새 WeaponType 종류로 설정한다.

8. 이것을 테스트하려면 하이어라키 창의 PowerUp을 선택하고 인스펙터의 PowerUp (Script) 내부에서 type("Set Dynamically" 표제 아래 있음)을 Spread로 설정한다. 일반적으로 이 무기 종류는 동적으로 설정되지만 테스트를 위해서는 수동으로 설정해도 된다.

9. 플레이 버튼을 클릭하면 다섯 개의 블래스터로 시작된다. 파워업을 획득하면 블래스터들이 하나의 스프레드 총으로 바뀔 것이다. 그러나 파워업 종류를 수동으로 설정했기 때문에 파워업에는 이에 해당하는 문자가 올바로 표시되지 않는다. 파워업 종류를 방어막으로 변경해 테스트할 수도 있는데, 이때 파워업을 획득하면 방어막 레벨이 높아지는 것을 볼 수 있다.

경합 상황에 대한 관리

이제 잠시 다른 사항을 알아볼 것이다. 참아주기 바란다. 이 사항은 중요하므로 미래에 이와 비슷한 일을 경험할 것이다.

1. Hero 스크립트의 Awake() 메서드에 다음의 굵게 표시된 행을 추가한다.

```
public class Hero : MonoBehaviour
{
    ...
    void Awake()
    {
        if (S == null)
        {
            S = this; // 싱글톤을 설정
        }
        // fireDelegate += TempFire;

        // 무기를 1 연사형으로 시작하게 weapons를 재설정
        ClearWeapons();
        weapons[0].SetType(WeaponType.blaster);
    }
```

```
    ...
    }
```

2. 플레이 버튼을 클릭하면 다음과 같은 오류 메시지가 나타나야 한다.

```
NullReferenceException: Object reference not set to an instance of an object
Weapon.SetType (WeaponType wt) (at Assets/__Scripts/Weapon.cs:92)
Hero.Awake () (at Assets/__Scripts/Hero.cs:40)
```

이 말의 의미는 사용하려는 것이 null이고 Weapon.cs의 **SetType()** 메서드의 다음 행에서 이 오류가 발견됐다는 것을 뜻한다(내 구현에서는 92행이지만 여러분의 행 번호는 다를 것이다).

```
collarRend.material.color = def.color;
```

이 오류 메시지는 Hero.cs의 **Awake()** 메서드에 있는 특정 행에서 함수 호출을 통해 Weapon.cs의 이 행에 도달됐다는 것도 알려준다(내 코드에서는 40행이지만 여러분의 행 번호는 다를 수 있다). 그 행은 다음과 같다.

```
weapons[0].SetType(WeaponType.blaster);
```

따라서 이렇게 역추적해보면 weapons 배열에서 0번째 Weapon의 **SetType()** 메서드를 호출하는 것처럼 보인다. Weapon의 **SetType()** 메서드는 collarRend의 색을 설정하려고 시도하지만 collarRend는 null이므로 null 참조 오류가 발생한 것이다.

Weapon의 **Start()** 메서드를 살펴보자. 거기는 collarRend가 설정되는 곳이다. 하지만 Hero의 **Awake()** 메서드는 항상 Weapon의 **Start()** 메서드보다 먼저 호출된다. 즉, collarRend가 설정되기 전에 먼저 값을 읽으려고 하는 것이다. 이 문제를 해결하려면 몇 가지 추가 단계가 필요하다.

3. Hero 스크립트에서 **Awake()** 메서드의 이름을 **Start()**로 변경한다.[4]

---

4. Awake()는 게임오브젝트가 인스턴스화되는 순간에 호출되는 반면 Start()는 그 게임오브젝트의 첫 번째 Update() 직전에 호출된다는 점을 기억하자. 하나의 씬에 있는 두 개의 오브젝트는 게임이 시작될 때 즉시 인스턴스화돼야 하므로 어느 한 쪽에서 Start()가 호출되기 전에 Awake()가 호출될 것이다. 그러나 어느 게임오브젝트가 먼저 Start() 메서드를 실행한다는 보장은 없다. 스크립트 실행 명령의 순서를 설정해주면(4단계에서 수행) 이러한 불확실성이 해결된다.

플레이 버튼을 클릭해보면 모든 것이 고쳐진 것 같지만 그렇지 않다. Weapon. Start()가 Hero.Start()보다 먼저 실행할 수 있기 때문에 이렇게 한 것은 가능한 해결책이긴 하다. 그러나 여전히 Hero.Start()가 먼저 실행할 수도 있다. 확실히 해야 한다.

4. 메뉴 표시줄에서 Edit ➤ Project Settings를 선택한 후 Script Execution Order 영역이 나타나게 한다.

   a. 그림 31.5의 이미지 1에서 원으로 표시된 + 버튼을 클릭하고 팝업 메뉴에서 Weapon 스크립트를 선택한다. 그러면 값 100이 있는 Weapon 한 행이 생성된다. 100 숫자란 기본 시간Default Time에 실행되는 다른 스크립트들에 대해 상대적인 Weapon 스크립트의 실행 순서execution order를 나타낸다. 이 숫자가 (지금처럼) 높으면 Weapon 스크립트는 다른 스크립트 이후에 실행될 것이다. 즉, Weapon.Start() 메서드는 Hero.Start() 또는 어떠한 다른 스크립트 이후에 실행할 것이라는 뜻이다.

   b. Apply 버튼을 클릭(그러면 실행 순서가 확정됨)한 후 창을 닫는다. 그리고 나서 플레이 버튼을 클릭한다.

   c. 이번에는 null 참조 예외가 발생하는 것을 볼 수 있다. Weapon이 맨 마지막에 실행하게 하지 말고 맨 처음에 실행하게 해야 한다.

   d. Script Execution Order 인스펙터를 다시 열고 Weapon 행의 왼쪽에 있는 두 줄 막대 모양(그림 31.5의 이미지 2에서 커서가 있는 곳)을 클릭한 상태로 Default Time 위쪽으로 드래그한다. 그러면 행의 번호가 100에서 -50으로 변경된다(그림 31.5의 이미지 2 참고). 이제 Weapon.Start()는 다른 Start() 메서드보다 먼저 실행될 것이다.

   e. Apply를 클릭하고 나서 플레이 버튼을 다시 클릭한다. 이제 오류가 발생하지 않을 것이다.

경합 상황과 스크립트 실행 순서는 프로젝트를 진행할 때 명심해야 할 미묘하지만 중요한 사항이다.

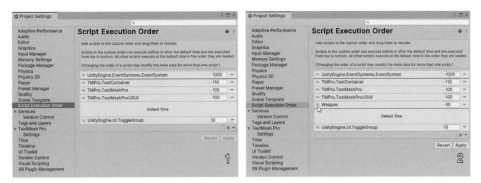

그림 31.5 Weapon 스크립트의 실행 순서 조작을 보여주는 Script Execution Order 설정

적의 파워업 드롭

다시 파워업으로 되돌아간다. 적을 파괴하면 무작위로 파워업을 드롭하게 만들어 보자. 적의 파워업 드롭은 플레이어가 적을 피하기보다 파괴하게 장려하는 인센 티브가 되며 플레이어의 우주선을 개량하는 방법이기도 하다.

적이 파괴되면 Main 싱글톤에게 알리고, 그러면 Main 싱글톤은 새로운 파워업을 인스턴스화한다. 이렇게 하는 것은 다소 우회적인 방법처럼 보일 수도 있지만, 일반적으로 씬에서 새 게임오브젝트를 인스턴스화할 수 있는 다른 클래스의 수를 제한하는 것이 가장 좋다. 동작(인스턴스화 등)을 담당할 스크립트 수가 적으면 적을수 록 그 동작으로 어떤 일이 잘못될 경우에 디버그가 더 쉬울 것이다.

1. Main 클래스가 새 파워업을 인스턴스화할 수 있게 준비한다. 다음의 굵게 표시된 코드를 Main 스크립트에 추가한다.

```
public class Main : MonoBehaviour
{
    ...
    public WeaponDefinition[]    weaponDefinitions;
    public GameObject            prefabPowerUp;                      // a
    public WeaponType[]          powerUpFrequency = new WeaponType[] // b
```

```
{
    WeaponType.blaster, WeaponType.blaster,
    WeaponType.spread, WeaponType.shield
};

private BoundsCheck        bndCheck;

public void ShipDestroyed(Enemy e)                              // c
{
    // 잠재적으로 파워업 생성
    if (Random.value <= e.powerUpDropChance)                    // d
    {
        // 생성할 파워업 선택
        // powerUpFrequency의 가능성 중 선택
        int ndx = Random.Range(0, powerUpFrequency.Length);     // e
        WeaponType puType = powerUpFrequency[ndx];

        // 파워업을 스폰함
        GameObject go = Instantiate(prefabPowerUp) as GameObject;
        PowerUp pu = go.GetComponent<PowerUp>();
        // 적절한 WeaponType으로 설정
        pu.SetType(puType);                                     // f

        // 파괴된 우주선의 위치로 설정
        pu.transform.position = e.transform.position;
    }
}

void Awake() { ... }
...
}
```

a. 여기에 모든 파워업에 대한 프리팹을 저장한다.

b. 이 WeaponTypes의 powerUpFrequency 배열을 통해 각 타입의 파워업이 생성되는 빈도를 결정한다. 기본적으로 두 개의 블래스터, 한 개의 스프레드, 한 개의 방어막이 있으므로 블래스터 파워업은 다른 것보다 두 배의 확률이 있다.

c. ShipDestroyed() 메서드는 Enemy 우주선이 파괴될 때마다 호출될 것

이다. 때로는 파괴된 우주선 대신에 파워업을 생성하기도 한다.

d. 우주선 종류마다 0 ~ 1 사이의 숫자인 powerUpDropChance를 갖게 될 것이다. Random.value는 0(포함)과 1(포함) 사이의 임의의 소수를 생성하는 프로퍼티다(Random.value는 0과 1을 모두 포함하기 때문에 이 숫자는 0 또는 1도 될 수 있다). 해당 숫자가 powerUpDropChance보다 작거나 같으면 파워업이 인스턴스화된다. 드롭 확률은 Enemy 클래스에서 담당하므로 적에 따라 다양한 파워업 드롭 확률을 가질 수 있다(예, Enemy_0는 어쩌다가 하나 드롭하지만 Enemy_4는 항상 하나를 드롭한다). Enemy 클래스에 아직 이 부분을 추가하지 않았기 때문에 이 코드 부분에는 빨간색 밑줄로 나타난다.

e. 이 행은 powerUpFrequency 배열을 사용한다. Random.Range()가 두 개의 정수 값으로 호출되면 첫 번째 숫자(포함)와 두 번째 숫자(제외) 사이의 숫자를 선택한다. 예를 들어 Random.Range(0,4)는 0, 1, 2, 3 중에서 int 값 하나를 생성한다. 이 행에서 하는 것과 같이 이러한 코드는 배열에서 임의의 항목을 선택하는 데 아주 유용하다.

f. 파워업이 선택된 후 인스턴스화된 파워업에서 setType() 메서드를 호출하면 파워업에서 색을 처리하고 _type를 설정하며 letter 텍스트 메시에 그 파워업에 해당하는 올바른 문자를 나타낸다.

2. Enemy 스크립트에 다음의 굵게 표시된 코드를 추가한다.

```
public class Enemy : MonoBehaviour
{
    ...
    public float  showDamageDuration = 0.1f; // 피해 효과를 표시할 시간(초)
    public float  powerUpDropChance = 1f; // 파워업 드롭 확률          // a

    [Header("Set Dynamically: Enemy")]
    ...
    void OnCollisionEnter(Collision coll)
    {
        GameObject otherGO = coll.gameObject;
        switch (otherGO.tag)
```

```
        {
            case "ProjectileHero":
                ...
                // 이 적 우주선에 피해를 입힘
                ...
                if (health <= 0)
                {
                    // 이 우주선이 파괴된 것을 Main 싱글톤에 알림          // b
                    if (!notifiedOfDestruction)
                    {
                        Main.S.ShipDestroyed(this);
                    }
                    notifiedOfDestruction = true;
                    // 이 적을 소멸시킴
                    Destroy(this.gameObject);
                }
                ...
                break;
                ...
        }
    }
}
```

a. powerUpDropChance는 파워업이 파괴됐을 때 이 적이 파워업을 드롭할 확률을 결정한다. 값 0은 절대 파워업을 드롭하지 않으며, 1은 항상 파워업을 드롭한다.

b. 적이 파괴되기 직전에 ShipDestroyed()를 호출해 Main 싱글톤에게 알린다. 이것은 각 우주선마다 한 번만 발생하며 bool 타입의 notifiedOf Destruction에 의해 시행된다.

3. 이 코드를 실행하려면 먼저 하이어라키 창에서 _MainCamera를 선택하고 _Prefabs 폴더의 PowerUp 프리팹을 _MainCamera의 Main (Script) 컴포넌트에 있는 prefabPowerUp 필드에 지정해야 한다.

4. 하이어라키 창의 PowerUp 인스턴스를 선택한 후 삭제한다(프로젝트 창에 PowerUp 프리

탭이 있기 때문에 필요하지 않다).

5. PowerUpFrequency는 _MainCamera의 Main (Script) 인스펙터에 이미 설정돼 있을 테지만 혹시 모르니까 그림 31.6을 보고 올바른 설정인지 확인한다.

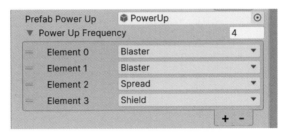

그림 31.6 _MainCamera의 Main (Script) 컴포넌트에 대한 prefabPowerUp과 powerUpFrequency 설정

6. 이제 씬을 플레이해서 적들을 파괴시켜본다. 적들은 우주선을 향상시킬 파워업을 드롭해야 한다.

게임을 어느 정도 해보면 연사형[B] 파워업이 분사형[S]이나 방어막[O] 파워업보다 자주 나오는 것을 알 수 있다. powerUpFrequency에서 blaster는 두 번 포함되지만 spread와 shield는 한 번만 포함되기 때문이다. 이렇게 powerUpFrequency에 포함되는 항목의 횟수를 조정하면 각 파워업이 나올 확률을 다르게 할 수 있다. 적 우주선이 종류에 따라 다른 빈도로 스폰되게 조정하려는 경우에도 적의 종류에 따라 prefabEnemies 배열에 지정하는 횟수를 조정하면 된다.

Enemy_4: 더 복잡한 적

Enemy_4는 보스에 가까운 적 종류로서 다른 적보다 체력이 많고 부위별로 파괴된다(한 번에 모든 부분이 파괴되는 것이 아니다). 또한 플레이어가 완전히 파괴하기 전까지 사라지지 않고 화면 안에서 계속 이동한다.

Collider 수정

코드 작성을 시작하기 전에 Enemy_4의 Collider를 약간 조정해야 한다.

1. Eneme_4를 하이어라키 창으로 드래그해서 인스턴스 하나를 만들고 씬에서 다른 게임오브젝트와 멀리 떨어져 있는지 확인한다(이전에 설정했던 P:[20, 10, 0]가 기본값이어야 한다).

2. 하이어라키 창의 Enemy_4 옆에 있는 펼침 삼각형을 열고 자식 Fuselage를 선택한다.

3. 인스펙터에서 Sphere Collider 컴포넌트의 오른쪽 위 구석에 있는 세 점 아이콘을 클릭하고 Remove Component를 선택해 이 컴포넌트를 제거한다.

4. 메뉴 표시줄에서 Component ➤ Physics ➤ Capsule Collider를 선택해 Capsule Collider를 Fuselage에 추가한다. Fuselage 인스펙터에서 다음과 같이 Capsule Collider를 설정한다.

| Center | [0, 0, 0] | Height | 1 |
| Radius | 0.5 | Direction | Y-Axis |

이들 값이 어떤 영향을 미치는지 여러 값으로 변경해가며 플레이해본다. 직접 확인해보면 알겠지만 Capsule Collider는 Sphere Collider보다 Fuselage의 형태에 더 잘 맞는다.

5. 하이어라키 창에서 Enemy_4의 자식 WingL을 선택하고 여기서도 Sphere Collider를 Capsule Collider로 대체한다. 이 캡슐 콜라이더의 방향은 X축으로 설정한다.

| Center | [0, 0, 0] | Height | 1 |
| Radius | 0.5 | Direction | X-Axis |

Capsule Collider의 Direction 설정은 어느 쪽이 캡슐의 긴 축인지를 선택한다. 이 설정은 로컬 좌표에 따라 결정되므로 X축으로 Height가 1에 X차원의 Transform

874

배율 5가 곱해져 5가 된다. **Radius** 설정 값인 0.5에는 Y 또는 Z 배율의 최댓값이 곱해지는데, Y 배율이 1이기 때문에 캡슐의 실제 반지름은 0.5가 된다. 이 캡슐은 날개와 완전하게 일치하지 않지만 원래의 Sphere Collider보다는 훨씬 비슷하다.

6. **WingR**을 선택하고 **WingL**과 동일한 설정으로 기존의 Sphere Collider를 Capsule Collider로 대체한다.

7. 하이어라키 창에서 Enemy_4를 선택하고 인스펙터에서 Add Component 버튼을 클릭한 후 Add Component ➤ Scripts ➤ BoundsCheck를 선택해 BoundsCheck (Script) 컴포넌트를 Enemy_4에 추가한다.

8. BoundsCheck (Script) 컴포넌트에서 **radius = 3.5** 및 **keepOnScreen = false** 로 설정한다.

9. 인스펙터 창의 위쪽에 있는 **Prefab** 단어 아래의 Overrides 드롭다운 버튼을 클릭한다. 나타나는 드롭다운 메뉴에서 Apply All 버튼을 클릭한다. 그러면 프로젝트 창의 Enemy_4 프리팹에 이 Enemy_4 인스턴스의 변경 사항이 적용된다.

10. 지금까지의 작업이 제대로 됐는지 확인하고자 Enemy_4 프리팹을 하이어라키 창으로 드래그해 두 번째 인스턴스를 만들고 Collider가 모두 올바르게 됐는지 점검한다. 드래그했을 때 새 인스턴스는 수정한 인스턴스와 정확히 같은 곳에 있어야 한다.

11. 하이어라키 창에서 Enemy_4의 두 인스턴스를 모두 삭제한다.

12. 씬을 저장한다. 저장해야 한다는 것을 기억하고 있었는가?

원한다면 Enemy_3에도 이와 같은 Capsule Collider 기법을 적용해도 된다.

Enemy_4의 움직임

Enemy_4는 화면 위쪽의 보통 위치에서 시작해 화면에서 임의의 위치를 선택하고 선형 보간을 통해 시간에 따라 이동한다. 그리고 선형 보간의 끝에 도달하면 다시 새로운 위치를 선택하고 이동하기 시작한다.

1. Enemy_4 스크립트를 열고 다음 코드를 입력한다.

```
using System.Collections;
using System.Collections.Generic;
using UnityEngine;

/// <summary>
/// Enemy_4는 화면 밖에서 시작해서 화면의 무작위 위치를 선택해 이동함
/// 그 지점에 도달하면 다른 무작위 위치를 선택하는데
///  플레이어가 맞추어 파괴하기 전까지 계속 반복함
/// </summary>
public class Enemy_4 : Enemy
{
    private Vector3     p0, p1;       // 선형 보간할 두 지점
    private float       timeStart;    // 이 Enemy_4를 생성할 시간
    private float       duration = 4; // 이동하는 시간

    void Start()
    {
        // Main.SpawnEnemy()가 선택한 초기 위치가 이미 있으므로
        // 이 위치를 초기 p0 및 p1에 추가함
        p0 = p1 = pos;                                            // a

        InitMovement();
    }

    void InitMovement()                                          // b
    {
        p0 = p1;      // p0를 이전 p1으로 설정
        // 화면에서 이동할 새 위치를 p1에 지정
        float widMinRad = bndCheck.camWidth - bndCheck.radius;
        float hgtMinRad = bndCheck.camHeight - bndCheck.radius;
        p1.x = Random.Range(-widMinRad, widMinRad);
        p1.y = Random.Range(-hgtMinRad, hgtMinRad);

        // 시간 재설정
        timeStart = Time.time;
    }
```

```
public override void Move()                                              // c
{
    // 이 메서드는 선형 보간을 사용해 Enemy.Move()을 완전히 오버라이드함
    float u = (Time.time - timeStart) / duration;

    if (u >= 1)
    {
        InitMovement();
        u = 0;
    }

    u = 1 - Mathf.Pow(1 - u, 2);     // u에 감속을 위한 완화를 적용  // d
    pos = (1 - u) * p0 + u * p1;     // 간단한 선형 보간               // e
}
}
```

a. Enemy_4는 p0에서 p1까지 보간한다(즉, p0에서 p1으로 부드럽게 이동한다). Main. SpawnEnemy() 스크립트는 이 인스턴스에 화면 위쪽의 위치인 p0와 p1 을 제공한다. 그리고 나서 InitMovement()를 호출한다.

b. InitMovement()는 먼저 현재 p1 위치를 p0에 저장한다(InitMovement()를 호출 할 때마다 Enemy_4는 위치 p1에 있어야 하기 때문). 다음으로 BoundsCheck 컴포넌트의 정보를 사용해 새 p1 위치를 선택한다.

c. 이 Move() 메서드는 상속된 Enemy.Move() 메서드를 완전히 오버라이 드한다. p0에서 p1까지 duration초(기본은 4초)만큼 보간한다. 이 보간이 일어날 때 float 타입 u는 시간에 따라 0에서 1로 증가하고 u가 >= 1일 때 InitMovement()를 호출해 새 보간을 설정한다.

d. 이 행은 u값에 완화를 적용해 우주선이 비선형 방식으로 이동하게 한 다. 이 '감속' 완화를 사용하면 우주선이 빠르게 이동을 시작하고 나서 p1에 가까워지면 속도가 느려진다.

e. 이 행은 p0에서 p1까지 간단한 선형 보간을 수행한다.

보간과 완화 모두에 대해 더 알려면 부록 B의 '보간법' 절을 참고한다.

2. 하이어라키 창에서 _MainCamera를 선택한다. 프로젝트 창의 _Prefabs 폴더에 있는 Enemy_4 프리팹을 Main (Script) 인스펙터에 있는 prefabEnemies 배열의 Element 0에 지정한다.

3. 플레이 버튼을 클릭한다. 스폰된 Enemy_4는 파괴되기 전까지 화면에 머무는 것을 볼 수 있다. 하지만 다른 적들과 마찬가지로 쉽게 파괴시킬 수 있다.

Enemy_4를 여러 부분으로 나누기

이제 Enemy_4 우주선을 네 개의 다른 부분으로 나누고 중앙의 Cockpit 부분을 보호하게 만들어보자.

1. Enemy_4 C# 스크립트를 열고 코드 맨 위쪽에 Part라는 새 직렬화 가능 클래스를 추가한다. 또한 이 Enemy_4 클래스에 parts라는 Part[] 배열을 추가한다. 이를 위해 Enemy_4의 Start()에도 다음의 굵게 표시된 행들을 추가한다.

```
using System.Collections;
using System.Collections.Generic;
using UnityEngine;

/// <summary>
/// Part는 WeaponDefinition와 비슷한 직렬화 가능 데이터 저장 클래스임
/// </summary>
[System.Serializable]
public class Part
{
    // 다음 세 필드는 인스펙터 창에서 지정해야 함
    public string      name;        // 이 파트의 이름
    public float       health;      // 이 파트의 체력
    public string[]    protectedBy; // 이 파트를 보호하는 다른 파트

    // 다음 두 필드는 Start()에서 자동으로 설정됨
```

```
    // 이렇게 정보를 캐싱해놓으면 나중에 더 빠르고 쉽게 이용할 수 있음
    [HideInInspector]          // 아래 행의 필드를 인스펙터에 나타나지 않게 함
    public GameObject       go;       // 이 파트의 게임오브젝트
    [HideInInspector]
    public Material         mat;      // 피해를 표시할 머티리얼
}

...
public class Enemy_4 : Enemy
{
    [Header("Set in Inspector: Enemy_4")]                        // a
    public Part[]           parts;      // 우주선을 구성할 파트의 배열

    private Vector3         p0, p1;     // 선형 보간할 두 지점
    private float           timeStart;  // 이 Enemy_4를 생성할 시간
    private float           duration = 4; // 이동하는 시간

    void Start()
    {
        // Main.SpawnEnemy()가 선택한 초기 위치가 이미 있으므로
        // 이 위치를 초기 p0 및 p1에 추가함
        p0 = p1 = pos;

        InitMovement();

        // parts에 속한 각 파트의 게임오브젝트와 머티리얼을 캐싱
        Transform t;
        foreach (Part prt in parts)
        {
            t = transform.Find(prt.name);
            if (t != null)
            {
                prt.go = t.gameObject;
                prt.mat = prt.go.GetComponent<Renderer>().material;
            }
        }
    }
    ...
}
```

a. 인스펙터에서 Enemy의 모든 public 필드는 Enemy_4 필드 위쪽에 나열된다. 여기서 헤더의 끝에 : Enemy_4를 추가해 놓으면 인스펙터에서 어느 스크립트가 어떤 필드에 연결돼 있는지 명확하게 알 수 있다(그림 31.7 참고).

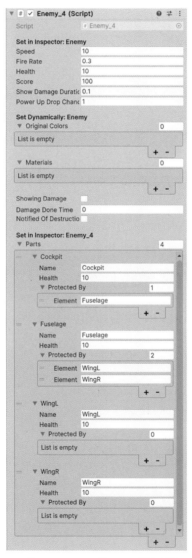

그림 31.7 Enemy_4의 parts 배열 설정

직렬화 가능[5] Part 클래스는 Enemy_4의 네 부분인 Cockpit, Fuselage, WingL, WingR에 대한 개별 정보를 저장한다.

2. 다시 유니티로 전환해 다음을 수행한다.
   a. 프로젝트 창에서 Enemy_4 프리팹을 선택한다.
   b. Enemy_4 (Script) 인스펙터에서 parts 옆의 펼침 삼각형을 확장한다.
   c. 그림 31.7에 표시된 설정을 입력한다. 모든 이름의 철자를 올바르게 입력하는 데 주의한다.

그림 31.7를 보면 알 수 있듯이 각 파트의 체력은 10이며 계층적 보호 트리가 있다. Cockpit은 Fuselage에 의해 보호되고 Fuselage는 WingL과 WingR에 의해 보호된다. 씬 저장을 잊지 말자.

3. 비주얼 스튜디오로 다시 전환해서 Enemy_4 클래스 끝에 이러한 보호 작업을 구현하는 다음 메서드를 추가한다.

```
public class Enemy_4 : Enemy
{
    ...

    public override void Move()
    {
        ...
    }
    // 아래 두 함수는 parts에서 이름이나 게임오브젝트로 파트를 찾음
    Part FindPart(string n)                                        // a
    {
        foreach (Part prt in parts)
        {
            if (prt.name == n)
            {
```

---

5. 클래스를 '직렬화 가능'하게 만들면 유니티 인스펙터에 필드를 나타내고 설정할 수 있는 점을 기억하자. 간단한 클래스라면 인스펙터에서 알아보기 쉽지만, 클래스가 너무 복잡하면 인스펙터에서 알아보기 어려울 것이다.

```
            return (prt);
        }
    }
    return (null);
}
Part FindPart(GameObject go)                                    // b
{
    foreach (Part prt in parts)
    {
        if (prt.go == go)
        {
            return (prt);
        }
    }
    return (null);
}

// 아래 함수들은 해당 파트가 파괴됐다면 true를 반환함
bool Destroyed(GameObject go)                                   // c
{
    return (Destroyed(FindPart(go)));
}
bool Destroyed(string n)
{
    return (Destroyed(FindPart(n)));
}
bool Destroyed(Part prt)
{
    if (prt == null)        // 실제 파트가 전달되지 않는 경우
    {
        return (true);      // true를 반환(즉, 파괴됨)
    }
    // prt.health <= 0의 비교 결과를 반환
    // prt.health가 0 이하이면 true를 반환(즉, 파괴됨)
    return (prt.health <= 0);
}
```

```
// 이 함수는 우주선 전체가 아니라 한 파트만 빨간색으로 바꿈
void ShowLocalizedDamage(Material m)                              // d
{
    m.color = Color.red;
    damageDoneTime = Time.time + showDamageDuration;
    showingDamage = true;
}

// 이 함수는 Enemy.cs의 OnCollisionEnter를 오버라이드함
void OnCollisionEnter(Collision coll)                            // e
{
    GameObject other = coll.gameObject;
    switch (other.tag)
    {
        case "ProjectileHero":
            Projectile p = other.GetComponent<Projectile>();
            // 이 적이 화면 바깥으로 나가면 피해를 입히지 않음
            if (!bndCheck.isOnScreen)
            {
                Destroy(other);
                break;
            }

            // 이 적에게 피해를 입힘
            GameObject goHit = coll.contacts[0].thisCollider.gameObject;// f
            Part prtHit = FindPart(goHit);
            if (prtHit == null) // prtHit를 찾지 못한 경우         // g
            {
                goHit = coll.contacts[0].otherCollider.gameObject;
                prtHit = FindPart(goHit);
            }
            // 이 파트가 여전히 보호받는지 확인
            if (prtHit.protectedBy != null)                      // h
            {
                foreach (string s in prtHit.protectedBy)
                {
                    // 보호하는 파트가 아직 파괴되지 않은 경우...
```

```csharp
            if (!Destroyed(s))
            {
                // ...이 파트에 피해를 입히지 않음
                Destroy(other);     // ProjectileHero를 소멸시킴
                return;             // Enemy_4에 피해를 입히기 전에 반환
            }
        }
    }

    // 보호되지 않으므로 피해를 입힘
    // 피해 수치는 Projectile.type과 Main.W_DEFS에서 얻음
    prtHit.health -= Main.GetWeaponDefinition(p.type).damageOnHit;
    // 파트에 피해 효과 표시
    ShowLocalizedDamage(prtHit.mat);
    if (prtHit.health <= 0)                                       // i
    {
        // 우주선을 파괴하는 대신에 피해를 입은 파트만 비활성화
        prtHit.go.SetActive(false);
    }
    // 우주선 전체가 파괴됐는지 확인
    bool allDestroyed = true; // 파괴됐다고 가정
    foreach (Part prt in parts)
    {
        if (!Destroyed(prt)) // 남은 파트가 있는 경우...
        {
            allDestroyed = false;// ...allDestroyed을 false로 변경하고
            break;               // foreach 루프를 빠져나감
        }
    }
    if (allDestroyed)           // 완전히 파괴된 경우...          // j
    {
        // ...이 우주선이 파괴된 것을 Main 싱글톤에 알림
        Main.S.ShipDestroyed(this);
        // 이 적을 소멸시킴
        Destroy(this.gameObject);
    }
    Destroy(other);   // ProjectileHero를 소멸시킴
```

884

```
        break;
    }
  }
}
```

a. // a 그리고 // b의 FindPart() 메서드는 서로에 대한 오버로드^{overload}다. 즉, 이름은 같지만 다른 매개변수(하나는 문자열, 다른 하나는 게임오브젝트)를 받는 두 개의 메서드가 존재한다는 뜻이다. 어떤 타입의 변수가 전달됐는지에 따라 그에 해당하는 FindPart() 메서드가 실행된다. 어느 경우든 FindPart()는 parts 배열 속을 검색해 문자열 또는 게임오브젝트가 어느 부분과 관련돼 있는지를 찾아낸다.

b. FindPart()의 게임오브젝트 오버로드다. 이전에 사용했던 다른 오버로드 메서드로는 random.range()가 있는데, float 또는 int가 전달됐는지 여부에 따라 다르게 동작했다.

c. 세 가지 Destroyed() 오버로드 메서드가 있으며 특정 파트가 파괴됐는지 또는 아직 체력이 남아 있는지를 확인한다.

d. ShowLocalizedDamage()는 상속받은 Enemy.ShowDamage() 메서드보다 더 특화된 버전이다. 이 메서드는 전체 우주선이 아니라 한 파트만 빨간색으로 변경한다.

e. 이 OnCollisionEnter() 메서드는 상속받은 Enemy.OnCollisionEnter()를 완전히 오버라이드한다. MonoBehaviour가 OnCollisionEnter()와 같은 일반적인 유니티 함수를 선언하는 방식 때문에 override 키워드는 필요하지 않다.

f. 이 행은 총알에 맞은 게임오브젝트를 찾는다. Collision coll에는 ContactPoint의 배열인 contacts[] 필드가 들어간다. 충돌이 발생했기 때문에 적어도 하나의 ContactPoint(즉, contacts[0])가 존재하며 각 ContactPoint에는 맞혀진 Enemy_4 파트의 Collider인 thisCollider 필드가 있다.

g. 검색한 prtHit가 발견되지 않으면(그러므로 prtHit == null) 보통(거의 드물게) contacts[0]의 thisCollider가 우주선 파트가 아닌 ProjectileHero이기 때문이다. 그런 경우 대신 contacts[0].otherCollider를 찾는다.

h. 이 파트가 여전히 파괴되지 않은 다른 파트에 의해 보호된다면 그 보호하는 파트에 피해를 적용한다.

i. 파트의 체력이 0에 도달하면 비활성으로 설정한다. 그러면 사라지고 충돌도 하지 않게 된다.

j. 우주선 전체가 파괴되면 Enemy 스크립트가 했던 것처럼 Main.S.ShipDestroyed()에 통보한다(OnCollisionEnter()를 오버라이드하지 않았을 경우).

4. 씬을 플레이한다. 많은 Enemy_4가 화면 안에 머물게 돼 상대하기가 벅차게 되고, 게다가 각 Enemy_4의 조종석은 동체에 의해 보호되고 동체는 두 날개에 의해 보호된다. 조금 쉽게 플레이하려면 _MainCamera 인스펙터에 있는 Main (Script)의 enemySpawnPerSecond 필드 값을 낮춘다. 그러면 Enemy_4 스폰되는 속도를 낮추게 된다(첫 번째 스폰에도 지연이 생긴다).

5. 이제 플레이할 만한 게임에 가까이 왔다. 다음으로 적절한 빈도로 다양한 적을 스폰하고자 _MainCamera의 Main (Script)에 있는 prefabEnemies 배열을 설정해보자.

a. 하이어라키 창에서 _MainCamera를 선택한다.

b. Main (Script) 인스펙터에서 prefabEnemies의 Size를 10으로 설정한다.

c. Elements 0, 1, 2를 Enemy_0(프로젝트 창의 _Prefabs 폴더에 있음)로 설정한다.

d. Elements 3과 4를 Enemy_1로 설정한다.

e. Elements 5와 6을 Enemy_2로 설정한다.

f. Elements 7과 8을 Enemy_3로 설정한다.

g. Elements 9를 Enemy_4로 설정한다.

이렇게 해 놓으면 Enemy_0는 아주 빈번하게 나오고 Enemy_4는 드물게 나온다.

6. 적 종류마다 powerUpDropChance를 설정한다.

a. 프로젝트 창의 _Prefabs 폴더에서 Enemy_0를 선택하고 Enemy (Script) 인스펙터에서 powerUpDropChance를 0.25로 설정한다(Enemy_0가 파워업을 25%로 드롭한다는 뜻이다).

b. Enemy_1의 powerUpDropChance를 0.5로 설정한다.

c. Enemy_2의 powerUpDropChance를 0.5로 설정한다.

d. Enemy_3의 powerUpDropChance를 0.75로 설정하라.

e. Enemy_4의 powerUpDropChance를 1로 설정한다.

7. 씬을 저장하고 플레이 버튼을 클릭해 게임을 해본다.

스크롤하는 별무리 배경 추가

다음은 게임의 외형을 좀 더 멋있게 만들고자 재미로 할 작업이다. 즉, 우주처럼 느껴지게 두 레이어의 별무리 배경을 만들어보자.

1. 하이어라키 창에서 쿼드를 생성한다(GameObject ➤ 3D Object ➤ Quad). 이름은 StarfieldBG로 지정하고 다음 설정을 적용한다.

```
StarfieldBG (Quad)  P:[ 0, 0, 10 ]  R:[ 0, 0, 0 ] S:[ 80, 80, 1 ]
```

이렇게 하면 StarfieldBG는 카메라 시야의 중심에서 전체 시야를 채운다.

2. 새 머티리얼을 생성하고 이름을 Mat_Starfield로 지정한 다음 셰이더를 ProtoTools ➤ UnlitAlpha로 설정한다. Mat_Starfield의 텍스처를 이 실습의 시작 부분에서 임포트한 _Materials 폴더에 있는 Space라는 Texture2D로 설정한다.

3. Mat_Starfield를 StarfieldBG로 드래그하면 _Hero 우주선 뒤로 별무리가 보일 것이다.

4. 프로젝트 창의 Mat Starfield를 선택하고 복제한다(PC에서는 Ctrl+D, Mac에서는 Command-D). 새 머티리얼의 이름을 Mat_Starfield_Transparent로 지정한

다. 이 새 머티리얼의 텍스처로 Space_Transparent(_Materials 폴더에 있음)를 선택한다.

5. 하이어라키 창의 StarfieldBG를 선택하고 복제한다. 복제물의 이름을 StarfieldFG_0으로 지정한다. Mat_Starfield_Transparent 머티리얼을 StarfieldFG_0로로 드래그하고 Transform을 다음과 같이 설정한다.

StarfieldFG_0   P:[0, 0, 5]   R:[0, 0, 0]   S:[160, 160, 1]

StarfieldFG_0을 마우스로 드래그해보면 배경의 별무리 위에서 전경의 별무리가 움직이는 멋진 시차 효과parallax effect를 만들어낸다.

6. StarfieldFG_0을 복제하고 그 복제물의 이름을 StarfieldFG_1로 지정한다. 이 예제에서 사용할 스크롤 기법에는 전경 두 개가 필요하다.

7. 새 C# 스크립트를 생성하고 이름을 Parallax로 지정한 후 비주얼 스튜디오에서 다음과 같이 편집한다.

```csharp
using System.Collections;
using System.Collections.Generic;
using UnityEngine;

public class Parallax : MonoBehaviour
{
    [Header("Set in Inspector")]
    public GameObject        poi;      // 플레이어 우주선
    public GameObject[]      panels;   // 스크롤하는 전경
    public float             scrollSpeed = -30f;
    // motionMult는 패널이 플레이어의 움직임에 반응하는 정도를 제어함
    public float             motionMult = 0.25f;

    private float panelHt;   // 각 패널의 높이
    private float depth;     // 패널의 깊이(즉, pos.z)

    void Start()
    {
        panelHt = panels[0].transform.localScale.y;
```

```
        depth = panels[0].transform.position.z;

        // 패널의 초기 위치를 설정
        panels[0].transform.position = new Vector3(0, 0, depth);
        panels[1].transform.position = new Vector3(0, panelHt, depth);
    }

    void Update()
    {
        float tY, tX = 0;
        tY = Time.time * scrollSpeed% panelHt + (panelHt * 0.5f);

        if (poi != null)
        {
            tX = -poi.transform.position.x * motionMult;
        }

        // panels[0]을 배치
        panels[0].transform.position = new Vector3(tX, tY, depth);
        // 그러고 나서 연속적인 별무리를 만들기 위한 위치에 panels[1]을 배치
        if (tY >= 0)
        {
            panels[1].transform.position = new Vector3(tX, tY - panelHt, depth);
        }
        else
        {
            panels[1].transform.position = new Vector3(tX, tY + panelHt, depth);
        }
    }
}
```

8. 스크립트를 저장하고 유니티로 되돌아가 Parallax 스크립트를 StarfieldBG
   에 부착시킨다. 하이어라키 창의 StarfieldBG를 선택하고 인스펙터에서
   Parallax (Script) 컴포넌트를 찾는다. 거기서 하이어라키 창의 _Hero를 poi
   필드로 드래그하고 StarfieldFG_0 및 StarfieldFG_1을 panels 배열에 추
   가한다.

9. 플레이 버튼을 클릭하면 별무리가 플레이어에 반응하는 것을 확인할 수 있다.
10. 물론 씬을 저장하는 것을 잊지 말자.

요약

31장은 길이가 긴 장이었지만 나중에 직접 게임 프로젝트를 제작할 때 도움이 될 중요한 개념을 다양하게 소개했다. 나는 게임과 그 외의 프로젝트에서 매끄럽고 세련된 동작을 만들고자 여러 해 동안 선형 보간과 베지어 곡선을 활용해왔다. 아주 간단한 완화 함수를 적용해 게임오브젝트가 우아하고, 흥분되거나 무기력하게 움직이게 할 수 있는데, 이런 점은 게임의 느낌을 조절하려고 할 때 큰 도움이 된다.

32장에서는 지금까지 제작한 게임과는 아주 다른 종류의 게임인 솔리테어 카드 게임(실제로 내가 좋아하는 솔리테어 카드 게임)을 제작한다. 특히 XML 파일에서 읽은 정보를 바탕으로 약간의 에셋을 사용해 전체 카드 덱을 구성하는 방법과 XML 파일을 사용해 게임의 레이아웃을 만드는 방법을 설명한다. 32장을 끝내면 재미있게 플레이할 수 있는 디지털 카드 게임이 완성된다.

다음 단계

이 절에서 제안하는 사항은 대부분 지금까지 실습을 진행하면서 얻은 경험을 바탕으로 해결할 수 있는 것들이다. 따라서 다음은 현재 프로토타입을 더 개선하려는 경우 선택할 수 있는 사항을 소개하는 정도다.

변수 세부 조정

종이 게임과 디지털 게임 양쪽 모두에서 배웠듯이 게임에 사용되는 숫자를 세부 조정하는 것은 아주 중요한 작업이며 경험의 경험에 상당히 큰 영향을 미친다. 다음은 게임의 느낌을 바꾸고자 세부 조정하는 것을 고려할 수 있는 변수의 목록이다.

- **_Hero**: 움직이는 느낌을 변경
  - speed를 조정
  - Input Manager에서 Horizontal과 Vertical 축의 Gravity와 Sensitivity 설정을 수정한다.
- **Weapons**: 무기를 더 차별화
  - **Spread**: 분사형 무기는 총알을 세 개 아니라 다섯 개씩 발사하지만 delay BetweenShots를 훨씬 길게 한다.
  - **Blaster**: 연사형 무기의 발사 속도가 빨라지지만(delayBetweenShots 값을 낮춤) 각 총알의 피해는 적게 한다(damageOnHit 값을 낮춤).

추가 요소

이 프로토타입에서는 다섯 종류의 적, 두 종류의 무기를 제작했지만 이 밖에도 무한한 가능성이 있다.

- **무기**: 무기를 더 추가
  - **페이저**: 사인파 모양(Enemy_1의 움직임과 비슷)으로 나아가는 총알을 두 개 발사한다.
  - **레이저**: 피해를 한 번에 입히지 않고 시간에 따라 지속적으로 피해를 준다.
  - **미사일**: 미사일은 자동 추적 메카닉을 사용해 발사 속도는 아주 느리지만 항상 적을 추적해 맞춘다. 미사일은 제한된 발사 횟수를 가진 다른 종류의 무기이므로 발사 버튼도 다른 것으로 한다(즉, 미사일 발사에는 스페이스 바를 사용하지 않는다).

- **위성 무기**: 연사형과 비슷하지만 가장 가까운 적을 공격한다. 공격력은 아주 약하다.
- **적**: 다양한 적을 추가한다. 이 게임에 추가할 수 있는 적의 종류는 무한하다.
- **적 능력 추가**
  - 어떤 적은 공격할 수 있게 한다.
  - 어떤 적은 플레이어를 따라오는 추적 미사일처럼 움직이게 한다.
- **레벨 진행 추가**
  - 기존 프로토타입의 무한적인 무작위 공격 대신, 구체적이고 시간이 정해진 공격을 수행한다. 다음에 정의한 것과 같이 [System.Serializable] Wave 클래스를 사용해 이 작업을 할 수 있다.

```
[System.Serializable]
public class Wave
{
    float         delayBeforeWave = 1;      // 이전 웨이브 이후 대기 시간(초)
    GameObject[]  ships;                     // 이번 웨이브의 우주선 배열
    // 현재 웨이브를 클리어할 때까지 다음 웨이브가 대기하는지 여부
    bool          delayNextWaveUntilThisWaveIsDead = false;
}
```

  - Wave[] 배열을 포함하는 Level 클래스를 추가한다.

```
[System.Serializable]
public class Level
{
    Wave[]    waves;            // 웨이브를 저장하는 배열
    float     timeLimit = -1;   // -1이면 시간제한 없음
    string    name = "";        // 레벨 이름
}
```

하지만 유니티 인스펙터가 직렬화 가능 클래스를 중첩하게 허용하지 않으므로 Level은 직렬화가 가능하지만 Wave[] 배열은 올바르게 나타나지 않는다. 따라서 XML 문서 등의 다른 방법을 활용해 레벨과 웨이브 클래스를 정의하고 나서 Level

과 Wave 클래스에서 이것들을 읽어야 한다. XML은 부록 B의 'XML' 절에서 다루며 다음 프로토타입인 32장에서도 활용된다.

- 부가적 게임 구조와 GUI(그래픽 사용자 인터페이스) 요소 추가
  - 점수와 우주선 수를 플레이어에게 보여준다(이 두 가지는 〈미션 데몰리션〉 프로토타입에서 다뤘다).
  - 난이도 설정을 추가한다.
  - 고득점을 기록한다(〈사과 받기〉 및 〈미션 데몰리션〉 프로토타입에서 다뤘다).
  - 플레이어에게 환영 메시지를 보여주고 난이도를 선택할 수 있게 하는 타이틀 화면 씬을 제작한다. 고득점도 여기에서 보여줄 수 있다.

CHAPTER 32

프로토타입 4: 프로스펙터 솔리테어

32장에서는 첫 번째 카드 게임을 만들어 볼 것인데, 이 게임은 인기 있는 〈트라이픽스 솔리테어〉 게임을 디지털 버전으로 바꾼 것이다. 32장이 끝내면 작동하는 게임은 물론이고 이후 자신의 카드 게임을 제작하는 데 활용할 수 있는 멋진 프레임워크를 갖게 될 것이다.

32장에는 XML 구성 파일 사용 및 모바일 장치를 고려한 디자인 방법과 같은 새로운 기술이 포함돼 있으며, 유니티의 2D 스프라이트 도구를 처음으로 다뤄본다.

시작하기: 프로토타입 4

프로토타입 3과 마찬가지로 이번 프로토타입도 먼저 유니티 에셋 패키지를 다운로드해서 임포트해야 한다. 사용할 아트 에셋은 크리스 아귈라가 만들어 공개한 Vectorized Playing Cards 1.3을 활용해 구성한다.[1]

32장의 프로젝트 설정

표준 프로젝트 설정 절차에 따라 유니티에서 새 프로젝트를 생성한다. 표준 프로젝트 설정 절차에 대한 정보가 필요하면 부록 A를 참고한다. 프로젝트를 생성할 때 기본값으로 2D 또는 3D 중에 어느 것을 선택할지에 대한 옵션이 있다. 이 프로젝트에서는 2D를 선택한다.

- **프로젝트 이름:** Prospector Solitaire.
- **패키지 다운로드 및 임포트:** http://www.acornpub.co.kr/game-design-2e에서 다운로드하는 파일 안에 해당 패키지가 포함돼 있다. 그 패키지를 임포트하면 씬과 여러 폴더가 만들어질 것이다.
- **씬 이름:** __Prospector_Scene_0 씬은 스타터 패키지에서 임포트할 것이므로 생성할 필요가 없다.
- **프로젝트 폴더:** 없음(__Scripts, _Prefabs, _Sprites, Resources는 임포트된 유니티 패키지에 포함돼 있다.)
- **C# 스크립트 이름:** (아직 없음)
- **이름 변경:** Main Camera를 _MainCamera로 변경한다.

__Prospector_Scene_0을 열고 다음의 _MainCamera에 대한 설정을 다시 확인한다.

```
_MainCamera (Camera)    P:[ 0, 0, -40 ]    R:[ 0, 0, 0 ]    S:[ 1, 1, 1 ]
            Projection: Orthographic
            Size: 10
```

이 유니티 패키지에는 31장에서 작성한 함수 외의 추가 함수가 들어간 Utils 스크립트가 포함돼 있다.

---

1. 이 책에 소개한 디지털 카드 게임의 카드 이미지는 Vectorized Playing Cards 1.3, Copyright 2011, Chris Aguilar을 바탕으로 한다(https://sourceforge.net/projects/vector-cards/). 라이선스는 LGPL 3가 적용된다(http://www.gnu.org/copyleft/lesser.html).

빌드 설정

이 프로젝트는 모바일 장치용으로 컴파일할 수 있는 첫 번째 프로젝트로 설계될 것이다. 이 예에서는 안드로이드로 설정하겠지만 iOS나 WebGL 또는 데스크톱 빌드를 선택해도 전혀 문제가 되지 않는다. 데스크톱 빌드 옵션은 유니티에서 자동으로 설치되며, 유니티 허브 프로그램의 설치 영역에서 해당 유니티 버전의 수정 버튼을 눌러 모듈 추가를 선택하면 안드로이드, iOS, WebGL 등으로 컴파일할 수 있는 기능을 추가할 수 있다.

이 프로젝트는 모바일 장치용으로 컴파일할 수 있게 설계됐지만 모바일 장치에서 실행하기 위한 실제 빌드 과정은 이 책의 범위를 벗어난다(소유하고 있는 장치에 따라 크게 다를 수 있음). 유니티 웹 사이트에는 다양한 플랫폼용 빌드에 관한 정보가 많다. 다양한 플랫폼에 대한 초보자 정보는 다음 링크에서 볼 수 있다.

- **안드로이드:** https://docs.unity3d.com/Manual/android-getting-started.html
- **iOS:** https://docs.unity3d.com/Manual/iphone-GettingStarted.html
- **WebGL:** https://docs.unity3d.com/Manual/webgl-gettingstarted.html

이제 개발을 시작하자. 데스크톱이 아닌 플랫폼을 사용하려면 다음 단계를 따른다.

1. 프로젝트 창에서 __Prospector_Scene_0 씬을 더블 클릭해 연다.
2. 메뉴 표시줄에서 File ➤ Build Settings를 선택하면 그림 32.1과 같은 창이 열린다.
3. Add Open Scenes를 클릭해 빌드할 씬 목록에 __Prospector_Scene_0을 추가하고 기존의 SampleScene 항목에 대한 체크 표시는 없앤다.
4. Platform 목록에서 Android(또는 여러분이 원하는 다른 플랫폼)를 선택하고 Switch Platform 버튼을 클릭한다. Android를 선택할 수 없으면 Android 모듈이 설치되지 않은 경우이니 유니티를 종료하고 유니티 허브 프로그램의 설치 영역을 통해 Android 모듈을 설치한다. 유니티가 기본 Android 설정에 맞게 모든 이미지를 다시 임포트하고 전환이 완료되면 Switch Platform 버튼이 회색으

로 변한 후 최종적으로 Build 버튼으로 바뀐다. 빌드 설정이 그림 32.1의 이미지처럼 보이면 이 창을 닫아도 된다(아직 Build를 클릭하지 않는다. 빌드는 게임을 모두 제작한 후 필요한 과정이다).

그림 32.1 빌드 설정 창

5. 이 프로젝트는 안드로이드 휴대폰에서 FHD 화면비의 세로 모드로 실행하게 설계됐는데, 이는 게임 창의 화면비 팝업 메뉴에서 1920×1080 Landscape를 선택한 것과 같다. 지금은 게임 창의 화면비 메뉴에서 18:9 Landscape를 선택한다.

이미지를 스프라이트로 임포트

다음으로는 스프라이트^{sprite}로 사용할 이미지를 올바르게 임포트해야 한다. 스프라이트는 화면에서 이동, 배율 변경, 회전을 할 수 있는 2D 이미지다. 2D 게임에서는 아주 흔하게 이용된다.

1. 프로젝트 창에서 _Sprites 폴더를 열고 그 안에 있는 모든 이미지를 선택한다(_Sprites 폴더 안에서 맨 위쪽 이미지를 클릭하고 나서 Shift 키를 누른 상태에서 맨 아래쪽 이미지를 클릭한다). 인스펙터 창의 아래쪽에 있는 미리보기 영역을 보면 전체 이미지는 화면비가 맞지 않고 투명도가 없는 상태로 임포트된 것을 볼 수 있다. 스프라이트로 사용하려면 이 설정을 변경해야 한다.

2. 인스펙터 창의 21 Texture 2Ds Import Settings 섹션에서 Texture Type을 Sprite (2D and UI)로 설정하고 Sprite Mode는 Single로 설정한다. Apply를 클릭하면 유니티가 모든 이미지를 올바른 화면비로 다시 임포트한다. 그림 32.2에는 최종 임포트 설정이 나온다.

프로젝트 창을 보면 각 이미지의 왼쪽에 펼침 삼각형이 있음을 알 수 있다. 펼침 삼각형을 클릭해 열면 각 이미지 아래에 동일한 이름의 스프라이트를 볼 수 있다.

3. 프로젝트 창에서 Letters 이미지만 선택한다. 앞서 임포트한 대부분의 이미지는 단일 스프라이트이기 때문에 Sprite Mode로 Single이 적합하다. 하지만 Letters 이미지는 스프라이트 아틀라스^{sprite atlas}(여러 스프라이트를 하나의 이미지로 저장함)이므로 다른 설정이 필요하다.

4. 인스펙터 창의 Letters Import Settings에서 Sprite Mode를 Multiple로 변경하고 Apply를 클릭한다. 그러면 Generate Physics Shape 필드 아래에 Open Sprite Editor 버튼이 새로 추가된다.

5. Open Sprite Editor 버튼을 클릭해 스프라이트 편집기를 연다. Letters 이미지 위에 스프라이트의 경계를 정의하는 파란색 상자가 표시된다.

그림 32.2 스프라이트로 사용할 텍스처 2D의 임포트 설정

6. 스프라이트 편집기에서 무지개 또는 문자 A가 있는 작은 아이콘(그림 32.3에서 원으로 표시)을 클릭하면 실제 이미지 보기와 알파 채널 보기 사이를 전환할 수 있다. Letters는 투명한 배경 위에 흰색 글자로 된 이미지이기 때문에 알파 채널로 보는 것이 알아보기 쉽다.

7. 스프라이트 편집기의 왼쪽 위 구석에 있는 Slice 팝업 메뉴를 클릭하고 다음을 수행한다.

   a. Type을 Automatic에서 Grid by Cell Size로 변경한다(그림 32.3 참고).

   b. Pixel size를 X:32 Y:32로 설정한다.

   c. Slice 버튼을 클릭한다. 그러면 Letters를 수평으로 32 × 32 픽셀 크기의 16개 스프라이트로 자른다.

   d. Apply(스프라이트 에디터의 오른쪽 위 구석에 있음)를 클릭해 프로젝트 창에서 이들 스프

라이트를 생성한다. 이제 **프로젝트** 창의 Letters 텍스처 아래에는 하나의 Letter 스프라이트 대신 **Letters_0**부터 **Letters_15**까지 16개의 스프라이트가 나타난다. 이 게임에서는 **Letters_1**부터 **Letters_13**까지를 13개의 카드 계급(에이스부터 킹까지)으로 사용한다. 이제 모든 스프라이트가 설정되고 사용할 준비가 됐다.

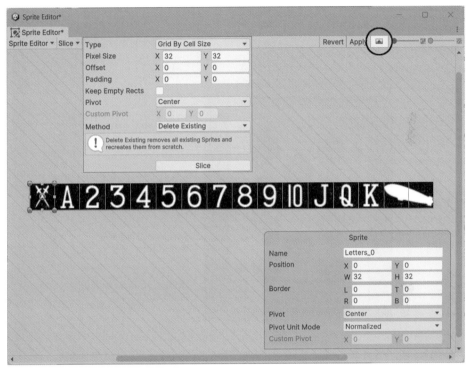

그림 32.3 Letters의 자르기 격자에 대한 올바른 설정을 보여주는 스프라이트 편집기. 오른쪽 위에 원으로 표시한 버튼을 클릭하면 Letters의 컬러 채널 보기와 알파 채널 보기 사이를 전환한다.

8. 씬을 저장한다. 아직 씬을 편집하지 않았지만 항상 씬을 저장해두는 것이 좋다. 무엇이든 변경할 때마다 씬을 저장하는 습관을 들여야 한다.

스프라이트를 사용해 카드 제작

이 프로젝트의 가장 중요한 측면 중 하나는 임포트한 21개의 이미지를 사용해 절차적 방식으로 전체 카드 덱을 만드는 것이다. 이런 방식을 선택하면 최종 빌드 크기가 작아지고 XML을 사용하는 방법을 알아볼 기회가 마련된다.

그림 32.4의 이미지는 이를 수행하는 방법의 예를 보여준다. 이 이미지의 스페이드 10 카드는 Card_Front 한 개, Spade 복사본 열두 개 그리고 Letters_10 복사본 두 개를 사용해 만든 것이다.

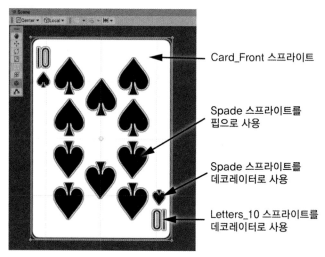

Card_Front 스프라이트

Spade 스프라이트를
핍으로 사용

Spade 스프라이트를
데코레이터로 사용

Letters_10 스프라이트를
데코레이터로 사용

그림 32.4 절차적 방식으로 만든 스페이드 10이며 사용된 각 스프라이트 주변에 자동 생성된 경계선을 볼 수 있다. 이 카드에서 표시되는 부분은 열다섯 개의 스프라이트(Spade 열두 개, Letter_10 두 개, Card_Front 한 개)로 구성된다.

이렇게 스프라이트를 사용해 카드를 구성하는 정보는 XML 파일을 사용해 정의한다. XML에 대한 자세한 내용과 32장에서 임포트한 유니티 패키지에 포함된 **PT_XMLReader** 스크립트를 사용해 XML을 읽는 방법은 부록 B의 절을 참고한다. 이 프로젝트에 사용된 DeckXML.xml 파일의 구조도 부록 B의 'XML' 절에서 볼 수 있다.

코드를 통한 XML 사용

1. 이 프로젝트의 첫 번째 부분에서는 C# 파일 세 개를 생성하고 각각 Card, Deck, Prospector로 이름을 정한다. 각 파일은 __Scripts 폴더 안에 넣는다.

   - **Card**: 덱의 개별 카드에 대한 클래스. Card 스크립트에는 CardDefinition 클래스(카드의 각 계급에 배치되는 스프라이트 위치에 대한 정보를 저장)와 Decorator 클래스 (XML 문서에 기술된 데코레이터와 핍에 대한 정보를 저장. 그림 32.4에 데코레이터와 핍이 나타나 있음)도 포함된다.

   - **Deck**: Deck 클래스는 DeckXML.xml에 포함된 정보를 해석하고 그 정보를 사용해 전체 카드 덱을 생성한다.

   - **Prospector**: Prospector 클래스는 전체 게임을 관리한다. Deck 클래스가 카드를 생성하면 Prospector 클래스는 이러한 카드를 게임으로 만들어낸다. Prospector 클래스는 카드를 여러 더미(예, 뽑기 더미와 버리기 더미)로 만들고 게임 로직을 관리한다.

2. 제일 먼저 Card C# 스크립트를 열고 다음 코드를 입력한다. Card.cs의 이러한 작은 클래스들은 Deck 클래스가 XML 파일을 읽을 때 생성된 정보를 저장한다.

```
using System.Collections;
using System.Collections.Generic;
using UnityEngine;

public class Card : MonoBehaviour
{
    // 이 코드는 나중에 정의할 것임
}

[System.Serializable] // Serializable 클래스는 인스펙터에서 편집 가능
public class Decorator
{
    // 이 클래스는 DeckXML로부터 얻은 각 데코레이터나 핍에 관한 정보를 저장함
    public string     type;  // 카드 핍의 경우 type = "pip"
    public Vector3    loc;    // 카드에서 스프라이트 위치
```

```
public bool        flip = false; // 스프라이트를 세로로 뒤집는지 여부
    public float       scale = 1f;    // 스프라이트 배율
}

[System.Serializable]
public class CardDefinition
{
    // 이 클래스는 카드의 각 계급에 대한 정보를 저장함
    public string          face;  // 각 인물 카드에 사용할 스프라이트
    public int             rank;  // 이 카드의 계급(1~13)
    public List<Decorator>  pips = new List<Decorator>(); // 사용된 핍 // a
}
```

a. 핍^{pip}은 얼굴이 들어가지 않는 카드에 사용되는 데코레이터들인데, 예를 들어 그림 32.4의 10 스페이드에는 10개의 큰 스페이드만 표시돼 있다. 각 카드의 구석에 있는 데코레이터(예, 그림 32.4 카드의 구석에 있는 숫자 10 위쪽이나 아래쪽의 작은 스페이드)는 덱의 모든 카드에서 동일한 위치에 있기 때문에 CardDefinition에 저장할 필요가 없다.

3. Deck C# 스크립트를 비주얼 스튜디오에서 열고 다음 코드를 입력한다.

```
using System.Collections;
using System.Collections.Generic;
using UnityEngine;

public class Deck : MonoBehaviour
{

    [Header("Set Dynamically")]
    public PT_XMLReader     xmlr;

    // InitDeck은 준비되면 Prospector가 호출함
    public void InitDeck(string deckXMLText)
    {
        ReadDeck(deckXMLText);
    }

    // ReadDeck은 전달된 XML 파일을 파싱하고 CardDefinitions에 저장함
    public void ReadDeck(string deckXMLText)
```

```
    {
        xmlr = new PT_XMLReader(); // 새로운 PT_XMLReader를 생성
        xmlr.Parse(deckXMLText); // 생성된 PT_XMLReader를 사용해 DeckXML을 파싱

        // xmlr 사용법을 보여주는 테스트 행을 출력
        // 자세한 내용은 유용한 개념 부록의 'XML' 절을 참조
        string s = "xml[0] decorator[0] ";
        s += "type=" + xmlr.xml["xml"][0]["decorator"][0].att("type");
        s += " x=" + xmlr.xml["xml"][0]["decorator"][0].att("x");
        s += " y=" + xmlr.xml["xml"][0]["decorator"][0].att("y");
        s += " scale=" + xmlr.xml["xml"][0]["decorator"][0].att("scale");
        print(s);

    }
}
```

4. 이제 Prospector 클래스를 열고 다음 코드를 입력한다.

```
using System.Collections;
using System.Collections.Generic;
using UnityEngine;
using UnityEngine.SceneManagement;  // 나중에 사용
using UnityEngine.UI;               // 나중에 사용
using TMPro;                        // 나중에 사용

public class Prospector : MonoBehaviour
{
    static public Prospector      S;

    [Header("Set in Inspector")]
    public TextAsset              deckXML;

    [Header("Set Dynamically")]
    public Deck                   deck;

    void Awake()
    {
        S = this;  // Prospector을 위해 싱글톤을 설정
    }
```

```
        void Start()
        {
            deck = GetComponent<Deck>();       // 덱을 얻음
            deck.InitDeck(deckXML.text);       // 덱에 DeckXML을 전달
        }
    }
```

5. 유니티로 전환하기 전에 이들 스크립트 파일을 모두 저장한다. 비주얼 스튜디오 메뉴 표시줄에서 파일 ➤ 모두 저장을 선택한다. Save All이 회색으로 표시돼 있으면 이미 저장한 것이다.

6. 코드가 준비됐으므로 유니티로 되돌아가서 Prospector 스크립트와 Deck 스크립트를 _MainCamera에 부착시킨다. 즉, 프로젝트 창에서 이 스크립트들을 하이어라키 창의 _MainCamera로 드래그한다. 그러고 나서 하이어라키 창의 _MainCamera를 선택한다. 두 스크립트 모두가 Script 컴포넌트로 부착된 것이 보여야 한다.

7. 프로젝트 창의 Resources 폴더에 있는 DeckXML을 인스펙터의 Prospector (Script) 컴포넌트에 있는 deckXML TextAsset 변수로 드래그한다.

8. 씬을 저장하고 플레이 버튼을 클릭한다. 콘솔에 다음 출력이 나타나야 한다.

```
xml[0] decorator[0] type=letter x=-1.05 y=1.42 scale=1.25
```

이 출력은 Deck:ReadDeck()의 테스트 코드에서 나온 것이며 ReadDeck() 메서드가 다음에 보이는 DeckXML.xml의 행에서 0번째 xml의 0번째 데코레이터로부터 type, x, y, scale 속성을 제대로 읽었다는 것을 나타낸다(부록 B의 'XML' 절에서 보거나 913비주얼 스튜디오에서 DeckXML.xml 파일을 열어 이 파일의 전체 텍스트를 볼 수 있다).

```
<xml>
    <!-- decorators are on every card as the suit and rank in the corners. -->
    <decorator type="letter" x="-1.05" y="1.42" z="0" flip="0" scale="1.25"/>
    ...
</xml>
```

Deck XML의 정보를 파싱하기

이제 이 정보로 작업해보자.

1. Deck 클래스를 다음과 같이 변경한다.

```
using System.Collections;
using System.Collections.Generic;
using Unity.Collections.LowLevel.Unsafe;
using UnityEngine;

public class Deck : MonoBehaviour
{

    [Header("Set Dynamically")]
    public PT_XMLReader              xmlr;
    public List<string>             cardNames;
    public List<Card>               cards;
    public List<Decorator>          decorators;
    public List<CardDefinition>     cardDefs;
    public Transform                deckAnchor;
    public Dictionary<string, Sprite>  dictSuits;

    // InitDeck은 준비되면 Prospector가 호출함
    public void InitDeck(string deckXMLText)
    {
        ReadDeck(deckXMLText);
    }

    // ReadDeck은 전달된 XML 파일을 파싱하고 CardDefinitions에 저장함
    public void ReadDeck(string deckXMLText)
    {
        xmlr = new PT_XMLReader(); // 새로운 PT_XMLReader를 생성
        xmlr.Parse(deckXMLText); // 생성된 PT_XMLReader를 사용해 DeckXML을 파싱

        // xmlr 사용법을 보여주는 테스트 행을 출력
        // 자세한 내용은 유용한 개념 부록의 'XML' 절을 참조
        string s = "xml[0] decorator[0] ";
        s += "type=" + xmlr.xml["xml"][0]["decorator"][0].att("type");
```

```
s += " x=" + xmlr.xml["xml"][0]["decorator"][0].att("x");
s += " y=" + xmlr.xml["xml"][0]["decorator"][0].att("y");
s += " scale=" + xmlr.xml["xml"][0]["decorator"][0].att("scale");
//print(s); // 테스트가 끝났으므로 이 행을 주석 처리함

// 모든 카드의 데코레이터를 읽음
decorators = new List<Decorator>(); // 데코레이터의 리스트를 초기화
// XML 파일에서 모든 <decorator>의 PT_XMLHashList를 얻음
PT_XMLHashList xDecos = xmlr.xml["xml"][0]["decorator"];
Decorator deco;
for (int i = 0; i < xDecos.Count; i++)
{
    // XML의 각 <decorator>에 대해 반복
    deco = new Decorator(); // 새로운 Decorator 생성
    // <decorator>의 속성을 Decorator로 복사
    deco.type = xDecos[i].att("type");
    // flip 속성의 텍스트가 "1"이면 bool deco.flip에 true 지정됨
    deco.flip = (xDecos[i].att("flip") == "1");                    // a
    // 속성 문자열의 float를 파싱해야 함
    deco.scale = float.Parse(xDecos[i].att("scale"));
    // Vector3 loc은 [0,0,0]으로 초기화해야 하므로 수정해야 함
    deco.loc.x = float.Parse(xDecos[i].att("x"));
    deco.loc.y = float.Parse(xDecos[i].att("y"));
    deco.loc.z = float.Parse(xDecos[i].att("z"));
    // 데코레이터 리스트에 임시 deco를 추가함
    decorators.Add(deco);
}

// 각 카드 번호의 핍 위치를 읽음
cardDefs = new List<CardDefinition>(); // 카드의 리스트를 초기화
// XML 파일에서 모든 <card>의 PT_XMLHashL를 얻음
PT_XMLHashList xCardDefs = xmlr.xml["xml"][0]["card"];
for (int i = 0; i < xCardDefs.Count; i++)
{
    // 각 <card>에 대해
    // 새로운 CardDefinition을 생성
    CardDefinition cDef = new CardDefinition();
```

```
        // 속성 값을 파싱하고 cDef에 추가
        cDef.rank = int.Parse(xCardDefs[i].att("rank"));
        // 이 <card>의 모든 <pip>의 PT_XMLHashList를 얻음
        PT_XMLHashList xPips = xCardDefs[i]["pip"];
        if (xPips != null)
        {
            for (int j = 0; j < xPips.Count; j++)
            {
                // 모든 <pip>에 대해 반복
                deco = new Decorator();
                // <card>의 <pip>은 Decorator 클래스를 통해 처리됨
                deco.type = "pip";
                deco.flip = (xPips[j].att("flip") == "1");
                deco.loc.x = float.Parse(xPips[j].att("x"));
                deco.loc.y = float.Parse(xPips[j].att("y"));
                deco.loc.z = float.Parse(xPips[j].att("z"));
                if (xPips[j].HasAtt("scale"))
                {
                    deco.scale = float.Parse(xPips[j].att("scale"));
                }
                cDef.pips.Add(deco);
            }
        }
        // 인물 카드(잭, 퀸, 킹)에는 face 속성이 있음
        if (xCardDefs[i].HasAtt("face"))
        {
            cDef.face = xCardDefs[i].att("face");                    // b
        }
        cardDefs.Add(cDef);
    }
  }
}
```

a. 격식은 벗어났지만 비교 연산자인 ==를 사용한 것이 아주 좋다. 연산
   자가 반환하는 true 또는 false가 bool deco.flip에 지정된다.

b. cDef.face는 인물 카드 스프라이트의 기본 이름[base name]이다. 예를 들

어 FaceCard_11은 잭 인물 스프라이트의 기본 이름이고 클럽 잭은
FaceCard_11C, 하트 잭은 FaceCard_11H 등이다.

이제 ReadDeck() 메서드는 XML을 파싱해 Decorator(카드 모서리에 있는 세트와 계급)의 리스
트와 CardDefinition(카드의 에이스부터 킹까지 각 계급에 대한 정보를 포함하는 클래스)의 리스트를 만든다.

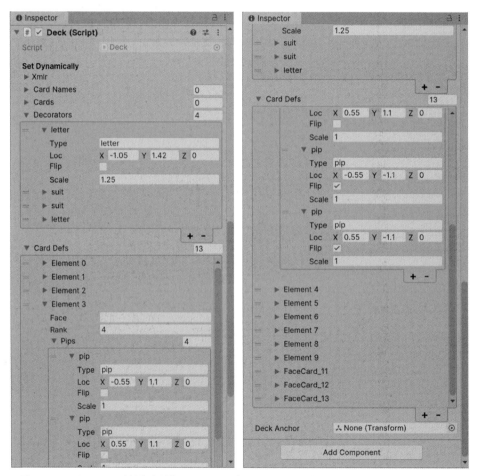

그림 32.5 DeckXML.xml 파일에서 읽은 Decorators와 CardDefs를 보여주는 _MainCamera 인스펙터의 Deck
(Script) 컴포넌트

2. 유니티로 다시 전환해 플레이 버튼을 클릭한다. _MainCamera를 선택하고 인

스펙터의 Deck (Script) 컴포넌트를 확인한다. Decorator와 CardDefinition 이 모두 [System.Serializable]로 설정됐기 때문에 그림 32.5와 같이 _MainCamera의 인스펙터에 Deck (Script) 컴포넌트의 decorators와 cardDefs 가 제대로 나타난다.

3. 플레이를 중지하고 씬을 저장한다.

카드를 구성하는 스프라이트 지정

XML을 제대로 읽어서 사용 가능한 리스트로 파싱했으므로 이제 카드를 구성할 차례다. 이를 위한 첫 번째 단계는 32장의 앞부분에서 만든 모든 스프라이트에 대한 참조를 얻는 것이다.

1. 이들 스프라이트를 저장하고자 다음 필드를 Deck 클래스의 맨 위에 추가 한다.

```
public class Deck : MonoBehaviour
{
    [Header("Set in Inspector")]
    // 세트
    public Sprite            suitClub;
    public Sprite            suitDiamond;
    public Sprite            suitHeart;
    public Sprite            suitSpade;

    public Sprite[]          faceSprites;
    public Sprite[]          rankSprites;

    public Sprite            cardBack;
    public Sprite            cardBackGold;
    public Sprite            cardFront;
    public Sprite            cardFrontGold;

    // 프리팹
    public GameObject        prefabCard;
    public GameObject        prefabSprite;
```

```
[Header("Set Dynamically")]
    ...
}
```

저장하고 나서 유니티로 전환하면 _MainCamera 인스펙터의 Deck (Script)에는 정의해야 하는 많은 public 변수를 볼 수 있다.

2. 프로젝트 창의 _Sprites 폴더에 있는 Club, Diamond, Heart, Spade 텍스처를 Deck 아래의 각 변수(suitClub, suitDiamond, suitHeart, suitSpade)로 드래그한다. 유니티는 자동으로 스프라이트만 변수에 지정한다(그런다고 Texture2D가 스프라이트 변수에 지정되는 것은 아님).

3. 다음부터는 좀 까다롭다. 하이어라키 창에서 _MainCamera를 선택하고 나서 인스펙터 창의 맨 위에 있는 작은 자물쇠 아이콘(그림 32.6에서 빨간색 직사각형으로 표시)을 클릭해 _MainCamera의 인스펙터를 잠근다. 인스펙터 창을 잠그면 다른 오브젝트를 선택해도 인스펙터 창이 전환되지 않는다.

4. 그 인스펙터의 Deck (Script)에서 다음과 같이 FaceCard_로 시작하는 각 스프라이트를 배열 faceSprite의 요소에 지정한다.

   a. 프로젝트 창의 _Sprites 폴더에서 FaceCard_11C를 선택한 다음 Shift 키를 누른 상태에서 FaceCard_13S를 클릭한다. 모두 12개의 FaceCard_ 스프라이트를 선택해야 한다.

   b. 프로젝트 창의 이 그룹을 인스펙터의 Deck (Script) 아래에 있는 배열 이름 faceSprites 위로 드래그한다. 이때 변수 이름인 faceSprites 위에 마우스 커서를 올려놓으면 플러스 직사각형 아이콘으로 변한다.

   c. 단계를 올바르게 수행했다면 마우스 버튼을 놓는 즉시 faceSprites 배열의 크기가 12로 확장되며 각 FaceCard_ 스프라이트의 사본으로 채워질 것이다. 이렇게 되지 않으면 하나씩 개별적으로 추가해도 된다. 작업이 끝나면 각 칸에 하나씩 존재하며 순서는 상관없다(그림 32.6 참고).

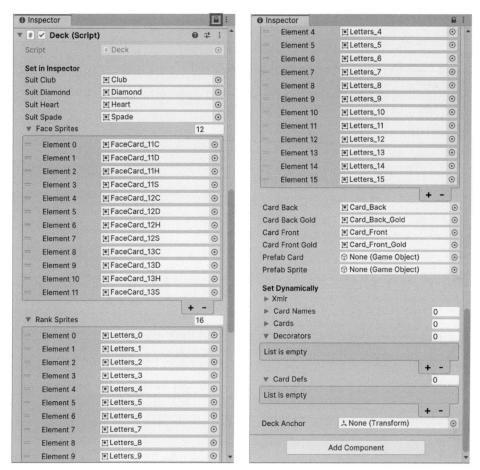

그림 32.6 각 public 스프라이트 변수에 올바른 스프라이트를 지정한 상태를 보여주는, _MainCamera 인스펙터의 Deck (Script) 컴포넌트

5. 프로젝트 창의 _Sprites 폴더에 있는 Texture2D 타입 Letters 옆의 펼침 삼 각형을 연다. 이전 단계와 같은 과정으로 Letters_0부터 Letters_15까지 선택한다. 이제 Letters 아래에 16개의 스프라이트가 선택돼 있어야 한 다. 이 스프라이트 그룹을 Deck (Script)의 rankSprites 변수 위로 드래그한 다. 단계를 올바르게 수행했다면 rankSprites 리스트는 Letters_0부터 Letters_15까지 16개의 Letters_ 스프라이트로 가득 차 있어야 한다. Element 0에 Letters_0가 있고 Element 15에는 Letters_15가 있는 식으로

올바른 순서인지 다시 확인한다. 그렇게 돼 있지 않으면 한 번에 하나씩 추가하면서 순서를 맞춘다.

6. 프로젝트 창에서 Card_Back, Card_Back_Gold, Card_Front, Card_Front_Gold 스프라이트를 Deck (Script) 인스펙터의 해당 변수 슬롯으로 드래그한다.

여러분의 Deck (Script) 인스펙터는 그림 32.6과 같아야 한다.

7. 작은 자물쇠 아이콘(그림 32.6에서 빨간색 직사각형으로 표시)을 다시 클릭해 인스펙터 창을 잠금 해제한다. 씬을 저장한다. 저장을 잊었다가는 이 모든 일을 다시 해야 하는 불상사가 벌어질지도 모른다.

스프라이트와 카드용 프리팹 게임오브젝트 만들기

다른 게임오브젝트와 마찬가지로 스프라이트도 화면에 표시하려면 먼저 게임오브젝트로 만들어야 한다. 이 프로젝트에서는 두 가지 프리팹이 필요한데, 하나는 모든 데코레이터와 핍에 사용되는 제네릭 PrefabSprite(이미 스타터 에셋 패키지의 일부로서 임포트돼 있음)이고, 다른 하나는 덱에 있는 모든 카드의 바탕이 되는 PrefabCard다.

PrefabCard 게임오브젝트를 만들려면 다음을 따라 한다.

1. 메뉴 표시줄에서 GameObject ➤ 2D Object ➤ Sprite ➤ Square를 선택한다. 이 게임오브젝트의 이름을 PrefabCard로 지정한다.

2. 프로젝트 창의 Card_Front를 PrefabCard 인스펙터의 Sprite Renderer에 있는 Sprite 변수로 드래그한다. 이제 씬 창에 Card_Front 스프라이트가 나타날 것이다.

3. 프로젝트 창의 Card 스크립트를 하이어라키 창의 PrefabCard로 드래그한다. 그러면 Card 스크립트가 PrefabCard에 지정된다(그리고 PrefabCard의 인스펙터에 Card (Script) 컴포넌트가 나타난다).

4. PrefabCard의 인스펙터에서 Add Component 버튼을 클릭한다. 나타나는 메뉴에서 Physics ➤ Box Collider를 선택한다(메뉴 표시줄에서 Component ➤ Physics ➤

Box Collider를 선택하는 것과 같다). Box Collider의 Size는 자동으로 [2.56, 3.56, 0.2]로 설정될 것이지만 그렇게 나타나지 않으면 이 값으로 Size를 설정한다.

5. 하이어라키 창의 PrefabCard를 _Prefabs 폴더로 드래그해 프리팹을 만든다.
6. 하이어라키 창에 남아 있는 PrefabCard 인스턴스를 삭제하고 씬을 저장한다.

이제 PrefabCard 프리팹과 PrefabSprite 프리팹을 _MainCamera 인스펙터의 Deck (Script) 컴포넌트에 있는 해당 public 변수에 지정해야 한다.

7. 하이어라키 창의 _MainCamera를 선택하고 프로젝트 창에서 PrefabCard와 PrefabSprite를 Deck (Script) 인스펙터의 해당 변수로 드래그한다.
8. 씬을 저장한다.

코드에서 카드 만들기

Deck 클래스에 카드를 만드는 메서드를 추가하기 전에 다음과 같이 Card 클래스에 변수를 추가해야 한다(코드가 꽤 길지만 멋진 일을 해줄 것이다).

1. Card 클래스에서 // 이 코드는 나중에 정의할 것임 주석을 다음 코드로 대체한다.

```
public class Card : MonoBehaviour
{
    [Header("Set Dynamically")]
    public string      suit;  // 카드 세트(C,D,H,S)
    public int         rank;  // 카드 계급(1~14)
    public Color       color = Color.black; // 핍의 색
    public string      colS = "Black";   // 또는 "Red". 색 이름

    // 이 리스트는 모든 데코레이터 게임오브젝트를 저장함
    public List<GameObject> decoGOs = new List<GameObject>();
    // 이 리스트는 모든 핍 게임오브젝트를 저장함
    public List<GameObject> pipGOs = new List<GameObject>();

    public GameObject    back;  // 카드 뒷면에 해당하는 게임오브젝트
```

```
    public CardDefinition    def;    // DeckXML.xml에서 파싱됨
}
```

2. Deck 클래스에 다음 코드를 추가한다.

```
public class Deck : MonoBehaviour
{
    ...
    // InitDeck은 준비되면 Prospector가 호출함
    public void InitDeck(string deckXMLText)
    {
        // 하이어라키 창에 있는 모든 Card 게임오브젝트를 위한 앵커를 만듦
        if (GameObject.Find("_Deck") == null)
        {
            GameObject anchorGO = new GameObject("_Deck");
            deckAnchor = anchorGO.transform;
        }

        // 필요한 스프라이트를 포함하는 딕셔너리를 초기화
        dictSuits = new Dictionary<string, Sprite>()
        {
            { "C", suitClub },
            { "D", suitDiamond },
            { "H", suitHeart },
            { "S", suitSpade }
        };

        ReadDeck(deckXMLText); // 기존에 있던 행

        MakeCards();
    }

    // ReadDeck은 전달된 XML 파일을 파싱하고 CardDefinitions에 저장함
    public void ReadDeck(string deckXMLText) { ... }

    // 계급에 맞는 적절한 CardDefinition 정의를 얻음(1~14는 에이스~킹에 해당함)
    public CardDefinition GetCardDefinitionByRank(int rnk)
    {
        // 모든 CardDefinition을 검색
```

```
        foreach (CardDefinition cd in cardDefs)
        {
            // 계급이 일치하면 이 정의를 반환
            if (cd.rank == rnk)
            {
                return (cd);
            }
        }
        return (null);
    }

    // Card 게임오브젝트를 만든다.
    public void MakeCards()
    {
        // cardNames는 만들 카드 이름이 됨
        // 각 세트는 1에서 14로 구성됨(예, 클럽은 C1에서 C14까지임)
        cardNames = new List<string>();
        string[] letters = new string[] { "C", "D", "H", "S" };
        foreach (string s in letters)
        {
            for (int i = 0; i < 13; i++)
            {
                cardNames.Add(s + (i + 1));
            }
        }

        // 모든 카드를 저장할 리스트를 생성
        cards = new List<Card>();

        // 방금 만든 모든 카드 이름에 대해 반복
        for (int i = 0; i < cardNames.Count; i++)
        {
            // 카드를 만들고 카드 덱에 그 카드를 추가
            cards.Add(MakeCard(i));
        }
    }

    private Card MakeCard(int cNum)                              // a
    {
```

```
        // 새 카드 게임오브젝트를 생성
        GameObject cgo = Instantiate(prefabCard) as GameObject;
        // 새 카드의 transform.parent를 앵커로 설정
        cgo.transform.parent = deckAnchor;
        Card card = cgo.GetComponent<Card>(); // Card 컴포넌트를 얻음

        // 카드를 보기 좋게 배치함
        cgo.transform.localPosition =
    ➡    new Vector3((cNum% 13) * 3, cNum / 13 * 4, 0);
        // 카드에 기본값을 지정
        card.name = cardNames[cNum];
        card.suit = card.name[0].ToString();
        card.rank = int.Parse(card.name.Substring(1));
        if (card.suit == "D" || card.suit == "H")
        {
            card.colS = "Red";
            card.color = Color.red;
        }
        // 이 카드의 CardDefinition을 얻음
        card.def = GetCardDefinitionByRank(card.rank);

        AddDecorators(card);

        return card;
    }

    // 도우미 메서드에서 여러 번 재사용될 변수들
    private Sprite _tSp = null;
    private GameObject _tGO = null;
    private SpriteRenderer _tSR = null;

    private void AddDecorators(Card card)                          // a
    {
        // 데코레이더를 추가
        foreach (Decorator deco in decorators)
        {
            if (deco.type == "suit")
            {
                // 스프라이트 게임오브젝트를 인스턴스화
```

```
    _tGO = Instantiate(prefabSprite) as GameObject;
    // SpriteRenderer 컴포넌트를 얻음
    _tSR = _tGO.GetComponent<SpriteRenderer>();
    // 스프라이트를 적절한 세트로 설정
    _tSR.sprite = dictSuits[card.suit];
}
else
{
    _tGO = Instantiate(prefabSprite) as GameObject;
    _tSR = _tGO.GetComponent<SpriteRenderer>();
    // 이 계급을 표시하는 적절한 스프라이트를 얻음
    _tSp = rankSprites[card.rank];
    // 이 계급 스프라이트를 SpriteRenderer로 지정
    _tSR.sprite = _tSp;
    // 세트와 일치하게 계급의 색을 설정
    _tSR.color = card.color;
}
// 데코 스프라이트가 카드 위에 렌더링되게 설정
_tSR.sortingOrder = 1;
// 데코레이터 스프라이터를 카드의 자식으로 만듦
_tGO.transform.SetParent(card.transform);
// DeckXML에서 얻은 위치를 바탕으로 localPosition를 설정
_tGO.transform.localPosition = deco.loc;
// 필요하면 데코레이터를 뒤집음
if (deco.flip)
{
    // Z축에 대해 180도 오일러 회전을 하면 뒤집을 수 있음
    _tGO.transform.rotation = Quaternion.Euler(0, 0, 180);
}
// 데코가 너무 커지지 않게 배율을 설정
if (deco.scale != 1)
{
    _tGO.transform.localScale = Vector3.one * deco.scale;
}
// 찾기 쉽게 이 게임오브젝트에 이름을 지정
_tGO.name = deco.type;
```

```
            // 이 데코 게임오브젝트를 card.decoGOs 리스트에 추가
            card.decoGOs.Add(_tGO);
        }
    }
}
```

a. MakeCard()와 AddDecorator()는 MakeCards() 속에 이들 메서드의 코드들을 포함시켜도 되는 private 도우미 메서드다. 이렇게 메서드를 분리해놓으면 MakeCards() 메서드의 코드가 간략해지고, 여러 프로그래머와 작업한다면 필요에 따라 이들 세 개의 메서드를 각자 한 사람씩 맡아서 작성할 수도 있다. 35장에서 볼 수 있듯이 나는 개인적으로 이와 같이 메서드를 짧게 작성하는 쪽으로 구현했다.

3. 모든 스크립트를 저장하고 유니티로 되돌아가서 플레이 버튼을 클릭한다. 52장의 카드가 순서대로 놓여야 한다. 아직 핍이 없는 상태로 나타나며 데코레이터와 색은 올바로 표시된다. 게임 창에 카드 전부를 나타내고 싶으면 실행 중에 씬 창의 하이어라키 창에서 Deck을 선택하고 Position의 값을 X: −18, Y: −4, Z: 0으로 지정하면 된다.

4. 이제 Deck 클래스에 다음과 같이 도우미 메서드 세 개를 더 추가해서 핍과 인물에 대한 코드를 작성한다.

```
public class Deck : MonoBehaviour
{
    ...
    private Card MakeCard(int cNum)
    {
        ...
        card.def = GetCardDefinitionByRank(card.rank);

        AddDecorators(card);
        AddPips(card);
        AddFace(card);

        return card;
    }
```

```
...

private void AddDecorators(Card card) { ... }

private void AddPips(Card card)
{
    // 정의에 포함된 각 핍에 대해 반복...
    foreach (Decorator pip in card.def.pips)
    {
        // ...스프라이트 게임오브젝트를 인스턴스화
        _tGO = Instantiate(prefabSprite) as GameObject;
        // 부모 게임오브젝트를 카드 게임오브젝트로 설정
        _tGO.transform.SetParent(card.transform);
        // 위치를 XML에 지정된 정보로 설정
        _tGO.transform.localPosition = pip.loc;
        // 필요하면 뒤집음
        if (pip.flip)
        {
            _tGO.transform.rotation = Quaternion.Euler(0, 0, 180);
        }
        // 필요하면 배율을 조정(에이스의 경우만 해당)
        if (pip.scale != 1)
        {
            _tGO.transform.localScale = Vector3.one * pip.scale;
        }
        // 이 게임오브젝트에게 이름 지정
        _tGO.name = "pip";
        // SpriteRenderer 컴포넌트를 얻음
        _tSR = _tGO.GetComponent<SpriteRenderer>();
        // 스프라이트를 올바른 세트로 설정
        _tSR.sprite = dictSuits[card.suit];
        // 핍이 Card_Front 위에 렌더링되게 sortingOrder를 설정
        _tSR.sortingOrder = 1;
        // 카드의 핍 리스트에 추가
        card.pipGOs.Add(_tGO);
    }
}
```

```
    private void AddFace(Card card)
    {
        if (card.def.face == "")
        {
            return; // 인물 카드가 아니면 실행할 필요가 없음
        }

        _tGO = Instantiate(prefabSprite) as GameObject;
        _tSR = _tGO.GetComponent<SpriteRenderer>();
        // 올바른 이름을 생성하고 GetFace()에 전달
        _tSp = GetFace(card.def.face + card.suit);
        _tSR.sprite = _tSp;        // 이 스프라이트를 _tSR에 지정
        _tSR.sortingOrder = 1;     // sortingOrder를 설정
        _tGO.transform.SetParent(card.transform);
        _tGO.transform.localPosition = Vector3.zero;
        _tGO.name = "face";
    }

    // 올바른 인물 카드 스프라이트를 찾음
    private Sprite GetFace(string faceS)
    {
        foreach (Sprite _tSP in faceSprites)
        {
            // 이 스프라이트에 올바른 이름이 있으면...
            if (_tSP.name == faceS)
            {
                // ...그러면 스프라이트를 반환
                return (_tSP);
            }
        }
        // 아무것도 찾지 못하면 null을 반환
        return (null);
    }
}
```

5. 플레이 버튼을 클릭하면 인물 카드에 핍과 인물이 제대로 나타난 52장의 모든 카드를 확인할 수 있다.

다음은 카드 뒷면을 추가할 차례다. 카드는 실제로 뒤집는 게 아니다. 그 대신, 카드 뒷면은 카드의 다른 항목보다 sortingOrder를 높게 지정해서 카드가 뒤집혔을 때만 보이고 카드가 앞면일 때는 보이지 않게 한다.

6. 이러한 보이기 전환^{visibility toggle}을 수행하려면 다음과 같이 faceUp 프로퍼티를 Card 클래스의 끝에 추가한다. faceUp은 프로퍼티로서 하나의 필드처럼 동작하고자 두 함수(get과 set)를 포함한다.

```
public class Card : MonoBehaviour
{
    ...
    public GameObject        back;  // 카드 뒷면에 해당하는 게임오브젝트

    public CardDefinition    def;   // DeckXML.xml에서 파싱됨

    public bool faceUp
    {
        get
        {
            return (!back.activeSelf);
        }
        set
        {
            back.SetActive(!value);
        }
    }
}
```

7. 이제 Deck 클래스에서 카드에 뒷면을 추가할 수 있다. 다음 필드와 도우미 메서드를 Deck 클래스에 추가한다.

```
public class Deck : MonoBehaviour
{
    [Header("Set in Inspector")]
    public bool        startFaceUp = false;
    // 세트
```

```csharp
    public Sprite            suitClub;

    ...

    private Card MakeCard(int cNum)
    {
        ...
        AddPips(card);
        AddFace(card);
        AddBack(card);

        return card;
    }

    ...

    // 올바른 인물 카드 스프라이트를 찾음
    private Sprite GetFace(string faceS) { ... }

    private void AddBack(Card card)
    {
        // 카드 뒷면을 추가
        // Card_Back은 카드의 다른 모든 항목을 가릴 수 있음
        _tGO = Instantiate(prefabSprite) as GameObject;
        _tSR = _tGO.GetComponent<SpriteRenderer>();
        _tSR.sprite = cardBack;
        _tGO.transform.SetParent(card.transform);
        _tGO.transform.localPosition = Vector3.zero;
        // 가장 높은 sortingOrder을 지정
        _tSR.sortingOrder = 2;
        _tGO.name = "back";
        card.back = _tGO;

        // 기본적으로 앞면을 표시
        card.faceUp = startFaceUp; // Card의 faceUp 프로퍼티를 사용
    }
}
```

8. 비주얼 스튜디오에서 모든 스크립트를 저장하고 유니티로 되돌아가서 플레이 버튼을 클릭한다. 이제 모든 카드가 뒤집힌 상태로 표시된다.

9. 플레이를 중지하고 _MainCamera의 Deck (Script) 인스펙터에서 startFaceUp

필드를 true로 변경하고 다시 플레이해본다. 모든 카드가 앞면으로 시작할 것이다.

10. 씬을 저장한다. 항상 씬을 저장하는 것을 잊지 말자.

카드 섞기

카드를 만들고 화면에 나타낼 수 있게 됐으므로 Deck 클래스에서 마지막으로 필요한 것은 카드를 섞는 기능이다.

1. 다음과 같이 public이면서 static인 Shuffle() 메서드를 Deck 클래스의 끝에 추가한다.

```
public class Deck : MonoBehaviour
{
    ...

    private void AddBack(Card card) { ... }

    // Deck.cards에 있는 카드를 섞음
    static public void Shuffle(ref List<Card> oCards)                    // a
    {
        // 섞은 순서를 저장할 임시 리스트를 생성
        List<Card> tCards = new List<Card>();

        int ndx; // 카드의 인덱스를 저장
        tCards = new List<Card>(); // 임시 리스트를 초기화
        // 원래 리스트에 카드가 있는 한, 반복함
        while (oCards.Count > 0)
        {
            // 카드의 인덱스를 무작위로 뽑음
            ndx = Random.Range(0, oCards.Count);
            // 그 카드를 임시 리스트에 추가
            tCards.Add(oCards[ndx]);
            // 그리고 원래 리스트에서 그 카드를 제거
            oCards.RemoveAt(ndx);
        }
```

```
        // 원래 리스트를 임시 리스트로 대체
        oCards = tCards;
        // oCards가 참조(ref) 매개변수이기 때문에 전달된
        // 원래 인자도 변경됨
    }
}
```

a. ref 키워드는 List<Card> oCards에 전달되는 List<Card> oCards가 값으로 oCards에 복사되는 것이 아니라 참조로서 전달되게 한다. 즉, oCards를 변경하면 원래 변수의 내용이 변경된다. 다시 말하면 Deck의 카드를 참조로 전달하면 값을 따로 반환하지 않아도 카드가 섞인 상태가 된다.

2. 카드 섞기가 제대로 작동하는지 확인하고자 Prospector.Start() 메서드에 다음 행을 추가한다.

```
public class Prospector : MonoBehaviour
{
    ...

    void Start()
    {
        deck = GetComponent<Deck>();     // 덱을 얻음
        deck.InitDeck(deckXML.text);     // 덱에 DeckXML을 전달
        Deck.Shuffle(ref deck.cards);    // 참조를 전달해 덱을 섞음     // a

        Card c;
        for (int cNum = 0; cNum < deck.cards.Count; cNum++)          // b
        {
            c = deck.cards[cNum];
            c.transform.localPosition =
        ➥    new Vector3((cNum% 13) * 3, cNum / 13 * 4, 0);
        }
    }
}
```

a. 이 함수를 호출할 때는 ref 키워드도 사용해야 한다.

    b. 이 `for` 루프는 카드를 섞은 순서대로 화면에 배치한다.

  3. 이 스크립트를 저장하고 씬을 플레이한 후 씬 하이어라키 창의 `_MainCamera`를 선택해 `Deck.cards` 변수를 살펴보면 섞인 카드 배열을 볼 수 있다.

`Deck` 클래스는 어떠한 카드 리스트라도 섞을 수 있기 때문에 모든 카드 게임에 사용할 수 있는 기본 틀이 마련됐다. 이 프로토타입에서 만들 게임을 프로스펙터 Prospector라고 한다.

프로스펙터 게임

지금까지의 코드는 모든 카드 게임에서 이용할 수 있는 기본 틀이다. 이제부터는 여러분이 만들 특정 게임에 대해 살펴보자.[2]

<프로스펙터(광부)> 게임은 고전 솔리테어solitaire 카드 게임인 <트라이픽스Tri-Peaks>에 바탕을 두고 있다. 두 게임의 규칙은 다음 두 가지 사항을 제외하고는 동일하다.

- <프로스펙터>의 전제는 플레이어가 금을 캐기 위해 땅을 파는 것이지만 <트라이픽스>의 전제는 플레이어가 세 개의 산을 오르는 것이다.
- <트라이픽스>의 목표는 모든 카드를 없애는 것이다. <프로스펙터>의 목표는 뽑기 더미에서 카드를 뽑지 않고 최대한 오래 버티면서 점수를 얻는 것이며 각 골드 카드는 전체 게임에서 점수를 두 배로 높여준다.

프로스펙터 규칙

실제로 게임을 해보고자 보통 플레잉 카드 덱(방금 여러분이 만든 가상의 카드가 아닌 실물 카드)을 준비한다. 조커를 빼고 남은 52장의 카드를 섞는다.

---

2. 프로스펙터는 2001년에 제레미 깁슨 본드, 에단 뷰로우, 마이크 왑살이 우리 회사인 Digital Mercenaries, Inc.를 위해 설계했다.

1. 그림 32.7과 같이 28장의 카드를 배치한다. 아래쪽 세 줄은 뒷면으로 놓고 맨 윗줄은 앞면으로 놓는다. 카드끼리 서로 나란히 붙여 놓을 필요는 없지만 위쪽 카드가 아래쪽 카드를 덮게 놓아야 한다. 이렇게 <프로스펙터>가 채굴할 '광산'을 나타내는 초기 타블로tableau가 완성된다.

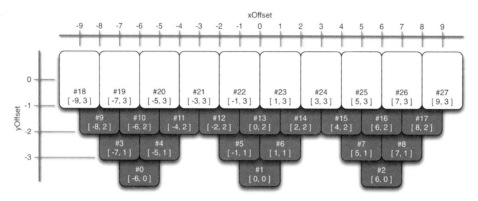

그림 32.7 <프로스펙터>의 초기 광산 타블로 레이아웃

2. 덱의 나머지 카드는 뽑기 더미가 된다. 뽑기 더미는 맨 윗줄 카드의 위쪽에 엎어서 비스듬히 놓는다.

3. 뽑기 더미에서 맨 위의 카드 한 장을 뽑아 맨 윗줄 중앙에 앞면으로 뒤집어 놓는다. 이 카드가 목표 카드다. 전체 모습은 그림 32.8과 같다.

4. 타블로에서 목표 카드보다 정확하게 한 계급 낮거나 높은 카드가 있으면 이를 가져와서 목표 카드 위에 놓고 새로운 목표 카드로 만든다. 에이스와 킹은 서로 연결되므로 에이스가 나오면 킹을 선택할 수 있고 그 반대도 가능하다.

5. 위에 있는 카드가 뽑혀서 더 이상 덮을 카드가 없는 아래쪽의 뒤집힌 카드는 앞면으로 뒤집어 놓는다.

6. 앞면 카드 중에서 목표 카드와 연결되는 카드가 없으면 뽑기 더미에서 새 목표 카드 한 장을 뽑는다.

7. 타블로의 카드를 뽑기 더미보다 먼저 없애면 게임에서 승리한다(점수 계산과 골드 카드에 대해서는 이 게임의 디지털 버전에서 설명할 것이다).

928

게임 플레이의 예

그림 32.8의 이미지는 <프로스펙터>의 초기 레이아웃의 한 예를 보여준다. 이 상황에서 플레이어는 9C(클럽 9) 또는 7S(스페이드 7)를 뽑아서 목표 카드인 8H 위에 놓을 수 있다.

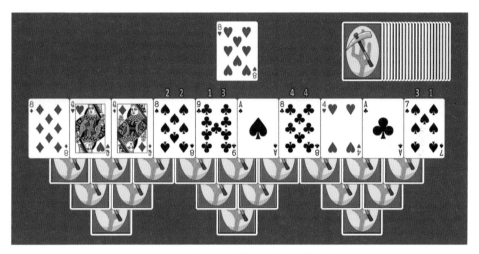

그림 32.8 <프로스펙터>의 초기 레이아웃 예

노란색 숫자와 녹색 숫자는 두 가지 가능한 연속 플레이를 보여준다. 노란색 연속 플레이에서는 9C를 선택해 새 목표 카드로 만든다. 그러면 8S, 8D, 8C를 선택할 수 있다. 여기서 플레이어는 8S를 선택한다. 그 이유는 9C와 8S에 의해 덮여졌던 카드를 뒤집을 수 있기 때문이다. 그러면 7S 그리고 8C까지 계속할 수 있다. 이렇게 해서 그림 32.9에 나타낸 레이아웃이 된다.

이제는 타블로에서 선택 가능한 앞면 카드가 없기 때문에 뽑기 더미에서 카드 한 장을 뽑아 새 목표 카드로 만들어야 한다.

다시 말하지만 실제 카드를 가지고 게임을 몇 번 반복해보는 것이 좋다. 다른 방법으로는 다음 링크(https://play.unity.com/mg/other/prospector-solitaire-2)에서 디지털 게임을 해봐도 된다.

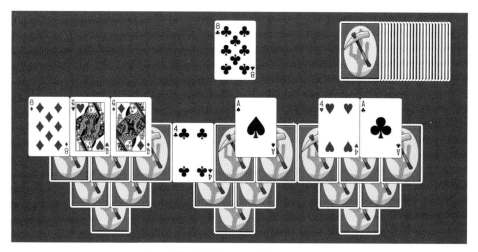

그림 32.9 첫 번째 실행 이후의 〈프로스펙터〉 게임 예

코드로 프로스펙터 구현

직접 게임을 하면서 확인했듯이 <프로스펙터>는 아주 단순한 게임이지만 꽤 재미있다. 나중에 이 게임에 멋진 시각 효과를 추가하고 점수 체계를 조정해서 재미 요소를 더할 수 있지만 일단은 기본적인 게임으로 작동하게 만들자.

광산 타블로의 레이아웃

방금 플레이해본 종이 프로토타입과 마찬가지로 디지털 버전의 <프로스펙터>에서도 똑같이 광산 타블로 레이아웃을 구현해야 한다. 이를 위해 그림 32.7의 레이아웃 다이어그램으로부터 약간의 XML 코드를 생성해야 한다.

1. 유니티에서 Resources 폴더의 LayoutXML.xml 파일을 열면 이 레이아웃 정보를 볼 수 있다. XML의 주석은 <!-- 및 -->로 감싸여진다(C#에서 /* 및 */로 감싼 코드나 // 다음에 오는 코드처럼 생각하면 된다).

```xml
<xml>
    <!-- 이 파일에는 프로스펙터 카드 게임의 레이아웃 정보가 있음 -->

    <!-- 아래에 나오는 x와 y 속성에 이 multiplier를 곱함 -->
    <!-- 이 값으로 레이아웃의 조밀한 정도를 조정할 수 있음 -->
    <multiplier x="1.25" y="1.5" />

    <!-- 아래의 XML에서 id는 카드의 번호 -->
    <!-- x와 y는 위치를 설정 -->
    <!-- faceup은 카드가 윗면일 때 1 -->
    <!-- layer은 카드가 올바르게 겹쳐지게 깊이 레이어를 설정 -->
    <!-- hiddenby는 카드를 가리는 다른 카드의 id -->

    <!-- Layer0, 가장 깊은 카드 -->
    <slot id="0" x="-6" y="-5" faceup="0" layer="0" hiddenby="3,4" />
    <slot id="1" x="0"  y="-5" faceup="0" layer="0" hiddenby="5,6" />
    <slot id="2" x="6"  y="-5" faceup="0" layer="0" hiddenby="7,8" />

    <!-- Layer1, 다음 레벨 -->
    <slot id="3" x="-7" y="-4" faceup="0" layer="1" hiddenby="9,10" />
    <slot id="4" x="-5" y="-4" faceup="0" layer="1" hiddenby="10,11" />
    <slot id="5" x="-1" y="-4" faceup="0" layer="1" hiddenby="12,13" />
    <slot id="6" x="1"  y="-4" faceup="0" layer="1" hiddenby="13,14" />
    <slot id="7" x="5"  y="-4" faceup="0" layer="1" hiddenby="15,16" />
    <slot id="8" x="7"  y="-4" faceup="0" layer="1" hiddenby="16,17" />

    <!-- Layer2, 다음 레벨 -->
    <slot id="9"  x="-8" y="-3" faceup="0" layer="2" hiddenby="18,19" />
    <slot id="10" x="-6" y="-3" faceup="0" layer="2" hiddenby="19,20" />
    <slot id="11" x="-4" y="-3" faceup="0" layer="2" hiddenby="20,21" />
    <slot id="12" x="-2" y="-3" faceup="0" layer="2" hiddenby="21,22" />
    <slot id="13" x="0"  y="-3" faceup="0" layer="2" hiddenby="22,23" />
    <slot id="14" x="2"  y="-3" faceup="0" layer="2" hiddenby="23,24" />
    <slot id="15" x="4"  y="-3" faceup="0" layer="2" hiddenby="24,25" />
    <slot id="16" x="6"  y="-3" faceup="0" layer="2" hiddenby="25,26" />
    <slot id="17" x="8"  y="-3" faceup="0" layer="2" hiddenby="26,27" />

    <!-- Layer3, 최상위 레벨 -->
    <slot id="18" x="-9" y="-2" faceup="1" layer="3" />
    <slot id="19" x="-7" y="-2" faceup="1" layer="3" />
```

```
        <slot id="20" x="-5" y="-2" faceup="1" layer="3" />
        <slot id="21" x="-3" y="-2" faceup="1" layer="3" />
        <slot id="22" x="-1" y="-2" faceup="1" layer="3" />
        <slot id="23" x="1"  y="-2" faceup="1" layer="3" />
        <slot id="24" x="3"  y="-2" faceup="1" layer="3" />
        <slot id="25" x="5"  y="-2" faceup="1" layer="3" />
        <slot id="26" x="7"  y="-2" faceup="1" layer="3" />
        <slot id="27" x="9"  y="-2" faceup="1" layer="3" />

        <!-- 뽑기 더미를 배치하고 카드를 비스듬하게 놓음 -->
        <slot type="drawpile" x="6" y="4" xstagger="0.15" layer="4"/>

        <!-- 버리기 더미와 목표 카드를 배치 -->
        <slot type="discardpile" x="0" y="1" layer="5"/>
    </xml>
```

보다시피 이 파일에는 타블로를 구성하는 각 카드(type 속성 없이 <slot> 요소로 이뤄짐)뿐만 아니라 두 개의 특수 슬롯(type 속성이 있는 요소)인 drawpile, discardpile 타입에 대한 레이아웃 정보도 들어 있다.

2. 이 LayoutXML을 유용한 정보로 파싱하는 코드를 작성해보자. __Scripts 폴더에 새 스크립트를 생성하고 이름을 Layout으로 지정한 후 다음 코드를 입력한다.

```
using System.Collections;
using System.Collections.Generic;
using UnityEngine;

// SlotDef 클래스는 MonoBehaviour의 하위 클래스가 아니므로 별도의
// C# 파일로 작성할 필요가 없음
[System.Serializable] // 유니티 인스펙터 창에 SlotDef를 보이게 함
public class SlotDef
{
    public float    x;
    public float    y;
    public bool     faceUp = false;
    public string   layerName = "Default";
```

```csharp
    public int        layerID = 0;
    public int        id;
    public List<int>  hiddenBy = new List<int>();
    public string     type = "slot";
    public Vector2    stagger;
}

public class Layout : MonoBehaviour
{
    public PT_XMLReader      xmlr;  // Deck과 마찬가지로 PT_XMLReader를 가짐
    public PT_XMLHashtable   xml;   // 이 변수는 손쉬운 xml 접근을 위해 사용됨
    public Vector2           multiplier; // 타블로의 카드 간격을 설정
    // SlotDef 참조
    public List<SlotDef>     slotDefs; // Row0 ~ Row3에 대한 SlotDef
    public SlotDef           drawPile;
    public SlotDef           discardPile;
    // layerID로 설정되는 레이어의 가능한 모든 이름을 저장
    public string[]          sortingLayerNames = new string[] { "Row0", "Row1",
                                "Row2", "Row3", "Discard", "Draw" };

    // LayoutXML.xml 파일을 읽기 위해 호출되는 함수
    public void ReadLayout(string xmlText)
    {
        xmlr = new PT_XMLReader();
        xmlr.Parse(xmlText);        // XML을 파싱함
        xml = xmlr.xml["xml"][0];   // 그리고 xml을 XML에 대한 바로가기로 설정

        // 카드 간격을 설정하는 multiplier를 읽음
        multiplier.x = float.Parse(xml["multiplier"][0].att("x"));
        multiplier.y = float.Parse(xml["multiplier"][0].att("y"));

        // 슬롯을 읽음
        SlotDef tSD;
        // slotsX는 모든 <slot>에 대한 바로가기로 사용됨
        PT_XMLHashList slotsX = xml["slot"];

        for (int i = 0; i < slotsX.Count; i++)
        {
            tSD = new SlotDef(); // 새 SlotDef 인스턴스 생성
```

```
if (slotsX[i].HasAtt("type"))
{
    // 이 <slot>에 type 속성이 있으면 파싱함
    tSD.type = slotsX[i].att("type");
}
else
{
    // 없으면 타입을 "slot"로 설정함. 즉, 타블로 카드임
    tSD.type = "slot";
}
// 다양한 속성을 숫자 값으로 파싱함
tSD.x = float.Parse(slotsX[i].att("x"));
tSD.y = float.Parse(slotsX[i].att("y"));
tSD.layerID = int.Parse(slotsX[i].att("layer"));
// layerID의 숫자를 텍스트 layerName로 변환
tSD.layerName = sortingLayerNames[tSD.layerID];          // a

switch (tSD.type)
{
    // 이 <slot>의 타입에 따라 추가적인 속성을 얻음
    case "slot":
        tSD.faceUp = (slotsX[i].att("faceup") == "1");
        tSD.id = int.Parse(slotsX[i].att("id"));
        if (slotsX[i].HasAtt("hiddenby"))
        {
            string[] hiding = slotsX[i].att("hiddenby").Split(',');
            foreach (string s in hiding)
            {
                tSD.hiddenBy.Add(int.Parse(s));
            }
        }
        slotDefs.Add(tSD);
        break;

    case "drawpile":
        tSD.stagger.x = float.Parse(slotsX[i].att("xstagger"));
        drawPile = tSD;
```

```
                break;
            case "discardpile":
                discardPile = tSD;
                break;
        }
    }
}
```

a. SlotDef의 layerName 필드는 카드를 다른 카드 위에 올바른 순서로
   표시하는 데 사용된다. 유니티 2D에서 모든 에셋은 사실상 동일한 Z
   깊이에 위치하므로 배치 순서를 차별화하고자 레이어를 사용한다.

이제 위의 코드에 나오는 구문 대부분이 익숙할 것이다. SlotDef 클래스는 XML의
<slot>에서 읽은 정보를 접근하기 쉬운 방법으로 저장하도록 설계됐다. 그다음으
로 Layout 클래스의 정의가 나오고 XML 형식의 문자열을 입력으로 받아 일련의
SlotDef로 변환하게 정의하는 ReadLayout() 메서드가 나온다.

3. Prospector 클래스를 열고 다음의 굵게 표시한 행을 추가한다.

```
public class Prospector : MonoBehaviour
{
    static public Prospector        S;

    [Header("Set in Inspector")]
    public TextAsset                deckXML;
    public TextAsset                layoutXML;

    [Header("Set Dynamically")]
    public Deck                     deck;
    public Layout                   layout;

    void Awake()
    {
        S = this; // Prospector을 위해 싱글톤을 설정
    }
```

```
    void Start()
    {
        deck = GetComponent<Deck>();      // 덱을 얻음
        deck.InitDeck(deckXML.text);      // 덱에 DeckXML을 전달
        Deck.Shuffle(ref deck.cards);     // 참조를 전달해 덱을 섞음

// 이 부분은 주석 처리해도 됨. 이제 실제 레이아웃으로 작업할 것임.
//      Card c;
//      for (int cNum = 0; cNum < deck.cards.Count; cNum++)
//      {
//          c = deck.cards[cNum];
//          c.transform.localPosition =
➥           new Vector3((cNum% 13) * 3, cNum / 13 * 4, 0);
//      }

        layout = GetComponent<Layout>();     // Layout 컴포넌트를 얻음
        layout.ReadLayout(layoutXML.text);   // 레이아웃에 LayoutXML을 전달함
    }
}
```

4. 비주얼 스튜디오에 있는 모든 스크립트를 저장하고 유니티로 되돌아간다.

5. 유니티에서 하이어라키 창의 _MainCamera를 선택한다. 메뉴 표시줄에서 Component ▶ Scripts ▶ Layout을 선택해 _MainCamera에 Layout 스크립트를 부착한다(이런 방식으로도 게임오브젝트에 스크립트를 부착할 수도 있다). 이제 인스펙터 창에서 아래로 스크롤하면 맨 아래에 Layout (Script) 컴포넌트를 볼 수 있다.

6. _MainCamera의 인스펙터에서 Prospector (Script) 컴포넌트를 찾는다. public 필드의 layout과 layoutXML이 여기에 보일 것이다. layoutXML 옆에 있는 과녁을 클릭하고 Assets 탭에서 LayoutXML을 선택한다(나타나는 Select TextAsset 창의 위쪽에 있는 Assets 탭을 클릭해야 할 수도 있다).

7. 씬을 저장한다.

8. 플레이 버튼을 클릭한다. 하이어라키 창에서 _MainCamera를 선택하고 Layout (Script) 컴포넌트 쪽으로 스크롤한 다음 slotDefs 옆의 펼침 삼각형을 열면 XML로부터 파싱된 모든 <slot> 항목을 볼 수 있다.

Card의 하위 클래스인 CardProspector로 작업하기

타블로에 카드를 배치하기 전에 Card 클래스에 <프로스펙터> 게임에만 사용되는 몇 가지 기능을 더 추가해야 한다. 다른 카드 게임에서 재사용할 수 있도록 Card 와 Deck를 설계했으므로 Card를 직접 수정하지 않고 Card의 하위 클래스로 CardProspector 클래스를 만들어 사용할 것이다.

1. __Scripts 폴더에 새 C# 스크립트를 생성하고 이름을 CardProspector로 지정한 후 다음 코드를 입력한다.

```csharp
using System.Collections;
using System.Collections.Generic;
using UnityEngine;

// 열거형은 몇 가지 지정한 값을 갖는 변수 타입을 정의함              // a
public enum eCardState
{
    drawpile,
    tableau,
    target,
    discard
}

public class CardProspector : Card // CardProspector는 Card를 확장함
{
    [Header("Set Dynamically: CardProspector")]
    // enum eCardState를 사용하는 방법
    public eCardState state = eCardState.drawpile;
    // hiddenBy 리스트는 이 카드를 뒷면으로 표시하게 하는 다른 카드를 저장함
    public List<CardProspector> hiddenBy = new List<CardProspector>();
    // layoutID는 타블로 카드의 경우 레이아웃 XML의 id와 비교하는 데 사용됨
    public int layoutID;
    // SlotDef 클래스는 LayoutXML <slot>로부터 가져온 정보를 저장함
    public SlotDef slotDef;
}
```

a. 이것은 열거형으로서 이름이 지정된 몇 가지 값만 가질 수 있는 변수 타입을 정의한다. eCardState 변수 타입은 drawpile, tableau, target, discard 중 한 값을 가지며 CardProspector 인스턴스가 게임 속에서 자기 위치를 알아내는 데 사용된다. 나는 enum이란 것을 나타내고자 맨 앞에 소문자 e를 붙이는 것을 좋아한다.

Card의 확장 클래스인 새 CardProspector 클래스는 카드를 놓을 네 가지 타입의 위치(뽑기 더미, 타블로(광산에 해당하는 초기 28장 카드가 놓이는 곳), 버리기 더미, 목표 카드(버리기 더미 위의 활성 카드)) 그리고 타블로 레이아웃 정보의 저장(slotDef) 또한 카드를 앞면이나 뒷면으로 표시할지 결정하는 정보(hiddenBy 및 layoutID)를 처리한다.

이 하위 클래스를 사용할 수 있게 됐으므로 덱의 카드를 Card에서 CardProspector로 변환해야 한다.

2. 그렇게 하고자 Prospector 클래스에 다음 코드를 추가한다.

```
public class Prospector : MonoBehaviour
{
    ...
    [Header("Set Dynamically")]
    public Deck                 deck;
    public Layout               layout;
    public List<CardProspector>  drawPile;

    void Awake() { ... }

    void Start()
    {
        ...
        layout = GetComponent<Layout>();    // Layout 컴포넌트를 얻음
        layout.ReadLayout(layoutXML.text); // 레이아웃에 LayoutXML을 전달함
        drawPile = ConvertListCardsToListCardProspectors(deck.cards);
    }

    List<CardProspector> ConvertListCardsToListCardProspectors(List<Card> lCD)
    {
```

```
List<CardProspector> lCP = new List<CardProspector>();
CardProspector tCP;
foreach (Card tCD in lCD)
{
    tCP = tCD as CardProspector;                        // a
    lCP.Add(tCP);
}
return (lCP);
    }
}
```

  a. 여기의 as 키워드는 Card를 CardProspector로 변환하려고 시도한다.
3. 비주얼 스튜디오에 있는 모든 스크립트를 저장하고 유니티로 되돌아간다.
4. 게임을 플레이해서 _MainCamera의 인스펙터 창에서 Prospector (Script) 컴포
   넌트의 drawPile 필드를 확인한다.

drawPile의 모든 카드가 null이라는 것을 알 수 있다(위의 코드에서 // a로 표시된 행에 중단점을
지정하고 디버거를 실행해도 확인할 수 있다). Card tCD를 CardProspector로 취급하려고 as를 사용
하면 변환된 카드가 아니라 null을 반환한다. 이것은 C#에서 객체지향 코딩이
작동하는 방식 때문이다('상위 클래스와 하위 클래스' 칼럼 참고).

상위 클래스와 하위 클래스

물론 상위 클래스와 하위 클래스에 대해서는 26장에서 다뤘다. 하지만 상위 클래스에서 하위 클래스
로의 형 변환 시도가 제대로 되지 않는 이유가 궁금할 것이다.

Prospector에서 Card는 상위 클래스고 CardProspector는 하위 클래스다. 상위 클래스 Animal과
하위 클래스 Scorpion의 관계로 쉽게 비유해볼 수 있다. 모든 전갈은 동물이지만 모든 동물이 전갈
인 것은 아니다. 전갈은 '동물'이라고 할 수 있지만 아무 동물을 '전갈'이라고 부를 수는 없다. 같은
원리로 전갈에는 쏘기() 함수가 있을 수 있지만 젖소에는 이 함수가 있을 수 없다. 이것이 아무
동물을 전갈로 취급할 수 없는 이유다. 쏘기()를 다른 동물에서 호출하려고 하면 오류가 발생하기
때문이다.

〈프로스펙터〉에서는 Deck 스크립트에서 만든 여러 카드를 CardProspector인 것처럼 사용하기를
원하는 경우다. 이것은 여러 동물을 전갈인 것처럼 다루려고 하는 것과 비슷하다(그러나 불가능하다
고 설명했다). 하지만 전갈을 동물이라고 하는 것은 항상 가능하다. 그러므로 해결책은 다음과 같다.

아예 처음부터 Scorpion을 생성한 다음, 여러 함수를 사용해 Animal로 취급하면(Scorpion이 Animal의 하위 클래스이기 때문에 가능) 이후에 Scorpion s = Animal Scorpion;과 같이 호출할 수 있으며 해당 동물은 사실 전갈이었기 때문에 문제없이 작동한다.

Prospector에서도 이런 식으로 하려면 PrefabCard에 Card (Script) 컴포넌트를 부착하는 대신 CardProspector (Script) 컴포넌트를 그 자리에 부착하면 된다. 그러면 모든 Deck 함수는 CardProspector 인스턴스를 Card로 참조할 것이지만 필요한 경우에 CardProspector로도 참조할 수 있다.

칼럼에서 설명했듯이 이 경우의 해결책은 CardProspector는 계속 CardProspector지만 Deck 클래스의 모든 코드에서 Card인 것처럼 가장하게 하는 것이다.

5. 그렇게 하고자 프로젝트 창에서 PrefabCard를 선택한다. 그러면 인스펙터에 Card (Script) 컴포넌트가 나타난다.

6. Add Component 버튼을 클릭하고 Add Component ➤ Scripts ➤ CardProspector를 선택한다. 그러면 PrefabCard 게임오브젝트에 CardProspector (Script) 컴포넌트가 추가된다.

7. 이전의 Card (Script) 컴포넌트를 삭제하고자 Card (Script) 인스펙터의 오른쪽 위 모서리에 있는 세 점 아이콘을 클릭하고 팝업 메뉴에서 Remove Component를 선택한다.

8. 하이어라키 창에서 _MainCamera를 선택하고 씬을 플레이한다. Prospector의 drawPile에 있는 모든 항목이 이제 null 대신 모두 CardProspector로 채워진 것을 확인할 수 있다.

Deck 스크립트가 PrefabCard를 인스턴스화하고 이에 해당하는 Card 컴포넌트를 얻으려고 할 때 CardProspector가 항상 Card로 참조될 수 있기 때문에 아무 문제가 없다. 그러므로 ConvertListCardsToListCardProspectors() 함수가 tCP = tCD as CardProspector;로 호출해도 올바르게 작동한다.

9. 씬을 저장한다. 저장 습관을 들이자.

타블로에 카드 배치하기

모든 것이 준비됐으므로 Prospector 클래스에 다음 코드를 추가해 실제로 게임을 펼쳐보자.

```
public class Prospector : MonoBehaviour
{
    static public Prospector        S;

    [Header("Set in Inspector")]
    public TextAsset                deckXML;
    public TextAsset                layoutXML;
    public float                    xOffset = 3;
    public float                    yOffset = -2.5f;
    public Vector3                  layoutCenter;

    [Header("Set Dynamically")]
    public Deck                     deck;
    public Layout                   layout;
    public List<CardProspector>     drawPile;
    public Transform                layoutAnchor;
    public CardProspector           target;
    public List<CardProspector>     tableau;
    public List<CardProspector>     discardPile;

    void Awake() { ... }

    void Start()
    {
        ...
        drawPile = ConvertListCardsToListCardProspectors(deck.cards);
        LayoutGame();
    }

    List<CardProspector> ConvertListCardsToListCardProspectors(List<Card> lCD)
    {
        ...
    }

    // Draw 함수는 drawPile에서 카드 한 장을 뽑아 반환함
```

```
CardProspector Draw()
{
    CardProspector cd = drawPile[0];        // 0번째 CardProspector를 뽑고 나서
    drawPile.RemoveAt(0);                     // List<> drawPile에서 그 카드를 제거하고
    return (cd);                              // 이를 반환함
}

// LayoutGame()은 초기 카드 타블로, 즉 "광산"을 배치함
void LayoutGame()
{
    // 타블로의 앵커가 될 빈 게임오브젝트를 생성                              // a
    if (layoutAnchor == null)
    {
        GameObject tGO = new GameObject("_LayoutAnchor");
        // ^ 하이어라키 창에 _LayoutAnchor라는 빈 게임오브젝트를 생성
        layoutAnchor = tGO.transform;                     // Transform을 얻음
        layoutAnchor.transform.position = layoutCenter;   // 배치함
    }

    CardProspector cp;
    // 레이아웃을 진행
    foreach (SlotDef tSD in layout.slotDefs)
    {
        // ^ layout.slotDefs의 모든 SlotDef에 대해 tSD을 이용해 반복
        cp = Draw(); // drawPile 맨 위(시작)에서 카드를 뽑음
        cp.faceUp = tSD.faceUp;  // faceUp 값을 SlotDef의 값으로 지정
        cp.transform.parent = layoutAnchor; // layoutAnchor를 부모 게임오브젝트로 설정
        // 이것은 이전 부모인 deck.deckAnchor를 대체하는데, 씬을 플레이하면
        // 이전 부모는 하이어라키 창에 _Deck으로 표시됨
        cp.transform.localPosition = new Vector3(
            layout.multiplier.x * tSD.x,
            layout.multiplier.y * tSD.y,
            -tSD.layerID);
        // ^ slotDef을 기준으로 카드의 localPosition를 설정
        cp.layoutID = tSD.id;
        cp.slotDef = tSD;
        // 타블로의 CardProspector는 상태 CardState.tableau를 가짐
```

```
            cp.state = eCardState.tableau;

            tableau.Add(cp); // 이 CardProspector를 List<> tableau에 추가
        }
    }
}
```

스크립트를 저장하고 유니티로 되돌아간다. 플레이해보면 LayoutXML.xml에 기술된 대로 광산 타블로 레이아웃에 카드가 실제로 배치되고 카드의 앞면과 뒷면도 제대로 보이지만 레이어 정렬에 몇 가지 심각한 문제가 있음을 알 수 있다(그림 32.10 참고).

그림 32.10 카드가 배치됐지만 레이어 정렬 문제가 있다(그리고 초기 격자 레이아웃의 기존 카드가 그대로 표시됨).

씬 창의 2D 버튼을 클릭해 2D를 끈 후 Alt 키를 누른 상태로 씬 창에서 마우스 왼쪽 버튼으로 주위를 둘러본다. 유니티의 2D 도구를 사용할 때는 2D 오브젝트와 카메라 간의 거리가 오브젝트의 깊이^{depth} 정렬(즉, 어떤 게임오브젝트가 다른 게임오브젝트 위에 렌더링되는 순서)과 아무 관계가 없다는 것을 알 수 있다. 사실 카드를 처음 생성할 때 뒤쪽으로부터 앞쪽으로 생성했기 때문에 모든 핍과 데코레이터가 카드 표면 위에 나타난 것은 운이 좋았다고 말할 수 있다. 하지만 그림 32.10과 같은 문제를 방지하려면 게임 레이아웃을 구성하는 작업을 조심스럽게 진행해야 한다.

유니티 2D에서 깊이 정렬을 처리하는 데에는 다음의 두 가지 방법이 있다.

- **정렬 레이어:** 정렬 레이어^{sorting layer}는 2D 게임오브젝트를 그룹화하는 데 사용된다. 낮은 정렬 레이어에 있는 모든 항목은 높은 정렬 레이어에 있는 모든 항목 뒤쪽에 렌더링된다. 각 `SpriteRenderer` 컴포넌트에는 정렬 레이어 이름을 설정할 수 있는 `sortingLayerName` 문자열 변수가 있다.
- **정렬 순서:** 각 `SpriteRenderer` 컴포넌트에는 `sortingOrder` 변수도 있다. 이 변수는 각 정렬 레이어 내에서 다른 게임오브젝트와 상대적으로 요소의 순서를 지정하는 데 사용된다.

스프라이트에 정렬 레이어와 `sortingOrder`가 모두 없으면 생성된 순서대로 뒤에서 앞으로 렌더링되는 것이 일반적이지만 맞지 않는 경우도 있다. 이제 플레이를 중지하고 다음으로 나아가자.

정렬 레이어 설정

정렬 레이어를 설정하려면 다음 단계를 따라 한다.

1. 메뉴 표시줄에서 Edit ➤ Project Settings를 선택한 후 Project Settings 창에서 Tags and Layers를 선택한다. 물리 레이어와 태그는 이전 실습에서 사용해봤지만 아직 레이어를 정렬해보지는 않았다.
2. Sorting Layers 옆에 있는 펼침 삼각형을 열고 그림 32.11과 같이 레이어를 입력한다. 새로운 정렬 레이어들을 추가하려면 목록의 오른쪽 아래에 있는 + 버튼을 클릭해야 한다. 이 인스펙터에서 맨 아래 행^{Draw}은 다른 모든 레이어 앞에 나타나게 된다.

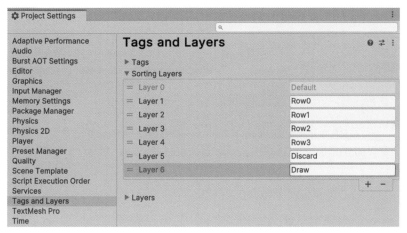

그림 32.11 프로스펙터에 필요한 정렬 레이어

SpriteRenderers와 깊이 정렬은 이 코드 기반을 사용하는 어떠한 카드 게임에서
도 필요하기 때문에 깊이 정렬을 처리하는 코드는 Card 클래스에 추가해야 한다(이

게임에서만 사용되는 CardProspector 하위 클래스와는 반대).

3. Card 스크립트를 열고 다음 코드를 추가한다.

```
public class Card : MonoBehaviour
{
    ...
    public CardDefinition    def; // DeckXML.xml에서 파싱됨

    // 이 게임오브젝트 및 그 자식의 SpriteRenderer 컴포넌트에 대한 리스트
    public SpriteRenderer[] spriteRenderers;

    void Start()
    {
        SetSortOrder(0);  // 카드가 올바른 깊이로 정렬되게 함
    }

    // spriteRenderer가 아직 정의되지 않았으면 이 함수가 정의함
    public void PopulateSpriteRenderers()
    {
        // spriteRenderer가 null이거나 빈 경우
```

```
    if (spriteRenderers == null || spriteRenderers.Length == 0)
    {
        // 이 게임오브젝트 및 그 자식의 SpriteRenderer 컴포넌트를 얻음
        spriteRenderers = GetComponentsInChildren<SpriteRenderer>();
    }
}

// 모든 SpriteRenderer 컴포넌트의 sortingLayerName를 설정
public void SetSortingLayerName(string tSLN)
{
    PopulateSpriteRenderers();

    foreach (SpriteRenderer tSR in spriteRenderers)
    {
        tSR.sortingLayerName = tSLN;
    }
}

// 모든 SpriteRenderer 컴포넌트의 sortingOrder를 설정
public void SetSortOrder(int sOrd)                              // a
{
    PopulateSpriteRenderers();

    // 모든 spriteRenderers에 대해 tSR를 사용해 반복
    foreach (SpriteRenderer tSR in spriteRenderers)
    {
        if (tSR.gameObject == this.gameObject)
        {
            // 게임오브젝트가 this.gameObject라면 배경임
            tSR.sortingOrder = sOrd; // 순서를 sOrd로 설정
            continue;  // 루프의 다음 반복으로 진행
        }
        // 이 게임오브젝트의 각 자식에는 이름이 지정됨
        // 이름을 기준으로 switch를 수행
        switch (tSR.gameObject.name)
        {
            case "back": // 이름이 "back"인 경우
                // 다른 모든 스프라이트를 덮게 가장 높은 레이어로 설정
                tSR.sortingOrder = sOrd + 2;
```

```
                break;
        case "face":      // 이름이 "face"인 경우
            default:      //   또는 그 외의 이름인 경우
            // 배경 위의 중간 레이어로 설정
            tSR.sortingOrder = sOrd + 1;
            break;
        }
    }
}

    public bool faceUp { ... }
}
```

a. 카드의 흰색 배경은 맨 아래에 있다(sOrd).

그 위에는 모든 핍, 데코레이터, 인물 등이 있다(sOrd + 1).

카드의 뒷면이 표시된다면 맨 위이며 다른 부분을 덮는다(sOrd + 2).

4. 초기 광산 레이아웃의 카드에 적절한 정렬 레이어를 지정하도록 다음과 같이 Prospector에 있는 LayoutGame() 메서드의 끝부분에 한 행을 추가해야 한다.

```
public class Prospector : MonoBehaviour
{
    ...
    // LayoutGame()은 초기 카드 타블로, 즉 "광산"을 배치함
    void LayoutGame()
    {
        ...
        foreach (SlotDef tSD in layout.slotDefs)
        {
            ...
            // 타블로의 CardProspector는 상태 CardState.tableau를 가짐
            cp.state = eCardState.tableau;

            cp.SetSortingLayerName(tSD.layerName); // 정렬 레이어를 설정

            tableau.Add(cp); // 이 CardProspector를 List<> tableau에 추가
```

```
                }
            }
        }
```

5. 비주얼 스튜디오에 있는 모든 스크립트를 저장하고 유니티로 되돌아와서 씬을 실행한다.

이제 광산의 모든 카드가 올바른 순서로 쌓일 것이다. 아직 뽑기 더미에 나머지 카드를 모으지 않았지만 곧 그렇게 할 것이다.

게임 로직 구현

카드를 뽑기 더미의 위치로 옮기기 전에 게임에서 발생할 수 있는 가능한 동작을 먼저 구분해서 정리해보자.

A. 목표 카드가 다른 카드로 교체되면 원래 목표 카드는 버리기 더미로 옮긴다.

B. 뽑기 더미에서 가져온 카드는 목표 카드가 된다.

C. 광산 타블로의 펼쳐진 카드 중 목표 카드보다 한 계급 높거나 낮은 카드는 목표 카드가 될 수 있다.

D. 광산 타블로에서 위에 덮힌 카드가 모두 제거된 카드는 앞면으로 뒤집는다.

E. 광산을 모두 제거하거나(승리) 뽑기 더미를 모두 뽑았지만 더 이상 가능한 선택이 없으면(패배) 게임은 종료된다.

위의 목록에서 B와 C는 카드가 물리적으로 이동 가능한 동작이며 A, D, E는 B 또는 C를 선택함으로써 일어나는 수동적 동작이다.

카드를 클릭할 수 있게 만들기

이러한 동작은 모두 카드를 클릭하는 조작으로 시작되므로 먼저 카드를 클릭할 수 있게 만들어야 한다.

1. 모든 카드 게임에는 클릭 가능한 카드가 있어야 하므로 Card 클래스 끝에 다음 메서드를 추가한다.

```
public class Card : MonoBehaviour
{
    ...
    public bool faceUp
    {
        get { ... }
        set { ... }
    }
    // 가상 메서드는 동일한 이름의 하위 클래스 메서드로 오버라이드할 수 있음
    virtual public void OnMouseUpAsButton()
    {
        print(name);  // 클릭하면 카드 이름을 출력
    }
}
```

이제 플레이 버튼을 클릭해서 씬에 있는 아무 카드를 클릭하면 콘솔에 카드 이름이 출력될 것이다.

2. 하지만 <프로스펙터>에서는 카드를 클릭했을 때 이름을 출력하는 것 이외의 작업을 해야 하므로 CardProspector 클래스의 끝부분에 다음 메서드를 추가한다.

```
public class CardProspector : Card // CardProspector는 Card를 확장함
{
    ...
    // SlotDef 클래스는 LayoutXML <slot>로부터 가져온 정보를 저장함
```

```
public SlotDef          slotDef;

// 카드가 클릭에 반응할 수 있게 함
override public void OnMouseUpAsButton()
{
    // Prospector 싱글톤의 CardClicked 메서드를 호출
    Prospector.S.CardClicked(this);
    // 이 메서드의 기본 클래스(Card.cs) 버전도 호출
    base.OnMouseUpAsButton();                            // a
}
}
```

a. 이 행은 OnMouseUpAsButton()의 기본 클래스(Card) 버전을 호출하기 때
문에 클릭하면 CardProspectors는 콘솔 창에 여전히 카드 이름을 출력
할 것이다(새로운 Prospector.S.CardClicked() 메서드도 호출한다. 다음 단계 참고).

3. Prospector 스크립트에서 CardClicked 메서드를 작성해야 한다(아직 작성하
지 않았으므로 위의 코드에서 이 메서드 호출에 빨간색 밑줄이 나타난다). 하지만 먼저 도우미 함수
부터 작성하자. Prospector 클래스 끝에 다음과 같이 MoveToDiscard(),
MoveToTarget(), UpdateDrawPile() 메서드를 추가한다.

```
public class Prospector : MonoBehaviour
{
    ...
    void LayoutGame() { ... }

    // 현재 목표 카드를 버리기 더미로 옮김
    void MoveToDiscard(CardProspector cd)
    {
        // 카드의 상태를 discard로 설정
        cd.state = eCardState.discard;
        discardPile.Add(cd); // discardPile List<>에 추가
        cd.transform.parent = layoutAnchor;      // 부모 Transform을 업데이트

        // 이 카드를 버리기 더미에 배치
        cd.transform.localPosition = new Vector3(
            ➥ layout.multiplier.x * layout.discardPile.x,
```

```
          ➥ layout.multiplier.y * layout.discardPile.y,
          ➥ -layout.discardPile.layerID + 0.5f);
       cd.faceUp = true;
       // 깊이 정렬을 위해 더미 맨 위에 배치
       cd.SetSortingLayerName(layout.discardPile.layerName);
       cd.SetSortOrder(-100 + discardPile.Count);
   }

   // cd를 새로운 목표 카드로 만듦
   void MoveToTarget(CardProspector cd)
   {
       // 현재 목표 카드가 있으면 버리기 더미로 옮김
       if (target != null) MoveToDiscard(target);
       target = cd;   // cd가 새 목표 카드임
       cd.state = eCardState.target;
       cd.transform.parent = layoutAnchor;

       // 목표 카드 위치로 옮김
       cd.transform.localPosition = new Vector3(
          ➥ layout.multiplier.x * layout.discardPile.x,
          ➥ layout.multiplier.y * layout.discardPile.y,
          ➥ -layout.discardPile.layerID);

       cd.faceUp = true; // 앞면으로 표시
       // 깊이 정렬을 설정
       cd.SetSortingLayerName(layout.discardPile.layerName);
       cd.SetSortOrder(0);
   }

   // 남은 카드 수를 알 수 있게 뽑기 더미의 모든 카드를 정리
   void UpdateDrawPile()
   {
       CardProspector cd;
       // 뽑기 더미의 모든 카드에 대해 반복
       for (int i = 0; i < drawPile.Count; i++)
       {
           cd = drawPile[i];
           cd.transform.parent = layoutAnchor;
```

```
            // layout.drawPile.stagger를 기준으로 적절하게 배치
            Vector2 dpStagger = layout.drawPile.stagger;
            cd.transform.localPosition = new Vector3(
                ➥ layout.multiplier.x * (layout.drawPile.x + i * dpStagger.x),
                ➥ layout.multiplier.y * (layout.drawPile.y + i * dpStagger.y),
                ➥ -layout.drawPile.layerID + 0.1f * i);
            cd.faceUp = false; // 모두 뒷면으로 표시
            cd.state = eCardState.drawpile;
            // 깊이 정렬을 설정
            cd.SetSortingLayerName(layout.drawPile.layerName);
            cd.SetSortOrder(-10 * i);
        }
    }
}
```

4. 처음 목표 카드를 뽑고 뽑기 더미를 정리하고자 Prospector.LayoutGame()
   끝에 다음 코드를 추가해야 한다. 또한 Prospector 클래스의 끝부분에서
   CardClicked() 메서드의 초기 버전도 추가한다(CardProspector의 모든 클릭을 처리하기
   위함). 현재 CardClicked()는 카드를 drawPile에서 목표 카드(이전 목록의 문자 B)
   로 옮기는 작업만 처리하지만 곧 이 메서드를 더 확장할 것이다.

```
public class Prospector : MonoBehaviour
{
    ...
    // LayoutGame()은 초기 카드 타블로, 즉 "광산"을 배치함
    void LayoutGame()
    {
        ...
        foreach (SlotDef tSD in layout.slotDefs)
        {
            ...
            tableau.Add(cp); // 이 CardProspector를 List<> tableau에 추가
        }

        // 처음 목표 카드를 설정
        MoveToTarget(Draw());
```

```
        // 뽑기 더미를 설정
        UpdateDrawPile();
    }

    // 현재 목표 카드를 버리기 더미로 옮김
    void MoveToDiscard(CardProspector cd) { ... }

    void MoveToTarget(CardProspector cd) { ... }
    ...
    void UpdateDrawPile() { ... }

    // CardClicked은 게임의 카드를 클릭할 때마다 호출됨
    public void CardClicked(CardProspector cd)
    {
        // 클릭한 카드의 상태에 따라 대응을 결정
        switch (cd.state)
        {
            case eCardState.target:
                // 목표 카드를 클릭하면 아무 일도 안 함
                break;

            case eCardState.drawpile:
                // 뽑기 더미의 카드를 클릭하면 다음 카드를 뽑음
                MoveToDiscard(target);    // 목표 카드를 버리기 더미로 옮김
                MoveToTarget(Draw());     // 다음 뽑은 카드를 목표 카드로 옮김
                UpdateDrawPile();         // 뽑기 더미를 정리함
                break;

            case eCardState.tableau:
                // 타블로의 카드를 클릭하면 올바른 선택인지 확인함
                break;
        }
    }
}
```

5. 비주얼 스튜디오에 있는 모든 스크립트를 저장하고 유니티로 되돌아와서
   씬을 플레이한다.

뽑기 더미(화면의 맨 위 오른쪽에 있음)를 클릭하면 카드 한 장을 새로운 목표 카드로 뽑을

수 있다. 이제 점점 실제 게임에 가까워지고 있다.

광산의 카드와 비교하기

광산의 카드를 작동시키려면 클릭한 카드가 목표 카드보다 한 계급 높거나 낮은 카드인지 확인하는 코드가 있어야 한다(물론 에이스와 킹 간의 전환도 처리해야 한다).

1. 다음의 굵게 나타낸 행을 Prospector 스크립트의 CardClicked() 메서드와 그 아래에 추가한다.

```
public class Prospector : MonoBehaviour
{
    ...

    // CardClicked은 게임의 카드를 클릭할 때마다 호출됨
    public void CardClicked(CardProspector cd)
    {
        // 클릭한 카드의 상태에 따라 대응을 결정
        switch (cd.state)
        {
            ...
            case eCardState.tableau:
                // 타블로의 카드를 클릭하면 올바른 선택인지 확인함
                bool validMatch = true;
                if (!cd.faceUp)
                {
                    // 카드가 뒷면이면 무효임
                    validMatch = false;
                }
                if (!AdjacentRank(cd, target))
                {
                    // 카드 계급이 인접하지 않으면 무효임
                    validMatch = false;
                }
                if (!validMatch) return;     // 무효이면 그냥 반환
```

```
                    // 여기까지 왔다면 유효한 카드임
                    tableau.Remove(cd);   // 카드를 타블로 리스트에서 뺌
                    MoveToTarget(cd);      // 목표 카드로 만듦
                    break;
                }
            }

            // 두 카드의 계급이 인접하면 true를 반환(에이스-킹 간의 전환도 포함)
            public bool AdjacentRank(CardProspector c0, CardProspector c1)
            {
                // 두 카드 중 하나가 뒷면이면 인접하지 않음
                if (!c0.faceUp || !c1.faceUp) return (false);

                // 계급이 1 차이이면 인접함
                if (Mathf.Abs(c0.rank - c1.rank) == 1)
                {
                    return (true);
                }
                // 하나가 에이스이고 다른 하나가 킹이면 인접함
                if (c0.rank == 1 && c1.rank == 13) return (true);
                if (c0.rank == 13 && c1.rank == 1) return (true);

                // 그 외의 경우에는 false를 반환
                return (false);
            }
        }
```

2. 비주얼 스튜디오에서 스크립트를 저장하고 유니티로 되돌아간다.

이제 게임을 플레이해보면 타블로의 맨 윗줄에 있는 카드들을 정상적으로 선택할 수 있다. 하지만 위쪽 카드를 없애도 아래쪽의 카드가 앞면으로 뒤집히지 않는다. 앞면으로 뒤집을 카드를 결정하는 데는 List<CardProspector> CardProspector. hiddenBy 필드가 필요하다. List<int> SlotDef.hiddenBy에는 카드를 가리는(덮는) 다른 카드에 대한 정보가 있지만, 이 정보를 이용해 카드를 앞면으로 뒤집어야 하는지 알아내려면 SlotDef.hiddenBy에 있는 정수 ID를 그 ID를 갖는 실제 CardProspector로 변환하는 기능이 있어야 한다.

3. 이를 위해 Prospector에 다음 코드를 추가한다.

```
public class Prospector : MonoBehaviour
{
    ...
    // LayoutGame()은 초기 카드 타블로, 즉 "광산"을 배치함
    void LayoutGame()
    {
        ...
        CardProspector cp;
        // 레이아웃을 진행
        foreach (SlotDef tSD in layout.slotDefs)
        {
            ...
            tableau.Add(cp); // 이 CardProspector를 List<> tableau에 추가
        }

        // 어느 카드가 다른 카드를 덮는지 설정
        foreach (CardProspector tCP in tableau)
        {
            foreach (int hid in tCP.slotDef.hiddenBy)
            {
                cp = FindCardByLayoutID(hid);
                tCP.hiddenBy.Add(cp);
            }
        }

        // 처음 목표 카드를 설정
        MoveToTarget(Draw());

        // 뽑기 더미를 설정
        UpdateDrawPile();
    }

    // layoutID을 해당 ID의 CardProspector로 변환함
    CardProspector FindCardByLayoutID(int layoutID)
    {
        foreach (CardProspector tCP in tableau)
        {
```

```
        // tableau List<>의 모든 카드를 검색
        if (tCP.layoutID == layoutID)
        {
            // 카드가 동일한 ID를 가졌다면 그 카드를 반환
            return (tCP);
        }
    }
    // 발견되지 않으면 null을 반환
    return (null);
}

// 광산 카드의 앞뒷면을 결정하고 업데이트
void SetTableauFaces()
{
    foreach (CardProspector cd in tableau)
    {
        bool faceUp = true; // 카드가 앞면이라고 가정
        foreach (CardProspector cover in cd.hiddenBy)
        {
            // 덮는 카드 중 하나라도 타블로에 있는 경우
            if (cover.state == eCardState.tableau)
            {
                faceUp = false; // 이 카드는 뒷면임
            }
        }
        cd.faceUp = faceUp; // 카드의 값을 설정
    }
}

// 현재 목표 카드를 버리기 더미로 옮김
void MoveToDiscard(CardProspector cd) { ... }

// cd를 새로운 목표 카드로 만듦
void MoveToTarget(CardProspector cd) { ... }

// 남은 카드 수를 알 수 있게 뽑기 더미의 모든 카드를 정리
void UpdateDrawPile() { ... }

// CardClicked은 게임의 카드를 클릭할 때마다 호출됨
```

```
public void CardClicked(CardProspector cd)
{
    // 클릭한 카드의 상태에 따라 대응을 결정
    switch (cd.state)
    {
        ...
        case eCardState.tableau:

            ...
            // 여기까지 왔다면 유효한 카드임
            tableau.Remove(cd);   // 카드를 타블로 리스트에서 뺌
            MoveToTarget(cd);     // 목표 카드로 만듦
            SetTableauFaces();    // 타블로 카드의 앞뒷면 상태를 업데이트
            break;
    }
}

// 두 카드의 계급이 인접하면 true를 반환(에이스-킹 간의 전환도 포함)
public bool AdjacentRank(CardProspector c0, CardProspector c1) { ... }
}
```

이제 스크립트를 저장하고 유니티로 되돌아가면 게임을 끝까지 진행할 수 있다.

4. 다음은 게임이 끝났는지 확인하는 코드가 필요한데, 플레이어가 카드를 클릭할 때마다 확인하면 되므로 Prospector.CardClicked()의 끝에 확인 메서드를 호출시킨다. Prospector 클래스에 다음 코드를 추가한다.

```
public class Prospector : MonoBehaviour
{
    ...

    // CardClicked은 게임의 카드를 클릭할 때마다 호출됨
    public void CardClicked(CardProspector cd)
    {
        // 클릭한 카드의 상태에 따라 대응을 결정
        switch (cd.state)
        {
            ...
```

```
        SetTableauFaces();    // 타블로 카드의 앞뒷면 상태를 업데이트
        break;
    }
    // 게임이 끝났는지 확인
    CheckForGameOver();
}

// 게임이 끝났는지 테스트함
void CheckForGameOver()
{
    // 타블로가 비었다면 게임이 끝남
    if (tableau.Count == 0)
    {
        // 승리 조건으로 GameOver()를 호출
        GameOver(true);
        return;
    }

    // 뽑기 더미에 카드가 남아 있다면 게임이 끝나지 않음
    if (drawPile.Count > 0)
    {
        return;
    }

    // 유효한 선택이 있는지 확인
    foreach (CardProspector cd in tableau)
    {
        if (AdjacentRank(cd, target))
        {
            // 유효한 선택이 있으면 게임이 끝나지 않음
            return;
        }
    }

    // 유효한 선택이 없으므로 게임이 끝남
    // 패배 조건으로 GameOver를 호출
    GameOver(false);
}
```

```
// 게임이 끝났을 때 호출됨. 지금은 단순하지만 확장 가능함
void GameOver(bool won)
{
    if (won)
    {
        print("Game Over. You won! :)");
    }
    else
    {
        print("Game Over. You Lost. :(");
    }
    // 씬을 다시 로드해서 게임을 재시작
    SceneManager.LoadScene("__Prospector_Scene_0");
}

// 두 카드의 계급이 인접하면 true를 반환(에이스-킹 간의 전환도 포함)
public bool AdjacentRank(CardProspector c0, CardProspector c1) { ... }
}
```

5. 비주얼 스튜디오에 있는 모든 스크립트를 저장하고 게임을 테스트하고자
   유니티로 되돌아간다.

이제 게임을 끝까지 플레이 가능하고 반복해서 할 수 있으며 승패도 알 수 있다.
게임에 패하는지 테스트하려면 게임을 실행해서 일단 뽑기 더미를 계속 클릭해서
모두 소모시킨다. 그러고 나서 광산에서 더 이상 선택할 것이 없을 때까지 게임
진행을 하면 패하게 되면서 씬이 다시 로드돼 새 라운드가 시작될 것이다. 게임에
승리하는지 테스트하려면 그저 승리할 때까지 계속 플레이하는 수밖에 없다. ;-)

다음은 게임에 점수 체계를 추가해보자.

프로스펙터에 점수 추가

오리지널 프로스펙터(또는 그 바탕이 되는 트라이픽스) 카드 게임에는 플레이어의 승리 또는

패배 조건 외에 점수를 매기는 체계가 없다. 그러나 디지털 게임에는 플레이어가 게임을 꾸준하게 다시 도전하도록 점수 체계를 마련하고 고득점을 저장하면 도움이 된다.

게임에서 점수를 얻는 방법

프로스펙터에서 점수를 얻는 데는 다음과 같이 몇 가지 방법이 있다.

> A. 광산의 카드를 목표 카드로 옮기면 1점을 얻는다.
>
> B. 뽑기 더미에서 카드를 뽑기 전에 광산에서 연속으로 카드를 제거하면 카드를 제거하는 단계마다 1점씩 증가한 점수를 얻는다. 따라서 뽑기 없이 다섯 장의 카드를 연속으로 제거하면 1, 2, 3, 4, 5점을 얻어 총 15점을 획득한다(1 + 2 + 3 + 4 + 5 = 15).
>
> C. 플레이어가 현재 라운드에서 승리하면 다음 라운드로 점수를 가져간다. 라운드에서 패배하면 현재까지 모든 라운드의 합계 점수를 고득점 목록과 비교한다.
>
> D. 한 번의 연속 플레이에서 제거한 골드 카드의 수만큼 점수를 두 배로 곱한다. 위의 B 예에서 두 장이 골드 카드였다면 60점을 획득한다(15 x 2 x 2 = 60).

점수 처리는 점수를 계산하는 조건을 모두 인식할 수 있는 Prospector 클래스에는 담당한다. 또한 플레이어에게 점수를 보여주는 모든 시각적 요소를 처리하는 Scoreboard라는 스크립트도 만들 것이다.

32장에서는 위의 목록에서 A부터 C까지의 사항을 구현할 것이며 D 사항은 여러분이 직접 구현할 수 있게 남겨둔다.

연속 플레이의 점수 획득 구현

이 게임에서는 점수를 추적하고자 ScoreManager 스크립트를 생성해 _MainCamera에 추가할 것이다. 연속 플레이에 대해 보너스 점수가 있고 골드 카드 수만큼 점수를 두 배로 계산할 것이기 때문에 연속 플레이에 대한 점수를 별도로 저장하고 나서 연속 플레이가 끝나면(뽑기 더미에서 카드를 뽑으면) 라운드의 전체 점수를 더하는 게 좋다.

1. __Scripts 폴더 안에 새 C# 스크립트를 생성하고 이름을 ScoreManager로 지정한다.
2. _MainCamera에 ScoreManager 스크립트를 부착한다.
3. 비주얼 스튜디오에서 ScoreManager를 열고 다음 코드를 입력한다.

```
using System.Collections;
using System.Collections.Generic;
using UnityEngine;

// 모든 점수 이벤트를 처리하는 열거형
public enum eScoreEvent
{
    draw,
    mine,
    mineGold,
    gameWin,
    gameLoss
}

// ScoreManager는 점수에 대한 모든 작업을 처리함
public class ScoreManager : MonoBehaviour                        // a
{
    static private ScoreManager S;                              // b

    static public int    SCORE_FROM_PREV_ROUND = 0;
    static public int    HIGH_SCORE = 0;

    [Header("Set Dynamically")]
    // 점수 정보를 추적하는 필드
    public int           chain = 0;
    public int           scoreRun = 0;
    public int           score = 0;
```

```
void Awake()
{
    if (S == null)                                                  // c
    {
        S = this;  // private 싱글톤을 설정
    }
    else
    {
        Debug.LogError("ERROR: ScoreManager.Awake(): S is already set!");
    }

    // PlayerPrefs에서 고득점을 확인
    if (PlayerPrefs.HasKey("ProspectorHighScore"))
    {
        HIGH_SCORE = PlayerPrefs.GetInt("ProspectorHighScore");
    }
    // 승리했으면 >0인 이전 라운드의 점수를 더함
    score += SCORE_FROM_PREV_ROUND;
    // 그리고 SCORE_FROM_PREV_ROUND를 초기화
    SCORE_FROM_PREV_ROUND = 0;
}

static public void EVENT(eScoreEvent evt)                          // d
{
    try    // try-catch는 프로그램을 중단시키는 오류를 잡아냄
    {
        S.Event(evt);
    }
    catch (System.NullReferenceException nre)
    {
        Debug.LogError("ScoreManager:EVENT() called while S=null.\n" + nre);
    }
}

void Event(eScoreEvent evt)
{
    switch (evt)
    {
```

```
// 카드 뽑기, 승리, 패배의 경우에 동일한 작업을 수행
case eScoreEvent.gameWin:        // 현재 라운드 승리
case eScoreEvent.draw:           // 카드 뽑기
case eScoreEvent.gameLoss:       // 현재 라운드 패배
    chain = 0;                   // 점수 체인 초기화
    score += scoreRun;           // 전체 점수에 scoreRun을 더함
    scoreRun = 0;                // scoreRun 초기화
    break;

case eScoreEvent.mine:           // 광산 카드 제거
    chain++;                     // 점수 체인 증가
    scoreRun += chain;           // 이 카드에 대한 점수를 체인에 추가
    break;
}

// 라운드 승패를 처리하는 switch문
switch (evt)
{
    case eScoreEvent.gameWin:
        // 승리하면 점수를 다음 라운드에 더함
        // 정적 필드는 SceneManager.LoadScene()에 의해 초기화되지 않음
        SCORE_FROM_PREV_ROUND = score;
        print("You won this round! Round score: " + score);
        break;

    case eScoreEvent.gameLoss:
        // 패배하면 고득점을 확인
        if (HIGH_SCORE <= score)
        {
            print("You got the high score! High score: " + score);
            HIGH_SCORE = score;
            PlayerPrefs.SetInt("ProspectorHighScore", score);
        }
        else
        {
            print("Your final score for the game was: " + score);
        }
        break;
```

964

```
            default:
                print("score: " + score + " scoreRun:" + scoreRun + " chain:"
                    ➡ + chain);
                break;
        }
    }

    static public int CHAIN { get { return S.chain; } }              // e
    static public int SCORE { get { return S.score; } }
    static public int SCORE_RUN { get { return S.scoreRun; } }
}
```

a. 이 책의 1판에서 ScoreManager는 별도의 클래스가 아닌 Prospector의 한 메서드로 처리했는데, 그 이후로 나는 소프트웨어 디자인의 컴포넌트 패턴을 신봉하게 됐다. 컴포넌트 패턴을 따르면 독립적이면서도 작고 재사용 가능한 클래스를 만드는 방향으로 간다. 나는 ScoreManager를 별도의 클래스로 만들어서 나중에 다시 사용할 수 있게 하고 코드를 단순화시켰다. 부록 B에서 컴포넌트 패턴 디자인에 대해 자세한 내용을 볼 수 있으며 35장에서 폭넓게 사용할 것이다.

b. static private ScoreManager S;은 싱글톤 패턴의 private 버전이다. 이 책에 있는 대부분의 싱글톤은 public이지만 이것은 ScoreManager 클래스만 접근할 수 있도록 보호 기능을 부여하고자 private으로 한 것이다.

c. 이렇게 장황하게 싱글톤 지정 코드를 작성한 이유는 서로 다른 ScoreManager 인스턴스가 싱글톤 S로 시도될 때의 오류를 처리하기 위한 것이다.

d. EVENT() 메서드의 이러한 static public 버전은 (Prospector와 같은) 다른 클래스가 eScoreEvent를 ScoreManager 클래스에 보낼 수 있게 한다. 그렇게 되면 EVENT()는 ScoreManager의 private singleton S에 있는 public이면서 비정적non-static인 Event() 메서드를 호출한다. 여기서 try-catch 절은 S가 null일 때 EVENT()가 호출되면 경고를 한다.

e. 이러한 정적 프로퍼티들을 사용하면 private인 ScoreManager 싱글톤 S의 public 필드에 읽기 전용으로 접근할 수 있다.

4. ScoreManager를 사용하고자 다음과 같이 Prospector의 CardClicked() 및 GameOver() 메서드에 굵게 표시한 네 개의 행을 추가한다.

```
public class Prospector : MonoBehaviour
{
    ...
    // CardClicked은 게임의 카드를 클릭할 때마다 호출됨
    public void CardClicked(CardProspector cd)
    {
        // 클릭한 카드의 상태에 따라 대응을 결정
        switch (cd.state)
        {
            ...
            case eCardState.drawpile:
                // 뽑기 더미의 카드를 클릭하면 다음 카드를 뽑음
                MoveToDiscard(target);   // 목표 카드를 버리기 더미로 옮김
                MoveToTarget(Draw());    // 다음 뽑은 카드를 목표 카드로 옮김
                UpdateDrawPile();        // 뽑기 더미를 정리함
                ScoreManager.EVENT(eScoreEvent.draw);
                break;

            case eCardState.tableau:
                ...
                // 여기까지 왔다면 유효한 카드임
                tableau.Remove(cd);  // 카드를 타블로 리스트에서 뺌
                MoveToTarget(cd);    // 목표 카드로 만듦
                SetTableauFaces();   // 타블로 카드의 앞뒷면 상태를 업데이트
                ScoreManager.EVENT(eScoreEvent.mine);
                break;
        }
        // 게임이 끝났는지 확인
        CheckForGameOver();
    }
```

```
// 게임이 끝났는지 테스트함
void CheckForGameOver() { ... }

// 게임이 끝났을 때 호출됨. 지금은 단순하지만 확장 가능함
void GameOver(bool won)
{
    if (won)
    {
        // print("Game Over. You won! :)");    // 주석 처리함
        ScoreManager.EVENT(eScoreEvent.gameWin);
    }
    else
    {
        // print("Game Over. You Lost. :(");    // 주석 처리함
        ScoreManager.EVENT(eScoreEvent.gameLoss);
    }
    // 씬을 다시 로드해서 게임을 재시작
    SceneManager.LoadScene("__Prospector_Scene_0");
}
...
}
```

5. 비주얼 스튜디오에서 스크립트들을 저장하고 유니티로 되돌아가서 플레이
버튼을 클릭한다.

이제 게임을 플레이하면 콘솔 창에 점수에 대한 메시지가 출력될 것이다. 또한
하이어라키 창의 _MainCamera를 선택하고 ScoreManager (Script) 인스펙터를 살펴보
면 다음 라운드로 넘어갈 때 점수가 유지되는 것이 보일 것이다. 이렇게 확인하는
것은 테스트 용도이므로 플레이어를 위해서 보기 좋은 인터페이스를 만들어보자.

플레이어에게 점수 보여주기

이 게임에서는 점수를 보여주고자 재사용 가능한 컴포넌트 두 개를 추가할 것이
다. 하나는 모든 점수 디스플레이를 관리할 Scoreboard 클래스다. 다른 하나는

화면에서 멋있게 움직이는 숫자를 구현할 FloatingScore 클래스다. 또한 어떠한 게임오브젝트에서든 매개변수 하나로 이름을 지정해 특정 메서드를 호출할 수 있는 유니티의 SendMessage() 기능도 사용할 것이다.

1. __Scripts 폴더 안에 새 C# 스크립트를 생성하고 이름을 FloatingScore로 지정한 후 다음 코드를 입력한다.

```csharp
using System.Collections;
using System.Collections.Generic;
using UnityEngine;
using UnityEngine.UI;
using TMPro;

// FloatingScore의 가능한 상태를 추적하는 열거형
public enum eFSState
{
    idle,
    pre,
    active,
    post
}

// FloatingScore는 베지어 곡선을 따라 화면에서 움직일 수 있음
public class FloatingScore : MonoBehaviour
{
    [Header("Set Dynamically")]
    public eFSState          state = eFSState.idle;

    [SerializeField]
    protected int            _score = 0;
    public string            scoreString;

    // score 프로퍼티를 설정할 때 scoreString을 함께 설정함
    public int score
    {
        get
        {
            return (_score);
```

```
        }
        set
        {
            _score = value;
            scoreString = _score.ToString("N0"); // "N0"는 숫자에 콤마를 찍음
            // ToString 포맷에 대해서는 온라인에서
            // "C# Standard Numeric Format Strings"로 검색 권장
            GetComponent<TextMeshProUGUI>().text = scoreString;
        }
    }

    public List<Vector2>    bezierPts; // 이동을 위한 베지어 포인트
    public List<float>      fontSizes; // 글꼴 배율 조정을 위한 베지어 포인트
    public float      timeStart = -1f;
    public float      timeDuration = 1f;
    public string     easingCurve = Easing.InOut; // Utils.cs의 Easing 사용

    // 이동을 완료하면 SendMessage를 받을 게임오브젝트
    public GameObject       reportFinishTo = null;

    private RectTransform    rectTrans;
    private TextMeshProUGUI  txt;

    // FloatingScore와 이동을 설정
    // eTimeS 및 eTimeD에 대해 매개변수 기본값을 사용한 것에 주의
    public void Init(List<Vector2> ePts, float eTimeS = 0, float eTimeD = 1)
    {
        rectTrans = GetComponent<RectTransform>();
        rectTrans.anchoredPosition = Vector2.zero;

        txt = GetComponent<TextMeshProUGUI>();

        bezierPts = new List<Vector2>(ePts);

        if (ePts.Count == 1) // 지점이 하나만 있는 경우
        {
            // ...해당 지점으로 이동함
            transform.position = ePts[0];
            return;
        }
```

```
        // eTimeS가 기본값이면 현재 시간에서 시작
        if (eTimeS == 0) eTimeS = Time.time;
        timeStart = eTimeS;
        timeDuration = eTimeD;

        state = eFSState.pre; // 준비 완료를 의미하는 pre 상태로 설정
    }

    public void FSCallback(FloatingScore fs)
    {
        // 이 콜백이 SendMessage에 의해 호출되면
        //     호출하는 FloatingScore의 점수를 더함
        score += fs.score;
    }

    // Update는 프레임마다 한 번씩 호출됨
    void Update()
    {
        // 움직이지 않으면 그냥 반환함
        if (state == eFSState.idle) return;

        // 현재 시간과 기간에서 u를 얻음
        // u 범위는 (일반적으로) 0 ~ 1임
        float u = (Time.time - timeStart) / timeDuration;
        // Utils의 Easing 클래스를 사용해 u값을 곡선으로 만듦
        float uC = Easing.Ease(u, easingCurve);
        if (u < 0) // u<0이면 아직 움직이면 안 됨
        {
            state = eFSState.pre;
            txt.enabled = false; // 처음에는 점수를 표시하지 않음
        }
        else
        {
            if (u >= 1)
            {   // u>=1이면 이동이 완료됨
                uC = 1; // uC=1로 설정해서 목표 지점을 지나치지 않게 한다.
                state = eFSState.post;
                if (reportFinishTo != null) // 콜백 게임오브젝트가 있으면
                {
```

```
                    // this를 매개변수로 지정하고 SendMessage를 사용해
                    //     FSCallback 메서드를 호출함
                    reportFinishTo.SendMessage("FSCallback", this);
                    // 메시지가 전달됐으므로
                    //     이 게임오브젝트를 소멸시킴
                    Destroy(gameObject);
                }
                else // 콜백 게임오브젝트가 없는 경우
                {
                    // ...게임오브젝트를 소멸시키지 않고 그대로 유지함
                    state = eFSState.idle;
                }
            }
            else
            {
                // 0<=u<1인 경우이며 이 게임오브젝트가 활성화돼 이동하고 있음
                state = eFSState.active;
                txt.enabled = true; // 점수를 한 번 더 보여줌
            }

            // 베지어 곡선을 사용해 올바른 지점으로 움직임
            Vector2 pos = Utils.Bezier(uC, bezierPts);
            // 화면 전체 크기에 상대적으로 UI 오브젝트의 위치를 잡는 데
            // RectTransform 앵커를 사용할 수 있음
            rectTrans.anchorMin = rectTrans.anchorMax = pos;
            if (fontSizes != null && fontSizes.Count > 0)
            {
                // fontSizes에 값이 있으면
                // ...이 TextMeshPro의 글꼴 크기를 조정함
                int size = Mathf.RoundToInt(Utils.Bezier(uC, fontSizes));
                GetComponent<TextMeshProUGUI>().fontSize = size;
            }
        }
    }
}
```

2. __Scripts 폴더 안에 새 C# 스크립트를 생성하고 이름을 Scoreboard로 지정한 후 다음 코드를 입력한다.

```csharp
using System.Collections;
using System.Collections.Generic;
using UnityEngine;
using UnityEngine.UI;
using TMPro;

// Scoreboard 클래스는 플레이어에게 점수를 보여주는 작업을 처리함
public class Scoreboard : MonoBehaviour
{
    public static Scoreboard S; // Scoreboard의 싱글톤

    [Header("Set in Inspector")]
    public GameObject prefabFloatingScore;

    [Header("Set Dynamically")]
    [SerializeField] private int _score = 0;
    [SerializeField] private string _scoreString;

    private Transform canvasTrans;

    // score 프로퍼티는 scoreString도 설정함
    public int score
    {
        get
        {
            return (_score);
        }
        set
        {
            _score = value;
            scoreString = _score.ToString("N0");
        }
    }

    // scoreString 프로퍼티는 Text.text도 설정함
    public string scoreString
```

```
{
    get
    {
        return (_scoreString);
    }
    set
    {
        _scoreString = value;
        GetComponent<TextMeshProUGUI>().text = _scoreString;
    }
}

void Awake()
{
    if (S == null)
    {
        S = this;  // private 싱글톤을 설정
    }
    else
    {
        Debug.LogError("ERROR: Scoreboard.Awake(): S is already set!");
    }
    canvasTrans = transform.parent;
}

// SendMessage에 의해 호출되면 this.score에 fs.score을 더함
public void FSCallback(FloatingScore fs)
{
    score += fs.score;
}

// 새 FloatingScore 게임오브젝트를 인스턴스화하고 초기화함
// 또한 호출 함수가 추가 작업(fontSize 설정 등)을 할 수 있게
//      생성된 FloatingScore에 대한 포인터를 반환함
public FloatingScore CreateFloatingScore(int amt, List<Vector2> pts)
{
    GameObject go = Instantiate<GameObject>(prefabFloatingScore);
    go.transform.SetParent(canvasTrans);
```

```
FloatingScore fs = go.GetComponent<FloatingScore>();
fs.score = amt;
fs.reportFinishTo = this.gameObject;    // 콜백하고자 fs를
                                        // 이 게임오브젝트로 설정
fs.Init(pts);
return (fs);
    }
}
```

3. 비주얼 스튜디오에서 모든 스크립트를 저장하고 유니티로 되돌아간다.

이제 Scoreboard와 FloatingScore를 위한 게임오브젝트를 만들어야 한다.

FloatingScore 게임오브젝트 프리팹 만들기

FloatingScore 게임오브젝트를 만들고자 다음 단계를 따른다.

1. 유니티의 메뉴 표시줄에서 GameObject ➤ UI ➤ Text – TextMeshPro를 선택한다. TMP Importer 대화상자가 나타나면 Import TMP Essentials 버튼을 클릭한 후 대화상자를 닫는다. Text 게임오브젝트의 이름을 PrefabFloatingScore로 변경한다. 여기서는 영문으로 진행하지만 한글을 사용할 경우에는 28장의 'TextMesh Pro와 한글' 칼럼에서 설명한 것처럼 한글 글꼴 에셋을 이용해야 한다.

2. PrefabFloatingScore의 설정을 변경하기 전에 게임 창의 화면비를 1920×1080 Landscape로 설정한다. 그러면 이 책의 설정이 여러분 작업에도 잘 맞게 된다.

3. PrefabFloatingScore의 설정을 그림 32.12와 같게 지정한다. 그렇게 하면 게임 창의 중앙에 흰색의 0이 떠 있을 것이다.

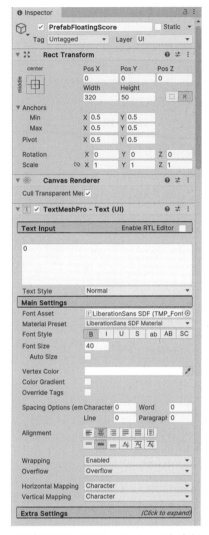

그림 32.12 PrefabFloatingScore의 설정

4. FloatingScore 스크립트를 PrefabFloatingScore 게임오브젝트에 부착한
   다(이 스크립트를 하이어라키 창의 PrefabFloatingScore로 드래그한다).

5. 하이어라키 창의 PrefabFloatingScore를 프로젝트 창의 _Prefabs 폴더로 드
   래그해 PrefabFloatingScore를 프리팹으로 변환한다.

6. 하이어라키 창에 남아있는 PrefabFloatingScore의 인스턴스를 삭제한다.

Scoreboard 게임오브젝트 만들기

Scoreboard 게임오브젝트를 만들고자 다음 단계를 따른다.

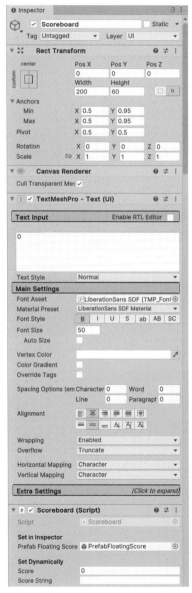

그림 32.13 Scoreboard의 설정

1. 씬에 또 다른 Text - TextMeshPro 게임오브젝트를 생성한다(GameObject ➤ UI ➤ Text – TextMeshPro).

2. 이 Text - TextMeshPro 게임오브젝트의 이름을 Scoreboard로 변경한다.

3. Scoreboard 게임오브젝트에 Scoreboard C# 스크립트를 부착하고 그림 32.13과 같이 설정한다. 이 설정에는 _Prefabs 폴더에 있는 PrefabFloating Score 프리팹을 Scoreboard (Script) 컴포넌트의 public용 prefabFloating Score 필드로 드래그하는 작업도 포함된다.

4. 씬을 저장한다.

5. 이제 남은 일은 새 코드와 게임오브젝트를 사용할 수 있게 Prospector 클래스에 몇 가지 변경을 적용하는 것이다. Prospector 클래스에 다음의 굵게 표시된 코드를 추가한다.

```
public class Prospector : MonoBehaviour
{
    ...
    [Header("Set in Inspector")]
    ...
    public Vector3             layoutCenter;
    public Vector2             fsPosMid = new Vector2(0.5f, 0.90f);
    public Vector2             fsPosRun = new Vector2(0.5f, 0.75f);
    public Vector2             fsPosMid2 = new Vector2(0.4f, 1.0f);
    public Vector2             fsPosEnd = new Vector2(0.5f, 0.95f);

    [Header("Set Dynamically")]
    ...
    public List<CardProspector>    tableau;
    public List<CardProspector>    discardPile;
    public FloatingScore           fsRun;

    void Awake() { ... }

    void Start()
    {
        Scoreboard.S.score = ScoreManager.SCORE;
```

```csharp
        deck = GetComponent<Deck>(); // 덱을 얻음
        ...
    }

    ...

    // CardClicked은 게임의 카드를 클릭할 때마다 호출됨
    public void CardClicked(CardProspector cd)
    {
        // 클릭한 카드의 상태에 따라 대응을 결정
        switch (cd.state)
        {
            ...
            case eCardState.drawpile:
                ...
                ScoreManager.EVENT(eScoreEvent.draw);
                FloatingScoreHandler(eScoreEvent.draw);
                break;

            case eCardState.tableau:
                ...
                ScoreManager.EVENT(eScoreEvent.mine);
                FloatingScoreHandler(eScoreEvent.mine);
                break;
        }
        ...
    }

    // 게임이 끝났는지 테스트함
    void CheckForGameOver() { ... }

    // 게임이 끝났을 때 호출됨. 지금은 단순하지만 확장 가능함
    void GameOver(bool won)
    {
        if (won)
        {
            // print("Game Over. You won! :)");    // 주석 처리함
            ScoreManager.EVENT(eScoreEvent.gameWin);
            FloatingScoreHandler(eScoreEvent.gameWin);
```

```
    }
    else
    {
        // print("Game Over. You Lost. :(");        // 주석 처리함
        ScoreManager.EVENT(eScoreEvent.gameLoss);
        FloatingScoreHandler(eScoreEvent.gameLoss);
    }
    // 씬을 다시 로드해서 게임을 재시작
    SceneManager.LoadScene("__Prospector_Scene_0");
}
// 두 카드의 계급이 인접하면 true를 반환(에이스-킹 간의 전환도 포함)
public bool AdjacentRank(CardProspector c0, CardProspector c1) { ... }

// FloatingScore의 움직임을 처리함
void FloatingScoreHandler(eScoreEvent evt)
{
    List<Vector2> fsPts;
    switch (evt)
    {
        // 카드 뽑기, 승리, 패배의 경우 동일한 작업을 수행
        case eScoreEvent.draw:       // 카드를 뽑음
        case eScoreEvent.gameWin:    // 현재 라운드를 승리함
        case eScoreEvent.gameLoss:   // 현재 라운드를 패배함
            // fsRun을 Scoreboard 점수에 더함
            if (fsRun != null)
            {
                // 베지어 곡선을 위한 지점을 만듦
                fsPts = new List<Vector2>();
                fsPts.Add(fsPosRun);
                fsPts.Add(fsPosMid2);
                fsPts.Add(fsPosEnd);
                fsRun.reportFinishTo = Scoreboard.S.gameObject;
                fsRun.Init(fsPts, 0, 1);
                // 글꼴 크기도 조정
                fsRun.fontSizes = new List<float>(new float[] { 40, 50, 4 });
                fsRun = null; // 다시 생성할 수 있게 fsRun를 지움
            }
```

```
                break;

            case eScoreEvent.mine: // 광산 카드를 제거
                // 이 점수에 대한 FloatingScore를 만듦
                FloatingScore fs;
                // mousePosition에서 fsPosRun으로 이동함
                Vector2 p0 = Input.mousePosition;
                p0.x /= Screen.width;
                p0.y /= Screen.height;
                fsPts = new List<Vector2>();
                fsPts.Add(p0);
                fsPts.Add(fsPosMid);
                fsPts.Add(fsPosRun);
                fs = Scoreboard.S.CreateFloatingScore(ScoreManager.CHAIN, fsPts);
                fs.fontSizes = new List<float>(new float[] { 4, 80, 40 });
                if (fsRun == null)
                {
                    fsRun = fs;
                    fsRun.reportFinishTo = null;
                }
                else
                {
                    fs.reportFinishTo = fsRun.gameObject;
                }
                break;
        }
    }
}
```

6. 비주얼 스튜디오에서 스크립트를 저장하고 유니티에서 게임을 해본다.

게임을 하면 이제 점수를 얻을 때마다 숫자가 날아다니며 표시될 것이다. 이렇게 점수를 보여줌으로써 어떤 플레이에서 점수를 얻는지를 비롯한 게임의 메카닉스를 플레이어가 (게임 방법을 숙지하지 않고) 체험을 통해 이해할 수 있다.

게임에 약간의 아트 추가하기

게임에 배경을 추가해 약간의 테마를 적용해보자. 프로젝트 시작 때 임포트한 Materials 폴더에는 ProspectorBackground라는 PNG와 ProspectorBackground Mat 라는 머티리얼이 있다. 이러한 항목에는 필요한 설정을 미리 포함시켰는데, 이미 이전 장들에서 그런 설정법을 배웠으므로 또 설명할 필요가 없었기 때문이다.

1. 유니티에서 씬에 쿼드를 추가한다(GameObject ➤ 3D Object ➤ Quad).
2. Materials 폴더에 있는 Prospector Background Mat를 이 쿼드에 드래그한다.
3. 이 쿼드의 이름을 ProspectorBackground로 바꾸고 다음과 같이 Transform 을 설정한다.

```
ProspectorBackground (Quad)  P:[ 0, 0, 0 ]  R:[ 0, 0, 0 ]  S:[ 35.556, 20, 1 ]
```

_MainCamera의 직교^{orthographic} 크기가 10이기 때문에 화면 중앙으로부터 가장 가까운 가장자리(이 경우 상단과 하단)까지의 거리가 10단위이며 화면 가시 영역의 총 높이는 20단위가 된다. 따라서 ProspectorBackground 쿼드의 높이는 20단위(Y 배율)다. 또한 화면비가 18:9이기 때문에 배경으로 설정할 너비는 20 / 9 × 16 = 35.556단위(X 배율)이다.

4. 씬을 저장한다.

게임을 플레이하면 그림 32.14와 같은 화면이 보일 것이다.[3]

---

3. 이 오리지널 아트(캐릭터, 배경, 카드 뒷면 포함)는 2001년 지미 토바(http://jimmytovar.com)가 당시의 내 회사인 Digital Mercenaries를 위해 제작한 것이다.

그림 32.14 배경을 추가한 프로스펙터 게임

라운드의 시작과 끝 알리기

게임을 하다보면 각 라운드가 다소 갑작스럽게 끝난다는 느낌이 들었을 것이다. 이를 약간 개선해보자. 먼저 Invoke() 함수를 사용해 레벨을 다시 로드하는 작업을 지연한다. Prospector에 다음의 굵게 표시된 코드를 추가한다.

```
public class Prospector : MonoBehaviour
{
    ...
    [Header("Set in Inspector")]
    ...
    public Vector2        fsPosEnd = new Vector2(0.5f, 0.95f);
    public float          reloadDelay = 2f;          // 라운드 간에 2초 지연

    [Header("Set Dynamically")]
    ...

    // 게임이 끝났을 때 호출됨. 지금은 단순하지만 확장 가능함
    void GameOver(bool won)
```

```
{
    if (won)
    {
        ...
    }
    else
    {
        ...
    }
    // 씬을 다시 로드해서 게임을 재시작
    // SceneManager.LoadScene("__Prospector_Scene_0");        // 이제 주석 처리함

    // reloadDelay 초만큼 지연한 후 씬을 다시 로드함
    // 그러면 점수 애니메이션을 완료할 수 있는 시간이 주어짐
    Invoke("ReloadLevel", reloadDelay);                              // a
}

void ReloadLevel()
{
    // 씬을 다시 로드해서 게임을 재시작
    SceneManager.LoadScene("__Prospector_Scene_0");
}

// 두 카드의 계급이 인접하면 true를 반환(에이스-킹 간의 전환도 포함)
public bool AdjacentRank(CardProspector c0, CardProspector c1) { ... }
...
}
```

a. Invoke() 명령은 reloadDelay초만큼 지연한 후 "ReloadLevel"이라는 함
수를 호출한다. SendMessage()가 작동하는 방식과 비슷하지만 지연 시간
이 적용된다는 점이 다르다. 이제 게임을 끝까지 진행해보면 2초 동안 기
다렸다가 게임이 재시작된다.

플레이어에게 점수에 대한 피드백 제공

또한 각 라운드가 끝나면 플레이어에게 점수를 보여주면 좋을 것이다.

1. 씬에 새 UI Text – TextMeshPro를 추가한다. 즉, 하이어라키 창에서 Canvas를 선택하고 메뉴 표시줄에서 GameObject ➤ UI ➤ Text – TextMeshPro를 선택한다.
2. Text(TMP)의 이름을 GameOver로 변경하고 그림 32.15의 왼쪽에 보이는 설정을 지정한다.

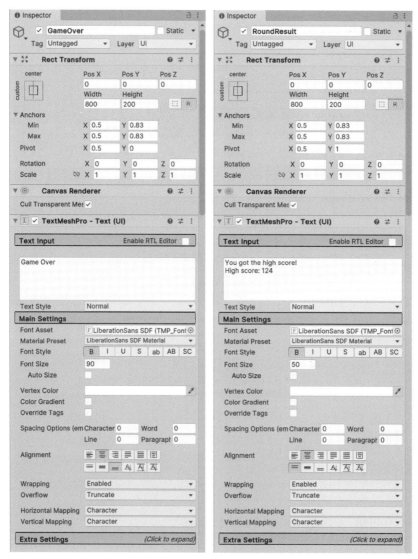

그림 32.15 GameOver와 RoundResult의 설정

3. 씬에 UI Text – TextMeshPro를 하나 더 추가한다. 즉, 하이어라키 창에 있는 GameOver를 마우스 오른쪽 버튼으로 클릭한 후 팝업 메뉴에서 Duplicate를 선택한다.

4. 이 GameOver (1) 텍스트의 이름을 RoundResult로 변경하고 그림 32.15의 오른쪽에 보이는 설정을 지정한다.

5. Canvas의 자식으로서 세 번째 UI Text – TextMeshPro를 생성하고 이름을 HighScore로 지정한다.

6. HighScore에 그림 32.16의 설정을 적용한다.

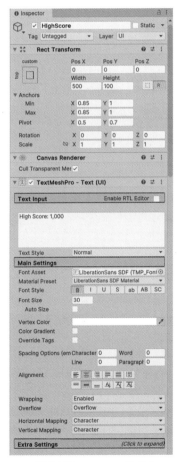

그림 32.16 HighScore의 설정

이러한 설정에 나오는 숫자들은 시행착오를 통해 결정한 것이므로 여러분도 원하는 대로 값을 조정하고 적절한 값을 찾아보자. 이렇게 설정하면 오른쪽 표지판 바로 위에 고득점이 나타날 것이다.

7. 씬을 저장한다.
8. 추가한 UI Text – TextMeshPro가 동작하도록 다음의 굵게 표시한 코드를 Prospector 클래스에 추가한다.

```
public class Prospector : MonoBehaviour
{
    ...
    [Header("Set in Inspector")]
    ...
    public float            reloadDelay = 2f;    // 라운드 간에 2초 지연
    public TextMeshProUGUI  gameOverText, roundResultText, highScoreText;

    [Header("Set Dynamically")]
    ...

    void Awake()
    {
        S = this; // Prospector을 위해 싱글톤을 설정
        SetUpUITexts();
    }

    void SetUpUITexts()
    {
        // 고득점 UI TextMeshPro를 설정
        GameObject go = GameObject.Find("HighScore");
        if (go != null)
        {
            highScoreText = go.GetComponent<TextMeshProUGUI>();
        }
        int highScore = ScoreManager.HIGH_SCORE;
        string hScore = "High Score: " + Utils.AddCommasToNumber(highScore);
        go.GetComponent<TextMeshProUGUI>().text = hScore;
```

```csharp
        // 라운드가 끝날 때 표시되는 UI TextMeshPro를 설정
        go = GameObject.Find("GameOver");
        if (go != null)
        {
            gameOverText = go.GetComponent<TextMeshProUGUI>();
        }

        go = GameObject.Find("RoundResult");
        if (go != null)
        {
            roundResultText = go.GetComponent<TextMeshProUGUI>();
        }

        // 라운드 종료 텍스트를 보이지 않게 함
        ShowResultsUI(false);
    }

    void ShowResultsUI(bool show)
    {
        gameOverText.gameObject.SetActive(show);
        roundResultText.gameObject.SetActive(show);
    }

    ...

    // 게임이 끝났을 때 호출됨. 지금은 단순하지만 확장 가능함
    void GameOver(bool won)
    {
        int score = ScoreManager.SCORE;
        if (fsRun != null) score += fsRun.score;
        if (won)
        {
            gameOverText.text = "Round Over";
            roundResultText.text = "You won this round!\nRound Score: " + score;
            ShowResultsUI(true);
            // print("Game Over. You won! :)");    // 주석 처리함
            ScoreManager.EVENT(eScoreEvent.gameWin);
            FloatingScoreHandler(eScoreEvent.gameWin);
        }
```

```
            else
            {
                gameOverText.text = "Game Over";
                if (ScoreManager.HIGH_SCORE <= score)
                {
                    string str = "You got the high score!\nHigh score: " + score;
                    roundResultText.text = str;
                }
                else
                {
                    roundResultText.text = "Your final score was: " + score;
                }
                ShowResultsUI(true);
                // print("Game Over. You Lost. :(");        // 주석 처리함
                ScoreManager.EVENT(eScoreEvent.gameLoss);
                FloatingScoreHandler(eScoreEvent.gameLoss);
            }
            // 씬을 다시 로드해서 게임을 재시작
            // SceneManager.LoadScene("__Prospector_Scene_0"); // 이제 주석 처리함

            // reloadDelay 초만큼 지연한 후 씬을 다시 로드함
            // 그러면 점수 애니메이션을 완료할 수 있는 시간이 주어짐
            Invoke("ReloadLevel", reloadDelay);
        }

        ...
    }
```

9. 비주얼 스튜디오에서 스크립트를 저장하고 유니티에서 게임을 다시 플레이한다.

이제 라운드나 게임이 끝나면 그림 32.17과 같은 메시지가 나타날 것이다.

그림 32.17 게임 종료 메시지의 예

요약

32장에서는 XML 파일을 사용해 구성한 카드를 바탕으로 점수 체계, 배경 이미지, 테마 등을 포함하는 완전한 카드 게임을 만들었다. 이 책에서 실습을 소개하는 목표 중 하나는 여러분의 게임을 제작하기 위한 프레임워크를 제공하는 것이다. 33장에서 바로 이를 활용해본다. 즉, 32장에서 제작한 프레임워크를 기반으로 1장에서 언급했던 <바톡> 게임의 제작 과정을 진행할 것이다.

다음 단계

다음은 이 게임을 더 개선하려고 할 때 고려할 수 있는 몇 가지 방향이다.

골드 카드

골드 카드는 '게임에서 점수를 얻는 방법' 절에서 항목 D로 제시했으나 32장에서 실제로 구현하지 않았다. 32장의 프로젝트를 시작할 때 임포트했던 패키지 안에는 골드 카드에 사용할 그래픽 리소스(Card_Back_Gold와 Card_Front_Gold)가 포함돼 있다. 골드 카드의 용도는 연속 플레이에서 골드 카드의 수만큼 점수를 두 배로 곱하는 것이다. 골드 카드는 광산에서만 나오게 하고 광산에 속한 카드의 10%를 골드 카드로 하면 된다. 골드 카드는 여러분이 직접 구현해보자.

모바일 장치용으로 게임 컴파일하기

이 게임의 빌드 설정은 모바일에 맞게 설계했지만 모바일 장치를 위한 실제 컴파일 과정은 이 책의 범위를 벗어난다. 유니티에서는 이 작업을 안내하는 온라인 문서를 제공하므로 원하는 장치에 맞는 문서를 살펴보기 바란다. 가능한 한 최신 정보를 보려면 Unity getting started에 개발 대상의 모바일 플랫폼 이름을 붙여(예, Unity getting started Android) 웹 검색하기를 권한다. 현재 지원되는 모바일 플랫폼은 안드로이드와 iOS이고 웹 사이트에서도 가능한 WebGL이 있다. 유니티 문서에는 이러한 모든 플랫폼에 대한 'getting started' 페이지가 포함돼 있다.

개인적으로는 안드로이드 장치용 컴파일이 가장 쉽다고 생각한다. 추가 소프트웨어를 설치하고 구성할 시간을 포함해 이 게임을 안드로이드용으로 컴파일하는 것이 iOS용으로 컴파일하는 것보다 상당히 적은 시간을 소모했다(iOS용의 경우 대부분 시간이 애플 iOS 개발자 계정의 비용 결제와 프로필 준비에 소요됨).

또한 모바일 개발에 도움이 되는 몇 가지 도구도 살펴보기를 권장한다. 애플이 몇 년 전에 인수한 Test Flight 서비스를 https://developer.apple.com/testflight/ 링크에서 이용하면 게임의 테스트 빌드를 인터넷을 통해 iOS 장치에 쉽게 배포할 수 있으며 iOS 개발을 하는 거의 모든 사람이 이미 이 서비스를 이용하고 있다. 크로스플랫폼에서 안드로이드에 배포하고 싶다면(iOS 배포는 덜 편리함) TestFairy(http://testfairy.com)를 참고하기 바란다.

독립 회사였던 Tsugi(이 책의 1판에서 언급했음)의 유니티 클라우드 빌드Unity Cloud Build를 알아보는 것도 적극 권한다. 유니티 클라우드 빌드는 최근에 유니티 클라우드 오토메이션Unity Cloud Automation으로 이름이 변경됐으며 유니티 공동 작업(또는 다른) 코드 저장소에서 코드의 변경 사항을 감시하고 변경된 사항이 감지되면 새 버전으로 자동 컴파일한다. 크로스플랫폼 모바일 또는 WebGL 개발을 하고 있다면 유니티 클라우드 빌드는 과중한 컴파일 작업을 개인용 컴퓨터가 아닌 서버에서 처리해 많은 시간을 절약할 수 있다.

990

CHAPTER 33

프로토타입 5: 바톡

33장은 완전히 새 프로젝트를 처음부터 제작하는 것이 아니라 이 책의 앞부분에서 제작한 프로토타입을 프레임워크로 활용해 다른 게임을 제작하기 때문에 이전의 실습과는 차이가 있다.

이 프로젝트를 시작하기 전에 먼저 32장을 완료해서 32장에서 개발한 카드 게임 프레임워크의 내부 동작을 이해해야 한다.

〈바톡〉은 1장에서 처음 소개했던 게임이다. 이제 직접 만들어 보자.

시작하기: 프로토타입 5

이번에는 이전과 같이 유니티 패키지를 다운로드하지 않고 32장의 <프로스펙터>
게임 프로젝트 폴더 전체를 복제한다(또는 http://www.acornpub.co.kr/game-design-2e에서 다운
로드하는 파일 안에 32장의 완료된 프로젝트가 포함돼 있으므로 이를 이용한다). 다시 말하지만 사용하는 아트
에셋은 크리스 아길라가 만든 Vectorized Playing Cards 1.3을 바탕으로 제작된
것이다.[1]

바톡에 대한 이해

<바톡>에 대한 소개와 게임 방법은 1장에서 디자인 연습의 하나로 자세히 설명했
었다. 간단히 말해 <바톡>은 상업용 게임인 <우노Uno>와 아주 비슷하지만 표준
카드 덱을 사용한다는 차이가 있고 전통적인 <바톡> 게임에서는 각 라운드의 승
자가 게임에 규칙을 추가할 수 있다. 1장의 예제에서는 세 가지 변형 규칙을 추가
했었지만 33장에서는 변형 규칙을 적용하지 않고 나중에 여러분이 해볼 연습으로
남겨둘 것이다.

온라인 버전의 <바톡> 게임을 하려면 https://book.prototools.net/BartokWebBuild/
BartokWebBuild.html 링크로 이동한다.

새로운 씬 만들기

이 프로젝트에서는 이전 <프로스펙터>의 여러 부분을 재사용하는데, 씬도 <프로
스펙터>의 씬을 복제해서 사용한다.

1. 프로젝트 창에서 __Prospector_Scene_0을 선택하고 나서 메뉴 표시줄에서
   Edit ➤ Duplicate를 선택한다. 그러면 __Prospector_Scene_0 1이라는 새 씬
   으로 복제된다.

---

1. Vectorized Playing Cards 1.3(https://sourceforge.net/projects/vector-cards/). 2011 Chris Aguilar

2. 이 새로운 씬의 이름을 __Bartok_Scene_0으로 변경하고 더블 클릭해 연다. 유니티 창의 제목 표시줄에 새 씬 이름으로 표시되고 하이어라키 창 맨 위에도 __Bartok_Scene_0으로 나타나기 때문에 새 씬이 열렸다는 것을 알 수 있다.

<바톡> 게임에서 필요 없는 것들을 제거하자.

3. 하이어라키 창의 Canvas 아래에 있는 Scoreboard와 HighScore를 선택하고 삭제한다(메뉴 표시줄에서 Edit ➤ Delete 선택). 이 게임에는 점수 체계가 없으므로 이것들이 필요 없다.

4. 마찬가지로 이 씬에서 Canvas의 자식인 GameOver와 RoundResult도 삭제한다. 나중에 사용할 것이지만 필요하면 언제든지 __Prospector_Scene_0에서 복사하면 된다.

5. _MainCamera를 선택하고 Prospector (Script), ScoreManager (Script), Layout (Script) 컴포넌트를 제거한다(각 이름을 마우스 오른쪽 버튼으로 클릭하거나 각 이름 오른쪽에 있는 세 점 아이콘을 클릭한 후 Remove Component를 선택한다). _MainCamera에는 원래 설정을 그대로 포함하는 Transform과 Camera 그리고 Deck (Script) 컴포넌트가 남는다.

6. 배경을 변경하자. 먼저 하이어라키 창의 ProspectorBackground 게임오브젝트(프로젝트 창의 Texture2D 타입이 아님)를 선택하고 BartokBackground로 이름을 변경한다.

7. Materials 폴더에 새 머티리얼을 생성하고(메뉴 표시줄에서 Assets ➤ Create ➤ Material) 이름을 BartokBackground Mat로 지정한다. 이 새로운 머티리얼을 하이어라키 창의 BartokBackground로 드래그한다. 그러면 게임 창이 아주 어두워지는 것을 알 수 있다(새로운 머티리얼이 이전 머티리얼의 Unlit 셰이더와 다른 유니티 표준 셰이더를 사용하기 때문이다).

8. 이를 해결하고자 씬에 방향광을 추가한다(GameObject ➤ Light ➤ Directional Light). BartokBackground와 방향광의 Transform은 다음과 같다.

BartokBackground (Quad) P:[0, 0, 1] R:[0, 0, 0] S:[35.556, 20, 1]

```
Directional Light    P:[ -100, -100, 0 ]   R:[ 50, -30, 0 ]   S:[ 1, 1, 1 ]
```

이렇게 하면 씬이 올바르게 설정된다. 씬에서 방향광의 위치는 전혀 문제되지 않고(방향광에 대해서는 회전만이 영향을 줌) 씬 창에서 수행하는 작업에도 영향을 주지 않는다. 씬을 저장한다.

카드 애니메이션 추가의 중요성

이 프로젝트는 1인용 게임이긴 하지만 4인용에 적당하므로 3명은 AI(인공지능)로 동작하게 한다. <바톡>은 단순한 게임이기 때문에 AI가 뛰어날 필요가 없고 그저 반응할 수 있는 수준이면 된다. 멀티플레이어 턴 기반 게임(특히 AI가 상대방인 게임)을 할 때는 플레이어의 차례와 다른 플레이어가 하는 일을 분명하게 보여줘야 한다. 이를 위해 카드가 원래 위치에서 다른 위치로 이동하는 애니메이션을 만들 것이다. <프로스펙터>에서는 동작을 수행하는 사람이 플레이어뿐이고 동작의 결과가 뻔히 예상되므로 굳이 애니메이션을 넣을 필요가 없었다. <바톡>에서는 나머지 세 플레이어의 패가 가려진 상태로 진행되기 때문에 애니메이션을 통해 AI 플레이어가 어떤 행위를 하는지 보여줄 수 있다.

이번 실습에서는 멋진 애니메이션 효과를 만드는 것과 각 애니메이션이 제대로 완료될 때까지 대기했다가 다음 과정으로 진행하는 작업에 많은 부분을 할애했다. 이 때문에 이 프로젝트에서는 SendMessage()와 Invoke()뿐만 아니라 SendMessage()보다 더 세부적인 콜백 오브젝트도 사용할 것이다. 따라서 C# 클래스 인스턴스를 오브젝트에 전달하고 나서 오브젝트가 이동을 완료하면 그 인스턴스의 콜백 함수를 호출하는 방법을 사용한다. 이 방법은 SendMessage()보다 유연성이 떨어지지만 더 빠르고 구체적이며 MonoBehaviour를 확장하지 않는 C# 클래스에도 사용할 수 있다.

빌드 설정

이전 프로젝트는 모바일 앱으로 설계했지만 이번 프로젝트는 온라인 WebGL 게임 또는 PC나 맥용의 독립 실행형 애플리케이션으로 설계했으므로 빌드 설정을 변경해야 한다.

1. 메뉴 표시줄에서 File ➤ Build Settings를 선택해 그림 33.1과 같은 창을 연다.

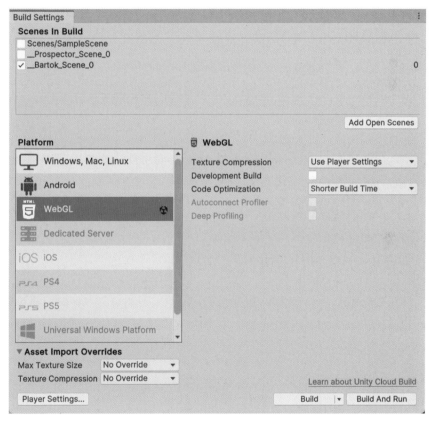

그림 33.1 빌드 설정 창

Scenes In Build의 목록을 보면 이전의 __Prospector_Scene_0이 있지만 __Bartok_ Scene_0은 아직 없다.

2. Add Open Scenes 버튼을 클릭해 이 빌드의 씬 목록에 __Bartok_Scene_0 을 추가한다.

3. __Prospector_Scene_0 옆의 체크 표시를 해제해 씬 목록에서 제거한다. 이제 Scenes In Build 부분은 그림 33.1과 같을 것이다.

4. 유니티 설치 프로그램을 사용해 WebGL 도구를 설치한 적이 있다면 플랫폼 목록에서 WebGL을 선택한다. 그렇지 않았으면 Windows, Mac, Linux를 선택한다. 그리고 나서 Switch Platform을 클릭한다.

전환 중에는 Switch Platform 버튼이 회색으로 됐다가 전환이 완료되면 Build 버튼으로 바뀐다. 변환 작업은 몇 초 정도 걸릴 것이다. 나머지 모든 설정은 기본 상태로 둔다.

빌드 설정이 그림 33.1과 같이 보이면 이 창을 닫는다(아직 Build 버튼을 클릭하지 말라. 빌드는 게임을 모두 제작한 후 필요한 과정이다).

5. 게임 창 제목 아래의 화면비 팝업 메뉴를 클릭하고 화면비 목록에서 Full HD (1920x1080)을 선택한다. 이렇게 하면 이 실습에 나오는 화면과 동일한 게임의 화면비를 볼 수 있다.

바톡 코딩

앞서 프로젝트에서 Prospector 클래스로 게임을 관리하고 Card를 확장하는 CardProspector:Card 클래스로 게임 전용 기능을 추가한 것처럼 이 프로젝트에서도 Bartok과 CardBartok:Card 클래스를 사용할 것이다.

1. 프로젝트 창의 __Scripts 폴더에 Bartok과 CardBartok이라는 이름의 C# 스크립트를 생성한다(Assets ➤ Create ➤ C# Script).

2. CardBartok 스크립트를 더블 클릭해 비주얼 스튜디오에서 열고 다음 코드를 입력한다(CardProspector 스크립트에서 일부 코드를 복사해도 된다).

```csharp
using System.Collections;
using System.Collections.Generic;
using UnityEngine;

// CBState는 게임 상태와 움직임 상태(to...)를 포함함                    // a
public enum CBState
{
    toDrawpile,
    drawpile,
    toHand,
    hand,
    toTarget,
    target,
    discard,
    to,
    idle
}

public class CardBartok : Card                                       // b
{
    // 정적 변수들은 모든 CardBartok 인스턴스가 공유함
    static public float         MOVE_DURATION = 0.5f;
    static public string        MOVE_EASING = Easing.InOut;
    static public float         CARD_HEIGHT = 3.5f;
    static public float         CARD_WIDTH = 2f;

    [Header("Set Dynamically: CardBartok")]
    public CBState              state = CBState.drawpile;

    // 카드의 이동과 회전에 사용할 정보를 저장하는 필드
    public List<Vector3>        bezierPts;
    public List<Quaternion>     bezierRots;
    public float                timeStart, timeDuration;

    // 카드가 이동을 완료하면 reportFinishTo.SendMessage()를 호출함
    public GameObject           reportFinishTo = null;

    // MoveTo는 카드가 보간을 통해 새 위치로 회전하면서 이동하도록 지정
    public void MoveTo(Vector3 ePos, Quaternion eRot)
    {
```

```
        // 카드에 대해 새 보간 리스트를 만듦
        // 위치와 회전은 각각 두 개의 지점만 가짐
        bezierPts = new List<Vector3>();
        bezierPts.Add(transform.localPosition);    // 현재 위치
        bezierPts.Add(ePos);                        // 새 위치

        bezierRots = new List<Quaternion>();
        bezierRots.Add(transform.rotation);        // 현재 회전
        bezierRots.Add(eRot);                       // 새 회전

        if (timeStart == 0)                                        // c
        {
            timeStart = Time.time;
        }
        // timeDuration은 항상 동일하게 시작되지만 이후에 변경할 수 있음
        timeDuration = MOVE_DURATION;

        state = CBState.to;                                        // d
    }

    public void MoveTo(Vector3 ePos)                              // e
    {
        MoveTo(ePos, Quaternion.identity);
    }

    void Update()
    {
        switch (state)
        {
        case CBState.toHand:                                       // f
        case CBState.toTarget:
        case CBState.toDrawpile:
        case CBState.to:
            float u = (Time.time - timeStart) / timeDuration;     // g
            float uC = Easing.Ease(u, MOVE_EASING);

            if (u < 0)                                             // h
            {
                transform.localPosition = bezierPts[0];
                transform.rotation = bezierRots[0];
```

```
                return;
            }
            else if (u >= 1)                                    // i
            {
                uC = 1;
                // to... 상태에서 적절한 다음 상태로 전환
                if (state == CBState.toHand) state = CBState.hand;
                if (state == CBState.toTarget) state = CBState.target;
                if (state == CBState.toDrawpile) state = CBState.drawpile;
                if (state == CBState.to) state = CBState.idle;
                // 최종 위치로 이동
                transform.localPosition = bezierPts[bezierPts.Count - 1];
                transform.rotation = bezierRots[bezierPts.Count - 1];
                // timeStart를 0으로 재설정해 다음번에는 덮어쓰게 함
                timeStart = 0;

                if (reportFinishTo != null)                     // j
                {
                    reportFinishTo.SendMessage("CBCallback", this);
                    reportFinishTo = null;
                }
                else // 콜백할 대상이 없는 경우
                {
                    // 아무것도 하지 않음
                }
            }
            else // 보통의 보간 동작(0 <= u < 1)                  // k
            {
                Vector3 pos = Utils.Bezier(uC, bezierPts);
                transform.localPosition = pos;
                Quaternion rotQ = Utils.Bezier(uC, bezierRots);
                transform.rotation = rotQ;
            }
            break;
        }
    }
}
```

a. enum CBState는 이 게임에서 CardBartok이 가질 수 있는 가능한 상태 및 CardBartok이 해당 상태 중 하나로 이동할 때 나타나는 다양한 상태 모두를 포함한다.

b. CardBartok은 CardProspector와 마찬가지로 Card를 확장한다.

c. timeStart가 0이면 현재 시간으로 설정된다(이동을 즉시 시작한다). 0이 아니면 timeStart에 지정된 시간에 이동을 시작한다. 이와 같이 timeStart가 이미 0 이외의 값으로 설정됐다면 그 값을 덮어쓰지 않는다. 따라서 다양한 카드 애니메이션의 타이밍을 맞출 수 있다.

d. 처음에는 상태를 CBState.to로 설정한다. 상태를 CBState.toHand 또는 CBState.toTarget으로 설정하는 작업은 호출 메서드에서 처리된다.

e. MoveTo()의 이 오버로드에는 rotation 인자가 필요 없다.

f. switch문은 case에 해당 코드가 없으면 그냥 통과해 버리기 때문에 카드가 한 위치에서 다른 위치로 보간하는 모든 CBState.to ...(예, toHand, toTarget 등)을 한 번에 처리할 수 있다.

g. float u는 이 CardBartok의 이동 과정에서 0에서 1까지 보간한다. u는 timeStart 이후로 현재 시간까지의 시간에다가 원하는 이동 지속 시간을 나눠 구한다(예, timeStart = 5, timeDuration = 10, Time.time = 11이면 u = (11-5) / 10 = 0.6). 그리고 나서 이 u를 Utils.cs의 Easing.Ease() 메서드에 전달해 u값으로 곡선을 만들고 uC 값에 넣어 카드 애니메이션을 더욱 자연스럽게 보이는 데 사용한다. 자세한 내용은 부록 B의 '선형 보간 완화' 절을 참고한다.

h. u는 보통 0 ~ 1이다. 여기는 u < 0일 때의 상황을 처리하는데, 이 경우에는 아직 이동하지 않아야 하며 초기 위치에 있어야 한다. 즉, u < 0의 경우는 이동 시작을 지연시키고자 timeStart를 미래 시간으로 설정할 때 발생한다.

i. u >= 1인 경우 uC를 1로 고정시켜 카드가 목표 지점을 지나치지 않게 한다. 또한 다른 CBState로 전환해 이동을 중지시키는 시간이기도 하다.

j. 콜백 게임오브젝트가 있으면 this를 매개변수로 지정하고 SendMessage()를 통해 CBCallback 메서드를 호출한다. SendMessage()를 호출한 후에는 CardBartok이 이동할 때마다 동일한 게임오브젝트에 계속 보고하지 않게 reportFinishTo를 null로 설정해야 한다.

k. 0 <= u < 1일 때 이전 위치에서 다음 위치로 보간한다. 베지어 곡선 함수를 사용해 현재 지점을 올바른 지점으로 이동시킨다. 위치와 회전은 Utils.Bezier() 메서드를 각자 다르게 오버로드해서 개별적으로 처리한다. 자세한 내용은 부록 B의 '베지어 곡선' 절을 참고한다.

이 코드에서 수행하는 기능은 거의 대부분 32장의 FloatingScore 클래스의 기능을 수정하고 확장한 것이다. CardBartok에서는 카드의 회전을 보간하고자 Quaternion(회전을 처리하는 클래스)을 이용한다. <바톡>에서는 플레이어가 카드를 부채 모양으로 펼쳐 들고 있는 듯이 나타내기 때문에 이 기능이 특히 중요하다.

3. Bartok 클래스를 열고 다음 코드를 입력한다. Bartok 클래스에서 가장 먼저 해야 할 일은 Deck 클래스를 사용해 52장의 카드를 모두 생성하는 것이다.

```
using System.Collections;
using System.Collections.Generic;
using UnityEngine;
using UnityEngine.SceneManagement;

public class Bartok : MonoBehaviour
{
    static public Bartok S;

    [Header("Set in Inspector")]
    public TextAsset          deckXML;
    public TextAsset          layoutXML;
    public Vector3            layoutCenter = Vector3.zero;

    [Header("Set Dynamically")]
    public Deck               deck;
    public List<CardBartok>   drawPile;
```

```
        public List<CardBartok>        discardPile;

        void Awake()
        {
            S = this;
        }

        void Start()
        {
            deck = GetComponent<Deck>();        // 덱을 얻음
            deck.InitDeck(deckXML.text);        // 덱에 DeckXML을 전달
            Deck.Shuffle(ref deck.cards);       // 덱을 섞음                    // a
        }
    }
```

a. ref 키워드는 deck.cards에 대한 참조를 전달한다. Deck.Shuffle()은 deck.cards를 직접 수정할 수 있다.

보다시피 대부분의 코드는 Prospector와 동일하지만 CardProspector 클래스 대신 CardBartok 클래스를 사용한다는 점이 다르다.

PrefabCard 인스펙터의 설정

이번에는 PrefabCard의 인스펙터에서 각 부분을 수정해야 한다.

1. 프로젝트 창의 _Prefabs 폴더에 있는 PrefabCard를 선택한다.
2. Box Collider 컴포넌트의 Is Trigger 필드를 true로 설정한다.
3. Box Collider 컴포넌트의 Size.z를 0.1로 설정한다.
4. Rigidbody 컴포넌트를 PrefabCard에 추가한다(Component ➤ Physics ➤ Rigidbody).
5. Rigidbody의 Use Gravity 필드를 false로 설정한다.
6. Rigidbody의 Is Kinematic 필드를 true로 설정한다.

설정이 완료되면 PrefabCard의 Box Collider 및 Rigidbody 컴포넌트는 그림 33.2와 같아야 한다.

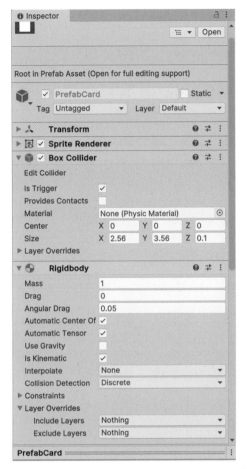

그림 33.2 PrefabCard의 Box Collider 및 Rigidbody 설정

7. 기존의 CardProspector (Script) 컴포넌트를 새로운 CardBartok (Script) 컴포넌트로 교체해야 한다.

   a. CardProspector (Script) 컴포넌트의 이름 오른쪽 끝에 있는 세 점 아이콘을 클릭하고 Remove Component를 선택한다.

   b. PrefabCard에 CardBartok 스크립트를 부착한다.

_MainCamera 인스펙터의 설정

다음 단계를 따라 _MainCamera 인스펙터를 설정한다.

1. Bartok 스크립트를 하이어라키 창의 _MainCamera에 부착한다(부착 방법은 원하는 대로 한다. 지금쯤은 그 방법을 잘 알고 있어야 한다).

2. 하이어라키 창에서 _MainCamera를 선택한다. 연결된 Bartok (Script) 컴포넌트는 인스펙터 맨 아래쪽에 있게 된다(이 컴포넌트를 위쪽으로 이동시키려면 이름 옆에 있는 세 점 아이콘을 클릭한 후 Move Up을 선택하면 된다).

3. Bartok (Script)의 DeckXML 필드를 프로젝트 창의 Resources 폴더에 있는 DeckXML 파일로 설정한다(덱은 그대로이기 때문에(여전히 4세트이며 1세트 당 13장 카드) 〈프로스펙터〉에서 사용한 것과 같은 파일로 설정한다).

4. Deck (Script) 컴포넌트의 startFaceUp 필드를 true로 설정한다(체크 표시를 한다). 이렇게 하면 플레이 버튼을 클릭했을 때 모든 카드가 앞면으로 표시된다.

이제 플레이 버튼을 클릭하면 이전 〈프로스펙터〉의 초기 단계에서 본 것과 비슷한 카드 격자가 나타난다. 몇 페이지 더 진행하다 보면 이 형태가 많이 달라질 것이다.

게임 레이아웃

〈바톡〉의 레이아웃은 〈프로스펙터〉의 레이아웃과는 상당히 다르다. 〈바톡〉에서는 화면 중앙에 뽑기 더미와 버리기 더미가 있고 화면의 위쪽, 왼쪽, 아래쪽, 오른쪽에 네 플레이어의 패가 분산돼 있다. 카드 패는 플레이어가 손에 쥐고 있는 것처럼 부채 모양으로 펼쳐야 한다(그림 33.3 참고).

이렇게 하려면 〈프로스펙터〉와는 약간 다른 레이아웃 XML 문서가 필요하다.

1. 프로젝트 창의 Resources 폴더에 있는 LayoutXML을 선택해 복제한다(Edit ➤ Duplicate).

그림 33.3 〈바톡〉의 최종 레이아웃

2. 복제된 것의 이름을 BartokLayoutXML로 지정하고 다음의 텍스트를 입력한
   다. 굵게 표시한 텍스트가 원래의 LayoutXML 텍스트와 다른 것이다. 여기
   에 표시되지 않은 텍스트는 모두 삭제해야 한다.

```xml
<xml>
    <!-- 이 파일에는 바톡 카드 게임의 레이아웃을 위한 정보가 있음 -->

    <!-- 아래에 나오는 x와 y 속성에 이 multiplier를 곱함 -->
    <!-- 이 값으로 레이아웃의 조밀한 정도를 조정할 수 있음 -->
    <multiplier x="1" y="1" />

    <!-- 뽑기 더미를 배치하고 카드를 비스듬하게 놓음 -->
    <slot type="drawpile" x="1.5" y="0" xstagger="0.05" layer="1"/>

    <!-- 버리기 더미를 배치 -->
    <slot type="discardpile" x="-1.5" y="0" layer="2"/>

    <!-- 목표 카드를 배치 -->
    <slot type="target" x="-1.5" y="0" layer="4"/>

    <!-- 네 플레이어에게 배분되는 패를 나타내는 슬롯 -->
```

```
    <slot type="hand" x="0"   y="-8" rot="0"   player="1" layer="3"/>
    <slot type="hand" x="-10" y="0"  rot="270" player="2" layer="3"/>
    <slot type="hand" x="0"   y="8"  rot="180" player="3" layer="3"/>
    <slot type="hand" x="10"  y="0"  rot="90"  player="4" layer="3"/>
</xml>
```

BartokLayout C# 스크립트

이제 레이아웃을 만드는 클래스를 다시 작성해 카드를 펼치는 기능과 카드 이동
및 회전을 보간하는 기능을 활용하게 해야 한다.

1. Scripts 폴더에 새 C# 스크립트를 생성하고 이름을 BartokLayout으로 지정
   한 후 다음 코드를 입력한다.

```
using System.Collections;
using System.Collections.Generic;
using UnityEngine;

[System.Serializable]                                      // a
public class SlotDef                                       // b
{
    public float     x;
    public float     y;
    public bool      faceUp = false;
    public string    layerName = "Default";
    public int       layerID = 0;
    public int       id;
    public List<int> hiddenBy = new List<int>(); // 바톡에서는 사용되지 않음
    public float     rot;          // 패의 회전
    public string    type = "slot";
    public Vector2   stagger;
    public int       player;       // 플레이어 번호
    public Vector3   pos;          // pos는 x, y, multiplier에서 파생됨
}

public class BartokLayout : MonoBehaviour
```

```
{
    // 지금은 비워 둠
}
```

    a. [System.Serializable]은 유니티 인스펙터에서 SlotDef를 볼 수 있게 한다.

    b. SlotDef 클래스는 MonoBehaviour를 기반으로 하지 않으므로 별도 파일이 필요 없다.

2. 이 코드를 저장하고 유니티로 되돌아간다.

이 변경으로 인해 콘솔에서 다음과 같은 오류가 나타날 것이다.

```
error CS0101: The namespace '<global namespace>' already contains a definition for
'SlotDef'
```

Layout 스크립트《프로스펙터》의 public 클래스 SlotDef가 새로운 BartokLayout 스크립트의 public 클래스 SlotDef와 충돌하기 때문이다.

3. Layout 스크립트를 완전히 삭제하거나 비주얼 스튜디오에서 Layout 스크립트를 열고 SlotDef를 정의하는 부분을 주석 처리한다.

    a. 여러 행에 걸쳐 주석으로 처리하려면 해당 코드의 앞에 /*를 배치하고 맨 뒤에 */를 놓는다. 또는 비주얼 스튜디오에서 여러 코드 행을 선택하고 메뉴 표시줄에서 편집 ➤ 고급 ➤ 줄 주석 토글을 선택해 각 행 앞에 한 행 주석(//)을 배치할 수도 있다.

    b. Layout 스크립트에서 SlotDef 클래스를 주석 처리하는 것 외에 SlotDef 정의에 있는 [System.Serializable] 행도 주석 처리해야 한다.

    c. Layout 스크립트에서 SlotDef 클래스를 이렇게 주석 처리하거나 제거한 후 이 Layout 스크립트를 저장한다.

4. BartokLayout 스크립트로 가서 다음 코드 리스트에 굵게 표시된 행을 추가하며 편집을 계속한다.

```csharp
using System.Collections;
using System.Collections.Generic;
using UnityEngine;

[System.Serializable]/
public class SlotDef
{
    public float      x;
    public float      y;
    public bool       faceUp = false;
    public string     layerName = "Default";
    public int        layerID = 0;
    public int        id;
    public List<int>  hiddenBy = new List<int>(); // 바톡에서는 사용되지 않음
    public float      rot;              // 패의 회전
    public string     type = "slot";
    public Vector2    stagger;
    public int        player;          // 플레이어 번호
    public Vector3    pos;                // pos는 x, y, multiplier에서 파생됨
}

public class BartokLayout : MonoBehaviour
{
    [Header("Set Dynamically")]
    public PT_XMLReader      xmlr;  // Deck과 마찬가지로 PT_XMLReader를 가짐
    public PT_XMLHashtable   xml;   // 이 변수는 빠른 xml 접근을 위해 사용됨
    public Vector2           multiplier;   // 타블로의 카드 간격을 설정
    // SlotDef 참조
    public List<SlotDef>     slotDefs;      // SlotDef 패
    public SlotDef           drawPile;
    public SlotDef           discardPile;
    public SlotDef           target;

    // BartokLayoutXML.xml 파일을 읽고자 호출되는 메서드
    public void ReadLayout(string xmlText)
    {
        xmlr = new PT_XMLReader();
        xmlr.Parse(xmlText);          // XML을 파싱함
```

```
xml = xmlr.xml["xml"][0]; // 그리고 xml을 XML에 대한 바로가기로 설정

// 카드 간격을 설정하는 multiplier을 읽음
multiplier.x = float.Parse(xml["multiplier"][0].att("x"));
multiplier.y = float.Parse(xml["multiplier"][0].att("y"));

// 슬롯을 읽음
SlotDef tSD;
// slotsX는 모든 <slot>에 대한 바로가기로 사용됨
PT_XMLHashList slotsX = xml["slot"];

for (int i = 0; i < slotsX.Count; i++)
{
    tSD = new SlotDef(); // 새 SlotDef 인스턴스 생성
    if (slotsX[i].HasAtt("type"))
    {
        // 이 <slot>에 type 속성이 있으면 이를 파싱함
        tSD.type = slotsX[i].att("type");
    }
    else
    {
        // 없으면 타입을 "slot"으로 설정함. 즉, 가로 줄에 들어가는 카드임
        tSD.type = "slot";
    }

    // 다양한 속성을 숫자 값으로 파싱함
    tSD.x = float.Parse(slotsX[i].att("x"));
    tSD.y = float.Parse(slotsX[i].att("y"));
    tSD.pos = new Vector3(tSD.x * multiplier.x, tSD.y * multiplier.y, 0);

    // 레이어 정렬
    tSD.layerID = int.Parse(slotsX[i].att("layer"));        // a
    tSD.layerName = tSD.layerID.ToString();                 // b

    // <slot>의 타입에 따라 추가적인 속성을 얻음
    switch (tSD.type)
    {
        case "slot":
            // "slot" 타입의 슬롯은 무시함
            break;
```

```
                        case "drawpile":                                    // c
                            tSD.stagger.x = float.Parse(slotsX[i].att("xstagger"));
                            drawPile = tSD;
                            break;
                        case "discardpile":
                            discardPile = tSD;
                            break;
                        case "target":
                            target = tSD;
                            break;
                        case "hand":                                         // d
                            tSD.player = int.Parse(slotsX[i].att("player"));
                            tSD.rot = float.Parse(slotsX[i].att("rot"));
                            slotDefs.Add(tSD);
                            break;
                    }
                }
            }
        }
```

a. 이 게임에서는 정렬 레이어의 이름을 1, 2, 3, … 10과 같은 식으로 설정한다. 레이어는 카드가 다른 카드 위에 올바른 순서로 놓이게 하는 데 사용된다. 유니티 2D에서는 모든 에셋이 사실상 동일한 Z 깊이에 위치하므로 정렬 순서를 차별화하고자 정렬 레이어를 사용한다.

b. layerID의 숫자를 텍스트 layerName으로 변환한다.

c. 여전히 drawpile의 xstagger값을 읽기는 하지만 플레이어가 뽑기 더미에 얼마나 많은 카드가 있는지 알 필요가 없기 때문에 Bartok에서는 이 값을 사용하지 않는다.

d. 이 부분은 각 플레이어의 패에 대한 특정 데이터를 읽는데, 여기에는 패의 회전과 그 패에 접근할 플레이어의 수가 포함된다.

5. _MainCamera에 BartokLayout 스크립트를 부착한다(프로젝트 창의 BartokLayout 스크립트를 하이어라키 창의 _MainCamera 위로 드래그한다).

6. _MainCamera의 Bartok (Script) 컴포넌트에서 layoutXML 필드에 프로젝트 창의 Resources 폴더에 있는 BartokLayoutXML을 지정한다.

7. BartokLayout을 사용하고자 Bartok 스크립트를 열고 다음의 굵게 표시한 코드를 추가한다.

```csharp
public class Bartok : MonoBehaviour
{
    static public Bartok S;

    ...
    public List<CardBartok>     discardPile;
    private BartokLayout        layout;
    private Transform           layoutAnchor;

    void Awake() { ... }

    void Start()
    {
        deck = GetComponent<Deck>();       // 덱을 얻음
        deck.InitDeck(deckXML.text);       // 덱에 DeckXML을 전달
        Deck.Shuffle(ref deck.cards);      // 덱을 섞음

        layout = GetComponent<BartokLayout>(); // 레이아웃을 얻음
        layout.ReadLayout(layoutXML.text); // 레이아웃에 LayoutXML을 전달

        drawPile = UpgradeCardsList(deck.cards);
    }

    List<CardBartok> UpgradeCardsList(List<Card> lCD)               // a
    {
        List<CardBartok> lCB = new List<CardBartok>();
        foreach (Card tCD in lCD)
        {
            lCB.Add(tCD as CardBartok);
        }
        return (lCB);
    }
}
```

a. 이 메서드는 List<Card> lCD의 모든 카드를 CardBartok으로 형 변환하고 이를 보관하는 새로운 List<CardBartok>를 생성한다. 이 작업은 Prospector에서 했던 것처럼 작동하며 여기서는 원래 CardBartok이었지만 유니티에게 이를 알린다.

8. 유니티로 되돌아와 프로젝트를 실행한다.

프로젝트를 실행하면 하이어라키 창에서 _MainCamera를 선택한 후 BartokLayout (Script) 컴포넌트의 변수를 확장해 BartokLayoutXML의 값으로 제대로 채워지는지 확인할 수 있다. 또한 Bartok (script)의 drawPile 필드를 보면 섞인 52개의 CardBartok 인스턴스를 볼 수 있다.

Player 클래스

이 게임은 네 명의 플레이어가 참여하기 때문에 나는 클래스를 하나 만들어 카드를 뽑고 간단한 인공지능을 바탕으로 낼 카드를 결정하는 등의 기능을 구현했다. 이러한 기능의 Player 클래스가 지금까지 여러분이 작성한 클래스와 다른 점은 MonoBehaviour(또는 다른 클래스)를 확장하지 않는다는 점이다. 즉, 이 클래스는 Mono Behaviour를 확장하지 않으므로 Awake(), Start(), Update()의 호출을 받을 수 없고 print()와 같은 일부 함수를 이용할 수 없거나 게임오브젝트에 이 클래스를 컴포넌트로 부착할 수도 없다. 하지만 Player 클래스에는 이러한 항목이 모두 필요 없으므로 여기서는 Player가 MonoBehaviour의 하위 클래스가 아닌 것이 작업하기에 더 쉽다.

1. __Scripts 폴더에 새 C# 스크립트를 생성하고 이름을 Player로 지정한 후 다음 코드를 입력한다.

```
using System.Collections;
using System.Collections.Generic;
using UnityEngine;
using System.Linq; // LINQ 쿼리를 활성화함. 자세한 내용은 나중에 설명함
```

```
// 플레이어는 인간 또는 AI임
public enum PlayerType
{
    human,
    ai
}

[System.Serializable]                                       // a
public class Player                                         // b
{
    public PlayerType       type = PlayerType.ai;
    public int              playerNum;
    public SlotDef          handSlotDef;
    public List<CardBartok> hand;  // 이 플레이어의 패에 포함된 카드

    // 카드를 패에 추가
    public CardBartok AddCard(CardBartok eCB)
    {
        if (hand == null) hand = new List<CardBartok>();

        // 카드를 패에 추가
        hand.Add(eCB);

        return (eCB);
    }

    // 카드를 패에서 제거
    public CardBartok RemoveCard(CardBartok cb)
    {
        // hand가 null이거나 cb를 포함하지 않으면 null을 반환
        if (hand == null || !hand.Contains(cb)) return null;
        hand.Remove(cb);
        return (cb);
    }
}
```

a. [System.Serializable]은 Player 클래스를 직렬화시켜 유니티 인스펙터에 나타내고 편집할 수 있게 한다.

b. Player 클래스는 각 플레이어의 중요 정보를 저장한다. 앞서 언급했듯

이 MonoBehaviour 또는 다른 클래스를 확장하지 않으므로 이 행에서
": MonoBehaviour"를 삭제해야 한다.

2. Player 클래스를 사용하고자 Bartok에 다음 코드를 추가한다.

```
public class Bartok : MonoBehaviour
{
    ...
    [Header("Set in Inspector")]
    ...
    public Vector3          layoutCenter = Vector3.zero;
    public float            handFanDegrees = 10f;                // a

    [Header("Set Dynamically")]
    ...
    public List<CardBartok>  discardPile;
    public List<Player>      players;                            // b
    public CardBartok        targetCard;

    private BartokLayout     layout;
    private Transform        layoutAnchor;

    void Awake() { ... }

    void Start()
    {
        ...
        drawPile = UpgradeCardsList(deck.cards);
        LayoutGame();
    }

    List<CardBartok> UpgradeCardsList(List<Card> lCD) { ... }

    // 뽑기 더미의 모든 카드를 올바르게 배치함
    public void ArrangeDrawPile()
    {
        CardBartok tCB;

        for (int i = 0; i < drawPile.Count; i++)
        {
            tCB = drawPile[i];
```

```csharp
            tCB.transform.SetParent(layoutAnchor);
            tCB.transform.localPosition = layout.drawPile.pos;
            // 회전은 0부터 시작해야 함
            tCB.faceUp = false;
            tCB.SetSortingLayerName(layout.drawPile.layerName);
            tCB.SetSortOrder(-i * 4); // 앞쪽에서 뒤쪽으로 순서를 지정
            tCB.state = CBState.drawpile;
        }
    }

    // 초기 게임 레이아웃을 수행
    void LayoutGame()
    {
        // 타블로의 앵커가 될 빈 게임오브젝트를 생성                          // c
        if (layoutAnchor == null)
        {
            GameObject tGO = new GameObject("_LayoutAnchor");
            layoutAnchor = tGO.transform;
            layoutAnchor.transform.position = layoutCenter;
        }

        // 뽑기 더미 카드를 배치함
        ArrangeDrawPile();

        // 플레이어를 설정함
        Player pl;
        players = new List<Player>();
        foreach (SlotDef tSD in layout.slotDefs)
        {
            pl = new Player();
            pl.handSlotDef = tSD;
            players.Add(pl);
            pl.playerNum = tSD.player;
        }
        players[0].type = PlayerType.human; // 0번째 플레이어를 사람으로 지정
    }

    // Draw 함수는 뽑기 더미에서 카드 한 장을 뽑아 반환함
    public CardBartok Draw()
```

```
    {
        CardBartok cd = drawPile[0];       // 0번째 CardProspector를 얻고
        drawPile.RemoveAt(0);              // List<> drawPile에서 이를 제거한 후
        return (cd);                       // 이를 반환함
    }

    // 이 Update()는 플레이어의 패에 카드를 추가하는 기능을 테스트함
    void Update()                                                    // d
    {
        if (Input.GetKeyDown(KeyCode.Alpha1))
        {
            players[0].AddCard(Draw());
        }
        if (Input.GetKeyDown(KeyCode.Alpha2))
        {
            players[1].AddCard(Draw());
        }
        if (Input.GetKeyDown(KeyCode.Alpha3))
        {
            players[2].AddCard(Draw());
        }
        if (Input.GetKeyDown(KeyCode.Alpha4))
        {
            players[3].AddCard(Draw());
        }
    }
}
```

a. handFanDegrees는 패에 포함된 각 카드를 펼치는 각도를 결정한다.

b. List<Player> players는 각 플레이어의 데이터에 대한 참조를 저장한다. Player 클래스가 [System.Serializable]로 지정됐으므로 유니티 인스펙터에서 players 목록의 깊이를 알 수 있다.

c. layoutAnchor는 하이어라키 창에서 모든 타블로 카드의 부모가 되게 생성되는 Transform이다. 먼저 빈 게임오브젝트가 _LayoutAnchor라는 이름으로 생성된다. 그런 다음 그 게임오브젝트의 Transform 컴포넌

트가 layoutAnchor 필드에 지정된다. 마지막으로 layoutAnchor의 위치는 layoutCenter에 지정된 위치로 설정된다.

d. 이 Update() 함수는 각 플레이어의 패에 카드를 추가하고자 작성한 코드를 테스트한다. 임시로 하는 것이며 33장의 뒷부분에서 다른 코드로 대체된다. Keycode.Alpha1 ~ Keycode.Alpha4는 키보드의 숫자 키 1 ~ 4를 나타낸다. 이 키들 중 하나를 누르면 그 플레이어의 패에 카드가 추가된다.

3. 스크립트를 저장하고 유니티로 되돌아가서 게임을 다시 실행한다.

4. 하이어라키 창에서 _MainCamera를 선택하고 Bartok (Script) 컴포넌트에서 players 필드를 찾는다. players의 펼침 삼각형을 열면 각 플레이어마다 하나씩 네 개의 element가 보일 것이다. 그것의 펼침 삼각형도 열고 또 그 아래에 있는 hand의 펼침 삼각형을 연다. 새로운 Update() 메서드로 인해 게임 창 내부를 클릭하면(게임에 포커스를 두면 키보드 입력이 먹힘) 키보드의 숫자 키(키패드가 아닌 키보드 위쪽에 있는 키) 1 ~ 4를 누르면 각 플레이어의 패에 카드가 추가된다. 그림 33.4와 같이 Bartok (Script) 컴포넌트의 인스펙터에서 패에 카드가 추가되는 것을 볼 수 있다.

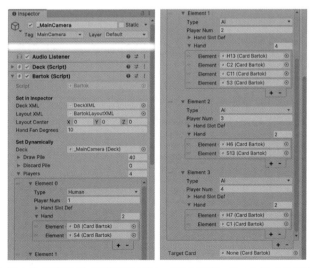

그림 33.4 각 플레이어와 플레이어의 패(Hand)를 보여주는 Bartok (Script) 컴포넌트

물론 이 Update() 메서드는 게임의 최종 버전에서는 사용되지 않지만 이렇게 게임의 다른 측면이 완성되기 전에 이와 같이 기능 테스트용의 간단한 함수를 작성하는 방법은 종종 유용하다. 이 예는 Player.AddCard() 메서드가 제대로 작동하는지 확인하는 간단한 방법이 필요한 경우였다.

패를 펼치기

카드를 뽑기 더미에서 플레이어의 패로 옮기는 기능을 만들었으므로 다음은 이 동작을 그래픽으로 보여줄 차례다.

1. Player 클래스에 다음 코드를 추가한다.

```
public class Player
{
    ...
    public CardBartok AddCard(CardBartok eCB)
    {
        if (hand == null) hand = new List<CardBartok>();

        // 카드를 패에 추가
        hand.Add(eCB);
        FanHand();
        return (eCB);
    }

    // 카드를 패에서 제거
    public CardBartok RemoveCard(CardBartok cb)
    {
        // hand가 null이거나 cb를 포함하지 않으면 null을 반환
        if (hand == null || !hand.Contains(cb)) return null;
        hand.Remove(cb);
        FanHand();
        return (cb);
    }
```

```csharp
public void FanHand()                                            // a
{
    // startRot는 첫 번째 카드의 Z 축에 관한 회전임                  // b
    float startRot = 0;
    startRot = handSlotDef.rot;
    if (hand.Count > 1)
    {
        startRot += Bartok.S.handFanDegrees * (hand.Count - 1) / 2;
    }

    // 모든 카드를 새 위치로 이동
    Vector3 pos;
    float rot;
    Quaternion rotQ;
    for (int i = 0; i < hand.Count; i++)
    {
        rot = startRot - Bartok.S.handFanDegrees * i;
        rotQ = Quaternion.Euler(0, 0, rot);                      // c

        pos = Vector3.up * CardBartok.CARD_HEIGHT / 2f;          // d

        pos = rotQ * pos;                                        // e

        // 플레이어 패의 기준 위치를 더함
        // (카드를 펼친 모양의 아래쪽 가운데가 됨)
        pos += handSlotDef.pos;                                  // f
        pos.z = -0.5f * i;                                       // g

        // 패에서 i번째 카드의 localPosition과 rotation을 설정함
        hand[i].transform.localPosition = pos;                   // h
        hand[i].transform.rotation = rotQ;
        hand[i].state = CBState.hand;

        hand[i].faceUp = (type == PlayerType.human);             // i

        // 카드가 올바르게 겹쳐지게 정렬 순서를 설정함
        hand[i].SetSortOrder(i * 4);                             // j
    }
}
```

a. FanHand()는 그림 33.1과 같이 카드를 호 모양으로 보이게 회전시킨다.

b. startRot은 첫 번째 카드의 Z를 중심으로 한 회전이다(반시계 방향으로 회전). BartokLayoutXML에 기술된 대로 전체 패의 회전으로 시작하고 나서 반시계 방향으로 회전시켜 회전할 때 펼친 카드의 중심이 나타나게 한다. startRot을 선택하면 각 카드는 이전 카드로부터 Bartok.ShandFanDegrees만큼 시계 방향으로 회전한다.

c. rotQ는 Z축에 대한 rot의 쿼터니언 표현을 저장한다.

d. 그다음 카드 높이의 절반을 나타내는 Vector3 위치(즉, localPosition = [0, 0, 0])인 pos를 선택하며 처음에 pos는 [0, 1.75, 0]이다.

e. Quaternion rotQ에 Vector3 pos를 곱한다. Quaternion에 Vector3를 곱하면 Vector3가 회전하므로 pos가 로컬 원점의 Z축을 기준으로 회전 각도만큼 회전한다.

f. 패의 기본 위치를 pos에 더한다.

g. 패에 있는 여러 카드의 pos.z가 엇갈리게 배치된다. 이것이 실제로 보이지는 않지만(2D 스프라이트를 다루기 때문) 사용할 3D 박스 Collider가 겹치지 않게 한다.

h. 계산한 pos와 rotQ를 패에 있는 i번째 카드에 적용한다.

i. 인간 플레이어의 카드만 앞면이 보이게 한다.

j. 각 카드의 정렬 순서를 설정하면 단일 정렬 레이어 내에서 올바로 겹치게 된다.

2. Player 스크립트를 저장하고 유니티로 되돌아가서 플레이를 클릭한다.

키보드 맨 윗줄에 있는 숫자 키 1, 2, 3, 4를 눌러보면 해당 플레이어에게 카드가 이동하고 제대로 펼쳐지는 것이 보일 것이다. 하지만 인간 플레이어의 패에 들어오는 카드가 계급에 따라 정렬되지 않아 불편하게 보일 수 있다. 다행히도 이를 해결할 방법이 있다.[2]

---

2. 뽑기 덱에서 모든 카드를 꺼내면 Argument Out Of Range Exception이라는 예외가 발생할 것이다. 걱정하지 말라. 나중에 이 문제를 처리할 것이다.

LINQ에 대한 간단한 소개

Language INtegrated Query(통합 언어 쿼리)의 약어인 LINQ는 C#의 멋진 확장 기능으로서 많은 책에서 다뤘다. 그중에서도 조세프와 벤 알바하리의 훌륭한 『C# 5.0 Pocket Reference』[3]에서는 24페이지에 걸쳐 LINQ를 설명했다(배열에 대해서는 4페이지만 다룸). LINQ 내용의 대부분은 이 책의 범위를 벗어나지만 여기 간단히 소개하니 나중에 프로젝트에서 발생하는 문제를 해결하는 데 도움이 되기를 바란다.

LINQ를 사용하면 C# 코드 한 행으로 데이터베이스와 비슷한 쿼리를 수행할 수 있으므로 특정 요소를 배열로 선택하고 정렬시킬 수 있다. 이 방법으로 인간 플레이어의 패를 정렬할 것이다.

1. 다음의 굵게 나타난 행을 Player.AddCard()에 추가한다.

```
public class Player
{
    ...

    // 카드를 패에 추가함
    public CardBartok AddCard(CardBartok eCB)
    {
        if (hand == null) hand = new List<CardBartok>();

        // 카드를 패에 추가
        hand.Add(eCB);

        // 인간의 패인 경우 LINQ를 이용해 카드를 계급 순으로 정렬
        if (type == PlayerType.human)
        {
            CardBartok[] cards = hand.ToArray();              // a

            // 아래의 행은 LINQ 호출임
            cards = cards.OrderBy(cd => cd.rank).ToArray();   // b

            hand = new List<CardBartok>(cards);               // c
```

---

3. Joseph Albahari and Ben Albahari, *C# 5.0 Pocket Reference: Instant Help for C# 5.0 Programmers* (Beijing: O'Reilly Media, Inc., 2012).

```
            // 참고: LINQ 작업은 다소 느리지만(몇 밀리초 정도
            //      걸릴 수 있음) 라운드마다 한 번만 수행하므로
            //      이 경우에는 문제가 되지 않음
    }

    FanHand();
    return (eCB);
}

...
}
```

a. LINQ는 값 배열에 대해 작업하므로 List<CardBartok> hand로부터 CardBartok[] 배열인 cards를 생성한다.

b. 이 행은 CardBartoks의 cards 배열에 대상으로 작업하는 LINQ 호출이다. foreach(CardBartok cd in cards)를 통해 rank에 따라 정렬(cd => cd.rank의 의미)하는 것과 비슷하다. 그러고 나서 정렬된 배열을 반환해 cards에 대입하고 정렬되지 않은 이전 배열을 대체한다. LINQ 구문은 사용자가 보아왔던 일반적인 C#과 다르므로 이것이 이상하게 보일 수 있다.

LINQ 연산은 약간 느릴 수 있지만(단 하나의 호출에도 2밀리초가 걸릴 수 있음) 턴turn마다 LINQ 호출을 한 번만 수행하기 때문에 문제가 되지 않는다.

c. cards 배열을 정렬한 후에는 새 List<CardBartok>을 생성하고 hand에 지정해 정렬되지 않은 이전 List를 대체한다.

여기에서 볼 수 있듯이 LINQ 코드 한 행으로 리스트를 정렬할 수 있었다. LINQ는 이 책의 범위를 넘어서는 아주 유용한 기능을 제공하는데, 배열의 요소에 대해 정렬이나 그 외의 쿼리 같은 작업을 수행해야 한다면 이를 배우기를 크게 권한다 (예, 사람 배열에서 'J'로 시작하는 이름을 가진 18세에서 25세 사이의 모든 사람들을 찾는 경우).

2. Player 스크립트를 저장하고 유니티로 되돌아와서 씬을 플레이한다. 이제 인간의 패에 있는 카드는 항상 계급에 따라 정렬된다.

플레이어가 게임 진행 상황을 쉽게 알아볼 수 있게 하려면 카드가 새로운 위치로 이동하는 애니메이션이 필요하다. 카드가 움직이게 만들어보자.

카드를 움직이게 하기

이제 카드가 한 위치와 각도에서 다른 위치와 각도로 이동 및 회전하게 보간하는 흥미로운 부분이다. 이 효과를 넣으면 실제로 카드 게임을 하는 듯한 느낌을 줄 수 있으며, 플레이어가 게임에서 일어나는 상황을 이해하는 데도 도움이 된다.

여기에서 수행할 보간 작업의 상당 부분은 앞서 <프로스펙터>의 FloatingScore에서 수행한 작업에 기반을 둔다. FloatingScore와 마찬가지로 카드 자체에 의해 처리될 보간을 시작하며, 카드가 움직임을 완료한 후 움직임이 완료됐음을 게임에 알리는 콜백 메시지를 전송한다.

카드가 플레이어의 패로 매끄럽게 이동하는 부분부터 시작해보자. CardBartok에는 이미 이동 코드가 상당 부분 포함돼 있으므로 이를 활용할 수 있다.

1. Player.FanHand() 메서드에서 다음의 굵게 표시된 코드를 수정한다.

```
public class Player
{
    ...
    public void FanHand()
    {
        ...
        for (int i = 0; i < hand.Count; i++)
        {
            ...
            pos.z = -0.5f * i;

            // 패에서 i번째 카드의 localPosition과 rotation을 설정
            hand[i].MoveTo(pos, rotQ); // 보간을 수행하게 CardBartok에 지시함
            hand[i].state = CBState.toHand;
            // 이동한 후 CardBartok은 상태를 CBState.hand로 설정함
```

```
            /* <= 여기서 다중 행 주석을 시작함                        // a
            hand[i].transform.localPosition = pos;
            hand[i].transform.rotation = rotQ;
            hand[i].state = CBState.hand;
            여기서 다중 행 주석을 끝냄 => */                          // b

            hand[i].faceUp = (type == PlayerType.human);

            ...
        }
    }
}
```

a. /*는 다중 행 주석을 시작하므로 이 행과 그 이후에 나오는 */ 사이의
   모든 코드 행은 주석으로 처리된다(따라서 C#에서 무시된다). 33장의 시작 부분
   에서 Layout 스크립트의 SlotDef 클래스를 주석 처리한 것과 같은 방
   법이다.

b. */는 다중 행 주석을 끝낸다.

2. Player 스크립트를 저장하고 유니티로 되돌아가서 씬을 플레이한다.

이제 씬을 플레이해서 숫자 키(1, 2, 3, 4)를 누르면 카드가 회전하면서 제자리를 찾
아간다. 힘든 작업은 CardBartok에서 거의 처리하기 때문에 추가로 구현할 코드
는 아주 적은 분량이다. 이것이 객체지향 코드의 가장 큰 장점 중 하나다. 즉,
위치와 회전을 지정하고 MoveTo()를 호출하면 CardBartok이 필요한 작업을 알아
서 처리한다.

처음 카드 패 돌리기

<바톡>의 라운드를 시작하려면 각 플레이어에게 카드 7장을 나눠준 다음 뽑기
더미에서 카드 한 장을 뽑아 첫 번째 목표 카드로 만들어야 한다.

1. 다음 코드를 Bartok 클래스에 추가한다.

```
public class Bartok : MonoBehaviour
{
    ...
    [Header("Set in Inspector")]
    ...
    public float          handFanDegrees = 10f;
    public int            numStartingCards = 7;
    public float          drawTimeStagger = 0.1f;

    ...
    void LayoutGame()
    {
        ...
        players[0].type = PlayerType.human; // 0번째 플레이어를 사람으로 지정

        CardBartok tCB;
        // 각 플레이어에게 카드 7장을 돌림
        for (int i = 0; i < numStartingCards; i++)
        {
            for (int j = 0; j < 4; j++)                          // a
            {
                tCB = Draw(); // 카드를 뽑음
                // 카드를 뽑는 시간에 약간의 시차를 둠
                tCB.timeStart = Time.time + drawTimeStagger * (i * 4 + j);  // b

                players[(j + 1)% 4].AddCard(tCB);                // c
            }
        }

        Invoke("DrawFirstTarget", drawTimeStagger *
            ➥ (numStartingCards * 4 + 4));                       // d
    }

    public void DrawFirstTarget()
    {
        // 뽑기 더미에서 뽑은 첫 번째 목표 카드를 앞면으로 뒤집음
        CardBartok tCB = MoveToTarget(Draw());
    }

    // 새 카드를 목표 카드로 만듦
```

```
public CardBartok MoveToTarget(CardBartok tCB)
{
    tCB.timeStart = 0;
    tCB.MoveTo(layout.discardPile.pos + Vector3.back);
    tCB.state = CBState.toTarget;
    tCB.faceUp = true;

    targetCard = tCB;

    return (tCB);
}

// Draw 함수는 뽑기 더미에서 카드 한 장을 뽑아 반환함
public CardBartok Draw() { ... }
...
}
```

a. 플레이어가 4명이므로 j 변수의 범위는 0 ~ 3이다. 플레이어 수를 다르게 하려면 이 코드에서 정수 리터럴 4를 사용하지 말고 변경 가능하게 해야 한다. 이곳에 const 키워드를 붙이기에 적당하지만 코드가 길어져 그렇게 하지 않았다.

b. 각 카드에 대해 timeStart를 어긋나게 하면 카드를 차례로 처리한다. 여기서 수학 연산 순서를 헷갈리지 말아야 한다. drawTimeStagger * (i*4 + j)가 계산된 후에 Time.time을 더하게 된다. 이렇게 하면 0번째 카드 이후의 모든 카드가 조금 후에 움직이기 시작하며 괜찮게 보일 것이다.

c. 플레이어의 패에 카드를 추가한다. (j+1)%4는 players 리스트 인덱스를 1, 2, 3, 0의 숫자로 차례로 반복하며 players[1](인간 Player[0] 다음에 시계 방향으로 이 플레이어가 됨)부터 시작해 각 플레이어에게 카드를 뽑게 한다.

d. 패 카드를 모두 뽑은 후에 DrawFirstTarget()을 호출한다.

2. Bartok 스크립트를 저장하고 유니티로 되돌아와서 씬을 플레이한다.

씬을 플레이하면 각 플레이어의 카드 7장과 첫 번째 목표 카드를 돌리는 애니메이

션이 정상적으로 표시되지만 인간 플레이어의 카드를 자세히 보면 이상하게 겹치는 것을 알 수 있다. 이런 문제를 예방하려면 <프로스펙터>에서 했던 것처럼 각 카드의 sortingLayerName과 sortingOrder를 세심하게 관리해야 한다.

2D 깊이 정렬 순서의 관리

2D 게임오브젝트의 깊이 정렬을 관리해야 하는 기존 문제와 함께 이제는 카드의 움직임까지 고려해야 하므로 경우에 따라 카드가 이동 시작할 때와 이동 완료할 때의 정렬 순서와 레이어를 다르게 설정해야 하는 상황도 있다. 이를 위해 CardBartok에 eventualSortLayer 및 eventualSortOrder 필드를 추가할 것이다. 이 방법으로 카드가 움직이는 동안 eventualSortLayer 및 eventualSortOrder로 전환하게 된다.

1. 가장 먼저 할 일은 모든 정렬 레이어의 이름을 변경하는 것이다. 메뉴 표시줄에서 Edit ➤ Project Settings...를 선택해 **Project Settings** 창을 나타나게 한 후 Tags & Layers 설정을 연다.

2. Sorting Layers 1부터 10까지의 이름을 그림 33.5와 같이 1에서 10까지 설정한다. 정렬 레이어가 부족한 부분은 + 버튼을 눌러 더 추가한다.

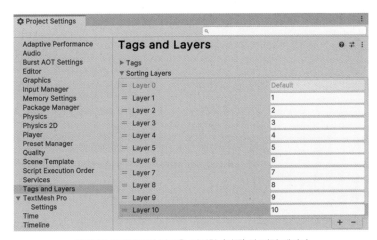

그림 33.5 간단하게 이름을 지정한 <바톡>의 정렬 레이어

3. CardBartok에 다음의 굵게 나타난 코드를 추가한다.

```
public class CardBartok : Card
{
    ...
    [Header("Set Dynamically: CardBartok")]
    ...
    public float        timeStart, timeDuration;
    public int          eventualSortOrder;
    public string       eventualSortLayer;

    ...

    void Update()
    {
        switch (state)
        {
            case CBState.toHand:
            case CBState.toTarget:
            case CBState.toDrawpile:
            case CBState.to:
                ...
                }
                else // 보통의 보간 동작 (0 <= u < 1)
                {
                    Vector3 pos = Utils.Bezier(uC, bezierPts);
                    transform.localPosition = pos;
                    Quaternion rotQ = Utils.Bezier(uC, bezierRots);
                    transform.rotation = rotQ;

                    if (u > 0.5f)                                    // a
                    {
                        SpriteRenderer sRend = spriteRenderers[0];
                        if (sRend.sortingOrder != eventualSortOrder)
                        {
                            // 올바른 정렬 순서로 이동
                            SetSortOrder(eventualSortOrder);
                        }
```

```
                if (sRend.sortingLayerName != eventualSortLayer)
                {
                    // 올바른 정렬 레이어로 이동
                    SetSortingLayerName(eventualSortLayer);
                }
            }
        }
        break;
    }
  }
}
```

a. 이동이 완료되면(즉, u>0.5f) 카드는 eventualSortOrder와 eventualSortLayer로 건너뛴다.

이제 eventualSortOrder와 eventualSortLayer 필드를 추가했으므로 이 필드를 사용하도록 이미 작성한 코드 전체를 수정해야 한다.

4. Bartok 스크립트에서 이 필드를 MoveToTarget() 메서드에 통합하고 목표 카드를 버리기 패로 이동시키는 MoveToDiscard() 함수를 추가한다.

```
public class Bartok : MonoBehaviour
{
    ...
    public CardBartok MoveToTarget(CardBartok tCB)
    {
        tCB.timeStart = 0;
        tCB.MoveTo(layout.discardPile.pos + Vector3.back);
        tCB.state = CBState.toTarget;
        tCB.faceUp = true;

        tCB.SetSortingLayerName("10");
        tCB.eventualSortLayer = layout.target.layerName;
        if (targetCard != null)
        {
```

```
            MoveToDiscard(targetCard);
        }

        targetCard = tCB;

        return (tCB);
    }

    public CardBartok MoveToDiscard(CardBartok tCB)
    {
        tCB.state = CBState.discard;
        discardPile.Add(tCB);
        tCB.SetSortingLayerName(layout.discardPile.layerName);
        tCB.SetSortOrder(discardPile.Count * 4);
        tCB.transform.localPosition = layout.discardPile.pos + Vector3.back / 2;
        return (tCB);
    }

    // Draw 함수는 뽑기 더미에서 카드 한 장을 뽑아 반환함
    public CardBartok Draw() { ... }
    ...
}
```

5. Player 스크립트에서 AddCard()와 FanHand() 메서드도 약간 변경해야 한다.

```
public class Player
{
    ...
    public CardBartok AddCard(CardBartok eCB)
    {
        ...
        // 인간의 패인 경우 LINQ를 이용해 카드를 계급 순으로 정렬
        if (type == PlayerType.human)
        {
            ...
        }

        eCB.SetSortingLayerName("10"); // 움직이는 카드를 맨 위로 정렬  // a
        eCB.eventualSortLayer = handSlotDef.layerName;
```

```
        FanHand();
        return (eCB);
    }

    // 카드를 패에서 제거
    public CardBartok RemoveCard(CardBartok cb) { ... }

    public void FanHand()
    {
        ...
            hand[i].faceUp = (type == PlayerType.human);

            // 카드가 올바르게 겹쳐지게 정렬 순서를 설정함
            hand[i].eventualSortOrder = i * 4;                          // b
            // hand[i].SetSortOrder(i * 4);
        }
    }
}
```

a. 움직이는 카드의 정렬 레이어를 "10"으로 설정하면 움직이는 동안 다른 모든 카드보다 위에 있게 된다. 이 절의 단계 3에서 CardBartok에 추가한 코드를 기반으로 움직임의 중간 단계에서 카드는 eventualSortLayer로 건너뛸 것이다.

b. 여기에 있던 행을 주석 처리하고(지금은 아래쪽 행으로 나타남) 이 행으로 바꾼다.

6. 모든 스크립트의 변경 사항을 저장했는지 확인하고 유니티로 되돌아가서 플레이 버튼을 클릭한다. 이제 카드가 잘 포개져 보일 것이다.

턴 처리

이 게임에서 플레이어들은 턴에 따라 돌아가며 진행해야 한다. 누구 차례인지 Bartok 스크립트에서 추적하는 것으로 시작하자.

1. Bartok 스크립트를 열고 다음과 같이 굵게 표시한 코드를 추가한다.

```
using System.Collections;
```

```
using System.Collections.Generic;
using UnityEngine;
using UnityEngine.SceneManagement;

// 이 열거형에는 게임 턴의 여러 단계가 포함됨
public enum TurnPhase
{
    idle,
    pre,
    waiting,
    post,
    gameOver
}

public class Bartok : MonoBehaviour
{
    static public Bartok S;
    static public Player CURRENT_PLAYER;                           // a

    ...

    [Header("Set Dynamically")]
    ...
    public CardBartok        targetCard;
    public TurnPhase         phase = TurnPhase.idle;

    private BartokLayout      layout;

    ...

    public void DrawFirstTarget()
    {
        // 뽑기 더미에서 뽑은 첫 번째 목표 카드를 앞면으로 뒤집음
        CardBartok tCB = MoveToTarget(Draw());
        // 작업 완료 후 이 Bartok의 CBCallback을 호출하게 CardBartok을 설정
        tCB.reportFinishTo = this.gameObject;                      // b
    }

    // 이 콜백은 게임 시작할 때 나눠주는 마지막 카드에서 게임당 한 번만 사용됨
    public void CBCallback(CardBartok cb)                          // c
    {
```

1032

```csharp
        // 종종 이와 같은 메서드 호출 보고를 받고 싶은 경우가 있음
        Utils.tr("Bartok:CBCallback()", cb.name);                    // d
        StartGame(); // 게임을 시작함
    }

    public void StartGame()
    {
        // 인간 플레이어 왼쪽의 플레이어가 가장 먼저 시작하게 함
        PassTurn(1);                                                  // e
    }

    public void PassTurn(int num = -1)                               // f
    {
        // 아무 번호가 전달되지 않으면 다음 플레이어 차례가 됨
        if (num == -1)
        {
            int ndx = players.IndexOf(CURRENT_PLAYER);
            num = (ndx + 1)% 4;
        }
        int lastPlayerNum = -1;
        if (CURRENT_PLAYER != null)
        {
            lastPlayerNum = CURRENT_PLAYER.playerNum;
        }
        CURRENT_PLAYER = players[num];
        phase = TurnPhase.pre;

//      CURRENT_PLAYER.TakeTurn();                                   // g

        // 턴 전달을 보고함
        Utils.tr("Bartok:PassTurn()", "Old: " + lastPlayerNum,       // h
            ➡"New: " + CURRENT_PLAYER.playerNum);                    // h
    }

    // ValidPlay는 버리기 더미에서 선택한 카드가 플레이 가능한지 확인함
    public bool ValidPlay(CardBartok cb)
    {
        // 계급이 같으면 유효한 플레이
        if (cb.rank == targetCard.rank) return (true);
```

```csharp
        // 세트가 같으면 유효 플레이
        if (cb.suit == targetCard.suit)
        {
            return (true);
        }

        // 그 외의 경우는 false를 반환
        return (false);
    }

// 새 카드를 목표 카드로 만듦
public CardBartok MoveToTarget(CardBartok tCB) { ... }

...

/* 이제 이 테스트 코드를 주석 처리함                              // i
// 이 Update()는 플레이어의 패에 카드를 추가하는 기능을 테스트함
void Update()
{
    if (Input.GetKeyDown(KeyCode.Alpha1))
    {
        players[0].AddCard(Draw());
    }
    if (Input.GetKeyDown(KeyCode.Alpha2))
    {
        players[1].AddCard(Draw());
    }
    if (Input.GetKeyDown(KeyCode.Alpha3))
    {
        players[2].AddCard(Draw());
    }
    if (Input.GetKeyDown(KeyCode.Alpha4))
    {
        players[3].AddCard(Draw());
    }
}
*/                                                          // i
}
```

a. CURRENT_PLAYER는 다음 두 가지 이유 때문에 여기서 정적이며 public 으로 선언한다. 즉, 게임에서 현재 플레이어는 한 명만 가능해야 하고, 이 필드를 정적으로 설정하면 이후 부분에서 설정할 TurnLight가 이 필드에 쉽게 접근할 수 있다.

b. reportFinishTo는 이미 CardBartok 클래스에 존재하는 게임오브젝트 필드다. CardBartok은 이 Bartok 인스턴스(이 경우 _MainCamera)의 gameObject 에 대한 참조를 반환한다. reportFinishTo가 null이 아니면 기존 CardBartok 코드는 미리 reportFinishTo의 SendMessage("CBCallback", this)를 호출할 것이다.

c. CDCallback() 메서드는 (앞서 설명한대로) 첫 번째 목표 카드가 움직임을 완료하면 호출된다.

d. 이 행에서 Utils.tr()을 호출하면 CBCallback()이 호출됐다고 콘솔에 나타난다. 여기서 static public Utils.tr() 메서드가 처음 나왔다(tr는 'trace'의 줄임말). 이 메서드는 params 키워드를 통해 여러 개의 인자를 받아 그 인자 사이를 탭으로 연결해 콘솔 창에 출력한다. 이 메서드는 <프로스펙터>에서 임포트했던 유니티 패키지의 Utils 클래스에 추가된 요소다. 여기서 tr()은 메서드 이름의 문자열 리터럴("Bartok:CBCallback()")과 CBCallback()을 호출한 게임오브젝트의 이름과 함께 호출된다.

e. 게임은 항상 인간 플레이어로부터 시계 방향에 있는 플레이어에서 시작한다. 인간이 players[0]이기 때문에 선수 1에게 턴을 넘기면 players[1]이 활성화된다.

f. PassTurn() 메서드에는 어느 플레이어에게 턴을 전달할지 지정할 수 있는 선택적 매개변수가 있다. 어떠한 int도 전달되지 않으면 num이 -1로 설정되고 그 아래 네 행에 걸쳐 num은 시계 방향의 다음 플레이어 숫자로 지정된다.

g. 이 행은 아직 Player 클래스에 TakeTurn() 메서드가 없기 때문에 지금은 주석 처리해놓았다. 다음 절에서 이 행의 주석을 해제할 것이다.

h. 이 두 행은 책의 너비에 비해 너무 긴 하나의 행이다. 한 행이나 두

행으로 타이핑해도 된다. 이 두 행 중 첫 행에는 끝에 세미콜론(;)이 없기 때문에 유니티는 두 행을 하나의 명령문으로 읽는다. 첫 번째 행의 끝에 // h가 있어도 유니티는 이 행을 하나의 행으로 끊어서 해석하지 않는다. 이러한 경우 나는 두 번째 행으로 이어지는 명령문이라는 표시로 두 번째 행의 시작 부분에 ➡ 기호를 사용했다. 여러분은 ➡ 기호를 타이핑해서는 안 된다.

  i. 이 Update() 메서드는 처음에 테스트로 사용했지만 이제 필요 없다. 맨 앞에 /*와 맨 뒤에 */를 추가해 전체 코드를 주석 처리하면 된다.

2. Bartok 스크립트를 저장하고 유니티로 되돌아가서 플레이 버튼을 클릭한다. 초기 패가 나눠지고 나서 다음과 비슷하게 콘솔 메시지가 나타날 것이다.

```
Bartok:PassTurn()        Old: -1        New: 1
```

차례가 됐을 때 빛을 비춰 강조하기

앞의 연습에서 Bartok:PassTurn() 콘솔 메시지를 사용하면 유니티를 실행하는 동안 개발자는 누구의 턴인지 확인할 수 있지만 실제 플레이어는 콘솔을 볼 수 없다. 누구의 턴인지를 플레이어에게 알려줄 다른 방법이 필요하다. 이를 위해 현재 플레이어의 배경을 조명으로 밝히는 방법을 사용해보자.

1. 유니티의 메뉴 표시줄에서 GameObject ➤ Light ➤ Point Light를 선택해 새로운 점광원을 생성한다.
2. 새 광원의 이름을 TurnLight로 지정하고 Transform을 다음과 같이 설정한다.

```
TurnLight (Point Light)   P:[ 0, 0, -3 ]   R:[ 0, 0, 0 ]   S:[ 1, 1, 1 ]
```

보다시피 이 광원은 배경에 멋지고 뚜렷한 빛을 비춘다. 이제 CURRENT_PLAYER가 누구인지 표시하도록 코드를 추가해야 한다.

3. 프로젝트 창의 __Scripts 폴더 안에 새 스크립트를 생성하고 이름을 TurnLight 로 지정한다.

4. TurnLight C# 스크립트를 하이어라키 창의 TurnLight 게임오브젝트에 부착 한다.

5. TurnLight 스크립트를 열고 다음 코드를 추가한다.

```csharp
using UnityEngine;
using System.Collections;

public class TurnLight : MonoBehaviour
{

    void Update()
    {

        transform.position = Vector3.back * 3;                      // a

        if (Bartok.CURRENT_PLAYER == null)                          // b
        {
            return;
        }

        transform.position += Bartok.CURRENT_PLAYER.handSlotDef.pos; // c
    }
}
```

a. 이렇게 하면 빛이 보드 중앙 위의 기본 위치([0, 0, -3])로 이동한다.

b. Bartok.CURRENT_PLAYER가 null이면 그냥 반환한다.

c. Bartok.CURRENT_PLAYER가 null이 아니면 현재 플레이어의 위치를 더 해서 조명을 그 위로 이동한다.

이 책의 1판에서는 TurnLight 코드를 Bartok 클래스 안에 포함시켰지만 1판 출간 후에는 컴포넌트 기반 코드 방식을 모색하게 됐는데, 이 방식의 핵심 아이디어는 코드를 더 단순한 목적의 작은 부분으로 쪼개는 것이다. 이에 따라 Bartok 스크립 트에서 조명 처리까지 끌어안을 이유가 없었다. 따라서 2판인 이 책에서는 조명을 하나의 클래스로 관리하게 만들었다.

6. TurnLight 스크립트를 저장하고 유니티로 되돌아가서 플레이 버튼을 클릭한다.

이제 카드가 나눠지면 TurnLight가 왼쪽 플레이어 위로 이동해 그 플레이어의 차례라는 것을 나타낸다.

간단한 바톡 AI

이제 AI 플레이어에게 차례가 가게 만들자.

1. Bartok 스크립트를 열고 이 책의 몇 페이지 앞쪽으로 넘겨 '턴 처리' 제목 아래의 코드 리스트에서 // g로 표시된 행을 찾는다. 해당 행의 앞에 있는 주석 슬래시를 제거한다. 그러면 다음과 같이 나타나야 한다.

```
CURRENT_PLAYER.TakeTurn();                                    // g
```

2. Bartok 스크립트를 저장한다.
3. Player 스크립트를 열고 다음의 굵게 표시한 코드를 추가한다.

```
public class Player
{
    ...

    public void FanHand()
    {
        ...
        Quaternion rotQ;
        for (int i = 0; i < hand.Count; i++)
        {
            ...
            pos += handSlotDef.pos;
            pos.z = -0.5f * i;

            // 초기 카드 패를 돌리는 경우가 아니면 즉시 카드 움직임을 시작
            if (Bartok.S.phase != TurnPhase.idle)             // a
```

```
        {
            hand[i].timeStart = 0;
        }

        // 패에서 i번째 카드의 localPosition과 rotation을 설정
        hand[i].MoveTo(pos, rotQ); // 보간을 수행하게 CardBartok에 지시함
        ...
    }
}

// TakeTurn() 함수는 컴퓨터 플레이어의 AI를 수행함
public void TakeTurn()
{
    Utils.tr("Player.TakeTurn");

    // 인간 플레이어라면 아무 작업도 할 필요가 없음
    if (type == PlayerType.human) return;

    Bartok.S.phase = TurnPhase.waiting;

    CardBartok cb;

    // AI 플레이어이라면 수행할 작업을 선택해야 함
    // 유효한 선택을 찾음
    List<CardBartok> validCards = new List<CardBartok>();       // b
    foreach (CardBartok tCB in hand)
    {
        if (Bartok.S.ValidPlay(tCB))
        {
            validCards.Add(tCB);
        }
    }
    // 유효한 카드가 없는 경우
    if (validCards.Count == 0)                                   // c
    {
        // ...카드를 뽑음
        cb = AddCard(Bartok.S.Draw());
        cb.callbackPlayer = this;                               // e
        return;
    }
```

```
    // 유효한 카드가 두 개 이상 있으므로 하나를 선택
    cb = validCards[Random.Range(0, validCards.Count)];          // d
    RemoveCard(cb);
    Bartok.S.MoveToTarget(cb);
    cb.callbackPlayer = this;                                    // e
}

public void CBCallback(CardBartok tCB)
{
    Utils.tr("Player.CBCallback()", tCB.name, "Player " + playerNum);
    // 카드 이동이 완료됐으므로 턴을 넘김
    Bartok.S.PassTurn();
}
}
```

a. 게임 시작 시 카드 패를 돌릴 때 일정하지 않게 카드가 움직이더라도 나중에는 지연 없게 할 것이므로 이 코드가 필요하다.

b. 여기서 AI는 유효한 플레이를 찾는다. 패에 있는 각 카드의 ValidPlay() 를 호출하고 유효한 플레이인 경우 validCards 리스트에 카드를 추가한다.

c. validCards가 0이면(즉, 유효 플레이가 없으면) AI는 카드를 뽑아 반환한다.

d. 선택할 수 있는 유효 카드가 있으면 AI는 임의로 한 장을 선택해 새로운 목표 카드로 만든다(즉, 버리기 더미로 이동시킨다).

e. CardBartok에 아직 public callbackPlayer 필드를 추가하지 않았으므로 callbackPlayer에 대한 이 두 행에는 빨간색 밑줄이 나타난다.

4. Player 스크립트를 저장한다.

Player 스크립트의 끝에는 CardBartok이 이동을 완료하면 호출하는 CBCallback() 함수를 추가하지만 Player는 MonoBehaviour를 확장하지 않으므로 SendMessage() 를 사용해 CBCallback()을 호출할 수 없다. 대신 CardBartok에 이 Player의 참조 를 전달하면 CardBartok은 Player 인스턴스의 CBCallback()을 직접 호출하게 할 수 있다. 이 Player 참조는 callbackPlayer라는 필드로 CardBartok에 저장된다.

5. CardBartok 스크립트를 열고 다음 코드를 추가한다.

```
public class CardBartok : Card
{
    ...
    [Header("Set Dynamically: CardBartok")]
    ...
    public GameObject          reportFinishTo = null;
    [System.NonSerialized]                                        // a
    public Player callbackPlayer = null;                          // b

    // MoveTo는 카드가 보간을 통해 새 위치로 회전하면서 이동하게 지정
    public void MoveTo(Vector3 ePos, Quaternion eRot)
    {
        ...
    }

    void Update()
    {
        switch (state)
        {
            case CBState.toHand:
            case CBState.toTarget:
            case CBState.toDrawpile:
            case CBState.to:
                ...
                if (u < 0)
                {
                    ...
                }
                else if (u >= 1)
                {
                    ...
                    if (reportFinishTo != null)
                    {
                        reportFinishTo.SendMessage("CBCallback", this);
                        reportFinishTo = null;
```

```
            }
            else if (callbackPlayer != null)                    // c
            {
                // 콜백 Player가 있는 경우
                // 해당 Player의 CBCallback을 직접 호출함
                callbackPlayer.CBCallback(this);
                callbackPlayer = null;
            }
            else // 콜백할 대상이 없는 경우
            {
                // 아무것도 하지 않음
            }
        }
        else // 보통의 보간 동작(0 <= u < 1)
        {
            ...
        }
        break;
    }
}
```

a. [System.Serialized]와 마찬가지로 [System.NonSerialized]는 그 아래 행에 영향을 준다. 여기서는 callbackPlayer 필드를 직렬화하지 말 것을 요청하며 다음 두 가지를 의미한다. 즉, 인스펙터에 나타나지 않으므로 인스펙터를 통한 값 지정은 없다. 두 번째는 여기서 가장 중요하다. 그 이유는 다음에 나오는 c 항목을 참조한다.

b. callbackPlayer를 정의했으므로 Player 스크립트에서 그동안 오류로 떴던 빨간색 밑줄이 사라진다.

c. 여기에서는 callbackPlayer가 null이 아닌 경우에만 callbackPlayer.CBCallback()을 호출한다. 이것이 callbackPlayer를 NonSerialized로 지정한 이유다. 인스펙터가 callbackPlayer를 직렬화하게 허용했다면 callbackPlayer에 대한 새 Player 인스턴스가 생성돼 인스펙터

에 표시될 수 있다. 다른 식으로 말하면 callbackPlayer가 인스펙터에 의해 직렬화된 경우에 게임이 시작되기도 전에 null 이외의 값으로 설정될 수 있다. 이런 일이 발생하지 않게 callbackPlayer를 NonSerialized로 지정한 것이다. 테스트하려면 [System.NonSerialized] 행을 주석 처리하고 게임을 해보라. CardBartoks가 인스펙터가 만든 유효하지 않은 플레이어에서 CBCallback()을 호출하려고 하기 때문에 그 결과로 예외가 발생할 것이다.

6. CardBartok 스크립트를 저장하고 유니티로 되돌아간다.

이제 씬을 플레이하면 세 명의 AI 플레이어가 턴 마다 적절한 동작을 수행한다.

인간 플레이어의 활성화

인간이 플레이할 수 있게 할 차례다. 카드를 클릭할 수 있게 하면 된다.

1. CardBartok 클래스 끝에 다음의 굵게 표시한 코드를 추가한다.

```
public class CardBartok : Card
{
    ...

    void Update() { ... }
    // 카드가 클릭에 반응하게 함
    override public void OnMouseUpAsButton()
    {
        // Bartok 싱글톤의 CardClicked 메서드를 호출함
        Bartok.S.CardClicked(this);                          // a
        // 이 메서드의 기본 클래스(Card.cs) 버전도 호출함
        base.OnMouseUpAsButton();
    }
}
```

    a. CardClicked() 메서드를 Bartok 클래스에 추가하지 않았으므로 CardClicked에는 빨간색 밑줄이 나타난다.

2. CardBartok 스크립트를 저장한다.

3. Bartok 스크립트의 끝에 CardClicked() 메서드를 추가한다.

```
public class Bartok : MonoBehaviour
{
    ...
    public CardBartok Draw() { ... }

    public void CardClicked(CardBartok tCB)
    {
        if (CURRENT_PLAYER.type != PlayerType.human) return;    // a
        if (phase == TurnPhase.waiting) return;                 // b

        switch (tCB.state)                                      // c
        {
            case CBState.drawpile:                              // d
                // 맨 위의 카드를 뽑음. 반드시 클릭한 카드일 필요는 없음
                CardBartok cb = CURRENT_PLAYER.AddCard(Draw());
                cb.callbackPlayer = CURRENT_PLAYER;
                Utils.tr("Bartok:CardClicked()", "Draw", cb.name);
                phase = TurnPhase.waiting;
                break;

            case CBState.hand:                                  // e
                // 카드가 유효한지 확인
                if (ValidPlay(tCB))
                {
                    CURRENT_PLAYER.RemoveCard(tCB);
                    MoveToTarget(tCB);
                    tCB.callbackPlayer = CURRENT_PLAYER;
                    Utils.tr("Bartok:CardClicked()", "Play", tCB.name,
                        ➥targetCard.name + " is target");       // f
                    phase = TurnPhase.waiting;
                }
                else
```

```
        {
            // 그냥 무시하지만 플레이어가 무엇을 시도했는지 보고한다.
            Utils.tr("Bartok:CardClicked()", "Attempted to Play",
                ➡tCB.name, targetCard.name + " is target");  // f
        }
        break;
    }
}
```

a. 인간 턴이 아니면 클릭에 전혀 응답하지 않게 한다. 즉, 그냥 반환한다.

b. 카드가 움직이는 동안 게임이 대기하고 있으면 반응하지 않는다. 이렇게 하면 플레이어는 카드의 움직임이 끝날 때까지 기다려야 한다.

c. 이 switch문은 클릭한 카드가 플레이어 패의 카드인지, 아니면 뽑기 더미의 카드인지에 따라 다르게 반응한다.

d. 클릭한 카드가 뽑기 더미에 있으면 뽑기 더미의 맨 위 카드를 뽑는다. 뽑기 더미의 스프라이트가 정렬 순서 등으로 정렬되지 않기 때문에 실제로 뽑은 카드는 마우스로 클릭한 카드가 아닐 수도 있다.

e. 클릭한 카드가 플레이어의 패에 있는 것이라면 그것이 유효한 플레이인지 확인한다. 유효하면 그 카드를 목표 카드(버리기 더미)로 만든다. 유효하지 않으면 클릭을 무시하고 그 시도를 콘솔에 보고한다.

f. 다음 행으로 이어진다는 표시인 ➡는 입력하지 않는 문자라는 것을 기억하라.

4. Bartok 스크립트를 저장하고 유니티로 되돌아가서 플레이를 클릭한다.

이제 게임을 플레이하면 게임의 거의 모든 부분이 잘 작동한다. 하지만 아직은 게임이 완료됐을 때 이를 인식하는 로직이 없다. 조금만 더 추가하면 이 프로토타입이 완성될 것이다.

빈 뽑기 더미를 처리하기

여러분과 AI가 모두 플레이할 수 있게 됐지만 뽑기 더미가 비게 되면 게임이 먹통이 될 것이다. 이를 방지하려면 Bartok에 코드를 추가해보자. 다음 코드를 Bartok 클래스에 추가해 처리한다.

```
public class Bartok : MonoBehaviour
{
    ...
    // Draw 함수는 뽑기 더미에서 카드 한 장을 뽑아 반환함
    public CardBartok Draw()
    {
        CardBartok cd = drawPile[0];      // 0번째 CardProspector를 얻음

        if (drawPile.Count == 0)          // 지금 뽑기 더미가 비어 있다면
        {
            // 버리기 더미를 뽑기 더미로 섞어야 함
            int ndx;
            while (discardPile.Count > 0)
            {
                // 버리기 더미에서 임의의 카드 한 장을 뽑음
                ndx = Random.Range(0, discardPile.Count);                // a
                drawPile.Add(discardPile[ndx]);
                discardPile.RemoveAt(ndx);
            }
            ArrangeDrawPile();
            // 뽑기 더미로 이동하는 카드들을 보여줌
            float t = Time.time;
            foreach (CardBartok tCB in drawPile)
            {
                tCB.transform.localPosition = layout.discardPile.pos;
                tCB.callbackPlayer = null;
                tCB.MoveTo(layout.drawPile.pos);
                tCB.timeStart = t;
                t += 0.02f;
                tCB.state = CBState.toDrawpile;
```

```
        tCB.eventualSortLayer = "0";
        }
    }

    drawPile.RemoveAt(0);          // List<> drawPile에서 이를 제거한 후
    return (cd);                   // 이를 반환함
    }
    ...
}
```

a. 이 while 루프를 사용하면 List<CardBartok>의 discardPile을 List<Card>
로 변환하기보다 Deck.Shuffle()을 바로 호출할 수 있게 discardPile에서
임의의 카드를 뽑는 것이 더 쉽다.

게임 UI 추가

<프로스펙터>와 마찬가지로 게임이 끝나면 플레이어에게 메시지를 보여주게 하
자. 이를 위해서는 TextMeshPro 텍스트 필드를 만들어야 한다.

1. 메뉴 표시줄에서 GameObject ➤ UI ➤ Text – TextMeshPro를 선택해서 하이
   어라키 창의 Canvas에 새 Text를 자식으로 추가한다.
2. 이 텍스트의 이름을 GameOver로 변경하고 그림 33.6의 왼쪽에 나타난 설정
   을 지정한다.
3. 하이어라키 창의 GameOver를 선택하고 메뉴 표시줄에서 Edit ➤ Duplicate를
   선택해 GameOver를 복제한다.
4. GameOver (1)의 이름을 RoundResult로 바꾸고 그림 33.6의 오른쪽에 나타
   낸 설정을 지정한다. Min과 Max Anchors값을 변경하면 Pos X와 Pos Y 값도
   함께 변경되는 일이 종종 발생한다. 이 그림처럼 RectTransform의 [R] 버
   튼을 눌러놓으면 이런 동작을 제한할 수 있지만 그렇더라도 유니티의 동
   작이 이상하긴 하다.

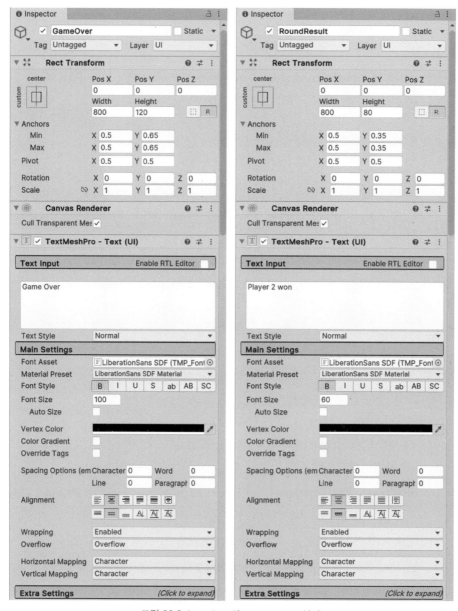

그림 33.6 GameOver와 RoundResult 설정

TurnLight처럼 Bartok이 이들 텍스트 관리까지 끌어안을 필요가 없게 각 텍스트마다 자체 스크립트를 두자.

5. 프로젝트 창의 __Scripts 폴더 안에 새 C# 스크립트를 생성하고 이름을 GameOverUI로 지정한 후 이를 하이어라키 창의 GameOver 게임오브젝트에 부착하고 나서 다음 코드를 입력한다.

```csharp
using System.Collections;
using System.Collections.Generic;
using UnityEngine;
using TMPro;        // TextMeshProUGUI 클래스 사용에 필요

public class GameOverUI : MonoBehaviour
{
    private TextMeshProUGUI txt;

    void Awake()
    {
        txt = GetComponent<TextMeshProUGUI>();
        txt.text = "";
    }

    void Update()
    {
        if (Bartok.S.phase != TurnPhase.gameOver)
        {
            txt.text = "";
            return;
        }
        // 게임이 끝날 때만 여기를 거침
        if (Bartok.CURRENT_PLAYER == null) return;                  // a
        if (Bartok.CURRENT_PLAYER.type == PlayerType.human)
        {
            txt.text = "You won!";
        }
        else
        {
            txt.text = "Game Over";
        }
    }
}
```

```
        }
```

a. Bartok.CURRENT_PLAYER는 게임 시작 시에 null이므로 이 경우를 고려해야 한다.

6. GameOverUI 스크립트를 저장한다.

7. 프로젝트 창의 __Scripts 폴더 안에 C# 스크립트를 생성하고 이름을 RoundResultUI로 지정한 후 이를 하이어라키 창의 RoundResult 게임오브젝트에 부착하고 나서 다음 코드를 입력한다.

```csharp
using System.Collections;
using System.Collections.Generic;
using UnityEngine;
using TMPro;                  // TextMeshProUGUI 클래스 사용에 필요
public class RoundResultUI : MonoBehaviour
{
    private TextMeshProUGUI txt;

    void Awake()
    {
        txt = GetComponent<TextMeshProUGUI>();
        txt.text = "";
    }

    void Update()
    {
        if (Bartok.S.phase != TurnPhase.gameOver)
        {
            txt.text = "";
            return;
        }
        // 게임이 끝날 때만 여기를 거침
        Player cP = Bartok.CURRENT_PLAYER;
        if (cP == null || cP.type == PlayerType.human)          // a
        {
            txt.text = "";
```

```
        }
        else
        {
            txt.text = "Player " + (cP.playerNum) + " won";
        }
    }
}
```

a. ||(논리 OR)는 단락 함수^{shorting function}이므로 cP가 null이기만 해도 cP.type 까지 따질 것도 없을 것이고, 따라서 이 행에서는 null 참조 예외가 발생하지 않는다.

8. RoundResultUI 스크립트를 저장한다.

게임 종료 로직

게임 종료 메시지를 보여주는 UI를 마련했으니 이제 게임이 완료될 수 있게 만들 어보자.

1. Bartok 스크립트를 열고 다음의 굵게 표시한 코드를 추가해 게임을 마무 리한다.

```
public class Bartok : MonoBehaviour
{
    ...

    public void PassTurn(int num = -1)
    {
        ...
        if (CURRENT_PLAYER != null)
        {
            lastPlayerNum = CURRENT_PLAYER.playerNum;
            // 게임을 종료하고 버리기 더미를 다시 섞어야 하는지 확인
            if (CheckGameOver())
            {
```

```
                return;                                         // a
            }
        }
        ...
    }

    public bool CheckGameOver()
    {
        // 버리기 더미를 뽑기 더미로 다시 섞어야 하는지 확인
        if (drawPile.Count == 0)
        {
            List<Card> cards = new List<Card>();
            foreach (CardBartok cb in discardPile)
            {
                cards.Add(cb);
            }
            discardPile.Clear();
            Deck.Shuffle(ref cards);
            drawPile = UpgradeCardsList(cards);
            ArrangeDrawPile();
        }

        // 현재 플레이어가 게임에서 승리했는지 확인
        if (CURRENT_PLAYER.hand.Count == 0)
        {
            // 현재 플레이어가 승리함
            phase = TurnPhase.gameOver;
            Invoke("RestartGame", 1);                           // b
            return (true);
        }

        return (false);
    }

    public void RestartGame()
    {
        CURRENT_PLAYER = null;
        SceneManager.LoadScene("__Bartok_Scene_0");
    }
```

```
            // ValidPlay는 버리기 더미에서 선택한 카드가 플레이 가능한지 확인함
            public bool ValidPlay(CardBartok cb) { ... }
            ...
        }
```

a. 게임이 끝나면 턴이 진행되지 않고 바로 반환된다. 그러면 CURRENT_
   PLAYER가 우승자로 설정돼 GameOverUI와 RoundResultUI가 그 정보를
   읽게 된다.

b. RestartGame()을 1초 후에 호출하므로 게임 결과는 1초 동안 나타난
   후 게임이 재시작된다.

2. Bartok 스크립트를 저장하고 유니티로 되돌아가서 플레이 버튼을 클릭한다.

이제 게임의 모든 측면이 정상적으로 작동하며, 게임이 완료되면 정상적으로 다
시 시작된다.

WebGL용으로 빌드하기

게임을 완성했으므로 배포 가능한 버전을 만들어보자. 다음 지침은 WebGL용이지
만 단독 실행용 빌드도 아주 비슷하다. 안드로이드 또는 iOS용 빌드에는 몇 단계
가 추가로 들어간다.

1. 유니티 메뉴 표시줄에서 File ➤ Build Settings를 선택한다. 33장의 시작
   때 사용했던 창이다.

2. Build Settings 창에서 Player Settings 버튼을 클릭한다. 그러면 Project
   Settings 창이 나타나며 Player 설정이 열린다. WebGL용으로 빌드하려면
   Player 설정은 그림 33.7과 같아야 한다.

3. Player 설정의 Resolution and Presentation 항목을 클릭하고 그림 33.7의 두
   번째 그림과 같이 Default Canvas Width를 1920으로 설정하고 Default
   Canvas Height를 1080으로 설정한다. 또한 Other Settings 항목을 클릭하고

그림 33.7의 세 번째 그림과 같이 Decompression Fallback에 체크 표시를 한다.

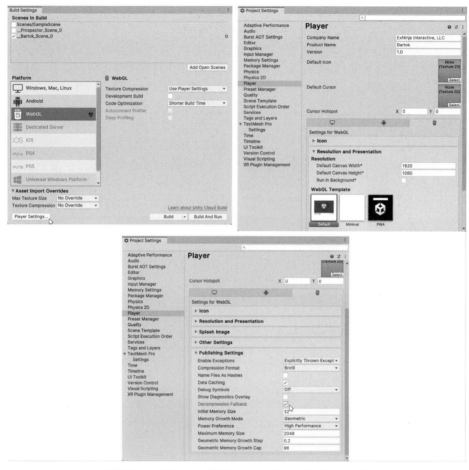

그림 33.7 Build Settings 창과 Project Settings 창의 Player 설정

4. Company Name과 Product Name을 원하는 대로 설정한다. 그 외의 모든 플레이어 설정은 그대로 둬도 된다. Project Settings 창을 닫는다.

5. Build Settings 창으로 되돌아가면(닫았다면 File ➤ Build Settings 메뉴 옵션을 사용해 다시 연다) Build 버튼을 클릭한다.

6. WebGL 빌드를 위한 폴더 이름과 위치를 선택하라는 표준 파일 저장 대화

상자가 나타난다. 아무 폴더로 해도 괜찮은데, 쉽게 찾을 수 있게 바탕 화면에 저장하는 것이 좋다(기본 위치가 현재 유니티 프로젝트 폴더 내부일 텐데 이 위치에 저장하면 찾는 데 불편할 것이다).

7. 기존의 폴더를 선택하면 Invalid build path 오류가 발생할 수 있다. 새 폴더를 생성해 그 폴더 안에 빌드하면 오류 없이 빌드할 수 있다. 또한 일부 컴퓨터에서는 폴더 이름에 공백이 있으면 자바스크립트(WebGL)가 충돌하기도 한다(유니티 프로젝트 폴더 안에 빌드하지 말라는 이유도 된다. 그 폴더든 상위 폴더든 폴더 이름에 공백이 있을 수 있다). 바탕 화면에 새 폴더를 생성하고 이름을 Bartok_WebGL 로 지정하자.

8. 빌드가 완료되기까지 기다린다. WebGL은 경우에 따라 몇 분 내에 빌드되며 좀 더 소요될 수도 있다. 하지만 진행 표시줄이 10분 이상 멈춘 것처럼 보이면 취소해야 한다(WebGL 빌드 프로세스가 중단되는 경우도 있음).

9. 빌드가 완료되면 Bartok_WebGL 폴더를 찾은 후 그 폴더 안에 생성된 모든 파일을 웹 서버에 올려 테스트한다. 로컬 드라이브에서 바로 index.html을 열면 보안 문제로 오류가 나서 로드 화면만 나타나고 멈추게 된다.

웹 서버가 준비돼 있지 않은 경우에는 다음과 같이 간단하게 웹 서버를 준비해서 테스트할 수 있다.

1. Node.js가 설치돼 있지 않으면 https://nodejs.org/ko에서 다운로드해서 설치한다.

2. 다음 명령으로 http-server를 전역으로 설치한다.

```
npm install http-server -g
```

3. 다음 명령으로 http-server를 실행한다.

```
npx http-server
```

4. 웹 브라우저에서 http://127.0.0.1:8080을 연다.

5. 웹 브라우저에 자신의 홈 폴더 내용이 나타날 것이다. 바탕 화면이 Desktop 폴더이므로 이 폴더 안으로 이동한 후 Bartok_WebGL 안의 index.html을 열면 된다.

요약

33장의 목표는 지금까지 앞에서 제작한 디지털 프로토타입을 바탕으로 다른 게임을 제작하는 과정을 소개하는 것이었다. 이 책의 실습 장을 모두 완료하면 고전 아케이드 게임(《사과 받기》), 물리 기반 캐주얼 게임(《미션 데몰리션》), 슈팅 게임(《우주전쟁》), 카드 게임(《프로스펙터》와 《바톡》), 단어 맞추기 게임(34장에서 설명), 톱다운 어드벤처 게임(《던전 델버》)의 플레이 가능 프레임워크를 보유하게 된다. 아직 프로토타입 단계이므로 그중 어느 것도 완성된 게임은 아니지만 스스로 게임을 제작할 수 있는 토대가 되는 데 충분하다.

다음 단계

<바톡> 카드 게임의 클래식 종이 버전에는 각 라운드의 승자가 게임의 규칙을 원하는 대로 추가할 수 있었다. 이 디지털 버전에서는 플레이어가 자기 마음대로 규칙을 추가하는 것은 가능하지 않지만 1장에서 실험한 것과 같은 선택적 규칙을 코드를 통해 충분히 구현할 수 있다.

CHAPTER 34

프로토타입 6: 단어 게임

34장에서는 간단한 단어 게임을 제작하는 과정을 진행한다. 이 게임에서는 지금까지 배운 여러 가지 개념을 이용하며 프로세서가 다른 메서드를 처리하는 동안 실행을 양보할 수 있는 코루틴이라는 새 개념을 소개한다.

34장을 끝내면 원하는 대로 확장할 수 있는 간단한 단어 게임을 완성하게 된다.

시작하기: 프로토타입 6

다른 실습과 마찬가지로 이 실습에서도 먼저 유니티 패키지를 임포트하면서 시작한다. 이 패키지에는 몇 가지 아트 에셋과 이전 장들에서 작성한 몇 가지 C# 스크립트가 들어 있다.

34장의 프로젝트 설정

표준 프로젝트 설정 절차에 따라 유니티에서 새 프로젝트를 생성한다. 이를 수행하는 방법에 대한 정보가 필요하면 부록 A를 참고한다. 프로젝트를 생성할 때 템플릿 선택에서 3D를 선택한다. 이 프로젝트에서는 유니티 패키지에서 메인 씬을 임포트하므로 _MainCamera를 설정할 필요가 없다.

- **프로젝트 이름:** Word Game
- **패키지 다운로드 및 임포트:** http://www.acornpub.co.krgame-design-2e에서 다운로드 하는 파일 안에 해당 패키지가 포함돼 있다.
- **씬 이름:** _WordGame_Scene_0(유니티 패키지에서 임포트함)
- **프로젝트 폴더:** _Scripts, _Prefabs, Materials & Textures, Resources
- **C# 스크립트 이름:** ProtoTools 폴더 안에 임포트된 스크립트들이 존재

__WordGame_Scene_0 씬을 열면 _MainCamera가 이미 직교^{orthographic} 뷰 게임에 맞게 설정돼 있다. 또한 이전 장들에서 작성한 재사용 가능한 C# 스크립트가 __Scripts/ProtoTools 폴더에 들어 있어 이 프로젝트에서 작성할 새 스크립트와 구분된다. 프로젝트를 새로 시작할 때 ProtoTools 폴더를 새 프로젝트의 __Scripts 폴더로 복사하면 기본적인 준비가 완료되기 때문에 상당히 유용하다.

빌드 설정에서는 Windows, Mac, Linux로 선택돼 있는지 확인한다. 게임 창의 화면 비는 Full HD (1920 x 1080)으로 설정한다. 원하는 경우 WebGL 또는 모바일용으로 컴파일해도 되지만 이는 34장에서 다루지 않을 것이다.

단어 게임 정보

이 게임은 고전 형식의 단어 게임이다. 상용 제품으로는 Pogo.com의 <Word

Whomp>, 브래니엄의 <Jumbline 2>, 워드앤맵스의 <Pressed for Words> 등이 있다. 플레이어에게 한 단어 이상의 특정 길이 글자(보통 6글자)를 뒤죽박죽으로 섞어 플레이어에게 제시하면 플레이어는 그 글자를 재배열해 만들 수 있는 모든 단어를 찾아야 한다. 34장의 게임 버전에서는 매끄러운 애니메이션(베지어 보간을 사용함)과 짧은 단어보다는 긴 단어를 먼저 찾게 하는 점수 체계를 추가할 것이다. 그림 34.1 에는 34장에서 제작할 게임의 실행 화면을 보여준다.

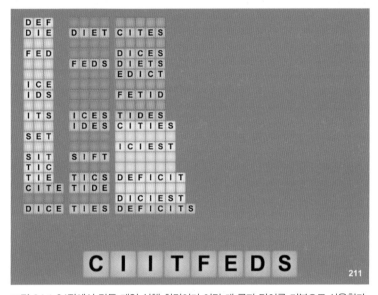

그림 34.1 34장에서 만든 게임 실행 화면이며 여덟 개 글자 단어를 기본으로 사용한다.

이 이미지를 보면 각 단어가 개별적인 문자 타일로 구성돼 있으며 타일의 크기에는 두 가지 종류가 있는 것을 알 수 있다. 즉, 화면 맨 아래의 문자는 크고 그 위의 모든 단어는 작다. 객체지향 기법 측면에서 각 문자를 처리하는 Letter 클래스와 그 문자들을 모아 단어로 만드는 Word 클래스를 만들 것이다. 또한 가능한 단어가 들어간 큰 사전을 읽고 게임에서 사용할 수 있는 데이터로 변환하는 WordList 클래스도 만들 것이다. 이 게임의 전체적인 제어는 WordGame 클래스가 담당하며 이전 프로토타입에서 만든 Scoreboard와 FloatingScore 클래스를 사용해 점수를 플레이어에게 보여준다. 게다가 Utils 클래스를 사용해 보간 및 완화 작업을 수행한다. 이 프로젝트에서는 **PT_XMLReader** 클래스를 임포트했지만 사용하지는 않는다. 이 스크립트를 유니티 패키지에 그대로 남겨둔 이유는 프로젝트를 시작할 때마다 임포트할 수 있는 유용한 스크립트 모음을 직접 구성하게 권장하기 위해서다(이 프로젝트에서 ProtoTools 폴더를 임포트했듯이 말이다). 여러분이 만든 유용한 스크립트를 이 모음에 추가해보고 새 프로토타입 제작을 시작할 때마다 가장 먼저 그 모음을 임포트하는 습관을 들이자.

단어 목록의 파싱

이 게임에서는 앨런 빌^{Alan Beale}이 제작한 2of12inf 단어 목록의 수정된 버전을 이용한다.[1] 나는 불쾌한 단어들을 삭제했고 오류들을 수정했다. 이 단어 목록은 앨런 빌과 케빈 앳킨슨^{Kevin Atkinson}이 제시한 저작권 조항을 준수하는 한도 내에서 여러분이 원하는 대로 활용할 수 있다. 나는 모든 단어를 대문자로 바꾸고 행 끝의 \r\n(캐리지 리턴과 줄 바꿈. 이것은 표준 윈도우 텍스트 파일 형식임)을 \n(줄 바꿈, 표준 맥OS 텍스트 형식)으로 변경했다. 이렇게 하면 각각의 단어를 구분하는 데 줄 바꿈 하나를 사용하는 것이 더 편할 뿐만 아니라 윈도우와 맥OS에서 모두 사용할 수 있다.

이 게임의 특성 때문에 나는 단어 목록에서 불쾌감을 주는 단어들도 제거했다. <스크래블>이나 <레터프레스>와 같은 게임에서는 플레이어에게 일련의 문자 타일을 제공하고 그 타일로 철자를 바꿀 단어를 선택할 수 있다. 하지만 이 게임에서는 제공받은 문자 모음으로 만들 수 있는 모든 단어를 찾아내야 한다. 즉, 불쾌감을 느끼는 단어까지도 플레이어가 찾아야 한다. 이 게임에서는 단어 선택 권한이 플레이어가 아닌 컴퓨터에게 있게 해서 불쾌할 수도 있는 단어를 찾지 않게 했다. 그러나 이 목록에 있는 75,000개 이상의 단어 중 내가 놓친 것이 있을 수

---

1. 앨런 빌은 케빈 앳킨슨이 2000년에 저작권을 보유한 AGID 단어 목록 부분을 제외한 이 단어 목록을 공유 저작물로 공개했다. 이 저작권 공지를 모든 복사본에 포함하고 저작권 공지와 이런 허용 공지를 지원 문서에 포함하는 조건을 지킨다면 이 데이터베이스(AGID), 관련 스크립트, 스크립트에서 출력된 결과와 해당하는 모든 문서를 비용 없이 사용, 복사, 수정, 배포, 판매할 수 있게 허가한다. 케빈 앳킨슨은 어떤 목적으로든 이 자료의 적합성을 대변하지 않는다. 이 자료는 아무런 보증 표시나 보증 의미 없이 '있는 그대로' 제공된다.

있으므로 뺄 만한(또는 추가할 만한) 단어가 있다고 생각되면 이 책의 웹 사이트(http://book.prototools.net)를 통해 메시지를 보내주기 바란다.

단어 목록 파일을 읽으려면 파일의 텍스트를 하나의 큰 문자열로 뽑아서 개별 단어 문자열(원본 문자열에서 \n으로 구분)의 배열로 분할해야 한다. 이 작업이 끝나면 각 단어를 개별적으로 분석해 게임 사전에 추가할지(길이 기준)를 결정한다. 단어를 한 번에 하나씩 분석하면 실행에 약간의 시간이 걸릴 수 있다. 따라서 이 과정이 완료되기까지 단일 프레임의 게임이 먹통이 되지 않고자 코루틴coroutine을 만들어 다중 프레임으로 그 과정을 처리할 것이다('코루틴 사용' 칼럼 참고).

코루틴 사용

코루틴은 다른 함수가 업데이트할 수 있게 실행을 일시 중지할 수 있는 함수다. 개발자가 코드에서 반복되는 작업을 제어하거나 매우 큰 작업을 처리할 수 있게 해주는 유니티의 C# 기능이다. 34장에서는 코루틴을 사용해 2of12inf 단어 목록의 75,000개 단어 모두를 파싱(parsing)하는 방법을 배우게 된다.

코루틴은 StartCoroutine() 호출로 시작되며 MonoBehaviour를 확장하는 클래스 내에서만 호출할 수 있다. 이 방법으로 초기화된 후에는 yield문을 만나기 전까지 코루틴이 실행된다. yield는 특정 시간 동안 일시 중지하고 일시 중지 중에 다른 코드를 실행할 수 있게 코루틴에게 명령한다. 지정된 시간이 지난 후에는 yield문 이후의 다음 행을 진행한다. 즉, 코루틴 안에 무한 while(true) {} 루프를 넣어도 되며 while 루프 내에 yield문이 존재하는 한 게임이 먹통이 되지 않을 것이다. 이 게임에서 코루틴 ParseLines()는 10,000개의 단어를 파싱할 때마다 실행을 양보한다.

34장의 첫 번째 코드 리스트에서 코루틴이 어떻게 사용되는지 찾아보라. 34장의 코루틴은 고성능 컴퓨터에서는 사실상 필요가 없지만 모바일 장치(또는 느린 프로세서를 장착한 다른 장치)용으로 개발할 때는 아주 중요하다. 구형 아이폰에서는 여기 예제와 동일한 단어 목록을 처리하는 데 10 ~ 20초까지 걸릴 수 있다. 따라서 앱이 파싱하는 동안 다른 작업을 처리하게 해서 먹통된 것처럼 보이지 않게 하는 것이 중요하다.

유니티 레퍼런스를 참고하면 코루틴에 대해 더 많은 사항을 알 수 있다.

---

1. __Scripts 폴더 안에 새 C# 스크립트를 생성하고 이름을 WordList로 지정한 후 다음 코드를 입력한다.

```
using System.Collections;
```

```csharp
using System.Collections.Generic;
using UnityEngine;

public class WordList : MonoBehaviour
{
    private static WordList S;                                  // a

    [Header("Set in Inspector")]
    public TextAsset        wordListText;
    public int              numToParseBeforeYield = 10000;
    public int              wordLengthMin = 3;
    public int              wordLengthMax = 7;

    [Header("Set Dynamically")]
    public int              currLine = 0;
    public int              totalLines;
    public int              longWordCount;
    public int              wordCount;

    // 프라이빗 필드
    private string[]        lines;                              // b
    private List<string>    longWords;
    private List<string>    words;

    void Awake()
    {
        S = this;  // WordList 싱글톤 설정
    }

    void Start()
    {
        lines = wordListText.text.Split('\n');                 // c
        totalLines = lines.Length;

        StartCoroutine(ParseLines());                          // d
    }

    // 모든 코루틴의 반환 타입은 IEnumerator임
    public IEnumerator ParseLines()                            // e
    {
        string word;
```

```csharp
// 가장 긴 단어와 모든 유효 단어를 포함할 목록을 초기화함
longWords = new List<string>();                          // f
words = new List<string>();

for (currLine = 0; currLine < totalLines; currLine++)    // g
{
    word = lines[currLine];

    // 단어의 길이가 wordLengthMax와 같은 경우
    if (word.Length == wordLengthMax)
    {
        longWords.Add(word);       // ...longWords에 저장함
    }

    // 단어의 길이가 wordLengthMin와 wordLengthMax 사이인 경우
    if (word.Length >= wordLengthMin && word.Length <= wordLengthMax)
    {
        words.Add(word);  // ......모든 유효 단어 리스트에 추가함
    }

    // 코루틴이 양보해야 하는지를 판단함
    if (currLine% numToParseBeforeYield == 0)            // h
    {
        // 파싱이 진행 중임을 보여주게 각 리스트의 단어 수를 셈
        longWordCount = longWords.Count;
        wordCount = words.Count;
        // 다음 프레임까지 실행을 양보
        yield return null;                               // i

        // 이 yield 문은 다른 코드가 실행되는 동안 이 메서드의 실행을
        // 여기에서 대기시켰다가 다시 이 지점에서 실행을 재개해
        // for 루프의 다음 반복으로 계속 진행됨
    }
}
longWordCount = longWords.Count;
wordCount = words.Count;
}

// 다른 클래스에서 private List<string>에 접근하게 허용하는 메서드 // j
static public List<string> GET_WORDS()
```

```
{
    return (S.words);
}

static public string GET_WORD(int ndx)
{
    return (S.words[ndx]);
}

static public List<string> GET_LONG_WORDS()
{
    return (S.longWords);
}

static public string GET_LONG_WORD(int ndx)
{
    return (S.longWords[ndx]);
}

static public int WORD_COUNT
{
    get { return S.wordCount; }
}

static public int LONG_WORD_COUNT
{
    get { return S.longWordCount; }
}

static public int NUM_TO_PARSE_BEFORE_YIELD
{
    get { return S.numToParseBeforeYield; }
}

static public int WORD_LENGTH_MIN
{
    get { return S.wordLengthMin; }
}

static public int WORD_LENGTH_MAX
{
```

```
        get { return S.wordLengthMax; }
    }
}
```

a. 이것은 private 싱글톤이다(private이기 때문에 정확히 말하면 싱글톤은 아니다). 싱글톤 S를 private으로 설정하면 WordList 클래스의 인스턴스만 이 싱글톤을 알아보므로 다른 코드로부터 보호할 수 있다. // j에서 언급되는 접근자들이 이 private 싱글톤을 사용한다.

b. 이 필드들은 private이므로 인스펙터에 나타나지 않는다. 이들 변수에는 아주 많은 데이터가 포함될 것이므로 인스펙터에 나타낼 경우 플레이 속도가 크게 느려질 것이다. 따라서 이들 변수를 private으로 설정하고(WordList 인스턴스에서만 접근할 수 있게 함) 클래스의 끝부분에 있는 public 접근 함수를 만들어 이 인스턴스 외부의 코드가 접근할 수 있게 한다.

c. wordListText의 텍스트를 줄 바꿈(\n)을 기준으로 분할하면 그 목록으로부터 각 단어가 하나의 요소로 들어간 대규모의 string[]이 만들어진다.

d. 코루틴 ParseLines()를 시작한다. 자세한 내용은 '코루틴 사용' 칼럼을 참고한다.

e. 모든 코루틴의 반환 타입은 Ienumerator이어야 한다. 코루틴은 이를 통해 실행을 양보하고 다른 메서드를 실행했다가 이 코루틴으로 되돌아온다. 코루틴은 대용량 파일 로딩 또는 많은 양의 데이터 파싱(여기게임에서의 작업)과 같은 과정에 아주 중요하다.

f. 문자열 배열 lines는 두 개의 리스트로 정렬된다. 즉, longWords는 wordLengthMax 문자로 구성된 모든 단어를 위한 것이고 words는 wordLengthMin과 wordLengthMax(경계 포함) 문자 사이에 있는 모든 단어를 위한 것이다. 예를 들어 wordLengthMin이 3이고 wordLengthMax가 6이라면 DESIGN의 경우 DESE는 longWords에 속하고 DIE, DICE, GAME, BOARD, DESIGN은 words에 속한다.

전체 목록을 파싱해 놓으면 플레이어는 한 번만 기다렸다가 많은 단어를 갖고 여러 라운드를 계속 플레이할 수 있다.

g. 이 for 루프는 lines의 75,000개 엔트리 모두에 대해 반복한다. numToParseBeforeYield개의 단어마다 yield문은 for 루프를 일시 중지하고 다른 코드를 실행할 수 있게 한다. 그런 후에 다음 프레임에서 또 다른 numToParseBeforeYield 행들에 대해 for 루프를 돌린다.

h. 코루틴이 양보해야 하는지 결정한다. 여기서는 나머지(%) 연산자를 사용해 10,000번째 레코드(또는 numToParseBeforeYield에 설정된 레코드)마다 양보한다.

i. null이 반환되기 때문에 이 yield문은 다음 프레임까지 코루틴의 실행을 양보한다. yield와 같은 명령문으로 특정 초 동안 양보도 가능한데, 예를 들어 yield return new WaitForSeconds(1);은 적어도 1초 동안 기다렸다가 코루틴 실행을 계속 진행한다(코루틴 양보 시간은 정확하지 않다). 이와 같이 InvokeRepeating() 메서드를 사용하는 대신 시간에 따라 반복되는 작업을 코루틴에 넣어도 된다.

j. // i행 아래에 있는 네 개의 메서드는 private 필드 words와 longWords에 대한 정적 public 접근자다. 게임 내의 어느 곳에서나 코드는 WordList.GET_WORD(10)을 호출해 WordList에 대한 이 싱글톤 인스턴스의 private words 배열에서 열 번째 단어를 얻을 수 있다. 또한 마지막 몇 개의 접근자는 읽기 전용 정적 public 프로퍼티이므로 WordList의 private 변수에 접근하는 또 다른 방법을 보여준다. 규약에 따라 정적 변수와 메서드는 종종 ALL_CAPS_SNAKE_CASE로 이름을 붙인다.

2. 코드를 작성하고 저장한 후 유니티로 다시 전환한다.

3. _MainCamera에 WordList C# 스크립트를 부착한다.

4. 하이어라키 창에서 _MainCamera를 선택하고 그 인스펙터에서 WordList (Script) 컴포넌트의 wordListText 변수를 프로젝트 창의 Resources 폴더에 있는 2of12inf 파일로 설정한다.

5. 플레이 버튼을 클릭한다.

currLine, longWordCount, wordCount가 10,000개씩 점차 증가하는 것을 볼 수 있다 (성능 좋은 컴퓨터에서는 순식간에 증가한다). 코루틴 ParseLines()가 양보할 때마다 숫자가 업데이트되게 했기 때문이다.

인스펙터에서 numToParseBeforeYield를 100으로 변경하면 코루틴이 단어 100개를 처리할 때마다 양보하기 때문에 이 숫자가 올라가는 속도가 크게 느려진다. 하지만 100,000 정도로 변경하면 이 단어 목록에 있는 단어가 100,000개보다 적으므로 숫자가 한 번만 업데이트된다. ParseLines() 코루틴이 매번 실행되는 시간을 확인하려면 유니티 프로파일러를 사용해본다. 프로파일러는 '유니티 프로파일러' 칼럼을 참고한다.

유니티 프로파일러

유니티 프로파일러는 게임의 성능을 최적화하기 위한 가장 강력한 도구 중 하나며 무료 유니티 버전에서도 사용할 수 있다. 프로파일러는 게임의 모든 프레임에서 각 C# 함수, 그래픽 엔진 호출, 사용자 입력 등을 처리하는 데 소요된 시간에 대한 통계를 유지 관리한다. 이 프로젝트는 프로파일러가 작동하는 방법을 볼 수 있는 좋은 예다.

1. 이전 페이지의 WordList 코드가 제대로 작동하는지 확인한다.
2. 씬 창과 동일한 그룹으로 **프로파일러** 창을 추가한다. 이렇게 하면 게임 창과 **프로파일러** 창을 동시에 볼 수 있다. **프로파일러** 창을 추가하려면 현재 **씬** 창의 오른쪽 위에 있는 팝업 메뉴 버튼을 클릭하고 Add Tab ▶ Profiler를 선택한다(그림 34.2 참고).

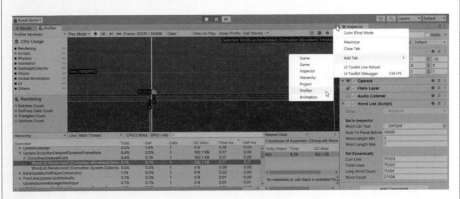

그림 34.2 프로파일러 창

3. 프로파일러를 작동시키려면 먼저 **유니티** 창의 맨 위에 있는 **일시 중지** 버튼을 클릭하고 나서 **플레이** 버튼을 클릭한다. 그러면 유니티는 게임을 실행할 준비를 수행한 후 첫 번째 프레임 전에 일시 중지한다. 다시 **일시 중지** 버튼을 클릭하면 프로파일러에 그래프가 표시되기 시작한다. 그래프가 화면 왼쪽에 완전히 도달하기 전에 게임을 일시 중지하라.

게임을 일시 중지하면 프로파일러의 그래프 생성도 중지되지만 이미 지나간 프레임의 그래프는 그대로 유지한다. CPU Usage 제목 옆에 있는 그래프의 각 색 영역은 CPU(컴퓨터의 주 프로세서)를 사용하는 다양한 측면을 표시한다. 고성능 컴퓨터를 사용하면 후반부 프레임에서 차트의 많은 부분이 노란색으로 표시될 것이다. 노란색은 유니티가 VSync에 소비한 시간(즉, 화면이 다음 프레임을 표시할 수 있을 때까지 대기한 시간)을 나타낸다. 이 부분은 스크립트에 소비한 시간(밝은 파란색)을 알아보는 데 방해되므로 그래프에 표시되지 않게 해야 한다.

4. 프로파일러에서 왼쪽의 CPU Usage 밑에 여러 색으로 표시된 작은 상자들은 CPU에서 실행되는 다양한 프로세스를 나타낸다. 지금은 Scripts 상자(파란색)를 제외하고 모두 비활성화해야 한다. 즉, Scripts 외의 나머지 모든 항목의 상자를 클릭해 해제한다. 그러면 그림 34.2와 같이 파란색 그래프만 남는다.

5. 프로파일러의 CPU Usage 부분에 있는 파란색 그래프를 클릭한 후 마우스를 드래그하면 마우스를 따라 흰색 선이 표시된다. 이 흰색 선은 그래프의 단일 프레임을 나타낸다. 마우스를 이동하면 프로파일러 아래쪽의 텍스트가 업데이트되면서 해당 프레임 동안 각 함수나 백그라운드 프로세스를 수행한 시간을 표시한다. 우리가 관심을 가져야 할 함수는 WordList.SetupCoroutine() [Coroutine: InvokeMoveNext] 코루틴이다. 이 함수는 처음 몇 프레임에서만 실행되므로 그래프의 오른쪽에는 나오지 않지만 그래프 시작 부분에 급격한 스크립트 활동이 보이는데, 이것이 코루틴 ParseLines()에 소비된 시간이다(그림 34.2 참고).

6. **프로파일러** 창의 위쪽과 아래쪽 사이의 구분 막대에 검색 필드가 있다(검색 필드가 보이지 않으면 그 구분 막대의 맨 왼쪽에 있는 팝업 메뉴에서 Hierarchy를 선택한다). 이 필드에 'ParseLines'를 입력해 WordList:ParseLines 메서드를 검색한다. 이 메서드는 처음 몇 프레임만 실행되므로 그래프의 오른쪽에 나타나지 않는다. 하지만 그래프 시작 부분에서 스크립트 활동이 급격히 높게 나타날 것이다(그림 34.2 참고).

7. 흰색 선을 그래프의 높은 부분으로 이동하면 WordList.ParseLines()행이 그래프 아래의 데이터 영역에 나타날 것이다. 그래프 아래의 Search 열에서 WordList.ParseLines() [Coroutine: MoveNext]를 클릭한다. 그러면 전체 그래프에서 해당 루틴에 해당하는 부분이 강조 표시되고 다른 부분은 어두워진다. **프로파일러** 창의 왼쪽 위에 있는 왼쪽 및 오른쪽 화살표 버튼을 사용하면 한 프레임씩 앞뒤로 이동하며 각 프레임에서 코루틴이 사용하는 CPU 자원을 볼 수 있다. 그림 34.2에 보이는 나의 프로파일에서는 numToParseBeforeYield를 10,000으로 설정했는데, 처음 몇 프레임 동안 이 코루틴은 각 프레임의 CPU 시간을 약 8.1% 소비했다(컴퓨터 유형과 처리

속도에 따라 이 수치는 다르다).

프로파일러를 사용하면 스크립트 프로파일링 외에도 게임에서 렌더링 또는 물리 시뮬레이션의 어떤 측면이 가장 많은 시간을 소비하는지 알아낼 수 있다. 게임에서 프레임 속도가 저하되는 문제가 발생하면 프로파일러를 사용해 문제의 원인을 찾아보자(프로파일러를 다른 용도로 사용할 때는 앞에서 비활성화한 CPU 프로파일링 요소들을 다시 활성화해야 한다. 즉, CPU Usage에서 Scripts 외에 비활성화된 상자 모두를 다시 활성화한다).

이 예와는 아주 다른 프로파일러 그래프를 보려면 19장의 Hello World 프로젝트에 대해 프로파일러를 실행해본다. Hello World에서는 스크립트보다 물리에 훨씬 더 많은 시간을 소비하게 된다(결과를 명확하게 보려면 그래프에서 VSync 요소를 다시 꺼야 할 수도 있다).

프로파일러에 대한 자세한 내용은 유니티 문서에서 볼 수 있다.

프로파일러를 사용할 때 numToParseBeforeYield의 수치를 변경했다면 다시 10,000으로 되돌려 놓는다.

게임 설정

다음은 게임을 관리할 WordGame 클래스를 만들 차례인데, 그전에 WordList에 두 가지 변경이 필요하다. 첫째, Start()에서 단어를 파싱하지 말고 다른 클래스에서 Init() 메서드를 호출할 때까지 기다리게 한다. 둘째, 파싱이 완료되면 이후 작성할 WordGame 스크립트에게 WordList를 알릴 필요가 있다. 이렇게 하려면 WordList가 SendMessage() 명령을 사용해 _MainCamera 게임오브젝트에게 메시지를 보내게 한다. 이 메시지는 곧 살펴볼 WordGame에서 설명한다.

1. WordList에서 void Start() 메서드의 이름을 public void Init()로 변경하고 static public void INIT() 함수를 포함시키며 WordList의 ParseLines() 메서드 끝부분에 다음의 굵게 나타낸 코드를 추가한다.

```
public class WordList : MonoBehaviour
{
    ...
    void Awake() { ... }
```

```
public void Init()    // "void Start()"를 이 행으로 대체함
{
    lines = wordListText.text.Split('\n');
    totalLines = lines.Length;

    StartCoroutine(ParseLines());
}

static public void INIT()                                    // a
{
    S.Init();
}

// 모든 코루틴의 반환 타입은 IEnumerator임
public IEnumerator ParseLines()
{
    ...
    for (currLine = 0; currLine < totalLines; currLine++)
    {
        ...
    }
    longWordCount = longWords.Count;
    wordCount = words.Count;

    // 파싱이 완료됐음을 이 게임오브젝트에게 알리는 메시지를 전송함
    gameObject.SendMessage("WordListParseComplete");          // b
}

// 다른 클래스에서 private List<string>에 접근하게 허용하는 메서드
static public List<string> GET_WORDS() { ... }
...
}
```

a. 이 INIT() 메서드는 정적이면서 public이므로 WordGame 클래스에서 호출할 수 있다.

b. SendMessage() 명령은 _MainCamera 게임오브젝트에서 실행된다(WordList 는 _MainCamera의 스크립트 컴포넌트이기 때문이다). 이 명령은 호출된 게임오브젝트(즉, _MainCamera)에 부착된 스크립트에 있는 WordListParseComplete() 메서

드를 호출한다.

2. __Scripts 폴더 안에 새 C# 스크립트를 생성하고 이름을 WordGame으로 지정한 후 _MainCamera에 부착한다. 방금 WordList에 했던 변경 사항을 활용하고자 다음 코드를 입력한다.

```csharp
using System.Collections;
using System.Collections.Generic;
using UnityEngine;
using System.Linq;          // LINQ를 사용함

public enum GameMode
{
    preGame,        // 게임 시작 전
    loading,        // 단어 목록 로딩 및 파싱 중
    makeLevel,      // 개별 단어 레벨 생성 중
    levelPrep,      // 레벨 그래픽 인스턴스화됨
    inLevel         // 레벨 진행 중
}

public class WordGame : MonoBehaviour
{
    static public WordGame      S; // 싱글톤

    [Header("Set Dynamically")]
    public GameMode             mode = GameMode.preGame;

    void Awake()
    {
        S = this;  // 싱글톤을 지정함
    }

    void Start()
    {
        mode = GameMode.loading;
        // WordList의 정적 Init() 메서드를 호출
        WordList.INIT();
    }

    // WordList에서 SendMessage()를 실행하면 호출됨
```

```
        public void WordListParseComplete()
        {
            mode = GameMode.makeLevel;
        }
    }
```

3. 하이어라키 창에서 _MainCamera를 선택하고 인스펙터에서 WordGame (Script) 컴포넌트를 확인한다. 플레이 버튼을 클릭하면 mode 필드 값이 처음에는 preGame이었다가 loading으로 바뀐다. 그러다가 모든 단어가 파싱된 후에는 loading에서 makeLevel로 변경된다. 제대로 되고 있다는 표시다.

WordLevel 클래스로 레벨 만들기

이제 WordList에서 단어를 가져와 레벨을 만들 차례다. WordLevel 클래스에는 다음 사항이 들어간다.

- 레벨의 기반이 되는 긴 단어다(maxWordLength가 6이면 6자로 이뤄진 단어이며 이 단어의 문자를 섞어서 다른 단어를 만든다).

- WordList의 longWords 배열에 있는 해당 단어의 인덱스 번호다.

- int levelNum 타입의 레벨 번호다. 34장에서는 게임이 시작될 때마다 임의의 단어를 선택한다.[2]

- 단어의 각 문자 및 해당 단어가 사용된 횟수를 저장하는 Dictionary<,>다. 딕셔너리는 리스트와 마찬가지로 System.Collections.Generic에 포함돼 있다.

- 바로 위 딕셔너리의 문자들로 구성할 수 있는 다른 모든 단어의 List<>다.

Dictionary<,>는 23장에서 자세히 설명했던 일련의 키, 값 쌍을 저장할 수 있는 제네릭 컬렉션 타입이다. 각 레벨에서 Dictionary<,>는 char 키와 int값을 사용해

---

2. 원한다면 WordGame.Awake() 메서드 안에서 Random.InitState(1);을 호출할 수 있다. 그러면 Random의 초기 난수 시드를 1로 설정해서 Random만을 사용해 레벨 선택을 하는 한 8번째 레벨은 항상 같은 단어가 나오게 될 것이다. 34장의 끝에 있는 '다음 단계' 절에서는 이 문제에 접근하는 또 다른 방법을 설명한다.

긴 단어에서 각 문자가 사용된 횟수를 저장한다. 예를 들어 긴 단어 MISSISSIPPI는 다음과 같이 저장된다.

```
Dictionary<char,int> charDict = new Dictionary<char,int>();
charDict.Add('M',1); // MISSISSIPPI에는 M이 한 개
charDict.Add('I',4); // MISSISSIPPI에는 I가 네 개
charDict.Add('S',4); // MISSISSIPPI에는 S가 네 개
charDict.Add('P',2); // MISSISSIPPI에는 P가 두 개
```

WordLevel에는 다음과 같이 유용한 정적 메서드 두 개도 포함돼 있다.

- **MakeCharDict()**: 임의의 문자열을 기반으로 charDict를 채운다.
- **CheckWordInLevel()**: WordLevel의 charDict을 사용해 단어를 조합할 수 있는지 확인한다.

1. __Scripts 폴더 안에 새 C# 스크립트를 생성하고 이름을 WordLevel로 지정한 후 다음 코드를 입력한다. WordLevel은 MonoBehaviour를 확장하지 않으므로 게임오브젝트에 부착할 수 없고 이 클래스 안에서 StartCoroutine(), SendMessage(), 기타 유니티 관련 함수를 호출할 수도 없다.

```
using System.Collections;
using System.Collections.Generic;
using UnityEngine;

[System.Serializable] // WordLevel이 인스펙터에 나타나게 해서 수정 가능함
public class WordLevel // WordLevel는 MonoBehaviour를 확장하지 않음
{
    public int levelNum;
    public int longWordIndex;
    public string word;
    // 단어의 모든 문자를 포함하는 Dictionary<,>
    public Dictionary<char, int> charDict;
    // charDict에 있는 문자로 구성할 수 있는 모든 단어
    public List<string> subWords;
```

```csharp
// 문자열에 있는 문자의 개수를 세고 이 정보를 포함하는
// Dictionary<char,int>를 반환하는 정적 함수
static public Dictionary<char, int> MakeCharDict(string w)
{
    Dictionary<char, int> dict = new Dictionary<char, int>();
    char c;
    for (int i = 0; i < w.Length; i++)
    {
        c = w[i];
        if (dict.ContainsKey(c))
        {
            dict[c]++;
        }
        else
        {
            dict.Add(c, 1);
        }
    }
    return (dict);
}

// 이 정적 메서드는 level.charDict에 있는 문자로
// 단어를 구성할 수 있는지 확인함
public static bool CheckWordInLevel(string str, WordLevel level)
{
    Dictionary<char, int> counts = new Dictionary<char, int>();
    for (int i = 0; i < str.Length; i++)
    {
        char c = str[i];
        // c 문자가 charDict에 포함된 경우
        if (level.charDict.ContainsKey(c))
        {
            // counts에 아직 char c가 키로 포함되지 않은 경우
            if (!counts.ContainsKey(c))
            {
                // ...값 1인 새로운 키를 추가함
                counts.Add(c, 1);
```

```
                    }
                    else
                    {
                        // 그렇지 않으면 현재 값에 1을 더함
                        counts[c]++;
                    }
                    // char c가 level.charDict에 있는 것보다
                    // str에 더 많이 있는 경우
                    if (counts[c] > level.charDict[c])
                    {
                        //...false를 반환함
                        return (false);
                    }
                }
                else
                {
                    // char c가 level.word 안에 없으므로 false를 반환함
                    return (false);
                }
            }
            return (true);
        }
    }
```

2. WordLevel 클래스를 사용하고자 WordGame에 다음과 같이 굵게 표시한 코드를 넣는다.

```
public class WordGame : MonoBehaviour
{
    static public WordGame      S; // 싱글톤

    [Header("Set Dynamically")]
    public GameMode             mode = GameMode.preGame;
    public WordLevel            currLevel;

    ...
```

```
// WordList에서 SendMessage()를 실행하면 호출됨
public void WordListParseComplete()
{
    mode = GameMode.makeLevel;
    // 레벨을 만들어 현재 단어 레벨인 currLevel에 지정함
    currLevel = MakeWordLevel();
}

public WordLevel MakeWordLevel(int levelNum = -1)                // a
{
    WordLevel level = new WordLevel();
    if (levelNum == -1)
    {
        // 무작위 레벨을 선택
        level.longWordIndex = Random.Range(0, WordList.LONG_WORD_COUNT);
    }
    else
    {
        // 이 부분은 나중에 추가할 것임
    }
    level.levelNum = levelNum;
    level.word = WordList.GET_LONG_WORD(level.longWordIndex);
    level.charDict = WordLevel.MakeCharDict(level.word);

    StartCoroutine(FindSubWordsCoroutine(level));               // b

    return (level);                                            // c
}

// 이 레벨에서 구성 가능한 단어를 찾는 코루틴
public IEnumerator FindSubWordsCoroutine(WordLevel level)
{
    level.subWords = new List<string>();
    string str;

    List<string> words = WordList.GET_WORDS();                 // d

    // WordList에 있는 모든 단어에 대해 반복
    for (int i = 0; i < WordList.WORD_COUNT; i++)
    {
```

```
                str = words[i];
                // level.charDict의 문자로 각 단어를 구성할 수 있는지 확인
                if (WordLevel.CheckWordInLevel(str, level))
                {
                    level.subWords.Add(str);
                }
                // 현재 프레임에서 많은 단어를 파싱했다면 양보함
                if (i% WordList.NUM_TO_PARSE_BEFORE_YIELD == 0)
                {
                    // 다음 프레임까지 양보
                    yield return null;
                }
            }

            level.subWords.Sort();                                    // e
            level.subWords = SortWordsByLength(level.subWords).ToList();

            // 코루틴이 완료됐으므로 SubWordSearchComplete()를 호출함
            SubWordSearchComplete();
        }
        // 받은 배열을 LINQ를 사용해 정렬하고 복사본을 반환함              // f
        public static IEnumerable<string> SortWordsByLength(IEnumerable<string> ws)
        {
            ws = ws.OrderBy(s => s.Length);
            return ws;
        }

        public void SubWordSearchComplete()
        {
            mode = GameMode.levelPrep;
        }
}
```

a. 이 메서드가 기본값 -1을 사용하면 무작위 단어를 뽑아 WordLevel을 생성한다.

b. 코루틴을 시작해 WordList의 모든 단어를 검사하고 level.charDict의 문자로 각 단어를 구성할 수 있는지 확인한다.

c. 코루틴이 끝나기 전에 `WordLevel`인 `level`을 반환한다. 따라서 코루틴이 완료되면 `SubWordSearchComplete()`를 호출한다.

d. `List`를 참조로 전달하기 때문에 처리 속도가 아주 빠르다(따라서 C#에서는 WordList의 List<string> words의 복사본을 만들 필요가 없다. 그냥 그에 대한 참조만 반환한다).

e. 이 두 행은 `WordLevelWords` 리스트에 있는 단어를 정렬한다. `List<string>.Sort()`는 알파벳순으로 단어를 정렬한다(List<String>의 기본적인 정렬 방식). 그런 다음 사용자 정의 `SortWordsByLength()` 메서드를 호출해 각 단어의 문자수를 기준으로 단어를 정렬한다. 알파벳순 단어에서 길이가 같은 것끼리 그룹화한다.

f. 이 사용자 정의 정렬 함수는 받은 배열을 LINQ를 사용해 정렬하고 복사본을 반환한다. 이 메서드 내부의 LINQ 구문은 일반 C# 구문과는 다르며 이 책의 범위를 벗어난다. 온라인에서 'C# LINQ'를 검색하면 자세한 내용을 알 수 있다. 유니티 Gems 웹 사이트에서도 LINQ를 잘 설명한다. https://web.archive.org/web/20140209060811/http://unitygems.com/linq-1-time-linq/ 링크는 인터넷 아카이브에서 알아낸 것이며 여전히 링크가 살아있다.

앞의 코드는 레벨을 생성하고 목표 단어를 선택하고 나서 목표 단어의 문자를 이용해 구성할 수 있는 단어로 `subWords`를 채운다. 모든 스크립트를 저장하고 유니티로 되돌아가서 플레이 버튼을 클릭한다. 이제 _MainCamera의 WordGame (Script) 컴포넌트 인스펙터에서 `currLevel` 필드에 값이 채워지는 것을 확인할 수 있다.

3. 씬을 저장한다. 지금까지 씬을 저장하지 않았다면(그리고 저장하는 것을 이제야 알아차렸다면) 습관적으로 자주 저장해야 한다.

화면 레이아웃

이제 레벨을 구성했으므로 다음은 단어를 조합하는 데 사용하는 큰 글자와 단어의 일반 문자를 나타내는 화면 요소를 만들 차례다. 시작하기 전에 각 문자에 해당하는 PrefabLetter를 만들어야 한다.

PrefabLetter 만들기

다음 단계에 따라 PrefabLetter를 만든다.

1. 메뉴 표시줄에서 GameObject ➤ 3D Object ➤ Quad를 선택한다. 쿼드의 이름을 PrefabLetter로 지정한다.

2. 메뉴 표시줄에서 Assets ➤ Create ➤ Material을 선택한다. 머티리얼의 이름을 LetterMat로 지정하고 Materials & Textures 폴더에 넣는다.

3. LetterMat를 하이어라키 창의 PrefabLetter로 드래그해서 지정한다. Prefab Letter를 클릭하고 LetterMat의 shader를 ProtoTools ➤ UnlitAlpha로 설정한다.

4. LetterMat 머티리얼의 텍스처로서 Rounded Rect 256을 선택한다(PrefabLetter 인스펙터의 LetterMat 영역에서 펼침 삼각형을 열어야 할 수도 있음).

5. 하이어라키 창에서 PrefabLetter를 더블 클릭하면 매끄러운 둥근 모서리의 사각형이 나타날 것이다. LetterMat의 shader로 Unlit ➤ Transparent를 선택하면 한쪽 면이 제대로 보이지 않고 카메라를 이동시켜 반대쪽 면을 비춰야 제대로 보이게 된다. 쿼드의 한 면만 보이고 다른 면이 보이지 않는 이유는 다음의 '백페이스 컬링' 칼럼을 참고한다. 쿼드의 양쪽 면이 모두 보이게 하려면 LetterMat의 shader로 ProtoTools ➤ UnlitAlpha를 선택한다.

백페이스 컬링

백페이스 컬링(Backface Culling)은 한쪽 면의 폴리곤만 렌더링하는 렌더링 최적화 기법이다. 이 기법은 구(sphere)와 같은 것을 렌더링할 때 좋다. 구를 보면 구의 표면을 형성하는 다각형의 절반은 관찰자를 향하고 나머지 절반(구체에서 뒤쪽)은 시선에서 가려진다. 컴퓨터과학자들은 처리 속도를 빠르게 하고자 구 전체를 렌더링하지 않고 관찰자에게 보이는 폴리곤만 렌더링하면 된다는 결론을 얻었다. 구의 반대쪽 면(관찰자에게 보이지 않음)의 폴리곤은 렌더링하지 않는다. 이렇게 뒷면

(backface, 즉 폴리곤)은 렌더링하지 않게 가려낸(culling) 부분이므로 백페이스 컬링이라는 용어가 됐다.

유니티에서 쿼드는 정사각형을 형성하는 두 개의 삼각형 폴리곤으로만 구성되며, 둘 다 같은 방향을 향한다. 뒤쪽에서 쿼드를 보면 이 폴리곤들은 일반적으로 컬링이 돼 쿼드는 렌더링되지 않는다. 유니티에는 백페이스 컬링을 사용하지 않는 셰이더들이 있는데, 34장과 31장에서 사용하는 ProtoTools UnlitAlpha 셰이더가 여기에 속한다.

6. 하이어라키 창의 PrefabLetter에서 마우스의 오른쪽 버튼을 클릭하고 팝업 메뉴에서 3D Object ➤ TexMeshPro - Text를 선택한다. 그러면 Text (TMP) 게임오브젝트가 PrefabLetter의 자식으로 생성되며 TMP Importer 대화상 자가 나타난다. Import TMP Essentials 버튼을 클릭한다.

7. 임포트가 완료되면 그 대화상자를 닫은 후 Text (TMP) 자식 게임오브젝트 의 이름을 3D Text로 변경한다('3D' 다음에 공백이 있음).

8. 하이어라키 창의 3D Text를 선택하고 그림 34.3과 같이 설정한다. W가 상자 중앙에 정렬되지 않으면 Text 필드 안에서 W 뒤에 실수로 탭을 타이핑했 을지도 모른다(내가 그랬다).

9. 하이어라키 창의 PrefabLetter를 프로젝트 창의 _Prefabs 폴더로 드래그한 후 하이어라키 창에 남아있는 PrefabLetter 인스턴스를 삭제한다. 그리고 씬을 저장한다.

Letter C# 스크립트

이제 PrefabLetter에 C# 스크립트를 부착해서 문자, 색, 그 밖의 다양한 설정을 처리할 것이다.

1. __Scripts 폴더 안에 새 C# 스크립트를 생성하고 이름을 Letter로 지정한 후 PrefabLetter에 부착한다.

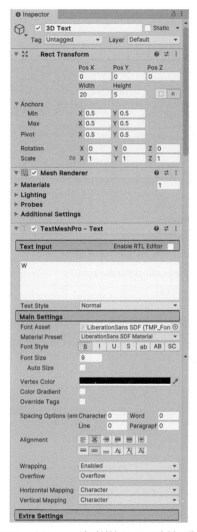

그림 34.3 PrefabLetter의 자식인 3D Text의 인스펙터 설정

2. 비주얼 스튜디오에서 Letter 스크립트를 열고 다음 코드를 입력한다.

```
using System.Collections;
using System.Collections.Generic;
using UnityEngine;
using TMPro;
```

```csharp
public class Letter : MonoBehaviour
{
    [Header("Set Dynamically")]
    public TextMesh        tMesh; // 문자를 보여주는 TextMesh
    public Renderer        tRend; // 문자를 보여줄지 결정하는
                                   // 3D 텍스트의 Renderer

    public bool            big = false;  // 큰 글자는 작동 방식이 다름

    private                char _c;      // 표시되는 문자
    private Renderer       rend;

    void Awake()
    {
        tMesh = GetComponentInChildren<TextMesh>();
        tRend = tMesh.GetComponent<Renderer>();
        rend = GetComponent<Renderer>();
        visible = false;
    }

    // 3D 텍스트로 보여주는 글자와 _c를 얻거나 설정하기 위한 프로퍼티
    public char c
    {
        get { return (_c); }
        set
        {
            _c = value;
            tMesh.text = _c.ToString();
        }
    }

    // _c를 문자열로서 얻거나 설정함
    public string str
    {
        get { return (_c.ToString()); }
        set { c = value[0]; }
    }

    // 3D 텍스트의 Renderer를 활성화 또는 비활성화해
    // 문자를 보이거나 숨김
```

```
public bool visible
{
    get { return (tRend.enabled); }
    set { tRend.enabled = value; }
}

// 모서리가 둥근 사각형의 색을 얻거나 설정함
public Color color
{
    get { return (rend.material.color); }
    set { rend.material.color = value; }
}

// Letter 게임오브젝트의 위치를 설정함
public Vector3 pos
{
    set
    {
        transform.position = value;
        // 나중에 더 추가할 것임
    }
}
}
```

이 클래스는 변수를 설정할 때 다양한 동작을 수행하고자 여러 프로퍼티(get{} 및 set{} 접근자를 사용하는 가짜 필드)를 사용한다. 이 필드를 통해 예를 들어 WordGame에서 문자열 변환 과정이나 3D 텍스트 표시 등의 작업에 신경 쓰지 않고 간단하게 Letter의 문자 c를 설정할 수 있다. 이러한 유형의 기능을 클래스 내에 캡슐화하는 것은 객체지향 프로그래밍에서 아주 중요하다. get{} 또는 set{} 절 안에 명령문 하나만 있으면 나는 한 행으로 나타내기도 한다.

Wyrd 클래스: Letters의 컬렉션

Wyrd 클래스는 Letters의 컬렉션 역할을 하며, 코드와 이 책의 본문에서 단어 word와 구분하고자 이름에 y를 넣었다. Wyrd는 MonoBehaviour를 확장하지 않으므로 게임오브젝트에 부착할 수 없는 또 하나의 클래스지만 그래도 게임오브젝트에 부착되는 클래스의 List를 포함할 수 있다.

1. __Scripts 폴더 안에 새 C# 스크립트를 생성하고 이름을 Wyrd로 지정한다.
2. 비주얼 스튜디오에서 Wyrd를 열고 다음 코드를 입력한다.

```csharp
using System.Collections;
using System.Collections.Generic;
using UnityEngine;

public class Wyrd                     // Wyrd는 MonoBehaviour를 확장하지 않음
{
    public string        str;              // 단어의 문자열 표현
    public List<Letter>  letters = new List<Letter>();
    public bool          found = false;    // 플레이어가 이 단어를 찾으면 true
    // 각 글자의 3D 텍스트의 가시성을 설정하는 프로퍼티
    public bool visible
    {
        get
        {
            if (letters.Count == 0) return (false);
            return (letters[0].visible);
        }
        set
        {
            foreach (Letter l in letters)
            {
                l.visible = value;
            }
        }
    }

    // 각 글자의 둥근 사각형 색을 설정하는 프로퍼티
    public Color color
    {
        get
```

```
        {
            if (letters.Count == 0) return (Color.black);
            return (letters[0].color);
        }
        set
        {
            foreach (Letter l in letters)
            {
                l.color = value;
            }
        }
    }

    // letters에 글자를 추가함
    public void Add(Letter l)
    {
        letters.Add(l);
        str += l.c.ToString();
    }
}
```

WordGame.Layout() 메서드

Layout() 메서드는 게임에서 글자(Letters)와 이 글자로 이뤄진 단어(Wyrds)뿐만 아니라 플레이어가 레벨의 각 단어를 구성하는 데 사용하는 큰 글자(그림 34.1의 아래쪽에 큰 회색 글자로 표시)를 생성한다. 여기에서는 먼저 작은 글자부터 시작하고, 이 단계에서 단어를 최초로 보이게 할 것이다(최종 버전에서는 감춘다).

1. 다음의 굵게 나타낸 코드를 WordGame에 추가한다.

```
public class WordGame : MonoBehaviour
{
    static public WordGame      S; // 싱글톤

    [Header("Set in Inspector")]
    public GameObject           prefabLetter;
```

```csharp
public Rect                wordArea = new Rect(-24, 19, 48, 28);
public float               letterSize = 1.5f;
public bool                showAllWyrds = true;

[Header("Set Dynamically")]
public GameMode            mode = GameMode.preGame;
public WordLevel           currLevel;
public List<Wyrd>          wyrds;

private Transform          letterAnchor, bigLetterAnchor;

void Awake()
{
    S = this; // 싱글톤을 지정함
    letterAnchor = new GameObject("LetterAnchor").transform;
    bigLetterAnchor = new GameObject("BigLetterAnchor").transform;
}

...

public void SubWordSearchComplete()
{
    mode = GameMode.levelPrep;
    Layout();  // WordSearch가 완료되면 Layout() 함수를 호출함
}

void Layout()
{
    // 현재 레벨의 각 하위 단위에 해당하는 글자를 화면에 배치함
    wyrds = new List<Wyrd>();

    // 이 메서드에 사용될 여러 로컬 변수를 선언함
    GameObject    go;
    Letter        lett;
    string        word;
    Vector3       pos;
    float         left = 0;
    float         columnWidth = 3;
    char          c;
    Color         col;
```

```
Wyrd            wyrd;

// 화면에 표시할 수 있는 글자 행의 수를 계산함
int numRows = Mathf.RoundToInt(wordArea.height / letterSize);

// 각 레벨의 하위 단어로 단어를 구성함
for (int i = 0; i < currLevel.subWords.Count; i++)
{
    wyrd = new Wyrd();
    word = currLevel.subWords[i];

    // 단어가 열 너비보다 길면 확장함
    columnWidth = Mathf.Max(columnWidth, word.Length);

    // 단어의 각 글자를 위해 PrefabLetter를 인스턴스화함
    for (int j = 0; j < word.Length; j++)
    {
        c = word[j]; // 단어의 j번째 문자를 얻음
        go = Instantiate<GameObject>(prefabLetter);
        go.transform.SetParent(letterAnchor);
        lett = go.GetComponent<Letter>();
        lett.c = c; // 글자의 c를 설정함

        // 글자의 위치를 지정함
        pos = new Vector3(wordArea.x + left + j * letterSize,
            ➡ wordArea.y, 0);

        // 여기서 % 연산자로 여러 열이 정렬하게 함
        pos.y -= (i% numRows) * letterSize;

        lett.pos = pos;        // 나중에 이 행 주위에 코드를 더 추가할 것임

        go.transform.localScale = Vector3.one * letterSize;

        wyrd.Add(lett);
    }

    if (showAllWyrds) wyrd.visible = true;

    wyrds.Add(wyrd);

    // numRows(번째) 행에 도달했으면 새 열을 시작함
    if (i% numRows == numRows - 1)
```

```
                {
                    left += (columnWidth + 0.5f) * letterSize;
                }
            }
        }
    }
```

2. 플레이 버튼을 클릭하기 전에 프로젝트 창의 PrefabLetter 프리팹을 _Main
   Camera의 WordGame (Script) 컴포넌트에 있는 prefabLetter 필드에 지정해
   야 한다. 그렇게 한 후 플레이 버튼을 클릭하면 그림 34.4와 비슷한 구조로
   단어 목록이 화면에 표시된다.[3]

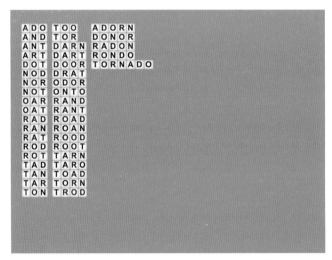

그림 34.4 게임의 현재 상태: 단어 TORNADO가 선택된 레벨

화면 아래쪽에 큰 글자 추가하기

Layout()의 다음 단계는 화면 아래쪽에 큰 글자를 배치하는 것이다.

1. 그렇게 하고자 다음 코드를 추가한다.

---

3. 이 스크립트를 저장하고 유니티로 되돌아가면 스크립트에서 사용되지 않는 변수(col)에 대해 노란색 경고가 나타날 것이다.
   이 점에 대해 신경 쓰지 말라. 곧 이 변수를 사용할 것이다.

```
public class WordGame : MonoBehaviour
{
    static public WordGame    S;  // 싱글톤

    [Header("Set in Inspector")]
    ...
    public bool               showAllWyrds = true;
    public float              bigLetterSize = 4f;
    public Color              bigColorDim = new Color(0.8f, 0.8f, 0.8f);
    public Color              bigColorSelected = new Color(1f, 0.9f, 0.7f);
    public Vector3            bigLetterCenter = new Vector3(0, -16, 0);

    [Header("Set Dynamically")]
    ...
    public List<Wyrd>         wyrds;
    public List<Letter>       bigLetters;
    public List<Letter>       bigLettersActive;

    ...

    void Layout()
    {
        ...

        // 각 레벨의 하위 단어로 단어를 구성함
        for (int i = 0; i < currLevel.subWords.Count; i++)
        {
            ...
        }

        // 큰 글자를 배치함
        // 큰 글자를 위한 List<>를 초기화함
        bigLetters = new List<Letter>();
        bigLettersActive = new List<Letter>();

        // 목표 단어의 각 문자에 해당하는 큰 글자를 생성함
        for (int i = 0; i < currLevel.word.Length; i++)
        {
            // 보통 글자를 생성하는 과정과 비슷함
            c = currLevel.word[i];
```

```
            go = Instantiate<GameObject>(prefabLetter);
            go.transform.SetParent(bigLetterAnchor);
            lett = go.GetComponent<Letter>();
            lett.c = c;
            go.transform.localScale = Vector3.one * bigLetterSize;

            // 큰 글자의 초기 위치를 화면 아래쪽으로 설정함
            pos = new Vector3(0, -100, 0);
            lett.pos = pos;         // 나중에 이 행 주위에 코드를 더 추가할 것임

            col = bigColorDim;
            lett.color = col;
            lett.visible = true; // 큰 글자라면 항상 true임
            lett.big = true;
            bigLetters.Add(lett);
        }
        // 큰 글자를 섞음
        bigLetters = ShuffleLetters(bigLetters);
        // 화면에 배열함
        ArrangeBigLetters();

        // 모드를 게임 중으로 설정함
        mode = GameMode.inLevel;
    }

    // 이 메서드는 List<Letter>를 무작위로 섞어서 결과를 반환함
    List<Letter> ShuffleLetters(List<Letter> letts)
    {
        List<Letter> newL = new List<Letter>();
        int ndx;
        while (letts.Count > 0)
        {
            ndx = Random.Range(0, letts.Count);
            newL.Add(letts[ndx]);
            letts.RemoveAt(ndx);
        }
        return (newL);
    }
```

```
// 이 메서드는 화면에 큰 글자를 배열함
void ArrangeBigLetters()
{
    // halfWidth는 큰 글자를 가로로 중앙에 배치하는 데 사용됨
    float halfWidth = ((float)bigLetters.Count) / 2f - 0.5f;
    Vector3 pos;
    for (int i = 0; i < bigLetters.Count; i++)
    {
        pos = bigLetterCenter;
        pos.x += (i - halfWidth) * bigLetterSize;
        bigLetters[i].pos = pos;
    }
    // bigLettersActive
    halfWidth = ((float)bigLettersActive.Count) / 2f - 0.5f;
    for (int i = 0; i < bigLettersActive.Count; i++)
    {
        pos = bigLetterCenter;
        pos.x += (i - halfWidth) * bigLetterSize;
        pos.y += bigLetterSize * 1.25f;
        bigLettersActive[i].pos = pos;
    }
}
```

2. 이제 화면 위쪽의 작은 글자 외에도 화면 아래쪽에 큰 글자가 목표 단어를 뒤섞은 형태로 표시될 것이다. 다음으로 상호작용 기능을 추가할 차례다.

상호작용 추가

이 게임에서는 큰 글자로 제시된 문자를 키보드로 입력해 단어를 만들고 Return/Enter 키를 눌러 제출할 수 있게 할 것이다. 또한 Backspace/Delete 키를 눌러 마지막으로 입력한 문자를 제거하고 스페이스바를 눌러 선택하지 않은 나머지 문자를 섞을 수 있다.

플레이어가 Enter를 누르면 현재까지 입력한 단어를 WordLevel의 가능한 단어와 비교한다. 입력한 단어가 WordLevel에 있으면 단어의 각 글자마다 점수를 얻는다. 또한 입력한 단어에 포함된 부분 단어가 WordLevel에도 있으면 각 단어에 단계적 배수를 적용해 추가 점수를 받는다. 이전의 TORNADO 예에서 플레이어가 첫 번째 단어로 TORNADO를 입력하고 Return을 누르면 다음과 같이 총 36점을 받는다.

TORNADO	7 x 1 점	문자당 1점 x 첫 번째 단어에서는 1배수 = 7 점
TORN	4 x 2 점	문자당 1점 x 두 번째 단어에서는 2배수 = 8 점
TOR	3 x 3 점	문자당 1점 x 세 번째 단어에서는 3배수 = 9 점
ADO	+ 3 x 4 점	문자당 1점 x 네 번째 단어에서는 4배수 = 12점
	총 36 점	

이러한 상호작용 모두는 WordGame의 Update() 함수에서 처리되며 해당 프레임에서 발생된 모든 키보드 입력의 문자열인 Input.inputString을 바탕으로 한다.

1. WordGame에서 다음과 같이 Update() 메서드와 보조 메서드를 추가한다.

```csharp
public class WordGame : MonoBehaviour
{
    ...

    [Header("Set Dynamically")]
    ...
    public List<Letter>        bigLettersActive;
    public string              testWord;
    private string             upperCase = "ABCDEFGHIJKLMNOPQRSTUVWXYZ";

    ...

    void ArrangeBigLetters() { ... }

    void Update()
    {
        // 유용한 지역 변수 두 개를 선언함
        Letter ltr;
        char c;

        switch (mode)
```

```
{
    case GameMode.inLevel:
        // 이 프레임에서 플레이어가 입력한 각 문자에 대해 반복
        foreach (char cIt in Input.inputString)
        {
            // cIt를 대문자로 변환
            c = System.Char.ToUpperInvariant(cIt);

            // 대문자인지 확인함
            if (upperCase.Contains(c)) // 대문자인 경우
            {
                // 큰 글자에서 일치하는 글자를 찾음
                ltr = FindNextLetterByChar(c);
                // 그런 글자가 있는 경우
                if (ltr != null)
                {
                    // ... 이 문자를 testWord에 더하고 반환된
                    //     큰 글자를 bigLettersActive로 옮김
                    testWord += c.ToString();
                    // 비활성에서 활성 List<>로 문자를 옮김
                    bigLettersActive.Add(ltr);
                    bigLetters.Remove(ltr);
                    ltr.color = bigColorSelected; // 활성 색으로 지정함
                    ArrangeBigLetters();       // 큰 글자를 다시 배열함
                }
            }

            if (c == '\b') // 백스페이스
            {
                // bigLettersActive의 마지막 글자를 제거함
                if (bigLettersActive.Count == 0) return;
                if (testWord.Length > 1)
                {
                    // testWord에서 마지막 문자를 지움
                    testWord = testWord.Substring(0, testWord.Length - 1);
                }
                else
```

```
                    {
                        testWord = "";
                    }

                    ltr = bigLettersActive[bigLettersActive.Count - 1];
                    // 활성에서 비활성 List<>로 문자를 옮김
                    bigLettersActive.Remove(ltr);
                    bigLetters.Add(ltr);
                    ltr.color = bigColorDim;      // 비활성 색으로 지정함
                    ArrangeBigLetters();          // 큰 글자를 다시 배열함
                }

                if (c == '\n' || c == '\r') // Enter 또는 Return(윈도우/맥OS 경우)
                {
                    // 테스트 단어를 단어 레벨의 단어와 비교함
                    CheckWord();
                }

                if (c == ' ') // 스페이스
                {
                    // 큰 글자를 다시 섞음
                    bigLetters = ShuffleLetters(bigLetters);
                    ArrangeBigLetters();
                }
            }
            break;
        }
    }

    // 큰 글자에서 char c에 해당하는 글자를 찾아 반환하며
    // 가능한 글자가 없으면 null을 반환함
    Letter FindNextLetterByChar(char c)
    {
        // bigLetters의 각 글자에 대해 반복함
        foreach (Letter ltr in bigLetters)
        {
            // c와 같은 문자가 있는 경우
            if (ltr.c == c)
            {
```

```
            // ...반환함
            return (ltr);
        }
    }
    return (null);     // 없으면 null을 반환함
}

public void CheckWord()
{
    // 테스트 단어를 레벨의 하위 단어와 비교함
    string subWord;
    bool foundTestWord = false;

    // 테스트 단어에 포함된 다른 하위 단어의 인덱스를
    //      저장할 List<int>를 생성함
    List<int> containedWords = new List<int>();

    // 현재 레벨의 하위 단어에 포함된 각 단어에 대해 반복함
    for (int i = 0; i < currLevel.subWords.Count; i++)
    {
        // Wyrd가 이미 발견됐는지 확인함
        if (wyrds[i].found)                                     // a
        {
            continue;
        }

        subWord = currLevel.subWords[i];
        // 이 하위 단어가 테스트 단어인지 아니면 거기에 포함된 단어인지 확인함
        if (string.Equals(testWord, subWord))                   // b
        {
            HighlightWyrd(i);
            foundTestWord = true;
        }
        else if (testWord.Contains(subWord))
        {
            containedWords.Add(i);
        }
    }
```

```
        if (foundTestWord) // 테스트 단어가 하위 단어에서 발견된 경우
        {
            // ...테스트 단어에 포함된 다른 단어를 강조 표시함
            int numContained = containedWords.Count;
            int ndx;
            // 그 단어를 역순으로 강조 표시함
            for (int i = 0; i < containedWords.Count; i++)
            {
                ndx = numContained - i - 1;
                HighlightWyrd(containedWords[ndx]);
            }
        }

        // 테스트 단어의 유효성에 관계없이 활성화된 큰 글자를 지움
        ClearBigLettersActive();
    }

    // Wyrd를 강조 표시함
    void HighlightWyrd(int ndx)
    {
        // 하위 단어를 활성화함
        wyrds[ndx].found = true;      // 발견됐음을 기록함
        // 밝은 색으로 설정
        wyrds[ndx].color = (wyrds[ndx].color + Color.white) / 2f;
        wyrds[ndx].visible = true;   // 해당 3D 텍스트를 표시함
    }

    // bigLettersActive에서 모든 글자를 제거함
    void ClearBigLettersActive()
    {
        testWord = "";               // 테스트 단어를 지움
        foreach (Letter ltr in bigLettersActive)
        {
            bigLetters.Add(ltr);     // 각 글자를 큰 글자에 추가함
            ltr.color = bigColorDim; // 비활성화 색으로 설정함
        }
        bigLettersActive.Clear();    // List<>를 지움
        ArrangeBigLetters();         // 화면의 큰 글자를 다시 배열함
```

```
        }
    }
```

a. 화면의 i번째 Wyrd가 이미 발견됐다면 나머지 부분을 건너뛰고 다음 반복으로 계속 진행한다. 이렇게 할 수 있는 이유는 화면의 Wyrds와 subWords 리스트의 단어가 동일한 순서이기 때문이다.

b. 이 하위 단어가 테스트 단어와 동일한지 알아보고 동일하다면 하위 단어를 강조 표시한다. 테스트 단어가 아니면 테스트 단어에 하위 단어가 포함돼 있는지(예, SAND에 AND가 포함돼 있는지) 알아보고, 포함돼 있다면 그 단어를 containedWords 리스트에 추가한다.

2. WordGame 스크립트를 저장하고 유니티로 되돌아간다.

3. _MainCamera의 WordGame (Script) 컴포넌트에 대한 인스펙터에서 showAllWyrds를 false로 설정하고 나서 플레이 버튼을 클릭한다.

이제 게임이 작동하며 임의의 레벨이 나타날 것이다. 앞에서 설명한 대로 키보드를 사용해 게임을 플레이하면 된다.

점수 체계 추가

이미 이전 장들에서 작성했던 Scoreboard와 FloatingScore 클래스를 이 프로젝트로 임포트했기 때문에 이 게임에 점수 기능을 추가하기는 아주 쉽다.

1. 메뉴 표시줄에서 GameObject ➤ UI ➤ Canvas를 선택해 사용할 UI 텍스트 필드의 캔버스를 생성한다.

2. 프로젝트 창의 _Prefab 폴더에 있는 Scoreboard를 하이어라키 창의 Canvas로 드래그해 Scoreboard를 Canvas의 자식으로 만든다.

3. Scoreboard 게임오브젝트의 Scoreboard (Script) 컴포넌트에서 prefabFloating Score 필드가 _Prefabs 폴더에 있는 PrefabFloatingScore 프리팹으로 설정돼 있는지 다시 확인한다(Scoreboard의 작동 방식은 32장을 참고한다).

4. __Scripts 폴더 안에 새 스크립트를 생성하고 이름을 ScoreManager로 지정한 후 Scoreboard에 부착한다.

5. 비주얼 스튜디오에서 ScoreManager를 열고 다음 코드를 입력한다.

```
using System.Collections;
using System.Collections.Generic;
using UnityEngine;
using UnityEngine.UI;
using TMPro;

public class ScoreManager : MonoBehaviour
{
    static private ScoreManager S;  // 또 하나의 private 싱글톤

    [Header("Set in Inspector")]
    public List<float> scoreFontSizes = new List<float> { 36, 64, 64, 1 };
    public Vector3 scoreMidPoint = new Vector3(1, 1, 0);
    public float scoreTravelTime = 3f;
    public float scoreComboDelay = 0.5f;

    private RectTransform rectTrans;

    void Awake()
    {
        S = this;
        rectTrans = GetComponent<RectTransform>();
    }

    // ScoreManager.SCORE() 형식을 통해 다른 코드에서 호출할 수 있음
    static public void SCORE(Wyrd wyrd, int combo)
    {
        S.Score(wyrd, combo);
    }

    // 이 단어의 점수에 추가함
    // int combo는 콤보에서 이 단어의 번호임
    void Score(Wyrd wyrd, int combo)
    {
        // FloatingScore의 Vector2 베지어 지점을 저장하는 List<>를 생성함
```

```
        List<Vector2> pts = new List<Vector2>();

        // 단어에서 첫 번째 글자의 위치를 얻음
        Vector3 pt = wyrd.letters[0].transform.position;                // a
        pt = Camera.main.WorldToViewportPoint(pt);

        pts.Add(pt); // pt를 첫 번째 베지어 지점으로 지정                  // b

        // 두 번째 베지어 지점을 추가
        pts.Add(scoreMidPoint);

        // Scoreboard를 마지막 베지어 지점으로 지정
        pts.Add(rectTrans.anchorMax);

        // FloatingScore의 점수를 설정
        int value = wyrd.letters.Count * combo;
        FloatingScore fs = Scoreboard.S.CreateFloatingScore(value, pts);

        fs.timeDuration = scoreTravelTime;
        fs.timeStart = Time.time + combo * scoreComboDelay;
        fs.fontSizes = scoreFontSizes;

        // InOut 완화 효과를 두 배로 늘림
        fs.easingCurve = Easing.InOut + Easing.InOut;

        // FloatingScore의 텍스트를 "3 x 2"과 같은 형식으로 만듦
        string txt = wyrd.letters.Count.ToString();
        if (combo > 1)
        {
            txt += " x " + combo;
        }
        fs.GetComponent<TextMeshProUGUI>().text = txt;
    }
}
```

a. FloatingScore의 시작 위치가 wyrd 바로 위에 있게 한다. 먼저 wyrd의
0번째 문자에 대한 3D 월드 좌표를 얻는다. 그다음 행에서 _MainCamera
를 사용해 3D 월드 좌표를 ViewportPoint로 변환한다. ViewportPoints
는 X와 Y 좌표에서 0에서 1까지의 범위를 갖고 지점이 화면의 너비와
높이를 기준으로 하는 위치를 나타내며 UI 좌표에 사용된다.

b. Vector3 pt를 List<Vector2> pts에 추가하면 Z 좌표가 제거된다.

6. ScoreManager 스크립트를 저장한다.

7. WordGame 스크립트를 열고 CheckWord()에 다음의 굵게 나타낸 점수 코드를 추가한다.

```
public class WordGame : MonoBehaviour
{
    ...

    public void CheckWord()
    {
        ...
        for (int i = 0; i < currLevel.subWords.Count; i++)
        {
            ...
            // 이 하위 단어가 테스트 단어인지 아니면 거기에 포함된 단어인지 확인함
            if (string.Equals(testWord, subWord))
            {
                HighlightWyrd(i);
                ScoreManager.SCORE(wyrds[i], 1); // 테스트 단어에 점수 적용 // a
                foundTestWord = true;
            }
            else if (testWord.Contains(subWord))
            {
                ...
            }
        }

        if (foundTestWord) // 테스트 단어가 하위 단어에서 발견된 경우
        {
            ...
            for (int i = 0; i < containedWords.Count; i++)
            {
                ndx = numContained - i - 1;
                HighlightWyrd(containedWords[ndx]);
                ScoreManager.SCORE(wyrds[containedWords[ndx]], i + 2); // b
```

```
                    }
                }
                ...
            }
            ...
        }
```

a. 이 행에서는 ScoreManager.SCORE() 정적 메서드를 호출해 플레이어가
   구성한 testWord에 대해 점수를 매긴다.

b. 여기에서는 ScoreManager.SCORE()를 호출해 testWord에 포함된 더 작
   은 단어에 대해 점수를 매긴다. 두 번째 매개변수 (i+2)는 콤보에서
   이 단어의 번호다.

8. WordGame 스크립트를 저장하고 유니티로 되돌아가서 플레이 버튼을 클릭
   한다.

이제 입력한 올바른 단어마다 점수를 얻고 단어에 포함된 유효한 추가 단어마다
배수 점수를 얻는다. 하지만 흰색의 점수는 흰색 문자 타일 위에 겹치면 알아보기
어렵다. 나중에 여러 색상을 게임에 추가해 이런 문제를 바로잡을 것이다.

글자에 애니메이션 추가

Utils 스크립트로 임포트한 보간 함수를 활용하면 점수를 처리한 방법과 비슷한
방식으로 글자에 매끄러운 애니메이션을 쉽게 추가할 수 있다.

1. Letter C# 스크립트에 다음 코드를 추가한다.

```
public class Letter : MonoBehaviour
{
    [Header("Set in Inspector")]
    public float          timeDuration = 0.5f;
    public string         easingCuve = Easing.InOut; // Utils.cs의 완화
```

```csharp
    [Header("Set Dynamically")]
    public TextMeshPro    tMesh; // 문자를 보여주는 TextMeshPro
    public Renderer       tRend; // 문자를 부여줄지 결정하는
                                  // 3D 텍스트의 Renderer
    public bool           big = false; // 큰 글자는 작동 방식이 다름
    // 선형 보간에 사용할 필드
    public List<Vector3> pts = null;
    public float          timeStart = -1;

    private char _c;       // 표시되는 문자
    ...

    // Letter 게임오브젝트의 위치를 설정함
    public Vector3 pos
    {
        set
        {
            // transform.position = value; // 이 행은 이제 주석 처리함

            // 현재 위치와 전달된 값 사이의 실제 중간점에서
            //  임의의 거리만큼 떨어진 중간점을 찾음
            Vector3 mid = (transform.position + value) / 2f;

            // 임의의 거리는 실제 중간점에서 선 길이의
            //     1/4로 설정함
            float mag = (transform.position - value).magnitude;
            mid += Random.insideUnitSphere * mag * 0.25f;

            // 베지어 지점을 저장하는 List<Vector3>를 생성함
            pts = new List<Vector3>() { transform.position, mid, value };

            // timeStart가 기본값인 -1이라면 현재 시간으로 설정함
            if (timeStart == -1) timeStart = Time.time;
        }
    }

    // 즉시 새 위치로 이동함
    public Vector3 posImmediate                                        // a
    {
        set
```

```
        {
            transform.position = value;
        }
    }

    // 보간 코드
    void Update()
    {
        if (timeStart == -1) return;

        // 표준 선형 보간 코드
        float u = (Time.time - timeStart) / timeDuration;
        u = Mathf.Clamp01(u);
        float u1 = Easing.Ease(u, easingCuve);
        Vector3 v = Utils.Bezier(u1, pts);
        transform.position = v;

        // 보간이 완료되면 timeStart를 다시 -1로 설정함
        if (u == 1) timeStart = -1;
    }
}
```

   a. pos를 설정하면 새 위치에 보간이 적용되기 때문에 posImmediate가 추가돼 이 글자를 즉시 다른 위치로 이동시킬 수 있다.

2. Letter 스크립트를 저장하고 유니티로 되돌아가서 플레이 버튼을 클릭한다.

이제 모든 Letter는 보간을 통해 새 위치로 매끄럽게 이동할 것이다. 하지만 모든 글자가 동시에 화면 중앙에서 움직이기 시작하면 좀 어색하게 보인다.

3. WordGame.Layout() 메서드를 약간 변경해서 좀 더 자연스럽게 만들어보자.

```
public class WordGame : MonoBehaviour
{
    ...

    void Layout()
    {
        ...
```

```
for (int i = 0; i < currLevel.subWords.Count; i++)
{
    ...
    // 단어의 각 글자를 위해 PrefabLetter를 인스턴스화함
    for (int j = 0; j < word.Length; j++)
    {
        ...
        // 여기서 % 연산자로 여러 열이 정렬하게 함
        pos.y -= (i% numRows) * letterSize;

        // 글자가 화면 위쪽으로 즉시 움직이게 함
        lett.posImmediate = pos + Vector3.up * (20 + i% numRows);
        // 그러고 나서 보간할 위치를 설정함
        lett.pos = pos;    // 나중에 이 행 주위에 코드를 더 추가할 것임
        // 단어가 다른 시간에 움직이게 단어의 시작 시간을 증가시킴
        lett.timeStart = Time.time + i * 0.05f;

        go.transform.localScale = Vector3.one * letterSize;
        wyrd.Add(lett);
    }
    ...
}
...
// 목표 단어의 각 문자에 해당하는 큰 글자를 생성함
for (int i = 0; i < currLevel.word.Length; i++)
{
    ...
    // 큰 글자의 초기 위치를 화면 아래쪽으로 설정함
    pos = new Vector3(0, -100, 0);

    lett.posImmediate = pos;
    lett.pos = pos;        // 나중에 이 행 주위에 코드를 더 추가할 것임
    // 큰 글자가 마지막으로 움직이게 글자의 시작 시간을 증가시킴
    lett.timeStart = Time.time + currLevel.subWords.Count * 0.05f;
    lett.easingCuve = Easing.Sin + "-0.18"; // 탄력 완화

    col = bigColorDim;
    ...
}
```

```
        ...
    }
        ...
}
```

4. WordGame 스크립트를 저장하고 유니티로 되돌아가서 플레이 버튼을 클릭한다.

이제 게임의 애니메이션이 이전보다 더 매끄럽고 멋지게 보일 것이다.

색 추가

게임이 잘 동작하므로 이제 약간의 색을 추가할 차례다.

1. Wyrds의 길이에 따라 색을 지정하도록 WordGame 스크립트에 다음의 굵게 표시한 코드를 추가한다.

```
public class WordGame : MonoBehaviour
{
    static public WordGame        S; // 싱글톤

    [Header("Set in Inspector")]
    ...
    public Vector3                bigLetterCenter = new Vector3(0, -16, 0);
    public Color[]                wyrdPalette;

    [Header("Set Dynamically")]
    ...

    void Layout()
    {
        ...
        // 각 레벨의 하위 단어로 단어를 구성함
        for (int i = 0; i < currLevel.subWords.Count; i++)
        {
            ...
```

```
// 단어의 각 글자를 위해 PrefabLetter를 인스턴스화함
for (int j = 0; j < word.Length; j++)
{
    ...
}

if (showAllWyrds) wyrd.visible = true;

// 길이에 따라 단어의 색을 다르게 지정
wyrd.color = wyrdPalette[word.Length - WordList.WORD_LENGTH_MIN];

wyrds.Add(wyrd);

    ...
    }
    ...
    }
    ...
    }
```

이미 지원 코드(예, Wyrd.color와 Letter.color 프로퍼티뿐만 아니라 Utils 클래스의 완화 코드)가 있기 때문에 수정 사항은 아주 간단하다.

이제 wyrdPalette의 요소에 여덟 가지 색을 지정해야 한다. 색을 쉽게 지정하고자 프로젝트를 시작할 때 임포트했던 Color Palette 이미지를 사용한다. 색 설정에는 스포이드(eye dropper)를 사용할 것인데, 이 작업을 위해 색 팔레트 이미지와 _MainCamera 인스펙터가 동시에 보여야 한다. 이때 동시에 둘 이상의 인스펙터 창을 여는 유니티 기능을 이용할 것이다.

2. 그림 34.5와 같이 창 옵션 버튼(검은색 원으로 표시)을 클릭하고 Add Tab ➤ Inspector를 선택해 Game 탭에 Inspector를 추가한다.

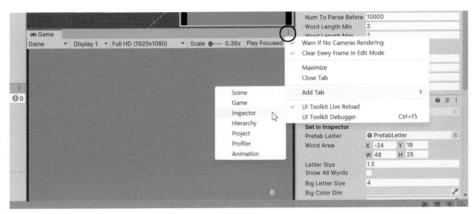

그림 34.5 창 옵션 버튼을 사용해 게임 창에 인스펙터를 추가한다.

3. 프로젝트 창의 Materials & Textures 폴더에서 Color Palette 이미지를 선택한다. 그러면 두 인스펙터 모두에 정보가 나타난다(그림 34.6처럼 보이게 하려면 Game 탭과 Inspector 탭을 각각 아래쪽으로 드래그하면 된다. Color Palette의 미리보기가 보이지 않으면 인스펙터 창에서 이미지 미리보기 부분의 가장자리를 클릭하거나 위쪽으로 드래그한다).

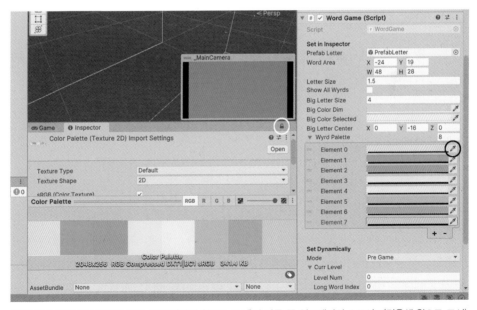

그림 34.6 한쪽 인스펙터의 잠금 아이콘(흰색 원으로 표시)과 다른 쪽 인스펙터의 스포이드(검은색 원으로 표시)

4. 한쪽 인스펙터에서 자물쇠 아이콘(그림 34.6에서 회색 원으로 표시)을 클릭한다.

5. 하이어라키 창에서 _MainCamera를 선택한다. 잠그지 않은 인스펙터에만 _MainCamera의 정보가 나타나는 반면 잠근 인스펙터는 여전히 Color Palette 이미지를 그대로 보여준다.

6. _MainCamera 인스펙터에서 wyrdPalette 옆에 있는 펼침 삼각형을 확장하고 Size를 8로 설정한다.

7. 각 wyrdPalette 요소 옆에 있는 스포이드(검은색 원으로 표시)를 클릭하고 나서 Color Palette 이미지의 색을 하나씩 클릭한다. 이렇게 하면 Color Palette 이미지를 통해 여덟 가지 색이 쉽게 지정되지만 색의 기본 알파 값은 모두 0이다(실제로는 색이 보이지 않게 된다). wyrdPalette 배열에서 각 색의 하단에 검은색 띠가 있는 것으로 알파가 0임을 알 수 있다.

8. wyrdPalette 배열의 각 색 표시줄을 클릭하고 알파(또는 A)를 255로 설정해 완전히 불투명하게 만든다. 이 작업을 완료하면 wyrdPalette의 각 색 하단에 있는 띠가 검은색에서 흰색으로 바뀐다.

9. 항상 그렇듯 씬을 저장한다.

이제 씬을 플레이하면 34장의 시작 부분에 나왔던 스크린샷과 비슷한 모습이 나타날 것이다.

요약

34장에서는 간단한 단어 게임을 만들고 매끄러운 보간 애니메이션으로 세련된 시각 효과를 구현했다. 지금까지 이 책의 실습을 순서대로 진행했다면 이러한 효과를 구현하는 과정이 점차 쉽게 느껴질 것이다. 현재 습득한 유니티 지식과 Scoreboard, FloatingScore, Utils와 같이 미리 준비된 유틸리티 스크립트의 기능을 사용하면 이미 완성돼 있는 기술을 다시 만들 필요 없이 게임의 새롭고 고유한 부분에 더 많은 코딩 노력을 집중할 수 있다.

다음 단계

이전의 프로토타입들에서는 일련의 게임 상태를 설정해 게임의 다른 상태와 한 레벨에서 다음 레벨로의 전환을 처리하는 예를 살펴봤다. 아직 이 프로토타입에는 그런 체계가 없다. 이 게임에도 여러분이 직접 그런 종류의 제어 구조를 추가해보자.

다음은 이를 위해 몇 가지 고려할 사항이다.

- 플레이어는 언제 다음 레벨로 이동해야 할까? 모든 단어를 맞춘 시점? 아니면 특정 점수에 도달했거나 목표 단어를 맞추기만 하면 다음 레벨로 이동하는 걸로 할까?
- 레벨을 어떻게 처리할 것인가? 지금처럼 완전히 무작위 단어가 나타나게 할까? 아니면 무작위성을 수정해 레벨 5일 때 항상 같은 단어가 나타나게 할까(이렇게 하면 플레이어가 레벨 5의 점수를 공정하게 서로 비교할 수 있음)? 다음은 무작위성을 수정할 경우 이용할 수 있는 힌트다.

```
using UnityEngine;
using System.Collections;

public class LevelPicker : MonoBehaviour
{
    static private System.Random rng;

    [Header("Set in Inspector")]
    public int randomSeed = 12345;

    void Awake()
    {
        rng = new System.Random(randomSeed);
    }

    static public int Next(int max = -1)
    {
        // rng에서 0와 max-1 사이의 다음 수를 반환함
        // -1을 전달하면 max는 무시됨
```

```
            if (max == -1)
            {
                return rng.Next();
            }
            else
            {
                return rng.Next(max);
            }
        }
    }
```

■ 하위 단어가 너무 많거나 적은 레벨은 어떻게 처리할 것인가? 일곱 개의 글자로 구성된 어떤 컬렉션은 하위 단어가 너무 많아 화면에서 오른쪽으로 쭉 덮어버리는 반면 그렇지 않은 컬렉션은 너무 적어 겨우 한 열만 차지할 수도 있다. 이런 경우에는 그 레벨을 건너뛰게 처리할 것인가? 그렇다면 특정한 수를 건너뛰려는 경우 PickNthRandom 함수 등에서 어떻게 구현할까?

지금쯤이면 이러한 의문을 해결하고 실제 게임에 구현할 수 있는 프로그래밍 지식과 프로토타입 제작 경험을 쌓았을 것이다. 지금까지 배운 기술을 직접 활용해보자.

CHAPTER 35

프로토타입 7: 던전 델버

35장에서 만드는 〈던전 델버〉 게임은 닌텐도 엔터테인먼트 시스템용 오리지널 〈젤다의 전설〉 게임에서 일부분을 따라한 것이다. 나는 강의하면서 고전 게임을 다시 만들어보는 것이 디자이너가 고전 게임을 배우는 데 아주 도움이 된다는 것을 알았고 〈젤다의 전설〉은 항상 따라하기 가장 좋았다.

이 게임은 이 책의 마지막 프로토타입인 만큼 가장 복잡하다. 하지만 이 프로토타입은 다른 여러 프로토타입보다 더 강력한 컴포넌트 기반 디자인을 사용하므로 각 스크립트는 짧다. 35장을 마치면 액션 어드벤처 게임 제작용의 확장 가능하고도 멋진 뼈대를 갖게 될 것이다.

던전 델버: 게임 개요

35장에서는 대부분의 장들보다 훨씬 길며 규모가 더 큰 게임을 만들 것이다. 이 게임은 2판에서 새롭게 선보이는 유일한 프로토타입으로, 닌텐도 엔터테인먼트 시스템용 <젤다의 전설>에 기반을 둔 액션 어드벤처 게임이다. 이 게임은 드레이^{Dray}라는 모험가를 따라 던전을 탐험하며 스켈레톤과 싸우고 갈고리총을 찾는다.[1]

그림 35.1은 35장의 끝부분에서 완성될 <던전 델버^{Dungeon Delver}>의 모습을 보여준다. <던전 델버>는 NES용 <젤다의 전설> 중에서 첫 번째 던전을 따라 만든 것이다. 35장의 어떤 부분에서는 두 번째 던전(9장에서 다룬 던전)으로 전환할 것이다. 35장을 마친 후에는 http://www.acornpub.co.kr/game-design-2e에서 다운로드하는 파일에 포함된 이 게임용 레벨 편집기 패키지를 이용할 수 있다. 그 패키지를 임포트한 후 __Dungeon_Editor 폴더 안의 ___Instructions_for_Dungeon_Delver_Editor___.txt(커스텀 던전 제작 방법)를 읽어보고 레벨 제작을 시도해보기 바란다.

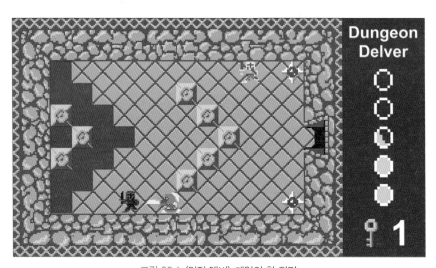

그림 35.1 〈던전 델버〉 게임의 한 장면

---

1. 35장에서 드레이를 언급하고자 '그들, 그들에게, 그들의'라는 대명사를 사용할 것이다. 게임 개발에서든 이 책에서든 부르고 싶은 대로 불러도 된다.

컴포넌트 기반 디자인

이 프로토타입의 경우 가능한 한 컴포넌트 기반 디자인을 사용하려고 노력할 것이다(27장 참고). 이를 제대로 수행하려면 게임을 어떻게 동작시킬지에 대해 생각해봐야 한다. <젤다의 전설>과 그 밖의 대부분 게임은 타일 기반이었다. 즉, 맵^{map}은 스테이지에 제한된 수의 타일을 여러 번 반복해서 깔아 구성했다. 그림 35.2의 왼쪽 그림에서는 사용할 타일을, 오른쪽 그림에서는 이들 타일로 만든 맵의 일부분을 볼 수 있다.

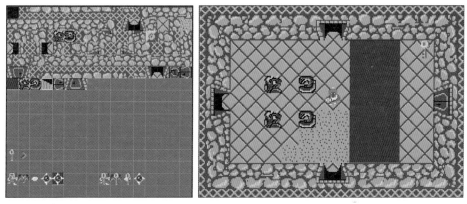

그림 35.2 왼쪽 그림은 타일 아틀라스이고 오른쪽 그림은 그것으로 만든 방이다. 왼쪽 그림에는 타일 가장자리를 좀 더 선명하게 볼 수 있도록 격자가 그어져 있다.

유니티는 2017.2 버전부터 타일맵^{Tilemap} 기능이 추가돼 타일맵 제작이 편리해졌다. 하지만 타일맵이 복잡하거나 타일맵 개수가 많으면 이러한 타일맵 기능에 한계가 있으므로 다른 방법을 모색해야 한다. 우리는 좀 더 객체지향적 방식으로 생각할 것이기 때문에 각 타일 스크립트(Tile.cs)에서 가능한 한 많은 일을 처리하고 카메라 스크립트(TileCamera.cs)에서는 각 타일에 대한 위치만 지정한다. 다음은 이를 위한 분업 구조를 짜본 것이다.

1. TileCamera.cs
   - **자기 위치:** 카메라는 던전 입구에서 시작해 플레이어(드레이)를 따라 다른 방으로 이동한다.

- **맵 데이터 읽기**: TileCamera는 DelverData 맵 파일, DelverCollisions 충돌 정보, 모든 타일 스프라이트가 들어 있는 DelverTiles Texture2D 를 읽는다.
- **타일의 위치 지정**: TileCamera는 Tile 게임오브젝트를 인스턴스화하고 맵에서의 위치를 지정한다.

2. **Tile.cs**: 아래의 모든 사항에 대해서는 TileCamera가 이 타일에 위치를 지정해야 한다.
   - **자기 위치**: 타일은 지정된 위치에 자기 자신을 배치해야 한다.
   - **적절한 타일 스프라이트 표시**: 타일은 TileCamera가 어떤 타일을 보여줘야 하는지 알아내는 DelverData MAP 데이터를 참조해야 한다.
   - **BoxCollider 관리**: 타일은 TileCamera가 관리하는 DelverCollisions 데이터를 참조해서 BoxCollider를 적절하게 설정해야 한다.

시작하기: 프로토타입 7

이 프로젝트용 유니티 패키지에는 많은 에셋, 머티리얼, 스크립트가 포함돼 있다. 이미 앞에서 게임오브젝트 제작과 스프라이트 자르기를 해봤기 때문에 35장에서는 그러한 작업을 하지 않을 것이다. 그 대신 일련의 프리팹을 임포트해 이 게임의 아트워크로 사용한다.

35장의 프로젝트 설정

표준 프로젝트 설정 절차에 따라 유니티에서 새 프로젝트를 생성한다. 이를 수행하는 방법에 대한 정보가 필요하면 부록 A를 참고한다. 프로젝트를 생성할 때 템플릿 선택에서 2D를 선택한다.

- **프로젝트 이름**: Dungeon Delver
- **패키지 다운로드 및 임포트**: http://www.acornpub.co.kr/game-desugn-2e에서 다운로드하는 파일 안에 해당 패키지가 포함돼 있다.
- **씬 이름**: _Scene_Eagle(이 씬은 〈젤다의 전설〉의 이글 던전과 같은 던전 레이아웃으로 될 것이다)

> - **프로젝트 폴더**: 이 유니티 패키지의 모든 폴더가 임포트된다.
> - **C# 스크립트 이름**: 임포트된 스크립트 외의 다른 것은 없다.
>
> 유니티 패키지의 __Scripts 폴더에는 코드 대부분이 주석 처리된 Spiker.cs 스크립트가 포함돼 있다. 35장을 마친 후에는 Spiker 스크립트의 주석을 제거하고 Spiker 프리팹에 부착하면 된다.

35장의 캐릭터, 타일, 아이템 등의 모든 이미지는 내 멋진 동료이자 친구인 앤드류 데니스가 만든 것이며, 그는 미시간 주립대학교에서 아트와 애니메이션을 가르친다.[2]

카메라 설정

이 프로젝트에서는 처음으로 카메라 두 개를 사용할 것이다. 첫 번째인 메인 카메라는 실제 게임 플레이를 보여주고 두 번째인 GUI 카메라는 게임의 그래픽 사용자 인터페이스[GUI]를 보여줄 것이다. 이렇게 하면 각 카메라를 독립적으로 관리할 수 있으므로 GUI 코딩이 훨씬 간단해진다.

게임 창

카메라를 조정하기 전에 게임 창을 준비해야 한다.

게임 창의 화면비 팝업에서 Full HD (1920x1080)을 선택한다. 게임 창 화면비에서 해당 옵션이 없으면 다음을 수행한다.

1. 게임 창의 맨 위에 있는 화면비 팝업 메뉴(왼쪽에서 두 번째 팝업 메뉴)를 클릭하고 해당 메뉴의 맨 아래에 있는 +를 클릭한다.
2. 나타나는 대화상자에서 다음을 설정한다.
    - Label은 Full HD

---

2. 앤드류 강사 페이지는 http://gamedev.msu.edu/andrew-dennis/다.

- Type은 Fixed Resolution
  - W는 1920
  - H는 1080

3. OK를 클릭해 이것을 사전 설정으로 저장한다.
4. 화면비 팝업에서 Full HD (1920x1080)을 선택한다.

메인 카메라

하이어라키 창에서 Main Camera를 선택한다. 그 인스펙터에서 다음과 같이 설정한다.

- Transform: P:[23.5, 5, -10] R:[0, 0, 0] S:[1, 1, 1]
- Camera
  - Clear Flags: Solid Color
  - Background: 검은색으로 설정(RGBA:[0, 0, 0, 255])
  - Projection: Orthographic
  - Size: 5.5
  - Viewport Rect: X:0, Y:0, W:0.8, H:1

GUI 카메라

다음 단계에 따라 GUI Camera라는 카메라를 만든다.

1. GameObject ➤ Camera를 선택해 새 카메라를 생성한다.
2. 카메라 이름을 GUI Camera로 변경한다.

3. 하이어라키 창에서 GUI Camera를 선택하고 인스펙터에서 다음과 같이 설정한다.
  - Tag: Untagged: 이렇게 하면 Camera.main이 여전히 메인 카메라로 참

조된다.

- Transform: P:[-100, 0, -10] R:[0, 0, 0] S:[1, 1, 1]
- Camera
  - Clear Flags: Solid Color
  - Background: 지금은 회색으로 설정(RGBA:[128, 128, 128, 255])
  - Projection: Orthographic
  - Size: 5.5
  - Viewport Rect: X:0.8, Y:0, W:0.2, H:1
- Audio Listener: 씬에는 하나의 오디오 리스너^{Audio Listener}만 넣을 수 있으며, 이 씬에서 오디오 리스너는 Main Camera에 있게 된다.
  - Audio Listener 컴포넌트의 오른쪽에 있는 세 점 아이콘을 클릭하고 팝업 메뉴에서 Remove Component를 선택한다.

위와 같이 설정하면 게임 창이 두 개의 작은 창으로 나뉠 것이다. 메인 카메라는 대부분의 화면을 채우고 GUI 카메라는 오른쪽 20%를 채울 것이다.

던전 데이터 이해하기

프로젝트 창의 Resources 폴더에 있는 세 파일은 이 게임에서 던전을 나타내는 데 필요한 정보를 담고 있다(프로젝트 창에서는 .png와 같은 파일 확장자가 나타나지 않는다).

- DelverTiles.png: 던전을 나타내는 데 사용하는 모든 이미지가 들어있는 Texture2D 이미지 파일
- DelverCollisions.txt: DelverTiles.png의 각 타일 스프라이트에 대한 충돌 정보를 저장하는 텍스트 파일. 나중에 이 파일에 있는 각 문자의 의미를 설명할 것이다.
- DelverData.txt: DelverTiles.png의 타일 스프라이트들을 어느 위치에 놓는지에 관한 맵 정보가 들어있는 텍스트 파일

DelverTiles 준비

DelverTiles를 준비하려면 다음 단계를 수행한다.

1. 프로젝트 창의 Resources 폴더에서 **DelverTiles**를 선택한다.

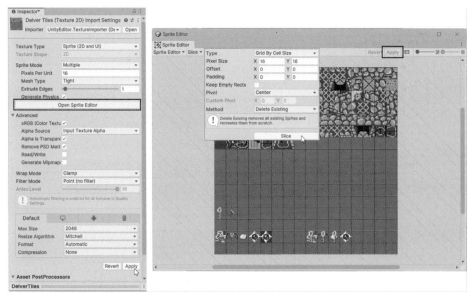

그림 35.3 DelverTiles에 대한 임포트 설정 및 스프라이트 편집기는 적절한 설정을 보여준다.

2. 인스펙터의 Import Settings를 그림 35.3에 나타난 것과 같게 설정한다.

   - **Texture Type**: Sprite(2D and UI)
   - **Sprite Mode**: Multiple
   - **Pixels Per Unit**: 16. 씬에서 16픽셀 너비의 스프라이트는 1m 너비로 나타난다. 각 타일은 16 × 16이기 때문에 맵의 각 타일은 1제곱미터(즉, 1제곱 유니티 단위)를 차지한다.
   - **Generate Mip Maps**: False. MIP 맵은 이미지의 여러 버전을 서로 다른 해상도로 저장해 매우 멀리 떨어진 것들의 렌더링 속도를 높일 수 있게 한다. 이 프로젝트에는 필요하지 않다.
   - **Wrap Mode**: Clamp. 폴리곤의 텍스처 좌표가 0보다 작거나 1보다 크

면 클램프 모드는 이 이미지가 가장자리 픽셀을 반복하게 한다(전체 이미지를 반복해서 바둑판 식으로 배열하는 것과는 다름).

- **Filter Mode:** Point(no filter). 이렇게 지정하면 선명한 8비트 모양을 유지하는 데 도움이 된다.

- **Compression(맨 아래 박스의 Default 탭에 있음):** None. 큰 이미지(특히 가져올 png 파일은 손실 없는 압축 작업)를 압축하는 것이 멋지고 종종 필요할지라도 유니티의 압축은 손실이 크다. 특히 이들과 같이 작은 8비트 그래픽의 경우가 그렇다.

- Compression 설정이 있는 하단 박스에서 Default 외에 다른 탭을 클릭해보면 Windows, Mac, Linux와 WebGL의 특정 플랫폼을 비롯해서 여러분이 설치한 그 외의 플랫폼(이 이미지에서는 Android 옵션이 나타나 있음)에 대한 임포트 설정을 지정할 수 있다. 각 항목 아래의 Override 체크박스가 체크 해제(False)돼 있는지 확인한다.

3. Apply 버튼을 클릭한다(그림 35.3에서 커서가 올려져있는 곳).

4. 그림 35.3에서 검은색으로 둘러싸인 Open Sprite Editor 버튼을 클릭한다. 그러면 스프라이트 편집기가 열리며 그림 35.3의 오른쪽 그림과 같이 나타난다.

5. 스프라이트 편집기의 왼쪽 위에 있는 Slice 팝업 메뉴를 클릭하고 다음 설정을 사용한다.

- **Type:** Grid by Cell Size
- **Pixel Size:** x:16 y:16

6. Slice 버튼(슬라이스 팝업 메뉴의 맨 아래에 있음)을 클릭한다. 그러면 하나의 이미지가 여러 개의 스프라이트로 나눠지는데, 이 모든 스프라이트는 크기가 16 × 16픽셀이다. 이 스프라이트들은 왼쪽 맨 위에서 0으로 시작해 오른쪽 맨 위 구석이 15가 되게 연속으로 번호가 매겨지고, 그다음에 두 번째 행으로 내려간다.

7. 스프라이트 편집기 창의 맨 위에 있는 Apply 버튼을 클릭하고 나서 스프라이트 편집기를 닫는다. 모두 256개의 스프라이트가 생성될 것이다(DelverTiles_0

. 이제 **프로젝트** 창에서 Resources/DelverTiles 옆의 펼침 삼각형을 열면 스프라이트들을 볼 수 있다.

DelverData 텍스트 파일

DelverData에는 어느 타일이 던전의 어느 위치에 놓일지에 대한 16진수 정보가 저장돼 있다.

프로젝트 창에서 Resources/DelverData를 더블 클릭하면 비주얼 스튜디오에서 이 파일이 열린다.

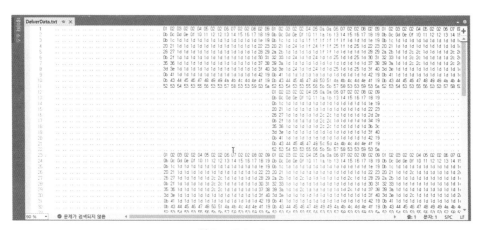

그림 35.4 DelverData.txt

그림 35.4에는 DelverData.txt의 내용이 나타나 있다. 보다시피 9장에서 설명한 <젤다의 전설>에 있는 이글 던전을 거꾸로 뒤집은 버전이다.[3] 텍스트 파일은 항상 위에서 아래로 읽히는 반면에 맵의 Y 좌표는 아래에서 위로 진행하기 때문에 이 미지가 거꾸로 돼 있다.

이 파일에는 많은 두 자리 16진수(공백으로 구분)가 들어있다(칼럼 참고). 던전 패턴을 더

---

3. 35장에서는 폭파 가능한 벽이 필요하지 않기 때문에 이 버전의 DelverData에는 그에 대한 정보가 포함돼 있지 않다. 하지만 35장을 끝내고 직접 추가해도 된다. 35장의 뒷부분에서 또 다른 던전에 적이나 아이템을 추가하는 방법을 알게 되겠지만 여기에는 이것들도 포함돼 있지 않다.

쉽게 알아볼 수 있게 나는 이 파일에서 16진수 값 "00"을 ".."로 대체했다.

16진수

웹 개발을 한 적이 있다면 웹 색상이 지정되는 방식(예, FF0000은 밝은 빨간색)에서 16진수(또는 16진)의 예를 봤을 것이다. DelverData.txt 파일은 0 ~ 255(10진수)까지 셀 수 있는 두 자리 16진수를 사용한다.

일반적인 10진수와 마찬가지로 16진수에는 자리 수(예, 1자리, 10자리 등)가 있다. 일반 10진수에서 숫자는 0에서 9까지 계산할 수 있지만 16진수는 0에서 15까지 계산할 수 있다. 16진수에서 숫자 10에서 15까지 나타낼 때는 다음과 같이 a부터 f까지의 문자를 사용한다.

```
10진수  0  1  2  3  4  5  6  7  8  9  10  11  12  13  14  15  16
16진수  0  1  2  3  4  5  6  7  8  9  a   b   c   d   e   f   10
```

a에서 f까지는 대/소문자를 구분하지 않는다. 나는 DelverData 파일에서 소문자로 표현했는데, 읽기가 좀 더 쉽다고 생각했기 때문이다. C# 프로그래밍에서는 16진수 값 앞에 0x를 붙여서 10진수와 구별한다(이 칼럼에서 명확하게 보여주고자 0x에 붙는 16진수를 코드 글꼴로 나열하고 10진수는 일반 텍스트 글꼴로 나타냈다).

10진수와 마찬가지로 하나 더 높은 자리에 있는 숫자는 그 자리가 표현할 수 있는 수보다 1 더 큰 수를 곱해야 한다. 따라서 16진수의 0x10은 16자리에 1이 있으므로 1 x 16 + 0 x 1을 나타낸다 (10진수의 10은 1 x 10 + 0 x 1을 나타낸다). 그러므로 16진수의 0x10은 10진수의 16과 같다. DelverTiles 이미지에서 타일에 16진수를 사용해서 좋은 점은 해당 이미지에 정확히 256개의 타일이 있고 두 자리의 16진수로 256개의 숫자를 나타낼 수 있다는 것이다. 이 말은 해당 이미지를 참조할 때 첫 번째 16진수가 항상 행이고 두 번째 16진수가 항상 열이라는 것도 의미한다. 그래서 오른쪽을 향하는 빨간 동상에 대한 맵 번호를 얻고 싶다면 행의 수를 세어(0부터 시작해) 16자리에 넣고 나서 열의 수를 세어 1자리에 넣으면 된다(그림 35.5 참고).

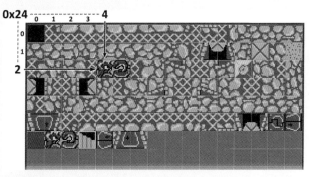

그림 35.5 DelverTiles에서 타일 수 찾기 설명

데이터로부터 맵 생성하기

타일 이미지와 어느 타일을 어디에 넣을지 알려주는 텍스트 파일이 모두 확보됐으므로 그것들을 실제 맵에 결합시켜보자. TileCamera 클래스와 Tile 클래스를 모두 만들어 서로 연관시킬 것이므로 코드를 작성할 때 두 클래스를 오갈 것이다.

Tile 클래스: 준비

Tile 클래스부터 살펴보자. Tile 클래스는 TileCamera로부터 int를 받아 어느 타일을 보여줄지 알려줄 수 있어야 한다. 이것이 지금 필요한 사항이다.

1. 하이어라키 창에서 새 스프라이트를 생성한다(GameObject ➤ 2D Object ➤ Sprites ➤ Square). 새 스프라이트의 이름을 Tile로 지정한다.
2. __Scripts 폴더 안에 새 C# 스크립트를 생성하고 이름을 Tile로 지정한다.
3. 하이어라키 창의 Tile 게임오브젝트에 Tile 스크립트를 부착한다.
4. Tile 스크립트를 비주얼 스튜디오에서 열고 다음 코드를 입력한다.

```csharp
using System.Collections;
using System.Collections.Generic;
using UnityEngine;

public class Tile : MonoBehaviour
{
    [Header("Set Dynamically")]
    public int        x;
    public int        y;
    public int        tileNum;

    public void SetTile(int eX, int eY, int eTileNum = -1)            // a
    {
        x = eX;
        y = eY;
        transform.localPosition = new Vector3(x, y, 0);
        gameObject.name = x.ToString("D3") + "x" + y.ToString("D3"); // b
```

```
    if (eTileNum == -1)
    {
        eTileNum = TileCamera.GET_MAP(x, y);                    // c
    }
    tileNum = eTileNum;
    GetComponent<SpriteRenderer>().sprite =
        ➡ TileCamera.SPRITES[tileNum];                         // d
    }
}
```

a. 이 메서드 선언에는 eTileNum에 대한 기본(옵션) 매개변수가 있다. eTileNum에 대해 아무것도 전달되지 않으면(또는 -1이 전달되면) TileCamera. GET_MAP()으로부터 기본 타일 번호를 읽는다.

b. int x와 y의 ToString("D3") 메서드는 특정 형식의 문자열을 출력한다. "D"는 출력을 10진수(즉, 10진법)로 만들고, "3"은 적어도 세 개의 문자를 사용하게 한다(필요에 따라 앞에 0을 추가한다). 따라서 x=23 및 y=5인 경우이 행은 "023x005"를 출력한다. 다양한 형식에 대해 자세히 알려면 온라인에서 'C# numeric format strings'로 검색해본다.

c. -1이 eTileNum에 전달되면 TileCamera.MAP으로부터 타일 번호를 읽는다. 아직 TileCamera 클래스를 작성하지 않았기 때문에 이 텍스트는 빨간색 밑줄로 표시된다.

d. 일단 TileCamera.SPRITES가 존재하면 적절한 Sprite를 이 Tile에 지정할 것이다.

5. Tile 스크립트를 저장하고 유니티로 되돌아간다. 아직 TileCamera 클래스를 작성하지 않았기 때문에 콘솔에 두 개의 빨간색 오류가 나타날 것이다.

6. 하이어라키 창의 Tile을 프로젝트 창의 _Prefabs 폴더로 드래그해 프리팹으로 만든다.

7. 하이어라키 창의 Tile 인스턴스를 삭제한다.

지금은 이것만 필요하다. 이것으로 TileCamera로부터 SetTile()을 호출할 수 있으며, 타일은 자동으로 적절한 위치에 자리 잡을 것이고 자체 이름도 설정된다.

TileCamera 클래스: 데이터 및 스프라이트 파일 파싱하기

TileCamera 클래스는 DelverTiles.png 이미지의 모든 스프라이트를 파싱해 저장하고 DelverData.txt를 읽어 해당 타일의 위치를 결정한다. 두 파일을 읽는 것으로 시작하자. DelverData 및 DelverTiles 파일은 모두 **프로젝트** 창의 Resources 폴더에 있어야 한다. 'Resources'는 유니티의 특별한 프로젝트 폴더 이름 중 하나다. Resources 폴더의 모든 파일은 **Scene**에 포함돼 있는지 여부와 관계없이 유니티가 컴파일한 프로젝트에 포함될 것이다. 그리고 Resources 폴더에 있는 파일은 UnityEngine의 일부인 Resources 클래스를 사용해 코드 속으로 로드될 수 있다.

1. __Scripts 폴더 안에 새 C# 스크립트를 생성하고 이름을 TileCamera로 지정한다. 지금은 콘솔에 나타난 컴파일러 오류 때문에 이 스크립트를 게임 오브젝트에 부착할 수 없다. 이제 Tile.cs를 보면 TileCamera에 그어져 있던 빨간색 밑줄이 사라졌지만 그 뒤의 정적 필드 이름을 아직 정의하지 않았기 때문에 그 이름에 빨간색 밑줄이 나타난다.

2. 비주얼 스튜디오에서 TileCamera를 열고 다음 코드를 입력한다.

```
using System.Collections;
using System.Collections.Generic;
using UnityEngine;

public class TileCamera : MonoBehaviour
{
    static private int        W, H;
    static private int[,]      MAP;
    static public Sprite[]     SPRITES;
    static public Transform    TILE_ANCHOR;
    static public Tile[,]      TILES;

    [Header("Set in Inspector")]
    public TextAsset           mapData;
```

```csharp
public Texture2D           mapTiles;
public TextAsset           mapCollisions; // 나중에 사용
public Tile                tilePrefab;

void Awake()
{
    LoadMap();
}

public void LoadMap()
{
    // TILE_ANCHOR을 생성함. 모든 타일은 이것을 부모로 둘 것임
    GameObject go = new GameObject("TILE_ANCHOR");
    TILE_ANCHOR = go.transform;

    // mapTiles로부터 모든 스프라이트를 로드함
    SPRITES = Resources.LoadAll<Sprite>(mapTiles.name);          // a

    // 맵 데이터에서 읽음
    string[] lines = mapData.text.Split('\n');                   // b
    H = lines.Length;
    string[] tileNums = lines[0].Split(' ');
    W = tileNums.Length;

    System.Globalization.NumberStyles hexNum;                    // c
    hexNum = System.Globalization.NumberStyles.HexNumber;
    // 더 빠른 접근을 위해 맵 데이터를 2D 배열 속에 넣음
    MAP = new int[W, H];
    for (int j = 0; j < H; j++)
    {
        tileNums = lines[j].Split(' ');
        for (int i = 0; i < W; i++)
        {
            if (tileNums[i] == "..")
            {
                MAP[i, j] = 0;
            }
            else
            {
```

```
                    MAP[i, j] = int.Parse(tileNums[i], hexNum);        // d
                }
            }
        }
        print("Parsed " + SPRITES.Length + " sprites.");              // e
        print("Map size: " + W + " wide by " + H + " high");
    }

    static public int GET_MAP(int x, int y)                           // f
    {
        if (x < 0 || x >= W || y < 0 || y >= H)
        {
            return -1; // IndexOutOfRangeExceptions를 허용하지 않음
        }
        return MAP[x, y];
    }
    static public int GET_MAP(float x, float y) // float GET_MAP() 오버로드
    {
        int tX = Mathf.RoundToInt(x);
        int tY = Mathf.RoundToInt(y - 0.25f);                         // g
        return GET_MAP(tX, tY);
    }

    static public void SET_MAP(int x, int y, int tNum)                // f
    {
        // 추가적인 보안이나 중단점을 여기에 설정할 수 있음
        if (x < 0 || x >= W || y < 0 || y >= H)
        {
            return; // IndexOutOfRangeExceptions를 허용하지 않음
        }
        MAP[x, y] = tNum;
    }
}
```

a. mapTiles 이미지(DelveTiles.png)는 Resources 폴더에 있기 때문에 Resources.
    LoadAll<Sprite>() 메서드를 사용해 스프라이트를 모두 로드할 수
    있다.

b. TextAsset mapData 필드에 DelverData.txt를 지정하면 mapData.text를 통해 텍스트에 접근할 수 있다. 이 행은 캐리지 리턴 '\n'에서 텍스트를 분리해 맵의 각 행을 lines 문자열 배열의 요소에 넣는다. 총 행 수는 H에 지정된다. 그러고 나서 첫 번째 행은 공백 ''으로 분리되며 두 자리 16진 코드를 tileNums 배열의 각 요소에 넣는다. tileNum의 요소 수는 W에 지정된다.

c. tileNum의 2자리 16진수 문자열을 16진수로 해석하려면 int.Parse() 메서드에 전달할 System.Globalization.NumberStyles.HexNumber 상수가 필요하다. 이 상수는 많은 철자로 이뤄져 있어 // d 행의 너비에 맞지 않으므로 hexNum 변수로 배치했다.

d. int.Parse() 메서드는 문자열을 int로 파싱하려고 시도한다. 이 메서드의 두 번째 매개변수인 NumberStyles hexNum으로 16진수를 찾는다. if문에서 먼저 각 tileNums 요소가 ".."인지 확인하고 int 0으로 바로 변환하는 것을 볼 수 있다.

e. 게임을 실행하기 전에 이 행에 디버그 중단점을 두면 MAP과 SPRITES 정적 필드에 저장되는 모든 값을 볼 수 있다.

f. 정적 public GET_MAP() 및 SET_MAP() 메서드는 IndexOutOfRangeExceptions 와 같은 예외를 방지하면서 MAP을 얻고 설정할 수 있게 해준다.

g. 여기서 y - 0.25f는 이 게임에서 플레이어의 캐릭터 몸의 위쪽 절반이 타일 바깥에 걸치는 것이며 여전히 그 타일 위를 걷는 것으로 간주된다. 이 점은 35장의 후반부에서 중요하며 갈고리 로프가 안전하지 않은 타일 위에 드레이를 떨어뜨렸는지 여부를 결정하는 데 필요하다.

3. TileCamera 스크립트를 저장하고 유니티로 다시 전환한다.

4. 더 이상 컴파일러 오류가 없으므로 TileCamera 스크립트를 Main Camera에 부착한다.

5. Main Camera 인스펙터에서 TileCamera의 다음 필드를 지정한다.

■ **mapData:** 프로젝트 창의 Resources 폴더에 있는 DelverData를 지정한다.

- mapTiles: 프로젝트 창의 Resources 폴더에 있는 DelverTiles를 할당한다.
- mapCollisions: 프로젝트 창의 Resources 폴더에 있는 DelverCollisions를 지정한다. 35장의 뒷부분에서 mapCollisions를 사용할 것이다.
- tilePrefab: 프로젝트 창의 _Prefabs 폴더에 있는 Tile을 지정한다. 이것은 GameObject가 아닌 Tile 타입이므로 프로젝트 창의 Tile을 인스펙터에 있는 이 슬롯으로 드래그해야 한다. 인스펙터에서 tilePrefab 옆의 과녁을 클릭하면 선택할 게 없을 것이다.

6. 씬을 저장한다.
7. 플레이 버튼을 클릭하면 다음 두 행이 콘솔에 출력된다.

```
Parsed 256 sprites.
Map size: 96 wide by 66 high
```

맵 보이기

맵을 나타내려면 또 하나의 메서드를 코딩해야 한다.

TileCamera: ShowMap()

TileCamera 클래스 안에 전체 맵을 한 번에 보여주는 메서드를 작성할 것이다. 이렇게 하는 것이 아주 효율적인 방법은 아니지만 프로토타입을 빨리 실행할 수 있게 할 것이다.

1. TileCamera에 다음의 굵게 나타낸 코드를 추가한다.

```
public class TileCamera : MonoBehaviour
{
    ...
    public void LoadMap()
    {
```

1128

```
        ...
        print("Parsed " + SPRITES.Length + " sprites.");
        print("Map size: " + W + " wide by " + H + " high");

        ShowMap();                                               // a
    }

    /// <summary>
    /// 전체 맵에 대한 타일을 한꺼번에 생성
    /// </summary>
    void ShowMap()
    {
        TILES = new Tile[W, H];

        // 전체 맵을 훑으며 필요한 곳의 타일을 인스턴스화함
        for (int j = 0; j < H; j++)
        {
            for (int i = 0; i < W; i++)
            {
                if (MAP[i, j] != 0)
                {
                    Tile ti = Instantiate<Tile>(tilePrefab);     // b
                    ti.transform.SetParent(TILE_ANCHOR);
                    ti.SetTile(i, j);                            // c
                    TILES[i, j] = ti;
                }
            }
        }
    }

    static public int GET_MAP(int x, int y) { ... }
    ...
}
```

a. LoadMap()의 끝에서 ShowMap()을 호출해 타일을 씬에 놓는다.

b. 이 행은 이전에 봤던 것과는 다른 Instantiate 사용법이다. 꼭 필요한 것은 Tile 인스턴스이고 거기에 연결된 게임오브젝트가 아니기 때문에 Tile tilePrefab을 Tile로 인스턴스화해서 지역 변수 ti에게로 전

달하면 된다. 포함하고 있는 게임오브젝트는 여전히 씬에서 인스턴스화된다. 즉, 코드 안에서 처리할 필요가 없다.

    c. SetTile()은 위치만으로 ti에서 호출된다(옵션인 eTileNum 매개변수를 생략하면 TileCamera.MAP으로부터 tileNum을 사용하게 됨).

2. 스크립트를 저장하고 유니티로 되돌아가서 플레이 버튼을 클릭한다.

씬 창에서 던전의 전체 맵이 짧은 시간 내에 만들어지는 것을 볼 수 있다. 씬 창에서 맵 전체가 잘 보이게 하려면 하이어라키 창의 TILE_ANCHOR를 더블 클릭한다.

Main Camera는 그림 35.6과 같이 던전 내의 방 하나를 나타낼 것이다(이 방이 보이지 않는다면 35장의 앞부분에서 설정한 Main Camera의 transform.position을 다시 확인하라).

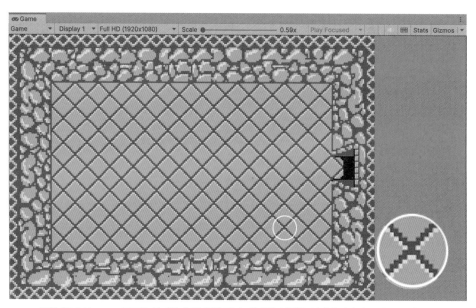

그림 35.6 ShowMap 코드를 추가한 후의 실행 결과. 확대한 영역은 안티앨리어싱 문제를 보여준다.

안티앨리어싱 문제 처리

유니티는 기본적으로 (거의 항상) 가능한 곳에 안티앨리어싱anti-aliasing을 사용하지만 <던전 델버>와 같은 8비트 스타일의 그래픽을 처리할 때는 문제가 발생할 수 있다.

안티앨리어싱이란 오버샘플링된 렌더링^{oversampled rendering}의 한 방법으로서 유니티
가 메모리 속에 더 큰 화면 이미지를 만들고 나서 2x 멀티샘플링^{Multi Sampling}이라는
기본 설정으로 다운샘플링해^{downsampling} 그래픽을 매끄럽게 보이게 한 것이다. 2x
멀티샘플링이란 오버샘플링의 한 방법으로서 유니티가 화면의 두 배 크기로 이미
지를 렌더링하고 나서 일반 크기로 축소하며 그 과정 중에 픽셀을 매끄럽게 조화
시킨다. 이 방법은 3D 그래픽에서 아주 잘 먹히지만 2D 그래픽에서는 그림 35.6
의 확대된 영역처럼 타일의 가장자리를 완벽히 나란하게 배치하지 않고 겹치게
나타나게 만든다. <던전 델버>의 경우 괜찮은 모양을 얻으려면 안티앨리어싱을
해제해야 한다.

1. 유니티 메뉴 표시줄에서 Edit ➤ Project Settings를 선택한다. Project
   Settings 창에서 Quality 항목을 선택해 Quality 설정 영역을 연다. 기본적으
   로 Ultra 행이 강조 표시(어두운 회색)로 돼 있어야 한다. 또한 Standalone 열
   아래의 Ultra 행에는 녹색 체크 표시를 해줘야 한다(모니터 아이콘의 Standalone 빌드
   열 맨 아래에는 아래쪽 화살표를 클릭한 후 Ultra를 선택함). 즉, Ultra가 Standalone 빌드를 실
   행하기 위한 기본 품질 설정이 된다(Default 행에서 각 열의 삼각형을 클릭해 각 빌드 타입의
   기본 품질을 설정할 수 있다).

2. Ultra 행을 클릭해 확실히 선택하고 Rendering 제목 아래에서 Anti Aliasing[4]
   설정을 찾는다.

3. Anti Aliasing을 Disabled로 설정한다.

4. 씬을 저장하고 다시 플레이해본다.

이제 겹치는 타일 테두리가 보이지 않을 것이다. Quality 설정에 대한 자세한 내용
을 보려면 Quality 설정 영역의 맨 위 구석에 있는 물음표 표시를 클릭한다.

유니티 2017부터는 모든 품질 설정에서 개별 카메라의 안티앨리어싱을 켜거나
끌 수 있게 했다. Main Camera와 GUI Camera를 모두 선택하고 Allow MSAA 옵션을
Off로 설정한다(MSAA는 멀티샘플 안티앨리어싱^{MultiSample Anti-Aliasing}의 약어다).

---

4. 대부분의 경우 안티앨리어스를 표기할 때 하이픈을 사용하지만 유니티의 Quality 설정에서는 하이픈을 쓰지 않는다.

주인공 추가

이 게임의 주인공은 갑옷을 입은 기사인 드레이다. 오리지널 <젤다의 전설> 게임의 8비트 기술을 모방하고자 이 주인공은 네 방향 중 어느 방향으로도 향할 수 있으며, 걸을 때 애니메이션이 재생될 것이다. 나중에는 칼이나 다른 무기로 공격할 때 숨이 차는 포즈도 추가할 것이다.

이 책에서 유니티 스프라이트 애니메이션으로 작업하는 것은 이번이 처음이다. 유니티 애니메이션 시스템은 아주 복잡한 멀티레이어 3D 애니메이션을 제작할 수 있게 만들어졌다. 이 시스템은 훌륭하지만 <던전 델버>와 같은 간단한 게임에서는 필요한 것이 아니다. 따라서 애니메이터와 애니메이션을 약간 비표준 방식으로 사용할 것이다.

Dray 스프라이트 명명 규칙

이후의 코드에서 **Dray** 스프라이트를 사용하려면 각 스프라이트에 대해 어떤 이름을 붙였는지 알아야 한다.

1. **프로젝트** 창에서 _Textures and Materials 폴더를 선택한다.
2. Texture 2D 이미지인 **Dray** 에셋 옆에 있는 펼침 삼각형을 연다.

여기서 각 스프라이트에 여러 이름이 붙어 있는 것을 볼 수 있다(나는 Dray Import Settings 인스펙터의 스프라이트 편집기를 사용해 이 작업을 했다). 그림 35.7을 보면서 **Dray** 이미지의 각 스프라이트 이름과 대조해보기 바란다.

이 게임 제작 측면의 핵심 요소 중 하나는 그림 35.7에 표시된 스프라이트 이름의 번호 규칙이다. 이 프로젝트에서 숫자 0은 오른쪽 방향을 의미한다. 1은 위쪽, 2는 왼쪽, 3은 아래쪽 방향이다. 이렇게 번호를 매긴 이유는 오른쪽을 가리키는 화살표(양의 X축 방향)에서 시작해서 Z축을 중심으로 90도 회전하면 화살표가 위쪽을 향하기 때문이다. 180도 회전하면 왼쪽을 가리키고 270도(또는 3 × 90도) 회전하면 아래쪽을 가리킨다. 보다시피 이렇게 방향을 이름에 대응시켜 사용하면 게임 제작이 아주 편리해진다.

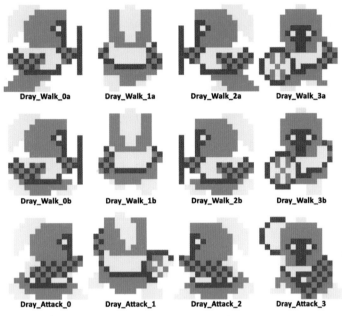

그림 35.7 Dray 이미지에서 이름이 붙은 스프라이트

첫 번째 애니메이션

첫 번째 애니메이션을 만들려면 다음 단계를 따른다.

1. 프로젝트 창에 새 폴더를 생성하고(Assets ➤ Create ➤ Folder) 이름을 _Animations로 지정한다.

2. 프로젝트 창의 _Textures and Materials 폴더에 있는 Dray 스프라이트에서 Dray_Walk_0a와 Dray_Walk_0b를 선택한다(이렇게 하려면 하나를 선택한 후 Shift 키를 누른 상태에서 다른 것을 클릭하면 된다).

3. 이들을 프로젝트 창에서 하이어라키 창으로 드래그한다. 그러면 이 애니메이션의 이름을 묻는 대화상자가 나타난다.

4. 이름을 Dray_Walk_0.anim으로 지정하고 _Animations 폴더에 저장한다. 이렇게 하면 다음과 같은 것들이 생성된다.

   ▪ 프로젝트 창의 _Animations 폴더:

     ▪ Dray_Walk_0: Dray_Walk_0.anim으로 저장한 애니메이션이다. 이 애니메이션에는 오른쪽으로 걷는 Dray의 두 이미지가 포함된다.

     ▪ Dray_Walk_0a: 이것은 애니메이터^{Animator}이며 여러 애니메이션을 저장하고 각각을 언제 보여줄 것인지 제어한다.

   ▪ 하이어라키 창:

     ▪ Dray_Walk_0a라는 게임오브젝트가 있으며 여기에는 동일한 이름의 Dray_Walk_0a 애니메이터가 부착돼 있다. 이것은 플레이어가 조종할 주인공에 대한 메인 게임오브젝트다.

무엇보다도 먼저 이 두 개의 이름을 변경하자.

5. 하이어라키 창에서 Dray_Walk_0a 게임오브젝트를 선택하고 이름을 Dray로 변경한다.

6. 프로젝트 창의 _Animations 폴더에서 Dray_Walk_0a 애니메이터를 선택하고 이름을 Dray_Animator로 변경한다.

7. 프로젝트 창의 Dray_Animator를 더블 클릭한다. 유니티 내에 애니메이터 창이 열린다(애니메이터 창은 그림 35.8의 위쪽 이미지에 나타남). 애니메이터 창이 씬 창과 동일한 화면 영역에서 두 번째 탭으로 나타나지 않으면 애니메이터 창 위에 있는 탭을 클릭해서 Scene 탭의 오른쪽으로 드래그해 놓는다.

8. 애니메이터 창이 너무 작아 잘 보이지 않으면(그림 35.8의 상황과 같으면) 열린 눈 버튼(그림 35.8의 커서가 놓인 부분)을 클릭해 사용하지 않을 애니메이터의 일부분을 숨긴다. 키보드에서 Alt/Option을 누른 상태에서 애니메이터의 배경을 클릭한 후 드래그해 배경을 이동시켜도 된다.

9. 하이어라키 창에서 Dray를 선택하고 Transform 위치를 P:[23.5, 5, 0]로 설정한다. 이렇게 하면 게임 창의 메인 카메라 뷰에서 Dray가 중앙에 배치된다.

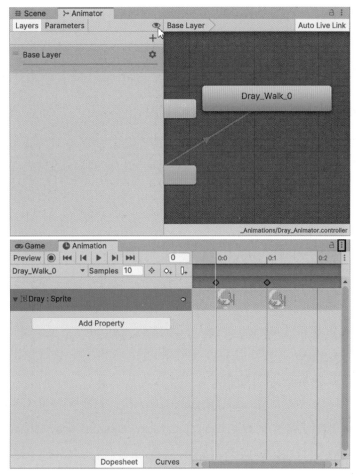

그림 35.8 애니메이터 창과 애니메이션 창

10. 유니티의 플레이 버튼을 클릭한다.

유니티는 게임 창으로 전환하므로 열린 방의 한가운데에서 Dray가 빠르게 달리는
것을 볼 수 있다.[5] 또한 애니메이터 뷰에서는 주황색 Dray_Walk_0 사각형 내부에
파란색 진행 막대가 반복적으로 채워지는 것이 보일 것이다. 이것은 Dray_Walk_0

---

5. 아직 스프라이트의 Sorting Layers를 설정하지 않았기 때문에 **플레이** 버튼을 누르면 Dray가 맵 타일 뒤로 가려질 수 있다.
   이런 경우 **하이어라키** 창에서 TILE_ANCHOR을 클릭한 다음, 인스펙터에서 TILE_ANCHOR 이름 옆에 있는 체크박스를 클릭하
   면 된다. 그러면 TILE_ANCHOR와 이것의 모든 자식이 비활성 상태가 돼 Dray를 볼 수 있다.

이 현재 플레이 중이고 반복되고 있는 애니메이션이라는 점을 알려준다.

11. 유니티의 플레이를 멈추고 씬을 저장한다.

스프라이트 레이어 정하기

드레이가 방을 돌아다니다 보면 바닥 스프라이트의 앞에 보이거나 뒤에 가려질 때가 있다. 게임의 여러 요소를 생성할 때 생성 순서를 달리하면 게임 창에서 이런 점이 나타나지 않을 수도 있지만, 나중에라도 스프라이트 레이어 문제가 발생하지 않게 다음과 같이 스프라이트 순서를 올바르게 지정해줘야 한다.

1. 하이어라키 창에서 Dray를 선택한다.
2. Dray의 Sprite Renderer 컴포넌트에서 현재 Sorting Layer 옆에 **Default**로 나타난 팝업 메뉴를 클릭해 Add Sorting Layer를 선택한다. Tags & Layers 편집기가 열리며 Sorting Layers가 보인다.
3. Sorting Layer 목록의 오른쪽 아래에 있는 + 버튼을 클릭하고 새 레이어 이름을 Dray로 지정한다.
4. 이 과정을 반복해 Ground, Enemies, Items라는 세 개의 레이어를 더 만든다.
5. 레이어를 위에서 아래로 Ground, Default, Enemies, Dray, Items 순서로 정렬한다. 그러면 Ground가 항상 다른 모든 것의 뒤에 가려지게 된다. Enemies는 지정되지 않은(기본) 것과 Dray 사이에 있게 되며, Dray는 Items를 제외한 모든 것의 앞에 놓이고 Items는 맨 앞에 나타나게 된다.
6. 하이어라키 창에서 다시 Dray를 선택하고 Dray의 Sprite Renderer 인스펙터에서 Sorting Layer를 Dray로 설정한다(Dray의 인스펙터 맨 위에 있는 Layer는 변경하지 않는다. 그것은 물리 레이어용이다).
7. 프로젝트 창의 _Prefabs 폴더에서 Tile을 선택하고 Tile의 Sprite Renderer 인스펙터의 Sorting Layer를 Ground로 설정한다. 이렇게 하면 모든 타일 인스턴스가 게임의 다른 모든 요소 뒤에 나타난다.
8. 씬을 저장한다.

이후로 게임에 많은 것을 추가할 때마다 Sorting Layers도 설정할 것이다.

Dray_Walk_0 애니메이션 조정

현재 드레이는 달리는 속도가 너무 빠르며 오른쪽으로만 달릴 수 있다. 애니메이션 창을 사용해 이 두 가지를 수정할 것이다.

1. 게임 창의 오른쪽에 있는 작은 세 점 표시를 클릭한다(그림 35.8의 아래 이미지에서 검은색 사각형으로 강조 표시함). 이 메뉴에서 Add Tab ➤ Animation을 선택해 게임 창과 같이 탭이 달린 애니메이션 창을 연다(그림 35.8의 아래쪽 이미지 참고).
2. 애니메이션 창을 그림 35.8과 같이 보이게 하려면 하이어라키 창에서 Dray를 선택한 후 애니메이션 창에서 Dray : Sprite 옆에 있는 펼침 삼각형을 연다.

애니메이션 창에는 현재 Dray_Walk_0이 표시된 팝업 메뉴(빨간색의 애니메이션 녹화 동그라미 바로 아래)가 있다. 나는 이 영역의 나머지 부분과 구분하고자 이 팝업 메뉴를 애니메이션 선택기^{Animation Selector}라고 부를 것이다. 애니메이션 선택기의 오른쪽에는 샘플 수를 입력하는 필드가 있다. 샘플은 애니메이션이 플레이되는 속도(매초 표시되는 프레임 수)를 설정한다. 이 샘플 수 입력 필드는 바로 위쪽의 플레이 지점 입력 필드와 혼동하지 않게 한다. 이 샘플 수 입력 필드가 나타나 있지 않으면 위쪽 입력 필드의 오른쪽 끝에 있는 세 점 표시를 누른 후 Show sample rate를 선택하면 된다.

3. Samples의 수를 10으로 설정하고 Return/Enter를 누른다. 그러면 드레이는 초당 약 5걸음 걷는다.
4. 드레이의 이런 움직임을 직접 확인하려면 다음과 같이 한다.
   - 씬 창으로 전환한다(Scene 탭을 클릭해서 표시).
   - 하이어라키 창에서 Dray를 더블 클릭해 씬에 있는 드레이에 초점을 맞춘다.
   - 애니메이션 플레이 버튼을 클릭한다(애니메이션 창에서 애니메이션 선택기 바로 위에 있음).

5. 애니메이션 플레이 버튼을 다시 클릭해 플레이를 중지한다.

애니메이션 창의 맨 위에 있는 타임라인 막대가 파란색에서 빨간색으로 변하면 녹화 모드로 전환된 것이다. 유니티의 오래된 버전에서는 애니메이션 플레이 버튼을 클릭할 때 녹화 모드로 전환되는 버그가 있던 적이 있다. 녹화 모드를 끝내려면 애니메이션 녹화 버튼(애니메이션 플레이 버튼의 왼쪽에 있는 빨간색 원)을 클릭해 레코딩 모드를 종료한다.

더 많은 Dray 애니메이션 추가

Dray를 네 방향 모두 애니메이션하게 만들려면 애니메이션을 더 추가해야 한다.

1. 애니메이션 선택기 메뉴를 클릭한 후 Create New Clip을 선택한다.
2. 새 애니메이션 클립의 이름을 Dray_Walk_1.anim으로 지정하고 _Animations 폴더에 저장한다.
3. 새 Dray_Walk_1 애니메이션의 Samples를 10으로 설정하고 Return/Enter를 누른다.
4. 프로젝트 창에서 Dray_Walk_1a와 Dray_Walk_1b를 선택하고 애니메이션 창의 타임라인 영역으로 드래그한다(그림 35.8에서 Dray 이미지를 볼 수 있음).

그러면 Dray_Walk_1이 그림 35.8의 애니메이션 창과 비슷하게 보이지만 Dray가 바라보는 방향은 위쪽(1 방향)이다. 애니메이션 패널이 녹화 모드로 전환될 수도 있다. 그런 버그가 있다면 애니메이션 창에서 빨간색 원인 애니메이션 녹화 버튼을 클릭해 녹화 모드를 해제한다.

5. Dray_Walk_2와 Dray_Walk_3에 대해서도 이 절의 1 ~ 4단계를 반복하는데, 이때 각각에 대해 적절한 이름과 스프라이트를 사용한다.
6. 작업을 마치면 씬을 저장한다.

애니메이터의 애니메이션 상태

애니메이터 뷰(유니티 메뉴 표시줄에서 Window ➤ Animation ➤ Animator 선택)로 다시 전환하면 Dray의 네 가지 상태가 여기에 나열돼 있는 것을 볼 수 있다. 이 애니메이터는 하이어라키 창에 있는 Dray 게임오브젝트의 한 컴포넌트이며 Dray 게임오브젝트와 네 개의 Dray_Walk_# 스프라이트 애니메이션을 하나로 묶어준다.

이동하는 Dray

Dray를 이동시키기에 앞서 다음과 같이 리지드바디를 추가해야 하다.

1. 하이어라키 창에서 Dray 게임오브젝트를 선택한다.
2. Dray에 Rigidbody 컴포넌트를 부착한다(Component ➤ Physics ➤ Rigidbody).
   - Use Gravity를 false(체크 표시 안함)로 설정한다.
   - Constraints 항목:
      - Freeze Position Z를 true로 설정한다.
      - Freeze Rotation X, Y, Z를 true로 설정한다.
3. 씬을 저장한다.

이제 Dray에 스크립트를 추가해 이동하게 해보자.

4. __Scripts 폴더에 새 C# 스크립트를 생성하고 이름을 Dray로 지정한 후 하이어라키 창의 Dray 게임오브젝트에 부착한다.
5. 비주얼 스튜디오에서 Dray 스크립트를 열고 다음 코드를 입력한다.

```
using System.Collections;
using System.Collections.Generic;
using UnityEngine;

public class Dray : MonoBehaviour
{
    [Header("Set in Inspector")]
```

```
public float            speed = 5;

[Header("Set Dynamically")]
public int              dirHeld = -1; // 누른 이동 키의 방향

private Rigidbody       rigid;

void Awake()
{
    rigid = GetComponent<Rigidbody>();
}

void Update()
{
    dirHeld = -1;
    if (Input.GetKey(KeyCode.RightArrow))  dirHeld = 0;        // a
    if (Input.GetKey(KeyCode.UpArrow))     dirHeld = 1;
    if (Input.GetKey(KeyCode.LeftArrow))   dirHeld = 2;
    if (Input.GetKey(KeyCode.DownArrow))   dirHeld = 3;

    Vector3 vel = Vector3.zero;
    switch (dirHeld)                                           // b
    {
        case 0:
            vel = Vector3.right;
            break;
        case 1:
            vel = Vector3.up;
            break;
        case 2:
            vel = Vector3.left;
            break;
        case 3:
            vel = Vector3.down;
            break;
    }

    rigid.velocity = vel * speed;
}
}
```

a. Update() 함수에서 앞부분에 네 개의 한 행짜리 if문을 배치했기 때문에 여러 화살표 키를 동시에 누르면 맨 나중에 true로 산출된 행이 그 결과를 일으키게 된다(예, 아래쪽 키와 오른쪽 키를 함께 누른 상태로 있으면 Dray는 아래쪽으로 이동한다). 이 게임은 아주 간단하기 때문에 나는 이런 식으로 동작하는 데에만 신경을 썼다. 여러분은 35장을 끝낸 후 이 부분을 개선해보기 바란다.

b. 이 switch문은 다음 절에서 좀 더 개선된 코드로 대체된다.

6. Dray 스크립트를 저장하고 유니티로 되돌아가서 플레이 버튼을 클릭한다. 이제 화살표 키를 사용해 아주 단순한 방식으로 Dray를 스테이지 주위로 이동시킬 수 있다.

더 흥미로운 이동 방식

0부터 3까지의 dirHeld 정수 값을 사용하기 때문에 dirHeld를 흥미로운 방식으로 활용할 수 있다. 예를 들어 앞의 코드 리스트에서 // b로 표시한 switch문은 아주 반복적이며 dirHeld 값을 사용해 네 방향 중 하나를 선택한다. dirHeld의 0 ~ 3값을 어떻게 활용할 수 있는지 보려면 다음 코드 리스트를 참고한다.

비주얼 스튜디오에서 Dray 스크립트를 다시 열고 다음과 같게 코드를 업데이트한다.

```
public class Dray : MonoBehaviour
{
    ...
    private Rigidbody        rigid;

    private Vector3[] directions = new Vector3[] {
        Vector3.right, Vector3.up, Vector3.left, Vector3.down };          // a

    void Awake()
    {
        rigid = GetComponent<Rigidbody>();
```

```
    }
    void Update()
    {
        dirHeld = -1;
        if (Input.GetKey(KeyCode.RightArrow))  dirHeld = 0;
        if (Input.GetKey(KeyCode.UpArrow))     dirHeld = 1;
        if (Input.GetKey(KeyCode.LeftArrow))   dirHeld = 2;
        if (Input.GetKey(KeyCode.DownArrow))   dirHeld = 3;

        Vector3 vel = Vector3.zero;
        // 이곳에 있던 switch 전체 절을 삭제함
        if (dirHeld > -1) vel = directions[dirHeld];                      // b

        rigid.velocity = vel * speed;
    }
}
```

a. Vector3 배열인 이 directions를 사용하면 네 방향 벡터를 쉽게 참조할 수 있다.

b. 이 한 행으로 이전의 코드 리스트에서 15개 행에 걸쳐 있던 switch 전체 절을 대체했다.

유니티에서 게임을 다시 플레이해보면 훨씬 적은 코드 행으로 동일한 기능이 나온다는 것을 알 수 있다. 이런 방식으로 dirHeld를 계속 사용해 35장의 코드를 간소화할 것이다.

입력 키를 처리하는 더 좋은 방법

directions 배열과 비슷한 방식으로 이동에 사용할 키를 하나의 배열에 저장할 수도 있다. Dray 클래스에서 다음 코드로 수정한다.

```
public class Dray : MonoBehaviour
{
    [Header("Set in Inspector")]
```

```
public float             speed = 5;

[Header("Set Dynamically")]
public int               dirHeld = -1; // 누른 이동 키의 방향

private Rigidbody        rigid;

private Vector3[] directions = new Vector3[] {
    Vector3.right, Vector3.up, Vector3.left, Vector3.down };

private KeyCode[] keys = new KeyCode[] { KeyCode.RightArrow,
    ➥ KeyCode.UpArrow, KeyCode.LeftArrow, KeyCode.DownArrow };         // a

void Awake()
{
    rigid = GetComponent<Rigidbody>();
}

void Update()
{
    dirHeld = -1;
    // 이곳에 있던 네 개의 "if ( Input.GetKey..." 행을 삭제함
    for (int i = 0; i < 4; i++)
    {
        if (Input.GetKey(keys[i])) dirHeld = i;                        // b
    }
    Vector3 vel = Vector3.zero;
    if (dirHeld > -1) vel = directions[dirHeld];

    rigid.velocity = vel * speed;
}
}
```

a. 이 배열을 사용하면 네 개의 키 각각을 쉽게 참조할 수 있다.

b. 이 for 루프는 keys 배열의 가능한 모든 KeyCode를 반복해서 어느 키가 눌러졌는지 찾는다.

이렇게 새 KeyCode 배열을 사용하면 dirHeld의 0 ~ 3 특성을 재활용하면서 화살표 키를 그대로 사용하지만 코드는 더 깔끔해졌다.

Dray의 걷는 애니메이션

비주얼 스튜디오에서 Dray를 다시 열어 다음 코드를 추가한다.

```
public class Dray : MonoBehaviour
{
    ...
    private Rigidbody        rigid;
    private Animator         anim;                                    // a
    ...
    void Awake()
    {
        rigid = GetComponent<Rigidbody>();
        anim = GetComponent<Animator>();                             // a
    }

    void Update()
    {
        ...
        rigid.velocity = vel * speed;

        // 애니메이션
        if (dirHeld == -1)                                          // b
        {
            anim.speed = 0;
        }
        else
        {
            anim.CrossFade("Dray_Walk_" + dirHeld, 0);             // c
            anim.speed = 1;
        }
    }
}
```

a. private 필드인 anim에 Dray의 Animator 컴포넌트에 대한 참조를 저장한다.

b. 아무 방향 키도 눌리지 않으면(즉, dir == -1) Animator의 속도가 0으로 설정돼 현재 애니메이션이 정지한다.

c. Dray가 어느 방향으로 이동하면 dirHeld 번호가 "Dray_Walk_"에 붙으며 Dray에 추가한 애니메이션 중 하나의 이름이 완성된다.[6] anim.CrossFade() 함수는 Animator 타입의 anim에게 이름에 따라 새 애니메이션으로 전환하도록 지시하고 전환에 0초가 걸릴 것도 지시한다. 이미 anim이 이름 지정의 애니메이션을 표시하고 있으면 이런 사항은 해당되지 않는다.

Dray 스크립트를 저장하고 유니티로 되돌아간다. 게임을 플레이해서 이동해보면 드레이가 애니메이션되는 것을 볼 수 있다.

공격 애니메이션 추가

Dray에 공격 기능을 넣을 차례다. 그러려면 먼저 공격 애니메이션 자세를 갖춰야 한다(Dray의 공격이 적에게 피해를 주는 것은 35장의 후반부에서 구현할 것이다).

공격 자세 애니메이션 만들기

다음을 수행해 공격 자세를 만든다.

1. 하이어라키 창에서 Dray를 선택하고 애니메이션 창으로 전환한다(유니티 메뉴 표시줄에서 Window ➤ Animation ➤ Animation).
2. 애니메이션 선택기를 사용해 Create New Clip을 선택해서 새 클립을 생성하고 _Animations 폴더 안에 Dray_Attack_0 이름으로 저장한다.
3. 애니메이션 선택기에서 Dray_Attack_0을 선택한다.
4. Dray_Attack_0의 Samples를 10으로 설정하고 Return/Enter를 누른다.
5. 프로젝트 창의 _Textures and Materials 폴더에 있는 Dray 이미지를 확장해 Dray_Attack_0 스프라이트를 선택한다.

---

6. Dray 애니메이션이 작동하지 않으면 Dray_Walk_0, Dray_Walk_1, Dray_Walk_2, Dray_Walk_3이라는 이름이 제대로 지정됐는지 다시 확인한다. Animator에 들어간 이름이 여러분이 저장했던 .anim 파일의 이름과 다를 수 있기 때문에 애니메이터 뷰에서 애니메이션 이름도 확인해야 한다.

6. 프로젝트 창의 Dane_Attack_0 스프라이트를 애니메이션 창의 타임라인 영역으로 드래그한다.

7. 2 ~ 6단계를 반복해 Dray_Attack_1, Dray_Attack_2, Dray_Attack_3이라는 애니메이션들도 만들고 각각에 대해 그에 해당하는 스프라이트를 지정한다.

애니메이터 창을 확인해보면 이제 네 개의 새로운 공격 애니메이션 모두가 Dray를 위한 애니메이터 안에 나타날 것이다.

공격 자세 애니메이션 코딩하기

Dray 클래스에 또 하나의 애니메이션 상태를 추가하려면 좀 더 복잡해진다. 먼저 dirHeld(현재 누르고 있는 이동 키의 방향)와 새로운 필드 facing(드레이가 바라보는 방향)으로 나눠야 한다. 드레이가 공격 중일 때 공격 지속 시간 동안 적들은 일시적으로 움직이지 못할 것이며 그 시간 동안 방향도 바꾸지 않게 해야 한다.

1. 비주얼 스튜디오에서 Dray를 열고 스크립트 맨 위에 굵게 표시한 열거형과 필드를 추가한다.

```
public class Dray : MonoBehaviour
{
    public enum eMode { idle, move, attack, transition }       // a

    [Header("Set in Inspector")]
    public float          speed = 5;
    public float          attackDuration = 0.25f;  // 공격 시간(초)
    public float          attackDelay = 0.5f;      // 공격 간의 지연

    [Header("Set Dynamically")]
    public int            dirHeld = -1; // 누른 이동 키의 방향
    public int            facing = 1;    // 드레이가 바라보는 방향
    public eMode          mode = eMode.idle;        // a

    private float         timeAtkDone = 0;          // b
    private float         timeAtkNext = 0;          // c
```

```
        private Rigidbody        rigid;
        private Animator         anim;
        ...
    }
```

a. eMode 열거형과 mode 필드를 통해 Dray의 상태를 추적해서 알아낸다.

b. timeAtkDone은 공격 애니메이션을 끝내는 시간이다.

c. timeAtkNext는 Dray가 다시 공격할 수 있는 시간이다.

2. 이러한 새 필드들의 도입으로 Update() 메서드의 작동 방식이 크게 바뀌기 때문에 다음 코드 리스트에서는 Dray 클래스의 Update() 메서드를 전체 코드로 나타냈다. 여기에는 이전 코드 리스트에 제시된 것과 동일한 개념이 모두 포함됐는데, 배치만 약간 바뀌었다. Dray 클래스의 Update() 메서드를 다음 코드로 바꾼다(굵게 표시된 것이 새로운 코드다).

```
void Update()
{
    //----키보드 입력을 처리하고 eDrayModes를 관리함----
    dirHeld = -1;
    for (int i = 0; i < 4; i++)
    {
        if (Input.GetKey(keys[i])) dirHeld = i;
    }

    // 공격 버튼을 누름
    if (Input.GetKeyDown(KeyCode.Z) && Time.time >= timeAtkNext)    // a
    {
        mode = eMode.attack;
        timeAtkDone = Time.time + attackDuration;
        timeAtkNext = Time.time + attackDelay;
    }

    // 공격이 끝났으면 공격 종료
    if (Time.time >= timeAtkDone)                                   // b
    {
        mode = eMode.idle;
```

```
        }
        // 공격 중이 아니면 적절한 모드 선택
        if (mode != eMode.attack)                        // c
        {
            if (dirHeld == -1)
            {
                mode = eMode.idle;
            }
            else
            {
                facing = dirHeld;                        // d
                mode = eMode.move;
            }
        }
        //----현재 모드에서 작동----
        Vector3 vel = Vector3.zero;
        switch (mode)                                    // e
        {
            case eMode.attack:
                anim.CrossFade("Dray_Attack_" + facing, 0);
                anim.speed = 0;
                break;

            case eMode.idle:
                anim.CrossFade("Dray_Walk_" + facing, 0);
                anim.speed = 0;
                break;

            case eMode.move:
                vel = directions[dirHeld];
                anim.CrossFade("Dray_Walk_" + facing, 0);
                anim.speed = 1;
                break;
        }
        rigid.velocity = vel * speed;
    }
```

a. 공격 버튼(키보드의 Z키)을 누르고 있으면 mode는 eMode.attack으로 설정된다.

또한 timeAtkDone 및 timeAtkNext 필드가 설정돼 Dray 인스턴스가 공격 애니메이션을 중지해야 하는 시점과 다시 공격할 수 있는 시점이 적용된다.

b. 드레이가 공격 모드로 전환된 후 공격이 완료될 때까지(attackDuration초(기본값은 0.25초) 후에 발생) 공격 모드는 지속된다. 이 시간이 지나면 모드는 eMode.idle로 돌아간다.

c. 드레이가 공격 모드에 있지 않으면 이 코드는 이동 키가 눌러졌는지에 따라 idle 또는 move를 선택한다(즉, dirHeld > -1).

d. facing은 여기서 독점적으로 설정된다. 드레이가 facing을 변경할 때는 어느 방향으로 움직일 때다. 이 행은 드레이가 공격하거나 서있을 때 일정한 방향을 유지하게 한다.

e. Dray에 대해 적절한 mode가 결정된 후 이 switch문에서 해당 모드와 관련된 작업을 관리한다. 즉, 여기서 anim과 vel 모두를 처리한다.

드레이가 적절한 방향을 바라보고 공격 자세를 잡았으므로, 공격 시에 무기를 쥐어 주는 작업은 수월할 것이다.

드레이의 검

드레이의 기본 무기는 어떤 방향으로든 찌를 수 있는 검이다. 이 검에 대한 텍스처 2D 및 스프라이트는 35장을 시작할 때 유니티 패키지를 통해 이미 임포트돼 있다.

1. 하이어라키 창에서 Dray를 선택한다. 하이어라키 창의 Dray에 마우스 오른쪽 버튼을 클릭하고 팝업 메뉴에서 Create Empty를 선택한다. 빈 게임오브젝트의 이름을 SwordController로 지정한다.

2. SwordController의 Transform을 P:[0, 0, 0] R:[0, 0, 0] S:[1, 1, 1]로 설정한다.

3. _Textures and Materials 폴더에서 Swords라는 Texture 2D 옆에 있는 펼침 삼각형을 연다.

4. Swords_0 스프라이트를 프로젝트 창에서 하이어라키 창으로 드래그한다. 그 것을 SwordController의 자식(Dray에게는 손자)으로 만든다.

   ▪ 하이어라키 창의 Swords_0 인스턴스 이름을 Sword로 바꾼다.

   ▪ Sword의 Transform을 P:[0.75, 0, 0] R:[0, 0, 0] S:[1, 1, 1]로 설정한다.

   ▪ Sword의 Sprite Renderer에서 Sorting Layer를 Enemies로 설정한다(Ground 위에 있지만 Dray 아래에 있게 된다).

5. Box Collider를 검에 추가한다(Component ➤ Physics ➤ Box Collider). 크기에 맞게 자동으로 설정되겠지만 그렇지 않다면 Box Collider의 Size를 [1, 0.4375, 0.2]로 설정한다.

   ▪ Sword Box Collider의 Is Trigger를 true로 설정한다.

6. 하이어라키 창에서 SwordController를 선택한다.

   ▪ SwordController 인스펙터에서 Add Component 버튼을 클릭한다.

   ▪ 나타나는 팝업 메뉴에서 맨 아래쪽의 New Script를 선택한다.

   ▪ 새 스크립트의 이름을 SwordController로 지정한다.

   ▪ 프로젝트 창에서 SwordController 스크립트를 __Scripts 폴더로 이동시 킨다.

7. SwordController 스크립트를 열고 다음 코드를 입력한다.

```
using System.Collections;
using System.Collections.Generic;
using UnityEngine;

public class SwordController : MonoBehaviour
{
    private GameObject sword;
    private Dray dray;
```

```
    void Start()
    {
        sword = transform.Find("Sword").gameObject;                     // a
        dray = transform.parent.GetComponent<Dray>();
        // 검을 비활성화함
        sword.SetActive(false);                                          // b
    }

    void Update()
    {
        transform.rotation = Quaternion.Euler(0, 0, 90 * dray.facing); // c
        sword.SetActive(dray.mode == Dray.eMode.attack);                // d
    }
}
```

a. 이 두 행은 Sword 자식 게임오브젝트에 대한 참조를 찾고 부모 게임오브젝트에 부착된 Dray 클래스 인스턴스에 대한 참조도 찾는다.

b. 게임오브젝트에서 SetActive(false)를 호출하면 해당 게임오브젝트가 렌더링, 충돌, 스크립트 실행 등에서 제외된다. 검을 비활성화하면 보이지 않게 된다.

c. 이 행은 드레이가 바라보는 방향으로 검을 향하게 한다. Sword가 SwordController 게임오브젝트의 자식이며 지역 X 방향으로 0.75 오프셋시켰기 때문에 Dray가 바라보는 방향에 신경 쓰지 않고 SwordController를 회전시켜 Dray의 facing과 일치시키기만 하면 드레이의 손에 검이 올바르게 표시된다.

d. 드레이가 attack 모드에 있다면 업데이트마다 검이 활성화될 것이다.

8. 비주얼 스튜디오에서 모든 스크립트를 저장하고[7] 유니티로 되돌아가서 플레이 버튼을 클릭한다. 이제 화살표 키를 사용하면 드레이가 스테이지 위를 돌아다니고 Z를 눌러 공격할 수 있다. 드레이가 공격 중이고 항상 올바른 방향을 가리킬 때만 검이 나타날 것이다.

---

7. 파일명 탭에 별표가 없으면 이미 저장한 것이다.

적: 스켈레토스

드레이에게 스켈레토스^{Skeletos}는 기본적인 적이다. <젤다의 전설>에 나오는 스탈 포스^{Stalfos}처럼 스켈레토스는 자신이 속한 던전 방을 무작위로 돌아다닌다. 스켈레 토스는 서로 무시하며 터치로 드레이에게 닿는 것으로 손해를 끼칠 수 있다.

스켈레토스 아트

스켈레토스에 대한 아트를 구현하려면 다음과 같이 한다.

1. Skeletos_0 및 Skeletos_1이라는 두 개의 스프라이트를 선택한다(프로젝트 창 ➤ _Textures and Materials ➤ Skeletos에 있음).

2. 이 두 스프라이트를 하이어라키 창으로 드래그한다. 그러고 나서 Skeletos. anim 이름을 지정하고 _Animations 폴더에 저장하면 새 애니메이션이 만 들어진다.

3. 하이어라키 창에서 Skeletos_0 게임오브젝트의 이름을 Skeletos로 변경한다.

4. Skeletos의 Transform 위치를 P:[19, 7, 0]으로 설정한다.

5. Skeletos에 Rigidbody 컴포넌트를 부착한다(Component ➤ Physics ➤ Rigidbody).
   - Use Gravity를 false로 설정한다(체크 표시 안 함).
   - Constraints 항목:
     - Freeze Position Z를 true로 설정한다.
     - Freeze Rotation X, Y, Z를 true로 설정한다.

6. Skeletos에 Sphere Collider를 추가한다(Component ➤ Physics ➤ Sphere Collider).

7. Skeletos 인스펙터의 Sprite Renderer 컴포넌트에서 Sorting Layer를 Enemies 로 설정한다.

8. 하이어라키 창에서 Skeletos를 선택하고 애니메이션 창으로 전환한다(Window ➤ Animation ➤ Animation)

9. Skeletos 애니메이션의 Samples를 5로 설정하고 Return/Enter를 누른다.

10. 씬을 저장한다.

플레이 버튼을 클릭하면 드레이가 있는 방에 제자리에서 뛰고 있는 스켈레토스가 보일 것이다.

Enemy 기본 클래스

<던전 델버>의 모든 적은 Enemy라는 이름의 단일 기본 클래스에서 상속된다.

1. 프로젝트 창의 __Scripts 폴더 안에 새 C# 스크립트를 생성하고 이름을 Enemy로 지정한다.
2. 비주얼 스튜디오에서 Enemy 스크립트를 열고 다음 코드를 입력한다.

```csharp
using System.Collections;
using System.Collections.Generic;
using UnityEngine;

public class Enemy : MonoBehaviour
{
    protected static Vector3[] directions = new Vector3[] {        // a
        Vector3.right, Vector3.up, Vector3.left, Vector3.down };

    [Header("Set in Inspector: Enemy")]                            // b
    public float            maxHealth = 1;                         // c

    [Header("Set Dynamically: Enemy")]
    public float            health;                                // c

    protected Animator      anim;                                  // c
    protected Rigidbody     rigid;                                 // c
    protected SpriteRenderer sRend;                                // c

    protected virtual void Awake()                                 // d
    {
        health = maxHealth;
        anim = GetComponent<Animator>();
        rigid = GetComponent<Rigidbody>();
        sRend = GetComponent<SpriteRenderer>();
    }
```

}

<ol type="a">
<li value="1">드레이와 마찬가지로 적들도 directions를 사용한다. 이 값은 모든 Enemy 인스턴스에서 동일하므로 static으로 지정할 수 있다. Enemy의 하위 클래스에서 접근할 수 있게 protected로 선언한다.</li>
<li>인스펙터를 위한 표준 [Header (...)]에 Enemy를 표기해서 어느 필드가 Enemy 기본 클래스에서 상속됐고 어느 필드가 Skeletos와 기타 Enemy 하위 클래스의 부분인지 알게 했다.</li>
<li>Enemy 클래스에서도 Enemy 하위 클래스에서 공통적으로 사용되는 여러 필드를 선언하는데, 여기에는 체력과 공통 참조의 컴포넌트를 추적하는 필드들이 들어간다.</li>
<li>Enemy의 Awake() 메서드는 health뿐만 아니라 공통적인 컴포넌트 참조인 anim, rigid, sRend에 대한 기본값을 설정한다. protected virtual로 선언하면 하위 클래스에서 오버라이드할 수 있다(이 점에 대해서는 곧 알게 될 것이다).</li>
</ol>

Enemy의 하위 클래스 Skeletos

하위 클래스 Skeletos를 만들려면 다음 단계를 따라 한다.

1. 프로젝트 창의 __Scripts 폴더 안에 새 C# 스크립트를 생성하고 이름을 Skeletos로 지정한다.
2. Skeletos 스크립트를 하이어라키 창의 Skeletos 게임오브젝트에 부착한다.
3. 비주얼 스튜디오에서 Skeletos 스크립트를 열고 다음 코드를 입력한다.

```
using System.Collections;
using System.Collections.Generic;
using UnityEngine;

public class Skeletos : Enemy                                    // a
{
```

```
[Header("Set in Inspector: Skeletos")]                              // b
public int        speed = 2;
public float      timeThinkMin = 1f;
public float      timeThinkMax = 4f;

[Header("Set Dynamically: Skeletos")]
public int        facing = 0;
public float      timeNextDecision = 0;

void Update()
{
    if (Time.time >= timeNextDecision)                             // c
    {
        DecideDirection();
    }
    // rigid는 Enemy에서 상속되며 Enemy.Awake()에서 초기화됨
    rigid.velocity = directions[facing] * speed;
}

void DecideDirection()                                            // d
{
    facing = Random.Range(0, 4);
    timeNextDecision = Time.time + Random.Range(timeThinkMin,
        ➥ timeThinkMax);
}
}
```

a. Skeletos는 Enemy의 하위 클래스다(MonoBehaviour의 하위 클래스가 아님).

b. [Header (...)] 표준에 Skeletos를 표기해서 어느 필드가 Enemy에서 상속됐고 어느 필드가 Skeletos의 부분인지를 알게 했다.

c. Skeletos가 최근에 방향을 변경한 후 충분한 시간이 경과하면 DecideDirection()을 호출해 다시 결정한다.

d. DecideDirection()에서는 무작위 facing 선택뿐만 아니라 다시 결정하기 전의 무작위 시간 선택도 한다.

4. 비주얼 스튜디오에서 모든 스크립트를 저장하고 유니티로 전환한 다음,

플레이 버튼을 클릭한다.

바닥을 무작위로 돌아다니는 스켈레토스가 보일 것이다. 이제 스켈레토스와 그 외의 적들을 방 안에만 있게 하는 스크립트를 만들어야 한다.[8]

InRoom 스크립트

던전은 여러 개의 방으로 나뉘지며 각각의 너비는 16m, 높이는 11m다. InRoom 스크립트에서는 몇 가지 유용한 서비스를 제공할 것이다. 스켈레토스가 방밖으로 나가려는지를 알려면 방안에 있는 위치를 알아야 하는데, 던전의 모든 방이 같은 크기이므로 이 작업은 아주 쉽다.

1. 프로젝트 창의 __Scripts 폴더 안에 새 C# 스크립트를 생성하고 이름을 InRoom으로 지정한다.
2. 비주얼 스튜디오에서 InRoom 스크립트를 열고 다음 코드를 입력한다.

```csharp
using System.Collections;
using System.Collections.Generic;
using UnityEngine;

public class InRoom : MonoBehaviour
{
    static public float    ROOM_W = 16;                        // a
    static public float    ROOM_H = 11;
    static public float    WALL_T = 2;

    // 이 캐릭터가 방의 지역 좌표로 어느 위치에 있는가?
    public Vector2         roomPos                              // b
    {
        get
        {
```

---

8. 스켈레토스가 오랫동안 제자리에 머무르면 단계 2(스크립트 부착)를 제대로 했는지 확인한다. 하지만 정지한 채 그대로 있는 것도 스켈레토스에게 발생할 수 있는 동작이므로 좀 더 지켜봐야 한다.

```
            Vector2 tPos = transform.position;
            tPos.x%= ROOM_W;
            tPos.y%= ROOM_H;
            return tPos;
        }
        set
        {
            Vector2 rm = roomNum;
            rm.x *= ROOM_W;
            rm.y *= ROOM_H;
            rm += value;
            transform.position = rm;
        }
    }

    // 이 캐릭터가 어느 방에 있는가?
    public Vector2            roomNum                               // c
    {
        get
        {
            Vector2 tPos = transform.position;
            tPos.x = Mathf.Floor(tPos.x / ROOM_W);
            tPos.y = Mathf.Floor(tPos.y / ROOM_H);
            return tPos;
        }
        set
        {
            Vector2 rPos = roomPos;
            Vector2 rm = value;
            rm.x *= ROOM_W;
            rm.y *= ROOM_H;
            transform.position = rm + rPos;
        }
    }
}
```

a. 이 정적 float 변수들은 방의 기본 너비와 높이를 설정한다(유니티 단위

b. roomPos 프로퍼티를 사용하면 방의 왼쪽 맨 아래(X:0, Y:0)에 상대적으로 게임오브젝트의 위치를 얻거나 설정할 수 있다.

c. roomNum 프로퍼티를 사용하면 해당 게임오브젝트가 있는 방을 얻거나 설정할 수 있다(던전의 왼쪽 맨 아래 방이 X:0, Y:0이다). 게임오브젝트를 다른 방으로 설정하면 새 방에서도 상대 위치인 roomPos가 동일하게 유지된다.

이 기본 버전의 InRoom은 다양한 게임오브젝트에 부착시킬 수 있으며 이를 통해 해당 게임오브젝트가 어느 방에 있는지 알 수 있다. InRoom을 사용하면 방의 상대 좌표로 게임오브젝트의 위치를 설정하거나 게임오브젝트를 다른 방으로 이동시킬 수 있다.

방 안에 게임오브젝트를 유지시키기

앞서 언급했듯이 스켈레토스를 방 안에만 있게 해야 한다. 이를 위해 LateUpdate() 메서드를 추가해 프레임마다 스켈레토스가 방의 주 영역 바깥을 나가는지 확인하게 한다. LateUpdate() 메서드는 프레임마다 모든 게임오브젝트에서 Update() 메서드가 호출된 후에 호출된다.[9] LateUpdate()는 돌아다니는 캐릭터를 방으로 복귀시키는 등의 정리 작업에 적합하다.

1. InRoom 스크립트를 하이어라키 창의 Skeletos에 부착한다.
2. 비주얼 스튜디오에서 InRoom을 열고 다음의 굵게 나타낸 코드를 추가한다.

```
public class InRoom : MonoBehaviour
{
    static public float      ROOM_W = 16;
    static public float      ROOM_H = 11;
    static public float      WALL_T = 2;
```

---

9. 예를 들어 다섯 게임오브젝트에 Update() 메서드가 있고 그중 두 게임오브젝트에 LateUpdate() 메서드도 있으면 다섯 게임 오브젝트 모두에서 Update()가 호출되고 나서 LateUpdate()가 포함된 두 게임오브젝트에서 LateUpdate()가 호출된다.

```
    [Header("Set in Inspector")]
    public bool            keepInRoom = true;
    public float           gridMult = 1;                          // a

    void LateUpdate()
    {
        if (keepInRoom)                                           // b
        {
            Vector2 rPos = roomPos;
            rPos.x = Mathf.Clamp(rPos.x, WALL_T, ROOM_W - 1 - WALL_T); // c
            rPos.y = Mathf.Clamp(rPos.y, WALL_T, ROOM_H - 1 - WALL_T);
            roomPos = rPos;                                       // d
        }
    }

    // 이 캐릭터가 방의 지역 좌표로 어느 위치에 있는가?
    public Vector2         roomPos { ... }
    ...
}
```

a. gridMult 필드는 35장의 뒷부분에서 사용된다.

b. keepInRoom이 선택된 상태이면 각 프레임마다 이 게임오브젝트의 roomPos가 방의 벽 내에 있는지 점검한다.

c. Mathf.Clamp()는 rPos.x가 WALL_T의 최솟값과 ROOM_W-1-WALL_T의 최댓값 사이에 있게 해서 스켈레토스가 방의 벽을 통과하지 못하게 한다.

d. 방의 범위에 대한 점검이 완료되면 rPos를 roomPos에 다시 지정하는데, 그러면 roomPos 프로퍼티의 set문을 실행해 게임오브젝트를 이동시킨다(방 안으로 되돌려 이동시켜야 하는 경우).

3. InRoom 스크립트를 저장하고 유니티로 되돌아가서 테스트한다. 이제는 스켈레토스가 방 안을 돌아다니지만 이전처럼 벽을 통과하지 않을 것이다.

InRoom 스크립트는 적과 벽의 충돌을 효율적으로 처리하는 데 아주 유용하지만 게임 속의 캐릭터들은 일부 타일(예, 일부 방 중앙에 있는 동상과 오벨리스크)과도 충돌해야 한다. 이를 위해서는 타일 단위로 충돌을 구현해야 한다.

타일 단위의 충돌

DelverData 텍스트 파일에는 던전의 각 위치에 어떤 타일을 배치해야 하는지에 대한 정보가 들어있고, DelverTiles 이미지에는 각 타일에 대한 이미지가 포함돼 있다. DelverCollisions라는 또 다른 텍스트 파일에는 각 타입의 타일에 대한 충돌 정보가 저장돼 있는데, 이 저장에는 약간의 인코딩 방식을 사용한다(그림 35.9 참고).

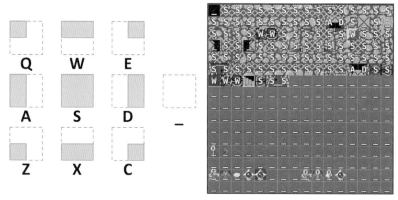

그림 35.9 DelverCollisions 텍스트 파일의 인코딩(왼쪽)과 DelverTiles 위에 DelverCollisions 텍스트를 겹쳐 표시한 예(오른쪽)

그림 35.9의 왼쪽에는 DelverTiles 이미지의 각 타일에 올바른 Box Collider 모양을 일치시킬 DelverCollisions 텍스트 파일의 인코딩이 나타나 있다. 왼쪽의 각 문자는 특정 충돌을 나타낸다. 회색 점선은 전체 타일을 나타내며 녹색 음영 상자는 Collider가 차지하는 것을 나타낸다. 예를 들어 W 타일에는 타일의 위쪽 절반을 차지하는 Collider만 있다. 이 타일은 방의 중앙에 배치된 모든 기둥과 동상에 사용된다. 던전 델버는 _(충돌 없음), S(전체 충돌), A(왼쪽 반 충돌), D(오른쪽 반 충돌), W(위쪽 반 충돌)만 사용하지만 나중에 여러분이 개발할 수 있게 다른 것(Q, E, Z, X, C)도 준비돼 있다.

그림 35.9의 오른쪽에서는 DelverCollisions 텍스트 파일의 내용이 DelverTiles 이미지의 타일 위에 겹쳐져 있는 것을 볼 수 있다.

이 DelverCollisions 정보를 사용하고자 먼저 Tile 프리팹에 Collider를 추가한다.

1. 프로젝트 창의 _Prefabs 폴더에 있는 **Tile** 게임오브젝트를 선택한다.

2. 그 **Tile**에 Box Collider를 부착한다(Component 〉 Physics 〉 Box Collider).[10]

타일 단위의 충돌 관련 스크립트

다음으로는 **TileCamera** 및 **Tile** C# 스크립트에 코드를 추가해 DelverCollisions 데이터를 사용할 수 있게 한다.

1. 비주얼 스튜디오에서 **TileCamera** 스크립트를 열고 다음의 굵게 표시한 코드를 추가한다.

```
public class TileCamera : MonoBehaviour
{
    static private int        W, H;
    static private int[,]     MAP;
    static public Sprite[]    SPRITES;
    static public Transform   TILE_ANCHOR;
    static public Tile[,]     TILES;
    static public string      COLLISIONS;                 // a

    [Header("Set in Inspector")]
    ...
    void Awake()
    {
        COLLISIONS = Utils.RemoveLineEndings(mapCollisions.text);   // b
        LoadMap();
    }
    ...
}
```

a. 정적 public COLLISIONS 문자열은 다른 스크립트에서 접근할 수 있다. string 타입으로 하면 대괄호 접근을 사용해 문자열의 개별 문자에

---

10. Collider가 있는 대부분의 게임오브젝트와는 달리 Tile 프리팹에는 Rigidbody 컴포넌트가 필요 없다. 게임 중에 이동되지 않기 때문이다. 나중에 움직이는 블록과 같은 것을 만들려면 Tile 프리팹에 Rigidbody를 추가해야 한다.

쉽게 접근해서 임의의 tileNum에 대해 충돌 문자를 얻을 수 있기 때문에 string은 적절한 데이터 타입이다.

b. 여기에서 TextAsset 타입의 mapCollisions의 텍스트는 Utils의 이 메서드를 통해 행 끝이 제거되고(그 결과로 줄 바꿈이 없는 256자 문자열이 됨) 스프라이트의 배열로 정렬한 문자 배열(문자열 형태)이 된다.

2. TileCamera 스크립트를 저장한다.

3. Tile 스크립트를 열고 다음의 굵게 나타난 코드를 추가한다.

```
public class Tile : MonoBehaviour
{
    [Header("Set Dynamically")]
    public int          x;
    public int          y;
    public int          tileNum;

    private BoxCollider    bColl;                               // a

    void Awake()
    {
        bColl = GetComponent<BoxCollider>();                   // a
    }

    public void SetTile(int eX, int eY, int eTileNum = -1)
    {
        ...
        GetComponent<SpriteRenderer>().sprite = TileCamera.SPRITES[tileNum];

        SetCollider();                                         // b
    }

    // 이 타일에 대해 Collider를 배열함
    void SetCollider()
    {
        // DelverCollisions.txt에서 Collider 정보를 얻음
        bColl.enabled = true;
        char c = TileCamera.COLLISIONS[tileNum];               // c
        switch (c)
```

```
{
    case 'S': // 전체
        bColl.center = Vector3.zero;
        bColl.size = Vector3.one;
        break;
    case 'W': // 위쪽
        bColl.center = new Vector3(0, 0.25f, 0);
        bColl.size = new Vector3(1, 0.5f, 1);
        break;
    case 'A': // 왼쪽
        bColl.center = new Vector3(-0.25f, 0, 0);
        bColl.size = new Vector3(0.5f, 1, 1);
        break;
    case 'D': // 오른쪽
        bColl.center = new Vector3(0.25f, 0, 0);
        bColl.size = new Vector3(0.5f, 1, 1);
        break;

        // vvvvvvvv-------- 옵션 --------vvvvvvvv          // d
    case 'Q': // 위쪽, 왼쪽
        bColl.center = new Vector3(-0.25f, 0.25f, 0);
        bColl.size = new Vector3(0.5f, 0.5f, 1);
        break;
    case 'E': // 위쪽, 오른쪽
        bColl.center = new Vector3(0.25f, 0.25f, 0);
        bColl.size = new Vector3(0.5f, 0.5f, 1);
        break;
    case 'Z': // 아래쪽, 왼쪽
        bColl.center = new Vector3(-0.25f, -0.25f, 0);
        bColl.size = new Vector3(0.5f, 0.5f, 1);
        break;
    case 'X': // 아래쪽
        bColl.center = new Vector3(0, -0.25f, 0);
        bColl.size = new Vector3(1, 0.5f, 1);
        break;
    case 'C': // 아래쪽, 오른쪽
        bColl.center = new Vector3(0.25f, -0.25f, 0);
```

```
            bColl.size = new Vector3(0.5f, 0.5f, 1);
            break;
        // ^^^^^^^^------- 옵션 -------^^^^^^^^            // d

    default: // 그 외: _, |, 등                             // e
            bColl.enabled = false;
            break;
        }
    }
}
```

a. bColl은 이 타일의 Box Collider에 대한 참조를 저장해서 제공한다.

b. SetTile() 메서드의 끝에서 SetCollider()를 호출한다.

c. 여기서 tileNum은 TileCamera.COLLISIONS에서 올바른 충돌 문자에 접근하는 데 사용된다.

d. 두 개의 // d 행 사이에 있는 행들(Q, E, Z, X, C 문자 처리)은 <던전 델버> 게임에서 필요하지 않지만 다른 프로젝트에서 유용하게 사용할 수 있다.

e. 마지막 default 케이스는 '_' 충돌 문자를 처리하는 데 필요하다.

4. Tile 스크립트를 저장하고 유니티로 되돌아간다.

드레이에 Collider 추가하기

마지막으로 타일당 충돌 결과를 알고자 Collider를 드레이에 추가해야 한다.

1. 하이어라키 창에서 Dray를 선택한다.

2. Sphere Collider를 Dray에 추가한다(Component ➤ Physics ➤ Sphere Collider).
   - Sphere Collider의 Radius를 0.4로 설정한다.

씬을 저장하고 플레이해본다. 벽에 부딪쳤을 때 어떤 일이 일어나는지 살펴보라. 스켈레토스가 방 안에 갇혀 있는 반면 드레이는 출입구 안으로 들어갈 수 있다. 하지만 다음의 두 가지 문제가 발생하는 것을 알아차릴 것이다.

- 문에 딱 들어맞게 위치시키는 것이 좀 어렵다.
- 다른 방으로 이동되지 않는다.

이 문제들을 하나씩 처리해보자.

격자에 맞추기

오리지널 <젤다의 전설> 게임에는 플레이어가 격자에 맞춰 자유롭게 돌아다니는 느낌을 주는 독창적인 시스템이 있었다. 크게 보면 플레이어는 자유롭게 돌아다녔지만 같은 방향으로 멀리 움직일수록 미세하게 0.5단위 격자로 정렬됐다. <던전 델버>에서도 이렇게 하고자 이전에 작성한 InRoom 스크립트를 약간 확장해 방 안에서 이 격자의 가장 가까운 위치 정보를 얻을 수 있다.

1. InRoom 스크립트를 하이어라키 창의 Dray 게임오브젝트에 부착한다.
   - Dray에서 keepInRoom을 false로 설정한다.
2. 비주얼 스튜디오에서 InRoom 스크립트를 열고 클래스 정의 끝에 다음 메서드를 추가한다. GetRoomPosOnGrid()는 방 안 및 격자 위(기본 격자 크기는 1m)에서 게임오브젝트에 가장 가까운 위치를 찾는다.

```
public class InRoom : MonoBehaviour
{
    ...
    // 이 캐릭터가 어느 방에 있는가?
    public Vector2      roomNum { ... }

    // 이 캐릭터에 가장 가까운 격자 위치는 무엇인가?
    public Vector2 GetRoomPosOnGrid(float mult = -1)
    {
        if (mult == -1)
        {
            mult = gridMult;
        }
```

```
        Vector2 rPos = roomPos;
        rPos /= mult;
        rPos.x = Mathf.Round(rPos.x);
        rPos.y = Mathf.Round(rPos.y);
        rPos *= mult;
        return rPos;
    }
}
```

3. InRoom 스크립트를 저장하고 유니티로 되돌아간다.

IFacingMover 인터페이스

드레이 외에도 던전 델버에서 움직이는 것들은 격자에 맞춰야 하므로 곧 다룰
GridMove 스크립트를 그 모든 것에 적용할 것이다. 드레이와 스켈레토스는 동일
한 특성(예, 0 ~ 3의 방향, 이동이나 정지 등의 동작)을 갖고 있지만 드레이와 스켈레토스가 공유
하는 공통 조상 클래스는 MonoBehaviour뿐이다. 이 시점에서 C# 인터페이스를
사용할 것이다. 인터페이스에 대해 좀 더 자세한 알려면 부록 B의 '인터페이스'
절을 참고한다.

간단히 말해 인터페이스는 클래스에 포함될 특정 메서드나 프로퍼티를 선언하는
틀만 갖춘다. 그러므로 코드 속에서 인터페이스를 구현한 클래스라면 특정 클래
스 타입이 아닌 인터페이스 타입으로 참조될 수 있다. 이는 여러 면에서 하위 클
래스 작성과 다르며 가장 중요한 두 가지는 다음과 같다.

- 클래스는 여러 인터페이스를 동시에 구현할 수 있지만 하나의 상위 클래
  스만 둘 수 있다.
- 어떤 클래스라도 (상위 클래스 조상에 관계없이) 여전히 똑같은 인터페이스를 구현할
  수 있다.

인터페이스를 약속으로 생각해도 된다. 즉, 인터페이스를 구현한 클래스라면 안
전하게 호출할 수 있는 특정 메서드나 프로퍼티를 갖춘 것으로 약속한 것이다.

여기서 구현할 IFacingMover 인터페이스는 아주 간단하며 스켈레토스와 드레이 모두에게 쉽게 적용할 수 있다.

1. __Scripts 폴더 안에 새 C# 스크립트를 생성하고 이름을 IFacingMover로 지정한다(인터페이스 이름은 I로 시작한다).

2. 비주얼 스튜디오에서 IFacingMover를 열고 다음 코드를 입력한다. IFacing Mover는 MonoBehaviour를 확장하지 않으며 클래스가 아닌 점에 유의한다.

```
using System.Collections;
using System.Collections.Generic;
using UnityEngine;

public interface IFacingMover                                    // a
{
    int GetFacing();                                            // b
    bool moving { get; }                                        // c
    float GetSpeed();
    float gridMult { get; }                                     // d
    Vector2 roomPos { get; set; }                              // e
    Vector2 roomNum { get; set; }
    Vector2 GetRoomPosOnGrid(float mult = -1);                  // f
}
```

a. 이것은 IFacingMover 인터페이스의 public 선언이다.

b. 인터페이스에 포함된 메서드 및 프로퍼티는 public으로 지정되지 않아도 이 인터페이스를 구현하는 어떠한 클래스에서도 public 접근 효과를 갖는다. 즉, 이 행은 IFacingMover를 구현하는 어떠한 클래스에서도 public int GetFacing() 메서드가 포함될 거라고 선언한다.

c. 메서드 외에도 인터페이스로 프로퍼티 구현을 약속할 수도 있다. 이 행은 IFacingMover를 구현하는 어떠한 클래스에서도 읽기 전용의 bool moving 프로퍼티가 구현될 거라고 선언한다.

d. gridMult 읽기 전용 프로퍼티를 이용하면 IFacingMovers는 GridMove 와 같은 스크립트에 InRoom의 gridMult 필드를 전달할 수 있으므로

GridMove가 InRoom에 직접 접근할 필요가 없다.

e. gridMult 및 roomPos 프로퍼티와 GetRoomPosOnGrid() 메서드를 사용하려면 Dray 및 Skeletos에서 InRoom에 대한 접근을 구현해야 하다. 하지만 그렇게 하면 Dray와 Skeletos는 InRoom에 접근해야 한다. Dray 또는 Skeletos를 IFacingMover로 취급하면 InRoom에 접근할 필요가 없다.

f. 이 인터페이스 메서드에는 mult 매개변수의 기본값이 포함돼 있다. GetRoomPosOnGrid()에 아무 값을 전달하지 않거나 −1 값을 전달하면 gridMult 프로퍼티를 찾게 할 것이다. 흥미롭게도 여기에 있는 mult의 기본값이 IFacingMover를 구현하는 스크립트에 있는 mult의 기본값과 일치하지 않으면 여기에 있는 값이 해당 구현 클래스의 기본값보다 우선한다.

Dray 클래스에서의 IFacingMover 인터페이스 구현

다음 단계에 따라 Dray 클래스에서 IFacingMover 인터페이스를 구현한다.

1. IFacingMover 인터페이스를 구현하고자 Dray 클래스를 열고 다음 코드를 추가한다.

```
public class Dray : MonoBehaviour, IFacingMover                      // a
{
    ...
    private Rigidbody        rigid;
    private Animator         anim;
    private InRoom           inRm;                                   // b

    ...

    void Awake()
    {
        rigid = GetComponent<Rigidbody>();
        anim = GetComponent<Animator>();
```

```
        inRm = GetComponent<InRoom>();                              // b
}

void Update() { ... }

// IFacingMover 구현
public int GetFacing()                                              // c
{
    return facing;
}

public bool moving                                                  // d
{
    get
    {
        return (mode == eMode.move);
    }
}

public float GetSpeed()                                             // e
{
    return speed;
}

public float gridMult
{
    get { return inRm.gridMult; }
}

public Vector2 roomPos                                              // f
{
    get { return inRm.roomPos; }
    set { inRm.roomPos = value; }
}

public Vector2 roomNum
{
    get { return inRm.roomNum; }
    set { inRm.roomNum = value; }
}
```

```
        public Vector2 GetRoomPosOnGrid(float mult = -1)
        {
            return inRm.GetRoomPosOnGrid(mult);
        }
    }
```

a. ", IFacingMover"는 이 클래스가 IFacingMover 인터페이스를 구현한 다고 선언한다.

b. inRm은 부착된 InRoom 클래스에 접근하는 데 사용되며 Awake() 안에 서 지정된다.

c. IFacingMover에 있는 public int GetFacing() 메서드의 구현.

d. IFacingMover에 있는 읽기 전용 프로퍼티인 public bool moving { get; }의 구현

e. IFacingMover에 있는 float GetSpeed()의 구현

f. roomPos를 구현해 놓으면 읽기 및 쓰기 프로퍼티처럼 작동한다.

2. Dray를 저장하고 유니티로 되돌아가서 모든 것이 문제없이 컴파일되는지 확인한다.

다음은 비슷한 작업을 또 하는 것처럼 보이겠지만 Skeletos에서도 동일한 인터페 이스를 구현한 후 어떻게 되는지 알아보자.

3. Skeletos 스크립트를 열고 다음의 굵게 표시한 코드를 입력한다.

```
public class Skeletos : Enemy, IFacingMover                        // a
{
    ...
    public float      timeNextDecision = 0;

    private InRoom    inRm;                                        // b

    protected override void Awake()                               // c
    {
        base.Awake();
        inRm = GetComponent<InRoom>();
```

```csharp
    }

    void Update() { ... }

    void DecideDirection() { ... }

    // IFacingMover의 구현
    public int GetFacing()
    {
        return facing;
    }

    public bool moving { get { return true; } }                      // d

    public float GetSpeed()
    {
        return speed;
    }

    public float gridMult
    {
        get { return inRm.gridMult; }
    }

    public Vector2 roomPos
    {
        get { return inRm.roomPos; }
        set { inRm.roomPos = value; }
    }

    public Vector2 roomNum
    {
        get { return inRm.roomNum; }
        set { inRm.roomNum = value; }
    }

    public Vector2 GetRoomPosOnGrid(float mult = -1)
    {
        return inRm.GetRoomPosOnGrid(mult);
    }
}
```

a. Skeletos 안의 구현 대부분은 이전과 동일하다.

b. Skeletos에서도 inRm을 선언하고 정의해야 한다.

c. 상위 클래스 Enemy에 있는 protected virtual Awake() 메서드를 이용하고자 Skeletos의 Awake()는 protected override로 선언해야 한다. 이 Awake() 메서드의 첫 번째 행은 기본 클래스의 Awake() 메서드(Enemy:Awake())를 호출한다. 그러고 나서 Skeletos:Awake()는 inRm에 값을 지정한다.

d. Skeletos는 항상 움직이므로 여기서 bool moving { get; }의 구현은 Dray 클래스와 달리 true만 반환한다.

4. 비주얼 스튜디오에서 모든 스크립트를 저장하고 유니티로 되돌아간다.

이제 Dray 또는 Skeletos는 각 클래스에서 코드를 따로 작성하지 않고 IFacingMover와 똑같은 코드로 처리할 수 있다. 이를 테스트하고자 GridMove 스크립트를 구현해보자.

GridMove 스크립트

다음과 같이 IFacingMover 구현의 클래스를 가진 게임오브젝트에 GridMove를 적용할 수 있다.

1. __Scripts 폴더 안에 새 C# 스크립트를 생성하고 이름을 GridMove로 지정한 후 Dray에 부착한다.

2. 비주얼 스튜디오에서 GridMove 스크립트를 열고 다음 코드를 입력한다.

```
using System.Collections;
using System.Collections.Generic;
using UnityEngine;

public class GridMove : MonoBehaviour
{
    private IFacingMover    mover;
```

```
void Awake()
{
    mover = GetComponent<IFacingMover>();                           // a
}

void FixedUpdate()
{
    if (!mover.moving) return; // 움직임 없으면 아무것도 하지 않음
    int facing = mover.GetFacing();

    // 어느 방향으로 움직이면 격자에 정렬함
    // 먼저, 격자 위치를 얻음
    Vector2 rPos = mover.roomPos;
    Vector2 rPosGrid = mover.GetRoomPosOnGrid();
    // 이것은 격자 여백을 선택하는 IFacingMover(InRoom 사용)에 의존함

    // 그런 다음 격자 선 쪽으로 이동
    float delta = 0;
    if (facing == 0 || facing == 2)
    {
        // 수평 이동, y 격자에 정렬
        delta = rPosGrid.y - rPos.y;
    }
    else
    {
        // 수직 이동, x 격자에 정렬
        delta = rPosGrid.x - rPos.x;
    }
    if (delta == 0) return; // 이미 격자에 정렬됨

    float move = mover.GetSpeed() * Time.fixedDeltaTime;
    move = Mathf.Min(move, Mathf.Abs(delta));
    if (delta < 0) move = -move;

    if (facing == 0 || facing == 2)
    {
        // 수평 이동, y 격자에 정렬
        rPos.y += move;
    }
```

```
                else
                {
                    // 수직 이동, x 격자에 정렬
                    rPos.x += move;
                }

                mover.roomPos = rPos;
            }
        }
```

a. GetComponent<IFacingMover>()는 이 게임오브젝트에 부착된 컴포넌트 중에서 IFacingMover 인터페이스를 구현한 모든 컴포넌트를 찾는다. 그러면 이 메서드가 Dray 또는 Skeletos 참조 중 하나를 반환할 것이고, 이후로 IFacingMover 인터페이스를 구현하는 어떠한 클래스를 부착하더라도 동일하게 잘 반환될 것이다.

GridMove는 FixedUpdate() 안에 구현하는데, 물리 엔진이 업데이트하면서 다양한 게임오브젝트를 이동시킬 시점 때문이다.

3. 비주얼 스튜디오에 있는 스크립트 모두를 저장하고 유니티로 되돌아가서 플레이 버튼을 클릭한다.

드레이를 움직이면 점진적으로 1단위 격자에 정렬된다. 이렇게 해서 문과 일렬로 정렬하는 것이 훨씬 쉬워진다.

4. 플레이를 중지한다.
5. Dray를 선택하고 InRoom 인스펙터의 gridMult를 0.5로 설정한다.

다시 테스트해보면 <젤다의 전설>처럼 1/2단위 격자로 움직이는데, 위, 아래 문을 통과하려면 이렇게 설정해봐야 한다.

6. GridMove를 하이어라키 창의 Skeletos 게임오브젝트에도 부착한다.
7. 씬을 저장하고 다시 플레이 버튼을 클릭한다.

잘 지켜보면 스켈레토스가 1단위 격자를 따라 움직이는 것을 볼 수 있다.

다른 방으로의 이동

드레이가 문에 잘 맞게 정렬할 수 있게 됐으므로 이제는 던전의 나머지 부분을 탐험할 차례다. 다른 방으로 이동할 게임오브젝트는 드레이가 유일하기 때문에 이 코드의 대부분은 Dray 클래스에 들어갈 것이다. 하지만 문 위치 및 맵의 전체 크기와 같은 전역global 방 정보는 InRoom에서 관리해야 한다.

1. 비주얼 스튜디오에서 InRoom 스크립트를 열고 다음 코드를 입력한다.

```
public class InRoom : MonoBehaviour
{
    static public float     ROOM_W = 16;
    static public float     ROOM_H = 11;
    static public float     WALL_T = 2;

    static public int       MAX_RM_X = 9;                        // a
    static public int       MAX_RM_Y = 9;
    static public Vector2[] DOORS = new Vector2[] {              // b
        new Vector2(14,   5),
        new Vector2(7.5f, 9),
        new Vector2(1,    5),
        new Vector2(7.5f, 1)
    };

    [Header("Set in Inspector")]
    public bool             keepInRoom = true;
    ...
}
```

a. 정적 int 타입의 MAX_RM_X 및 MAX_RM_Y는 맵의 최대 경계를 표시한다. 9로 설정하면 35장의 끝에서 언급하는 델버 레벨 편집기의 최대 크기에 잘 맞을 것이다. 더 큰 맵을 만들고 싶으면 이 값을 변경하면 된다.

b. 정적 Vector2 배열 타입의 DOORS는 방 안에서 각 문의 상대 위치를 저장한다.

2. InRoom 스크립트를 저장한다.

3. 비주얼 스튜디오에서 Dray 클래스를 열고 다음 코드를 입력한다.

```
public class Dray : MonoBehaviour, IFacingMover
{
    ...
    [Header("Set in Inspector")]
    ...
    public float       attackDelay = 0.5f;      // 공격 간의 지연
    public float       transitionDelay = 0.5f; // 방 이동 지연    // a

    [Header("Set Dynamically")]
    ...

    private float      timeAtkDone = 0;
    private float      timeAtkNext = 0;
    private float      transitionDone = 0;                    // a
    private Vector2    transitionPos;

    private Rigidbody  rigid;
    ...

    void Update()
    {
        if (mode == eMode.transition)                         // b
        {
            rigid.velocity = Vector3.zero;
            anim.speed = 0;
            roomPos = transitionPos;      // 드레이의 현 위치를 고수함
            if (Time.time < transitionDone) return;
            // Time.time >= transitionDone일 경우에만 다음 행을 수행함
            mode = eMode.idle;
        }

        //----키보드 입력을 처리하고 eDrayModes을 관리함----
        dirHeld = -1;
```

```
    ...
}

void LateUpdate()
{
    // 이 게임오브젝트의 1/2 격자 위치를 얻음
    Vector2 rPos = GetRoomPosOnGrid(0.5f); // 1/2 격자로 지정      // c
    // 문 타일 안에 있는지를 점검
    int doorNum;
    for (doorNum = 0; doorNum < 4; doorNum++)
    {
        if (rPos == InRoom.DOORS[doorNum])
        {
            break;                                              // d
        }
    }

    if (doorNum > 3 || doorNum != facing) return;               // e

    // 다음 방으로 이동
    Vector2 rm = roomNum;
    switch (doorNum)                                            // f
    {
        case 0:
            rm.x += 1;
            break;
        case 1:
            rm.y += 1;
            break;
        case 2:
            rm.x -= 1;
            break;
        case 3:
            rm.y -= 1;
            break;
    }
    // 건너뛸 rm이 유효한지 확인함
    if (rm.x >= 0 && rm.x <= InRoom.MAX_RM_X)                   // g
```

```
        {
            if (rm.y >= 0 && rm.y <= InRoom.MAX_RM_Y)
            {
                roomNum = rm;
                transitionPos = InRoom.DOORS[(doorNum + 2)% 4];      // h
                roomPos = transitionPos;
                mode = eMode.transition;                             // i
                transitionDone = Time.time + transitionDelay;
            }
        }
    }

    // IFacingMover 구현
    public int GetFacing() { ... }
    ...
}
```

a. 이 행을 빼먹지 않게 한다.

b. 여기 행들은 한 방에서 다른 방으로 이동할 때마다 잠시 드레이를 붙
    잡아둔다. 그러면 카메라가 먼저 새 방을 보여주므로 플레이어가 위험
    한 방인지 확인하고 들어가지 않게 한다.

c. InRoom.DOORS가 1/2 격자로 되기 때문에 여기서 1/2 격자 설정인 0.5
    를 지정한다.

d. 이 루프는 각 문에 대해 반복하며 플레이어가 서있는 곳을 찾으면 반
    복에서 빠져나간다. 플레이어가 아무 문 위치에 서 있지 않으면 for
    루프에서 doorNum은 4값으로 끝난다.

e. doorNum > 3(즉, Dray가 출입구에 서있지 않은 경우) 또는 드레이가 출입구 쪽으로
    향하지 않는다면(즉, doorNum != facing 경우) 여기서 실행이 반환된다.

f. 드레이가 문을 통과해야만 실행된다. 이 switch문은 드레이가 어느
    문을 통과하느냐에 따라 Vector2 타입의 roomNum을 변경한다.

g. 여기서 맵 범위에 대한 유효성을 점검한다. 예를 들어 드레이가 던전
    출입구 밖으로 벗어나지 않게 한다(roomNum.y가 -1로 설정될 경우).

1178

h. (doorNum+2)% 4 코드는 방 안의 반대쪽에 있는 문을 선택한다(예, 드레이가 DOORS[3]으로 나가면 다른 방의 DOORS[1]로 들어선다). 그러면 transitionPos가 그 값으로 설정되고 다음 행에서 드레이의 roomPos가 같은 위치로 설정돼 다음 방의 출입구에 배치된다.

i. 드레이를 transition 모드로 전환해 플레이어가 잠시 움직이지 않게 하는데, 이때 플레이어에게는 새 방으로 이동하기 전에 그 방을 미리 살펴볼 시간이 주어진다.

4. 비주얼 스튜디오에 있는 모든 스크립트를 저장하고 유니티로 다시 전환한 다음 플레이 버튼을 클릭한다.

카메라는 드레이를 따라 새 방으로 이동하지 않으므로 씬 창에서 드레이가 다른 방으로 이동하는 상황을 확인해야 한다. 그러나 이제 곧 게임 창에서 드레이가 출입구를 통해 다른 방으로 이동하는 것을 보게 될 것이다.

카메라가 드레이를 따라가게 하기

Dray가 한 방에서 다른 방으로 이동할 수 있게 됐으므로 카메라가 드레이를 따라가게 할 차례다.

1. __Scripts 폴더 안에 새 C# 스크립트를 생성하고 이름을 CamFollowDray로 지정한다.

2. CamFollowDray를 하이어라키 창의 Main Camera에 부착한다.

3. 비주얼 스튜디오에서 CamFollowDray를 열고 다음 코드를 입력한다.

```
using System.Collections;
using System.Collections.Generic;
using UnityEngine;

public class CamFollowDray : MonoBehaviour
{
```

```csharp
    static public bool TRANSITIONING = false;

    [Header("Set in Inspector")]
    public InRoom        drayInRm;                           // a
    public float         transTime = 0.5f;

    private Vector3      p0, p1;

    private InRoom       inRm;                               // b
    private float        transStart;

    void Awake()
    {
        inRm = GetComponent<InRoom>();
    }

    void Update()
    {
        if (TRANSITIONING)                                   // c
        {
            float u = (Time.time - transStart) / transTime;
            if (u >= 1)
            {
                u = 1;
                TRANSITIONING = false;
            }
            transform.position = (1 - u) * p0 + u * p1;
        }
        else                                                 // d
        {
            if (drayInRm.roomNum != inRm.roomNum)
            {
                TransitionTo(drayInRm.roomNum);
            }
        }
    }

    void TransitionTo(Vector2 rm)                            // e
    {
        p0 = transform.position;
```

```
        inRm.roomNum = rm;
        p1 = transform.position + (Vector3.back * 10);
        transform.position = p0;

        transStart = Time.time;
        TRANSITIONING = true;
    }
}
```

a. 인스펙터에서 public 필드 drayInRm을 지정해야 한다.

b. CamFollowDray에서는 자체 InRoom 인스턴스도 사용한다.

c. CamFollowDray가 다른 방으로 전환 중이면 카메라는 0.5초(기본값) 동안 이전 방(p0)에서 새 방(p1)으로 이동한다.

d. CamFollowDray가 전환 중이 아니면 drayInRm이 이 게임오브젝트(Main Camera)와는 다른 방에 있는지 감시한다.

e. TransitionTo()가 호출되면 CamFollowDray는 현재 위치를 p0에 캐싱하고 나서 임시로 새 방으로 이동하고 p1에 해당 위치를 캐싱한다. InRoom의 roomNum을 설정하면 게임오브젝트의 Z 위치가 0으로 설정되기 때문에 "+ (Vector3.back * 10)" 코드가 필요하다. 그런 다음 CamFollowDray는 다시 원래 위치로 되돌아가서 p0에서 p1까지 선형 보간을 초기화하고 TRANSITIONING을 true로 설정한다.

4. CamFollowDray 스크립트를 저장하고 유니티로 되돌아간다.

5. 하이어라키 창에서 Main Camera를 선택한다.

6. Main Camera에 InRoom 스크립트를 부착한다.

   ▪ keepInRoom을 false로 설정한다(체크 표시를 없앤다).

7. Main Camera의 CamFollowDray 인스펙터에서 drayInRoom 필드에 하이어라키 창의 Dray를 지정한다. 이렇게 하면 Dray에 부착된 InRoom 컴포넌트에 대한 참조를 CamFollowDray에게 제공하게 된다.

8. 씬을 저장하고 플레이 버튼을 클릭한다.

이제 던전에서 맨 아래쪽에 있는 세 개의 방을 드나들 수 있지만 중간 방의 잠긴 문이 문제가 된다.

잠긴 문을 열기

이 던전에서 잠긴 문을 열려면 열쇠가 있어야 하고 잠긴 문 타일을 열린 문 타일로 교체해야 한다. 여기 코드는 드레이와 잠긴 문 타일 간의 충돌을 감시할 것이다. 드레이가 잠긴 문 안으로 들어설 때 열쇠를 갖고 있으면 열쇠 수를 1만큼 감소시킨다. 위쪽과 아래쪽 문(facing이 1과 3)은 각각 한 쌍의 타일로 돼 있기 때문에 이 작업이 좀 복잡해지지만 이것도 처리할 것이다.

IKeyMaster

이 던전 안에서 문을 여는 사람은 드레이뿐이라서 Dray에서 처리하면 되지만 하나의 클래스 안에서 여러 인터페이스를 구현하는 것을 보여주고자 IKeyMaster 인터페이스를 만들기로 한다.

1. __Scripts 폴더 안에 새 C# 스크립트를 생성하고 이름을 IKeyMaster로 지정한다.
2. 비주얼 스튜디오에서 IKeyMaster를 열고 다음 코드를 입력한다.

```csharp
using System.Collections;
using System.Collections.Generic;
using UnityEngine;

public interface IKeyMaster
{
    int keyCount { get; set; }                          // a
    int GetFacing();                                    // b
}
```

a. keyCount를 통해 열쇠 수를 얻거나 설정할 수 있다.

b. GetFacing()은 이미 Dray 클래스에 구현돼 있다(IFacingMover 때문).

3. IKeyMaster를 저장하고 Dray 스크립트를 연다. Dray 스크립트에서 다음의 굵게 표시한 코드를 입력한다.

```csharp
public class Dray : MonoBehaviour, IFacingMover, IKeyMaster          // a
{
    ...
    [Header("Set Dynamically")]
    public int          dirHeld = -1; // 누른 이동 키의 방향
    public int          facing = 1;    // 드레이가 바라보는 방향
    public eMode        mode = eMode.idle;
    public int          numKeys = 0;                                 // b

    private float       timeAtkDone = 0;

    ...
    // IFacingMover 구현
    public int GetFacing()                                          // c
    {
        return facing;
    }
    ...
    public Vector2 GetRoomPosOnGrid(float mult = -1)
    {
        return inRm.GetRoomPosOnGrid(mult);
    }

    // IKeyMaster 구현
    public int keyCount                                            // d
    {
        get { return numKeys; }
        set { numKeys = value; }
    }
}
```

a. Dray 클래스에서 구현할 인터페이스 목록에 IKeyMaster를 추가한다.

b. public int numKeys 필드는 드레이가 소유한 열쇠 수를 저장한다. 유니티 인스펙터에서 쉽게 수정할 수 있게 public으로 지정한다. [SerializeField] 속성을 지정하고 private 필드로 선언해도 좋다.

c. GetFacing()은 이미 Dray 클래스에 구현돼 있다(IFacingMover 때문).

d. keyCount는 간단한 public 프로퍼티로 구현한다.

4. Dray 스크립트를 저장한다. 이제 GateKeeper 클래스를 구현할 준비가 됐다.

GateKeeper 클래스

GateKeeper 클래스는 TileCamera.MAP에서 잠긴 문 타일을 열린 문 타일로 교체해 문의 잠금을 해제한다. Tile.SetTile() 메서드는 이미 두 개의 매개변수(타일의 x 및 y 위치를 eX 및 eY로 받음) 또는 세 개의 매개변수(위치 이외의 특정 타일을 지정할 수 있는 eTileNum 추가됨)를 받게 돼 있다. 이 메서드를 약간 수정해서 전달된 eTileNum의 스프라이트를 나타나게 할 뿐만 아니라 새 타일을 반영하도록 TileCamera.MAP을 수정하게 만든다.

TileCamera.MAP에 대한 약간의 보호 제공

이 책은 게임 프로토타입 제작에 대한 책이므로 나는 게임 내에서 클래스를 적절히 보호하는 것보다 게임을 실행하는 것에 훨씬 더 신경 썼다. 그러나 여기서 TileCamera의 MAP 배열을 정적 public으로 선언해서 Tile 클래스에서 다른 클래스의 배열을 직접 조작할 수 있는 코드를 작성하는 것은 그다지 좋은 스타일이 아니라는 점을 지적하고 싶다. 이런 이유는 TileCamera.MAP을 private으로 선언했고 두 개의 접근자 메서드인 GET_MAP()과 SET_MAP()을 둔 것이다. 이 두 메서드는 eX 또는 eY 값이 MAP의 범위를 벗어나지 않게 하므로 IndexOutOfRange Exceptions를 미연에 방지하는 보안 기능을 갖추고 있다.

SET_MAP()과 같은 접근자 메서드를 사용하는 또 다른 이유는 버그를 추적하는 향상된 기능 때문이다. 향후 뭔가 이상한 방식으로 MAP을 수정하는 것이 발견되면 항상 SET_MAP() 함수에 디버거 중단점을 배치하고 디버거를 실행한다. 그러면

SET_MAP()이 호출될 때마다 실행이 해당 중단점에서 일시 중지되고 비주얼 스튜디오의 호출 스택 창에서 어떤 메서드가 SET_MAP()을 호출하는지 그리고 어떤 인자가 전달되는지 확인할 수 있다. 예상치 못한 메서드나 인자를 보게 되면 범인을 찾은 것이다.

Tile.SetTile()을 사용해 TileCamera.MAP 수정하기

비주얼 스튜디오에서 Tile 스크립트를 열고 SetTile() 메서드에서 다음의 굵게 나타낸 부분을 수정한다.

```
public class Tile : MonoBehaviour
{
    ...
    public void SetTile(int eX, int eY, int eTileNum = -1)
    {
        ...
        if (eTileNum == -1)
        {
            eTileNum = TileCamera.GET_MAP(x, y);
        }
        else
        {
            TileCamera.SET_MAP(x, y, eTileNum); // 기본값의 tileNum이 아니면 대신 수행
        }
        tileNum = eTileNum;
        ...
    }
    ...
}
```

GateKeeper 스크립트 구현

다음 단계를 따라 GateKeeper 스크립트를 만든다.

1. __Scripts 폴더 안에 새 C# 스크립트를 생성하고 이름을 GateKeeper로 지정한다.

2. 하이어라키 창의 Dray 게임오브젝트에 GateKeeper를 부착한다.

3. 비주얼 스튜디오에서 GateKeeper를 열고 다음 코드를 입력한다.

```csharp
using System.Collections;
using System.Collections.Generic;
using UnityEngine;

public class GateKeeper : MonoBehaviour
{
    // 이 상수들은 기본 DelverTiles 이미지에 바탕을 두고 있음
    // DelverTiles를 재배열할 거라면 DelverTiles를 변경해야 할 수도 있음
    //--------잠긴 문 tileNums                                    // a
    const int          lockedR = 95;
    const int          lockedUR = 81;
    const int          lockedUL = 80;
    const int          lockedL = 100;
    const int          lockedDL = 101;
    const int          lockedDR = 102;

    //--------열린 문 tileNums
    const int          openR = 48;
    const int          openUR = 93;
    const int          openUL = 92;
    const int          openL = 51;
    const int          openDL = 26;
    const int          openDR = 27;

    private IKeyMaster     keys;

    void Awake()
    {
        keys = GetComponent<IKeyMaster>();
    }

    void OnCollisionStay(Collision coll)                        // b
    {
```

```
// 열쇠가 없으면 수행할 필요 없음
if (keys.keyCount < 1) return;

// 타일에 닿는 것만 신경씀
Tile ti = coll.gameObject.GetComponent<Tile>();
if (ti == null) return;

// 드레이가 문을 향한 경우에만 문을 염(우연히 열쇠를 사용하지 않게 함)
int facing = keys.GetFacing();
// 문 타일인지를 점검한다.
Tile ti2;
switch (ti.tileNum)                                          // c
{
    case lockedR:
        if (facing != 0) return;                            // d
        ti.SetTile(ti.x, ti.y, openR);
        break;

    case lockedUR:
        if (facing != 1) return;
        ti.SetTile(ti.x, ti.y, openUR);
        ti2 = TileCamera.TILES[ti.x - 1, ti.y];
        ti2.SetTile(ti2.x, ti2.y, openUL);
        break;

    case lockedUL:
        if (facing != 1) return;
        ti.SetTile(ti.x, ti.y, openUL);
        ti2 = TileCamera.TILES[ti.x + 1, ti.y];
        ti2.SetTile(ti2.x, ti2.y, openUR);
        break;

    case lockedL:
        if (facing != 2) return;
        ti.SetTile(ti.x, ti.y, openL);
        break;

    case lockedDL:
        if (facing != 3) return;
        ti.SetTile(ti.x, ti.y, openDL);
```

```
            ti2 = TileCamera.TILES[ti.x + 1, ti.y];
            ti2.SetTile(ti2.x, ti2.y, openDR);
            break;

        case lockedDR:
            if (facing != 3) return;
            ti.SetTile(ti.x, ti.y, openDR);
            ti2 = TileCamera.TILES[ti.x - 1, ti.y];
            ti2.SetTile(ti2.x, ti2.y, openDL);
            break;

        default:
            return; // 반환해서 열쇠를 감소시키지 않게 함
    }

    keys.keyCount--;
    }
}
```

a. 여기의 const int 타입들은 잠긴 문과 열린 문 각각에 대한 타일의 타일 번호다(예, lockedR은 95이며 DelverTiles Texture2D의 95번째 스프라이트가 오른쪽으로 향한 잠긴 문이라는 뜻이다).

b. 이 OnCollisionStay() 메서드는 드레이가 열쇠를 갖고 있지 않는 경우 충돌한 오브젝트가 Tile이 아닌 경우, 드레이가 잠긴 문을 바라보지 않는 경우에 그냥 반환한다(그리고 불필요한 실행을 피하기도 한다). 이렇게 하면 문이 잠기지 않는 한 플레이어는 열쇠를 감소시키지 않고 문을 통과한다.

c. switch문의 case는 변수가 될 수 없으며 이것이 이 클래스의 맨 위에서 모든 int를 const로 선언한 이유다.

d. 드레이가 문을 향하고 있지 않으면 메서드는 그냥 반환한다.

4. 비주얼 스튜디오에 있는 모든 스크립트를 저장하고 유니티로 되돌아간다.

5. 유니티에서 플레이 버튼을 클릭하고 오른쪽의 방으로 이동한다. 그 방에서 북쪽의 잠긴 문으로 나가려고 하면 (아직) 그럴 수 없다.

6. 게임을 계속 플레이하는 중에 하이어라키 창의 Dray를 선택하고 Dray (Script) 컴포넌트의 numKeys 필드를 6(던전 전체를 통과할 수 있는 충분한 열쇠 수)으로 설정

한다. 이제 문에 접근하면 통과해서 던전 전체를 탐험할 수 있다.[11]

열쇠 수와 체력을 보여줄 GUI 추가

열쇠 수가 나타나는 인스펙터는 플레이어에게 보이지 않으므로 GUI 요소를 추가해야 한다.

1. 유니티 메뉴에서 GameObject ➤ UI ➤ Canvas를 선택해 새 Canvas를 생성한다. 그러면 Canvas와 Event System이 모두 하이어라키 창의 루트 레벨로 생성된다.
2. 하이어라키 창에서 Canvas를 선택한다.
3. Canvas 게임오브젝트의 Canvas 인스펙터에서 다음 사항을 수행한다.
   - Render Mode를 Screen Space – Camera로 설정한다.
   - Render Camera의 오른쪽에 있는 과녁 아이콘을 클릭한 후 나타나는 상자의 Scene 탭에서 GUI Camera를 선택한다.

35장을 위한 유니티 패키지를 임포트했을 때 DelverPanel이라는 UI 패널이 프로젝트 창의 _Prefabs 폴더에 포함됐다.

4. _Prefabs 폴더의 DelverPanel을 하이어라키 창의 Canvas로 드래그해 DelverPanel을 Canvas의 자식으로 만든다. 이제 GUI Camera 이미지의 패널이 게임 화면의 오른쪽에 나타날 것이다. 이 GUI는 기본적으로 0개의 열쇠와 절반의 체력을 표시한다.

이 UI가 작동하도록 스크립트를 작성해보자.

---

11. 이 던전의 중앙에서 맨 왼쪽 방에는 여전히 갈 수 없다. 거기에는 열쇠로 열 수 없는 다른 종류의 문이 있다.

드레이에게 체력을 추가하기

현재 Dray 클래스는 열쇠 수를 추적하지만 아직 체력을 추적하거나 피해를 입지
않는다. 그 첫 번째 부분을 수정해보자.

1. 비주얼 스튜디오에서 Dray 스크립트를 열고 다음 코드를 입력한다.

```
public class Dray : MonoBehaviour, IFacingMover, IKeyMaster
{
    public enum eMode { idle, move, attack, transition }

    [Header("Set in Inspector")]
    public float        speed = 5;
    public float        attackDuration = 0.25f;  // 공격 시간(초)
    public float        attackDelay = 0.5f;      // 공격 간의 지연
    public float        transitionDelay = 0.5f;  // 방 이동 지연
    public int          maxHealth = 10;                              // a

    [Header("Set Dynamically")]
    public int          dirHeld = -1; // 누른 이동 키의 방향
    public int          facing = 1;   // 드레이가 바라보는 방향
    public eMode        mode = eMode.idle;
    public int          numKeys = 0;

    [SerializeField]                                                 // b
    private int         _health;

    public int health                                               // c
    {
        get { return _health; }
        set { _health = value; }
    }

    private float       timeAtkDone = 0;
    private float       timeAtkNext = 0;
    ...
    void Awake()
    {
```

1190

```
        rigid = GetComponent<Rigidbody>();
        anim = GetComponent<Animator>();
        inRm = GetComponent<InRoom>();
        health = maxHealth;                                    // d
    }

    ...

}
```

a. GUI에는 다섯 개의 원이 표시되며 각 원은 2점의 체력을 나타내므로 총 체력은 10점이 된다.

b. [SerializeField] 속성을 사용하면 _health 필드가 privat으로 선언되더라도 인스펙터에서 _health 필드가 표시된다(그리고 편집 가능하다).

c. 이 health 프로퍼티는 아무 곳에서 private int _health에 대한 읽기 및 쓰기 접근을 허용한다. 따라서 _health가 변하고 있는데, 그 이유를 모른다면 set문에 중단점을 걸어 놓고 디버깅하면 된다.

d. Dray가 인스턴스화될 때 health는 최댓값으로 설정된다.

2. 비주얼 스튜디오에 있는 모든 스크립트를 저장하고 유니티로 되돌아간다.

GUI를 Dray에 연결하기

Dray의 health 및 numKeys 값을 반영하기 위한 UI용 스크립트를 작성해야 한다.

1. 프로젝트 창의 __Scripts 폴더 안에 새 스크립트를 생성하고 이름을 GuiPanel로 지정한다.

2. GuiPanel 스크립트를 DelverPanel 게임오브젝트(하이어라키 창에서 Canvas 아래)에 부착한다.

3. 비주얼 스튜디오에서 GuiPanel을 열고 다음 코드를 입력한다.

```
using System.Collections;
using System.Collections.Generic;
using UnityEngine;
```

```
using UnityEngine.UI;

public class GuiPanel : MonoBehaviour
{
    [Header("Set in Inspector")]
    public Dray          dray;
    public Sprite        healthEmpty;
    public Sprite        healthHalf;
    public Sprite        healthFull;

    TextMeshProUGUI      keyCountText;
    List<Image>          healthImages;

    void Start()
    {
        // 열쇠 수
        Transform trans = transform.Find("Key Count");              // a
        keyCountText = trans.GetComponent<Text>();

        // 체력 아이콘
        Transform healthPanel = transform.Find("Health Panel");
        healthImages = new List<Image>();
        if (healthPanel != null)                                    // b
        {
            for (int i = 0; i < 20; i++)
            {
                trans = healthPanel.Find("H_" + i);
                if (trans == null) break;
                healthImages.Add(trans.GetComponent<Image>());
            }
        }
    }

    void Update()
    {
        // 열쇠 표시
        keyCountText.text = dray.numKeys.ToString();                // c

        // 체력 표시
        int health = dray.health;
```

```
        for (int i = 0; i < healthImages.Count; i++)                    // d
        {
            if (health > 1)
            {
                healthImages[i].sprite = healthFull;
            }
            else if (health == 1)
            {
                healthImages[i].sprite = healthHalf;
            }
            else
            {
                healthImages[i].sprite = healthEmpty;
            }
            health -= 2;
        }
    }
}
```

a. 이 코드는 DelverPanel 트랜스폼의 자식에게 적절한 이름이 지정돼 있
   어야 수행된다. 여기서는 DelverPanel의 자식 중에서 Key Count를 찾
   는다. 그러고 나서 이 자식 트랜스폼의 Text 컴포넌트를 keyCountText
   에 지정한다. 여기에는 별도의 점검 코드를 두지 않았으므로 Key
   Count의 이름이 변경되면 GetComponent 행에서 null 참조 예외가 발생
   한다.

b. 위쪽 코드에서 DelverPanel의 자식 중에서 Health Panel을 찾는다. 발
   견되면 H_0부터 H_19까지 Health Panel의 자식을 순차적으로 검색한다.
   발견되는 한 각 이미지 컴포넌트를 healthImages 리스트에 추가한다.
   자식 트랜스폼이 발견되지 않으면(예, 현재 패널에서 H_5를 검색할 때) for 루프를
   빠져나온다.

c. dray의 numKeys는 keyCountText의 text에 지정된다.

d. 체력 표시기는 약간 복잡하다. dray로부터 현재 체력을 읽고 지역 변수

인 int health에 저장한다. 각 healthImage에 대해 for 루프를 한 번 반복하며 맨 아래(H_0)에서 시작한다. health가 1보다 크면 healthFull 스프라이트를 표시한다. health가 1이면 healthHalf를 표시하고 health가 1보다 작으면 healthEmpty를 표시한다. 각 루프의 마지막에서는 지역 int 타입의 health가 2씩 감소하고 다음 루프가 실행된다. 이런 식으로 각 healthImage는 체력을 2단위씩 나타낸다.

4. GuiPanel 스크립트를 저장하고 유니티로 되돌아간다.

5. 하이어라키 창의 DelverPanel을 선택하고 GuiPanel (Script) 인스펙터에서 다음을 설정한다.

- dray 필드에 하이어라키 창의 Dray를 지정한다.
- 프로젝트 창의 _Textures and Materials 폴더에 있는 Health 이미지의 Health_0 스프라이트를 healthEmpty에 지정한다.
- 프로젝트 창에 있는 Health 이미지의 Health_1을 healthHalf에 지정한다.
- 프로젝트 창에 있는 Health 이미지의 Health_2를 healthFull에 지정한다.

6. 플레이 버튼을 클릭하면 GUI의 Health 표시기가 가득 차게 보일 것이다.

7. 유니티가 실행되는 동안 하이어라키 창의 Dray를 선택하고 Dray (Script) 인스펙터에서 numKeys와 _health의 값을 다양하게 조정해본다. 그러면 GUI 패널에 반영될 것이다. 씬을 저장한다.

적이 드레이에게 피해 주기

적이 드레이에게 접촉할 때 피해를 줄 수 있게 해서 던전에 위험 요소를 추가할 차례다. 이때 충격으로 반대 방향으로 약간 밀리기knockback 효과를 일으키고 계속해서 피해를 입지 않게 잠깐 동안 무적 상태로 만든다.

DamageEffect 구현

DamageEffect 스크립트는 적이 드레이에게 입히는 피해량과 적과의 접촉으로 밀리기가 일어나는지를 추적하는 데 사용된다. 나중에는 Dray의 무기에도 이 스크립트를 적용해 해당 무기가 적에게 미치는 영향을 정의할 것이다.

1. __Scripts 폴더 안에 새 C# 스크립트를 생성하고 이름을 DamageEffect로 지정한다.

2. DamageEffect 스크립트를 하이어라키 창의 Skeletos 게임오브젝트에 부착한다.

3. 비주얼 스튜디오에서 DamageEffect를 열고 다음 코드를 입력한다.

```
using System.Collections;
using System.Collections.Generic;
using UnityEngine;

public class DamageEffect : MonoBehaviour
{
    [Header("Set in Inspector")]
    public int      damage = 1;
    public bool     knockback = true;
}
```

4. 비주얼 스튜디오에서 DamageEffect를 저장하고 유니티로 다시 전환한다. 이제 Skeletos의 DamageEffect (Script) 인스펙터에서 두 개의 public 필드를 볼 수 있다.

적용되는 피해량은 기본적으로 1이며 방금 작성했던 GUI의 체력 표시기에서 1/2 값과 같다. 스켈레토스에게는 이 기본값이 적절하므로 인스펙터에서 아무것도 변경할 필요가 없다.

Dray 클래스 수정

Skeletos에 방금 부착한 DamageEffect 스크립트를 사용하려면 Dray도 변경해야 한다.

1. 비주얼 스튜디오에서 Dray 스크립트를 열고 다음의 굵게 나타낸 코드로 변경한다.

```
public class Dray : MonoBehaviour, IFacingMover, IKeyMaster
{
    public enum eMode { idle, move, attack, transition, knockback } // a
    [Header("Set in Inspector")]
    ...
    public float          attackDelay = 0.5f;      // 공격 간의 지연
    public float          transitionDelay = 0.5f;  // 방 이동 지연
    public int            maxHealth = 10;
    public float          knockbackSpeed = 10;                       // b
    public float          knockbackDuration = 0.25f;
    public float          invincibleDuration = 0.5f;

    [Header("Set Dynamically")]
    ...
    public int            numKeys = 0;
    public bool           invincible = false;                        // c

    [SerializeField]
    private int           _health;
    ...

    private float         transitionDone = 0;
    private Vector2       transitionPos;
    private float         knockbackDone = 0;                         // d
    private float         invincibleDone = 0;
    private Vector3       knockbackVel;

    private SpriteRenderer sRend;                                    // e
    private Rigidbody     rigid;
    ...
```

```
void Awake()
{
    sRend = GetComponent<SpriteRenderer>();                                    // e
    rigid = GetComponent<Rigidbody>();
    ...
}

void Update()
{
    // 밀리기와 무적을 점검함
    if (invincible && Time.time > invincibleDone) invincible = false;// f
    sRend.color = invincible ? Color.red : Color.white;

    if (mode == eMode.knockback)
    {
        rigid.velocity = knockbackVel;
        if (Time.time < knockbackDone) return;
    }

    if (mode == eMode.transition) { ... }
    ...
}

void LateUpdate() { ... }

void OnCollisionEnter(Collision coll)
{
    if (invincible) return; // 드레이가 피해 입지 않는 상태라면 그냥 반환// g
    DamageEffect dEf = coll.gameObject.GetComponent<DamageEffect>();
    if (dEf == null) return; // DamageEffect가 없으면 이 메서드를 빠져나감

    health -= dEf.damage; // 체력에서 피해량을 빼기                           // h
    invincible = true; // 드레이를 무적으로 만듦
    invincibleDone = Time.time + invincibleDuration;

    if (dEf.knockback) // 드레이를 밀리게 함                                  // i
    {
        // 밀리는 방향을 결정
        Vector3 delta = transform.position - coll.transform.position;
        if (Mathf.Abs(delta.x) >= Mathf.Abs(delta.y))
        {
```

```
        // 밀리기가 수평이어야 함
        delta.x = (delta.x > 0) ? 1 : -1;
        delta.y = 0;
    }
    else
    {
        // 밀리기가 수직이어야 함
        delta.x = 0;
        delta.y = (delta.y > 0) ? 1 : -1;
    }

    // Rigidbody에 밀리기 속도를 적용
    knockbackVel = delta * knockbackSpeed;
    rigid.velocity = knockbackVel;

    // 모드를 밀리기로 설정하고 밀리기 멈춤 시간도 설정
    mode = eMode.knockback;
    knockbackDone = Time.time + knockbackDuration;
    }
}

// IFacingMover 구현
public int GetFacing() { ... }
...
}
```

a. eMode 열거형에 새 eMode.knockback을 추가했다.

b. knockbackSpeed, knockbackDuration, invincibleDuration은 모두 인스펙터에서 설정할 수 있다.

c. 드레이가 피해 입지 않는 상태가 될 때 public bool invincible은 true 다. Dray는 다른 여러 eMode 상태에 있으면서 동시에 무적 상태도 될 수 있기 때문에 eMode 상태로 따로 추가하기보다 별도의 bool 타입 변수로 선언했다(드레이가 밀리기 모드일 때만 무적이라면 따로 bool 타입을 쓸 필요가 없다).

d. 밀리기와 무적을 구현하기 위해 새 private 필드들을 추가했다.

e. 드레이가 피해를 입고 무적 상태라는 것을 플레이어에게 보여주고자

무적 시간 동안 드레이를 붉은 색으로 나타낸다. 이렇게 하려면 Dray 의 Sprite Renderer 컴포넌트에 대한 참조가 필요하다.

f. Update()의 시작 부분에 넣은 새 코드는 무적 또는 밀리기 시간이 만료됐는지 확인한다. 드레이가 무적이면 sRend는 빨간색이 된다. Dray 가 밀리기 중이면 knockbackVel을 rigid.velocity에 지정한다.

g. 드레이가 다른 게임오브젝트의 Collider와 충돌할 때마다 유니티는 이 OnCollisionEnter() 메서드를 호출한다.

드레이가 무적이거나 드레이와 충돌한 것이 DamageEffect 컴포넌트를 갖고 있지 않은 경우(즉, 드레이가 항상 벽과 충돌하지만 벽이 손상되지 않는 경우) 이 메서드는 무슨 일을 하기도 전에 그냥 반환한다. Dray 게임오브젝트에 부착된 여러 스크립트 안에 OnCollisionEnter() 메서드를 두고 각기 다른 작업을 처리해도 좋다. 그러면 유니티는 각 스크립트에 들어있는 OnCollisionEnter()를 호출할 것이다.

h. health에서 DamageEffect의 damage 양을 빼고 드레이는 일시적으로 무적 상태가 된다.

i. 드레이와 충돌한 DamageEffect가 밀리기를 호출하면 이 if문의 내용이 실행된다. 그러면 드레이와 그가 충돌한 게임오브젝트 간의 위치 차이를 구하고 차이를 수직 또는 수평으로 고정시킨 후 이를 knockbackVelocity로 변환한다. 그런 다음 드레이는 Time.time이 KnockbackDone보다 클 때까지 밀리기 모드로 전환된다.

2. 비주얼 스튜디오에 있는 모든 스크립트를 저장하고 유니티로 되돌아가서 플레이 버튼을 클릭한다.

이제 드레이를 스켈레토스와 접촉시키면 드레이가 피해를 입고 밀리면서 무적 상태로 변한다. 무적을 테스트하고 싶으면 Dray 게임오브젝트의 Dray (Script) 인스펙터에서 invincibleDuration을 10초로 늘린 다음 스켈레토스와 여러 번 접촉시켜본다.

우리 계획은 드레이에게 피해를 주는 데는 OnCollisionEnter()를 사용하고 스켈레토스와 그 외의 적들에게 피해를 주는 데는 OnTriggerEnter()를 사용하는 것이다. 그러면 드레이의 모든 무기에서 isTrigger를 true로 설정하면 되기 때문에 효과적이며, 트리거와 충돌 사이가 구분되므로 드레이와 적의 피해 모두에 대해 DamageEffects를 사용할 수 있다.

드레이의 공격으로 적에게 피해 주기

드레이는 검을 휘두를 수 있는 여지가 생겼다. 이제 그 검에 피해를 입게 할 차례다.

1. 하이어라키 창에서 Sword(Dray의 손자)를 선택한다.
2. Sword에 DamageEffect 스크립트를 부착한다.
   - DamageEffect (Script)의 damage를 2로 설정한다. 검은 상당히 강력해야 하니까 말이다.
3. 씬을 저장한다.

피해를 입게 Enemy 수정하기

35장에서 인터페이스를 폭넓게 사용한다면 드레이와 적 모두에서 작동하는 IDamageable 인터페이스는 물론이고 둘 모두에 부착할 수 있는 Damage 스크립트를 작성하는 것이 좋다(GridMove 스크립트로 했던 작업과 비슷함). 그렇게 하는 것도 괜찮지만 나는 다음의 두 가지 주된 이유로 그렇게 하지 않았다.

- 드레이는 적들과의 충돌을 OnCollisionEnter()로 처리하지만 적들은 드레이 검과의 충돌을 OnTriggerEnter()로 처리한다(검의 Collider는 트리거이기 때문).
- 모든 적은 Enemy의 하위 클래스로 만들 것이므로 Enemy에 코드를 추가해 적 모두를 처리할 것이다.

1. 비주얼 스튜디오에서 Enemy 스크립트를 열고 다음 코드를 추가한다.

1200

```
public class Enemy : MonoBehaviour
{
    ...
    [Header("Set in Inspector: Enemy")]
    public float              maxHealth = 1;
    public float              knockbackSpeed = 10;              // a
    public float              knockbackDuration = 0.25f;
    public float              invincibleDuration = 0.5f;

    [Header("Set Dynamically: Enemy")]
    public float              health;
    public bool               invincible = false;              // a
    public bool               knockback = false;

    private float             invincibleDone = 0;              // a
    private float             knockbackDone = 0;
    private Vector3           knockbackVel;
    ...

    protected virtual void Awake() { ... }

    protected virtual void Update()                            // b
    {
        // 밀리기와 무적을 점검함
        if (invincible && Time.time > invincibleDone) invincible = false;
        sRend.color = invincible ? Color.red : Color.white;
        if (knockback)
        {
            rigid.velocity = knockbackVel;
            if (Time.time < knockbackDone) return;
        }

        anim.speed = 1;                                        // c
        knockback = false;
    }

    void OnTriggerEnter(Collider colld)                        // d
    {
        if (invincible) return; // 피해 입지 않는 상태라면 그냥 반환
        DamageEffect dEf = colld.gameObject.GetComponent<DamageEffect>();
```

```
        if (dEf == null) return; // DamageEffect가 없으면 이 메서드를 빠져나감

        health -= dEf.damage; // 체력에서 피해량을 빼기
        if (health <= 0) Die();                                    // e

        invincible = true; // 무적 상태로 만듦
        invincibleDone = Time.time + invincibleDuration;

        if (dEf.knockback) // 밀리게 함
        {
            // 밀리기 방향을 결정
            Vector3 delta = transform.position - colld.transform.root.position;
            if (Mathf.Abs(delta.x) >= Mathf.Abs(delta.y))
            {
                // 밀리기가 수평이어야 함
                delta.x = (delta.x > 0) ? 1 : -1;
                delta.y = 0;
            }
            else
            {
                // 밀리기가 수직이어야 함
                delta.x = 0;
                delta.y = (delta.y > 0) ? 1 : -1;
            }

            // Rigidbody에 밀리기 속도를 적용
            knockbackVel = delta * knockbackSpeed;
            rigid.velocity = knockbackVel;

            // 모드를 밀리기로 설정하고 밀리기 멈추는 시간도 설정함
            knockback = true;
            knockbackDone = Time.time + knockbackDuration;
            anim.speed = 0;
        }
    }

    void Die()                                                     // f
    {
        Destroy(gameObject);
    }
```

```
}
```

a. 추가한 필드의 대부분은 Enemy와 최근 Dray에서 변경한 사항과 동일하다. 유일한 차이점이면 여기의 knockback이 bool 타입인 반면 Dray 스크립트에서는 Dray.eMode였다.

b. 이 Update() 메서드는 Skeletos와 같은 하위 클래스에서 오버라이드할 수 있게 protected virtual로 선언한다. 이 작업은 다음 코드 리스트에서 할 것이다.

c. 이 두 행은 밀리기가 끝난 경우에만 수행된다.

d. 드레이의 검에는 트리거 Collider가 있기 때문에 이 OnTriggerEnter() 메서드를 사용한다. OnTriggerEnter()에는 Collision이 아닌 Collider가 전달된다. 이 스크립트에서 이외의 대부분은 Dray 클래스에서 작성한 것과 아주 비슷하다.

e. 이 적의 health가 0 이하로 떨어지면 새로 만든 Die() 메서드를 호출한다.

f. 지금은 Die()의 코드가 간단하지만 나중에 이를 수정해서 적이 죽을 때 아이템을 드롭하게 만들 수 있다.

2. Enemy 스크립트를 저장한다.

3. 비주얼 스튜디오에서 Skeletos 스크립트를 열고 다음과 같이 약간 변경한다.

```
public class Skeletos : Enemy, IFacingMover
{
    ...

    protected override void Awake() { ... }

    override protected void Update()                                    // a
    {
        base.Update();
        if (knockback) return;

        if (Time.time >= timeNextDecision)
```

```
    {
        DecideDirection();
    }
    // rigid는 Enemy로부터 상속되며 Enemy.Awake()에서 초기화됨
    rigid.velocity = directions[facing] * speed;
}
...
}
```

    a. Update() 메서드 선언의 앞부분에 **override protected**를 추가해야 한다.

이 Update() 메서드의 첫 번째 행에서는 Enemy.Update() 기본 클래스 메서드를 호출한다. 이 스켈레토스가 밀리는 중이면 base.Update() 메서드를 호출한 후 코드가 반환돼 밀리기가 완료될 때까지 스켈레토스가 방향을 변경하거나 속도를 조정하지 못하게 한다.

4. 비주얼 스튜디오에 있는 모든 스크립트를 저장하고 유니티로 다시 전환한다.

5. 하이어라키 창에서 **Skeletos**를 선택하고 Skeletos (Script) 인스펙터의 **maxHealth**를 4로 설정한다. 이렇게 하면 스켈레토스는 죽기 전까지 드레이의 검(타격당 2점 피해)으로부터 2점씩 피해를 입게 된다.

6. 유니티에서 씬을 저장하고 플레이 버튼을 클릭한다.

이제 드레이는 스켈레토스를 공격해 피해를 입히고 밀리게 할 수 있다.

아이템 획득

드레이가 적을 죽일 수 있게 됐으므로 열쇠와 체력 아이템을 얻을 수 있는 위치가 있어야 한다. 열쇠부터 시작하자.

1. 프로젝트 창의 _Textures and Materials 폴더 안에 있는 **Key**를 하이어라키 창

으로 드래그한다. 그러면 Key 스프라이트를 보여주는 Sprite Renderer가 포함된 게임오브젝트가 생성된다.

2. Key 인스펙터에서 다음과 같이 설정한다.

   - **Transform:** P:[28, 3, 0]
   - **Sprite Renderer:** Sorting Layer: Items

3. **Key** 게임오브젝트에 Box Collider를 추가한다.

   - Box Collider에서 Is Trigger를 **true**로 설정한다.

4. 씬을 저장한다.

5. __Scripts 폴더 안에 새 C# 스크립트를 생성하고 이름을 PickUp으로 지정한다.

6. **PickUp** 스크립트를 하이어라키 창의 **Key** 게임오브젝트에 부착한다.

7. 비주얼 스튜디오에서 PickUp 스크립트를 열고 다음 코드를 입력한다.

```csharp
using System.Collections;
using System.Collections.Generic;
using UnityEngine;

public class PickUp : MonoBehaviour
{
    public enum eType { key, health, grappler }

    public static float     COLLIDER_DELAY = 0.5f;

    [Header("Set in Inspector")]
    public eType            itemType;

    // Awake()와 Activate()는 0.5초 동안 PickUp의 Collider를 비활성화함
    void Awake()
    {
        GetComponent<Collider>().enabled = false;
        Invoke("Activate", COLLIDER_DELAY);
    }

    void Activate()
    {
        GetComponent<Collider>().enabled = true;
```

```
        }
    }
```

8. PickUp 스크립트를 저장한다.

9. Dray 스크립트를 열고 다음과 같이 굵게 표시한 코드를 추가한다.

```
public class Dray : MonoBehaviour, IFacingMover, IKeyMaster
{
    ...

    void OnCollisionEnter(Collision coll) { ... }

    void OnTriggerEnter(Collider colld)
    {
        PickUp pup = colld.GetComponent<PickUp>();            // a
        if (pup == null) return;

        switch (pup.itemType)
        {
            case PickUp.eType.health:
                health = Mathf.Min(health + 2, maxHealth);
                break;

            case PickUp.eType.key:
                keyCount++;
                break;
        }

        Destroy(colld.gameObject);
    }

    // IFacingMover 구현
    public int GetFacing() { ... }
    ...
}
```

a. 이 트리거와 충돌한 게임오브젝트에 PickUp 스크립트가 부착돼 있지 않으면 이 메서드는 아무것도 수행하지 않고 그냥 반환한다.

10. 비주얼 스튜디오에 있는 모든 스크립트를 저장하고 유니티로 되돌아간다.

11. 하이어라키 창에서 Key를 선택하고 PickUp (Script) 컴포넌트 인스펙터에서 itemType을 Key로 설정한다.

12. 씬을 저장하고 플레이 버튼을 클릭한다.

이제 열쇠를 획득해보고 GUI에서 열쇠 수 증가를 확인한 다음 열쇠를 사용해 첫 번째 문을 열어본다.

죽을 때 아이템을 드롭하는 적

일부 적은 항상 열쇠를 드롭하게 만든다. 그 외의 다른 적은 특정 시간에 체력 아이템을 드롭하게 하자.

열쇠 드롭

적이 열쇠를 드롭하게 만들려면 다음 단계를 따른다.

1. 비주얼 스튜디오에서 Enemy 스크립트를 열고 다음 코드를 추가로 입력한다.

```
public class Enemy : MonoBehaviour
{
    ...
    [Header("Set in Inspector: Enemy")]
    ...
    public float                invincibleDuration = 0.5f;
    public GameObject           guaranteedItemDrop = null;
    [Header("Set Dynamically: Enemy")]
    ...
    void Die()
    {
        GameObject go;
        if (guaranteedItemDrop != null)
        {
```

```
            go = Instantiate<GameObject>(guaranteedItemDrop);
            go.transform.position = transform.position;
        }
        Destroy(gameObject);
    }
}
```

2. Enemy 스크립트를 저장하고 유니티로 되돌아간다.

3. 하이어라키 창의 Key를 프로젝트 창의 _Prefab 폴더로 드래그해 Key를 프리 팹으로 만든다.

4. 하이어라키 창에서 Skeletos를 선택하고 Skeletos 게임오브젝트의 Skeletos (Script) 인스펙터에 있는 guaranteedItemDrop 필드에 Key 프리팹(_Prefabs 폴더 에 있는 것)을 지정한다.

5. 씬을 저장하고 플레이 버튼을 클릭한다.

이제 스켈레토스를 죽이면 획득 가능한 열쇠를 드롭할 것이다.

무작위 아이템 드롭

적이 무작위 아이템도 드롭할 수 있게 구현해보자. guaranteeItemDrop이 존재하 지 않으면[12] 가능한 아이템 배열에서 무작위 아이템을 선택하게 하고 리스트에는 여러 개의 null 엔트리를 포함시켜 아이템이 어쩌다가 드롭하게 한다.

먼저 아이템 제작 작업부터 하자.

체력 획득 아이템 만들기

체력 아이템을 만들려면 다음 단계를 따라 한다.

1. 프로젝트 창의 _Textures and Materials 폴더 안에서 Texture 2D인 Health 아

---

12. Vector3과 같은 데이터 타입은 인스펙터에서 null을 허용하지 않지만 guaranteedItemDrop 게임오브젝트는 None (GameObject)로 설정할 수 있다. 이 값은 유니티가 null로 해석한다.

래에 있는 Health_2 및 Health_3 스프라이트를 선택한다.

2. 그것들을 하이어라키 창으로 드래그해 새 게임오브젝트와 애니메이션을 생성한다.

3. 생성된 애니메이션의 이름을 Health.anim으로 지정하고 _Animations 폴더에 저장한다.

4. 하이어라키 창에서 Health_2 게임오브젝트를 선택하고 다음을 수행한다.

   ▪ **Name**: Health_2의 이름을 Health로 변경하다.

   ▪ **Transform**: Health의 위치를 P:[28, 7, 0]으로 설정한다.

   ▪ **Sprite Renderer**: Sorting Layer를 Items로 설정한다.

   ▪ Health에 Box Collider를 추가한다.

   ▪ **Box Collider**: Is Trigger를 true로 설정한다.

   ▪ **PickUp (Script)** 컴포넌트를 Health에 추가한다.

   ▪ **PickUp (Script)**: itemType을 Health로 설정한다.

5. 하이어라키 창의 Health 게임오브젝트가 선택된 상태에서 애니메이션 창을 열고(Window ➤ Animation ➤ Animation) Health 애니메이션의 Samples를 4로 설정한다 (Health 아이템이 초당 4프레임의 적절한 속도로 깜박임).

6. 하이어라키 창의 Health 게임오브젝트를 **프로젝트** 창의 _Prefabs 폴더로 드래그해 Health 프리팹을 만든다.

7. 씬을 저장하고 플레이 버튼을 클릭한다.

8. 드레이를 스켈레토스와 두어 번 접촉시켜 약간의 피해를 입힌다. 그러고 나서 체력 아이템을 통과하면 체력이 올라갈 것이다.

무작위 아이템 드롭에 대한 코드 구현

무작위 아이템 드롭에 대한 코드를 만들려면 다음 단계를 따른다.

1. 비주얼 스튜디오에서 Enemy 스크립트를 열고 다음과 같이 굵게 표시한 코드를 변경한다.

```
public class Enemy : MonoBehaviour
{
    ...
    [Header("Set in Inspector: Enemy")]
    ...
    public float              invincibleDuration = 0.5f;
    public GameObject[]       randomItemDrops;                    // a
    public GameObject         guaranteedItemDrop = null;
    ...
    void OnTriggerEnter(Collider colld) { ... }

    void Die()
    {
        GameObject go;
        if (guaranteedItemDrop != null)
        {
            go = Instantiate<GameObject>(guaranteedItemDrop);
            go.transform.position = transform.position;
        }
        else if (randomItemDrops.Length > 0)                      // b
        {
            int n = Random.Range(0, randomItemDrops.Length);
            GameObject prefab = randomItemDrops[n];
            if (prefab != null)
            {
                go = Instantiate<GameObject>(prefab);
                go.transform.position = transform.position;
            }
        }
        Destroy(gameObject);
    }
}
```

a. randomItemDrops 배열은 Enemy가 죽었을 때 선택할 수 있는 가능한 아이템 수를 저장한다(null은 None (GameObject) 엔트리이다).

b. guaranteedItemDrop이 없고 randomItemDrops 배열에 엔트리가 있으

면 이들 엔트리 중 하나가 선택돼 prefab에 지정된다. prefab이 null이 아니면 prefab의 한 인스턴스가 인스턴스화된다.

2. Enemy 스크립트를 저장하고 유니티로 되돌아간다.

3. 하이어라키 창에서 Skeletos 게임오브젝트를 선택한다.

   ▪ guaranteedItemDrop에서 Key를 삭제해 None (Game Object) 상태로 둔다.

   ▪ Skeletos (Script) 인스펙터에서 randomItemDrops 옆에 있는 펼침 삼각형을 연다.

   ▪ randomItemDrops의 Size를 1로 설정한다.

   ▪ Health 프리팹(_Prefabs 폴더에 있는 것)을 randomItemDrops의 Element 0에 지정한다.

4. 하이어라키 창의 Skeletos를 프로젝트 창의 _Prefabs 폴더로 드래그해 프리팹을 만든다.

5. 씬을 저장하고 플레이 버튼을 클릭한다.

이제 드레이가 스켈레토스를 죽이면 체력 아이템을 떨굴 것이다. 확인 후에는 플레이를 중지한다.

6. 프로젝트 창(하이어라키 창이 아님)의 _Prefabs 폴더 안에서 Skeletos 프리팹을 선택한다.

   ▪ Skeletos (Script) 인스펙터에서 randomItemDrops의 Size를 2로 설정한다.

   ▪ Element 1에서 Health 프리팹을 삭제한다.

   ▪ randomItemDrops의 Size를 3으로 설정한다. 그러면 null(None (Game Object)) 엔트리가 모두 두 개가 돼 스켈레토스(GuaranteedItemDrop 세트가 없음)는 체력 아이템을 1/3 확률로 드롭하게 된다.

Skeletos 프리팹을 이렇게 변경하면 하이어라키 창의 Skeletos 인스턴스에 자동으로 반영된다.

갈고리총 구현

구현할 마지막 아이템은 이전에 지나갈 수 없었던 빨간색 타일을 통과할 수 있게 하는 갈고리총이다.

1. 35장의 시작 시에 유니티 패키지를 임포트했으므로 _Prefabs 폴더 안에는 Grappler 프리팹이 포함돼 있다. 프로젝트 창의 _Prefabs 폴더에서 Grappler 프리팹을 선택한다.

   - **Sprite Renderer:** Grappler의 Sorting Layer를 Items로 설정한다.

2. Grappler를 하이어라키 창의 Dray 게임오브젝트 위로 드래그해 Dray의 자식(그리고 SwordController의 형제)으로 만든다.

3. __Scripts 폴더 안에 새 C# 스크립트를 생성하고 이름을 Grapple로 지정한다(Grappler 아이템과 구분하기 위해 이 스크립트의 이름을 Grapple로 했다. Grapple 스크립트는 Grappler가 아닌 Dray에 부착되기 때문에 이름을 다르게 한 것이다).

4. Grapple 스크립트를 Dray에 부착한다.

5. 비주얼 스튜디오에서 Grapple 스크립트를 열고 다음 코드를 입력한다. 이 스크립트는 35장의 다른 스크립트보다 좀 더 길다.

```
using System.Collections;
using System.Collections.Generic;
using UnityEngine;

public class Grapple : MonoBehaviour
{
    public enum eMode { none, gOut, gInMiss, gInHit }          // a

    [Header("Set in Inspector")]
    public float          grappleSpd = 10;
    public float          grappleLength = 7;
    public float          grappleInLength = 0.5f;
    public int            unsafeTileHealthPenalty = 2;
    public TextAsset      mapGrappleable;

    [Header("Set Dynamically")]
```

```csharp
public eMode          mode = eMode.none;
// 갈고리를 걸 수 있는 TileNum
public List<int>      grappleTiles;                        // b
public List<int>      unsafeTiles;

private Dray          dray;
private Rigidbody     rigid;
private Animator      anim;
private Collider      drayColld;

private GameObject    grapHead;                             // c
private LineRenderer  grapLine;

private Vector3       p0, p1;
private int           facing;

private Vector3[]     directions = new Vector3[] {
    Vector3.right, Vector3.up, Vector3.left, Vector3.down };

void Awake()
{
    string gTiles = mapGrappleable.text;                   // d
    gTiles = Utils.RemoveLineEndings(gTiles);
    grappleTiles = new List<int>();
    unsafeTiles = new List<int>();
    for (int i = 0; i < gTiles.Length; i++)
    {
        switch (gTiles[i])
        {
            case 'S':
                grappleTiles.Add(i);
                break;

            case 'X':
                unsafeTiles.Add(i);
                break;
        }
    }

    dray = GetComponent<Dray>();
```

```csharp
        rigid = GetComponent<Rigidbody>();
        anim = GetComponent<Animator>();
        drayColld = GetComponent<Collider>();

        Transform trans = transform.Find("Grappler");
        grapHead = trans.gameObject;
        grapLine = grapHead.GetComponent<LineRenderer>();
        grapHead.SetActive(false);
    }

    void Update()
    {
        if (!dray.hasGrappler) return;                              // e

        switch (mode)
        {
            case eMode.none:
                // 갈고리 버튼을 누를 경우
                if (Input.GetKeyDown(KeyCode.X))
                {
                    StartGrapple();
                }
                break;
        }
    }

    void StartGrapple()                                            // f
    {
        facing = dray.GetFacing();
        dray.enabled = false;                                     // g
        anim.CrossFade("Dray_Attack_" + facing, 0);
        drayColld.enabled = false;
        rigid.velocity = Vector3.zero;

        grapHead.SetActive(true);

        p0 = transform.position + (directions[facing] * 0.5f);
        p1 = p0;
        grapHead.transform.position = p1;
        grapHead.transform.rotation = Quaternion.Euler(0, 0, 90 * facing);
```

1214

```
        grapLine.positionCount = 2;                                    // h
        grapLine.SetPosition(0, p0);
        grapLine.SetPosition(1, p1);
        mode = eMode.gOut;
    }

    void FixedUpdate()
    {
        switch (mode)
        {
            case eMode.gOut: // 갈고리총을 쏨                           // i
                p1 += directions[facing] * grappleSpd * Time.fixedDeltaTime;
                grapHead.transform.position = p1;
                grapLine.SetPosition(1, p1);

                // 갈고리가 무언가에 닿을 수 있는지 알아봄
                int tileNum = TileCamera.GET_MAP(p1.x, p1.y);
                if (grappleTiles.IndexOf(tileNum) != -1)
                {
                    // 갈고리를 걸 수 있는 타일에 맞음!
                    mode = eMode.gInHit;
                    break;
                }
                if ((p1 - p0).magnitude >= grappleLength)
                {
                    // 갈고리는 끝에 도달했는데 아무에도 맞지 않음
                    mode = eMode.gInMiss;
                }
                break;

            case eMode.gInMiss: // 갈고리를 놓침. 즉, 두 배 속도로 됨     // j
                p1 -= directions[facing] * 2 * grappleSpd * Time.fixedDeltaTime;
                if (Vector3.Dot((p1 - p0), directions[facing]) > 0)
                {
                    // 갈고리는 여전히 드레이 앞에 있음
                    grapHead.transform.position = p1;
                    grapLine.SetPosition(1, p1);
                }
```

```
            else
            {
                StopGrapple();
            }
            break;

        case eMode.gInHit:
            // 갈고리가 닿아서 드레이를 벽 쪽으로 잡아당김              // k
            float dist = grappleInLength + grappleSpd * Time.fixedDeltaTime;
            if (dist > (p1 - p0).magnitude)
            {
                p0 = p1 - (directions[facing] * grappleInLength);
                transform.position = p0;
                StopGrapple();
                break;
            }
            p0 += directions[facing] * grappleSpd * Time.fixedDeltaTime;
            transform.position = p0;
            grapLine.SetPosition(0, p0);
            grapHead.transform.position = p1;
            break;
    }
}

void StopGrapple()                                                // l
{
    dray.enabled = true;
    drayColld.enabled = true;

    // 안전하지 않는 타일인지 점검
    int tileNum = TileCamera.GET_MAP(p0.x, p0.y);
    if (mode == eMode.gInHit && unsafeTiles.IndexOf(tileNum) != -1)
    {
        // 안전하지 않은 타일 위에 놓임
        dray.ResetInRoom(unsafeTileHealthPenalty);
    }

    grapHead.SetActive(false);
```

```
        mode = eMode.none;
    }

    void OnTriggerEnter(Collider colld)                            // m
    {
        Enemy e = colld.GetComponent<Enemy>();
        if (e == null) return;

        mode = eMode.gInMiss;
    }
}
```

a. 네 개의 갈고리 모드는 다음과 같다.

  ▪ **none**: 비활성

  ▪ **gOut**: 갈고리가 확장 중이다.

  ▪ **gInMiss**: 갈고리가 아무것에 맞지 않고 회수 중이다. 즉, 드레이는 움직이지 않는다.

  ▪ **gInHit**: 갈고리가 무언가에 맞았고 이제 드레이를 그쪽으로 끌어 당기고 있다.

b. grappleTiles는 Grappler가 gInHit를 기록하고자 갈고리가 충돌할 수 있는 타일 타입의 리스트를 저장한다. unsafeTiles 리스트는 gInHit 이후에 드레이가 착륙하기에 안전하지 않은 타일 타입을 저장한다. 드레이가 갈고리를 통해 빨간 타일 위를 이동할 수 있는 방에서는 이 리스트가 중요하다.

c. grapHead는 Grappler 헤드의 게임오브젝트에 대한 참조다. grapLine 은 Grappler의 LineRenderer에 대한 참조다.

d. Awake()에서는 mapGrappleable 텍스트 파일을 읽어 grappleTiles 및 unsafeTiles 리스트를 생성한다. Awake()는 캐싱해야 할 잡다한 컴포 넌트에 대한 참조도 찾는다.

e. Update() 메서드에서는 드레이가 갈고리를 갖고 있고 갈고리 모드가 none이면 갈고리 키(ⓧ)를 누르는지 감시한다. 갈고리 사용 코드를 Dray

에 아직 추가하지 않았기 때문에 dray.hasGrappler에는 빨간색 밑줄 경고가 나타난다.

f. StartGrapple()은 드레이의 위치와 방향에 맞춰 갈고리를 발사하게 설정한다.

g. StartGrapple()에서는 드레이의 dray 스크립트를 비활성화해 갈고리를 거는 동작이 끝날 때까지 플레이어가 드레이를 조종할 수 없게 한다. anim을 특정 상태로 설정하고 드레이의 Collider도 비활성화한다.

h. 여기서 LineRenderer인 grapLine을 설정한다. 갈고리는 항상 직선으로 날아가므로 이 LineRenderer에게는 두 지점만 있으면 된다.

i. 갈고리총을 쏘면 FixedUpdate()를 통해 드레이로부터 고정 속도로 이동시킨다. grapHead를 이동시키고 LineRenderer의 p1도 그것을 따라 이동시킨다. Collider를 사용하는 대신 TileCamera.MAP에서 grapHead의 위치를 바로 점검해 grappleTiles에 닿는지 확인한다. grappleTile에 맞으면 Grapple 클래스를 gInHit 모드로 변경한다. 갈고리가 아무 것도 맞추지 않고 멀리 이동하면 gInMiss 모드로 변경한다.

j. gInMiss 모드에서는 갈고리를 두 배 속도로 회수한다. p1이 여전히 드레이 앞에 있는지 확인하고자 점곱^{dot product} 테스트를 사용한다(코딩에서 점곱 사용을 자세히 알려면 부록 B를 참고한다).

k. gInHit 모드에서 드레이는 grapHead 쪽으로 이동한다. 드레이의 Collider는 비활성화되기 때문에 드레이가 거기로 가는 도중에 거칠 게 없을 것이다(드레이는 보통 통과할 수 없는 빨간 바닥 타일도 통과하게 된다).

l. StopGrapple()에서는 dray 스크립트와 drayColld를 다시 활성화한다. 그런 다음 Grapple 스크립트가 gInHit 모드에 있으면 드레이의 위치를 확인해 안전하지 않은 타일 위에 있을 경우 피해를 입히고 방에서 그의 위치를 들어섰을 때의 바로 이전 문으로 재설정한다. 이 작업을 수행할 Dray.ResetInRoom() 메서드는 아직 작성하지 않았다.

m. 이 OnTriggerEnter() 메서드에서는 grapHead가 Enemy와 접촉하면 gInMiss를 사용해 갈고리를 회수시킨다. DamageEffect 스크립트를 곧

하이어라키 창의 Grappler에 추가할 것인데, 그러면 적에게도 피해를 입힐 것이다.

6. Grapple 스크립트를 저장한다.

갈고리총을 사용하기 위한 Dray 수정

드레이가 갈고리총을 사용하게 하려면 다음 단계를 따라 한다.

1. 비주얼 스튜디오에서 Dray 스크립트를 열고 다음과 같이 굵게 나타낸 코드를 변경한다.

```
public class Dray : MonoBehaviour, IFacingMover, IKeyMaster
{
    ...
    [Header("Set Dynamically")]
    ...
    public bool          invincible = false;
    public bool          hasGrappler = false;               // a
    public Vector3       lastSafeLoc;
    public int           lastSafeFacing;

    [SerializeField]
    private int          _health;

    ...

    void Awake()
    {
        ...
        health = maxHealth;
        lastSafeLoc = transform.position; // 시작 위치는 안전함
        lastSafeFacing = facing;
    }
    ...

    void LateUpdate()
    {
```

```
    ...
    // 건너뛸 rm이 유효한지 확인함
    if (rm.x >= 0 && rm.x <= InRoom.MAX_RM_X)
    {
        if (rm.y >= 0 && rm.y <= InRoom.MAX_RM_Y)
        {
            roomNum = rm;
            transitionPos = InRoom.DOORS[(doorNum + 2)% 4];
            roomPos = transitionPos;
            lastSafeLoc = transform.position;                    // b
            lastSafeFacing = facing;
            mode = eMode.transition;
            transitionDone = Time.time + transitionDelay;
        }
    }
}
...

void OnTriggerEnter(Collider colld)
{
    ...
    switch (pup.itemType)
    {
        ...
        case PickUp.eType.key:
            keyCount++;
            break;

        case PickUp.eType.grappler:                              // c
            hasGrappler = true;
            break;
    }
    ...
}

public void ResetInRoom(int healthLoss = 0)                       // d
{
    transform.position = lastSafeLoc;
```

```
        facing = lastSafeFacing;
        health -= healthLoss;

        invincible = true; // 드레이를 무적으로 만듦
        invincibleDone = Time.time + invincibleDuration;
    }

    // IFacingMover 구현
    ...
}
```

a. 드레이가 갈고리총을 얻으면 hasGrappler는 true가 된다. lastSafeLoc
   및 lastSafeFacing에는 드레이가 최근에 방에 들어갔을 때의 위치와
   바라보는 방향이 저장된다. 갈고리가 안전하지 않은 타일 위에 떨어지
   면 다시 이 위치와 방향으로 설정된다.

b. 드레이가 새 방에 들어갈 때마다 lastSafeLocation 및 lastSafeFacing
   을 설정한다.

c. 드레이가 grappler 타입의 PickUp에 접촉하면 hasGrappler를 true로
   설정한다.

d. ResetInRoom()이 호출되면 드레이를 현재 방에서 바로 전의 안전 위
   치와 방향으로 옮긴다. 체력도 감소시킨다.

갈고리총을 쏘려는데 Dray의 Update() 메서드에 아무 코드도 추가하지 않았다는
것을 알아차렸을 것이다. Grapple 스크립트의 Update() 메서드가 이 상호작용을
처리하기 때문이다. 어느 스크립트에서 처리하는 게 좋은지는 고민거리다. 상호
작용 코드를 모두 하나의 스크립트에 두는 것이 좋기도 하겠지만 Grapple 스크립
트 안에 그 코드를 넣으면 나중에 Dray 스크립트의 상호작용 코드를 수정하지
않고도 다른 무기와 도구를 추가할 수 있고 키보드 누름에도 대응할 수 있다. 이
러한 점은 프로젝트 프로토타입 제작에서 개발로 옮겨갈 때 중요한 고려 사항이
된다.

2. 비주얼 스튜디오에 있는 모든 스크립트를 저장하고 유니티로 되돌아간다.

3. 하이어라키 창에서 Dray를 선택한다.

  - Grapple (Script): 프로젝트 창의 Resources 폴더에 있는 DelverGrappleable 텍스트 파일을 mapGrappleable 필드에 지정한다. 이 텍스트 파일은 Grapple 스크립트의 grappleTiles 및 unsafeTiles 리스트를 채우는 데 사용된다.

4. 씬을 저장한다.

갈고리총을 무기로 쓸 수 있게 하기

Grappler 게임오브젝트에 DamageEffect 스크립트를 부착하면 적에게 피해를 줄 수 있다. 그러면 드레이는 파괴력이 적은 원거리 무기를 갖게 될 것이다.

1. 하이어라키 창에서 Grappler(Dray의 자식)를 선택한다.
2. DamageEffect (Script) 컴포넌트를 Grappler에 부착한다.
   - damage를 1로 설정한다.
   - knockback을 false로 설정한다(체크 표시를 없앰).
3. 씬을 저장한다.

갈고리총의 획득 구현

레벨 진행 중에 드레이는 갈고리총을 획득할 수 있어야 한다. 다행히도 35장의 시작 시에 임포트한 유니티 패키지에는 GrapplerPickUp 프리팹이 존재해서 획득 가능하게 만들 수 있지만, 그러려면 PickUp 스크립트를 추가해야 한다.

1. 프로젝트 창의 _Prefabs 폴더에 있는 GrapplerPickUp을 하이어라키 창으로 드래그한다.
2. Transform을 P:[19, 3, 0], R:[0, 0, 0], S:[2, 2, 2]로 지정한다.
3. PickUp (Script) 컴포넌트를 GrapplerPickUp에 추가하고 PickUp (Script) 컴포넌트의 itemType을 Grappler로 설정한다.

4. GrapplerPickUp 인스펙터 위쪽에 있는 Overrides 드롭다운 버튼을 클릭한 후 Apply All 버튼을 클릭한다. 그러면 하이어라키 창의 GrapplerPickUp 인스턴스에 대한 변경 사항이 **프로젝트** 창의 _Prefabs 폴더에 있는 Grappler PickUp 프리팹에도 적용된다.

5. Overrides 드롭다운 버튼 옆의 Select 버튼을 클릭하거나 직접 **프로젝트** 창에서 GrapplerPickUp 프리팹을 선택해 변경 사항이 적용됐는지 확인한다.

갈고리총 테스트

갈고리총을 테스트하려면 다음 단계를 수행한다.

1. 플레이 버튼을 클릭한다. 키보드의 X 키를 누른다. 지금은 아무 일도 일어나지 않는다.

2. 드레이를 갈고리총 위로 이동하면 Dray의 hasGrappler 필드가 true로 설정될 것이다.

이제 X를 누르면 갈고리총을 사용할 수 있다. 갈고리가 벽에 박혀 드레이를 그쪽으로 당길 것이다. 갈고리총은 열쇠 및 체력과 같은 아이템을 획득하는 데에도 사용할 수 있다. 또한 스켈레토스에게 약간의 피해(검 피해의 절반)도 줄 수 있지만 밀리기 효과를 일으키지는 않는다.

3. 게임을 일시 중지하고(화면 맨 위의 세 버튼 중에서 중간에 있는 일시 정지 버튼을 클릭) Dray의 transform.position을 P:[39.5, 40, 0]으로 설정한다. 그러면 드레이를 빨간 타일이 많은 방(《젤다의 전설》의 이글 던전 발췌)의 아래쪽 방으로 바로 이동시킨다.

4. 게임 일시 중지를 다시 클릭하고 드레이를 위쪽 문을 통과시켜 빨간색 타일이 많은 방으로 이동한다(그 방 안으로 들어가면 lastSafeLocation과 lastSafeFacing이 설정된다).

5. 벽이 빨간 타일로 끝나는 쪽으로 갈고리총을 발사해본다. 드레이는 체력을 잃고 다시 안전한 출입구 쪽으로 되돌아올 것이다.

6. 다시 게임을 일시 중지하고 Dray의 transform.position을 P:[40, 49.5, 0]으로 설정한 후 일시 중지를 해제한다.

7. 오른쪽으로 향하게 하고 갈고리총을 벽 쪽으로 발사한다.

TileCamera의 GET_MAP(float, float) 메서드에 있는 y - 0.25f 코드(35장의 훨씬 앞에 나오는 'TileCamera 클래스: 데이터 및 스프라이트 파일 파싱하기' 절에 있는 TileCamera 코드 리스트에서 // g 부분)로 인해 안전한 위치에 자리 잡는다(0.25f를 빼지 않으면 드레이의 위치는 빨간 타일 속으로 반올림된다).

8. 플레이를 멈추고 씬을 저장한다.

갈고리총 테스트가 끝나면 이제 다른 던전 레이아웃으로 넘어갈 차례다.

새 던전 구현: Hat

이제 9장에서의 예제 프로토타입이었던 던전을 구현할 것이다. 이 과정에서 DelverData 파일에 적을 끼워 넣는 방법도 구현할 것이다.

씬 준비

씬을 준비하려면 다음 단계를 따라 한다.

1. 메뉴에서 File ➤ Save Scene As를 선택해 씬의 새 복사본을 _Scene_Hat으로 저장한다.

2. 씬을 다른 이름으로 저장해도 유니티는 가끔 이전 씬을 그대로 나타내는 경우가 있다. 따라서 창 제목이 _Scene_Hat으로 바뀌었는지 다시 확인한다. 바뀌지 않았으면 프로젝트 창에 있는 _Scene_Hat을 더블 클릭해 연다.

3. Skeletos, Key, Health 프리팹들이 있는지 확인한다. 프로젝트 창의 _Prefabs 폴더에서 이 모든 것을 볼 수 있다. 아무것도 없으면 하이어라키 창에 있는 이것들을 _Prefabs 폴더로 드래그한다.

4. 하이어라키 창에 있는 Skeletos, Key, Health, GrapplerPickUp 게임오브젝 트를 삭제한다. 하이어라키 창의 최상위 레벨에는 Main Camera, GUI Camera, Dray, Canvas, Event System과 같이 다섯 개의 게임오브젝트만 있어야 한다 (그리고 Dray와 Canvas에는 자식이 있다).

5. 하이어라키 창에서 Main Camera를 선택한다.

   - Transform: 위치를 P:[55.5, 5, -10]으로 설정한다.
   - TileCamera (Script): 프로젝트 창의 Resources 폴더에 있는 DelverData_ Hat 텍스트 파일을 TileCamera (Script) 컴포넌트의 mapData 필드에 지 정한다.

6. 하이어라키 창에서 Dray를 선택한다.

   - Transform: 위치를 P:[55.5, 1, 0]으로 지정한다.
   - Dray (Script): hasGrappler가 false(체크 표시 없음)인지 확인한다.

7. 씬을 저장하고 플레이 버튼을 클릭한다.

완전히 새로운 던전이 로드될 것이다. 첫 번째 방에서는 도달할 수 없는 위치의 열쇠 이미지를 볼 수 있다. 왼쪽 방으로 이동하면 두 개의 스켈레토스 적 이미지 가 보이지만 움직이지는 않는다. 지금은 이 모든 것이 적과 아이템 표시의 특수 바닥 타일로 나타나 있다. 이러한 특수 타일을 적이나 아이템이 등장하는 실제 타일로 변화시키는 코드가 필요한데, 열쇠나 갈고리총 없이는 이 던전을 많이 돌 아다닐 수 없고 적도 없다면 너무 쉬운 게임이 되기 때문이다.

적과 아이템을 위해 맵 타일 바꾸기

TileCamera 스크립트에 다음과 같이 코드를 추가하면 맵의 적이나 아이템용 특수 타일들을 이것들이 나오는 바닥 타일로 바꿀 것이다. 프로젝트 창의 Resources 폴 더에 있는 DelverTiles 이미지를 보면 이미지의 아래쪽에 다양한 아이템, 적, 열 쇠 모양의 타일들이 보일 것이다. 이것들은 특수 타일로서 최종 맵에서는 아이템 이나 적이 스폰되는 일반 타일로 대체될 것이다.

1. 비주얼 스튜디오에서 TileCamera 스크립트를 열고 다음과 같이 굵게 표시한 코드를 변경한다.

```
using System.Collections;
using System.Collections.Generic;
using UnityEngine;

[System.Serializable]
public class TileSwap                                          // a
{
    public int              tileNum;
    public GameObject       swapPrefab;
    public GameObject       guaranteedItemDrop;
    public int              overrideTileNum = -1;
}

public class TileCamera : MonoBehaviour
{
    ...
    [Header("Set in Inspector")]
    ...
    public Tile             tilePrefab;
    public int              defaultTileNum;                    // b
    public List<TileSwap>   tileSwaps;                         // c

    private Dictionary<int, TileSwap> tileSwapDict;            // c
    private Transform       enemyAnchor, itemAnchor;

    void Awake()
    {
        COLLISIONS = Utils.RemoveLineEndings(mapCollisions.text);
        PrepareTileSwapDict();                                 // d
        enemyAnchor = (new GameObject("Enemy Anchor")).transform;
        itemAnchor = (new GameObject("Item Anchor")).transform;
        LoadMap();
    }

    public void LoadMap()
    {
```

```
...
MAP = new int[W, H];
for (int j = 0; j < H; j++)
{
    tileNums = lines[j].Split(' ');
    for (int i = 0; i < W; i++)
    {
        if (tileNums[i] == "..")
        {
            MAP[i, j] = 0;
        }
        else
        {
            MAP[i, j] = int.Parse(tileNums[i], hexNum);
        }
        CheckTileSwaps(i, j);                                // e
    }
}
...
}

void ShowMap() { ... }

void PrepareTileSwapDict()                                  // d
{
    tileSwapDict = new Dictionary<int, TileSwap>();
    foreach (TileSwap ts in tileSwaps)
    {
        tileSwapDict.Add(ts.tileNum, ts);
    }
}

void CheckTileSwaps(int i, int j)                           // e
{
    int tNum = GET_MAP(i, j);
    if (!tileSwapDict.ContainsKey(tNum)) return;

    // 타일을 교체해야 함
    TileSwap ts = tileSwapDict[tNum];
```

```
        if (ts.swapPrefab != null)                                      // f
        {
            GameObject go = Instantiate(ts.swapPrefab);
            Enemy e = go.GetComponent<Enemy>();
            if (e != null)
            {
                go.transform.SetParent(enemyAnchor);
            }
            else
            {
                go.transform.SetParent(itemAnchor);
            }
            go.transform.position = new Vector3(i, j, 0);
            if (ts.guaranteedItemDrop != null)                          // g
            {
                if (e != null)
                {
                    e.guaranteedItemDrop = ts.guaranteedItemDrop;
                }
            }
        }

        // 다른 타일로 대체
        if (ts.overrideTileNum == -1)                                   // h
        {
            SET_MAP(i, j, defaultTileNum);
        }
        else
        {
            SET_MAP(i, j, ts.overrideTileNum);
        }
    }

    ...
}
```

a. 직렬화 가능 TileSwap 클래스에는 맵의 특수 타일을 적이나 아이템이

나오는 일반 바닥 타일로 바꾸는 데 필요한 모든 정보가 포함된다.

- **tileNum:** 대체할 특수 타일의 타일 번호
- **swapPrefab:** 이 특수 타일 위에서 스폰할 적 또는 아이템의 프리팹
- **guaranteedItemDrop:** 일부 특수 타일은 특정 적이 죽을 때 열쇠를 드롭한다는 것을 나타낸다. 이 guaranteedItem-Drop 필드에 들어가는 것은 스폰되는 적의 guaranteedItemDrop 필드에 들어갈 것이다.
- **overrideTileNum:** 대부분의 특수 타일은 defaultTileNum 타일(일반 바닥 타일)로 대체될 것이다. 이 필드에 어떤 int 값을 지정하면 특수 타일을 또 다른 특정 타일로 바꿀 수 있다. 던전의 맨 위 오른쪽 방에 있는 스파이커 적$^{Spiker\ enemy}$이 그런 경우인데, 여기의 스파이커 적은 표준 바닥 타일이 아닌 빨간 바닥 위에 놓일 것이다.

b. defaultTileNum은 일반적으로 특수 타일을 바꿀 바닥 타일의 타일 번호다. 이 게임에서 defaultTileNum은 29며 이는 노란색 바닥을 나타내는 DelverTiles_29 스프라이트를 참조한다.

c. 리스트는 직렬화 가능하지만 딕셔너리는 그렇지 않다. 하지만 딕셔너리는 검색이 쉽다(키는 해시 테이블을 기반으로 하므로 매우 빠르게 검색할 수 있다). tileSwap 정보를 tileSwaps 리스트에 넣으면 Awake()에서 PrepareTileSwapDict() 메서드가 이를 tileSwapDict로 파싱한다.

d. PrepareTileSwapDict()는 tileSwaps 리스트의 모든 엔트리에 대해 반복해 tileSwapDict에 추가하고 교체할 특수 타일의 tileNum을 키로 삼는다.

e. CheckTileSwaps()는 맵 위치를 입력으로 사용한다. MAP의 해당 위치를 보고 tileSwapDict에 포함되면 그 타일을 바꾼다. CheckTileSwaps()는 나중에 디버깅을 쉽게 하고자 GET_MAP() 및 SET_MAP()을 사용한다(SET_MAP()과 같은 접근자 함수에 중단점을 두고 디버깅하면 필드를 직접 변경하는 메서드를 추적하는 것보다 쉽다).

f. tileSwapDict에서 지정된 위치에 tileNum에 대한 엔트리(tNum)가 있으면 CheckTileSwaps()는 tileSwapDict에서 TileSwap 클래스의 해당 인

스턴스를 얻는다. 그런 다음 swapPrefab이 존재하면 적이나 아이템 프리팹을 인스턴스화해 현재 타일의 위치에 배치한다.

g. guaranteedItemDrop이 존재하고 swapPrefab에 Enemy 컴포넌트가 있으면 TileSwap의 guaranteedItemDrop이 인스턴스화된 Enemy의 guaranteedItemDrop 필드에 배치된다.

h. 마지막으로 TileCamera.MAP을 수정해 초기 특수 타일 번호를 default TileNum(노란색 바닥)으로 바꾼다. TileSwap 타입의 ts에 -1이 아닌 override TileNum이 포함돼 있으면 그 tileNum이 기본값 대신 MAP 위치에 지정될 것이다.

2. TileCamera 스크립트를 저장하고 유니티로 되돌아간다.

3. 하이어라키 창에서 Main Camera를 선택하고 다음과 같이 설정한다.

- TileCamera (Script): defaultTileNum을 29로 설정한다.
- TileCamera (Script): tileSwaps의 Size를 6으로 설정한다.
- TileCamera (Script): tileSwaps 설정을 그림 35.10에 나타난 값으로 지정한다.

tileSwaps 배열의 Element 4와 5는 원본 유니티 패키지에서 임포트한 Spiker 프리팹을 사용했다. 현재 스파이커 적은 거의 역할을 하지 않지만 이들 두 엔트리는 overrideTileNum을 이용했을 때 특수 타일을 일반이 아닌 바닥 타일(이 경우 빨간색 타일)로 바꾸는 것을 보여준다. Hat 던전의 맨 위 오른쪽 방에서 이러한 스파이커 적을 볼 수 있다.

4. 씬을 저장하고 플레이 버튼을 클릭한다. 이제 모든 열쇠(죽은 적에게서 많이 나옴)와 갈고리총을 얻을 수 있는 전체 레벨을 플레이할 수 있다.[13]

---

13. 열쇠를 충분히 갖고 있지 않다면 모든 스켈레토스 적들을 죽여본다(열쇠를 갖고 있는 적들이 있을 테니까 말이다). 체력이 너무 낮아도 걱정하지 말라. 드레이의 체력이 0으로 떨어질 때 패배하는 상황을 구현하지 않았다. 패배 구현은 이제 여러분 스스로 충분히 할 수 있다.

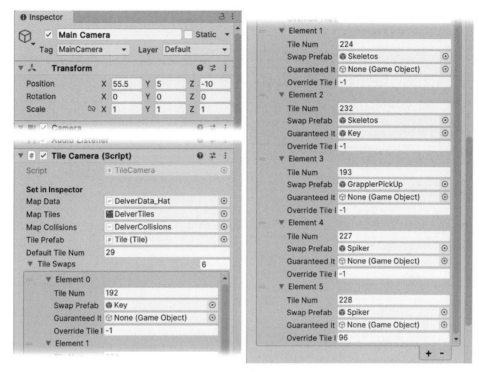

그림 35.10 Main Camera에 있는 TileCamera (Script) 컴포넌트의 tileSwaps 리스트 설정

델버 레벨 편집기

자신만의 <던전 델버> 레벨을 만들고 싶다면 http://www.acornpub.co.kr/game-design-2e에서 다운로드하는 파일 안에 델버 레벨 편집기가 포함돼 있으므로 이를 이용한다. 델버 레벨 편집기에는 자신만의 레벨을 만들고 그 레벨을 방금 작성했던 <던전 델버> 게임 프로토타입으로 임포트하기 위한 지시 사항이 들어있다.

요약

마지막 실습을 마쳤다. 이 프로토타입을 제작하면서 인터페이스와 같은 새로운 개념과 컴포넌트에 바탕을 두고 폭넓게 사용하는 방법을 많이 소개했다. 이러한 기반 지식을 통해 모든 종류의 액션 어드벤처 게임을 만들 수 있으므로 더욱 힘쓰기를 바란다.

다음 단계

이 프로젝트를 계속 진행한다면 다음과 같은 추가 사항을 고려해서 더 재미있는 게임을 만들 수 있다.

1. 자신만의 레벨을 만든다. 9장에서 설명한 대로 프로토타입을 제작해본다.
2. 스파이커 적을 구현한다. 이 프리팹은 이미 포함돼 있지만 약간의 작업이 필요하다. 이를 구현한 부분은 유니티 패키지(35장의 시작 시에 임포트함)에 포함된 Spiker C# 스크립트 안에 길게 주석 처리돼 있다.
3. 적을 더 많이 만든다. 35장의 시작 시에 임포트했던 유니티 패키지에는 35장에서 구현한 것보다 더 많은 적 스프라이트들이 포함돼 있다. 새롭게 동작하는 적들을 추가해본다.
4. 적이 맞을 경우에 기절시키는 갈고리총을 만든다. 이 무기는 <젤다의 전설>에 나오는 부메랑과 아주 비슷하다.
5. <젤다의 전설>에서 차용할 수 있는 또 다른 요소는 링크가 완전한 체력 상태에 있을 때 발사하는 마법 검이다. 이를 위해 Swords 이미지 파일에서 두 번째 검 이미지를 사용하면 된다.
6. 새로운 무기/아이템을 디자인하고 구현한다. 영감을 얻고자 많은 액션 어드벤처 게임을 찾아본다. <젤다의 전설>에 나오는 갈고리는 내가 항상 즐겨 쓰던 무기였다. 그래서 나는 그 갈고리를 이 게임에 갈고리총으로 포함시켰다.
7. 현재 갈고리총이 두 개 타일 간의 선을 따라 곧장 나아가면 그중 하나의

타일만 충돌을 검사한다. `Grapple:FixedUpdate()`에서 `eMode.gOut` 케이스를 수정해 두 타일 간의 선상에 있는 경우 두 타일 모두와의 충돌을 검사하게 할 수 있다(수평 및 수직 경우 모두 검사하는 것을 기억하라).

8. 원하는 것은 무엇이든 만들어본다. 여러분은 책 전체를 거쳐 여기까지 왔다. 이제 못할 게 없다!

감사의 말

이 책을 읽어준 데 대해 다시 한 번 감사를 드린다. 여러분이 꿈을 이룰 수 있기를 진심으로 기원한다.

– 제레미 깁슨 본드

PART 4

부록

표준 프로젝트 설정 절차

지금까지 이 책에서는 실습을 시작하기 전에 새 프로젝트를 생성하고 나서 코드를 작성할 것을 반복적으로 언급했다. 이렇게 새 프로젝트를 생성하고 씬을 설정하며 새 C# 스크립트를 작성해 그 씬의 메인 카메라에 부착할 때마다 반복적인 표준 절차를 거쳐야 한다. 그래서 이 책에서는 그 동일한 절차를 여러 번 언급하지 않고 이렇게 부록으로 따로 정리했다.

새 프로젝트 설정

예전에는 유니티에서 새 프로젝트를 생성했다. 그러나 빈번한 업데이트와 업그레이드로 인해 유니티의 버전이 많아지면서 버전 관리의 필요성이 발생했다. 유니티 테크놀러지 사에서는 편리한 버전 관리를 위해 유니티 허브를 이용한 새 프로젝트 생성 정책을 도입했다.

새 프로젝트를 설정하는 단계는 다음과 같다. 이들 절차는 윈도우, OS X, 리눅스에서 거의 동일하다.

1. 유니티 허브를 처음 실행하면 그림 A.1과 같은 창이 나타난다. 여기에서 새 프로젝트 버튼을 클릭해 새 프로젝트를 생성하면 된다. 유니티를 이미 실행 중이라면 메뉴 표시줄에서 File ➤ New Project...를 선택한다.

그림 A.1 유니티 허브 창에서 새 프로젝트 생성하기

2. 그러면 그림 A.2와 같은 새 프로젝트 설정 화면이 열린다. 그림 A.2에서 템플릿을 선택하고 프로젝트 이름을 지정하고 **프로젝트 생성** 버튼을 클릭

하면 유니티 허브 설정에서 지정해 놓은 위치에 이 프로젝트 이름의 새 프로젝트 폴더가 생성될 것이다. 이 책에서는 일반적으로 3D 템플릿을 선택한다.

예를 들어 그림 A.2의 설정을 사용하면 유니티는 3D 템플릿으로 기본 설정된 ProtoTools Project라는 프로젝트 폴더를 생성할 것이다.

그림 A.2 새 프로젝트 설정 화면

3. 새 프로젝트 설정 화면에서 **프로젝트 생성** 버튼을 클릭한다(그림 A.2 참고). 그러면 유니티가 실행되며 새 프로젝트의 빈 캔버스를 나타낸다. 이 과정은 컴퓨터의 성능에 따라 시간이 걸릴 수 있으므로 잠시 기다린다.

개발을 위한 씬 준비

새로 생성한 프로젝트에는 SampleScene이라는 이름의 기본 씬이 포함돼 있다. 코딩 준비를 하려면 다음 지침을 따른다.

1. **씬의 이름을 변경한다.** SampleScene 이름은 기초적인 연습에서는 굳이 변경할 필요가 없지만 현재 작업할 씬의 특징을 나타내는 이름으로 변경해놓으면 알아보기에 편하다. 프로젝트 창의 Assets/Scene 폴더에 있는 SampleScene을 선택한 후 F2 키를 누르면 이름을 변경할 수 있다(마우스의 오른쪽 버튼을 클릭해서 나타나는 팝업 메뉴에서 Rename을 선택해도 된다). 나는 이후 씬을 추가로 만들 때 순서대로 열거하기 쉽게 _Scene_0 식으로 이름을 지정했다. 씬 이름 앞에 밑줄을 넣으면 프로젝트 창에서 그렇지 않은 이름보다 위쪽에 나타난다.

2. **새 C# 스크립트를 생성한다(선택 사항).** 일부 장에서는 프로젝트를 시작할 때 C# 스크립트를 하나 이상 생성해야 한다. 그렇게 하려면 프로젝트 창 이름의 바로 아래쪽에 있는 + 버튼을 클릭한 후 팝업 메뉴에서 + ➤ C# Script를 선택한다. 그러면 새 스크립트가 프로젝트 창에 추가되고 이름을 편집할 수 있게 강조 표시된다. 해당 장의 시작 부분에서 언급한 스크립트마다 이 작업을 수행하면 되는데, 스크립트의 이름을 지정할 때는 대/소문자 구분에 주의한다. 이 필드에 스크립트의 이름을 입력한 후 Enter 또는 Return 키를 눌러 이름을 저장한다. 그림 A.3에서 예제 스크립트 이름은 HelloWorld로 지정돼 있다.

그림 A.3 새 C# 스크립트 생성과 비주얼 스튜디오에서 해당 스크립트 표시

3. **C# 스크립트를 씬의 메인 카메라에 부착한다(선택 사항).** 일부 장에서는 하나 이상의 새 스크립트를 메인 카메라에 부착하도록 요구하고 있다. 스크립트를 메인 카메라와 같은 게임오브젝트에 부착하면 스크립트가 해당 게임오브젝트의 컴포넌트가 된다. 모든 씬에는 기본적으로 메인 카메라가 포함돼 있기 때문에 메인 카메라는 기본적인 스크립트를 부착할 좋은 위치다. 일반적으로 씬에 존재하는 게임오브젝트에 부착하지 않은 C# 스크립트는 실행되지 않는다.

게임오브젝트에 스크립트를 부착하는 일은 좀 불편하지만 유니티에서는 이 작업을 자주 하기 때문에 곧 익숙해질 것이다. **프로젝트** 창의 새 스크립트를 하이어라키 창의 Main Camera 위로 드래그하고 나서 마우스 버튼을 놓는다. 그림 A.4를 참고한다.

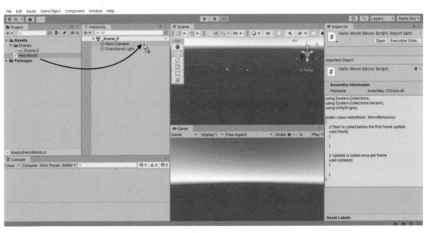

그림 A.4 **프로젝트** 창의 C# 스크립트를 **하이어라키** 창의 Main Camera 위로 드래그해 HelloWorld 스크립트를 메인 카메라 게임오브젝트에 부착한다.

C# 스크립트가 메인 카메라에 부착되므로 메인 카메라를 선택하면 인스펙터에 그 스크립트가 나타날 것이다. 이제 이 책의 어떠한 프로젝트에서도 작업할 준비가 됐다.

유용한 개념

부록 B에는 프로토타이퍼와 프로그래머로서 여러분의 능력을 배가하는 데 도움이 되는 유용한 개념을 모았다. 내용 중 일부는 코드 개념이고 또 다른 일부는 방법론이다. 이 책을 끝마친 후에도 필요할 때마다 편리하게 참조할 수 있도록 이렇게 별도의 부록으로 정리했다.

다루는 주제

부록 B에서는 여러 주제를 네 개의 그룹으로 묶고 (개념별로 정렬하지 않고) 알파벳순으로 정렬해서 다룬다. 여러 주제 속에 유니티 코드 예제가 포함돼 있으며 일부 주제에서는 개념이 활용된 본문을 안내한다.

C# 및 유니티 코딩 개념

이 절에서는 책을 끝마친 후에도 거듭 참조할 만한 C# 코딩 요소를 다룬다. 또한 중요하기는 하지만 이 책의 본문에서 다루기에 적합하지 않았던 개념들도 있다.

비트 불리언 연산자와 레이어 마스크

21장에서 배웠듯이 단일 파이프(|)는 비단축형 조건 OR 연산자로 사용할 수 있으며 단일 앰퍼샌드(&)는 비단축형 조건 AND 연산자로 사용할 수 있다. 하지만 | 및 &는 부호 없는 정수(uint)에 대한 비트 연산에도 사용할 수 있으므로 비트^{bitwise} OR 및 비트 AND라고도 부른다.

비트 연산에서는 C#에 포함된 여섯 가지 다른 비트 연산자 중 하나를 사용해 정수의 각 비트를 비교할 수 있다. 다음 목록에는 8비트 바이트(0 ~ 255까지의 숫자를 저장할 수 있는 단순한 정수 타입의 데이터)에 대해 연산자를 사용했을 때의 결과를 보여준다. 이 연산은 32비트 부호 없는 정수에서 동일하게 이뤄지지만 32비트는 길어서 연산과 결과를 생략한다.

&	AND	00000101 & 01000100의 결과는 00000100
|	OR	00000101 | 01000100의 결과는 01000101
^	배타적 OR	00000101 ^ 01000100의 결과는 01000001
~	보수(비트 NOT)	~00000101의 결과는 11111010
<<	왼쪽 시프트	00000101 << 1의 결과는 00001010

>>	오른쪽 시프트	`01000100 >> 2`의 결과는 `00010001`

유니티에서 비트 연산은 레이어 마스크를 관리하는 데 가장 자주 사용된다. 유니티는 최대 32개의 서로 다른 레이어를 정의할 수 있으며, 레이어 마스크는 이렇게 정의한 레이어 중에서 물리 엔진이나 레이캐스트 작업을 수행할 레이어를 지정하는 32비트 부호 없는 정수 표현이다. 유니티에서는 레이어 마스크에 LayerMask 변수 타입을 사용하지만 실제로 LayerMask는 약간의 추가 기능을 더한 32비트 uint의 래퍼. 레이어 마스크를 사용할 때 1인 비트는 표시되는 레이어를 나타내고 0인 비트는 무시되는(즉, 마스킹되는) 레이어를 나타낸다. 이 점은 특정 레이어의 게임오브젝트에 대해서만 충돌을 확인하거나 반대로 특정 레이어를 무시하려는 경우 아주 유용하다(예를 들어 Ignore Raycast라는 내장 layer 2는 자동으로 모든 레이캐스트에서 제외된다).

유니티에는 여덟 개의 '내장된' 레이어가 예약돼 있으며 모든 게임오브젝트는 처음에 Default라는 이름의 0번째 레이어에 배치된다. 8에서 31까지 번호가 매겨진 나머지 레이어는 사용자 레이어라고하며 거기에 이름을 지정하면 레이어 팝업 메뉴(예, 각 게임오브젝트 인스펙터의 맨 위에 있는 레이어 팝업 메뉴)에서 해당 레이어를 이름으로 선택할 수 있다.

레이어 번호가 0부터 시작하기 때문에 0번째 레이어를 마스킹하지 않는 비트 LayerMask 표현은 LayerMask의 맨 오른쪽 위치에서 1이다(다음 코드 리스트에서 변수 lmZero 참고). 이 방식은 다소 혼동될 수 있으므로(0번째 레이어를 나타내는 정수 값이 0이 아닌 1이기 때문) 많은 유니티 개발자들이 비트 왼쪽 시프트 연산자(<<)를 사용해 LayerMask를 지정한다(예를 들어 1<<0은 0번째 레이어를 지정하는 1값을 생성하고 1<<4는 4번째 레이어에 해당하는 비트를 1로 지정한다). 다음 코드 예제에 몇 가지 예가 나온다.

```
LayerMask lmNone = 0;       // 00000000000000000000000000000000 비트        // a
LayerMask lmAll = ~0;       // 11111111111111111111111111111111 비트        // b
LayerMask lmZero = 1;       // 00000000000000000000000000000001 비트
LayerMask lmOne = 2;        // 00000000000000000000000000000010 비트        // c
LayerMask lmTwo = 1<<2;     // 00000000000000000000000000000100 비트        // d
LayerMask lmThree = 1<<3;   // 00000000000000000000000000001000 비트
```

```
LayerMask lmZeroOrTwo = lmZero | lmTwo;                          // e
                // 결과 00000000000000000000000000000101 비트

LayerMask lmZeroThroughThree = lmZero | lmOne | lmTwo | lmThree;
                // 결과 00000000000000000000000000001111 비트

lmZero = 1 << LayerMask.NameToLayer("Default");                  // f
                // 결과 00000000000000000000000000000001 비트

LayerMask lmZeroOrOne = LayerMask.GetMask("Default", "TransparentFX");  // g
                // 결과 00000000000000000000000000000011 비트
```

a. 모든 비트를 0으로 설정하면 LayerMask는 모든 레이어를 무시한다.

b. 모든 비트를 1로 설정하면 LayerMask는 모든 레이어와 상호작용한다.

c. 2는 레이어 1에 대한 LayerMask의 정수 값인데, LayerMask 값을 정수로 지정하는 것이 얼마나 혼동되는지를 보여준다. 레이어 1은 유니티에서 미리 정의된 TransparentFX 레이어다.

d. 1을 왼쪽으로 두 번 시프트하면 두 번째 레이어의 LayerMask를 얻기 때문에 이 경우에는 왼쪽 시프트 연산자(<<)를 사용하는 것이 훨씬 이해하기 쉽다.

e. 레이어 0과 레이어 2가 상호작용할 LayerMask를 만드는 데 비트 OR를 사용했다.

f. 정적 메서드 LayerMask.NameToLayer()에 레이어 이름을 전달하면 레이어 번호(LayerMask가 아닌 정수 번호)가 반환된다. 예를 들어 LayerMask.NameToLayer("TransparentFX")는 정수 1을 반환한다.

g. GetMask()를 사용하면 레이어 이름 목록으로부터 LayerMask를 바로 얻을 수도 있다.

코루틴

코루틴은 메서드의 실행을 도중에 일시 중지하고 다른 프로세스를 실행하게 한 후 중단된 메서드로 돌아와 실행을 계속하는 C#의 기능이다. 유니티에서는 하나

의 함수가 오래 실행될 때(게임이 멈춘 것처럼 보일 때) 종종 코루틴을 사용한다. 코루틴은 이 부록의 뒷부분에 있는 '주사위 확률' 절에서도 활용된다. 즉, 여러 주사위를 던졌을 때의 결과를 계산하는 데 시간이 많이 걸려 컴퓨터가 멈춘 것처럼 보일 수 있으므로 중간에 화면을 업데이트해주는 것이 아주 좋다. 또한 작업을 일정에 따라 수행하게 할 때 코루틴을 타이머로도 사용할 수 있다(InvokeRepeating 호출 대용).

유니티 예제

이 예제는 코루틴을 이용해 매초마다 한 번씩 시간을 출력한다. 시간을 출력하고자 Update() 메서드를 이용하면 초당 수십 번씩 출력하는데, 이는 너무 많다.

새 유니티 프로젝트를 만들고 C# 스크립트를 생성한 후 이름을 Clock으로 지정하고 Main Camera에 부착하고 나서 다음 코드를 입력한다.

```csharp
using UnityEngine;
using System.Collections;

public class Clock : MonoBehaviour
{
    // 초기화에 사용
    void Start()
    {
        StartCoroutine(Tick());
    }

    // 모든 코루틴의 반환 타입은 IEnumerator임
    IEnumerator Tick()
    {
        // 이 무한 루프는 코루틴이 종료되거나 프로그램이 중지될 때까지
        // 시간을 출력함
        while (true)
        {
            print(System.DateTime.Now.ToString());
            // 이 yield문은 약 1초간 코루틴이 실행을 양보하게 지정함
            //     코루틴 타이밍은 완전히 정확하지는 않음
```

```
            yield return new WaitForSeconds(1);
        }
    }
}
```

일반 함수와는 달리 while 루프 안에 yield를 넣을 거면 코루틴 내에 while (true) 무한 루프를 사용하는 것이 좋다.

yield문에는 다음과 같은 몇 가지 종류가 있다.

```
yield return null;                  // 최대한 신속하게 실행을 (보통, 다음 프레임으로) 계속함

yield return new WaitForSeconds(10);    // 10초 동안 대기함

yield return new WaitForEndOfFrame();   // 다음 프레임까지 대기함

yield return new WaitForFixedUpdate(); // 다음 FixedUpdate() 호출까지 대기함
```

코루틴은 34장에서 아주 큰 사전 텍스트 파일을 파싱하는 데 사용됐다.

열거형

열거형은 몇 가지 특정 옵션만 가질 수 있는 변수 타입을 선언하는 간단한 방법이며 이 책 전체에서 사용된다. 이 책에서 열거형은 일반적으로 클래스 정의 외부에 선언했다. 열거형 이름은 알아보기 쉽게 다음과 같이 e로 시작하는 것이 좋다.

```
public enum ePetType
{
    none,
    dog,
    cat,
    bird,
    fish,
    other
}

public enum eLifeStage
```

```
{
    baby,
    teen,
    adult,
    senior,
    deceased
}
```

그 후로는 이 **enum** 타입(예, `public ePetType`)을 사용해 변수를 선언하면 된다. 열거형의 여러 옵션은 열거형 타입, 마침표, 열거형 값 순서로 표기한다(예, `ePetType.dog`).

```
public class Pet
{
    public string        name = "Flash";
    public ePetType       pType = ePetType.dog;
    public eLifeStage     age = eLifeStage.baby;
}
```

열거형은 실제로 다른 값인 것처럼 가장하는 정수이므로 int로 타입 변환할 수 있다(다음 코드 예제에서 9과 10행에 나타남). 이것은 열거형을 명시적으로 설정하지 않으면 열거형의 기본값이 0번째 옵션이 된다는 의미이기도 하다. 예를 들어 위의 enum **eLifeStage** 정의를 사용해 새 변수 **eLifeStage age**를 선언하면(다음 코드에서 5행) **age**에 **eLifeStage.baby**의 기본값이 자동으로 지정된다.

```
1  public class Pet
2  {
3      public string        name = "Flash";
4      public ePetType       pType = ePetType.dog;
5      public eLifeStage     age;    // 기본적으로 age는 eLifeStage.baby        // a
6
7      void Awake()
8      {
9          int i = (int)ePetType.cat; // i는 2                                    // b
10         ePetType pt = (ePetType)4; // pt는 ePetType.fish                       // c
11     }
```

```
 12 }
```

    a. age는 eLifeStage.baby라는 기본값을 받는다.

    b. 9행의 코드 (int)는 ePetType.cat을 int로 해석하게 강제하는 명시적 타입 변환이다.

    c. 여기에서는 int 리터럴 4를 코드 (ePetType)을 통해 ePetType으로 명시적 타입 변환했다.

열거형은 switch문에서 자주 사용된다(이 책에서 많이 봤을 것이다).

함수 대리자

함수 대리자^{function delegate}는 한 번에 호출할 수 있는 비슷한 함수(또는 메서드)들의 컨테이너로 생각하면 이해하기 쉽다. 31장에서 대리자를 사용했는데, fireDelegate() 대리자의 한 번 호출로 플레이어의 우주선에 연결된 모든 무기를 발사할 수 있다. 대리자는 게임 AI에서 사용할 전략 패턴을 구현하는 데 자주 사용된다. 전략 패턴은 이 부록의 '소프트웨어 디자인 패턴' 절에서 설명한다.

함수 대리자를 사용하려면 먼저 대리자 타입(다음 예제에서 FloatOpDelegate)을 정의해야 한다. 이 정의에서 대리자 타입(예, 이 절의 아래쪽에 나타난 대리자 필드인 fod)의 모든 인스턴스에 대한 매개변수 및 반환 타입을 설정한다. 또한 함수들을 이 대리자 타입의 인스턴스에 지정하는 데 필요한 매개변수 및 반환 타입도 지정한다.

```
 public delegate float FloatOpDelegate( float f0, float f1 );
```

위 행은 두 개의 float를 입력으로 받고 하나의 float를 반환하는 FloatOpDelegate 대리자(Float Operation Delegate을 줄인 이름)를 정의한다. 이 정의가 설정되면 이 대리자 정의에 맞는 대상 메서드를 정의할 수 있다(예, 다음에 나오는 FloatAdd() 및 FloatMultiply()).

```
 using UnityEngine;
 using System.Collections;
```

```
public class DelegateExample : MonoBehaviour
{
    // FloatOpDelegate라는 대리자 정의를 만듦
    // 대리자 정의에서는 대상 함수들의 매개변수와 반환 타입을 선언함
    public delegate float FloatOpDelegate(float f0, float f1);

    // FloatAdd는 FloatOpDelegate와 동일한 매개변수와 반환 타입을 가져야 함
    public float FloatAdd(float f0, float f1)
    {
        float result = f0 + f1;
        print("The sum of " + f0 + " & " + f1 + " is " + result + ".");
        return (result);
    }

    // FloatMultiply도 동일한 매개변수와 반환 타입을 가져야 함
    public float FloatMultiply(float f0, float f1)
    {
        float result = f0 * f1;
        print("The product of " + f0 + " & " + f1 + " is " + result + ".");
        return (result);
    }
    ...
}
```

이제 FloatOpDelegate 타입의 변수를 만들고 두 대상 함수 중 하나를 이 변수에
지정하면 된다. 그러면 이 대리자 변수를 함수처럼 호출할 수 있다(다음 예제 구문에서
대리자 필드 fod 참고).

```
using UnityEngine;
using System.Collections;

public class DelegateExample : MonoBehaviour
{
    // FloatOpDelegate라는 대리자 정의를 만듦
    // 대리자 정의에서는 대상 함수들의 매개변수와 반환 타입을 선언함
    public delegate float FloatOpDelegate(float f0, float f1);

    // FloatAdd는 FloatOpDelegate와 동일한 매개변수와 반환 타입을 가져야 함
```

```
public float FloatAdd(float f0, float f1) { ... }

// FloatMultiply도 동일한 매개변수와 반환 타입을 가져야 함
public float FloatMultiply(float f0, float f1) { ... }

// FloatOpDelegate 타입의 "fod" 필드를 선언함
public FloatOpDelegate fod; // 대리자 필드

void Awake()
{
    // FloatAdd 메서드를 fod에 지정함
    fod = FloatAdd;

    // fod를 메서드인 것처럼 호출함. 그러면 fod는 FloatAdd()를 호출함
    fod(2, 3); // 출력: The sum of 2 & 3 is 5.

    // FloatMultiply메서드를 다시 fod에 지정해 FloatAdd를 교체함
    fod = FloatMultiply;

    // fod(2,3)를 호출함. 그러면 FloatMultiply(2,3)를 호출해 6을 반환함
    fod(2, 3); // 출력: The product of 2 & 3 is 6
}
...
}
```

대리자는 멀티캐스트^{multicast}일 수도 있다. 이 말은 둘 이상의 대상 메서드를 동시에 대리자에 지정할 수 있다는 뜻이다. 31장에서 함수 대리자의 한 번 호출로 다섯 가지 무기를 모두 발사했던 기능이 바로 멀티캐스트다. 31장에서 fireDelegate() 대리자를 한 번 호출하면 플레이어의 우주선에 있는 여러 무기의 모든 Fire() 메서드가 호출됐다. 멀티캐스트 대리자의 반환 타입이 void가 아니면(FloatOpDelegate 예와 같음) 마지막으로 호출되는 대상 메서드가 값을 반환한다. 대리자에 함수를 연결하지 않고 대리자를 호출하려고 하면 오류가 발생한다는 점에 유의한다. 이 오류를 방지하려면 먼저 대리자가 null인지를 확인해야 한다.

```
// 이 Start() 메서드는 DelegateExample 클래스에 추가해야 함
void Start()
{
    // FloatAdd() 메서드를 fod에 지정함
```

```
        fod = FloatAdd;

        // FloatMultiply()메서드를 추가함. 이제 fod는 두 메서드를 호출함
        fod += FloatMultiply;

        // 호출하기 전에 fod가 null인지 점검
        if (fod != null)
        {
            // fod(3,4)를 호출함
            // 즉, FloatAdd(3,4)가 호출된 후에 FloatMultiply(3,4)가 호출됨
            float result = fod(3, 4);
            // 출력: The sum of 3 & 4 is 7.
            // 그다음 출력: The product of 3 & 4 is 12.

            print(result);
            // 출력: 12
            // 대리자를 통해 호출된 마지막 대상 메서드가 값을 반환하는
            // 메서드이기 때문에 결과는 12가 됨
        }
    }
```

인터페이스

인터페이스는 나중에 클래스에서 구현할 메서드와 프로퍼티를 선언한다. 인터페이스를 구현하는 모든 클래스는 코드 속에서 실제 클래스가 아닌 인터페이스 타입으로 참조될 수 있다. 인터페이스와 하위 클래스 간에는 몇 가지 차이가 있는데, 그중 가장 흥미로운 것은 한 클래스가 다른 여러 인터페이스를 동시에 구현할 수 있는 반면 클래스는 상위 클래스 하나에서만 확장될 수 있다는 점이다. 인터페이스 이름은 대개 클래스 이름과 구분하고자 대문자 I로 시작한다. 인터페이스는 35장에서 설명했다.

유니티 예제: 인터페이스

유니티에서 새 프로젝트를 만든다. 이 프로젝트에서 새 C# 스크립트를 생성하고

이름을 Menagerie로 지정한 후 다음 코드를 입력한다.

```
using System.Collections;
using System.Collections.Generic;
using UnityEngine;

// 두 개의 열거형은 클래스 내의 필드들을 특정 옵션으로 설정함
public enum ePetType
{
    none,
    dog,
    cat,
    bird,
    fish,
    other
}

public enum eLifeStage
{
    baby,
    teen,
    adult,
    senior,
    deceased
}

// IAnimal 인터페이스는 모든 동물이 가져야 하는 세 개의 public 프로퍼티와
// 두 개의 public 메서드를 선언함
public interface IAnimal
{
    // public 프로퍼티
    ePetType pType { get; set; }
    eLifeStage age { get; set; }
    string name { get; set; }

    // public 메서드
    void Move();
    string Speak();
}
```

```
// Fish는 IAnimal 인터페이스를 구현함
public class Fish : IAnimal
{
    private ePetType _pType = ePetType.fish;                           // a
    public ePetType pType
    {
        get { return (_pType); }
        set { _pType = value; }
    }

    public eLifeStage age { get; set; }                               // b
    public string name { get; set; }                                 // c

    public void Move()
    {
        Debug.Log("물고기는 헤엄친다.");
    }

    public string Speak()
    {
        return ("...!");
    }
}

// Mammal은 하위 클래스인 Dog과 Cat의 상위 클래스임                        // d
public class Mammal
{
    protected eLifeStage _age;
    public eLifeStage age
    {
        get { return (_age); }
        set { _age = value; }
    }

    public string name { get; set; }                                 // c
}

// Dog는 Mammal의 하위 클래스이고 IAnimal을 구현함
public class Dog : Mammal, IAnimal                                    // e
{
```

```csharp
        private ePetType _pType = ePetType.dog;

        public ePetType pType
        {
            get { return (_pType); }
            set { _pType = value; }
        }

        public void Move()
        {
            Debug.Log("개는 성큼성큼 걷는다.");
        }

        public string Speak()
        {
            return ("멍멍!");
        }
    }

// Cat은 Mammal의 하위 클래스이고 IAnimal를 구현함
public class Cat : Mammal, IAnimal
{
    private ePetType _pType = ePetType.cat;

    public ePetType pType
    {
        get { return (_pType); }
        set { _pType = value; }
    }

    public void Move()
    {
        Debug.Log("고양이는 살금살금 걷는다.");
    }

    public string Speak()
    {
        return ("나옹!");
    }
}
```

```
// Menagerie는 MonoBehaviour의 하위 클래스임
public class Menagerie : MonoBehaviour
{
    // 이 리스트는 IAnimal를 구현하는 모든 클래스의 인스턴스를 저장할 수 있음
    public List<IAnimal> animals;

    void Awake()
    {
        animals = new List<IAnimal>();

        Dog d = new Dog();
        d.age = eLifeStage.adult;
        // IAnimal에 d를 추가할 때는 Dog가 아닌 IAnimal로서 추가됨
        animals.Add(d);
        animals.Add(new Cat());
        animals.Add(new Fish());

        animals[0].name = "Wendy";
        animals[1].name = "Caramel";
        animals[2].name = "Nemo";

        string[] types = new string[] {"none", "dog", "cat", "bird",
            ➥ "fish", "other"};                                         // f
        string[] ages = new string[] {"baby", "teen", "adult", "senior",
            ➥ "deceased"};
        // 이 루프에서 모든 IAnimal의 작동 방법은
        // 다르지만 동일하게 취급됨
        string aName;
        IAnimal animal;
        for (int i = 0; i < animals.Count; i++)
        {
            animal = animals[i];                                        // g
            aName = animal.name;
            print("동물 #" + i + "은(는) " + types[(int)animal.pType]
                ➥ +"이고 이름은 " + aName + "이다.");                     // h
            animal.Move();
            print(aName + "이(가) 내는 소리: " + animal.Speak());

            switch (animal.age)
```

```
        {
            case eLifeStage.baby:
            case eLifeStage.teen:
            case eLifeStage.senior:
                print(aName + "의 성장 단계는 " + ages[(int)animal.age] + "이다.");
                break;
            case eLifeStage.adult:
                print(aName + "은(는) 다 컸다.");
                break;
            case eLifeStage.deceased:
                print(aName + "은(는) 죽었다.");
                break;
        }
    }
}
}
```

a. _pType은 public 접근자인 pType 프로퍼티를 가진 private 필드다.

b. 이것은 자동 프로퍼티^{automatic property}다. 여기서 age와 같은 프로퍼티의 중괄호 사이에 get; set;만 있으면 컴파일러는 그 프로퍼티가 접근할 수 있는 private 변수를 자동으로 생성한다.

c. 여기의 name은 또 하나의 자동 프로퍼티다.

d. Mammal은 IAnimal을 구현하지 않는다는 점에 주목한다. 그렇게 할 수는 있지만 상위 클래스가 구현하지 않은 인터페이스를 하위 클래스가 구현할 수 있다는 것을 보여주고자 이렇게 한 것이다.

e. Dog는 Mammal의 하위 클래스며 IAnimal을 구현한다. Dog는 Mammal의 하위 클래스이므로 protected 필드인 _age와 public 프로퍼티인 age와 name을 상속받는다. _age가 private이라면 Dog는 Mammal로부터 _age를 상속받지 않으며 직접 접근할 수 없다. Dog는 public 프로퍼티인 age에 접근할 수 있고 age는 Mammal(Dog가 아님)에서 정의되므로 age를 사용해 _age를 설정하고 얻을 수 있다. IAnimals에 public 프로퍼티인 age가 있기 때문에 age를 상속할 수 있는 것이다. protected 필드 및 클래스 상속에 대해 더 알려면

'변수 범위' 절을 참고한다.

f. ➡은 이전 행에서 이어진다는 표시 문자이므로 "fish", "other"};은 이전 행에 이어지는 부분이다. ➡ 문자는 입력하지 않는다.

g. 초기 타입과 관계없이 animals의 i번째 요소는 IAnimal 타입의 지역 변수인 animal에 지정되고 IAnimal로 취급된다.

h. animal.pType은 IAnimal 타입을 ePetType으로 반환한다. 그런 다음 (int)는 그 ePetType을 int 타입으로 타입 변환하고 나서 types 문자열 배열의 요소에 접근하는 데 사용한다.

코드에서 볼 수 있듯이 IAnimal 인터페이스를 사용하면 Cat, Dog, Fish 클래스를 모두 동일한 방식으로 취급하고 동일한 List<IAnimal>에 저장하며 동일한 IAnimal 타입의 지역 변수인 animal에 지정할 수 있다.

명명 규칙

명명 규칙은 20장에서 먼저 다뤘지만 아주 중요하므로 여기서 다시 반복한다. 이 책의 코드에서는 변수, 함수, 클래스 등의 이름을 지정하는 데 몇 가지 규칙을 따른다. 이 규칙들 중 어느 것도 강제성은 없지만 그 규칙을 충실하게 따르면 코드를 읽고 분석하려는 사람에게는 물론 자신이 작성한 코드를 몇 달 지나서 다시 살펴보게 됐을 때 내용을 이해하는 데도 도움이 된다. 코더^{coder}마다 사용하는 규칙이 약간씩 다르지만(내가 사용하는 규칙도 여러 해 동안 몇 번 바뀌었음) 여기에 제시된 규칙은 나와 내 학생들 모두가 잘 따랐으며 내가 유니티에서 보아온 대부분의 C# 코드에서도 일관성 있게 적용돼 있었다.

1. 거의 모든 것에 캐멀 표기법을 사용한다. 여러 단어로 구성된 변수 이름에는 캐멀 표기법을 적용해 각 단어의 첫 문자를 대문자로 적는다(변수 이름의 경우 첫 번째 단어는 제외).

2. 변수 이름은 소문자로 시작한다(예, someVariableName).

3. 함수 이름은 대문자로 시작한다(예, Start(), FunctionName()).

4. 클래스 이름은 대문자로 시작한다(예, GameObject, ScopeExample).

5. 인터페이스 이름은 대문자 I로 시작한다(예, IAnimal).

6. private 변수 이름은 밑줄로 시작한다(예, _hiddenVariable).

7. 정적 변수 이름은 대개 스네이크 표기법을 사용해 모두 대문자로 나타낸다(예, NUM_INSTANCES). 보다시피 스네이크 표기법은 단어 사이를 밑줄로 연결하는 방법이다.

8. 열거형 이름은 소문자 e로 시작한다(예, ePetType, eLifeStage).

연산자 우선순위와 연산 순서

대수학 연산자와 마찬가지로 C#에서도 연산자에 우선순위가 있다. 여러분이 잘 알다시피 *이 +보다 우선순위가 높다(예, 1 + 2 * 3 = 7의 결과가 나온 이유는 2와 3을 곱한 후 1을 더하기 때문이다). 다음은 일반적인 연산자와 그 우선순위 목록이다. 이 목록에서 먼저 나오는 연산자가 나중에 나오는 연산자보다 먼저 처리된다.

( ) 괄호로 묶은 연산은 항상 최우선순위로 처리된다.

F() 함수 호출

a[] 배열에 접근

i++ 후 증가

i-- 후 감소

!   NOT

~   비트 NOT(보수)

++i 선 증가

--i 선 감소

*   곱하기

/   나누기

%   나머지

+   더하기

-	빼기
<<	왼쪽 시프트
>>	오른쪽 시프트
<	보다 작음
>	보다 큼
<=	보다 작거나 같음
>=	보다 크거나 같음
==	같음(비교 연산자)
!=	같지 않음
&	비트 AND
^	비트 배타적 OR(XOR)
|	비트 OR
&&	조건, 단축형 AND
||	조건, 단축형 OR
=	지정

경합 상황

이 절에서 소개하는 여러 유용한 주제와는 달리 경합 상황은 코드에서 전혀 달갑지 않은 상황이다. 경합 상황은 코드에서 어떤 일이 다른 일보다 먼저 실행돼야 하지만 두 가지 일이 잘못된 순서로 실행돼 예기치 않은 동작이나 심지어 먹통이 되는 경우를 의미한다. 경합 상황은 멀티프로세서 컴퓨터, 멀티스레드 운영체제 또는 네트워크 애플리케이션용(전 세계의 여러 컴퓨터가 서로 경합할 수 있음)으로 코드를 디자인할 때 신중히 고려해야 한다. 그러나 유니티 게임에서도 여러 게임오브젝트가 포함돼 있으므로 Awake(), Start(), Update()를 각 게임오브젝트에서 동시에 호출하기 때문에 문제가 될 수 있다. 경합 상황은 31장에서도 다뤘다.

유니티 예제: 경합 상황

다음 단계를 따라 한다.

1. Unity-RaceCondition이라는 이름으로 새 유니티 프로젝트를 생성한다.

2. 새 C# 스크립트를 생성하고 이름을 SetValues로 지정한 후 다음 코드를 입력한다.

```csharp
using UnityEngine;
using System.Collections;

public class SetValues : MonoBehaviour
{
    static public int[] VALUES;

    void Start()
    {
        VALUES = new int[] { 0, 1, 2, 3, 4, 5 };
    }
}
```

3. 두 번째로 새 스크립트를 생성하고 이름을 ReadValues로 지정한 후 다음 코드를 입력한다.

```csharp
using UnityEngine;
using System.Collections;

public class ReadValues : MonoBehaviour
{
    void Start()
    {
        print(SetValues.VALUES[2]);
    }
}
```

4. 두 스크립트를 모두 저장했는지 확인하고 유니티로 되돌아온다.

5. 두 스크립트를 Main Camera에 부착하고 플레이 버튼을 클릭한다. 그러면 콘솔에 다음 두 출력 중 하나가 나타날 것이다.

- 2

- **NullReferenceException**: Object reference not set to an instance of an object

이 두 결과의 차이점은 두 Start() 함수 중 어느 것이 먼저 호출되는지에 달려있다. ReadValues.Start()에 앞서 SetValues.Start()가 호출되면 아무런 문제가 없다. 하지만 ReadValues.Start()가 SetValues.Start()보다 먼저 호출되면 SetValues. VALUES가 아직 null인 상태에서 ReadValues.Start()가 SetValues.VALUES[2]에 접근하기 때문에 null 참조 예외가 발생한다.

오래된 유니티 버전에서는 이들 Start() 메서드 중 먼저 호출될 메서드를 아는 것이 아주 어려웠다. 다행히 이후 버전에서는 이런 점이 개선돼 스크립트의 실행 순서를 선택할 수 있다.

6. 유니티 메뉴 표시줄에서 Edit ➤ Project Settings를 선택한 후 Project Settings 창에서 Script Execution Order 항목을 선택한다. 그림 B.1과 같이 Script Execution Order (SEO) 인스펙터가 열린다.

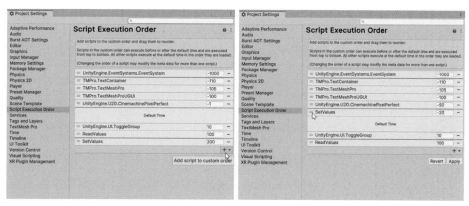

그림 B.1 스크립트 실행 순서 인스펙터

7. 그림 B.1의 왼쪽 이미지에서 커서가 가리키는 + 버튼을 클릭해 ReadValues 클래스를 SEO 인스펙터에 추가한다.

8. 똑같은 작업을 통해 SetValues 클래스도 SEO 인스펙터에 추가한다.

기본적으로 ReadValues와 SetValues는 그림 B.1의 왼쪽 이미지와 같이 실행 순서 값이 100과 200으로 될 것이다.

9. SEO 인스펙터에서 Apply 버튼을 클릭하고 유니티의 플레이 버튼을 클릭한다. 이 실행 순서로는 콘솔에 NullReferenceException이 나타나야 한다.

10. 유니티 플레이를 중지한다.

11. SEO 인스펙터에서 SetValues 표시줄에 있는 두 줄 핸들(그림 B.1의 오른쪽 이미지에서 화살표가 가리키는 곳)을 사용해 SetValues를 Default Time 위쪽으로 드래그한다. 이제 인스펙터가 그림 B.1의 오른쪽 이미지처럼 보일 것이다.

12. SEO 인스펙터에서 Apply를 클릭하고 유니티의 플레이 버튼을 클릭한다.

이제 SetValues.Start()가 ReadValues.Start()보다 확실히 먼저 호출되므로 "2" 결과가 콘솔에 표시된다.

Start(), Awake() 또는 유니티가 관리하는 그 외의 MonoBehaviour 호출을 사용하는 두 스크립트를 처리할 때 실행 순서를 정하려면 위와 같이 Script Execution Order 인스펙터를 사용하면 된다. 실행 순서를 정하지 않은 스크립트는 Default Time 영역에서 실행되므로 SEO에 분명하게 ReadValues를 추가하지 않으면 이전과 같이 불확실한 결과가 나올 것이다.

재귀 함수

때로는 자기 자신을 호출하게 설계된 함수가 있는데, 이런 함수를 재귀 함수recursive function라고 한다. 한 가지 간단한 예로는 팩토리얼factorial 수를 계산하는 함수가 있다.

수학에서 5!(5 팩토리얼)이란 다음과 같이 5와 그 아래의 모든 자연수의 곱셈이다.

```
5! = 5 * 4 * 3 * 2 * 1 = 120
```

특수한 경우로 0! = 1이 있으며 음수의 팩토리얼은 0으로 정의한다.

```
0! = 1

-123! = 0
```

이를 바탕으로 다음과 같이 정수의 팩토리얼을 계산하는 재귀 함수를 작성할 수 있다.

```
1  using UnityEngine;
2  using System.Collections;
3
4  public class Factorial : MonoBehaviour
5  {
6
7      void Awake()
8      {
9          print(fac(-1));     // 0 출력
10         print(fac(0));      // 1 출력
11         print(fac(5));      // 120 출력
12     }
13
14     int fac(int n)
15     {
16         if (n < 0)          // n<0인 경우 오류 방지
17         {
18             return (0);
19         }
20         if (n == 0)         // "마지막 경우"에 해당
21         {
22             return (1);
23         }
24         int result = n * fac(n - 1); // 여기가 재귀 부분
25         return (result);
26     }
```

이 코드에서는 fac(5)를 호출하고 코드가 24행에 도달하면 fac(n-1)이 호출돼 결과적으로 fac(4) 호출이 된다. 이 과정은 fac(0)이 호출되는 경우에 도달할 때까지 fac(n-1)이 네 번 더 호출된다. fac(0) 재귀의 20행에서 n == 0이 true이므로 1이 반환된다. 이때가 값을 반환하기 시작하는 재귀의 마지막 경우다. 이 1은 fac(1) 재귀의 24행으로 반환되고 fac(1)은 25행에서 1(n * 1의 결과)을 반환하게 된다. 각각의 재귀 호출은 사슬로 연결되듯이 줄줄이 반환된다. 재귀 사슬은 다음과 비슷하다.

```
fac(5)
fac(5) * fac(4)
fac(5) * fac(4) * fac(3)
fac(5) * fac(4) * fac(3) * fac(2)
fac(5) * fac(4) * fac(3) * fac(2) * fac(1)
fac(5) * fac(4) * fac(3) * fac(2) * fac(1) * fac(0)
fac(5) * fac(4) * fac(3) * fac(2) * fac(1) * 1
fac(5) * fac(4) * fac(3) * fac(2) * 1
fac(5) * fac(4) * fac(3) * 2
fac(5) * fac(4) * 6
fac(5) * 24
120
```

이 재귀 함수의 작동 방식을 제대로 알아보는 가장 좋은 방법은 24행에 중단점을 지정하고 비주얼 스튜디오 디버거를 유니티 프로세스에 연결한 후 한 단계씩 코드 실행 버튼을 사용해 재귀가 수행되는 단계를 직접 살펴보는 것이다. 디버거 사용 방법이 기억나지 않으면 25장을 읽어본다.

베지어 곡선을 위한 재귀 함수 사용

재귀 함수의 또 하나의 좋은 예로는 베지어 곡선 보간 정적 메서드(이름은 Bezier)인데,

이 메서드는 32장과 그 이후의 장에서 프로젝트 시작 시에 임포트했던 유니티 패키지에 포함된 ProtoTools의 Utils 클래스에 들어 있다. 이 함수는 지점 수에 제한 없이 베지어 곡선 위의 지점 위치를 보간할 수 있다. Bezier 함수의 코드는 부록 B의 '보간' 절 끝부분에 나온다.

소프트웨어 디자인 패턴

1994년, 소프트웨어 아키텍처 분야의 유명한 '4인방'GoF, Gang of Four'(에릭 감마, 리차드 헬름, 랄프 존슨, 존 블리시디스)은 소프트웨어 개발에서 효과적이고 재사용 가능한 코드를 사용할 수 있는 다양한 패턴을 설명한 『GoF의 디자인 패턴: 재사용성을 지닌 객체지향 소프트웨어의 핵심 요소』(프로텍미디어, 2015)[1]라는 책을 발표했다. 이 책에서는 그 패턴 중 두 가지를 사용했고 세 번째 패턴은 언급만 했다.

싱글톤 패턴

싱글톤 패턴은 이 책에서 가장 일반적으로 사용되며 여러 장에서 확인할 수 있다. 게임 안에서 특정 클래스의 인스턴스를 하나만 사용하려면 그 클래스의 정적 변수인 싱글톤을 생성해 코드 내의 어느 곳에서나 참조하면 된다. 다음 코드 리스트는 그 예를 보여준다.

```
using UnityEngine;
public class Hero : MonoBehaviour
{
    static public Hero S;                                              // a
    void Awake()
    {
        if (S == null)                                                 // c
```

---

1. Erich Gamma, Richard Helm, Ralph Johnson, and John Vissides, *Design Patterns: Elements of Reusable Object-Oriented Software* (Reading, MA: Addison-Wesley, 1994). 팩토리 패턴은 이 책에서 설명한 여러 패턴 중 하나다. 다른 패턴으로는 싱글톤이 있는데, 이 책의 여러 실습에서 이 패턴을 사용했다.

```
        {
            S = this;                                                // b
        }
        else
        {
            Debug.LogError("Hero의 싱글톤 S는 이미 설정돼 있다!");
        }
    }
}
public class Enemy : MonoBehaviour
{
    void Update()
    {
        Vector3 heroLoc = Hero.S.transform.position;                 // d
    }
}
```

a. 정적 public 필드 S는 Hero에 대한 싱글톤이다. 나는 개인적으로 모든 싱글톤의 이름을 S로 짓는다.

b. Hero 클래스의 인스턴스는 하나뿐이기 때문에 인스턴스가 생성될 때 호출되는 Awake()에서 S에 인스턴스를 지정한다.

c. if (S == null)문을 통해 실수로 두 번째 Hero 인스턴스를 생성하는 것을 방지한다. Hero의 두 번째 인스턴스가 존재하고 그 자체를 S에 지정하려고 하면 오류 메시지가 나올 것이다.

d. S가 public이면서 정적이기 때문에 Hero.S라는 클래스 이름을 사용해 코드 어디서나 참조할 수 있다.

온라인으로 검색해보면 싱글톤 패턴에 대한 비판이 많이 보일 것이다. 이는 크게 다음의 두 가지 때문이다.

- **제작 환경에서 싱글톤은 안전하지 않다**: 싱글톤은 정적이면서 public이므로 코드 기반의 아무 클래스나 함수가 잠재적으로 접근할 수 있다. 여기서

위험한 점은 다른 누군가가 작성한 임의의 클래스가 여러분의 싱글톤 클래스 인스턴스의 public 필드를 변경할 수 있는데, 누가 그렇게 했는지 전혀 알지 못한다는 것이다.

다행히도 여러 방법으로 이 위험을 피할 수 있다. 내가 좋아하는 방법은 싱글톤을 정적이면서 private으로 만드는 것인데, 그러면 클래스 인스턴스만 그 싱글톤에 접근할 수 있다(그리고 싱글톤이기 때문에 하나만 존재할 것이다). 그런 다음 다른 클래스 및 함수가 싱글톤 필드를 변경할 수 있는 정적 public 접근자 프로퍼티를 작성한다. 코드 속에서 알려지지 않은 항목이 어떤 프로퍼티를 변경하면 그 프로퍼티의 설정자 setter 안에 디버거 중단점을 지정하고 디버거에서 호출 스택을 사용해 어떤 메서드가 그 프로퍼티를 설정하는지 알아볼 수 있다.

■ **싱글톤 패턴은 구현하기가 매우 쉬워 자주 남용된다:** 구현하기에 가장 간단한 디자인 패턴이어서 많은 사람이 재빨리 싱글톤을 사용했고, 앞서 지적한 점으로 인해 곧바로 문제가 발생했다. 즉, 굳이 쓸 필요가 없는 곳에서까지 싱글톤을 사용했다.

프로토타입을 작성할 때 개발 속도가 안전성보다 더 중요한 경우가 많으므로 프로토타입 제작 중에 싱글톤이 필요하면 싱글톤을 자유롭게 사용하지만 생산 코드 production code에서는 일반적으로 사용하지 않는 것이 좋다.

컴포넌트 패턴

컴포넌트 패턴은 27장에서 처음으로 다뤘으며 유니티 전체에서 사용된다. 컴포넌트 패턴의 핵심 아이디어는 밀접하게 관련된 함수와 데이터를 하나의 클래스로 그룹화하는 동시에 각 클래스를 가능한 한 작고 집중적으로 유지하는 것이다.[2]

유니티에서 게임오브젝트에 부착된 컴포넌트는 모두 이 패턴에 바탕을 두고 있다. 유니티의 각 게임오브젝트는 특정(그리고 독자적인) 작업을 하는 여러 컴포넌트에

---

2. 컴포넌트 패턴을 완벽하게 설명하려면 훨씬 복잡해지지만 여기서는 이 정의로 충분하다.

대한 컨테이너 역할을 수행할 수 있는 아주 작은 클래스다. 예를 들면 다음과 같다.

- Transform은 위치, 회전, 배율, 하이어라키를 처리한다.
- Rigidbody는 운동 및 물리학을 처리한다.
- Collider는 실제 충돌 및 충돌 부피의 모양을 처리한다.

이러한 각 작업들은 서로 관련돼 있지만 충분히 분리돼 있어 컴포넌트로 만들수 있다. 별도의 컴포넌트로 만들어놓으면 나중에 쉽게 확장할 수 있다. 즉, Rigidbody에서 Collider를 떼어내고 새로운 종류의 Collider(이를 테면 ConeCollider)를 쉽게 추가할 수 있는데, 그러면 Rigidbody 코드를 변경하지 않고도 새 Collider를 사용하게 된다.

이런 점은 게임 엔진 개발자에게 중요하다. 반면 게임 디자이너와 프로토타입 제작자에게는 어떤 의미가 있을까? 컴포넌트 지향의 사고방식으로 생각했을 때 가장 중요한 것은 작고 간단한 클래스다. 스크립트가 짧아지면 코딩하기가 쉽고 다른 사람들과 공유하거나 재사용하기도 쉬우며 디버깅하기도 수월하다(이 모두가 그들에게 아주 멋진 목표가 된다).

컴포넌트 지향 디자인의 유일한 부정적인 점은 컴포넌트를 잘 구현하려면 사전에 고려해야 할 사항이 아주 많은데, 그러다 보니 가능한 한 빨리 작동하는 결과물을 내놓아야 하는 프로토타입 제작자의 입장에서는 다소 맞지 않는다. 이 책의 3부에서 처음 몇 개 장들은 작동하게만 작성하는 전통적인 프로토타입 제작 스타일을 다루고 뒤쪽 장들은 더 컴포넌트 지향적인 방법을 다룬다. 이 책에서 컴포넌트를 가장 잘 사용하는 장은 2판에 새로운 장으로 추가된 35장이다.

전략 패턴

부록 B의 '함수 대리자' 절에서 언급했듯이 전략 패턴은 함수 대리자 하나만을 호출해 조건에 따른 여러 동작을 해야 하는 AI 및 기타 영역에서 주로 사용된다.

전략 패턴에서는 클래스가 수행할 수 있는 동작 유형(예, 전투 중 상황에 맞는 동작 수행)을 위한 함수 대리자를 작성한 후 상황에 따라 그 대리자의 인스턴스에 값을 전달하면 대리자가 해당하는 함수를 호출한다. 이를 이용하면 다음과 같이 대리자를 한 행으로 호출할 수 있기 때문에 복잡한 switch문을 피할 수 있다.

```csharp
using UnityEngine;
using System.Collections;

public class Strategy : MonoBehaviour
{
    public delegate void ActionDelegate();                       // a

    public ActionDelegate act;                                   // b

    public void Attack()                                         // c
    {
        // 공격 코드를 추가할 위치
    }

    public void Wait() { ... } // 이들 두 메서드도 정의될 것임
    public void Flee() { ... } // 생략 부호( ... )는 자리 확보 의미임

    void Awake()
    {
        act = Wait;                                              // d
    }

    void Update()
    {
        Vector3 hPos = Hero.S.transform.position;

        if ((hPos - transform.position).magnitude < 100)        // e
        {
            act = Attack;
        }

        if (act != null) act();                                 // f
    }
}
```

a. ActionDelegate 대리자 타입을 선언한다. 매개변수는 없으며 반환 타입은 void다.

b. ActionDelegate의 인스턴스 act를 생성한다.

c. 이 예제 코드에서 Attack(), Wait(), Flee() 함수는 매개변수와 반환 타입이 ActionDelegate 대리자 타입과 일치하는 다양한 작업을 만들 수 있다는 것을 보여주기 위한 것이다.

d. 이 에이전트의 기본 전략은 Wait이므로 Wait가 act의 대상 메서드로 지정된다.

e. Hero 싱글톤이 이 에이전트의 100미터 이내로 접근하면 act의 대상 메서드를 대체해 전략을 Attack으로 전환한다.

f. 어떤 전략이 선택되든 관계없이 act()를 호출하면 선택된 전략이 실행된다. null 함수 대리자(아직 대상 함수가 지정되지 않은 함수)를 호출하려고 하면 런타임 오류가 발생하기 때문에 대리자를 호출하기 전에 act! = null인지 점검하는 것이 좋다.

소프트웨어 디자인 패턴에 대한 추가 정보

로버트 나이스트롬이 저술한 『게임 프로그래밍 패턴』(한빛미디어, 2016)[3]은 게임에서 사용되는 가장 일반적인 소프트웨어 디자인 패턴을 다룬 멋진 책이다. 대부분의 온라인 판매점에서 종이책이나 전자책을 구입할 수 있으며 웹 사이트 http://gameprogrammingpatterns.com에서는 무료로 웹 버전을 읽을 수도 있다. 이 책은 여러분의 코딩 향상을 위한 훌륭한 자료가 될 것이다.

변수 범위

변수의 범위는 모든 프로그래밍 언어에서 중요한 개념이다. 변수의 범위란 해당 변수에 접근할 수 있는 코드의 범위를 의미한다. 전역^{global} 범위라면 어떠한 코드

---

3. Robert Nystrom, *Game Programming Patterns* (Genever Benning, 2014). ?2014 by Robert Nystrom.

라도 아무 곳에서나 그 변수에 접근할 수 있지만 지역^{local} 범위인 경우에는 변수의 범위가 제한되며 범위 바깥에서는 그 변수에 접근할 수 없다. 클래스에서 지역 변수라면 그 클래스 내에서만 변수를 인식할 수 있다. 함수에서 지역 변수라면 그 함수 내에만 해당 변수가 존재하며 함수가 완료되면 소멸된다.

다음 코드는 단일 클래스 내의 각 변수에 대해 여러 수준의 범위를 보여준다. 중요한 행에 대해서는 별도로 설명하고자 해당 코드 뒤에 문자 주석을 붙였다. 코드에서 빨간색 변수는 그 코드의 해당 부분에서 범위를 벗어났다는 것을 나타낸다.

다음은 MonoBehaviour를 확장하는 ScopeExample 클래스 코드다.

```
using UnityEngine;
using System.Collections;

public class ScopeExample : MonoBehaviour
{
    // pulbic 필드 (public 클래스 변수)
    public bool             trueOrFalse = false;                // a
    public int              graduationAge = 18;
    public float            goldenRatio = 1.618f;

    // private 필드 (private 클래스 변수)
    private bool            _hiddenVariable = true;             // b
    private float           _anotherHiddenVariable = 0.5f;

    // protected 필드 (protected 클래스 변수)
    protected int           partiallyHiddenInt = 1;             // c
    float                   anotherProtectedVariable = 1.0f;

    // 정적 필드 (정적 클래스 변수)
    static public int       NUM_INSTANCES = 0;                  // d
    static private int      NUM_TOO = 0;                        // e

    public bool hiddenVariableAccessor                          // f
    {
        get { return _hiddenVariable; }
    }
```

```
        void Awake()
        {
            trueOrFalse = true; // 작동: "true"를 trueOrFalse에 지정          // g
            print("tOF: " + trueOrFalse); // 작동: "tOF: True"를 출력

            int ageAtTenthReunion = graduationAge + 10; // 작동                // h
            print("_aHV: " + _anotherHiddenVariable); // 작동: "_aHV: 0.5"을 출력 // i
            NUM_INSTANCES += 1; // 작동                                        // j
            NUM_TOO++; // 작동                                                 // k
        }

        void Update()
        {
            print(ageAtTenthReunion); // 오류                                  // l
            float ratioed = 1f; // 작동
            for (int i = 0; i < 10; i++) // 작동                               // m
            {
                ratioed *= goldenRatio; // 작동
            }
            print("ratioed: " + ratioed); // 작동: "ratioed: 122.9661"을 출력
            print(i); // 오류                                                  // n
        }
    }
```

다음은 ScopeExample 클래스를 확장하는 ScopeExampleChild 클래스 코드다.

```
using UnityEngine;
using System.Collections;

public class ScopeExampleChild : ScopeExample                              // o
{
    void Start()
    {
        print("tOF: " + trueOrFalse);          // 작동: "tOF: True"을 출력   // p
        print("pHI: " + partiallyHiddenInt);   // 작동: "pHI: 1"을 출력       // q
        print("_hV: " + _hiddenVariable);      // 오류                        // r
        print("NI: " + NUM_INSTANCES);         // 작동: "NI: 2"를 출력        // s
        print("NT: " + NUM_TOO);               // 오류                        // t
```

```
        print("hVA: " + hiddenVariableAccessor);// 작동: "hVA: True"을 출력 // u
    }
}
```

a. **public 필드**: trueOrFalse, graduationAge, goldenRatio 변수는 모두 public 필드다. 이들 필드는 클래스 인스턴스 변수다. 즉, 클래스의 일부로 선언되며 해당 클래스의 인스턴스 내에 있는 모든 함수에서 이들 필드를 볼 수 있다. 이들 필드가 public이기 때문에 ScopeExampleChild 하위 클래스에 상속되는데, 이 말은 ScopeExampleChild에도 bool trueOrFalse가 있다는 뜻이다. public 변수는 클래스의 인스턴스를 참조하는 다른 모든 코드에서도 볼 수 있다. 따라서 ScopeExample se가 있는 함수는 se.trueOrFalse 필드를 인식하고 설정할 수 있다.

b. **private 필드**: 이 두 변수는 private 필드다. private 필드는 ScopeExample 인스턴스에서만 볼 수 있다(즉, ScopeExample의 인스턴스는 자기의 private 필드에 접근하고 수정할 수 있지만 다른 인스턴스에서는 볼 수 없다). 하위 클래스는 private 필드를 상속하지 않으므로 ScopeExampleChild 하위 클래스에는 bool _hiddenVariable이 없다. 또한 함수에 ScopeExample se 변수가 있어도 private 필드인 se._hiddenVariable을 보거나 접근할 수 없다.

c. **protected 필드**: protected로 표시된 필드는 public과 private의 중간 성격이다. 하위 클래스는 protected 필드를 상속하므로 ScopeExampleChild 하위 클래스는 ScopeExample에 선언된 int partiallyHiddenInt를 상속받는다. 하지만 protected 필드는 클래스 또는 하위 클래스 외부에서 접근할 수 없으므로 함수에 ScopeExample se 변수가 있어도 protected 필드인 se.partiallyHiddenVariable을 보거나 접근할 수 없다. private 또는 public으로 명시적 표시를 하지 않은 필드는 기본적으로 protected로 설정된다.

d. **static 필드**: static 필드는 클래스의 인스턴스가 아니라 클래스 자체의 필드다. 즉, NUM_INSTANCES는 ScopeExample.NUM_INSTANCES로 접근할 수 있다. public static 필드는 C#에서 사용하는 전역 범위에 가장 가까운 것이다. 이 코드 기반의 모든 스크립트는 public 정적 필드인 ScopeExample.

NUM_INSTANCES에 접근할 수 있으며 NUM_INSTANCES는 ScopeExample의 모든 인스턴스에서 동일하다. 함수에 ScopeExample se 변수가 있어도 se.NUM_INSTANCES에는 접근할 수 없지만(이 변수가 존재하지 않기 때문) ScopeExample. NUM_INSTANCES에는 접근할 수 있다. ScopeExample의 하위 클래스인 ScopeExampleChild도 NUM_INSTANCES에 접근할 수 있다. ScopeExample의 인스턴스 내에서는 NUM_INSTANCES에 직접 접근할 수 있다(접두어 ScopeExample.를 붙일 필요가 없음).

e. NUM_TOO는 private static 필드다. 즉, ScopeExample의 모든 인스턴스가 NUM_TOO의 동일한 값을 공유하지만 다른 클래스는 이를 보거나 접근할 수 없다. ScopeExampleChild 하위 클래스도 NUM_TOO에 접근할 수 없다.

f. hiddenVariableAccessor는 다른 클래스가 _hiddenVariable에 접근할 수 있게 하는 읽기 전용 public 프로퍼티다. set문이 없기 때문에 읽기 전용이다.

g. // 작동 주석은 이 행이 오류 없이 실행된다는 뜻이다. trueOrFalse는 ScopeExample의 public 필드이므로 ScopeExample의 현재 메서드가 이 필드에 접근할 수 있다.

h. ScopeExample.Awake() 메서드에서 지역 범위의 ageAtTenthReunion이라는 변수를 선언하고 정의한다. 즉, ScopeExample.Awake() 함수가 실행을 끝내면 ageAtTenthReunion 변수가 존재하지 않게 된다. 또한 이 함수 외부의 어떤 것도 ageAtTenthReunion에 접근하거나 수정할 수 없다.

i. private 필드 _anotherHiddenVariable은 이 클래스의 인스턴스 내에 있는 메서드에서만 볼 수 있다.

j. 클래스 내에서는 정적 public 필드를 이름만으로 참조할 수 있다. 즉, ScopeExample.Awake() 메서드는 클래스 이름을 지정하지 않고 NUM_INSTANCES를 참조할 수 있다.

k. NUM_TOO는 ScopeExample 클래스 내의 어디에서나 접근할 수 있다.

l. // 오류 주석은 이 행이 제대로 실행되지 않는다는 것을 뜻한다. ageAtTenthReunion이 ScopeExample.Awake() 메서드의 지역 변수이기 때

문에 ScopeExample.Update() 메서드에서는 의미가 없으므로 이 행은 오류를 발생시킨다.

m. 변수 int i는 이 for 루프에서 선언하고 정의했으므로 for 루프로 지역 범위가 지정된다. 즉, for 루프가 완료되면 i의 의미가 사라진다는 뜻이다.

n. 이 행은 위의 for 루프 밖에서 의미가 없기 때문에 오류가 발생한다.

o. 이 행은 ScopeExampleChild를 ScopeExample의 하위 클래스로 선언하고 정의한다. 하위 클래스인 ScopeExampleChild는 ScopeExample의 public 및 protected 필드와 메서드에 접근할 수 있지만 private 필드나 메서드에는 접근할 수 없다. ScopeExample의 Awake() 및 Update() 메서드는 public 또는 private으로 선언되지 않았기 때문에 기본적으로 protected로 설정돼 ScopeExampleChild에 상속된다. ScopeExampleChild에서는 자체 Awake() 또는 Update() 함수를 정의하지 않았으므로 기본 클래스인 ScopeExample에 정의된 버전이 실행된다.

p. trueOrFalse는 public이므로 ScopeExampleChild는 trueOrFalse 필드를 상속받는다. 또한 ScopeExampleChild에서는 Start()가 호출되는 시점에 기본 클래스(ScopeExample) 버전의 Awake()가 이미 실행됐기 때문에 trueOrFalse는 기본 클래스(ScopeExample)의 Awake() 메서드에 의해 true로 설정돼 있다.

q. ScopeExampleChild에도 ScopeExample에서 상속받은 protected partially HiddenInt 필드가 있다.

r. _hiddenVariable은 private이기 때문에 ScopeExample에서 상속되지 않는다.

s. public 변수는 기본 클래스인 ScopeExample에서 상속되기 때문에 NUM_INSTANCES는 ScopeExampleChild에서 접근할 수 있다. 두 클래스는 NUM_INSTANCES에 대해 동일한 값을 공유하므로 각 클래스의 인스턴스가 인스턴스화되면 ScopeExample 또는 ScopeExampleChild 둘 중 어디에서 접근하든지 NUM_INSTANCES는 2가 된다.

t. private 정적 변수인 NUM_TOO는 ScopeExampleChild로 상속되지 않으므로 오류가 발생한다. 하지만 NUM_TOO가 상속되지 않아도 ScopeExampleChild

가 인스턴스화될 때 Awake()의 기본 클래스 버전(즉, ScopeExample 기본 클래스에 정의된 Awake() 메서드)이 호출되면 그 Awake() 메서드의 호출에서는 오류 없이 NUM_TOO에 접근하게 된다. ScopeExampleChild 인스턴스에서 기본 클래스 버전을 실행하더라도 엄연히 그 버전은 ScopeExample 기본 클래스의 범위 내에서 실행되기 때문이다.

u. 이 예제에서 ScopeExampleChild는 hiddenVariableAccessor라는 public 프로퍼티를 읽을 수 있는데, 이 점에 대해서는 쉽게 이해가 갈 것이다. hiddenVariableAccessor의 get문 내부에서 private 필드인 _hiddenVariable을 읽는다. 이것은 변수 범위에 있어서 미묘하지만 중요한 측면이다. ScopeExampleChild 인스턴스에서 상위 클래스의 private 필드에 직접 접근할 수 없더라도 ScopeExampleChild는 ScopeExample을 확장하기 때문에 ScopeExampleChild 인스턴스용으로 ScopeExample의 모든 private 필드를 생성한다. ScopeExampleChild 인스턴스는 hiddenVariableAccessor와 같은 public 접근자를 사용해 _hiddenVariable과 같은 private 필드(ScopeExample 기본 클래스로 범위가 지정됨)에 접근할 수 있다. ScopeExampleChild가 ScopeExample에서 상속받은 Awake()와 같은 상속 메서드는 기본 클래스의 private 필드에도 접근할 수 있다.

위의 많은 참고 사항에는 변수 범위에 대해 아주 단순하면서도 복잡한 예가 모두 포함돼 있다. 아직 이해되지 않는 항목이 있어도 걱정할 필요는 없다. C#을 사용하다가 범위에 대한 구체적인 의문이 생기면 언제든지 이 부록으로 되돌아와서 관련 항목을 찾아보면 된다.

XML

XML eXtensible Markup Language은 유연하면서도 사람이 읽을 수 있게 설계된 파일 형식이다. 다음은 32장에서 사용한 XML의 일부다. 좀 더 읽기 쉽게 약간의 공백을 추가했지만 XML은 일반적으로 여러 공백이나 행 바꿈을 하나의 공백으로 처리하기 때문에 문제가 되지 않는다.

```xml
<xml>
    <!-- 데코레이터는 각 카드의 구석에 표시되는 세트와 계급임. -->
    <decorator type="letter" x="-1.05" y="1.42"  z="0" flip="0" scale="1.25"/>
    <decorator type="suit"   x="-1.05" y="1.03"  z="0" flip="0" scale="0.4" />
    <decorator type="suit"   x="1.05"  y="-1.03" z="0" flip="1" scale="0.4" />
    <decorator type="letter" x="1.05"  y="-1.42" z="0" flip="1" scale="1.25"/>
    <!-- 핍의 위치를 정의하는 모든 카드의 리스트 -->
    <card rank="1">
        <pip x="0" y="0" z="0" flip="0" scale="2"/>
    </card>
    <card rank="2">
        <pip x="0" y="1.1" z="0" flip="0"/>
        <pip x="0" y="-1.1" z="0" flip="1"/>
    </card>
</xml>
```

XML에 대해 잘 몰라도 위 내용은 좀 알아볼 수 있을 것이다. XML은 두 개의 꺾쇠 괄호 사이에 단어를 넣은 태그(문서의 마크업이라고도 함)로 구성된다(예, <xml>, <card rank="2">). 대부분의 XML 요소에는 여는 태그(예, <card rank="2">)와 바로 뒤에 슬래시가 있는 닫는 태그(예, </card>)가 있다. 요소의 여는 태그와 닫는 태그 사이에 들어있는 항목을 그 요소의 내용content이라고 말한다(예, 위의 XML 목록에서 <card>와 </card> 사이의 <pip .../> 태그들). 또한 내용이 없고 여는 태그와 닫는 태그 역할을 모두 하는 빈 요소 태그empty-element tag도 있다. 예를 들어 위의 XML 예제에서 <pip x="0" y="1.1" z="0" flip="0" />은 />으로 끝나기 때문에 </pip> 태그가 필요 없는 빈 요소 태그다. 일반적으로 XML 파일은 <xml>로 시작하고 </xml>로 끝나야 하므로 XML 문서 안의 모든 것은 <xml> 요소의 내용이 된다.

XML 태그에는 C#의 필드와 비슷한 속성이 포함될 수 있다. 위의 XML 예제에서 빈 요소인 <pip x="0" y="1.1" z="0" flip="0"/>에는 x, y, z, flip 속성이 들어 있다.

XML 파일에서 <!--와 --> 사이의 모든 항목은 주석이므로 XML 파일을 읽는 프로그램에서는 무시된다. 위의 XML 예제에서는 C# 코드에서 주석을 사용하듯이 주석으로 내용을 설명했다.

C# .NET에는 강력한 XML 리더가 포함돼 있지만 상당히 크고(컴파일된 애플리케이션의 크기가 약 1MB 정도 증가하는데, 모바일에서는 조금 부담스러울 수 있음) 다루기가 까다롭다(사용이 간단하지 않다). 그래서 나는 훨씬 작은 XML 인터프리터인 PT_XMLReader를 ProtoTools 스크립트에 포함시켰는데, 이 스크립트는 뒤쪽의 프로토타입 제작 장들에서 시작 시에 임포트하는 유니티 패키지에 들어 있다. 사용 예를 보려면 32장를 참고한다.

수학 개념

수학이라는 말만 들어도 잔뜩 움츠러드는 사람들이 많지만 꼭 그럴 필요는 없다. 이 책에서 볼 수 있듯이 수학을 통해 아주 멋진 작업들을 할 수 있다. 부록 B에서는 게임 개발에 큰 도움이 되는 몇 가지 멋진 수학 개념을 소개한다.

사인과 코사인

사인^{Sin}과 코사인^{Cos}은 각도 값 Θ(세타)를 −1 ~ 1 범위에 있는 파형의 한 지점으로 변환하는 함수다. 이러한 파형은 그림 B.2에 나와 있다.

하지만 사인과 코사인은 실제로 단순한 파형이 아니라 원을 돌 때의 X와 Y의 관계를 나타낸다. 이 말이 무슨 뜻인지 코드를 통해 알아보자.

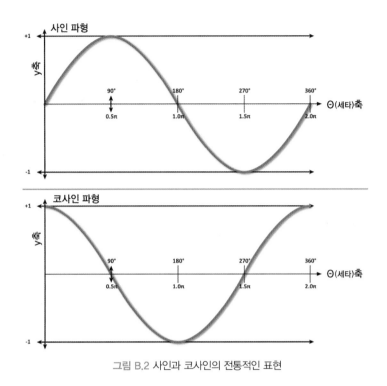

그림 B.2 사인과 코사인의 전통적인 표현

유니티 예제: 사인과 코사인

다음 단계를 따라 한다.

1. 유니티에서 3D 템플릿의 프로젝트를 열거나 만들고 새로운 씬을 생성한다. 씬 창의 도구 표시줄에서 왼쪽에 있는 계층 모양의 아이콘 버튼을 찾는다(눈 아이콘의 왼쪽에 있음). 그 버튼을 클릭한 후 Skybox 항목을 클릭해 체크 표시를 없앤다. 그러면 씬 창의 배경이 스카이박스에서 어두운 회색으로 바뀌므로 씬 창의 요소를 더 쉽게 알아볼 수 있다(한 번 더 클릭해야 할 수도 있음).

2. 씬에 새 구를 생성한다(GameObject ➤ 3D Object ➤ Sphere). 구의 Transform을 P:[0, 0, 0], R:[0, 0, 0], S:[0.1, 0.1, 0.1]로 설정한다.

3. 구에 TrailRenderer를 추가한다(하이어라키 창에서 Sphere를 선택하고 메뉴 표시줄에서 Component

➤ Effects ➤ Trail Renderer를 선택한다). 구의 TrailRenderer 인스펙터에서 Materials 옆의 펼침 삼각형을 열고 Element 0의 오른쪽에 있는 과녁 아이콘을 클릭해 TrailRenderer의 텍스처로서 Default-Particle을 선택한다. 그리고 Time = 1 및 Width = 0.1로 설정한다.

4. 새 C# 스크립트를 생성하고 이름을 Cyclic으로 지정한다. 이 스크립트를 하이어라키 창의 Sphere에 연결한다. 그런 다음 비주얼 스튜디오에서 Cyclic 스크립트를 열고 다음 코드를 입력한다.

```csharp
using UnityEngine;
using System.Collections;

public class Cyclic : MonoBehaviour {
    [Header("Set in Inspector")]
    public float          theta = 0;
    public bool           showCosX = false;
    public bool           showSinY = false;

    [Header("Set Dynamically")]
    public Vector3        pos;

    void Update () {
        // 시간에 따른 라디안을 계산한다.
        float radians = Time.time * Mathf.PI;
        // 인스펙터에 표시하고자 라디안을 도로 변환한다.
        // "% 360"은 값을 0~359.9999 범위로 제한한다.
        theta = Mathf.Round( radians * Mathf.Rad2Deg )% 360;
        // pos를 리셋한다.
        pos = Vector3.zero;
        // x & y를 cos와 sin을 기반으로 계산한다.
        pos.x = Mathf.Cos(radians);
        pos.y = Mathf.Sin(radians);

        // 인스펙터에서 체크 표시를 하면 sin과 cos를 사용한다.
        Vector3 tPos = Vector3.zero;
        if (showCosX) tPos.x = pos.x;
        if (showSinY) tPos.y = pos.y;
        // this.gameObject(구)의 위치를 지정한다.
```

```
        transform.position = tPos;
    }

    void OnDrawGizmos() {
        if (!Application.isPlaying) return; // 플레이할 때만 보여준다.

        // 색이 들어간 파형 선을 그린다(이 변수를 for 루프 밖에 둬도 됨).
        int inc = 10;

        for (int i=0; i<360; i+=inc) {
            int i2 = i+inc;
            float c0 = Mathf.Cos(i*Mathf.Deg2Rad);
            float c1 = Mathf.Cos(i2*Mathf.Deg2Rad);
            float s0 = Mathf.Sin(i*Mathf.Deg2Rad);
            float s1 = Mathf.Sin(i2*Mathf.Deg2Rad);
            Vector3 vC0 = new Vector3( c0, -1f-(i/360f), 0 );
            Vector3 vC1 = new Vector3( c1, -1f-(i2/360f), 0 );
            Vector3 vS0 = new Vector3( 1f+(i/360f), s0, 0 );
            Vector3 vS1 = new Vector3( 1f+(i2/360f), s1, 0 );

            Gizmos.color = Color.HSVToRGB( i/360f, 1, 1 );
            Gizmos.DrawLine(vC0, vC1);
            Gizmos.DrawLine(vS0, vS1);
        }

        // 구 게임오브젝트에 상대적으로 선과 원을 그린다.
        Gizmos.color = Color.HSVToRGB( theta/360f, 1, 1 );
        // 기즈모를 사용해 Sin과 Cos를 개별적으로 보여준다.
        Vector3 cosPos = new Vector3( pos.x, -1f-(theta/360f), 0 );
        Gizmos.DrawSphere(cosPos, 0.05f);
        if (showCosX) Gizmos.DrawLine(cosPos, transform.position);

        Vector3 sinPos = new Vector3( 1f+(theta/360f), pos.y, 0 );
        Gizmos.DrawSphere(sinPos, 0.05f);
        if (showSinY) Gizmos.DrawLine(sinPos, transform.position);
    }
}
```

5. 플레이 버튼을 클릭하기에 앞서 씬 창의 위쪽에 있는 2D 버튼을 클릭해

씬 창을 2D로 설정한다. 이제 플레이 버튼을 클릭한다.

게임 창에서는 구가 움직이지 않지만 씬 창으로 전환해서 보면 착색된 점들이 오른쪽 경로와 아래쪽 경로를 따라 이동하는 것을 볼 수 있다. 오른쪽 경로의 점은 Mathf.Sin(theta)가 정의한 파형을 따르고 아래쪽 경로의 점은 Mathf.Cos(theta) 파형을 따른다.

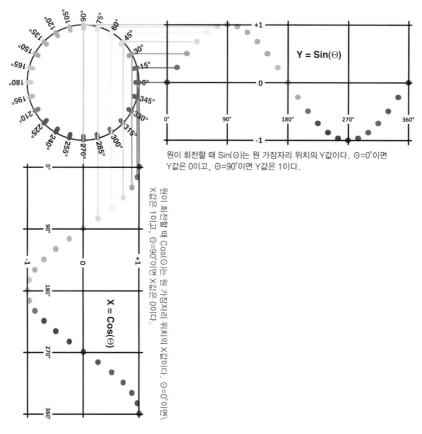

그림 B.3 원과 사인/코사인의 관계

Sphere:Cyclic (Script) 인스펙터에서 showCosX에 체크를 하면 구는 코사인 파형을 따라 X 방향으로 움직이기 시작한다. 구의 X 움직임이 어떻게 아래쪽 파형의 코사인 움직임에 직접 연결되는지 볼 수 있다. showCosX의 체크를 해제하고 showSinY

에 체크를 한다. 이제 구의 Y 움직임이 사인 파형에 어떻게 연결되는지 볼 수 있다. showCosX와 showSinY에 모두 체크 표시를 하면 구는 X=cos(theta)와 Y=sin(theta)의 결합으로 정의되는 원을 그리며 움직인다. 완전한 원은 360° 또는 2π 라디안(즉, 2 * Mathf.PI)이다.

이러한 연결 관계는 그림 B.3에도 나타나 있으며 유니티 예제와 비슷한 색을 사용한다.

즉, 모든 종류의 순환 또는 순환 동작에 대해 사인과 코사인을 사용할 수 있다.

31장에서 이러한 사인과 코사인 특성을 활용했는데, 이 프로토타입에서는 Enemy_1 타입에 대해 물결 모양 이동을 정의하고 Enemy_2 타입에 대해 선형 보간 완화를 조정했다(선형 보간과 완화에 대해 알려면 이 부록의 '보간' 절을 참고한다).

주사위 확률

11장에서는 제시 셸이 소개했던 "확률 규칙 4: 어려운 수학 문제는 열거해보는 것으로 해결할 수 있다."에 대해 설명했다. 다음은 주사위의 종류와 개수를 지정하고 모든 가능성을 열거하는 간단한 유니티 프로그램이다. 그런데 주사위 개수를 늘릴수록 계산의 복잡도가 크게 증가한다는 점을 미리 알아두자(예, 5d6(5개의 6면 주사위)는 4d6보다 6배, 3d6보다 36배 더 많이 계산해야 한다).

유니티 예제: 주사위 확률

주사위의 종류와 개수에 대한 모든 가능성을 열거할 프로그램을 만들고자 다음 단계를 따라 한다. 이 코드의 기본값은 2d6(2개의 6면 주사위)이다. 이 기본값으로 프로그램은 두 주사위의 가능한 모든 굴리기(예, 1|1, 1|2, 1|3, 1|4, 1|5, 1|6, 2|1, 2|2, … 6|5, 6|6)를 수행하고 각 가능성에 대한 두 주사위의 합을 알아낸다.

1. 새 유니티 프로젝트를 시작한다. 새 C# 스크립트를 생성하고 이름을 DiceProbability로 지정한 후 씬 창의 Main Camera에 부착한다. 비주얼

스튜디오에서 DiceProbability를 열고 다음 코드를 입력한다.

```
using UnityEngine;
using System.Collections;

public class DiceProbability : MonoBehaviour
{
    [Header("Set in Inspector")]
    public int numDice = 2;
    public int numSides = 6;
    public bool checkToCalculate = false;
    // ^ checkToCalculate를 true로 설정하면 계산을 시작함
    public int maxIterations = 10000;
    // ^ CalculateRolls() 코루틴이 단일 사이클에서 수행하는
    // 최대 반복 횟수
    public float width = 16;
    public float height = 9;

    [Header("Set Dynamically")]
    public int[] dice;    // 각 주사위의 값을 포함하는 배열
    public int[] rolls;  // 주사위 값의 합이 나오는 횟수를 저장하는 배열
    // 2d6 굴리기에서는 [ 0, 0, 1, 2, 3, 4, 5, 6, 5, 4, 3, 2, 1 ]이 됨
    // 이 배열의 2번째 요소가 1인 것은 합이 2인 경우가 1번이라는 의미
    // 이 배열의 7번째 요소가 6인 것은 합이 7인 경우가 6번이라는 의미

    void Awake()
    {
        // 그래프를 올바르게 표시하게 메인 카메라를 설정함
        Camera cam = Camera.main;
        cam.backgroundColor = Color.black;
        cam.orthographic = true;
        cam.orthographicSize = 5;
        cam.transform.position = new Vector3(8, 4.5f, -10);
    }

    void Update()
    {
        if (checkToCalculate)
        {
```

```
        StartCoroutine(CalculateRolls());
        checkToCalculate = false;
    }
}

void OnDrawGizmos()
{
    float minVal = numDice;
    float maxVal = numDice * numSides;

    // rolls 배열이 준비되지 않으면 그냥 반환함
    if (rolls == null || rolls.Length == 0 || rolls.Length != maxVal + 1)
    {
        return;
    }

    // rolls 배열을 그림
    float maxRolls = Mathf.Max(rolls);
    float heightMult = 1f / maxRolls;
    float widthMult = 1f / (maxVal - minVal);

    Gizmos.color = Color.white;
    Vector3 v0, v1 = Vector3.zero;
    for (int i = numDice; i <= maxVal; i++)
    {
        v0 = v1;
        v1.x = ((float)i - numDice) * width * widthMult;
        v1.y = ((float)rolls[i]) * height * heightMult;
        if (i != numDice)
        {
            Gizmos.DrawLine(v0, v1);
        }
    }
}

public IEnumerator CalculateRolls()
{
    // 최댓값(주사위에서 나올 수 있는 최대 가능한 값)을 계산함
    // (예를 들어 2d6의 경우 maxValue = 12)
```

```
int maxValue = numDice * numSides;
// 주사위에서 나오는 모든 값을 저장할 수 있는 크기의 배열을 만듦
rolls = new int[maxValue + 1];

// 각 주사위 값의 요소로 배열을 만듦. 0으로 설정하는 0번째
// 주사위 값을 제외하고 나머지 값을 모두 1로 미리 설정함
// (RecursivelyAddOne() 메서드가 정상적으로 작동하기 위함)
dice = new int[numDice];
for (int i = 0; i < numDice; i++)
{
    dice[i] = (i == 0) ? 0 : 1;
}

// 주사위에 대해 반복함
int iterations = 0;
int sum = 0;

// 나는 무한 루프의 가능성이 있는 while 루프를 가급적 사용하지
// 않지만, 여기 while 루프에서는 yield 문이 있는 코루틴이므로
// 거의 문제가 되지 않음
while (sum != maxValue)
{
    // ^ 모든 주사위가 최댓값이 되면 sum == maxValue이 성립함

    // dice 배열의 0번째 주사위를 증가시킴
    RecursivelyAddOne(0);

    // 모든 주사위를 서로 더함
    sum = SumDice();
    // 그리고 rolls 배열의 그 위치를 1 더함
    rolls[sum]++;

    // 반복을 다음 단계로 진행하고 양보함
    iterations++;
    if (iterations% maxIterations == 0)
    {
        yield return null;
    }
}
print("Calculation Done");
```

```csharp
        string s = "";
        for (int i = numDice; i <= maxValue; i++)
        {
            s += i.ToString() + " " + rolls[i].ToString("N0") + "\n"; // a
        }

        int totalRolls = 0;
        foreach (int i in rolls)
        {
            totalRolls += i;
        }
        s += "\nTotal Rolls: " + totalRolls.ToString("N0") + "\n";   // a

        print(s);
    }

    // 이것은 재귀 메서드인데, 자기 자신을 호출하는 메서드란 뜻임
    // 잘 모르겠으면 이 부록의 '재귀 함수' 절을 참조
    public void RecursivelyAddOne(int ndx)
    {
        if (ndx == dice.Length) return; // dice 배열을 끝까지 처리한 경우
                                        //  그냥 반환함

        // ndx 위치의 주사위 값을 증가시킴
        dice[ndx]++;
        // 주사위 값의 최댓값을 초과한 경우...
        if (dice[ndx] > numSides)
        {
            dice[ndx] = 1;              // 이 주사위를 1로 설정하고...
            RecursivelyAddOne(ndx + 1); // 다음 주사위를 증가시킴
        }
        return;
    }

    public int SumDice()
    {
        // dice 배열의 모든 주사위 값을 더함
        int sum = 0;
        for (int i = 0; i < dice.Length; i++)
```

```
    {
        sum += dice[i];
    }
    return (sum);
    }
}
```

a. 여기에 보이는 `.ToString("N0")`는 C#에서 표준 숫자 형식 문자열 중 하나를 사용하는 `ToString()`의 예다. N은 세 자리(예, 123,456,789의 쉼표)마다 구분 기호를 추가하고 0은 소수점 뒤에 0 자리가 있어야 한다는 뜻이다. 더 많은 사항을 알려면 인터넷에서 'C# 표준 숫자 서식 문자열'로 검색해본다.

2. DiceProbability 열거자를 사용하고자 플레이 버튼을 클릭하고 나서 하이어라키 창에서 Main Camera를 선택한다.

3. Main Camera: Dice Probability (Script) 인스펙터에서 *numDice*(주사위 개수)와 *numSides*(주사위의 면수)를 설정하고 나서 checkToCalculate를 클릭하면 선택한 조합에서 특정 수의 확률을 계산한다.

유니티는 가능한 모든 결과를 열거하고 나서 그 결과를 콘솔 창뿐만 아니라 씬 창에 그래프로 출력한다. 그래프를 더 잘 보려면 씬 창의 도구 표시줄에서 왼쪽에 있는 계층 모양의 아이콘 버튼을 클릭한 후 Skybox에 체크 표시를 없애고(스카이박스 뷰 끄기), 2D 뷰로 전환한 후 축소(줌 아웃)한다.

처음에 기본 설정인 2개의 6면 주사위(2d6)로 시도해보면 콘솔에 다음과 같은 결과가 표시된다(처음 두 행 이후의 내용을 보려면 콘솔의 메시지를 마우스로 클릭해야 한다).

```
2    1
3    2
4    3
5    4
6    5
7    6
```

```
8       5
9       4
10      3
11      2
12      1
```

```
Total Rolls: 36
```

```
UnityEngine.MonoBehaviour:print (object)
DiceProbability/<CalculateRolls>d__11:MoveNext () (at
Assets/DiceProbability.cs:131)
UnityEngine.MonoBehaviour:StartCoroutine (System.Collections.IEnumerator)
DiceProbability:Update () (at Assets/DiceProbability.cs:38)
```

4. 인스펙터에서 numDice=8 및 numSides=6으로 설정해보자. 그러고 나서 checkToCalculate에 체크한다.

계산에 시간이 좀 더 걸리며 코루틴이 양보할 때마다 결과(및 곡선 그래프)는 점진적으로 업데이트되는 것이 보일 것이다(코루틴에 대해서는 부록 B의 '코루틴' 절 참조).

속도를 높이려면 maxIterations=100,000으로 설정한다. maxIterations란 코드가 계산할 주사위 굴리기 수인데, 이 계산 후에 코루틴이 양보하며 결과가 표시된다. maxIterations값이 클수록 전체 계산이 더 빨리 완료되는데, 결과를 보여주는 사이에 더 많은 굴리기를 계산하기 때문이다. maxIterations값을 작게 하면 결과가 더 자주 표시되지만 전체 계산 시간은 크게 늘어난다.

이제 8d6에서 13이 나오는 경우와 같은 확률을 계산할 때 열거를 통해 간단하게 알아낼 수 있다. 콘솔 출력의 일부는 다음과 같다.

```
8       1
9       8
...
12      330
13      792
14      1,708
...
```

| 47 | 8 |
| 48 | 1 |

Total Rolls: 1,679,616

즉, 8D6에서 13이 나올 확률은 792/1,679,616=11/23,328≈0.00047 ≈ 0.05%다.

또한 주사위를 지정한 횟수로 굴리고 매번 굴리기 수를 다르게 선택하도록 이 코드를 수정할 수도 있다. 굴리기 수가 아주 커지면 지금의 이론적 확률 대신 실제 확률을 얻게 될 것이다(11장에서 제시 셀의 확률 규칙 9 참고).

점곱

매우 유용한 또 하나의 수학 개념으로 점곱$^{dot\ product}$이 있다. 점곱은 내적$^{inner\ product}$이라고도 부른다. 두 벡터의 점곱은 다음 코드와 같이 각 벡터의 X, Y, Z 컴포넌트를 서로 곱하고 나서 더한 결과다.

```
1  Vector3 a = new Vector3(1, 2, 3);
2  Vector3 b = new Vector3(4, 5, 6);
3  float dotProduct = a.x * b.x + a.y * b.y + a.z * b.z;          // a
4  // dotProduct = 1*4 + 2*5 + 3*6
5  // dotProduct = 4 + 10 + 18
6  // dotProduct = 32
7  dotProduct = Vector3.Dot(a, b); // C#에서 점곱을 구하는 방법          // b
```

   a. 3행은 Vector3 타입의 a와 b의 점곱을 직접 계산하는 방법이다.
   b. 7행은 내장된 정적 메서드인 Vector3.Dot()를 사용해 동일한 계산을 하는 방법이다.

처음에는 이것이 별로 중요하지 않게 보이지만 점곱에는 아주 유용한 특성이 있다. 그림 B.4에 나오는 것처럼 점곱[4] $a \cdot b$가 반환하는 float는 a.magnitude *

---

4. float 타입의 표준 곱셈을 나타내는 *와 두 벡터의 교차곱(cross product) 또는 외적(outer product)을 나타내는 ×와는 달리 여기의(그리고 일반적으로 수학에서의) · 기호는 점곱을 나타내는 데 사용한다.

1292

b.magnitude * Cos(Θ) 해당하는데, 여기서 Θ는 두 벡터 간의 각이다.

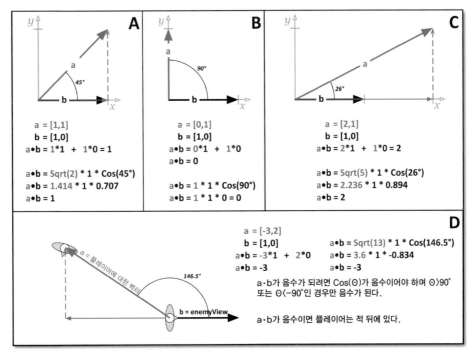

그림 B.4 점곱 예제(실수는 근삿값임)

그림 B.4.A는 점곱의 표준 예를 보여준다. 이 예에서 단위벡터^{unit vector5} b는 X축을 가리킨다. b의 좌표는 [1, 0]이며 벡터 a의 좌표는 [1, 1]이다. a 벡터는 두 성분으로 생각할 수 있다. 즉, b에 평행한 성분(a의 X 좌표, b 위에 얇은 녹색선으로 표시)과 b에 수직인 성분(a의 Y 좌표, 녹색 점선으로 표시)이다. a에게 있어서 b에 평행한 성분의 길이는 a를 b 위로 투영한 길이며 내적 $a \cdot b$의 결과가 된다. 이 점곱은 2의 제곱근(≈1.414) 길이를 가진 a[1, 1]를 적용해 그 벡터가 b에 얼마나 평행한지 알려준다. 앞서 언급했듯이 점곱 계산 방법에는 두 가지가 있다. 두 방법 모두 B.4.A에 나와 있으며 둘 다 1이라는 결과가 나온다. 이것은 a 벡터를 단위벡터 b 위로 투영한 길이가 1이라는 뜻이다.

---

5. 단위벡터란 크기가 1인 벡터다(즉, 길이가 1이다).

그림 B.4.B는 두 벡터가 완전히 수직일 때 그 점곱은 0이라는 것을 보여준다. 그러므로 여기서 a를 b 위로 투영하면 0이다.

그림 B.4.C는 더 긴 벡터 a를 b 위로 투영한 모습이다. 여기서 다시 말하면 점곱 계산에 대한 두 버전 모두 정확히 같은 결과가 나온다.

그림 B.4.D에서 볼 수 있듯이 점곱은 적이 플레이어 캐릭터를 향하는지를 알아내는 데에도 사용할 수 있다(침투 게임에서 유용할 수 있음). 여기서 벡터 a는 [−3, 2]이고 b는 [1, 0]이다. 점곱 $a \cdot b$는 −3이다. 적이 b 방향을 보고 있고 플레이어 벡터 a를 단위 벡터 b 위로 투영한 점곱이 음수이면 플레이어가 적 뒤에 있다는 의미다. 그림 B.4의 모든 예에서는 b가 X축 방향만 가리키지만 b처럼 단위벡터만 있으면 아무 방향을 기준으로 삼아 점곱을 계산해도 된다.

이 밖에도 다양한 용도로 점곱을 활용할 수 있으며 컴퓨터 그래픽 프로그래밍에서 특히 많이 사용된다(예를 들어 표면이 빛을 향해 있는지를 알아내는 데 점곱을 사용한다).

보간

보간interpolation은 두 값을 수학적으로 혼합하는 것을 뜻한다. 내가 대학 졸업 후 계약직 프로그래머로 일할 때 좋은 평가를 받은 이유 중 하나가 내 그래픽 코드에서 요소의 움직임이 부드럽고 풍성하기(카일 게블러의 용어[6] 사용) 때문이라고 생각한다. 나는 다양한 형태의 보간, 완화, 베지어 곡선을 사용해 이런 움직임을 구현했으며, 이 절에서 이에 대한 사항을 전부 설명할 것이다.

선형 보간

선형 보간은 기존의 두 값 사이에 있는 새 값이나 위치를 수학적으로 정의하는

---

6. 'Juice It or Lose It'은 2012년에 마틴 조나손과 페트리 푸호가 게임에 풍성함(juiciness)을 추가하는 것에 관해 대화를 나눌 때 나온 말이다. https://www.youtube.com/watch?v=Fy0aCDmgnxg 링크를 보거나 'juice it or lost it'으로 검색하면 된다.

방법이다. 모든 선형 보간은 다음의 동일한 수식으로 정의된다.

```
p01 = (1-u) * p0 + u * p1
```

코드로는 다음과 비슷하게 작성할 수 있다.

```
1   Vector3    p0 = new Vector3( 0, 0, 0 );
2   Vector3    p1 = new Vector3( 1, 1, 0 );
3   float      u  = 0.5f;
4   Vector3 p01 = (1-u) * p0 + u * p1;
5   print(p01); // 출력: (0.5, 0.5, 0) p0와 p1의 중간 지점
```

위의 코드 리스트에서는 p0와 p1 간의 지점을 보간해 새 p01 지점을 생성했다. 값 u의 범위는 0 ~ 1이다. 유니티에서는 일반적으로 Vector3를 보간하지만 어떤 차원의 수에서도 보간을 할 수 있다.

시간 기반 선형 보간

시간 기반 선형 보간에서는 경과한 시간을 총 보간 시간으로 나눈 값을 u값으로 사용하기 때문에 특정 시간 내에 정확하게 보간을 완료할 수 있다.

유니티 예제: 시간 기반 선형 보간

유니티 예제를 만들고자 다음 과정을 수행한다.

1. Interpolation Project라는 새로운 유니티 프로젝트를 생성한다. 씬의 이름을 _Scene_Interp로 변경한다.
2. 하이어라키 창에 큐브를 생성한다(GameObject ➤ 3D Object ➤ Cube).
   a. 하이어라키 창의 Cube를 선택하고 TrailRenderer를 부착한다(Components ➤ Effects ➤ Trail Renderer).
   b. TrailRenderer의 Materials 배열을 열고 Element 0을 내장 머티리얼인 Default-Particle로 설정한다(Element 0의 오른쪽에 있는 과녁을 클릭하면 머티리얼 목록에

3. 프로젝트 창에서 새 C# 스크립트를 생성한 후 이름을 Interpolator로 지정한다. 이 스크립트를 Cube에 부착하고 나서 비주얼 스튜디오에서 열어 다음 코드를 입력한다.

```csharp
using UnityEngine;
using System.Collections;

public class Interpolator : MonoBehaviour
{
    [Header("Set in Inspector")]
    public Vector3      p0 = new Vector3(0, 0, 0);
    public Vector3      p1 = new Vector3(3, 4, 5);
    public float        timeDuration = 1;
    // checkToStart 체크박스를 클릭하면 이동을 시작함
    public bool         checkToStart = false;

    [Header("Set Dynamically")]
    public Vector3      p01;
    public bool         moving = false;
    public float        timeStart;

    // Update는 프레임마다 한 번씩 호출됨
    void Update()
    {
        if (checkToStart)
        {
            checkToStart = false;

            moving = true;
            timeStart = Time.time;
        }

        if (moving)
        {
            float u = (Time.time - timeStart) / timeDuration;
            if (u >= 1)
            {
```

```
                    u = 1;
                    moving = false;
                }

                // 이것이 표준 선형 보간 함수
                p01 = (1 - u) * p0 + u * p1;

                transform.position = p01;
            }
        }
    }
```

4. 유니티로 다시 전환해 플레이 버튼을 클릭한다. Cube:Interpolator (Script) 컴포넌트에서 checkToStart 옆의 체크박스를 클릭하면 큐브가 1초 동안 p0에서 p1으로 이동한다. timeDuration을 다른 값으로 조정하고 나서 checkToStart를 다시 클릭하면 큐브가 항상 timeDuration초 동안 p0에서 p1으로 이동한다는 것을 알 수 있다. 큐브가 움직이는 동안 p0 또는 p1의 위치를 변경할 수 있으며 그에 따라 적절히 업데이트된다.

제논의 역설을 이용한 선형 보간

엘레아의 제논(BC 490~430)은 일상적이고 상식적인 관점의 철학적 불가능에 대한 여러 가지 역설을 제안한 그리스 철학자다.

그중에서 제논의 이분법 역설Dichotomy Paradox은 움직이는 물체가 고정된 지점에 도달할 수 있는지에 대한 의문을 제기한다. 개구리가 벽 쪽으로 뛰어가고 있다고 하자. 이 개구리는 한 번 뛸 때마다 벽과의 거리가 절반으로 줄어든다고 한다. 개구리가 아무리 여러 번 뛰더라도 항상 절반의 거리가 남기 때문에 벽에는 영원히 도착하지 못한다.

이 역설에 대한 철학적 의미(및 합리성의 완전한 결여)를 무시하고 그 개념을 선형 보간에 적용하면 특정 지점을 향해 부드럽게 움직이는 움직임을 만들 수 있다. 이 책에서는 카메라가 여러 관심 지점으로 부드럽게 따라가는 데 이 개념을 사용한다.

유니티 예제: 제논의 역설 보간

이전의 Interpolation Project에서 계속 진행하자.

1. 씬에 구를 추가하고(GameObject ➤ 3D Object ➤ Sphere) 큐브에서 떨어진 아무 곳으로 옮긴다.
2. 프로젝트 창에서 새 C# 스크립트를 생성하고 이름을 ZenosFollower로 지정한 후 Sphere에 부착한다.
3. 비주얼 스튜디오에서 ZenosFollower를 열고 다음 코드를 입력한다.

```csharp
using UnityEngine;
using System.Collections;

public class ZenosFollower : MonoBehaviour
{
    [Header("Set in Inspector")]
    public GameObject        poi; // 관심 지점
    public float             u = 0.1f;
    public Vector3           p0, p1, p01;

    // Update는 프레임마다 한 번씩 호출됨
    void FixedUpdate()
    {
        // this의 위치와 poi의 위치를 얻음
        p0 = this.transform.position;
        p1 = poi.transform.position;

        // 두 지점 사이를 보간함
        p01 = (1 - u) * p0 + u * p1;

        // this를 새 위치로 이동시킴
        this.transform.position = p01;
    }
}
```

4. 코드를 저장하고 유니티로 되돌아간다.
5. Sphere: ZenosFollower의 poi를 Cube로 설정한다(하이어라키 창의 Cube를 Sphere:

ZenosFollower (Script) 인스펙터의 poi 슬롯으로 드래그한다).

6. 씬을 저장한다.

이제 플레이 버튼을 클릭하면 구가 큐브 쪽으로 이동한다. 큐브를 선택하고 checkToStart 체크박스에 클릭하면 구가 큐브를 계속 따라가게 된다. 씬 창에서 큐브를 드래그해 이리저리 움직여도 구가 뒤따라 다니는 것을 볼 수 있다.

Sphere: ZenosFollower 인스펙터에서 u값을 변경해본다. 값을 낮출수록 천천히 따라가고 값을 높일수록 빨리 따라간다. 값이 0.5면 프레임마다 구가 큐브까지 거리의 절반을 가게 되므로 제논의 이분법 역설을 정확히 모방한다(그러나 실제로는 너무 가깝게 따라온다). 이 특정 코드로는 구가 큐브의 위치에 정확하게 따라잡지 못하고 움직임을 정밀하게 제어할 수는 없다. 그래도 설명하려는 개념을 이해하는 데는 충분했을 것이다.

ZenosFollower에서는 모든 컴퓨터에서 일관된 동작을 유지할 수 있도록 Update() 대신 FixedUpdate()를 사용했다. Update()를 사용하면 주어진 시간에 컴퓨터의 프로세서 부하에 따라 프레임 속도에 변화가 생기기 때문에 구는 더 가까워지거나 멀어지게 된다. 이러한 이유로 고성능 머신에서는 그보다 느린 머신보다 구가 더 가깝게 따라가게 된다. FixedUpdate()를 사용하면 항상 초당 50회 호출되기 때문에 모든 컴퓨터에서 일관된 동작을 유지한다.[7]

위치 이외의 보간 활용

거의 모든 종류의 숫자 값도 보간할 수 있다. 유니티에서는 배율, 회전, 색과 같은 값을 아주 쉽게 보간할 수 있다.

---

7. Time.fixedDeltaTime의 기본값이 0.02(1/50초)이기 때문에 FixedUpdate()는 초당 50회 호출되지만 TimeUploadedTimeTime을 조정하면 FixedUpdate()가 호출되는 빈도를 변경할 수 있다. Time.timeScale을 0.1과 같은 값으로 변경하면 특히 유용하다(유니티를 일반 속도의 1/10로 느리게 만든다). Time.timeScale을 0.1로 변경하면 FixedUpdate()는 실시간으로 0.2초마다 호출돼 더듬는 듯한 물리 움직임을 보여준다. Time.timeScale을 변경할 때마다 Time.fixedDeltaTime도 같은 양만큼 변경해야 한다. 즉, Time.timeScale이 0.1일 때 Time.fixedDeltaTime을 0.002로 변경해야 실시간 초마다 여전히 50회의 FixedUpdate()가 수행된다.

유니티 예제: 다양한 속성 보간

다음 작업은 이전 보간 예제와 같은 씬에서 해도 되고 아예 새 프로젝트에서 수행해도 된다.

1. 새 씬을 생성하고 이름을 _Scene_Interp2로 저장한 후 하이어라키 창에 큐브 두 개를 생성하고 각각 이름을 c0와 c1으로 지정한다.
2. 각 큐브에 적용할 머티리얼 두 개를 생성하고(Assets ➤ Create ➤ Material) 이름을 Mat_c0와 Mat_c1으로 지정한다.
3. 각 머티리얼을 해당 큐브로 드래그해 적용한다.
4. c0을 선택하고 위치, 회전, 배율을 원하는 아무 값으로 설정한다(화면에 보일 정도로 하고 배율 X, Y, Z는 양수로 한다). 인스펙터 c0: Mat_c0 영역 아래에서 색도 원하는 대로 설정한다.
5. c1의 Transform과 Mat_c1의 색에 대해서도 위와 같은 작업을 해주며 c1과 c0의 위치, 회전, 배율, 색이 서로 다른지 확인한다.
6. 씬에 세 번째 큐브를 추가하고 이름을 Cube01로 지정한 후 위치를 P:[0, 0, 0]으로 설정한다.
7. 새 C# 스크립트를 생성하고 이름을 Interpolator2로 지정한 후 Cube01에 부착한다. Interpolator2에는 다음 코드를 입력한다.

```
using UnityEngine;
using System.Collections;

public class Interpolator2 : MonoBehaviour
{
    [Header("Set in Inspector")]
    public Transform    c0;
    public Transform    c1;
    public float        timeDuration = 1;
    // 체크박스를 클릭하면 이동을 시작함
    public bool         checkToStart = false;

    [Header("Set Dynamically")]
```

```
public Vector3        p01;

public Color          c01;

public Quaternion     r01;

public Vector3        s01;

public bool           moving = false;

public float          timeStart;

private Material      mat, matC0, matC1;

void Awake()
{
    mat = GetComponent<Renderer>().material;

    matC1 = c1.GetComponent<Renderer>().material;

    matC0 = c0.GetComponent<Renderer>().material;
}

// Update는 프레임마다 한 번씩 호출됨
void Update()
{
    if (checkToStart)
    {
        checkToStart = false;

        moving = true;
        timeStart = Time.time;
    }

    if (moving)
    {
        float u = (Time.time - timeStart) / timeDuration;
        if (u >= 1)
        {
            u = 1;
            moving = false;
        }

        // 표준 선형 보간 함수
        p01 = (1 - u) * c0.position + u * c1.position;
        c01 = (1 - u) * matC0.color + u * matC1.color;
        s01 = (1 - u) * c0.localScale + u * c1.localScale;
```

```
        // 회전은 쿼터니언을 이용해야 하기 때문에 다른 방법으로 처리함
        r01 = Quaternion.Slerp(c0.rotation, c1.rotation, u);

        // 이러한 사항을 Cube01에 적용함
        transform.position = p01;
        mat.color = c01;
        transform.localScale = s01;
        transform.rotation = r01;
    }
  }
}
```

8. 이 스크립트를 저장하고 유니티로 되돌아간다.

9. 하이어라키 창의 c0를 Cube01: Interpolator2 (Script) 인스펙터의 c0 필드로 드래그한다. 하이어라키 창의 c1도 Interpolator2 스크립트의 c1 필드로 드래그한다.

10. 플레이 버튼을 클릭하고 나서 Cube01: interpolator2 인스펙터에서 checkToStart 체크박스를 클릭한다. 이제 Cube01이 위치 외에 여러 가지도 보간한다는 것을 알 수 있다.

선형 외삽

지금까지의 모든 보간은 u값의 범위가 0 ~ 1이었다. u값이 이 범위를 벗어나게 하면 외삽^{extrapolation}을 수행하게 된다(두 값 사이를 보간하는 것이 아니라 원래의 두 지점을 벗어난 데이터를 추정하므로 외삽이라고 부른다).

그림 B.5에는 수직선에 10과 20이라는 두 지점이 있을 때 u=2의 외삽을 적용한 결과가 나타나 있다.

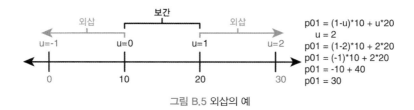

그림 B.5 외삽의 예

유니티 예제: 선형 외삽

코드를 통해 이를 알아보려면 Interpolator2에 다음과 같이 굵게 나타난 코드를
추가한다. 외삽 외에 이 추가 코드도 이동을 반복하게 한다.

```
public class Interpolator2 : MonoBehaviour
{
    [Header("Set in Inspector")]
    public Transform     c0;
    public Transform     c1;
    public float         uMin = 0;
    public float         uMax = 1;
    public float         timeDuration = 1;
    public bool          loopMove = false; // 이동 반복 가능
    ...

    void Update()
    {
        ...
        if (moving)
        {
            float u = (Time.time - timeStart) / timeDuration;
            if (u >= 1)
            {
                u = 1;
                if (loopMove)
                {
                    timeStart = Time.time;
                }
```

```
    else
    {
        moving = false; // 이제 이 행은 else절 내에 있음
    }
}

// u의 범위를 uMin에서 uMax로 조정함
u = (1 - u) * uMin + u * uMax;
// ^ 비슷하게 보이는가? 여기에서도 선형 보간을 사용함

// 표준 선형 보간 함수
p01 = (1 - u) * c0.position + u * c1.position;
...
        }
    }
}
```

이제 유니티에서 플레이 버튼을 클릭하고 나서 Cube01에서 checkToStart 박스를 클릭하면 이전과 같은 동작을 얻게 된다. Cube01: Interpolator2 (Script) 인스펙터에서 uMin을 -1로 변경하고 uMax를 2로 변경해본다. checkToStart를 클릭하면 색상, 위치, 배율이 모두 추정돼 원래 설정한 범위를 벗어난다.[8] loopMove에도 체크 표시하면 끝없이 보간을 반복할 수 있다.

회전은 Quaternion.Slerp() 메서드(유니티의 회전에 사용되는 Spherical Linear intERPolation의 줄임말)의 한계로 인해 c0 또는 c1의 회전을 초과해 외삽되지 않는다. Slerp는 각 X, Y, Z 회전 값을 개별적으로 보간하지 않고 한 회전에서 다른 회전으로 가장 직접적인 경로를 선택한다. 하지만 Slerp()에 u값으로 0보다 작은 수를 전달하면 이를 0으로 취급한다(1 초과의 숫자는 1로 취급한다).

Vector3에 대한 문서를 보면 Vector3 사이를 보간할 수 있는 Lerp()(Linear intERPolation의 줄임말) 메서드도 있지만 이 예에서와 마찬가지로 범위를 0 ~ 1로 고정하

---

8. 콘솔에 "BoxColliders does[sic] not support negative scale or size."라는 경고 메시지가 나타날 수도 있다. 이에 대해서는 신경 쓰지 않아도 된다. 여기서 배율의 외삽 때문에 음의 배율이 적용될 수 있지만 이 예제에서는 충돌 감지를 사용하지 않는다.

며 외삽을 허용하지 않기 때문에 나는 사용하지 않는다. 유니티 5부터는 Vector3.LerpUnclamped() 메서드가 추가돼 0 ~ 1 범위로 고정하지 않았다. 나는 고정되지 않은 버전을 사용하지만 여러분의 경우에는 스스로 Lerp 사용법을 터득하는 것이 중요하다고 생각한다. 이런 이유로 이 절의 코드에서 Vector3.LerpUnclamped()를 사용하지 않았다.

선형 보간의 완화

지금까지 만든 보간도 괜찮은 편이지만 갑자기 시작해서 일정한 속도로 움직이다가 갑작스럽게 멈추기 때문에 다소 기계적인 느낌을 준다. 다행스럽게도 여러 완화 함수를 사용하면 보간의 움직임을 좀 더 매끄럽게 만들 수 있다. 이런 점은 유니티 예제를 통해 쉽게 확인할 수 있다.

유니티 예제: 보간 완화

이 예제를 만들고자 다음 단계를 따라 한다.

1. 새 C# 스크립트를 생성하고 이름을 Easing으로 지정한 후 비주얼 스튜디오에서 열어 다음 코드를 추가한다. 보다시피 Easing은 MonoBehaviour 클래스를 확장하지 않는다.

```csharp
using UnityEngine;
public class Easing
{
    public enum Type                                        // a
    {
        linear,
        easeIn,
        easeOut,
        easeInOut,
        sin,
```

```
        sinIn,
        sinOut
    }

    static public float Ease(float u, Type eType, float eMod = 2)    // c
    {
        float u2 = u;

        switch (eType)                                              // b
        {
            case Type.linear:
                u2 = u;
                break;

            case Type.easeIn:
                u2 = Mathf.Pow(u, eMod);
                break;

            case Type.easeOut:
                u2 = 1 - Mathf.Pow(1 - u, eMod);
                break;

            case Type.easeInOut:
                if (u <= 0.5f)
                {
                    u2 = 0.5f * Mathf.Pow(u * 2, eMod);
                }
                else
                {
                    u2 = 0.5f + 0.5f * (1 - Mathf.Pow(1 - (2 * (u - 0.5f)), eMod));
                }
                break;

            case Type.sin:
                // Easing.Type.sin의 경우 eMod 값으로 0.15f와 -0.2f를 사용 // c
                u2 = u + eMod * Mathf.Sin(2 * Mathf.PI * u);
                break;

            case Type.sinIn:
                // SinIn의 경우 eMod가 무시됨
```

```
                u2 = 1 - Mathf.Cos(u * Mathf.PI * 0.5f);
                break;

            case Type.sinOut:
                // SinOut의 경우 eMod가 무시됨
                u2 = Mathf.Sin(u * Mathf.PI * 0.5f);
                break;
        }

        return (u2);
    }
}
```

a. 이 열거형은 Easing 클래스 내에서 정의되므로 이 클래스 외부에서는 이 enum 타입의 변수를 Easing.Type으로 선언해야 한다. Easing 클래스 내에서는 그냥 Type으로 사용하면 된다.

b. 이 switch문에는 각 완화 타입에 대한 경우가 들어간다.

c. eMod는 정적 Ease() 함수의 선택적 float 매개변수다. 이 매개변수는 여러 완화 타입의 변경자로서 다양한 방식으로 사용된다. 예를 들어 easeIn의 경우 u는 거듭제곱 수로 사용된다. 즉, eMod가 2면 u2 = u^2이고 eMod가 3이면 u2 = u^3이다. sin 완화의 경우 eMod는 선에 추가하는 사인 곡선의 진폭에 대한 곱하기 수다(일부 예제는 그림 B.6 참고).

이 Easing 클래스에는 u에 대한 모든 완화 함수가 들어 있어 어떠한 프로젝트에서도 쉽게 임포트해서 사용할 수 있다. 다양한 완화 곡선이 그림 B.6에 나와 있는데, 사인 기반이며 덜 유연한 easeIn 버전과 easeOut 버전인 sinIn과 sinOut은 여기에 나와 있지 않다.

2. Easing 스크립트를 저장하고 Interpolator2 스크립트를 열고 나서 다음과 같이 수정한다.

```
public class Interpolator2 : MonoBehaviour
{
    ...
```

```
        public bool              loopMove = true; // 이동 반복 가능
        public Easing.Type       easingType = Easing.Type.linear;
        public float             easingMod = 2;

        // 체크박스를 클릭하면 이동을 시작함
        public bool              checkToStart = false;
        ...
        void Update()
        {
            ...
            if (moving)
            {
                ...
                // u의 범위를 uMin에서 uMax로 조정함
                u = (1 - u) * uMin + u * uMax;
                // ^ 비슷하게 보이는가? 여기에서도 선형 보간을 사용함

                // Easing.Ease 함수는 u를 수정해 움직임을 변경함
                u = Easing.Ease(u, easingType, easingMod);

                // 표준 선형 보간 함수
                p01 = (1 - u) * c0.position + u * c1.position;
                ...
            }
        }
    }
```

3. 비주얼 스튜디오에서 Interpolator2 스크립트를 저장하고 다시 유니티로 전환한다.

4. Cube01: Interpolator2 (Script) 인스펙터에서 uMin = 0 및 uMax = 1로 설정한다. 또한 loopMove를 확인해 true로 설정한다.

5. 씬을 저장한다.

6. 플레이 버튼을 클릭한 후 checkToStart를 클릭한다. 이제 loopMove에도 체크해 놓았기 때문에 Cube01은 c0과 c1 사이를 계속 보간한다.

easingType을 다르게 설정하며 플레이해본다. easingMod는 easeIn, easeOut,

easeInOut, sin 완화 타입에만 영향을 준다. sin 타입의 경우 easingMod를 0.15뿐만 아니라 −0.3으로도 지정해 사인 기반 완화 타입의 유연성을 확인해본다.

그림 B.6에서 다양한 완화 곡선의 그래픽 표현을 볼 수 있다. 이 그림에서 가로 차원은 초기 u값을 나타내고 세로 차원은 완화된 u값(u2)을 나타낸다. 모든 예에서 u=0일 때 u2도 0이고 u=1일 때 u2도 1이라는 것을 볼 수 있다. 이 때문에 선형 보간이 시간 기반이라면 어떠한 완화 설정을 사용하더라도 동일한 시간 동안 그 값은 항상 p0부터 p1까지 완전하게 변화된다.

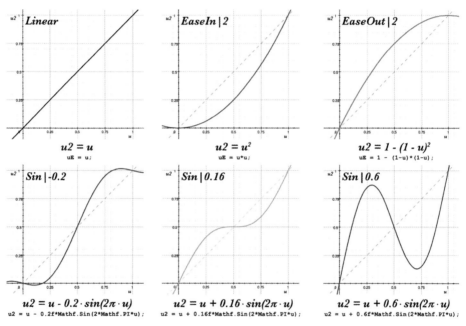

그림 B.6 다양한 완화 곡선과 해당 수식. 각 경우에서 파이프(|) 다음의 숫자는 eMod(즉, easingMod) 값을 나타낸다.

첫 번째 선형 곡선에는 어떠한 완화도 없다(u2 = u). 이후의 다른 곡선에는 완화된 곡선과 보통 선형 동작을 비교할 수 있게 u2 = u 선을 대각 점선으로 표시해놓았다. 곡선의 수직 성분이 대각 점선 아래에 있으면 그 부분에서 선형 곡선보다 느리게 움직인다는 의미다. 반대로 곡선의 수직 성분이 대각 점선보다 위쪽에 있으면 완화된 곡선이 선형 움직임보다 앞서 수행된다는 의미다. 곡선의 기울기는 그 지점에서의 보간 속도를 나타낸다. 즉, 45° 기울기는 선형 보간과 동일한 속도지만 기울기가 낮을수록 속도는 느려지고 기울기가 높을수록 속도가 빨라진다.

EaseIn 곡선은 느리게 시작하고 나서 끝으로 갈수록 빠르게 움직인다(u2 = u*u). 움직임의 첫 부분이 '완화'돼 느리게 움직이다가 속도가 빨라지기 때문에 이 곡선을 'easing in'이라고 부른다.

EaseOut 곡선은 EaseIn 곡선과 반대다. 이 곡선을 사용하면 빠른 속도로 시작하지만 끝으로 갈수록 느려진다. 보통 이 곡선을 'easing out'이라고 부른다.

다이어그램의 아래쪽에 있는 세 개의 사인 곡선은 모두 동일한 수식(u2 = u + eMod * sin(u*2π))을 사용한다. 여기서 eMod는 부동소수점 숫자다(앞의 코드에서 변수 eMod 또는 easingMod). sin() 안의 u * 2π 곱하기로 인해 u가 0부터 1로 전환할 때 전체 사인 파형이 이뤄진다(중심, 위, 중심, 아래 그리고 또 중심으로 이동). eMod=0이라면 사인 곡선은 현재 곡선에 영향을 주지 않는다(즉, 곡선은 선형으로 유지된다). eMod가 0에서 (양수 또는 음수로) 멀리 떨어진 값이 될수록 효과를 더 많이 준다.

Sin|-0.2 곡선은 회복이 추가된 ease-in-out 곡선이다. eMod값이 -0.2이면 선형 진행에 음의 사인 파형이 추가돼 움직이는 오브젝트가 p0에서 약간 뒤로 처졌다가 p1쪽으로 빠르게 이동해서 p1을 지난 후 다시 p1으로 되돌아온다. eMod값이 0에 가까운 Sin|-0.1에서는 오브젝트가 중심점에서 최대 속도로 ease-in되지만 양쪽 끝에서 외삽 회복 없이 p1에 접근할수록 속도가 느려진다.

Sin|0.16 곡선에서는 선형 u 진행에 약간의 사인 곡선을 추가해 선형 진행보다 약간 앞서 진행하다가 중간 지점에 잠시 느려지고 다시 끝까지 따라잡는다. 움직이는 오브젝트에 적용하면 중심 지점까지 빠르게 이동하다가 잠시 감속한 후 다시 가속한다.

Sin|0.6 곡선은 31장에서 Enemy_2에 사용한 완화 곡선이다. 여기서는 양의 사인 파형을 충분히 적용해 오브젝트가 중심 지점을 지나 p1의 약 80% 지점까지 통과한 후 p1의 20% 지점까지 되돌아갔다가 최종적으로 p1으로 이동한다.

베지어 곡선

베지어 곡선은 두 개 이상의 지점 간의 선형 보간이다. 일반 선형 보간과 마찬가지로 기본 수식은 p01 = (1-u) * p0 + u * p1이다. 베지어 곡선은 단순히 여기에 지점과 계산을 더 많이 추가한 것이다.

p0, p1, p2라는 세 지점이 있다고 하자. 이 세 지점과 관련한 선형 보간은 다음처럼 된다.

```
p01  = (1-u) * p0 + u * p1
p12  = (1-u) * p1 + u * p2
p012 = (1-u) * p01 + u * p12
```

위의 수식에서 나온 것처럼 세 지점 p0, p1, p2에 대해 베지어 곡선의 지점은 먼저 p0와 p1 간의 선형 보간을 수행해 계산한 후(결과 지점을 p01이라고 함) p1과 p2 간의 선형 보간(p12라고 부름)을 수행하고 마지막으로 p01과 p12 사이의 선형 보간을 수행해 최종 지점 p012를 얻는다. 이에 대한 그래픽 표현은 그림 B.7에 나와 있다.

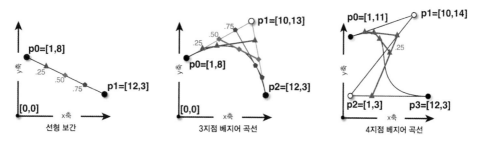

그림 B.7 선형 보간과 3지점 및 4지점 베지어 곡선

4지점 곡선은 4지점을 모두 수용하고자 다음과 같이 더 많은 계산이 필요하다.

```
p01  = (1-u) * p0 + u * p1
p12  = (1-u) * p1 + u * p2
p23  = (1-u) * p2 + u * p3
p012 = (1-u) * p01 + u * p12
p123 = (1-u) * p12 + u * p23
```

```
p0123 = (1-u) * p012 + u * p123
```

4지점 베지어 곡선은 어도비 사의 플래시, 일러스트레이터, 포토샵 그리고 옴니 그룹 사의 옴니그래플 등과 같은 여러 드로잉 프로그램에서 제어 기능이 우수한 곡선을 만드는 데 활용된다. 실제로 유니티에서 애니메이션과 TrailRenderer 두께 조정에 사용하는 곡선 편집기도 4지점 베지어 곡선의 한 형식을 이용한다.

유니티 예제: 베지어 곡선

다음 단계에 따라 유니티에서 베지어 곡선 예제를 만든다. 코드에서는 일반적으로 액센트 없는 문자로 작성하기 때문에 이 책의 예제에서도 Bézier 대신 Bezier라고 적었다.

1. 유니티 프로젝트에서 새 씬을 생성하고 _Scene_Bezier로 저장한다.
2. 하이어라키 창에 큐브 네 개를 추가하고 이름을 각각 c0, c1, c2, c3로 지정한다.
   a. 모든 큐브의 transform.scale을 S:[0.5, 0.5, 0.5]로 설정한다.
   b. 씬 내의 다양한 위치로 큐브들을 옮겨 놓고 씬 창을 조정해 큐브들이 모두 보이게 한다.
3. 씬에 구를 추가한다.
   a. Sphere에 TrailRenderer를 연결한다.
   b. TrailRenderer의 Materials 배열을 열고 Element 0을 내장 머티리얼인 Default-Particle로 설정한다.
4. 새 C# 스크립트를 생성하고 이름을 Bezier로 지정한 후 Sphere에 부착한다. 비주얼 스튜디오에서 Bezier 스크립트를 열고 유니티에서 4지점 베지어 곡선을 보여주고자 다음 코드를 입력한다.

```
using UnityEngine;
using System.Collections;

public class Bezier : MonoBehaviour
```

```
{
    [Header("Set in Inspector")]
    public float        timeDuration = 1;
    public Transform    c0, c1, c2, c3;
    // checkToStart를 true로 설정하면 이동을 시작함
    public bool         checkToStart = false;

    [Header("Set Dynamically")]
    public float        u;
    public Vector3      p0123;
    public bool         moving = false;
    public float        timeStart;

    void Update()
    {
        if (checkToStart)
        {
            checkToStart = false;
            moving = true;
            timeStart = Time.time;
        }

        if (moving)
        {
            u = (Time.time - timeStart) / timeDuration;
            if (u >= 1)
            {
                u = 1;
                moving = false;
            }

            // 4지점 베지어 곡선 계산
            Vector3 p01, p12, p23, p012, p123;

            p01 = (1 - u) * c0.position + u * c1.position;
            p12 = (1 - u) * c1.position + u * c2.position;
            p23 = (1 - u) * c2.position + u * c3.position;

            p012 = (1 - u) * p01 + u * p12;
            p123 = (1 - u) * p12 + u * p23;
```

```
        p0123 = (1 - u) * p012 + u * p123;

        transform.position = p0123;
    }
}
}
```

5. Bezier 스크립트를 저장하고 유니티로 되돌아간다.
6. 네 개의 큐브를 Sphere: Bezier (Script) 인스펙터의 해당 필드에 지정한다.
7. 플레이 버튼을 클릭하고 인스펙터에서 checkToStart 체크박스를 클릭한다.

구는 네 큐브의 위치를 각 지점으로 사용하는 베지어 곡선을 따라 움직일 것이다. 구는 오직 c0와 c3에만 닿는다는 것에 주목한다. c1과 c2는 곡선의 모양에 영향을 줄 뿐 그 지점에는 닿지 않는다. 이것은 다른 모든 베지어 곡선에서도 마찬가지다. 모든 베지어 곡선은 항상 첫 번째 점과 마지막 점에 닿지만 그 중간의 어떠한 점에도 닿지 않는다. 중간 지점에 닿는 종류의 곡선에 관심이 있다면 온라인에서 '에르미트 스플라인'^{Hermite spline}을 검색해본다(다른 종류의 스플라인도 찾아본다).

재귀 베지어 곡선 함수

앞 절에서 봤듯이 베지어 곡선에 제어 지점을 더 많이 추가하기 위한 계산은 개념적으로 아주 간단하지만 필요한 추가 코드를 모두 입력하기는 번거롭다. 다음에 나올 코드에서는 재귀 함수를 사용해 코드를 추가하지 않고도 원하는 수의 지점을 처리한다. 개념적으로 좀 복잡하기 때문에 어떻게 해야 하는지 알아보자.

표준 3지점 베지어 곡선을 보간하려면 [p0, p1, p2]의 세 점으로 시작한다. 하지만 그 지점들을 보간하려면 먼저 두 개의 작은 보간인 [p0, p1] 및 [p1, p2]로 나눠야 한다. 이들 각각을 보간해 보간된 지점 p01과 p12를 반환한다. 마지막으로 p01과 p12 사이를 보간해 최종 지점 p012를 얻는다.

Bezier() 함수는 이런 작업을 수행한다. 즉, 문제를 계속 작게 쪼개 내려가 각 분기가 단 하나의 지점 리스트에 도달할 때까지 재귀적으로 반복하고 나서 이렇게 만들어진 재귀 사슬의 하단부에서 위쪽으로 보간 값을 반환하면 또다시 그 위쪽에서 모인 보간 값을 처리하는 방식이다.

이 책의 1판에서 재귀 Bezier() 함수는 각 재귀를 통해 새 List<Vector3>를 생성했지만 새 리스트를 생성할 때마다 메모리와 처리 능력을 소비하기 때문에 아주 비효율적이었다. 사실 Bezier()의 1판 버전으로 4지점 베지어 곡선을 보간하면 14개의 리스트가 더 생성된다.

Bezier()의 2판 버전은 새 리스트를 생성하는 대신 Bezier() 함수 선언에서 볼 수 있듯이 동일한 리스트에 대한 참조를 두 개의 정수(iL 및 iR)와 함께 각 재귀에 전달한다.

```
static public Vector3 Bezier(float u, List<Vector3> pts, int iL=0, int iR=-1) {...}
```

정수 iL과 iR은 각 List pts에 대한 인덱스인데, 즉 iL과 iR은 pts 요소에 대한 참조다. iL이 0이면 pts의 0번째 요소를 가리킨다. iR이 3이면 pts의 세 번째 요소를 가리킨다. iL 및 iR은 선택적 매개변수다. 둘 다 전달하지 않으면(즉, u와 pts 인자만으로 Bezier()를 호출하면) iL은 0이 되고 iR은 -1로 시작하지만 그 이후에는 pts의 마지막 요소 인덱스가 제공된다.

iL은 Bezier()의 재귀에 의해 고려되는 pts의 가장 왼쪽 요소를 나타내며 iR은 가장 오른쪽 요소를 나타낸다. 따라서 4지점 List pts의 경우 iL의 초깃값은 0이 되고 iR은 3지점(pts의 마지막 지점의 인덱스)에서 시작된다. Bezier() 함수가 재귀적으로 반복될 때마다 분기하면서 더 적은 수의 지점을 다음 단계로 보낸다. 새 버전의 Bezier()는 새 List를 생성하지 않고 iL 및 iR을 조정해 전체 List pts의 더 작은 부분을 알아본다. 결국 각 분기에서 iL과 iR이 pts의 동일한 요소를 가리키면 분기 끝에 도달한 것이 되고 해당 요소의 값을 Vector3 타입으로 해서 사슬 형태의 위쪽으로 반환하며 엮인 재귀 사슬이 풀리듯이 계속해서 보간을 계산한다.

그림 B.8은 Bezier() 함수에서 단일의 4지점 호출에 의해 수행된 일련의 재귀 호출을 보여준다. 녹색 실선 화살표가 호출을 추적하고 적색 점선 화살표가 그 반환을 보여준다. 각 호출에서 iL 또는 iR이 각각 증가 또는 감소하고 다이어그램에서 검은색인 pts 요소는 각 Bezier() 호출의 iL ~ iR 범위에 있는 요소다.

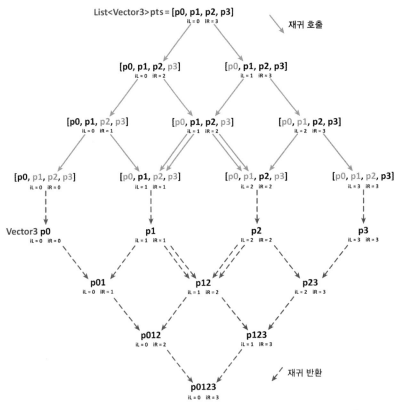

그림 B.8 4지점 베지어 곡선을 재귀적으로 보간할 때의 호출 경로(녹색 실선 화살표)와 반환 경로(적색 점선 화살표).

이 Bezier() 함수가 작동하는 방식은 이를 테면 p12의 값을 결정하고자 개별적으로 두 개의 호출을 만드는 식이다(p12로 향하는 두 개의 녹색 실선 화살표가 있고 p12에서 반환되는 두 개의 적색 점선 화살표가 있다). 이 방식은 좀 비효율적이긴 하지만 그대로 두는 게 코드가 간단하다. 중복을 제거하려고 시도하면 훨씬 복잡한 코드가 될 것이다.

다음 코드는 이 재귀 함수를 구현해 임의의 수의 지점에 대한 베지어 곡선을 계산한다. 이 버전은 31 ~ 35장에서 초기 유니티 패키지의 한 부분인 ProtoTools Utils 클래스에 포함돼 있다.

```
static public Vector3 Bezier(float u, List<Vector3> pts, int iL = 0, int iR = -1) // a
{
    if (iR == -1)                                                            // b
    {
        iR = pts.Count - 1;
    }

    if (iL == iR) // 끝인 경우                                               // c
    {
        return (pts[iL]);
    }

    // 베지어에 대한 두 개의 재귀 호출. 각 호출은 1의 지점을 하나 더 적게 사용함
    Vector3 lV3 = Bezier(u, pts, iL, iR - 1);                                // d
    Vector3 rV3 = Bezier(u, pts, iL + 1, iR);                                // e

    // d와 e 행의 베지어 재귀로부터 나온 결과를 보간함
    Vector3 res = Vector3.LerpUnclamped(lV3, rV3, u);                        // f
    return (res);
}
```

a. Bezier() 함수는 지점에 대해 float u 및 List<Vector3>를 입력으로 받아 보간한다. 또한 두 개의 선택적 매개변수인 iL과 iR이 있는데, 이들은 Bezier()의 재귀에 의해 고려되는 가장 왼쪽 요소의 인덱스(iL)와 가장 오른쪽 요소의 인덱스(iR)를 나타낸다. 자세한 내용은 그림 B.8을 참고한다.

b. iR이 −1로 되면 iR은 pts의 마지막 요소 인덱스로 설정된다.

c. iL == iR이면 재귀 함수의 끝에 도달한 경우다. iL == iR이라면 List pts의 왼쪽 및 오른쪽 인덱스는 모두 동일한 Vector3 요소를 가리킨다. 이런 경우가 일어나면 두 인덱스 모두가 가리키는 Vector3를 반환한다.

d. 이 행은 Bezier()에 대한 두 개의 재귀 호출 중 하나다. 여기서 pts의 iR 인덱스는 1씩 감소하고 전체 List pts는 iL 및 iR을 인자와 함께 재귀에 전달된다. 이렇게 하면 pts의 마지막 요소를 제외한 모든 요소를 포함하는 새 List를 생성하는 것과 같은 효과를 내지만 훨씬 효율적이다.

e. 이 행은 Bezier()에 대한 다른 재귀 호출이다. 여기서 pts의 iL 인덱스는

1씩 증가한다. 그러면 pts의 첫 번째 요소를 제외한 모든 요소를 다음 재귀로 전달하는 효과가 있다.

f. // d와 // e에서의 재귀 호출의 결과는 두 개의 Vector3인 lV3과 rV3에 저장됐다. Vector3.LerpUnclamped()는 이 두 개의 Vector3를 보간해 그 결과를 재귀 사슬 위쪽으로 반환한다.

Utils C# 스크립트에는 다양한 지점 타입(예, Vector3, Vector2, float, Quaternion)에 대해 Bezier() 함수의 여러 오버로드가 포함돼 있다. 또한 Bezier() 함수에 List가 아닌 여러 지점을 인자로 전달할 수 있게 하는 params 키워드를 사용하는 오버로드도 들어 있다.

```
// Bezier()의 이 오버로드는 배열이나 일련의 Vector3를 입력으로 받음
static public Vector3 Bezier(float u, params Vector3[] vecs)          // g
{
    return (Bezier(u, new List<Vector3>(vecs))); // a 행의 Bezier() 호출
}
```

g. 24장에서 설명했듯이 params 키워드를 사용하면 vecs 배열 매개변수로 Vector3 배열이나 일련의 개별 Vector3 매개변수를 쉼표로 구분해 지정할 수 있다(첫 번째 float 인자 다음부터 지정).

따라서 5지점 베지어 곡선에 대한 Bezier() 오버로드에 대해 두 개의 유효 호출은 다음처럼 할 수 있다.

```
float u = 0.1f;
Vector3 p0, p1, p2, p3, p4;

Vector3[] points = new Vector3[] { p0, p1, p2, p3, p4 };

Utils.Bezier(u, points);                                            // h
Utils.Bezier(u, p0, p1, p2, p3, p4);                               // i
```

h. 여기서 points 배열은 vecs 배열로 전달되며 쉽게 알아볼 수 있다.

i. 이 행에서는 params 키워드가 활용돼 일련의 Vector3 매개변수(즉 p0, p1, p2,

p3, p4)를 자동으로 Vector3 배열로 변환해서 vecs에 지정한다.

// h와 // i 모두는 vecs 배열(// g에 선언돼 있음)로 Bezier()의 오버로드를 호출한다. 그런 다음 vecs 배열이 List<Vector3>으로 변환되고 List<Vector3>이 두 번째 인자로 해서 Bezier()가 호출되면 이전 코드 리스트의 // a에서 선언한 오리지널 버전의 Bezier()가 호출된다.

롤플레잉 게임

롤플레잉 게임[RPG] 중에는 훌륭한 게임이 많다. 그중에서 가장 인기 있는 게임으로 현재 15판까지 나온 위저드 오브 더 코스트 사의 <던전 앤 드래곤[D&D]>이 있다. <D&D>는 3판 이후로 이전 시스템에서 일반적이었던 복잡한 주사위 체계 대신 하나의 20면 주사위를 사용하는 d20 체계에 기반을 두고 있다. 나는 여러 이유로 <D&D>를 좋아하지만 학생들이 처음 접하는 체계로서 <D&D>를 운영하는 것을 보면 전투 때문에 진행이 극히 느려지는 경우를 많이 봤다. 특히 4판 이후로 아주 구체적인 전투 규칙을 많이 포함하고 있다.

나는 처음 접하는 RPG 체계로서 이블햇 프로덕션의 페이트[FATE], 특히 간결한 기동형 페이트[FAE, FATE Accelerated] 체계를 권한다. FAE는 다른 체계보다 플레이어가 내러티브에 훨씬 더 직접적으로 참여할 수 있는 간단한 체계다(다른 체계에서는 게임을 운영하는 게임 마스터가 모든 이벤트에 대한 권한을 갖는 경우가 많다). FATE의 핵심 버전에 대한 자세한 내용은 웹 사이트 http://faterpg.com에서 볼 수 있고 무료 FATE 체계 레퍼런스 문서[SRD]는 http://fate-srd.com에서 볼 수 있다. 기동형 페이트에 대한 정보를 비롯해 이를 시작하는 데 필요한 모든 정보가 담긴 무료 50페이지 전자책을 얻으려면 http://www.evilhat.com/home/fae/을 확인하기 바란다.

바람직한 롤플레잉 캠페인 운영을 위한 팁

롤플레잉 캠페인을 운영하면 게임 디자이너로서는 물론이고 스토리텔러로서의 역량을 키울 수 있다. 다음은 나의 학생들이 캠페인을 시작할 때 내가 아주 유용하다고 느낀 팁들이다.

- **간단하게 시작하라:** 롤플레잉 체계는 규칙의 복잡성 면에서 저마다 큰 차이가 있다. 앞 절에서 설명한 것처럼 이블햇 프로덕션의 기동형 페이트 체계와 같은 간단한 체계로 시작하는 것이 좋다. 이 체계로 몇 가지 게임을 한 후에 <D&D>와 같이 더 복잡한 체계로 옮겨가면 된다. <D&D>의 5판에서는 비교적 간단한 기본 룰북^{rulebook}이 있고 체계에 익숙해지면 여러 보충 룰북을 추가로 적용할 수 있다.

- **짧게 시작하라:** 캠페인의 첫 번째 에피소드는 완료하는 데 1년 정도 걸리는 큰 규모로 계획하기보다는 하루 정도에 끝낼 수 있는 간단한 미션부터 시작하는 것이 좋다. 그러면 플레이 그룹에서 캐릭터와 체계를 마음에 들어하는지 먼저 확인한다. 마음에 들지 않는 부분이 있으면 손쉽게 변경할 수 있다. 중요한 점은 처음부터 거대한 캠페인을 시작하는 것이 아니라 롤플레잉의 첫 경험을 즐길 수 있게 하는 것이다.

- **플레이어의 시작을 도와라:** 캠페인에 참여할 플레이어들이 롤플레잉에 대한 경험이 많지 않다면 이들의 캐릭터를 미리 만들어서 할당하는 것도 아주 좋은 생각이다. 이 방법으로 좋은 팀을 구성하는 데 필요한 보완적인 능력과 스탯을 가진 캐릭터를 마련해줄 수 있다. 표준 롤플레잉 파티에는 다음과 같은 캐릭터가 포함된다.

  - 근접전에서 적의 공격을 막는 워리어_(탱크라고도 함)
  - 장거리 마법으로 적을 공격하고 마법을 감지하는 마법사_(유리 대포^{glass cannon}라고도 함)
  - 함정을 해제하고 기습 공격하는 도둑_(블래스터라고도 함)
  - 악을 감지하고 다른 파티원을 치료하는 성직자_(컨트롤러라고도 함)

플레이어의 캐릭터를 만들어줄 생각이라면 먼저 이들이 게임에서 원하는 경험과 자신의 캐릭터에서 기대하는 능력이 무엇인지 먼저 물어보고 처음부터 게임에 적극적으로 참여하도록 유도해야 한다. 적극적 참여와 흥미는 플레이어가 캠페인을 시작하면서 겪을 수 있는 어려움을 극복하는 데 필수적인 요소다.

- **즉흥적인 대응을 위해 준비하라:** 플레이어들은 예상치 못한 일을 자주 한다. 이에 대비하는 유일한 방법은 유연성과 즉흥적 대응을 위해 준비하는 것뿐이다. 여러 용도로 사용할 수 있는 공간의 지도, 파티가 만날 수도 있는 NPC^{Non-Player Characters}의 이름으로 사용할 목록 그리고 필요에 따라 언제든지 소환할 수 있는 다양한 난이도의 몬스터 등을 미리 준비해두자. 사전에 준비하는 시간이 많을수록 게임 중간에 룰북을 펼쳐봐야 하는 시간이 줄어든다.

- **임시 규칙을 적절하게 활용한다:** 의문스러운 규칙에 대한 답을 5분 내에 찾을 수 없다면 적절하게 판단해 임시로 규칙을 만들어 게임을 진행하고 게임 세션이 끝난 후 해당 규칙을 다시 찾아본다. 이렇게 하면 복잡한 규칙으로 인해 게임 진행이 멈추는 것을 예방할 수 있다.

- **플레이어의 얘기이기도 하다:** 플레이어가 예상 외의 선택도 할 수 있게 허용해야 한다. 너무 좁은 범위의 시나리오를 준비했다면 그런 선택을 하지 못하게 막고 싶겠지만 그러면 게임의 즐거움을 망칠 우려가 있다.

- **끊임없는 최적의 도전은 재미가 없다는 것을 기억하라:** 8장의 흐름에 대한 토론에서 플레이어에게 계속 최적의 도전을 제공하면 플레이어가 금방 지친다고 설명했다. RPG에서도 마찬가지다. 보스전은 항상 최적의 도전을 제공해야 하지만 평소 전투에서는 플레이어가 쉽게 승리할 수 있는 전투(플레이어의 레벨이 올라감에 따라 캐릭터가 강해지고 있음을 실감하게 하는 효과가 있음)나 살아남고자 중간에 도망가야 하는 전투(일반적으로 플레이어가 예상치 못한 상황으로서 극적 효과를 연출함)를 적절히 가미해야 한다. 대부분의 체계와는 달리 FAE는 정말 흥미진진한 게임 메카닉을 갖추고 있어 전투에 패하기보다 포기하고 도망치는 것이 훨씬 더 나은 선택이 되기도 한다. 이것이 내가 FAE를 아주 좋아하는 또 하나의 이유다.

앞의 팁들을 염두에 두면 더 흥미롭고 재미있는 롤플레잉 캠페인을 운영할 수 있다.

사용자 인터페이스 개념

이 절에서는 윈도우, 맥OS, 리눅스 컴퓨터에서 마이크로소프트 게임패드 컨트롤러를 사용할 수 있게 하는 버튼 매핑을 다루고, 맥OS 컴퓨터에서 마우스 오른쪽 버튼을 클릭하는 방법에 대한 정보도 제공한다.

마이크로소프트 컨트롤러의 축과 버튼 매핑

이 책에 제작하는 대부분의 게임에서는 마우스 또는 키보드 인터페이스를 사용하지만 언젠가는 게임에 게임패드 컨트롤러 지원을 추가하고 싶은 시점이 올 것이다. 일반적으로 PC, 맥OS, 리눅스에서 가장 사용하기 쉬운 컨트롤러는 마이크로소프트 윈도우용 엑스박스 360 컨트롤러지만 PS4 또는 엑스박스 One 컨트롤러를 가진 사람들도 잘 활용하는 것을 봤다.

하지만 아쉽게도 플랫폼(PC, 맥OS, 리눅스)마다 컨트롤러를 해석하는 방법이 조금씩 다르므로 유니티의 InputManager를 설정해 각 플랫폼에서 컨트롤러가 작동하는 방식을 조정해야 한다.

아니면 유니티 에셋 스토어에서 Input Manager를 선택해 컨트롤러 지원 문제를 간단하게 해결하는 방법도 있다. 내 학생들 중 몇몇은 마이크로소프트, 소니, 로지텍, 오우야 컨트롤러의 입력을 유니티에서 동일한 입력 코드로 매핑하는, 갤러트 게임즈의 인컨트롤을 사용하기도 했다. 유니티 에셋 스토어에서 'InControl'로 검색하거나 다음 웹 페이지를 방문해본다.

http://www.gallantgames.com/pages/incontrol-introduction

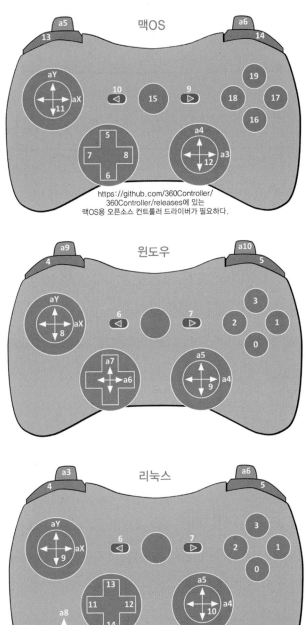

맥OS

https://github.com/360Controller/
360Controller/releases에 있는
맥OS용 오픈소스 컨트롤러 드라이버가 필요하다.

윈도우

리눅스

리눅스(우분투 13.04)에서 컨트롤러가
유선이면 방향 패드는 두 축(a7 & a8)이고,
무선이면 버튼은 네 개(11~13)다.

그림 B.9 PC, 맥OS, 리눅스에서 엑스박스 컨트롤러 매핑 유니티의 InputManager를 직접 구성하려면 유니파이^{Unify} 커뮤니티에 공개됐던 엑스박스 360 컨트롤러 페이지(그림 B.9)가 도움 된다.[9] 이 그림에서 숫자는 InputManager축 창에서 접근할 수 있는 조이스틱 버튼 번호다. 축은 앞에 문자 a를 붙였다(예를 들어 aX, a5). 동일한 머신에서 여러 개의 조이스틱을 처리하는 경우에는 InputManager축에서 joystick # button # 형식으로 특정 조이스틱을 지정할 수 있다(예, "joystick 1 button 3"). 인터넷에서 검색하면 마이크로소프트 컨트롤러 네 개를 지원하는 InputManager 설정도 찾아서 다운로드할 수 있다.

PC에서는 컨트롤러의 드라이버가 자동으로 설치된다. 리눅스(우분투 13.04 이상)에도 포함돼 있다. 맥OS의 경우 깃허브 오픈소스 프로젝트(https://github.com/360Controller/ 360Controller/releases)에서 드라이버를 다운로드해야 한다.

맥OS에서의 마우스 오른쪽 버튼 클릭

이 책에서는 특정 항목을 마우스 오른쪽 버튼으로 클릭하라는 설명이 많이 나온다. 하지만 맥OS 트랙패드와 마우스에는 오른쪽 버튼 클릭을 위한 기본 설정이 없기 때문에 매킨토시에서 마우스 오른쪽 버튼을 클릭하는 방법을 모르는 사용자가 많다. 마우스 오른쪽 버튼을 클릭하는 방법에는 여러 가지가 있으며 어떤 방법을 사용할지는 맥이 최신 기종인지 그리고 어떤 방법을 선호하는지에 따라 달라진다.

Control 클릭 = 오른쪽 버튼 클릭

최신 맥OS 키보드의 왼쪽 아래 구석에는 Control 키가 있다. Control 키를 누른 상태에서 마우스 왼쪽 버튼을 클릭하면(일반적인 클릭) 맥OS는 이를 마우스 오른쪽 버튼 클릭으로 취급한다.

---

9. 유니파이 커뮤니티는 폐쇄돼서 그 대신 https://dokumen.tips/documents/xbox360controller-unify-community-wiki. html?page=1에서 해당 내용을 볼 수 있다. — 옮긴이

PC 마우스 사용

맥OS에서는 두 개 또는 세 개의 버튼이 있는 거의 모든 PC 마우스를 사용할 수 있다. 나는 개인적으로 로지텍 MX Anywhere 2 또는 레이저 오로치^{Razer Orochi}를 사용한다.

맥OS 마우스에서 마우스 오른쪽 버튼 클릭 설정

2005년 이후 제조된 맥OS 마우스(애플 마이티 마우스 또는 애플 매직 마우스)를 사용하고 있다면 다음 단계에 따라 오른쪽 버튼 클릭을 활성화할 수 있다.

1. 화면의 왼쪽 맨 위 구석에 있는 사과 메뉴에서 시스템 환경 설정 ➤ 마우스를 연다.
2. 화면 맨 위에서 포인트 클릭 탭을 선택한다.
3. 보조 클릭 옆의 박스에 체크 표시를 한다.
4. 보조 클릭 바로 아래의 팝업 메뉴에서 오른쪽에서 클릭을 선택한다.

이렇게 한 후 마우스의 왼쪽을 클릭하면 왼쪽 클릭이 되고 오른쪽을 클릭하면 오른쪽 클릭이 된다.

맥OS 트랙패드에서 오른쪽 버튼 클릭 설정

애플 마우스와 비슷하게 애플 랩톱 트랙패드(또는 블루투스 매직 트랙패드)에서 마우스 오른쪽 버튼 클릭을 지원하게 구성할 수 있다.

1. 화면의 왼쪽 맨 위 구석에 있는 사과 메뉴에서 시스템 환경 설정 ➤ 마우스를 연다.
2. 화면 맨 위에서 포인트 클릭 탭을 선택한다.
3. 보조 클릭 옆의 박스에 체크 표시를 한다.
4. 보조 클릭 바로 아래의 팝업 메뉴에서 클릭 또는 두 손가락으로 탭하기를 선택

하면 한 손가락 탭을 왼쪽 버튼 클릭으로 지정하고 두 손가락 탭을 오른쪽 버튼 클릭으로 지정할 수 있다. 다른 오른쪽 클릭 트랙패드 옵션도 사용할 수 있다.

온라인 레퍼런스

온라인 레퍼런스 중에는 찾아볼 필요가 있는 웹 사이트의 목록을 단순하게 나열만 하는 경우가 많지만, 부록 C에서는 내가 온라인에서 필요한 정보를 찾을 때 이용하는 방법을 직접 소개하면 유용할 것이라고 생각했다. 물론 부록 C에서도 몇 가지 기본적인 링크를 나열하지만 문제가 발생했을 때 내가 해답을 찾고자 활용하는 전략도 소개한다.

부록 C를 한 번 읽어 보고(매우 짧음) 나중에 문제가 발생했을 때 다시 참고하길 권장한다.

유니티 자습서

유니티는 지금까지 수년 동안 여러 유용한 자습서를 제작해 공개하고 있다. 이 책에서는 게임 메카닉스를 프로그래밍하는 방법을 이해하기 위한 짧은 게임 플레이 자습서를 중점적으로 다루지만, 유니티에서 제작한 자습서는 스크립팅 외에도 아트 에셋, 애니메이션, 씬 제작, 시각 효과를 거의 동일한 비중으로 다룬다. 이 책이 게임을 디자인하고 프로토타입을 제작하는 방법을 중점적으로 설명한다면 유니티 자습서는 유니티 엔진의 다양한 기능을 중점적으로 설명한다.

유니티에서 제작한 자습서 중에는 구 버전에서 제작한 자습서가 많은데, 최신 버전의 엔진에 맞게 자습서를 업데이트하지 않는 경우도 있다(즉, 자습서에서 설명하는 유니티 인터페이스의 요소나 사용하는 코드 라이브러리가 다를 수도 있음). 또한 아주 오래된 자습서 중에서 일부는 C#이 아닌 자바스크립트로 작성됐다. 이런 코드도 그리 문제가 되지 않겠지만 (특히 이 책을 모두 읽고 이해한 경우) 일반적으로 C#으로 작성된 자습서를 살펴 최근 코드를 찾아보는 것이 좋다.

유니티 웹 사이트에는 다양한 자습서를 통해 유니티를 소개하는 'Unity Learn' 섹션이 있다. 다음 링크를 클릭하면 해당 페이지로 이동한다. 자세한 내용을 알아보고 싶은 주제를 선택하면 해당 주제를 설명하는 비디오 자습서를 볼 수 있다.

- **Unity Learn 섹션:** https://learn.unity.com/

유나이트 콘퍼런스 아카이브

유니티에 대해 어느 정도 경험이 쌓이면 점차 수준 높은 리소스를 원하게 된다. 이를 위한 좋은 방법은 수년에 걸친 유나이트 콘퍼런스의 여러 강연 비디오를 보는 것이다. 유니티는 매년 전 세계의 유나이트 버전을 보유하고 있으며 많은 강연을 기록해놓았다. 다음 링크를 통해 볼 수 있다.

- https://unity.com/events/unite

프로그래밍 도움말

유니티 프로그래밍을 계속 배우다보면 유니티의 C# 프로그래밍에 대한 문서가 주로 두 종류(유니티의 스크립팅 문서 및 마이크로소프트 C# 레퍼런스)로 나눠져 있다는 것을 알 수 있다. 유니티 스크립팅 레퍼런스는 유니티 관련 기능, 클래스, 컴포넌트에 대한 내용이 충실한 반면 코어 C# 클래스(예, List<>, Dictionary<> 등)에 대한 내용은 전혀 다루지 않았다. 즉, 이러한 주제에 대해서는 마이크로소프트의 C# 문서를 찾아봐야 한다. 먼저 여러분의 컴퓨터에 저장돼 있는 유니티 문서를 찾아보고 거기에 원하는 내용이 없으면 마이크로소프트 문서를 찾아보는 것이 좋다.

유니티 스크립팅 레퍼런스

유니티 스크립팅 레퍼런스에는 다음 사항들이 포함돼 있다.

- **온라인:** https://docs.unity3d.com/ScriptReference/
- **로컬:** 유니티의 메뉴 표시줄에서 Help ➤ Scripting Reference를 선택한다. 그러면 컴퓨터에 저장된 레퍼런스 버전이 나타난다. 이 레퍼런스는 인터넷에 연결할 수 없는 동안에도 이용 가능하다(나는 이동 중에 항상 이 레퍼런스를 활용한다).

마이크로소프트 C# 레퍼런스

Bing.com에서 'Microsoft C# Reference'를 검색한다. 첫 번째 검색 결과가 여러분이 원하는 자료일 것이다. 이 책을 쓰는 시점에서는 다음의 URL로 레퍼런스를 볼 수 있었다.

- https://learn.microsoft.com/en-us/dotnet/csharp/language-reference/

스택 오버플로 닷컴

스택 오버플로^{Stack Overflow} 닷컴은 개발자들이 서로 문제 해결을 돕고자 만든 온라인 커뮤니티다. 사용자들이 질문을 게시하면 사이트의 다른 사용자가 답변을 올린다. 약간의 게임적 요소가 있어서 가장 좋은 답변을 올린 사용자(다른 사용자들의 투표로 결정)는 이 사이트에서 경험치와 명성을 얻게 된다.

- http://stackoverflow.com

나는 새롭거나 특이한 일을 하려고 할 때 스택 오버플로 닷컴에서 좋은 답변을 얻는 경우가 많았다. 예를 들어 LINQ를 이용해 List<>를 정렬하는 방법을 알아내고자 구글에서 'C# LINQ sort list of objects'를 입력하면 이 글을 쓰는 시점에서 상위 여덟 개 항목이 스택 오버플로 닷컴의 질문이었다. 나는 stackoverflow.com 보다 구글에서 검색을 시작하는 경우가 많지만 이 사이트의 검색 결과가 나오면 그 항목을 가장 먼저 확인한다.

C# 학습

C# 학습용으로는 다음 두 권의 책을 추천한다.

- **초보자용**: 롭 마일즈의 『바쁜 개발자들을 위한 C#』(남가람북스, 2016), http://www.csharpcourse.com
  헐 대학교^{University of Hull}의 강사인 롭 마일즈^{Rob Miles}가 집필한 훌륭한 C# 프로그래밍 책이며 자주 업데이트되고 있다. 위에 나온 그의 웹 사이트에서 최신 버전을 볼 수 있다. 위트 있고 명확하며 자세한 것이 이 책의 장점이다.
- **레퍼런스용**: 『C# 9.0 Pocket Reference』(O'Reilly Media, Inc., 2021), https://www.oreilly.com/library/view/c-90-pocket/9781098101121/
  이 레퍼런스는 현재 C# 10 버전도 나와 있지만 유니티는 아직 C# 9.0 표준(엄밀히 말하면 C# 9.0의 일부이며 빠진 부분이 좀 있음)을 사용하고 있으므로 이 레퍼런스가 여러분에게 적합하다. 나는 C#에 대한 의문이 있을 때 가장 먼저 이 책에서 찾아본다. 이 책은 오라일리의 『C# in a Nutshell』(O'Reilly Media, Inc., 2002) 책에서 레퍼런스 부분을 잘라낸 것이지만 나는 포켓 레퍼런스가 더 유용하다고 생각한다. LINQ 정보도 많이 들어 있다.

검색 팁

C#과 관련된 사항을 검색할 때는 검색어 앞에 'C#'을 붙이는 것이 좋다. 예를 들어 단순히 '리스트'를 검색하면 코딩과는 아무 상관없는 내용이 먼저 검색된다. 'C# 리스트'를 검색해야 비로소 원하는 결과가 나올 것이다.

이와 비슷하게 유니티와 관련된 사항을 검색할 때는 검색어 앞에 '유니티' 단어를 붙인다.

에셋 찾기

다음 절에서는 다양한 아트와 오디오 에셋을 찾는 방법을 소개한다.

유니티 에셋 스토어

유니티에서 에셋 스토어 사이트를 열거나(메뉴 표시줄에서 Window ▶ Asset Store 선택) 표준 브라우저에서 다음 주소의 웹 사이트로 이동하면 볼 수 있다. 에셋 스토어에는 모델, 애니메이션, 사운드, 코드, 심지어 완성된 유니티 프로젝트까지 엄청나게 다양한 에셋이 판매되고 있다. 대부분의 에셋은 저렴한 가격으로 판매되지만 무료로 제공되는 에셋도 있다. 어떤 에셋은 아주 비싸지만 충분한 가치가 있는 경우가 많으므로 개발 시간을 수백 시간까지 단축할 수 있다.

- https://assetstore.unity.com/

모델과 애니메이션

다음 사이트들은 3D 모델을 찾아보는 데 적합하다. 일부 모델은 무료지만 대부분은 유료로 판매된다. 또한 무료로 제공되는 버전의 경우 비상업적 용도로만 사용해야 하는 것들이 많다.

- **TurboSquid:** http://www.turbosquid.com/
- **구글 3D 웨어하우스:** http://3dwarehouse.sketchup.com/
  구글 3D 웨어하우스 사이트의 거의 모든 에셋은 SketchUp이나 Collada 형식으로 돼 있다. 유니티에는 SketchUp 파일용 임포터importer가 있지만 현재 시점에서 다음과 같은 제약 사항이 있다.
    - 리눅스용 유니티에는 아직 SketchUp 파일용 임포터가 없다.
    - GIF 텍스처를 지원하지 않는다.
    - SketchUp에서 제한된 데이터만 임포트된다.
    - **지원되지 않거나 임포트되지 않는 SketchUp 기능:** 2D 컴포넌트(텍스트, 차원), 애니메이션 설정, 속성, 드로잉 스타일, 레이어, 라인, 섹션 플레인, 세도우 설정

글꼴

다음에 소개하는 사이트에서 제공하는 글꼴은 대부분 비상업적 용도에서 무료지만 상용 프로젝트에 사용할 때는 비용을 지불해야 한다.

- http://www.1001fonts.com/
- http://www.1001freefonts.com/
- http://www.dafont.com/
- http://www.fontsquirrel.com/
- http://www.fontspace.com/

기타 도구와 교육용 소프트웨어 할인

여러분이 대학생이나 교직원이라면 다양한 소프트웨어에 대해 할인 혜택을 받을 수 있다.

- **어도비:** 어도비는 학생들에게 Creative Cloud 스위트 전체를 매월 60% 할인된 금액으로 제공한다. 이 스위트에는 포토샵, 일러스트레이터, 프리미어 등 여러 소프트웨어가 포함된다.
  http://www.adobe.com/kr/creativecloud/buy/students.html

- **어피니티:** 어피니티는 디자이너(일러스트레이터 경쟁품)와 포토(포토샵 경쟁품) 등의 제품을 만든다. 이것들은 아주 좋은 프로그램이며 범용 라이선스에 대해 20만 원 정도 지불하면 영원히 갖게 된다(어도비의 매월 지불 방식과는 반대). 학생을 비롯한 교육기관에는 50% 할인된 금액으로 제공한다.
  http://affinity.serif.com/

- **오토데스크:** 오토데스크는 학생과 교직원에게 3ds 맥스, 마야, 모션빌더, 머드박스 등을 포함하는 거의 모든 도구에 대해 1년 무료 라이선스를 제공한다.
  https://www.autodesk.co.kr/education/edu-software/

- **블렌더:** 블렌더는 모델링 및 애니메이션을 위한 무료 오픈소스 도구다. 마야 및 3ds 맥스와 같은 상용 소프트웨어의 기능을 많이 포함하지만 완전히 무료이며 상업적 용도로 사용할 수 있다. 그러나 다른 모델링 및 애니메이션 소프트웨어와는 상당히 다른 인터페이스를 갖고 있어 불편할 수 있다.
  http://www.blender.org/

- **스케치업:** SketchUp은 또 다른 모델링용 도구다. 매우 직관적인 모델링 제어 기능을 갖추고 있으며 자주 업데이트된다. 기본 버전인 SketchUp Free는 완전 무료이며(상업적 용도로는 사용 불가) SketchUp Pro는 학생과 교육자에게 할인된 가격으로 제공된다. SketchUp에서는 obj와 fbx 형식 파일을 익스포트할 수 있는데, 익스포트한 파일은 유니티에서 쉽게 임포트할 수 있다. 임

포트할 때의 제약 사항은 앞의 '모델과 애니메이션' 절에서 구글 3D 웨어하우스를 다룰 때 언급한 SketchUp 파일용 임포터의 제약 사항을 참고한다.
http://www.sketchup.com/

찾아보기

ㅈ

게임 디자인, 프로토타입 제작, 개발 2/e

유니티와 C#을 활용해 개념부터 플레이 가능한 게임 제작까지

2판 발행 | 2023년 9월 27일

옮긴이 | 이 승 준
지은이 | 제레미 깁슨 본드

펴낸이 | 권 성 준
편집장 | 황 영 주
편 집 | 김 진 아
         임 지 원
디자인 | 윤 서 빈

에이콘출판주식회사
서울특별시 양천구 국회대로 287 (목동)
전화 02-2653-7600, 팩스 02-2653-0433
www.acornpub.co.kr / editor@acornpub.co.kr

한국어판 ⓒ 에이콘출판주식회사, 2023, Printed in Korea.
ISBN 979-11-6175-788-9
http://www.acornpub.co.kr/book/game-design-2e

책값은 뒤표지에 있습니다.